国家出版基金资助项目
现代数学中的著名定理纵横谈丛书
丛书主编　王梓坤

FROM RIEMANN TO ENOCH
——THE HISTORY OF THE RIEMANN CONJECTURE(I)

从Riemann到Enoch
——Riemann猜想的历史（上册）

刘培杰数学工作室　编

哈尔滨工业大学出版社
HARBIN INSTITUTE OF TECHNOLOGY PRESS

内容简介

本书主要通过 Riemann 猜想的历史及进展,中外名家论 Riemann 函数与 Riemann 猜想以及 Riemann 函数面面观三部分来介绍 Riemann 猜想. Riemann 猜想是关于 Riemann ζ 函数 $\zeta(s)$ 的零点分布的猜想.

本书适合于大学师生以及数学爱好者参考阅读.

图书在版编目(CIP)数据

从 Riemann 到 Enoch:Riemann 猜想的历史. 上册/刘培杰数学工作室编. —哈尔滨:哈尔滨工业大学出版社,2024.3

(现代数学中的著名定理纵横谈丛书)

ISBN 978-7-5767-0514-0

Ⅰ.①从… Ⅱ.①刘… Ⅲ.①黎曼猜测 Ⅳ.①O156

中国国家版本馆 CIP 数据核字(2023)第 016477 号

CONG RIEMANN DAO ENOCH:RIEMANN CAIXIANG DE LISHI. SHANGCE

策划编辑	刘培杰　张永芹
责任编辑	李广鑫
出版发行	哈尔滨工业大学出版社
社　　址	哈尔滨市南岗区复华四道街 10 号　邮编 150006
传　　真	0451-86414749
网　　址	http://hitpress.hit.edu.cn
印　　刷	辽宁新华印务有限公司
开　　本	787 mm×960 mm　1/16　印张 126.5　字数 1 343 千字
版　　次	2024 年 3 月第 1 版　2024 年 3 月第 1 次印刷
书　　号	ISBN 978-7-5767-0514-0
定　　价	398.00 元(全 2 册)

(如因印装质量问题影响阅读,我社负责调换)

◎ 代序

读书的乐趣

你最喜爱什么——书籍.
你经常去哪里——书店.
你最大的乐趣是什么——读书.

这是友人提出的问题和我的回答.真的,我这一辈子算是和书籍,特别是好书结下了不解之缘.有人说,读书要费那么大的劲,又发不了财,读它做什么?我却至今不悔,不仅不悔,反而情趣越来越浓.想当年,我也曾爱打球,也曾爱下棋,对操琴也有兴趣,还登台伴奏过.但后来却都一一断交,"终身不复鼓琴".那原因便是怕花费时间,玩物丧志,误了我的大事——求学.这当然过激了一些.剩下来唯有读书一事,自幼至今,无日少废,谓之书痴也可,谓之书橱也可,管它呢,人各有志,不可相强.我的一生大志,便是教书,而当教师,不多读书是不行的.

读好书是一种乐趣,一种情操;一种向全世界古往今来的伟人和名人求教的方法,一种和他们展开讨论的方式;一封出席各种活动、体验各种生活、结识各种人物的邀请信;一张迈进科学宫殿和未知世界的入场券;一股改造自己、丰富自己的强大力量.书籍是全人类有史以来共同创造的财富,是永不枯竭的智慧的源泉.失意时读书,可以使人重整旗鼓;得意时读书,可以使人头脑清醒;疑难时读书,可以得到解答或启示;年轻人读书,可明奋进之道;年老人读书,能知健神之理.浩浩乎!洋洋乎!如临大海,或波涛汹涌,或清风微拂,取之不尽,用之不竭.吾于读书,无疑义矣,三日不读,则头脑麻木,心摇摇无主.

潜能需要激发

我和书籍结缘,开始于一次非常偶然的机会.大概是八九岁吧,家里穷得揭不开锅,我每天从早到晚都要去田园里帮工.一天,偶然从旧木柜阴湿的角落里,找到一本蜡光纸的小书,自然很破了.屋内光线暗淡,又是黄昏时分,只好拿到大门外去看.封面已经脱落,扉页上写的是《薛仁贵征东》.管它呢,且往下看.第一回的标题已忘记,只是那首开卷诗不知为什么至今仍记忆犹新:

日出遥遥一点红,飘飘四海影无踪.

三岁孩童千两价,保主跨海去征东.

第一句指山东,二、三两句分别点出薛仁贵(雪、人贵).那时识字很少,半看半猜,居然引起了我极大的兴趣,同时也教我认识了许多生字.这是我有生以来独立看的第一本书.尝到甜头以后,我便千方百计去找书,向小朋友借,到亲友家找,居然断断续续看了《薛丁山征西》《彭公案》《二度梅》等,樊梨花便成了我心中的女英雄.我真入迷了.从此,放牛也罢,车水也罢,我总要带一本书,还练出了边走田间小路边读书的本领,读得津津有味,不知人间别有他事.

当我们安静下来回想往事时,往往会发现一些偶然的小事却影响了自己的一生.如果不是找到那本《薛仁贵征东》,我的好学心也许激发不起来.我这一生,也许会走另一条路.人的潜能,好比一座汽油库,星星之火,可以使它雷声隆隆、光照天地;但若少了这粒火星,它便会成为一潭死水,永归沉寂.

抄,总抄得起

好不容易上了中学,做完功课还有点时间,便常光顾图书馆.好书借了实在舍不得还,但买不到也买不起,便下决心动手抄书.抄,总抄得起.我抄过林语堂写的《高级英文法》,抄过英文的《英文典大全》,还抄过《孙子兵法》,这本书实在爱得狠了,竟一口气抄了两份.人们虽知抄书之苦,未知抄书之益,抄完毫末俱见,一览无余,胜读十遍.

始于精于一,返于精于博

关于康有为的教学法,他的弟子梁启超说:"康先生之教,专标专精、涉猎二条,无专精则不能成,无涉猎则不能通也."可见康有为强烈要求学生把专精和广博(即"涉猎")相结合.

在先后次序上,我认为要从精于一开始.首先应集中精力学好专业,并在专业的科研中做出成绩,然后逐步扩大领域,力求多方面的精.年轻时,我曾精读杜布(J. L. Doob)的《随机过程论》,哈尔莫斯(P. R. Halmos)的《测度论》等世界数学名著,使我终身受益.简言之,即"始于精于一,返于精于博".正如中国革命一样,必须先有一块根据地,站稳后再开创几块,最后连成一片.

丰富我文采,澡雪我精神

辛苦了一周,人相当疲劳了,每到星期六,我便到旧书店走走,这已成为生活中的一部分,多年如此.一次,偶然看到一套《纲鉴易知录》,编者之一便是选编《古文观止》的吴楚材.这部书提纲挈领地讲中国历史,上自盘古氏,直到明末,记事简明,文字古雅,又富于故事性,便把这部书从头到尾读了一遍.从此启发了我读史书的兴趣.

我爱读中国的古典小说,例如《三国演义》和《东周列国志》.我常对人说,这两部书简直是世界上政治阴谋诡计大全.即以近年来极时髦的人质问题(伊朗人质、劫机人质等),这些书中早就有了,秦始皇的父亲便是受害者,堪称"人质之父".

《庄子》超尘绝俗,不屑于名利.其中"秋水""解牛"诸篇,诚绝唱也.《论语》束身严谨,勇于面世,"己所不欲,勿施于人",有长者之风.司马迁的《报任少卿书》,读之我心两伤,既伤少卿,又伤司马;我不知道少卿是否收到这封信,希望有人做点研究.我也爱读鲁迅的杂文,果戈理、梅里美的小说.我非常敬重文天祥、秋瑾的人品,常记他们的诗句:"人生自古谁无死,留取丹心照汗青""休言女子非英物,夜夜龙泉壁上鸣".唐诗、宋词、《西厢记》《牡丹亭》,丰富我文采,澡雪我精神,其中精粹,实是人间神品.

读了邓拓的《燕山夜话》,既叹服其广博,也使我动了写《科学发现纵横谈》的心.不料这本小册子竟给我招来了上千封鼓励信.以后人们便写出了许许多多的"纵横谈".

从学生时代起,我就喜读方法论方面的论著.我想,做什么事情都要讲究方法,追求效率、效果和效益,方法好能事半而功倍.我很留心一些著名科学家、文学家写的心得体会和经验.我曾惊讶为什么巴尔扎克在51年短短的一生中能写出上百本书,并从他的传记中去寻找答案.文史哲和科学的海洋无边无际,先哲们的明智之光沐浴着人们的心灵,我衷心感谢他们的恩惠.

读书的另一面

以上我谈了读书的好处,现在要回过头来说说事情的另一面.

读书要选择.世上有各种各样的书:有的不值一看,有的只值看20分钟,有的可看5年,有的可保存一辈子,有的将永远不朽.即使是不朽的超级名著,由于我们的精力与时间有限,也必须加以选择.决不要看坏书,对一般书,要学会速读.

读书要多思考.应该想想,作者说得对吗?完全吗?适合今天的情况吗?从书本中迅速获得效果的好办法是有的放矢地读书,带着问题去读,或偏重某一方面去读.这时我们的思维处于主动寻找的地位,就像猎人追找猎物一样主动,很快就能找到答案,或者发现书中的问题.

有的书浏览即止,有的要读出声来,有的要心头记住,有的要笔头记录.对重要的专业书或名著,要勤做笔记,"不动笔墨不读书".动脑加动手,手脑并用,既可加深理解,又可避忘备查,特别是自己的灵感,更要及时抓住.清代章学诚在《文史通义》中说:"札记之功必不可少,如不札记,则无穷妙绪如雨珠落大海矣."

许多大事业、大作品,都是长期积累和短期突击相结合的产物.涓涓不息,将成江河;无此涓涓,何来江河?

爱好读书是许多伟人的共同特性,不仅学者专家如此,一些大政治家、大军事家也如此.曹操、康熙、拿破仑、毛泽东都是手不释卷,嗜书如命的人.他们的巨大成就与毕生刻苦自学密切相关.

王梓坤

目 录

第一部分 Riemann 猜想的历史及进展

第一编 简介 ……………………………………… 3

第一章 从一则《每日邮报》的报道谈起 ……… 5
第一节 这是真的吗？……………………………… 5
第二节 Riemann 其人 …………………………… 6
第三节 几个初等例子 …………………………… 10

第二章 一篇海外特稿 …………………………… 18
第一节 Hardy 的电报 …………………………… 18
第二节 Riemann ζ 函数与 Riemann 猜想 ……… 19

第二编 媒体的狂欢 ……………………………… 23

第一章 颤抖吧！解决这道数学题就可以拿一百万美金 ……………………………… 25
第二章 Riemann 一段耐人寻味的话 ………… 28
第三章 素数之魂——Riemann 和他的伟大猜想 …………………………………… 33
第四章 Riemann 猜想（Ⅰ/Ⅲ）：通往质数的征途 …………………………………… 43
第五章 Riemann 猜想（Ⅱ/Ⅲ）：通往智力之巅 …………………………………… 46
第六章 Riemann 猜想（Ⅲ/Ⅲ）：待解之谜 …… 51

第七章	一篇编辑手记	57
第一节	1949年清华大学入学试题	57
第二节	背景介绍	60
第三节	奥林匹克数学竞赛有罪吗？	69

第八章　Riemann猜想浅说 …… 71

第九章　用物理学的概念思考数学难题 …… 82
- 第一节　发现纯数学与物理之间的联系 …… 82
- 第二节　实数解和有理解 …… 84
- 第三节　三洞环面：从基点(base point)到有理点(rational point)的不同路径 …… 90

第十章　从素数到核物理学及其他 …… 93

第十一章　素数与量子物理的结合能带来解决Riemann猜想的新可能吗？ …… 108

第三编　综述及国内研究动态 …… 113

第一章　综述 …… 115
- 第一节　Riemann猜想 …… 115
- 第二节　著名数学家介绍七个新千年数学奖问题——Riemann猜想 …… 127

第二章　关于Dirichlet L-函数的零点密度 …… 146
- 第一节　Q(相对于T)较大时的估计 …… 147
- 第二节　Q(相对于T)较小时的估计 …… 150

第三章　Riemann ζ函数零点分布的几个性质 …… 155

第四章　关于Riemann ζ函数的几个级数的渐近展式 …… 165

第五章　一些与Riemann ζ函数有关的级数的求和公式 …… 174

第六章　$\zeta(k)$的部分和五阶和式的计算 …… 183

第七章	关于 ζ 函数的积分表示	193
第八章	一类扩展 Euler 和的表示问题	200
第九章	关于 Riemann ζ 函数的几个恒等式	223
第十章	关于 Hurwitz ζ 函数	230
第十一章	多重 Hurwitz ζ 值的 Euler 型恒等式算法	238
第十二章	关于 Dirichlet L-函数	254
第十三章	Dirichlet 函数的零点密度估计	271
第十四章	交错 Mordell-Tornheim 和 Witten 多重级数	294
第十五章	一个关于级数的恒等式及其应用	326
第十六章	关于 Hurwite ζ 函数导数的一类新型均值公式	333
第十七章	Riemann ζ 函数在临界线上的 δ-平均值	343
第十八章	关于 Genocchi 数和 Riemann ζ 函数的一些恒等式	355
第十九章	广义 Dedekind 和的一个均值公式	361
第二十章	一个与 L-函数有关的恒等式	370
第二十一章	三类与 Riemann ζ 函数有关的级数的求和公式	382
第二十二章	两个新的算术函数及其均值	390
第二十三章	一类 Genocchi 数与 Riemann ζ 函数多重求和的计算公式	397
第二十四章	有限域上一类代数簇 ζ 函数的计算	403
第二十五章	一个重大新闻	415

第一节	吴康荐帖 15351（之二）并评论	415
第二节	什么是 Riemann 猜想——从 Riemann 的动机来看	417
第三节	Riemann ζ 函数的非平凡零点	429

附录一 关于使用 $Q(b)>0$ 成立的 b 的存在性 ……… 462

附录二 非自伴边值问题 ……… 465

第二部分　中外名家论 Riemann 函数与 Riemann 猜想

第一编　闵嗣鹤先生论 Riemann 函数与 Riemann 猜想 ……… 471

- **第一章**　谈 $\pi(x)$ 与 $\zeta(s)$ ……… 473
- **第二章**　Riemann ζ 函数的一种推广——Ⅰ. $Z_{n,k}(s)$ 的全面解析开拓 ……… 480
- **第三章**　Riemann ζ 函数的一种推广——Ⅱ. $Z_{n,k}(s)$ 的阶 ……… 492
- **第四章**　论 Riemann ζ 函数的非明显零点 ……… 507
- **第五章**　Riemann ζ 函数的一种推广——Ⅲ. $Z_{n,k}(s)$ 的均值公式 ……… 543
- **第六章**　关于 $Z_{n,k}(s)$ 的均值公式 ……… 564
- **第七章**　李文清先生论 Riemann ζ 函数的零点 ……… 577
- **附录**　辛勤执教四十载　科研育人双丰收 ……… 579

第二编　陈景润先生论 Riemann 函数与 Riemann 猜想 ……… 583

- **第一章**　关于 $\zeta\left(\dfrac{1}{2}+\mathrm{i}t\right)$ ……… 585

第三编　Riemann ζ 函数理论 ……………… 613
第一章　THE FUNCTION $\zeta(s)$ AND THE DIRICHLET SERIES RELATED TO IT … 615
第二章　THE ANALYTIC CHARACTER OF $\zeta(s)$ AND THE FUNCTIONAL EQUATION … 632
第三章　THE THEOREM OF HADAMARD AND DE LA VALLÉE POUSSIN AND ITS CONSEQUENCES …………………… 679
第四章　APPROXIMATE FORMULAE ……… 717
第五章　THE ORDER OF $\zeta(s)$ IN THE CRITICAL STRIP ……………………………… 753
第六章　VINOGRADOV'S METHOD ………… 790
第七章　MEAN-VALUE THEOREMS ………… 819
第八章　Ω THEOREMS …………………… 888
第九章　THE GENERAL DISTRIBUTION OF THE ZEROS ………………………… 929
第十章　THE ZEROS ON THE CRITICAL LINE ………………………………… 998
第十一章　THE GENERAL DISTRIBUTION OF THE VALUES OF $\zeta(s)$ ………… 1057
第十二章　DIVISOR PROBLEMS …………… 1090
第十三章　THE LINDELÖF HYPOTHESIS … 1116
第十四章　CONSEQUENCES OF THE RIEMANN HYPOTHESIS ……………………… 1129
第十五章　CALCULATIONS RELATING TO THE ZEROS ………………………………… 1208
REFERENCES ………………………………… 1216

第四编　数学分析中的一个新方法及其应用 … 1269

第一章　Diophantus 近似法理论中若干较新的问题 …………………………………… 1271

第一节　Kronecker 定理在分析学中的一个带有特征性的应用及若干注意事项 ……… 1271

第二节　Dirichlet 定理在分析学中的一个带有特征性的应用及若干注意事项 ……… 1279

第三节　推广式的前言 …………………… 1291

第四节　关于纯方幂和的一些定理 ……… 1302

第五节　第一主要定理 …………………… 1337

第六节　第二主要定理的一些辅助定理 … 1346

第七节　第二主要定理 …………………… 1349

第八节　第三主要定理 …………………… 1360

第九节　补充注意 ………………………… 1367

第十节　若干推广 ………………………… 1376

第十一节　若干未解决问题的汇集 ……… 1389

第二章　应用 ……………………………… 1393

第一节　论 Littlewood 的一个定理 ……… 1393

第二节　论 Bernstein 的若干定理 ……… 1395

第三节　论殆周期多项式的实零点 ……… 1402

第四节　在具有缺隙的幂级数与 Dirichlet 级数理论上的应用 ………………… 1411

第五节　在亚解析函数理论上以及在解析函数的边界值上的应用 ……………… 1437

第六节　论某些整函数的线性组合 ……… 1443

第七节　在微分与差分方程式理论中的应用 … 1457

第八节　论代数方程式的近似解法 ……… 1471

第九节　在素数定理的余式项上的第一个应用 …… 1478

第十节 在素数定理的余式项上的第二个应用 …… 1493
第十一节 论类似 Riemann 猜想 …………… 1510
第十二节 与类似 Riemann 猜想等价的另外一些
定理 …………………………………… 1528
第十三节 论 Dirichlet 级数论中若干值得注意的
半平面 ………………………………… 1540
第十四节 论 ζ 函数论中 Carleson 的一个定理 …… 1561
第十五节 论 Lindelöf 猜想 ………………… 1582
第十六节 论若干另外问题的提出与应用的
可能 …………………………………… 1598

附录 大问题之数学中未解决的问题 ……… 1604

第三部分 Riemann 函数面面观

第一编 Riemann 猜想的计算 …………… 1613

第一章 Riemann 猜想的理论和计算方面 … 1615
第一节 Riemann 猜想 ……………………… 1615
第二节 Pólya 猜想 ………………………… 1618
第三节 Pólya 猜想再探 …………………… 1626
第四节 de Bruijn-Newman 常数 Λ ……… 1635
第五节 通过 Jensen 多项式探索 Λ 的下界 …… 1639
第六节 追踪 $F_\lambda(z)$ 的零点 ……………… 1643
第七节 Riemann 猜想的必要充分条件 ……… 1647

第二章 Riemann ζ 函数的零点 …………… 1652

第三章 Riemann ζ 函数在 $\sigma = \frac{1}{2}$ 线上零点
个数的一个下界 …………………… 1656

第四章 Riemann ζ 函数理论中一类积分的
计算 ………………………………… 1675

第五章　关于 Riemann ζ 函数零点密度估计 … 1696
第二编　偏微分方程中的 Riemann 函数 ……… 1705
　第一章　复的 Riemann 函数：Vekua 方法 …… 1707
　第二章　非线性方程的存在性定理 ………… 1734
第三编　在 Riemann 猜想之下 ……………… 1749
　第一章　关于乘法分拆计数函数的取值 …… 1753
　第二章　广义 Riemann 猜想下的奇数 Goldbach
　　　　　问题 ………………………………… 1760
　第三章　完全平方数的分布 ………………… 1772
　第四章　关于方程 $xy+yz+zx=n$ 的正整数解 … 1788
　第五章　两个互素的立方数之差 …………… 1797
第四编　与 Riemann ζ 函数相关的一些研究 …… 1815
　第一章　一个算术函数的误差项估计 ……… 1817
　第二章　对偶形式的 Hardy 不等式的加强
　　　　　改进 ………………………………… 1827
　第三章　有限域 F_q 上一类超曲面上 ζ 函数的
　　　　　计算 ………………………………… 1838
　第四章　除数和函数对平方补数的均值 …… 1850
第五编　德布兰吉斯的证明 ………………… 1857
　第一章　APOLPGY FOR THE PROOF OF THE
　　　　　RIEMANN HYPOTHESIS ………… 1859
　第二章　M. F. Atiyah 给年轻数学家的忠告 …… 1931
　附录　　关于 Riemann 猜想被证明的网格
　　　　　论证 ………………………………… 1942
　　附录一　为什么说 Riemann 猜想是最重要的
　　　　　　数学猜想？ ……………………… 1942
　　附录二　Riemann 猜想漫谈（一）………… 1944

附录三　正多边形一个优美定值的研究性学习…… 1948
附录四　Riemann 猜想与调和级数　…………… 1957
附录五　大"地震"还是大乌龙？直击 Riemann 猜想
　　　　证明现场！　………………………… 1963
附录六　Riemann 猜想：证明过程解读 ………… 1973
附录七　数学界大"地震"：证明 Riemann 猜想的
　　　　5 页论文已公布！……………………… 1975
附录八　Riemann 猜想证明：现场问答陷尴尬,
　　　　学界评价悲观 …………………………… 1977
附录九　丘成桐教授对 Atiyah 爵士证明 Riemann
　　　　猜想的评论 ……………………………… 1981
附录十　如何以初中数学解释 Riemann 猜想？ … 1983
附录十一　Riemann 猜想被 Atiyah 爵士证明了？
　　　　　数学家同行发出质疑：那甚至不能
　　　　　算是个错误！………………………… 1989
附录十二　Atiyah 是如何证明"世纪之谜"
　　　　　Riemann 猜想的？ …………………… 1995

第一部分

Riemann 猜想的历史及进展

第 一 编
简 介

第一章　从一则《每日邮报》的报道谈起

第一节　这是真的吗？

据英国《每日邮报》2015 年 11 月 17 日报道，尼日利亚教授 Opeyemi Enoch 成功解决已存在 156 年的数学难题——Riemann 猜想，获得 100 万美元（约合人民币 630 万元）的奖金.

自从 Fermat 大定理于 20 世纪 90 年代得以解决后，Riemann 问题便成为数学界最著名、最受争议的问题. 该问题中最简单的部分在于其中所有质数的分布并不遵循规律.

Enoch 博士在尼日利亚某大学任教. 他表示，自己在 2010 年取得关键性突破，这为后来能够解决这一千年难题奠定了基础. 他说，自己决定解决这一著名的数学难题不是为了奖金，而是因为自己的学生. 正是因为学生们相信自己，他才开始尝试解决这一数学难题. 然而，克雷数学研究所既不证实也不否认 Enoch 博士正式解决了这一问题，只是简单表示对这些千年数学难题的解决办法不予评论.

Riemann 猜想是关于 Riemann ζ 函数 $\zeta(s)$ 的零点分布的猜想，由数学家 Riemann 于 1859 年提出. Hilbert 在第二届国际数学家大会上提出了 20 世纪数学家应当努力解决的23个数学问题,被认为是20世纪数学的至高点,其中便包括Riemann猜想.现今克雷数学研究所悬赏的世界七大数学难题中也包括Riemann猜想.

与Fermat猜想时隔三个半世纪以上才被解决,Goldbach猜想历经两个半世纪以上屹立不倒相比,Riemann猜想只有一个半世纪的纪录还差得很远,但它在数学上的重要性要远远超过两个大众知名度更高的猜想.Riemann猜想是当今数学界最重要的数学难题.

历史上关于Riemann猜想被证实的闹剧时常传出,所谓Riemann猜想被尼日利亚籍教授证明的网文中并没有说明克雷数学研究所已经承认并授予奖金,克雷数学研究所官网并无任何表态,而学界专业评价趋于消极.

第二节　Riemann　其　人

Riemann(1826—1866),他是德国人,1826年9月17日生于汉诺威的布莱索伦茨村一个牧师家庭.他6岁上小学,在校时常用比老师更高明的方法解数学题.14岁时,他进入大学预科学习.在校长的鼓励下,他以惊人的速度和理解力阅读了Legendre,Euler等著名数学家的著作.19岁时,他遵照父亲的意愿进入哥廷根大学学习神学,但是在Gauss,Weber,Stein等数学家的影响下,他对数学更感兴趣.征得父亲的同意后,他放弃了神学而改修数学,并成为Gauss晚年的门生.在哥廷根大学学习一年之后,他又去柏林大学,在那里向

Jacobi, Dirichlet, Steiner, Eisenstein 等数学家学习了许多新的数学知识. 1850 年他回到哥廷根, 在 Gauss 的指导下, 他于 1851 年 11 月完成了博士论文《复变函数的基础》, 并获得了博士学位. 1854 年, 为了获得哥廷根大学编外讲师资格, 他提交了题为《关于利用三角级数表示一个函数的可能性》的论文, 并在 Gauss 的安排下, 向全体教员做了题为《关于几何基础的假设》的演讲. 作为一名编外讲师的 Riemann, 仅以学生的听课费为经济收入, 生活十分清苦. 1855 年 Gauss 逝世, Dirichlet 接替了 Gauss 的职位, 他尽力帮助 Riemann, 先让 Riemann 能在哥廷根大学领取微薄的工资(约为教授工资的十分之一), 1857 年他又推荐 Riemann 为该校副教授. 1859 年 Dirichlet 逝世, 作为他的继承人, Riemann 才被任命为哥廷根大学教授. 同年, 他被选为伦敦皇家学会会员和巴黎科学院院士. 由于长期生活艰难, 工作劳累, Riemann 身体很不好. 1862 年, 他婚后不到一个月, 就患了胸膜炎, 曾去意大利疗养, 由于经济拮据, 尚未痊愈便返回哥廷根, 结果旧病几经复发, 当他第三次到意大利疗养时, 病情已十分严重. 1866 年 7 月 20 日 Riemann 不幸病逝于意大利北部的马佐列湖畔, 年仅 39 岁.

Riemann 在他短短的一生中, 发表的论文并不多, 但是他的每一篇论文不仅在当时, 即使在现代也是具有重要意义的, 他在数学的许多领域做出了划时代的贡献.

(1) 在复变函数论方面. 他在其博士论文中, 引入了解析函数的概念, 完全摆脱了显式表示的约束, 而注重一般性原理. 他把复变函数 $f(z) = u + iv (z = x + iy$

的解析概念建立于

$$\begin{cases} \dfrac{\partial u}{\partial x} = \dfrac{\partial v}{\partial y} \\ \dfrac{\partial u}{\partial y} = -\dfrac{\partial v}{\partial x} \end{cases} \quad (1.1)$$

这两个方程的基础上. 人们称之为 Riemann-Cauchy 方程, 它在函数的解析性研究中起着重要的奠基作用. 对于多值复变函数, 他巧妙地引入一种特殊曲面, 即 Riemann 曲面. 利用这种曲面不仅可以描绘多值函数的性质, 而且可以有效地使多值函数在曲面上单值化, 从而把一些单值函数的结论推广到多值函数, 从而确立了复变函数的几何理论的基础.

(2) 在积分学方面. 他在其 1854 年的任职论文中, 推广了 Dirichlet, Cauchy 所创建的只适用于连续函数的积分概念, 建立了适用于有界函数的积分概念, 即 Riemann 积分. 他给出了一个判定积分存在的准则: 函数 $f(x)$ 在区间 $[a,b]$ 上可积的充分必要条件是使 $f(x)$ 在子区间上振幅大于任意正数 λ 的那些子区间的总长度随着各子区间长度趋于零而趋于零. 他的这些成果不仅更新了原有的概念, 而且给积分学奠定了广泛的基础, 使微积分学进一步得到发展.

(3) 在三角级数理论方面. 他在其 1854 年的任职论文中, 试图找出使区间 $[-\pi, \pi]$ 中的一点 x 处 $f(x)$ 的 Fourier 级数收敛于 $f(x)$ 时, $f(x)$ 必须满足的充分必要条件. 他从级数

$$\sum_{n=1}^{\infty} a_n \sin nx + \sum_{n=1}^{\infty} b_n \cos nx \quad (1.2)$$

出发, 并定义

第一部分　Riemann 猜想的历史及进展

$$A_0 = \frac{1}{2}b_0$$

$$A_n(x) = a_n \sin nx + b_n \cos nx$$

于是上述级数相当于

$$f(x) = \sum_{n=0}^{\infty} A_n(x) \qquad (1.3)$$

他分别讨论了级数的项对一切 x 或某个 x 趋于零这两种情形,并指出,可积分的 $f(x)$ 不一定都有 Fourier 级数表示.

（4）在几何基础方面. 他在 1854 年的就职演讲中,彻底革新了几何观念,创立了 Riemann 几何. 他提出的空间的几何并不只是 Gauss 微分几何的推广. 他重新开辟了微分几何发展的新途径,并在物理学中得到了应用. 他认为 Euclid 的几何公理与其说是自明的,不如说是经验的. 于是,他把对三维空间的研究推广到 n 维空间,并将这样的空间称为流形. 他还引入了流形元素之间的距离的微分概念,以及流形的曲率的概念,从而发展了空间理论和曲率的原理.

（5）在 Abel 函数论方面. 他在其 1857 年的论文中,提出了 Abel 函数论中的矩阵、解双曲线方程的方法等,并通过引入 Riemann 曲面的概念,使 Abel 函数论系统化.

（6）在数论方面. 他于 1859 年发表的论文《论小于给定数值的素数个数》轰动了数学界. 他把素数分布的问题归结为函数

$$\zeta(z) = \sum_{n=1}^{\infty} \frac{1}{n^z}, z = x + iy \qquad (1.4)$$

的问题,这就是著名的 Riemann ζ 函数. 他还提出了一个猜想:$\zeta(z)$ 位于 $0 \leqslant x \leqslant 1$ 之间的全部零点都在 $x =$

$\frac{1}{2}$ 上,即零点 $z = x + iy$ 的实部都是 $\frac{1}{2}$. 这就是著名的 Riemann 猜想,即 Hilbert 23 个问题中的第 8 个问题,至今尚未解决. 许多数论中的问题都要在该问题解决之后才能解决. 他研究数论时广泛地使用了解析函数这个工具,从而开创了解析数论这一新分支,也极大地促进了解析函数论的发展.

此外,他对微分方程理论也做出了贡献,有以他的名字命名的恒等式与方程. 他根据奇异点的数目和性质,对系数为有理数的所有微分方程进行了系统的分类.

1876 年 Dedekind 和 Weber 出版了《黎曼全集》,1902 年 Riemann 的学生们又将 Riemann 的讲课笔记作为《黎曼全集》的补充,整理出版.

第三节　几个初等例子

例 1　设 $\varphi(z) = \sum_{n=1}^{5} \frac{1}{n^z}$.

求证:对于任何实数 t,有 $\varphi(1 + it) \neq 0$.

证明　首先讨论函数

$$\varphi_4(z) = \sum_{n=1}^{4} \frac{1}{n^z}$$

并证明 $\varphi_4(1 + it) \neq 0$ 对任意的 $t \in \mathbf{R}$ 成立.

我们有(设 $x = t \ln 2$)

$$\operatorname{Re} \varphi_4(1 + it) = \sum_{n=1}^{4} \frac{1}{n} \cos(t \ln n) \geq$$

$$1 + \frac{1}{2}\cos x - \frac{1}{3} + \frac{1}{4}\cos 2x =$$

第一部分　Riemann 猜想的历史及进展

$$1 - \frac{1}{3} + \frac{1}{2}\cos x +$$
$$\frac{1}{4}(2\cos^2 x - 1) =$$
$$\frac{5}{12} + \frac{1}{2}(u + u^2) \geqslant$$
$$\frac{5}{12} + \frac{1}{2}\min_{|u|\leqslant 1}(u + u^2) = \frac{7}{24}$$

式中 $u = \cos x$,就是说
$$\operatorname{Re} \varphi_4(1 + \mathrm{i}t) \geqslant \frac{7}{24}$$

于是,当 $x \in \mathbf{R}$ 时,$\varphi_4(1 + \mathrm{i}t) \neq 0$. 由上述记号和计算,显然 $\varphi(z) \equiv \varphi_5(z)$ 且
$$\operatorname{Re} \varphi_5(1 + \mathrm{i}t) \geqslant \operatorname{Re} \varphi_4(1 + \mathrm{i}t) - \frac{1}{5} \geqslant$$
$$\frac{7}{24} - \frac{1}{5} \equiv \frac{11}{120}$$

因而,当 $t \in \mathbf{R}$ 时,$\varphi(1 + \mathrm{i}t) \neq 0$.

例 2　计算 $\sum \dfrac{1}{mn(m+n)}$.

解　由于
$$x = \sum \frac{1}{mn(m+n)} = \sum \frac{(m+n)-n}{m^2 n(m+n)} =$$
$$\sum \frac{1}{m^2 n} - \sum \frac{1}{m^2(m+n)} = \sum_{m \geqslant n} \frac{1}{m^2 n} =$$
$$\zeta(3) + \sum_{m>n} \frac{m-n}{m^2 n(m-n)} =$$
$$\zeta(3) + \sum_{m>n} \frac{1}{mn(m-n)} - \sum_{m>n} \frac{1}{m^2(m-n)} =$$
$$\zeta(3) + x - (x - \zeta(3)) = 2\zeta(3)$$

因此答案为 $2\zeta(3)$.

例3 证明：$\dfrac{\zeta(s)\zeta(s-a)\zeta(s-b)\zeta(s-a-b)}{\zeta(2s-a-b)} = \sum_{n=1}^{\infty} \dfrac{\sigma_a(n)\sigma_b(n)}{n^s}$（《哈代数论》第6版，定理305）.

证明 原式左边分母乘过去再代换

$$\dfrac{\zeta(s)\zeta(s-a)\zeta(s-b)\zeta(s-a-b)}{\zeta(2s-a-b)} = \sum_{n=1}^{\infty} \dfrac{\sigma_a(n)\sigma_b(n)}{n^s} \Leftrightarrow$$

$$\zeta(s)\zeta(s-a)\zeta(s-b)\zeta(s-a-b) = \zeta(2s-a-b)\sum_{n=1}^{\infty} \dfrac{\sigma_a(n)\sigma_b(n)}{n^s} \Leftrightarrow$$

$$\sum_{n=1}^{\infty}\dfrac{1}{n^s}\sum_{n=1}^{\infty}\dfrac{n^a}{n^s}\sum_{n=1}^{\infty}\dfrac{n^b}{n^s}\sum_{n=1}^{\infty}\dfrac{n^{a+b}}{n^s} = \sum_{n=1}^{\infty}\dfrac{n^{a+b}}{n^{2s}}\sum_{n=1}^{\infty}\dfrac{\sigma_a(n)\sigma_b(n)}{n^s} \Leftrightarrow$$

$$\sum_{n=xyzw} x^{a+b}y^a z^b = \sum_{n=p^2qrst} p^{a+b}(qr)^a(qs)^b \Leftrightarrow$$

$$\sum_{n=xyzw} x^{a+b}y^a z^b = \sum_{n=p^2qrst}(qpr)^a(qps)^b \Leftrightarrow$$

$$\sum_{n=xyzw}(xy)^a(xz)^b = \sum_{n=p^2qrst}(qpr)^a(qps)^b$$

（作代换 $pr=u, ps=v$）

请读者朋友检查一下下式

$$\zeta(s)\zeta(s-a)\zeta(s-b)\zeta(s-c)\zeta(s-a-b) \cdot$$
$$\zeta(s-b-c)\zeta(s-c-a)\zeta(s-a-b-c) =$$
$$\zeta(3s-a-b-c)\zeta(2s-a-b)\zeta(2s-b-c) \cdot$$
$$\zeta(2s-c-a)\sum_{n\in \mathbf{N}_+}\dfrac{\sigma_a(n)\sigma_b(n)\sigma_c(n)}{n^s}$$

第一部分　Riemann 猜想的历史及进展

证明: 由于

$$\text{LHS} = \sum_{n \in \mathbf{N}_+} \frac{1}{n^s} \sum_{n \in \mathbf{N}_+} \frac{n^a}{n^s} \sum_{n \in \mathbf{N}_+} \frac{n^b}{n^s} \sum_{n \in \mathbf{N}_+} \frac{n^c}{n^s} \cdot$$

$$\sum_{n \in \mathbf{N}_+} \frac{n^{a+b}}{n^s} \sum_{n \in \mathbf{N}_+} \frac{n^{b+c}}{n^s} \sum_{n \in \mathbf{N}_+} \frac{n^{c+a}}{n^s} \sum_{n \in \mathbf{N}_+} \frac{n^{a+b+c}}{n^s} =$$

$$\sum_{n \in \mathbf{N}_+} \frac{\sum_{n=PQRSTXY} P^a Q^b R^c S^{a+b} T^{b+c} X^{a+c} Y^{a+b+c}}{n^s} =$$

$$\sum_{n \in \mathbf{N}_+} \frac{\sum_{n=PQRSTXY} (PSXY)^a (QSTY)^b (RTXY)^c}{n^s}$$

$$\text{RHS} = \sum_{n \in \mathbf{N}_+} \frac{n^{a+b+c}}{n^{3s}} \sum_{n \in \mathbf{N}_+} \frac{n^{a+b}}{n^{2s}} \sum_{n \in \mathbf{N}_+} \frac{n^{b+c}}{n^{2s}} \sum_{n \in \mathbf{N}_+} \frac{n^{c+a}}{n^{2s}} \cdot$$

$$\sum_{n \in \mathbf{N}_+} \frac{\sigma_a(n)\sigma_b(n)\sigma_c(n)}{n^s} =$$

$$\sum_{n \in \mathbf{N}_+} \frac{\sum_{n=P^3Q^2R^2S^2A_1A_2A_3A_4A_5A_6A_7} P^{a+b+c}Q^{a+b}R^{b+c}S^{c+a}(A_1A_2A_4A_7)^a(A_1A_2A_3A_5)^b(A_1A_3A_4A_6)^c}{n^s} =$$

$$\sum_{n \in \mathbf{N}_+} \frac{\sum_{n=P^3Q^2R^2S^2A_1A_2A_3A_4A_5A_6A_7} (PQSA_1A_2A_4A_7)^a(PQRA_1A_2A_3A_5)^b(PRSA_1A_3A_4A_6)^c}{n^s}$$

令 $PQSA_7 = \alpha, PQRA_5 = \beta, PRSA_6 = \gamma$, 则

$$\text{RHS} = \sum_{n \in \mathbf{N}_+} \frac{\sum_{n=\alpha\beta\gamma A_1 A_2 A_3 A_4} (A_1 A_2 A_4 \alpha)^a (A_1 A_2 A_3 \beta)^b (A_1 A_3 A_4 \gamma)^c}{n^s} =$$

LHS

形式相近的等式请见 1968 年《美国数学月刊》第 985 页，读者朋友可以参考一下.

例4 计算 $\sum_{(a,b)=1} \dfrac{1}{a^2 b^4}$.

解
$$\sum_{(a,b)=1} \dfrac{1}{a^2 b^4} = \prod_p \left(1 + \dfrac{1}{p^2} + \dfrac{2}{p^4} + \dfrac{2}{p^6} + \dfrac{2}{p^8} + \dfrac{3}{p^{10}} + \cdots\right) =$$
$$\prod_p \dfrac{p^6 - 1}{(p^2-1)(p^4-1)} = \dfrac{\zeta(2)\zeta(4)}{\zeta(6)} = \dfrac{7}{4}$$

其中 p 为素数.

例5 计算 $\sum_{(a,b)=1} \dfrac{1}{a^m b^n}$,其中 m,n 是大于1的整数.

解
$$\sum_{(a,b)=1} \dfrac{1}{a^m b^n} = \prod_p \left(1 + \dfrac{1}{p^m - 1} + \dfrac{1}{p^n - 1}\right) = \dfrac{\zeta(m)\zeta(n)}{\zeta(m+n)}$$

其中 p 为素数.

例6 已知 n 是大于2的整数,求证

$$\zeta(2)\zeta(2n-2) + \zeta(4)\zeta(2n-4) +$$
$$\zeta(6)\zeta(2n-6) + \cdots +$$
$$\zeta(2n-2)\zeta(2) = \left(n + \dfrac{1}{2}\right)\zeta(2n)$$

证明 由下式即可证明本题

$$\zeta(2)\zeta(2n-2) + \zeta(4)\zeta(2n-4) +$$
$$\zeta(6)\zeta(2n-6) + \cdots + \zeta(2n-2)\zeta(2) =$$
$$\sum_{a,b \in \mathbf{N}_+} \left(\dfrac{1}{a^2 b^{2n-2}} + \dfrac{1}{a^4 b^{2n-4}} + \dfrac{1}{a^6 b^{2n-6}} + \cdots + \dfrac{1}{a^{2n-2} b^2}\right) =$$
$$\sum_{a \in \mathbf{N}_+} \left(\dfrac{n-1}{a^{2n}} + \sum_{a \neq b} \dfrac{a^{2-2n} - b^{2-2n}}{b^2 - a^2}\right) =$$
$$(n-1)\zeta(2n) + 2\sum_{a \neq b} \dfrac{a^{2-2n}}{b^2 - a^2} =$$

$$(n-1)\zeta(2n) + \sum_{a\in\mathbf{N}_+}\left(a^{1-2n}\sum_{a\neq b}\frac{2a}{b^2-a^2}\right) =$$

$$(n-1)\zeta(2n) + \sum_{a\in\mathbf{N}_+}\left(a^{1-2n}\sum_{a\neq b}\left(\frac{1}{b-a}-\frac{1}{b+a}\right)\right) =$$

$$(n-1)\zeta(2n) + \frac{3}{2}\sum_{a\in\mathbf{N}_+}a^{-2n} =$$

$$\left(n+\frac{1}{2}\right)\zeta(2n)$$

例 7 已知正整数 n 不小于 2,求证

$$2\sum_{k\in\mathbf{N}_+}\frac{1}{k^n}\left(1+\frac{1}{2}+\frac{1}{3}+\frac{1}{4}+\cdots+\frac{1}{k-1}\right) =$$
$$n\zeta(n+1) - \zeta(2)\zeta(n-1) - \zeta(3)\zeta(n-2) -$$
$$\zeta(4)\zeta(n-3) - \cdots - \zeta(n-1)\zeta(2)$$

证明 由下式即可证明此题

$$\zeta(2)\zeta(n-1) + \zeta(3)\zeta(n-2) +$$
$$\zeta(4)\zeta(n-3) + \cdots + \zeta(n-1)\zeta(2) =$$
$$\sum_{a,b\in\mathbf{N}_+}\left(\frac{1}{a^2b^{n-1}}+\frac{1}{a^3b^{n-2}}+\frac{1}{a^4b^{n-3}}+\cdots+\frac{1}{a^{n-1}b^2}\right) =$$
$$(n-2)\zeta(n+1) + 2\sum_{a\in\mathbf{N}_+}\frac{1}{a^{n-1}}\sum_{a\neq b}\frac{1}{(b-a)b} =$$
$$(n-2)\zeta(n+1) + 2\sum_{a\in\mathbf{N}_+}\frac{1}{a^n}\sum_{a\neq b}\left(\frac{1}{b-a}-\frac{1}{b}\right) =$$
$$(n-2)\zeta(n+1) +$$
$$2\sum_{a\in\mathbf{N}_+}\frac{1}{a^n}\left(\frac{1}{a}-\frac{1}{a-1}-\frac{1}{a-2}-\cdots-\frac{1}{2}-1\right) =$$
$$n\zeta(n+1) - 2\sum_{a\in\mathbf{N}_+}\frac{1}{a^n}\left(1+\frac{1}{2}+\cdots+\frac{1}{a-2}+\frac{1}{a-1}\right)$$

例 8 计算 $\sum_{n\geqslant 1}\frac{\zeta(2n+1)}{4^n}$.

解 由下式即可得出结果

$$\sum_{n \geqslant 1} \frac{\zeta(2n+1)}{4^n} =$$

$$\sum_{a \in \mathbf{N}_+} \left(\frac{1}{4a^3} + \frac{1}{4^2 a^5} + \frac{1}{4^3 a^7} + \frac{1}{4^4 a^9} + \cdots \right) =$$

$$\sum_{a \in \mathbf{N}_+} \frac{1}{a(4a^2-1)} = \sum_{a \in \mathbf{N}_+} \left(\frac{1}{2a-1} + \frac{1}{2a+1} - \frac{1}{a} \right) =$$

$$\ln 4 - 1$$

例9 证明几个有联系的算式

$$A = \frac{1}{1+1} + \frac{1}{4+1} + \frac{1}{9+1} + \frac{1}{16+1} + \cdots$$

$$B = (\zeta(2) - \zeta(4)) + (\zeta(6) - \zeta(8)) + (\zeta(10) - \zeta(12)) + \cdots$$

证明 B 中的括号去掉就不是收敛级数了. 当 $x > 1$ 时, 有

$$\frac{1}{x+1} = \frac{1}{x} - \frac{1}{x^2} + \frac{1}{x^3} - \frac{1}{x^4} + \frac{1}{x^5} - \frac{1}{x^6} + \cdots$$

所以 $A - B = 0.5$. 由 Bernoulli 数的两个定义知

$$\frac{B_{2n}(2\pi)^{2n}}{(2n)!} = 2(-1)^{n+1} \zeta(2n), n \geqslant 1$$

$$f(z) = \frac{z}{e^z - 1} = \sum_{n \geqslant 0} \frac{B_n z^n}{n!}, |z| < 2\pi$$

$$f(z) + f(-z) = \frac{z(e^z + 1)}{e^z - 1} = 2 \sum_{n \geqslant 0} \frac{B_{2n} z^{2n}}{(2n)!}, |z| < 2\pi$$

最后这个级数如果每两项用括号括起来, 就能令 $z = 2\pi$ 了. 把第一个定义代进来

$$\frac{\pi(e^{2\pi}+1)}{e^{2\pi}-1} = 2 + 2((\zeta(2) - \zeta(4)) +$$

第一部分　Riemann 猜想的历史及进展

$$(\zeta(6) - \zeta(8)) +$$
$$(\zeta(10) - \zeta(12)) + \cdots)$$

$$\frac{\pi-1}{2} + \frac{\pi}{e^{2\pi}-1} = \frac{1}{1+1} + \frac{1}{4+1} + \frac{1}{9+1} + \frac{1}{16+1} + \cdots$$

参看 Bernoulli 数的定义就很容易发现这个等式, 这应该是求级数 A 的最简单的方法.

第二章　一篇海外特稿

第一节　Hardy 的电报

让我们从一则小故事开始我们的 Riemann 猜想之旅吧！英国有一位很著名的数学家叫作 Godfrey Hardy(1877—1947)，他是两百年来英国数学界的一位"勇者"。为什么说他是勇者呢？因为在 17 世纪的时候，英国的数学家与欧洲大陆的数学家之间发生了一场激烈的论战。论战的话题是"谁先发明了微积分". 论战的当事人一边是英国的科学泰斗 Isaac Newton(1642—1727)，另一边是欧洲大陆(德国)的哲学及数学家 Gottfried Leibniz (1646—1716). 这一场论战打下来，两边筋疲力尽自不待言，还大伤了和气，留下了旷日持久的后遗症. 英国的许多数学家开始排斥来自欧洲大陆的数学进展. 一场争论演变到这样的一个地步，英国数学界的集体荣誉及尊严、Newton 的赫赫威名便都成了负资产，英国的数学在保守的舞步中走起了下坡路. 这下坡路一走便是两百年.

在这样的一个背景下，在复数理论还被一些英国数学家视为来自欧洲大陆的危险概念的时候，土生土长的英国数学家 Hardy 却对来自欧洲大陆(德国)，有着复变函数色彩的数学猜想——Riemann 猜想产生了浓厚的兴趣，积极地研究它，并且取得了令欧洲大陆数

学界为之震动的成就(这一成就将在后文中介绍),算得上勇者所为.

当时 Hardy 在丹麦有一位很好的数学家朋友叫作 Harald Bohr(1887—1951),他是著名量子物理学家 Niels Bohr 的弟弟. Bohr 对 Riemann 猜想也有浓厚的兴趣,曾与德国数学家 Edmund Landau(1877—1938)一起研究 Riemann 猜想(他们的研究成果也将在后文中介绍). Hardy 很喜欢与 Bohr 共度暑假,一起讨论 Riemann 猜想,常常待到假期将尽才匆匆赶回英国. 结果有一次当他赶到码头时,发现只剩下一条小船可以乘坐了. 在汪洋大海中乘坐一条小船可不是闹着玩的事情,如果幸运就是浪漫刺激,如果不幸运就会葬身鱼腹. 有宗教信仰的乘客们此时都忙着祈求保佑,Hardy 却不以为然. 不过在这生死攸关的时刻 Hardy 也没闲着,他给 Bohr 发去了一封电报,电报上只有一句话:"我已经证明了 Riemann 猜想!"

Hardy 为什么要发这么一个电报呢? 回到英国后他向 Bohr 解释了原因,他说如果那次他乘坐的船真的沉没了,那人们就只好相信他真的证明了 Riemann 猜想.

果然 Hardy 的小船没有沉没. 自那以后又过去了 70 多年,仍然没有人可以享受这么大的荣誉.

第二节　Riemann ζ 函数与 Riemann 猜想

Riemann 猜想究竟是一个什么样的猜想呢? 在回答这个问题之前我们先来介绍一个函数:Riemann ζ 函数.

Riemann ζ 函数 $\zeta(s)$ 是级数表达式(n 为自然数)

$$\zeta(s) = \sum_n n^{-s}, \operatorname{Re}(s) > 1$$

在复平面上的解析延拓. 之所以需要解析延拓,是因为上面这一表达式(如我们已经注明的)只适用于平面上 $\operatorname{Re}(s) > 1$ 的区域(否则级数不收敛). Riemann 找到了上面这一表达式的解析延拓(当然 Riemann 没有使用"解析延拓"这一现代复变函数论的术语). 运用路径积分,解析延拓后的 Riemann ζ 函数可以表示为

$$\zeta(s) = \frac{i\Gamma(1-s)}{2\pi} \int_C \frac{(-w)^{s-1}}{e^w - 1} dw$$

式中的积分环绕正实轴进行(即从 ∞ 出发,沿实轴上方积分至原点附近,环绕原点积分至实轴下方,再沿实轴下方积分至 ∞ —— 离实轴的距离及环绕原点的半径均趋于 0);式中的 Γ 函数 $\Gamma(s)$ 是阶乘函数在复平面上的推广,对于正整数 $s > 1$: $\Gamma(s) = (s-1)!$. 可以证明,这一积分表达式除在 $s = 1$ 处有一个简单极点外在整个复平面上解析. 这就是 Riemann ζ 函数的完整定义.

运用上面的积分表达式可以证明,Riemann ζ 函数满足以下代数关系式

$$\zeta(s) = 2\Gamma(1-s)(2\pi)^{s-1}\sin\left(\frac{\pi s}{2}\right)\zeta(1-s)$$

从这个关系式中不难发现,Riemann ζ 函数在 $s = -2n$(n 为自然数)处取值为零,因为 $\sin\left(\frac{\pi s}{2}\right)$ 为零,所以复平面上的这种使 Riemann ζ 函数取值为零的点被称为 Riemann ζ 函数的零点. 因此 $s = -2n$(n 为自然数)是 Riemann ζ 函数的零点. 这些分布有序的零点性

第一部分　Riemann 猜想的历史及进展

质十分简单,被称为 Riemann ζ 函数的平凡零点(trivial zeros).除这些平凡零点外,Riemann ζ 函数还有许多其他的零点,那些零点被称为非平凡零点.对 Riemann ζ 函数非平凡零点的研究构成了现代数学中最艰深的课题之一.我们所要讨论的 Riemann 猜想就是关于这些非平凡零点的猜想,在这里我们先把它的内容表述一下,然后再叙述它的来龙去脉:

Riemann 猜想:Riemann ζ 函数的所有非平凡零点(non-trivial zeros)都位于复平面上 $\mathrm{Re}(s) = \frac{1}{2}$ 的直线上.

在 Riemann 猜想的研究中数学家们把复平面上 $\mathrm{Re}(s) = \frac{1}{2}$ 的直线称为临界线(critical line),运用这一术语,Riemann 猜想也可以表述为:Riemann ζ 函数的所有非平凡零点都位于临界线上.

这就是 Riemann 猜想的内容,它是 Riemann 在 1859 年提出的.从其表述上看,Riemann 猜想似乎是一个纯粹有关复变函数的命题,但我们很快将会看到,它其实却是一曲有关素数分布的神秘乐章.

在 *Notices of the AMS*, Vol. 50(2003) 中 J. Brian Conrey 指出:Hilbert 在 1990 年巴黎国际数学家大会上的演讲中,将 Riemann 猜想列为 20 世纪的数学家有待研究的 23 个问题之一,现在我们发现它被摆在 21 世纪的数学家面前!Riemann 猜想(RH)被提出到现在已超过 160 年,现在可能是关于它的研究的历史中最活跃的时期.近年来,在数学和物理的若干领域的交汇处,有大量关于 RH 的研究工作出现.

在过去的二十多年中,美国数学研究所(American Institute of Mathematics(AIM))资助了3个聚焦 RH 的专题讨论会,第1次(RH I)是1996年8月在西雅图华盛顿大学,第2次(RH II)是1998年10月在维也纳的埃尔温·薛定谔(Erwin Schrödinger)国际数学与物理研究所,第3次(RH III)是2002年5月在纽约的柯朗(Courant)数学研究所.

鉴于这个数学中最具挑战性的问题再度引起人们的关注,以及 Andrew Wiles 证明了 Fermat 大定理后未解决的大猜想越来越少,我们将引用海外华人卢昌海先生的长篇论著的第一节 Riemann 猜想漫谈.

卢昌海先生先就读于上海复旦大学物理系后,他留学美国,之后在华尔街从事股票投资,曾亲自参加 RH 的零点验证工作.(数以兆计的零点符合 RH,后来 Rande Lune 的工作显示前10兆零点都在 $\frac{1}{2}$ 直线上,另外,Sebastian Wedeniwski 组织了一个多人捐助的分布计算计划,它宣称已验证前100兆零点都在 $\frac{1}{2}$ 直线上,Anderew Odlyzko 也已经计算了在零点 10^{20},10^{21} 和 10^{22} 附近数以百万计的零点.)

第二编

媒体的狂欢

第一章 颤抖吧！解决这道数学题就可以拿一百万美金

数学家们都在讨论着，当提到虚构的 Riemann ζ 函数时，世界上优秀的数学家不断陷入 160 多年来的僵局中.

后来一组 3 人的数学家团体发现一种新方法来解决被称为是"数学最大的未解之题"，而它绝对让人更接近一百万美元的现金奖.

Riemann 猜想首先是由德国的数学家 Riemann 在一份 1859 年的论文中提出的. 如果我们可以证明它，Riemann ζ 函数将提供给我们一种极简单的方法来分析著名的难处理的质数世界.

质数难以识别和预测的原因在于它们看起来好像是完全随机的，尽管有一些暗示，可能有某种规律我们还没有定义出来. 除了 1 和自身之外，质数没有包含任何其他的因数(factor)，因数是一些数字可以一起相乘来得到另外一个数字，这使得质数几乎是令人沮丧的简单实体，但 Riemann ζ 函数假设性地允许你做的是，使用一个公式来计算出小于任何给定数字的质数数目.

这个公式是非常强大的，几十年来，无数的演算法，特别是在安全学和密码学，已经被制订来假定它是真的. 如果可以证明它，它将开启一个全新的数学世界. 类似于代数数论(algebraic number theory)，如何在它之前彻底改变这个领域.

也有人在想如何反驳 Riemann 猜想,意大利数字理论学家 Enrico Bombieri 曾经写道:"错误会造成质数分配的浩劫."

这个问题被列为 7 个数学千禧年大奖难题之一,而每个问题带有一百万美元奖金的原因是,我们证明它的真实性是至关重要的,但是做到这件事却是非常困难的.

它是基于被提到的 ζ 函数零点(Zeta function zero),以任意两个坐标开始的演算法,并使用它们来执行一套计算,以便算出一个值.

Matt Parker 对《英国卫报》(The Guardian)的解释:"例如,设定两个初始坐标的经纬度值,然后 ζ 函数回报每个点的高度,形成一个充满丘陵和山谷的数学景观.当注意到所有位于沿着经度为 0.5 度的一条直线的位置没有高度(在我们的例子中是'海平面的点')时,Riemann 正在探索这个景观,这是完全意外的."

Riemann 利用这些零点想出一个公式来定义质数分布,但他无法证明它们都落在同一条直线上.

不是因为缺乏尝试,你可以单独证明前一千亿或前 10 兆的零点都落在这条直线上,但之后的零点呢?你如何证明无限的零点仍然会遵循着这个趋势呢?

一篇由美国、加拿大和英国的三位数学家所写的论文提出,我们使用量子力学来解决这个问题,锁定一个方法,这个方法可能需要一个量子系统,它的能量状态对应于 ζ 函数的假设零点.他们定义一个名为 Hamilton 算子(Hamiltonian operator,表示为 H)的组件,作为这个量子系统存在的关键,而数学界现在正忙着总结声明.为了让它更简单,Kevin Knudson 在《富比士》(*Forbes*)说:"如果这样一个系统存在,Riemann 猜想就会立即成立."

这个猜想足够强大到获得每一个人的关注,但是否是解开被定义为纯数学最重要的公开问题的关键,目前还不明确.

纽约大学数学家 Paul Bourgade 告诉《量子杂志》(*Quanta Magazine*)的 Natalie Wolchover:"本着对 Riemann 猜想负责的原则,有关他们的研究结果的重要性,我需要更多的时间来给出相关的意见."

第二章　Riemann 一段耐人寻味的话

引力波的发现反映了我们的空间是一个具有动力学性质的媒介. Einstein 的广义相对论和量子力学的矛盾,也暗示着连续空间的图像在小尺度下并不成立. 如果连续空间的图像不成立,那么空间的本质是什么？空间的微观结构是什么？空间的起源是什么？本书告诉你,Riemann,这个连续空间图像的创立者,在160 多年前已经开始考虑这个问题了. 空间的微观结构也许是离散的、代数的,连续空间的图像,也许是这些离散结构在大尺度下的衍生的现象.

在卢昌海先生所购买的少数理科类图书中有 Felix Klein 的《数学在 19 世纪的发展》(共两卷). 他回到纽约后,随手翻看了第二卷译者李培廉所撰的译后记. 该译著后记的内容颇为翔实,既有对翻译过程及翻译心得的回顾,也有对图书本身的介绍. 其中附录 III 的介绍引起了他的兴趣. 该附录所收录的是 Riemann 1854 年的著名演讲《关于几何基础的假设》(*On the hypotheses which lie at the foundation of geometry*). 这篇在 Riemann 去世后的 1868 年才发表的演讲奠定了 Riemann 几何的基础,是 Riemann 一生最重要、对后世影响最大的贡献之一.

引起他兴趣的是李培廉用粗体字特意强调的一小段话,那是 Riemann 在评述无穷小线元长度可以用一

第一部分　Riemann 猜想的历史及进展

个二次微分式的平方根来表示的假设（用现代记号来表示，即 $ds^2 = g_{ij}dx_i dx_j$）时所写的：

> 如果线元可用一个二次微分式的平方根来表示的假设不成立，更为复杂的关系就可能出现. 但是现在看来确立空间度量基础的经验的概念，即刚体和光线的概念，在无穷小的范围内已经失效. 因此可以设想，在无穷小的范围内空间的度量关系与几何学的假设并不相符……

这段文字是李培廉的译文，相应的英文版（由著名英国数学家 William Kingdon Clifford 所翻译）文字为：

> Still more complicated relations may exist if we no longer suppose the linear element expressible as the square root of a quadric differential. Now it seems that the empirical notions on which the metrical determinations of space are founded, the notion of a solid body and of a ray of light, cease to be valid for the infinitely small. We are therefore quite at liberty to suppose that the metric relations of space in the infinitely small do not conform to the hypotheses of geometry...

两者大体是一致的.

李培廉盛赞了这段话，叹之为"多么惊人的远见卓识"，并认为是广义相对论的发展吸引了太多的注意力，才使"这一高瞻远瞩的思想没有得到应有的重视"，以至于直到量子力学诞生之后才由 Hermann Weyl 在《几何学与物理学》一文中做了以下阐释：

> 在量子理论中，相信我们已经认识到，那些概念（卢昌海注：指刚体和光线的概念）在接近无限小的时候是如何变得站不住脚的：当维度（卢昌海注：宜译为"线度"或"尺度"）达到了作用量子的有限值能被感觉到时，所有物理量的统计学上的不确定性就越来越强地显示出来.

除引述 Hermann Weyl 的话外，李培廉自己也补充道：

> 这一点在近年来更在颇受人们关注的"超弦"理论中得到了应验：按照这个理论，在尺度为 Planck 单位范围内，空间是 11 维的，但是这个 11 维的空间只有一个时间维和三个空间维是伸展开来的，其他维都卷起来了……

这些意在论证（或"应验"）Riemann 的"远见卓识"或"高瞻远瞩"的物理阐释——Weyl 的以及李培廉自己的，其实都是似是而非的，因为量子力学并未在"维度达到了作用量子的有限值能被感觉到"的情形下修正无穷小线元长度可以用一个二次微分式的平方根来表示的假设；超弦理论中的高维空间也并不影响上述假设（事实上，Riemann 那篇论文本身就是涵盖高

30

维空间的).不过,比这种对物理理论的似是而非的援引更值得注意的,是这种"论证"本身对 Riemann 的话就有一定的误解,因为这种"论证"是把 Riemann 的话当成了"远见卓识"或"高瞻远瞩".这两个形容词平心而论,Riemann 显然是当之无愧的,但具体到上面那一段话,却似乎与 Riemann 的语气有一定的出入,因为"远见卓识"或"高瞻远瞩"都有一种将那段话当作预见或猜测的意味,而 Riemann 所说的却是"但是现在看来 …… 已经失效"(Now it seems ... cease to be valid),这并不是预见或猜测的口吻,而更像是在叙述一件事实,或对事实的某种诠释.

这就引发了一个有趣的问题:在他做演讲的1854年,究竟是什么事实,哪怕是传闻性的"事实"甚至误解,使 Riemann 以这种近乎肯定的语气写下了"刚体和光线的概念,在无穷小的范围内已经失效"(the notion of a solid body and of a ray of light, cease to be valid for the infinitely small) 那样的话?

对这个问题,卢昌海觉得好奇和耐人寻味,但尚无头绪. 当时(即 1854 年)应该并不存在任何物理上有影响力的东西,哪怕如 Weyl 对量子力学或李培廉对超弦理论的似是而非的援引那样,被解读为"刚体和光线的概念,在无穷小的范围内已经失效". 读者们若想到什么,或有什么见解,欢迎提出来讨论.

《黎曼猜想漫谈》中提到过的 Riemann 以肯定的语气写下的许多其他命题 —— 尤其是迄今未能证明的有关 Riemann ζ 函数非平凡零点分布的所谓"第二个命题"(参阅《黎曼猜想漫谈》的第五节). 由于 Riemann 的巨大声望,数学家和数学史学家大都对

从 Riemann 到 Enoch——Riemann 猜想的历史

Riemann 论文中的语气给予了比较认真的看待,甚至因此产生了困扰,拙作也附从了那样的观点. 不过这里所讨论的这段在当时的物理上似乎没有可能存在的依据,却被 Riemann 以近乎肯定的语气写下的话,会不会是 Riemann 对文字语气的运用其实没有人们想象的那样严谨①? 若如此,则那些被 Riemann 以肯定或近乎肯定的语气写下的话(不限于这里所讨论的)就未必是陈述事实了,而那些因视其为事实而出现的困扰则有可能是"过分解读". 当然,如此一来,那些话的大部分就确实变成了"远见卓识"或"高瞻远瞩".

---

① 另一种可能性是 Riemann 的有些用词在从德语翻译成其他语言时显示出了比原先更强的语气,这种可能性懂德语的人应该很容易核实或排除,因此列出供讨论.

第三章　素数之魂
——Riemann 和他的伟大猜想[①]

Riemann 是历史上最具想象力的数学家之一.

1. 2000 年 5 月 24 日,美国克雷数学研究所在法国巴黎召开了一次数学会议. 在会议上,与会者们列出了七个数学难题,并做出了一个颇具轰动性的决定:为每个难题设立一百万美元的巨额奖金. 距此次会议一百年前的 1900 年,也是在巴黎,也是在一次数学会议上,一位名叫 Hilbert 的德国数学大师也列出了一系列数学难题. 那些难题一分钱的奖金都没有,但对后世的数学发展产生了深远影响. 这两次远隔一个世纪遥相呼应的数学会议除了都在巴黎召开,还有一个相同的地方,那就是在所列举的问题之中,有一个且只有一个难题是共同的. 那个难题就是"Riemann 猜想".

Riemann 猜想顾名思义,是由一位名叫 Riemann 的数学家提出的,这位数学家于 1826 年出生在一座如今属于德国,当时属于汉诺威王国的名叫布莱索伦茨的村庄. 1859 年,Riemann 被选为柏林科学院的通信院士. 作为对这一崇高荣誉的回报,他向柏林科学院提交了一篇题为《论小于给定数值的素数个数》的论文,这篇只有短短八页的论文就是 Riemann 猜想的"诞生地".

---

① 摘编自《南方周末》,作者卢昌海.

Riemann 那篇论文所研究的是一个数学家们长期以来就很感兴趣的问题,即素数的分布.素数是像 2,5,19,137 那样除 1 和自身以外不能被其他正整数整除的数.这些数在数论研究中有着极大的重要性,因为所有大于 1 的正整数都可以表示成它们的乘积.从某种意义上讲,它们在数论中的地位类似于物理世界中用以构筑万物的原子.素数的定义简单得可以在中学甚至小学课上进行讲授,但它们的分布却奥妙得异乎寻常,数学家们付出了极大的心力,却迄今仍未能彻底了解.

Riemann 论文的一个重大的成果,就是发现了素数分布的奥秘完全蕴藏在一个特殊的函数之中.尤其是,使那个函数取值为零的一系列特殊的点对素数分布的细致规律有着决定性的影响.那个函数如今被称为 Riemann ζ 函数,那一系列特殊的点则被称为 Riemann ζ 函数的非平凡零点(下文中有时简称其为零点).有意思的是,Riemann 那篇文章的成果虽然重大,文字却极为简练,甚至简练得有些过分,因为它包括了很多"证明从略"的地方.而要命的是,"证明从略"原本是应该用来省略那些显而易见的证明的,Riemann 的论文却并非如此,他那些"证明从略"的地方有些花费了后世数学家们几十年的努力才得以补全,有些甚至直到今天仍是空白.

在 Hilbert 难题中,Riemann 猜想排在第 8 位.

2. Riemann 为什么要把那么多并非显而易见的证明从略呢?也许是因为它们对于他来说确实是显而易见的,也许是因为不想花太多的时间来撰写文章.但有一点基本可以确定,那就是他的"证明从略"绝非类似于调皮学生蒙混考试的做法,而且很可能不是把错误证明当成正确的盲目乐观——后者在数学史上不乏先例,比如法国数学家 Fermat 在写下 Fermat 猜想时所表示的,"我发现了一个真正出色的证明,可惜页边太窄写不下来"就基本已被数学界认定是把错误证明当成正确的盲目乐观.因为人们后来从 Riemann 的手稿中发现他对许多从略了的证明是做过扎实研究的,而且那些研究的水平之高,甚至在时隔了几十年之后才被整理出来,也往往仍具有极大的领先性.

但 Riemann 的论文在为数不少的"证明从略"之外,却引人注目地包含了一个他明确承认了自己无法证明的命题,那个命题就是 Riemann 猜想.

那么,Riemann 猜想究竟是一个什么猜想呢?简单地说,是一个关于我们前面提到的,对素数分布的细致规律有着决定性影响的 Riemann ζ 函数的非平凡零点的猜想.关于那些非平凡零点,容易证明的结果只有一个,那就是它们都分布在一个带状区域上,但 Riemann 认为它们的分布要比这个容易证明的结果齐整得多,他猜测它们全部位于该带状区域正中央的一条直线上,这就是所谓的 Riemann 猜想.而这条被猜测为包含 Riemann ζ 函数所有非平凡零点的直线则被称为临界线.

Riemann 猜想自 1859 年"诞生"以来,已过了 160 多年,在这期间,它就像一座巍峨的山峰,吸引了无数数学家前去攀登,却谁也没能登顶.

有人统计过,在当今数学文献中已有超过一千条数学命题以 Riemann 猜想(或其推广形式)的成立为前提.如果 Riemann 猜想被证明,那么所有那些数学命题就全部可以荣升为定理;反之,如果 Riemann 猜想被否证,那么那些数学命题中起码有一部分将成为陪葬品. 一个数学猜想与如此众多的数学命题有着密切关联,这是极为罕有的.

3. 不过,数学家们攀登 Riemann 猜想这座巍峨山峰的努力虽然迄今没能取得完全成功,在这过程中却也获得了一些阶段性成果,好比是扎下了几座营寨.

这其中第一个阶段性成果出现在 Riemann 猜想问世三十七年后的 1896 年. 我们在前面提到过,关于 Riemann ζ 函数的非平凡零点,容易证明的结果只有一个,那就是它们都分布在一个带状区域上. 那个阶段性成果是什么呢? 就是将那个带状区域的边界剔除掉了——Riemann ζ 函数的非平凡零点只分布在带状区域的内部,不包括边界. 这个成果是由法国数学家 Hadamard 与比利时数学家 Poussin 彼此独立地给出的.

粗看起来,这似乎是很微不足道的成果,一个带状区域的边界跟它的内部相比,从面积上讲比例实际上是零. 但是别小看了这个成果,它对于研究 Riemann 猜想来说只是一小步,对于研究另一个数学猜想来说却是巨大的飞跃,因为它直接引出了后者的证明. 那个数学猜想如今已被称为素数定理,它所描述的是素数的大范围分布规律. 素数定理自被提出以来悬而未决已超过一百年,在当时乃是一个比 Riemann 猜想更令数学界期待的问题.

在上述成果之后又隔了十八年,1914 年,丹麦数学家 Bohr 与德国数学家 Landau 取得了另一个阶段性成果,那就是证明了 Riemann ζ 函数的非平凡零点倾

第一部分　Riemann 猜想的历史及进展

向于"紧密团结"在临界线的周围. 这个结果用数学语言来说,就是包含临界线的无论多么窄的带状区域都包含了 Riemann ζ 函数的几乎所有非平凡零点. 不过"紧密团结"归"紧密团结",这一结果却不足以证明任意一个零点恰好就在临界线上,因此它距离 Riemann 猜想的要求仍然相差很远.

但就在同一年,另一个阶段性成果出现了:英国数学家 Hardy 终于将"红旗"插在了临界线上——他证明了 Riemann ζ 函数有无穷多个非平凡零点位于临界线上. 粗看起来,这似乎是一个非同小可的结果,因为 Riemann ζ 函数的非平凡零点总共就是无穷多个,而 Hardy 已经证明了无穷多个零点位于临界线上,从字面上看,两者简直一模一样了. 可惜无穷大是数学中一个很微妙的概念,同样是无穷大,彼此却未必是一回事,不仅未必是一回事,简直可以称得上要差多远就差多远,甚至差无穷远! 因此,为了知道 Hardy 的结果离 Riemann 猜想的要求还有多远,我们需要更具体的结果.

那样的具体结果出现在七年后的 1921 年. 那一年,Hardy 与英国数学家 Littlewood 合作,对自己七年前那个结果中的"无穷多"做出了具体估计. 那么,按照这个具体的估计,位于临界线上的"无穷多个非平凡零点"跟全部非平凡零点相比,究竟占多大的百分比呢? 答案可能出乎读者们的意料:百分之零! 数学家们将这个百分比推进到一个大于零的数字是在二十一年后的 1942 年. 那一年,挪威数学家 Selberg 证明了这个百分比大于零.

Selberg 做出这项成果时正值第二次世界大战的

硝烟在欧洲各地弥漫,他所在的挪威奥斯陆大学几乎成了一座孤岛,连数学期刊都无法送达. 但 Selberg 不在乎,他表示"这就像处在一座监狱里,虽然你与世隔绝了,但你显然有机会把注意力集中在自己的想法上,而不会因其他人的所作所为而分心,从这个意义上讲我觉得那种情形对于我的研究来说有许多有利的方面",他很好地利用了那"许多有利的方面",孤独地进行着"一个人的战斗",并最终取得了成果,他的成果是如此显著,以至于 Bohr 在第二次世界大战后曾戏说第二次世界大战时整个欧洲的数学新闻可以归结为一个词,那就是:Selberg.

不过 Selberg 虽然证明了那个百分比大于零,却并没有在论文中给出具体数值. 在 Selberg 之后,数学家们开始对这一比例的具体数值进行研究,其中以美国数学家 Levinson 的成果最为显著,他证明了至少有 34% 的零点位于临界线上.

Levinson 取得这一成果是在 1974 年,那时他已年过花甲,并且行将走到生命的尽头(他第二年就去世了),却依然顽强地从事着数学研究. 在 Levinson 之后,这方面的推进变得十分缓慢,几位数学家费尽九牛二虎之力也只能在百分比的第二位数字上做文章,其中包括中国数学家楼世拓与姚琦(他们于 1980 年证明了至少有 35% 的零点位于临界线上). 直到 1989 年,才有人推进百分比的第一位数字:美国数学家 Conrey 证明了至少有 40% 的零点位于临界线上. 这也是这方面,并且也是整个 Riemann 猜想研究中获得的较好的结果.

另外值得一提的是,"Riemann 猜想"这一金字招

牌后来被推而广之，用来表示一些"山寨版"和"豪华版"的猜想。那些猜想为什么能跟 Riemann 猜想共享招牌呢？那是因为它们跟 Riemann 猜想有极大的相似性，比如：都有一个与 Riemann ζ 函数相类似的函数，那个函数具有与 Riemann ζ 函数相类似的性质，等等。在那些猜想中，"豪华版"Riemann 猜想乃是一些比 Riemann 猜想更强（即把 Riemann 猜想包含为特例）的猜想，它们跟 Riemann 猜想一样，迄今尚未得到证明（这是显然的，否则 Riemann 猜想也就被证明了）。但"山寨版"Riemann 猜想却已全部得到了证明。

撇开我们所取的不中听的绰号，它们的证明乃是数学上的重大成果，既催生过新数学方法的诞生，也为证明者摘取过数学界的最高奖——菲尔兹（Fields）奖。而且，"山寨版"Riemann 猜想作为唯一挂着 Riemann 猜想这一金字招牌却被证明了的猜想，曾使人们对久攻不下的 Riemann 猜想也一度乐观起来。可惜他山之石，并不总是可以攻玉的。从目前的情况来看，"山寨版"Riemann 猜想就能在"山寨"里玩，它们的证明虽然重要，但对于解决真正的 Riemann 猜想却并无实质性的启示。

4. 也许在很多人眼里，数学是一门很枯燥的学问，数学家们则是一群性格乏味的怪人。但实际上，富有智慧的人往往是不会真正乏味的，数学家们也是如此，他们在埋头演算的勤恳之外，也给我们留下了许多独特的幽默。

匈牙利数学家 Pólya 曾经讲过一个与 Riemann 猜想有关的小故事，故事的主角就是我们前面提到过的英国数学家 Hardy 与丹麦数学家 Bohr。这两位在

从 Riemann 到 Enoch——Riemann 猜想的历史

Riemann 猜想研究中做出过成果的数学家当然都对 Riemann 猜想怀有浓厚兴趣.

Hardy 用自己的幽默成了故事主角,有些数学家则是因为其他数学家的幽默而被动地成了故事主角,我们前面提到过的法国数学家 Hadamard 与比利时数学家 Poussin 就是如此. 这两人成为主角的原因大家恐怕是猜不到的,那是因为他们的长寿:Hadamard 享年 98 岁,Poussin 活到 96 岁. 这两个令人眼红的年岁不知从何时开始引发了一个传说,那就是谁要是能证明 Riemann 猜想,他就能不朽 —— 不是抽象意义上的不朽(那是毫无疑问的),而是实际意义上的不朽(即"长生不老")! 不过这个传说看来是没有关怀到 Bohr 和 Landau,他们的研究成果比 Hadamard 和 Poussin 的更有价值,按此推算他们至少会活到百岁,结果 Landau 只活到 61 岁,Bohr 稍胜一筹,也只活到 63 岁.

可能是意识到这个传说漏洞太大,数学家们又把幽默指向了另一个方向:出生于波兰的数学家 Odlyzko 提出了一个完全相反的说法,那就是"谁要是否证了 Riemann 猜想,他就会立刻死去!"Odlyzko 甚至开玩笑说其实 Riemann 猜想已经被否证了,只不过那个否证了 Riemann 猜想的倒霉蛋没来得及发表文章就去世了. 当然,这些都只能作为茶余饭后的谈资而不宜较真. 不过,一个极度艰深的东西对投入得过深的人产生健康方面的影响,倒是不无可能的. 数学界也确实有人猜测,Riemann 猜想的极度艰深有可能对个别数学家的健康产生影响. 比如,流行传记《美丽心灵》的主角,美国数学家 Nash 曾在 20 世纪 50 年代后期研究过 Riemann 猜想,在那之后,不久就患上了精神分裂症.

40

第一部分　Riemann 猜想的历史及进展

Nash 患病的原因一般认为是参与军方工作所引致的心理压力,但也有人认为他贸然去啃 Riemann 猜想那样的坚果,对他的病症发展有可能起到过推波助澜的作用.

5. Riemann 猜想可以说是当今数学界最重要,并且是数学家们最期待解决的数学猜想. 美国数学家 Montgomery 曾经表示,如果有魔鬼答应让数学家们用自己的灵魂来换取一个数学命题的证明,多数数学家想要换取的将会是 Riemann 猜想的证明.

在探索 Riemann 猜想的过程中很多数学家曾经满怀信心却渐渐地被它的艰深所震动,态度转为了悲观. 我们前面提到过的 Littlewood 就是一个例子,当他还是学生的时候他的导师就随手把 Riemann ζ 函数写给了他,让他利用暑假时间研究它的零点位置. 初出茅庐的 Littlewood 也不当回事地领命而去. 后来他与 Hardy 倒也果真在这方面做出了成果. 但渐渐地,他的态度发生了变化,甚至表示:"假如我们能够坚定地相信这个猜想是错误的,日子会过得更舒适些."

曾经在"山寨版"Riemann 猜想研究上做出过成果的法国数学家 Weil 也有过类似的态度转变. 当他在"山寨版"Riemann 猜想研究上做出成果时,曾像一些其他人一样对解决 Riemann 猜想燃起了信心,表示如果自己证明了 Riemann 猜想,会故意推迟到猜想提出的第 100 周年(即 1959 年)时才公布 —— 言下之意,自己不迟于 1959 年就有可能解决 Riemann 猜想. 不过,岁月渐渐磨去了他的乐观,他晚年时曾对一位友人承认,自己有生之年不太可能看到 Riemann 猜想的解决.

从 Riemann 到 Enoch——Riemann 猜想的历史

就连前面提到的那位德国数学大师 Hilbert, 他对 Riemann 猜想的看法也经历了从乐观到悲观的转变. 在 1919 年的一次演讲中, Hilbert 曾表示自己有望见到 Riemann 猜想的解决, 但后来他的态度显著地转为了悲观. 据说有人曾经问他: 如果他能在五百年后重返人间, 他最想问的问题是什么? 他回答说最想问的就是: 是否已经有人解决了 Riemann 猜想?

第四章　Riemann 猜想（Ⅰ/Ⅲ）：通往质数的征途①

1900 年，大数学家 Hilbert 在巴黎举办的第二届国际数学家大会上提出了 23 个数学问题，它为整个 20 世纪的数学发展指明了方向．时过境迁，值千禧年之际，美国克雷研究所提出了 7 个世纪性的数学难题，并慷慨地为每个问题设置了 100 万美元的奖金．

当我们回顾这次跨越时空的呼应时，却发现有一个共同的问题，并且已经伴随着数学家们走过了沧桑百年的历程，它就是大名鼎鼎的 Riemann 猜想．

Riemann 猜想究竟有何神奇之处，竟让如此多的数学家为此痴迷和魂牵梦绕？在它那里，又藏着怎样惊世骇俗的秘密？破译这样一个难题，真的会给数学和世界带来激动人心的改变吗？

1. 在自然数序列中，质数就是那些只能被 1 和自身整除的整数，比如 2,3,5,7,11 等都是质数．4,6,8,9 等都不是质数．由于每个自然数都可以唯一地分解成有限个质数的乘积，因此在某种程度上，质数构成了自然数体系的基石，就好像原子是物质世界的基础一样．

人们对质数的兴趣可以追溯到古希腊时期，彼时 Euclid 用反证法证明了自然数中存在着无穷多个质数，但是对质数的分布规律却毫无头绪．随着研究的深

---

① 摘编自微信公众号"科学大院"．

入,人们越发对行踪诡异的质数感到费解.这些特立独行的质数,在自然数的汪洋大海里不时抛头露面后,给千辛万苦抵达这里的人们留下惊叹后,又再次扬长而去.

1737 年,瑞士的天才数学家 Euler 发表了 Euler 乘积公式.在这个公式中,如鬼魅随性的质数不再肆意妄为,终于向人们展示出了其循规蹈矩的一面.

沿着 Euler 开辟的这一战场,数学王子 Gauss 和另一位数学大师 Legendre 深入研究了质数的分布规律,终于各自独立提出了石破天惊的质数定理.这一定理给出了质数在整个自然数中的大致分布概率,且和实际计算符合度很高.在和人们玩捉迷藏游戏两千多年后,质数终于露出了其漂亮的狐狸尾巴.

2. 虽然符合人们的期待,质数定理所预测的分布规律和实际情况仍然有偏差,且偏差情况时大时小,这一现象引起了 Riemann 的注意.

当时,年仅 33 岁的 Riemann 当选为德国柏林科学院通信院士.出于对柏林科学院所授予的崇高荣誉的回报,同时为了表达自己的感激之情,他将一篇论文献给了柏林科学院,论文的题目就是《论小于给定数值的素数个数》.在这篇文章里,Riemann 阐述了质数的精确分布规律.

没有人能预料到这篇短短 8 页的论文蕴含着一代数学大师高屋建瓴的视野和智慧,时至今日,人们仍然为隐匿在其中的奥秘而苦苦思索.

3. Riemann 在文章里定义了一个函数,它被后世称为 Riemann ζ 函数,ζ 函数是关于 s 的函数,其具体的定义就是自然数 n 的负 s 次方,对 n 从 1 到无穷求和.因

此,Riemann ζ 函数就是一个无穷级数的求和. 然而,遗憾的是,当且仅当复数 s 的实部大于 1 时,这个无穷级数的求和才能收敛(收敛在这里指级数的加和总数小于无穷).

为了研究 ζ 函数的性质,Riemann 通过围道积分的方式对该函数做了一个解析延拓,将 s 存在的空间拓展为复数平面.

研究函数的重要性质之一就是对其零点有深刻的认识.零点就是那些使得函数的取值为零的数值.比如一元二次方程一般有两个零点,并且有相应的求根公式给出零点的具体表达式.

Riemann 对解析延拓后的 ζ 函数证明了其具有两类零点.其中一类是某个正弦三角函数的周期零点,这一类被称为平凡零点;另一类是 ζ 函数自身的零点,被称为非平凡零点.针对非平凡零点,Riemann 提出了三个命题.

第一个命题,Riemann 指出了非平凡零点的个数,且十分肯定其分布在实部大于 0 但是小于 1 的带状区域上.

第二个命题,Riemann 提出所有非平凡零点几乎全部位于实部等于 $\frac{1}{2}$ 的直线上.

第三个命题,Riemann 用十分谨慎的语气写道:很可能所有非平凡零点全部位于实部等于 $\frac{1}{2}$ 的直线上. 这条线,从此被称为临界线. 而最后这个命题,就是让后世数学家如痴如醉且寝食难安的 Riemann 猜想.

第五章　Riemann 猜想(Ⅱ/Ⅲ)：通往智力之巅①

1. 在这短短八页的论文里，Riemann 给后人留下了卓绝非凡的智慧和思想，也为后世留下了魅力无穷的谜团. 文章里的证明因为篇幅限制而多被省略，吝惜笔墨的 Riemann 却让身后数百年的数学大家费尽心思、相形见绌. 这篇格局宏大、视野开阔的论文站在了时代的最前沿，其高瞻远瞩的目光和魄力直到今日仍然指引着主流数学界的方向.

在第一个命题的某一步证明里，Riemann 用轻松的语气写道：这是不言而喻的普适性的结果. 但就是这样一个似乎不值一提的结果，却花费了后人 40 年的时间苦苦探索. 芬兰数学家 Mellin 因为在这一小步上的贡献而名垂青史. 此后，在 Riemann 眼中一笔带过的第一命题最终才由德国数学家 Mangoldt 在 46 年后给出完整的证明.

针对第二个命题，Riemann 用了相当肯定的语气指出其正确性. 遗憾的是，他没有给出任何证明的线索，只是在与朋友的一封通信里提及：命题的证明还没有简化到可以发表的程度. 然而 Riemann 毕竟高估了读者的能力，第二个命题犹如一座巍峨的大山压在了后世数学家的心中，直到今天也喘不过气来. 一个半世

---

① 摘编自微信公众号"科学大院".

纪过去了，人们还在为寻找第二个命题的证明而陷入深思，似乎丝毫找不到破解它的希望.

更让人们绝望的是，Riemann 在论及第三个命题时，破天荒地没有使用肯定的语气，而是谨慎地说道：这很有可能是正确的结论. 作为复变函数彪炳千古的大师，Riemann 此时也失去了信心，只能借助试探的口吻表达自己的观点. 也正是这个让 Riemann 犹豫而止步的命题，终成了数学史上最为壮美险峻的奇峰.

有人曾经质疑 Riemann 是否真的证明了第一和第二命题，还是他随意写下的结论仅仅是重复法国数学家 Fermat 曾经的覆辙：把错误的想法当成了真理.

1637 年，爱好数学的大法官 Fermat 在一本书的页边写下了他对一个问题的看法：他发现了一个简洁的证明，但是由于纸张太小无法写下来. 这就是被后世称为 Fermat 猜想的问题，其完整的证明直到 358 年后的 1995 年才由英国数学家 Wiles 借助最艰深的现代工具完成.

但是对于 Riemann 猜想，人们很快打消了疑虑. 从 Riemann 遗留下来的部分草稿来看，他的数学思想和功力已经远远超越同时代的数学家. 即使是几十年后被陆续发现的手稿中体现出来的能力水平，也让当时的数学家难以望其项背. 因此，人们有理由相信，这是一个伟大数学家的自信和坦然.

尽管 Riemann 猜想成立与否不得而知，数学家们还是倾向于它的正确性. 一个半世纪以来，人们在假设 Riemann 猜想成立的情况下，以它作为基石，已经建立了一千多条定理，并且打造了无比辉煌的数论大厦. 然而一旦 Riemann 猜想找到反例被证伪，这些精美的大楼就会如空中楼阁、昙花一现一样,最终崩塌,给数论带来灾难性的结果.

2. 质数作为一类特殊的整数,任性而古怪,它们悄悄地隐藏在浩浩荡荡的自然数列里,以自己独有的奔放奏出魅力四射的音符. 这曲神秘的质数音律,不知让多少追寻真理的人为之陶醉,为之倾注毕生精力,只为找到质数起舞的脚步和节拍.

遗憾的是,骄傲的质数们都是孤独的行者,在数千年的时光里静静地等待着能读懂它的"真命天子". 从Euler那里,人们终于得以在无边无际的整数世界里一瞥质数的浮光掠影.

Riemann一举揭示了质数最深处的秘密,优雅地给出了质数分布的精确表达式. 人们第一次能够近距离窥视质数们在自然界跳舞的规律,是那样的豪放与不羁,平静时如温柔的月光洒在无波的大海,奔腾时又如滔天巨浪倾泻在一叶孤舟,让人爱恨交织、目驰神移.

然而,质数并不是完全随性而为,它的表现始终臣服在Riemann ζ 函数零点的分布规律上. 因此,破译Riemann猜想就等于完全确定了质数跳舞的规律和秩序,无疑将开启数论中最激动人心的篇章. 也因此,Riemann猜想成了无数人心目中梦想征服的珠穆朗玛峰. 登上这座高峰的勇士,也将和历史上最伟大的名字连接在一起,成为后人敬仰和追随的英雄.

在Riemann的时代,质数定理虽然经由Gauss和Legendre提出,但却是未经证实的猜想. 它让最捉摸不定的质数在阳光下现出了踪迹. 当时最杰出的数学大师也为此倾心,试图证明质数定理.

第一部分　Riemann 猜想的历史及进展

3. 在 Riemann 提出的第一个命题里，数学家很容易证明 ζ 函数的零点位于实部不小于 0，不大于 1 的带状区域上，但是无法排除实部等于 0 和 1 的两条直线。令人惊喜的是，人们很快发现如果能证明 Riemann 眼中显而易见的第一命题中的某一关键结论，则可以直接证明质数定理。

在 Riemann 提交论文的 36 年后，数学家 Hadamard 等人不负众望，终于证明了该结论，也顺带解决了质数定理，从而完成了自 Gauss 以来众多数学大师的心愿。

然而 Riemann 在第一命题里所轻松描述的全部结论，直到 46 年后的 1905 年才由 Mangoldt 完成。

Riemann 猜想的一个小小命题里就蕴含着如此巨大的能量，自此以后，数学家把注意力都集中到了 Riemann 猜想的攻坚上来。

鉴于 Riemann 猜想的巨大难度，人们无法一步征服如此雄伟的山峰，只能在山脚和山腰寻找攀登的线索。一批数学家另辟蹊径，不再驻足于寻求 Riemann 猜想的证明上，而是去计算 Riemann 猜想的零点。如果一旦发现某一个零点并不位于实部是 0.5 的直线上，这就等价于找到一个反例，从而证实 Riemann 猜想并不成立。

1903 年，丹麦数学家第一次算出了前 15 个非平凡零点的具体数值。在 Riemann 猜想公布 44 年后，人们终于看到了零点的模样。毫无意外的是，这些零点的实部都是 0.5。

1925 年，Littlewood 和 Hardy 改进了计算方法，算出前 138 个零点，这基本达到了人类计算能力的极限。

过于庞大的计算量,让后人放弃了继续寻找零点的努力.而为了选择更多的非平凡零点,人们还在黑暗中苦苦摸索.没想到,这一次,曙光来自于 Riemann 的遗稿.

第六章　Riemann 猜想（Ⅲ/Ⅲ）：
待解之谜[①]

1. 随着证明 Riemann 猜想的努力付诸东流，而计算零点的可能也趋于渺茫，数学家陷入了漫长的痛苦期，以至于他们终于开始怀疑 Riemann 猜想不过是他们直觉的猜测，而并没有实际的计算证据。

Riemann 时代的数学家喜欢发表他们认为已经成熟的学术成果，而对探索中的理论讳莫如深。因此，很多数学家公开发表的成果只是他们做研究的极小一部分，许多价值连城的远见并没有对外公布。

这方面，Gauss 是一个典型。在 1898 年公布的 Gauss 科学日记里，人们才发现，他的很多思想和成果已经遥遥领先那个时代，但是因为没有发表而让后世的数学家走了很多弯路。

比如，椭圆函数双周期性理论的结果直到 100 年后才被后人重新发现。同时，Gauss 也最早意识到了非欧几何的存在。这样的例子比比皆是。

人们只能从 Gauss 的稿件和信件中去寻找那些依旧蒙尘却隐匿着科学巨匠光辉的成果。

因此，在 Riemann 猜想面前灰头土脸的数学家把目光投向了 Riemann 的手稿。遗憾的是，大部分凝聚 Riemann 心血和洞见的手稿在他去世后被管家付诸一

[①] 摘编自微信公众号"科学大院"。

炬，从此人们失去了近距离了解 Riemann 进行科学思考和创作的机会，也让他卓绝非凡的智慧结晶失去了传承。

Riemann 的妻子侥幸抢救出了一小部分手稿，并把它赠送给了 Riemann 生前的好友 Dedekind。后来，她担心手稿里可能有 Riemann 与她的私人信件，又将大部分手稿索回。这些残留的珍贵手稿，最后经由 Dedekind 献给了哥廷根大学图书馆。这也成了 Riemann 留给后人的珍贵遗产。

很多慕名前去的数学家希望从 Riemann 的手稿里得到启发，但是，这些手稿太过艰深晦涩，人们止步于此，无法读懂 Riemann 在天马行空的字里行间所展示出的才能。一代数学大师的遗物，在为将来破译它的人牢牢地守护着秘密。

2. 1932 年，德国数学家 Siegel 终于在历经两年的苦苦钻研后，从 Riemann 的手稿里找到了关键的证据。正是这一证据表明，Riemann 对他提出的三个命题有过极其深刻的思考和计算。

Siegel 在手稿里发现了 Riemann 当年随手写下的公式，这个公式今天被称为 Riemann-Siegel 公式。Siegel 也因为让 Riemann 的公式重现天日而最终获得了菲尔兹奖。

有些数学家甚至认为如果不是 Siegel 发现了这个公式，时至今日，它会像埋入沙漠深处的宝藏，再难被后人重新发现。Siegel 写下这个公式的那天，距离 Riemann 在手稿里留下这份遗产已经过去了 73 年。

Riemann-Siegel 公式很快发挥了其巨大的威力，基于这一公式，人们可以很轻松地继续推进零点的计算。

Hardy 的学生利用 Siegel 公式把非平凡零点的个数计算到了 1 041 个,人工智能之父 Turing 推进到了 1 104 个. 此后的几十年,在计算机的辅助下,人们继续了零点计算的接力赛.

1966 年,非平凡零点已经验证到了 350 万个. 20 年后,计算机已经能够算出 ζ 函数前 15 亿个非平凡零点,这些零点无一例外地都满足 Riemann 猜想. 2004 年,这一记录达到了 8 500 亿. 最新的成果是法国团队用改进的算法,将 Riemann ζ 函数的零点计算出了前 10 万亿个,仍然没有发现反例.

10 万亿个饱含着激情和努力的证据再次坚定了人们对 Riemann 猜想的信心. 然而,Riemann ζ 函数毕竟有无穷多个零点,10 万亿和无穷大比起来,仍然只是沧海一粟. Riemann 猜想的未来在哪里,人们一片茫然,不得而知. 与此同时,试图证明 Riemann 猜想的人们也传来了佳音.

3. 英国数学家 Hardy 首先证明 ζ 函数的零点有无穷多个都位于实部是 0.5 的直线上. 这是一个无比震惊的重大突破. 在此之前,人们甚至不知道零点的个数是否有限,而 Hardy 的结果则是直接告诉人们,零点的个数不仅是无穷的,而且还有无穷多个零点都位于这条临界线上. 但是遗憾的是,人们并不知道临界线外是否存在非平凡零点.

随后,挪威数学家 Selberg 证明了临界线上的零点个数占全部非平凡零点个数的比例大于零,这意味着临界线上的零点在全部零点的分布中举足轻重.

进一步,美国数学家 Levinson 引入了独特的方法,证明临界线的零点占全部零点的比例达到了 34.74%.

基于 Levinson 的技巧,美国数学家 Conrey 在 1989 年把比例推进到了 40%,这也是迄今为止得到的较好结果.

4. 在理论和计算的突飞猛进的发展下,人们开始关注零点在临界线上的分布规律. 数学家 Montgomery 发现零点分布的规律竟然和孪生质数对在数轴上的分布规律类似. 受此启发,他写下了一个关联函数来描述这种规律. 令人惊奇的是,该函数描述的理论结果和实际计算结果几乎完美地吻合.

Montgomery 隐约觉得这背后隐藏着巨大的秘密,却又百思不得其解. 带着这一疑问,他在 1972 年访问了普林斯顿高等研究院.

在下午茶的阶段,他偶遇了物理学家 Dyson. 由于彼此研究领域的巨大差异,两人只是礼貌地寒暄了一下. Dyson 随口问问 Montgomery 研究的课题. 他将心中的困惑全盘托出,这差点惊掉了 Dyson 的下巴. 原来,让 Montgomery 云里雾里的关联函数正是 Dyson 研究二十年的成果 —— 正是一类随机 Hermite 矩阵本征值的对关联函数. 这是一个描述多粒子系统在相互作用下,能级分布规律的函数.

一边是纯数学的 Riemann 猜想,它关乎的仅仅是一个 ζ 函数非零点分布这样最纯粹的数学性质,揭示的是质数在自然数序列里优雅的舞姿和节奏. 另一边,却是最现实的物理世界,它连接着量子体系、无序介质和神经网络等经典的混沌系统.

理论和现实在这里交汇,在封闭的世界里独自发展了两千多年后,作为数学最主要的分支 —— 数论终于将触角探及真实的时空. 时至今日,人们对此呈现出的种种不可思议的关联仍然感到匪夷所思.

第一部分　Riemann 猜想的历史及进展

5. 进入 21 世纪,越来越多的数学理论成果开枝散叶,很多早期被认为无用的分支,今日早已经成为现代科技最强有力的工具,为现代科技的发展推波助澜.

曾经被人们束之高阁而偏安一隅的数学研究正化作人们手中的利器,在探索物质世界的途中披荆斩棘,更为人们提供越来越多的思想动力和创造的源泉.

微积分的诞生开启了 Newton 机械宇宙观的宏伟时代.人们惊奇地发现:"普天之下,莫非王土",原来物理世界并不神秘,也并无不同,即使隐匿在宇宙深空的天体,其运动的规律都遵循于人类总结的结论中.自此之后,Newton 力学开始大放异彩,基于其原理所发明的蒸汽机和发动机更是直接点燃了第一次工业革命的烈火.

我们今日所享受的信息时代的文明,诸如电脑芯片和万维网都深深地受益于量子力学的发展.这门彻底改变人们生活的科学,却源自于很多数学基础理论的馈赠,从线性代数、矩阵分析和统计学起,到数学家们为了解决五次方程求解问题而发明的群论,等等.

基于广义相对论,人们发明了突破地球引力约束的卫星.这使得天地通讯成为可能,也为深空探测、陆海导航打下了基础.人们日益频繁的出行,基于地理位置的 GPS 导航等都在为我们的生活提供前所未有的便利.让 Einstein 流芳千古的广义相对论,其数学原理正是非欧几何(特别是 Riemann 几何)和张量分析的应用.

自 20 世纪 80 年代末期,在物理理论中一枝独秀的弦论,因为其大胆和前卫的想法,彼时深受科学家的青睐.这个有望解决相对论和量子力学的大一统理论,已经逐渐在主流科学界激起千层巨浪.在弦论蓬勃发展的道路上,我们不难看到微分几何坚定的背影.

2016年,三位物理学家分享了最高的荣誉——诺贝尔奖.他们因发现了物质拓扑相和在拓扑相变理论上的突出贡献而获奖.数学上艰深抽象的拓扑理论也第一次找到了用武之地.

物理学家用这个工具在理论上预测了一种特殊材质的存在,在它身上,人们能观测到匪夷所思的反常量子Hall效应.基于该效应发现的材料,能够在常温下、无须超强磁场的协助就能自发在某个方向上呈现电阻为零的特性.这让计算机芯片的发展有了无限广袤的空间,从此量子计算机和微型超级计算机的梦想距离我们又近了一大步.

6.数学的各大分支都在默默地为前沿科学提供精妙绝伦的应用.遗憾的是,有一门分支陪伴人类走过漫漫两千多年真理探寻的艰辛旅途,却还在其封闭的理论王国里孤芳自赏.作为数学家们最悠久和最忠实的伙伴,不离不弃,它就是数论.

这个数学中最大的分支已经积累了无数深邃的理论成就,当今科技能受益于数论的成果不过就是隐秘在水下的冰山一角.人们都期待着,有朝一日,当冰山融化时,数论的硕果能惠及每一个后世子孙.破冰的希望,很可能就是处于群山之巅的Riemann猜想.

Riemann猜想,只是数论研究里万千瑰丽中的一朵.人们也期盼着,从它和现实世界那千丝万缕的关联中,能找到打开果园的钥匙,让世界从此弥漫着果实的芬芳.

第七章　一篇编辑手记

第一节　1949 年清华大学入学试题

马克·吐温曾经说过一句话：

History does not repeat itself, but it does often rhyme.

历史不会重复,但是会押韵.

在网上有这样一个话题引起了无数网友的讨论:"假如可以穿越,以你现在的数学水平,你会选择回到哪一年".

"1832 年,我会想尽一切办法,劝说或者救下 Galois."

"肯定是 1777 年啊,赶在 Gauss 出生之前,出一套数学教科书,然后把现代的数学知识详尽地教给他,这样就可以直接提升文明进程至少一两百年."

"1637 年,我一定要回到 1637 年,我不想做其他事情,只想带上草稿纸去找 Fermat."

无数网友都将自己的想象力飙到极限.

当所有网友热烈讨论时,有一个网友的回答引起了所有人的注意和强烈共鸣.

"你们这些人是真的傻,如果能穿越,难道你们不想实现自己曾经的清华大学、北京大学的大学梦吗?以我们现在的数学水平,回到以前考上清华大学、北京大学难道不是十分简单吗？所以我选择回到 1949 年，那时中华人民共和国刚成立，清华大学、北京大学的数学高考试题绝对简单."

无数网友对这一回答深表赞同，而当 1949 年清华大学、北京大学两所大学的数学高考试题出现时，所有人脸上的笑容瞬间凝固了.

这两份试题具有较高的历史价值，使我们得以了解当年中国初等教育的顶级水准. 以 1949 年清华大学的试题为例，我们可以推断出华罗庚先生应该是命题者之一. 华先生一生有许多"高大上"的身份，但他一直以清华大学数学教授这个身份为荣. 由于有华罗庚先生等大数学家亲自参与命制，所以那时的试题尽管难度不大（今天看来），但许多试题构思巧妙且背景深刻. 比如 1949 年清华大学入学考试数学试题的第 6 题的背景为下列一般问题：求整数 $a_0, a_1, \cdots, a_n$，使三角多项式

$$a_0 + a_1 \cos \varphi + \cdots + a_n \cos n\varphi \geq 0 (\text{对一切 } \varphi)$$

且适合

$$0 < a_0 < a_1, a_2 \geq 0, \cdots, a_n \geq 0$$

并使

$$a = \frac{a_1 + a_2 + \cdots + a_n}{2(\sqrt{a_1} - \sqrt{a_0})^2}$$

最小，并求这个最小值.

华先生觉得这个问题太难，所以给出了几个特例.

命题 1

1. 当 $n = 2$ 时，有

$$3 + 4\cos \varphi + \cos 2\varphi = 3 + 4\cos \varphi + 2\cos^2 \varphi - 1$$

$$= 2(1+\cos\varphi)^2 \geqslant 0$$

$$a = \frac{4+1}{2(2-\sqrt{3})^2} = \frac{35}{2} + 10\sqrt{3} \approx 34.82$$

这就是1949年清华大学入学考试数学试题的第6题.

2. 当 $n=3$ 时,有

$5 + 8\cos\varphi + 4\cos 2\varphi + \cos 3\varphi =$
$5 + 8\cos\varphi + 4(2\cos^2\varphi - 1) + 4\cos^3\varphi - 3\cos\varphi =$
$4\cos^3\varphi + 8\cos^2\varphi + 5\cos\varphi + 1 =$
$(\cos\varphi + 1)(2\cos\varphi + 1)^2 \geqslant 0$

$$a = \frac{8+4+1}{2(\sqrt{8}-\sqrt{5})^2} = \frac{169}{18} + \frac{26}{9}\sqrt{10} \approx 18.52$$

华先生将此特例提供给了1978年"文化大革命"后举办的第一次全国及各省市中学数学竞赛,当作第2试的2(2)题.

3. 当 $n=4$ 时,有

$18 + 30\cos\varphi + 17\cos 2\varphi + 6\cos 3\varphi + \cos 4\varphi =$
$18 + 30\cos\varphi + 17(2\cos^2\varphi - 1) +$
$6(4\cos^3\varphi - 3\cos\varphi) + (8\cos^4\varphi - 8\cos^2\varphi + 1) =$
$8\cos^4\varphi + 24\cos^3\varphi + 26\cos^2\varphi + 12\cos\varphi + 2 =$
$2[(4\cos^4\varphi + 4\cos^3\varphi + \cos^2\varphi) +$
$(8\cos^3\varphi + 8\cos^2\varphi + 2\cos\varphi) +$
$(4\cos^2\varphi + 4\cos\varphi + 1)] =$
$2(\cos\varphi + 1)^2(2\cos\varphi + 1)^2 \geqslant 0$

$$a = \frac{30+17+6+1}{2(\sqrt{30}-\sqrt{18})^2} = 9 + \frac{9}{4}\sqrt{15} \approx 17.71$$

第二节 背景介绍

华先生指出命题 1 中的情形 1,2 可用于素数定理的证明,情形 3 可用于估计某些素数函数的上界.

关于 Riemann ζ 函数 $\zeta(s)$ 有一个极其重要的定理:

定理 1 在直线 $\sigma = 1$ 上 $\zeta(s)$ 没有零点,即
$$\zeta(1+it) \neq 0, \quad -\infty < t < +\infty \quad (7.1)$$

这是利用 ζ 函数来证明素数定理的关键. 它的证明利用了 $\zeta(s)$ 的无穷乘积及命题 1,即:对任意实数 θ,有
$$3 + 4\cos\theta + \cos 2\theta = 2(1+\cos\theta)^2 \geqslant 0 \quad (7.2)$$

证明 由
$$\ln \zeta(s) = -\sum_{p} \ln\left(1 - \frac{1}{p^s}\right), \sigma > 1$$

及
$$\ln(1-z) = -\sum_{m=1}^{+\infty} \frac{z^m}{m}, \ |z| < 1$$

得
$$\ln \zeta(s) = \sum_{p} \sum_{m=1}^{+\infty} \frac{1}{mp^{ms}}, \sigma > 1 \quad (7.3)$$

两端取实部,得
$$\ln|\zeta(\sigma+it)| = \sum_{p}\sum_{m=1}^{+\infty} \frac{\cos(mt\ln p)}{mp^{m\sigma}}, \sigma > 1 \quad (7.4)$$

由此可得
$$3\ln\zeta(\sigma) + 4\ln|\zeta(\sigma+it)| + \ln|\zeta(\sigma+2it)| =$$
$$\sum_{p}\sum_{m=1}^{+\infty}\frac{1}{mp^{m\sigma}}[3 + 4\cos(mt\ln p) +$$

$\cos(2mt\ln p)] \geq 0$ (7.5)

最后一步用到了不等式(7.2),因而有

$\zeta^3(\sigma) \mid \zeta(\sigma+it) \mid^4 \mid \zeta(\sigma+2it) \mid \geq 1, \sigma > 1$
(7.6)

如果式(7.1)不成立,那么必有 $t_0 \neq 0$ 使

$$\zeta(1+it_0) = 0$$

在式(7.6)中取 $t = t_0$,并改写为

$[(\sigma-1)\zeta(\sigma)]^3 \left|\dfrac{\zeta(\sigma+it_0)}{\sigma-1}\right|^4 \mid \zeta(\sigma+2it_0) \mid \geq$

$\dfrac{1}{\sigma-1}, \sigma > 1$ (7.7)

由

$$\zeta(s) = \dfrac{1}{s-1} + \gamma + O(\mid s-1 \mid)$$

知

$$\lim_{\sigma \to 1^+}(\sigma-1)\zeta(\sigma) = 1$$

由定理:$\zeta(s)$ 可以解析开拓到半平面 $\sigma > 0$,$s = 1$ 是它的一级极点,留数为 1. 故 $\zeta(s)$ 在 $1+it_0(t_0 \neq 0)$ 解析,因此

$$\lim_{\sigma \to 1^+}\dfrac{\zeta(\sigma+it_0)}{\sigma-1} = \zeta'(1+it_0)$$

由以上两式知,式(7.7)的左端当 $\sigma \to 1^+$ 时趋于极限

$\mid \zeta'(1+it_0) \mid^4 \mid \zeta(1+2it_0) \mid$

这是一有限数,而式(7.7)的右端当 $\sigma \to 1^+$ 时趋于无穷,这一矛盾就证明了定理.

下面我们将命题 1 推广至一般情形,为此我们需要几个引理.

引理 1 证明

$$\frac{1}{2} + \cos\theta + \cos 2\theta + \cdots + \cos n\theta = \frac{\sin\left(n+\frac{1}{2}\right)\theta}{2\sin\frac{\theta}{2}}$$

证明 等式左边是

$$-\frac{1}{2} + (1 + e^{i\theta} + e^{2i\theta} + \cdots + e^{ni\theta})$$

的实部. 括号中的项是等比数列之和, 等于

$$\frac{e^{i(n+1)\theta} - 1}{e^{i\theta} - 1} = \frac{\left[e^{i(n+1)\theta} - 1\right]e^{-\frac{i\theta}{2}}}{2i\sin\frac{\theta}{2}}$$

实部是

$$\frac{\sin\left(n+\frac{1}{2}\right)\theta}{2\sin\frac{\theta}{2}} + \frac{1}{2}$$

现在立即推出结果.

引理 2 证明

$$\cos\theta + \cos 3\theta + \cdots + \cos(2n-1)\theta = \frac{\sin 2n\theta}{2\sin\theta}$$

证明 由引理 1 得

$$\frac{1}{2} + \cos\theta + \cos 2\theta + \cdots + \cos 2n\theta = \frac{\sin\left(2n+\frac{1}{2}\right)\theta}{2\sin\frac{\theta}{2}}$$

与

$$\frac{1}{2} + \cos 2\theta + \cos 4\theta + \cdots + \cos 2n\theta = \frac{\sin(2n+1)\theta}{2\sin\theta}$$

首先分别用 $2n$ 代替 n, 2θ 代替 θ, 两式相减得

$$\cos\theta + \cos 3\theta + \cdots + \cos(2n-1)\theta$$

$$= \frac{\sin\left(2n + \frac{1}{2}\right)\theta}{2\sin\frac{\theta}{2}} - \frac{\sin(2n+1)\theta}{2\sin\theta}$$

由于

$$\sin\theta = 2\sin\frac{\theta}{2}\cos\frac{\theta}{2}$$

所以上式等于

$$\frac{2\cos\frac{\theta}{2}\sin\left(2n + \frac{1}{2}\right)\theta - \sin(2n+1)\theta}{4\sin\frac{\theta}{2}\cos\frac{\theta}{2}}$$

因为

$$\sin(2n+1)\theta = \sin\left(2n + \frac{1}{2}\right)\theta\cos\frac{\theta}{2} + \sin\frac{\theta}{2}\cos\left(2n + \frac{1}{2}\right)\theta$$

所以我们导出所研究的表达式是

$$\frac{\cos\frac{\theta}{2}\sin\left(2n + \frac{1}{2}\right)\theta - \sin\frac{\theta}{2}\cos\left(2n + \frac{1}{2}\right)\theta}{2\sin\theta} =$$

$$\frac{\sin 2n\theta}{2\sin\theta}$$

这正是所要求的结果.

引理 3　证明

$$1 + \frac{\sin 3\theta}{\sin\theta} + \frac{\sin 5\theta}{\sin\theta} + \cdots + \frac{\sin(2n-1)\theta}{\sin\theta} = \left(\frac{\sin n\theta}{\sin\theta}\right)^2$$

证明　我们对 n 用归纳法证明上式. 当 $n = 1$ 时,这是显然的. 假设它对 $n \leqslant m$ 成立,我们只需证明当 $n = m + 1$ 时它也成立. 在简单的计算后,只需证明

$$\sin^2(n+1)\theta = \sin^2 n\theta + \sin(2n+1)\theta\sin\theta$$

或者等价地证明

$$[\sin(n+1)\theta - \sin n\theta][\sin(n+1)\theta + \sin n\theta] = \sin(2n+1)\theta\sin\theta$$

利用

$$\sin A + \sin B = 2\sin\frac{A+B}{2}\cos\frac{A-B}{2}$$

与

$$\sin A - \sin B = 2\cos\frac{A+B}{2}\sin\frac{A-B}{2}$$

我们发现只需证明

$$4\cos\left(n+\frac{1}{2}\right)\theta\sin\frac{\theta}{2}\sin\left(n+\frac{1}{2}\right)\theta\cos\frac{\theta}{2} = \sin(2n+1)\theta\sin\theta$$

但是,左边是

$$\sin 2\left(n+\frac{1}{2}\right)\theta\sin\theta$$

这正是所要求的结果.

现在我们可以将其推广至一般情形. 对所有的整数 $m \geq 0$,有

$$(2m+1) + 2\sum_{j=0}^{2m-1}(j+1)\cos(2m-j)\theta = \left[\frac{\sin\left(m+\frac{1}{2}\right)\theta}{\sin\frac{\theta}{2}}\right]^2$$

我们只需证明

$$(2m+1) + 2\sum_{j=1}^{2m}(2m-j+1)\cos j\theta =$$

$$\left[\frac{\sin\left(m+\frac{1}{2}\right)\theta}{\sin\frac{\theta}{2}}\right]^2$$

把 θ 变为 2φ，我们只需证明

$$(2m+1)+2\sum_{j=1}^{2m}(2m-j+1)\cos 2j\varphi =$$

$$\left[\frac{\sin(2m+1)\varphi}{\sin\varphi}\right]^2$$

由引理 1，我们知道

$$\frac{1}{2}+\cos 2\theta+\cos 4\theta+\cdots+\cos 2n\theta = \frac{\sin(2n+1)\theta}{2\sin\theta}$$

即

$$1+2\sum_{j=1}^{n}\cos 2j\varphi = \frac{\sin(2n+1)\varphi}{\sin\varphi}$$

两边对 $0 \leqslant n \leqslant 2m$ 求和，我们得出

$$(2m+1)+2\sum_{n=0}^{2m}\sum_{j=1}^{n}\cos 2j\varphi = \sum_{n=0}^{2m}\frac{\sin(2n+1)\varphi}{\sin\varphi}$$

左边是

$$(2m+1)+2\sum_{j=1}^{2m}\cos 2j\varphi \sum_{j\leqslant n\leqslant 2m}1 =$$

$$(2m+1)+2\sum_{j=1}^{2m}(2m-j+1)\cos 2j\varphi$$

由引理 3 知，右边是

$$\left[\frac{\sin(2m+1)\varphi}{\sin\varphi}\right]^2$$

这正是所要求的结果.

在解析数论中还有一个较重要的结论是由 Kumar Murty 得到的，称之为 Kumar Murty 定理.

Kumar Murty 定理 令 $f(s)$ 是复值函数，满足：

(1) $f(s)$ 在 $\mathrm{Re}(s) > 1$ 中是全纯的,并且不为零.

(2) $\log f(s)$ 可以写成 Dirichlet 级数

$$\sum_{n=1}^{\infty} \frac{b_n}{n^s}$$

其中当 $\mathrm{Re}(s) > 1$, 有 $b_n \geq 0$.

(3) 在直线 $\mathrm{Re}(s) = 1$ 上,除在 $s = 1$ 上 $e \geq 0$ 阶的极点以外,$f(s)$ 是全纯的.

若 $f(s)$ 在直线 $\mathrm{Re}(s) = 1$ 上有一零点,证明:零点的阶数以 $\dfrac{e}{2}$ 为界.

这个定理的证明也需要几个引理.

引理 4 证明:对 $\sigma > 1, t \in \mathbf{R}$, 有

$$\mathrm{Re}(\log \zeta(\sigma + \mathrm{i}t)) = \sum_{n=2}^{\infty} \frac{\Lambda(n)}{n^\sigma \log n} \cos(t\log n).$$

证明 由题可知

$$\log \zeta(s) = -\sum_{p} \log\left(1 - \frac{1}{p^s}\right) = \sum_{p}\sum_{k=1}^{\infty} \frac{1}{kp^{ks}} =$$

$$\sum_{n=1}^{\infty} \frac{\Lambda(n)}{n^\sigma \log n}[\cos(t\log n) - \mathrm{i}\sin(t\log n)]$$

由此推出结果.

引理 5 当 $\sigma > 1, t \in \mathbf{R}$ 时,有

$$\mathrm{Re}(3\log\zeta(\sigma) + 4\log\zeta(\sigma + \mathrm{i}t) + \log\zeta(\sigma + 2\mathrm{i}t)) \geq 0$$

证明 由引理 4,我们看出不等式的左边是

$$\sum_{n=1}^{\infty} \frac{\Lambda(n)}{n^\sigma \log n}[3 + 4\cos(t\log n) + \cos(2t\log n)]$$

由命题 1 有

$$3 + 4\cos\theta + \cos 2\theta = 2(1 + \cos\theta)^2 \geq 0$$

立即推出结果.

引理 6 当 $\sigma > 1, t \in \mathbf{R}$ 时,有
$$|\zeta^3(\sigma)\zeta^4(\sigma+it)\zeta(\sigma+2it)| \geqslant 1$$
由定理 1,对任意 $t \in \mathbf{R}, t \neq 0$,有 $\zeta(1+it) \neq 0$. 用类似的方法,考虑到
$$\zeta^3(\sigma)L^4(\sigma,\chi)L(\sigma,\chi^2)$$
对非实数 χ,推导 $L(1,\chi) \neq 0$.

证明 由引理 4 与引理 5,我们得出
$$|\zeta^3(\sigma)\zeta^4(\sigma+it)\zeta(\sigma+2it)| \geqslant 1$$
现在我们知道
$$\lim_{\sigma \to 1^+}(\sigma-1)\zeta(\sigma) = 1$$
设 $\zeta(s)$ 在 $s = 1+it, t \neq 0$ 上有 m 阶零点,则
$$\lim_{\sigma \to 1^+}\frac{\zeta(\sigma+it)}{(\sigma-1)^m} = c \neq 0$$
因此
$$|(\sigma-1)^3\zeta^3(\sigma)(\sigma-1)^{-4m} \cdot$$
$$\zeta^4(\sigma+it)\zeta(\sigma+2it)| \geqslant$$
$$(\sigma-1)^{3-4m}$$
令 $\sigma \to 1^+$ 给出左边的有限极限,当 $m \geqslant 1$ 时,右边无穷大. 所以对 $t \in \mathbf{R}, t \neq 0$,有 $\zeta(1+it) \neq 0$. 若 $\chi^2 \neq \chi_0$,其中 χ_0 是主特征标 $(\bmod q)$,则
$$\log L(\sigma,\chi) = \sum_p \sum_{v=1}^\infty \frac{\chi(p)^v}{p^{\sigma v}v}, \sigma > 1$$
并且对 χ^2 是类似的. 注意,若 $\chi(p) = e^{2\pi i\theta_p}$,则 $\chi^2(p) = e^{4\pi i\theta_p}$. 利用命题 1
$$3 + 4\cos\theta + \cos 2\theta \geqslant 0$$
与引理 4,其中 $t = 0$,我们取实部就得出
$$3\log\zeta(\sigma) + 4\mathrm{Re}(\log L(\sigma,\chi)) +$$
$$\mathrm{Re}(\log L(\sigma,\chi^2)) \geqslant 0$$

这给出

$$|\zeta^3(\sigma)L^4(\sigma,\chi)L(\sigma,\chi^2)| \geq 1$$

与上述类似. 若 $L(1,\chi) = 0$, 则得出 $L^4(\sigma,\chi)$ 的 4 级极点, 而 $\zeta^3(\sigma)$ 给出 3 级极点. 但是, $L(\sigma,\chi^2)$ 在 $s = 1$ 上无极点, 因为 χ^2 不是主特征标.

由以上几个引理我们就可证明 Kumar Murty 定理.

Kumar Murty 定理的证明 设 $f(s)$ 在 $1 + it_0$ 上有 $k > \dfrac{e}{2}$ 阶零点, 则 $e \leq 2k - 1$. 考虑函数

$$g(s) = f^{2k+1}(s)\prod_{j=1}^{2k} f^{2(2k+1-j)}(s + ijt_0) =$$
$$f^{2k+1}(s)f^{4k}(s + it_0)f^{4k-2}(s + 2it_0)\cdots f^2(s + 2kit_0)$$

则 $g(s)$ 对 $\text{Re}(s) > 1$ 是全纯的, 且至少在 $s = 1$ 上一阶零点为零. 因为

$$4k^2 - (2k+1)e \geq 4k^2 - (2k+1)(2k-1) = 1$$

但是当 $\text{Re}(s) > 1$, 有

$$\log g(s) = \sum_{n=1}^{\infty}\frac{b_n}{n^s}[2k + 1 + 2\sum_{j=1}^{2k} 2(2k + 1 - j)n^{-ijt_0}]$$

令 $\theta = t_0 \log n$, 则当 $s = \sigma > 1$, 有

$$\text{Re}(\log g(\sigma)) = \log|g(\sigma)| =$$
$$\sum_{n=1}^{\infty}\frac{b_n}{n^\sigma}[2k + 1 + 2\sum_{j=1}^{2k} 2(2k + 1 - j)\cos j\theta]$$

由一般情形, 括号中的数量大于或等于 0, 因此

$$|g(\sigma)| \geq 1$$

令 $\sigma \to 1^+$, 得出矛盾, 因为 $g(1) = 0$.

至此, 我们对华罗庚先生的命题思路进行了完全的解读.

第一部分　Riemann 猜想的历史及进展

第三节　奥林匹克数学竞赛有罪吗？

在 1949 年北京大学的试题中的第 4 题至今仍是国内任何一本中学奥林匹克数学竞赛教程中的必选题. 因为它的解答用到了奇偶性和抽屉原理, 这两个内容一直是数学奥林匹克的经典和必学内容. 现在甚至在小学奥林匹克数学竞赛中都有所体现. 再看现在的高考题则是"各领风骚没几年".

1952 年, 教育部明确规定, 除个别学校经教育部批准外, 各高等学校一律参加全国统一招生考试, 直到那时统一的高考制度才基本形成. 所以在 1949 年, 中华人民共和国成立初期, 高考招生办法和条件都是由各个学校自行制定的, 大部分大学均实行自主招生, 而北京大学、清华大学等少数学校实行联合招生.

当所有人看到清华大学、北京大学这两份高考题之后, 有人一脸悲痛地说道: "以我这样的数学水平, 不管穿越到哪一年, 基本都是和清华大学、北京大学无缘了, 这个梦为什么这么残酷!"

假如让你穿越回到 1949 年, 以你现在的数学水平, 你能考上清华大学、北京大学吗?

在超出常态的激烈竞争和残酷的淘汰机制之下, 个人若不速成, 可能就有被淘汰的风险, 这使许多年轻人变得焦虑不安或变得聪明精致. "何不策高足, 先据要路津. 无为守穷贱, 坎坷长苦辛." 这恐怕也是一些年轻人的心态.

科幻作家刘慈欣在接受加拿大科幻作家德里克·昆什肯访问时有如下对话:

　　问: 尖端科学往往呈现出与现实脱离的

状态,您认为这种脱离来源于何处? 我们是否有办法克服?

答:据研究,很多儿童比成人更容易接受某些高深的学科理论. 他们对于一些概念所表现出来的惊奇感完全没有成人表现出来的惊奇感多. 因为他们只是从认知的层面去看问题,他们不会被现实世界约定俗成的常识所束缚.

我认为如果想像一个孩子一样看待尖端科学,首先,我们要完全放开自己的思路,要勇于改变自己的思维方式,抛开我们已经约定俗成的思维方式,真正理解现代科学所揭示的世界观. 我们还要试着从数学层面理解它,现在很多诡异的世界观都是用数学语言描述的. 我们如果把它变成通俗的语言表述,就很难真正精确地理解它.

其次,现代科学所描述出来的世界观离常识很远. 这对于科幻作家而言是一件好事,因为会有巨大的科学资源等待我们去挖掘. 我们要想从现代科学中提取这些资源,把它变成一个个好的故事、好的小说,就要理解这些理论,这确实是十分困难的事情. 现在的物理学所涉及的数学知识是十分难以理解的,但是我会努力去做.

这里由于所收题目年份较早,所以对当前应试者几乎无帮助. 但它可以使我们自省,正如韩愈在《答李翊书》中有:无望其速成,无诱于势利,养其根而俟其实,加其膏而希其光. 根之茂者其实遂,膏之沃者其光晔.

第八章　Riemann 猜想浅说[①]

1. Riemann 那篇提出了 Riemann 猜想的著名论文除了有许多"证明从略"的地方外,还有一个很突出的特点,那就是它虽然反复涉及了 Riemann ζ 函数的非平凡零点,甚至还提出了与零点分布有关的一系列命题(包括大名鼎鼎的 Riemann 猜想),却没有举出哪怕一个具体的例子,即没有给出哪怕一个零点的数值. 而且那些"证明从略"的地方并非容易证明,同样要命的是,Riemann 不曾给出的那些零点的数值也并非轻易就能计算的. 事实上,直到 Riemann 那篇论文发表 44 年后的 1903 年,才有人填补了这方面的空白:丹麦数学家 Gϕrgen Gram 计算出了 15 个零点的数值. 这是人们首次窥视到 Riemann ζ 函数非平凡零点的具体存在. 当然,那 15 个零点全都位于 Riemann 猜想所预言的临界线上.

数学家们计算零点的漫长征途,呈现出了层层推进的态势. 但这推进过程在起初一段时间里却显得极为缓慢,直到 1925 年,才计算出了区区 138 个零点,而且在那之后陷入了停顿. 为什么会陷入停顿呢? 原因很简单,就是当时计算零点的方法比较笨拙,致使计算量过于巨大. 而当时的计算又全靠手工,零点数目一多,计算量就大到了令人难以应付的程度.

[①] 摘编自《南方周末》.

既然是计算方法的笨拙使计算陷入了停顿,那么很显然地,计算的重新启动需要有新的计算方法.新的计算方法在7年后的1932年终于"出土"了——没有写错,确实是"出土",因为它是从早已去世了的Riemann的手稿中"挖"出来的!

Riemann那个时代的一些著名数学家有一个现今的数学家们很少效仿,现今的读者很难理解的特点,那就是常常不发表自己的研究成果.由于这个特点,那些数学家的手稿有着重要的意义,因为从中有可能发现一些他们未曾发表过的研究成果.Riemann的手稿就是如此.不过令人惋惜的是,Riemann的手稿只有一小部分才是后人真正可以查阅的.那些可供查阅的手稿被收录于哥廷根大学的图书馆.

不过,那部分手稿虽然可供查阅,但只要想想Riemann公开发表的文章尚且如此艰深,动辄花费后世数学家几十年的时间才能填补空白,就不难想象研读他的手稿会是什么感觉了.Riemann的研究领域极为宽广,手稿中常常诸般论题混杂,而且几乎没有半句说明.自Riemann的手稿被存放于哥廷根大学图书馆以来,陆续有一些数学家及数学史学家慕名前去研究,大都满怀希望而来,却两手空空而去.Riemann的手稿就像一本高明的密码本,牢牢守护着这位伟大数学家的思维奥秘.

直到1932年,终于有一位数学家从Riemann的手稿中获得了重大发现——发现Riemann不仅亲自计算过若干个零点的数值,而且还有自己独特的、直到"出土"之日仍遥遥领先于当时数学界的计算方法.这一发现为Riemann ζ 函数非平凡零点的计算带来了脱

胎换骨般的变化,让停滞在第 138 个零点上的计算重新启动. 当然,这一发现也进一步提高了 Riemann 那原本就已极为崇高的声望,在很大程度上驱散了一些数学家对 Riemann 论文中那些"证明从略"部分的怀疑. 因为它表明 Riemann 那篇高度简练的论文只是冰山的尖顶,在那下面有着大量扎实的研究. 那么,发现这一切的人是谁呢? 是 Riemann 的一位同胞:德国数学家 Siegel. 为了从天书般的 Riemann 手稿中"出土"公式, Siegel 付出了艰辛的努力. 为了表彰他的努力,人们将这一计算 Riemann ζ 函数非平凡零点的新方法称为 Riemann-Siegel 公式(Riemann-Siegel formula).

Riemann-Siegel 公式的"出土"大大推进了零点计算. 在短短几年间,数学家们就把零点计算推进了一个数量级,达到了 1 000 个以上的零点. 虽然随后爆发的第二次世界大战中断了零点计算,但战后计算机技术的发展,又使得零点计算呈现出了井喷势头:从 1956 年到 1969 年的十几年间,被计算出的零点数目又推进了好几个数量级,从 25 000 个推进到了 3 500 000(350 万)个. 当然,所有这些零点也都无一例外地位于 Riemann 猜想所预言的临界线上. 说到这里顺便提醒读者一下,我们这里及下文所说的零点计算除早期那些小规模的计算外,大都只是验证零点是否在临界线上,而并不计算它们的具体数值.

验证了 350 万个零点全部位于临界线上,无疑大大增强了数学家们对 Riemann 猜想的信心. 不过,不相信的也还是大有人在. 比如德国普朗克数学研究所(Max Planck Institute for Mathematics)的一位名叫 Don Zagier 的数学家对这种验证就不以为然. 在他看来,区区350万个零点根本不能说明问题.他的这种不以为然很快遇到了对手:一位对Riemann猜想深信不疑的铁杆"粉丝".这位"粉丝"名叫Enrico Bombieri,是著名的意大利数学家.两人一个疑心重重,一个深信不疑,谁也不服谁.怎么办呢? Zagier提议打赌.说起来,其实Zagier对Riemann猜想倒也并非全然不信,而且也并非一味轻视对零点的数值计算,他只是觉得350万个零点实在太少了,不足以让他信服.那么,要计算多少个零点才能让他信服呢?他开出的数目是3亿.于是两人就以这个数目为限订下了赌约:如果Riemann猜想在前3亿个零点中出现反例,就算Zagier获胜;反之,如果Riemann猜想被证明,或者虽然没被证明,但在前3亿个零点中没有出现反例,则算Bombieri获胜.赌注为两瓶葡萄酒.

初看起来,相对于已经计算出的350万个零点来说,Zagier的3亿个零点简直就是"狮子大开口",Zagier自己也估计这个赌局也许要花上30年的时间才能分出胜负.可是他显然跟那个时代的多数人一样,大大低估了计算机技术的发展速度.事实上,离赌局的设立还不到10年,1979年,零点计算就被推进到了8100万个.不久之后,又被推进到了两亿个,距离赌局的终结只剩下了一步之遥,而形势则对Zagier极为不利——因为那两亿个零点全都位于临界线上.

不过,计算出那两亿个零点的数学家对Zagier的赌局一无所知,在计算完两亿个零点后就停了下来,这一点让Zagier大大地松了一口气.可惜,他这口气没能松太久,因为他的一位朋友恰好访问了那位数学家,不仅将赌局之事告诉了后者,还进行了一番鼓动.后者一

听零点计算还有这么重大的意义,就立刻展开了新的计算,一鼓作气推进到了 3 亿个零点 —— 当然,Riemann 猜想岿然不动.

Zagier 输了,他兑现诺言买来了两瓶葡萄酒. Bombieri 当场打开其中一瓶与他共饮. 他们喝掉的这瓶葡萄酒用 Zagier 的话说,是世界上被喝掉的最昂贵的葡萄酒,因为正是为了以它为赌注的那个赌局,数学家们特意多计算了一亿个零点,为此花费了约 70 万美元的计算经费. 也就是说,被他们喝掉的这瓶葡萄酒是用 35 万美元的经费换来的! 喝完了这瓶葡萄酒,Zagier 从此也对 Riemann 猜想深信不疑了.

在 Zagier 和 Bombieri 的赌局之后,像 Zagier 那样看重零点计算,以此决定自己对 Riemann 猜想信任度的数学家越来越少了;像验证 3 亿个零点那样愿意把巨额经费投入到零点计算中的人也越来越少. 不过对零点的计算并没有就此终止. 2001 年,一位名叫 Sebastian Wedeniwski 的德国研究者创立了一种崭新的计算模式:分布式计算,即利用彼此联网的许多台计算机来共同计算零点. 这个分布式计算系统建成之后,不久就被推向了互联网,吸引了世界各地大量数学和计算机爱好者的参与,联网计算机的数目很快就稳定在了 10 000 台以上,每天计算出的零点数目在 10 亿以上. 至于经费,则基本可以忽略不计,因为参与者都是自愿而无偿地贡献出自己的计算资源的.

到了 2004 年末时,Wedeniwski 的分布式计算系统所计算出的零点总数逼近了一个激动人心的数目:一万亿. 眼看着一次辉煌庆典已指日可待,不料却从法国传来了一个令人吃惊的消息:两位法国人完成了对 10

万亿个零点的计算,比他们翘首期待的一万亿高出了整整一个数量级!更令人吃惊的是,这两位法国人完成这一工作所用的计算资源居然只是几台普通的计算机,所花费的时间也只有一年多. 此时此刻,这样的一则消息对于 Wedeniwski 来说无疑是当头一棒,结果庆典变成了谢幕, Wedeniwski 在不久之后关闭了整个系统. 此情此景,犹如九十多年前英国探险家 Robert Falcon Scott 挺进南极的经历:当他们历经艰辛,即将抵达南极点时,却发现挪威探险家 Roald Amundsen 已经捷足先登(Scott 及同伴后来在黯然返回的途中全部遇难).

两位法国人凭借几台普通计算机一年多的工作,居然超过了全世界上万台联网计算机几年的工作,而且超过了整整一个数量级,这是什么缘故呢? 是因为他们采用了一种比 Riemann-Siegel 公式更高明的计算方法. 这一计算方法是出生于波兰的数学家 Andrew Odlyzko 与合作者 Arnold Schönhage 于 1988 年所提出的.

2. Odlyzko 为什么会研究零点计算的算法呢? 这也牵扯到一段故事,而且是很有意思的故事. 当然,表面上的原因是跟所有其他从事零点计算的人一样的,那就是因为他对零点计算很感兴趣. 不过,他那兴趣的由来跟其他人有所不同,其他人的兴趣大都来自于对 Riemann 猜想本身的兴趣,他却是因为听了美国数学家 Montgomery 的一个并非直接针对 Riemann 猜想的研究报告,才从事零点计算,并研究零点计算的算法的. Montgomery 那个报告所介绍的是一项很独特的研究,即研究 Riemann ζ 函数非平凡零点在临界线上的分布规律. 他的研究表明, 在适当的假设——其中包括假设 Riemann 猜想成立下, 可以证明 Riemann ζ 函数的非平凡零点在临界线上的分布呈现出一种相互排斥的趋势(即倾向于彼此远离), 这个趋势可以用一个不太复杂的数学公式来描述.

Montgomery 自 20 世纪 70 年代初就开始研究 Riemann ζ 函数非平凡零点在临界线上的分布规律了. 他发现了规律, 并且因为那规律不太复杂而直觉地感到在其背后应该蕴含着某种玄机. 为了揭开那玄机, 他特意访问了普林斯顿高等研究院. 在那里, 他"觐见"了 Riemann 猜想研究的元老 Selberg. 可惜就连 Selberg 也看不透那规律背后的玄机. 不过, 在高等研究院那样一个名家云集的地方, 随时都有可能出现意想不到的学术交流. Montgomery 在最有希望得到信息的 Selberg 那里不曾得到有价值的信息, 却在高等研究院的茶室里偶遇了一位物理学家. 那位物理学家名叫 Dyson, 是一位研究领域很宽广的人物, 当他在和 Montgomery 的攀谈中获知后者所发现的这个零点在临界线上的分布规律时, 顿时就吃了一惊. 因为他想起了自己十多年前的一系列研究. 那些研究跟 Riemann ζ 函数的非平凡零点没有半点关系, 但在那些研究中, 他却得到过同样的分布规律!

Dyson 十多年前所研究的是什么呢? 是从一些极为复杂的物理体系——比如复杂原子核中抽象出来的问题. 处理那种问题所用的是一类特殊的统计物理手段, 而其中一个典型的课题则是研究复杂体系中能量的分布, 物理学家们称之为能级分布. Dyson 曾经得到过那种分布的具体形式, 它除了可以描述能级外, 还出现在了许多其他复杂的物理现象中. 而现在, 从 Montgomery 所从事的纯数学研究中, 他居然再次见到了同样的分布, 这实在是大大出乎他意料的事情.

几年之后, Montgomery 再次来到普林斯顿, 并做了一次研究报告 —— 即 Odlyzko 所听到的报告. 在报告中, 他除了介绍自己的研究外, 还提到了他和 Dyson 所发现的这种数学与物理之间的奇怪联系. 这一切引起了 Odlyzko 的浓厚兴趣, 使他决定通过大规模零点计算来验证 Montgomery 所发现的零点在临界线上的分布规律. 从 20 世纪 80 年代末到 90 年代初, Odlyzko 利用他和合作者 Schönhage 所提出的新算法, 完成了几批大规模的零点计算, 结果非常漂亮的证实了 Montgomery 所提出的零点在临界线上的分布规律. 考虑到 Montgomery 的结果是在假设 Riemann 猜想成立的基础上得到的, 因此这种证实也可以在一定程度上被视为是对 Riemann 猜想的间接支持.

不过, 所有这些都没有解决一个最根本的问题, 那就是像 Riemann ζ 函数非平凡零点在临界线上的分布这样最纯粹的数学性质, 为什么会跟像复杂原子核的能级分布那样最现实的物理现象扯上关系? 这种神奇的关联本身又预示着什么呢? 这两个问题直到今天也没有完全的答案. 但有意思的是, 在半个多世纪前, 却有两位数学家曾经提出过一个猜想 —— 一个与 Montgomery, Dyson, Odlyzko 所发现并证实的这种数学与物理间近乎离奇的联系遥相呼应的猜想. 那两位数学家的名字我们在前文中曾经提到过, 一位是 Hilbert, 一位是 Pólya, 那个猜想则被称为 Hilbert-Pólya 猜想, 它是对 Riemann ζ 函数非平凡零点分布的猜测,其中赫然包括了猜测它们与某个物理体系的能级相对应的可能性!

不过这个 Hilbert-Pólya 猜想本身也颇有一些离奇的地方,因为当人们因 Montgomery,Dyson,Odlyzko 的研究而对它发生兴趣,试图追溯它的起源时,却惊讶地发现无论 Hilbert 还是 Pólya,居然都不曾在任何文字之中提及过这个猜想. 难道这个猜想根本就是子虚乌有的传说? 幸运的是,94 岁高龄的当事人 Pólya 那时仍健在,他在一封信件中以个人回忆的方式肯定了这一猜想的存在性. 但早已去世的 Hilbert 在什么场合下提出过这一猜想,却很可能将成为数学史上一个永久的谜团.

3. 介绍了许多有关 Riemann 猜想的研究,有一个问题想必很多读者都会关心,那就是 Riemann 猜想的终极命运将会如何? 它是会被证明呢? 还是会被推翻(否证)? 对于这个有关 Riemann 猜想"前途命运"的大悬念,数学家们各有各的看法.

有些数学家相信 Riemann 猜想是对的,比如那位输掉了葡萄酒的 Zagier 自赌局告负之后就对 Riemann 猜想深信不疑. 他相信 Riemann 猜想的理由很"纯朴",那就是数值证据已经够强了. 读者们想必还记得,他当时要求的数值证据是 3 亿个零点,现在的证据已经超过了 10 万亿,远远超出了他的要求. 因此,他的相信是有理由的. 不过,由于零点有无穷多个,实际上再多的数值证据也是微不足道的. 而且在数学上有过这样的例子,即一个被否证了的数学命题的数值反例出现在极遥远的地方,远远超出数值证据所能触及的范围. Riemann 猜想会不会也是如此呢？谁也说不准. 当然，支持 Riemann 猜想的证据不仅仅来自数值计算，还有我们介绍过的大量其他研究，其中包括至少有 40% 的非平凡零点位于临界线上那样颇为可观的结果. 相信 Riemann 猜想的数学家们也可以从那些方面获得信心.

有些数学家则认为 Riemann 猜想是错的. 面对 Riemann 猜想所得到的如此海量的支持，选择那样的立场当然是有理由的. 这其中一条打不倒的理由就是：所有支持都不是证明. 确实，对于像 Riemann 猜想这样的数学命题来说，要想证明它成立，必须"一个都不能少"地涵盖所有的零点，缺一丁点儿都不行. 但反过来，要想推翻它，却只要找到一个反例，即一个不在临界线上的非平凡零点就足够了，这种繁简程度上的不对称对于怀疑 Riemann 猜想的数学家们是十分有利的.

除上述两种截然相对的态度外，Riemann 猜想的长期悬而未决还使一些人联想到了所谓的 Gödel 不完全性定理 (Gödel's incompleteness theorem)，认为 Riemann 猜想有可能是一个不能被判定，即既不能被证明，也不能被否证的命题. 据说 Kurt Gödel 本人就有过这样的看法. 不过，Riemann 猜想假如不成立，在原则上是可以用明确的步骤，通过数值计算找到它的反例，从而证明其不成立的. 从这个意义上讲，Riemann 猜想假如不成立，它是可以被判定为不成立的，而它如果不能被判定，实际上是表明它成立.

好了，以上就是对 Riemann 猜想的简单介绍. 这一

第一部分　Riemann 猜想的历史及进展

介绍因为略去了数学细节而看上去更像是一串故事. 但实际上, Riemann 猜想是一个极为艰深的课题, 如果哪位读者想要"啃一啃"这个猜想, 首先要有扎实的数学功底, 否则"非但啃不动, 还很可能会崩掉牙齿".

第九章　用物理学的概念思考数学难题

第一节　发现纯数学与物理之间的联系[①]

一位杰出的数学家运用物理学中的概念研究了困惑人们数千年的数学问题,并取得了进展.
$$x^4 + y^4 = 1$$
数学里面充满了超自然的数的系统,其中大部分人从来没有听说过,甚至理解起来有困难.但是有理数是家喻户晓的,它们是自然数和分数——这些有理数你从小学就知道了.但是对于数学家来说,最简单的问题往往最难理解.它们简单得就像一堵抗风墙,没有裂缝、突出物或者明显你可以抓住的某些东西.

牛津大学的一位叫金明迥的数学家,对于寻找哪些有理数可以解特定类型的方程特别感兴趣.几千年来无数数论学家挑战过这个问题.他们在解决问题方面进展甚微.当一个问题研究了很久却没答案,我们很自然地就认为唯一的出路就是有一个人能提出新的想法.这个人就是金明迥.

"即使我们已经研究了3 000年,但研究这些问题依然没有太多的技术手段,所以任何人无论何时提出

[①] 摘编自"哆嗒数学网".

第一部分　Riemann 猜想的历史及进展

一个可靠的新方法去解决它都是一个大的进展,这就是金明迥所做的。"威斯康星大学的数学家 Jordan Ellenberg 评论道.

在过去的十年间,金明迥想出了一个非常新颖的方法——在看似无规律的有理数域寻找模式.他将这种方法写进论文里,发布在讨论会中,并将其传递给学生,现在学生们自己继续进行研究.但是他一直保留着一些东西,他的思想正走向成熟,不是基于纯粹的数论,而是从物理中借用概念.对于金明迥来说,有理数解像光的轨迹一般.

如果这样的联系让你觉得像天方夜谭,那就对了,因为一些数学家也甚至和你有相同的想法.由于这个原因,金明迥长期以来没有吐露这个想法."我将它藏了起来,因为一直以来我多少会因为物理联系而不安."他说:"数论学者是一群相当严谨刻板的人,物理因素的加入有时使他们更加怀疑我做的数学."

但是金明迥说他已经打算向世人表达他的想法."我想这个改变单纯是因为思想成熟起来了!" 53 岁的金明迥在我们交流这个故事的一封邮件的开头写到.

他最近已经举办了一场学术会议,邀请了数论学家和弦论学家.他也为还没有习惯于通过直接类比物理世界来思考数论问题的数学界写一篇文章去描述他的想法.

至今仍有一个绊脚石——数学和物理类比的最后一部分,金明迥仍需要继续攻克下去.他希望邀请更多的人去参与他的研究,特别是物理学家,他需要物理学家的帮助去完善它.

一个古老的挑战——方程的有理解深深地吸引着人们.找到方程的有理解,就像拼图块完美地落实到对应的位置那样令人满足.基于这样的理由,数学中很多著名的猜想都是关于方程有理解的.

有理数包含整数和任意可以表示为两个互素的整数之比的数.例如 1,-4 以及 $\frac{99}{100}$. 数学家对 Diophantus 方程(Diophantine equation)——整系数多项式方程的有理数解特别感兴趣.就像 $x^2 + y^2 = 1$,公元 3 世纪,生活在古希腊亚历山大城的 Diophantus 就研究了很多这样的方程.

有理解很难用全面的方法找到,因为它们不遵循任何几何模式.考虑方程 $x^2 + y^2 = 1$,它的实数解是一个圆,拿走在这个圆上的所有不能表示为分数的点,所留下的就是有理解,而这样的解不会形成一个规则的形状.有理解是随机分布在圆周上的.

第二节 实数解和有理解

把所有满足方程 $x^2 + y^2 = 1$ 的实数解画成图像将得到一个圆.但是有理解——那些能表示成为分数的解散列在圆周上.

"具有有理坐标点的条件根本不是几何条件.你无法知道如果一些有理点满足某方程,它必须满足些什么条件."金明迥说.

有的方程,通常容易找到某个单一的有理解,甚至许多有理解.但对于不喜欢松散结果的数学家来说,他们对研究所有的有理解更有兴趣.这样问题就会难很多了.事实上,甚至是关于有理数最直白的结果,足以让你在数学圈出人头地.如同在 1986 年,一位名叫 Gerd Faltings 的数学家荣获了数学最高荣誉的菲尔兹奖,他就是解决了一个叫莫德尔猜想(Mordell conjecture)的问题,证明了一族特定的 Diophantus 方程仅有有限多的有理解(而不是无限多解).

Faltings 的证明在数论中是一个具有举足轻重的结果.但这也是数学家所说的"无用的证明",事实上这意味着它没有精确计算出有理解的数量,更不用说找出它们了.从那以后,数学家开始寻找解决下一步的方法.有理点看起来就像一个方程的普通图像上的随机点.如果改变他们所研究问题的条件,数学家们希望这些点将看起来像一个星座一样,它们能以一些精确的方式去描述.但问题是,在已知的数学领域并没有给出这样的条件.

"为了得到关于有理解的有效结果,人们当然会认为,解决这个问题需要一个全新的想法."Ellenberg 说.

目前,关于新想法是什么样,有两个主要研究.一个来自于日本数学家望月新一,2012 年,他在京都大学的教职员网页上发表了数百页复杂又新奇的数学成果.五年后,他的论文依然是高深莫测的.而另一个新想法就来自于金明迥,他试图在扩张的数论空间中思考有理数,在这其中隐藏的模式开始出现.

1. 一个对称解

数学家通常说研究对象的对称性越好,就越容易研究.鉴于此,他们希望将 Diophantus 方程的研究置于比问题本身产生的空间更对称的空间中.如果他们能这样做,他们可以利用新的相关对称性去追踪他们所寻找的有理点.

为了见识一下对称性如何帮助数学家解决问题,我们先画一个圆,可能你的目标是定义在圆上的所有点.对称性是一个有用的工具,因为它创建了一个映射,可以让你从已知点的性质推出未知点的性质.

想象一下,你已经在下半圆找到了所有的有理点,因为圆是反射对称的,以水平直径为对称轴翻转下半圆的有理点(改变所有 y 坐标的符号),于是一下子你就可以得到在上半圆的所有有理点.事实上,一个圆拥有丰富的对称性,即使知道一个单点的位置,结合对称知识,如果你需要找圆上的所有有理点,只要围绕原点无限旋转对称就可以得到.

但是如果你处理的几何对象有着高度无规律性,就像一个随机游走路径,你将需要努力去分别独立找出每一个点,因为这里没有对称关系帮助你去将已知点映射到未知点.

数的集合也可以拥有对称性.集合的对称性越多,就越容易去理解——你可以应用对称性去发现未知的值.具有特定类型对称关系的数聚在一起形成一个"群",数学家可以使用群的性质去理解包含在其中的所有的数.

一个方程的有理解集合不具有任何对称性,也不形成一个群.从而使数学家们不可能一次性就发现所有的解.

从20世纪40年代开始,数学家们开始探索一种方法是将 Diophantus 方程的解放到一个拥有更多对称性

的空间中去. 数学家 Claude Chabauty 发现在他构建的更大的几何空间的内部（通过一个被称为 p 进数（p-adic numbers）的扩张的全域），有理数形成了自己的对称子空间. 他开始用这样的子空间与 Diophantus 方程的图像联系起来, 两个空间相交的点就是方程的有理解.

在 20 世纪 80 年代, 数学家 Robert Coleman 对 Chabauty 的结果进行了改进. 在那之后的几十年里, Coleman - Chabauty 方法成为数学家寻找 Diophantus 方程有理解最有效的工具. 但只有当方程的图像与更大的空间大小成比例时, 它才起作用. 当它不成比例时, 那么就很难精确找出方程曲线与有理数相交的点.

"如果你有一条曲线在空间内, 而且有太多有理点, 这些有理点集纠结在一起, 你就很难区分哪些有理点在曲线上."一位加州大学圣地亚哥分校名叫 Kiran Kedlaya 的数学家说.

于是, 金明迥开始着手起这个问题了. 为了在 Chabauty 的基础上更进一步, 他希望去寻找一个更大的空间去思考 Diophantus 方程——一个有更多有理点分布的空间, 于是他就可以研究更多不同种类 Diophantus 方程的相交点.

2. 空间的空间

如果你在寻找一个更大的空间, 以及在思考如何沿着对称这条线索寻找答案, 借助于物理办法是个好的选择.

一般来说, 在数学的意义上, 一个空间是一个拥有几何或拓扑结构的点集. 随意分散的一千个点不会形成空间,因为没有任何结构将它们联系在一起.但是对于一个球,由特殊的连续分布的点构成,它是一个空间.同样的环面、二维平面,或者我们生活中三维时空也是一个空间.

除了这些空间外,存在更多的风格迥异的空间,你可以把它看成"空间的空间".举一个非常简单的例子,想象你有一个三角形——这是一个空间,那么继续想象所有可能的三角形,它们组成一个空间.在这个更大空间内的每一点代表一个特定的三角形,由它表示三角形的角的顶点的坐标.

这样的想法在物理中非常有用.在广义相对论的框架下,时间和空间不断演变,物理学家把每个时空看作所有时空所组成的空间中的一个点.空间的空间在规范场论这个物理领域中出现过,这与物理学家在物理空间之上建立的场有关.这些场描述了你在空间中运动时,这些力如何起作用,如同你感受到的电磁力和重力一样.你可以想象,在空间的每一个点上,这些场的构造都略有不同,而且所有这些不同的构造聚在一起形成了更高维度的"所有场的空间"中的点.

这个物理学中场的空间与金明迵在数论中提出的观点类似.为了便于理解,我们考虑一束光.物理学家想象光穿过高维的场空间.在这个空间中,光线将遵循"最小作用量原理"的路径——也就是 A 到 B 所需最短时间的路径.这个原理解释了为什么当光从一种介质到另一种介质会弯曲——弯曲的路径花费的时间最少.

物理学中出现的这些更大的空间的空间具有额外的对称性,这些对称性并不存在于它们所代表的任何空间中.通过对称性可以找出特殊点,例如强调的时间最短路径.在另一种情况下以另一种方式构建,这些相同类型的对称可能会注重其他类型的点,如对应于方程的有理解的点.

理学中出现的这些更大的空间的空间具有额外的对称性,这些对称性并不存在.

3. 对称性与物理之间的纠缠

数论没有粒子可以追踪,但是数论多少有点像时空,为此它也提供了一种寻找所有可能的路径方法和构建对所有可能路径的空间.从这种基本的对应中,金明迥提出了一种方案:寻找光的轨道以及探寻Diophantus方程的有理解是同一个问题的两个方面.正如他在德国海德堡举行的数学物理会议上解释的那样.

Diophantus方程的解形成的空间是由方程定义的曲线.这些曲线可以像圆一样是一维的(一维流形),或者它们可以是更高维的空间.例如,如果你试图寻找Diophantus方程——$x^4 + y^4 = 1$的复解,你会得到一个三孔环面.在这个环面上的有理解缺乏几何结构,这样就很难去找到它们,但是它们可以被做成对应于具有结构的空间的更高维空间中的点.

金明迥通过考虑可以在环面上绘制环的方式(或等式定义的任何空间)来构造空间的高维空间.绘制环的过程如下:首先,选择一个基点,然后从该点绘制一个环到任何其他点,然后再返回.重复这个过程,画出联结基点和圆环面上其他点的路径.最后,你会有一个所有可能的环,它的起始点和结束点都在基点.这种环的集合是数学中一个重要的中心对象,它被称为空间的基本群.

第三节 三洞环面:从基点(base point)到有理点(rational point)的不同路径

你可以使用在环面上的任意点作为你的基点. 每一个点将有一个独一无二错综复杂的路径. 每一个这些路径的集合可以被表示为一个点在一个更高维的"路径集合的空间"(就像所有的可能的三角形的空间). 这个空间在几何上非常类似于物理学家在规范场理论中构造的"空间的空间". 当从一个点移动到环面上另一个点时,路径集合的变化非常类似于在实际空间中从一个点移动到另一个点时场变化的方式.

空间的空间具有额外的对称性,不表现于环面本身. 虽然环面上的有理点之间没有对称性,但如果你进入所有路径集合的空间,就可以找到与有理点相关的点之间的对称性. 这样你可以得到之前所看不见的对称性.

"我时常用到的一个短语是这些路径中有一种'隐藏的算术对称性',高度类似于规范场论中内在的对称性."金明迥说.

就像 Chabauty 所说的那样,金明迥通过考虑在他所构造的更大的空间结构中交叉的点去寻找有理解,同时运用这个空间中的对称性去限制空间中的交叉点. 他希望建立一个方程去精确地找到这些点.

在物理环境中,你可以想象光线可能会采取的所有可能的路径. 这是你"所有路径的空间". 在这样的空间中,引起物理学家兴趣的是与时间最小化路径相对应的点.金明迥认为寻找有理点的过程与错综复杂的路径对应的点具有同样的性质——当你开始思考 Diophantus 方程的几何形式时,这些点将最小化某些性质.只是他还没有找出这种性质是什么.

"我开始寻找的东西是一个在数学环境中的最小作用量原理",他在邮件中写道,"我还是不太清楚,但我有信心,它就在那里,我能找到它."

在过去的一段时间中,我对几位数学家描述了金明迥由物理所启发的想法,他们都仰慕金明迥对数论的贡献.然而,当把金明迥遇到的困难传达给他们时,他们并不知道该如何下手.

"作为一个具有代表性的数论学家,如果你向我展示了金明迥一直在做的所有的这些'恐怖'的事情,并问我是否受到灵感启发,我会说'你到底在说什么鬼话?'"Ellenberg 如是说.

至今,金明迥并没有在他的论文中提及物理学.取而代之的是,他把他的目标称为 Selmer 簇,他考虑 Selmer 簇在所有 Selmer 簇空间中的关系.这些对于数论学者来说是可识别的术语.但是对于金明迥来说它们一直是物理学中某些物体的另一个名称.

"利用物理学中的思想去解决数论中的问题是有可能的,但是我还没有想好如何建立起这样的框架,"金明迥说,"我们在一个关键点上,对物理的理解足够成熟,以及有足够多的数论学者对这个问题感兴趣,所以接下来我们需要进一步推进."

阻碍推进金明迥的方法的一个困难在于在所有错综复杂的圈所组成的空间中寻找一些最小作用量的类

型.在物理世界中,这样的观念十分自然,但是在算术中并不那么显然,甚至是对金明迥的工作了解最深的数学家,也非常关心他是否会找到它.

"我认为金明迥的工作将会给我们带来许多有价值的东西.我不认为我们要像金明迥想要的那样清晰的理解有理解所在的地方是某种算术规范场理论(arithmetic gauge theory)的经典解."哈佛大学数学物理教授阿尔纳夫·特里帕蒂说.

当今,物理学的语言几乎完全在数论的实践之外.金明迥认为这种情况肯定会改变.多年以前,物理和几何、拓扑的研究几乎都是独立.但在20世纪80年代,屈指可数的几位数学家和物理学家建立了有效的方法,该方法运用物理去研究形状的性质,现在这些学者都是领军人物了,而且该领域从未停止向前发展.

"如今不了解物理学几乎不可能对几何学和拓扑学感兴趣.我有理由确信在数论上也会有这种情况发生,在接下来的15年,"金明迥说:"这样的联系将变得十分自然."

第十章　从素数到核物理学及其他

1972年4月初，Montgomery前一年曾是高等研究院数学学部的成员，在高等研究院与数学学部的教授Selberg分享一个新结果. Montgomery和Selberg之间的讨论涉及Montgomery关于Riemann ζ 函数零点的工作，此函数与数论中的素数模式有关. 高等研究院和其他地方的几位数学家试图证明Riemann猜想，该假设猜想，Riemann ζ 函数的非平凡零点（那些不容易发现的零点）都位于实部等于 $\frac{1}{2}$ 的临界线上.

Montgomery曾经发现，Riemann ζ 函数在临界线上零点的统计分布具有某种性质，现在称为Montgomery对相关（pair correlation）猜想. 他解释道，在相邻零点间有排斥之势. 在茶歇时间，Montgomery向高等研究院自然科学学部教授Dyson提到了他的结果.

1960年，Dyson曾研究过随机矩阵理论，这是物理学家Eugene Wigner在1951年为了描述核物理而提出的. 一个重核的量子力学是复杂的，我们对其知之甚

---

① 译自：*The Institute Letter*, 2013, Spring, p.1, 8-9, *From Prime Numbers to Nuclear Physics and Beyond*, Kelly Devine Thomas, figure number 1. Copyright © 2013 Institute for Advanced Study. Reprinted with permission. All rights reserved. Institute for Advanced Study授予译文出版许可.

少.Wigner做出了一个大胆的猜想,随机矩阵可以捕获能级的统计.由于Dyson在随机矩阵方面的工作,从1960年以来就理解了这些矩阵本征值的分布或其统计行为.

Dyson立即看到,由Montgomery发现的统计分布与他在10年前发现的一个随机Hermite矩阵本征值的对相关分布似乎是相同的."他的结果和我的一样.它们来自完全不同的方向,但得到相同的答案,"Dyson说:"这表明,其中有很多东西我们不明白,当我们真正理解时,它可能会是显而易见的.但在此刻,它仅仅是一个奇迹."

与Montgomery在茶歇时交谈后,Dyson写信给Selberg,信中文献表明ζ函数零点的对相关与一个随机矩阵本征值的对相关是一样的.

(信的原文:

April 7, 1972

Dear Atle

The reference which Dr. Montgomery wants is M. L. Mehta, "Random Matrice" Academic Press, N. Y. 1967.

  page 76 Equation 6.13

  page 113 Equation 9.61

showing that the pair-correlation function of zeros of the ζ-function is identical with that of eigenvalues of a random complex (Hermitian or unitary) matrix of large order.

Freeman Dyson)

第一部分　Riemann 猜想的历史及进展

　　Montgomery 和 Dyson 在茶歇时间意想不到地发现在 1970 年开通了在素数和数学物理之间的一个如今依然陌生而神秘的诱人联系. 素数集是所有数的积木, 它们已经被研究了 2 000 余年, 研究始于古希腊人, 他们证明了有无穷多素数, 且它们的分布不规则.

　　Dyson 和 Montgomery 在茶歇时间的谈话的 40 多年后, 为什么同样的分布律似乎掌控着 Riemann ζ 函数零点和随机矩阵本征值这个问题的答案仍然是难以捉摸的, 但寻找一种解释促进了在数论、数学物理学、概率和统计学的交叉处的积极研究. 这种研究正在从各种角度, 包括分析各种系统来观察它们是否反映了 Wigner 的预言——大型复杂的量子系统的能级有一种普适的统计形态, 即在混沌和由一个明确公式定义的秩序之间的一种微妙的平衡——对 ζ 函数、素数和随机矩阵产生一个更好的理解.

　　Wigner 的普适性猜想有点类似于概率论中经典的中心极限定理, 该定理解释了为什么许多分布在性质上往往接近于正态分布的 Gauss 钟形曲线. 英国博学大师 Francis Galton 爵士[①]把中心极限定理描述如下:

　　"我知道很少能够像'频率误差定律'这样让人印象深刻的表达宇宙秩序的奇妙形式. 如果希腊人知道这个定律, 必将会将它人格化和神化. 它在最疯狂的混乱中, 也默默地、平静地处于掌控的地位. 在越混乱的

---

①　Francis Galton(1822—1911), 进化论创始人查尔斯·达尔文的表弟, 英格兰维多利亚时代的博学者, 人类学家、优生学家、热带探险家、地理学家、发明家、气象学家、统计学家、心理学家和遗传学家.

状态,它就显得越完美.它是非理性的最高定律.每一个大样本的混乱元素按照它们的大小重整,一个出人意料的、最美的规律性就被证明一直隐藏在其中."

几个世纪以来,概率论已被用来对不相关或弱相关的系统建模.在这些模型里,有随机矩阵统计学起着如在复杂相关系统中类似基本作用的强有力证据,两个物理学家 Milan Krbálek 和 Petr Šeba 在 1990 年后期曾研究过这些系统中的铀核能级、ζ 函数的零点以及墨西哥 Cuernavaca 市分散巴士系统的间隔模式.该系统没有中央权威或时间表以规管巴士的到站及离站,这是由司机所决定的.为了最大限度增加收入,基于旁观者有关他们面前巴士的离站时间所得的信息,司机调整了他们的速度. Krbálek 和 Šeba 记录了巴士在各站的实际出发时间,并且发现巴士间的间隔与随机矩阵理论中的统计行为相仿.

根据 Percy Deift(数学学部的成员)的说法,"这样一些问题的清单是变化的、增长的,其关键在于人们可能会称之为'宏观数学(macroscopic mathematics)'."正如物理学家从宏观系统中出现的普适行为看出物理定律一样,Deift 注意到,数学家开始研究各种各样数学问题的普适性.看似无关的一大类数学问题或物理情景产生同样的统计直方图,我们考察这许许多多的现象,以获得在我们周围的世界中是否会形成各种混沌系统的洞察.

"有很多确定性的东西的行为混乱,"数学学部的 Thomas Spencer 教授说."在一般情况下,这是一个非常难理解的东西.即使是由一个公式给出的 Riemann ζ 函数的零点,其行为也是混乱的.素数的行为是混乱

的. 我们不明白它们为什么如此, 我们想理解它们乱到什么程度. 令人诧异的是, 在一定程度上, 我们可以用随机矩阵来描述这些特征."

在 19 世纪中叶, 数学家开始注重概念的性质, 而不是公式, 并注重理解抽象的概念和关系, 而不是计算. Riemann 是在那个时代发明的称为复分析的学科的先驱者. 他解释说, 如果你想了解一个复解析函数 —— 这是一个涉及复数的规则, 你就需要了解其零点的位置.

Euler 在 18 世纪发现了 ζ 函数. Euler 定义了 ζ 函数, 并发现它与素数集的分布模式有一个深刻而奥妙的联系. ζ 函数后来以 Riemann 的名字命名, 在他于 1859 年发表的研究报告 —— 他关于 ζ 函数唯一的论文中写了关于 ζ 函数及其相关的假设. Riemann ζ 函数及其他类似于它的被称为 L - 函数 (出自 1836 年 Dirichlet 对素数的研究) 的 ζ 函数出现在数论、动力系统理论、几何学、函数论和物理学中. 在他的研究报告中, Riemann 试图解释, 关于到一个给定的数之前素数个数的计数, 如何获得一个确切的简单解析公式.

"Riemann 猜想的失败会导致素数分布的浩劫,"数学学部的名誉退休教授 Enrico Bombieri 说, 在克雷数学研究所 —— 它曾把 Riemann 猜想列为千禧年七个问题之一, 任何个人解决了此问题就获得 100 万美元奖赏 —— 官方网站的问题描述中写道. 这一事实本身就把 Riemann 猜想挑出来作为素数理论中主要的未解决问题.

已故的 Selberg 是研究 Riemann 猜想的权威专家, 并开发了很多工具, 让数学家去解决它. "有可能已经很少人尝试证明Riemann猜想,"Selberg说,"因为,简单地说,没有人有任何如何去研究的真正好主意。"Bombieri认为Selberg可能是想在他的陈述中包括"好的"(即"很少有好的尝试"),因为Bombieri收到过许多业余数学家和物理学家所做的结果。Bombieri说:"我时不时也收到业余数学家发来的古怪邮件,他们认为他们已经推翻了Riemann猜想。"

在他的研究报告中,Riemann给出了一个暗示,他曾计算过前几个零点。"当然,最为理想的是对此有一个严格的证明,"Riemann写道,"在经过一些短暂的浅表性的尝试后我已经暂时搁下了这个研究,因为就一系列我的研究而言它不是立即需要我去考察的结果。"在Riemann去世大约70年后,当他的注释被Siegel(1940年高等研究院的成员和教授)看到后,确定了"在做出他的猜想前,Riemann亲手验证了前面几个零点都位于临界线上"。利用最早的一批计算机中的一台计算机,Turing计算了Riemann ζ 函数的前1 000个零点。如今,该假设已经被确认到1兆①个零点。

"Riemann ζ 函数仍然是现代数学中难以理解的事情之一。它是一个函数,除了最重要的问题外,我们对它了解很多。"高等研究院数学学部教授Peter Sarnak说,"它联系着素数理论或编码素数理论以及该函数零点集的深层次信息。它以一种没有别的对象能够做到的方式控制着素数集。虽然理解素数是一个

---

① 1兆,即1万亿,即10^{12}。

重要的问题，但是 Riemann ζ 函数的推广以及与这些推广相关的对象，使之更有意义。"

推广是一个数学问题在一个类似的，较少特殊性的背景中的扩展。试图证明 Riemann 猜想，已经对数学和物理学的许多不同领域中一些深刻和广泛性的复杂问题产生了答案。Riemann 猜想及其推广"在很多领域中是正确的"这一点上是"类似的"，Sarnak 说，"出现在各个领域中的 ζ 函数普适的真实性是毫无疑问的。有数以百计的定理说，如果 Riemann 猜想或者它的某些推广为真，那么下述结论为真，并且下述结论是惊人的。这样，Riemann 猜想的重要性被放大了。而这些后果仍然不是众所周知的，虽然其中许多已被证明是无须证明 Riemann 猜想的。因此，Riemann 猜想可以让你相当快地到达你想要去的地方，既然我们不能解决这个问题，我们就找到非常复杂的替代品。事实上，如果有人证明了 Riemann 猜想和这些推广，你就可以扔掉一些图书馆里的书籍和多篇论文，这些资料放在那里主要是让大家了解它们。"

多年来，一直没有不用 Riemann ζ 函数而证明素数定理的。1948 年高等研究院取得了一个巨大成就，那时 Selberg 和 Paul Erdös(1938 ~ 1940 年高等研究院成员)给出了一个不用 Riemann ζ 函数的素数定理的初等证明。"有些人天真地以为不存在初等证明，"Sarnak 说，"有一个进一步的希望，一旦你给了该定理的一个证明，它可能会提供一个更好地理解 Riemann 猜想的观点，但是这还没有实现呢。"

Hilbert，当他被问道：如果 500 年后他又被赋予生命,他要做的第一件事是什么.他回答说:"我会问 Riemann 猜想是否已被证明了."Hilbert 曾与 Pólya 提出寻找一个以 Riemann ζ 函数零点集为其本征值的量子力学系统.数学学部的已故教授 Weil 在其一生的后期投入了巨大的努力试图解决这个问题."过去,有时我想,如果我能够证明 Riemann 猜想——这是在 1859 年形成的,我会保密,以便能够只在它的百年之际在 1959 年揭示出来",Weil 在 1979 年的一次采访中说,"自 1959 年以来,我觉得我离它甚远,我渐渐放弃了,不无遗憾."

1941 年,Weil 证明了有限域上所有单变量函数域的 Riemann 猜想的类似物,这是他在 Rouen[①] 监狱中时的工作重点,用他的话说,"与法国当局对我的军事'义务'有分歧."Weil 引进了新的几何观点,允许把问题翻译为代数几何中的问题.1973 年,Pierre Deligne 使用 Alexander Grothendieck 的上同调理论——一种把问题线性化的工具证明了对于有限域上任意维完备非异射影簇的 ζ 函数的 Riemann 猜想.(由于这项工作和其他开创性的贡献,数学学院的名誉退休教授 Deligne 被挪威科学与文学院授予 2013 年的 Abel 奖).

Weil 和 Deligne 在函数域情形得到了他们的类似成果,实现了把零点集作为一个矩阵的本征值."在 Riemann ζ 函数的情形下,所缺少的是很有用的零点集的本征值解释,"Sarnak 说,"从数据上看,你有的是

---

① 位于法国西北部,是上诺曼底大区的首府,与中国宁波市结为友好城市.圣女贞德于 1431 年在此就义.

你想重建的一个实体的残余信息. 在你可以开始做之前, 你首先需要知道它是否真的来自某某实体? 是否有一些好的测试或标记?"

量子力学是力学的一个线性代数解释, 其中量子系统的能级相应于矩阵的本征值. 它可能会提供一个使用线性代数的数学工具来证明 Riemann 猜想, 因为 Riemann ζ 函数零点的行为就像一个矩阵的本征值.

有人曾问 Wigner 一系列问题: 如果你取一个随机矩阵, 它的本征值像什么? 如果你随机地选一些数, 它们会不同吗? 结果是, 如果你随机地选取一个矩阵, 并考察它的本征值, 你会比你直接选取随机数得到一个非常不同的行为. 本征值像什么成为一个有趣的课题, 这就是随机矩阵理论 —— 概率论和线性代数中的一个主题的开始.

Dyson 曾有大约 10 年, 大致在 1962～1972 年, 大力研究随机矩阵理论, 主要与 Madan Mehta（1962～1963 年高等研究院成员）合作. 在随机矩阵理论中, Dyson 和 Mehta 认为有 3 类矩阵体系有不同的相关性: Gauss 正交体系（时间反演不变及在相邻水平之间具最弱斥力的整自旋）、Gauss 酉体系（没有时间反演不变性及中等斥力）及 Gauss 辛体系（时间反演不变及半整自旋和最强排斥）. 这些体系的缩写分别为 GOE, GUE 和 GSE. 1989 年, Odlyzko（1983～1984 年高等研究院成员）计算了 Riemann ζ 函数在其第 10^{20} 个零点附近的 800 万个零点, 并用一个深入的、非常透彻的数值方法计算了它们的对相关性, 这证实了与 GUE 的联系.

从 Riemann 到 Enoch——Riemann 猜想的历史

当 Sarnak 是斯坦福大学的一名研究生时,Paul Cohen(1959~1961,1967 年高等研究院成员[①])向他指出 Montgomery 关于 ζ 函数零点对相关的工作及其与随机矩阵理论的联系,并问道"为什么会这样?"Sarnak 以与 Zeev Rudnick(2008~2010 年高等研究院成员)合作的一篇关于 ζ 函数零点更高阶相关性的论文开始努力尝试回答这个问题,并最终促使他推广了 Montgomery 的工作. 1990 年,Sarnak 和他的合作者 Nick Katz(自 1991 年以来高等研究院的经常成员)把物理学和几何学中的方法带进了 Deligne 证明中的函数域背景,并发现不仅 ζ 函数零点的对相关函数,而且所有的多重(manylevel)相关函数都与 GUE 体系的选取一致. 他们使用数学物理的方法,特别是 Michel Gaudin——他曾在 1961 年计算过随机矩阵最接近的本征值之间距离的分布的方法来解释该现象和对称类型.

Deligne 在函数域框架的一般情形中证明 Riemann 猜想的方式并非只考察一个 ζ 函数. ζ 函数可被收集成族,每一族你可以问关于它们零点分布的微妙问题. 不同的族产生不同的分布,然而其中间距的相关性是一致的,这相应于随机矩阵理论. 这项研究的核心是一个与族相联系的群——单值群,它在相关空间

---

① Paul Cohen(1934—2007),美籍波兰裔犹太人. 他于 1960 年证明了连续统假设的独立性,因而于 1966 年获得菲尔兹奖,1967 年获得美国国家科学奖. 他是美国国家科学院和美国艺术与科学院院士. 有关他的较详细的信息,请参阅《数学译林》2013 年第 2 期文章《连续统假设能否被解决?》

上的作用是线性的.单值是胶——一种与族有关联的对称性,它把族中不同成员连接在一起.Sarnak 一些以前的学生,其中包括 Michael Rubinstein(2009~2010 年高等研究院成员),用数值验证了 Katz 和 Sarnak 提出的与这种胶相联系的经典数论中的所有猜想.

"不仅确实看似有一个矩阵的解释,而且在此也明显地提出了这种胶在函数域框架的证明中是如此的关键.我们知道这一点,我们可以看到它,但是我们还没有对象,"Sarnak 说,"这已经推出了一些预测和定理,因为这种胶在一个族中控制了大部分发生的现象.如果我们不知道其真正的根源,我们就不了解它.然而,关于这种胶我们只知道可以证明些什么,就足以推导出一般 Riemann 猜想的一些推论,从而解决一些问题."

利用随机矩阵理论进一步探索素数与量子物理学之间的联系也已经取得了进展.即使是 ζ 函数在临界线上偶数阶"矩(moment)"的计算,特别是它们渐近行为的首项系数的计算是出了名的困难.1920 年以来,唯一已知的情形是二阶矩和四阶矩的首项系数分别为 1 和 2. Conrey 和 Amit Ghosh(20 世纪 80 年代初以来的经常成员)推测,六阶矩的系数是 42.用随机矩阵理论,英国布里斯托尔(Bristol)大学的物理学家 Jon Keating 和 Nina Snaith 证实了这个结果,并提供了一个公式来预测这个序列中所有的数.

各种矩阵体系的普适性(universality)是数学学部关于非平衡动力学和随机矩阵的一个专项年度项目

的主要议题,Spencer 与哈佛大学的 Horng-Tzer Yau[①](姚鸿泽,1987~1988年,2003年高等研究院成员),他和数学学部的杰出访问教授共同主持这个项目.姚鸿泽与 Laszlo Erdös 和 Benjamin Schlein 一起,以及独立的 Terence Tao(陶哲轩,2005年高等研究院的访问教授)和 Van Vu(1997年以来高等研究院的经常成员)证明了:只要一个随机矩阵的本征值是独立的并具有相同的分布,那么它们不依赖于其元素的分布.

通过对随机矩阵中普适性现象的研究,数学家们正试图对于下述问题发展更好的鉴赏力:普适性是什么,为什么它会出现,以及如何利用它.根据在超对称统计力学和量子力学领域工作的 Spencer,普适性原理暗示着,这是一个巨大的类.已经知道并理解了随机矩阵的某些统计性质,而另一些还只是猜测.

Spencer 对随机矩阵理论的兴趣源于他对随机环境,如晶格(crystalline lattice)和随机杂质中电子移动的量子力学的研究.沿着物理学家 Philip Anderson 在磁系统和无序系统的电子结构方面所做的工作,Spencer 一直在研究 Anderson 型的矩阵,它们看起来非常不同于 Wigner 所研究的矩阵.这些矩阵的随机性受到限制.为了理解电子的量子激发,Spencer 研究一个格上超对称自旋的统计力学.物理学家 Franz

---

① 美籍华裔数学家,1959年出生于中国台湾.其专长为概率论、量子动力学、随机矩阵、微分方程和非平衡物理学.他是中国台湾中央研究院院士和美国艺术与科学院院士,曾获得 Poincaré 奖(2000年)、MacArthur 奖(2000年)和晨兴数学金奖(2001年).

第一部分　Riemann 猜想的历史及进展

Wegner 和 Konstantin Efetov 在 20 世纪 80 年代初解释了电子的能级和超对称统计力学之间的关系. 用统计力学的语言, 能级间距应与当自旋是协调或有序时三维中低温时 GUE 或 GOE 的间距一致.

"如果存在随机性, 从使用超对称统计力学的物理学观点来看, 我们对普适性有一个相当不错的理解," Spencer 说, "但对于一个纯粹的确定性系统, 我们对于 Wigner-Dyson 统计将如何出现只有一些少得可怜的了解."

令人惊讶的是, 被认为理解普适性的前辈之一并不支持它. "我的主要贡献是发现这 3 个不同的类. 这和普适性正相反, 证明了这 3 类各不相同. 我是偏向相反方向的." Dyson 说.

"有这种我不同意的相信普适性的宗教信仰, 但对此肯定有一些证据. 我们的想法是, 如果你能对一个单独的例子证明某个事情, 那么它很可能对具有相同结构的对象保持这种事情. 该行为是普遍的. 这是一大类对象相同的行为. 你可以说, 我有一个孩子, 他的脾气非常坏, 所以我假设这是一个普适性类, 即所有的孩子都有坏脾气, 这当然是不正确的结论! 所以, 关于普适性我是持怀疑态度的. 有时它有效, 有时则不然. 这是一个如何选取你的例子的问题. 你总是可以找到一些具有相同的行为的例子, 也可以找到一些具有不同的行为的例子. 但我不喜欢把它叫作普适的, 除非它确实是真正地无处不在."

如果普适性不解释神秘的联系, 那么为什么 Riemann 函数零点的对相关与 GUE 本征值的对相关相匹配呢? "这是一个很好的问题," Dyson 说, "但我们不知道."

　　Dyson认为准晶体,当Paul Steinhardt多年前是高等研究院自然科学学部成员时,Dyson曾与他一起研究过,可以为解决Riemann猜想提供一些线索,它会照亮许多方向上的道路,包括Riemann猜想与随机矩阵理论的联系."人们认为只有两类事情,一类是完美(perfect)晶体的有序,另一类是无序的,只是一堆杂乱的原子,"Dyson说,"准晶体处于其间.大范围它有序,但它不具有规则的间距.这是一个很大的惊喜.我花了很多时间试图理解这一点,仍还有更多要去理解."

　　Dyson开始时是作为一位数学家,他是Harold Davenport的一名学生,后者是一位在数论中有大量工作的知名数学家.Dyson也听过Hardy的课,后者证明了Riemann ζ 函数有无穷多零点在临界线上.当Dyson于2002年在加州伯克利的数学科学研究所(MSRI)向听众做演讲时,他强烈建议年轻的数学家去研究准晶体."像每一个严肃的学纯数学的学生,当我年轻的时候,我有证明Riemann猜想的梦想.我有一些模糊的想法,我认为可能推出一个证明,但从未积极致力于此,"Dyson告诉听众,"近年来,在发现了准晶体后,我的想法变得少一点含糊了.在这里我把它们提出来供任何有赢得菲尔兹奖的雄心的年轻数学家来考虑."

　　1984年发现了准晶体,它们存在于一、二或三维空间中.Dyson建议数学家对所有最常见类型的一维准晶体获得一个完整的枚举和分类,旨在识别相应于Riemann ζ 函数的谱及相应于类似Riemann ζ 函数的L-函数的谱的类型.如果可以证明,一个一维准晶体有一些用 Riemann ζ 函数的零点可以识别的性质,则 Riemann 猜想将被证明."在一维情形没有对称性,有大量的准晶体还未被分类,"Dyson 说,"有一个巨大的宇宙,我们未曾探索,一旦你进入它,这可能是数学的一个非常深刻的部分. 这是一个令人兴奋的构思,它可能推出 Riemann 猜想. 但我认为这并非疯狂,而是确实有这种可能性."

第十一章 素数与量子物理的结合能带来解决 Riemann 猜想的新可能吗？①

1972年,物理学家Dyson写了一篇名为《错失的机会》(*Missed Opportunities*)的文章. 在该文中,他阐述道:如果像哥廷根这类地方的数学家曾与当时潜心研究描述电磁现象的 Maxwell 方程的物理学家进行讨论,那么可能在 Einstein 公布其研究结果的很多年之前,相对论就被发现了. 实现这一突破性成果的要素在 1865 年就已具备,而 Einstein 在大约四十年后才宣布了这一结果.

令人惊讶的是,Dyson 居然认为科学的航船还在黑夜中摸索前行. 就在他的文章发表后不久,物理学和数学之间的一次意外碰撞产生了 20 世纪下半叶最为伟大的科学思想之一:量子物理和素数之间有着千丝万缕的联系. 这种与物理学意料之外的联系给了我们一个窥探数学的机会,或许它将最终揭示这些神秘数字的秘密. 起初,这种联系看来非常微弱. 然而,数字 42 所扮演的重要角色甚至说服了最有力的怀疑者. 亚原子世界也许是开启数学界一个最重大的未解难题的钥匙.

---

① 摘编自微信公众号"赛先生".

第一部分　Riemann 猜想的历史及进展

素数,例如 17 和 20,是指那些只能被自身和 1 整除的正整数. 它们是数学中最重要的对象,因为,正如古希腊人所发现的那样,它们是所有整数的基石:任何整数都可以分解成素数的乘积(例如,105 = 3 × 5 × 7). 素数是数学世界中的氢和氧,是算术中的原子. 此外,它们代表了数学中最大的挑战之一. 作为一名数学家,我穷尽一生之力试图找到我身处的表观混沌之中所蕴含的模式、结构和逻辑. 然而,这种模式的科学似乎是一组数的集合所建立的,这些数之间没有任何逻辑. 素数看起来更像是一组彩票号码的集合,而不是由简单的公式和规则所产生的序列.

两千年来,素数的模式问题就像一块磁铁,吸引着困惑的数学家们. Riemann 就是其中一位. 他于 1859 年,即 Charles Robert Darwin 发表进化论的同一年,发表了一篇具有同等革命性的论文,论述了素数的由来. Riemann 是哥廷根大学的数学家,他开创了一门将为 Einstein 的伟大突破奠定基础的几何学. 然而,他的理论并不仅仅只是打开相对论的钥匙. Riemann 发现了一个几何学的大陆,其轮廓蕴藏着素数在整个数字世界中的分布方式的秘密. 他意识到,可以通过 ζ 函数构建一幅景象,使得一个三维图中的波峰和波谷对应于该函数的值. ζ 函数建立了素数和几何学之间的桥梁. 通过进一步的研究,Riemann 发现 ζ 函数值为零的地方(对应于波谷)蕴含着有关素数本质的关键信息.

Riemann 这一发现所具备的革命性意义可以与 Einstein 发现 $E = mc^2$ 相提并论. 与 Einstein 方程中质量转化为能量不同,Riemann 方程将素数转化为 ζ 函数景象中水平线(sea-level)处的点. 然而,Riemann 后来注意到,更加不可思议的事情发生了.当他标注了前十个零点的位置后,一个令人吃惊的模式开始出现.这些零点并不是散落各处,它们似乎分布在景象区域中的一条直线上.Riemann 无法相信这仅仅只是一个巧合.他假设,所有的零点——无穷多个零点可能都落在这条临界直线上,这就是著名的 Riemann 猜想.

但是,这种令人着迷的模式对素数而言意味着什么呢?如果 Riemann 的发现是正确的,那就意味着大自然对素数的分布是尽可能公平的,这意味着素数的行为更像是一个房间里随机的气体分子:虽然你可能不知道每个分子的确切位置,但是你可以确定不可能一个角落是真空的,而另一个角落聚集着很多分子.

对于数学家而言,Riemann 关于素数分布的预言是强有力的.如果这个猜测是正确的,那就意味着其他上千个定理都是成立的,其中也包括我自己的一些定理,这些定理都是以 Riemann 猜想的正确性为前提的.但是,经过了 150 多年的努力,还是没有人能够证明所有的零点确实都落在 Riemann 所预言的直线上.

1972 年,物理学家 Dyson 和数论专家 Montgomery 在普林斯顿高等研究院喝茶时的会面是一个机遇,它揭示了素数故事中一种令人惊叹的新关系,或许能为最终解决 Riemann 问题提供一条线索.他们发现,如果将 Riemann 临界直线上的零点和实验记录的大原子(例如铒,元素周期表中的第 68 个元素)的核的能级相比较,两者的分布惊人的相似.

看起来,Montgomery 所预测的零点在 Riemann 临界直线上的分布模式与量子物理学家所预测的重原子的核的能级是一致的.这个关系的影响是巨大的:如果

110

第一部分　Riemann 猜想的历史及进展

人们可以弄清楚量子物理中描述原子核结构的数学，也许同样的数学就可以用来解决 Riemann 猜想.

数学家是多疑的. 尽管数学曾常常为物理学家服务，例如 Einstein，但是他们怀疑物理学是否真的能够回答数论中的困难问题. 于是在 1996 年，普林斯顿大学的 Sarnak 向物理学家们提出挑战，请他们告诉数学家关于素数的新见解. 后来，布里斯托尔大学的 Jon Keating 和 Nina Snaith 对此做出了正式回应.

有一个重要的数列叫作"Riemann ζ 函数的矩"(the moments of the Riemann Zeta function). 尽管我们知道如何抽象地去定义它，但是精确地计算该数列中的每个数却非常困难. 自 20 世纪 20 年代以来，我们已经知道前两个数是 1 和 2. 然而，直到近些年，数学家们才猜想该数列中的第三个数可能是 42—— 它在《银河系漫游指南》(*The Hitchhiker's Guide to the Galaxy*) 一书中被描述为具有重要意义的数字.

确立素数与量子物理之间的联系同样具有重要意义. 利用这种联系，Keating 和 Snaith 不仅解释了为什么生命、宇宙以及 Riemann ζ 函数第三矩的答案是 42，而且还给出了预测该数列（即 Riemann ζ 函数的矩）中所有数字的公式. 在这个突破性进展之前，量子物理与素数相关联的证据只来自于有趣的统计比较，但是数学家对统计学是持怀疑态度的. 我们喜欢精确的事物. Keating 和 Snaith 运用物理学得到了一个非常精确的预测，它使得统计学在预测模式的过程中没有发挥的余地了.

现在，数学家们深信不疑了. 普林斯顿一个普通房间里的那次偶然会面成就了当前素数理论最激动人心的进展之一. 数学中的很多大问题, 例如 Fermat 大定理(Fermat's Last Theorem), 都是在建立了与其他数学分支的联系之后才被解决的. 150 多年来, 许多数学家在解决 Riemann 猜想的道路上怯而止步. 我们可能最终找到理解素数的工具的这一希望, 已经激励更多的数学家和物理学家直面挑战. 希望弥漫在空气中, 我们可能离真相更近一步了. Dyson 也许是对的, 人们错失了提前四十年发现相对论的机会. 然而, 如果没有数学家们喝茶讨论的机遇, 谁又能知道我们还要等多久才能发现素数与量子力学的联系呢!

第 三 编

综述及国内研究动态

第一章 综 述

第一节 Riemann 猜想①

　　Hilbert 在其著名的 1900 年巴黎国际数学家大会上的演讲中,将 Riemann 猜想列为 20 世纪数学家有待研究的 23 个问题之一. 现在我们发现它被摆在 21 世纪的数学家面前! Riemann 猜想(RH)被提出到现在已超过 160 年,现在可能是关于它的研究的历史中最活跃的时期. 近年来,在数学和物理的若干领域的交汇处,有大量关于 RH 的研究工作者出现.

　　American Institute of Mathematics(AIM)资助了 3 个聚焦 RH 的专题讨论会. 第 1 次(RH Ⅰ)是 1996 年 8 月在西雅图华盛顿大学,第 2 次(RH Ⅱ)是 1998 年 10 月在维也纳的 Erwin Schrödinger 研究所,第 3 次(RH Ⅲ)是 2002 年 5 月在纽约的 Courant 数学科学研究所. 这些专题讨论会的目的是激发想法,讨论这个数学中最有挑战性的问题(之一),并考虑多种不同的方法. 经过这些努力后,我们是否已离解决 Riemann 猜想更近了呢? 也许吧. 我们是否已从这些专题讨论会获得关于 ζ 函数的更多知识呢? 绝对是. 这些专题讨论

---

① 摘编自 The Riemann Hypothesis. Notices of the AMS, Vol. 50(2003), No. 3, p.341-353.

会的若干参与者通力协作创建了网站(http://www.aimath.org/WWN/rh/),这个网站提供了关于这个课题的纲要.

这里我希望给出关于 RH 研究的一些方法的轮廓,传达当前在这一领域的研究兴趣所在. 让我们从 Riemann 猜想本身开始. 1859 年, Riemann 在其重要论文 *Ueber die Anzahl der Primzahlen unter eine gegebener Grösse* 中给出了以下 ζ 函数的基本解析性质

$$\zeta(s) := 1 + \frac{1}{2^s} + \frac{1}{3^s} + \cdots = \sum_{n=1}^{\infty} \frac{1}{n^s}$$

该级数在 s 的实部大于 1 的半平面收敛. Riemann 证明了 $\zeta(s)$ 可解析延拓至整个复平面, $s=1$ 为其唯一(一级)极点. 另外,他还证明了 $\zeta(s)$ 满足一个令人惊奇的函数方程. 它由以下对称形式给出

$$\xi(s) := \frac{1}{2} s(s-1) \pi^{-\frac{s}{2}} \Gamma\left(\frac{s}{2}\right) \zeta(s) = \xi(1-s)$$

其中, $\Gamma(s)$ 为通常的 Gamma 函数.

在此之前, Euler 及其他数学家已研究过 ζ 函数,但他们仅把它当作一个实变函数. 特别地, Euler 注意到

$$\zeta(s) = \left(1 + \frac{1}{2^s} + \frac{1}{4^s} + \frac{1}{8^s} + \cdots\right) \cdot \left(1 + \frac{1}{3^s} + \frac{1}{9^s} + \cdots\right)\left(1 + \frac{1}{5^s} + \cdots\right) \cdots = \prod_p \left(1 - \frac{1}{p^s}\right)^{-1}$$

其中无穷乘积(称作 Euler 乘积)遍历所有素数. 这个乘积当 s 的实部大于 1 时收敛. 这是算术基本定理,即

第一部分　Riemann 猜想的历史及进展

任意正整数能唯一地分解成素数的乘积的解析版本. Euler 应用此乘积证明了素数的倒数和发散. Euler 乘积激发了 Riemann 对 ζ 函数的兴趣,他正试图证明一个由 Legendre 提出并由 Gauss 更准确地描述的一个猜想

$$\pi(x) := 小于 x 的素数个数 \sim \int_2^x \frac{\mathrm{d}t}{\log t}$$

Riemann 在证明 Gauss 猜想方面取得了重大的进展. 他认识到素数的分布依赖于 ζ 函数的复零点的分布. 由 Euler 乘积可知 $\zeta(s)$ 没有实部大于 1 的零点;又由函数方程可知除了平凡零点 $-2, -4, -6, \cdots$ 外, $\zeta(s)$ 没有实部小于 0 的零点. 故 $\zeta(s)$ 的所有复零点都在临界带域 $0 \leqslant \mathrm{Re}(s) \leqslant 1$ 内. Riemann 给出了 $\pi(x)$ 的一个依赖于 $\zeta(s)$ 的复零点 $\rho = \beta + i\gamma$ 的显式公式. 他给出的公式的一个简单的变形为

$$\psi(x) := \sum_{n \leqslant x} \Lambda(n) =$$
$$x - \sum_\rho \frac{x^\rho}{\rho} - \log 2\pi - \frac{1}{2}\log(1 - x^{-2})$$

其中 x 不为素数的幂, $\Lambda(n)$ 为 von Mangoldt 函数, 即当 $n = p^k, k$ 为某整数时, $\Lambda(n) = \log p$, 其他情形 $\Lambda(n) = 0$. 注意到以上求和不是绝对收敛的;若不然, $\sum_{n \leqslant x} \Lambda(n)$ 为 x 的连续函数, 这是不可能的. 因而, 必定有无穷个零点 ρ. 对 ρ 的求和(包含重数), 并解释为 $\lim_{T \to \infty} \sum_{|\rho| < T}$. 注意到 $|x^\rho| = x^\beta$, 故为了得到 Gauss 猜想的另一种形式 $\sum_{n \leqslant x} \Lambda(n) \sim x$, 只需证明 $\beta < 1$.

函数方程表明, $\zeta(s)$ 的复零点是关于 $\mathrm{Re}(s) = \dfrac{1}{2}$

为轴对称的. Riemann 计算了开始几个复零点 $\frac{1}{2}+$ i14.134$\cdots$,$\frac{1}{2}+$i21.022$\cdots$,并证明了虚部介于 0 和 T 之间的零点个数 $N(T)$ 为

$$N(T)=\frac{T}{2\pi}\log\frac{T}{2\pi e}+\frac{7}{8}+S(T)+O\left(\frac{1}{T}\right)$$

其中,$S(T)=\frac{1}{\pi}\arg\zeta\left(\frac{1}{2}+iT\right)$ 的值由 $\arg\zeta(2)=0$ 经直线能解析延拓至 $2+iT$ 然后至 $\frac{1}{2}+iT$ 得到. Riemann 还证明了 $S(T)=O(\log T)$. 注意到在高度为 T 附近,$\zeta(s)$ 的零点的平均高度差 $\sim\frac{2\pi}{\log T}$,以后我们将用到这一点. Riemann 认为 $\zeta\left(\frac{1}{2}+iT\right)$ 的满足 $0<t\leqslant T$ 的零点个数 $N_0(T)$ 应相当于 $\frac{T}{2\pi}\log\frac{T}{2\pi e}$,从而提出他的猜想:$\zeta(s)$ 的所有复零点都在直线 $\mathrm{Re}(s)=\frac{1}{2}$ 上,这就是 Riemann 猜想(RH).

Riemann 的努力已接近证明 Gauss 猜想. 最后的步骤由 Hadamard 和 Poussin 完成,他们于 1896 年独立地证明了 $\zeta(s)$ 在 s 的实部为 1 时没有零点,并用此事实推出 Gauss 猜想,现被称为素数定理.

1. 最初的想法

不难证明,RH 等价于断言:任意 $\varepsilon>0$,有

$$\pi(x)=\int_2^x\frac{\mathrm{d}t}{\log t}+O(x^{\frac{1}{2}+\varepsilon})$$

然而困难在于很难找到其他方法来估计 $\pi(x)$，从而得到关于 $\zeta(s)$ 零点的信息.

另外一个 RH 的简单等价命题是，对任意的 $\varepsilon > 0, M(x) = O(x^{\frac{1}{2}+\varepsilon})$，其中

$$M(x) = \sum_{n \leqslant x} \mu(n)$$

$\mu(n)$ 为 Möbius 函数，它的定义可由其生成 Dirichlet 级数 $\dfrac{1}{\zeta(s)}$ 给出

$$\frac{1}{\zeta(s)} = \sum_{n=1}^{\infty} \frac{\mu(n)}{n^s} = \prod_p \left(1 - \frac{1}{p^s}\right)$$

故若 $p_1, \cdots, p_k$ 为不同的素数，则 $\mu(p_1, \cdots, p_k) = (-1)^k$；若存在某个素数 p 使得 $p^2 \mid n$，则 $\mu(n) = 0$. 以上级数在 $\mathrm{Re}(s) > 1$ 时绝对收敛. 如果估计 $M(x) = O(x^{\frac{1}{2}+\varepsilon})$ 对任意的 $\varepsilon > 0$ 成立，那么由分部求和可知以上级数在 s 的实部大于 $\dfrac{1}{2}$ 时收敛. 特别地，$\zeta(s)$ 在此半平面内没有零点，因为 $\zeta(s)$ 的零点即为 $\dfrac{1}{\zeta(s)}$ 的极点，与级数收敛矛盾. 反之，不难证明 RH 可推出以上关于 $M(x)$ 的估计成立.

也许由于某些组合原因，不直接分析 $\pi(x)$，而估计 $M(x)$ 可能会容易些. 事实上，Stieltjes 曾宣称他有一个这样的证明. Hadamard 在其著名的 1896 年关于素数定理的证明中曾提到 Stieltjes 的论断，并带有着某种歉意给出他的弱得多的定理，即 $\zeta(s)$ 在实部为 1 的直线上没有零点，并希望他的证明的简单化将会有用. Stieltjes 从未正式发表他自己的证明.

Mertens 给出了以下更强的猜想

$$|M(x)| \leqslant \sqrt{x}$$

很明显这蕴含 RH. 然而 1985 年 Odlyzko 和 te Riele 否定了 Mertens 的猜想. 看来估计 $M(x) = O(\sqrt{x})$ 同样不成立,但还没有找到否定它的证明.

2. 随后的努力

在 20 世纪早期,在英格兰,这个问题的难度还没有被认识到. Barnes 甚至指定 RH 为 Littlewood 的学位论文题目. Littlewood 独立地取得了一些在同一块大陆上已被发现的进展. 这个世纪的前 $\frac{1}{4}$ 时间,关于 ζ 函数的大部分结果归功于 Hardy, Littlewood, Ingham 及其他一些英国数学家. Hardy 和 Littlewood 首先证明了在 $\frac{1}{2}$ 直线上有无穷个零点. 他们发现了其所谓的 ζ(s) 的逼近函数方程. 随后 Siegel 在 Göttingen 图书馆研究 Riemann 的笔记时,重新发现了这个公式的一个非常精确的版本,这个公式现被称作 Riemann-Siegel 公式,并已成为 ζ(s) 的大尺度计算的出发点. Hardy 和 Littlewood 给出了 $\zeta\left(\frac{1}{2} + it\right)$ 的二阶矩(积分均值)的一个渐近公式;Ingham 证明了四阶矩的渐近公式.

更多的努力围绕着至今尚未证明的 Lindelöf 假设展开,它是 RH 的直接推论. Lindelöf 假设断言,对于任意的 $\varepsilon > 0$,有

$$\zeta\left(\frac{1}{2} + it\right) = O(t^{\varepsilon}), t \to \infty$$

Hardy 和 Littlewood 证明了 $\zeta\left(\frac{1}{2} + it\right) = O(t^{\frac{1}{4}+\varepsilon})$. 这个

第一部分　Riemann 猜想的历史及进展

界现在称为"凸性界",因为它可由函数方程和复分析的一般原理(以 Phragmén-Lindelöf 定理形式的极大模原理)直接推出. Weyl 应用他的新思想去估计一类特殊的三角和,现称作 Weyl 和,将这个界改进为 $t^{\frac{1}{6}+\varepsilon}$.

Hardy 渐渐喜欢上了这个问题,他和 Littlewood 至少写了 10 篇关于 ζ 函数的论文. Hardy 曾将 RH 列为他自己在某个新的一年内的目标之一.

Hilbert 发表了一些关于 RH 的难度的一些自相矛盾的观点. 在某个场合,他比较了 3 个当时未解决的问题:$2^{\sqrt{2}}$ 的超越性,Fermat 大定理和 Riemann 猜想. 他认为 RH 应在几年内解决,Fermat 大定理可能会在他有生之年解决,而超越性问题可能永远都不会解决. 令人吃惊的是,超越性问题在几年之后就由 Gelfond 和 Schneider 解决,而 Fermat 大定理近年由 Andreú Wiles 解决. 在另一场合 Hilbert 说如果他长睡 500 年后醒来,他想问的第一个问题就是 RH 是否被解决了.

因其关于整数分拆数的精确公式而闻名的 Hans Rademacher 在将要结束其职业生涯时,有人提出他否定了 RH. Siegel 检验了他的工作,这个工作建立在以下的推演上:如果 RH 成立,那么可推出某一特定函数可解析延拓,而这是荒谬的. 数学家团体试图让《时代》杂志对这一故事感兴趣. 而事实是,仅当 Rademacher 的证明被证实是错误以后,《时代》杂志才对此感兴趣,并发表了一篇文章.

3. 支持 RH 的证据

以下是相信 RH 成立的理由:
(1) 数以兆计的零点符合 RH. van de Lune 的工

作显示前 10 兆零点都在 $\frac{1}{2}$ 直线上. 另外, Sebastian Wedeniwski 组织了一个分布计算计划 —— 一个屏幕保护程序式的计划, 许多人捐助它, 它已经验证前 100 兆零点都在 $\frac{1}{2}$ 轴上. Odlyzko 也已经计算了在零点数为 10^{20}, 10^{21} 和 10^{22} 附近数以百万计的零点 (可在他的网站上查到).

(2) 几乎所有的零点非常靠近 $\frac{1}{2}$ 直线. 事实上, 已经证明至少 99% 的零点 $\rho = \beta + i\gamma$ 满足 $\left|\beta - \frac{1}{2}\right| \leq \frac{8}{\log|\gamma|}$.

(3) 已能证明许多零点在 $\frac{1}{2}$ 直线上. Selberg 证明了一个正比例的部分在 $\frac{1}{2}$ 直线上, Levinson 证明了至少 $\frac{1}{3}$ 零点在 $\frac{1}{2}$ 直线上, 而这一结果已被改进为 40%. 另外, RH 意味着 $\zeta(s)$ 的任意阶导数的所有零点都在 $\frac{1}{2}$ 直线上, 而已证明 $\zeta'''(s)$ 的超过 99% 的零点在 $\frac{1}{2}$ 直线上. Levinson 在接近其生命的终点时, 认为他有一个方法, 应用 Rolle 定理的逆推出如果 $\zeta'(s)$ 至少在一条线上有零点性质, 那么 $\zeta(s)$ 有同样性质, 然后再应用于 $\zeta''(s)$ 到 $\zeta'(s)$, 依此类推. 然而, 还没有人能实现他的想法.

(4) 概率论的讨论. 对几乎所有的由 -1 和 $+1$ 构成的随机序列, 若它的相伴函数求和到 x, 则以 $x^{\frac{1}{2}+\varepsilon}$ 为界. 而 Möbius 序列看起来是相当好的随机序列.

（5）素数的对称性. RH 告诉我们,素数的分布要多好有多好. 若 RH 不成立,则素数的分布必有一些奇特的不规则性;不在 $\frac{1}{2}$ 直线上的第一个零点将成为一个重要的数学常数. 大自然看起来没有这么任性.

4. 不同的方法

有一个广为流传的说法, Hilbert 和 Pólya 相互独立地建议通往证明 RH 的路是要给予 $\zeta(s)$ 的零点谱解释, 即寻找一个自然的 Hermite 算子, 使其特征值即为 $\zeta\left(\frac{1}{2}+it\right)$ 的非平凡零点. 因为 Hermite 算子的特征值是实的, 所以由此可推出 RH. 这个想法成为人们不断努力尝试的主要方法之一.

我们简单叙述一些其他的试图通往证明 RH 的有趣方法.

（1）Pólya 分析.

Pólya 分析考虑了自 Riemann 以来的一串想法: 研究 $\Xi(t) := \zeta\left(\frac{1}{2}+it\right)$ 的 Fourier 变换, 由函数方程可知当 t 为实数时, $\Xi(t)$ 为实数, 且 $\Xi(t)$ 为偶函数. RH 即断言 Ξ 的所有零点为实数, 其 Fourier 变换可明显地计算

$$\Phi(t) := \int_{-\infty}^{+\infty} \Xi(u) e^{itu} du =$$

$$\sum_{n=1}^{\infty} \left(2n^4 \pi^2 \exp\left(\frac{9t}{2}\right) - 3n^2 \pi \exp\left(\frac{5t}{2}\right)\right) \cdot \exp(-\pi n^2 e^{2t})$$

可证明当 t 为正数时，Φ 和 Φ' 皆为正. 一个想法是系统地研究其 Fourier 变换的所有零点都是实数的函数类，然后证明 $\Phi(t)$[①] 属于此函数类. 在此方向的一个典型定理属于 de Bruijn：

设 $f(t)$ 为 t 的偶非常数整函数，t 为实数时 $f(t) \geq 0$, $f'(t) = \exp(\gamma t^2) g(t)$, $\gamma \geq 0$, $g(t)$ 的亏格小于或等于 1 的整函数，并只有纯虚零点. 则

$$\Psi(z) = \int_{-\infty}^{+\infty} \exp\{-f(t)\} \cdot e^{izt} dt$$

只有实零点.

特别地，一阶近似（细节参见 Titchmarsh 的论文）

$$\phi(t) = \left(2\pi\cosh\frac{9t}{2} - 3\cosh\frac{5t}{2}\right)\exp(-2\pi\cosh 2t)$$

的 Fourier 变换的所有零点是实的. 沿着这些想法，de Bruijn，Newman，D. Hejhal 及其他一些数学家做了进一步的研究. Hejhal 1990 年证明了 $\phi(t)$ 的任意部分和的 Fourier 变换的几乎所有零点为实数.

（2）概率论模型.

以下事实引起了概率论学家们的兴趣：ζ 函数作为一个 Brown 桥的矩的期望出现

$$2\zeta(s) = E(Y^s)$$

其中

$$Y := \sqrt{\frac{2}{\pi}}(\max_{t \in [0,1]} b_t - \min_{t \in [0,1]} b_t)$$

而 $b_t = \beta_t - t\beta_1$, β_t 为标准的 Brown 运动. 参见 Biane，Pitman 和 Yor 的一篇论文（Bull. Amer. Math. Soc. (N.

---

① 原文误为 $\Xi(t)$.

S.)38(2001),435-465).

(3)泛函分析:Nyman-Beurling 方法.

这个方法来源于 Beurling 的学生 Nyman 的以下定理.

RH 成立当且仅当

$$\text{span}_{L^2(0,1)}\{\eta_\alpha, 0 < \alpha < 1\} = L^2(0,1)$$

其中

$$\eta_\alpha(t) = \left\{\frac{\alpha}{t}\right\} - \alpha\left\{\frac{1}{t}\right\}$$

而 $\{x\} = x - [x]$ 为 x 的小数部分.

Baez-Duarte 推广了此定理,他展示人们只需考虑 $\frac{1}{\alpha}$ 的整数值. Balazard 和 Saias 以较好的方式将其改述为:

RH 成立当且仅当

$$\inf_A \int_{-\infty}^{+\infty} \left|1 - A\left(\frac{1}{2} + it\right)\zeta\left(\frac{1}{2} + it\right)\right|^2 \frac{dt}{\frac{1}{4} + t^2} = 0$$

下确界中的 A 遍历所有的 Dirichlet 多项式.

记 d_N 为在长度为 N 的所有 Dirichlet 多项式 $A(s) = \sum_{n=1}^{N} a_n n^{-s}$ 的下确界. 他们猜测 $d_N \sim \frac{C}{\log N}$,其中 $C = \sum_\rho \frac{1}{|\rho|^2}$. Burnol 证明了

$$d_N \geq \frac{1}{\log N} \sum_\rho \frac{m_\rho^2}{|\rho|^2}$$

其中 $\sum_\rho$ 表示对所有的 $\frac{1}{2}$ 直线上的零点 ρ 求和,m_ρ 为零点 ρ 的重数. 如果 RH 成立,那么所有零点都是单重

的,显然这两个界是一致的.

(4) Weil 显式公式和正性准则.

Weil 证明了以下公式,它是前面提到的 Riemann 公式的推广,特别显示了素数和零点之间的关系. 设 h 为在带域 $|It| \leq \frac{1}{2} + \delta$ 内解析的偶函数,满足

$$h(t) = O((1+|t|)^{-2-\delta})$$

其中 $\delta > 0$ 为某一常数,令

$$g(u) = \frac{1}{2\pi}\int_{-\infty}^{+\infty} h(r)\mathrm{e}^{-iur}\mathrm{d}r$$

则我们有以下素数和 ζ 零点之间的对偶关系

$$\sum_r h(r) = 2h\left(\frac{i}{2}\right) - g(0)\log \pi +$$

$$\frac{1}{2\pi}\int_{-\infty}^{+\infty} h(r)\frac{\Gamma'\left(\frac{1}{4}+\frac{1}{2}ir\right)}{\Gamma\left(\frac{1}{4}+\frac{1}{2}ir\right)}\mathrm{d}r -$$

$$2\sum_{n=1}^{\infty}\frac{\Lambda(n)}{\sqrt{n}}g(\log n)$$

其中 g, h 和 Λ 同 Weil 公式中一样,而

$$G(r) = \frac{\Gamma'\left(\frac{1}{2}+ir\right)}{\Gamma\left(\frac{1}{2}+ir\right)} + \frac{\Gamma'(1+ir)}{\Gamma(1+ir)} - \frac{\pi}{6}r\tanh \pi r +$$

$$\frac{\pi}{\cosh \pi r}\left(\frac{1}{8} + \frac{\sqrt{3}}{9}\cosh \frac{\pi r}{3}\right)$$

最后一项求和遍历 $\frac{SL(2,\mathbb{Z})}{H}$ 的所有素测地线的范数 P. 取定 P 时该项的值的形式为 $\frac{(n+\sqrt{n^2-4})^2}{4}, n \geq$

3,并取恰当的重数(类数 $h(n^2-4)$)。H. Haas 是最早计算离散特征值的人之一,1977 年他在 Heidelberg Diplomarbeit 大学计算出 $SL(2,\mathbb{Z})$ 的特征值 r_1 = 9.533$\cdots$,r_2 = 12.173$\cdots$,r_3 = 13.779$\cdots$。随后,Hejhal 访问了 San Diego,Audrey Terras 向他指出 $\zeta(s)$ 的前几个零点的纵坐标 14.134$\cdots$,21.022$\cdots$ 等隐藏在这些特征值中!Hejhal 发现 $L(s,\chi_3)$ 的零点也出现在这一列表中。大概 6 个月后,他解开了这一令人费解的谜团。结果证明这些人为特征值与"拟尖形式"有关,是因为计算方法而导致的。如果这些零点正当地出现,由于 $\lambda = \rho(1-\rho)$ 是正的,这将推出 RH 成立.(P. Cartier 和 Hejhal 的 1979 IHÉS 预印本中包含了这个故事的其他细节。)

迹公式和前面的显式公式在某些方面很相似。许多研究人员试图用 Selberg 迹公式解释 Weil 显式公式。

第二节　著名数学家介绍七个新千年数学奖问题——Riemann 猜想

1. 问题

Riemann ζ 函数是复变量 s 的函数,定义于半平面[①] $\text{Re}(s) > 1$ 上,表示为一个绝对收敛的级数

$$\zeta(s) = \sum_{n=1}^{\infty} \frac{1}{n^s}$$

---

① 我们用 $\text{Re}(s)$ 和 $\text{Im}(s)$ 记复变量的实部和虚部。1837 年 Dirichlet 在他关于算术级数中的素数的著名文章中就采用了变量记号 s.

它可解析延拓到整个复平面 $\mathbb{C}$ 上. 正如 Riemann 证明过的, $\zeta(s)$ 扩张为 $\mathbb{C}$ 上的亚纯函数, 具有唯一的单极点 $s = 1$, 其留数为 1. 它还满足下述函数方程

$$\pi^{-\frac{s}{2}}\Gamma\left(\frac{s}{2}\right)\zeta(s) = \pi^{-\frac{(1-s)}{2}}\Gamma\left(\frac{1-s}{2}\right)\zeta(1-s) \quad (1.1)$$

在 1859 年出版的划时代的论文中, Riemann[1] 得到了关于在给定的界之内的素数个数的解析公式. 这个公式是用 Zeta 函数的零点(即方程 $\zeta(\rho) = 0$ 的解 $\rho \in \mathbb{C}$)的术语表示的. 在这篇文章中, Riemann 引入了复变量 t 的函数, 定义为

$$\xi(t) = \frac{1}{2}s(s-1)\pi^{-\frac{s}{2}}\Gamma\left(\frac{s}{2}\right)\zeta(s)$$

其中 $s = \frac{1}{2} + it$. Riemann 证明了 $\xi(t)$ 是 t 的偶全纯函数, 它的零点的虚部在 $-\frac{i}{2}$ 和 $\frac{i}{2}$ 之间. 他进一步指出, 在 0 到 T 之间, $\xi(t)$ 约有 $\frac{T}{2\pi}\log\frac{T}{2\pi} - \frac{T}{2\pi}$ 这么多的零点, 他还给出了证明的梗概. Riemann 继续说:"Man findet nun in der That etwa so viel reelle Wurzeln innerhalb dieser Grenzen, und es ist sehr wahrscheinlich, dass alle Wurzeln reel sind." 这句话可以翻译为:"确实, 人们在这个区间中找到了很多实零点, 似乎可以认为所有的零点都是实的."

$\xi(t)$ 的所有零点都是实的, 这个命题就是 Riemann 猜想.

函数 $\zeta(s)$ 在负偶数 $-2, -4, \cdots$ 有零点, 人们称这些为平凡零点. 其余的零点是复数 $\frac{1}{2} + i\alpha$, 其中 α 是

第一部分　Riemann 猜想的历史及进展

$\xi(t)$ 的零点. 这样, 利用 $\zeta(s)$, 我们可叙述 Riemann 猜想. $\zeta(s)$ 的非平凡零点的实部等于 $\frac{1}{2}$.

根据很多数学家的意见, Riemann 猜想以及它在一般 L - 函数类的推广, 大概是今天纯粹数学中最重要的未解决问题.

2. Riemann 猜想的历史和意义

对于 ζ 函数和素数理论的早期历史, 我们的参考资料是 Landau[2] 和 Edwards[3] 的著作.

素数与 ζ 函数由著名的 Euler 乘积公式联系起来

$$\zeta(s) = \prod_p (1 - p^{-s})^{-1}$$

当 $\mathrm{Re}(s) > 1$ 时成立. 此式最早出现在 Euler 于 1748 年出版的名为《无穷小分析引论》的书中 (Introductio in Analysin Infinitorum). Euler 还研究了 $\zeta(s)$ 在正偶数和负偶数点的值并对密切相关的函数 $\dfrac{\sum(-1)^{n-1}}{n^s}$ 导出了函数方程, 与 Riemann 的函数方程等价 (见 Hardy[4] 书中关于 Euler 工作的有趣叙述).

在 18 世纪末, Gauss 和 Legendre 开始关注素数分布问题. Gauss 在 1849 年写给天文学家 Hencke 的信中说, 他早年给出的在 x 以内的素数函数 $\pi(x)$ 可由下列积分①很好地逼近

$$\mathrm{Li}(x) = \int_0^x \frac{\mathrm{d}t}{\log t}$$

---

① 该积分是 Cauchy 积分的主值.

1837 年，Dirichlet 证明了他的著名的定理，即任一算术级数 $qn+a$ 中都存在无穷多个素数，只要正整数 q 与 a 互素.

在 1848 年 5 月 24 日，Tchebychev 在圣彼得堡科学院宣读了他的第一篇关于素数分布的论文. 此文发表于 1850 年，这是首次用解析方法研究函数 $\pi(x)$. Tchebychev 首先对 Euler 乘积取对数，得到①

$$-\sum_{p}\log\left(1-\frac{1}{p^s}\right)+\log(s-1)=\log((s-1)\zeta(s))$$

(1.2)

这是他的出发点.

接着，他证明了积分公式

$$\zeta(s)-1-\frac{1}{s-1}=\frac{1}{\Gamma(s)}\int_0^{+\infty}\left(\frac{1}{e^x-1}-\frac{1}{x}\right)e^{-x}x^{s-1}dx$$

(1.3)

由此他导出当 s 从右方趋近于 1 时，$(s-1)\zeta(s)$ 的极限为 1，并存在任意阶有限导数. 然后，他注意到式 (1.2) 的左边的任意阶导数可表示为一个公式，分子是一个 $(s-1)\zeta(s)$ 的导数的多项式，分母是 $(s-1)\zeta(s)$ 的积分幂. 由此可见，当 s 从右方趋近于 1 时，式 (1.2) 的左边存在任意阶的有限导数. 于是他能证明，如果存在一个 $\pi(x)$ 的渐近公式，由有限和 $\sum a_k x/(\log x)^k$ 表示，精确到 $O(x/(\log x)^N)$，则对于 $k=1,\cdots,N-1$ 有 $a_k=(k-1)!$ 这恰恰是函数 $\mathrm{Li}(x)$ 的渐近表示，说明 Guass 的直觉是多么准确.

---

① Tchebychev 用 $1+\rho$ 代替我们的 s. 我们是用现代符号写他的公式的.

第一部分　Riemann 猜想的历史及进展

Tchebychev 的第二篇论文给出了 $\pi(x)$ 的明确的与准确的无穷大阶的上界和下界,并给出严格的证明. 他引入了一个计数函数

$$\theta(x) = \sum_{p \leqslant x} \log p$$

$$\psi(x) = \theta(x) + \theta(\sqrt{x}) + \theta(\sqrt[3]{x}) + \cdots$$

并证明恒等式[①]

$$\sum_{n \leqslant x} \psi\left(\frac{x}{n}\right) = \log[x]!$$

由这个恒等式他最终得到了 $\psi(x)$, $\theta(x)$ 及 $\pi(x)$ 数值的上、下界.

流行的 Tchebychev 方法的许多变种,基于适当的函数的比的可积分性,出现的时候也较晚,不能算属于 Tchebychev 的.

Riemann 关于 $\pi(x)$ 的文章以崭新的思想令世人称奇. 他将 $\zeta(s)$ 用积分公式写出,当 $\mathrm{Re}(s) > 1$ 时有

$$\zeta(s) = \frac{1}{\Gamma(s)} \int_0^{+\infty} \frac{e^{-x}}{1 - e^{-x}} x^{s-1} \mathrm{d}x \quad (1.4)$$

然后他将积分的围道变形,使得可以得到对一切 s 都成立的表示. 这样就给出了解析延拓和 $\zeta(s)$ 的函数方程. 然后他通过引入 $\xi(t)$ 并叙述了 $\xi(t)$ 作为复变量 t 的函数的某些性质,给出了对称形的函数方程(1.1)的第二个证明.

Riemann 接着将 Euler 乘积的对数写为一个积分变换,当 $\mathrm{Re}(s) > 1$ 时有

$$\frac{1}{s} \log \zeta(s) = \int_1^{+\infty} \Pi(x) x^{-s-1} \mathrm{d}x \quad (1.5)$$

---

① [x] 表示 x 的整数部分.

其中

$$\Pi(x) = \pi(x) + \frac{1}{2}\pi(\sqrt{x}) + \frac{1}{3}\pi(\sqrt[3]{x}) + \cdots$$

通过 Fourier 逆变换,他可以将 $\Pi(x)$ 表示为复变量积分,并通过留数计算来计算它. 留数出现在 $\log \zeta(s)$ 的奇点,即 $s=1$ 及 $\zeta(s)$ 的零点. 最后,依 $\Pi(x)$ 来表示 $\pi(x)$ 的反演公式产生了 Riemann 公式.

这个非凡的进展立刻引起了广泛的关注. 尽管 Riemann 开始着手的路线可能受到过 Tchebychev 的影响(在 Riemann 未出版的"遗著"中,我们发现几处明确标明参考了 Tchebychev 的地方①),但他的伟大贡献在于他看到了如何用 ζ 函数的复零点来确定素数的分布问题.

乍看起来,Riemann 猜想的出现只是为了说明特别的函数 $\zeta(s)$ 的一个合理又有趣的性质,Riemann 本人也持这种观点. 他写道:"Hiervon wäre allerdings ein strenger Beweis zu wünschen; ich habe indess die Aufsuchung desselben nach einigen flüchtigen vergeblichen Versuchen vorläufig bei Seite gelassen, da er für den nächsten Zweck meiner Untersuchung entbehrlich schien." 这段话可译为"无疑,能严格地证明这个命题会让人感到很满意;但我还是在做了些匆忙的不成功的努力之后就把这项研究先放在一边,因为就我直接的研究目标而言,它显得不是那么必要."

---

① Riemann 的"遗著"包括 Riemann 未发表的笔记,现在保存在哥廷根大学的数学图书馆中,有关 ζ 函数的部分曾被 Siegel[5] 深入研究过.

第一部分 Riemann 猜想的历史及进展

另外，人们不要从这个注记就得出结论说，Riemann 猜想对 Riemann 而言只是他偶然关注的、兴趣不大的问题，Riemann 猜想成立等价于素数个数与 $\text{Li}(x)$ 的误差为

$$\pi(x) = \text{Li}(x) + O(\sqrt{x}\log x)$$

这个误差项不可能有太大改进了，因为已经知道从两个方向摇摆的阶至少为 $\text{Li}(x)\log\log\log x$（Littlewood），从 Riemann 在文章最后谈到用 $\text{Li}(x)$ 逼近 $\pi(x)$ 的观点看，就像是他看到了他的假设如何成为逼近 $\pi(x)$ 的问题的中心，看到了人们从他的公式可以得到多么好的逼近.

如果 Riemann 猜想不成立，那么将引起素数分布理论的大崩溃. 因此，人们挑出 Riemann 假设作为素数理论中的主要的未解决问题.

Riemann 猜想已经变成了纯粹数学的中心问题，这不单单是因为它关于素数分布规律的基础性推论. 缘由之一是 Riemann ζ 函数已不是一个孤立的对象，而是最广泛的一类函数（人们称之为 L-函数）与代数对象（自守表示）和算术对象（算术簇）结合的原型；我们将称它们为整体 L-函数（global L-function）. 它们是 Dirichlet 级数，带有一个适当的 Euler 乘积，人们期望它们能满足一个适当的函数方程及适当的 Riemann 猜想. Euler 乘积的因子也可被认为是有局部性质的某一类 ζ 函数，它也满足一个适当的 Riemann 猜想（所谓 Ramanujan 性质）. 代数及算术对象的最重要性质可由它们的 L-函数的零点、极点的位置及特殊点的值的术语描述出来.

Riemann 猜想在整体 L-函数方面的推论是重要

及多姿多彩的,我们在这里提到一些例证,以便能指出可以被应用的情况是多么广泛. 其中包括:Chebotarev 密度定理对数域的极强的有效形式;用 5 个或更多的变元的非奇异三次型表示 0 的非平凡可表示性(只要满足适当的可解性的必要的同余条件,见 Hooley 的文章);以及 Miller 关于多项式做素性检验的结论. 另外,数论中有很多深刻的结果,它们是广义 Riemann 猜想的推论,又可以完全独立的证明,这样就为这个猜想的真实性加上了可观的砝码.

对于整体 L - 函数的定义的概述已超出了本章的范围,想了解这些函数满足哪些性质,可参阅 Iwaniec 和 Sarnak 的文章[6];在这里我们只想说,对这些函数的解析性质的研究是非常困难的.

关于 L - 函数可被解析延拓为亚纯或全纯函数仅仅在一些特殊情形被证明. 例如:$\mathbb{Q}$ 上的椭圆曲线的 L - 函数以及它的以 Dirichlet 特征作成的扭曲(twists)函数都满足方程,很容易从曲线存在着以 Hecke 群 $\Gamma_0(N)$ 上的模函数做出的参数化这点推出;实际上这两者是等价的,真正的困难在于建立这个模性(modularity). 没有人知道如何用解析方法证明这种函数方程. 然而 $\mathbb{Q}$ 上的椭圆曲线的模性却可直接地建立起来. 首先在 Wiles[7] 和 Taylor 及 Wiles[8] 解决 Fermat 大定理的惊世之作中,对半稳定的情形给出了证明. 而在 Breuil, Conrad, Diamond 和 Taylor 合作的一个预印本中证明了一般情形.

并非所有 L - 函数都直接对应于算术或几何对象. 不具有算术/几何性质的 L - 函数的最简单的例子是由 Riemann 曲面 X 上的相对于 $PGL(2, \mathbb{R})$ 的算术

子群 Γ 的 Maass 波形单值化产生的 L - 函数,它们实际上是同时为双曲 Laplace 算子和 Hecke 算子的本征函数在 X 上的万有覆盖空间 $\Im(z) > 0$ 上的拉回 (pull-backs).

最重要的情形还是群 $\Gamma_0(N)$. 此时我们可引入本源波形的概念,类似于本原 Dirichlet 特征的概念,它的意思就是该波形不能由另一个相对于 $\Gamma_0(N')$ 的波形导出,其中,N' 是 N 的真因子. 就本原波形而言,对每个 n, Hecke 算子 T_n 在其上的作用都是有定义的;其 L - 函数可定义为 $\sum \lambda_f(n) n^{-s}$,其中 $\lambda_f(n)$ 是作用于波形 $f(z)$ 上算子 T_n 的本征值. 这样的 L - 函数有 Euler 乘积,并满足与 $\zeta(s)$ 类似的函数方程,也有希望满足 Riemann 猜想.

时至今日,关于 L - 函数的 Riemann 猜想,人们所知的成立或不成立的例子都不是个别的. 关于 $\zeta(s)$ 的 Riemann 猜想并不比 Dirichlet L - 函数的情形(除去可能有非平凡实零点) 更容易. 这使我们得到一个观点,即它的解决可能需要被附加到一个更一般的问题上,并要用全新的思想.

3. Riemann 猜想的证据

尽管过去有些怀疑 —— 大概是因为有不少失败的证明尝试,这些证明却带来了丰富的启示,公平地说,今天的不少证据是得益于这些启示的. 我们已经强调过,广义 Riemann 猜想与我们的现代数论知识是一致的. 也有一些更直接的特殊的证明,我们现在来检查几个:

第一,有很强的数值证明. 十分有趣,关于 ζ 函数的第一批零点的数值计算在 Riemann 遗著中已经出现了. 关于在一个给定区域中的 Riemann 猜想,可以用数值方法严格加以证明如下:$\zeta(s)$ 在顶点为 $-1-iT, 2-iT, 2+iT, -1+iT$ 的矩形 R 中零点个数 $N(T)$ 可由 Cauchy 积分表示出

$$N(T) - 1 = \frac{1}{2\pi i}\int_{\partial R} -\frac{\zeta'(s)}{\zeta(s)} ds$$

只需虚部的 T 不为 0(等式左边的 -1 是由于 $\zeta(s)$ 在 $s = 1$ 处有单极点的缘故). ζ 函数及其导数可用 MacLaurin 公式或 Riemann-Siegle 公式[5] 计算到任意高的精度. 量 $N(T) - 1$ 是一个整数,可由积分的数值结果除以 $2\pi i$ 并取与其实部最接近的整数而精确地计算出来(这仅具有理论意义,在实际计算 $N(T)$ 的精确值时应使用更好的办法). 另外, 由于对任意实数 t, $\xi(t)$ 是连续的实函数,在 $\xi(t)$ 改变符号的任意两点之间必有一个奇阶零点. 通过适当地选择样本点,我们可以看到在区间 $[-T, T]$ 中 $\xi(t)$ 的符号改变的情形. 如果符号改变次数为 $N(T)$,就可以推出 $\zeta(s)$ 在 R 中的全部零点都是单零点并满足 Riemann 猜想. 在这方面 van de Lune, te Riele 和 Winter[9] 已证明了前 15 亿个 $\zeta(s)$ 的零点(按照正虚数部分增长排列) 是单零点并符合 Riemann 猜想.

Riemann 猜想等价于下列叙述: $\xi(t)$ 的所有局部极大值都是正的, 而所有局部极小值都是负的. 我们已经知道, 如果有反例存在的话, 就应该在 $\left|\zeta\left(\frac{1}{2} + it\right)\right|$ 的非常大的极值的领域中. 上述 T 的范围是 $T \cong 5 \times 10^8$, 这对于展示我们已知最终将出现的

$\left|\zeta\left(\frac{1}{2}+it\right)\right|$ 的那些峰值是完全不够的. 然而, Odlyzko[10] 在选好的区间中所做的进一步计算证明了 Riemann 猜想对于 3×10^8 以上的零点成立, 其最高的上限达①$2\times 10^{20}$. 这些计算也强有力地支持了另一个与此不相关的猜想, 即 Dyson 和 Montgomery[11] 关于零点之间空隙分布的猜想.

计算 L - 函数的零点是更困难的, 但这已经在好几种情形中做到了, 包括 Dirichlet L - 函数, 椭圆曲线的 L - 函数, Maass L - 函数以及小次数数域的非交换的 Artin L - 函数的一些例子. 在这方面没有发现不满足广义 Riemann 猜想的例外.

第二, 已经知道, Riemann 猜想的假想例外 (即如果我们离开直线 $\mathrm{Re}(s)=\frac{1}{2}$) 是十分稀少的.

设 $N(\alpha,T)$ 是 $\zeta(s)$ 在长方形 $\alpha\leqslant\mathrm{Re}(s)\leqslant 2, 0\leqslant\mathfrak{I}(s)\leqslant T$ 中的零点个数. Bohr 和 Landau 早在 1914 年得到了标准结果: 对任意固定的 $\alpha, \frac{1}{2}<\alpha<1$, 有 $N(\alpha,T)=O(T)$. 1920 年, Carlson 对 Bohr 和 Landau 的结果做了很有意义的改进, 得到了密度定理: 对任意给定的 $\varepsilon>0$ 有 $N(\alpha,T)=O(T^{4\alpha(1-\alpha)+\varepsilon})$. 这里的指数严格小于 1 的事实对于算术应用 (例如短区间素数的研究等) 是很重要的. Carlson 定理中的指数对于 α 的各个区域有过几次改进, 特别是当 $\frac{3}{4}<\alpha<1$ 的情形的

---

① Odlyzko 做的计算将会完全地揭示在区间 $[10^{22}, 10^{22}+10^{10}]$ 中的情形.

研究. 最奇怪的是, 对于区间 $\frac{1}{2} < \alpha < \frac{3}{4}$, 直到目前已知最好的指数仍为 Ingham 指数 $3(1-\alpha)(2-\alpha)$, 这是在 1940 年得到的. 关于这些结果的参考资料, 读者可参阅由 Heath-Brown 校订的 Titchmarsh[12] 的经典专著或 Ivić 的书[13].

第三, 已知 40% 以上的 $\zeta(s)$ 的非平凡零点是单的, 并满足 Riemann 猜想 (Selberg[14], Levinson[15], Conrey[16]). 这些结果中的大多数已被推广到其他 L - 函数上, 包括 Dirichlet L - 函数和与模形式或 Maass 波形结合的 L - 函数.

4. 进一步的证据: 有限域上的簇

可以说, 支持 Riemann 猜想的最好证明是由有限域上代数簇的相应理论导出的. 下面是最简单的情形.

设 C 是有限域 $\mathbb{F}_q$ 上的非奇异射影曲线, $\mathbb{F}_q$ 有 $q = p^a$ 个元素, 特征为 p. 设 $\mathrm{Div}(C)$ 是定义在 $\mathbb{F}_q$ 上的 C 的除子的加法群, 换句话说是形式有限和 $\alpha = \sum a_i p_i, a_i \in \mathbb{Z}, p_i$ 是在 $\mathbb{F}_q$ 的有限扩张中的 C 中的点, 使得 $\phi(\alpha) = \alpha$, 这里 ϕ 是 C 上的 Frobenius 自同构, 即是将坐标升高为 q 次幂的映射. 量 $\deg(\alpha) = \sum a_i$ 是除子 α 的次数. 如果每个 a_i 都是正的, 那么称除子 α 为有效的, 写为 $\alpha > 0$. 最后, 一个素除子是指一正除子, 它不能表示为两个正除子之和. 由定义, 除子 α 的范数为 $N\alpha = q^{\deg(\alpha)}$.

曲线 C 的 ζ 函数由 E. Artin, Hasse 和 F. K. Schmidt 定义为

第一部分　Riemann 猜想的历史及进展

$$\zeta(s,C) = \sum_{\alpha>0} \frac{1}{N\alpha^s}$$

这个函数有 Euler 乘积

$$\zeta(s,C) = \prod_{p} (1 - Np^{-s})^{-1}$$

和函数方程

$$q^{(g-1)s}\zeta(s,C) = q^{(g-1)(1-s)}\zeta(1-s,C)$$

其中 g 是曲线 C 的亏格,这是 Riemann-Roch 定理的推论. 函数 $\zeta(s,C)$ 是变量 $t = q^{-s}$ 的有理函数,因而是周期性的[①],周期为 $\frac{2\pi i}{\log q}$,而且在点 $s = \frac{2\pi im}{\log q}$ 和 $s = 1 + \frac{2\pi im}{\log q}(m \in \mathbb{Z})$ 处有单极点. 用变量 t 的术语,Zeta 函数变成 t 的有理函数 $Z(t,C)$,在 $t = 1$ 和 $t = q^{-1}$ 处有单极点. 从几何情形看,使用变量 t 比 q^{-s} 更自然. 我们要提一下,用大写字母 Z 的 Zeta 函数是用来表示这种对应的对象的.

关于 $\zeta(s,C)$ 的 Riemann 猜想是说它的零点的实部总等于 $\frac{1}{2}$;用 Zeta 函数 $Z(t,C)$ 的术语,它的分子次数为 $2g$,其零点有绝对值 $q^{-\frac{1}{2}}$.

如果 $g = 0$,这是很容易验证的,因为此时分子是 1. 对 $g = 1$ 的情形,1934 年 Hasse 得到了一个证明. 对任意亏格 g 的一般证明最后由 Weil 在 20 世纪 40 年代证明(见他在 1942 年 7 月 10 日给 E. Artin 的信,信中给出了曲线对应的理论的完整的构思[17]);他的结果最

[①] 类似地,$\zeta(s)$ 在任意一半平面 $\mathrm{Re}(s) \geq 1 + \delta, \delta > 0$ 上是殆周期的.

终发表在他的书中,出版于 1948 年[17].

通过他的研究,Weil 彻底形成了他关于有限域上一般代数簇的 ζ 函数的系列猜想,它也涉及所论代数簇的拓扑结构的性质. 简而言之,此时的 Riemann 猜想是说 ζ 函数零点与极点的倒数(所谓特征根)的绝对值为 $q^{d/2}$,d 为正整数或 0,并且将假设作用于簇的上同调上的 Frobenius 自同构的本征根来解释. 在 M. Artin,Grothendieck 和 J.-L. Verdier 发展了 étale 上同调的基本工具后,有限域上代数簇的 ζ 函数对应的 Riemann 猜想的证明被 Deligne 得到[18,19]. Deligne 定理肯定是 20 世纪数学的一项最重要的进展. 它在解决数论、代数几何和离散数学的经年未解决问题上有大量的应用,这也是广义 Riemann 猜想的重要性的证据.

我们认为,不应忽视这些几何背景下的结果,别以为它与理解经典的 Riemann 猜想不相干. 这个类比太引人注目了,使我们不能不去考虑它.

5. 更进一步的证据:明确的公式

1952 年 Weil 得到 Riemann 关于 $\pi(x)$ 的明确公式的推广,这个推广在概念上十分重要,它指出了一条思路去找到在问题后面存在的未被发现的东西.

考虑一类正上半平面 $\mathbb{R}_+$ 上的复值函数 $f(x)$ 的类 W,$f(x)$ 除了有限个点外全是连续与连续可微的,在那些例外点 $f(x)$ 和 $f'(x)$ 至多有第一类的不连续性,此时定义 $f(x)$ 和 $f'(x)$ 的值为右极限与左极限的平均值. 假定存在 $\delta > 0$,使得 $f(x) = O(x^\delta)$,当 $x \to 0_+$;且 $f(x) = O(x^{-1-\delta})$,当 $x \to +\infty$ 时.

设 $\tilde{f}(s)$ 是 Mellin 变换

第一部分　Riemann 猜想的历史及进展

$$\tilde{f}(s) = \int_0^{+\infty} f(x) x^s \frac{\mathrm{d}x}{x}$$

对于 $-\delta < \mathrm{Re}(s) < 1 + \delta$，它是 s 的解析函数。

对于 Riemann ζ 函数，Weil 公式可叙述如下. 当 $n = p^a$ 为素数 p 的幂次时，令 $\Lambda(n) = \log p$，否则 $\Lambda(n)$ 为 0.

明确的公式：对 $f \in W$，有

$$\tilde{f}(0) - \sum_\rho \tilde{f}(\rho) + \tilde{f}(1) =$$

$$\sum_{n=1}^{+\infty} \Lambda(n) \left\{ f(n) + \frac{1}{n} f\left(\frac{1}{n}\right) \right\} + (\log 4\pi + \gamma) f(1) +$$

$$\int_1^{+\infty} \left\{ f(x) + \frac{1}{x} f\left(\frac{1}{x}\right) - \frac{2}{x} f(1) \right\} \frac{\mathrm{d}x}{x - x^{-1}}$$

这里第一个和遍历 $\zeta(s)$ 的所有非平凡零点，可理解为

$$\lim_{T \to +\infty} \sum_{|\Im(\rho)| < T} \tilde{f}(\rho)$$

在他的文章中，Weil 证明了存在着与数域上 ζ 与 L - 函数以及有限域上曲线的 ζ 函数对应的公式. 等式右边的项可写为具有局部性质的项的和，与所属数域或函数域（在特征为正数的域上的曲线的情形）的绝对值有关. 更进一步，在后一情形中，该确切公式可通过将 Lefschetz 不动点公式用在曲线 C 的 Frobenius 自同构上而导出. 等式左边的三项，即 $\tilde{f}(0)$，$\sum_\rho \tilde{f}(\rho)$，$\tilde{f}(1)$，现在对应于在 C 的 l-adic 上同调上的 Frobenius 自同构的迹（有趣的项 $\sum_\rho \tilde{f}(\rho)$ 对应于在 H^1 上的迹），而等式右边对应的是 Frobenius 自同构的不动点的个数，即 C 的次数为 1 的素除子的个数.

Weil 还证明了 Riemann 假设等价于等式右边对

以下类型的 $f(x)$ 取负值

$$f(x) = \int_0^{+\infty} g(xy)\,\overline{g(y)}\,\mathrm{d}y$$

只要 $g \in W$ 满足附加条件

$$\int_0^{+\infty} g(x)\,\frac{\mathrm{d}x}{x} = \int_0^{+\infty} g(x)\,\mathrm{d}x = 0$$

在有限域上曲线的几何情形,这个负性(negativity)可由曲面的代数指数定理相当容易地推出.

代数指数定理:设 X 是定义在一代数闭域上的射影非奇异曲面,则局限于 X 的射影嵌入中的 X 的次数为 0 的除子 D 的群上的自相交二次型 $(D \cdot D)$ 是半负定的.

曲面的代数指数定理基本上是在 1906 年由 Sever①发现的. 其证明应用了 X 上 Riemann-Roch 定理以及 X 上给定次数的曲线汇集的有限性. 直到现在也没有其他用代数方法的证明,尽管后来有人各自独立地重新发现了 Severi 的那种证明.

关于复数域上偶维的非奇异射影簇的代数指数定理,最早是由 Hodge 提出并证明的,作为他的调和型理论的推论. Hodge 定理没有代数证明,并且将它推广到特征为正的域上的簇的情况也仍是一个很基本的未解决问题.

Montgomery[11],Odlyzko[10] 及 Rudnick 与 Sarnak[20] 关于 $\xi(t)$ 零点的间隔的相关性工作,向我们建议 L-函数可以分组为若干类,每类中的间隔相关性是万有

---

① Severi 证明:若 X 上的除子 D 的次数为 0,且 $(D \cdot D) = 0$,则除子 D 代数等价于 0(其中挠部分可忽略). 他的证明无须改动就可适用于弱假定 $(D \cdot D) \geq 0$ 的情形,由此可得到指标定理.

第一部分　Riemann 猜想的历史及进展

的. 人们猜想,当维数趋于无穷时,间隔相关性与在适当广泛的类中随机的正交、酉或辛矩阵的本征值的极限公布是相同的. 所有这些与 Hilbert 和 Pólya 用适当的 Hilbert 空间中自伴线性算子的本征值表达 $\xi(t)$ 零点的观点是相符合的. 还要注意到,Katz 和 Sarnak[21] 利用 Deligne 证明有限域上簇的 Riemann 猜想时引入的方法,已发展了有限域上代数簇类的 ζ 函数特征根间隔相关性的相应理论(不附加条件). 因此关于 L - 函数零点的间隔相关性问题是相当深刻的.

由此又导出几个基本问题.

对于整体的情形是否存在一种理论,其作用就如同上同调对正特征域上簇的 ζ 函数所起的作用一样？是否存在古典的 Frobeniu:自同构的某种类比？有没有一个一般的指数定理,让我们可以借助它得以证明经典的 Riemann 猜想？我们在这儿进入了推测和猜想的王国. 在 Tate 与 Weil 提出的 Abel 背景下,有几篇文章[22-24]为这些基本问题的可能的结构提供了一瞥.

另外,有些 L - 函数,像与 Maass 波形相应的 L - 函数,它们不是几何中产生的,但我们期望着 Riemann 猜想仍然有效. 对它们尚无完备的代数或几何模型来指导我们思考,因而需要一种全新的思想来研究这些有魅力的对象.

参 考 资 料

[1] RIEMANN B. Ueber die Anzahl der Primzahlen unter einer gegebenen Grösse. Monat. der Königl. Preuss. Akad. der Wissen. zu. Berlin aus der Jahre, 1859 (1860), 671-680; also, Gesammelte math. Werke und wissensch. Nachlass, 2. Aufl., 1892, 145-155.

［2］ LANDAU E. Primzahlen, Zwei Bd., IInd ed., with an Appendix by Dr. Paul T. Bateman, Chelsea, New York, 1953.

［3］ EDWARDS H M. Riemann's Zeta Function. Academic Press, New York-London, 1974.

［4］ HARDY G H. Divergent Series. Oxford Univ. Press, 1949, Ch. Ⅱ 23-26.

［5］ SIEGEL C L. Über Riemanns Nachlass zur analytischen Zahlentheorie, Quellen und Studien zur Geschichte der Mathematik. Astronomie und physik, 1932(2): 45-80; also Gesammelte Abhandlungen, Springer-Verlag, Berlin-Heidelbery-New York, 1966, Bd. I,275-310.

［6］ IWANIEC H, SARNAK P. Perspectives on the analytic theory of L-Functions, to appear in proceedings of the conference. Visions 2000, Tel Aviv.

［7］ WILES A. Modular elliptic curves and Fermat's Last Theorem. Annals of Math., 1995(141):443-551.

［8］ TAYLOR R, WILES A. Ring theoretic properties of certain Hecke algebras. Annals of Math., 1995(141): 553-572.

［9］ VAN DE LUNE J, TE RIELE J J, WINTER D T. On the zeros of the Riemann Zeta function in the critical strip. IV, Math. of Comp., 1986(46): 667-681.

［10］ ODLYZKO A M. Supercomputers and the Riemann Zeta function, Supercomputing 89: Supercomputing Structures Computations, Proc. 4th Intern. Conf. on Supercomputing, L. P. Kartashev and S. I. Kartashev (eds.). International Supercomputing Institute, 1989, 348-352.

［11］ MONTGOMERY H L. Distribution of the zeros of the Riemann Zeta function. Proceedings Int. Cong. Math. Vancouver, 1974, Vol. Ⅰ, 379-381.

［12］ TITCHMARSH E C. The theory of the Riemann Zeta function, 2nd ed. revised by R. D. Heath-Brown. Oxford Univ. Press, 1986.

［13］ IVIĆ A. The Riemann Zeta-function-the theory of the Riemann Zeta-function with applications. John Wiley & Sons Inc., New

第一部分　Riemann 猜想的历史及进展

York-Chichester-Brisbane-Toronto-Singapore, 1985.

[14] SELBERG A. On the zeros of the Zeta-function of Riemann. Der Kong. Norske Vidensk. Selsk. Forhand., 1942(15):59-62; also, Collected Papers, Springer-Verlag, Berlin-Heidelberg-New York, 1989, Vol. I, 156-159.

[15] LEVINSON N. More than one-third of the zeros of the Riemann Zeta-function are on $\sigma = \dfrac{1}{2}$. Adv. Math., 1974(13):383-436.

[16] CONREY J B. More than two fifths of the zeros of the Riemann Zeta function are on the critical line. J. reine angew. Math., 1989 (399):1-26.

[17] WEIL A. Oeuvres Scientifiques-Collected Papers, corrected 2nd printing. Springer-Verlag, New York-Berlin, 1980 Vol. I, 280-298.

[18] DELIGNE P. La Conjecture de Weil I. Publication Math. IHES, 1974(43):273-308.

[19] DELIGNE P. La Conjecture de Weil II. Publication Math. IHES, 1980(52):137-252.

[20] RUDNICK Z, SARNAK P. Zeros of principal L-functions and random matrix theory. Duke Math. J., 1996(82):269-322.

[21] KATZ N M, SARNAK P. Random matrices, Frobenius eigenvalues and monodromy. Amer. Math. Soc, Coll. Publ. 49, Amer. Math. Soc., Providence RI, 1999.

[22] CONNES A. Trace formula in noncommutative geometry and the zeros of the Riemann zeta function. Selecta Math. (NS), 1999 (5):29-106.

[23] DENINGER C. Some analogies between number theory and dynamical systems on foliated spaces. Proc. Int. Congress Math. Berlin, 1998, Vol. I, 163-186.

[24] HARAN S. Index theory, potential theory, and the Riemann hypothesis, L-functions and Arithmetic. Durham 1990, LMS Lecture Notes, 1991(153):257-270.

第二章 关于 Dirichlet L – 函数的零点密度[①]

山东大学数学系的张文鹏教授 1988 年结合前人研究 Dirichlet 多项式大值的各种有效方法,给出 Dirichlet L – 函数的零点密度

$$\Sigma(Q) = \sum_{q \leqslant Q} \sum_{\chi(\mod q)}^{*} N(\sigma, T, \chi)$$

在 σ 靠近 1 时的一个比较强的估计式.

本章分"Q 较大时"和"Q 较小时"两个部分详细讨论,所得有关定理可以看作对于 Riemann ζ 函数现有结论的推广.

设 $T \geqslant 2, \dfrac{1}{2} \leqslant \alpha \leqslant 1, s = \sigma + it$,对 $q \geqslant 2$,$\chi(\mod q)$,我们用 $N(\alpha, T, \chi)$ 表示 Dirichlet L – 函数 $L(s, \chi)$ 在矩形

$$\alpha \leqslant \sigma \leqslant 1, |t| \leqslant T \quad (2.1)$$

中的零点的个数,并设

$$\Sigma(Q) = \sum_{q \leqslant Q} \sum_{\chi(\mod q)}^{*} N(\alpha, T, \chi)$$

其中 $Q \geqslant 3$,$\sum^{*}$ 表示对原特征求和.

关于 $\Sigma(Q)$,一般具有如下形式的估计

$$\Sigma(Q) \ll (Q^2 T^a)^{A(\alpha)(1-\alpha)+\varepsilon} \quad (2.2)$$

---

① 摘编自《数学学报》,1988,5(31):3.

第一部分　Riemann 猜想的历史及进展

其中 ε 是任意正数.

熟知的零点密度假设就是当 $\frac{1}{2} \leqslant \alpha \leqslant 1$ 时,式 (2.2) 中可取 $a = 1, A(\alpha) = 2$,人们在这方面做了很多工作,取得了一系列重要进展,就整个区间 $\frac{1}{2} \leqslant \alpha \leqslant 1$ 而言,最好的结果仍属于 Huxley[1],即当 $\frac{1}{2} \leqslant \alpha \leqslant 1$ 时,式 (2.2) 中可取 $a = 1, A(\alpha) = \frac{12}{5}$. 对于一些局部区间,Heath-Brown[2,3] 得到下面两个重要结论:

(1) 当 $\frac{11}{14} \leqslant \alpha \leqslant 1$ 时,密度假设成立.

(2) 当 $\frac{62}{81} \leqslant \alpha \leqslant 1$ 时,式 (2.2) 中可取 $a = 2$, $A(\alpha) = 2$.

本章的主要目的是证明下面的定理.

定理　设 $\varepsilon > 0$,则下列估计一致成立.

(1) $\Sigma(Q) \ll (Q^2 T)^{\frac{3(1-\alpha)}{2\alpha} + \varepsilon}, \frac{4}{5} \leqslant \alpha \leqslant 1.$

(2) $\Sigma(Q) \ll (Q^2 T)^{\frac{9(1-\alpha)}{7\alpha - 1} + \varepsilon}, \frac{52}{67} \leqslant \alpha \leqslant 1.$

(3) $\Sigma(Q) \ll (Q^2 T)^{\frac{6(1-\alpha)}{5\alpha - 1} + \varepsilon}, \frac{17}{22} \leqslant \alpha \leqslant 1.$

第一节　Q(相对于 T) 较大时的估计

这节,我们利用 Huxley[4] 中的方法来给出当 Q(相对于 T) 较大时的零点密度估计. 我们总结资料 [4] 中的零点检测法如下:

定义 $L = \log(QT)$,$Y = (QT)^{\frac{1}{2}+\frac{4\varepsilon}{2\alpha-1}}$,则存在一个整数 n 满足
$$(QT)^\varepsilon \leq 2^n Y \leq L^2 Y$$
及
$$\Sigma(Q) \ll (1+R_n)L^4$$
其中 $R_n = R$ 是由 $\Sigma(Q)$ 所数的零点 ρ 中满足
$$|\sum_{2^{n-1}Y < m \leq 2^n Y} b(m)\chi(m)m^{-\rho}| \geq \frac{1}{12L} \quad (2.3)$$
的零点的个数.

其中系数 $b(m)$ 仅与 Q,T,ε,α 有关,并且满足
$$|b(m)| \leq d(m) \quad (2.4)$$
我们现在取 $u \leq (QT)^4$,假定存在某一正整数 a 使得
$$(L^2Y)^a \leq u < (L^2Y)^{a+1}$$
我们将式(2.3)上升 b 次幂使得
$$(2^n Y)^b \leq u < (2^n Y)^{b+1}$$
因此
$$|\sum_{KW < m \leq W} c(m)\chi(m)m^{-\rho}| \geq V$$
其中 $W = (2^n Y)^b$,$K = 2^{-b}$,$V = (12L)^{-b}$,由式(2.4)有 $|c(m)| \leq (d(m))^{2b}$. 因 $2^n Y \leq L^2 Y$,故我们有 $b \geq a$. 又因 $2^n Y \geq (QT)^\varepsilon$,故我们有 $b \ll \varepsilon^{-1} \ll 1$. 因此 $K \gg 1$, $V \gg (QT)^{-\varepsilon}$,$c(m) \ll (QT)^\varepsilon$,而且
$$u^{\frac{a}{a+1}} \leq u^{\frac{b}{b+1}} < (2^n Y)^b = W \leq u \quad (2.5)$$
为了得到 $R_n = R$ 的上界,我们需要下面的引理.

引理 1 设 $Q \geq 1$,对 $1 \leq r \leq R$,t_r 为实数,χ_r 为模 q_r 的原特征,$q_r \leq Q$,$|t_r| \leq T$,$\sigma_r \geq 0$,$D = Q^2 T$,且当 $\chi_r = \chi_s$,$r \neq s$ 时,有 $|t_r - t_s| \geq 1$. 则对固定的整数

$K \geqslant 1$,有

$$(\sum_{r \leqslant R} | \sum_{N < n \leqslant 2N} c_n n^{-\sigma_r - it} \chi_r(n) |)^2 \ll$$

$$D^{\varepsilon_K(D)}(RN + R^2 N^{\frac{1}{2}} + R^{2-\frac{1}{2K}} D^{\frac{1}{2}} + R^{2-\frac{3}{8K}} N^{\frac{1}{2}} D^{\frac{1}{4K}}) \cdot$$

$$(\sum_{N < n \leqslant 2N} | c_n |^2)$$

其中,$\varepsilon_K = \dfrac{c_K}{\log(\log D)}$,$c_K$ 是仅与 K 有关的常数.

证明参阅资料[3]中引理 6.

有了以上的准备工作,我们可以证明下面的引理.

引理 2 前面的记号 T_1 有下列估计:

(1) 当 $\alpha \geqslant \dfrac{18}{23}$,$Q > T^{\frac{2\alpha-1}{2(1-\alpha)}}$ 时,有

$$\Sigma(Q) \ll (Q^2 T)^{\frac{3(1-\alpha)}{2\alpha}+\varepsilon}$$

(2) 当 $\alpha \geqslant \dfrac{52}{67}$,$Q > T^{\frac{7\alpha-4}{7(1-\alpha)}}$ 时,有

$$\Sigma(Q) \ll (Q^2 T)^{\frac{9(1-\alpha)}{7\alpha-1}+\varepsilon}$$

(3) 当 $\alpha \geqslant \dfrac{17}{22}$,$Q > T^{\frac{5\alpha-3}{5(1-\alpha)}}$ 时,有

$$\Sigma(Q) \ll (Q^2 T)^{\frac{6(1-\alpha)}{5\alpha-1}+\varepsilon}$$

证明 先证明式(2.3),在前面所叙述的零点检测法中取 $u = (Q^2 T)^{\frac{3}{4\alpha}+\varepsilon}$,于是当 $Q > T^{\frac{2\alpha-1}{2(1-\alpha)}}$ 时,显然有

$$(L^2 Y)^3 = L^6 (QT)^{\frac{3}{2}+\frac{12\varepsilon}{2\alpha-1}} < u$$

所以式(2.5)中 a 存在且 $a \geqslant 3$,从而可得

$$u^{\frac{3}{4}} \leqslant W \leqslant u \qquad (2.6)$$

对式(2.5)应用引理 1(取 $K = 2$)即得

$$R \ll (Q^2 T)^{\varepsilon} (W^{2-2\alpha} + D^2 W^{4(1-2\alpha)} + D^{\frac{2}{3}} W^{\frac{8}{3}(3-4\alpha)}) \qquad (2.7)$$

注意到 $\alpha \geq \dfrac{18}{23}$ 及式(2.6)(2.7) 即得

$$R_n = R \ll (Q^2 T)^{\frac{3(1-\alpha)}{2\alpha}+\varepsilon}, \alpha \geq \frac{18}{23}$$

于是完成了式(2.3)的证明.

与式(2.3)的证明相同,我们分别取

$$u = (Q^2 T)^{\frac{9}{2(7\alpha-1)}+\varepsilon}, K = 2$$

及

$$u = (Q^2 T)^{\frac{3}{5\alpha-1}+\varepsilon}, K = 2$$

可得式(2.4)与(2.5).

第二节　Q(相对于 T)较小时的估计

这节我们用熟知的零点检测法给出当 Q(相对于 T)较小时的零点密度估计,其方法可概括如下:

设 $L = \log(QT)$, $(QT)^{\varepsilon} \leq Y \leq (QT)^2$ 为参数,又设 $\rho_r = \beta_r + \mathrm{i}t_r$ 是 $L(s,\chi)$ 在区域(1)中的任一零点,则 ρ_r 至少满足下列两个条件之一:

(1) 存在 $V(|V| \leq L^2)$,使得当 $u_r = t_r + V$ 时,有

$$1 \ll (Q^2 T)^{\varepsilon} Y^{\frac{1}{2}-\alpha} \left| L\left(\frac{1}{2}+\mathrm{i}u_r, \chi\right) \right|$$

(2) 存在一个整数 n 使得

$$(QT)^{\varepsilon} \leq 2^n Y \leq L^2 Y$$

$$\left| \sum_{2^n Y < m \leq 2^n Y} b(m)\chi(m) m^{-\rho_r} \right| \gg \frac{1}{L}$$

其中系数 $b(m)$ 仅与 Q, T, ε 及 α 有关且满足

$$|b(m)| \geq d(m) \qquad (2.8)$$

我们设 R_1 表示由 $\Sigma(Q)$ 所数的零点满足条件(1)

的零点的个数.不失一般性,我们可假定由 R_1 所数的零点满足分离条件:

当 $\chi_r = \chi_s, s \neq r$ 时,有 $|t_r - t_s| \geq L^4$. 再设 R_2 表示由 $\Sigma(Q)$ 所数的零点中满足条件(2)的零点的个数. 与第一节中的讨论相同,满足条件(2)的零点必定满足下式

$$1 \ll (Q^2 T)^\varepsilon \Big| \sum_{W < m \leq 2W} c(m)\chi(m) m^{-\rho} \Big| \quad (2.9)$$

其中 $|c(m)| \ll (QT)^\varepsilon$ 仅与 $Q, T, \alpha, \varepsilon$ 有关. W 满足下式

$$Y^{\frac{4}{3}} \leq W \leq L^4 Y^2 \quad (2.10)$$

设 R_3 是由 $\Sigma(Q)$ 所数的零点中满足式(2.9)的零点的个数,显然有

$$R_2 \ll R_3$$

$$\Sigma(Q) \ll (Q^2 T)^\varepsilon (R_1 + R_2) \ll (Q^2 T)^\varepsilon (R_1 + R_3)$$

$$(2.11)$$

为估计 R_1,我们需要求助于下面的引理.

引理 1 设 $q \geq 1, T \geq 2, V > 0$. 设 $\chi_1, \chi_1, \cdots, \chi_R$ 是模 q 的特征,$t_1, t_2, \cdots, t_R$ 是实数且满足:

(1) $\left| L\left(\frac{1}{2} + \mathrm{i}t_r, \chi_r\right) \right| \geq V, r = 1, 2, \cdots, R.$

(2) $|t_r| \leq T.$

(3) 如果 $\chi_r = \chi_s$ 且 $r \neq s$,那么 $|t_r - t_s| \geq 1$.

则有估计式

$$R \ll q^3 T^{2+\varepsilon} V^{-12}$$

证明 应用引理 1 立刻得到

$$R_1 \ll Y^{12\left(\frac{1}{2} - \alpha\right)} (Q^2 T)^{2+\varepsilon} \quad (2.12)$$

有了以上这些准备工作,我们可以证明下面的引

理.

引理 2 对任意 $\varepsilon > 0$,我们有:

(1) 当 $\alpha \geq \dfrac{4}{5}, Q \leq T^{\frac{3\alpha-1}{2(1-\alpha)}}$ 时,有

$$\Sigma(Q) \ll (Q^2 T)^{\frac{3(1-\alpha)}{2\alpha}+\varepsilon}$$

(2) 当 $\alpha \geq \dfrac{41}{53}, Q \leq T^{\frac{5\alpha-2}{3(1-\alpha)}}$ 时,有

$$\Sigma(Q) \ll (Q^2 T)^{\frac{9(1-\alpha)}{7\alpha-1}+\varepsilon}$$

(3) 当 $\alpha \geq \dfrac{13}{17}, Q \leq T^{\frac{7\alpha-3}{4(1-\alpha)}}$ 时,有

$$\Sigma(Q) \ll (Q^2 T)^{\frac{6(1-\alpha)}{5\alpha-1}+\varepsilon}$$

证明 先证明条件(1).我们取

$$Y = (Q^2 T)^{\frac{3}{8\alpha}} \qquad (2.13)$$

为估计 R_3,我们把区间 $-T \leq \mathrm{Re}(\rho) \leq T$ 分为远远小于 $1 + \dfrac{T}{T_0}$ 个长度不超过 $T_0 = \dfrac{W^{3\alpha-1}}{Q^2}$ 的子区间. 由条件 $Q \leq T^{\frac{3\alpha-1}{2(1-\alpha)}}$ 及 $W \geq Y^{\frac{4}{3}}$ 可知

$$T_0 = \frac{W^{3\alpha-1}}{Q^2} \geq \frac{Y^{\frac{4}{3}(3\alpha-1)}}{Q^2} \geq \frac{(Q^2 T)^{\frac{3\alpha-1}{2\alpha}}}{Q^2} \geq 1$$

设 R_0 表示由 R_3 所数的零点中在某一长度为 T_0 的子区间上的零点的个数. 则由式(2.9),第一节中引理 1(取 $K = 2$) 可得

$$R_0 \ll (Q^2 T)^{\varepsilon}(W^{2-2\alpha} + (Q^2 T_0)^2 W^{4(1-2\alpha)} +$$
$$(Q^2 T_0)^{\frac{2}{3}} W^{\frac{8}{3}(3-4\alpha)})$$

由上式并注意 $T_0 = \dfrac{W^{3\alpha-1}}{Q^2}$ 及 $\alpha \geq \dfrac{4}{5}$ 知

$$R_0 \ll (Q^2 T)^{\varepsilon} W^{2-2\alpha} \qquad (2.14)$$

第一部分　Riemann 猜想的历史及进展

于是显然有

$$R_3 \ll W^{2-2\alpha}\left(1+\frac{T}{T_0}\right)(Q^2T)^\varepsilon$$

由式(2.10)(2.13)及上式知当 $\alpha \geqslant \dfrac{4}{5}$ 时,有

$$R_3 \ll (Q^2T)^{\frac{3(1-\alpha)}{2\alpha}+\varepsilon} \qquad (2.15)$$

由式(2.12)可得($Y=(Q^2T)^{\frac{3}{8\alpha}}$)

$$R_1 \ll (Q^2T)^{2+\varepsilon}Y^{12(\frac{1}{2}-\alpha)} \ll (Q^2T)^{2+\varepsilon}(Q^2T)^{\frac{9(\frac{1}{2}-\alpha)}{2\alpha}} \ll$$
$$(Q^2T)^{\frac{3(1-\alpha)}{2\alpha}+\varepsilon},\alpha \geqslant \frac{3}{4}$$

结合式(2.11)(2.15)及上式即完成了条件(1)的证明.

同理可分别取

$$Y=(Q^2T)^{\frac{9}{4(7\alpha-1)}},K=3$$

$$T_0=\frac{W^{\frac{10\alpha-4}{3}}}{Q^2}$$

及

$$Y=(Q^2T)^{\frac{3}{2(5\alpha-1)}},K=4$$

$$T_0=\frac{W^{\frac{7\alpha-3}{2}}}{Q^2}$$

与条件(1)的证法相同可得条件(2)及条件(3).

于是完成了引理 2 的证明.

最后注意到

$$\frac{3\alpha-1}{2(1-\alpha)} > \frac{2\alpha-1}{2(1-\alpha)},\frac{4}{5} > \frac{18}{23}$$

$$\frac{5\alpha-2}{3(1-\alpha)} > \frac{7\alpha-4}{7(1-\alpha)},\frac{52}{67} > \frac{41}{53}$$

$$\frac{7\alpha-3}{4(1-\alpha)} > \frac{5\alpha-3}{5(1-\alpha)}, \frac{17}{22} > \frac{13}{17}$$

不难看出定理实际上是第一节中引理 2 与第二节中引理 2 的直接推论. 即完成了定理的证明.

顺便指出利用资料[5]中证明式(2.11)的方法可得出下面对应的结果

$$\Sigma(Q) \ll (Q^2 T)^{\frac{4(1-\alpha)}{4\alpha-1}+\varepsilon}, \frac{9}{10} \leqslant \alpha \leqslant 1$$

对所有 $Q,T \geqslant 1$ 一致成立.

参 考 资 料

[1] HUXLEY M N. On the difference between consecutive primes. Invent. Math. , 1972(15):164-170.

[2] HEATH-BROWN D R. The density of zeros of Dirichlet's *L*-functions. Can. J. Math. , 1979(2)31:231-240.

[3] HEATH-BROWN D R. A large values estimate for Dirichlet polynomials. J. London Math. Soc, 1979(20):8-18.

[4] HUXLEY M N. An imperfect hybrid zero-Density theorem. J. London Math. Soc. , 1976(13):53-56.

[5] MEURMAN T. The mean twelfth power of Dirichlet *L*-functions on the critical line. Ann. acad. sci. jennicac, Scr. A. I. Math. Diss. , 1984,52.

第三章 Riemann ζ 函数零点分布的几个性质[①]

我们用

$$\tau_v = \frac{1}{2} + i\beta_v = |\tau_v| e^{i\alpha}$$

$$\beta_v > 0, 0 < \alpha_v < \frac{\pi}{2}, v = 1, 2, 3, \cdots$$

表示 Riemann ζ 函数 $\zeta(z)$ 在半直线 $\{\operatorname{Re}(z) = \frac{1}{2}, \operatorname{Im}(z) > 0\}$ 上的零点. 再记

$$\lambda_q(a) = \frac{1}{(q-1)!} \cdot \frac{d^q}{dz^q} \log \zeta(z+a) \big|_{z=0}$$

山东大学数学系的扈培础教授 1990 年证明了如下几个结果:

定理 1 设 $\zeta_0(z) = \dfrac{\zeta\left(z+\frac{1}{2}\right)}{\zeta\left(\frac{1}{2}\right)}$, 则 Riemann 猜想成立的一个充分必要条件是

$$\lim_{R \to \infty} \frac{1}{2\pi R} \text{V.P.} \int_{-\frac{\pi}{2}}^{\frac{\pi}{2}} \log |\zeta_0(R\cos\varphi e^{i\varphi})| \frac{d\varphi}{\cos^2\varphi} =$$

$$\frac{1}{4}\left(\frac{\pi}{2} + \gamma + \log 8\pi - 8\right) \tag{3.1}$$

[①] 摘编自《纯粹数学与应用数学》, 1990, 6(2).

其中 V. P. 表示积分取 Cauchy 主值，γ 是 Euler 常数.

定理 2　Riemann 猜想成立的一个充分必要条件是

$$\sum_{v=1}^{\infty} \frac{1}{|\tau_v|^2} = 1 + \frac{\gamma}{2} - \frac{1}{2}\log 4\pi \qquad (3.2)$$

定理 3　Riemann 猜想成立的一个充分必要条件是存在正整数 $q \geq 2$，使得 $\zeta(z)$ 在区域

$$\left\{ \frac{1}{2} < \mathrm{Re}(z) < 1, 0 \leq \arg z \leq \frac{\pi}{2}\left(1 - \frac{1}{q}\right) \right\}$$

内无零点并且成立等式

$$2\sum_{v=1}^{\infty} \frac{\cos q\alpha_v}{|\tau_v|^q} = 1 - (-1)^q \frac{\zeta(q)}{2^q} - \lambda_q(0)$$

$$(3.3)$$

定理 4　Riemann 猜想成立的一个充分必要条件是存在正整数 n，使得 $\zeta(z)$ 在区域

$$\left\{ 0 \leq \arg\left(z - \frac{1}{2}\right) \leq \frac{\pi}{2}\left(1 - \frac{1}{2n}\right) \right\}$$

内无零点并且成立等式

$$2\sum_{v=1}^{\infty} \frac{1}{\beta_v^{2n}} = (-1)^n \left\{ 4^n - 4^n \sum_{R=1}^{\infty} \frac{1}{(4R+1)^{2n}} - \lambda_{2n}\left(\frac{1}{2}\right) \right\}$$

$$(3.4)$$

我们先证明几个要用到的引理.

引理 1　设 $f(z)$ 是圆盘 $\left\{ \left|z - \frac{R}{2}\right| \leq \frac{R}{2} \right\}$ 内的亚纯函数，且不为常数，$f(0) = 1$. 则

$$\sum_v \left(\frac{\cos \theta_v}{|a_v|} - \frac{1}{R} \right) - \sum_u \left(\frac{\cos \theta_u}{|b_u|} - \frac{1}{R} \right) + \frac{1}{2}\mathrm{Re}\{f(0)\} =$$

$$\frac{1}{2\pi R}\mathrm{V. P.} \int_{-\frac{\pi}{2}}^{\frac{\pi}{2}} \log|f(R\cos\theta e^{i\theta})| \frac{\mathrm{d}\varphi}{\cos^2\varphi} \qquad (3.5)$$

其中,$a_v = |a_v| e^{i\theta_v}$, $b_v = |b_u| e^{i\theta_u}$ 分别表示 $f(z)$ 在开圆盘域 $\left\{ \left| z - \dfrac{R}{2} \right| < \dfrac{R}{2} \right\}$ 内的零点和极点.

证明 取 r 适当小使得 $f(z)$ 在圆盘 $\{|z| \leqslant r\}$ 内解析且无零点和极点,由 letuh 公式得

$$\sum_v \left(\frac{\cos \theta_v}{|a_v|} - \frac{1}{R} \right) - \sum_u \left(\frac{\cos \varphi_u}{|b_u|} - \frac{1}{R} \right) =$$

$$\frac{1}{2\pi R} \int_{-a(R)}^{a(R)} \log |f(R\cos \varphi e^{i\varphi})| \frac{d\varphi}{\cos^2 \varphi} -$$

$$\frac{1}{2\pi} \int_{-\sigma(R)}^{\sigma(R)} \left\{ \frac{\cos \varphi}{r} \log |f(re^{i\varphi})| + \left(\cos \varphi - \frac{r}{R} \right) \frac{\partial}{\partial r} \log |f(re^{i\varphi})| \right\} d\varphi \qquad (3.6)$$

其中 $\sigma(R) = \arccos \dfrac{r}{R}$. 由于在 $z = 0$ 附近有展式

$$f(z) = 1 + az + O(r^2)$$
$$\log f(z) = az + O(r^2)$$
$$\frac{\partial}{\partial r} \log f(z) = ae^{i\varphi} + O(r^1)$$

其中 $z = re^{i\varphi}$,所以

$$\frac{1}{2\pi} \int_{-\sigma(R)}^{\sigma(R)} \left\{ \frac{\cos \varphi}{r} \log |f(re^{i\varphi})| + \left(\cos \varphi - \frac{r}{R} \right) \frac{\partial}{\partial r} \log |f(re^{i\varphi})| \right\} d\varphi =$$

$$\mathrm{Re} \left\{ \frac{1}{2\pi} \int_{-\sigma(R)}^{\sigma(R)} \left[\frac{\cos \varphi}{r} \log |f(re^{i\varphi})| + \left(\cos \varphi - \frac{r}{R} \right) \frac{\partial}{\partial r} \log |f(re^{i\varphi})| \right] d\varphi \right\} =$$

$$\mathrm{Re} \left\{ \frac{a}{\pi} \int_{-\sigma(R)}^{\sigma(R)} \cos \varphi e^{i\varphi} d\varphi + o(r) \right\} \to$$

$$\frac{1}{2}\mathrm{Re}(a) = \frac{1}{2}\mathrm{Re}\{f(0)\}, r \to 0$$

在式(3.6)中令 $r \to 0$,则得到式(3.5).

引理 2 设 $f(z)$ 为 $\rho(\rho < \infty)$ 阶亚纯函数,则对于整数 $q \geq [\rho] + 1$,有

$$\sum_u \frac{1}{b_u^q} - \sum_v \frac{1}{a_v^q} = \frac{1}{(q-1)!}\frac{\mathrm{d}^q}{\mathrm{d}z^q}\log f(z)|_{z=0}$$

(3.7)

其中假设 $f(0) \neq 0, \infty$;a_v 和 b_u 分别表示 $f(z)$ 的零点和极点.

证明 由于 $f(z)$ 为 ρ 阶亚纯函数,因而对于整数 $q \leq [\rho] + 1 > \rho$,有

$$\lim_{R \to \infty} \frac{T(R,f)}{R^q} = 0 \qquad (3.8)$$

这里的 (R,f) 表示 $f(z)$ 的 Nevanlinna 特征函数,由资料[1]中亚纯函数的因子分解定理证明过程可以看出在条件(3.8)下有

$$\lim_{R \to \infty}\left\{\sum_{|b_u|<R}\frac{1}{(b_u-z)^q} - \sum_{|a_v|<R}\frac{1}{(a_v-z)^q}\right\} = \frac{1}{(q-1)!}\frac{\mathrm{d}^q}{\mathrm{d}z^q}\log f(z)$$

令 $z = 0$,有

$$\lim_{R \to \infty}\left\{\sum_{|b_u|<R}\frac{1}{b_u^q} - \sum_{|a_v|<R}\frac{1}{a_v^q}\right\} = \frac{1}{(q-1)!}\frac{\mathrm{d}^q}{\mathrm{d}z^q}\log f(z)|_{z=0} \qquad (3.9)$$

若用 $n(R,f)$ 表示 $f(z)$ 在圆盘 $\{|z| \leq R\}$ 内的极点个数,我们知道零点收敛指数 ρ_1 和极点收敛指数 ρ_2 分别有

第一部分 Riemann 猜想的历史及进展

$$\rho_1 = \varlimsup_{R \to \infty} \frac{\log n\left(R, \frac{1}{f}\right)}{\log R} \leqslant \rho < [\rho] + 1$$

$$\rho_2 = \varlimsup_{R \to \infty} \frac{\log n(R, f)}{\log R} \leqslant \rho < [\rho] + 1$$

由此得知当 $q \geqslant [\rho] + 1$ 时,级数 $\sum_u \frac{1}{b_u^q}$,$\sum_v \frac{1}{b_v^q}$ 绝对收敛因而由式(3.9)即得出式(3.7).

作为引理 2 的一个简单推论,我们能得到一个 Bernoulli 数 B_{2n} 的表达式

$$B_{2n} = (-1)^n \frac{2n}{(2\pi)^{2n}} \frac{d^{2n}}{dz^{2n}} \log \frac{\sin \pi z}{z} \Big|_{z=0}, n \geqslant 1$$

(3.10)

引理 3 用 γ 表 Euler 常数,则有

$$\frac{\xi'\left(\frac{1}{2}\right)}{\xi\left(\frac{1}{2}\right)} = \frac{\pi}{4} + \frac{\alpha}{2} + \frac{1}{2} \log 8\pi \quad (3.11)$$

$$\frac{\Gamma'\left(\frac{1}{4}\right)}{\Gamma\left(\frac{1}{4}\right)} = -\frac{\pi}{2} - \alpha - \log 8 \quad (3.12)$$

证明 我们知道

$$\frac{\Gamma'\left(\frac{1}{2}\right)}{\Gamma\left(\frac{1}{2}\right)} = -\alpha - \log 4 \quad (3.13)$$

(见菲赫金柯尔茨著《微积分学教程》),现在对 Riemann 方程

$$2^{1-z} \Gamma(z) \xi(z) \cos \frac{\pi z}{2} = \pi^z \xi(1-z)$$

两边求对数导数,得

$$-\log 2 + \frac{\Gamma'(z)}{\Gamma(z)} + \frac{\xi'(z)}{\xi(z)} - \frac{\pi}{2}\tan\frac{\pi z}{2} =$$

$$\log \pi - \frac{\xi'(1-z)}{\xi(1-z)}$$

令 $z = \frac{1}{2}$ 再结合式(3.13)便可得到式(3.11).

对 Γ-函数 Legendre 及余元公式分别求对数导数得

$$\frac{\Gamma'(x)}{\Gamma(x)} + \frac{\Gamma'\left(x+\frac{1}{2}\right)}{\Gamma\left(x+\frac{1}{2}\right)} = -\log 4 + \frac{2\Gamma'(2x)}{\Gamma(2x)}$$

$$\frac{\Gamma'(x)}{\Gamma(x)} - \frac{\Gamma'(1-x)}{\Gamma(1-x)} = -\pi\arctan \pi x$$

令 $x = \frac{1}{4}$,由这两式及式(3.13)便可算出式(3.12).

现在记 $\xi(z)$ 在域 $\{\frac{1}{2} < \mathrm{Re}(z) < 1, \mathrm{Im}(z) > 0\}$ 内的可能零点为

$$a_v = \sigma_v + \mathrm{i}t_v = |a_v|\mathrm{e}^{\mathrm{i}\psi_v}, 0 < \psi_1 \leqslant \psi_2 \leqslant \cdots \leqslant \frac{\pi}{2}$$

则 $\xi_0(z) = \dfrac{\xi\left(z+\frac{1}{2}\right)}{\xi\left(\frac{1}{2}\right)}$ 在域 $\{0 < \mathrm{Re}(z) < \frac{1}{2}, \mathrm{Im}(z) >$

$0\}$ 内的可能零点是

$$a_v - \frac{1}{2} = r_v\mathrm{e}^{\mathrm{i}\theta_v}, r_v > 0, 0 < \theta_v < \frac{\pi}{2}, v = 1,2,\cdots$$

因而 $\xi(z)$ 的全部异常零点为

$$\{\tau_v, \bar{\tau}_v\}_{v=1}^{\infty} \cup \{a_v, \bar{a}_v, 1-a_v, 1-\bar{a}_v\}_v$$

第一部分　Riemann 猜想的历史及进展

下面我们来证明本章的主要结论

定理1的证明　在 $\{\mathrm{Re}(z) > 0\}$ 内，$\xi_0(z)$ 以 $\frac{1}{2}$ 为唯一极点，以 $r_v \mathrm{e}^{-\mathrm{i}\theta_v}, v = 1,2,\cdots$ 为其零点，应用引理1得到

$$2\sum_{r_v < R\cos\theta_v}\left(\frac{\cos\theta_v}{r_v} - \frac{1}{R}\right) - \left(2 - \frac{1}{R}\right) + \frac{1}{2}\xi'_0(0) =$$

$$\frac{1}{2\pi R}\mathrm{V.R.}\int_{-\frac{\pi}{2}}^{\frac{\pi}{2}} \log|\xi_0(R\cos\varphi\, \mathrm{e}^{\mathrm{i}\varphi})| \frac{\mathrm{d}\varphi}{\cos^2\varphi} \equiv \mathrm{I}(R)$$

(3.14)

利用估计式[2]

$$N(T) = \frac{T}{2\pi}\log T - \frac{1+\log 2\pi}{2\pi}T + O(\log T), T \to \infty$$

可得

$$\sum_{r_v < R\cos\theta_v}\frac{1}{R} \leq \frac{1}{R}N(\sqrt{R}) \to 0, R \to \infty$$

在式(3.14)中令 $R \to \infty$ 可得

$$\lim_{R \to \infty}\mathrm{I}(R) = 2\sum_v \frac{\cos\theta_v}{r_v} + \frac{1}{4}\left\{\frac{\pi}{2} + v + \log 8\pi - 8\right\}$$

(3.15)

如果式(3.1)成立，由式(3.15)知

$$\sum_v \frac{\cos\theta_v}{r_v} = 0 \qquad (3.16)$$

由此断定 $\xi_0(z)$ 在 $\left\{0 < \mathrm{Re}(z) < \frac{1}{2}, \mathrm{Im}(z) > 0\right\}$ 内无零点，由于 $\xi(z)$ 的异常零点关于直线 $\mathrm{Re}(z) = \frac{1}{2}$ 及实轴是对称的，故知 $\xi(z)$ 的异常零点只能在直线 $\mathrm{Re}(z) = \frac{1}{2}$ 上，因而 Riemann 猜想成立。

反之, 如果 Riemann 猜想成立, 由式(3.15) 右端的第一个和式不出现, 这时式(3.15) 定理 1 证明完毕.

定理 2 的证明　我们知道

$$\xi(z) = \frac{e^{bz}}{z(z-1)\Gamma\left(\frac{z}{2}\right)} \prod_\rho \left(1 - \frac{z}{\rho}\right) e^{\frac{z}{\rho}}$$

其中 $b = \log 2\pi - 1 - \frac{\xi}{2}$, ρ 是 $\xi(z)$ 在域 $\{0 < \mathrm{Re}(z) < 1\}$ 内的零点. 对该等式两边求对数导数得

$$\frac{\xi'(z)}{\xi(z)} + \frac{1}{4} \frac{\Gamma'\left(\frac{z}{2}\right)}{\Gamma\left(\frac{z}{2}\right)} + \frac{1}{z} + \frac{1}{z-1} - b = \sum_\rho \left(\frac{1}{\rho} - \frac{1}{\rho - z}\right)$$

令 $z = \frac{1}{2}$, 由引理 3 知

$$\sum_\rho \left(\frac{1}{\rho} - \frac{1}{\rho - \frac{1}{2}}\right) = 1 + \frac{r}{2} - \frac{1}{2}\log 4\pi \quad (3.17)$$

显然式(3.17) 左端级数绝对收敛, 因而可以重排, 由于

$$\frac{1}{\tau_v - \frac{1}{2}} + \frac{1}{\bar{\tau}_v - \frac{1}{2}} = 0$$

$$\frac{1}{a_v - \frac{1}{2}} + \frac{1}{\bar{a}_v - \frac{1}{2}} + \frac{1}{(1-a_v) - \frac{1}{2}} + \frac{1}{(1-\bar{a}_v) - \frac{1}{2}} = 0$$

因而

$$\sum_\rho -\left(\frac{1}{\rho}-\frac{1}{\rho-\frac{1}{2}}\right) = \sum_v \left(\frac{1}{\tau_v}+\frac{1}{\overline{\tau_v}}\right) +$$

$$\sum_v \left(\frac{1}{a_v}+\frac{1}{\overline{a_v}}+\frac{1}{1-a_v}+\frac{1}{1-\overline{a_v}}\right) =$$

$$\sum_v \frac{1}{|\tau_v|^2} + 2\sum_v \left\{\frac{\sigma_2}{|a_v|^2}+\frac{1-\sigma_2}{|1-a_v|^2}\right\}$$

所以有

$$\sum_{v=1}^\infty \frac{1}{|\tau_v|^2} + 2\sum_v \left\{\frac{\sigma_v}{|a_v|^2}+\frac{1-\sigma_v}{|1-a_v|^2}\right\} =$$

$$1 + \frac{r}{2} - \frac{1}{2}\log 4\pi \quad (3.18)$$

如果 Riemann 猜想成立，那么令 a_v 之和在式(3.18)中不出现，因而得到式(3.2)，反之，如果式(3.2)成立，由式(3.18)知，应有

$$\sum_v \left\{\frac{\sigma_v}{|a_v|^2}+\frac{1-\sigma_v}{|1-a_v|^2}\right\} = 0, a_v > \frac{1}{2}$$

显然这样的 a_v 不存在，因而 Riemann 猜想成立. 证毕.

定理3的证明　我们知道 $\xi(z)$ 是1阶亚纯函数，应用引理2得

$$1 - \sum_{R=1}^\infty \frac{1}{(-2R)^q} - \sum_\xi \frac{1}{\rho^q} = \lambda_q(0), q \geqslant 2$$

(3.19)

其中 ρ 表示 $\xi(z)$ 在 $\{0<\text{Re}(z)<1\}$ 内的零点，若令

$$1 - \overline{a_v} = |1-a_v|e^{i\varphi}, 0<\varphi_v<\frac{\pi}{2}$$

则可将式(3.19)写成

$$2\left\{\sum_{v=1}^\infty \frac{\cos q\alpha_v}{|\tau_v|^q} + \sum_v \left(\frac{\cos q\varphi_v}{|a_v|^q}\right) + \frac{\cos q\varphi_v}{|1-a_v|^q}\right\} =$$

$$1-(-1)^q 2^{-q}\xi(q)-\lambda_q(0), q\geqslant 2 \quad (3.20)$$

如果 Riemann 猜想成立,那么含 a_v 的和式不出现在 (3.20) 中,这便证明了定理 3 的必要条件,反之,如果存在正整数 $q\geqslant 2$,使得 $\xi(z)$ 在 $\left\{\dfrac{1}{2}<\text{Re}(z)<1,\right.$ $\left.0\leqslant\arg z\leqslant\dfrac{\pi}{2}\left(1-\dfrac{1}{q}\right)\right\}$ 内无零点并且式 (3.3) 成立,由式 (3.20) 可得

$$\sum_v\left(\frac{\cos q\psi_v}{|a_v|^q}+\frac{\cos q\varphi_v}{|1-a_v|^q}\right)=0 \quad (3.21)$$

并且有 $\dfrac{\pi}{2}>\varphi_v>\psi_v>\dfrac{\pi}{2}\left(1-\dfrac{1}{q}\right)$,令

$$x_v=q\left(\varphi_v-\frac{\pi}{2}\right), y_2=q\left(\psi_v-\frac{\pi}{2}\right)$$

则有 $0>zx_v>y_v>-\dfrac{\pi}{2}$,这时式 (3.21) 成为

$$\sum_v\left(\frac{\cos y_v}{|a_v|^q}+\frac{\cos x_v}{|1-a_v|^q}\right)=0, q\text{ 为偶数时}$$

$$\sum_v\left(\frac{\sin y_v}{|a_v|^q}+\frac{\sin x_v}{|1-a_v|^q}\right)=0, q\text{ 为奇数时}$$

显然这样的 a_v 不存在,因而 Riemann 猜想成立,证毕.

对函数 $\zeta\left(z+\dfrac{1}{2}\right)$ 应用引理 2,类似于定理 3 的证明即可得到定理 4 的证明. 这里证明从略.

第四章　关于 Riemann ζ 函数的几个级数的渐近展式[①]

在资料[1][2]中分别得到下面两个渐近展开式及其应用

$$\sum_{n=1}^{\infty} \frac{(-1)^n \zeta(n+2)}{n!} x^n = \frac{1}{x} + O\left(\frac{1}{x^{q+1}}\right), x \to +\infty$$

$$\sum_{n=0}^{\infty} \frac{(-1)^n \zeta(2n+2)}{n!} x^n = \frac{\sqrt{\pi}}{2x} + O\left(\frac{1}{x^{q+1}}\right), x \to +\infty$$

其中 q 是任意自然数,$\zeta(s) = \sum_{n=1}^{\infty} \frac{1}{n^s} (\mathrm{Re}(s) > 1)$ 是 Riemann ζ 函数.

中国人民大学的张南岳教授 1992 年得到另外一些渐近展式.

定理　当 $t \to +\infty$ 时,下列渐近展式成立

$$\sum_{n=1}^{\infty} \frac{(-1)^{n-1} \zeta(n+1)}{n!} t^n = \log t + 2\gamma + O\left(\frac{1}{t}\right) \tag{4.1}$$

$$\sum_{n=2}^{\infty} \frac{(-1)^n \zeta(n)}{n!} t^n = t\log t + (2\gamma - 1)t + \frac{1}{2} + O\left(\frac{1}{t}\right) \tag{4.2}$$

[①] 摘编自《纯粹数学与应用数学》,1992,2(8).

$$\sum_{n=1}^{\infty}\frac{(-1)^{n-1}\zeta(2n+1)}{n!}t^n = \frac{1}{2}\log t + \frac{3}{2}\gamma + O\left(\frac{1}{t^{\frac{1}{2}}}\right)$$
(4.3)

$$\sum_{n=1}^{\infty}\frac{(-1)^{n-1}\zeta\left(\frac{n}{2}+1\right)}{n!}t^n = 2\log t + 3\gamma + O\left(\frac{1}{t^2}\right)$$
(4.4)

$$\sum_{n=1}^{\infty}\frac{(-1)^{n-1}\zeta\left(n+\frac{1}{2}\right)}{n!}t^n = 2\sqrt{\pi t} - C + O\left(\frac{1}{t^{\frac{1}{2}}}\right)$$
(4.5)

$$\sum_{n=1}^{\infty}\frac{(-1)^{n-1}\zeta(2n)}{n!}t^n = \sqrt{\pi t} - \frac{1}{2} + O\left(\frac{1}{t^{\frac{1}{2}}}\right)$$
(4.6)

$$\sum_{n=1}^{\infty}\frac{(-1)^{n-1}\zeta\left(2n+\frac{1}{2}\right)}{n!}t^n = 2\Gamma\left(\frac{3}{4}\right)t^{\frac{1}{4}} - C + O\left(\frac{1}{t^{\frac{1}{2}}}\right)$$
(4.7)

$$\sum_{n=1}^{\infty}\frac{(-1)^{n-1}\zeta\left(2n+1+\frac{1}{2}\right)}{n!}t^n = \zeta\left(\frac{3}{2}\right) - \frac{\Gamma\left(\frac{1}{4}\right)}{2t^{\frac{1}{4}}} + O(t^{-\frac{3}{4}})$$
(4.8)

其中 γ 是 Euler 常数, C 是正常数.

证明 先证明式(4.1). 设

$$f(x) = \frac{1}{x}(1 - e^{-\frac{t}{x}}), 1 \leqslant x < +\infty, t > 0$$

$$\sum_{k=1}^{\infty} f(k) = \sum_{k=1}^{\infty} \frac{1}{k}(1 - e^{-\frac{t}{x}}) =$$

$$\sum_{k=1}^{\infty} \frac{1}{k} \sum_{n=1}^{\infty} \frac{(-1)^{n-1} t^n}{n! \, k^n} =$$

$$\sum_{n=1}^{\infty} \frac{(-1)^{n-1}}{n!} \Big(\sum_{k=1}^{\infty} \frac{1}{k^{n+1}}\Big) t^n$$

即

$$\sum_{k=1}^{\infty} f(k) = \sum_{n=1}^{\infty} \frac{(-1)^{n-1} \zeta(n+1)}{n!} t^n \quad (4.9)$$

另外,由 Maclaurin 公式[3]

$$\sum_{k=1}^{\infty} f(k) = \int_1^{\infty} f(x) \, \mathrm{d}x + \frac{1}{2}[f(1) + f(\infty)] +$$

$$\int_1^{\infty} p_1(x) f'(x) \, \mathrm{d}x \quad (4.10)$$

其中 $p_1(x) = x - [x] - \frac{1}{2}$,$[x]$ 是不超过 x 的整数部分.

以下估计式(4.10)中的各项,先计算右端的第一个积分.

$$\int_1^{\infty} f(x) \, \mathrm{d}x = \int_1^{\infty} \frac{1}{x}(1 - \mathrm{e}^{-\frac{t}{x}}) \, \mathrm{d}x = \int_0^1 \frac{1 - \mathrm{e}^{-\tau}}{\tau} \, \mathrm{d}\tau =$$

$$\Big[\int_0^1 \frac{1 - \mathrm{e}^{-\tau}}{\tau} \, \mathrm{d}\tau - \int_1^{\infty} \frac{\mathrm{e}^{-\tau}}{\tau} \, \mathrm{d}\tau\Big] +$$

$$\int_1^{\infty} \frac{\mathrm{e}^{-\tau}}{\tau} \, \mathrm{d}\tau + \log t - \int_1^t \frac{\mathrm{e}^{-\tau}}{\tau} \, \mathrm{d}\tau =$$

$$\Big[\int_0^1 \frac{1 - \mathrm{e}^{-\tau}}{\tau} \, \mathrm{d}\tau - \int_1^{\infty} \frac{\mathrm{e}^{-\tau}}{\tau} \, \mathrm{d}\tau\Big] +$$

$$\log t + \int_t^{\infty} \frac{\mathrm{e}^{-\tau}}{\tau} \, \mathrm{d}\tau$$

但是

$$\int_0^1 \frac{1 - \mathrm{e}^{-\tau}}{\tau} \, \mathrm{d}\tau - \int_1^{\infty} \frac{\mathrm{e}^{-\tau}}{\tau} \, \mathrm{d}\tau = \gamma$$

(参阅资料[4,p246] 或[5,p264]). 又

$$\int_1^\infty e^{-\tau} d\tau = O\left(\frac{1}{t}\int_t^\infty e^{-\tau} d\tau\right) = O\left(\frac{e^{-t}}{t}\right)$$

所以

$$\int_1^\infty \frac{1}{x}(1 - e^{-\frac{t}{x}}) dx = \gamma + \log t + O\left(\frac{e^{-t}}{t}\right)$$

(4.11)

其次计算积分

$$\int_1^\infty p_1(x) f'(x) dx =$$

$$\int_1^\infty p_1(x)\left[-\frac{1}{x^2} + \left(\frac{1}{x^2} - \frac{t}{x^3}\right) e^{-\frac{t}{x}}\right] dx$$

已知(资料[6])

$$\int_1^\infty \frac{p_1(x)}{x^2} dx = -\gamma + \frac{1}{2} \quad (4.12)$$

$$\left|\int_1^\infty p_1(x)\left(\frac{1}{x^2} - \frac{t}{x^3}\right) e^{-\frac{t}{x}} dx\right| \leqslant$$

$$\int_1^\infty p_1(x)\left(\frac{1}{x^2} + \frac{t}{x^3}\right) e^{-\frac{t}{x}} dx \leqslant$$

$$\frac{1}{t}\int_1^\infty \left(1 + \frac{t}{x}\right) e^{-\frac{t}{x}} d\left(-\frac{t}{x}\right) =$$

$$\frac{1}{t}\int_0^t (1 + \tau) e^{-\tau} d\tau = O\left(\frac{1}{t}\right)$$

于是再联系式(4.9) ~ (4.12) 便得到式(4.1).

类似地,若依次地设 $f(x) = e^{-\frac{t}{x}} - 1 - \frac{t}{x}, \frac{1}{x}(1 - e^{-\frac{t}{x^2}}), \frac{1}{x}(1 - e^{-\frac{t}{\sqrt{x}}})$,则相应地得到式(4.2)(4.3) 及 (4.4).

为了证明式(4.5),设 $f(x) = \frac{1}{x^{\frac{1}{2}}}(1 - e^{-\frac{t}{x}})$,易见

第一部分 Riemann 猜想的历史及进展

$$\sum_{k=1}^{\infty} f(k) = \sum_{n=1}^{\infty} \frac{(-1)^{n-1} \zeta\left(n+\frac{1}{2}\right)}{n!} t^n \quad (4.13)$$

而由式(4.10)

$$\sum_{k=1}^{\infty} f(k) = \int_{1}^{\infty} \frac{1}{\sqrt{x}} (1 - e^{-\frac{t}{x}}) dx + \frac{1}{2}(1 - e^{-t}) +$$

$$\int_{1}^{\infty} p_1(x) \left[-\frac{1}{2x^{\frac{3}{2}}} + \left(\frac{1}{2x^{\frac{3}{2}}} - \frac{t}{x^{\frac{5}{2}}} \right) e^{-\frac{t}{x}} \right] dx$$

$$(4.14)$$

现计算右边的两个积分

$$\int_{1}^{\infty} \frac{1}{\sqrt{x}} (1 - e^{-\frac{t}{x}}) dx = 2\int_{1}^{\infty} (1 - e^{-\frac{t}{x^2}}) dx =$$

$$2x(1 - e^{-\frac{t}{x^2}}) \Big|_{1}^{\infty} + 4t \int_{1}^{\infty} \frac{e^{-\frac{t}{x^2}}}{x^2} dx =$$

$$2(e^{-t} - 1) + 2\sqrt{t} \int_{0}^{t} \frac{e^{-\tau}}{\sqrt{\tau}} d\tau =$$

$$2(e^{-t} - 1) + 2\sqrt{t} \left(\int_{0}^{\infty} \frac{e^{-\tau}}{\sqrt{\tau}} d\tau - \int_{t}^{\infty} \frac{e^{-\tau}}{\sqrt{\tau}} d\tau \right) =$$

$$2e^{-t} + 2(\sqrt{t\pi} - 1) + O(e^{-t}) =$$

$$2(\sqrt{t\pi} - 1) + O(e^{-t}) \quad (4.15)$$

$$\int_{1}^{\infty} \frac{p_1(x)}{x^{\frac{3}{2}}} dx = \lim_{n \to \infty} \sum_{k=1}^{n} \int_{k}^{k+1} \frac{x - k - \frac{1}{2}}{x^{\frac{3}{2}}} dx =$$

$$\lim_{n \to \infty} \sum_{k=1}^{n} \int_{k}^{k+1} \left[2(\sqrt{k+1} - \sqrt{k}) - 2k\left(\frac{1}{\sqrt{k}} - \frac{1}{\sqrt{k+1}} \right) \right] - 1 =$$

$$2 \lim_{n \to \infty} \left(2\sqrt{n} - \sum_{k=1}^{n} \frac{1}{\sqrt{k}} \right) - 3$$

容易验证，上式右边的极限存在，记为 C，故有

$$\int_1^\infty \frac{p_1(x)}{x^{\frac{3}{2}}}\mathrm{d}x = 2C - 3 \qquad (4.16)$$

又有估计

$$\left|\int_1^\infty p_1(x)\left[\frac{1}{2x^{\frac{3}{2}}} - \frac{t}{x^{\frac{5}{2}}}\right]\mathrm{d}x\right| \leqslant$$

$$\int_1^\infty \left(\frac{1}{2x^{\frac{3}{2}}} + \frac{t}{x^{\frac{5}{2}}}\right)\mathrm{e}^{-\frac{t}{x}}\mathrm{d}x =$$

$$\frac{1}{\sqrt{t}}\int_0^{\sqrt{t}}(1 + 2\tau^2)\mathrm{e}^{-\tau^2}\mathrm{d}\tau = O\left(\frac{1}{t^{\frac{1}{2}}}\right)$$

所以

$$\int_1^\infty p_1(x)f'(x)\mathrm{d}x = \frac{3}{2} - C + O\left(\frac{1}{t^{\frac{1}{2}}}\right)$$

将此式与式(4.15)代入式(4.14)便有

$$\sum_{k=1}^\infty f(k) = 2\sqrt{t\pi} - C + O\left(\frac{1}{t^{\frac{1}{2}}}\right)$$

于是由式(4.13)就得到式(4.5)。

类似地，若设 $f(x) = 1 - \mathrm{e}^{-\frac{t^2}{x^2}}$ 则可得到式(4.6)。

若设 $f(x) = \frac{1}{\sqrt{x}}(1 - \mathrm{e}^{-\frac{t}{x^2}})$，则

$$\sum_{k=1}^\infty f(k) = \sum_{n=1}^\infty \frac{(-1)^{n-1}\zeta\left(2n + \frac{1}{2}\right)}{n!}t^n \quad (4.17)$$

由式(4.10)，我们有

$$\sum_{k=1}^\infty f(k) = \int_1^\infty \frac{1}{\sqrt{x}}(1 - \mathrm{e}^{-\frac{t}{x^2}})\mathrm{d}x + \frac{1}{2}(1 - \mathrm{e}^{-t}) +$$

$$\int_1^\infty p_1(x)f'(x)\mathrm{d}x \qquad (4.18)$$

计算积分

$$\int_1^\infty \frac{1}{\sqrt{x}}(1-e^{-\frac{t}{x^2}})dx = \frac{1}{2}t^{\frac{1}{4}}\int_0^t (1-e^{-\tau})\tau^{-\frac{5}{4}}d\tau =$$

$$-2t^{\frac{1}{4}}\int_0^t (1-e^{-\tau})d\tau^{-\frac{1}{4}} =$$

$$-2t^{\frac{1}{4}}\left[(1-e^{-\tau})\tau^{-\frac{1}{4}}\Big|_0^t - \int_0^t e^{-\tau}\tau^{-\frac{1}{4}}d\tau\right] =$$

$$-2t^{\frac{1}{4}}\left[(1-e^{-t})t^{-\frac{1}{4}} - \int_0^t e^{-\tau}\tau^{-\frac{1}{4}}d\tau\right] =$$

$$2(e^{-t}-1) + 2t^{\frac{1}{4}}\left[\int_0^\infty e^{-\tau}t^{-\frac{1}{4}}d\tau - \int_t^\infty e^{-\tau}\tau^{-\frac{1}{4}}d\tau\right] =$$

$$2(e^{-t}-1) + 2t^{\frac{1}{4}}\left[\Gamma\left(\frac{3}{4}\right) + O(t^{-\frac{1}{4}}e^{-t})\right] =$$

$$2t^{\frac{1}{4}}\Gamma\left(\frac{3}{4}\right) + O(e^{-t})$$

又

$$f'(x) = -\frac{1}{2x^{\frac{3}{2}}} + \left(\frac{1}{2x^{\frac{3}{2}}} - \frac{2t}{x^{\frac{7}{2}}}\right)e^{-\frac{t}{x^2}}$$

$$\left|\int_1^\infty p_1(x)f'(x)dx\right| \leqslant$$

$$\int_1^\infty \left(\frac{1}{2x^{\frac{3}{2}}} + \frac{2t}{x^{\frac{7}{2}}}\right)e^{-\frac{t}{x^2}}dx =$$

$$\frac{1}{2t^{\frac{1}{2}}}\int_0^t \left(\frac{1}{2}\tau^{-\frac{3}{4}} + 2\tau^{\frac{1}{4}}\right)e^{-\tau}d\tau = O\left(\frac{1}{t^{\frac{1}{2}}}\right)$$

于是联系式(4.17)(4.18)就得到式(4.7).

类似地,若设 $f(x) = \frac{1}{x^{\frac{3}{2}}}(1-e^{-\frac{t}{x^2}})$,则可得到式(4.8).

注 事实上,若设 $f(x)$ 在 $[1, +\infty)$ 上连续,且当

$X \to +\infty$ 时,单调递减地趋于 0,则函数 $F(x) = \int_1^x f(t)\,dt$ 在 $[1, +\infty)$ 上可微,且 $f'(x) = f(x)$。由中值公式及 $f(x)$ 的单调性

$$f(k+1) \leqslant f(k+\theta) = F(k+1) - F(k) \leqslant f(k), 0 < \theta < 1$$

$$\sum_{k=2}^{n+1} f(k) \leqslant F(n+1) - F(1) \leqslant \sum_{k=1}^{n} f(k)$$

若记

$$x_n = F(n) - \sum_{k=1}^{n} f(k)$$

则

$$x_{n+1} - x_n = F(n+1) - F(n) - f(n+1) \geqslant 0$$

x_n 是单调递增序列,且 x_n 有上界如下

$$x_n = F(n) - \sum_{k=1}^{n} \leqslant F(1) - [F(n+1) - F(1)] \leqslant F(1) = 0$$

故 $\lim\limits_{n\to\infty} x_n$ 存在,且 $-f(1) \leqslant \lim\limits_{n\to\infty} x_n \leqslant 0$。特别地,若

$$f(x) = \frac{1}{\sqrt{x}}, 1 \leqslant x < +\infty$$

则

$$F(x) = 2\sqrt{x} - 2$$

$$x_n = 2\sqrt{n} - \sum_{k=1}^{n} \frac{1}{\sqrt{k}}$$

$$1 \leqslant \lim_{n\to\infty} x_n \leqslant 2$$

参 考 资 料

[1] TENNENBAUM J. On the function $\sum\limits_{n=1}^{\infty} \frac{\zeta(n+2)}{n!} x^n$. Math. Scand.,

第一部分　Riemann 猜想的历史及进展

1977(41):242-248.

[2] 张南岳. 级数 $\sum_{n=1}^{\infty} \frac{1}{n^2} e^{-\frac{s^2}{n^2}}$ 与 Riemann ζ 函数. 数学学报,1983, 26(6):736-744.

[3] 张南岳. Euler-Maclaurin 公式与渐近估计. 数学的认识与实践. 1985(1):30-38.

[4] WHITTAKER E T, WATSON G H. A course of modern analysis. 4th ed. Cambridge University Press, 1963.

[5] 庄圻泰,张南岳. 复变函数. 北京大学出版社,1984.

[6] 张南岳. Euler 数及其与 ζ 函数有关的和. 数学的认识与实践,1990(1):62-70.

第五章　一些与 Riemann ζ 函数有关的级数的求和公式[①]

1. 前言

Riemann ζ 函数

$$Y(s) = \sum_{n=1}^{\infty} \frac{1}{n}, \operatorname{Re}(s) > 1 \qquad (5.1)$$

在解析数论中占有十分重要的地位. 然而 $Y(2k+1)$ $(k=1,2,\cdots)$ 的无理性的证明在几个世纪以来却一直是著名的难题. 直到 1978 年,法国数学家 R. Apery 才证明了 $Y(3)$ 是无理数. 但这个证明无法推广到其他情形[1]. 有鉴于此,人们对研究与 $Y(s)$ (s 为大于 1 的整数) 有关的一些级数的求和问题表现出极大的兴趣[2][3]. 在这些研究的基础上,资料 [4] 提出了级数

$$\sum_{k=2}^{\infty} k^m \bar{Y}(k), \sum_{k=1}^{\infty} k^m \bar{Y}(2k) \text{ 及 } \sum_{k=1}^{\infty} (2k+1)^m \bar{Y}(2k+1)$$

的求和问题,并且用求导赋值的方法给出了 $m=1,2,3$ 时级数的和值. 但由于 m 稍大时,使用此法不可避免地会碰到十分浩繁的计算工作,所以难以给出 $m>3$ 时的一般求和公式. 西北轻工业学院的党四善教授 1998 年改用组合数学的方法,利用第二类 Stirling 数和 Bernoulli 数给出上述级数关于 m 的求和公式. 这些公

[①] 摘编自《纯粹数学与应用数学》,1998,14(3).

式表示简洁并有鲜明的规律性.

本章约定,$\bar{Y}(x) = Y(x) - 1 = \sum_{k=2}^{\infty} \frac{1}{n^x}$. 此外,$[x]_k = x(x-1)\cdots(x-k+1)$ 为下阶乘函数,其他有关符号请参阅资料[4].

2. 几个引理

由资料[5]P_{30} 公式易知

引理 1 当 $n \geq 2$ 时,有

$$\sum_{t=0}^{\infty} \binom{r+t}{r} \frac{1}{n^t} = \frac{1}{\left(1 - \frac{1}{n}\right)^{r+1}}, r = 0, 1, 2, \cdots$$

(5.2)

下面两个引理是我们独立发现的.

引理 2

(1) $\sum_{k=1}^{\infty} \frac{[2k]_{2r}}{(2r)!} \bar{Y}(2k) = Y(2r) - \frac{1}{2^{2r+2}}$ (5.3)

(2) $\sum_{k=1}^{\infty} \frac{[2k]_{2r+1}}{(2r+1)!} \bar{Y}(2k) = Y(2r+2) - \frac{1}{2^{2r+3}}$

(5.4)

这个引理是获得结果的关键,也是后面证明第 4 段中各个定理的主要工具.

证明 由引理 1 易得

$$\sum_{t=0}^{\infty} \binom{2r+2t}{2r} \frac{1}{n^{2t}} = \frac{1}{2}\left[\frac{1}{\left(1-\frac{1}{n}\right)^{2r+1}} + \frac{1}{\left(1+\frac{1}{n}\right)^{2r+1}}\right], n \geq 2 \quad (5.5)$$

及

$$\sum_{t=0}^{\infty}\binom{\overline{2r+1}+2t+1}{2r+1}\frac{1}{n^{2t}}=$$

$$\frac{n}{2}\left[\frac{1}{\left(1-\frac{1}{n}\right)^{2r+2}}-\frac{1}{\left(1+\frac{1}{n}\right)^{2r+2}}\right], n\geqslant 2 \quad (5.6)$$

由式(5.5)推知

$$\sum_{k=1}^{\infty}\frac{[2k]_{2r}}{(2r)}\overline{Y}(2k)=\sum_{k=r}^{\infty}\binom{2k}{2r}\overline{Y}(2k)=$$

$$\sum_{k=r}^{\infty}\binom{2k}{2r}\sum_{n=2}^{\infty}\frac{1}{n^{2k}}=\sum_{n=2}^{\infty}\sum_{k=r}^{\infty}\binom{2k}{2r}\frac{1}{n^{2k}}=$$

$$\sum_{n=2}^{\infty}\frac{1}{n^{2r}}\sum_{t=0}^{\infty}\binom{2r+2t}{2r}\frac{1}{n^{2t}}=$$

$$\sum_{n=2}^{\infty}\frac{1}{n^{2r}}\frac{1}{2}\left[\frac{1}{\left(1-\frac{1}{n}\right)^{2r+1}}+\frac{1}{\left(1+\frac{1}{n}\right)^{2r+1}}\right]=$$

$$Y(2r)-\frac{1}{2^{2r+2}}$$

同理可由式(5.6)推知式(5.4)成立.

引理3 记 $I_n=\sum_{n=1}^{\infty}(-1)^u\frac{u!}{2^u}s_2(n,u)$,这里 $s_2(n,u)$ 是第二类 Stirling 数,我们有

(1)设 $I_0=1$,则 I_n 的指数型生成函数为 $\frac{2}{1+e^t}$.

(2) $p\geqslant 1$ 时,有

$$I_{2p}=0 \quad (5.7)$$

(3) $p\geqslant 1$ 时,有

$$I_{2p-1}=\frac{1-2^{2p}}{p}B_{2p} \quad (5.8)$$

这里 B_{2p} 是 Bernoulli 数.

这个引理的实质是找到了 Bernoulli 数和第二类 Stirling 数之间的内在联系. 在推导几个求和公式时, 在 m 为奇数的情形, 遇到了极大的困难. 在几经周折之后, 我们发现了这个引理, 才使问题迎刃而解.

3. $\sum_{k=2}^{\infty} k^m \bar{\zeta}(k)$ **的求和公式**

定理 1

$$\sum_{k=2}^{\infty} k^m \bar{Y}(k) = 1 + \sum_{r=2}^{n+1} (r-1)! \, s_2(m+1, r) Y(r)$$

(5.9)

证明 由引理 1, 当 $r \geq 2$ 时, 有

$$\sum_{k=2}^{\infty} \frac{[k]_r}{r!} \bar{Y}(k) = \sum_{k=2}^{\infty} \begin{bmatrix} k \\ r \end{bmatrix} \bar{Y}(k) = \sum_{k=2}^{\infty} \begin{bmatrix} k \\ r \end{bmatrix} \sum_{n=2}^{\infty} \frac{1}{n^k} =$$

$$\sum_{n=2}^{\infty} \sum_{k=r}^{\infty} \begin{bmatrix} k \\ r \end{bmatrix} \frac{1}{n^k} = \sum_{n=2}^{\infty} \frac{1}{n^r} \sum_{t=0}^{\infty} \begin{bmatrix} r+t \\ r \end{bmatrix} \frac{1}{n^t} =$$

$$\sum_{n=2}^{\infty} \frac{1}{n^r} \frac{1}{\left(1-\frac{1}{n}\right)^{r+1}} = Y(r) + Y(r+1)$$

由于 $m \geq 1$ 时, 有

$$k^m = \sum_{r=1}^{m} s_2(m, r) [k]_r = \sum_{r=1}^{m} (r! \, s_2(m, r)) \frac{[k]_r}{r!}$$

因而有

$$\sum_{k=2}^{\infty} k^m \bar{Y}(k) =$$

$$\sum_{k=2}^{\infty} \left[\sum_{r=1}^{m} (r! \, s_2(m, r)) \frac{[k]_r}{r!} \right] \bar{Y}(k) =$$

$$\sum_{k=2}^{\infty} k s_2(m, 1) \bar{Y}(k) +$$

$$\sum_{k=2}^{\infty}\left[\sum_{r=2}^{m}(r!\,s_2(m,r))\frac{[k]_r}{r!}\right]\overline{Y}(k)=$$

$$\sum_{k=2}^{\infty}k\,\overline{Y}(k)+\sum_{r=2}^{m}r!\,s_2(m,r)\sum_{k=2}^{\infty}\frac{[k]_r}{r!}\overline{Y}(k)=$$

$$\sum_{k=2}^{\infty}k\,\overline{Y}(k)+\sum_{r=2}^{m}r!\,s_2(m,r)(Y(r)+Y(r+1))$$

由于

$$\sum_{k=2}^{\infty}k\,\overline{Y}(k)=\sum_{n=2}^{\infty}\sum_{k=2}^{\infty}\frac{k}{n^k}=\sum_{n=2}^{\infty}\left[\frac{1}{n}\sum_{t=2}^{\infty}\binom{1+t}{1}\frac{1}{n^t}\right]=$$

$$\sum_{n=2}^{\infty}\left[\frac{1}{n}\left[\frac{1}{\left(1-\frac{1}{n}\right)^2}-1\right]\right]=1+Y(2)$$

根据第二类 Stirling 数的递推公式

$$s_2(m+1,r)=s_2(m,r-1)+rs_2(m,r)$$

即得

$$\sum_{k=2}^{\infty}k^m\,\overline{Y}(k)=$$

$$1+Y(2)+\sum_{r=2}^{m}r!\,s_2(m,r)(Y(r)+Y(r+1))=$$

$$1+\sum_{r=2}^{m}(r-1)!\,(s_2(m,r-1)+rs_2(m,r))Y(r)+$$

$$m!\,s_2(m,m)Y(m+1)=$$

$$1+\sum_{r=2}^{m}(r-1)!\,s_2(m+1,r)Y(r)+$$

$$m!\,s_2(m+1,m+1)Y(m+1)=$$

$$1+\sum_{r=2}^{m+1}(r-1)!\,s_2(m+1,r)Y(r)$$

4. $\sum_{r=2}^{m}(2K)^m\overline{\zeta}(2k)$ 的求和公式

定理 2 （1）当 $m=2p(p=1,2,\cdots)$ 时,有

第一部分　Riemann猜想的历史及进展

$$\sum_{k=1}^{m} (2K)^{2p} \bar{Y}(2k) =$$

$$\sum_{r=1}^{p} (2r-1)!\, s_2(2p+1, 2r) Y(2r) \quad (5.10)$$

（2）当 $m = 2p - 1 (p = 1, 2, \cdots)$ 时

$$\sum_{k=1}^{\infty} (2K)^{2p-1} \bar{Y}(2k) =$$

$$\sum_{r=1}^{p} (2r-1)!\, s_2(2p, 2r) Y(2r) +$$

$$\frac{2^{2p}-1}{4p} B_{2p} \quad (5.11)$$

证明　首先我们有

$$(2k)^m = \sum_{u=1}^{m} s_2(m, u) [2k]_u$$

（1）当 $m = 2p$ 时，由引理 2 得

$$\sum_{k=1}^{\infty} (2K)^{2p} \bar{Y}(2k) =$$

$$\sum_{u=1}^{2p} u!\, s_2(2p, u) \sum_{k=1}^{\infty} \frac{[2k]_u}{u!} \bar{Y}(2k) =$$

$$\sum_{r=1}^{p} (2r-1)!\, s_2(2p, 2r-1) \sum_{k=1}^{\infty} \frac{[2k]_{2r-1}}{(2r-1)!} \bar{Y}(2k) +$$

$$\sum_{r=1}^{p} (2r)!\, s_2(2p, 2r) \sum_{k=1}^{\infty} \frac{[2k]_{2r}}{(2r)!} \bar{Y}(2k) =$$

$$\sum_{r=1}^{p} (2r-1)!\, s_2(2p, 2r-1) \left(Y(2r) + \frac{1}{2^{2r+1}} \right) +$$

$$\sum_{r=1}^{p} (2r)!\, s_2(2p, 2r) \left(Y(2r) - \frac{1}{2^{2r+2}} \right) =$$

$$\sum_{r=1}^{p} (2r-1)!\, [s_2(2p, 2r-1) +$$

$$2rs_2(2p,2r)]Y(2r) - \frac{1}{4}\sum_{u=1}^{2p}(-1)^u \frac{u!}{2^u}s_2(2p,u) =$$

$$\sum_{r=1}^{p}(2r-1)!\, s_2(2p+1,2r)Y(2r) - \frac{1}{4}I_{2p} =$$

$$\sum_{r=1}^{p}(2r-1)!\, s_2(2p+1,2r)Y(2r)$$

最后一步是根据引理 3 的式(5.7) 得出的.

(2) 当 $m = 2p - 1$ 时,有

$$\sum_{k=1}^{\infty}(2K)^{2p-1}\overline{Y}(2k) =$$

$$\sum_{u=1}^{2p-1}u!\, s_2(2p-1,u)\sum_{k=1}^{\infty}\frac{[2k]_u}{u!}\overline{Y}(2k) =$$

$$\sum_{r=1}^{p}(2r-1)!\, s_2(2p-1,2r-1)\sum_{k=1}^{\infty}\frac{[2k]_{2r-1}}{(2r-1)!}\overline{Y}(2k) +$$

$$\sum_{r=1}^{p-1}(2r)!\, s_2(2p-1,2r)\sum_{k=1}^{\infty}\frac{[2k]_{2r}}{(2r)!}\overline{Y}(2k) =$$

$$\sum_{r=1}^{p}(2r-1)!\, s_2(2p-1,2r)\left(Y(2r) + \frac{1}{2^{2r+1}}\right) +$$

$$\sum_{r=1}^{p-1}(2r)!\, s_2(2p-1,2r)\left(Y(2r) - \frac{1}{2^{2r+2}}\right) =$$

$$\sum_{r=1}^{p-1}(2r-1)!\,[s_2(2p-1,2r-1) +$$

$$2rs_2(2p-1,2r)]Y(2r) +$$

$$(2p-1)!\, s_2(2p-1,2p-1)Y(2p) -$$

$$\frac{1}{4}\sum_{u=1}^{2p-1}\frac{(-1)^u u!}{2^u}s_2(2p-1,u) =$$

$$\sum_{r=1}^{p-1}(2r-1)!\, s_2(2p,2r)Y(2r) +$$

$$(2p-1)!\, s_2(2p,2p)Y(2p) - \frac{1}{4}I_{2p-1} =$$

第一部分　Riemann 猜想的历史及进展

$$\sum_{r=1}^{p}(2r-1)!\, s_2(2p,2r)Y(2r) + \frac{2^{2p}-1}{4p}B_{2p}$$

5. $\sum_{k=1}^{\infty} K^m \bar{\zeta}(2k)$ 和 $\sum_{k=1}^{\infty}(2K+1)^m \bar{\zeta}(2k+1)$ 的求和公式

由定理 2 易得

定理 3　（1）当 $m = 2p(p=1,2,\cdots)$ 时,有

$$\sum_{k=1}^{\infty} k^{2p} \bar{Y}(2k) =$$

$$\frac{1}{2^{2p}} \sum_{r=1}^{p}(2r-1)!\, s_2(2p+1,2r)Y(2r) \quad (5.12)$$

（2）当 $m = 2p-1(p=1,2,\cdots)$ 时,有

$$\sum_{k=1}^{\infty} k^{2p-1} \bar{Y}(2k) =$$

$$\frac{1}{2^{2p-1}} \sum_{r=1}^{p}(2r-1)!\, s_2(2p,2r)Y(2r) + \frac{1-2^{2p}}{2^{2p+1}p}B_{2p}$$

$$(5.13)$$

比较定理 1 和定理 2 可知

定理 4　（1）当 $m = 2p(p=1,2,\cdots)$ 时,有

$$\sum_{k=1}^{\infty}(2k+1)^{2p} \bar{Y}(2k+1) =$$

$$1 + \sum_{r=1}^{p}(2r)!\, s_2(2p+1,2r+1)Y(2r+1)$$

$$(5.14)$$

（2）当 $m = 2p-1(p=1,2,\cdots)$ 时,有

$$\sum_{k=1}^{\infty}(2k+1)^{2p-1} \bar{Y}(2k+1) =$$

$$1 + \sum_{r=1}^{p} (2r)!\, s_2(2p,2r-1) Y(2r-1) +$$
$$\frac{1-2^{2p}}{4p} B_{2p} \qquad (5.15)$$

参 考 资 料

[1] VAN DER POORTEN A. Euler 错过了的证明. 数学译林,1980(2): 47-63.

[2] LEHMER D H. Interesting series involving the central binomial coefficient. The American Math Monthly, 1985(92):449-457.

[3] E3103[1985,507]. An old sum reappears. The American Math Monthly, 1987(94):466-468.

[4] 吴云飞. 与 Riemann ζ 函数有关的一些级数和. 数学的实践与认识, 1990(3):82-86.

[5] 华罗庚. 从杨辉三角谈起. 人民教育出版社,1964.

第六章 $\zeta(k)$ 的部分和五阶和式的计算[①]

$u_1, u_2, \cdots$ 是独立的、同分布于 $(0,1)$ 区间上均匀分布的随机变量. 东北大学数学系的孙平教授 2003 年证明了 $1 - u_1 u_2 \cdots u_k$ 的 $n-1$ 阶矩 $(n \geqslant 1)$ 是以调和数的部分和 $\zeta_n(r) = \sum_{j=1}^{n} \dfrac{1}{j^r}, r \geqslant 1$ 为变元的指数型完全 Bell 多项式, 因此 Riemann ζ 函数 $\zeta(k), k \geqslant 2$ 能够被展开成第一类无符号 Stirling 数 $s(n,k)$ 的级数, 从而计算出与 $\zeta_n(r)$ 有关的全部 6 个五阶和式. 它们都是 $\zeta(5)$ 与 $\zeta(2)\zeta(3)$ 的有理组合.

Riemann ζ 函数 $\zeta(s)$ 的研究是一个十分困难的问题, 当 $s = 2k, k \geqslant 1$ 时, Euler 在 1740 年得到了他的一个著名的结果[1]

$$\zeta(2k) = (-1)^{k-1} \frac{(2\pi)^{2k}}{2(2k)!} B_{2k} \quad (6.1)$$

B_m 是 Bernoulli 数. 而对于奇数值的 s, 目前只知道 $\zeta(2k+1)$ 是 π^{2k+1} 的有理倍数与两个快速收敛级数的和[2]; 即使对最简单的 $\zeta(3)$, 除了它是一个无理数外[3], 人们还无法证明它是不是一个超越数.

我们希望通过调和数部分和 $\zeta_n(r)$ 的无穷级数来研究这类问题, 原因是它们与 $\zeta(k)$ 有着密切的联系,

---

① 摘编自《数学学报》, 2003, 46(2).

迄今为止人们求出了 $\zeta_n(r)$ 的所有四阶和式[4]（习惯上记 $\zeta_n(1) = H_n$）

$$\sum_{n\geq 1} \frac{H_n}{n^3} = \frac{5}{2}\zeta(4) - \frac{1}{2}\zeta^2(2)$$

$$\sum_{n\geq 1} \frac{H_n^2}{n^2} = \frac{11}{2}\zeta(4) - \frac{1}{2}\zeta^2(2)$$

$$\sum_{n\geq 1} \frac{\zeta_n(2)}{n^2} = \frac{1}{2}\zeta(4) + \frac{1}{2}\zeta^2(2) \qquad (6.2)$$

显然 $\zeta_n(r)$ 的三阶和式只有 1 个

$$\sum_{n\geq 1} \frac{H_n}{n^2} = 2\zeta(3)$$

该式与式 (6.2) 中的第一个和式都可由 Euler 的如下结果推出

$$2\sum_{n\geq 1} \frac{H_n}{n^k} = (k+2)\zeta(k+1) - \sum_{i=1}^{k-2}\zeta(k-i)\zeta(i+1), k\geq 2 \qquad (6.3)$$

使用分析的方法我们可以找到式 (6.2) 中 3 个四阶和式之间的一个非平凡线性关系

$$\sum_{n\geq 1} \frac{H_n^2}{n^2} - \sum_{n\geq 1} \frac{\zeta_n(2)}{n^2} + 2\sum_{n\geq 1} \frac{H_n}{n^3} = 2\zeta^2(2)$$

从而得到已知的结果 $5\zeta(4) = 2\zeta^2(2)$. 很自然地,我们会猜测,假如 $\zeta_n(r)$ 的所有 6 个五阶和式 $\sum_{n\geq 1}\frac{H_n}{n^4}, \sum_{n\geq 1}\frac{H_n^2}{n^3}$ 等也都是 $\zeta(5)$ 与 $\zeta(2)\zeta(3)$ 的有理组合,找出这些和式间的任意一个非平凡线性有理关系,就将证明 $\frac{\zeta(5)}{\zeta(3)}$ 是 π^2 的有理倍数. 更有意义的是,如果这种猜测对六阶和式仍然成立,我们就有可能得到 $\zeta(3) = \sqrt{c}\pi^3, c$ 是

一个可计算出的有理数.因此对于 $\zeta_n(r)$ 的各阶和式的计算是一个十分重要的问题,本章将解决五阶的情况.

我们使用的是资料[5]中的组合分析中的概率方法,符号与资料[6]一致,所用的概率工具不超出资料[7]的范围.基本的思想是,第一类无符号 Stirling 数 $s(n,k)$ 的封闭形式是 $\zeta_n(r)$ 的函数,把 $\zeta(k)$ 展开为 $s(n,k)$ 的无穷级数后,就可以得到本章的基本结果定理 1,其中,引理 1 是本章工作的基础.它表明一些简单随机变量的矩与组合数学有着密切的联系.

记 $u_1, u_2, u_3, \cdots$ 是一组独立、同分布于 $(0,1)$ 区间上均匀分布的随机变量(以下简记为:$u_1, u_2, u_3, \cdots$, i.i.d. $\sim U(0,1)$),它们有相同的概率密度函数

$$p(x) = \begin{cases} 1, 0 < x < 1 \\ 0, \text{其他} \end{cases}$$

以及 n 阶矩

$$Eu_1^n = \int_{-\infty}^{+\infty} x^n p(x) \mathrm{d}x = \frac{1}{n+1}, n \geq 0$$

如果令 $V_k = u_1 u_2 \cdots u_k, k \geq 1$,那么有:

引理 1 对所有的 $n \geq 1, k \geq 0$,有
$$nE(1 - V_{k+1})^{n-1} = \frac{Y_k(\zeta_n(1), 1! \ \zeta_n(2), 2! \ \zeta_n(3), \cdots, (r-1)! \ \zeta_n(r), \cdots)}{k!}$$
(6.4)

这里完全 Bell 多项式 $Y_k(x_1, x_2, \cdots)$(见资料[6]),且满足

$$\exp\left(\sum_{m \geq 1} x_m \frac{t^m}{m!}\right) = 1 + \sum_{k \geq 1} Y_k(x_1, x_2, \cdots) \frac{t^k}{k!}$$

证明 记 $Y_k(n) = Y_k(\zeta_n(1), 1! \ \zeta_n(2),$

$2! \zeta_n(3), \cdots, (r-1)! \zeta_n(r), \cdots)$,由完全 Bell 多项式的定义不难算出它的发生函数

$$1 + \sum_{k \geqslant 1} Y_k(n) \frac{t^k}{k!} = \frac{1}{(1-t)\left(1-\dfrac{t}{2}\right)\left(1-\dfrac{t}{3}\right)\cdots\left(1-\dfrac{t}{n}\right)}$$

又因为

$$\frac{1}{(1-t)\left(1-\dfrac{t}{2}\right)\left(1-\dfrac{t}{3}\right)\cdots\left(1-\dfrac{t}{n}\right)} = 1 + \sum_{m=1}^{n} \frac{t/m}{(1-t)\left(1-\dfrac{t}{2}\right)\cdots\left(1-\dfrac{t}{m}\right)}$$

故

$$\frac{Y_k(n)}{k!} = \sum_{m=1}^{n} \frac{1}{m}\left[\frac{Y_{k-1}(m)}{(k-1)!}\right], Y_0(\cdot) = 1$$

对所有的 $k \geqslant 1$ 成立.

另外,注意到随机变量 $u \sim U(0,1)$ 时,Beta 积分 $\int_0^1 x^{\alpha-1}(1-x)^{\beta-1}\mathrm{d}x, \alpha > 0, \beta > 0$,实际上就是数学期望 $Eu^{\alpha-1}(1-u)^{\beta-1}$,所以有如下部分和的概率形式

$$\sum_{m=1}^{n} x^{m-1} = nE[1-u(1-x)]^{n-1}$$

随机变量 $u \sim U(0,1)$ \hfill (6.5)

在上式中令 $u = u_{k+1}, x = 1 - u_1 u_2 \cdots u_k$,两边再取数学期望,得

$$nE(1-V_{k+1})^{n-1} = \sum_{m=1}^{n} \frac{1}{m}[mE(1-V_k)^{m-1}], k \geqslant 1$$

而且 $nE(1-V_1)^{n-1} = 1$,故 $nE(1-V_{k+1})^{n-1}$ 与 $\dfrac{Y_k(n)}{k!}$ 满

足相同的递归关系与初值条件,引理证毕.

注1 比较第一类无符号 Stirling 数的封闭形式[6]

$$\frac{s(n+1,k+1)}{n!} = \frac{Y_k(\zeta_n(1),-1!\zeta_n(2),2!\zeta_n(3),\cdots,(-1)^{r-1}(r-1)!\zeta_n(r),\cdots)}{k!}$$

矩 $nE(1-V_{k+1})^{n-1}$ 与 Stirling 数有一种很有趣的关系, 目前还不清楚这种数的组合含义.

注意到对所有的 $k \geq 0$, $1-V_{k+1}$ 是非负且小于1的随机变量,而且不难算出 V_{k+1} 的概率密度函数

$$P_{k+1}(x) = \begin{cases} \dfrac{\ln^k\left(\dfrac{1}{x}\right)}{k!}, & 0 < x < 1 \\ 0, & \text{否则} \end{cases} \quad (6.6)$$

由引理1及第一类无符号 Stirling 数的发生函数

$$\sum_{n \geq r} s(n,r) \frac{t^n}{n!} = \frac{1}{r!} \log^r\left(\frac{1}{1-t}\right)$$

两边除以 t 后再令 $t = 1 - V_{k+1}$,取数学期望. 根据概率论中的单调收敛定理、交换求和与期望符号,有

$$\sum_{n \geq 1} \frac{s(n,r)}{n!} \frac{Y_k(n)/k!}{n} = E\left[\frac{1}{r!} \frac{\ln^r\left(\dfrac{1}{V^{k+1}}\right)}{1-V_{k+1}}\right] =$$

$$\int_0^1 \frac{1}{k!\,r!} \frac{\ln^r\left(\dfrac{1}{x}\right)\ln^k\left(\dfrac{1}{x}\right)}{1-x} dx =$$

$$\binom{k+r}{k} E \frac{1}{1-V_{k+r+1}} = \binom{k+r}{k} E\left[\sum_{n \geq 1} V_{k+r+1}^{n-1}\right]$$

再次使用单调收敛定理,以及独立随机变量乘积的期望等于期望的乘积,得到本章的基本结果.

定理 1 对所有的 $k \geq 0, r \geq 1$,有

$$\binom{k+r}{k} \zeta(k+r+1) = \sum_{n \geq 1} \frac{s(n,r)}{n!} \frac{Y_k(n)/k!}{n}$$

(6.7)

这里

$$Y_k(n) = Y_k(\zeta_n(1), 1! \ \zeta_n(2), 2! \ \zeta_n(3), 3! \ \zeta_n(4), \cdots)$$

注 2 (1) 由于 $s(n,r) \sim \left[\frac{(n-1)!}{(r-1)!}\right] \log^{r-1}(n-1)$,因此式(6.7)右边总是收敛的. 令式(6.7)中的 $k = 0$,就得到资料[8]里由超几何级数方法推导出的结论.

(2) 取 $k = r = 1$,就是 $\zeta_n(r)$ 的三阶和式的结果;取 $k + r = 3$,解一个简单的线性方程组就求出了式(6.2)中 $\zeta_n(r)$ 的 3 个四阶和式,而在资料[4]中使用的 Fourier 级数与围道积分,并且不能解决求更高级和式的问题.

定理 1 表明, $\zeta_n(r)$ 的 $k(k \geq 2)$ 阶和式的一些线性有理组合就是 $\zeta(k)$.反之,任意一个 $\zeta_n(r)$ 的 k 阶和式是否为 $\zeta(i)(2 \leq i \leq k)$ 的有理函数,即它们是否都是一些 $\prod \zeta(i)^{k_i}$(对所有的 $\sum i k_i = k$ 求乘积)有理和的形式?下文将证明全部的 6 个五阶和式是 $\zeta(5)$ 与 $\zeta(2)\zeta(3)$ 的有理组合. 并且我们已算出了所有的 11 个六阶和式,结论仍然成立,它们是 π^6 与 $\zeta^2(3)$ 的有理和.

利用随机变量 V_{k+1} 的密度函数式(6.6),仿照定理 1 的证明,可以把 $Y_k(n)$ 展开成 Stirling 数的无穷级数

第一部分　Riemann 猜想的历史及进展

$$\frac{1}{n}\left[\frac{Y_k(n)}{k!}\right] = \sum_{m \geq k} \frac{s(m,k)}{m!} \frac{1}{(m+n)}, k \geq 1, n \geq 1$$
(6.8)

又因为

$$\sum_{n \geq 1} \frac{1}{n^{p-1}(m+n)} =$$

$$\sum_{j=1}^{p-2} (-1)^{j-1} \frac{\zeta(p-j)}{m^j} + (-1)^p \frac{H_m}{m^{p-1}}, p \geq 2, m \geq 1$$

所以得到:

定理 2　对所有 $p \geq 2, k \geq 1$,有

$$\sum_{n \geq 1} \frac{Y_k(n)/k!}{n^p} = (-1)^p \sum_{n \geq k} \frac{s(n,k)}{n!} \frac{H_n}{n^{p-1}} +$$

$$\sum_{j=1}^{p-2} (-1)^{j-1} \zeta(p-j) \sum_{n \geq k} \frac{s(n,k)}{n!} \frac{1}{n^j} \quad (6.9)$$

实际上 $p = 2$ 时,由定理 1 可得到式(6.9)右边为 $(k+1)\zeta(k+2)$. 此外,依据引理 1,对 $p \geq 1, k \geq 1$,有

$$\frac{Y_{k-1}(p)/(k-1)!}{p} = E(1 - V_k)^{p-1} =$$

$$\sum_{j=0}^{p-1} \binom{p-1}{j} (-1)^j \frac{1}{(j+1)^k}$$

由二项式反演以及式(6.8),有

$$\frac{1}{p^k} = \sum_{j=0}^{p-1} \binom{p-1}{j} (-1)^j \frac{Y_{k-1}(j+1)/(k-1)!}{j+1} =$$

$$\sum_{j=0}^{p-1} \binom{p-1}{j} (-1)^j \sum_{n \geq k-1} \frac{s(n,k-1)}{n!(n+j+1)} =$$

$$\sum_{n \geq k-1} \frac{s(n,k-1)}{n!(n+j+1)} \left[\sum_{j=0}^{p-1} \binom{p-1}{j} (-1)^j \frac{1}{n+j+1} \right]$$

上式中[·]部分可由 Gould 的恒等式

$$\sum_{j=0}^{p-1}\binom{p-1}{j}(-1)^j\frac{x}{x+j}=\frac{1}{\binom{x+p-1}{x}}$$

得出,也可直接如下计算:

设随机变量 $u \sim U(0,1)$,则

$$\sum_{j=0}^{p-1}\binom{p-1}{j}(-1)^j\frac{1}{n+j+1}=$$

$$\sum_{j=0}^{p-1}\binom{p-1}{j}(-1)^j Eu^{n+j}=$$

$$Eu^n(1-u)^{p-1}=\frac{n!(p-1)!}{(n+p)!}$$

因此,我们有类似于式(6.8)的展开

$$\frac{1}{p^k}=(p-1)!\sum_{n\geqslant k-1}\frac{s(n,k-1)}{(n+p)!},p\geqslant 1,k\geqslant 1$$

(6.10)

可推出如下关于 $s(n,k)$ 级数的对称关系.

引理 2 (1) 对所有 $p\geqslant 1,q\geqslant 1$,有

$$\sum_{n\geqslant p}\frac{s(n,p)}{n^q n!}=\sum_{n\geqslant q}\frac{s(n,q)}{n^p n!} \quad (6.11)$$

(2) 对所有 $p\geqslant 2,q\geqslant 2$,有

$$\sum_{n\geqslant p-1}\frac{s(n+1,p)}{n^q n!}=\sum_{n\geqslant q-1}\frac{s(n+1,q)}{n^p n!} \quad (6.12)$$

(3) 对所有 $p\geqslant 1,q\geqslant 1$,有

$$\sum_{n\geqslant p}\frac{s(n,p)}{n!}\frac{\zeta_n(q+1)}{n}=\sum_{n\geqslant q}\frac{s(n,q)}{n!}\frac{\zeta_n(p+1)}{n}$$

(6.13)

而且 Euler 的结果式(6.3)能够由式(6.11)与引理1,定理1独立地推导出.

定理 3 $\zeta_n(r)$ 的所有5阶和式为

第一部分　Riemann 猜想的历史及进展

$$\sum_{n \geq 1} \frac{H_n}{n^4} = 3\zeta(5) - \zeta(2)\zeta(3) \qquad (a)$$

$$\sum_{n \geq 1} \frac{H_n^2}{n^3} = \frac{7}{2}\zeta(5) - \zeta(2)\zeta(3) \qquad (b)$$

$$\sum_{n \geq 1} \frac{\zeta_n(2)}{n^3} = -\frac{9}{2}\zeta(5) + 3\zeta(2)\zeta(3) \qquad (c)$$

$$\sum_{n \geq 1} \frac{H_n \zeta_n(2)}{n^2} = \zeta(5) + \zeta(2)\zeta(3) \qquad (d)$$

$$\sum_{n \geq 1} \frac{H_n^3}{n^2} = 10\zeta(5) + \zeta(2)\zeta(3) \qquad (e)$$

$$\sum_{n \geq 1} \frac{\zeta_n(3)}{n^2} = \frac{11}{2}\zeta(5) - 2\zeta(2)\zeta(3) \qquad (f)$$

证明　定理 3 中的式 (a) 可由式 (6.3) 得出,取式 (6.13) 中的 $p=1, q=2$ 可直接得到式 (d);分别取定理 1 中的 $r=1, k=3; r=3, k=1$ 以及定理 2 中的 $k=2, p=3$,解一个线性方程组求出余下几个式子.

注 3　对 $\zeta(k)$ 的研究可以简化为对 $\zeta_n(r)$ 的 k 阶和式间关系的研究,$\dfrac{\zeta(5)}{\zeta(3)}$ 如果等于 $c\pi^2$,c 是一个有理数,那么意味着定理 3 中的 5 个和式之间存在一些非平凡线性有理关系,这些关系式我们应该能够从数学分析的角度至少求出其中的一个;反之,如果能够证明这些和式之间不存在非平凡的线性有理关系,即表明 $\dfrac{\zeta(5)}{\zeta(3)}$ 是 π^2 的一个无理倍数. 甚至,得到这些和式的任意一个非平凡的函数关系,也就知道了 $\zeta(3)$ 与 $\zeta(5)$ 的关系.

参 考 资 料

[1] MAGNUS W, OBERHETTINGER F, SONI R P. Formulas and theorems for the special functions of mathematical physics. Berlin: Springer-Verlag, 1966.

[2] BERNDT B C. Ramanujan's notebooks, Part Ⅱ. New York: Springer-Verlag, 1989.

[3] VAN DER POORTEN A. A proof that Euler missed... Apery's proof of the irrationality of $\zeta(3)$. New Mathematical Intelligencer, 1979,1:195-203.

[4] BORWEIN D, BORWEIN J M. On an intriguing integral and some series related to $\zeta(4)$. Proceedings of The AMS, 1995,4: 1191-1198.

[5] SUN P, WANG T M. Probabilistic representations of Stirling numbers with applications. Acta. Mathematica sinica, 1998, 41(2):281-290(in Chinese).

[6] COMTET L. Advanced combinatorics, the art of finite and infinite expansion. Boston: D. Reidel Publ. CO., 1974.

[7] CHOW Y S, TEICHER H. Probability theory, second edition. New York: Springer-Verlag, 1988.

[8] SHEN L C. Remarks on some integrals and series involving the Stirling numbers and $\zeta(n)$. Tránsactions of The AMS, 1995,4: 1391-1399.

第七章 关于 ζ 函数的积分表示[①]

渭南职业技术学院的李有成与渭南师范学院数学与信息科学系的李海龙两位教授 2010 年研究了 ζ 函数的积分表示形式;通过解析数论的研究方法,利用 Riemann ζ 函数方程,给出了关于 Hurwitz ζ 函数的 Hermite 公式,利用 Hermite 公式得出关于 Γ 函数的比内第二表达式,通过 ζ 函数得出 Γ 函数一些性质.

1. 引言和主要结论

著名的 $\log \Gamma(a)$ 比内第二积分展开式表述为

$$\log \Gamma(a) = \left(a - \frac{1}{2}\right) \log a + \log \sqrt{2\pi} + 2\int_0^\infty \frac{\arctan \dfrac{y}{a}}{e^{2\pi y} - 1} dy, \operatorname{Re}(a) > 0 \quad (7.1)$$

其中 $\Gamma(a)$ 是 Euler Γ 函数[1].

Hurwitz ζ 函数 $\zeta(s,a)$ 定义为:当 $a > 0$ 时有

$$\zeta(s,a) = \sum_{n=0}^\infty \frac{1}{(n+a)^s}, \sigma = \operatorname{Re}(s) > 1 \quad (7.2)$$

其积分表示形式为 Hermite 公式[1]

$$\zeta(s,a) = \frac{1}{2} a^{1-s} + \frac{a^{1-s}}{s-1} +$$

---

① 摘编自《纯粹数学与应用数学》,2010,26(3).

$$2\int_0^\infty (a^2+y^2)^{-\frac{1}{2}s}\sin(s\arctan\frac{y}{a})\frac{\mathrm{d}y}{\mathrm{e}^{2\pi y}-1}$$
(7.3)

由 Lerch 公式[2]

$$\zeta'(0,a)=\log\frac{\Gamma(a)}{\sqrt{2\pi}} \qquad (7.4)$$

知式(7.1)和(7.3)之间有着密切的联系,事实上,在资料[1]中式(7.1)是由式(7.3)在 Hurwitz ζ 函数基础上推导出的关于 Euler Γ 的一个重要表述. 同时,也可由 Riemann ζ 函数的方程推导出式(7.3).

$$\zeta(s)=\zeta(s,1)=\sum_{n=1}^\infty \frac{1}{n^s},\sigma>1 \qquad (7.5)$$

$$\zeta(1-s)=\pi^{\frac{1}{2}-s}\frac{\Gamma\left(\frac{s}{2}\right)}{\Gamma\left(\frac{1-s}{2}\right)}\zeta(s) \qquad (7.6)$$

因此得到了以下两个重要结论.

定理 1 关于 $\log\Gamma(a)$ 的比内第二展开式(7.1)是由公式(7.3)通过公式(7.4)推导出的.

定理 2 Hermite 公式(7.3)是由 Riemann ζ 函数方程(7.5)推导出的.

2. 定理证明

定理 1 的证明 由于式(7.3)右边积分的绝对收敛性,对其微分可以得到

$$\zeta'(0,a)=-\frac{1}{2}a^{-s}\log a-\frac{1}{s-1}a^{1-s}\log a-\frac{1}{(s-1)^2}a^{1-s}+2\int_0^\infty (a^2+y^2)^{-\frac{1}{2}s}\cdot$$

$$\left(-\frac{1}{2}\log(a^2+y^2)\sin\left(s\arctan\frac{y}{a}\right)+\right.$$

$$\left.\cos\left(s\arctan\frac{y}{a}\right)\arctan\frac{y}{a}\right)\frac{\mathrm{d}y}{\mathrm{e}^{2\pi y}-1} \quad (7.7)$$

在式(7.7)中当 $s=0$ 时,可以得出

$$\zeta'(0,a)=-\frac{1}{2}\log a+a\log a-a+2\int_0^\infty\frac{\arctan\frac{y}{a}}{\mathrm{e}^{2\pi y}-1}\mathrm{d}y \quad (7.8)$$

从而,由 Lerch 公式(7.4)可以得到式(7.1),于是完成了定理 1 的证明.

定理 2 的证明 当 $x>0$ 时,有

$$f(x)=f(x,w,a)=(x+a)^{-w},0<a\leqslant 1 \quad (7.9)$$

并由 $F(s)$ 的 Mellin 变换

$$F(s)=\int_0^\infty f(x)x^{s-1}\mathrm{d}x,\sigma>0 \quad (7.10)$$

在资料[3]中,$F(s)$ 可以表示成

$$F(s)=a^{s-w}\Gamma(s)\frac{\Gamma(w-s)}{\Gamma(w)} \quad (7.11)$$

因此,$F(s)$ 在垂直的条形区域 $\beta<\sigma<\varepsilon$ 上是亚纯函数,其中 $-1<\beta<0,1<\alpha$,并且可证得,当 $s=1$ 时,$F(s)$ 关于 σ 的一致估计为

$$F(s)=O(\mathrm{e}^{-\frac{\pi}{2}|t|}|t|^{m(\sigma)}),\sigma_1\leqslant\sigma\leqslant\sigma_2 \quad (7.12)$$

其中,$m(\sigma)$ 是 σ 的线性函数. 对式(7.10)应用 Mellin 逆变换可得

$$f(x)=\frac{1}{2\pi\mathrm{i}}\int_{(\alpha)}F(s)x^{-s}\mathrm{d}s,x>0 \quad (7.13)$$

其中 (α) 位于垂直路径 $s=\alpha+\mathrm{i}t,-\infty<t<\infty$ 上.

用 n 替换 x 并且对所有的 n 求和,当 $\alpha > 1$ 时,有

$$\zeta(w,a) - \frac{1}{a^w} = \sum_{n=1}^{\infty} f(n) = \sum_{n=1}^{\infty} \frac{1}{2\pi i} \int_{(\alpha)} F(s) n^{-s} \mathrm{d}s$$

(7.14)

由绝对收敛性,通过交换求和及积分次序的方法可以得到

$$\zeta(w,a) - a^{-w} = \frac{1}{2\pi i} \int_{(\alpha)} F(s) \zeta(s) \mathrm{d}s \quad (7.15)$$

沿矩形域的顶点 $(\beta, -iT)$, $(\alpha, -iT)$, (α, iT), (β, iT), $-1 < \beta < 0, T \gg 1$ 对函数 $F(s)\zeta(s)$ 应用 Cauchy 剩余定理得出

$$\frac{1}{2\pi i} \int_{\alpha-iT}^{\alpha+iT} F(s) \zeta(s) \mathrm{d}s =$$

$$R_0 + R_1 + \frac{1}{2\pi i} \int_{\beta-iT}^{\beta+iT} F(s) \zeta(s) \mathrm{d}s +$$

$$\frac{1}{2\pi i} \left(\int_{\beta-iT}^{\alpha-iT} + \int_{\alpha+iT}^{\beta+iT} \right) F(s) \zeta(s) \mathrm{d}s \quad (7.16)$$

其中 $R_i = \operatorname*{Res}_{s=i} F(s)\zeta(s)$, $i = 0,1$ 由式(7.11)可以得 $R_0 = a^{-w}\zeta(0) = -\frac{1}{2}a^{-w}$ 和 $R_1 = \frac{1}{w-1}a^{1-w}$. 同理,由式(7.12)可得当 $T \to \infty$ 时,在水平方向的积分趋于0,在式(16)中令 $T \to \infty$ 可得

$$\zeta(w,a) - a^{-w} = -\frac{1}{2}a^{-w} + \frac{1}{\omega-1}\alpha^{1-\omega} +$$

$$\frac{1}{2\pi i} \int_{(\beta)} F(s) \zeta(s) \mathrm{d}s \quad (7.17)$$

用资料[4]中 Koshlyakov 的方法对式(7.17)中最后一个积分作变换,首先延拓 $f(x)$ 的定义域

$$x = |x| e^{i\theta}, -\frac{\pi}{2} \leq \theta \leq \frac{\pi}{2} \quad (7.18)$$

从而 $f(x)$ 在定义域(7.18): $\text{Re}(x) \geq 0$ 上为解析函数,由此可以讨论 $f(\pm ix)$. 将实数轴正旋转 $\frac{\pi}{2}$ 可得

$$F(s) = \int_0^\infty f(ix)(ix)^{s-1} i dx = $$
$$e^{\frac{\pi i}{2}s} \int_0^\infty f(ix) x^{s-1} dx$$

类似地可得

$$F(s) = e^{-\frac{\pi i}{2}s} \int_0^\infty f(-ix) x^{s-1} dx$$

所以

$$-\frac{e^{\frac{\pi i s}{2}} - e^{-\frac{\pi i s}{2}}}{2i} F(s) = \int_0^\infty \frac{f(ix) - f(-ix)}{2i} x^{s-1} dx$$

$$F(s) = -\frac{1}{\sin\frac{\pi}{2}s} \int_0^\infty \frac{f(ix) - f(-ix)}{2i} x^{s-1} dx$$

(7.19)

对式(7.17)中最后一个积分,作变量代换用 $1-s$ 替换 s,结合式(7.6)和(7.19)可得

$$\frac{1}{2\pi i} \int_{(\beta)} F(s) \zeta(s) ds =$$

$$\frac{1}{2\pi i} \int_{(1-\beta)} F(1-s) \zeta(1-s) ds =$$

$$\frac{1}{2\pi i} \int_{(1-\beta)} \frac{1}{\cos\frac{\pi}{2}s} \pi^{\frac{1}{2}-s} \frac{\Gamma\left(\frac{s}{2}\right)}{\Gamma\left(\frac{1-s}{2}\right)} \zeta(1-s) \cdot$$

$$\int_0^\infty \frac{f(ix) - f(-ix)}{2i} x^{-s} dx ds$$

由绝对收敛性,通过交换积分次序的方法得到

$$\frac{1}{2\pi i}\int_{(\beta)} F(s)\zeta(s)\mathrm{d}s = \int_0^\infty \frac{f(ix)-f(-ix)}{2i}\sigma(x)\mathrm{d}x$$

(7.20)

其中 $\sigma(x)$ 定义为

$$\sigma(x) = \frac{1}{2\pi i}\int_{(\alpha)} \frac{1}{2\cos\frac{\pi}{2}s}\pi^{\frac{1}{2}-s}\frac{\Gamma\left(\frac{s}{2}\right)}{\Gamma\left(\frac{1-s}{2}\right)}\zeta(s)s^{-s}\mathrm{d}s$$

(7.21)

由资料[5]中引理的结论,当 $\mathrm{Re}(x) > 0$ 时,有

$$\sigma(s) = \sum_{n=1}^\infty e^{-2\pi nx} = \frac{1}{e^{2\pi x}-1} \qquad (7.22)$$

结合式(7.17)(7.20)(7.22),可以得出

$$\zeta(w,a) - a^{-w} =$$
$$-\frac{1}{2}a^{-w} + \frac{a^{1-w}}{w-1} - \int_0^\infty \frac{f(ix)-f(-ix)}{2i}\frac{1}{e^{2\pi x}-1}\mathrm{d}x$$

(7.23)

从而有

$$\frac{1}{2i}(f(ix)-f(-ix)) = (a^2+x^2)^{-\frac{w}{2}}\mathrm{Im}\ e^{i\left(-w\arctan\frac{x}{a}\right)}$$

或者

$$\frac{1}{2i}(f(ix)-f(-ix)) = -(a^2+x^2)^{-\frac{w}{2}}\sin\left(w\arctan\frac{x}{a}\right)$$

(7.24)

将式(7.24)代入(7.23)可得式(7.3),从而完成定理 2 的证明.

参 考 资 料

[1] SRIVASTAVA H M, CHOI J S. Series associated with the Zeta and related functions. London:Kluwer Academic Publishers, 2001.

第一部分 Riemann猜想的历史及进展

[2] KANEMITSU S, TSUKADA H. Vistas of special functions. London: World Scientific, 2007.

[3] HAILONG L, TODA M. Elaboration of some results of Srivastava and Choi. Journal of Analysis and Application, 2006(25):517-533.

[4] KOSHLYAKOV N S. Investigation of some questions of analytic theory of the rational and quadratic fields II (Russian). Izv. Akad. Nauk SSSR, Ser, Mat., 1954(18):213-260.

[5] HAILONG L. On generalized Euler constants and an integral related to the Piltz divisor problem. Siaulai Math. Phys. Sem., 2005(8): 81-93.

第八章 一类扩展 Euler 和的表示问题[①]

山东理工大学理学院的商妮娜、秦惠增两位教授 2011 年应用 Parseval 定理和 Nielsen 广义多重对数函数的性质,给出了非线性扩展 Euler 和的 Riemann ζ 函数表示. 对来自于实验数学中的扩展 Euler 和 $\sum_{n=1}^{\infty} \dfrac{\widetilde{H}_n^2}{n^2}$ 的经验公式给出了严格的理论证明. 此方法也适用于求其他扩展 Euler 和的计算问题.

1. 引言

关于古典 Euler 和以及推广的 Euler 和的计算一直是人们关注的问题. 资料[1] 给出了如下结果

$$\sum_{n=1}^{\infty} \frac{H_n^2}{n^2} = \frac{17}{4}\zeta(4), H_n = \frac{1}{1} + \frac{1}{2} + \cdots + \frac{1}{n} \tag{8.1}$$

之后资料[2] 利用留数定理考虑了更一般的 Euler 和

$$\sum_{n=1}^{\infty} \frac{H_n^p}{n^q}, \sum_{n=1}^{\infty} \frac{H_{n,p}}{n^q}, H_{n,p} = \sum_{k=1}^{n} \frac{1}{k^p} \tag{8.2}$$

其中整数 $p, q \geq 1, p+q$ 为奇数. 资料[3] 考虑了扩展 Euler 和

[①] 摘编自《纯粹数学与应用数学》,2011,27(6).

第一部分 Riemann 猜想的历史及进展

$$\sum_{n=1}^{\infty} \frac{H_{kn,p}}{n^q} \quad (8.3)$$

其中整数 $p, q \geqslant 1, p+q$ 为奇数. 然而对于下面交错 Euler 和的计算却比较困难

$$\sum_{n=1}^{\infty} \frac{\widetilde{H}_n^2}{n^2}, \widetilde{H}_n = \frac{1}{1} - \frac{1}{2} + \cdots (-1)^{n-1} \frac{1}{n} \quad (8.4)$$

资料[4]指出级数式(8.4)没有像式(8.1)那样的简单形式. 资料[5]利用 PSLQ 方法得到如下结果

$$\sum_{n=1}^{\infty} \frac{\widetilde{H}_n^2}{n^2} = -\frac{13\pi^4}{720} + \frac{5\pi^2}{12}\ln^2 2 + \frac{1}{12}\ln^4 2 + 2\mathrm{Li}_4\left(\frac{1}{2}\right)$$
$$(8.5)$$

所谓 PSLQ 方法就是根据经验或者相关知识猜想到式(8.5)有如下的形式

$$\sum_{n=1}^{\infty} \frac{\widetilde{H}_n^2}{n^2} = a\pi^4 + b\pi^2\ln^2 2 + c\ln^4 2 + d\mathrm{Li}_4\left(\frac{1}{2}\right)$$

其中 a, b, c, d 是有理数. 利用高精度计算得到 $a, b, c,$ d. 利用这种方法人们已经得到许多级数的和[5]. 人们之所以这么做,其主要原因是类似式(8.4)的级数很难用已有的特殊函数或常数表示. 如果能够得到像级数式(8.5)的表示,再寻求理论证明,也是很好的思路. 资料[1]最终给出了式(8.3)的严格证明,然而一直没有得到他们的具体证明方法和过程. 注意到 Borwein 利用特殊函数和复变函数的理论给出式(8.1)和

$$\sum_{n=1}^{\infty} \frac{Q_n^2}{n^2}, Q_n = 1 - \frac{1}{2} + \frac{1}{3} - \cdots + (-1)^n \frac{1}{2n-1}$$
$$(8.6)$$

的表示,但是他们的方法很难用来计算式(8.4).尽管如此,他们的方法很有启发性,受他们的启发,考虑计算式(8.1)(8.4) 以及下面的级数

$$\sum_{n=1}^{\infty} \frac{H_n \tilde{H}_n}{n^2}, \sum_{n=1}^{\infty} \frac{(-1)^{n-1} H_{n,2}}{n}$$

$$\sum_{n=1}^{\infty} \frac{H_{n,2}}{2^n n^2}, \sum_{n=1}^{\infty} \frac{(-1)^{n-1} \tilde{H}_n}{n^3}, \sum_{n=1}^{\infty} \frac{\tilde{H}_n}{n^3} \quad (8.7)$$

不过本章采用的方法稍微不同,相对比较简单,即将上面的级数转化为 Nielsen 广义对数函数以及一些已知积分或者已知级数,利用 Nielsen 广义对数函数的有关性质得到级数(8.1) ~ (8.7) 的表示. 在以往的研究中,许多研究者考虑了各种推广的 Euler 和,并且发现它在量子力学中有着重要的应用.

2. 主要引理

Nielsen 广义对数函数 $S_{n,p}(z)$ 定义为

$$S_{n,p}(z) = \frac{(-1)^{n+p-1}}{(n-1)! \, p!} \int_0^1 \frac{\ln^{n-1} t \ln^p (1-zt)}{t} dt \quad (8.8)$$

与 Nielsen 广义多重对数函数相关的常数是

$$s_{n,p} = s_{p,n} = S_{n,p}(1), \sigma_{n,p} = (-1)^p S_{n,p}(-1)$$
$$s_n = s_{n-1,1}, \sigma_n = \sigma_{n-1,1} \quad (8.9)$$

这些常数具有如下性质[6]

$$s_n = \zeta(n), \sigma_n = (1 - 2^{1-n}) \zeta(n) \quad (8.10)$$

$$S_{n,p}(x) = \sum_{k=1}^{n} \binom{n+p-k-1}{p-1} \sigma_{k,n+p-k} + \sum_{k=1}^{p} \binom{n+p-k-1}{n-1} \sigma_{k,n+p-k} \quad (8.11)$$

$$S_{n,p}(x) = \sum_{k=0}^{n-1} \frac{\ln^k x}{k!} (s_{n-k,p} - \sum_{m=0}^{p-1} \frac{(-1)^m \ln^m (1-x)}{m!} S_{p-m,n-k}(1-x)) + \frac{(-1)^p \ln^n x \ln^p (1-x)}{n! \, p!} \tag{8.12}$$

特别地,从式(8.11)可以得到

$$\begin{cases} s_{2,2} = \frac{1}{4}\zeta(4), s_{2,3} = 2s_5 - s_2 s_3 \\ s_{3,3} = \frac{10}{3}s_6 - \frac{3}{2}s_2 s_4 - s_3^2 + \frac{1}{6}s_2^3 \sigma_{1,2} = \frac{\zeta(3)}{8} \\ 2\sigma_{1,3} + \sigma_{2,2} = \frac{\zeta(4)}{8}, 2\sigma_{1,4} + \sigma_{2,3} = \frac{\zeta(5)}{16} - \sigma_{3,2} \\ 6\sigma_{1,4} + 3\sigma_{2,3} = s_{2,3} - \sigma_{3,2} \end{cases} \tag{8.13}$$

对于 $S_{n,p}(z)$ 有下面的级数表示

$$\begin{cases} S_{n,2}(z) = \sum_{m=1}^{\infty} \frac{z^{m+1}}{(m+1)^{n+1}} H_m \\ S_{n,1}(z) = \sum_{m=1}^{\infty} \frac{z^m}{m^{n+1}} = \text{Li}_{n+1}(z) \end{cases} \tag{8.14}$$

其中 $\text{Li}_n(z)$ 是多重对数函数. 对于多重对数函数有如下特殊值

$$\begin{cases} \text{Li}_p(1) = \zeta(p), \text{Li}_p(-1) = (2^{1-p} - 1)\zeta(p) \\ \text{Li}_2\left(\frac{1}{2}\right) = \frac{1}{12}\pi^2 - \frac{1}{2}\ln^2 2 \\ \text{Li}_3\left(\frac{1}{2}\right) = \frac{1}{6}\ln^3 2 - \frac{1}{12}\pi^2 \ln 2 + \frac{7}{8}\zeta(3) \end{cases} \tag{8.15}$$

由式(8.12)和式(8.14)可得

$$\begin{cases} S_{1,2}\left(\dfrac{1}{2}\right) = \dfrac{1}{8}\zeta(3) - \dfrac{1}{6}\ln^3 2 \\ S_{2,2}\left(\dfrac{1}{2}\right) = \dfrac{1}{8}\zeta(4) - \dfrac{1}{8}\zeta(3)\ln 2 + \dfrac{1}{4}\ln^4 2 \\ S_{1,3}\left(\dfrac{1}{2}\right) = \zeta(4) - \mathrm{Li}_4\left(\dfrac{1}{2}\right) - \dfrac{7}{8}\zeta(3)\ln 2 + \\ \qquad\qquad \dfrac{1}{24}\pi^2\ln^2 2 - \dfrac{1}{12}\ln^4 2 \end{cases}$$

(8.16)

和

$$\sum_{m=1}^{\infty} \dfrac{z^m}{m^{n+1}} H_m = S_{n,2}(z) + \mathrm{Li}_{n+2}(z) \qquad (8.17)$$

由式(8.13),(8.15)～(8.17),可得

$$\begin{cases} \sum_{m=1}^{\infty} \dfrac{1}{m^2} H_m = 2\zeta(3) \\ \sum_{m=1}^{\infty} \dfrac{1}{m^3} H_m = s_{2,2} + \zeta(4) = \dfrac{5}{4}\zeta(4) \\ \sum_{m=1}^{\infty} \dfrac{(-1)^m}{m^2} H_m = -\dfrac{5\zeta(3)}{8} \\ \sum_{m=1}^{\infty} \dfrac{2^{-m}}{m^2} H_m = \zeta(3) - \dfrac{1}{12}\pi^2\ln 2 \\ \sum_{m=1}^{\infty} \dfrac{2^{-m}}{m^3} H_m = \dfrac{1}{8}\zeta(4) - \dfrac{1}{8}\zeta(3)\ln 2 + \\ \qquad\qquad \dfrac{1}{24}\ln^4 2 + \mathrm{Li}_4\left(\dfrac{1}{2}\right) \end{cases}$$

(8.18)

对 $n,p > 1$,将 $\sigma_{n,p}$ 表示成一些特殊常数的形式相对困难. 不过对于 $\sigma_{1,3}, \sigma_{2,2}$,有下面的结果:

第一部分　Riemann猜想的历史及进展

引理 1

$$\sigma_{1,3} = \frac{\pi^4}{90} + \frac{1}{24}\pi^2 \ln^2 2 - \frac{1}{24}\ln^4 2 -$$

$$\frac{7}{8}\zeta(3)\ln 2 - \text{Li}_4\left(\frac{1}{2}\right) \qquad (8.19)$$

$$\sigma_{2,2} = \sum_{n=1}^{\infty} \frac{(-1)^{n+1} H_n}{(n+1)^3} =$$

$$-\frac{\pi^4}{48} - \frac{1}{12}\pi^2 \ln^2 2 + \frac{1}{12}\ln^4 2 +$$

$$\frac{7}{4}\zeta(3)\ln 2 + 2\text{Li}_4\left(\frac{1}{2}\right) \qquad (8.20)$$

证明　引进下面的积分

$$I_n(\alpha) = \frac{(-1)^{n-1}}{(n-1)!} \int_0^1 \frac{(t+1)^\alpha \ln^{n-1} t \ln(1+t)}{t} dt$$

$$(8.21)$$

利用 $\sigma_{n,p}$ 的定义可知

$$\begin{cases} \dfrac{d^{p-1}}{d\alpha^{p-1}} I_n(\alpha) = \dfrac{(-1)^{n-1}}{(n-1)!} \int_0^1 \dfrac{(t+1)^\alpha \ln^{n-1} t \ln^p(1+t)}{t} dt \\ \sigma_{n,p} = \dfrac{1}{p!} \dfrac{d^{p-1}}{d\alpha^{p-1}} I_n(0) \end{cases}$$

$$(8.22)$$

将 $I_1(\alpha)$ 展成幂级数

$$I_1(\alpha) = \int_0^1 (t+1)^{\alpha-1} \ln(1+t) dt +$$

$$\sum_{n=1}^{\infty} \int_0^1 (t+1)^{\alpha-n-1} \ln(1+t) dt$$

利用分部积分法可得

$$I_1(\alpha) = \int_0^1 (t+1)^{\alpha-1} \ln(1+t) dt -$$

$$\sum_{n=1}^{\infty}\frac{2^{\alpha-n}\ln 2}{n-\alpha} - \sum_{n=1}^{\infty}\frac{2^{\alpha-n}}{(n-\alpha)^2} +$$

$$\sum_{n=1}^{\infty}\frac{1}{(n-\alpha)^2}$$

对 $I_1(\alpha)$ 求一、二阶导数,得

$$\frac{\mathrm{d}}{\mathrm{d}\alpha}I_1(\alpha) = \int_0^1 (t+1)^{\alpha-1}\ln^2(1+t)\,\mathrm{d}t -$$

$$\sum_{n=1}^{\infty}\frac{2^{\alpha-n}}{n-\alpha}\left(\ln^2 2 + \frac{2\ln 2}{n-\alpha} + \frac{2}{(n-\alpha)^2}\right) +$$

$$\sum_{n=1}^{\infty}\frac{2}{(n-\alpha)^3}$$

$$\frac{\mathrm{d}^2}{\mathrm{d}\alpha^2}I_1(\alpha) = \int_0^1 (t+1)^{\alpha-1}\ln^3(1+t)\,\mathrm{d}t -$$

$$\sum_{n=1}^{\infty}\frac{2^{\alpha-n}\ln^3 2}{n-\alpha} - 3\sum_{n=1}^{\infty}\frac{2^{\alpha-n}\ln^2 2}{(n-\alpha)^2} -$$

$$6\sum_{n=1}^{\infty}\frac{2^{\alpha-n}\ln 2}{(n-\alpha)^3} - 6\sum_{n=1}^{\infty}\frac{2^{\alpha-n}}{(n-\alpha)^4} +$$

$$6\sum_{n=1}^{\infty}\frac{1}{(n-\alpha)^4}$$

由式(8.22) 可知

$$\sigma_{1,3} = \frac{1}{24}\ln^4 2 - \frac{1}{6}\sum_{n=1}^{\infty}\frac{2^{-n}\ln^3 2}{n} - \frac{1}{2}\sum_{n=1}^{\infty}\frac{2^{-n}\ln^2 2}{n^2} -$$

$$\sum_{n=1}^{\infty}\frac{2^{-n}\ln 2}{n^3} - \sum_{n=1}^{\infty}\frac{2^{-n}}{n^4} + \sum_{n=1}^{\infty}\frac{1}{n^4} =$$

$$-\frac{1}{8}\ln^4 2 - \frac{1}{2}\mathrm{Li}_2\!\left(\frac{1}{2}\right)\ln^2 2 -$$

$$\mathrm{Li}_3\!\left(\frac{1}{2}\right)\ln 2 - \mathrm{Li}_4\!\left(\frac{1}{2}\right) + \zeta(4) =$$

$$\frac{\pi^4}{90} + \frac{1}{24}\pi^2\ln^2 2 - \frac{1}{24}\ln^4 2 -$$

$$\frac{7}{8}\zeta(3)\ln 2 - \mathrm{Li}_4\left(\frac{1}{2}\right)$$

再由式(8.13)可得

$$\sigma_{2,2} = \sum_{n=1}^{\infty} \frac{(-1)^{n+1} H_n}{(n+1)^3} =$$

$$-\frac{\pi^4}{48} - \frac{1}{12}\pi^2 \ln^2 2 + \frac{1}{12}\ln^4 2 +$$

$$\frac{7}{4}\zeta(3)\ln 2 + 2\mathrm{Li}_4\left(\frac{1}{2}\right)$$

这完成了引理 1 的证明.

引理 2 对于 $|z| \leq 1$, $\left|\dfrac{z}{z-1}\right| \leq 1$,下面的等式成立

$$\sum_{n=1}^{\infty} \frac{z^n}{n} H_n = -\mathrm{Li}_2\left(\frac{z}{z-1}\right) \qquad (8.23)$$

$$\sum_{n=1}^{\infty} \frac{z^n}{n} H_{n,2} = -S_{1,2}\left(\frac{z}{z-1}\right) - \mathrm{Li}_3\left(\frac{z}{z-1}\right)$$

$$(8.24)$$

证明

$$\sum_{n=1}^{\infty} \frac{z^n}{n} H_n = \sum_{n=1}^{\infty} \frac{z^n}{n} \int_0^1 \frac{1-t^n}{1-t} \mathrm{d}t =$$

$$\int_0^1 \frac{\ln(1-zt) - \ln(1-z)}{1-t} \mathrm{d}t =$$

$$\int_0^1 \frac{\ln\left(1 + \dfrac{z}{1-z} t\right)}{t} \mathrm{d}t =$$

$$-\sum_{n=1}^{\infty} \frac{1}{n}\left(\frac{z}{z-1}\right)^n \int_0^1 t^{n-1} \mathrm{d}t =$$

$$-\sum_{n=1}^{\infty} \frac{1}{n^2}\left(\frac{z}{z-1}\right)^n = -\mathrm{Li}_2\left(\frac{z}{z-1}\right)$$

$$\sum_{n=1}^{\infty}\frac{z^n}{n}H_{n,2}=-\sum_{n=1}^{\infty}\frac{z^n}{n}\int_0^1\frac{1-t^n}{1-t}\ln t\,dt=$$

$$\int_0^1\frac{\ln(1-z)-\ln(1-zt)}{1-t}\ln t\,dt=$$

$$-\int_0^1\frac{\ln\left(1-\frac{z}{z-1}t\right)}{t}\ln(1-t)\,dt=$$

$$\sum_{n=1}^{\infty}\frac{1}{n}\left(\frac{z}{z-1}\right)^n\int_0^1 t^{n-1}\ln(1-t)\,dt=$$

$$-\sum_{n=1}^{\infty}\frac{1}{n^2}\left(\frac{z}{z-1}\right)^n\int_0^1\frac{1-t^n}{1-t}dt=$$

$$-\sum_{n=1}^{\infty}\frac{1}{n^2}\left(\frac{z}{z-1}\right)^n H_n=$$

$$-S_{1,2}\left(\frac{z}{z-1}\right)-\mathrm{Li}_3\left(\frac{z}{z-1}\right)$$

这就完成了引理 2 的证明.

引理 3 下面等式成立

$$-\int_0^1\frac{\ln x\ln(1-x)}{1+x}dx=\frac{1}{4}\pi^2\ln 2-\frac{13}{8}\zeta(3)$$
(8.25)

$$-\int_0^1\frac{\ln x\ln(1+x)}{1-x}dx=\frac{1}{4}\pi^2\ln 2-\zeta(3)$$
(8.26)

证明

$$-\int_0^1\frac{\ln x\ln(1-x)}{1+x}dx=\sum_{n,m=1}^{\infty}\frac{(-1)^{m-1}}{n}\int_0^1 x^{n+m-1}\ln x\,dx=$$

$$\sum_{n,m=1}^{\infty}\frac{(-1)^m}{n(n+m)^2}=$$

$$\sum_{m=1}^{\infty}\frac{(-1)^m}{m^2}H_m+$$

$$\sum_{m=1}^{\infty}\frac{(-1)^m}{m}H_{m,2}+\ln 2\zeta(2)$$

由式(8.17)和引理 2 可知

$$-\int_0^1\frac{\ln x\ln(1-x)}{1+x}dx=$$

$$S_{1,2}(-1)+\text{Li}_3(-1)-S_{1,2}\left(\frac{1}{2}\right)-$$

$$\text{Li}_3\left(\frac{1}{2}\right)+\ln 2\zeta(2)=$$

$$\frac{\zeta(3)}{8}-\eta(3)-\frac{1}{8}\zeta(3)+$$

$$\frac{1}{6}\ln^3 2-\frac{1}{6}\ln^3 2+\frac{1}{12}\pi^2\ln 2-$$

$$\frac{7}{8}\zeta(3)+\ln 2\zeta(2)=$$

$$\frac{1}{4}\pi^2\ln 2-\frac{13}{8}\zeta(3)$$

同理可得

$$-\int_0^1\frac{\ln x\ln(1+x)}{1-x}dx=$$

$$\sum_{n,m=1}^{\infty}\frac{(-1)^n}{n}\int_0^1 x^{n+m-1}\ln x dx=$$

$$\sum_{n,m=1}^{\infty}\frac{(-1)^{n-1}}{n(n+m)^2}=$$

$$\zeta(2)\ln 2+\sum_{n=1}^{\infty}\frac{(-1)^n}{n}H_{n,2}=$$

$$\zeta(2)\ln 2-S_{1,2}\left(\frac{1}{2}\right)-\text{Li}_3\left(\frac{1}{2}\right)=$$

$$\frac{1}{4}\pi^2\ln 2-\zeta(3)$$

这就完成了引理 3 的证明.

引理 4 下面等式成立

$$\sum_{n=1}^{\infty} \frac{1}{2^n n^2} H_{n,2} = 2\zeta(3)\ln 2 - \sum_{n=1}^{\infty} \frac{1}{(n+1)^2} H_{n+1} \widetilde{H}_n$$

(8.27)

证明

$$I = \sum_{n=1}^{\infty} \frac{2^{-n}}{n^2} H_{n,2} + \sum_{n=1}^{\infty} \frac{1}{(n+1)^2} H_{n+1} \widetilde{H}_n =$$

$$-\sum_{n=1}^{\infty} \frac{2^{-n}}{n^2} \int_0^1 \frac{1-t^n}{1-t} \ln t \, dt +$$

$$\sum_{n=1}^{\infty} \frac{\widetilde{H}_n}{(n+1)^2} \int_0^1 \frac{1-t^{n+1}}{1-t} dt$$

利用分部积分法和变量替换,并注意到

$$\sum_{n=1}^{\infty} \frac{\widetilde{H}_n}{n+1} z^{n+1} = \int_0^z \frac{\ln(1+u)}{1-u} du$$

$$-\sum_{n=1}^{\infty} \frac{2^{-n} t^n}{n} = \ln(2-t) - \ln 2$$

有

$$I = -\sum_{n=1}^{\infty} \frac{2^{-n}}{n} \int_0^t t^{n-1} dt \int_0^t \frac{\ln u}{1-u} du -$$

$$\sum_{n=1}^{\infty} \frac{\widetilde{H}_n}{n+1} \int_0^1 t^n \ln(1-t) dt =$$

$$\int_0^1 \frac{\ln(2-t)}{1} dt \int_0^t \frac{\ln u}{1-u} du -$$

$$\ln 2 \int_0^1 \frac{dt}{t} \int_0^t \frac{\ln u}{1-u} du -$$

$$\int_0^1 \frac{\ln(1-t)}{t} dt \int_0^t \frac{\ln(1+u)}{1-u} du =$$

$$\int_0^1 \frac{\ln(1+t)}{1-t}dt \int_t^1 \frac{\ln(1-u)}{u}du -$$

$$\int_0^1 \frac{\ln(1-t)}{t}dt \int_0^t \frac{\ln(1+u)}{1-u}du +$$

$$\ln 2 \int_0^1 \frac{\ln^2(1-t)}{t}dt =$$

$$2\ln 2\, s_{1,2} = 2\zeta(3)\ln 2$$

这就完成了引理 4 的证明.

引理 5 令

$$J = -\int_0^1 \frac{\ln(1+x)dx}{x}\int_0^x \frac{\ln(1-u)}{1+u}du$$

那么

$$J = \frac{49}{8}\zeta(3)\ln 2 - \frac{13}{360}\pi^4 - \frac{\pi^2}{12}\ln^2 2 + \frac{1}{12}\ln^4 2 +$$

$$2\mathrm{Li}_4\left(\frac{1}{2}\right) - 2\sum_{n=1}^{\infty}\frac{H_{n+1}\tilde{H}_n}{(n+1)^2} \quad (8.28)$$

证明 将 J 写成

$$J = -\ln 2 \int_0^1 \frac{\ln^2(1+x)dx}{x} -$$

$$\int_0^1 \frac{\ln(1+x)dx}{x}\int_0^x \frac{1}{1+u}\ln\left(1-\frac{1+u}{2}\right)du$$

将 $\ln(1-x), x^{-1}$ 展成 $x+1$ 的幂级数,有

$$\int_0^1 \frac{\ln(1+x)dx}{x}\int_0^x \frac{1}{1+u}\ln\left(1-\frac{1+u}{2}\right)du =$$

$$\sum_{n=1}^{\infty}\frac{1}{2^n n}\int_0^1 \frac{\ln(1+x)dx}{x}\int_0^x (1+u)^{n-1}du =$$

$$\sum_{n=1}^{\infty}\frac{1}{2^n n^2}\sum_{m=1}^{n}\int_0^1 (1+x)^{m-1}\ln(1+x)dx +$$

$$\sum_{n=1}^{\infty}\frac{1}{2^n n^2}\sum_{m=1}^{\infty}\int_0^1 (1+x)^{-m}\ln(1+x)dx =$$

$$\ln 2 \sum_{n=1}^{\infty} \frac{1}{2^n n^2} \sum_{m=1}^{n} \frac{2^m}{m} - \sum_{n=1}^{\infty} \frac{1}{2^n n^2} \sum_{m=1}^{n} \frac{2^m}{m^2} +$$

$$\sum_{n=1}^{\infty} \frac{1}{2^n n^2} H_{n,2} + \sum_{n=1}^{\infty} \frac{1}{2^n n^2} \int_0^1 \frac{\ln(1+x)}{x} \mathrm{d}x =$$

$$\ln 2 \sum_{m=1}^{\infty} \frac{1}{m} \sum_{n=1}^{\infty} \frac{1}{2^n (n+m)^2} -$$

$$\sum_{m=1}^{\infty} \frac{1}{m^2} \sum_{n=1}^{\infty} \frac{1}{2^n (n+m)^2} +$$

$$\sum_{n=1}^{\infty} \frac{1}{2^n n^2} H_{n,2} + \mathrm{Li}_2\left(\frac{1}{2}\right) \frac{\pi^2}{12} =$$

$$\ln 2 \sum_{n=1}^{\infty} \frac{H_n}{2^n n^2} + 2 \sum_{n=1}^{\infty} \frac{H_n}{2^n n^3} + \ln 2 \sum_{n=1}^{\infty} \frac{H_{n,2}}{2^n n} +$$

$$2 \sum_{n=1}^{\infty} \frac{H_{n,2}}{2^n n^2} - \ln^2 2 \zeta(2) - \frac{3}{2} \zeta(2) \mathrm{Li}_2\left(\frac{1}{2}\right)$$

由式(8.16)～(8.24)以及式(8.27)可知式(8.28)成立. 这就完成了引理 5 的证明.

引理 6

$$\sum_{n=1}^{\infty} \frac{z^n \widetilde{H}_n}{n^3} = S_{2,2}(z) + \mathrm{Li}_4(z) - \frac{S_{2,2}(z^2) + \mathrm{Li}_4(z^2)}{8} -$$

$$2\ln 2 \left(\frac{1}{8}\mathrm{Li}_3(z^2) - \mathrm{Li}_3(z)\right) -$$

$$\frac{\pi^2}{4}\left(\frac{1}{4}\mathrm{Li}_2(z^2) - \mathrm{Li}_2(z)\right) +$$

$$\frac{1}{4}(S_{1,1}(z) - S_{1,1}(-z))^2 \qquad (8.29)$$

特别地

$$\sum_{n=1}^{\infty} \frac{\widetilde{H}_n}{n^3} = \frac{7}{4}\zeta(3)\ln 2 - \frac{1}{288}\pi^4 \qquad (8.30)$$

$$\sum_{n=1}^{\infty} \frac{(-1)^{n-1} \widetilde{H}_n}{n^3} = \frac{\pi^4}{60} + \frac{1}{12}\pi^2 \ln^2 2 - \frac{1}{12}\ln^4 2 - 2\mathrm{Li}_4\left(\frac{1}{2}\right) \quad (8.31)$$

证明

$$\sum_{n=1}^{\infty} \frac{z^n \widetilde{H}_n}{n^3} = \sum_{n=1}^{\infty} \frac{z^n H_n}{n^3} - \sum_{n=1}^{\infty} \frac{z^{2n+1} H_n}{(2n+1)^3} - \sum_{n=1}^{\infty} \frac{2^{2n} H_n}{8n^3} =$$

$$S_{2,2}(z) + \mathrm{Li}_4(z) - \frac{S_{2,2}(z^2) + \mathrm{Li}_4(z^2)}{8} -$$

$$\sum_{n=1}^{\infty} \frac{z^{2n+1} H_n}{(2n+1)^3} \quad (8.32)$$

将式(8.32)中最后一项写成

$$\sum_{n=1}^{\infty} \frac{z^{2n+1} H_n}{(2n+1)^3} = \sum_{n=1}^{\infty} \frac{z^{2n+1}}{(2n+1)^3} \int_0^1 \frac{1-t^n}{1-t} \mathrm{d}t =$$

$$2\sum_{n=1}^{\infty} \frac{z^{2n-1}}{(2n-1)^3} \int_0^1 \frac{t - t^{2n-1}}{1-t^2} \mathrm{d}t =$$

$$\sum_{n=1}^{\infty} \frac{z^{2n-1}}{(2n-1)^3} \int_0^1 \ln\frac{1+t}{1-t} \mathrm{d}t -$$

$$\sum_{n=1}^{\infty} \frac{z^{2n-1}}{(2n-1)^2} \int_0^1 t^{2n-2} \ln\frac{1+t}{1-t} \mathrm{d}t =$$

$$-2\ln 2 \left(\sum_{n=1}^{\infty} \frac{z^n}{n^3} - \frac{1}{8} \sum_{n=1}^{\infty} \frac{z^{2n}}{n^3} \right) -$$

$$\sum_{n=1}^{\infty} \frac{z^{2n-1}}{(2n-1)^2} \int_0^1 t^{2n-1} \mathrm{d}t \int_0^t \frac{1}{u} \ln\frac{1+u}{1-u} \mathrm{d}u =$$

$$2\ln 2 \left(\frac{1}{8} \mathrm{Li}_3(z^2) - \mathrm{Li}_3(z) \right) +$$

$$\frac{\pi^2}{4} \sum_{n=1}^{\infty} \frac{z^{2n-1}}{(2n-1)^2} -$$

$$\frac{1}{2}\int_0^1 \frac{1}{t}\ln\frac{1+zt}{1-zt}dt \int_0^t \frac{1}{u}\ln\frac{1+u}{1-u}du =$$

$$2\ln 2\left(\frac{1}{8}\text{Li}_3(z^2) - \text{Li}_3(z)\right) +$$

$$\frac{\pi^2}{4}\left(\frac{1}{4}\text{Li}_2(z^2) - \text{Li}_2(z)\right) -$$

$$\frac{1}{4}(S_{1,1}(z) - S_{1,1}(-z))^2 =$$

$$2\ln 2\left(\frac{1}{8}\text{Li}_3(z^2) - \text{Li}_3(z)\right) +$$

$$\frac{\pi^2}{4}\left(\frac{1}{4}\text{Li}_2(z^2) - \text{Li}_2(z)\right) -$$

$$\frac{1}{4}\left(\int_0^z \frac{1}{t}\ln\frac{1+t}{1-t}du\right)^2 \qquad (8.33)$$

由式(8.32)和(8.33)得到了式(8.29). 记 $z=1$ 和 $z=-1$, 从式(8.29)即得式(8.30)和(8.31).

3. 主要定理

定理 1

$$\sum_{n=1}^{\infty} \frac{\tilde{H}_n \tilde{H}_{n+1}}{(n+1)^2} =$$

$$-\int_0^1 \frac{\ln(1+x)\,dx}{x} \int_0^x \frac{\ln(1-u)}{1+u}du -$$

$$\ln 2 \int_0^1 \ln x\left(\frac{\ln(1-x)}{1+x} + \frac{\ln(1+x)}{1-x}\right)dx \quad (8.34)$$

$$\sum_{n=1}^{\infty} \frac{H_n^2}{(n+1)^2} = -\frac{1}{2}\int_0^1 \frac{\ln^3(1-x)}{x}dx +$$

$$\frac{1}{2}\int_0^1 \frac{\ln x \ln^2(1-x)}{x}dx =$$

$$-3\zeta(4)+s_{2,2} \qquad (8.35)$$

证明 对 H_n 和 $\widetilde{H}_n$ 的母函数

$$\sum_{n=1}^{\infty} H_n z^n = -\frac{\ln(1-z)}{1-z}$$

$$\sum_{n=1}^{\infty} \widetilde{H}_n z^n = \frac{\ln(1+z)}{1-z}$$

$$\sum_{n=1}^{\infty} \widetilde{H}_n z^{n-1} = \frac{\ln(1+z)}{z(1-z)}$$

积分一次得到

$$\sum_{n=1}^{\infty} \frac{H_n}{n+1} z^{n+1} = \frac{1}{2}\ln^2(1-z)$$

$$\sum_{n=1}^{\infty} \frac{\widetilde{H}_n}{n+1} z^{n+1} = \int_0^z \frac{\ln(1+u)}{1-u} \mathrm{d}u$$

$$\sum_{n=0}^{\infty} \frac{\widetilde{H}_{n+1}}{n+1} z^{n+1} = \int_0^z \frac{\ln(1+u)}{u(1-u)} \mathrm{d}u \qquad (8.36)$$

由式(8.36)有

$$\sum_{n=0}^{\infty} \frac{\cos(n+1)t + \mathrm{i}\sin(n+1)t}{n+1} \widetilde{H}_n = \int_0^{\mathrm{e}^{\mathrm{i}t}} \frac{\ln(1+u)}{1-u} \mathrm{d}u$$

$$\sum_{n=0}^{\infty} \frac{\cos(n+1)t - \mathrm{i}\sin(n+1)t}{n+1} \widetilde{H}_{n+1} =$$

$$\int_{-1}^{\mathrm{e}^{-\mathrm{i}t}} \frac{\ln(1+u)}{u(1-u)} \mathrm{d}u + a \qquad (8.37)$$

其中 $a = \int_0^{-1} \frac{\ln(1+u)}{u(1-u)} \mathrm{d}u$. 应用 Parseval 定理到式(8.37)，有

$$\sum_{n=0}^{\infty} \frac{\widetilde{H}_n^2}{(n+1)^2} = \frac{1}{\pi} \int_0^{\pi} \mathrm{d}t \int_0^{\mathrm{e}^{\mathrm{i}t}} \frac{\ln(1+u)}{1-u} \mathrm{d}u \cdot$$

$$\left(\int_{-1}^{e^{-it}} \frac{\ln(1+u)}{u(1-u)} du + a\right)$$

取 C 为 $D: |z| \leqslant 1, \mathrm{Re}(z) \geqslant 0, z \neq (-1,0), (0,0), (1,0)$ 的整个边界,C_1 是沿实轴的部分,那么

$$\sum_{n=0}^{\infty} \frac{\widetilde{H}_n^2}{(n+1)^2} =$$

$$\frac{1}{i\pi}\left(\oint_C \frac{dz}{z} \int_0^z \frac{\ln(1+u)}{1-u} du \left(\int_{-1}^{z^{-1}} \frac{\ln(1+u)}{u(1-u)} du + a\right) - \right.$$

$$\left. \int_{C_1} \frac{dz}{z} \int_0^z \frac{\ln(1+u)}{1-u} du \left(\int_{-1}^{z^{-1}} \frac{\ln(1+u)}{u(1-u)} du + a\right)\right)$$

由于

$$\frac{1}{z} \int_0^z \frac{\ln(1+u)}{1-u} du \left(\int_{-1}^{z^{-1}} \frac{\ln(1+u)}{u(1-u)} du + a\right)$$

在由 C 围成的区域内解析,所以

$$\sum_{n=0}^{\infty} \frac{\widetilde{H}_n^2}{(n+1)^2} =$$

$$\frac{1}{i\pi} \mathrm{Im}\left(\int_{-1}^1 \frac{dz}{z} \int_0^z \frac{\ln(1+u)}{1-u} du \left(\int_{-1}^{z^{-1}} \frac{\ln(1+u)}{u(1-u)} du + a\right)\right) =$$

$$\int_{-1}^0 \frac{dx}{x} \int_0^x \frac{\ln(1+u)}{1-u} du \int_{-1}^x \frac{1}{1-u} du +$$

$$\int_0^1 \frac{dx}{x} \int_0^x \frac{\ln(1+u)}{1-u} du \int_{-1}^0 \frac{1}{1-u} du =$$

$$-\int_0^1 \frac{\ln(1+x)}{x} dx \int_0^x \frac{\ln(1-u)}{1+u} du -$$

$$\ln 2 \int_0^1 \frac{\ln x \ln(1-x)}{1+x} dx - \ln 2 \int_0^1 \frac{\ln x \ln(1+x)}{1-x} dx$$

因此式(8.34)成立.同理可证式(8.35)成立.定理 1 证毕.

由式(8.13)和(8.35)

第一部分　Riemann 猜想的历史及进展

$$\sum_{n=1}^{\infty} \frac{H_n^2}{(n+1)^2} = 3s_{1,3} - s_{2,2} = 3\zeta(4) - \frac{1}{4}\zeta(4) =$$

$$\frac{11}{4}\zeta(4) \qquad (8.38)$$

注意到

$$\sum_{n=1}^{\infty} \frac{H_n^2}{n^k} = \sum_{n=1}^{\infty} \frac{H_n^2}{(n+1)^k} + 2\sum_{n=1}^{\infty} \frac{H_n}{(n+1)^{k+1}} + \sum_{n=1}^{\infty} \frac{r^n}{n^{k+2}}$$

得到

$$\sum_{n=1}^{\infty} \frac{H_n^2}{n^2} = \sum_{n=1}^{\infty} \frac{H_n^2}{(n+1)^2} + 2\sum_{n=1}^{\infty} \frac{H_n}{(n+1)^3} + \sum_{n=1}^{\infty} \frac{1}{n^4} =$$

$$\frac{11}{4}\zeta(4) + 2s_{2,2} + \zeta(4) = \frac{17}{4}\zeta(4)$$

公式(8.38)的方法要比资料[1]的方法容易.

定理 2

$$\sum_{n=1}^{\infty} \frac{H_n \widetilde{H}_{n+1}}{(n+1)^q} = \ln 2 s_{q-1,2} - \int_{-1}^{0} \frac{S_{q-1,2}(x)}{1-x} dx$$

$$(8.39)$$

特别下面四个等式成立

$$\sum_{n=1}^{\infty} \frac{H_n \widetilde{H}_{n+1}}{(n+1)^2} = \frac{1}{30}\pi^4 + \frac{1}{8}\pi^2 \ln^2 2 + \frac{1}{8}\ln^4 2 -$$

$$\frac{7}{4}\zeta(3)\ln 2 - 3\operatorname{Li}_4\left(\frac{1}{2}\right) \quad (8.40)$$

$$\sum_{n=1}^{\infty} \frac{H_n \widetilde{H}_n}{(n+1)^2} = \frac{1}{80}\pi^4 + \frac{1}{24}\pi^2 \ln^2 2 - \frac{1}{24}\ln^4 2 - \operatorname{Li}_4\left(\frac{1}{2}\right)$$

$$(8.41)$$

$$\sum_{n=1}^{\infty} \frac{H_{n+1} \widetilde{H}_n}{(n+1)^2} = -\frac{1}{1440}\pi^4 + \frac{1}{24}\pi^2 \ln^2 2 - \frac{1}{24}\ln^4 2 +$$

$$\frac{7}{4}\zeta(3)\ln 2 - \mathrm{Li}_4\left(\frac{1}{2}\right) \qquad (8.42)$$

$$\sum_{n=1}^{\infty}\frac{H_{n,2}}{2^n n^2} = \frac{1}{1\,440}\pi^4 - \frac{1}{24}\pi^2\ln^2 2 + \frac{1}{24}\ln^4 2 +$$

$$\frac{1}{4}\zeta(3)\ln 2 + \mathrm{Li}_4\left(\frac{1}{2}\right) \qquad (8.43)$$

证明

$$\int_{-1}^{0}\frac{S_{q-1,2}(x)}{1-x}\mathrm{d}x = \sum_{n=1}^{\infty}\frac{H_n}{(n+1)^q}\int_{-1}^{0}\frac{x^{n+1}}{1-x}\mathrm{d}x =$$

$$\sum_{n=1}^{\infty}\frac{H_n}{(n+1)^q}\sum_{m=1}^{\infty}\int_{-1}^{0}x^{n+m}\mathrm{d}x =$$

$$\sum_{n=1}^{\infty}\frac{H_n}{(n+1)^q}\sum_{m=1}^{\infty}\frac{(-1)^{m+n}}{n+m+1} =$$

$$\sum_{n=1}^{\infty}\frac{H_n}{(n+1)^q}\ln 2 - \sum_{n=0}^{\infty}\frac{H_n \tilde{H}_{n+1}}{(n+1)^q} =$$

$$\ln 2 s_{q-1,2} - \sum_{n=0}^{\infty}\frac{H_n \tilde{H}_{n+1}}{(n+1)^q}$$

因此式(8.39)成立.

由式(8.8)(8.9)(8.13)和(8.39),有

$$\int_{-1}^{0}\frac{S_{q-1,2}(x)}{1-x}\mathrm{d}x = \ln 2 s_{1,2} - \frac{1}{2}\ln 2\int_{0}^{1}\frac{\ln^2(1+u)}{u}\mathrm{d}u +$$

$$\frac{1}{2}\int_{0}^{1}\frac{\ln^3(1+x)}{x}\mathrm{d}x =$$

$$3\sigma_{1,3} + \ln 2(s_{1,2} - \sigma_{1,2}) =$$

$$\frac{1}{30}\pi^4 + \frac{1}{8}\pi^2\ln^2 2 - \frac{1}{8}\ln^4 2 -$$

$$\frac{7}{4}\zeta(3)\ln 2 - 3\mathrm{Li}_4\left(\frac{1}{2}\right)$$

由式(8.40)和(8.31)可知

$$\sum_{n=1}^{\infty} \frac{H_n \tilde{H}_n}{(n+1)^2} = \sum_{n=1}^{\infty} \frac{H_n \tilde{H}_{n+1}}{(n+1)^2} + \sum_{n=1}^{\infty} \frac{(-1)^n H_n}{n^3} + \sum_{n=1}^{\infty} \frac{(-1)^{n-1}}{n^4} =$$

$$\frac{1}{80}\pi^4 + \frac{1}{24}\pi^2 \ln^2 2 - \frac{1}{24}\ln^4 2 - \mathrm{Li}_4\left(\frac{1}{2}\right)$$

所以式(8.41)成立. 由式(8.41)和(8.30)得

$$\sum_{n=1}^{\infty} \frac{H_{n+1} \tilde{H}_n}{(n+1)^2} = \sum_{n=1}^{\infty} \frac{H_n \tilde{H}_n}{(n+1)^2} + \sum_{n=1}^{\infty} \frac{\tilde{H}_n}{n^3} - \sum_{n=1}^{\infty} \frac{(-1)^{n-1}}{n^4} =$$

$$-\frac{1}{1440}\pi^4 + \frac{1}{24}\pi^2 \ln^2 2 - \frac{1}{24}\ln^4 2 - \frac{7}{4}\zeta(3)\ln 2 - \mathrm{Li}_4\left(\frac{1}{2}\right)$$

这就完成了定理2的证明.

定理3

$$\sum_{n=1}^{\infty} \frac{\tilde{H}_n \tilde{H}_{n+1}}{(n+1)^2} = -\frac{25}{720}\pi^4 + \frac{1}{3}\pi^2 \ln^2 2 + \frac{1}{6}\ln^4 2 + 4\mathrm{Li}_4\left(\frac{1}{2}\right) \qquad (8.44)$$

$$\sum_{n=1}^{\infty} \frac{\tilde{H}_n^2}{n^2} = -\frac{13}{720}\pi^4 + \frac{5}{12}\pi^2 \ln^2 2 + \frac{1}{12}\ln^4 2 + 2\mathrm{Li}_4\left(\frac{1}{2}\right) \qquad (8.45)$$

证明 由式(8.25)(8.26)(8.28)以及定理1,有

$$\sum_{n=1}^{\infty} \frac{\widetilde{H}_n \widetilde{H}_{n+1}}{(n+1)^2} = \frac{7}{2}\zeta(3)\ln 2 - \frac{13}{360}\pi^4 +$$

$$\frac{5\pi^2}{12}\ln^2 2 + \frac{1}{12}\ln^4 2 +$$

$$2\mathrm{Li}_4\left(\frac{1}{2}\right) - 2\sum_{n=1}^{\infty} \frac{H_{n+1}\widetilde{H}_n}{(n+1)^2}$$

将式(8.42)代入上式,可知式(8.44)成立. 由式(8.44)和(8.31),有

$$\sum_{n=1}^{\infty} \frac{\widetilde{H}_n^2}{n^2} = \sum_{n=1}^{\infty} \frac{\widetilde{H}_n \widetilde{H}_{n+1}}{(n+1)^2} + \sum_{n=1}^{\infty} \frac{(-1)^{n-1}\widetilde{H}_n}{n^3} =$$

$$-\frac{13}{720}\pi^4 + \frac{5}{12}\pi^2\ln^2 2 +$$

$$\frac{1}{12}\ln^4 2 + 2\mathrm{Li}_4\left(\frac{1}{2}\right)$$

这就完成了定理的证明.

从上面几个定理的证明看出,由于利用了 Nielsen 广义对数函数的已有性质,这几个定理的证明变得容易了许多.

4. 结论

有关 Euler 和的级数问题归结为如下步骤:

(1)适当选择 $P(n)$ 和 $Q(n)$,将级数 $\sum_{n=1}^{\infty} a_n$ 的求和问题写成

$$\sum_{n=1}^{\infty} a_n = \sum_{n=1}^{\infty} P(n)Q(n) \qquad (8.46)$$

(2)构造有限和 $P(n)$ 和 $Q(n)$ 的母函数

第一部分 Riemann 猜想的历史及进展

$$\sum_{n=1}^{\infty} P(n)z^n = f(z), \sum_{n=1}^{\infty} Q(n)z^n = g(z) \quad (8.47)$$

由式(8.47),得到

$$\begin{cases} \sum_{n=1}^{\infty} P(n)[\cos(knt) + i\sin(knt)] = f(e^{ikt}) \\ \sum_{n=1}^{\infty} Q(n)[\cos(knt) - i\sin(knt)] = g(e^{-ikt}) \end{cases}$$
$$(8.48)$$

(3) 应用 Parseval 定理得式(8.48),得到

$$\sum_{n=1}^{\infty} P(n)Q(n) = \frac{1}{\pi}\int_0^\pi f(e^{ikt})g(e^{-ikt})dt \quad (8.49)$$

将其转化为复平面中上半单位圆上的积分

$$\sum_{n=1}^{\infty} P(n)Q(n) = \frac{1}{\pi i}\int_{|z|=1, \operatorname{Im}(z)>0} \frac{f(z^k)g(z^{-k})}{z}dz$$
$$(8.50)$$

应用复变函数理论,即留数定理将式(8.50)转换为实轴部分上 $z = x$, $-1 \leq x \leq 1$ 的积分

$$\sum_{n=1}^{\infty} P(n)Q(n) = \operatorname{Re}\Big[\frac{1}{\pi i}\int_{-1}^{0-0} \frac{f(x^k)g(x^{-k})}{x}dx + \int_{0+0}^{1} \frac{f(x^k)g(x^{-k})}{x}dx + C\Big]$$
$$(8.51)$$

其中 C 是与函数 $\dfrac{f(z^k)g(z^{-k})}{z}$ 以及选择积分路径有关的常数.

(4) 应用特殊函数(比如 Nielsen 广义多重对数函数,多重对数等),积分技巧和级数展开等得到欲求的级数和.

参 考 资 料

[1] BORWEIN D, BORWEIN J M. On an intriguing integral and some series related to $\zeta(4)$. Proceedings of the American Mathematical Society, 1994,123(4):1-9.

[2] FLAJOLET P. SALVY B. Euler sums and contour integral representations. Experimental Mathematics, 1998,7(1):15-35.

[3] KWANGWU C, MINKING E. Explicit evaluations of extended Euler sums. Journal of Number Theory, 2006,117:31-52.

[4] BORWEIN D, JONATHAN M, GIRGENSOHN B R. Explicit evaluation of Euler sums. Proceedings of the Edinburgh Mathematical Society, 1995,38:277-294.

[5] DAVID H, BAILEY, BORWEIN J M. PSLQ: An algorithm to discover integer relations. (2010-09-13) [2008-03-13] http://crd.lbl.gov/dhbailey/dhbpapers/pslq-comp-alg.pdf.

[6] KOLBIG K S, MIGNACO J A, REMIDDI E. On Nielsen's generalized polylogarithms and their numerical calculation. BIT, 1970,10:38-74.

第九章　关于 Riemann ζ 函数的几个恒等式[①]

对任意复数 s，设 $\zeta(s)$ 表示 Riemann ζ 函数，当 $\mathrm{Re}(s) > 1$ 时，有

$$\zeta(s) = \sum_{n=1}^{\infty} \frac{1}{n^s}$$

本章的主要目的是研究形如下式

$$\sum_{a_1+a_2+\cdots+a_k=n} \zeta(2a_1)\zeta(2a_2)\cdots\zeta(2a_k) \quad (9.1)$$

求和的计算问题，其中 $n \geq k$ 为正整数，$a_1 + a_2 + \cdots + a_k = n$ 表示对所有满足该式的 k 维正整数组 $(a_1, a_2, \cdots, a_k)$ 求和.

关于这一内容，资料 [1] 中研究了 $k = 3$ 的情形，得到了恒等式

$$4\sum_{a+b+c=n} \zeta(2a)\zeta(2b)\zeta(2c) = (n+1)(2n+1)\zeta(2n) - 6\zeta(2)\zeta(2n-2)$$

资料 [2] 中给出了 $k = 5$ 的结论，即下式

$$96\sum_{a+b+c+d+e=n}\zeta(2a)\zeta(2b)\zeta(2c)\zeta(2d)\zeta(2e) = (n+1)(n+2)(2n+1)(2n+3)\zeta(2n) - 60n(2n+1)\zeta(2)\zeta(2n-2) + 144\zeta^2(2)\zeta(2n-4)$$

[①] 摘编自《科学通报》，1991 (4).

但这是错误的,对于一般的正整数 k,式(9.1) 也应该有一个类似于上式的恒等式,但是用资料[1]及资料[2]中的方法很难获得. 西北大学数学系的张文鹏教授 1990 年利用 Bernoulli 级数的一些性质给出了式(9.1) 对一般整数 k 的计算方法,特别对 $k = 4,6,7$,我们有

定理 1　当整数 $n > 4$ 时,有恒等式

$$24 \sum_{a+b+c+d=n} \zeta(2a)\zeta(2b)\zeta(2c)\zeta(2d) = (n+1)(2n+1)(2n+3)\zeta(2n) - 48n\zeta(2)\zeta(2n-2)$$

定理 2　当整数 $n > 6$ 时,有恒等式

$$960 \sum_{a+b+c+d+e+f=n} \zeta(2a)\zeta(2b)\zeta(2c)\zeta(2d)\zeta(2e)\zeta(2f) = (n+1)(n+2)(2n+1)(2n+3)(2n+5)\zeta(2n) - 240n(n+1)(2n+1)\zeta(2)\zeta(2n-2) + 72(46n-25)\zeta^2(2)\zeta(2n-4)$$

定理 3　当整数 $n \geqslant 7$ 时,有恒等式

$$5\,760 \sum_{a+b+c+d+e+f+g=n} \zeta(2a)\zeta(2b)\zeta(2c) \cdot \zeta(2d)\zeta(2e)\zeta(2f)\zeta(2g) = (n+1)(n+2)(n+3)(2n+1) \cdot (2n+3)(2n+5)\zeta(2n) - 210n(n+1)(2n+1)(2n+3)\zeta(2)\zeta(2n-2) + 2\,016n(7n-4)\zeta^2(2)\zeta(2n-4) - 19\,440\zeta^3(2)\zeta(2n-6)$$

1. Bernoulli 级数的一些性质

我们考虑 Bernoulli 级数 $\dfrac{z}{e^z - 1} = \sum_{n=0}^{\infty} \dfrac{B_n}{n!} z^n$,其中

$B_0 = 1; B_1 = -\dfrac{1}{2}; B_{2k+1} = 0, k \geqslant 1.$ 设

$$f(z) = \frac{z}{e^z - 1} + \frac{z}{2} - 1 = \sum_{n=0}^{\infty} \frac{B_{2n}}{(2n)!} z^{2n} \quad (9.2)$$

对 $zf(z)$ 求导数并经过计算可得

$$(zf(z))' + f^2(z) = \frac{1}{4}z^2 \quad (9.3)$$

令 $g_1(z) = z^2(zf(z))', g_k(z) = z^2 g'_{k-1}(z), k = 2, 3, \cdots$ 对式 (9.3) 两边乘以 z^2 并对其求导数可得

$$z^3 - g'_1(z) = 2zf(z)(zf(z))' = \frac{1}{2}z^3 f(z) - 2zf^3(z)$$

即

$$z^3 - g'_1(z) - \frac{1}{2}z^3 f(z) = -2zf^3(z) \quad (9.4)$$

重复前面的过程可得

$$5z^4 - g'_2(z) - \frac{1}{2}(z^5 f(z))' - \frac{3}{2}z^4(zf(z))' +$$

$$\frac{3}{8}z^6 = 6z^2 f^4(z) \quad (9.5)$$

$$30z^5 - g'_3(z) - \frac{1}{2}(z^2(z^5 f(z))')' + 6z^7 - \frac{3}{2}z^7 f(z) -$$

$$\frac{3}{2}(z^6(zf(z))')' - 3z^2 g_2(z) = -24z^3 f^5(z) \quad (9.6)$$

$$210z^6 - g'_4(z) - \frac{1}{2}[z^2(z^2(z^5 f(z))')']' + 79z^8 -$$

$$\frac{3}{2}[z^2(z^6(zf(z))')']' - \frac{3}{2}(z^9 f(z))' -$$

$$3(z^4 g_2(z))' - 5z^4 g'_2(z) - \frac{5}{2}z^4(z^5 f(z))' +$$

$$\frac{15}{8}z^{10} - \frac{15}{2}z^8(zf(z))' = 120z^4 f^6(z) \quad (9.7)$$

$$1\,680z^7 - g'_5(z) - \frac{1}{2}\{z^2[z^2(z^2(z^5f(z))')']'\}' +$$

$$1\,015z^9 - \frac{3}{2}\{z^2[z^2(z^6(zf(z))')']'\}' -$$

$$\frac{3}{2}[z^2(z^9f(z))']' - 3[z^2(z^4g_2(z))']' -$$

$$5[z^6g'_2(z)]' + \frac{45}{2}z^{11} -$$

$$\frac{5}{2}[z^6(z^5f(z))']' - \frac{15}{2}[z^{10}(zf(z))']' =$$

$$720z^5f^5(z)(zf(z))' + 225z^9 =$$

$$180z^7f^5(z) - 720z^5f^7(z) + 225z^9$$

将式(9.6)代入上式并化简可得

$$1\,680z^7 - g'_5(z) - \frac{1}{2}\{z^2[z^2(z^2(z^5f(z))')']'\}' + 1\,015z^9 -$$

$$\frac{3}{2}\{z^2[z^2(z^6(zf(z))')']'\}' - \frac{3}{2}[z^2(z^9f(z))']' -$$

$$3[z^2(z^4g_2(z))']' - 5[z^6g'_2(z)]' + \frac{45}{2}z^{11} -$$

$$\frac{5}{2}[z^6(z^5f(z))']' - \frac{15}{2}[z^{10}(zf(z))']' + 45z^{11} -$$

$$\frac{15}{2}z^2g_4(z) - \frac{15}{4}z^4[(z^2(z^5f(z))')'] - \frac{45}{2}z^{11}f(z) -$$

$$\frac{45}{4}z^4(z^6(zf(z))')' - \frac{45}{2}z^6g_2(z) = -720z^5f^7(z) \quad (9.8)$$

注意到式(9.2),我们比较式(9.4)(9.5)(9.6)(9.7)及(9.8)两边幂级数的系数可得

引理 1 当整数 $n \geqslant 3$ 时,有恒等式

$$\sum_{a+b+c=n}\frac{B_{2a}B_{2b}B_{2c}}{(2a)!(2b)!(2c)!} =$$

$$(n+1)(2n+1)\frac{B_{2n}}{(2n)!} + \frac{1}{4}\frac{B_{2n-2}}{(2n-2)!}$$

第一部分 Riemann猜想的历史及进展

引理 2 当整数 $n > 4$,则有

$$\sum_{a+b+c+d=n} \frac{B_{2a}B_{2b}B_{2c}B_{2d}}{(2a)!(2b)!(2c)!(2d)!} =$$

$$-\frac{1}{3}(n+1)(2n+1)(2n+3)\frac{B_{2n}}{(2n)!} -$$

$$\frac{2}{3}n\frac{B_{2n-2}}{(2n-2)!}$$

引理 3 当整数 $n \geqslant 5$,我们有恒等式

$$\sum_{a+b+c+d+e=n} \frac{B_{2a}B_{2b}B_{2c}B_{2d}B_{2e}}{(2a)!(2b)!(2c)!(2d)!(2e)!} =$$

$$\frac{(n+1)(n+2)(2n+1)(2n+3)}{6}\frac{B_{2n}}{(2n)!} +$$

$$\frac{5}{12}n(2n+1)\frac{B_{2n-2}}{(2n-2)!} + \frac{1}{16}\frac{B_{2n-2}}{(2n-4)!}$$

引理 4 当整数 $n \geqslant 7$ 时,有下式

$$30\sum_{a+b+c+d+e+f=n}\frac{B_{2a}B_{2b}B_{2c}B_{2d}B_{2e}B_{2f}}{(2a)!(2b)!(2c)!(2d)!(2e)!(2f)!} =$$

$$-(n+1)(n+2)(2n+1)(2n+3)(2n+5)\frac{B_{2n}}{(2n)!} -$$

$$10n(n+1)(2n+1)\frac{B_{2n-2}}{(2n-2)!} -$$

$$\frac{1}{8}(46n-25)\frac{B_{2n-4}}{(2n-4)!}$$

引理 5 当整数 $n \geqslant 7$,那么下式成立

$$90\sum_{a+b+c+d+e+f+g=n} B_{2a}B_{2b}B_{2c}B_{2d}B_{2e}B_{2f}B_{2g}$$

$$\frac{1}{(2a)!(2b)!(2c)!(2d)!(2e)!(2f)!(2g)!} =$$

$$(n+1)(n+2)(n+3)(2n+1)(2n+3)(2n+5)\frac{B_{2n}}{(2n)!} +$$

$$\frac{35}{4}n(n+1)(2n+1)(2n+3)\frac{B_{2n-2}}{(2n-2)!} +$$

$$\frac{7}{2}n(7n-4)\frac{B_{2n-4}}{(2n-4)!} + \frac{45}{32}\frac{B_{2n-6}}{(2n-6)!}$$

2. 定理的证明

这节我们来完成定理的证明,首先由 Euler 经典公式(参阅资料[3]中定理12.17)知

$$\zeta(2n) = (-1)^{n-1}\frac{(2\pi)^{2n}B_{2n}}{2(2n)!}, n \geqslant 1 \quad (9.9)$$

对引理2中的恒等式两边同乘以 $(-1)^{n-1}\dfrac{(2\pi)^{2n}}{2}$ 并应用式(9.9)可得

$$24\sum_{a+b+c+d=n}\zeta(2a)\zeta(2b)\zeta(2c)\zeta(2d) =$$
$$(n+1)(2n+1)(2n+3)\zeta(2n) -$$
$$8n\pi^2\zeta(2n-2) =$$
$$(n+1)(2n+1)(2n+3)\zeta(2n) -$$
$$48n\zeta(2)\zeta(2n-2)$$

于是完成了定理1的证明.

同理给引理4及引理5的恒等式两边同乘以 $(-1)^{n-1}\dfrac{(2\pi)^{2n}}{2}$ 并应用式(9.9)及 $\zeta(2)=\dfrac{\pi^2}{6}$ 可得定理2及定理3.

顺便指出,应用引理1及式(9.9)容易推出

$$4\sum_{a+b+c=n}\zeta(2a)\zeta(2b)\zeta(2c) =$$
$$(n+1)(2n+1)\zeta(2n) -$$
$$6\zeta(2)\zeta(2n-2)$$

就是资料[1]中的结论. 应用引理3及式(9.9)也可以

推出恒等式

$$96 \sum_{a+b+c+d+e=n} \zeta(2a)\zeta(2b)\zeta(2c)\zeta(2d)\zeta(2e) =$$
$$(n+1)(n+2)(2n+1)(2n+3)\zeta(2n) -$$
$$60n(2n+1)\zeta(2)\zeta(2n-2) +$$
$$216\zeta^2(2)\zeta(2n-4)$$

这个等式同时也说明资料[2]中的结论是不正确的，就是右边第三项的系数应为 216，而不是 144.

参考资料

[1] RAO R S, DAVIS B, INDIAN J. Pure Appl. Math., 1986(17): 1175-1185.

[2] SANKARANARYANAN A, INDIAN J. Pure Appl. Math., 1987(18):794-800.

[3] APOSTOL T M. Introduction to analytic number theory. Undergraduate texts in Mathematics, Springer-Verlag, New York, 1976.

第十章 关于 Hurwitz ζ 函数[①]

1. 引言

对实数 $0 < \alpha \leqslant 1$,设 $\zeta(s,\alpha)$ 为 Hurwitz ζ 函数,当 $\mathrm{Re}(s) > 1$ 时,定义

$$\zeta(s,\alpha) = \sum_{n=0}^{\infty}\left(\frac{1}{n+\alpha}\right)^s$$

令 $\zeta_1(s,\alpha) = \zeta(s,\alpha) - \alpha^{-s}$,本章的主要目的是研究均值

$$\int_0^1 \zeta(\sigma_1 + \mathrm{i}t,\alpha)\zeta_1(\sigma_2 - \mathrm{i}t,\alpha)\mathrm{d}\alpha \quad (10.1)$$

的渐近性质,其中 $0 < \sigma_i < 1, i = 1,2$。

关于这一问题,许多学者讨论了 $\sigma_1 = \sigma_2 = \frac{1}{2}$ 的特殊情况,例如,V. V. Rane[1] 中得到

$$\int_0^1 \left|\zeta_1\left(\frac{1}{2} + \mathrm{i}t,\alpha\right)\right|^2 \mathrm{d}\alpha = \ln t + O(1) \quad (10.2)$$

张文鹏[2] 证明了

$$\int_0^1 \left|\zeta_1\left(\frac{1}{2} + \mathrm{i}t,\alpha\right)\right|^2 \mathrm{d}\alpha = \ln \frac{t}{2\pi} + \gamma + O(t^{-\frac{1}{6}}(\ln t)^{\frac{4}{3}})$$

延安大学的郭金保教授 1994 年对上述工作做了推广,利用解析方法及三角和估计获得了下面几个定

[①] 摘编自《数学杂志》,1994,14(2).

理:

定理 1 对给定的 $0 < \sigma < 1$,设 $c(\sigma) = \min\left(\dfrac{\sigma}{2}, \dfrac{1-\sigma}{2}\right)$,则当 $t \geqslant 3$ 时,有渐近公式

$$\int_0^1 \zeta_1(\sigma + it, \alpha)\zeta_1(1-\sigma - it, \alpha)\mathrm{d}\alpha =$$

$$\frac{1}{2}\left(\frac{\Gamma'(1-\sigma-it)}{\Gamma(1-\sigma-it)} + \frac{\Gamma'(\sigma+it)}{\Gamma(\sigma+it)}\right) +$$

$$\gamma - \ln 2\pi + O(t^{-c(\sigma)})$$

其中 γ 是 Euler 常数,$\Gamma(s)$ 是 Gamma 函数.

注意到,当 $\sigma = \dfrac{1}{2}$ 时,$c(\sigma) = \dfrac{1}{4}$ 及

$$\frac{\Gamma'(\sigma+it)}{\Gamma(\sigma+it)} = \ln t + \frac{\pi \mathrm{i}}{2} + O\left(\frac{1}{2}\right)^{[2]} \quad (10.3)$$

由定理 1 立刻推出:

推论 1 当 $t \geqslant 3$ 时,有

$$\int_0^1 \left|\zeta_1\left(\frac{1}{2} + it, \alpha\right)\right|^2 \mathrm{d}\alpha = \ln \frac{t}{2\pi} + \gamma + O(t^{-\frac{1}{4}})$$

这一推论显然改进了资料[2]中的有关结果. 对于其他的 σ_i 我们还可以给出下面的定理.

定理 2 设 $0 < \sigma_i < 1 (i=1,2)$ 且 $\sigma_1 + \sigma_2 \neq 1$,则当 $t \geqslant 3$ 时,有

$$\int_0^1 \zeta_1(\sigma_1 + it, \alpha)\zeta_1(\sigma_2 - it, \alpha)\mathrm{d}\alpha =$$

$$\left(\frac{t}{2\pi}\right)^{1-\sigma_1-\sigma_2}\zeta(2-\sigma_1-\sigma_2) -$$

$$\frac{1}{1-\sigma_1-\sigma_2} + O(\max(t^{-\frac{\sigma_1}{2}}, t^{-\frac{\sigma_2}{2}}))$$

特别地,对 $\sigma_1 = \sigma_2 = \sigma \neq \dfrac{1}{2}$,由定理 2 我们立即得:

推论2 设 $0 < \sigma < 1$ 且 $\sigma \neq \frac{1}{2}$，则当 $t \geqslant 3$ 时，有渐近公式

$$\int_0^1 |\zeta_1(\sigma+it,\alpha)|^2 d\alpha = \left(\frac{t}{2\pi}\right)^{1-2\sigma} \zeta(2-2\sigma) - \frac{1}{1-2\sigma} + O(t^{-\frac{\sigma}{2}})$$

2. 几个引理

这节我们给出几个引理，首先有：

引理1 对给定的 $0 < \sigma_i < 1, i = 1,2$，设 $c = \min\left(\frac{\sigma_1}{2}, \frac{\sigma_2}{2}\right)$，则当 $t \geqslant 3$ 时，有

$$\int_0^1 \alpha^{-(\sigma_1-it)} \zeta_1(\sigma_2+it,\alpha) d\alpha = O(t^{-c})$$

证明 由 Hurwitz ζ 函数的逼近方程（参阅资料[3]或[5]）知，当 $s = \sigma + it$ 时，有

$$\zeta_1(s,\alpha) = \sum_{1 \leqslant n \leqslant \sqrt{\frac{t}{2\pi}}} \frac{1}{(n+\alpha)^s} + \left(\frac{2\pi}{i}\right)^{s-1} \Gamma(1-s) \sum_{1 \leqslant n \leqslant \sqrt{\frac{t}{2\pi}}} \frac{e^{-2\pi in\alpha}}{n^{1-s}} + O(t^{-\frac{\sigma}{2}})$$

(10.4)

由此可得

$$\int_0^1 \alpha^{-\sigma_1+it} \zeta_1(\sigma_2+it,\alpha) d\alpha = \sum_{1 \leqslant n \leqslant \sqrt{\frac{t}{2\pi}}} \int_0^1 \frac{\alpha^{-\sigma_1+it}}{(n+\alpha)^{\sigma_2+it}} d\alpha + \left(\frac{2\pi}{i}\right)^{\sigma_2+it-1} \Gamma(1-\sigma_2-it) \cdot$$

$$\sum_{1\leqslant n\leqslant\sqrt{\frac{t}{2\pi}}}\int_0^1\frac{\alpha^{-\sigma_1+it}e^{-2\pi in\alpha}}{n^{1-\sigma_2-it}}d\alpha + O(t^{\frac{\sigma_2}{2}})$$

(10.5)

为估计(10.5)中的第一部分,我们设

$$F(\alpha) = t\ln\alpha - t\ln(n+\alpha)$$

$$G(\alpha) = \frac{1}{\alpha^{\sigma_1}(n+\alpha)^{\sigma_2}}$$

则 $F(\alpha)$ 及 $G(\alpha)$ 为实函数,$\dfrac{G(\alpha)}{f'(\alpha)}$ 单调且

$$\frac{f'(\alpha)}{G(\alpha)} = \left(\frac{t}{\alpha} - \frac{t}{n+\alpha}\right)\alpha^{\sigma_1}(n+\alpha)^{\sigma_2} \geqslant \frac{tn^{\sigma_2}}{2}$$

于是由资料[3]中引理4.3得

$$\int_0^1 \alpha^{-\sigma_1+it}\frac{1}{(n+\alpha)^{\sigma_2+it}}d\alpha \ll \frac{1}{tn^{\sigma_2}}$$

由此立刻得到

$$\sum_{1\leqslant n\leqslant\sqrt{\frac{t}{2\pi}}}\int_0^1 \alpha^{-\sigma_1+it}\frac{1}{(n+\alpha)^{\sigma_2+it}}d\alpha \ll$$

$$\sum_{1\leqslant n\leqslant\sqrt{\frac{t}{2\pi}}}\frac{1}{tn^{\sigma_2}} \ll t^{-\frac{1+\sigma_2}{2}} \quad (10.6)$$

注意到

$$\left(\frac{2\pi}{i}\right)^{\sigma_2+it-1}\Gamma(1-\sigma_2-it) = O(t^{\frac{1}{2}-\sigma_2})$$

利用估计式(10.6)方法我们同样可推出

$$\sum_{1\leqslant n\leqslant\sqrt{\frac{t}{2\pi}}}\left(\frac{2\pi}{i}\right)^{\sigma_2+it-1}\frac{\Gamma(1-\sigma_2-it)}{n^{1-\sigma_2-it}} \cdot$$

$$\int_0^1 \alpha^{-\sigma_1+it}e^{-2\pi in\alpha}d\alpha \ll t^{-\frac{1+\sigma_2}{2}} \quad (10.7)$$

由式(10.5)(10.6)(10.7)立刻推出引理1.

引理 2 设 $0 < \sigma_i < 1, i = 1,2, t \geqslant 3$，则当 $\mathrm{Re}(w) \geqslant 1$ 时，有

$$\int_0^1 \zeta_1(\sigma_1 + \mathrm{i}t - w, \alpha)\zeta_1(\sigma_2 - \mathrm{i}t - w, \alpha)\mathrm{d}\alpha =$$

$$\frac{2\Gamma(1 - \sigma_1 - \mathrm{i}t + w)\Gamma(1 - \sigma_2 + \mathrm{i}t + w)}{(2\pi)^{2-\sigma_1-\sigma_2+2w}} \cdot$$

$$\cos\pi\left(\frac{\sigma_1 - \sigma_2}{2} + \mathrm{i}t\right)\zeta(2 - \sigma_1 - \sigma_2 + 2w) -$$

$$\frac{1}{1 - \sigma_1 - \sigma_2 + 2w} -$$

$$\int_0^1 \alpha^{w-\sigma_1-\mathrm{i}t}\zeta_1(\sigma_2 - \mathrm{i}t - w, \alpha)\mathrm{d}\alpha -$$

$$\int_0^1 \alpha^{w-\sigma_2+\mathrm{i}t}\zeta_1(\sigma_1 + \mathrm{i}t - w, \alpha)\mathrm{d}\alpha$$

证明 当 $\mathrm{Re}(w) \geqslant 1$ 时，$1 - \sigma_1 + \mathrm{Re}(w) > 1$，所以级数 $\sum_{n=1}^{\infty} \frac{\mathrm{e}^{-2\pi \mathrm{i}n\alpha}}{n^{1-\sigma_1 \pm \mathrm{i}t + w}}$ 绝对收敛，于是则由资料[4]中定理 12.6 并结合积分

$$\int_0^1 \mathrm{e}^{2\pi \mathrm{i}n\alpha}\mathrm{d}\alpha = \begin{cases} 1, n = 0 \\ 0, n \neq 0 \end{cases}$$

可得

$$\int_0^1 \zeta_1(\sigma_1 + \mathrm{i}t - w, \alpha)\zeta_2(\sigma_2 - \mathrm{i}t - w, \alpha)\mathrm{d}\alpha =$$

$$\frac{\Gamma(1 - \sigma_1 - \mathrm{i}t + w)\Gamma(1 - \sigma_2 + \mathrm{i}t + w)}{(2\pi)^{2-\sigma_1-\sigma_2+2w}} \cdot$$

$$\int_0^1 \left(\mathrm{e}^{-\frac{1}{2}\pi \mathrm{i}(1-\sigma_1-\mathrm{i}t+w)} \sum_{n=1}^{\infty} \frac{\mathrm{e}^{-2\pi \mathrm{i}n\alpha}}{n^{1-\sigma_2-\mathrm{i}t+w}} + \right.$$

$$\left. \mathrm{e}^{\frac{1}{2}\pi \mathrm{i}(1-\sigma_1-\mathrm{i}t+w)} \sum_{n=1}^{\infty} \frac{\mathrm{e}^{-2\pi \mathrm{i}n\alpha}}{n^{1-\sigma_1-\mathrm{i}t+w}} \right) \cdot$$

第一部分　Riemann 猜想的历史及进展

$$\left(e^{-\frac{1}{2}\pi i(1-\sigma_2+it+w)} \sum_{n=1}^{\infty} \frac{e^{2\pi in\alpha}}{n^{1-\sigma_2+it+w}} + \right.$$

$$\left. e^{\frac{1}{2}\pi i(1-\sigma_2+it+w)} \sum_{n=1}^{\infty} \frac{e^{-2\pi in\alpha}}{n^{1-\sigma_2+it+w}} \right) d\alpha =$$

$$\frac{2\Gamma(1-\sigma_1-it+w)\Gamma(1-\sigma_2+it+w)}{(2\pi)^{2-\sigma_1-\sigma_2+2w}} \cdot$$

$$\cos\pi\left(\frac{\sigma_1-\sigma_2}{2}+it\right)\zeta(2-\sigma_1-\sigma_2+2w)$$

$$(10.8)$$

注意到 $\zeta_1(s,\alpha) + \alpha^{-s} = \zeta(s,\alpha)$ 及

$$\int_0^1 \alpha^{-(\sigma_1+it+w)} \alpha^{-(\sigma_2-it+w)} d\alpha = \frac{1}{1+2w-\sigma_1-\sigma_2}$$

由式 (10.8) 立刻推出引理 2。

3. 定理的证明

我们给出定理的证明, 首先证明定理 1。当 $\sigma_1 + \sigma_2 = 1$ 时, 设 $\sigma = \sigma_1$, 则 $\sigma_2 = 1-\sigma$, 于是由引理 2 得

$$\int_0^1 \zeta_1(\sigma+it-w,\alpha)\zeta_1(1-\sigma-it-w,\alpha) d\alpha =$$

$$\frac{2\Gamma(1-\sigma_1-it+w)\Gamma(\sigma+it+w)}{(2\pi)^{1+2w}} \cdot$$

$$\cos\pi\left(-\frac{1}{2}+\sigma+it\right)\zeta(1+2w) - \frac{1}{2w} -$$

$$\int_0^1 \alpha^{-(\sigma+it-w)} \zeta_1(1-\sigma-it-w,\alpha) d\alpha -$$

$$\int_0^1 \alpha^{-(1-\sigma-it-w)} \zeta_1(\sigma+it-w,\alpha) d\alpha \qquad (10.9)$$

上式左端对 w 可开拓到整个平面, 所以右端也如此, 令 $w \to 0$, 此时有

$$\int_0^1 \zeta_1(\sigma_1 + it, \alpha)\zeta_1(1 - \sigma - it, \alpha)\mathrm{d}\alpha =$$
$$\lim_{w \to 0}\Big(\frac{2\Gamma(1 - \sigma - it + w)\Gamma(\sigma + it + w)}{(2\pi)^{1+2w}}\cdot$$
$$\sin\pi(\sigma + it)\zeta(1 + 2w) - \frac{1}{2w}\Big) -$$
$$\int_0^1 \alpha^{-(\sigma+it)}\zeta_1(1 - \sigma - it, \alpha)\mathrm{d}\alpha -$$
$$\int_0^1 \alpha^{-(1-\sigma-it)}\zeta_1(\sigma + it, \alpha)\mathrm{d}\alpha =$$
$$\frac{1}{2}\Big(\frac{\Gamma'(\sigma + it)}{\Gamma(\sigma + it)} + \frac{\Gamma'(1 - \sigma - it)}{\Gamma(1 - \sigma - it)}\Big) + \gamma - \ln 2\pi -$$
$$\int_0^1 \alpha^{-(\sigma+it)}\zeta_1(1 - \sigma - it, \alpha)\mathrm{d}\alpha -$$
$$\int_0^1 \alpha^{-(1-\sigma-it)}\zeta_1(\sigma + it, \alpha)\mathrm{d}\alpha$$

由上式及引理 1 立刻推出

$$\int_0^1 \zeta_1(\sigma + it, \alpha)\zeta_1(1 - \sigma - it, \alpha)\mathrm{d}\alpha =$$
$$\frac{1}{2}\Big(\frac{\Gamma'(\sigma + it)}{\Gamma(\sigma + it)} + \frac{\Gamma'(1 - \sigma - it)}{\Gamma(1 - \sigma - it)}\Big) +$$
$$\gamma - \ln 2\pi - O(t^{-c(\sigma)})$$

于是完成了定理 1 的证明.

对于定理 2,由于 $\sigma_1 + \sigma_2 \neq 1$,在引理 2 中取 $w = 0$,并且应用引理 1 及 Stirling 公式

$$\Gamma(\sigma + it) = t^{\sigma+it-\frac{1}{2}}\mathrm{e}^{-\frac{\pi t}{2}-it+\frac{\pi i}{2}(\sigma-\frac{1}{2})}\sqrt{2\pi}\Big\{1 + O\Big(\frac{1}{t}\Big)\Big\}$$

可得

$$\int_0^1 \zeta_1(\sigma_1 + it, \alpha)\zeta_1(\sigma_2 - it, \alpha)\mathrm{d}\alpha =$$
$$\frac{2\Gamma(1 - \sigma_1 - it)\Gamma(1 - \sigma_2 + it)}{(2\pi)^{2-\sigma_1-\sigma_2}}.$$

$$\cos\pi\left(\frac{\sigma_1-\sigma_2}{2}+it\right)\zeta(2-\sigma_1-\sigma_2)-$$

$$\frac{1}{1-\sigma_1-\sigma_2}+O(t^{-c})=$$

$$\left(\frac{t}{2\pi}\right)^{1-\sigma_1-\sigma_2}\zeta(2-\sigma_1-\sigma_2)-$$

$$\frac{1}{1-\sigma_1-\sigma_2}+O(t^{-c})$$

其中 $c=\min\left(\dfrac{\sigma_1}{2},\dfrac{\sigma_2}{2}\right)$,于是完成了定理 2 的证明.

参 考 资 料

[1] RANE V V. On Hurwitz Zeta-function. Math. Ann., 1983,264: 147-151.

[2] 张文鹏. 关于 Hurwitz Zeta 函数. 数学学报,1990(3):160-171.

[3] TITCHMARSH E C. The theory of the Riemann Zeta function. Oxford,1951.

[4] APOSTOL T M. Introduction to analytic number theory. Springer-Verlag, 1976.

[5] RANE V V. On the mean square value of Dirichlet L-series. J. London, Math., Soc., 1980,21:203-215.

第十一章 多重 Hurwitz ζ 值的 Euler 型恒等式算法[①]

设 $t(s_1, s_2, \cdots, s_k)$ 是与 Hurwitz ζ 函数 $\zeta(s_1, s_2, \cdots, s_k; -\frac{1}{2}, -\frac{1}{2}, \cdots, -\frac{1}{2})$ 相联系的多重级数. 对正整数 $n \geq k \geq 1$, 定义 $T(2n, k)$ 的权重为 $2n$, 长度为 k 且每个 s_i 为偶数的所有 $t(s_1, s_2, \cdots, s_k)$ 的和. 中南大学数学与统计学院的丁士锋教授 2014 年首先利用 Granville 所提出的交换求和次序方法将 $T(2n, k)$ 的计算转化为简单级数求和问题, 再建立起一元生成函数并给出一个计算 $T(2n, k)$ 的递归方法, 最后利用 Bessel 函数性质, 建立起 $T(2n, k)$ 的直接公式.

1. 引言

设 $x_i \in (-1, 0] (i = 1, 2, \cdots, k)$ 是实数, 多重 Hurwitz ζ 函数

$$\zeta(s_1, s_2, \cdots, s_k; x_1, x_2, \cdots, x_k) = \sum_{n_1 > n_2 > \cdots > n_k > 0} \frac{1}{(n_1 + x_1)^{s_1} (n_2 + x_2)^{s_2} \cdots (n_k + x_k)^{s_k}}$$

当

$$\mathrm{Re}(s_i + s_{i+1} + \cdots + s_k) > k - i + 1, i = 1, 2, \cdots, k$$

时绝对收敛, 因而表示一个多变量的解析函数. 多重

[①] 摘编自《数学进展》, 2014, 43(4).

Euler-Zagier ζ 函数定义为

$$\zeta(s_1, s_2, \cdots, s_k) = \sum_{n_1 > n_2 > \cdots > n_k > 0} \frac{1}{n_1^{s_1} n_2^{s_2} \cdots n_k^{s_k}}$$

显然,多重 Euler-Zagier ζ 函数是多重 Hurwitz ζ 函数中所有 $x_i = 0$ 的情形.

二重 ζ 函数 $\zeta(s_1, s_2)$ 由 Euler 开始研究,由于数学和物理的推动,一般多重 ζ 函数的概念在 20 世纪 90 年代引入. 随后在数学物理的诸多领域(如代数几何、上同调理论、数论、Hopf 代数、纽结理论、量子力学等)出现了对一般多重 ζ 函数的大量的系统研究.

多重级数

$$t(s_1, s_2, \cdots, s_k) = \sum_{n_1 > n_2 > \cdots > n_k \geq 0} \frac{1}{(2n_1 + 1)^{s_1}(2n_2 + 1)^{s_2} \cdots (2n_k + 1)^{s_k}}$$

与多重 Hurwitz ζ 函数 $\zeta(s_1, s_2, \cdots, s_k; -\frac{1}{2}, -\frac{1}{2}, \cdots, -\frac{1}{2})$ 函数相关. 容易看出

$$\zeta(s_1, s_2, \cdots, s_k; -\frac{1}{2}, -\frac{1}{2}, \cdots, -\frac{1}{2}) = 2^{s_1 + s_2 + \cdots + s_k} t(s_1, s_2, \cdots, s_k)$$

采用资料[1-2]中的记号,设正整数 $n \geq k \geq 1$,定义 $T(2n, k)$ 为

$$T(2n, k) = \sum_{\substack{j_1 + j_2 + \cdots + j_k = n \\ j_1, j_2, \cdots, j_k \geq 1}} t(2j_1, 2j_2, \cdots, 2j_k)$$

Euler 型恒等式是指用经典的 Riemann ζ 函数 $\zeta(s)$ 表示 $T(2n, k)$.

利用调和乘积理论,资料[1]建立了 $k = 2, 3, 4, 5$ 时 $T(2n, k)$ 的表达式

$$T(2n,2) = \frac{1}{4}t(2n), n \geqslant 2 \quad (11.1)$$

$$T(2n,3) = \frac{1}{8}t(2n) - \frac{1}{12}t(2)t(2n-2), n \geqslant 3$$
$$(11.2)$$

$$T(2n,4) = \frac{5}{64}t(2n) - \frac{1}{16}t(2)t(2n-2), n \geqslant 4$$
$$(11.3)$$

$$T(2n,5) = \frac{7}{128}t(2n) - \frac{3}{64}t(2)t(2n-2) +$$
$$\frac{1}{320}t(4)t(2n-4), n \geqslant 5 \quad (11.4)$$

其中函数 $t(2n)$ 定义为

$$t(2n) = \sum_{N=0}^{\infty} \frac{1}{(2N+1)^{2n}}$$

它的值可以用 Riemann ζ 函数 $\zeta(2n)$ 表示

$$t(2n) = (1 - 2^{-2n})\zeta(2n)$$

资料[1]建立上述恒等式(11.1)~(11.4)的同时还给出了利用已知表达式 $T(2n,j)(j<k)$ 向上递归计算 $T(2n,k)$ 的理论算法. 资料[2]利用 Hoffman[3] 所提出的对称函数理论,对 $T(2n,k)$ 建立了二元生成函数,即

$$1 + \sum_{n \geqslant k \geqslant 1} T(2n,k)u^n v^k = \cos\left(\frac{\pi}{2}\sqrt{(1-v)u}\right)\sec\left(\frac{\pi}{2}\sqrt{u}\right)$$

在此生成函数的基础上,资料[2]给出了 $T(2n,k)$ 的计算公式.

Granville[4] 证明 Moen 和 Markett 猜想时,提出了交换求和次序的方法,这一方法的本质即是使用初等分析的方法寻找 Euler 型恒等式的递推公式. 本章借

鉴这一方法研究 $T(2n,k)$ 的递推计算方法,同时建立起一个一元生成函数.再根据生成函数,利用 Bessel 函数的性质,建立起 $T(2n,k)$ 的直接公式.

2. 定理叙述

定理 1 设 $N \geq 0$ 为整数. 数列 $a_0^{(N)}, a_1^{(N)}, a_2^{(N)}, \cdots$,由下式定义

$$\prod_{\substack{r=0 \\ r \neq N}}^{\infty} \left(1 + \frac{x}{(2r+1)^2 - (2N+1)^2}\right) = a_0^{(N)} + a_1^{(N)} x + \cdots + a_{k-1}^{(N)} x^{k-1} + \cdots \quad (11.5)$$

则对于正整数 $n \geq k \geq 1$ 有

$$T(2n,k) = \sum_{N=0}^{\infty} \frac{a_{k-1}^{(N)}}{(2N+1)^{2n-2k+2}} \quad (11.6)$$

定理 2 设 $N \geq 0$ 为给定的整数.则对 $x \in \mathbb{C}$,有

$$\prod_{\substack{r=0 \\ r \neq N}}^{\infty} \left(1 + \frac{x}{(2r+1)^2 - (2N+1)^2}\right) = (-1)^N (4N+2) \frac{\cos\left(\frac{\pi}{2}\sqrt{(2N+1)^2 - x}\right)}{\frac{\pi}{2} x} \quad (11.7)$$

定理 3 数列 $a_0^{(N)}, a_1^{(N)}, a_2^{(N)}, \cdots$,由以下公式递归计算

$$a_0^{(N)} = 1, \; ka_k^{(N)} = -\sum_{j=1}^{k} b_j a_{k-j}^{(N)}, \; k \geq 1 \quad (11.8)$$

其中

$$b_j \triangleq \sum_{\substack{r=0 \\ r \neq N}}^{\infty} \frac{1}{[(2N+1)^2 - (2r+1)^2]^j}, j = 1, 2, \cdots$$

$$(11.9)$$

定理 4 对整数 $k \geqslant 0$,有

$$a_k^{(N)} = \frac{1}{2^{2k}(k+1)!} \sum_{j=0}^{\left[\frac{k}{2}\right]} \frac{(-1)^j (2k-2j)! \; \pi^{2j}}{(k-2j)! \; (2j)!} \cdot \frac{1}{(2N+1)^{2k-2j}} \tag{11.10}$$

$$T_{(2n,k+1)} = \frac{1}{2^{2k}(k+1)!} \sum_{j=0}^{\left[\frac{k}{2}\right]} \frac{(-1)^j (2k-2j)! \; \pi^{2j}}{(k-2j)! \; (2j)!} \cdot t(2n-2j), n \geqslant k+1$$

3. 定理的证明

定理 1 的证明　式(11.6)左端即

$$\sum_{\substack{j_1+j_2+\cdots+j_k=n \\ j_1,j_2,\cdots,j_k \geqslant 1}} \sum_{n_1 > n_2 > \cdots > n_k \geqslant 0} \frac{1}{(2n_1+1)^{2j_1}} \cdot \frac{1}{(2n_2+1)^{2j_2} \cdots (2n_k+1)^{2j_k}} =$$

$$\sum_{n_1 > n_2 > \cdots > n_k \geqslant 0} \sum_{\substack{j_1+j_2+\cdots+j_k=n \\ j_1,j_2,\cdots,j_k \geqslant 1}} \frac{1}{(2n_1+1)^{2j_1}} \cdot \frac{1}{(2n_2+1)^{2j_2} \cdots (2n_k+1)^{2j_k}} \tag{11.11}$$

上式中第二个求和式,即求以下形式级数中 x^{2n} 的系数

$$\sum_{j=1}^{\infty}\left(\frac{x}{2n_1+1}\right)^{2j} \sum_{j=1}^{\infty}\left(\frac{x}{2n_2+1}\right)^{2j} \cdots \sum_{j=1}^{\infty}\left(\frac{x}{2n_k+1}\right)^{2j} =$$

$$\frac{x^{2k}}{[(2n_1+1)^2-x^2][(2n_2+1)^2-x^2]\cdots[(2n_k+1)^2-x^2]} = \tag{11.12}$$

$$\sum_{j=1}^{k}\left(\frac{x^{2k}}{(2n_j+1)^2-x^2} \prod_{\substack{1 \leqslant m \leqslant k \\ m \neq j}} \frac{1}{(2n_m+1)^2-(2n_j+1)^2}\right) \tag{11.13}$$

第一部分　Riemann 猜想的历史及进展

这里,式(11.13)将有理函数式(11.12)展开为部分式之和. 由于

$$\frac{x^{2k}}{(2n_i+1)^2-x^2}=\sum_{j=0}^{\infty}\frac{x^{2k+2j}}{(2n_i+1)^{2j+2}},\ i=1,2,\cdots,k$$

故式(11.12)中 x^{2n} 的系数为

$$\sum_{j=1}^{k}\Bigl(\frac{1}{(2n_j+1)^{2n-2k+2}}\prod_{\substack{1\leqslant m\leqslant k\\ m\neq j}}\frac{1}{(2n_m+1)^2-(2n_j+1)^2}\Bigr)$$

由此得到求和式(11.11)即

$$\sum_{n_1>n_2>\cdots>n_k\geqslant 0}\sum_{j=1}^{k}\Bigl(\frac{1}{(2n_j+1)^{2n-2k+2}}\cdot$$

$$\prod_{\substack{1\leqslant m\leqslant k\\ m\neq j}}\frac{1}{(2n_m+1)^2-(2n_j+1)^2}\Bigr) \quad (11.14)$$

现在考虑函数

$$f_N(x)=\prod_{\substack{r=0\\ r\neq N}}^{\infty}\Bigl(1+\frac{x}{(2r+1)^2-(2N+1)^2}\Bigr)$$

将 $f_N(x)$ 分成两部分,令

$$\prod_{r>N}\Bigl(1+\frac{x}{(2r+1)^2-(2N+1)^2}\Bigr)=$$
$$1+P(N,1)x+P(N,2)x^2+\cdots$$

$$\prod_{0\leqslant r<N}\Bigl(1+\frac{x}{(2r+1)^2-(2N+1)^2}\Bigr)=$$
$$1+Q(N,1)x+Q(N,2)x^2+\cdots$$

容易看出 $P(N,i)$ 和 $Q(N,i)$ 的表达式,$P(N,0)=Q(N,0)\triangleq 1$,$Q(N,m)=0$,任意 $m>N$. 当 $j>1$ 时,有

$$P(N,j-1)=$$
$$\sum_{n_1>n_2>\cdots>n_{j-1}>N}\prod_{i=1}^{j-1}\frac{1}{(2n_i+1)^2-(2N+1)^2}$$

$$(11.15)$$

当 $1 \leq j < k$ 且 $k - j \leq N$ 时,有

$$Q(N, k-j) = \sum_{N > n_{j+1} > n_{j+2} > \cdots > n_k \geq 0} \prod_{i=j+1}^{k} \frac{1}{(2n_i + 1)^2 - (2N + 1)^2}$$

(11.16)

回到求和式(11.14). 求和式(11.14)关于 $j = 1, 2, \cdots, k$ 共有 k 个子求和式,当 j 暂时取定后,利用式 (11.15) 和 (11.16) 中的符号,可以将式(11.14) 中关于 j 的子求和式表示为

$$\sum_{n_1 > n_2 > \cdots > n_k \geq 0} \left(\frac{1}{(2n_j + 1)^{2n-2k+2}} \prod_{\substack{1 \leq m \leq k \\ m \neq j}} \frac{1}{(2n_m + 1)^2 - (2n_j + 1)^2} \right) =$$

$$\sum_{n_j = k-j}^{\infty} \left[\frac{1}{(2n_j + 1)^{2n-2k+2}} \cdot \right.$$

$$\left(\sum_{n_1 > n_2 > \cdots > n_j} \prod_{1 \leq m < j} \frac{1}{(2n_m + 1)^2 - (2n_j + 1)^2} \right) \cdot$$

$$\left. \left(\sum_{n_j > n_{j+1} > \cdots > n_k \geq 0} \prod_{j < m \leq k} \frac{1}{(2n_m + 1)^2 - (2n_j + 1)^2} \right) \right] =$$

$$\sum_{n_j = k-j}^{\infty} \frac{1}{(2n_j + 1)^{2n-2k+2}} P(n_j, j-1) Q(n_j, k-j) =$$

$$\sum_{N = k-j}^{\infty} \frac{1}{(2N + 1)^{2n-2k+2}} P(N, j-1) Q(N, k-j) =$$

$$\sum_{N = 0}^{\infty} \frac{1}{(2N + 1)^{2n-2k+2}} P(N, j-1) Q(N, k-j)$$

最后一步将指标 N 改成从 $N = 0$ 开始,利用了性质 $Q(N, k-j) = 0$,任意 $0 \leq N < k-j$.

于是求和式(11.14) 转化为

$$\sum_{N=0}^{\infty} \frac{P(N,0)Q(N,k-1) + P(N,1)Q(N,k-2) + \cdots + P(N,k-1)Q(N,0)}{(2N+1)^{2n-2k+2}}$$

(11.17)

第一部分 Riemann 猜想的历史及进展

显然式(11.17)分子中的求和式 $\sum_{j=1}^{k} P(N, j-1) Q(N, k-j)$ 即求形式级数

$$[1 + P(N,1)x + P(N,2)x^2 + \cdots] \cdot$$
$$[1 + Q(N,1)x + Q(N,2)x^2 + \cdots] = f_N(x)$$

中 x^{k-1} 的系数,即有

$$\sum_{j=1}^{k} P(N, k-1) Q(N, k-j) = a_{k-1}^{(N)}$$

从式(11.11)(11.14)和(11.17)得到

$$\sum_{\substack{j_1+j_2+\cdots+j_k=n \\ j_1, j_2, \cdots, j_k \geq 1}} t(2j_1, 2j_2, \cdots, 2j_k) = \sum_{N=0}^{\infty} \frac{a_{k-1}^{(N)}}{(2N+1)^{2n-2k+2}}$$

定理证明完成.

注 若取 x 为复变量,记

$$f_N(x) = \prod_{\substack{r=0 \\ r \neq N}}^{\infty} \left(1 + \frac{x}{(2r+1)^2 - (2N+1)^2}\right)$$

在任意的闭圆域 $|x| \leq M (M > 0)$ 上,级数 $\sum_{r=0, r \neq N}^{\infty} \frac{x}{(2r+1)^2 - (2N+1)^2}$ 关于 x 绝对且一致收敛,由此可知函数 $f_N(x)$ 在域 $|x| < M$ 内解析. 由于 $M > 0$ 的任意性,故 $f_N(x)$ 在整个复平面内解析,因而 $f_N(x)$ 有 Taylor 展开式. 若取一个充分小的正数 $\varepsilon > 0$,则在域 $|x| < \varepsilon$ 内,相应于 $\ln(f_N(x))$ 的级数可以任意次逐项求导.

定理 2 的证明 回顾经典的 Euler 乘积公式

$$\sin \pi z = \pi z \prod_{r=1}^{\infty} \left(1 - \frac{z^2}{r^2}\right), z \in \mathbb{C} \quad (11.18)$$

Eisenstein 研究了类似的二元变量乘积:对 $(z, \omega) \in \mathbb{C} (\mathbb{C} \setminus \mathbb{Z})$ 有

$$\frac{\sin \pi(\omega+z)}{\sin \pi\omega} = \prod_{r=-\infty}^{\infty}\left(1+\frac{z}{r+\omega}\right) \triangleq$$

$$\lim_{n\to\infty}\prod_{r=-n}^{n}\left(1+\frac{z}{r+\omega}\right) \quad (11.19)$$

(从 Euler 公式(11.18)可以推出 Eisenstein 公式(11.19),反之亦然.它们都能用整函数无穷乘积的 Weierstrass 公式证明.)

由式(11.19)可以得到,若 ω 不取奇数,则有

$$\prod_{r=-\infty}^{\infty}\left(1+\frac{z}{2r+1+\omega}\right) = \frac{\prod_{r=-\infty}^{\infty}\left(1+\frac{z}{r+\omega}\right)}{\prod_{r=-\infty}^{\infty}\left(1+\frac{z}{2r+\omega}\right)} =$$

$$\frac{\dfrac{\sin\pi(\omega+z)}{\sin\pi\omega}}{\dfrac{\sin\dfrac{\pi}{2}(\omega+z)}{\sin\dfrac{\pi}{2}\omega}} = \frac{\cos\dfrac{\pi}{2}(\omega+z)}{\cos\dfrac{\pi}{2}\omega}$$

暂时取定整数 $N \geqslant 0$. 将上式左端 $r = \pm(2N+1)$ 的项移到右端,并且将含有 $\pm(2r+1)$ 的项写在一起,可得当 ω 不为奇数时,有

$$\prod_{\substack{r=0\\r\neq N}}^{\infty}\left(1-\frac{z^2+2\omega z}{(2r+1)^2-\omega^2}\right) =$$

$$\frac{\cos\dfrac{\pi}{2}(\omega+z)}{\cos\dfrac{\pi}{2}\omega}\left(1-\frac{z^2+2\omega z}{(2N+1)^2-\omega^2}\right)^{-1}$$

两端令 $\omega \to (2N+1)$ 取极限,右端利用 L'Hospital 法则,左端可以逐项取极限(利用与乘积相对应的级数关于 ω 在包含 $2N+1$ 的某个有界闭区域上的一致收敛

性),有

$$\prod_{\substack{r=0\\r\neq N}}^{\infty}\Big(1-\frac{z^2+2(2N+1)z}{(2r+1)^2-(2N+1)^2}\Big) =$$

$$(-1)^{N+1}(4N+2)\frac{\cos\big[\frac{\pi}{2}((2N+1)+z)\big]}{\frac{\pi}{2}(z^2+2(2N+1)z)}$$

在上式中,令 $z^2+2(2N+1)z = -x$,即取 $z = -(2N+1)\pm\sqrt{(2N+1)^2-x}$,得到

$$\prod_{\substack{r=0\\r\neq N}}^{\infty}\Big(1+\frac{x}{(2r+1)^2-(2N+1)^2}\Big) =$$

$$(-1)^N(4N+2)\frac{\cos\big[\frac{\pi}{2}\sqrt{(2N+1)^2-x}\big]}{\frac{\pi}{2}x}$$

定理 3 的证明 对 $f_N(x)$ 两端取对数得到

$$\ln(f_N(x)) = \sum_{\substack{r=0\\r\neq N}}^{\infty}\ln\Big(1+\frac{x}{(2r+1)^2-(2N+1)^2}\Big)$$

由定理 1 的注,上式右端级数在一个充分小的圆 $|x|<\varepsilon(\varepsilon>0)$ 内可以逐项求导

$$\frac{f'_N(x)}{f_N(x)} = \sum_{\substack{r=0\\r\neq N}}^{\infty}\frac{1}{(2r+1)^2-(2N+1)^2+x} =$$

$$-\sum_{\substack{r=0\\r\neq N}}^{\infty}\sum_{j=0}^{\infty}\frac{x^j}{[(2N+1)^2-(2r+1)^2]^{j+1}} =$$

$$-\sum_{j=0}^{\infty}\Big[x^j\sum_{\substack{r=0\\r\neq N}}^{\infty}\frac{1}{[(2N+1)^2-(2r+1)^2]^{j+1}}\Big] =$$

$$-\sum_{j=0}^{\infty}b_{j+1}x^j \qquad (11.20)$$

其中记

$$b_{j+1} \triangleq \sum_{\substack{r=0 \\ r \neq N}}^{\infty} \frac{1}{[(2N+1)^2 - (2r+1)^2]^{j+1}}, j = 0, 1, 2, \cdots$$

(上面两个求和号的交换可行性可以由级数 $\sum\limits_{\substack{r=0 \\ r \neq N}}^{\infty} \frac{1}{(2r+1)^2 - (2N+1)^2 + x}$ 的绝对收敛性保证.)

由式(11.20)得到 $f'_N(x) = -f_N(x) \sum\limits_{j=0}^{\infty} b_{j+1} x^j$,即

$$\sum_{k=1}^{\infty} k a_k^{(N)} x^{k-1} = - \sum_{i=0}^{\infty} a_i^{(N)} x^i \sum_{j=0}^{\infty} b_{j+1} x^j$$

右端利用两个级数相乘的 Cauchy 乘积,比较左右两端 x^{k-1} 的系数得到

$$k a_k^{(N)} = - \sum_{\substack{i+j=k-1 \\ i,j \geq 0}} a_i^{(N)} b_{j+1}, k \geq 1$$

在证明定理 4 之前,引入两个引理,它们与第一类 Bessel 函数有关,其证明可以在 Bessel 函数教材中找到. 设 p 是一个实数,第一类 p 阶 Bessel 函数 $J_p(x)$ 由级数定义

$$J_p(x) = \left(\frac{x}{2}\right)^p \sum_{r=0}^{\infty} \frac{(-1)^r}{r! \, \Gamma(p+r+1)} \left(\frac{x}{2}\right)^{2r}$$

其中级数的收敛半径为 $+\infty$, Γ 即 Euler Γ-函数

$$\frac{1}{\Gamma(z)} = z e^{\gamma z} \prod_{r=1}^{\infty} \left(1 + \frac{z}{r}\right) e^{-\frac{z}{r}}, z \in \mathbb{C}$$

显然 $J_p(x)$ 的定义域与 p 有关,为简单计算,本章限定 $x > 0$. 当 $p = \pm m \pm \frac{1}{2}$ 时(m 为整数),称 $J_p(x)$ 为半奇数阶第一类 Bessel 函数,这时 $J_{\pm m \pm \frac{1}{2}}(x)$ 能用初等函数表示,例如

第一部分　Riemann 猜想的历史及进展

$$J_{\frac{1}{2}}(x) = \sqrt{\frac{2}{\pi}} \frac{\sin x}{\sqrt{x}}, J_{-\frac{1}{2}}(x) = \sqrt{\frac{2}{\pi}} \frac{\cos x}{\sqrt{x}}$$

当 $m \geq 0$ 时，$J_{m+\frac{1}{2}}(x)$ 的一般表达式由引理 2 给出．

引理 1　$\dfrac{\mathrm{d}^m}{\mathrm{d}x^m}\cos(\sqrt{x}) = \sqrt{\dfrac{\pi}{2}}(-1)^m 2^{-m} x^{\frac{1-2m}{4}}\cdot$
$J_{m-\frac{1}{2}}(\sqrt{x}), x > 0, m = 0, 1, 2, \cdots$

引理 2　设 $m \geq 0$ 为整数，$x > 0$．则有

$$J_{m+\frac{1}{2}}(x) =$$

$$\sqrt{\frac{2}{\pi}} \frac{1}{\sqrt{x}} \left\{ \sin\left(x - \frac{m\pi}{2}\right) \sum_{j=0}^{\left[\frac{m}{2}\right]} \frac{(-1)^j (m+2j)!}{(2j)!\,(m-2j)!} \cdot \right.$$

$$\frac{1}{(2x)^{2j}} + \cos\left(x - \frac{m\pi}{2}\right) \cdot$$

$$\left. \sum_{j=0}^{\left[\frac{m-1}{2}\right]} \frac{(-1)^j (m+2j+1)!}{(2j+1)!\,(m-2j-1)!} \cdot \frac{1}{(2x)^{2j+1}} \right\}$$

定理 4 的证明　现在研究函数

$$f_N(x) = (-1)^N (4N + 2) \frac{\cos\left[\dfrac{\pi}{2}\sqrt{(2N+1)^2 - x}\right]}{\dfrac{\pi}{2}x}$$

展开 $f_N(x)$，有

$$f_N(x) = \frac{4(-1)^N (2N+1)}{\pi x} \cdot$$

$$\sum_{m=0}^{\infty} \frac{(-1)^m \pi^{2m} \left[(2N+1)^2 - x\right]^m}{2^{2m}(2m)!} =$$

$$\frac{4(-1)^N(2N+1)}{\pi x} \cdot$$

$$\sum_{m=0}^{\infty} \left\{ \frac{(-1)^m \pi^{2m}}{2^{2m}(2m)!} \sum_{k=0}^{m} \binom{m}{k} (2N+1)^{2m-2k} (-1)^k x^k \right\} =$$

$$\frac{4(-1)^N(2N+1)}{\pi} \cdot$$

$$\sum_{k=0}^{\infty} \left\{ \frac{(-1)^k}{(2N+1)^{2k}} \sum_{m=k}^{\infty} \frac{(-1)^m [(2N+1)\pi]^{2m}}{2^{2m}(2m)!} \binom{m}{k} \right\} x^{k-1}$$

由式(11.5)和上式立即得到

$$a_{k-1}^{(N)} = \frac{4(-1)^{N+k}}{\pi(2N+1)^{2k-1}} \cdot$$

$$\sum_{m=k}^{\infty} \frac{(-1)^m [(2N+1)\pi]^{2m}}{2^{2m}(2m)!} \binom{m}{k}, k=1,2,3,\cdots$$

(11.21)

考查函数 $\cos\left(\frac{(2N+1)\pi}{2}\sqrt{x}\right)$,根据它的 Taylor 展开式可知其 k 阶导数应该展开为

$$\left[\cos\left(\frac{(2N+1)\pi}{2}\sqrt{x}\right)\right]^{(k)} =$$

$$k! \sum_{m=k}^{\infty} \frac{(-1)^m [(2N+1)\pi]^{2m}}{2^{2m}(2m)!} \binom{m}{k} x^{m-k} \quad (11.22)$$

这里记号 $[\,\cdot\,]^{(k)}$ 表示一个函数的 k 阶导数.

比较(11.21)和(11.22)中的级数,得到

$$\sum_{m=k}^{\infty} \frac{(-1)^m [(2N+1)\pi]^{2m}}{2^{2m}(2m)!} \binom{m}{k} =$$

$$\frac{1}{k!} \left[\cos\left(\frac{(2N+1)\pi}{2}\sqrt{x}\right)\right]^{(k)} \bigg|_{x=1} \quad (11.23)$$

为了简化上面的求导运算中的系数,考查函数 $\phi(t) = \cos\sqrt{t}$. 取一个常数 β,有

$$\frac{d^k \phi(\beta x)}{dx^k} = \beta^k \frac{d^k \phi(t)}{dt^k} \bigg|_{t=\beta x}$$

令 $\beta = \left(\frac{(2N+1)\pi}{2}\right)^2$,则得

$$\left[\cos\left(\frac{(2N+1)\pi}{2}\sqrt{x}\right)\right]^{(k)}\bigg|_{x=1} =$$

$$\left(\frac{(2N+1)\pi}{2}\right)^{2k}\left[\cos\sqrt{t}\right]^{(k)}\bigg|_{t=\left(\frac{(2N+1)\pi}{2}\right)^2} \quad (11.24)$$

从式(11.21)(11.23)和(11.24)最终得到,对 $k \geqslant 1$,有

$$a_{k-1}^{(N)} = \frac{(-1)^{N+k}2^{2-2k}\pi^{2k-1}(2N+1)}{k!} \cdot$$

$$\left[\cos\sqrt{t}\right]^{(k)}\bigg|_{t=\left(\frac{(2N+1)\pi}{2}\right)^2}$$

或对 $k \geqslant 0$,有

$$a_k^{(N)} = \frac{(-1)^{N+k+1}2^{-2k}\pi^{2k+1}(2N+1)}{(k+1)!} \cdot$$

$$\frac{d^{k+1}\cos\sqrt{t}}{dt^{k+1}}\bigg|_{t=\left(\frac{(2N+1)\pi}{2}\right)^2} \quad (11.25)$$

根据引理 1 和引理 2,利用 Bessel 函数,可以将 $a_k^{(N)}(k \geqslant 0)$ 表示为

$$a_k^{(N)} =$$

$$\frac{(-1)^N 2^{-1-2k}\pi^{k+1}(2N+1)^{-k+\frac{1}{2}}}{(k+1)!}J_{k+\frac{1}{2}}\left(N\pi+\frac{1}{2}\pi\right) =$$

$$\frac{\pi^k(2N+1)^{-k}}{2^{2k}(k+1)!}\left\{\cos\frac{k\pi}{2}\sum_{j=0}^{\left[\frac{k}{2}\right]}\frac{(-1)^j(k+2j)!}{(2j)!(k-2j)!} \cdot\right.$$

$$\frac{1}{[(2N+1)\pi]^{2j}} +$$

$$\sin\frac{k\pi}{2}\sum_{j=0}^{\left[\frac{k-1}{2}\right]}\frac{(-1)^j(k+1+2j)!}{(2j+1)!(k-1-2j)!} \cdot$$

$$\left.\frac{1}{[(2N+1)\pi]^{2j+1}}\right\} \quad (11.26)$$

利用移位求和(即在求和式 $\sum_{j=0}^{\infty}[\cdots]$ 中用 $m-j$ 替代 j),公式(11.26)可以进一步简化. 当 $k=2m-1$ 为奇数时,有

$$a_k^{(N)} = \sin\frac{k\pi}{2}\frac{\pi^k(2N+1)^{-k}}{2^{2k}(k+1)!} \cdot$$

$$\sum_{j=0}^{[\frac{k-1}{2}]}\frac{(-1)^j(k+1+2j)!}{(2j+1)!(k-1-2j)!}\frac{1}{[(2N+1)\pi]^{2j+1}} =$$

$$\frac{(-1)^{m+1}}{2^{4m-2}(2m)!}\sum_{j=0}^{m-1}\frac{(-1)^j(2m+2j)!}{(2j+1)!(2m-2-2j)!} \cdot$$

$$\frac{\pi^{2m-2-2j}}{(2N+1)^{2m+2j}}(移位求和) =$$

$$\frac{(-1)^{m+1}}{2^{4m-2}(2m)!}\sum_{j=0}^{m-1}\frac{(-1)^{m-1-j}(4m-2-2j)!}{(2m-1-2j)!(2j)!} \cdot$$

$$\frac{\pi^{2j}}{[(2N+1)\pi]^{4m-2-2j}} =$$

$$\frac{1}{2^{2k}(k+1)!}\sum_{j=0}^{[\frac{k}{2}]}\frac{(-1)^j(2k-2j)!}{(k-2j)!(2j)!}\cdot\frac{\pi^{2j}}{} \cdot$$

$$\frac{1}{(2N+1)^{2k-2j}} \tag{11.27}$$

类似地,当 $k=2m$ 为偶数时,有

$$a_k^{(N)} = \cos\frac{k\pi}{2}\frac{\pi^k(2N+1)^{-k}}{2^{2k}(k+1)!} \cdot$$

$$\sum_{j=0}^{[\frac{k}{2}]}\frac{(-1)^j(k+2j)!}{(2j)!(k-2j)!}\cdot\frac{1}{[(2N+1)\pi]^{2j}} =$$

$$\frac{1}{2^{2k}(k+1)!}\sum_{j=0}^{[\frac{k}{2}]}\frac{(-1)^j(2k-2j)!}{(k-2j)!(2j)!}\cdot\pi^{2j} \cdot$$

第一部分　Riemann 猜想的历史及进展

$$\frac{1}{(2N+1)^{2k-2j}} \quad (11.28)$$

从式(11.27)和(11.28)可以看出,对 $k \geqslant 0$ 均有

$$a_k^{(N)} = \frac{1}{2^{2k}(k+1)!} \sum_{j=0}^{\left[\frac{k}{2}\right]} \frac{(-1)^j (2k-2j)! \pi^{2j}}{(k-2j)!(2j)!} \cdot$$

$$\frac{1}{(2N+1)^{2k-2j}} \quad (11.29)$$

根据定理 1,利用 $a_k^{(N)}$ 的表达式可以得到 $T(2n, k+1)$ 的公式.

$$T(2n, k+1) =$$

$$\frac{1}{2^{2k}(k+1)!} \sum_{j=0}^{\left[\frac{k}{2}\right]} \frac{(-1)^j (2k-2j)! \pi^{2j}}{(k-2j)!(2j)!} \cdot$$

$$t(2n-2j), k = 0, 1, 2, \cdots \quad (11.30)$$

参 考 资 料

[1] SHEN Z Y, CAI T X. Some identities for multiple Hurwitz-Zeta values. Sci. Sin. Math., 2011,41(11):955-970(in Chinese).

[2] ZHAO J Q. Sum formula of multiple Hurwitz-Zeta values. Forum Math., 2012, in press, doi: 10.1515/forum,2012-0144.

[3] HOFFMAN M E. The algebra of multiple harmonic series. J. Algebra, 1997,194(2):477-495.

[4] GRANVILLE A. A decomposition of Riemann's Zeta-function, In: Analytic number theory (Motohashi, Y. ed.). London Math. Soc. Lecture Note Ser., Vol. 247, London: Cambridge University Press, 1997,95-101.

第十二章　关于 Dirichlet L - 函数[①]

西北大学数学系的张文鹏教授 1989 年利用 Hurwitz ζ 函数的逼近方程给出 Dirichlet L - 函数的二次均值

$$\sum_{q\leqslant Q}\frac{q}{\phi(q)}\sum_{\chi_q}\left|L\left(\frac{1}{2}+it,\chi\right)\right|^2$$

的一个较精确的渐近公式.

1. 引言

对整数 $q\geqslant 1$，设 χ_q 表示模 q 的 Dirichlet 特征，$L(s,\chi)$ 是对应于 χ_q 的 L - 函数. 本章的主要目的是研究二次均值

$$\sum_{q\leqslant Q}\frac{q}{\phi(q)}\sum_{\chi_q}\left|L\left(\frac{1}{2}+it,\chi\right)\right|^2 \quad (12.1)$$

的渐近性质. 有关这种类型的均值，至今很少有人研究，还没有人直接给出式(12.1)的任何渐近公式. 然而，R. Balasubramanian[1] 研究了与式(12.1)有关的均值

$$\sum_{\chi_q}\left|L\left(\frac{1}{2}+it,\chi\right)\right|^2$$

得到了下面的结论

---

① 摘编自《数学学报》，1989，32(6).

第一部分 Riemann 猜想的历史及进展

$$\sum_{\chi_q} \left| L\left(\frac{1}{2} + it, \chi\right) \right|^2 = \frac{\phi^2(q)}{q} \ln(qt) + O(te^{10\sqrt{\ln q}}) +$$
$$O(q(\ln \ln q)^2) +$$
$$O(q^{\frac{1}{2}} q^{\frac{2}{3}} e^{10\sqrt{\ln q}}) \qquad (12.2)$$

对所有模 q 及实数 $t \geqslant 3$ 一致成立.

当模 q 为素数时,Motohashi[2] 中给出了一个更漂亮的渐近公式,即对固定的实数 t,有下式成立

$$\frac{1}{q-1} \sum_{\chi_q} \left| L\left(\frac{1}{2} + it, \chi\right) \right|^2 =$$
$$\ln\left(\frac{q}{2\pi}\right) + 2\gamma + \text{Re}\left(\frac{\Gamma'\left(\frac{1}{2} + it\right)}{\Gamma\left(\frac{1}{2} + it\right)}\right) +$$
$$2q^{-\frac{1}{2}} \left| \zeta\left(\frac{1}{2} + it\right) \right|^2 \cos(t \ln q) -$$
$$q^{-1} \left| \zeta\left(\frac{1}{2} + it\right) \right|^2 + O(q^{-\frac{3}{2}}) \qquad (12.3)$$

由结论(12.2)似乎可以推出式(12.1)的一个渐近公式,但结果是非常弱的. 本章借助于 Hurwitz ζ 函数的逼近方程,给出式(12.1)的一个较强的渐近公式,具体地说也就是证明下面的定理:

定理 设 $Q, t \geqslant 3$,则我们有渐近公式

$$\sum_{q \leqslant Q} \frac{q}{\phi(q)} \sum_{\chi_q} \left| L\left(\frac{1}{2} + it, \chi\right) \right|^2 =$$
$$\frac{3Q^2}{\pi^2} \left[\ln\left(\frac{Qt}{2\pi}\right) + 2\gamma - \frac{\zeta'(2)}{\zeta(2)} - \frac{1}{2} \right] +$$
$$O(Q^{\frac{3}{2}} t^{\frac{5}{12}} \ln(Qt)) + O(Q^2 t^{-\frac{1}{6}} \ln Q) +$$
$$O\left[t^{\frac{5}{4}} Q^{\frac{5}{8}} \ln^2 t \exp\left(\frac{-c_1 \ln^{\frac{3}{5}} Q}{(\ln \ln Q)^{\frac{1}{5}}} \right) \right]$$

其中 γ 为 Euler 常数,$\zeta(s)$ 为 Riemann ζ 函数,$\zeta'(s)$ 为 $\zeta(s)$ 的一阶导数,$c_1 > 0$ 为绝对常数,$\exp(y) = e^y$.

推论 当 $(\ln Q)^{10} \leqslant |t| \leqslant Q^{1.1}$ 时,有

$$\sum_{q \leqslant Q} \frac{q}{\phi(q)} \sum_{\chi_q} \left| L\left(\frac{1}{2} + it, \chi\right) \right|^2 \sim$$

$$\frac{3Q^2}{\pi^2} \left[\ln\left(\frac{Qt}{2\pi}\right) + 2\gamma - \frac{\zeta'(2)}{\zeta(2)} - \frac{1}{2} \right]$$

2. 基本引理

下面我们将给出几个简单引理,为书写方便,一些常用的结果我们只列出参考书目而不加证明. 首先有下面的基本引理:

引理 1 对 $x \geqslant 1, s = \frac{1}{2} + it$,有

$$f(q) = \sum_{1 \leqslant a \leqslant q} \left| \zeta\left(s, \frac{a}{q}\right) \right|^2$$

$$F(x) = \sum_{q \leqslant x} f(q)$$

$$M(x) = \sum_{n \leqslant x} \mu(n)$$

则当 $a, b, Q \geqslant 1$ 且满足 $a \cdot b = Q$ 时,有下式成立

$$\sum_{q \leqslant Q} \frac{q}{\phi(q)} \sum_{\chi_q} \left| L\left(\frac{1}{2} + it, \chi\right) \right|^2 =$$

$$\sum_{q \leqslant a} f(q) M\left(\frac{Q}{q}\right) + \sum_{d \leqslant b} \mu(d) F\left(\frac{Q}{d}\right) -$$

$$M(b) \cdot F(a)$$

证明 当 $\mathrm{Re}(s) = \sigma > 2$ 时,有

$$L(s, \chi) = \sum_{n=1}^{\infty} \chi(n) n^{-s} = \sum_{1 \leqslant a \leqslant q} \sum_{n=1, n \equiv a(q)}^{\infty} \chi(n) n^{-s} =$$

$$\sum_{1 \leqslant a \leqslant q} \chi(a) \sum_{n=0}^{\infty} (nq + a)^{-s} =$$

$$q^{-s} \sum_{1 \leq a \leq q} \chi(a) \zeta\left(s, \frac{a}{q}\right)$$

于是由上式及特征的正交性可得

$$\sum_{\chi_q} |L(s,\chi)|^2 =$$

$$\frac{1}{q^{2\sigma}} \sum_{b=1}^{q} \sum_{r=1}^{q} \sum_{\chi_q} \chi(h)\bar{\chi}(r) \zeta\left(s, \frac{h}{q}\right) \overline{\zeta\left(s, \frac{r}{q}\right)} =$$

$$\frac{\phi(q)}{q^{2\sigma}} \sum_{1 \leq h \leq q}{}' \left| \zeta\left(s, \frac{h}{q}\right) \right|^2 =$$

$$\frac{\phi(q)}{q^{2\sigma}} \sum_{d \mid q} \mu(d) \sum_{n=1}^{q/d} \left| \zeta\left(s, \frac{n}{q/d}\right) \right|^2 \qquad (12.4)$$

由解析开拓知,当 $\mathrm{Re}(s) = \frac{1}{2}$ 时,式(12.4)仍成立. 由式(12.4)我们立刻得到

$$\sum_{q \leq Q} \frac{q}{\phi(q)} \sum_{\chi_q} \left| L\left(\frac{1}{2} + \mathrm{i}t, \chi\right) \right|^2 =$$

$$\sum_{q \leq Q} \frac{q}{\phi(q)} \left(\frac{\phi(q)}{q} \sum_{d \mid q} \mu(d) \sum_{n=1}^{q/d} \left| \zeta\left(\frac{1}{2} + \mathrm{i}t, \frac{n}{q/d}\right) \right|^2 \right) =$$

$$\sum_{qd \leq Q} \mu(d) \sum_{1 \leq n \leq q} \left| \zeta\left(\frac{1}{2} + \mathrm{i}t, \frac{n}{q}\right) \right|^2 =$$

$$\sum_{q \leq a} f(q) M\left(\frac{Q}{q}\right) + \sum_{d \leq b} \mu(d) F\left(\frac{Q}{d}\right) - M(b)F(a)$$

于是完成了引理 1 的证明.

引理 2 设 $F(x)$ 和 $G(x)$ 是实函数,$\frac{G(x)}{f'(x)}$ 单调且 $\frac{f'(x)}{G(x)} \geq m > 0$ 或者 $\frac{f'(x)}{G(x)} < -m < 0$,则有估计式

$$\left| \int_a^b G(x) \mathrm{e}^{\mathrm{i}F(x)} \mathrm{d}x \right| \leq \frac{4}{m}$$

引理 3 设 $f(x)$ 是 $[a,b]$ 上的实可微函数,$f'(x)$

单调且 $|f'(x)| \leq \theta < 1$,则有

$$\sum_{a < n \leq b} e^{2\pi i f(n)} = \int_a^b e^{2\pi i f(x)} dx + O(1)$$

引理 4 设 $f(x)$ 是 $[a,b]$ 上的二阶可微实函数且满足条件

$$0 < \lambda_2 \leq f''(x) \leq h\lambda_2$$

或

$$0 < \lambda_2 \leq -f''(x) \leq h\lambda_2$$

则当 $b - a \geq 1$ 时,有

$$\sum_{a < n \leq b} e^{2\pi i f(n)} = O(h(b-a)\lambda_2^{\frac{1}{2}}) + O(\lambda_2^{-\frac{1}{2}})$$

(引理 2,3,4 的证明参阅资料 [3])

引理 5 设整数 q 及实数 $t \geq 3$, $\zeta(s,a)$ 为 Hurwitz ζ 函数, $\zeta_1(s,\alpha) = \zeta(s,\alpha) - \alpha^{-s}$, 则我们有估计式

$$\sum_{1 \leq a \leq q} \left(\frac{q}{a}\right)^{\frac{1}{2}+it} \overline{\zeta_1\left(\frac{1}{2} + it, \frac{a}{q}\right)} =$$

$$O((qt^{-\frac{1}{4}} + q^{\frac{1}{2}}t^{\frac{5}{12}})\ln(qt))$$

证明 由函数 $\zeta(s,\alpha)$ 的逼近方程知当 x 及 $y \geq 1$ 且 $2\pi xy = t$ 时有

$$\zeta_1\left(\frac{1}{2} + it, \alpha\right) = \sum_{1 \leq n \leq x} \frac{1}{(n+\alpha)^{\frac{1}{2}+it}} +$$

$$\left(\frac{2\pi}{t}\right)^{it} e^{i(t+\frac{\pi}{4})} \sum_{1 \leq m \leq y} \frac{e^{-2\pi i m\alpha}}{m^{\frac{1}{2}-it}} +$$

$$O(x^{-\frac{1}{2}}\ln t) + O(y^{-\frac{1}{2}}) \quad (12.5)$$

在上式中取 $x = y = \sqrt{\frac{t}{2\pi}}$,我们可得

$$\sum_{a=1}^q \left(\frac{q}{a}\right)^{\frac{1}{2}+it} \overline{\zeta_1\left(\frac{1}{2} + it, \frac{a}{q}\right)} =$$

$$O\left(\left|\sum_{1\leqslant n\leqslant x}\sum_{a=1}^{q}\frac{(q/a)^{\frac{1}{2}+it}}{(n+a/q)^{\frac{1}{2}-it}}\right|\right)+$$

$$O\left(\left|\sum_{1\leqslant m\leqslant y}\sum_{a=1}^{q}\left(\frac{q}{a}\right)^{\frac{1}{2}+it}\frac{e^{\frac{2\pi ima}{q}}}{m^{\frac{1}{2}+it}}\right|\right)+$$

$$O(qt^{-\frac{1}{4}}\ln t) \tag{12.6}$$

现在我们估计式(12.6)中第一个求和式,显然可得

$$\left|\sum_{1\leqslant n\leqslant x}\sum_{1\leqslant a\leqslant q}\frac{(q/a)^{\frac{1}{2}+it}}{(n+a/q)^{\frac{1}{2}-it}}\right|\ll$$

$$\sum_{1\leqslant n\leqslant x}\frac{q^{\frac{1}{2}}\ln q}{\sqrt{n}}\max_{1\leqslant N\leqslant q}\left\{N^{-\frac{1}{2}}\left|\sum_{N<a\leqslant 2N}e^{it(\ln(n+a/q)-\ln a)}\right|\right\}$$

$$\tag{12.7}$$

现在我们分两种情况估计式(12.7)中的求和. 当 $t\leqslant N$ 时,对于

$$f(a)=\frac{t}{2\pi}\left(\ln a-\ln\left(n+\frac{a}{q}\right)\right), a\in[N,2N]$$

有

$$f'(a)=\frac{t}{2\pi}\left(\frac{1}{a}-\frac{1}{nq+a}\right)$$

所以 $f'(a)$ 单调递减且有

$$|f'(a)|=\frac{1}{2}, t\leqslant N\leqslant a\leqslant 2N\leqslant q$$

于是由引理 3 及引理 2 可得

$$\left|\sum_{N<a\leqslant 2N}e^{2\pi if(a)}\right|=\left|\int_{N}^{2N}e^{2\pi if(a)}da+O(1)\right|\ll$$

$$\frac{N(nq+2N)}{tnq}+1\ll\frac{N}{t}+1$$

$$\tag{12.8}$$

当 $1\leqslant N<t$ 时,对 $a\in[N,2N]$,我们有

$$\frac{1}{2} \ll \frac{t}{N} \ll |f'(a)| = \left|\frac{t}{2\pi}\left(\frac{1}{a} - \frac{1}{nq+a}\right)\right| \ll \frac{t}{N}$$

$$\frac{t}{N} \cdot N^{t-r} \ll |f^{(r)}(a)| \ll \frac{t}{N} \cdot N^{1-r}, r = 2, 3, 4, \cdots$$

于是由资料[4]中第二章指数对$(p, q) = \left(\frac{1}{6}, \frac{2}{3}\right)$可得估计式

$$\left|\sum_{N < a \leqslant 2N} e^{2\pi i f(a)}\right| \ll \left(\frac{t}{N}\right)^{\frac{1}{6}} N^{\frac{2}{3}} \ll t^{\frac{1}{6}} N^{\frac{1}{2}} \quad (12.9)$$

注意到$x = \sqrt{\frac{t}{2\pi}}$，由式(12.7)(12.8)及(12.9)可得

$$\left|\sum_{1 \leqslant n \leqslant x} \sum_{1 \leqslant a \leqslant q} \frac{(q/a)^{\frac{1}{2}+it}}{(n+a/q)^{\frac{1}{2}-it}}\right| \ll$$

$$\sum_{1 \leqslant n \leqslant x} \frac{q^{\frac{1}{2}} \ln q}{\sqrt{n}} \left(\frac{\sqrt{q}}{t} + 1 + t^{\frac{1}{6}}\right) \ll$$

$$(qt^{-\frac{3}{4}} + q^{\frac{1}{2}} t^{\frac{5}{12}}) \ln q \qquad (12.10)$$

同理可得估计式

$$\left|\sum_{1 \leqslant m \leqslant y} \sum_{1 \leqslant a \leqslant q} \left(\frac{q}{a}\right)^{\frac{1}{2}+it} \frac{e^{\frac{2\pi i m a}{q}}}{m^{\frac{1}{2}+it}}\right| \ll$$

$$(qt^{-\frac{3}{4}} + q^{\frac{1}{2}} t^{\frac{5}{12}}) \ln q \qquad (12.11)$$

由式(12.6)(12.10)及(12.11)立刻得到引理5.

引理6 对整数q及实数$t \geqslant 3$，我们有

$$\sum_{1 \leqslant a \leqslant q} \left|\zeta_1\left(\frac{1}{2} + it, \frac{a}{q}\right)\right|^2 =$$

$$q\left[\ln\left(\frac{t}{2\pi}\right) + \gamma\right] + O(t^{\frac{3}{4}} \ln q) +$$

$$O(qt^{-\frac{3}{16}} \ln q \ln t) + O(t^{\frac{5}{4}} q^{-\frac{1}{2}} \ln q \ln t)$$

其中γ为Euler常数.

第一部分 Riemann 猜想的历史及进展

证明 令 $x < y, A(t) = \left(\dfrac{2\pi}{t}\right)^{it} e^{i\left(t + \frac{\pi}{4}\right)}, 2\pi xy = t,$

$I_1(\alpha) = \sum\limits_{1 \leqslant n \leqslant x} (n+\alpha)^{-\frac{1}{2}-it}, I_2(\alpha) = A(t) \sum\limits_{1 \leqslant m \leqslant y} \dfrac{e^{-2\pi i m\alpha}}{m^{\frac{1}{2}-it}},$ 于

是由逼近方程式(12.5)可得

$$\sum_{a=1}^{q} \left| \zeta_1\left(\dfrac{1}{2}+it, \dfrac{a}{q}\right) \right|^2 =$$

$$\sum_{a=1}^{q} \left[\left| I_1\left(\dfrac{a}{q}\right) \right|^2 + \left| I_2\left(\dfrac{a}{q}\right) \right|^2 + \right.$$

$$\left. I_1\left(\dfrac{a}{q}\right) \overline{I_2\left(\dfrac{a}{q}\right)} + \overline{I_1\left(\dfrac{a}{q}\right)} I_2\left(\dfrac{a}{q}\right) \right] + O(qx^{-1}\ln^2 t) +$$

$$O\left(x^{-\frac{1}{2}} \ln t \sum_{a=1}^{q} \left| I_1\left(\dfrac{a}{q}\right) + I_2\left(\dfrac{a}{q}\right) \right| \right) \qquad (12.12)$$

为估计式(12.12)中的各项求和,我们利用三角和

$$\sum_{1 \leqslant a \leqslant q} e^{\frac{2\pi i n a}{q}} = \begin{cases} q, & q \mid n \\ 0, & q \nmid n \end{cases}$$

立刻得到

$$\sum_{1 \leqslant a \leqslant q} \left| I_2\left(\dfrac{a}{q}\right) \right|^2 = \sum_{i=1}^{q} \left| \sum_{1 \leqslant m \leqslant y} \dfrac{e^{-\frac{2\pi i m a}{q}}}{m^{\frac{1}{2}-it}} \right|^2 =$$

$$q \sum_{1 \leqslant m \leqslant y} \dfrac{1}{m} + O\left(q \sum_{\substack{1 \leqslant m,n \leqslant y, m=n \\ m \equiv n(q)}} \dfrac{1}{\sqrt{mn}}\right) =$$

$$q(\ln y + \gamma) + O(qy^{-1} + y) \qquad (12.13)$$

为估计另一个主项 $\sum\limits_{i=1}^{q} \left| I_1\left(\dfrac{a}{q}\right) \right|^2,$ 我们设 $s = \dfrac{1}{2} + it$

$$J_1 = \sum_{1 \leqslant a \leqslant q} \sum_{1 \leqslant n < m \leqslant x} \left(n + \dfrac{a}{q}\right)^{-s} \left(m + \dfrac{a}{q}\right)^{-\bar{s}}$$

于是

$$\sum_{1 \leqslant a \leqslant q} \left| I_1\left(\dfrac{a}{q}\right) \right|^2 = \sum_{a=1}^{q} \sum_{1 \leqslant m,n \leqslant x} \left(m + \dfrac{a}{q}\right)^{-s} \left(n + \dfrac{a}{q}\right)^{-\bar{s}} =$$

$$\sum_{1\leqslant a\leqslant q}\sum_{1\leqslant n\leqslant x}\frac{1}{n+\frac{a}{q}}+(J_1+\bar{J}_1)$$

(12.14)

由 Euler 求和公式可得

$$\sum_{1\leqslant a\leqslant q}\sum_{1\leqslant n\leqslant x}\frac{1}{n+\frac{a}{q}}=q\sum_{q<n\leqslant q([x]+1)}\frac{1}{n}=$$

$$q\ln x+O(qx^{-1})+O(1) \qquad (12.15)$$

为估计 J_1,我们设函数

$$f(a)=-\frac{t}{2\pi}\ln\left(\frac{mq+a}{nq+a}\right)$$

则有

$$f'(a)=\frac{t}{2\pi}\frac{(m-n)q}{(mq+a)(nq+a)}$$

$$\left|\sum_{1\leqslant a\leqslant q}\left(m+\frac{a}{q}\right)^{-\frac{1}{2}+it}\left(n+\frac{a}{q}\right)^{-\frac{1}{2}-it}\right|\ll$$

$$\frac{\ln q}{\sqrt{mn}}\max_{1\leqslant N\leqslant q}\left|\sum_{N\leqslant a<N+h\leqslant 2N}e^{2\pi i f(a)}\right| \qquad (12.16)$$

对式(12.16)中的求和,我们分两种情况估计,当 $a\in[N,2N], 1\leqslant N<q, t\leqslant\frac{mnq}{m-n}$ 时,有 $|f'(a)|<\frac{1}{2}$,且

$$|f'(a)|=\frac{t}{2\pi}\frac{(m-n)q}{(mq+a)(nq+a)}$$

单调递减. 于是由引理 3 及引理 2 可得

$$\left|\sum_{N<a\leqslant N+n}e^{2\pi i f(a)}\right|=\left|\int_N^{N+h}e^{2\pi i f(a)}da+O(1)\right|\ll\frac{q}{t}\frac{mn}{m-n}$$

(12.17)

当 $t > \dfrac{mnq}{m-n}$ 时,由引理 4 可得

$$\Big|\sum_{N<a\leqslant N+h}\mathrm{e}^{\mathrm{i}t\ln\frac{mq+a}{nq+a}}\Big| = \Big|\sum_{N<a\leqslant N+h}\mathrm{e}^{2\pi\mathrm{i}f(a)}\Big| \ll$$

$$q\Big(\frac{t(m-n)}{n^2mq^2}\Big)^{\frac{1}{2}} + \Big(\frac{n^2mq^2}{t(m-n)}\Big)^{\frac{1}{2}} \ll$$

$$\frac{t^{\frac{1}{2}}}{n} + \min\Big(t^{\frac{1}{2}}, \frac{t}{\sqrt{nq}}\Big) \qquad (12.18)$$

其中用到 $t \geqslant \dfrac{mnq}{m-n} > nq$.

由式(12.16)(12.17)及(12.18)可得

$$|J_1| \leqslant \sum_{1\leqslant n<m\leqslant x}\Big|\sum_{1\leqslant a\leqslant q}\Big(m+\frac{a}{q}\Big)^{-\frac{1}{2}+\mathrm{i}t}\Big(n+\frac{a}{q}\Big)^{-\frac{1}{2}-\mathrm{i}t}\Big| \ll$$

$$\sum_{1\leqslant n<m\leqslant x}\Big[\frac{q\sqrt{mn}}{t(m-n)} +$$

$$\min\Big(\frac{t^{\frac{1}{2}}}{\sqrt{mn}}, \frac{t}{\sqrt{mq}\,n}\Big) + \frac{t^{\frac{1}{2}}}{m^{\frac{1}{2}}n^{\frac{3}{2}}}\Big]\ln q \ll$$

$$qx^2t^{-1}\ln q\ln t + t^{\frac{1}{2}}x^{\frac{1}{2}}\ln q +$$

$$\min(t^{\frac{1}{2}}x\ln q, tx^{\frac{1}{2}}q^{-\frac{1}{2}}\ln q\ln t) \qquad (12.19)$$

由式(12.14)(12.15)及(12.19)立刻得到

$$\sum_{1\leqslant a\leqslant q}\Big|I_1\Big(\frac{a}{q}\Big)\Big|^2 = q\ln x + O(qx^2t^{-1}\ln q\ln t) +$$

$$O(qx^{-1}) + O(t^{\frac{1}{2}}x^{\frac{1}{2}}\ln q) +$$

$$\min(t^{\frac{1}{2}}x\ln q, tx^{\frac{1}{2}}q^{-\frac{1}{2}}\ln q\ln t) \qquad (12.20)$$

最后我们估计主要误差项 $\sum_{1\leqslant a\leqslant q}I_1\Big(\dfrac{a}{q}\Big)\overline{I_2\Big(\dfrac{a}{q}\Big)}$,由反复应用逼近方程式(12.5)可得

$$I_2\left(\frac{a}{q}\right) = A(t) \sum_{1 \leqslant m \leqslant y} \frac{e^{-\frac{2\pi i m a}{q}}}{m^{\frac{1}{2}-it}} =$$

$$A(t) \sum_{1 \leqslant m \leqslant \sqrt{\frac{t}{2\pi}}} \frac{e^{-\frac{2\pi i m a}{q}}}{m^{\frac{1}{2}-it}} + \sum_{x < n \leqslant \sqrt{\frac{t}{2n}}} \frac{1}{\left(n+\frac{a}{q}\right)^{\frac{1}{2}+it}} +$$

$$O(x^{-\frac{1}{2}} \ln t) \tag{12.21}$$

与估计 J_1 相同,我们可得

$$\left| \sum_{1 \leqslant a \leqslant q} \sum_{1 \leqslant n \leqslant x} \sum_{\substack{x < m \leqslant \sqrt{\frac{t}{2\pi}}}} \frac{1}{\left(n+\frac{a}{q}\right)^{\frac{1}{2}+it}} \frac{1}{\left(m+\frac{a}{q}\right)^{\frac{1}{2}-it}} \right| \ll$$

$$qx^{\frac{3}{2}} t^{-\frac{3}{4}} \ln q \ln t + t^{\frac{3}{4}} \ln q +$$

$$\min(t^{\frac{3}{4}} x^{\frac{1}{2}} \ln q, t^{\frac{5}{4}} q^{-\frac{1}{2}} \ln q \ln t) \tag{12.22}$$

对于

$$\left| \sum_{1 \leqslant a \leqslant q} \sum_{1 \leqslant n \leqslant x} \sum_{1 \leqslant m \leqslant \sqrt{\frac{t}{2\pi}}} \frac{1}{\left(n+\frac{a}{q}\right)^{\frac{1}{2}+it}} \frac{e^{\frac{2\pi i m a}{q}}}{m^{\frac{1}{2}+it}} \right| \ll$$

$$\sum_{1 \leqslant n \leqslant x, 1 \leqslant m \leqslant \sqrt{\frac{t}{2\pi}}} \frac{\ln q}{\sqrt{mn}} \cdot$$

$$\max_{1 \leqslant N \leqslant q} \left| \sum_{N < a \leqslant 2N} e^{i\left(\frac{2\pi m a}{q} - t \ln \frac{nq+a}{q}\right)} \right| \tag{12.23}$$

令

$$h(a) = \frac{ma}{q} - \frac{t}{2\pi} \ln\left(n+\frac{a}{q}\right)$$

则有

$$h'(a) = \frac{m}{q} - \frac{t}{2\pi(nq+a)}$$

对于 $a \in [N, 2N]$,当 $t < nq$ 时,有

第一部分　Riemann 猜想的历史及进展

$$|h'(a)| = \frac{t}{2\pi(nq+a)} - \frac{m}{q} < \frac{1}{2}$$

于是由引理 3 及引理 2 可得

$$\left|\sum_{N<a\leqslant 2N} e^{i\left(\frac{2\pi ma}{q}-t\ln\left(n+\frac{a}{q}\right)\right)}\right| = \left|\int_N^{2N} e^{2\pi i h(a)}\mathrm{d}a + O(1)\right| \ll$$

$$\frac{nq}{t-2\pi m(n+1)} \ll nqt^{-1} \tag{13.24}$$

规定 $4x \leqslant y$. 当 $t \geqslant nq$ 时,由引理 4 可得

$$\left|\sum_{N<a\leqslant 2N} e^{i\left(\frac{2\pi ma}{q}-t\ln\left(n+\frac{a}{q}\right)\right)}\right| \ll q\left(\frac{t}{n^2q^2}\right)^{\frac{1}{2}} + \left(\frac{n^2q^2}{t}\right)^{\frac{1}{2}} \ll$$

$$\frac{t^{\frac{1}{2}}}{n} + \min\left(t^{\frac{1}{2}}, \frac{t}{\sqrt{nq}}\right) \tag{12.25}$$

由式(12.23)(12.24)及(12.25)可得

$$\left|\sum_{1\leqslant a\leqslant q}\sum_{1\leqslant n\leqslant x}\sum_{1\leqslant m\leqslant\sqrt{\frac{t}{2\pi}}} \frac{1}{\left(n+\frac{a}{q}\right)^{\frac{1}{2}+it}} \frac{e^{\frac{2\pi ima}{q}}}{m^{\frac{1}{2}+it}}\right| \ll$$

$$\sum_{1\leqslant n\leqslant x, 1\leqslant m\leqslant\sqrt{\frac{t}{2\pi}}} \frac{\ln q}{\sqrt{mn}}\left[\frac{nq}{t} + \frac{t^{\frac{1}{2}}}{n} + \min\left(t^{\frac{1}{2}}, \frac{t}{\sqrt{nq}}\right)\right] \ll$$

$$qx^{\frac{3}{2}}t^{-\frac{3}{4}}\ln q + t^{\frac{3}{4}}\ln q +$$

$$\min(t^{\frac{3}{4}}x^{\frac{1}{2}}\ln q, t^{\frac{5}{4}}q^{-\frac{1}{2}}\ln q\ln t) \tag{12.26}$$

由式(12.21)(12.22)(12.23)可得

$$\left|\sum_{1\leqslant a\leqslant q} I_1\left(\frac{a}{q}\right)\overline{I_2\left(\frac{a}{q}\right)}\right| \ll qx^{\frac{3}{2}}t^{-\frac{3}{4}}\ln q\ln t + t^{\frac{3}{4}}\ln q +$$

$$\min(t^{\frac{3}{4}}x^{\frac{1}{2}}\ln q, t^{\frac{5}{4}}q^{-\frac{1}{2}}\ln q\ln t) +$$

$$x^{-\frac{1}{2}}\ln t \sum_{1\leqslant a\leqslant q}\left|I_1\left(\frac{a}{q}\right)\right| \tag{12.27}$$

应用 Cauchy 不等式及式(12.13)(12.20)可得

$$\sum_{1 \leqslant a \leqslant q} \left| I_1\left(\frac{a}{q}\right) \right| \leqslant q^{\frac{1}{2}} \Big(\sum_{1 \leqslant a \leqslant q} \left| I_1\left(\frac{a}{q}\right) \right|^2\Big)^{\frac{1}{2}} \ll$$
$$q\ln^{\frac{1}{2}} t + q^{\frac{1}{2}} t^{\frac{1}{4}} x^{\frac{1}{2}} \ln^{\frac{1}{2}} q \quad (12.28)$$
$$\sum_{1 \leqslant a \leqslant q} \left| I_1\left(\frac{a}{q}\right) \right| \ll q\ln^{\frac{1}{2}} t + q^{\frac{1}{2}} y^{\frac{1}{2}} \quad (12.29)$$

分别选取参数 $x = t^{\frac{3}{8}}$ 及 $x = t^{\frac{1}{6}} \ln^3 t, y = \dfrac{t}{2\pi x}$, 则由式(12.12)(12.13)(12.20)(12.27)(12.28)及(12.29)可得

$$\sum_{1 \leqslant a \leqslant q} \left| \zeta_1\left(\frac{1}{2} + it, \frac{a}{q}\right) \right|^2 =$$
$$q\left[\ln\left(\frac{t}{2\pi}\right) + \gamma\right] + O(qt^{-\frac{3}{16}}\ln q \ln t) +$$
$$O(t^{\frac{3}{4}}\ln q) + O(t^{\frac{5}{4}} q^{-\frac{1}{2}}\ln q \ln t) \quad (12.30)$$

$$\sum_{1 \leqslant a \leqslant q} \left| \zeta_1\left(\frac{1}{2} + it, \frac{a}{q}\right) \right|^2 =$$
$$q\left[\ln\left(\frac{t}{2\pi}\right) + \gamma\right] + O(qt^{-\frac{1}{12}}\ln q) + O(t^{\frac{5}{6}}\ln^3 t \ln q)$$
$$(12.31)$$

由式(12.30)知引理 6 成立.

引理 7 设实数 Q 及 $t \geqslant 3$, 则有
$$F(Q) = \sum_{q \leqslant Q} \sum_{1 \leqslant a \leqslant q} \left| \zeta\left(\frac{1}{2} + it, \frac{a}{q}\right) \right|^2 =$$
$$\frac{Q^2}{2}\left[\ln\left(\frac{Qt}{2\pi}\right) + 2\gamma - \frac{1}{2}\right] +$$
$$O(Q^2 t^{-\frac{3}{16}} \ln Q \ln t) + O(t^{\frac{5}{12}} Q^{\frac{3}{2}} \ln(Qt)) +$$
$$O(t^{\frac{5}{4}} Q^{\frac{1}{2}} \ln Q \ln t)$$

证明   注意到

$$\sum_{1\leqslant a\leqslant q}\frac{1}{a}=\ln q+\gamma+O\left(\frac{1}{q}\right)$$

$$\zeta\left(\frac{1}{2}+\mathrm{i}t,\alpha\right)=\zeta_1\left(\frac{1}{2}+\mathrm{i}t,\alpha\right)+\alpha^{-\frac{1}{2}-\mathrm{i}t}$$

于是由引理 5 及引理 6 得

$$\sum_{1\leqslant a\leqslant q}\left|\zeta\left(\frac{1}{2}+\mathrm{i}t,\frac{a}{q}\right)\right|^2=$$

$$\sum_{a=1}^{q}\left|\zeta_1\left(\frac{1}{2}+\mathrm{i}t,\frac{a}{q}\right)+\left(\frac{q}{a}\right)^{\frac{1}{2}+\mathrm{i}t}\right|^2=$$

$$q\sum_{a=1}^{q}\frac{1}{a}+\sum_{a=1}^{q}\left[\left(\frac{q}{a}\right)^{\frac{1}{2}+\mathrm{i}t}\overline{\zeta_1\left(\frac{1}{2}+\mathrm{i}t,\frac{a}{q}\right)}+\right.$$

$$\left.\left(\frac{q}{a}\right)^{\frac{1}{2}-\mathrm{i}t}\zeta_1\left(\frac{1}{2}+\mathrm{i}t,\frac{a}{q}\right)\right]+$$

$$\sum_{a=1}^{q}\left|\zeta_1\left(\frac{1}{2}+\mathrm{i}t,\frac{a}{q}\right)\right|^2=$$

$$q\left[\ln\left(\frac{qt}{2\pi}\right)+2\gamma\right]+O(qt^{-\frac{3}{16}}\ln q\ln t)+$$

$$O(t^{\frac{3}{4}}q^{-\frac{1}{2}}\ln q\ln t)+O(q^{\frac{1}{2}}t^{\frac{5}{12}}\ln(qt))$$

对上式 q 求和即可得到引理 7.

3. 定理的证明

有了上一段的几个引理,我们容易给出定理的证明. 对 $b\geqslant 2$,由引理 7 可得

$$\sum_{d\leqslant b}\mu(d)F\left(\frac{Q}{d}\right)=$$

$$\sum_{d\leqslant b}\mu(d)\left\{\frac{Q^2}{2d^2}\left[\ln\left(\frac{Qt}{2\pi d}\right)+2\gamma-\frac{1}{2}\right]+\right.$$

$$O\left(\frac{Q^2}{d^2}t^{-\frac{3}{16}}\ln Q\ln t\right)+O\left(t^{\frac{5}{12}}\left(\frac{Q}{d}\right)^{\frac{3}{2}}\ln(Qt)\right)+$$

$$O\left(t^{\frac{5}{4}}\sqrt{\frac{Q}{d}}\ln Q \ln t\right)\right\} =$$

$$\frac{Q^2}{2}\left[\ln\left(\frac{Qt}{2\pi}\right) + 2\gamma - \frac{1}{2}\right]\sum_{d\leqslant b}\frac{\mu(d)}{d^2} -$$

$$\frac{1}{2}Q^2\sum_{d\leqslant b}\frac{\mu(d)\ln d}{d^2} + O(t^{\frac{5}{12}}Q^{\frac{3}{2}}\ln(Qt)) +$$

$$O(Q^2 t^{-\frac{3}{16}}\ln Q \ln t) + O(t^{\frac{3}{4}}Q^{\frac{1}{2}}b^{\frac{1}{2}}\ln Q \ln t) =$$

$$\frac{3Q^2}{\pi^2}\left[\ln\left(\frac{Qt}{2\pi}\right) + 2\gamma - \frac{\zeta'(t)}{\zeta(t)} - \frac{1}{2}\right] +$$

$$O(Q^2 b^{-1}\ln(Qt)) + O(Q^{\frac{3}{2}}t^{\frac{5}{12}}\ln(Qt)) +$$

$$O(Q^2 t^{-\frac{3}{16}}\ln Q \ln t) + O(Q^{\frac{1}{2}}b^{\frac{1}{2}}t^{\frac{3}{4}}\ln Q \ln t)$$

$$(12.32)$$

对 $x \geqslant 2$，由[4]中定理 11.7 知存在绝对常数 $c > 0$ 使得

$$M(x) = \sum_{n\leqslant x}\mu(n) = O\left(x \cdot \exp\left(\frac{-c\ln^{\frac{3}{5}}x}{(\ln\ln x)^{\frac{1}{5}}}\right)\right)$$

$$(12.33)$$

由引理 5 及式(12.31) 可得

$$\sum_{1\leqslant a\leqslant q}\left|\zeta\left(\frac{1}{2} + it, \frac{a}{q}\right)\right|^2 =$$

$$q\left[\ln\left(\frac{qt}{2\pi}\right) + 2\gamma\right] + O(qt^{-\frac{1}{12}}\ln q) +$$

$$O(t^{\frac{5}{12}}q^{\frac{1}{2}}\ln(qt)) + O(t^{\frac{5}{6}}\ln^3 t\ln q) \quad (12.34)$$

由式(12.33) 及式(12.34) 知当 $a \cdot b = Q$ 时，有

$$\sum_{q\leqslant a}f(q)M\left(\frac{Q}{q}\right) =$$

$$\sum_{q\leqslant a}M\left(\frac{Q}{q}\right)\sum_{n=1}^{q}\left|\zeta\left(\frac{1}{2} + it, \frac{n}{q}\right)\right|^2 \ll$$

$$\exp\left(\frac{-c \cdot \ln^{\frac{3}{5}} b}{(\ln \ln b)^{\frac{1}{5}}}\right) \sum_{q \leqslant a} \frac{Q}{q}(q + t^{\frac{5}{6}}) \ln q \ln^5 t \ll$$

$$Q(a + t^{\frac{5}{6}}) \ln^2 q \ln^3 t \exp\left(\frac{-c \ln^{\frac{3}{5}} x}{(\ln \ln x)^{\frac{1}{5}}}\right) \qquad (12.35)$$

由引理 7 及式(12.33)知
$M(b)F(a) =$

$$\left(\sum_{n \leqslant b} \mu(n)\right)\left(\sum_{q \leqslant a} \sum_{n=1}^{q}\left|\zeta\left(\frac{1}{2} + \mathrm{i}t, \frac{n}{q}\right)\right|^2\right) \ll$$

$$b\left(a^2 + t^{\frac{5}{12}} a^{\frac{3}{2}} + t^{\frac{5}{4}} a^{\frac{1}{2}}\right) \ln^2(Qt) \exp\left(\frac{-c \cdot \ln^{\frac{3}{5}} b}{(\ln \ln b)^{\frac{1}{5}}}\right) \ll$$

$$\left(Qa + t^{\frac{5}{12}} Qa^{\frac{1}{2}} + t^{\frac{5}{4}}(Qb)^{\frac{1}{2}}\right) \ln^2(Qt) \exp\left(\frac{-c \cdot \ln^{\frac{3}{5}} b}{(\ln \ln b)^{\frac{1}{5}}}\right)$$

$$(12.36)$$

最后我们取 $b = Q^{\frac{1}{4}}\exp\left(-\frac{c}{2} \cdot \frac{\ln^{\frac{3}{5}} Q}{(\ln \ln Q)^{\frac{1}{5}}}\right)$,由引理1

及式(12.32)(12.35)(12.36)并注意 $a \cdot b = Q$ 可得

$$\sum_{q \leqslant Q} \frac{q}{\phi(q)} \sum_{\chi_n}\left|L\left(\frac{1}{2} + \mathrm{i}t, \chi\right)\right|^2 =$$

$$\sum_{q \leqslant a} f(q) M\left(\frac{Q}{q}\right) + \sum_{d \leqslant b} \mu(d) F\left(\frac{Q}{d}\right) - F(a)M(b) =$$

$$\frac{3Q^2}{\pi^2}\left[\ln\left(\frac{Qt}{2\pi}\right) + 2\gamma - \frac{\zeta'(2)}{\zeta(2)} - \frac{1}{2}\right] +$$

$$O(Q^2 t^{-\frac{1}{6}} \ln Q) + O(Q^{\frac{3}{2}} t^{\frac{5}{12}} \ln(Qt)) +$$

$$O\left[t^{\frac{5}{4}} Q^{\frac{5}{8}} \exp\left(\frac{-c_1 \cdot \ln^{\frac{3}{5}} Q}{(\ln \ln Q)^{\frac{1}{5}}}\right) \ln^2 t\right]$$

其中 $c_1 > 0$ 为绝对常数,γ 为 Euler 常数,于是完成了定理的证明.

参 考 资 料

[1] BALASUBRAMANIAN R. A note on Dirichlet's L-Functions. Acta. Arith, 1980(38):273-283.

[2] YOICHI M. A note on the mean value of the Zeta and L-function. I. Proc. Japan Acad., 1985(61A):222-224.

[3] TITCHMARSH E C. The theory of the Riemann Zeta-function. Oxford, 1951.

[4] IVIC A. The Riemann Zeta-function. John Wiley & Sons, 1985.

[5] RANE V V. On the mean square value of Dirichlet L-series. London. Math. Soc., 1980(21):203-215.

[6] GALLAGHER P X. Local mean value and density estimates for Dirichlet L-functions. Indag. Math., 1975(37):259-264.

第十三章 Dirichlet 函数的零点密度估计①

河南大学数学系的杨学志和河南省医药学校的楚斌两位教授 2000 年讨论了对应于 $\chi(\bmod q, q \leq Q)$ 的 $L(s,\chi)$ 在下式中的零点

$$\alpha \leq \sigma \leq 1 - \frac{0.2474 - \varepsilon}{\log Q}, |t| \leq Q^{1+\varepsilon}q^{-1}$$

$$\alpha = 1 - \frac{\lambda}{\log Q} \qquad (13.1)$$

其目的是要给出式(13.2)和(13.3)定义的 $N_1(\alpha,Q)$ 和 $N_2(\alpha,Q)$ 的明确上界估计

$$N_1(\alpha,Q) = \sum_{q \leq Q} \sum_{\chi \bmod q}{}^* N(\alpha,\chi,Q) \qquad (13.2)$$

$$N_2(\alpha,Q) = \sum_{\substack{q \leq Q \\ [q,q_0] \leq Q^\varepsilon(q,q_0)}} \sum_{\chi \bmod q}{}^* N(\alpha,\chi,Q)$$

$$(13.3)$$

其中"$*$"表示 $\sum_{\chi \bmod q}{}^*$ 是对所有原特征求和,而 $N(\alpha,\chi,Q)$ 表示 $L(s,\chi)$ 在式(13.1)中的零点个数. 为简化符号,记

$$T = Q^{1+\varepsilon}, L = \log Q, z_j = Q^{h_j}, 1 \leq j \leq 4 \quad (13.4)$$

其中 $h_j, 1 \leq j \leq 4$ 是正参数.

引理 1 设 χ 是模 $q \leq Q$ 的非主特征,且 $\rho = \beta +$

---

① 摘编自《河南大学学报(自然科学版)》,2000,30(2).

iν 是 $L(s,\chi)$ 的零点,满足

$$1 - \frac{\log\log L}{L} \leq \beta \leq 1, \ |\nu| \leq Tq^{-1} \quad (13.5)$$

则当 $h_1 < h_2$ 且 $h_2 + h_4 + \frac{3}{8} + \varepsilon < h_3$ 时,有

$$\sum_{z_1 < n \leq z_3} (\sum_{d_1}^n \lambda d_1)(\sum_{d_2}^n \theta d_2(q))\chi(n)n^{-\rho} = -1 + O(L^{-1})$$

其中

$$\lambda_d := \begin{cases} \mu(d), & d \leq z_1 \\ \dfrac{\mu(d)\log\left(\dfrac{z_2}{d}\right)}{\log\left(\dfrac{z_2}{z_1}\right)}, & z_1 < d \leq z_2 \\ 0, & d > z_2 \end{cases}$$

$$\theta_d(q) := \begin{cases} \dfrac{\mu(d)d}{G(q)\varphi(d)} \sum_{\substack{r \leq z_4/d \\ (r,qd)=1}} \dfrac{\mu^2(r)}{\varphi(r)}, & d \leq z_4 \\ 0, & d > z_4 \end{cases}$$

$\mu(d)$ 是 Möbius 函数,且

$$G(q) := \sum_{\substack{r \leq z_4 \\ (r,q)=1}} \frac{\mu^2(r)}{\varphi(r)}$$

证明 令

$$a_n = (\sum_{d_1 \mid n} \lambda d_1)(\sum_{d_2 \mid n} \theta d_2(q))\chi(n)n^{-\rho}$$

$$s = 1 + L^{-1} - \beta + \mathrm{i}t, f(s) = \sum_{n=1}^{\infty} \frac{a_n}{n^s}$$

则

$$|f(s)| \leq \sum_{n=1}^{\infty} \frac{|a_n|}{n^{1+L^{-1}-\beta}} = O(L)$$

故由资料[1,引理 3.12] 得

第一部分　Riemann猜想的历史及进展

$$\sum_{n \leqslant z_3}(\sum_{d_1|n}\lambda_{d_1})(\sum_{d_2|n}\theta_{d_2}(q))\chi(n)n^{-\rho} =$$
$$\frac{1}{2\pi i}\int_{1-\beta+L^{-1}-iTq^{-1}}^{1-\beta+L^{-1}+iTq^{-1}} L(s+\rho,\chi) \cdot$$
$$M(s+\rho,\chi)s^{-1}z_3^s \mathrm{d}s + O(L^{-1}) \qquad (13.6)$$

现将式(13.6)中积分的积分路线移至 $\mathrm{Re}(s) = \frac{1}{2} - \beta$ 上. 显然被积函数没有奇点. 故式(13.6)可重写为

$$\frac{1}{2\pi i}\{\int_{\frac{1}{2}-\beta+iTq^{-1}}^{1-\beta+L^{-1}+iTq^{-1}} + \int_{\frac{1}{2}-\beta-iTq^{-1}}^{\frac{1}{2}-\beta+iTq^{-1}} - \int_{\frac{1}{2}-\beta-iTq^{-1}}^{1-\beta+L^{-1}-iTq^{-1}}\}L(s+$$
$$\rho,\chi)M(s+\rho,\chi)s^{-1}z_3^s \mathrm{d}s + O(L^{-1}) \qquad (13.7)$$

由资料[2,引理5]和[3,定理2],式(13.7)中的第一个积分可估计为远远小于

$$\int_{\frac{1}{2}}^{1+L^{-1}} |L(\sigma + i(Tq^{-1} + \nu),\chi) \cdot$$
$$M(\sigma + i(Tq^{-1} + \nu),\chi)| \frac{z_3^{\alpha-\beta}}{Tq^{-1}}\mathrm{d}\sigma \ll$$
$$(Tq^{-1})^{-1}L^5\int_{\frac{1}{2}}^{1+L^{-1}}(q^{\frac{3}{8}}Tq^{-1}z_2z_4z_3^{-1})^{1-\sigma}\mathrm{d}\sigma \ll L^{-1}$$
$$(14.8)$$

如 $\frac{3}{8} + h_2 + h_4 < h_3$. 类似地,式(13.7)中的第二个积分为远远小于

$$\int_{-Tq^{-1}}^{Tq^{-1}} \left|L\left(\frac{1}{2} + i(t+\nu),\chi\right) \cdot \right.$$
$$\left.M\left(\frac{1}{2} + i(t+\nu),\chi\right)\right|\frac{z_3^{\frac{1}{2}-\beta}}{|t|+1}\mathrm{d}t \ll$$
$$(T^{\frac{3}{8}}z_2z_4z_3^{-1})^{\frac{1}{2}}L^5 \ll L^{-1} \qquad (13.9)$$

如 $\frac{3}{8} + h_2 + h_4 + \varepsilon < h_3$. 式(13.7)中的第三个积分与

第一个类似地估计. 又由 λ_d 的定义有

$$\sum_{d\mid n} \lambda_d = \begin{cases} 1, n = 1 \\ 0, 1 < n \leq z_1 \end{cases} \quad (13.10)$$

故由(13.6)~(13.10)即可推得欲证结果.

引理 2 设 $\chi_1(\bmod q_1), \chi_2(\bmod q_2)$ 是两个原特征,$q_1, q_2 \leq Q, s = \sigma + \mathrm{i}t, 0 < \sigma \leq 2L^{-1}\log\log L, |t| \leq T/\min\{q_1, q_2\}$.

令 $E_0 = \begin{cases} 1, \chi_1 = \chi_2 \\ 0, \text{其他} \end{cases}$,则

$$\sum_{z_1 < n \leq z_3} \Big(\sum_{d\mid n}\theta_d(q_1)\Big)\Big(\sum_{d\mid n}\theta_d(q_2)\Big)\chi_1(n)\overline{\chi_2}(n)n^{-s-1} =$$

$$\frac{E_0\varphi([q_1,q_2])}{G([q_1,q_2])[q_1,q_2]}\int_{\log z_1}^{\log z_3} \mathrm{e}^{-sx}\mathrm{d}x + O(L^{-1})$$

如下列条件之一成立:

(1) $2h_4 + \dfrac{3}{4} < h_1 - \varepsilon, h_1 < h_2 - \varepsilon$.

(2) $2h_4 + \dfrac{3}{8} < h_1 - \varepsilon, h_1 < h_2 - \varepsilon$ 且 $[q_1, q_2] \leq Q^\varepsilon(q_1, q_2)$.

证明 令

$$a_n = \Big(\sum_{d\mid n}\theta_d(q_1)\Big)\Big(\sum_{d\mid n}\theta_d(q_2)\Big)\chi_1(n)\overline{\chi_2}(n)n^{-s-1}$$

则级数 $f(w) = \sum_{n=1}^{\infty} a_n n^{-w}$ 绝对收敛,如 $w = -\sigma + L^{-1} + \mathrm{i}t$. 故似式(13.6)可得

$$\sum_{n \leq z_3}\Big(\sum_{d\mid n}\theta_d(q_1)\Big)\Big(\sum_{d\mid n}\theta_d(q_2)\Big)\chi_1(n)\overline{\chi_2}(n)n^{-s-1} =$$

$$\frac{1}{2\pi\mathrm{i}}\int_{-\sigma+L^{-1}-\mathrm{i}T\min\{q_1,q_2\}^{-1}}^{-\sigma+L^{-1}+\mathrm{i}T\min\{q_1,q_2\}^{-1}}\sum_{n=1}^{\infty}\Big(\sum_{d\mid n}\theta_d(q_1)\Big)\cdot$$

第一部分　Riemann 猜想的历史及进展

$$\frac{(\sum_{d\mid n}\theta_d(q_2))\chi_1(n)\overline{\chi_2}(n)}{n^{s+w+1}}\frac{z_3^w}{w}\mathrm{d}w + O(L^{-1}) =$$

$$\frac{1}{2\pi\mathrm{i}}\int_{-\sigma+L^{-1}-\mathrm{i}T\min\{q_1,q_2\}^{-1}}^{-\sigma+L^{-1}+\mathrm{i}T\min\{q_1,q_2\}^{-1}} L(s+w+1,\chi_1\overline{\chi_2})\cdot$$

$$G(s+w+1,\chi_1\overline{\chi_2})\frac{z_3^w}{w}\mathrm{d}w + O(L^{-1}) \quad (13.11)$$

其中

$$G(s,\chi) = \sum_{d_1}\sum_{d_2}\theta_{d_1}\theta_{d_2}\chi([d_1,d_2])[d_1,d_2]^{-s}$$

$$(13.12)$$

显然,将 z_3 换为 z_1,式(13.11)仍然成立. 现在来考虑 $\sum_{n\leqslant z_3} - \sum_{n\leqslant z_1}$,由式(13.11)得到

$$\sum_{z_1 < n \leqslant z_3}(\sum_{d\mid n}\theta_d(q_1))(\sum_{d\mid n}\theta_d(q_2))\chi_1(n)\overline{\chi_2}(n)n^{-s-1} =$$

$$\frac{1}{2\pi\mathrm{i}}\int_{-\sigma+L^{-1}-\mathrm{i}T\min\{q_1,q_2\}^{-1}}^{-\sigma+L^{-1}+\mathrm{i}T\min\{q_1,q_2\}^{-1}} L(s+w+1,\chi_1\overline{\chi_2})\cdot$$

$$G(s+w+1,\chi_1\overline{\chi_2})\frac{z_3^w - z_1^w}{w}\mathrm{d}w + O(L^{-1}) \quad (13.13)$$

将式(13.13)中的积分路线移至 $\mathrm{Re}(w) = -\frac{1}{2}-\sigma$ 上.

显然 $\lim_{w\to 0}\frac{z_3^w - z_1^w}{w}$ 存在. 故当 $\chi_1 \neq \chi_2$ 时,被积函数无奇点. 而当 $\chi_1 = \chi_2$ 时,被积函数在 $w = -s$ 处有一个一级极点,其对应的残数值是

$$\frac{\varphi([q_1,q_2])}{[q_1,q_2]}G(1,\chi^0_{[q_1,q_2]})\int_{\log z_1}^{\log z_3}\mathrm{e}^{-sx}\mathrm{d}x =$$

$$\frac{\varphi([q_1,q_2])}{G([q_1,q_2])[q_1,q_2]}\int_{\log z_1}^{\log z_3}\mathrm{e}^{-sx}\mathrm{d}x$$

这里,上述等式成立是因资料[4,(68)]. 由资料[2,引

理5]有
$$G(s,\chi_1,\overline{\chi_2}) \ll z_4^{2(1-\sigma)} L^3 \quad (13.14)$$

如 $\frac{1}{2} \le \sigma \le 1 + 2L^{-1}$. 故式(13.13)可重写为

$$\frac{E_0 \varphi([q_1,q_2])}{G([q_1,q_2])[q_1,q_2]} \int_{\log z_1}^{\log z_3} e^{-sx} dx +$$

$$\left\{ \frac{1}{2\pi i} \int_{-\sigma+L^{-1}-iT\min\{q_1,q_2\}^{-1}}^{-\sigma+L^{-1}+iT\min\{q_1,q_2\}^{-1}} + \frac{1}{2\pi i} \int_{-\frac{1}{2}-\sigma+L^{-1}-iT\min\{q_1,q_2\}^{-1}}^{-\frac{1}{2}-\sigma+L^{-1}+iT\min\{q_1,q_2\}^{-1}} + \right.$$

$$\left. \frac{1}{2\pi i} \int_{-\sigma+L^{-1}-iT\min\{q_1,q_2\}^{-1}}^{-\frac{1}{2}-\sigma-iT\min\{q_1,q_2\}^{-1}} \right\} L(s+w+1, \chi_1\overline{\chi_2}) \cdot$$

$$G(s+w+1, \chi_1\overline{\chi_2}) \frac{z_3^w - z_1^w}{w} dw + O(L^{-1}) \quad (13.15)$$

类似引理2的证明,并注意条件(1)和(2),式(13.15)花括号中的第一和第三个积分都可估计为

$$\ll \int_{\frac{1}{2}}^{1+L^{-1}} (T\min\{q_1,q_2\}^{-1})^{-1} L^6 ([q_1,q_2])^{\frac{3}{8}} \cdot$$

$$T\min\{q_1,q_2\}^{-1} z_4^2 z_1^{-1})^{1-\sigma} d\sigma \ll L^{-1} \quad (13.16)$$

而在条件(1)或(2)下,式(13.15)中的第二个积分可估计为

$$\ll \int_{-T\min\{q_1,q_2\}^{-1}}^{T\min\{q_1,q_2\}^{-1}} \left| L\left(\frac{1}{2} + i(t+v), \chi_1\overline{\chi_2}\right) \cdot \right.$$

$$G\left(\frac{1}{2} + i(t+v), \chi_1\overline{\chi_2}\right) \left| \frac{z_1^{-\sigma-\frac{1}{2}}}{|t+v|+1} dv \ll \right.$$

$$\left([q_1,q_2] \frac{T}{\min\{q_1,q_2\}}\right)^{\frac{3}{16}} z_4 z_1^{-\sigma-\frac{1}{2}} \cdot$$

$$L^3 \int_{-T}^{T} \frac{1}{|t+v|+1} dv \ll L^{-1} \quad (13.17)$$

综上所述,引理2得证.

至此,通过引理1,引理2的应用,完全类似于资料

[5,式(7.22)],易得

$$N_1(\alpha,Q) \leq \frac{(1+\varepsilon)\max\limits_{\rho_0} M(\rho_0)}{2\lambda(h_2-h_1)\delta_1 h_1 \delta_3 h_3 h_4 L^3} \cdot$$

$$\left(\exp((2+\varepsilon)h_3\lambda) - \frac{\exp((2+\varepsilon)h_2\lambda) - \exp((2+\varepsilon)h_1\lambda)}{2\lambda(h_2-h_1)}\right) \quad (13.18)$$

其中参数 $h_1,\cdots,h_4$ 和 δ_1,δ_2 适合条件

$$\begin{cases} h_2 > h_1 > 0 \\ h_3 > h_2 + h_4 + \dfrac{3}{8} + \varepsilon \\ h_1 > 2h_4 + \delta_1 h_1 + \dfrac{3}{4} + \varepsilon \end{cases} \quad (13.19)$$

类似地,注意到资料[6,引理1.6],有

$$N_2(\alpha,Q) \leq \frac{(1+\varepsilon)\max\limits_{\rho_0} M(\rho_0)}{2\lambda(h_2-h_1)\delta_1 h_1 \delta_3 h_3 h_4 L^3} \cdot$$

$$\left(\exp((2+\varepsilon)h_3\lambda) - \frac{\exp((2+\varepsilon)h_2\lambda) - \exp((2+\varepsilon)h_1\lambda)}{2\lambda(h_2-h_1)}\right) \quad (13.20)$$

这里参数 $h_1,\cdots,h_4$ 和 δ_1,δ_2 满足条件

$$\begin{cases} h_2 > h_1 > 0 \\ h_3 > h_2 + h_4 + \dfrac{3}{8} + \varepsilon \\ h_1 > 2h_4 + \delta_1 h_1 + \dfrac{3}{8} + \varepsilon \end{cases} \quad (13.21)$$

其中,注意到资料[5,式(7.19)和(7.20)]

$$M(\rho_0) = \sum_{\rho(\chi)} |k(\rho(\chi) + \overline{\rho_0} - 2\alpha)| \quad (13.22)$$

而 $\rho(\chi)$ 是 $L(s,\chi)$ 在式(13.1)中的任一零点,且对任

一复数 s

$$k(s) = s^{-2}((\mathrm{e}^{-(1-\delta_1)(\log z_1)s} - \mathrm{e}^{-(\log z_1)s})\delta_3(\log z_3) - (\mathrm{e}^{-(\log z_3)s} - \mathrm{e}^{-(1+\delta_3)(\log z_3)s})\delta_1(\log z_1))$$

(13.23)

于是,为了得到 $N_1(\alpha,Q)$ 和 $N_2(\alpha,Q)$ 的明确上界,仅需给出 $M(\rho_0)$ 的明确上界,并选取参数 h 和 δ。为此首先给出下述定理.

引理 3 设 χ 是任一模 $q \leqslant Q$ 的非主特征,且设 $n_1,\cdots,n_6$ 分别是 $L(s,\chi)$ 在区域(1)与下述 $R_1,\cdots,R_6$ 交集中的零点个数

$R_1: 1 - \lambda L^{-1} \leqslant \sigma \leqslant 1 - (0.2474 - \varepsilon)L^{-1}, |t - t_1| \leqslant 20L^{-1}, 6 < \lambda \leqslant \log\log L$

$R_2: 1 - \lambda L^{-1} \leqslant \sigma \leqslant 1 - (0.2474 - \varepsilon)L^{-1}, |t - t_2| \leqslant 11.91L^{-1}, 2 < \lambda \leqslant 6$

$R_3: 1 - \lambda L^{-1} \leqslant \sigma \leqslant 1 - (0.2474 - \varepsilon)L^{-1}, |t - t_3| \leqslant 8.05L^{-1}, 1 < \lambda \leqslant 2$

$R_4: 1 - \lambda L^{-1} \leqslant \sigma \leqslant 1 - (0.2474 - \varepsilon)L^{-1}, |t - t_4| \leqslant 5.85L^{-1}, 0.696 < \lambda \leqslant 1$

$R_5: 1 - \lambda L^{-1} \leqslant \sigma \leqslant 1 - (0.2474 - \varepsilon)L^{-1}, |t - t_5| \leqslant 5.99L^{-1}, 0.539 - \varepsilon < \lambda \leqslant 0.696$

$R_6: 1 - \lambda L^{-1} \leqslant \sigma \leqslant 1 - (0.2474 - \varepsilon)L^{-1}, |t - t_6| \leqslant 1.05L^{-1}, 0.2695 - \varepsilon < \lambda \leqslant 0.539 - \varepsilon$

其中 $t_1,\cdots,t_6$ 是任意实数,则

$$n_1 \leqslant (0.2375 + \varepsilon)(\lambda + 35.385)$$
$$n_2 \leqslant 6, n_3 \leqslant 4, n_4 \leqslant 3, n_5 \leqslant 3, n_6 \leqslant 1$$

证明 令 $\sigma_1 = 1 + 20L^{-1}$,熟知

$$-\mathrm{Re}\frac{\xi'(\sigma_1)}{\xi(\sigma_1)} - \mathrm{Re}\frac{L'(\sigma_1 + \mathrm{i}t_1,\chi)}{L(\sigma_1 + \mathrm{i}t_1,\chi)} \geqslant 0$$

由资料[5,引理2.2]及相关的零点ρ满足$q|\operatorname{Im}\rho|\leqslant T$,且$\lambda \leqslant \log\log L$,可得

$$-\operatorname{Re}\frac{L'(\sigma_1+\mathrm{i}t_1,\chi)}{L(\sigma_1+\mathrm{i}t_1,\chi)}\leqslant$$

$$-n_1\min_{\rho\in R_1}\left\{\operatorname{Re}\frac{1}{\sigma_1+\mathrm{i}t_1-\rho}\right\}+\left(\frac{3}{16}+\varepsilon\right)L\leqslant$$

$$\left(\frac{3}{16}-\frac{(20+\lambda)n_1}{(20+\lambda)^2+400}+\varepsilon\right)L$$

故

$$\frac{1}{20}+\frac{3}{16}-\frac{20+\lambda}{(20+\lambda)^2+400}n_1+\varepsilon\geqslant 0$$

因而,若$6<\lambda\leqslant\log\log L$,有

$$n_1\leqslant\left(\frac{1}{20}+\frac{3}{16}+\varepsilon\right)\frac{(20+\lambda)^2+400}{20+\lambda}\leqslant$$

$$(0.2375+\varepsilon)(\lambda+35.385)$$

类似地,分别取$\sigma_1=1+12.86L^{-1},1+10.37L^{-1},1+8.34L^{-1},1+8.6L^{-1}$和$1+2.65L^{-1}$,可得

$$n_2\leqslant\left[\left(\frac{1}{12.86}+\frac{3}{16}+\varepsilon\right)\cdot\right.$$

$$\left.\left(12.86+6+\frac{11.91^2}{12.86+6}\right)\right]\leqslant 6$$

$$n_3\leqslant\left[\left(\frac{1}{10.37}+\frac{3}{16}+\varepsilon\right)\cdot\right.$$

$$\left.\left(10.37+2+\frac{8.05^2}{10.37+2}\right)\right]\leqslant 4$$

$$n_4\leqslant\left[\left(\frac{1}{8.34}+\frac{3}{16}+\varepsilon\right)\cdot\right.$$

$$\left.\left(8.34+1+\frac{5.85^2}{8.34+1}\right)\right]\leqslant 3$$

$$n_5\leqslant\left[\left(\frac{1}{8.6}+\frac{3}{16}+\varepsilon\right)\cdot\right.$$

$$\left(8.6+0.696+\frac{5.99^2}{8.6+0.696}\right)\right] \leqslant 3$$

$$n_6 \leqslant \left[\left(\frac{1}{2.65}+\frac{3}{16}+\varepsilon\right) \cdot \right.$$

$$\left.\left(2.65+0.539+\frac{1.05^2}{2.65+0.539}\right)\right] \leqslant 1$$

其中$[x]$表示不超过x的最大整数. 引理3 证毕.

$N_1(\alpha,Q)$和$N_2(\alpha,Q)$的估计十分相似,故只给出$N_1(\alpha,Q)$的估计细节,而略述$N_2(\alpha,Q)$的估计. 现在来估计$N_1(\alpha,Q)$. 将分别考虑λ的上界在$0.539-\varepsilon$, $0.696,1,2,6$和$\log\log L$处的下述(1)~(6)六种情形.

(1) 若$0.2695-\varepsilon<\lambda<0.539-\varepsilon$,则由资料[5,引理2]可知,对任意固定的$q\leqslant Q$, $\prod_{\chi\bmod q}L(s,\chi)$至多有两个零点. 于是,类似资料[5,(8.50)],可得

$$N_1(\alpha,Q) \leqslant \frac{(1+\varepsilon)M}{2\lambda(h_2-h_1)h_4\log Q} \cdot$$

$$\left(\exp(2h_3+\lambda) - \frac{\exp(2h_2\lambda)-\exp(2h_1\lambda)}{2\lambda(h_2-h_1)}\right)$$

$$(13.24)$$

其中

$$M = \max_{1\leqslant j\leqslant 2}\left\{\frac{1}{j}\int_{\log z_1}^{\log z_3} \Big| \sum_{l=1}^{j} e^{-(\rho(l,\chi)-\alpha)x} \Big|^2 dx\right\} \quad (13.25)$$

而$\rho(l,\chi)$表示$L(s,\chi)$的零点,带下标的h满足

$$\begin{cases} h_2 > h_1 > 0 \\ h_3 > h_2 + h_4 + \frac{3}{8} + \varepsilon \\ h_1 > \frac{3}{4} + 2h_4 + \varepsilon \end{cases} \quad (13.26)$$

对$L(s,\chi)$的任何零点$\rho(l,\chi)$,注意到$\operatorname{Re}\rho(l,\chi)\geqslant\alpha$,有

$$\int_{\log z_1}^{\log z_3} | \mathrm{e}^{-(\rho(l,\chi)-\alpha)x} |^2 \mathrm{d}x \leqslant (h_3 - h_1)\log Q$$

(13.27)

若上述 $L(s,\chi)$ 确有两个零点 $\rho(1,\chi)$ 的 $\rho(2,\chi)$,令

$$\rho(l,\chi) = 1 - \frac{\beta l,\chi}{\log Q} + \mathrm{i}\frac{vl,\chi}{\log Q}, l = 1,2$$

则 $|\beta_{1,\chi} - \beta_{2,\chi}| \leqslant 0.539 - 0.2474 + \varepsilon \leqslant 0.3$ 且由引理 3 知

$$|v1,\chi - v2,\chi| \geqslant 2 \times 1.05 = 2.1$$

故由类似资料[5,(7.54)]得

$$\frac{1}{2}\int_{\log z_1}^{\log z_3} | \sum_{l=1}^{2} \mathrm{e}^{-(\rho(l,\chi)-\alpha)x} |^2 \mathrm{d}x \leqslant$$

$$\frac{\log Q}{2} \max_{\substack{0 \leqslant x \leqslant 0.3 \\ y \geqslant 2.1}} \int_{h_1}^{h_3} (1 + 2\mathrm{e}^{-xt}\cos yt + \mathrm{e}^{-2xt})\mathrm{d}t \quad (13.28)$$

数值试验表明,式(13.26)中带下标的 h 的最佳选取近似是

$$\begin{cases} h_1 = \dfrac{3}{4} + 2v + \varepsilon \\ h_2 = \dfrac{3}{4} + u + 2v + \varepsilon \\ h_3 = \dfrac{3}{4} + \dfrac{3}{8} + u + 3v + 2\varepsilon \\ h_4 = v \end{cases}, 而 \begin{cases} u = 0.617 \\ v = 0.331 \end{cases}$$

(13.29)

在 h_1 和 h_3 的上述选取下,直接使用"Mathematica software",式(13.28)可估计为小于或等于 $1.948\log Q$,故由式(13.25)和(13.27)可得

$$M \leqslant 1.948\log Q$$

总之,由式(13.24)和(13.29)可归结出,当 $0.2695 - \varepsilon < \lambda \leqslant 0.539 - \varepsilon$ 时,有

$$N_1(\alpha, Q) \leq \frac{(1+\varepsilon) \times 1.948}{2 \times 0.617 \times 0.331\lambda} \cdot$$

$$\left(\exp(5.4701\lambda) - \frac{\exp(4.058\lambda) - \exp(2.824\lambda)}{1.234\lambda}\right) \leq$$

$$\frac{4.7693}{\lambda}\left(\exp(5.4701\lambda) - \right.$$

$$\left.\frac{\exp(4.058\lambda) - \exp(2.824\lambda)}{1.234\lambda}\right)$$

在下文中,为简化符号,对式(13.1)中的任意 $\rho(\chi)$, ρ_0. 令

$$\rho(\chi) = 1 - \beta(\chi)L^{-1} + i\nu(\chi)L^{-1}$$
$$\rho_0 = 1 - \beta_0 L^{-1} + i\nu_0 L^{-1} \quad (13.30)$$

(2) 若 $0.539 - \varepsilon < \lambda \leq 0.696$,在引理 3 中取 $t_5 = \nu_0 L^{-1}$ 可知 R_5 中至多有三个零点,且对任意 $\rho(\chi) \notin R_5$,有

$$|\nu(\chi) - \nu_0| \geq 5.99$$

以 E_0 表示 R_5 中除 ρ_0 以外的相关零点,类似于资料[5,(7.27) 和 (7.31)],取下式的 $a = 6.3536$,可得

$$\sum_{\rho(\chi) \notin R_5} |k(\rho(\chi)) + \bar{\rho}_0 - 2\alpha| \leq$$

$$2(1+\varepsilon)(\delta_1 h_1 + \delta_3 h_3)L^3\left(\frac{1}{a} - \frac{1}{a+0.696} - \right.$$

$$\left.\frac{E_1(a+0.696)}{(a+0.696)^2 + (5.99)^2} + \frac{3}{16} + \varepsilon\right) \cdot$$

$$\left(\frac{a+0.696}{(5.99)^2} + \frac{1}{a+0.696}\right) \leq$$

$$(2+\varepsilon)(\delta_1 h_1 + \delta_3 h_3)L^3 \begin{cases} 0.068694, 若 E_1 = 0 \\ 0.040824, 若 E_1 = 1 \\ 0.012953, 若 E_1 = 2 \end{cases} =$$

$$(2+\varepsilon)(\delta_1 h_1 + \delta_3 h_3)L^3 g_1(E_1)$$

取 δ_1 和 δ_3 满足

$$\delta_1 h_1 = \delta_3 h_3 = \left(\frac{4g_1(E_1)}{1+E_1}\right)^{\frac{1}{2}}$$

则由式(13.18)可知当 $0.539 - \varepsilon < \lambda \leq 0.696$ 时,有

$$N_1(\alpha, Q) \leq (1+\varepsilon) \max_{0 \leq E_1 \leq 2} \frac{1}{2\lambda(h_2 - h_1)h_4} \cdot$$

$$[(1+E_1)(h_3 - h_1) + 4((1+E_1)g_1(E_1))^{\frac{1}{2}}] \cdot$$

$$\left(\exp((2+\varepsilon)h_3\lambda) - \frac{\exp((2+\varepsilon)h_2\lambda) - \exp((2+\varepsilon)h_1\lambda)}{2\lambda(h_2-h_1)}\right) \leq$$

$$(1+\varepsilon) \frac{3(h_3-h_1) + 4(3 \times 0.012\,953)^{\frac{1}{2}}}{2\lambda(h_2-h_1)h_4} \cdot$$

$$\left(\exp((2+\varepsilon)h_3\lambda) - \frac{\exp((2+\varepsilon)h_2\lambda) - \exp((2+\varepsilon)h_1\lambda)}{2\lambda(h_2-h_1)}\right) \quad (13.31)$$

结合式(13.19),上式中带下标的 h 应满足

$$\begin{cases} h_2 + h_4 + \dfrac{3}{8} + \varepsilon < h_3 \\ 2h_4 + \dfrac{3}{4} + \varepsilon < h_1 - \left(\dfrac{4 \times 0.012\,953}{3}\right)^{\frac{1}{2}} \\ h_1 < h_2 \end{cases}$$

令 $h_2 - h_1 = x, h_4 = y$,则上述 h 的最佳选取应是

$$\begin{cases} h_1 = \dfrac{3}{4} + \left(\dfrac{4 \times 0.012\,953}{3}\right)^{\frac{1}{2}} + 2y + \varepsilon \\ h_2 = h_1 + x \\ h_3 = \dfrac{3}{8} + x + y + h_1 + \varepsilon \\ h_4 = y \end{cases} \quad (13.32)$$

现将式(13.32)代入式(13.31),数值试验表明,x 和 y 的最佳选取大致是

$$x = 0.452 \text{ 和 } y = 0.208$$

于是由式(13.31)和(13.32)可知当 $0.539 - \varepsilon < \lambda \leqslant 0.696$ 时,有

$$N_1(\alpha, Q) \leqslant \frac{20.71}{\lambda}\left(\exp(4.664\,838\lambda) - \frac{\exp(3.498\,836\lambda) - \exp(2.594\,836\lambda)}{0.904\lambda}\right)$$

(3) 若 $0.696 < \lambda \leqslant 1$,在引理3中取 $t_4 = \nu_0 L^{-1}$ 可知 R_4 中至多有 3 个零点,且对任意 $\rho(\chi) \notin R_4$ 有

$$|\nu(\chi) - \nu_0| \geqslant 5.85$$

以 E_2 表示式(13.1)中除 ρ_0 外的相关零点个数,则如情形(2)中那样可得

$$\sum_{\rho(\chi) \notin R_4} |k(\rho(\chi) + \bar{\rho}_0 - 2\alpha)| \leqslant$$

$$2(1+\varepsilon)(\delta_1 h_1 + \delta_3 h_3)L^3 \cdot$$

$$\left(\frac{1}{a} - \frac{1}{a+1} - \frac{E_2(a+1)}{(a+1)^2 + (5.85)^2} + \frac{3}{16} + \varepsilon\right) \cdot$$

$$\left(\frac{a+1}{(5.85)^2} + \frac{1}{a+1}\right) \leqslant$$

$$(2+\varepsilon)(\delta_1 h_1 + \delta_3 h_3)L^3 \begin{Bmatrix} 0.073\,297, \text{若 } E_2 = 0 \\ 0.044\,076, \text{若 } E_2 = 1 \\ 0.014\,856, \text{若 } E_2 = 2 \end{Bmatrix} =$$

$$(2+\varepsilon)(\delta_1 h_1 + \delta_3 h_3)L^3 g_2(E_2)$$

这里取 $a = 6.333\,6$. 现令 δ_1 和 δ_3 满足

$$\delta_1 h_1 = \delta_3 h_3 = \left(\frac{4g_2(E_2)}{1+E_2}\right)^{\frac{1}{2}}$$

则由式(13.18)知,当 $0.696 < \lambda \leqslant 1$ 时,有

第一部分　Riemann 猜想的历史及进展

$$N_1(\alpha, Q) \leq (1 + \varepsilon) \max_{0 \leq E_2 \leq 2} \frac{1}{2\lambda(h_2 - h_1)h_4} \cdot$$

$$[(1 + E_2)(h_3 - h_1) + 4((1 + E_2)g_2(E_2))^{\frac{1}{2}}] \cdot$$

$$\left(\exp((2 + \varepsilon)h_3\lambda) - \frac{\exp((2 + \varepsilon)h_2\lambda) - \exp((2 + \varepsilon)h_1\lambda)}{2\lambda(h_2 - h_1)}\right) \leq$$

$$(1 + \varepsilon) \frac{3(h_3 - h_1) + 4(3 \times 0.014\ 856)^{\frac{1}{2}}}{2\lambda(h_2 - h_1)h_4} \cdot$$

$$\left(\exp((2 + \varepsilon)h_3\lambda) - \frac{\exp((2 + \varepsilon)h_2\lambda) - \exp((2 + \varepsilon)h_1\lambda)}{2\lambda(h_2 - h_1)}\right)$$

$$(13.33)$$

又,式(13.33)中带下标的 h 应满足

$$\begin{cases} h_2 + h_4 + \frac{3}{8} + \varepsilon < h_3 \\ 2h_4 + \frac{3}{4} + \varepsilon < h_1 - \left(\frac{4 \times 0.014\ 856}{3}\right)^{\frac{1}{2}} \\ h_1 < h_2 \end{cases}$$

因而,在此情形,带下标 h 的最佳选取仍为式(13.32),只是那里的常数 0.012 953 应当变为 0.014 856. 而 x 和 y 的选取应是

$$x = 0.385 \text{ 和 } y = 0.171$$

故由式(13.32)(常数 0.014 856 替换 0.012 953)和(13.33)可知当 $0.696 < \lambda \leq 1$ 时,有

$$N_1(\alpha, Q) \leq \frac{27.63}{\lambda}\left(\exp(4.327\ 484\lambda) - \frac{\exp(3.235\ 482\lambda) - \exp(2.465\ 482\lambda)}{0.77\lambda}\right)$$

(4) 若 $1 < \lambda \leq 2$,在引理 3 中取 $t_3 = \nu_0 L^{-1}$ 可知 R_3 中至多有 4 个零点,且对任何 $\rho(\chi) \notin R_3$ 有

$$|\nu(\chi) - \nu_0| \geq 8.05$$

以 E_3 表示式(13.1)中除 ρ_0 外的相关零点个数,且 $a = 8.349\ 2$,则如上情形可得

$$\sum_{\rho(\chi) \notin R_3} |k(\rho(\chi) + \bar{\rho}_0 - 2\alpha)| \leq$$

$$2(1+\varepsilon)(\delta_1 h_1 + \delta_3 h_3) L^3 \cdot$$

$$\left(\frac{1}{a} - \frac{1}{a+2} - \frac{E_3(a+2)}{(a+2)^2 + 8.05^2} + \frac{3}{16} + \varepsilon\right) \cdot$$

$$\left(\frac{a+2}{8.05^2} + \frac{1}{a+2}\right) \leq$$

$$(2+\varepsilon)(\delta_1 h_1 + \delta_3 h_3) L^3 \begin{Bmatrix} 0.053\ 995, 若 E_3 = 0 \\ 0.038\ 564, 若 E_3 = 1 \\ 0.023\ 132, 若 E_3 = 2 \\ 0.007\ 701, 若 E_3 = 3 \end{Bmatrix} =$$

$$(2+\varepsilon)(\delta_1 h_1 + \delta_3 h_3) L^3 g_3(E_3)$$

现令 δ_1 和 δ_3 满足

$$\delta_1 h_1 = \delta_3 h_3 = \left(\frac{4 g_3(E_3)}{1 + E_3}\right)^{\frac{1}{2}}$$

则由式(13.18)知当 $1 < \lambda \leq 2$ 时,有

$$N_1(\alpha, Q) \leq (1+\varepsilon) \max_{0 \leq E_3 \leq 3} \frac{1}{2\lambda(h_2 - h_1) h_4} \cdot$$

$$\left[(1 + E_3)(h_3 - h_1) + 4((1+E_3) g_3(E_3))^{\frac{1}{2}}\right] \cdot$$

$$\left(\exp((2+\varepsilon) h_3 \lambda) - \frac{\exp((2+\varepsilon) h_2 \lambda) - \exp((2+\varepsilon) h_1 \lambda)}{2\lambda(h_2 - h_1)}\right) \leq$$

$$(1+\varepsilon) \frac{4(h_3 - h_1) + 4(4 \times 0.007\ 701)^{\frac{1}{2}}}{2\lambda(h_2 - h_1) h_4} \cdot$$

$$\Big(\exp((2+\varepsilon)h_3\lambda) -$$

$$\frac{\exp((2+\varepsilon)h_2\lambda) - \exp((2+\varepsilon)h_1\lambda)}{2\lambda(h_2-h_1)}\Big) \quad (13.34)$$

又,上式中的 h 满足

$$\begin{cases} h_2 + h_4 + \dfrac{3}{8} + \varepsilon < h_3 \\ 2h_4 + \dfrac{3}{4} + \varepsilon < h_1 - \left(\dfrac{4\times 0.007\,701}{4}\right)^{\frac{1}{2}} \\ h_1 < h_2 \end{cases}$$

故在此情形,h 的最佳选取仍为式(13.32):只是常数 $\dfrac{4\times 0.012\,953}{3}$ 要被 $\dfrac{4\times 0.007\,701}{4}$ 替代,且 x,y 应近似地取为

$$x = 0.295 \text{ 和 } y = 0.13$$

在这种 x 和 y 以及相应的 h 的选取下,由式(13.32)和(13.34)可得,当 $1 < \lambda \leqslant 2$ 时,有

$$N_1(\alpha,Q) \leqslant \frac{50.88}{\lambda}\Big(\exp(3.795\,514\lambda) -$$

$$\frac{\exp(2.785\,512\lambda) - \exp(2.195\,512\lambda)}{0.59\lambda}\Big)$$

(5) 若 $2 < \lambda \leqslant 6$,在引理 3 中取 $t_2 = \nu_0 L^{-1}$ 可知 R_2 中至多有 6 个零点,且对任何 $\rho(\chi) \notin R_2$ 有

$$|\nu(\chi) - \nu_0| \geqslant 11.91$$

以 E_4 表示式(13.1)中除 ρ_0 外的相关零点个数,则取下式中的 $a = 11.2914$ 可得

$$\sum_{\rho(\chi)\notin R_2} |k(\rho(\chi) + \bar{\rho}_0 - 2\alpha)| \leqslant$$

$$2(1+\varepsilon)(\delta_1 h_1 + \delta_3 h_3)L^3 \cdot$$

$$\Big(\frac{1}{a} - \frac{1}{a+6} - \frac{E_4(a+6)}{(a+6)^2 + (11.91)^2} + \frac{3}{16} + \varepsilon\Big) \cdot$$

$$\left(\frac{a+6}{(11.91)^2} + \frac{1}{a+6}\right) \leqslant$$

$$(2+\varepsilon)(\delta_1 h_1 + \delta_3 h_3) L^3 \begin{Bmatrix} 0.039\ 224, 若\ E_4 = 0 \\ 0.032\ 174, 若\ E_4 = 1 \\ 0.025\ 124, 若\ E_4 = 2 \\ 0.018\ 074, 若\ E_4 = 3 \\ 0.011\ 025, 若\ E_4 = 4 \\ 0.003\ 975, 若\ E_4 = 5 \end{Bmatrix} =$$

$$(2+\varepsilon)(\delta_1 h_1 + \delta_3 h_3) L^3 g_4(E_4)$$

现令 δ_1 和 δ_3 满足

$$\delta_1 h_1 = \delta_3 h_3 = \left(\frac{4 g_4(E_4)}{1+E_4}\right)^{\frac{1}{2}}$$

则由式(13.18)知当 $2 < \lambda \leqslant 6$ 时,有

$$N_1(\alpha, Q) \leqslant (1+\varepsilon) \max_{0 \leqslant E_4 \leqslant 5} \frac{1}{2\lambda(h_2-h_1)h_4} \cdot$$

$$[(1+E_4)(h_3-h_1) + 4((1+E_4)g_4(E_4))^{\frac{1}{2}}] \cdot$$

$$\left(\exp((2+\varepsilon)h_3 \lambda) - \frac{\exp((2+\varepsilon)h_2 \lambda) - \exp((2+\varepsilon)h_1 \lambda)}{2\lambda(h_2-h_1)}\right) \leqslant$$

$$(1+\varepsilon) \frac{6(h_3-h_1) + 4(6 \times 0.003\ 975)^{\frac{1}{2}}}{2\lambda(h_2-h_1)h_4} \cdot$$

$$\left(\exp((2+\varepsilon)h_3 \lambda) - \frac{\exp((2+\varepsilon)h_2 \lambda) - \exp((2+\varepsilon)h_1 \lambda)}{2\lambda(h_2-h_1)}\right) \quad (13.35)$$

如 $h_3 - h_1 \geqslant 0.33$, 上式中的 h 应满足

$$\begin{cases} h_2 + h_4 + \dfrac{3}{8} + \varepsilon < h_3 \\ 2h_4 + \dfrac{3}{4} + \varepsilon < h_1 - \left(\dfrac{4 \times 0.003\,975}{6}\right)^{\frac{1}{2}} \\ h_1 < h_2 \end{cases}$$

故在此情形下,h 的最佳选取为式(13.32):只是常数 $\dfrac{4 \times 0.012\,953}{3}$ 要被 $\dfrac{4 \times 0.003\,975}{6}$ 替代,且通过数值试验知 x 和 y 的选取近似是

$$x = 0.178 \text{ 和 } y = 0.072$$

在 x 和 y 以及相应的 h 的这种选取下,由上述替换的式(13.32)及(13.35)知,当 $2 < \lambda \le 6$ 时,有

$$N_1(\alpha,Q) \le \dfrac{170.41}{\lambda}\Big(\exp(3.140\,96\lambda) - \dfrac{\exp(2.246\,958\lambda) - \exp(1.890\,958\lambda)}{0.356\lambda}\Big)$$

(6) 若 $6 < \lambda \le \log\log L$,容易看到,如以常数 $0.237\,5 + \varepsilon$ 来代替常数 $0.216\,7$,资料[5,§7,情形(4)]的论证仍然成立:这是因为,必须以引理3中的 n_1 的上界来代替资料[5,引理7.4]中的相关结果. 所以类似资料[5,(7.49)],可知当 $6 < \lambda \le \log\log L$ 时,有

$$N_1(\alpha,Q) \le \dfrac{0.237\,5 + \varepsilon}{0.216\,7} \times 42.54 \times \Big(1 + \dfrac{35.385}{\lambda}\Big) \times \Big(\exp(2.875\,38\lambda) - \dfrac{\exp(2.071\,76\lambda) - \exp(1.921\,36\lambda)}{0.150\,4\lambda}\Big)$$

至此可归结如下:

引理 4 若 $N_1(\alpha,Q)$ 由 (13.2) 定义,且 $\alpha = -\dfrac{\lambda}{\log Q}$,则

$$N_1(\alpha,Q) \leq \begin{cases} \dfrac{4.769\ 3}{\lambda}\Big(\exp(5.470\ 1\lambda) - \\ \dfrac{\exp(4.058\lambda)-\exp(2.824\lambda)}{1.234\lambda}\Big), \\ 0.269\ 5-\varepsilon < \lambda \leq 0.539-\varepsilon \\ \dfrac{20.71}{\lambda}\Big(\exp(4.664\ 838\lambda) - \\ \dfrac{\exp(3.498\ 836\lambda)-\exp(2.594\ 836\lambda)}{0.904\lambda}\Big), \\ 0.539-\varepsilon < \lambda \leq 0.696 \\ \dfrac{27.63}{\lambda}\Big(\exp(4.327\ 484\lambda) - \\ \dfrac{\exp(3.235\ 482\lambda)-\exp(2.465\ 482\lambda)}{0.77\lambda}\Big), \\ 0.696 < \lambda \leq 1 \\ \dfrac{50.88}{\lambda}\Big(\exp(3.795\ 514\lambda) - \\ \dfrac{\exp(2.785\ 512\lambda)-\exp(2.195\ 512\lambda)}{0.59\lambda}\Big), \\ 1 < \lambda \leq 2 \\ \dfrac{170.41}{\lambda}\Big(\exp(3.140\ 96\lambda) - \\ \dfrac{\exp(2.246\ 958\lambda)-\exp(1.890\ 958\lambda)}{0.356\lambda}\Big), \\ 2 < \lambda \leq 6 \\ 46.63\Big(1+\dfrac{35.385}{\lambda}\Big) \times \\ \Big(\exp(2.875\ 38\lambda) - \\ \dfrac{\exp(2.071\ 76\lambda)-\exp(1.921\ 36\lambda)}{0.150\ 4\lambda}\Big), \\ 6 < \lambda \leq \log\log L \end{cases}$$

第一部分　Riemann 猜想的历史及进展

现在,来估计 $N_2(\alpha,Q)$. 这里仅需在条件(13.21)之下(非上述各情形的式(13.19))给出 $\max\limits_{\rho_0} M(\rho_0)$ 的上界. 故估计 $N_2(\alpha,Q)$ 与 $N_1(\alpha,Q)$ 仅有的不同是:式(13.19)最后一不等式中的常数 $\dfrac{3}{4}$ 被替换成了式(13.21)最后一不等式中的常数 $\dfrac{3}{8}$. 于是,与上述(2)到(6)各情形相对应的,考查 λ 的上界在 $0.696, 1, 2, 6$ 和 $\log\log L$ 处的五种情形. 因而,参数 h_1, h_2, h_3, h_4 的所有相关选取应是: h_4 与估计 $N_2(\alpha,Q)$ 时相同,而 h_1, h_2, h_3 为估计 $N_1(\alpha,Q)$ 时的相应值减 $\dfrac{3}{8}$. 例如,若 $0.539 - \varepsilon < \lambda \leq 0.696$,与式(13.32)对应 h_1, h_2, h_3, h_4 的选取应是

$$\begin{cases} h_1 = \dfrac{3}{8} + \left(\dfrac{4 \times 0.012\,953}{3}\right)^{\frac{1}{2}} + 2 + \varepsilon \\ h_2 = h_1 + x \\ h_3 = \dfrac{3}{8} + x + y + h_1 + \varepsilon \\ h_4 = y \end{cases}$$

且

$$\begin{cases} x = 0.452 \\ y = 0.208 \end{cases}$$

由此,可归结如下:

引理 5　若 $N_2(\alpha,Q)$ 由式(13.3)定义,且 $\alpha = 1 - \dfrac{\lambda}{\log Q}$,则

$$N_2(\alpha,Q) \leq \begin{cases} \dfrac{20.71}{\lambda}\Bigg(\exp(3.914\ 838\lambda) - \\ \dfrac{\exp(2.748\ 836\lambda) - \exp(1.844\ 836\lambda)}{0.904\lambda}\Bigg), \\ 0.539 - \varepsilon < \lambda \leq 0.696 \\ \dfrac{27.63}{\lambda}\Bigg(\exp(3.577\ 484\lambda) - \\ \dfrac{\exp(2.485\ 482\lambda) - \exp(1.715\ 482\lambda)}{0.77\lambda}\Bigg), \\ 0.696 < \lambda \leq 1 \\ \dfrac{50.88}{\lambda}\Bigg(\exp(3.045\ 514\lambda) - \\ \dfrac{\exp(2.035\ 512\lambda) - \exp(1.445\ 512\lambda)}{0.59\lambda}\Bigg), \\ 1 < \lambda \leq 2 \\ \dfrac{170.41}{\lambda}\Bigg(\exp(2.390\ 96\lambda) - \\ \dfrac{\exp(1.496\ 958\lambda) - \exp(1.140\ 958\lambda)}{0.356\lambda}\Bigg), \\ 2 < \lambda \leq 6 \\ 46.63\Big(1 + \dfrac{35.385}{\lambda}\Big) \cdot \\ \Bigg(\exp(2.125\ 38\lambda) - \\ \dfrac{\exp(1.321\ 76\lambda) - \exp(1.171\ 36\lambda)}{0.150\ 4\lambda}\Bigg), \\ 6 < \lambda \leq \log\log L \end{cases}$$

参 考 资 料

[1] TITCHMARSH E C. The theory of the Riemann Zeta-function, 2nd ed. Oxford University Press, 1986.

第一部分　Riemann猜想的历史及进展

[2] GRAHAM S. On Linnik's constant. Acta. Arith., 1981,39, 163-179.

[3] HEATH BROWN D R. Hybrid bounds for Dirichlet L-function (Ⅱ). Quart. J. Math. Oxford, 1980,2(31):157-167.

[4] GHEN J R. On the least prime in an arithmetical progression and two theorems concerning the zeros of Dirichlet's L-functions(Ⅱ). Sci. Sin., 1979,22:589-889.

[5] LIU M C, WANG T Z. A numerical bound for small prime solutions of some temary linear equations. Acta. Arith., 1998,86(4):343-383.

[6] 李国强,杨学志.关于Goldbach数的例外集.河南大学学报(自然科学版),1999,29(2):44-48.

第十四章 交错 Mordell-Tornheim 和 Witten 多重级数[①]

北京大学数学科学学院的夏彬伫与浙江大学数学系蔡天新两位教授 2010 年通过对几个交错多重调和级数的讨论,统一地得到了交错 Mordell-Tornheim 和 Witten 多重级数的一些已有的和新的表达式.

1. 引言

1950 年,Tornheim[1] 引进了现在被称为 Tornheim 双重级数的

$$T(a,b,c) = \sum_{u,v=1}^{\infty} \frac{1}{u^a v^b (u+v)^c} \qquad (14.1)$$

1985 年,Subbarao 和 Sitaramachandrarao[2] 考虑了式(14.1) 对应的交错级数

$$R(a,b,c) = \sum_{u,v=1}^{\infty} \frac{(-1)^v}{u^a v^b (u+v)^c}$$

$$S(a,b,c) = \sum_{u,v=1}^{\infty} \frac{(-1)^{u+v}}{u^a v^b (u+v)^c}$$

2002 年,Matsumoto[3,4] 将式(14.1) 推广到 Mordell-Tornheim n 重级数

[①] 摘编自《中国科学(数学)》,2010,46(6).

第一部分　Riemann 猜想的历史及进展

$$\zeta_{MT,n}(s_1,\cdots,s_n;s) =$$

$$\sum_{i_1,\cdots,i_n=1}^{\infty} \frac{1}{i_1^{s_1}\cdots i_n^{s_n}(i_1+\cdots+i_n)^s}, n \geqslant 1$$

当 a,b,c 是正整数且 $a+b+c$ 是奇数时，Huard 等人[5]得到了 $T(a,b,c)$ 由 Riemann ζ 值给出的表达式. 当 a, b,c,d 是正整数且 $a+b+c+d$ 是偶数时，Matsumoto 等人[6]给出了 $\zeta_{MT,3}(a,b,c;d)$ 由 Riemann ζ 值和 Tornheim 双重级数给出的表达式. 事实上，Tsumura 在资料[7]中证明了一个更一般的结果.

此外，对任意的半单李代数 $\mathfrak{g}$，Zagier[8] 定义了 Witten ζ 函数

$$\zeta_{\mathfrak{g}}(s) = \sum_{\rho} (\dim \rho)^{-s}$$

这里 $s \in \mathbb{C}$ 而 ρ 遍历 $\mathfrak{g}$ 的有限维不可约表示. 在资料[9]中，Matsumoto 和 Tsumura 定义了与 $\mathfrak{sl}(4)$ 相关的 Witten 多重 ζ 函数

$$\zeta_{\mathfrak{sl}(4)}(s_1,s_2,s_3,s_4,s_5,s_6) =$$

$$\sum_{l,m,n=1}^{\infty} \frac{1}{l^{s_1} m^{s_2} n^{s_3} (l+m)^{s_4} (m+n)^{s_5} (l+m+n)^{s_6}}$$

$$s_1,s_2,s_3,s_4,s_5,s_6 \in \mathbb{C}$$

作为 Zagier 的 Witten zeta 级数 $\zeta_{\mathfrak{sl}(4)}$ 的推广，并且对 a, $b \in \mathbb{Z}_{>0}, s_1,s_2,s_3 \in \mathbb{C}$，用 Tornheim 双重级数和 Riemann ζ 值表示

$$\zeta_{\mathfrak{sl}(4)}(a,0,s_1,s_2,b,s_3) + \zeta_{\mathfrak{sl}(4)}(b,0,s_2,s_1,a,s_3) +$$

$$(-1)^b \zeta_{\mathfrak{sl}(4)}(s_1,s_2,b,s_3,0,a) +$$

$$(-1)^a \zeta_{\mathfrak{sl}(4)}(s_1,s_2,a,s_3,0,b)$$

本章我们对 $(s_1,\cdots,s_n) \in \mathbb{C}^{n+1}, \sigma_1,\cdots,\sigma_n \in \{-1,1\}$ 定义交错 Mordell-Tornheim n 重级数

$$\zeta_{MT,n}\begin{pmatrix} s_1,\cdots,s_n;s \\ \sigma_1,\cdots,\sigma_n;\sigma \end{pmatrix} = \sum_{i_1,\cdots,i_n=1}^{\infty} \frac{\sigma_1^{i_1}\cdots\sigma_n^{i_n}\sigma^{i_1+\cdots+i_n}}{i_1^{s_1}\cdots i_n^{s_n}(i_1+\cdots+i_n)^s}$$

对 $s_1,s_2,s_3,s_4,s_5,s_6 \in \mathbb{C}, \sigma_1,\sigma_2,\sigma_3,\sigma_4,\sigma_5,\sigma_6 \in \{1,-1\}$ 定义与 $\mathfrak{sl}(4)$ 相关的交错 Witten 多重级数

$$\zeta_{\mathfrak{sl}(4)}\begin{pmatrix} s_1,s_2,s_3,s_4,s_5,s_6 \\ \sigma_1,\sigma_2,\sigma_3,\sigma_4,\sigma_5,\sigma_6 \end{pmatrix} =$$

$$\sum_{l,m,n=1}^{\infty} \frac{\sigma_1^l \sigma_2^m \sigma_3^n \sigma_4^{l+m} \sigma_5^{m+n} \sigma_6^{l+m+n}}{l^{s_1} m^{s_2} n^{s_3} (l+m)^{s_4}(m+n)^{s_5}(l+m+n)^{s_6}}$$

另外我们引进一些新的交错多重级数

$$G_1\begin{pmatrix} s_1,s_2;s_3,\cdots,s_n;s \\ \sigma_1,\sigma_2;\sigma_3,\cdots,\sigma_n;\sigma \end{pmatrix} =$$

$$\sum_{\substack{i_1,\cdots,i_n=1 \\ i_1+i_2=i_3+\cdots+i_n}}^{\infty} \frac{\sigma_1^{i_1}\cdots\sigma_n^{i_n}\sigma^{i_1+i_2}}{i_1^{s_1}\cdots i_n^{s_n}(i_1+\cdots+i_n)^s}$$

$$G_2\begin{pmatrix} s_1,s_2;s_3,\cdots,s_n;s \\ \sigma_1,\sigma_2;\sigma_3,\cdots,\sigma_n;\sigma \end{pmatrix} =$$

$$\sum_{\substack{i_1,\cdots,i_n=1 \\ i_1+i_2=i_3+\cdots+i_n \\ i_1<i_n}}^{\infty} \frac{\sigma_1^{i_1}\cdots\sigma_n^{i_n}\sigma^{i_n-i_1}}{i_1^{s_1}\cdots i_n^{s_n}(i_n-i_1)^s}$$

$$Z_1\begin{pmatrix} s_1,\cdots,s_{n-1};s_n;s \\ \sigma_1,\cdots,\sigma_{n-1};\sigma_n;\sigma \end{pmatrix} =$$

$$\sum_{i_1,\cdots,i_{n-1}=1}^{\infty} \frac{\sigma_1^{i_1}\cdots\sigma_{n-1}^{i_{n-1}}\sigma_n^{i_1+\cdots+i_{n-1}}\sigma^{i_2+\cdots+i_{n-1}}}{i_1^{s_1}\cdots i_{n-1}^{s_{n-1}}(i_1+\cdots+i_{n-1})^{s_n}(i_2+\cdots+i_{n-1})^s}$$

$$Z_2\begin{pmatrix} s_1,\cdots,s_{n-1};s_n;s \\ \sigma_1,\cdots,\sigma_{n-1};\sigma_n;\sigma \end{pmatrix} =$$

$$\sum_{i_1,\cdots,i_{n-1}=1}^{\infty} \frac{\sigma_1^{i_1}\cdots\sigma_{n-1}^{i_{n-1}}\sigma_n^{i_1+\cdots+i_{n-1}}\sigma^{i_1+i_2}}{i_1^{s_1}\cdots i_{n-1}^{s_{n-1}}(i_1+\cdots+i_{n-1})^{s_n}(i_1+i_2)^s}$$

这里 $n \geqslant 3, (s_1, \cdots, s_n, s) \in \mathbb{C}^{n+1}, \sigma_1, \cdots, \sigma_n \in \{-1, 1\}$.

我们得到了下面两个定理.

定理1 设 $a, b \in \mathbb{Z}_{\geqslant 0}, a+b \geqslant 2, n \geqslant 3, (s_3, \cdots, s_n, s) \in \mathbb{C}^{n-1}, \sigma_1, \cdots, \sigma_n, \sigma \in \{-1, 1\}, \text{Re}(s_3), \cdots, \text{Re}(s_n) \geqslant 1, \text{Re}(s) \geqslant 0, \min(a, b) + \text{Re}(s) \geqslant 1$ 且

$$F_1 \begin{pmatrix} a, b; s_3, \cdots, s_n; s \\ \sigma_1, \sigma_2; \sigma_3, \cdots, \sigma_n; \sigma \end{pmatrix} =$$

$$G_1 \begin{pmatrix} a, b; s_3, \cdots, s_n; s \\ \sigma_1, \sigma_2; \sigma_3, \cdots, \sigma_n; \sigma \end{pmatrix} +$$

$$(-1)^b Z_1 \begin{pmatrix} b; s_3, \cdots, s_n; a; s \\ \sigma_2, \sigma_3, \cdots, \sigma_n; \sigma_1; \sigma \end{pmatrix} +$$

$$(-1)^a Z_1 \begin{pmatrix} a; s_3, \cdots, s_n; b; s \\ \sigma_1, \sigma_3, \cdots, \sigma_n; \sigma_2; \sigma \end{pmatrix} \quad (14.2)$$

则式(14.2)式右端的每个级数都绝对收敛,并且

$$F_1 \begin{pmatrix} a, b; s_3, \cdots, s_n; s \\ \sigma_1, \sigma_2; \sigma_3, \cdots, \sigma_n; \sigma \end{pmatrix} =$$

$$2 \sum_{k=0}^{[a/2]} \binom{a+b-2k-1}{b-1} (2^{(\sigma_1 \sigma_2 - 1)k + 1} - 1) \cdot$$

$$\zeta(2k) \zeta_{MT, n-2} \begin{pmatrix} s_3, \cdots, s_n; s+a+b-2k \\ \sigma_3, \cdots, \sigma_n; \sigma_2 \sigma \end{pmatrix} +$$

$$2 \sum_{k=0}^{[b/2]} \binom{a+b-2k-1}{b-1} (2^{(\sigma_1 \sigma_2 - 1)k + 1} - 1) \cdot$$

$$\zeta(2k) \zeta_{MT, n-2} \begin{pmatrix} s_3, \cdots, s_n; s+a+b-2k \\ \sigma_3, \cdots, \sigma_n; \sigma_1 \sigma \end{pmatrix} \quad (14.3)$$

其中 $\binom{m}{-1}$ 定义为

$$\binom{m}{-1} = \begin{cases} 0, m \geqslant 0 \\ 1, m = -1 \end{cases}$$

定理 2 设 $a,b \in \mathbb{Z}_{\geqslant 0}, a+b \geqslant 2, n \geqslant 3, (s_3,\cdots,$
$s_{n+1},s) \in \mathbb{C}^n, \sigma_1,\cdots,\sigma_{n+1},\sigma \in \{-1,1\}, \mathrm{Re}(s_3),\cdots,$
$\mathrm{Re}(s_{n+1}) \geqslant 1, \mathrm{Re}(s) \geqslant 0, \min(a,b)+\mathrm{Re}(s) \geqslant 1$ 且

$$F_2\binom{a,b;s_3,\cdots,s_n;s_{n+1};s}{\sigma_1,\sigma_2;\sigma_3,\cdots,\sigma_n;\sigma_{n+1};\sigma} =$$

$$Z_2\binom{a,b,s_3,\cdots,s_n;s_{n+1};s}{\sigma_1,\sigma_2,\sigma_3,\cdots,\sigma_n;\sigma_{n+1};\sigma} +$$

$$(-1)^b G_2\binom{b,s_{n+1};s_3,\cdots,s_n,a;s}{\sigma_2,\sigma_{n+1};\sigma_3,\cdots,\sigma_n,\sigma_1;\sigma} +$$

$$(-1)^a G_2\binom{a,s_{n+1};s_3,\cdots,s_n,b;s}{\sigma_1,\sigma_{n+1};\sigma_3,\cdots,\sigma_n,\sigma_2;\sigma} \quad (14.4)$$

则式(14.4)右端的每个级数都绝对收敛,并且

$$F_2\binom{a,b;s_3,\cdots,s_n;s_{n+1};s}{\sigma_1,\sigma_2;\sigma_3,\cdots,\sigma_n;\sigma_{n+1};\sigma} =$$

$$2\sum_{k=0}^{[a/2]} \binom{a+b-2k-1}{b-1}(2^{(\sigma_1\sigma_2-1)k+1}-1) \cdot$$

$$\zeta(2k)\zeta_{MT,n-1}\binom{s+a+b-2k,s_3,\cdots,s_n;s_{n+1}}{\sigma_2\sigma,\sigma_3,\cdots,\sigma_n;\sigma_{n+1}} +$$

$$2\sum_{k=0}^{[b/2]} \binom{a+b-2k-1}{a-1}(2^{(\sigma_1\sigma_2-1)k+1}-1) \cdot$$

$$\zeta(2k)\zeta_{MT,n-1}\binom{s+a+b-2k,s_3,\cdots,s_n;s_{n+1}}{\sigma_1\sigma,\sigma_3,\cdots,\sigma_n;\sigma_{n+1}}$$

$$(14.5)$$

其中 $\binom{m}{-1}$ 如定理 1 定义.

作为定理1和定理2的应用,我们得到:

定理3[10]　设 $a,b \in \mathbb{Z}_{>0}, s \in \mathbb{C}, \sigma_1, \sigma_2, \sigma_3 \in \{-1,1\}, \mathrm{Re}(s) \geq 1$,则

$$\zeta_{MT,2}\begin{pmatrix} a,b;s \\ \sigma_1,\sigma_2;\sigma_3 \end{pmatrix} + (-1)^b \zeta_{MT,2}\begin{pmatrix} b,s;a \\ \sigma_2,\sigma_3;\sigma_1 \end{pmatrix} +$$

$$(-1)^a \zeta_{MT,2}\begin{pmatrix} s,a;b \\ \sigma_3,\sigma_1;\sigma_2 \end{pmatrix} =$$

$$2\sum_{k=0}^{[a/2]} \binom{a+b-2k-1}{b-1} (2^{(\sigma_1\sigma_2-1)k+1} - 1) \cdot$$

$$\zeta(2k)\zeta(s+a+b-2k;\sigma_2\sigma_3) +$$

$$2\sum_{k=0}^{[b/2]} \binom{a+b-2k-1}{a-1} (2^{(\sigma_1\sigma_2-1)k+1} - 1) \cdot$$

$$\zeta(2k)\zeta(s+a+b-2k;\sigma_1\sigma_3)$$

特别地,如果 $\sigma_1 = \sigma_2 = \sigma_3 = 1$,我们有:

推论1[11]　设 $a,b \in \mathbb{Z}_{>0}, s \in \mathbb{C}, \mathrm{Re}(s) \geq 1$.则

$$\zeta_{MT,2}(a,b;s) + (-1)^b \zeta_{MT,2}(b,s;a) -$$

$$(-1)^a \zeta_{MT,2}(s,a;b) =$$

$$2\sum_{k=0}^{\max\{[a/2],[b/2]\}} \left(\binom{a+b-2k-1}{a-1} + \binom{a+b-2k-1}{b-1}\right)\zeta(2k)\zeta(s+a+b-2k)$$

定理4　设 $a,b,c \in \mathbb{Z}_{>0}, s \in \mathbb{C}, \sigma_1, \sigma_2, \sigma_3, \sigma_4 \in \{-1,1\}, \mathrm{Re}(s) \geq 1$,则

$$\zeta_{MT,3}\begin{pmatrix} a,b,c;s \\ \sigma_1,\sigma_2,\sigma_3;\sigma_4 \end{pmatrix} - (-1)^{b+c} \zeta_{MT,3}\begin{pmatrix} b,c,s;a \\ \sigma_2,\sigma_3,\sigma_4;\sigma_1 \end{pmatrix} -$$

$$(-1)^{c+a} \zeta_{MT,3}\begin{pmatrix} c,s,a;b \\ \sigma_3,\sigma_4,\sigma_1;\sigma_2 \end{pmatrix} -$$

$$(-1)^{a+b}\zeta_{MT,3}\begin{pmatrix} s,a,b;c \\ \sigma_4,\sigma_1,\sigma_2;\sigma_3 \end{pmatrix} =$$

$$((-1)^a + (-1)^b)(2^{\frac{(\sigma_1\sigma_2-1)(a+b)}{2}+1} - 1) \cdot$$

$$\zeta(a+b)\zeta(s+c;\sigma_3\sigma_4) +$$

$$2\sum_{k=0}^{[\frac{a}{2}]} \binom{a+b-2k-1}{b-1} (2^{(\sigma_1\sigma_2-1)k+1} - 1) \cdot$$

$$\zeta(2k)\zeta_{MT,2}\begin{pmatrix} a+b-2k,c;s \\ \sigma_2,\sigma_3;\sigma_4 \end{pmatrix} +$$

$$2\sum_{k=0}^{[\frac{b}{2}]} \binom{a+b-2k-1}{a-1} (2^{(\sigma_1\sigma_2-1)k+1} - 1) \cdot$$

$$\zeta(2k)\zeta_{MT,2}\begin{pmatrix} a+b-2k,c;s \\ \sigma_1,\sigma_3;\sigma_4 \end{pmatrix} +$$

$$2(-1)^{a+b}\sum_{k=0}^{[\frac{a}{2}]} \binom{a+b-2k-1}{b-1} (2^{(\sigma_1\sigma_2-1)k+1} - 1) \cdot$$

$$\zeta(2k)\zeta_{MT,2}\begin{pmatrix} a+b-2k,s;c \\ \sigma_2,\sigma_4;\sigma_3 \end{pmatrix} +$$

$$2(-1)^{a+b}\sum_{k=0}^{[\frac{b}{2}]} \binom{a+b-2k-1}{a-1} (2^{(\sigma_1\sigma_2-1)k+1} - 1) \cdot$$

$$\zeta(2k)\zeta_{MT,2}\begin{pmatrix} a+b-2k,s;c \\ \sigma_1,\sigma_4;\sigma_3 \end{pmatrix} -$$

$$2(-1)^b \sum_{k=0}^{[\frac{a}{2}]} \binom{a+c-2k-1}{c-1} (2^{(\sigma_1\sigma_3-1)k+1} - 1) \cdot$$

$$\zeta(2k)\zeta_{MT,2}\begin{pmatrix} b,s;a+c-2k \\ \sigma_2,\sigma_4;\sigma_3 \end{pmatrix} -$$

第一部分 Riemann 猜想的历史及进展

$$2(-1)^b \sum_{k=0}^{[\frac{c}{2}]} \binom{a+c-2k-1}{a-1}(2^{(\sigma_1\sigma_3-1)k+1}-1) \cdot$$

$$\zeta(2k)\zeta_{MT,2}\binom{b,s;a+c-2k}{\sigma_2,\sigma_4;\sigma_1} -$$

$$2(-1)^a \sum_{k=0}^{[\frac{b}{2}]} \binom{b+c-2k-1}{c-1}(2^{(\sigma_2\sigma_3-1)k+1}-1) \cdot$$

$$\zeta(2k)\zeta_{MT,2}\binom{a,s;b+c-2k}{\sigma_1,\sigma_4;\sigma_3} -$$

$$2(-1)^a \sum_{k=0}^{[\frac{c}{2}]} \binom{b+c-2k-1}{b-1}(2^{(\sigma_2\sigma_3-1)k+1}-1) \cdot$$

$$\zeta(2k)\zeta_{MT,2}\binom{a,s;b+c-2k}{\sigma_1,\sigma_4;\sigma_2} \tag{14.6}$$

特别地,如果 $\sigma_1 = \sigma_2 = \sigma_3 = \sigma_4 = 1$,我们有:

推论 2[6] 设 $a,b \in \mathbb{Z}_{>0}, s \in \mathbb{C}, \mathrm{Re}(s) \geqslant 1$. 则

$$\zeta_{MT,3}(a,b,c;s) - (-1)^{b+c}\zeta_{MT,3}(b,c,s;a) -$$
$$(-1)^{c+a}\zeta_{MT,3}(c,s,a;b) - (-1)^{a+b}\zeta_{MT,3}(s,a,b;c) =$$
$$((-1)^a + (-1)^b)\zeta(a+b)\zeta(s+c) +$$

$$2\sum_{k=0}^{\max([\frac{a}{2}],[\frac{b}{2}])}\left(\binom{a+b-2k-1}{a-1}+\binom{a+b-2k-1}{b-1}\right) \cdot$$

$$\zeta(2k)\zeta_{MT,2}(a+b-2k,c;s) +$$

$$2(-1)^{a+b}\sum_{k=0}^{\max([\frac{a}{2}],[\frac{b}{2}])}\left(\binom{a+c-2k-1}{a-1}+\binom{a+c-2k-1}{b-1}\right) \cdot$$

$$\zeta(2k)\zeta_{MT,2}(a+b-2k,s;c) -$$

$$2(-1)^b \sum_{k=0}^{\max([\frac{a}{2}],[\frac{c}{2}])} \left(\binom{a+c-2k-1}{a-1} + \binom{a+c-2k-1}{b-1} \right) \cdot$$

$$\zeta(2k)\zeta_{MT,2}(b,s;a+c-2k) -$$

$$2(-1)^a \sum_{k=0}^{\max([\frac{b}{2}],[\frac{c}{2}])} \left(\binom{b+c-2k-1}{b-1} + \binom{b+c-2k-1}{c-1} \right) \cdot$$

$$\zeta(2k)\zeta_{MT,2}(a,s;b+c-2k)$$

定理 5[10]　设 $a,b \in \mathbb{Z}_{\geq 0}, a+b \geq 2, s_1,s_2,s_3 \in \mathbb{C}, \tau_1,\tau_2,\sigma_1,\sigma_2,\sigma_3 \in \{-1,1\}, \mathrm{Re}(s_1) \geq 1, \mathrm{Re}(s_2) \geq 1, \mathrm{Re}(s_3) \geq 0, \min(a,b) + \mathrm{Re}(s_3) \geq 1.$ 则

$$\zeta_{\mathfrak{sl}(4)}\begin{pmatrix} a,0,s_1,s_2,b,s_3 \\ \tau_1,1,\sigma_1,\sigma_2,\tau_2,\sigma_3 \end{pmatrix} +$$

$$\zeta_{\mathfrak{sl}(4)}\begin{pmatrix} b,0,s_2,s_1,a,s_3 \\ \tau_2,1,\sigma_2,\sigma_1,\tau_1,\sigma_3 \end{pmatrix} +$$

$$(-1)^b \zeta_{\mathfrak{sl}(4)}\begin{pmatrix} s_1,s_2,b,s_3,0,a \\ \sigma_1,\sigma_2,\tau_2,\sigma_3,1,\tau_1 \end{pmatrix} +$$

$$(-1)^a \zeta_{\mathfrak{sl}(4)}\begin{pmatrix} s_1,s_2,a,s_3,0,b \\ \sigma_1,\sigma_2,\tau_1,\sigma_3,1,\tau_2 \end{pmatrix} =$$

$$- \zeta_{MT,2}\begin{pmatrix} s_1+a,s_2+b;s_3 \\ \sigma_1\tau_1,\sigma_2\tau_2;\sigma_3 \end{pmatrix} +$$

$$2 \sum_{k=0}^{[\frac{a}{2}]} \binom{a+b-2k-1}{b-1} (2^{(\tau_1\tau_2-1)k+1} - 1) \cdot$$

$$\zeta(2k)\zeta_{MT,2}\begin{pmatrix} s_1,s_2;s_3+a+b-2k \\ \sigma_1,\sigma_2;\sigma_3\tau_2 \end{pmatrix} +$$

$$2\sum_{k=0}^{[\frac{b}{2}]} \binom{a+b-2k-1}{a-1}(2^{(\tau_1\tau_2-1)k+1}-1) \cdot$$

$$\zeta(2k)\zeta_{MT,2}\begin{pmatrix} s_1,s_2;s_3+a+b-2k \\ \sigma_1,\sigma_2;\sigma_3\tau_1 \end{pmatrix}$$

并且左端的每个级数都绝对收敛.

特别地,如果 $\tau_1=\tau_2=\sigma_1=\sigma_2=\sigma_3=1$,我们有:

推论 3 设 $a,b\in\mathbb{Z}_{\geq 0}, a+b\geq 2, s_1,s_2,s_3\in\mathbb{C}$, $\mathrm{Re}(s_1)\geq 1, \mathrm{Re}(s_2)\geq 1, \mathrm{Re}(s_3)\geq 0, \min(a,b)+\mathrm{Re}(s_3)\geq 1$. 则

$$\zeta_{\widehat{\mathfrak{sl}}(4)}(a,0,s_1,s_2,b,s_3)+\zeta_{\widehat{\mathfrak{sl}}(4)}(b,0,s_2,s_1,a,s_3)+$$

$$(-1)^b\zeta_{\widehat{\mathfrak{sl}}(4)}(s_1,s_2,b,s_3,0,a)+$$

$$(-1)^a\zeta_{\widehat{\mathfrak{sl}}(4)}(s_1,s_2,a,s_3,0,b)=$$

$$-T(s_1+a,s_2+b,s_3)+$$

$$2\sum_{k=0}^{\max([\frac{a}{2}],[\frac{b}{2}])}\left(\binom{a+b-2k-1}{a-1}+\binom{a+b-2k-1}{b-1}\right) \cdot$$

$$\zeta(2k)T(s_1,s_2,s_3+a+b-2k)$$

并且左端的每个级数都绝对收敛.

定理 6[10] 设 $a,b\in\mathbb{Z}_{\geq 0}, a+b\geq 2, s_1,s_2,s_3\in\mathbb{C}, \tau_1,\tau_2,\sigma_1,\sigma_2,\sigma_3\in\{-1,1\}, \mathrm{Re}(s_1)\geq 1, \mathrm{Re}(s_2)\geq 1, \mathrm{Re}(s_3)\geq 0, \min(a,b)+\mathrm{Re}(s_3)\geq 1$. 则

$$\zeta_{\widehat{\mathfrak{sl}}(4)}\begin{pmatrix} a,b,s_1,s_3,0,s_2 \\ \tau_1,\tau_2,\sigma_1,\sigma_3,1,\sigma_3 \end{pmatrix} +$$

$$(-1)^b \zeta_{\mathfrak{sl}(4)}\begin{pmatrix} b,s_3,s_2,a,s_2,0 \\ \tau_2,\sigma_3,\sigma_1,\tau_1,\sigma_2,1 \end{pmatrix} +$$

$$(-1)^a \zeta_{\mathfrak{sl}(4)}\begin{pmatrix} a,s_3,s_1,b,s_2,0 \\ \tau_1,\sigma_3,\sigma_1,\tau_2,\sigma_2,1 \end{pmatrix} =$$

$$2\sum_{k=0}^{[\frac{a}{2}]} \binom{a+b-2k-1}{b-1} (2^{(\tau_1\tau_2-1)k+1}-1) \cdot$$

$$\zeta(2k)\zeta_{MT,2}\begin{pmatrix} s_3+a+b-2k,s_1;s_2 \\ \sigma_3\tau_2,\sigma_1;\sigma_2 \end{pmatrix} +$$

$$2\sum_{k=0}^{[\frac{b}{2}]} \binom{a+b-2k-1}{a-1} (2^{(\tau_1\tau_2-1)k+1}-1) \cdot$$

$$\zeta(2k)\zeta_{MT,2}\begin{pmatrix} s_3+a+b-2k,s_1;s_2 \\ \sigma_3\tau_1,\sigma_1;\sigma_2 \end{pmatrix}$$

并且左端的每个级数都绝对收敛.

特别地,如果 $\tau_1=\tau_2=\sigma_1=\sigma_2=\sigma_3=1$,我们有:

推论 4 设 $a,b \in \mathbb{Z}_{\geqslant 0}, a+b \geqslant 2, s_1,s_2,s_3 \in \mathbb{C}$, $\mathrm{Re}(s_1) \geqslant 1, \mathrm{Re}(s_2) \geqslant 1, \mathrm{Re}(s_3) \geqslant 0, \min(a,b) + \mathrm{Re}(s_3) \geqslant 1.$ 则

$$\zeta_{\mathfrak{sl}(4)}(a,b,s_1,s_3,0,s_2) + (-1)^b \zeta_{\mathfrak{sl}(4)}(b,s_3,s_1,a,s_2,0) +$$
$$(-1)^a \zeta_{\mathfrak{sl}(4)}(a,s_3,s_1,b,s_2,0) =$$

$$2\sum_{k=0}^{\max([\frac{a}{2}],[\frac{b}{2}])} \left(\binom{a+b-2k-1}{a-1} + \binom{a+b-2k-1}{b-1}\right) \cdot$$

$$\zeta(2k)T(s_3+a+b-2k,s_1,s_2)$$

并且左端的每个级数都绝对收敛.

当 $a,b,c \in \mathbb{Z}_{>0}$,且 $w=a+b+c$ 是奇数时,注意

到

$$\zeta_{MT,2}\begin{pmatrix} a,b;c \\ \sigma_1,\sigma_2;\sigma_3 \end{pmatrix} = \frac{(-1)^a}{2}\left(\zeta_{MT,2}\begin{pmatrix} c,a;b \\ \sigma_3,\sigma_1;\sigma_2 \end{pmatrix} + \right.$$

$$(-1)^a \zeta_{MT,2}\begin{pmatrix} a,b;c \\ \sigma_1,\sigma_2;\sigma_3 \end{pmatrix} + (-1)^c \zeta_{MT,2}\begin{pmatrix} b,c;a \\ \sigma_2,\sigma_3;\sigma_1 \end{pmatrix}\right) +$$

$$\frac{(-1)^b}{2}\left(\zeta_{MT,2}\begin{pmatrix} b,c;a \\ \sigma_2,\sigma_3;\sigma_1 \end{pmatrix} + (-1)^c \zeta_{MT,2}\begin{pmatrix} c,a;b \\ \sigma_3,\sigma_1;\sigma_2 \end{pmatrix} + \right.$$

$$\left.(-1)^b \zeta_{MT,2}\begin{pmatrix} a,b;c \\ \sigma_1,\sigma_2;\sigma_3 \end{pmatrix}\right)$$

由此我们得出交错 Mordell-Tornheim 双重级数的计算公式.

定理 7 设 $a,b,c \in \mathbb{Z}_{>0}, w = a+b+c$ 是奇数. 则

$$\zeta_{MT,2}\begin{pmatrix} a,b;c \\ \sigma_1,\sigma_2;\sigma_3 \end{pmatrix} =$$

$$(-1)^a \sum_{k=0}^{[\frac{a}{2}]} \binom{a+c-2k-1}{c-1} (2^{(\sigma_1\sigma_3-1)k+1} - 1) \cdot$$

$$(2^{\frac{(\sigma_2\sigma_3-1)(w-2k)}{2}+1} - 1)\zeta(2k)\zeta(w-2k) +$$

$$(-1)^b \sum_{k=0}^{[\frac{b}{2}]} \binom{b+c-2k-1}{c-1} (2^{(\sigma_2\sigma_3-1)k+1} - 1) \cdot$$

$$(2^{\frac{(\sigma_1\sigma_3-1)(w-2k)}{2}+1} - 1)\zeta(2k)\zeta(w-2k) +$$

$$\sum_{k=0}^{[\frac{c}{2}]} \left((-1)^a \binom{a+c-2k-1}{a-1} (2^{(\sigma_1\sigma_3-1)k+1} - 1) + \right.$$

$$\left.(-1)^b \binom{b+c-2k-1}{b-1} (2^{(\sigma_2\sigma_3-1)k+1} - 1)\right) \cdot$$

$$(2^{\frac{(\sigma_2\sigma_1-1)(w-2k)}{2}+1} - 1)\zeta(2k)\zeta(w-2k)$$

特别地,如果 $\sigma_1 = \sigma_2 = \sigma_3 = 1$,或 $\sigma_1 = \sigma_3 = 1, \sigma_2 = -1$,或 $\sigma_1 = \sigma_2 = 1, \sigma_3 = -1$,我们有:

推论 5 设 $a, b, c \in \mathbb{Z}_{>0}, w = a + b + c$ 是奇数. 则

$$T(a,b,c) = \sum_{k=0}^{\max([\frac{a}{2}],[\frac{b}{2}])} \left((-1)^a \binom{a+c-2k-1}{c-1} + (-1)^b \binom{b+c-2k-1}{c-1} \right) \zeta(2k) \zeta(w-2k) +$$

$$\sum_{k=0}^{[\frac{c}{2}]} \left((-1)^a \binom{a+c-2k-1}{a-1} + (-1)^b \binom{b+c-2k-1}{b-1} \right) \zeta(2k) \zeta(w-2k)$$

$$R(a,b,c) = \sum_{k=0}^{\max([\frac{a}{2}],[\frac{b}{2}])} \left((-1)^a \binom{a+c-2k-1}{c-1} (2^{1+2k-w}-1) + (-1)^b \binom{b+c-2k-1}{c-1} (2^{1-2k}-1) \right) \zeta(2k) \zeta(w-2k) +$$

$$\sum_{k=0}^{[\frac{c}{2}]} \left((-1)^a \binom{a+c-2k-1}{a-1} + (-1)^b \binom{b+c-2k-1}{b-1} (2^{1-2k}-1) \right) \cdot$$

$$(2^{1+2k-w}-1) \zeta(2k) \zeta(w-2k)$$

$$S(a,b,c) = \sum_{k=0}^{\max([\frac{a}{2}],[\frac{b}{2}])} \left((-1)^a \binom{a+c-2k-1}{c-1} + \right.$$

$$(-1)^b \binom{b+c-2k-1}{c-1}\bigg) \cdot$$

$$(2^{1-2k}-1)(2^{1+2k-w}-1)\zeta(2k)\zeta(w-2k) +$$

$$\sum_{k=0}^{[\frac{c}{2}]} \bigg((-1)^a \binom{a+c-2k-1}{a-1} +$$

$$(-1)^b \binom{b+c-2k-1}{b-1}\bigg) \cdot$$

$$(2^{1-2k}-1)\zeta(2k)\zeta(w-2k).$$

当 $a,b,c,d \in \mathbb{Z}_{>0}$,且 $a+b+c+d$ 是偶数时,有

$$\zeta_{MT,3}\binom{a,b,c;d}{\sigma_1,\sigma_2,\sigma_3;\sigma_4} = \frac{1}{4}M\binom{a,b,c;d}{\sigma_1,\sigma_2,\sigma_3;\sigma_4} -$$

$$\frac{(-1)^{b+c}}{4}M\binom{b,c,d;a}{\sigma_2,\sigma_3,\sigma_4;\sigma_1} -$$

$$\frac{(-1)^{a+c}}{4}M\binom{c,d,a;b}{\sigma_3,\sigma_4,\sigma_1;\sigma_2} -$$

$$\frac{(-1)^{a+b}}{4}M\binom{d,a,b;c}{\sigma_4,\sigma_1,\sigma_2;\sigma_3}$$

(14.7)

其中

$$M\binom{a,b,c;s}{\sigma_1,\sigma_2,\sigma_3;\sigma_4}$$

是式(14.6)的左端. 这样我们也可以得到偶数 $a+b+c+d$ 的交错 Mordell-Tornheim 三重级数,它可以看成资料[6]中 Mordell-Tornheim 三重级数公式的推广.

2. 定理的证明

为了证明定理 1 和定理 2,我们需要如下的引理:

引理 1[12] 设 $(s_1,\cdots,s_n,s) \in \mathbb{C}^{n+1}$ 对 $\{1,\cdots,n\}$ 的每个非空子集 $\{i_1,\cdots,i_m\}$ 均成立.

$$\mathrm{Re}(s) + \sum_{k=1}^{m} \mathrm{Re}(s_{i_k}) > m \qquad (14.8)$$

则交错 Mordell-Tornheim n 重级数

$$\zeta_{MT,n}\begin{pmatrix} s_1,\cdots,s_n;s \\ \sigma_1,\cdots,\sigma_n;\sigma \end{pmatrix}$$

绝对收敛.

定理 1 的证明 首先考虑 $\min(a,b)=0$ 的情形, 此时我们有 $\mathrm{Re}(s) = \min(a,b) + \mathrm{Re}(s) \geq 1$, 以及 $\max(a,b) = a+b \geq 2$. 根据对称性, 我们只需处理

$$F_1\begin{pmatrix} 0,b;s_3,\cdots,s_n;s \\ \sigma_1,\sigma_2;\sigma_3,\cdots,\sigma_n;\sigma \end{pmatrix}, b \geq 2$$

在

$$Z_1\begin{pmatrix} 0,s_3,\cdots,s_n;b;s \\ \sigma_1,\sigma_3,\cdots,\sigma_n;\sigma_2;\sigma \end{pmatrix}$$

中用 i_2 代替 $i_2 + \cdots + i_n$, 可得

$$Z_1\begin{pmatrix} 0,s_3,\cdots,s_n;b;s \\ \sigma_1,\sigma_3,\cdots,\sigma_n;\sigma_2;\sigma \end{pmatrix} =$$

$$\sum_{\substack{i_2,\cdots,i_n=1 \\ i_2 > i_3+\cdots+i_n}}^{\infty} \frac{\sigma_1^{i_2-i_3-\cdots-i_n}\sigma_2^{i_2}\sigma_3^{i_3}\cdots\sigma_n^{i_n}\sigma^{i_3+\cdots+i_n}}{i_2^b i_3^{s_3}\cdots i_n^{s_n}(i_3+\cdots+i_n)^s} =$$

$$\sum_{\substack{i_2,\cdots,i_n=1 \\ i_2 > i_3+\cdots+i_n}}^{\infty} \frac{(\sigma_1\sigma_2)^{i_2}\sigma_3^{i_3}\cdots\sigma_n^{i_n}(\sigma_1\sigma)^{i_3+\cdots+i_n}}{i_2^b i_3^{s_3}\cdots i_n^{s_n}(i_3+\cdots+i_n)^s}$$

同时

$$G_1\begin{pmatrix} 0,b;s_3,\cdots,s_n;s \\ \sigma_1,\sigma_2;\sigma_3,\cdots,\sigma_n;\sigma \end{pmatrix} =$$

$$\sum_{\substack{i_2,\cdots,i_n=1 \\ i_1+i_2=i_3+\cdots+i_n}}^{\infty} \frac{\sigma_1^{i_3+\cdots+i_n-i_2}\sigma_2^{i_2}\sigma_3^{i_3}\cdots\sigma_n^{i_n}\sigma^{i_3+\cdots+i_n}}{i_2^b i_3^{s_3}\cdots i_n^{s_n}(i_3+\cdots+i_n)^s} =$$

$$\sum_{\substack{i_1,\cdots,i_n=1 \\ i_2<i_3+\cdots+i_n}}^{\infty} \frac{(\sigma_1\sigma_2)^{i_2}\sigma_3^{i_3}\cdots\sigma_n^{i_n}(\sigma_1\sigma)^{i_3+\cdots+i_n}}{i_2^b i_3^{s_3}\cdots i_n^{s_n}(i_3+\cdots+i_n)^s}$$

$$Z_1\begin{pmatrix} b, s_3, \cdots, s_n; 0; s \\ \sigma_2, \sigma_3, \cdots, \sigma_n; \sigma_1; \sigma \end{pmatrix} =$$

$$\sum_{i_1,\cdots,i_n=1}^{\infty} \frac{(\sigma_1\sigma_2)\sigma^{i_2}\sigma_3^{i_3}\cdots\sigma_n^{i_n}(\sigma_1\sigma)^{i_3+\cdots+i_n}}{i_2^b i_3^{s_3}\cdots i_n^{s_n}(i_3+\cdots+i_n)^s}$$

因此由 $b \geq 2$ 和 $(s_3,\cdots,s_n,s)$ 满足式(14.8)知

$$Z_1\begin{pmatrix} 0, s_3, \cdots, s_n; b; s \\ \sigma_1, \sigma_3, \cdots, \sigma_n; \sigma_2; \sigma \end{pmatrix}$$

$$G_1\begin{pmatrix} 0, b; s_3, \cdots, s_n; s \\ \sigma_1, \sigma_2; \sigma_3, \cdots, \sigma_n; \sigma \end{pmatrix}$$

$$Z_1\begin{pmatrix} b, s_3, \cdots, s_n; 0; s \\ \sigma_2, \sigma_3, \cdots, \sigma_n; \sigma_1; \sigma \end{pmatrix}$$

都绝对收敛,并且我们得到

$$F_1\begin{pmatrix} 0, b; s_3, \cdots, s_n; s \\ \sigma_1, \sigma_2; \sigma_3, \cdots, \sigma_n; \sigma \end{pmatrix} =$$

$$(1+(-1)^b)\zeta(b;\sigma_1\sigma_2)\zeta_{MT,n-2}\begin{pmatrix} s_3, \cdots, s_n; s \\ \sigma_3, \cdots, \sigma_n; \sigma_1\sigma \end{pmatrix} -$$

$$\zeta_{MT,n-2}\begin{pmatrix} s_3, \cdots, s_n; s+b \\ \sigma_3, \cdots, \sigma_n; \sigma_2\sigma \end{pmatrix} \tag{14.9}$$

这里

$$\zeta(z;\tau) = \sum_{i=1}^{\infty} \frac{\tau^i}{i^z}, z \in \mathbb{C}, \tau \in \{-1,1\}$$

因为 $\zeta(0) = -\dfrac{1}{2}$ 以及

$$\zeta(b;\tau) = (2^{\frac{(\tau-1)b}{2}+1} - 1)\zeta(b)$$

所以式(14.9)就是式(14.3)的右端,从而定理1在 $\min(a,b) = 0$ 时成立.

现在我们用数学归纳法证明定理. 由 $\text{Re}(s) \geqslant 0$, 根据引理1,级数

$$\sum_{i_1,\cdots,i_n=1}^{\infty} \frac{1}{i_2 i_3^{s_3} \cdots i_n^{s_n}(i_2+\cdots+i_n)(i_3+\cdots+i_n)^s}$$

绝对收敛. 从而

$$\sum_{\substack{i_2,\cdots,i_n=1 \\ i_2 \leqslant i_3+\cdots+i_n}}^{\infty} \frac{1}{i_2 i_3^{s_3}\cdots i_n^{s_n}(i_3+\cdots+i_n)^{s+1}} =$$

$$\sum_{i_3,\cdots,i_n=1}^{\infty} \frac{1}{i_3^{s_3}\cdots i_n^{s_n}(i_3+\cdots+i_n)^{s+1}} \sum_{i_2=1}^{i_3+\cdots+i_n} \frac{1}{i_2} =$$

$$\sum_{i_3,\cdots,i_n=1}^{\infty} \frac{1}{i_3^{s_3}\cdots i_n^{s_n}(i_3+\cdots+i_n)^s} \sum_{i_2=1}^{\infty} \frac{1}{i_2(i_2+\cdots+i_n)} =$$

$$\sum_{i_2,\cdots,i_n=1}^{\infty} \frac{1}{i_2 i_3^{s_3}\cdots i_n^{s_n}(i_2+\cdots+i_n)(i_3+\cdots+i_n)^s}$$

绝对收敛,并且

$$\sum_{\substack{i_2,\cdots,i_n=1 \\ i_2 < i_3+\cdots+i_n}}^{\infty} \frac{1}{i_2 i_3^{s_3}\cdots i_n^{s_n}(i_3+\cdots+i_n)^{s+1}}$$

也如此. 注意到

$$G_1\begin{pmatrix} 1,1;s_3,\cdots,s_n;s \\ \sigma_1,\sigma_2;\sigma_3,\cdots,\sigma_n;\sigma \end{pmatrix} =$$

$$\sum_{\substack{i_1,\cdots,i_n=1 \\ i_1+i_2=i_3+\cdots+i_n}}^{\infty} \frac{\sigma_1^{i_3+\cdots+i_n-i_2}\sigma_2^{i_2}\sigma_3^{i_3}\cdots\sigma_n^{i_n}\sigma^{i_3+\cdots+i_n}}{i_2 i_3^{s_3}\cdots i_n^{s_n}(i_1+i_2)^{s+1}} +$$

第一部分　Riemann 猜想的历史及进展

$$\sum_{\substack{i_1,\cdots,i_n=1 \\ i_1+i_2=i_3+\cdots+i_n}}^{\infty} \frac{\sigma_1^{i_1}\sigma_2^{i_3+\cdots+i_n-i_1}\sigma_3^{i_3}\cdots\sigma_n^{i_n}\sigma^{i_3+\cdots+i_n}}{i_1 i_3^{s_3}\cdots i_n^{s_n}(i_1+i_2)^{s+1}} =$$

$$\sum_{\substack{i_2,\cdots,i_n=1 \\ i_2<i_3+\cdots+i_n}}^{\infty} \frac{(\sigma_1\sigma_2)^{i_2}\sigma_3^{i_3}\cdots\sigma_n^{i_n}(\sigma_1\sigma)^{i_3+\cdots+i_n}}{i_2 i_3^{s_3}\cdots i_n^{s_n}(i_3+\cdots+i_n)^{s+1}} +$$

$$\sum_{\substack{i_2,\cdots,i_n=1 \\ i_2<i_3+\cdots+i_n}}^{\infty} \frac{(\sigma_1\sigma_2)^{i_2}\sigma_3^{i_3}\cdots\sigma_n^{i_n}(\sigma_3\sigma)^{i_3+\cdots+i_n}}{i_2 i_3^{s_3}\cdots i_n^{s_n}(i_3+\cdots+i_n)^{s+1}}$$

和

$$Z_1\binom{1,s_3,\cdots,s_n;1;s}{\sigma_2,\sigma_3,\cdots,\sigma_n;\sigma_1;\sigma} + Z_1\binom{1,s_3,\cdots,s_n;1;s}{\sigma_1,\sigma_3,\cdots,\sigma_n;\sigma_2;\sigma} =$$

$$\sum_{i_3,\cdots,i_n=1}^{\infty} \frac{\sigma_3^{i_3}\cdots\sigma_n^{i_n}(\sigma_1\sigma)^{i_3+\cdots+i_n}}{i_3^{s_3}\cdots i_n^{s_n}(i_3+\cdots+i_n)^s} \cdot$$

$$\sum_{i_2=1}^{\infty} \left(\frac{(\sigma_1\sigma_2)^{i_2}}{i_2(i_2+\cdots+i_n)} + \frac{(\sigma_1\sigma_2)^{i_2+\cdots+i_n}}{i_2(i_2+\cdots+i_n)} \right) =$$

$$\sum_{i_3,\cdots,i_n=1}^{\infty} \frac{\sigma_3^{i_3}\cdots\sigma_n^{i_n}(\sigma_1\sigma)^{i_3+\cdots+i_n}}{i_3^{s_3}\cdots i_n^{s_n}(i_3+\cdots+i_n)^s} \cdot$$

$$\sum_{i_2=1}^{\infty} \left(\left(\frac{(\sigma_1\sigma_2)^{i_2}}{i_2} - \frac{(\sigma_1\sigma_2)^{i_2+\cdots+i_n}}{i_2+\cdots+i_n} \right) + (\sigma_1\sigma_2)^{i_3+\cdots+i_n}\left(\frac{(\sigma_1\sigma_2)^{i_2}}{i_2} - \frac{(\sigma_1\sigma_2)^{i_2+\cdots+i_n}}{i_2+\cdots+i_n} \right) \right) =$$

$$\sum_{i_3,\cdots,i_n=1}^{\infty} \frac{\sigma_3^{i_3}\cdots\sigma_n^{i_n}(\sigma_1\sigma)^{i_3+\cdots+i_n}}{i_3^{s_3}\cdots i_n^{s_n}(i_3+\cdots+i_n)^{s+1}} \sum_{i_2=1}^{i_3+\cdots+i_n} \frac{(\sigma_1\sigma_2)^{i_2}}{i_2} +$$

$$\sum_{i_3,\cdots,i_n=1}^{\infty} \frac{\sigma_3^{i_3}\cdots\sigma_n^{i_n}(\sigma_2\sigma)^{i_3+\cdots+i_n}}{i_3^{s_3}\cdots i_n^{s_n}(i_3+\cdots+i_n)^{s+1}} \sum_{i_2=1}^{i_3+\cdots+i_n} \frac{(\sigma_1\sigma_2)^{i_2}}{i_2} =$$

$$\sum_{\substack{i_2,\cdots,i_n=1 \\ i_2<i_3+\cdots+i_n}}^{\infty} \frac{(\sigma_1\sigma_2)^{i_2}\sigma_3^{i_3}\cdots\sigma_n^{i_n}(\sigma_1\sigma)^{i_3+\cdots+i_n}}{i_2 i_3^{s_3}\cdots i_n^{s_n}(i_3+\cdots+i_n)^{s+1}} +$$

$$\zeta_{MT,n-2}\begin{pmatrix} s_3, \cdots, s_n; s+2 \\ \sigma_3, \cdots, \sigma_n; \sigma_2\sigma \end{pmatrix} +$$

$$\sum_{\substack{i_2,\cdots,i_n=1 \\ i_2 < i_3 + \cdots + i_n}}^{\infty} \frac{(\sigma_1\sigma_2)^{i_2} \sigma_3^{i_3} \cdots \sigma_n^{i_n} (\sigma_2\sigma)^{i_3+\cdots+i_n}}{i_2 i_3^{s_3} \cdots i_n^{s_n} (i_3 + \cdots + i_n)^{s+1}} +$$

$$\zeta_{MT,n-2}\begin{pmatrix} s_3, \cdots, s_n; s+2 \\ \sigma_3, \cdots, \sigma_n; \sigma_1\sigma \end{pmatrix}$$

因此定理 1 对 $a=b=1$ 成立. 因为 $a,b \in \mathbb{Z}_{\geq 0}$ 和 $a+b=2$ 意味着 $\min(a,b)=0$ 或 $a=b=1$, 所以定理 1 对 $a+b=2$ 成立. 假设定理 1 对 $a+b=m, m \geq 2$ 成立, 现在我们来考虑 $a+b=m+1, a,b \geq 1$ 的情形. 注意到关系式

$$G_1\begin{pmatrix} a,b;s_3,\cdots,s_n;s \\ \sigma_1,\sigma_2;\sigma_3,\cdots,\sigma_n;\sigma \end{pmatrix} =$$

$$G_1\begin{pmatrix} a-1,b;s_3,\cdots,s_n;s+1 \\ \sigma_1,\sigma_2;\sigma_3,\cdots,\sigma_n;\sigma \end{pmatrix} +$$

$$G_1\begin{pmatrix} a,b-1;s_3,\cdots,s_n;s+1 \\ \sigma_1,\sigma_2;\sigma_3,\cdots,\sigma_n;\sigma \end{pmatrix}$$

$$Z_1\begin{pmatrix} b,s_3,\cdots,s_n;a;s \\ \sigma_2;\sigma_3,\cdots,\sigma_n;\sigma_1;\sigma \end{pmatrix} =$$

$$Z_1\begin{pmatrix} b,s_3,\cdots,s_n;a-1;s+1 \\ \sigma_2;\sigma_3,\cdots,\sigma_n;\sigma_1;\sigma \end{pmatrix} -$$

$$Z_1\begin{pmatrix} b-1;s_3,\cdots,s_n;a;s+1 \\ \sigma_2;\sigma_3,\cdots,\sigma_n;\sigma_1;\sigma \end{pmatrix}$$

$$Z_1\begin{pmatrix} a,s_3,\cdots,s_n;b;s \\ \sigma_1;\sigma_3,\cdots,\sigma_n;\sigma_2;\sigma \end{pmatrix} =$$

$$Z_1\begin{pmatrix} a,s_3,\cdots,s_n;b-1;s+1 \\ \sigma_1;\sigma_3,\cdots,\sigma_n;\sigma_2;\sigma \end{pmatrix}-$$

$$Z_1\begin{pmatrix} a-1,s_3,\cdots,s_n;b;s+1 \\ \sigma_1;\sigma_3,\cdots,\sigma_n;\sigma_2;\sigma \end{pmatrix}$$

我们有

$$F_1\begin{pmatrix} a,b;s_3,\cdots,s_n;s \\ \sigma_1,\sigma_2;\sigma_3,\cdots,\sigma_n;\sigma \end{pmatrix}=$$

$$F_1\begin{pmatrix} a-1,b;s_3,\cdots,s_n;s+1 \\ \sigma_1,\sigma_2;\sigma_3,\cdots,\sigma_n;\sigma \end{pmatrix}+$$

$$F_1\begin{pmatrix} a,b-1;s_3,\cdots,s_n;s+1 \\ \sigma_1,\sigma_2;\sigma_3,\cdots,\sigma_n;\sigma \end{pmatrix} \quad (14.10)$$

并且式(14.2)右端的三个级数绝对收敛. 于是由式(14.3)和

$$\sum_{k=0}^{[\frac{a-1}{2}]}\binom{a+b-2k-2}{b-1}+\sum_{k=0}^{[\frac{a}{2}]}\binom{a+b-2k-2}{b-2}=$$

$$\sum_{k=0}^{[\frac{a}{2}]}\binom{a+b-2k-1}{b-1}, a,b \geqslant 1$$

$$\sum_{k=0}^{[\frac{b-1}{2}]}\binom{a+b-2k-2}{a-1}+\sum_{k=0}^{[\frac{b}{2}]}\binom{a+b-2k-2}{a-2}=$$

$$\sum_{k=0}^{[\frac{a}{b}]}\binom{a+b-2k-1}{a-1}, a,b \geqslant 1$$

可得式(14.3). 这就证明了定理1.

定理2的证明 我们与定理1类似地证明定理2. 首先考虑 $a=0$ 的情形. 在

$$Z_2\begin{pmatrix} 0,b,s_3,\cdots,s_n;s_{n+1};s \\ \sigma_1,\sigma_2,\sigma_3,\cdots,\sigma_n;\sigma_{n+1};\sigma \end{pmatrix}$$

中用 i_1 代替 i_1+i_2,得到

$$Z_2\begin{pmatrix} 0,b,s_3,\cdots,s_n;s_{n+1};s \\ \sigma_1,\sigma_2,\sigma_3,\cdots,\sigma_n;\sigma_{n+1};\sigma \end{pmatrix} =$$

$$\sum_{\substack{i_1,\cdots,i_n=1 \\ i_1>i_2}}^{\infty} \frac{(\sigma_1\sigma)^{i_1}(\sigma_1\sigma_2)^{i_2}\sigma_3^{i_3}\cdots\sigma_n^{i_n}\sigma_{n+1}^{i_1+i_3+\cdots+i_n}}{i_1^s i_2^b i_3^{s_3}\cdots i_n^{s_n}(i_1+i_3+\cdots+i_n)^{s_{n+1}}}$$

在

$$\sum_{\substack{i_2,\cdots,i_{n+1}=1 \\ i_2<i_3+\cdots+i_{n+1} \\ i_2>i_3+\cdots+i_n}}^{\infty} \frac{(\sigma_1\sigma)^{i_3+\cdots+i_{n+1}-i_2}\sigma_{n+1}^{i_2}\sigma_3^{i_3}\cdots\sigma_n^{i_n}(\sigma_2\sigma)^{i_{n+1}}}{i_2^{s_{n+1}} i_3^{s_3}\cdots i_n^{s_n} i_{n+1}^b (i_2-i_3-\cdots-i_n)^s}$$

中用 i_2 代替 $i_2-i_3-\cdots-i_n$,得到

$$G_2\begin{pmatrix} 0,s_{n+1};s_3,\cdots,s_n,b;s \\ \sigma_1,\sigma_{n+1};\sigma_3,\cdots,\sigma_n,\sigma_2;\sigma \end{pmatrix} =$$

$$\sum_{\substack{i_2,\cdots,i_{n+1}=1 \\ i_2<i_3+\cdots+i_{n+1} \\ i_2>i_3+\cdots+i_n}}^{\infty} \frac{(\sigma_1\sigma)^{i_3+\cdots+i_{n+1}-i_2}\sigma_{n+1}^{i_2}\sigma_3^{i_3}\cdots\sigma_n^{i_n}(\sigma_2\sigma)^{i_{n+1}}}{i_2^{s_{n+1}} i_3^{s_3}\cdots i_n^{s_n} i_{n+1}^b (i_2-i_3-\cdots-i_n)^s} =$$

$$\sum_{\substack{i_2,\cdots,i_{n+1}=1 \\ i_2<i_{n+1}}}^{\infty} \frac{(\sigma_1\sigma)^{i_2}(\sigma_1\sigma_2)^{i_{n+1}}\sigma_3^{i_3}\cdots\sigma_n^{i_n}\sigma_{n+1}^{i_2+i_3+\cdots+i_n}}{i_2^s i_{n+1}^b i_3^{s_3}\cdots i_n^{s_n}(i_2+i_3+\cdots+i_n)^{s_{n+1}}}$$

同时

$$G_2\begin{pmatrix} b,s_{n+1};s_3,\cdots,s_n,0;s \\ \sigma_2,\sigma_{n+1};\sigma_3,\cdots,\sigma_n,\sigma_1;\sigma \end{pmatrix} =$$

$$\sum_{\substack{i_1,\cdots,i_{n+1}=1 \\ i_2=i_3+\cdots+i_n+i_{n+1}-i_1 \\ i_{n+1}-i_1>0}}^{\infty} \frac{(\sigma_1\sigma)^{i_{n+1}-i_1}(\sigma_1\sigma_2)^{i_1}\sigma_{n+1}^{i_2}\sigma_3^{i_3}\cdots\sigma_n^{i_n}}{i_1^b i_2^{s_{n+1}} i_3^{s_3}\cdots i_n^{s_n}(i_{n+1}-i_1)^s}$$

因此由 $b\geqslant 2$ 和 $(s_3,\cdots,s_{n+1},s)$ 满足式(14.8)知

$$Z_2\begin{pmatrix} 0,b,s_3,\cdots,s_n;s_{n+1};s \\ \sigma_1,\sigma_2,\sigma_3,\cdots,\sigma_n;\sigma_{n+1};\sigma \end{pmatrix}$$

$$G_2\begin{pmatrix} 0,s_{n+1};s_3,\cdots,s_n,b;s \\ \sigma_1,\sigma_{n+1};\sigma_3,\cdots,\sigma_n,\sigma_2;\sigma \end{pmatrix}$$

$$G_2\begin{pmatrix} b,s_{n+1},s_3,\cdots,s_n,0;s \\ \sigma_2,\sigma_{n+1},\sigma_3,\cdots,\sigma_n;\sigma_1;\sigma \end{pmatrix}$$

都绝对收敛,并且我们得到

$$F_2\begin{pmatrix} 0,b;s_3,\cdots,s_n;s_{n+1};s \\ \sigma_1,\sigma_2;\sigma_3,\cdots,\sigma_n;\sigma_{n+1};\sigma \end{pmatrix} =$$

$$(1+(-1)^b)\zeta(b;\sigma_1\sigma_2)\zeta_{MT,n-1} \cdot$$

$$\begin{pmatrix} s,s_3,\cdots,s_n;s_{n+1} \\ \sigma_1\sigma,\sigma_3,\cdots,\sigma_n;\sigma_{n+1} \end{pmatrix} -$$

$$\zeta_{MT,n-1}\begin{pmatrix} s+b,s_3,\cdots,s_n;s_{n+1} \\ \sigma_2\sigma,\sigma_3,\cdots,\sigma_n;\sigma_{n+1} \end{pmatrix}$$

接下来证明 $a=b=1$ 的情形. 类似于定理 1 的证明,我们知道,级数

$$\sum_{\substack{i_1,\cdots,i_n=1 \\ i_1<i_2}}^{\infty} \frac{1}{i_1 i_2^{s+1} i_3^{s_3} \cdots i_n^{s_n}(i_1+\cdots+i_n)^{s_{n+1}}}$$

绝对收敛,而式(14.5) 可由

$$Z_2\begin{pmatrix} 1,1,s_3,\cdots,s_n;s_{n+1};s \\ \sigma_1,\sigma_2,\sigma_3,\cdots,\sigma_n;\sigma_{n+1};\sigma \end{pmatrix} =$$

$$\sum_{\substack{i_1,\cdots,i_n=1 \\ i_1<i_2}}^{\infty} \frac{(\sigma_1\sigma_2)^{i_1}(\sigma_1\sigma)^{i_2}\sigma_3^{i_3}\cdots\sigma_n^{i_n}\sigma_{n+1}^{i_1+\cdots+i_n}}{i_1 i_2^{s+1} i_3^{s_3}\cdots i_n^{s_n}(i_1+\cdots+i_n)^{s_{n+1}}} +$$

$$\sum_{\substack{i_1,\cdots,i_n=1 \\ i_1<i_2}}^{\infty} \frac{(\sigma_1\sigma_2)^{i_1}(\sigma_2\sigma)^{i_2}\sigma_3^{i_3}\cdots\sigma_n^{i_n}\sigma_{n+1}^{i_1+\cdots+i_n}}{i_1 i_2^{s+1} i_3^{s_3}\cdots i_n^{s_n}(i_1+\cdots+i_n)^{s_{n+1}}}$$

$$G_2\begin{pmatrix}1,s_{n+1};s_3,\cdots,s_n,1;s\\\sigma_2,\sigma_{n+1};\sigma_3,\cdots,\sigma_n,\sigma_1;\sigma\end{pmatrix}=$$

$$\sum_{\substack{i_1,\cdots,i_{n+1}=1\\i_2=i_3+\cdots+i_n+i_{n+1}-i_1\\i_{n+1}-i_1>0}}^{\infty}\frac{(\sigma_1\sigma_2)^{i_1}(\sigma_1\sigma)^{i_{n+1}-i_1}\sigma_{n+1}^{i_2}\sigma_3^{i_3}\cdots\sigma_n^{i_n}}{i_1 i_2^{s_{n+1}} i_3^{s_3}\cdots i_n^{s_n} i_{n+1}(i_{n+1}-i_1)^s}=$$

$$\sum_{\substack{i_1,\cdots,i_{n+1}=1\\i_2=i_3+\cdots+i_{n+1}}}^{\infty}\frac{(\sigma_1\sigma_2)^{i_1}(\sigma_1\sigma)^{i_{n+1}}\sigma_{n+1}^{i_2}\sigma_3^{i_3}\cdots\sigma_n^{i_n}}{i_1 i_2^{s_{n+1}} i_3^{s_3}\cdots i_n^{s_n}(i_1+i_{n+1})i_{n+1}^s}=$$

$$\sum_{i_3,\cdots,i_{n+1}=1}^{\infty}\frac{\sigma_3^{i_3}\cdots\sigma_n^{i_n}(\sigma_1\sigma)^{i_{n+1}}\sigma_{n+1}^{i_3+\cdots+i_{n+1}}}{i_3^{s_3}\cdots i_n^{s_n} i_{n+1}^s(i_3+\cdots+i_{n+1})^{s_{n+1}}}\cdot$$

$$\sum_{i_1=1}^{\infty}\frac{(\sigma_1\sigma_2)^{i_1}}{i_1(i_1+i_{n+1})}$$

和

$$G_2\begin{pmatrix}1,s_{n+1};s_3,\cdots,s_n,1;s\\\sigma_1,\sigma_{n+1};\sigma_3,\cdots,\sigma_n,\sigma_2;\sigma\end{pmatrix}=$$

$$\sum_{i_3,\cdots,i_{n+1}=1}^{\infty}\frac{\sigma_3^{i_3}\cdots\sigma_n^{i_n}(\sigma_1\sigma)^{i_{n+1}}\sigma_{n+1}^{i_3+\cdots+i_{n+1}}}{i_3^{s_3}\cdots i_n^{s_n} i_{n+1}^s(i_3+\cdots+i_{n+1})^{s_{n+1}}}\cdot$$

$$\sum_{i_1=1}^{\infty}\frac{(\sigma_1\sigma_2)^{i_1+i_{n+1}}}{i_1(i_1+i_{n+1})}$$

得到. 这样通过对 $a+b$ 的归纳我们就完成了定理 2 的证明.

定理 3 的证明 对

$$F_1\begin{pmatrix}a,b;s;0\\\sigma_1,\sigma_2;\sigma_3;1\end{pmatrix}$$

即

$$\zeta_{MT,2}\begin{pmatrix}a,b;s\\\sigma_1,\sigma_2;\sigma_3\end{pmatrix}+(-1)^b\zeta_{MT,2}\begin{pmatrix}b,s;a\\\sigma_2,\sigma_3;\sigma_1\end{pmatrix}+$$

$$(-1)^a \zeta_{MT,2}\begin{pmatrix} s,a;b \\ \sigma_3,\sigma_1;\sigma_2 \end{pmatrix}$$

应用定理 1,即得定理 3.

定理 4 的证明　注意到

$$G_1\begin{pmatrix} a,s;c,b;0 \\ \sigma_1,\sigma_4;\sigma_3,\sigma_2;1 \end{pmatrix} =$$

$$G_2\begin{pmatrix} a,s;c,b;0 \\ \sigma_1,\sigma_4;\sigma_3,\sigma_2;1 \end{pmatrix} + G_2\begin{pmatrix} s,a;b,c;0 \\ \sigma_4,\sigma_1;\sigma_2,\sigma_3;1 \end{pmatrix} +$$

$$\zeta(a+b;\sigma_1\sigma_2)\zeta(s+c;\sigma_3\sigma_4)$$

$$G_1\begin{pmatrix} b,s;c,a;0 \\ \sigma_2,\sigma_4;\sigma_3,\sigma_1;1 \end{pmatrix} =$$

$$G_2\begin{pmatrix} b,s;c,a;0 \\ \sigma_2,\sigma_4;\sigma_3,\sigma_1;1 \end{pmatrix} + G_2\begin{pmatrix} s,b;a,c;0 \\ \sigma_4,\sigma_2;\sigma_1,\sigma_3;1 \end{pmatrix} +$$

$$\zeta(a+b;\sigma_1\sigma_2)\zeta(s+c;\sigma_3\sigma_4)$$

则易知

$$\zeta_{MT,3}\begin{pmatrix} a,b,c;s \\ \sigma_1,\sigma_2,\sigma_3;\sigma_4 \end{pmatrix} -$$

$$(-1)^{b+c}\zeta_{MT,3}\begin{pmatrix} b,c,s;a \\ \sigma_2,\sigma_3,\sigma_4;\sigma_1 \end{pmatrix} -$$

$$(-1)^{c+a}\zeta_{MT,3}\begin{pmatrix} c,s,a;b \\ \sigma_3,\sigma_4,\sigma_1;\sigma_2 \end{pmatrix} -$$

$$(-1)^{a+b}\zeta_{MT,3}\begin{pmatrix} s,a,b;c \\ \sigma_4,\sigma_1,\sigma_2;\sigma_3 \end{pmatrix} =$$

$$(-1)^a \zeta(a+b;\sigma_1\sigma_2)\zeta(s+c;\sigma_3\sigma_4) +$$

$$(-1)^b \zeta(a+b;\sigma_1\sigma_2)\zeta(s+c;\sigma_3\sigma_4) +$$

$$F_2\begin{pmatrix} a,b;c;s;0 \\ \sigma_1,\sigma_2;\sigma_3;\sigma_4;1 \end{pmatrix} +$$

$$(-1)^{a+b} F_2 \begin{pmatrix} a,b;s;c;0 \\ \sigma_1,\sigma_2;\sigma_4;\sigma_3;1 \end{pmatrix} -$$

$$(-1)^{b} F_1 \begin{pmatrix} a,c;b,s;0 \\ \sigma_1,\sigma_3;\sigma_2,\sigma_4;1 \end{pmatrix} -$$

$$(-1)^{a} F_1 \begin{pmatrix} b,c;a,s;0 \\ \sigma_2,\sigma_3;\sigma_1,\sigma_4;1 \end{pmatrix}$$

于是由定理 1 和定理 2 得式(14.6).

定理 5 的证明 将 i_1,i_2,i_3,i_4 分别用 $l,m+n,n,l+m$ 代换,我们得到

$$\sum_{\substack{i_1,i_2,i_3,i_4=1 \\ i_1+i_2=i_3+i_4 \\ i_1<i_4}}^{\infty} \frac{\sigma_1^{i_1}\sigma_2^{i_2}\sigma_3^{i_3}\sigma_4^{i_4}\sigma^{i_1+i_2}}{i_1^{s_1}i_2^{s_2}i_3^{s_3}i_4^{s_4}(i_1+i_2)^s} =$$

$$\zeta_{sl(4)} \begin{pmatrix} s_1,0,s_3,s_4,s_2,s \\ \sigma_1,1,\sigma_3,\sigma_4,\sigma_2,\sigma \end{pmatrix}$$

因此

$$G_1 \begin{pmatrix} a,b;s_1,s_2;s_3 \\ \tau_1,\tau_2;\sigma_1,\sigma_2;\sigma_3 \end{pmatrix} = \sum_{\substack{i_1,i_2,i_3,i_4=1 \\ i_1+i_2=i_3+i_4 \\ i_1<i_4}}^{\infty} \frac{\tau_1^a \tau_2^b \sigma_1^{i_1} \sigma_2^{i_2} \sigma_3^{i_1+i_2}}{i_1^a i_2^b i_3^{s_1} i_4^{s_2} (i_1+i_2)^{s_3}} +$$

$$\sum_{\substack{i_1,i_2,i_3,i_4=1 \\ i_1+i_2=i_3+i_4 \\ i_1<i_4}}^{\infty} \frac{\tau_2^b \tau_1^a \sigma_2^{i_2} \sigma_1^{i_1} \sigma_3^{i_1+i_2}}{i_1^b i_2^a i_3^{s_2} i_4^{s_1} (i_1+i_2)^{s_3}} + \zeta_{MT,2} \begin{pmatrix} s_1+a,s_2+b;s_3 \\ \sigma_1\tau_1,\sigma_2\tau_2;\sigma_3 \end{pmatrix} =$$

$$\zeta_{sl(4)} \begin{pmatrix} a,0,s_1,s_2,b,s_3 \\ \tau_1,1,\sigma_1,\sigma_2,\tau_2,\sigma_3 \end{pmatrix} + \zeta_{sl(4)} \begin{pmatrix} b,0,s_2,s_1,a,s_3 \\ \tau_2,1,\sigma_2,\sigma_1,\tau_1,\sigma_3 \end{pmatrix} +$$

$$\zeta_{MT,2} \begin{pmatrix} s_1+a,s_2+b;s_3 \\ \sigma_1\tau_1,\sigma_2\tau_2;\sigma_3 \end{pmatrix} \tag{14.11}$$

于是由定理 1 取 $n=4$,式(14.11) 以及

$$Z_1\begin{pmatrix}s_1,s_2,s_3;s_4;s\\ \sigma_1,\sigma_2,\sigma_3;\sigma_4;\sigma\end{pmatrix}=\zeta_{sl(4)}\begin{pmatrix}s_2,s_3,s_1,s,0,s_4\\ \sigma_2,\sigma_3,\sigma_1,\sigma,1,\sigma_4\end{pmatrix}$$

得到定理 5.

定理 6 的证明 将 i_1,i_2,i_3,i_4 分别用 $l,m+n,n,l+m$ 代换,我们得到

$$G_2\begin{pmatrix}s_1,s_2;s_3,s_4;s\\ \sigma_1,\sigma_2;\sigma_3,\sigma_4;\sigma\end{pmatrix}=\zeta_{sl(4)}\begin{pmatrix}s_1,s,s_3,s_4,s_2,0\\ \sigma_1,\sigma,\sigma_3,\sigma_4,\sigma_2,1\end{pmatrix}$$

于是由定理 2 取 $n=4$ 和

$$Z_2\begin{pmatrix}s_1,s_2,s_3;s_4;s\\ \sigma_1,\sigma_2,\sigma_3;\sigma_4;\sigma\end{pmatrix}=\zeta_{sl(4)}\begin{pmatrix}s_1,s_2,s_3,s,0,s_4\\ \sigma_1,\sigma_2,\sigma_3,\sigma,1,\sigma_4\end{pmatrix}$$

得到定理 6.

3. 例子

当 $a+b+c$ 是奇数时,Tsumura 在资料[13]中对 $a+b+c\leqslant 9$ 给出了 $S(a,b,c)$ 的表达式,而 Zhou 等人在资料[14]中提供了一条途径对 $a+b+c\leqslant 5$ 给出 $R(a,b,c)$ 的表达式.虽然 $S(a,b,c)$ 和 $R(a,b,c)$ 在推论 5 中的表达式看起来和资料[13,14]中的不同,我们可以检验资料[13,14]中列出的所有例子实际上都与本章给出的一致,但是本章中的表达式在形式上要简单些.在这里我们列出当 $a+b+c=7$ 时 $R(a,b,c)$ 的结果.

$$R(1,1,5)=\frac{1}{960}\pi^4\zeta(3)+\frac{5}{64}\pi^2\zeta(5)-\frac{121}{128}\zeta(7)$$

$$R(1,2,4)=\frac{1}{64}\pi^4\zeta(3)+\frac{59}{192}\pi^2\zeta(5)-5\zeta(7)$$

$$R(1,3,3)=\frac{11}{64}\pi^2\zeta(5)-\frac{121}{64}\zeta(7)$$

$$R(1,4,2) = -\frac{7}{720}\pi^4\zeta(3) - \frac{1}{64}\pi^2\zeta(5) + \frac{121}{128}\zeta(7)$$

$$R(1,5,1) = \frac{7}{720}\pi^4\zeta(3) + \frac{1}{12}\pi^2\zeta(5) - \frac{377}{128}\zeta(7)$$

$$R(2,1,4) = -\frac{1}{64}\pi^4\zeta(3) - \frac{45}{64}\pi^2\zeta(5) + \frac{569}{64}\zeta(7)$$

$$R(2,2,3) = -\frac{19}{48}\pi^2\zeta(5) + \frac{249}{64}\zeta(7)$$

$$R(2,3,2) = -\frac{43}{192}\pi^2\zeta(5) + 2\zeta(7)$$

$$R(2,4,1) = -\frac{7}{720}\pi^4\zeta(3) - \frac{23}{96}\pi^2\zeta(5) + \frac{377}{128}\zeta(7)$$

$$R(3,1,3) = \frac{55}{64}\pi^2\zeta(5) - \frac{1131}{128}\zeta(7)$$

$$R(3,2,2) = \frac{89}{192}\pi^2\zeta(5) - \frac{633}{128}\zeta(7)$$

$$R(3,3,1) = \frac{23}{96}\pi^2\zeta(5) - \frac{377}{128}\zeta(7)$$

$$R(4,1,2) = -\frac{1}{120}\pi^4\zeta(3) - \frac{45}{64}\pi^2\zeta(5) + \frac{505}{64}\zeta(7)$$

$$R(4,2,1) = -\frac{1}{120}\pi^4\zeta(3) - \frac{23}{96}\pi^2\zeta(5) + \frac{377}{128}\zeta(7)$$

$$R(5,1,1) = \frac{1}{120}\pi^4\zeta(3) + \frac{5}{32}\pi^2\zeta(5) - \frac{377}{128}\zeta(7)$$

根据式(14.7)和定理4,我们也可以计算偶数 $a+b+c+d$ 的

$$\zeta_{MT,3}\begin{pmatrix} a,b,c;d \\ \sigma_1,\sigma_2,\sigma_3;\sigma_4 \end{pmatrix}$$

例如,如果 d 是正奇数,那么

$$\zeta_{MT,3}\begin{pmatrix} 1,1,1;d \\ 1,1,1;-1 \end{pmatrix} =$$

第一部分　Riemann猜想的历史及进展

$$-\frac{2^d-1}{3\cdot 2^{d+1}}\pi^2\zeta(d+1)+dR(1,d+1,1)+$$

$$dS(1,d+1,1)+$$

$$\sum_{k=0}^{\frac{d-1}{2}}\frac{2^{2k-1}-1}{2^{2k-2}}\zeta(2k)(T(1,d-2k+1,1)+$$

$$T(1,1,d-2k+1))$$

不过我们无法计算偶数 $a+b+c$ 的 $S(a,b,c)$ 和 $R(a,b,c)$.

在定理5中取 $(a,b)=(1,2),(1,3),(2,2)$，我们有

$$\zeta_{sl(4)}\begin{pmatrix}1,0,s_1,s_2,2,s_3\\ \tau_1,1,\sigma_1,\sigma_2,\tau_2,\sigma_3\end{pmatrix}+\zeta_{sl(4)}\begin{pmatrix}2,0,s_2,s_1,1,s_3\\ \tau_2,1,\sigma_2,\sigma_1,\tau_1,\sigma_3\end{pmatrix}+$$

$$\zeta_{sl(4)}\begin{pmatrix}s_1,s_2,2,s_3,0,1\\ \sigma_1,\sigma_2,\tau_2,\sigma_3,1,\tau_1\end{pmatrix}-\zeta_{sl(4)}\begin{pmatrix}s_1,s_2,1,s_3,0,2\\ \sigma_1,\sigma_2,\tau_1,\sigma_3,1,\tau_2\end{pmatrix}=$$

$$-\zeta_{MT,2}\begin{pmatrix}s_1+1,s_2+2;s_3\\ \sigma_1\tau_1,\sigma_2\tau_2;\sigma_3\end{pmatrix}-2\zeta_{MT,2}\begin{pmatrix}s_1,s_2;s_3+3\\ \sigma_1,\sigma_2;\sigma_3\tau_2\end{pmatrix}-$$

$$\zeta_{MT,2}\begin{pmatrix}s_1,s_2;s_3+3\\ \sigma_1,\sigma_2;\sigma_3\tau_1\end{pmatrix}+\frac{\pi^2}{3}(2^{\tau_1\tau_2}-1)\zeta_{MT,2}\begin{pmatrix}s_1,s_2;s_3+1\\ \sigma_1,\sigma_2;\sigma_3\tau_1\end{pmatrix}$$

$$\zeta_{sl(4)}\begin{pmatrix}1,0,s_1,s_2,3,s_3\\ \tau_1,1,\sigma_1,\sigma_2,\tau_2,\sigma_3\end{pmatrix}+\zeta_{sl(4)}\begin{pmatrix}3,0,s_2,s_1,1,s_3\\ \tau_2,1,\sigma_2,\sigma_1,\tau_1,\sigma_3\end{pmatrix}-$$

$$\zeta_{sl(4)}\begin{pmatrix}s_1,s_2,3,s_3,0,1\\ \sigma_1,\sigma_2,\tau_2,\sigma_3,1,\tau_1\end{pmatrix}-\zeta_{sl(4)}\begin{pmatrix}s_1,s_2,1,s_3,0,3\\ \sigma_1,\sigma_2,\tau_1,\sigma_3,1,\tau_2\end{pmatrix}=$$

$$-\zeta_{MT,2}\begin{pmatrix}s_1+1,s_2+3;s_3\\ \sigma_1\tau_1,\sigma_2\tau_2;\sigma_3\end{pmatrix}-3\zeta_{MT,2}\begin{pmatrix}s_1,s_2;s_3+4\\ \sigma_1,\sigma_2;\sigma_3\tau_2\end{pmatrix}-$$

$$\zeta_{MT,2}\begin{pmatrix}s_1,s_2;s_3+4\\ \sigma_1,\sigma_2;\sigma_3\tau_1\end{pmatrix}+\frac{\pi^2}{3}(2^{\tau_1\tau_2}-1)\zeta_{MT,2}\begin{pmatrix}s_1,s_2;s_3+2\\ \sigma_1,\sigma_2;\sigma_3\tau_1\end{pmatrix}$$

$$\zeta_{sl(4)}\begin{pmatrix}2,0,s_1,s_2,2,s_3\\\tau_1,1,\sigma_1,\sigma_2,\tau_2,\sigma_3\end{pmatrix}+\zeta_{sl(4)}\begin{pmatrix}2,0,s_2,s_1,2,s_3\\\tau_2,1,\sigma_2,\sigma_1,\tau_1,\sigma_3\end{pmatrix}+$$

$$\zeta_{sl(4)}\begin{pmatrix}s_1,s_2,2,s_3,0,2\\\sigma_1,\sigma_2,\tau_2,\sigma_3,1,\tau_1\end{pmatrix}+\zeta_{sl(4)}\begin{pmatrix}s_1,s_2,2,s_3,0,2\\\sigma_1,\sigma_2,\tau_1,\sigma_3,1,\tau_2\end{pmatrix}=$$

$$-\zeta_{MT,2}\begin{pmatrix}s_1+2,s_2+2;s_3\\\sigma_1\tau_1,\sigma_2\tau_2;\sigma_3\end{pmatrix}-3\zeta_{MT,2}\begin{pmatrix}s_1,s_2;s_3+4\\\sigma_1,\sigma_2;\sigma_3\tau_2\end{pmatrix}+$$

$$\frac{\pi^2}{3}(2^{\tau_1\tau_2}-1)\zeta_{MT,2}\begin{pmatrix}s_1,s_2;s_3+2\\\sigma_1,\sigma_2;\sigma_3\tau_2\end{pmatrix}-$$

$$3\zeta_{MT,2}\begin{pmatrix}s_1,s_2;s_3+4\\\sigma_1,\sigma_2;\sigma_3\tau_1\end{pmatrix}+\frac{\pi^2}{3}(2^{\tau_1\tau_2}-1)\zeta_{MT,2}\begin{pmatrix}s_1,s_2;s_3+2\\\sigma_1,\sigma_2;\sigma_3\tau_1\end{pmatrix}$$

特别地,如果 $\tau_1=\tau_2=\sigma_1=\sigma_2=\sigma_3=1$,这就是资料[9]中的例5.11.然而,我们得到这些表达式的方法看起来要简单些.

在定理6中取$(a,b)=(1,2),(1,3),(2,2)$,我们有

$$\zeta_{sl(4)}\begin{pmatrix}1,2,s_1,s_3,0,s_2\\\tau_1,\tau_2,\sigma_1,\sigma_3,1,\sigma_2\end{pmatrix}+\zeta_{sl(4)}\begin{pmatrix}2,s_3,s_1,1,s_2,0\\\tau_2,\sigma_3,\sigma_1,\tau_1,\sigma_2,1\end{pmatrix}-$$

$$\zeta_{sl(4)}\begin{pmatrix}1,s_3,s_1,2,s_2,0\\\tau_1,\sigma_3,\sigma_1,\tau_2,\sigma_2,1\end{pmatrix}=$$

$$-2\zeta_{MT,2}\begin{pmatrix}s_3+3,s_1;s_2\\\sigma_3\tau_2,\sigma_1;\sigma_2\end{pmatrix}-\zeta_{MT,2}\begin{pmatrix}s_3+3,s_1;s_2\\\sigma_3\tau_1,\sigma_1;\sigma_2\end{pmatrix}+$$

$$\frac{\pi^2}{3}(2^{\tau_1\tau_2}-1)\zeta_{MT,2}\begin{pmatrix}s_3+1,s_1;s_2\\\sigma_3\tau_1,\sigma_1;\sigma_2\end{pmatrix}$$

$$\zeta_{sl(4)}\begin{pmatrix}1,2,s_1,s_3,0,s_2\\\tau_1,\tau_2,\sigma_1,\sigma_3,1,\sigma_2\end{pmatrix}-\zeta_{sl(4)}\begin{pmatrix}3,s_3,s_1,1,s_2,0\\\tau_2,\sigma_3,\sigma_1,\tau_1,\sigma_2,1\end{pmatrix}-$$

第一部分 Riemann 猜想的历史及进展

$$\zeta_{sl(4)}\begin{pmatrix} 1,s_3,s_1,3,s_2,0 \\ \tau_1,\sigma_3,\sigma_1,\tau_2,\sigma_2,1 \end{pmatrix} =$$

$$-3\zeta_{MT,2}\begin{pmatrix} s_3+4,s_1;s_2 \\ \sigma_3\tau_2,\sigma_1;\sigma_2 \end{pmatrix} - \zeta_{MT,2}\begin{pmatrix} s_3+4,s_1;s_2 \\ \sigma_3\tau_1,\sigma_1;\sigma_2 \end{pmatrix} +$$

$$\frac{\pi^2}{3}(2^{\tau_1\tau_2}-1)\zeta_{MT,2}\begin{pmatrix} s_3+2,s_1;s_2 \\ \sigma_3\tau_1,\sigma_1;\sigma_2 \end{pmatrix}$$

$$\zeta_{sl(4)}\begin{pmatrix} 2,2,s_1,s_3,0,s_2 \\ \tau_1,\tau_2,\sigma_1,\sigma_3,1,\sigma_2 \end{pmatrix} + \zeta_{sl(4)}\begin{pmatrix} 2,s_3,s_1,2,s_2,0 \\ \tau_2,\sigma_3,\sigma_1,\tau_1,\sigma_2,1 \end{pmatrix} +$$

$$\zeta_{sl(4)}\begin{pmatrix} 2,s_3,s_1,2,s_2,0 \\ \tau_1,\sigma_3,\sigma_1,\tau_2,\sigma_2,1 \end{pmatrix} =$$

$$-3\zeta_{MT,2}\begin{pmatrix} s_3+4,s_1;s_2 \\ \sigma_3\tau_2,\sigma_1;\sigma_2 \end{pmatrix} + \frac{\pi^2}{3}(2^{\tau_1\tau_2}-1)\zeta_{MT,2}\begin{pmatrix} s_3+2,s_1;s_2 \\ \sigma_3\tau_2,\sigma_1;\sigma_2 \end{pmatrix} -$$

$$3\zeta_{MT,2}\begin{pmatrix} s_3+4,s_1;s_2 \\ \sigma_3\tau_1,\sigma_1;\sigma_2 \end{pmatrix} + \frac{\pi^2}{3}(2^{\tau_1\tau_2}-1)\zeta_{MT,2}\begin{pmatrix} s_3+2,s_1;s_2 \\ \sigma_3\tau_1,\sigma_1;\sigma_2 \end{pmatrix}$$

特别地,如此 $\tau_1 = \tau_2 = \sigma_1 = \sigma_2 = \sigma_3 = 1$,我们得到

$$\zeta_{sl(4)}(1,2,s_1,s_3,0,s_2) + \zeta_{sl(4)}(2,s_3,s_1,1,s_2,0) -$$
$$\zeta_{sl(4)}(1,s_3,s_1,2,s_2,0) =$$
$$-3T(s_3+3,s_1,s_2) + \frac{\pi^2}{3}T(s_3+1,s_1,s_2) \quad (14.12)$$

$$\zeta_{sl(4)}(1,2,s_1,s_3,0,s_2) - \zeta_{sl(4)}(3,s_3,s_1,1,s_2,0) -$$
$$\zeta_{sl(4)}(1,s_3,s_1,3,s_2,0) =$$
$$-4T(s_3+4,s_1,s_2) + \frac{\pi^2}{3}T(s_3+2,s_1,s_2)$$

$$\zeta_{sl(4)}(2,2,s_1,s_3,0,s_2) + \zeta_{sl(4)}(2,s_3,s_1,2,s_2,0) +$$
$$\zeta_{sl(4)}(2,s_3,s_1,2,s_2,0) =$$
$$-6T(s_3+4,s_1,s_2) + \frac{2\pi^2}{3}T(s_3+2,s_1,s_2)$$

在定理 5 和定理 6 中,如果 $s_1, s_2, s_3 \in \mathbb{Z}_{>0}$ 并且 $s_1 + s_2 + s_3 + a + b$ 是奇数,我们可以进一步通过定理 7 将上面几个式子的左端用 Riemann ζ 值表示出. 例如,在式 (14.12) 中取 $(s_1, s_2, s_3) = (2,1,1), (1,2,1), (1,1,2)$,我们得到

$$\zeta_{sl(4)}(1,2,2,1,0,1) + \zeta_{sl(4)}(2,1,2,1,1,0) - \zeta_{sl(4)}(1,1,2,2,1,0) =$$
$$\frac{7}{90}\pi^4\zeta(3) - 2\pi^2\zeta(5) + 12\zeta(7)$$

$$\zeta_{sl(4)}(1,2,1,1,0,2) + \zeta_{sl(4)}(2,1,1,1,2,0) - \zeta_{sl(4)}(1,1,1,2,2,2,0) =$$
$$\frac{1}{45}\pi^4\zeta(3) - 2\pi^2\zeta(5) + 18\zeta(7)$$

$$\zeta_{sl(4)}(1,2,1,2,0,1) + \zeta_{sl(4)}(2,2,1,1,1,0) - \zeta_{sl(4)}(1,2,1,2,1,0) =$$
$$-\frac{1}{45}\pi^4\zeta(3) + \frac{3}{2}\pi^2\zeta(5) - 12\zeta(7)$$

参考资料

[1] TORNHEIM L. Harmonic double series. Amer. J. Math. , 1950,72: 303-314.

[2] SUBBARAO M V, SITARAMACHANDRARAO R. On some infinite series of L. J. Modell and their analogues. Pacific J. Math. , 1985, 119:245-255.

[3] MATSUMOTO K. On the analytic contiuation of various multiple Zeta-function. In: Bennett M A, et al. eds. Number Theory for the Millennium, vol. II. Proceedings of Millennial Conference on Number Theory. Wellesley: A K Peters, 2002,417-440.

[4] MATSUMOTO K. On Mordell-Tornheim and other multiple zeta-function. In: Heath-Brown D R, Moroz B Z, eds. Proceedings of the Session in Analytic Number Theory and Diophantine

第一部分　Riemann猜想的历史及进展

Equations. Bonner Math Schriften, vol. 360. Bonn: Univ Bonn, 2003.

[5] HUARD J G, WILLAMS K S, ZHANG N Y. On Tornheim's double series. Acta. Arith., 1996, 75: 105-117.

[6] MATSUMOTO K, NAKAMURA T, OCHIAI H, et al. On value-relations, functional relations and singularities of Mordell-Tornheim and related triple Zeta-functions. Acta. Arith., 2008, 132: 99-125.

[7] TSUMURA H. On Mordell-Tornheim Zeta-values. Proc. Amer. Math. Soc., 2005, 133: 2387-2393.

[8] ZAGIER D. Values of Zeta functions and their applications. In: Proc First Congress of Math., vol. II. Progress in Math., vol. 120. Boston: Birkhäuser, 1994, 497-512.

[9] MATSUMOTO K, TSUMURA H. On Witten multiple zeta-functions associated with semisimple lie algebras I. Ann. Inst. Fourier (Grenoble), 2006, 56: 1457-1504.

[10] NAKAMURA T. Double Lerch value relations and functional relations for Witten Zeta functions. Tokyo J. Math., 2008, 31: 551-574.

[11] NAKAMURA T. A functional relation for the Tornheim double Zeta function. Acta. Arith., 2006, 125: 257-263.

[12] ZHOU X, BRADLEY D M. On Mordell-Tornheim sums and multiple Zeta values. Preprint, 2008.

[13] TSUMURA H. Evalution formulas for Tornheim's type of alternating double series. Math. Comp., 2004, 73: 251-268.

[14] ZHOU X, CAI T, BRADLEY D M. Signed q-analogs of Tornheim's double series. Proc. Amer. Math. Soc., 2008, 136: 2689-2698.

第十五章　一个关于级数的恒等式及其应用①

在正项级数收敛理论的讨论中,往往运用括项这一处理手法,如调和级数发散性的证明就是这样. 苏州大学的周英教授导出了一个类似于括项的简单恒等式,由此容易证明 Cauchy 凝集定理及一类级数的分解定理,从而方便地推证 Riemann ζ 函数 $\zeta(s) = \sum_{n=1}^{+\infty} \dfrac{1}{n^s}$ 的一个性质.

引理 $\sum_{i=1}^{2^n} a_i = \sum_{k=0}^{n} 2^k \left[\sum_{i=1}^{2^{n-k}} (-1)^{i-1} a_{i \cdot 2^k} \right].$

证明 显然

$$\sum_{i=1}^{2^n} a_i = 2 \sum_{i=1}^{2^{n-1}} a_{2i} + \sum_{i=1}^{2^n} (-1)^{i-1} a_i$$

又

$$\sum_{i=1}^{2^{n-1}} a_{2i} = 2 \sum_{i=1}^{2^{n-2}} a_{2(2i)} + \sum_{i=1}^{2^{n-1}} (-1)^{i-1} a_{2i}$$

则

$$\sum_{i=1}^{2^n} a_i = 2 \left[2 \sum_{i=1}^{2^{n-2}} a_{i \cdot 2^2} + \sum_{i=1}^{2^{n-1}} (-1)^{i-1} a_{i \cdot 2} \right] + \sum_{i=1}^{2^n} (-1)^{i-1} a_i =$$

---

① 摘编自《数学的实践与认识》,1983(4).

第一部分　Riemann 猜想的历史及进展

$$2^2 \sum_{i=1}^{2^{n-2}} a_{i \cdot 2^2} + 2 \sum_{i=1}^{2^{n-1}} (-1)^{i-1} a_{i \cdot 2} +$$

$$\sum_{i=1}^{2^n} (-1)^{i-1} a_i = \cdots =$$

$$2^n a_{2^n} + 2^{n-1}(a_{2^{n-1}} - a_{2^n}) + \cdots +$$

$$2 \sum_{i=1}^{2^{n-1}} (-1)^{i-1} a_{i \cdot 2} + \sum_{i=1}^{2^n} (-1)^{i-1} a_i =$$

$$\sum_{k=0}^{n} 2^k \left[\sum_{i=1}^{2^{n-k}} (-1)^{i-1} a_{i \cdot 2^k} \right]$$

引理证毕.

例 1　设 $a_1 \geqslant a_2 \geqslant \cdots \geqslant a_n \geqslant a_{n+1} \geqslant \cdots \geqslant 0$，则级数 $\sum\limits_{n=1}^{+\infty} a_n$ 与 $\sum\limits_{n=1}^{+\infty} 2^n a_{2^n}$ 具有相同的敛散性（Cauchy 凝集定理）.

证明　由于数列 $\{a_n\}$ 单调下降且非负，所以

$$a_{2^k} - a_{2 \cdot 2^k} \leqslant \sum_{i=1}^{2^{n-k}} (-1)^{i-1} a_{i \cdot 2^k} \leqslant a_{2^k}, k \leqslant n$$

由引理

$$\sum_{k=0}^{n-1} 2^k (a_{2^k} - a_{2 \cdot 2^k}) + 2^n a_{2^n} \leqslant \sum_{i=1}^{2^n} a_i \leqslant \sum_{k=0}^{n} 2^k a_{2^k}$$

而

$$\sum_{k=0}^{n-1} 2^k (a_{2^k} - a_{2 \cdot 2^k}) + 2^n a_{2^n} =$$

$$(a_1 - a_2) + 2(a_2 - a_4) + \cdots +$$

$$2^{n-1}(a_{2^{n-1}} - a_{2^n}) + 2^n a_{2^n} =$$

$$a_1 + a_2 + 2a_4 + \cdots +$$

$$2^{n-2} a_{2^{n-1}} + 2^{n-1} a_{2^n} =$$

$$\frac{1}{2} a_1 + \frac{1}{2} \sum_{k=0}^{n} 2^k a_{2^k}$$

故
$$\frac{1}{2}\sum_{k=0}^{n} 2^k a_{2^k} \leqslant \sum_{i=1}^{2^n} a_i \leqslant \sum_{k=0}^{n} 2^k a_{2^k}$$

可见级数 $\sum_{n=1}^{+\infty} a_n$ 与 $\sum_{n=1}^{+\infty} 2^n a_{2^n}$ 有相同的敛散性.

定理 设 $a_1 \geqslant a_2 \geqslant \cdots \geqslant a_n \geqslant a_{n+1} \geqslant \cdots \geqslant 0$, 且

$$\lim_{n \to +\infty} a_n = 0$$

令

$$S_n = 2^n \sum_{k=1}^{+\infty} (-1)^{k-1} a_{k \cdot 2^n}$$

则级数 $\sum_{n=1}^{+\infty} a_n$ 与 $\sum_{n=1}^{+\infty} S_n$ 有相同的敛散性;若收敛,它们有相同的和.

证明 先证明定理的第一部分.

对任意确定的 n 来说,级数 $\sum_{k=1}^{+\infty} (-1)^{k-1} a_{k \cdot 2^n}$ 是 Leibniz 型交错级数,即收敛;从而 S_n 是一个有限数,且

$$0 \leqslant 2^n (a_{2^n} - a_{2 \cdot 2^n}) \leqslant S_n \leqslant 2^n a_{2^n}$$

又

$$\frac{1}{2}\sum_{n=0}^{m} 2^n a_{2^n} \leqslant \sum_{n=0}^{m} S_n \leqslant \sum_{n=0}^{m} 2^n a_{2^n}$$

从而级数 $\sum S_n$ 与 $\sum 2^n a_{2^n}$ 有相同的敛散性,再由 Cauchy 凝集定理知,级数 $\sum a_n$ 与 $\sum S_n$ 有相同的敛散性.

其次证明定理的第二部分. 令

$$\sum a_n = S^*, \sum S_n = S$$

所以

第一部分　Riemann 猜想的历史及进展

$$\varepsilon > 0, \exists N_1 > 0, S^* - \sum_{k=1}^{n} a_k < \varepsilon$$

$$\sum_{k=n}^{m} a_k < \varepsilon, m > n > N_1$$

$$\varepsilon > 0, \exists N_2 > 0, S - \sum_{k=1}^{n} S_k < \varepsilon$$

$$\sum_{k=n}^{m} S_k < \varepsilon, m > n > N_2$$

取 $p > \max(N_1, N_2)$,则

$$\varepsilon > 0, \exists n_i > 0$$

$$S_i - 2^i \sum_{k=1}^{n} (-1)^{k-1} a_{k \cdot 2^i} < \frac{\varepsilon}{p+1}, n > n_i$$

$$i = 0, 1, \cdots, p-1, p$$

再取 $N > 0, N > 2p, 2^{N-p} > \max(n_0, n_1, \cdots, n_p)$,那么

$$|S^* - S| =$$

$$\left| S^* - \sum_{k=1}^{2^N} a_k + \sum_{k=1}^{2^N} a_k - \sum_{k=0}^{N} S_k + \sum_{k=0}^{N} S_k - S \right| \leq$$

$$\left| S^* - \sum_{k=1}^{2^N} a_k \right| + \left| \sum_{k=1}^{2^N} a_k - \sum_{k=0}^{N} S_k \right| + \left| \sum_{k=0}^{N} S_k - S \right| \leq$$

$$2\varepsilon + \left| \sum_{k=1}^{2^N} a_k - \sum_{k=0}^{N} S_k \right|$$

由引理

$$\sum_{k=1}^{2^N} a_k = \sum_{k=1}^{2^N} 2^k \left[\sum_{i=1}^{2^{N-k}} (-1)^{i-1} a_{i \cdot 2^k} \right] =$$

$$\sum_{k=0}^{p} 2^k \left[\sum_{i=1}^{2^{N-k}} (-1)^{i-1} a_{i \cdot 2^k} \right] +$$

$$\sum_{k=p+1}^{N} 2^{p+1} \cdot 2^{N-p-1} \left[\sum_{i=1}^{2^{N-k}} (-1)^{i-1} a_{i \cdot 2^k} \right] =$$

$$\sum_{0}^{p} + \sum_{p+1}^{N}$$

而

$$\sum_{p+1}^{N} = 2^{p+1}(a_{2^{p+1}} + a_{2 \cdot 2^{p+1}} + a_{3 \cdot 2^{p+1}} + \cdots + a_{2^N}) \leqslant$$
$$2(a_{2^p} + a_{2^{p+1}} + a_{2^{p+2}} + \cdots + a_{2^N}) < 2\varepsilon$$

所以

$$\left| \sum_{k=1}^{2^N} a_k - \sum_{k=0}^{N} S_k \right| = \left| \sum_{k=1}^{2^N} a_k - \sum_{k=0}^{p} S_k - \sum_{k=p+1}^{N} S_k \right| \leqslant$$
$$\sum_{k=0}^{p} \left| S_k - 2^k \sum_{i=1}^{2^{N-k}} (-1)^{i-1} a_{i \cdot 2^k} \right| +$$
$$\left| \sum_{k=p+1}^{N} S_k \right| + 2(a_{2^p} + a_{2^{p+1}} + \cdots + a_{2^N}) \leqslant$$
$$(p+1)\left(\frac{\varepsilon}{p+1}\right) + \varepsilon + 2\varepsilon = 4\varepsilon$$

综合上面各式,有

$$|S^* - S| < 69\varepsilon$$

由于 ε 可以任意小,故 $S^* = S$,即

$$\sum_{n=1}^{+\infty} a_n = \sum_{n=0}^{+\infty} S_n$$

定理得证.

例 2 讨论 Riemann ζ 函数 $\zeta(s)$ 的一个性质.

显然,当 $s > 1$ 时,数列 $\left\{\dfrac{1}{n^s}\right\}$ 为单调下降正项数列,且 $\lim\limits_{n \to +\infty} \dfrac{1}{n^s} = 0.$ 又

$$S_n = 2^n \sum_{k=1}^{+\infty} (-1)^{k-1} \frac{1}{(k \cdot 2^n)^s} =$$
$$\left(\frac{1}{2^{s-1}}\right)^n \sum_{k=1}^{+\infty} \frac{(-1)^{k-1}}{k^s}$$

令

$$\sum_{k=1}^{+\infty} \frac{(-1)^{k-1}}{k^s} = \alpha$$

则

$$S_n = \alpha \left(\frac{1}{2^{s-1}}\right)^n$$

由定理得

$$\zeta(s) = \sum_{k=1}^{+\infty} \frac{1}{n^s} = \sum_{k=0}^{+\infty} S_n = \alpha \sum_{k=1}^{+\infty} \left(\frac{1}{2^{s-1}}\right)^n =$$

$$\frac{\alpha}{1-2^{1-s}}$$

所以当 $s > 1$ 时,有

$$(1-2^{1-s})\zeta(s) = \alpha = \sum_{k=1}^{+\infty} (-1)^{k-1} \frac{1}{k^s}$$

或

$$(1-2^{1-s}) \sum_{k=1}^{+\infty} \frac{1}{n^s} = \sum_{n=1}^{+\infty} (-1)^{n-1} \frac{1}{n^s}$$

由引理所得的简单恒等式,还可以导出一些较为精细的不等式. 例如对调和级数,显然有

$$\sum_{k=0}^{n-2} a^k \left(\frac{1}{2^k} - \frac{1}{2 \cdot 2^k} + \frac{1}{3 \cdot 2^k} - \frac{1}{4 \cdot 2^k}\right) +$$

$$2^{n-1}\left(\frac{1}{2^{n-1}} - \frac{1}{2 \cdot 2^{n-1}}\right) + 2^n \left(\frac{1}{2^n}\right) \leqslant \sum_{k=1}^{2^n} \frac{1}{k} \leqslant$$

$$\sum_{k=0}^{n-3} 2^k \left(\frac{1}{2^k} - \frac{1}{2 \cdot 2^k} + \frac{1}{3 \cdot 2^k} - \frac{1}{4 \cdot 2^k} + \frac{1}{5 \cdot 2^k}\right) +$$

$$2^{n-2}\left(\frac{1}{2^{n-2}} - \frac{1}{2 \cdot 2^{n-2}} + \frac{1}{3 \cdot 2^{n-2}} - \frac{1}{4 \cdot 2^{n-2}}\right) +$$

$$2^{n-1}\left(\frac{1}{2^{n-1}} - \frac{1}{2 \cdot 2^{n-1}}\right) + 2^n \left(\frac{1}{2^n}\right)$$

即

$$(n-1)\left(1-\frac{1}{2}+\frac{1}{3}-\frac{1}{4}\right)+\left(1-\frac{1}{2}\right)+1 \leqslant$$

$$\sum_{k=1}^{2^n}\frac{1}{k} \leqslant (n-2)\left(1-\frac{1}{2}+\frac{1}{3}-\frac{1}{4}+\frac{1}{5}\right)+$$

$$\left(1-\frac{1}{2}+\frac{1}{3}-\frac{1}{4}\right)+\left(1-\frac{1}{2}\right)+1$$

$$\frac{3}{2}+\frac{7(n-1)}{12} \leqslant \sum_{k=1}^{2^n}\frac{1}{k} \leqslant$$

$$\frac{25}{12}+\frac{47(n-2)}{60}, n \geqslant 2$$

如果应用括项放大与缩小的方法,上述不等式是不易获得的.

参考资料

[1] 林鹤一,小仓金之助.级数概论.欧阳祖伦,译.北京:商务印书馆,1932.

[2] 王竹溪,郭敦仁.特殊函数概念.北京:科学出版社,1965.

第十六章 关于 Hurwitz ζ 函数导数的一类新型均值公式

1. 引言及引理

对于实数 $0 < \alpha \leqslant 1$,设 $\zeta(s,\alpha)$ 表示 Hurwitz ζ 函数,当 $\mathrm{Re}(s) > 1$ 时,定义 $\zeta(s,\alpha) = \sum_{n=0}^{\infty} \dfrac{1}{(n+\alpha)^s}$, $\zeta'(s,\alpha)$ 表示 $\zeta(s,\alpha)$ 关于复变量 s 的一阶导数,$\zeta'_1(s,\alpha) = \zeta'(s,\alpha) + \alpha^{-s}\ln\alpha$. 本章的主要目的是讨论均值

$$\int_0^1 \zeta'_1(\sigma_1 + \mathrm{i}t,\alpha)\zeta'_1(\sigma_2 - \mathrm{i}t,\alpha)\mathrm{d}\alpha \quad (16.1)$$

的渐近性质,这里 $0 < \sigma_1, \sigma_2 < 1, t \geqslant 2$.

关于这一问题,资料[1]中张文鹏曾做过研究,并利用 Hurwitz ζ 函数的导数 $\zeta'(s,\alpha)$ 的逼近方程及其三角和估计证明了下面的结果

$$\int_0^1 \left|\zeta'_1\left(\frac{1}{2} + \mathrm{i}t,\alpha\right)\right|^2 \mathrm{d}\alpha =$$
$$\frac{1}{3}\ln^3\left(\frac{t}{2\pi}\right) + \gamma\ln^2\left(\frac{t}{2\pi}\right) +$$
$$2\gamma_1\ln\left(\frac{t}{2\pi}\right) + \gamma_2 + O(t^{-\frac{1}{6}}(\ln t)^{\frac{10}{3}})$$

其中

---

① 摘编自《数学研究与评论》,1996,16(4).

$$\gamma_i = \lim_{N \to \infty} \Big(\sum_{n \leqslant N} \frac{\ln^i n}{n} - \frac{1}{i+1}(\ln N)^{i+1} \Big)$$

$\gamma_0 = \gamma$ 为 Euler 常数.

延安大学数学系的郭金保教授 1996 年对此做了进一步的研究,利用解析方法给出式(16.1)的一个很强的渐近公式.

引理 对于给定的 $0 < \sigma_1, \sigma_2 < 1$,当 $t \geqslant 2$ 时,有估计式

$$\int_0^1 \alpha^{-\sigma_1 + it} \ln \alpha \zeta'_1(\sigma_2 + it, \alpha) \mathrm{d}\alpha = O\Big(\frac{1}{t}\Big)$$

证明 设 $s_1 = -\sigma_1 + it, s_2 = \sigma_2 + it$,反复使用分部积分法得

$$\int_0^1 \alpha^{s_1} \ln \alpha \zeta'_1(s_2, \alpha) \mathrm{d}\alpha =$$

$$\Big[\frac{1}{1+s_1} \int_0^1 \alpha^{s_1} \zeta'_1(s_2, \alpha) \mathrm{d}\alpha -$$

$$\sum_{k=1}^n \frac{s_2(1+s_2)\cdots(k-1+s_2)}{(1+s_1)(2+s_1)\cdots(k+1+s_1)} \cdot$$

$$\int_0^1 \alpha^{k+s_1} \zeta'_1(k+s_2, \alpha) \mathrm{d}\alpha \Big] -$$

$$\Big[\frac{1}{1+s_1} \int_0^1 \alpha^{1+s_1} \ln \alpha \zeta_1(1+s_2, \alpha) \mathrm{d}\alpha +$$

$$\sum_{k=1}^n \frac{s_2(1+s_2)\cdots(k-1+s_2)}{(1+s_1)(2+s_1)\cdots(k+1+s_1)} \cdot$$

$$\int_0^1 \alpha^{k+1+s_1} \ln \alpha \zeta_1(k+1+s_2, \alpha) \mathrm{d}\alpha \Big] +$$

$$\frac{s_2(1+s_2)\cdots(n+s_2)}{(1+s_1)(2+s_1)\cdots(n+1+s_1)} \cdot$$

$$\int_0^1 \alpha^{n+1+s_1} \ln \alpha \zeta'_1(n+1+s_2, \alpha) \mathrm{d}\alpha \equiv$$

$$J_1 + J_2 + J_3 \qquad (16.2)$$

现在分别估计式(16.2)中的各项. 首先, 对 J_1 中的第一项, 我们再使用分部积分法有

$$-\frac{1}{1+s_1}\int_0^1 \alpha^{s_1}\zeta'_1(s_2,\alpha)\mathrm{d}\alpha =$$

$$-\frac{1}{1+s_1}\left[\frac{\zeta'_1(s_2,1)}{1+s_1} - \frac{1}{1+s_1}\int_0^1 \alpha^{s_1+1}\zeta'_1(s_2+1,\alpha)\mathrm{d}\alpha + \frac{s_2}{1+s_1}\int_0^1 \zeta'_1(s_2+1,\alpha)\alpha^{s_1+1}\mathrm{d}\alpha\right] \ll \frac{1}{t} \qquad (16.3)$$

同理对 J_2 中第一项有估计式

$$-\frac{1}{1+s_1}\int_0^1 \alpha^{1+s_1}\ln\alpha\,\zeta_1(1+s_2,\alpha)\mathrm{d}\alpha \ll \frac{1}{t}$$
$$(16.4)$$

其次对于 J_1 中的求和式, 有

$$-\sum_{k=1}^n \frac{s_2(1+s_2)\cdots(k-1+s_2)}{(1+s_1)(2+s_1)\cdots(k+1+s_1)} \cdot$$

$$\int_0^1 \alpha^{k+s_1}\zeta'_1(k+s_2,\alpha)\mathrm{d}\alpha \ll$$

$$\frac{1}{t}\sum_{k=1}^n \left[\int_0^{\frac{1}{2}} \alpha^{k-\sigma_1}\zeta'_1(k+\sigma_2,\alpha)\mathrm{d}\alpha + \int_{\frac{1}{2}}^1 \alpha^{k-\sigma_1}\zeta'_1(k+\sigma_2,\alpha)\mathrm{d}\alpha\right] \ll$$

$$\frac{1}{t}\sum_{k=1}^n \left[\frac{1}{2^{k-\sigma_1}} + \int_{\frac{1}{2}}^1 \zeta'_1\left(k+\sigma_2,\frac{1}{2}\right)\mathrm{d}\alpha\right] \ll$$

$$\frac{1}{t}\sum_{k=1}^n \left[\frac{1}{2^{k-\sigma_1}} + \frac{1}{\left(\frac{3}{2}\right)^{k+\sigma_2}}\right] \ll \frac{1}{t} \qquad (16.5)$$

对 J_2 中的求和式, 注意到 $0 \leq \alpha < 1$ 时, $|\alpha\ln\alpha| < 1$, 于是有

$$-\sum_{k=1}^{n}\frac{s_2(1+s_2)\cdots(k-1+s_2)}{(1+s_1)(2+s_1)\cdots(k+1+s_1)} \cdot$$

$$\int_0^1 \alpha^{k+1+s_1}\ln\alpha\,\zeta_1(k+1+s_2,\alpha)\mathrm{d}\alpha \ll$$

$$\frac{1}{t}\sum_{k=1}^{n}\left[\int_0^{\frac{1}{2}}\alpha^{k-\sigma_1}\mathrm{d}\alpha+\int_{\frac{1}{2}}^1\zeta_1\left(k+1+\sigma_2,\frac{1}{2}\right)\mathrm{d}\alpha\right]\ll$$

$$\frac{1}{t}\sum_{k=1}^{n}\left[\frac{1}{2^{k-\sigma_1}}+\frac{1}{\left(\frac{3}{2}\right)^{k+1}}\right]\ll\frac{1}{t} \qquad (16.6)$$

最后估计 J_3，取 $n\geqslant 3\ln t$，就有

$$J_3 \ll \int_0^1 \alpha^{n-\sigma_1}\mid \alpha\ln\alpha\mid\mid \zeta'_1(n+1+\sigma_2,\alpha)\mid\mathrm{d}\alpha \ll$$

$$\int_0^{\frac{1}{2}}\alpha^{n-\sigma_1}\mathrm{d}\alpha+\int_{\frac{1}{2}}^1\mid\zeta'_1(n+1+\sigma_2,\alpha)\mid\mathrm{d}\alpha\ll$$

$$\frac{1}{2^{n-\sigma_1}}+\frac{1}{\left(\frac{3}{2}\right)^{n+1}}\ll\frac{1}{t} \qquad (16.7)$$

由式 (16.2)(16.3)(16.4)(16.5)(16.6) 和 (16.7) 立刻得到 $J_1+J_2+J_3\ll\dfrac{1}{t}$，于是完成了引理的证明.

2. 主要结果

此段给出本章的主要结果.

定理 1 对于给定的 $0<\sigma_1,\sigma_2<1$，且 $\sigma_1+\sigma_2\neq 1$，则当 $t\geqslant 2$ 时，有

$$\int_0^1 \zeta'_1(\sigma_1+\mathrm{i}t,\alpha)\zeta'_1(\sigma_2-\mathrm{i}t,\alpha)\mathrm{d}\alpha=$$

$$\frac{2}{(\sigma_1+\sigma_2+1)^3}+\left(\frac{t}{2\pi}\right)^{1-\sigma_1-\sigma_2}\zeta''(2-\sigma_1-\sigma_2)+$$

$$2\left(\frac{t}{2\pi}\right)^{1-\sigma_1-\sigma_2}\ln\left(\frac{t}{2\pi}\right)\zeta'(2-\sigma_1-\sigma_2)+$$

$$\left(\frac{t}{2\pi}\right)^{1-\sigma_1-\sigma_2}\ln^2\left(\frac{t}{2\pi}\right)\zeta(2-\sigma_1-\sigma_2)+$$

$$O\left(\frac{\ln^2 t}{t^{\sigma_1+\sigma_2}}\right)+O\left(\frac{1}{t}\right)$$

其中 $\zeta(s)$ 为 Riemann ζ 函数。

证明 首先当 $\mathrm{Re}(s)>1$ 时，由 Hurwitz ζ 函数的函数方程知

$$\zeta(1-s,\alpha)=\frac{\Gamma(s)}{(2\pi)^s}\{\mathrm{e}^{-\frac{\pi is}{2}}F(a,s)+\mathrm{e}^{\frac{\pi is}{2}}F(-a,s)\}$$

其中 $F(a,s)=\sum_{n=1}^{\infty}\frac{\mathrm{e}^{2\pi ina}}{n^s}, 0<\alpha\leq 1$。对上式两端 s 求导可得

$$-\zeta'(1-s,\alpha)=$$

$$\frac{\Gamma(s)}{(2\pi)^s}\left(\frac{\Gamma'(s)}{\Gamma(s)}-\ln(2\pi)\right)\cdot$$

$$(\mathrm{e}^{-\frac{\pi is}{2}}F(a,s)+\mathrm{e}^{\frac{\pi is}{2}}F(-a,s))+$$

$$\frac{\Gamma(s)}{(2\pi)^s}\{\mathrm{e}^{-\frac{\pi is}{2}}\frac{\partial}{\partial s}F(a,s)-\frac{\pi i}{2}(\mathrm{e}^{-\frac{\pi is}{2}}F(a,s)-$$

$$\mathrm{e}^{\frac{\pi is}{2}}f(-a,s))+\mathrm{e}^{\frac{\pi is}{2}}\frac{\partial}{\partial s}F(-a,s)\} \qquad (16.8)$$

其中 $\frac{\partial}{\partial s}F(\pm s,a)=-\sum_{n=1}^{\infty}\frac{\mathrm{e}^{\pm 2\pi ina}\ln n}{n^s}$。于是对 $0<\sigma_1, \sigma_2<1$，考虑函数

$$A(w,\sigma_1,\sigma_2,t)=$$

$$\int_0^1 \zeta'(\sigma_1+\mathrm{i}t+w,\alpha)\zeta'(\sigma_2-\mathrm{i}t+w,\alpha)\mathrm{d}\alpha$$

当 $\mathrm{Re}(w)\leq -1$ 时，$\sigma_i+\mathrm{Re}(w)<0$，于是由式(16.8)并注意三角积分

$$\int_0^1 \mathrm{e}^{2\pi ina}\mathrm{d}\alpha=\begin{cases}1, n=0\\ 0, n\neq 0\end{cases}$$

以及设 $\tau_1 = 1 - \sigma_1 - it - w, \tau_2 = 1 - \sigma_2 - it - w, \tau = 2 - \sigma_1 - \sigma_2 - 2w$ 可以得到

$$A(w, \sigma_1, \sigma_2, t) = \frac{2\Gamma(\tau_1)\Gamma(\tau_2)}{(2\pi)^\tau} - \cos\left(\pi\left(\frac{\sigma_2 - \sigma_1}{2} - it\right)\right) \cdot$$

$$\left\{ \left(\frac{\Gamma'(\tau_1)}{\Gamma(\tau_1)} + \frac{\pi i}{2} - \ln(2\pi)\right) \cdot \right.$$

$$\left(\frac{\Gamma'(\tau_2)}{\Gamma(\tau_2)} - \frac{\pi i}{2} - \ln(2\pi)\right) \zeta(\tau) +$$

$$\left(\frac{\Gamma'(\tau_1)}{\Gamma(\tau_1)} + \frac{\Gamma'(\tau_2)}{\Gamma(\tau_2)} - 2\ln(2\pi)\right) \zeta'(\tau) +$$

$$\zeta''(\tau) + \frac{\pi i}{2}\left(\frac{\Gamma'(\tau_2)}{\Gamma(\tau_2)} - \frac{\Gamma'(\tau_1)}{\Gamma(\tau_1)}\right) \cdot$$

$$\left.\left(\frac{i\sin\left(\pi\left(\frac{\sigma_2 - \sigma_1}{2} - it\right)\right)}{\cos\left(\pi\left(\frac{\sigma_2 - \sigma_1}{2} - it\right)\right)} - 1\right) \zeta(\tau) \right\} \quad (16.9)$$

另外,当 $\mathrm{Re}(w) < -1$ 时,有

$$A(w, \sigma_1, \sigma_2, t) =$$

$$\int_0^1 \zeta'_1(\sigma_1 + it + w, \alpha) \zeta'_1(\sigma_2 - it + w, \alpha) d\alpha -$$

$$\int_0^1 \alpha^{-(\sigma_1 + it + w)} \ln \alpha \zeta'_1(\sigma_2 - it + w, \alpha) d\alpha -$$

$$\int_0^1 \alpha^{-(\sigma_2 + it + w)} \ln \alpha \zeta'_1(\sigma_1 + it + w, \alpha) d\alpha + \frac{2}{(\tau - 1)^3}$$

$$(16.10)$$

结合式(16.9)及(16.10)可得

$$\int_0^1 \zeta'_1(\sigma_1 + it + w, \alpha) \zeta'_1(\sigma_2 - it + w, \alpha) d\alpha =$$

$$\frac{2}{(1-\tau)^3} + \int_0^1 \alpha^{-(\sigma_1+it+w)} \ln\alpha\, \zeta'_1(\sigma_2 - it + w, \alpha)\,d\alpha +$$

$$\int_0^1 \alpha^{-(\sigma_2-it+w)} \ln\alpha\, \zeta'_1(\sigma_2 - it + w, \alpha)\,d\alpha +$$

$$\frac{\Gamma(\tau_1)\Gamma(\tau_2) 2\cos\left(\pi\left(\dfrac{\sigma_2-\sigma_1}{2} - it\right)\right)}{(2\pi)^\tau} \cdot$$

$$\left\{ \left(\frac{\Gamma'(\tau_1)}{\Gamma(\tau_1)} + \frac{\pi i}{2} - \ln(2\pi)\right) \cdot \right.$$

$$\left(\frac{\Gamma'(\tau_2)}{\Gamma(\tau_2)} - \frac{\pi i}{2} - \ln(2\pi)\right)\zeta(\tau) +$$

$$\left(\frac{\Gamma'(\tau_1)}{\Gamma(\tau_1)} + \frac{\Gamma'(\tau_2)}{\Gamma(\tau_2)} - 2\ln(2\pi)\right)\zeta'(\tau) +$$

$$\zeta''(\tau) + \frac{\pi i}{2}\left(\frac{\Gamma'(\tau_2)}{\Gamma(\tau_2)} - \frac{\Gamma'(\tau_1)}{\Gamma(\tau_1)}\right) \cdot$$

$$\left.\left(\frac{i\sin\left(\pi\left(\dfrac{\sigma_2-\sigma_1}{2} - it\right)\right)}{\cos\left(\pi\left(\dfrac{\sigma_2-\sigma_1}{2} - it\right)\right)} - 1\right)\zeta(\tau)\right\} \quad (16.11)$$

由解析开拓可知上式对所有 $\mathrm{Re}(w) \leqslant 0$ 成立.

对给定的 $0 < \sigma_1, \sigma_2 < 1$,由 Stirling 公式[2]不难推出

$$\frac{\Gamma(1-\sigma_1-it)\Gamma(1-\sigma_2-it)}{(2\pi)^{1-\sigma_1-\sigma_2}} 2\cos\left(\pi\left(\frac{\sigma_2-\sigma_1}{2}it\right)\right) =$$

$$\left(\frac{t}{2\pi}\right)^{1-\sigma_1-\sigma_2}\left\{1 + O\left(\frac{1}{t}\right)\right\} \quad (16.12)$$

当 $\sigma_1 + \sigma_2 \neq 1$ 时,在式(16.11)中取 $w = 0$,应用资料[1]中引理3,并由式(16.12)及引理立即得到定理1.

定理2 对于给定的 $0 < \sigma < 1$,则当 $t \geqslant 2$ 时,有

$$\int_0^1 \zeta'_1(\sigma+\mathrm{i}t,\alpha)\zeta'_1(1-\sigma-\mathrm{i}t,\alpha)\mathrm{d}\alpha =$$

$$\frac{1}{3}\ln^3\left(\frac{t}{2\pi}\right)+\gamma\ln^2\left(\frac{t}{2\pi}\right)+$$

$$2\gamma_1\ln\left(\frac{t}{2\pi}\right)+\gamma_2+O\left(\frac{\ln^2}{t}\right)$$

证明 当 $\sigma_1+\sigma_2=1$ 时,令 $\sigma_1=\sigma$,则 $\sigma_2=1-\sigma$,于是在式(16.11)中取 $w\to 0$ 并应用引理可得

$$\int_0^1 \zeta'_1(\sigma+\mathrm{i}t,\alpha)\zeta'_1(1-\sigma-\mathrm{i}t,\alpha)\mathrm{d}\alpha =$$

$$\int_0^1 \alpha^{-(\sigma+\mathrm{i}t)}\ln\alpha\,\zeta'_1(1-\sigma-\mathrm{i}t,\alpha)\mathrm{d}\alpha +$$

$$\int_0^1 \alpha^{-(1-\sigma-\mathrm{i}t)}\ln\alpha\,\zeta'_1(\sigma+\mathrm{i}t,\alpha)\mathrm{d}\alpha +$$

$$\lim_{w\to 0}\Bigg\{\frac{\Gamma(1-\sigma-\mathrm{i}t-w)\Gamma(1+\mathrm{i}t-w)2\sin(\pi(\sigma+\mathrm{i}t))}{(2\pi)^{1-2w}}\cdot$$

$$\left[\left(\frac{\Gamma'(1-\sigma-\mathrm{i}t-w)}{\Gamma(1-\sigma-\mathrm{i}t-w)}+\frac{\pi\mathrm{i}}{2}-\ln 2\pi\right)\cdot\right.$$

$$\left(\frac{\Gamma'(\sigma+\mathrm{i}t-w)}{\Gamma(\sigma+\mathrm{i}t-w)}-\frac{\pi\mathrm{i}}{2}-\ln 2\pi\right)\zeta(1-2w)+$$

$$\left(\frac{\Gamma'(1-\sigma-\mathrm{i}t-w)}{\Gamma(1-\sigma-\mathrm{i}t-w)}+\frac{\Gamma'(\sigma+\mathrm{i}t-w)}{\Gamma(\sigma+\mathrm{i}t-w)}-\right.$$

$$\left.2\ln 2\pi\right)\zeta'(1-2w)+\zeta''(1-2w)+$$

$$\frac{\pi\mathrm{i}}{2}\left(\frac{\Gamma'(1+\mathrm{i}t-w)}{\Gamma(1+\mathrm{i}t-w)}-\frac{\Gamma'(1-\sigma-\mathrm{i}t-w)}{\Gamma(1-\sigma-\mathrm{i}t-w)}\right)\cdot$$

$$\left.\left(\frac{\mathrm{i}\cos(\pi(\sigma+\mathrm{i}t))}{\sin(\pi(\sigma+\mathrm{i}t))}-1\right)\zeta(1-2w)\right]+\frac{1}{4w^3}\Bigg\}=$$

$$\gamma_2+2\gamma_1\ln\frac{t}{2\pi}+\gamma\ln^2\left(\frac{t}{2\pi}\right)-$$

$$A(\sigma,t)+O\left(\frac{1}{t}\right) \qquad (16.13)$$

经简单计算得

$$A(\sigma,t) = -\frac{1}{3}\ln^3\left(\frac{t}{2\pi}\right) + O(t^{-1}\ln^2 t) \quad (16.14)$$

其中用到[3]

$$\left(\frac{\Gamma'(\sigma \pm it)}{\Gamma(\sigma \pm it)}\right)' = O(t^{-1}\ln^2 t)$$

$$\left(\frac{\Gamma'(\sigma \pm it)}{\Gamma(\sigma \pm it)}\right)'' = O(t^{-1}\ln^2 t)$$

$$\frac{\Gamma'(1-\sigma-it)}{\Gamma(1-\sigma-it)} - \frac{\Gamma'(\sigma+it)}{\Gamma(\sigma+it)} = \frac{\pi\cos(\pi(\sigma+it))}{\sin(\pi(\sigma+it))}$$

由式(16.13)及(16.14),即得定理2.

由定理1及定理2立得下面的

推论1 当 $t \geq 2$ 时,有渐近公式

$$\int_0^1 \left|\zeta_1'\left(\frac{1}{2}+it,\alpha\right)\right|^2 d\alpha = \frac{1}{3}\ln^3\left(\frac{t}{2\pi}\right) + \gamma\ln^2\left(\frac{t}{2\pi}\right) + 2\gamma_1\ln\left(\frac{t}{2\pi}\right) + \gamma_2 + O\left(\frac{\ln^2 t}{t}\right)$$

推论2 当 $t \geq 2, 0 < \sigma < 1$,且 $\sigma \neq \frac{1}{2}$ 时,有

$$\int_0^1 |\zeta_1'(\sigma+it,\alpha)|^2 d\alpha =$$

$$\frac{2}{(2\sigma-1)^3} + \left(\frac{t}{2\pi}\right)^{1-2\sigma}\zeta''(2-2\sigma) +$$

$$2\left(\frac{t}{2\pi}\right)^{1-2\sigma}\ln\left(\frac{t}{2\pi}\right)\zeta'(2-2\sigma) +$$

$$\left(\frac{t}{2\pi}\right)^{1-2\sigma}\ln^2\left(\frac{t}{2\pi}\right)\zeta(2-2\sigma) +$$

$$O\left(\frac{\ln^2 t}{t^{2\sigma}}\right) + O\left(\frac{1}{t}\right)$$

推论3 设 $0 < \sigma_1, \sigma_2 < 1$,且 $\sigma_1 + \sigma_2 > 1$,则

$$\lim_{|t|\to\infty} \int_0^1 |\zeta'_1(\sigma_1+it,\alpha)\zeta'_1(\sigma_2-it,\alpha)| \, d\alpha = \frac{2}{(\sigma_1+\sigma_2-1)^3}$$

参 考 资 料

[1] 张文鹏. 关于 Hurwitz Zeta 函数. 数学学报,1990,33(2):160-171.
[2] 潘承洞,潘承彪. 解析数论基础. 科学出版社,1991.
[3] DAVENPORT H. Multiplicative number theory. Springer-Verlag, 1967.

第十七章　Riemann ζ 函数在临界线上的 δ - 平均值[①]

设

$$J_k(\delta) = \int_0^\infty e^{-\delta t}\left(\zeta\left(\frac{1}{2}+it\right)\right)^{k-1}\cdot$$
$$\left|\zeta\left(\frac{1}{2}+it\right)\right|^2 dt \qquad (17.1)$$

其中 $\zeta(s)$ 为 Riemann ζ 函数. 在 Titchmarsh 的书(资料[1],定理 7.15)中对于 $k=1$ 的情况证明了:对于小的正数 δ,有

$$J_1(\delta) = \int_0^\infty e^{-\delta t}\left|\zeta\left(\frac{1}{2}+it\right)\right|^2 dt =$$
$$\frac{\tau - \log 2\pi\delta}{2\sin\dfrac{\delta}{2}} + \sum_{m=0}^{m_0} c_m \delta^m +$$
$$O(\delta^{m_0+1})$$

Maier Wilhelm[2] 对于一般的 $k \geqslant 1$,证明了:对于小的 δ,有

$$J_k(\delta) = \frac{1}{k!}\delta^{-1}\left(\log\frac{1}{\delta}\right)^{-1}\left(\log\frac{1}{\delta} + O(1)\right)$$

$$(17.2)$$

同济大学应用数学系的莫国端教授 1997 年改进了式(17.2). 有

[①] 摘编自《数学研究与评论》,1997,17(1).

定理 对于小的正数 δ，有

$$J_k(\delta) = \frac{P\left(\log\frac{1}{2\pi\delta}\right)}{k!\,\delta} + \sum_{m=0}^{m_0} c_m \delta^m p\left(\log\frac{1}{\delta}\right) + O\left(\delta^{m_0+1}\left(\log\frac{1}{\delta}\right)^{k+1}\right) \quad (17.3)$$

其中 $p_m(x)$ 是一个次数不超过 $k+1$ 的多项式

$$P_k(x) = x^k + a_1 x^{k-1} + \cdots + a_k$$

具体表示式是

$$P_k(x) = \frac{1}{2\pi i}\int_{|s-1|=\frac{1}{2}} e^{x(s-1)} \Gamma(s) \zeta^{k+1}(s)\,ds \quad (17.4)$$

证明 熟知

$$\overline{\zeta\left(\frac{1}{2}+it\right)} = \chi\left(\frac{1}{2}-it\right)\zeta\left(\frac{1}{2}+it\right) \quad (17.5)$$

其中

$$\chi(1-s) = \frac{1}{\chi(s)} = 2(2\pi)^{-s}\cos\frac{s\pi}{2}\Gamma(s)$$

因此

$$J_k(\delta) = \frac{1}{i}\int_{\frac{1}{2}}^{\frac{1}{2}+i\alpha} (\zeta(s))^{k+1} e^{i\left(s-\frac{1}{2}\right)\delta}\frac{ds}{\chi(s)} =$$

$$\frac{1}{i}\int_{\frac{3}{2}+2i}^{\frac{3}{2}+i\infty} + \Delta(\delta) \quad (17.6)$$

为方便起见，以 $\Delta(\delta)$ 表示和 $\sum_{m=0}^{m_0} c_m \delta^m + O(\delta^{m_0+1})$，约定使用 $c_1\Delta(\delta) + c_2\Delta(\delta) = \Delta(\delta)$. 式(17.6) 右边的积分是

$$\int_2^\infty \left(\zeta\left(\frac{3}{2}+it\right)\right)^{k+1} e^{-(t-i)\delta}\frac{dt}{\chi\left(\frac{3}{2}+it\right)} =$$

$$\sum_{n=1}^{\infty} d_{k+1}(n) \int_{0}^{\infty} (2n\pi)^{-\frac{3}{2}-it} \Gamma\left(\frac{3}{2}+it\right) \cdot$$
$$\mathrm{e}^{-(t-i)\delta}(\mathrm{e}^{\frac{\pi i}{2}(\frac{3}{2}+it)} + \mathrm{e}^{-\frac{\pi i}{2}(\frac{3}{2}+it)})$$

因此,利用 $\Gamma(s)$ 的 Stirling 表达式,做些简单的计算易得

$$J_k(\delta) = \sum_{n=1}^{\infty} d_{k+1}(n) I(n) + \Delta(\delta) \quad (17.7)$$

其中 $d_m(n)$ 是 $(\zeta(s))^m$ 中项 n^{-s} 的系数. 且

$$I(n) = \int_{2}^{\infty} (2n\pi)^{-\frac{3}{2}-it} \Gamma\left(\frac{3}{2}+it\right) \mathrm{e}^{\frac{\pi i}{2}(\frac{3}{2}+it) - (t-i)\delta} \mathrm{d}t =$$
$$\mathrm{e}^{-\frac{\pi i}{4}} n^{-\frac{1}{2}} \mathrm{i}^{-1} \int_{2-i}^{\infty-i} \mathrm{e}^{iw\log\frac{w}{2n\pi e} - w\delta + \theta(w)} \mathrm{d}w \quad (17.8)$$

最后的等式由 Stirling 公式得到,其中 $\theta(w) = O\left(\frac{1}{|w|}\right)$.

将积分式(17.8)的路线移动到
$$L = L_1 + L_2 + L_3 + L_4 + L_5$$
它的联结点
$$w_0 = 2 - \mathrm{i}, w_1 = 2 - \frac{\mathrm{i}(2n\pi)^{0.6}}{\sqrt{2}}$$
$$w_2 = (2n\pi)(1 - (2n\pi)^{-0.4}\mathrm{e}^{\frac{\pi i}{4}})$$
$$w_3 = 2n\pi(1 + v\mathrm{e}^{\frac{\pi i}{4}}), v \to \infty$$
$$w_4 = 2n\pi(1 + \frac{v}{\sqrt{2}}) - \mathrm{i}, w_5 = +\infty - \mathrm{i}$$

的折线,如图 1.

设 $I_j(n)$ 为 L_j 上的积分,则
$$I(n) = I_1(n) + I_2(n) + I_3(n) + I_4(n) + I_5(n)$$
$$(17.9)$$

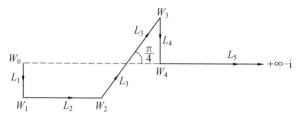

图 1

在 L_1 上

$$w = 2 - \mathrm{i}v, 1 \leq v \leq v_0 = \frac{(2n\pi)^{0.6}}{\sqrt{2}} \quad (17.10)$$

因此

$$\sum_{n=1}^{\infty} d_{k+1}(n) I_1(n) =$$

$$\sum_{m=0}^{m_0} C^*(m)\delta^m + O(D^*(m_0+1)\delta^{m_0+1})$$

其中

$$C^*(m) = \mathrm{e}^{-\frac{\pi \mathrm{i}}{4}} \sum_{n=1}^{\infty} \frac{d_{k+1}(n)}{\sqrt{n}} \int_{w_0}^{w_1} \frac{(-w)^m}{m!} \cdot$$

$$\mathrm{e}^{\mathrm{i}w\log\frac{w}{2n\pi\mathrm{e}} + \theta(w)} \mathrm{d}w \ll 1$$

$$D^*(m_0+1) = \sum_{n=1}^{\infty} \frac{d_{k+1}(n)}{\sqrt{n}} \int_{1}^{v_0} |2-i|^{m_0+1} \cdot$$

$$|\mathrm{e}^{\mathrm{i}(2-\mathrm{i}v)\log\frac{2-\mathrm{i}v}{2n\pi\mathrm{i}}}| \mathrm{d}v \ll 1$$

同样估计 L_2 上的 $I_2(n)$ 得

$$\sum_{n=1}^{\infty} d_{k+1}(n)(I_1(n) + I_2(n)) = \Delta(\delta) \quad (17.11)$$

在 L_4 上

$$w = U + \mathrm{i}v, U = 2n\pi\left(1 + \frac{v}{\sqrt{2}}\right), -1 \leq v \leq \frac{2n\pi v}{\sqrt{2}}$$

第一部分　Riemann 猜想的历史及进展

由

$$| e^{iw\log\frac{w}{2n\pi e}+\theta(w)-\omega\delta} | \ll e^{-U\delta-v\log\frac{w}{2n\pi e}-U\arctan\frac{v}{u}} \ll e^{-\frac{2n\pi\delta v}{\sqrt{2}}-v}$$

得

$$I_4(n) = e^{-\frac{\pi i}{4}} n^{-\frac{1}{2}} \int_{w_3}^{w_4} e^{iw\log\frac{w}{2n\pi e}+\theta(w)-\omega\delta} dw \ll e^{-nv\delta}$$

同样估计 L_5 上的 I_5 得

$$\sum_{n=1}^{\infty} d_{k+1}(n) I_4(n) + I_5(n) \to 0, v \to \infty$$

$$(17.12)$$

由式(17.7)(17.8)(17.9)及(17.12)得到

$$J_k(\delta) = \sum_{n=1}^{\infty} d_{k+1}(n) I_3 + \Delta(\delta) \quad (17.13)$$

在 L_3 上

$$w = 2n\pi(1 + h e^{\frac{\pi i}{4}}), -h_0 \leqslant h \leqslant v$$

其中 $v \to \infty$. 由

$$h_0 = h_0(n) = \frac{v_0}{2n\pi} = (2n\pi)^{-0.4} \quad (17.14)$$

得

$$I_3(n) = e^{-\frac{\pi i}{4}} n^{-\frac{1}{2}} \left(\int_{w_2}^{w_2^*} + \int_{w_2^*}^{w_3} \right) e^{iw\log\frac{w}{2n\pi e}+\theta(w)-\omega\delta} dw =$$
$$I_0(n) + I_{01}(n) \quad (17.15)$$

其中

$$w_2^* = 2n\pi(1 + h_0 e^{\frac{\pi i}{4}})$$

有

$$\sum_{n=1}^{\infty} d_{k+1}(n) I_{01}(n) =$$
$$\sum_{m>0}^{m_0} c_{01}(m)\delta^m + O(D_{01}(m_0+1)\delta^{m_0+1})$$

其中

$$C_{01}(m) = e^{-\frac{\pi i}{4}} \sum_{n=1}^{\infty} \frac{d_{k+1}(n)}{\sqrt{n}} \int_{w_2^*}^{w_3} \frac{(-w)^m}{m!} \cdot e^{iw\log\frac{w}{2n\pi e} + \theta(w)} dw$$

$$D_{01}(m_0 + 1) = \sum_{n=1}^{\infty} d_{k+1}(n) n^{m_0 + \frac{3}{2}} \int_{h_0}^{v} |1 + ih|^{m_0 + 1} \cdot e^{-\frac{2n\pi h}{\sqrt{2}} \varphi(k)} dh$$

其中

$$\varphi(h) = \log\left(\frac{\sqrt{\left(1 + \frac{h}{\sqrt{2}}\right)^2 + \frac{h^2}{2}}}{e}\right) +$$

$$\frac{\sqrt{2} + h}{h} \arctan \frac{h}{\sqrt{2} + h} \geqslant$$

$$\frac{1}{2} \log\left(\left(1 + \frac{h}{\sqrt{2}}\right)^2 + \frac{h^2}{2}\right) - \frac{h^2}{3(\sqrt{2} + h)^2} >$$

$$\begin{cases} 10^{-3}, h > \frac{1}{2} \\ \frac{h}{3}, h_0 \leqslant h \leqslant \frac{1}{2} \end{cases}$$

由此得

$$\exp(-\sqrt{2} n\pi h \varphi(h)) \ll \exp(-n^{0.1})$$

且 $D_{01}(m_0 + 1) \ll 1$. 同样, $C_{01}(m) \ll 1$. 由式(17.15)得到

$$J_k(\delta) = \sum_{n=1}^{\infty} d_{k+1}(n) I_0(n) + \Delta(\delta) \quad (17.16)$$

在积分 $I_0(n)$ 中令 $w = 2n\pi(1 + he^{\frac{\pi i}{4}})$ 得

$$I_0(n) = 2\pi\sqrt{n} \int_{-h_0}^{h_0} e^{2n\pi i(1+z)\log\frac{1+z}{e} + \theta(2n\pi(1+z)) - 2n\pi(1+z)\delta} dh$$

$$(17.17)$$

第一部分　Riemann 猜想的历史及进展

$$z = he^{\frac{\pi i}{4}}, h_0 = (2n\pi)^{-0.4} \quad (17.18)$$

由于

$$2n\pi i(1+z)\log\frac{1+z}{e} = -2n\pi i - n\pi h^2 + 2n\pi iv(z)$$

其中

$$v(z) = \sum_{l=3}^{\infty}(-1)^{\frac{(-1)^l z^l}{l(l-1)}} \quad (17.19)$$

于是注意 $e^{-2n\pi i} = 1$ 得

$$I_0(n) = 2\pi\sqrt{n}\int_{-h_0}^{h_0} e^{-n\pi h^2 + 2n\pi iv(z) + \theta(2n\pi(1+z)) - 2n\pi(1+z)\delta}\mathrm{d}h =$$

$$2\pi\int_{-H_0}^{H_0} e^{-\pi h^2 - 2n\pi\left(1+\frac{z}{\sqrt{n}}\right)\delta} G_n(z)\mathrm{d}h \quad (17.20)$$

其中

$$z = he^{\frac{\pi i}{4}}, H_0 = h_0\sqrt{n} = (2\pi)^{-0.4} n^{0.1}$$

$$G_n(z) = e^{2n\pi iv\left(\frac{z}{\sqrt{n}}\right) + \theta\left(2n\pi\left(1+\frac{z}{n}\right)\right)} =$$

$$1 + Q_n(z) + q_n(z) \quad (17.21)$$

最后的等式由泰勒公式得到,其中 $\varepsilon_n(z) \ll n^{-m_0-3}$.

$$Q_n(z) = \frac{\varphi_1(z)}{\sqrt{n}} + \frac{\varphi_2(z)}{\sqrt{n}^2} + \cdots + \frac{\varphi_k(z)}{\sqrt{n}^k}$$
$$(17.22)$$

其中 k 是一个只与常数 m_0 有关的自然数,且

$$\varphi_{2\lambda}(z) = a_0 + a_2 z^2 + \cdots + a_{2j_1} z^{2j_1} \quad (17.23)$$
$$\varphi_{2\lambda+1}(z) = a_1 z + a_3 z^3 + \cdots + a_{2j_2+1} z^{2j_2+1}$$
$$(17.24)$$

其中 j_1, j_2 是只与 m_0 有关的非负整数. 由式 (17.16)(17.20) 及 (17.21) 得

$$J_k(\delta) = 2\pi \sum_{n=1}^{\infty} d_{k+1}(n) \int_{-H_0}^{H_0} e^{-\pi h^2 + 2n\pi\left(1+\frac{z}{\sqrt{n}}\right)\delta} \cdot$$
$$(1 + Q_n(z))dh + \Delta(\delta) =$$
$$2\pi \sum_{n=1}^{\infty} d_{k+1}(n) e^{-2n\pi\delta\left(1-\frac{\delta i}{2}\right)} \int_{-\infty}^{\infty} e^{-\pi h^2} \cdot$$
$$(1 + Q_n(z - i\sqrt{n}\delta))dh + \Delta(\delta) =$$
$$2\pi \sum_{n=1}^{\infty} d_{k+1}(n) e^{-2n\pi\delta\left(1-\frac{\delta i}{2}\right)} \cdot$$
$$(1 + U_n(\delta)) + \Delta(\delta) \qquad (17.25)$$

其中

$$U_n(\delta) = \int_{-\infty}^{\infty} e^{-\pi h^2} Q_n(z - i\sqrt{n}\delta) dh$$

注意 $\int_{-\infty}^{\infty} e^{-\pi h^2} h^{2\lambda+1} dh = 0$ 及式 (17.22)(17.23)(17.24) 得

$$U_n(\delta) = \sum_{\lambda_1=1}^{K_{11}} \sum_{j=0}^{K_{21}} a_{1j} \int_{-\infty}^{\infty} e^{-\pi h^2} \frac{(he^{\frac{\pi i}{4}} - i\sqrt{n}\delta)^{2j+1}}{n^{\lambda_1 - \frac{1}{2}}} dh +$$
$$\sum_{\lambda_1=1}^{K_{12}} \sum_{j=0}^{K_{22}} a_{2j} \int_{-\infty}^{\infty} e^{-\pi h^2} \frac{(he^{\frac{\pi i}{4}} - i\sqrt{n}\delta)^{2j}}{n^{\lambda_1}} dh =$$
$$\sum_{\lambda_1=1}^{K_{11}} \sum_{j=0}^{K_{21}} a_{1j} \frac{1}{n^{\lambda_1 - \frac{1}{2}}} (b_{11}\sqrt{n}\delta +$$
$$b_{13}(\sqrt{n}\delta)^3 + \cdots + b_{1(2j+1)}(\sqrt{n}\delta)^{2j+1}) +$$
$$\sum_{\lambda_1=1}^{K_{12}} \sum_{j=0}^{K_{21}} a_{2j} \frac{1}{n^{\lambda_1}} (b_{20} + b_{22}(\sqrt{n}\delta)^2 + \cdots +$$
$$b_{2(2j)}(\sqrt{n}\delta)^{2j}) =$$
$$\sum_{\lambda_1=1}^{K_1} \sum_{\lambda_2=1}^{K_2} f_{\lambda_1 \lambda_2} \frac{\delta^{\lambda_2}}{n^{\lambda_1 - \left[\frac{\lambda_2+1}{2}\right]}} \qquad (17.26)$$

其中 $[x]$ 为 x 的整数部分,K_1,K_2 是只与 m_0 有关的常

数. 设

$$A_k(\lambda,\delta) = 2\pi \sum_{n=1}^{\infty} \frac{d_{k+1}(n)}{n^\lambda} e^{-2n\pi\delta\left(1-\frac{i\delta}{2}\right)} \quad (17.27)$$

则由式(17.25)及(17.26)得

$$J_k(\delta) = A_k(0,\delta) + \sum_{\lambda_1=1}^{K_1}\sum_{\lambda_2=0}^{K_2} f_{\lambda_1\lambda_2}\delta^{\lambda_2} \cdot$$

$$A_k\left(\lambda_1 - \left[\frac{\lambda_2+1}{2}\right],\delta\right) + \Delta(\delta)$$

$$(17.28)$$

由 Mellin 公式得

$$e^{-2n\pi\delta\left(1-\frac{i\delta}{2}\right)} = \frac{1}{2\pi i}\int_{c-i\infty}^{c+i\infty} \left(2n\pi\delta\left(1-\frac{i\delta}{2}\right)\right)^{-s} \cdot$$

$$\Gamma(s)\mathrm{d}s, c > 0$$

取 $c = 2 + |\lambda|$,由式(17.27)得

$$A_k(\lambda,\delta) =$$

$$\frac{1}{i}\int_{c-i\infty}^{c+i\infty}\left(2\pi\delta\left(1-\frac{i\delta}{2}\right)\right)^{-s}\Gamma(s)\left(\sum_{n=1}^{\infty}d_{k+1}n^{-s-\lambda}\right)\mathrm{d}s =$$

$$\frac{1}{i}\int_{c-i\infty}^{c+i\infty}\left(2\pi\delta\left(1-\frac{i\delta}{2}\right)\right)^{-s}\Gamma(s)\zeta^{k+1}(s+\lambda)\mathrm{d}s =$$

$$\frac{1}{i}\int_{c+\lambda-i\infty}^{c+\lambda+i\infty}\left(2\pi\delta\left(1-\frac{i\delta}{2}\right)\right)^{\lambda-s}\Gamma(s-\lambda)\zeta^{k+1}(s)\mathrm{d}s =$$

$$R_k(\lambda,\delta) + \frac{1}{i}\int_{-\left(m_1+\frac{1}{2}-i\infty\right)}^{-\left(m_1+\frac{1}{2}+i\infty\right)}\left(2\pi\delta\left(1-\frac{i\delta}{2}\right)\right)^{\lambda-s} \cdot$$

$$\Gamma(s-\lambda)\zeta^{k+1}(s)\mathrm{d}s =$$

$$R_k(\lambda,\delta) + O(\delta^{m_0+1}) \quad (17.29)$$

其中 $R_k(\lambda,\delta)$ 是 $s = 1, \lambda, \lambda-1, \cdots, \lambda-m_1$ 处的函数和,最后的等式取 $m_1 = m_0 + |\lambda| + 3$,注意

$$|\zeta(s)| \ll (1+th)^{\frac{1}{2}+|\lambda|}$$

$$|\Gamma(s-\lambda)| \ll e^{\frac{-\pi(t)}{2}}$$

就得. 由式(17.28)及(17.29)得

$$J_k(\delta) = R_k(0,\delta) + \sum_{\lambda_1=1}^{K_1} \sum_{\lambda_2=0}^{K_2} f_{\lambda_1\lambda_2} \delta^{\lambda_2} \cdot$$

$$R_k\left(\lambda_1 - \left[\frac{\lambda_2+1}{2}\right], \delta\right) + \Delta(\delta) \quad (17.30)$$

设 $R_k(\lambda,\delta) = R_k^*(\lambda,\delta) + R_k^{**}(\lambda,\delta)$. 其中 $R_k^*(\lambda,\delta)$ 是 $s=1$ 处的留数, $R_k^{**}(\lambda,\delta)$ 是 $s \neq 1$ 处的函数和, 显然

$$R_k^{**}(\lambda,\delta) = r_0 + r_1\delta\left(1 - \frac{\delta i}{2}\right) + \cdots +$$

$$r_{m_1}\left(\delta\left(1 - \frac{\delta i}{2}\right)\right)^{m_1}$$

由此及式(17.30)得

$$J_k(\delta) = R_k^*(0,\delta) + \sum_{\lambda_1=1}^{K_1} \sum_{\lambda_2=0}^{K_2} f_{\lambda_1\lambda_2} \delta^{\lambda_2} \cdot$$

$$R_k^*(\lambda_1 - \left[\frac{\lambda_2+1}{2}\right], \delta) + \Delta(\delta)$$

$$(17.31)$$

有

$$R_k^*(\lambda,\delta) = \frac{1}{i}\int_{|s-1|=\frac{1}{2}} \left(2\pi\delta\left(1 - \frac{i\delta}{2}\right)\right)^{\lambda-s} \cdot$$

$$\Gamma(s-\lambda)\zeta^{k+1}(s)\,\mathrm{d}s \quad (17.32)$$

被积函数的极点 $s=1$ 的阶不超过 $k+2$, 于是

$$R_k^*(\lambda,\delta) = \left(2\pi\delta\left(1 - \frac{i\delta}{2}\right)\right)^{\lambda-1} \cdot$$

$$p_\lambda^*\left(\log\left(2\pi\delta\left(1 - \frac{i\delta}{2}\right)\right)\right)$$

其中 $p_\lambda^*(s)$ 是一个次数不超过 $k+1$ 的多项式, 因此

$$\sum_{\lambda_1=1}^{K_1}\sum_{\lambda_2=0}^{K_2} f_{\lambda_1\lambda_2}\delta^{\lambda_2} R_k^*\left(\lambda_1 - \left[\frac{\lambda_2+1}{2}\right],\delta\right) =$$

$$\sum_{m=0}^{m_0} c^*(m)\delta^m \widetilde{P}_m\left(\log\frac{1}{\delta}\right) +$$

$$O\left(\delta^{m_0+1}\left(\log\frac{1}{\delta}\right)^{k+1}\right) \qquad (17.33)$$

其中 $\widetilde{P}_m(x)$ 的是次数不超过 $k+1$ 的多项式. 有

$$R_k^*(0,\delta) = \frac{1}{2\pi\left(1-\frac{\delta i}{2}\right)} \cdot$$

$$\int_{|s-1|=\frac{1}{2}} \left(2\pi\delta\left(1-\frac{i\delta}{2}\right)\right)^{1-s} \Gamma(s)\zeta^{k+1}(s)\mathrm{d}s =$$

$$\frac{P_k\left(\log\left(\frac{1}{2\pi\delta\left(1-\frac{i\delta}{2}\right)}\right)\right)}{k!\left(\delta\left(1-\frac{\delta i}{2}\right)\right)} =$$

$$\frac{P_k\left(\log\frac{1}{2\pi\delta}\right)}{k!\,\delta} +$$

$$\sum_{m=0}^{m_0} c^*(m)\delta^m \bar{p}_m\left(\log\frac{1}{\delta}\right) +$$

$$O\left(\delta^{m_0+1}\left(\log\frac{1}{\delta}\right)^k\right) \qquad (17.34)$$

其中 $\bar{p}_m(x)$ 是次数不超过 $k+1$ 的多项式, 而

$$P_k(x) = \frac{k!}{2\pi i}\int_{|s-1|=\frac{1}{2}} e^{x(s-1)}\Gamma(s)\zeta^{k+1}(s)\mathrm{d}s =$$

$$x^k + a_1 x^{k-1} + \cdots + a_k$$

式(17.31)(17.33)及(17.34)给出定理的证明.

参 考 资 料

[1] TITCHMARSH E C. Theory of the Riemann Zeta function. Oxford, Second Edition, 1986.
[2] WILHELM M. Mittelwerte der Riemann Zeta-function. Beiträge Algebra Geom, 1982(12):97-101.

第十八章 关于 Genocchi 数和 Riemann ζ 函数的一些恒等式①

1. 主要结果

形如下列和式

$$\sum_{a_1+a_2+\cdots+a_k=n} \frac{B_{2a_1}B_{2a_2}\cdots B_{2a_k}}{(2a_1)!(2a_2)!\cdots(2a_k)!} \quad (18.1)$$

的研究时常引起人们的兴趣,见资料[1],[4],[5],[6]等. 这里 $n \geq k$ 为正整数,$a_1+a_2+\cdots+a_k=n$ 表示对所有满足该式的 k 维正整数组 $(a_1,a_2,\cdots,a_k)$ 求和. 关于和式 (18.1) 的主要研究方法是对 $k=1,2,\cdots,7$,逐个利用微分技巧找 B_n 的生成函数 $f(x)$ 的 k 次幂 $f^{(k)}(x)$ 和 $f(x),f'(x)$ 等之间的关系,然后用 B_n 将式 (18.1) 表示出来. 足见其计算量大,且不易求得 k 较大时的和式表示. 大连理工大学数学科学研究所的王天明和南开数学研究所的张祥德两位研究员 1997 年利用一些技巧给出了下列和式

$$\sum_{a_1+a_2+\cdots+a_k=n} \frac{G_{2a_1}G_{2a_2}\cdots G_{2a_k}}{(2a_1)!(2a_2)!\cdots(2a_k)!} \quad (18.2)$$

与

$$\sum_{a_1+a_2+\cdots+a_k=n} (1-2^{2a_1})\cdots(1-2^{2a_k})\zeta(2a_1)\cdots\zeta(2a_k) \quad (18.3)$$

---

① 摘编自《数学研究与评论》,1997,17(4).

的递归关系和一些恒等式. 这里 G_n 和 $\zeta(n)$ 分别表示 Genocchi 数和 Riemann ζ 函数.

主要结果如下:

定理 1

$$\sum_{\substack{a_1+a_2+\cdots+a_{k+1}=n \\ n \geqslant k+1}} \frac{G_{2a_1} G_{2a_2} \cdots G_{2a_{k+1}}}{(2a_1)!\,(2a_2)!\,\cdots(2a_{k+1})!} =$$

$$\frac{4n-2k}{k} \sum_{a_1+a_2+\cdots+a_k=n} \frac{G_{2a_1} G_{2a_2} \cdots G_{2a_k}}{(2a_1)!\,(2a_2)!\,\cdots(2a_k)!} +$$

$$\sum_{a_1+a_2+\cdots+a_{k-1}=n-1} \frac{G_{2a_1} G_{2a_2} \cdots G_{2a_{k-1}}}{(2a_1)!\,(2a_2)!\,\cdots(2a_{k-1})!}$$

推论 1

$$\sum_{\substack{a_1+a_2=n \\ n \geqslant 2}} \frac{G_{2a_1} G_{2a_2}}{(2a_1)!\,(2a_2)!} = \frac{G_{2n-2}}{n(2n-2)!}$$

推论 2

$$\sum_{\substack{a_1+a_2+a_3=n \\ n \geqslant 3}} \frac{G_{2a_1} G_{2a_2} G_{2a_3}}{(2a_1)!\,(2a_2)!\,(2a_3)!} =$$

$$\frac{G_{2n}}{n(n-3)!} + \frac{G_{2n-2}}{(2n-2)!}$$

推论 3

$$\sum_{\substack{a_1+a_2+a_3+a_4=n \\ n \geqslant 4}} \frac{G_{2a_1} G_{2a_2} G_{2a_3} G_{2a_4}}{(2a_1)!\,(2a_2)!\,(2a_3)!\,(2a_4)!} =$$

$$\frac{2G_{2n}}{3n(2n-4)!} + \frac{4G_{2n-2}}{3(n-1)!\,(2n-4)!}$$

推论 4

$$\sum_{\substack{a_1+a_2+a_3+a_4+a_5=n \\ n \geqslant 5}} \frac{G_{2a_1} G_{2a_2} \cdots G_{2a_5}}{(2a_1)!\,(2a_2)!\,\cdots(2a_5)!} =$$

第一部分　Riemann 猜想的历史及进展

$$\frac{G_{2n}}{3n(2n-5)!} + \frac{5G_{2n-2}}{3(n-1)!(2n-5)!} + \frac{G_{2n-4}}{(2n-4)!}$$

继续利用定理 1 可得到更多的和式,这里就不细列了.

关于 Riemann ζ 函数 $\zeta(n)$ 有:

定理 2

$$\sum_{\substack{a_1+a_2+\cdots+a_{k+1}=n \\ n \geq k+1}} (1-2^{2a_1})(1-2^{2a_2})\cdots(1-2^{2a_{k+1}}) \cdot$$

$$\zeta(2a_1)\zeta(2a_2)\cdots\zeta(2a_{k+1}) =$$

$$\frac{k-2n}{2k} \sum_{a_1+a_2+\cdots+a_k=n} (1-2^{2a_1})(1-2^{2a_2})\cdots \cdot$$

$$(1-2^{2a_k})\zeta(2a_1)\cdots\zeta(2a_k) -$$

$$\sum_{a_1+a_2+\cdots+a_{k-1}=n-1} \frac{\pi^2}{4}(1-2^{2a_1})(1-2^{2a_2})\cdots \cdot$$

$$(1-2^{2a_{k-1}})\zeta(2a_1)\cdots\zeta(2a_{k-1})$$

推论 5

$$\sum_{\substack{a_1+a_2=n \\ n \geq 2}} (1-2^{2a_1})(1-2^{2a_2})\zeta(2a_1)\zeta(2a_2) =$$

$$\frac{1-2n}{2}(1-2^{2n})\zeta(2n)$$

推论 6

$$\sum_{\substack{a_1+a_2+a_3=n \\ n \geq 3}} (1-2^{2a_1})(1-2^{2a_2})(1-2^{2a_3}) \cdot$$

$$\zeta(2a_1)\zeta(2a_2)\zeta(2a_3) =$$

$$\frac{(n-1)(2n-1)}{4}(1-2^{2n})\zeta(2n) -$$

$$\frac{\pi^4}{4}(1-2^{2n-2})\zeta(2n-2)$$

推论 7

$$\sum_{\substack{a_1+a_2+a_3+a_4=n \\ n\geq 4}}(1-2^{2a_1})(1-2^{2a_2})\cdots(1-2^{2a_4})\cdot$$

$$\zeta(2a_1)\zeta(2a_2)\cdots\zeta(2a_4)=$$

$$\frac{1}{24}(1-n)(1-2n)(3-2n)(1-2^{2n})\zeta(2n)-$$

$$\frac{\pi^2}{6}(3-2n)(1-2^{2n-2})\zeta(2n-2)$$

推论 8

$$\sum_{\substack{a_1+a_2+\cdots+a_5=n \\ n\geq 5}}(1-2^{2a_1})(1-2^{2a_2})\cdots(1-2^{2a_5})\cdot$$

$$\zeta(2a_1)\zeta(2a_2)\cdots\zeta(2a_5)=$$

$$\frac{1}{96}(n-1)(n-2)(2n-1)\cdot$$

$$(2n-3)(1-2^{2n})\zeta(2n)-$$

$$\frac{5\pi^2}{48}(n-2)(2n-3)(1-2^{2n-2})\zeta(2n-2)+$$

$$\frac{\pi^4}{16}(1-2^{2n-4})\zeta(2n-4)$$

2. 定理的证明

Genocchi 数的定义如下

$$\frac{2t}{e^t+1}=\sum_{n\geq 1}G_n\frac{t^n}{n!},G_1=1,G_{2n+1}=0,n\geq 1$$

(18.4)

Genocchi 数的性质及组合解释见资料[2]和[3].

取

第一部分　Riemann 猜想的历史及进展

$$g(t) = \frac{2^t}{e^t+1} - t = \sum_{n \geq 1} \frac{G_{2n}}{(2n)!} t^{2n} \quad (18.5)$$

则有

$$\tan'(t) = -\frac{1}{2}t^2 + g(t) + \frac{1}{2}g^2(t) \quad (18.6)$$

又 $(\tan^n(t))' = g^*(t) + n\tan^{n-1}(t)g'(t)$，故有

$$(\tan^n(t))' = (n+1)g^n(t) + \frac{n}{2}g^{n+1}(t) -$$

$$\frac{n}{2}t^2 g^{n-1}(t) \quad (18.7)$$

将式 (18.5) 代入 (18.7) 中，并比较 t^* 的系数，整理得

$$\sum_{\substack{a_1+a_2+\cdots+a_{k+1}=n \\ n \geq k+1}} \frac{G_{2a_1} G_{2a_2} \cdots G_{2a_{k+1}}}{(2a_1)!(2a_2)!\cdots(2a_{k+1})!} =$$

$$\frac{4n-2k}{k} \sum_{a_1+a_2+\cdots+a_k=n} \frac{G_{2a_1} G_{2a_2} \cdots G_{2a_k}}{(2a_1)!(2a_2)!\cdots(2a_k)!} +$$

$$\sum_{a_1+a_2+\cdots+a_{k-1}=n-1} \frac{G_{2a_1} G_{2a_2} \cdots G_{2a_{k-1}}}{(2a_1)!(2a_2)!\cdots(2a_{k-1})!}$$

定理 1 得证.

在定理 1 中取 $k=1$ 得推论 1. 推论 2~4 可类似地得到.

利用 Genocchi 数和 Riemann ζ 数的关系

$$G_{2n} = (-1)^{n-1} \frac{4(1-2^{2n})(2n)!}{(2\pi)^{2n}} \zeta(2n)$$

和定理 1 可得定理 2，其推论可类似地证明.

由于有了递归关系，计算变得容易多了. 通过定理 1 和定理 2 中的递归关系，可以得到 k 为任意值时的和式表示.

从 Riemann 到 Enoch——Riemann 猜想的历史

参 考 资 料

[1] BERNDT B C. Ramanujan's notebooks, Part Ⅰ. Springer, Berlin and New York, 1985.
[2] COMTET L. Advanced combinatorics. Rcidcl, Boston, Mass., 1974.
[3] PLATONOV M L. Discrcte Math. Appl. 1992, 5(2): 505-522.
[4] RAO R S, DAVIS B, INDIAN J. Pure. Appl. Math., 1986(17): 1175-1186.
[5] SANKARANARYANAN A, INDIAN J. Pure. Appl. Math., 1987(18): 794-800.
[6] 张文鹏. 关于 Riemann Zeta 函数的几个恒等式. 科学通报, 1991, 36(4): 250-253.

第十九章 广义 Dedekind 和的一个均值公式[①]

浙江师范大学数学系的朱伟义教授 1997 年研究了广义 Dedekind 和 $S(h,p,\chi)$ 均值的算术性质,给出了一个有趣的重要的均值公式,从而推广了当 $k=p$ 时 Dedekind 和的均值公式.

1. 引言

众所周知,Dedekind 和的定义为

$$S(h,k) = \sum_{a=1}^{k} \left(\left(\frac{a}{k}\right)\right)\left(\left(\frac{ah}{k}\right)\right)$$

其中 h,k 为整数,$k>0$,且 $(h,k)=1$.

$$((x)) = \begin{cases} x-[x]-\dfrac{1}{2}, & x \text{ 不是整数} \\ 0, & x \text{ 是整数} \end{cases} \quad (19.1)$$

$S(h,k)$ 有很多算术性质,其中重要的有互反公式,即

$$S(h,k) + S(k,h) = \frac{h^2+k^2+1}{12hk} - \frac{1}{4}$$

其中 $h>0,k>0,(h,k)=1$.

另外,Dedekind 和的均值公式也十分有趣,Conrey 等人[1]对此进行了研究,得到了下面的均值公式

---

① 摘编自《浙江师大学报(自然科学版)》,1998,21(4).

$$\sum_{h=1}^{k} |S(h,k)|^{2m} =$$
$$f_m(k)\left(\frac{k}{12}\right)^{2m} + O\left(\left(k^{\frac{9}{5}} + k^{2m-1+\frac{1}{m+1}}\right)\ln^3 k\right) \quad (19.2)$$

其中 $\sum$ 是对满足 $1 \leqslant h \leqslant k, (h,k) = 1$ 的 h 求和,且

$$\sum_{n=1}^{\infty} \frac{f_m(n)}{n^s} = 2\frac{\zeta^2(2m)}{\zeta(4m)} \cdot \frac{\zeta(s+4m-1)}{\zeta(s+2m)}\zeta(s)$$
$$(19.3)$$

张文鹏在资料[2]中利用特征和均值估计和 Dirichlet L-函数性质得到了 $m=1, k=p^n$ 时的重要均值公式

$$\sum_{h=1}^{k} |S(h,k)|^2 = \frac{5}{144}k^2 \frac{(p^2-1)}{p(p^3-1)} +$$
$$O\left(k\exp\left(\frac{3\ln k}{\ln\ln k}\right)\right) \quad (19.4)$$

在本章中,我们定义广义 Dedekind 和如下

$$S(h,q,\chi) = \sum_{a=1}^{q} \chi(a)\left(\left(\frac{a}{q}\right)\right)\left(\left(\frac{ha}{q}\right)\right)$$

其中 q 为一整数,$\chi(-1) = 1$ 为模 q 的偶特征,本章研究了 $S(h,p,\chi)$(其中 p 为奇素数)的均值性质,得到了下面的渐近公式:

定理 1 设 p 为奇素数,χ 为 p 的偶特征,则有

$$\sum_{h=1}^{p-1} |S(h,p,\chi)|^2 = \frac{5p^2}{4\pi^4}|L(2,\chi)|^2 +$$
$$O\left(p\exp\left(\frac{6\ln p}{\ln\ln p}\right)\right)$$

推论 1 当 $\chi = \chi^0$ 为主特征时,则有

$$\sum_{h=1}^{p-1} |S(h,p)|^2 = \frac{5p^2}{144} + O\left(p\exp\left(\frac{6\ln p}{\ln\ln p}\right)\right)$$

从而得到资料[2]中的推论.

2. 几个引理

为完成定理 1 的证明,我们需要证明下面的几个引理.

引理 1 $q \geq 3$ 为整数, χ 是模 q 的 Dirichlet 特征,且 $\chi(-1) = -1$,则有

$$L(1,\chi) = \frac{\pi}{2q} \sum_{r=1}^{q} \chi(r) \cot \frac{\pi r}{q}$$

其中 $L(s,\chi)$ 是 Dirichlet L - 函数.

证明 参阅资料[2].

引理 2 若 $p \geq 3$ 为奇素数,$(h,p) = 1$,则

$$S(h,p,\chi) = -\frac{1}{\pi^2} \frac{1}{p-1} \sum_{\substack{\chi_1 \bmod p \\ \chi_1(-1) = -1}} \chi_1(h) L(1,\chi_1) \cdot$$

$$L(1,\overline{\chi\chi_1}) \tau(\overline{\chi_1}) \tau(\chi\chi_1)$$

其中 $\tau(\chi) = \sum_{a=1}^{p} \chi(a) e\left(\frac{a}{p}\right)$ 为 Gauss 和.

证明 当 $\chi(-1) = 1$ 时,有

$$\sum_{a=1}^{k} \chi(a) \cot \frac{\pi a}{k} = 0$$

对于 $(c,k) = 1$,由引理 1 及模 q 的特征,则有

$$\sum_{\substack{\chi \bmod k \\ \chi(-1) = -1}} \bar{\chi}(c) L(1,\chi) = \sum_{\substack{\chi \bmod k \\ \chi(-1) = -1}} \bar{\chi}(c) \left(\frac{\pi}{2k} \sum_{b=1}^{k} \chi(b) \cot \frac{\pi b}{k}\right) =$$

$$\sum_{\chi \bmod k} \bar{\chi}(c) \left(\frac{\pi}{2k} \sum_{b=1}^{k} \chi(b) \cot \frac{\pi b}{k}\right) =$$

$$\frac{\pi \Phi(k)}{2k} \cot \frac{\pi c}{k}$$

所以

$$\cot\frac{\pi c}{k} = \frac{2k}{\pi \Phi(k)} \sum_{\substack{\chi \bmod k \\ \chi(-1)=-1}} \bar{\chi}(c) L(1,\chi)$$

据资料[3],我们有

$$\left(\left(\frac{uh}{k}\right)\right) = -\frac{1}{2k}\sum_{a=1}^{k-1}\sin\frac{2\pi a h u}{k}\cot\frac{\pi a}{k} =$$

$$-\frac{1}{2k}\sum_{a=1}^{k}\sin\frac{2\pi a h u}{k}\cot\frac{\pi a}{k} =$$

$$-\frac{1}{2k}\sum_{d\mid k}\sum_{a=1}^{k/d}\left(\frac{2k/d}{\pi \Phi(k/d)}\cdot\right.$$

$$\sum_{\substack{\chi \bmod k/d \\ \chi(-1)=-1}} \bar{\chi}(a) L(1,\chi)\Bigg) \cdot$$

$$\frac{\mathrm{e}\!\left(\dfrac{ahu}{k/d}\right) - \mathrm{e}\!\left(\dfrac{-ahu}{k/d}\right)}{2\mathrm{i}} =$$

$$\frac{\mathrm{i}}{2\pi}\sum_{d\mid k}\frac{1}{d\Phi(k/d)}\sum_{\substack{\chi \bmod k/d \\ \chi(-1)=-1}} L(1,\chi)\cdot$$

$$\sum_{a=1}^{k/d}\left(\mathrm{e}\!\left(\frac{ahu}{k/d}\right) - \mathrm{e}\!\left(\frac{-ahu}{k/d}\right)\right) =$$

$$\frac{\mathrm{i}}{2\pi}\sum_{d\mid k}\frac{1}{d\Phi(k/d)}\sum_{\substack{\chi \bmod k/d \\ \chi(-1)=-1}}\chi(h)L(1,\chi)\cdot$$

$$\sum_{a=1}^{k/d}\bar{\chi}(a)\left(\mathrm{e}\!\left(\frac{au}{k/d}\right) - \mathrm{e}\!\left(\frac{-au}{k/d}\right)\right) =$$

$$\frac{\mathrm{i}}{\pi}\sum_{d\mid k}\frac{1}{d\Phi(k/d)}\sum_{\substack{\chi \bmod k/d \\ \chi(-1)=-1}}\chi(h)L(1,\chi)\cdot$$

$$\sum_{a=1}^{k/d}\bar{\chi}(a)\,\mathrm{e}\!\left(\frac{au}{k/d}\right) \tag{19.5}$$

这里 $\mathrm{e}(y)=\mathrm{e}^{2\pi\mathrm{i} y}$,$\mathrm{i}^2=-1$,$(h,k)=1$. 同理,我们有

$$\left(\left(\frac{u}{k}\right)\right) = \frac{\mathrm{i}}{\pi}\sum_{d\mid k}\frac{1}{d\Phi(k/d)}\sum_{\substack{\chi \bmod k/d \\ \chi(-1)=-1}} L(1,\chi)\cdot$$

$$\sum_{a=1}^{k/d} \mathrm{e}\left(\frac{au}{k/d}\right) \quad (19.6)$$

综合式(19.5)(19.6)和广义 Dedekind 和的定义有

$S(h,p,\chi) =$

$$-\frac{1}{\pi^2(p-1)^2} \sum_{\substack{\chi_1 \bmod p \\ \chi_1(-1)=-1}} \sum_{\substack{\chi_2 \bmod p \\ \chi_2(-1)=-1}} \chi_1(h) L(1,\chi_1) L(1,\chi_2) \cdot$$

$$\sum_{c=1}^{p} \chi(c) G(c,\bar{\chi_1}) G(c,\bar{\chi_2}) =$$

$$-\frac{1}{\pi^2} \frac{1}{(p-1)^2} \sum_{\substack{\chi_1 \bmod p \\ \chi_1(-1)=-1}} \sum_{\substack{\chi_2 \bmod p \\ \chi_2(-1)=-1}} \chi_1(h) L(1,\chi_1) L(1,\chi_2) \cdot$$

$$\sum_{c=1}^{p} \chi(c) \chi_1(c) \chi_2(c) \tau(\bar{\chi_1}) \tau(\bar{\chi_2}) =$$

$$-\frac{1}{\pi^2} \frac{1}{p-1} \sum_{\substack{\chi_1 \bmod p \\ \chi_1(-1)=-1}} \chi_1(h) L(1,\chi_1) L(1,\overline{\chi\chi_1}) \tau(\bar{\chi_1}) \tau(\chi\chi_1)$$

这里我们用到了特征和的正交性

$$\sum_{c=1}^{p-1} \chi(c) \chi_1(c) \chi_2(c) = \begin{cases} \Phi(p), \text{若} \chi_2 = \overline{\chi_1 \chi} \\ 0, \text{若} \chi_2 \neq \overline{\chi_1 \chi} \end{cases}$$

及 Gauss 和的性质 $G(\chi,n) = \bar{\chi}(n)\tau(\chi)$,从而证明了引理 2.

引理 3 设 $q \geqslant 3$ 为整数,χ_1 为模 q 的任一特征,则有

$$\sum_{\substack{\chi \bmod p \\ \chi(-1)=-1}} |L(1,\chi)|^2 |L(1,\chi_1\chi)|^2 =$$

$$\frac{1}{2}\Phi(q) \sum_{n=1}^{\infty}{}' \frac{|\sum_{d|n}\chi(d)|^2}{n^2} +$$

$$O\left(\frac{\Phi(q)}{q} \exp\left(\frac{6\ln q}{\ln\ln q}\right)\right)$$

其中 $\sum\limits_{n=1}^{\infty}{}'$ 表示对所有满足 $(n,q)=1$ 的 n 求和.

证明 用与资料[2]类似方法可证.

引理4 设 $q > 1$ 为整数,χ 为模 q 的任一特征,则有

$$\sum_{n=1}^{\infty}{}' \frac{|\sum_{d|n}\chi(d)|^2}{n^2} = \frac{\zeta^2(2)}{\zeta(4)} |L(2,\chi)|^2 \prod_{p|q} \frac{p^2-1}{p^2+1}$$

证明

$$\sum_{n=1}^{\infty}{}' \frac{|\sum_{d|n}\chi(d)|^2}{n^2} =$$

$$\prod_{p|q} \sum_{a=0}^{\infty} \frac{|\sum_{d|n}\chi(d)|^2}{p^{2a}} =$$

$$\prod_{p|q} \sum_{a=0}^{\infty} \frac{|1+\chi(p)+\cdots+\chi(p^a)|^2}{p^{2a}} \xrightarrow{\text{令}\chi(p)=u}$$

$$\prod_{p|q} \sum_{a=0}^{\infty} \frac{1}{p^{2a}}\left|\frac{1-u^{a+1}}{1-u}\right|^2 =$$

$$\prod_{p|q} \frac{1}{|1-u|^2} \sum_{a=0}^{\infty} \frac{(1-u^{a+1})(1-\bar{u}^{a+1})}{p^{2a}} =$$

$$\prod_{p|q} \frac{1}{|1-u|^2} \sum_{a=0}^{\infty} \frac{2-u^{a+1}-\bar{u}^{a+1}}{p^{2a}} =$$

$$\prod_{p|q} \frac{1}{|1-u|^2}\left(\frac{2}{1-\frac{1}{p^2}} - \frac{u}{1-\frac{u}{p^2}} - \frac{\bar{u}}{1-\frac{\bar{u}}{p^2}}\right) =$$

$$\prod_{p|q} \frac{1}{|1-u|^2}\left(\frac{\left(1+\frac{1}{p^2}\right)(1-\bar{u})(1-u)}{\left(1-\frac{1}{p^2}\right)\left(1-\frac{u}{p^2}\right)\left(1-\frac{\bar{u}}{p^2}\right)}\right) =$$

$$\prod_{p\mid q} \frac{1}{(1-u)(1-\bar{u})} \cdot \frac{\left(1+\frac{1}{p^2}\right)(1-\bar{u})(1-u)}{\left(1-\frac{1}{p^2}\right)\left(1-\frac{u}{p^2}\right)\left(1-\frac{\bar{u}}{p^2}\right)} =$$

$$\prod_{p\mid q} \frac{\left(1+\frac{1}{p^2}\right)}{\left(1-\frac{1}{p^2}\right)\left(1-\frac{u}{p^2}\right)\left(1-\frac{\bar{u}}{p^2}\right)} =$$

$$\prod_{p\mid q} \frac{\left(1-\frac{1}{p^4}\right)}{\left(1-\frac{1}{p^2}\right)\left(1-\frac{u}{p^2}\right)\left(1-\frac{\bar{u}}{p^2}\right)} =$$

$$\frac{\zeta^2(2)}{\zeta(4)}\mid L(2,\chi)\mid^2 \prod_{p\mid q}\frac{\left(1-\frac{1}{p^2}\right)}{1-\frac{1}{p^4}} =$$

$$\frac{\zeta^2(2)}{\zeta(4)}\mid L(2,\chi)\mid^2 \prod_{p\mid q}\frac{p^2-1}{p^2+1}$$

从而证明了引理 4.

3. 定理的证明

根据上面的引理和广义 Dedekind 和的定义,我们容易证明定理 1. 事实上

$$\sum_{h=1}^{p-1}\mid S(h,p,\chi)\mid^2 =$$

$$\frac{1}{\pi^4}\cdot\frac{1}{(p-1)^2}\sum_{k=1}^{p-1}\sum_{\substack{\chi_1 \bmod p \\ \chi_1(-1)=-1}}\chi_1(h)\cdot$$

$$L(1,\chi_1)L(1,\overline{\chi\chi_1})\tau(\bar{\chi}_1)\tau(\chi\chi_1)\cdot$$

$$\sum_{\substack{\chi_2 \bmod p \\ \chi_2(-1)=-1}}\bar{\chi}_2(h)L(1,\bar{\chi}_2)L(1,\chi_2\chi)\overline{\tau(\bar{\chi}_2)\tau(\chi_1\chi)} =$$

$$\frac{p^2(p-1)}{\pi^4(p-1)^2} \sum_{\substack{\chi_2 \bmod p \\ \chi_2(-1)=-1}} |L(1,\chi_1)|^2 |L(1,\chi\chi_1)|^2 \xrightarrow{\text{由引理 3}}$$

$$\frac{p^2}{\pi^4(p-1)} \cdot \frac{p-1}{2} \sum_{n=1}^{\infty} {}' \frac{|\sum_{d|n} \chi(d)|^2}{n^2} +$$

$$O\left(p\exp\left(\frac{6\ln p}{\ln \ln p}\right)\right) =$$

$$\frac{p^2}{2\pi^4} \sum_{n=1}^{\infty} {}' \frac{|\sum_{d|n} \chi(d)|^2}{n^2} + O\left(p\exp\left(\frac{6\ln p}{\ln \ln p}\right)\right)$$

又由引理 4 得到

$$上式 = \frac{p^2}{2\pi^4} \frac{\zeta^2(2)}{\zeta(4)} |L(2,\chi)|^2 \frac{p^2-1}{p^2+1} +$$

$$O\left(p\exp\left(\frac{6\ln p}{\ln \ln p}\right)\right)$$

$$\frac{5p^2}{4\pi^4} |L(2,\chi)|^2 + O\left(p\exp\left(\frac{6\ln p}{\ln \ln p}\right)\right)$$

从而证明了定理 1 的结论.

根据定理 1,容易得到推论 1. 事实上,当 $\chi = \chi^0$ 为主特征时,有

$$\sum_{h=1}^{p-1} |S(h,p,\chi)|^2 = \sum_{h=1}^{p-1} |S(h,p)|^2 =$$

$$\frac{5p^2}{4\pi^4} \cdot \frac{\pi^4}{36} + O\left(p\exp\left(\frac{6\ln p}{\ln \ln p}\right)\right) =$$

$$\frac{5}{144} p^2 + O\left(p\exp\left(\frac{6\ln p}{\ln \ln p}\right)\right)$$

从而得到了资料[2]中 Dedekind 和均值公式的推论.

参 考 资 料

[1] CONREY J B. Eric Fransen Robert Klein and Dayton Scott mean

第一部分　Riemann猜想的历史及进展

values of Dedekind sums. J. Number Theory, 1996(56):214-226.
[2] ZHANG W P. Journal de Theoriedes Numbers de Boradeaux, 1996(8):429-442.
[3] ZHANG W P. Modular functions and Dirichlet sries number theory. New York: Spring-Verlay, 1976.
[4] TOM M. Apostol introuduction to analytic number theory. New York: Spring-Verage,1976.
[5] WALUM H. An exact formula for an average of L-series illinois. J. Math., 1982(26):1-3.
[6] RADEMACHER H, GROSSWALD E, DEDEKIND S. The carus mathematical monographs. Math. Assoc. Washington D C, 1972.
[7] ZHANG W P. Lecture notes in contemporary mathematics. Beijing China: Science Press, 1989:173-179.
[8] CARLITZ L. The reciprocity theorem for Dedekind sums. Pacific. J. Math., 1953(3):523-527.

第二十章 一个与 L - 函数有关的恒等式[①]

西北大学数学系的易媛教授 1998 年运用初等方法及 Riemann ζ 函数和 Dirichlet L - 函数的性质研究了一类无穷级数的计算问题,并且给出了一个有趣的恒等式.

1. 引言

对一个正整数 k 及任意一整数 h,我们定义 Dedekind 和 $S(h,k)$ 如下

$$S(h,k) = \sum_{a=1}^{k} \left(\left(\frac{a}{k}\right)\right)\left(\left(\frac{ah}{k}\right)\right)$$

其中

$$((x)) = \begin{cases} x - [x] - \dfrac{1}{2}, & x \text{ 不是一个整数} \\ 0, & x \text{ 是一个整数} \end{cases}$$

关于 $S(h,k)$ 的性质,许多学者都进行了深入的研究,如 Conrey 等人在资料[1]中给出了 $S(h,k)$ 的均值分布性质,就是证明了

$$\sum_{h=1}^{k}{}' \mid S(h,k)\mid^{2m} =$$
$$f_m(k)\left(\frac{k}{12}\right)^{2m} + O((k^{\frac{9}{5}} + k^{2m-1+\frac{1}{m+1}})\log^3 k)$$

[①] 摘编自《纯粹数学与应用数学》,1998,14(4).

第一部分　Riemann 猜想的历史及进展

其中 $\sum_h'$ 表示对如下整数 h 求和: $(h,k) = 1$,且

$$\sum_{n=1}^{\infty} \frac{f_m(n)}{n^s} = 2\frac{\zeta^2(2m)}{\zeta(4m)} \frac{\zeta(s+4m-1)}{\zeta^2(s+2m)}\zeta(s)$$

当 k 为奇素数 p 时,张文鹏教授进一步研究了 $S(h,p)$ 的四次均值分布性质,就是证明了

$$\sum_{h=1}^{p-1} |S(h,p)|^4 = \frac{7}{62\ 208}p^4 + O\left(p^3 \exp\left(\frac{3\ln p}{\ln\ln p}\right)\right)$$

并且经过比较系数发现恒等式

$$\sum_{m=1}^{\infty}\sum_{n=1}^{\infty}\frac{1}{m^2 n^2}\Big(\sum_{u|m}\sum_{u_1|m}\sum_{v|n}\sum_{\substack{v_1|n\\uv=u_1v_1}}1\Big) = \frac{7}{7\ 776}\pi^8$$

(20.1)

成立,其中 $\sum_{u|m}\sum_{u_1|m}\sum_{v|n}\sum_{v_1|n}1$ 表示对所有满足条件的 $uv = u_1 v_1$ 的 m 及 n 的因数求和. 本章给出了式(20.1) 的一个直接证明,就是证明了,对于任意复数 s,且满足 $\mathrm{Re}(s) > 1$,则有恒等式

$$\sum_{m=1}^{\infty}\sum_{n=1}^{\infty}\frac{1}{m^s n^s}\Big(\sum_{u|m}\sum_{u_1|m}\sum_{v|n}\sum_{\substack{v_1|n\\uv=u_1v_1}}1\Big) = \frac{\zeta^4(s)\zeta^2(2s)}{\zeta(4s)}$$

(20.2)

设 χ 为模 q 的 Dirichlet 特征,$L(s,\chi)$ 为对应于 χ 的 L - 函数. 本章作为对式(20.2) 结论的推广,利用初等方法及 Riemann ζ 函数和 Dirichlet L - 函数的性质,证明了下面的结果:

定理　设 $s = \sigma + it$ 为任意复数,且满足 $\sigma > 1$,则有恒等式

$$\sum_{m=1}^{\infty}\sum_{n=1}^{\infty}\frac{1}{m^s n^s}\Big[\sum_{u|m}\sum_{u_1|m}\sum_{v|n}\sum_{\substack{v_1|n\\uv=u_1v_1}}\chi(u\bar{u}_1)\Big] =$$

$$\frac{|\zeta(s)|^4}{\zeta(4\sigma)} |L(2\sigma,\chi)|^2 \prod_{p|q} \frac{|1-p^{-s}|^2}{(1-p^{-4\sigma})}$$

取 $s = 2$ 时,由定理我们可以立刻得到下面的结论:

推论

$$\sum_{m=1}^{\infty} \sum_{n=1}^{\infty} \frac{1}{m^2 n^2} [\sum_{u|m} \sum_{\substack{u_1|m \\ uv=u_1v_1}} \sum_{v|n} \sum_{v_1|n} \chi(u\bar{u}_1)] =$$

$$\frac{|\zeta(2)|^4}{\zeta(8)} |L(4,\chi)|^2 \prod_{p|q} \frac{|1-p^{-2}|^2}{(1-p^{-8})}$$

利用这一结果及数学归纳法有可能给出 $\sum_{a=1}^{p-1} |S(a,p)|^{2k}$ 的一个较强的渐近公式.

2. 引理

为了完成定理的证明,我们需要证明一个引理.

引理 设 p 为给定的素数,且 $p \nmid q$,则对任一复数 $s = \sigma + it$,当 $\sigma > 1$ 时,我们有

$$\sum_{\alpha=0}^{\infty} \sum_{\beta=0}^{\infty} \frac{1}{p^{s\alpha} p^{\bar{s}\beta}} [\sum_{u|p^\alpha} \sum_{\substack{u_1|p^\alpha \\ uv=u_1v_1}} \sum_{v|p^\beta} \sum_{v_1|p^\beta} \chi(u\bar{u}_1)] =$$

$$\frac{1-p^{-4\sigma}}{\zeta|1-p^{-s}|^4} \cdot \frac{1}{|1-p^{-2\sigma}\chi(p)|^2}$$

证明 显然我们有恒等式

$$\sum_{\alpha=0}^{\infty} \sum_{\beta=0}^{\infty} \frac{1}{p^{s\alpha} p^{\bar{s}\beta}} [\sum_{u|p^\alpha} \sum_{\substack{u_1|p^\alpha \\ uv=u_1v_1}} \sum_{v|p^\beta} \sum_{v_1|p^\beta} \chi(u\bar{u}_1)] =$$

$$\sum_{\alpha=0}^{\infty} \frac{1}{p^{2\sigma\alpha}} [\sum_{u|p^\alpha} \sum_{\substack{u_1|p^\alpha \\ uv=u_1v_1}} \sum_{v|p^\alpha} \sum_{v_1|p^\alpha} \chi(u\bar{u}_1)] +$$

$$\sum_{\alpha=0}^{\infty} \sum_{\beta=\alpha+1}^{\infty} \frac{1}{p^{s\alpha} p^{\bar{s}\beta}} [\sum_{u|p^\alpha} \sum_{\substack{u_1|p^\alpha \\ uv=u_1v_1}} \sum_{v|p^\beta} \sum_{v_1|p^\beta} \chi(u\bar{u}_1)] +$$

第一部分　Riemann 猜想的历史及进展

$$\sum_{\beta=0}^{\infty}\sum_{\alpha=\beta+1}^{\infty}\frac{1}{p^{s\alpha}p^{\bar{s}\beta}}\Big[\sum_{u|p^{\alpha}}\sum_{\substack{u_1|p^{\alpha}\\uv=u_1v_1}}\sum_{v|p^{\beta}}\sum_{v_1|p^{\beta}}\chi(u\bar{u}_1)\Big]=$$

$$\sum_{\alpha=0}^{\infty}\frac{1}{p^{2\alpha\alpha}}\Big[\sum_{u|p^{\alpha}}\sum_{\substack{u_1|p^{\alpha}\\uv=u_1v_1}}\sum_{v|p^{\beta}}\sum_{v_1|p^{\beta}}\chi(u\bar{u}_1)\Big]+$$

$$\sum_{\alpha=0}^{\infty}\sum_{\beta=\alpha+1}^{\infty}\frac{1}{p^{s\alpha}p^{\bar{s}\alpha}}\Big[\sum_{u|p^{\alpha}}\sum_{\substack{u_1|p^{\alpha}\\uv=u_1v_1}}\sum_{v|p^{\beta}}\sum_{v_1|p^{\beta}}\chi(u\bar{u}_1)\Big]+$$

$$\sum_{\alpha=0}^{\infty}\sum_{\beta=\alpha+1}^{\infty}\frac{1}{p^{s\alpha}p^{\bar{s}\beta}}\Big[\sum_{u|p^{\alpha}}\sum_{\substack{u_1|p^{\alpha}\\uv=u_1v_1}}\sum_{v|p^{\beta}}\sum_{v_1|p^{\beta}}\chi(u\bar{u}_1)\Big]\equiv$$

$$w_1+w_2+w_3 \tag{20.3}$$

现在我们来分别计算式(20.3)中的 w_1, w_2 及 w_3，并且设 $\chi(p)=M$.

当 $0\leqslant\alpha<\beta$ 时，有

$$\sum_{u|p^{\alpha}}\sum_{\substack{u_1|p^{\alpha}\\uv=u_1v_1}}\sum_{v|p^{\beta}}\sum_{v_1|p^{\beta}}=\sum_{t=0}^{\alpha+\beta}\sum_{\substack{x+z=t\\0\leqslant x\leqslant\alpha\\0\leqslant z\leqslant\beta}}\sum_{\substack{y+w=t\\0\leqslant y\leqslant\alpha\\0\leqslant w\leqslant\beta}}M^{x-y}=$$

$$\sum_{t=0}^{\alpha}\Big(\sum_{x=0}^{t}M^x\Big)\Big(\sum_{y=0}^{t}M^{-y}\Big)+\sum_{t=\alpha+1}^{\beta}\Big(\sum_{x=0}^{\alpha}M^x\Big)\Big(\sum_{y=0}^{\alpha}M^{-y}\Big)+$$

$$\sum_{t=\beta+1}^{\alpha+t}\Big(\sum_{x=t-\beta}^{\alpha}M^x\Big)\Big(\sum_{y=t-\beta}^{\alpha}M^{-y}\Big)=$$

$$\sum_{t=0}^{\alpha}\frac{1-M^{t+1}}{1-M}\cdot\frac{1-M^{-t-1}}{1-M^{-1}}+$$

$$\frac{1-M^{\alpha+1}}{1-M}\cdot\frac{1-M^{-\alpha-1}}{1-M^{-1}}(\beta-\alpha)+$$

$$\sum_{t=1}^{\alpha}\Big(\sum_{x=t}^{\alpha}M^x\Big)\Big(\sum_{y=t}^{\alpha}M^{-y}\Big)=$$

$$\frac{1}{(1-M)(1-M^{-1})}\sum_{t=0}^{\alpha}(2-M^{-t-1}-M^{t+1})+$$

$$(\beta - \alpha) \cdot \frac{(1-M^{\alpha+1})(1-M^{-\alpha-1})}{(1-M)(1-M^{-1})} +$$

$$\sum_{t=1}^{\infty} \frac{1-M^{\alpha-t+1}}{1-M} \cdot \frac{1-M^{\alpha-t+1}}{1-M^{-1}} =$$

$$\frac{1}{(1-M)(1-M^{-1})} \cdot$$

$$\left[2\alpha + 2 - \frac{M(1-M^{\alpha+1})}{1-M} - \frac{M^{-1}(1-M^{-\alpha-1})}{1-M^{-1}} \right] +$$

$$(\beta-\alpha)\frac{1}{(1-M)(1-M^{-1})}(2 - M^{-\alpha-1} - M^{\alpha+1}) +$$

$$\frac{1}{(1-M)(1-M^{-1})}\left[2\alpha - \frac{M-M^{\alpha+1}}{1-M} - \frac{M^{-1}-M^{-\alpha-1}}{1-M^{-1}} \right] =$$

$$\frac{2(\alpha+\beta+1)}{(1-M)(1-M^{-1})} -$$

$$\frac{1}{(1-M)(1-M^{-1})} \cdot \frac{2M - M^{\alpha+1} - M^{\alpha+2}}{(1-M)} -$$

$$\frac{1}{(1-M)(1-M^{-1})} \cdot \frac{2M^{-1} - M^{-\alpha-1} - M^{-\alpha-2}}{(1-M^{-1})} -$$

$$(\beta-\alpha)\frac{1}{(1-M)(1-M^{-1})}\left[M^{\alpha+1} + M^{-(\alpha+1)} \right] =$$

$$\frac{2(\alpha+\beta+2)}{(1-M)(1-M^{-1})} + \frac{M^{\alpha+1} + M^{\alpha+2}}{(1-M)^2(1-M^{-1})} +$$

$$\frac{M^{\alpha+1} + M^{-(\alpha+2)}}{(1-M)(1-M^{-1})^2} +$$

$$\frac{\alpha-\beta}{(1-M)(1-M^{-1})}\left[M^{\alpha+1} + M^{-(\alpha+1)} \right]$$

于是

$$w_2 = \sum_{\alpha=0}^{\infty} \sum_{\beta=\alpha+1}^{\infty} \frac{1}{p^{s\alpha} p^{s\beta}} \left[\sum_{u \mid p^{\alpha}} \sum_{u_1 \mid p^{\alpha}} \sum_{\substack{v \mid p^{\beta} \\ uv = u_1 v_1}} \sum_{v_1 \mid p^{\beta}} \chi(u\bar{u}_1) \right] =$$

$$\sum_{\alpha=0}^{\infty} \sum_{\beta=\alpha+1}^{\infty} \frac{1}{p^{s\alpha} p^{s\beta}} \left[\frac{2(\alpha+\beta+2)}{(1-M)(1-M^{-1})} + \right.$$

第一部分　Riemann 猜想的历史及进展

$$\frac{M^{\alpha+1} + M^{\alpha+2}}{(1-M)^2(1-M^{-1})} + \frac{M^{-(\alpha+1)} + M^{-(\alpha+2)}}{(1-M)(1-M^{-1})^2} +$$

$$\frac{\alpha - \beta}{(1-M)(1-M^{-1})}(M^{\alpha+1} + M^{-\alpha-1})\Big] =$$

$$\frac{1}{(1-M)(1-M^{-1})}\Big\{\sum_{\alpha=0}^{\infty}\sum_{\beta=1}^{\infty}\frac{1}{p^{2\sigma\alpha}p^{s\beta}}[2(2\alpha+\beta+2) +$$

$$\frac{M^{\alpha+1} + M^{\alpha+2}}{1-M} + \frac{M^{-\alpha-1} + M^{-\alpha-2}}{1-M^{-1}} -$$

$$\beta(M^{\alpha+1} + M^{-\alpha-1})\Big]\Big\} =$$

$$\frac{4}{(1-M)(1-M^{-1})}\Big(\sum_{\alpha=0}^{\infty}\frac{\alpha}{p^{2\sigma\alpha}}\Big)\frac{1}{p^s-1} +$$

$$\frac{2}{(1-M)(1-M^{-1})}\Big(\sum_{\alpha=0}^{\infty}\frac{\alpha}{p^{2\sigma\alpha}}\Big)\Big(\sum_{\beta=1}^{\infty}\frac{\beta}{p^{s\beta}}\Big) +$$

$$\frac{4}{(1-M)(1-M^{-1})} \cdot \frac{p^{2\sigma}}{p^{2\sigma}-1} \cdot \frac{1}{p^s-1} +$$

$$\frac{1}{(1-M)^2(1-M^{-1})} \cdot$$

$$\Big(\frac{M}{1-p^{-2\sigma}M}\frac{1}{p^s-1} + \frac{M^2}{1-p^{-2\sigma}M}\frac{1}{p^s-1}\Big) +$$

$$\frac{1}{(1-M)(1-M^{-1})^2} \cdot$$

$$\Big(\frac{M^{-1}}{1-p^{-2\sigma}M^{-1}}\frac{1}{p^s-1} + \frac{M^{-2}}{1-p^{-2\sigma}M^{-1}}\frac{1}{p^s-1}\Big) -$$

$$\frac{1}{(1-M)(1-M^{-1})} \cdot$$

$$\Big(\frac{M}{1-p^{-2\sigma}M}\sum_{\beta=1}^{\infty}\frac{\beta}{p^{s\beta}} + \frac{M^{-1}}{1-p^{-2\sigma}M^{-1}}\sum_{\beta=1}^{\infty}\frac{\beta}{p^{s\beta}}\Big) =$$

$$\frac{4}{(1-M)(1-M^{-1})}\frac{p^{2\sigma}}{(p^{2\sigma}-1)^2}\frac{1}{p^s-1} +$$

$$\frac{2}{(1-M)(1-M^{-1})} \frac{p^{2\sigma}}{(p^{2\sigma}-1)} \frac{p^{\bar{s}}}{(p^{\bar{s}}-1)^2} +$$

$$\frac{4}{(1-M)(1-M^{-1})} \frac{p^{2\sigma}}{p^{2\sigma}-1} \frac{1}{p^{\bar{s}}-1} +$$

$$\frac{1}{(1-M)^2(1-M^{-1})} \frac{1}{p^{\bar{s}}-1} \cdot$$

$$\left(\frac{M}{1-p^{-2\sigma}M} + \frac{M^2}{1-p^{-2\sigma}M} \right) +$$

$$\frac{1}{(1-M)(1-M^{-1})^2} \frac{1}{p^{\bar{s}}-1} \cdot$$

$$\left(\frac{M^{-1}}{1-p^{-2\sigma}M^{-1}} + \frac{M^{-2}}{1-p^{-2\sigma}M^{-1}} \right) -$$

$$\frac{1}{(1-M)(1-M^{-1})} \frac{p^{\bar{s}}}{(p^{\bar{s}}-1)^2} \cdot$$

$$\left(\frac{M}{1-p^{-2\sigma}M} + \frac{M^{-1}}{1-p^{-2\sigma}M^{-1}} \right) =$$

$$\frac{1}{(1-M)(1-M^{-1})} \frac{p^{2\sigma}}{p^{2\sigma}-1} \cdot$$

$$\frac{1}{p^{\bar{s}}-1} \left(\frac{4}{p^{2\sigma}-1} + \frac{2p^{\bar{s}}}{p^{\bar{s}}-1} + 4 \right) -$$

$$\frac{(1+M)(1+M^{-1})}{(1-M)(1-M^{-1})} \frac{1}{p^{\bar{s}}-1} \cdot$$

$$\frac{1}{(1-p^{-2\sigma}M)(1-p^{-2\sigma}M^{-1})} -$$

$$\frac{1}{(1-M)(1-M^{-1})} \frac{p^{\bar{s}}}{(p^{\bar{s}}-1)^2} \cdot$$

$$\frac{M+M^{-1}-2p^{-2\sigma}}{(1-p^{-2\sigma}M)(1-p^{-2\sigma}M^{-1})} \tag{20.4}$$

同样我们可得

$$w_3 = \sum_{\alpha=0}^{\infty} \sum_{\beta=\alpha+1}^{\infty} \frac{1}{p^{s\alpha}p^{s\beta}} \Big[\sum_{u \mid p^{\alpha}} \sum_{\substack{u_1 \mid p^{\alpha} \\ uv = u_1 v_1}} \sum_{v \mid p^{\beta}} \sum_{v_1 \mid p^{\beta}} \chi(u\bar{u}_1) \Big] =$$

第一部分　Riemann 猜想的历史及进展

$$\sum_{\alpha=0}^{\infty}\sum_{\beta=1}^{\infty}\frac{1}{p^{2\sigma\alpha}p^{s\beta}}\Big[\frac{2(2\alpha+\beta+2)}{(1-M)(1-M^{-1})}+$$

$$\frac{M^{\alpha+1}+M^{\alpha+2}}{(1-M)^2(1-M^{-1})}+\frac{M^{-\alpha-1}+M^{-\alpha-2}}{(1-M)(1-M^{-1})^2}+$$

$$\frac{\beta}{(1-M)(1-M^{-1})}(M^{\alpha+1}+M^{-\alpha-1})\Big]=$$

$$\frac{1}{(1-M)(1-M^{-1})}\frac{p^{2\sigma}}{p^{2\sigma}-1}\cdot$$

$$\frac{1}{p^s-1}\Big(\frac{4}{p^{2\sigma}-1}+\frac{2p^s}{p^s-1}+4\Big)-$$

$$\frac{(1+M)(1+M^{-1})}{(1-M)(1-M^{-1})}\frac{1}{p^s-1}\cdot$$

$$\frac{1}{(1-p^{-2\sigma}M)(1-p^{-2\sigma}M^{-1})}-$$

$$\frac{1}{(1-M)(1-M^{-1})}\frac{p^s}{(p^s-1)^2}\cdot$$

$$\frac{M+M^{-1}-2p^{-2\sigma}}{(1-p^{-2\sigma}M)(1-p^{-2\sigma}M^{-1})} \tag{20.5}$$

当 $\alpha=\beta$ 时,有

$$\sum_{u\mid p^\alpha}\sum_{\substack{u_1\mid p^\alpha\\uv=u_1v_1}}\sum_{v\mid p^\beta}\sum_{v_1\mid p^\beta}\chi(u\bar{u}_1)=\frac{2(2\alpha+2)}{(1-M)(1-M^{-1})}+$$

$$\frac{M^{\alpha+1}+M^{\alpha+2}}{(1-M)^2(1-M^{-1})}+$$

$$\frac{M^{-\alpha-1}+M^{-\alpha-2}}{(1-M)(1-M^{-1})^2}$$

于是

$$w_1=\sum_{\alpha=0}^{\infty}\frac{1}{p^{2\sigma\alpha}}\Big[\sum_{u\mid p^\alpha}\sum_{\substack{u_1\mid p^\alpha\\uv=u_1v_1}}\sum_{v\mid p^\beta}\sum_{v_1\mid p^\beta}\chi(u\bar{u}_1)\Big]=$$

$$\sum_{\alpha=0}^{\infty}\frac{1}{p^{2\sigma\alpha}}\Big[\frac{4(\alpha+1)}{(1-M)(1-M^{-1})}+$$

$$\frac{M^{\alpha+1}+M^{\alpha+2}}{(1-M)^2(1-M^{-1})}+\frac{M^{-\alpha-1}+M^{-\alpha-2}}{(1-M)(1-M^{-1})^2}\Big]+$$

$$\frac{1}{(1-M)(1-M^{-1})}\cdot$$

$$\Big[\frac{4p^{4\sigma}}{(p^{2\sigma}-1)^2}-\frac{(1+M)(1+M^{-1})}{(1-p^{-2\sigma}M)(1-p^{-2\sigma}M^{-1})}\Big]$$

(20.6)

由式 (20.3)(20.4)(20.5) 及 (20.6) 可得

$$\sum_{\alpha=0}^{\infty}\sum_{\beta=0}^{\infty}\frac{1}{p^{s\alpha}p^{\bar{s}\beta}}\Big[\sum_{u\mid p^{\alpha}}\sum_{\substack{u_1\mid p^{\alpha}\\uv=u_1v_1}}\sum_{v\mid p^{\beta}}\sum_{v_1\mid p^{\beta}}\chi(u\bar{u}_1)\Big]=$$

$$\frac{1}{(1-M)(1-M^{-1})}\cdot$$

$$\Big[\frac{4p^{4\sigma}}{(p^{2\sigma}-1)^2}-\frac{(1+M)(1+M^{-1})}{(1-p^{-2\sigma}M)(1-p^{-2\sigma}M^{-1})}\Big]+$$

$$\frac{1}{(1-M)(1-M^{-1})}\cdot\frac{p^{2\sigma}}{p^{2\sigma}-1}\cdot$$

$$\frac{1}{p^{\bar{s}}-1}\Big[\frac{4}{p^{2\sigma}-1}+\frac{2p^{\bar{s}}}{p^{\bar{s}}-1}+4\Big]-$$

$$\frac{(1+M)(1+M^{-1})}{(1-M)(1-M^{-1})}\cdot\frac{1}{p^{\bar{s}}-1}\cdot$$

$$\frac{1}{(1-p^{-2\sigma}M)(1-p^{-2\sigma}M^{-1})}-$$

$$\frac{1}{(1-M)(1-M^{-1})}\cdot\frac{p^{\bar{s}}}{(p^{\bar{s}}-1)^2}\cdot$$

$$\frac{M+M^{-1}-2p^{-2\sigma}}{(1-p^{-2\sigma}M)(1-p^{-2\sigma}M^{-1})}+$$

$$\frac{1}{(1-M)(1-M^{-1})}\cdot\frac{p^{2\sigma}}{p^{2\sigma}-1}\cdot$$

$$\frac{1}{p^s-1}\Big[\frac{4}{p^{2\sigma}-1}+\frac{2p^s}{p^s-1}+4\Big]-$$

第一部分　Riemann 猜想的历史及进展

$$\frac{(1+M)(1+M^{-1})}{(1-M)(1-M^{-1})} \cdot \frac{1}{p^s-1} \cdot$$

$$\frac{1}{(1-p^{-2\sigma}M)(1-p^{-2\sigma}M^{-1})} -$$

$$\frac{1}{(1-M)(1-M^{-1})} \cdot \frac{p^s}{(p^s-1)^2} \cdot$$

$$\frac{M+M^{-1}-2p^{-2\sigma}}{(1-p^{-2\sigma}M)(1-p^{-2\sigma}M^{-1})} =$$

$$\frac{1}{(p^s-1)(p^{\bar{s}}-1)} \cdot \frac{1}{(1-M)(1-M^{-1})} \cdot$$

$$\left[\frac{4p^{4\sigma}}{(p^{2\sigma}-1)^2} - \frac{(1+M)(1+M^{-1})(p^{2\sigma}-1)}{(1-p^{-2\sigma}M)(1-p^{-2\sigma}M^{-1})}\right] +$$

$$\frac{1}{(1-M)(1-M^{-1})} \cdot \left[\frac{p^s}{(p^s-1)^2} + \frac{p^{\bar{s}}}{(p^{\bar{s}}-1)^2}\right] \cdot$$

$$\left[\frac{2p^{2\sigma}}{p^{2\sigma}-1} - \frac{M-M^{-1}-2p^{-2\sigma}}{(1-p^{-2\sigma}M)(1-p^{-2\sigma}M^{-1})}\right] =$$

$$\frac{1}{(p^s-1)(p^{\bar{s}}-1)} \cdot$$

$$\frac{(p^{2\sigma}+1)^2}{(p^{2\sigma}-1)(1-p^{-2\sigma}M)(1-p^{-2\sigma}M^{-1})} +$$

$$\frac{(p^s+p^{\bar{s}})(p^{2\sigma}+1)-4p^{2\sigma}}{(p^s-1)^2(p^{\bar{s}}-1)^2} \cdot$$

$$\frac{(p^{2\sigma}+1)^2}{(p^{2\sigma}-1)(1-p^{-2\sigma}M)(1-p^{-2\sigma}M^{-1})} +$$

$$\frac{p^{4\sigma}-1}{(p^s-1)^2(p^{\bar{s}}-1)^2(1-p^{-2\sigma}M)(1-p^{-2\sigma}M^{-1})} =$$

$$\frac{1-p^{-4\sigma}}{|1-p^{-s}|^4|1-p^{-2\sigma}M|^2}$$

即引理得证.

3. 定理的证明

在上面引理的基础上,我们容易给出定理的一个直接证明. 事实上,当 $\operatorname{Re}(s) > 1$ 时,注意到

$$\zeta(s) = \prod_p (1 - p^{-s})^{-1}$$

$$L(s,\chi) = \prod_p (1 - p^{-s}\chi(p))^{-1}$$

定理中的级数是绝对收敛的,于是由 Euler 积公式(参阅资料[2])及引理我们立刻得到

$$\sum_{m=1}^{\infty}\sum_{n=1}^{\infty}\frac{1}{m^s n^{\bar{s}}}\Big[\sum_{u\mid m}\sum_{\substack{u_1\mid m \\ uv = u_1 v_1}}\sum_{v\mid n}\sum_{v_1\mid n}\chi(u\bar{u}_1)\Big] =$$

$$\prod_{p\nmid q}\Big[\sum_{\alpha=0}^{\infty}\sum_{\beta=0}^{\infty}\frac{1}{p^{s\alpha}p^{\bar{s}\beta}}\big(\sum_{u\mid p^{\alpha}}\sum_{\substack{u_1\mid p^{\alpha} \\ uv = u_1 v_1}}\sum_{v\mid p^{\beta}}\sum_{v_1\mid p^{\beta}}\chi(u\bar{u}_1)\big)\Big] \cdot$$

$$\prod_{p\mid q}\Big(\sum_{\alpha=0}^{\infty}\sum_{\beta=0}^{\infty}\frac{1}{p^{s\alpha}p^{\bar{s}\beta}}\Big) =$$

$$\prod_{p\nmid q}\Big[\sum_{\alpha=0}^{\infty}\frac{1}{p^{2\sigma\alpha}}\big(\sum_{u\mid p^{\alpha}}\sum_{\substack{u_1\mid p^{\alpha} \\ uv = u_1 v_1}}\sum_{v\mid p^{\alpha}}\sum_{v_1\mid p^{\alpha}}\chi(u\bar{u}_1)\big) +$$

$$\sum_{\alpha=0}^{\infty}\sum_{\beta=\alpha+1}^{\infty}\frac{1}{p^{s\alpha}p^{\bar{s}\beta}}\big(\sum_{u\mid p^{\alpha}}\sum_{\substack{u_1\mid p^{\alpha} \\ uv = u_1 v_1}}\sum_{v\mid p^{\beta}}\sum_{v_1\mid p^{\beta}}\chi(u\bar{u}_1)\big) +$$

$$\sum_{\beta=0}^{\infty}\sum_{\alpha=\beta+1}^{\infty}\frac{1}{p^{s\alpha}p^{\bar{s}\beta}}\big(\sum_{u\mid p^{\alpha}}\sum_{\substack{u_1\mid p^{\alpha} \\ uv = u_1 v_1}}\sum_{v\mid p^{\beta}}\sum_{v_1\mid p^{\beta}}\chi(u\bar{u}_1)\big)\Big] \cdot$$

$$\prod_{p\mid q}\frac{1}{|1 - p^{-s}|^2} =$$

$$\prod_{p\nmid q}\Big[\sum_{\alpha=0}^{\infty}\frac{1}{p^{2\sigma\alpha}}\big(\sum_{t=0}^{2\alpha}\sum_{\substack{x+z=t \\ 0\leq x\leq\alpha\, 0\leq z\leq\alpha}}\sum_{\substack{y+w=t \\ 0\leq y\leq\alpha \\ 0\leq w\leq\alpha}}\chi(p)^{x-y}\big) +$$

第一部分　Riemann 猜想的历史及进展

$$\sum_{\alpha=0}^{\infty}\sum_{\beta=\alpha+1}^{\infty}\frac{1}{p^{s\alpha}p^{\bar{s}\beta}}(\sum_{t=0}^{\alpha+\beta}\sum_{\substack{x+z=t\\0\leq x\leq\alpha\\0\leq z\leq\beta}}\sum_{\substack{y+w=t\\0\leq y\leq\alpha\\0\leq w\leq\beta}}\chi(p)^{x-y})+$$

$$\sum_{\alpha=0}^{\infty}\sum_{\beta=\alpha+1}^{\infty}\frac{1}{p^{\bar{s}\alpha}p^{s\beta}}(\sum_{t=0}^{\alpha+\beta}\sum_{\substack{x+z=t\\0\leq x\leq\alpha\\0\leq z\leq\beta}}\sum_{\substack{y+w=t\\0\leq y\leq\alpha\\0\leq w\leq\beta}}\chi(p)^{x-y})]\cdot$$

$$\prod_{p\mid q}\frac{1}{\mid 1-p^{-s}\mid^{2}}=$$

$$\prod_{p\nmid q}[\frac{1-p^{-4\sigma}}{(1-p^{-s})^{2}(1-p^{\bar{s}})^{2}}\cdot$$

$$\frac{1}{(1-p^{-2\sigma}\chi(p))(1-p^{-2\sigma}\chi^{-1}(p))}]\cdot$$

$$\prod_{p\mid q}\frac{1}{\mid 1-p^{-s}\mid^{2}}=\frac{\mid\zeta(s)\mid^{4}}{\zeta(4\sigma)}\mid L(2\sigma,\chi)\mid^{2}\cdot$$

$$\prod_{p\mid q}\frac{1}{\mid 1-p^{-s}\mid^{2}}\prod_{p\mid q}\frac{\mid 1-p^{-s}\mid^{4}}{(1-p^{-4\sigma})}=$$

$$\frac{\mid\zeta(s)\mid^{4}}{\zeta(4\sigma)}\cdot\mid L(2\sigma,\chi)\mid^{2}\prod_{p\mid q}\frac{\mid 1-p^{-s}\mid^{2}}{(1-p^{-4\sigma})}$$

于是我们完成了定理的证明.

参考资料

[1] CONREY J B, FRANSEN E, KLEIN R, et al. Mean values of Dedekind sums. J. of Number Theory, 1996(56):214-226.

[2] 潘承洞,潘承彪.初等数论.北京:北京大学出版社,1992.

[3] 潘承洞,潘承彪.解析数论.北京:科学出版社,1990.

[4] APOSTOL T M. Introduction to analytic number theory. Springer-Verlag, New York, 1976.

[5] ZHANG W P. On the fourth power mean of the Dedekind sums. Journal de Theorie des Nombers (To appear).

第二十一章 三类与 Riemann ζ 函数有关的级数的求和公式[①]

1. 前言

Riemann ζ 函数

$$\zeta(s) = \sum_{n=1}^{\infty} \frac{1}{n^s}, \operatorname{Re}(s) > 1 \qquad (21.1)$$

在解析数论中占有十分重要的地位. 然而 $\zeta(2k+1)$ ($k=1,2,\cdots$) 的无理性的证明在几个世纪以来却一直是著名的难题. 直到 1978 年, 法国数学家 R. Apèry 才证明了 $\zeta(3)$ 是无理数. 但这个证明无法推广到其他情形[1]. 有鉴于此, 人们对研究与 $\zeta(s)$ (s 为大于 1 的整数) 有关的一些级数的求和问题表现出极大的兴趣[2][3]. 在这些研究的基础上, 资料 [4] 提出了级数

$$\sum_{k=2}^{\infty} k^m \bar{\zeta}(k),\ \sum_{k=1}^{\infty} k^m \bar{\zeta}(2k)\ \text{及}\ \sum_{k=2}^{\infty} (2k+1)^m \zeta(2k+1)$$

的求和问题, 并且用求导赋值的方法给出了 $m=1,2,3$ 时级数的和值. 但由于 m 稍大时, 使用此法不可避免地会碰到十分浩繁的计算工作, 所以难以给出 $m>3$ 时的一般的求和公式. 西北轻工业学院的党四善、李国兴两位教授 2000 年改用组合数学的方法, 利用第二类 Stirling 数和 Bernoulli 数给出上述级数关于 m 的求和

[①] 摘编自《数学研究与评论》, 2000, 20(3).

公式.这些公式表示简洁并有鲜明的规律性.

本章约定,$\bar{\zeta}(x) = \zeta(x) - 1 = \sum_{n=2}^{\infty} \frac{1}{n^x}$,此外,$[x]_k = x(x-1)\cdots(x-k+1)$ 为下阶乘函数,其他有关符号请参阅资料[4].

2. 几个引理

由资料[5]P_{30} 公式易知

引理1 当 $n \geq 2$ 时,有

$$\sum_{t=0}^{\infty} \binom{r+t}{r} \frac{1}{n^t} = \frac{1}{\left(1 - \frac{1}{n}\right)^{r+1}}, r = 0, 1, 2, \cdots$$

(21.2)

我们给出下面两个引理:

引理2 (1) $\sum_{k=1}^{\infty} \frac{[2k]_{2r}}{(2r)!} \bar{\zeta}(2k) = \zeta(2r) - \frac{1}{2^{2r+2}}$

(21.3)

(2) $\sum_{k=1}^{\infty} \frac{[2k]_{2r+1}}{(2r+1)!} \bar{\zeta}(2k) = \zeta(2r+2) + \frac{1}{2^{2r+3}}$

(21.4)

引理3 记 $I_n = \sum_{u=1}^{n} (-1)^u \frac{u!}{2^u} s_2(n,u)$,这里 $s_2(n,u)$ 是第二类 Stirling,则:

(1) 设 $I_0 = 1$,则 I_n 的指数型生成函数为 $\frac{2}{1+e^t}$.

(2) $p \geq 1$ 时,$I_{2p} = 0$. (21.5)

(3) $p \geq 1$ 时,$I_{2p-1} = \frac{1-2^{2p}}{p} B_{2p}$,这里 B_{2p} 是 Bernoulli 数.

(21.6)

这两个引理在证明本章主要结果及后续推导中起到了关键作用.

3. $\sum\limits_{k=2}^{\infty} k^m \bar{\zeta}(k)$ 的求和公式

定理 1 $\sum\limits_{k=2}^{\infty} k^m \bar{\zeta}(k) = 1 + \sum\limits_{r=2}^{m+1}(r-1)! \, s_2(m+1, r)\zeta(r)$

$$(21.7)$$

证明 由引理 1,当 $r \geq 2$ 时,有

$$\sum_{k=2}^{\infty} \frac{[k]_r}{r!} \bar{\zeta}(k) = \sum_{k=2}^{\infty} \binom{k}{r} \bar{\zeta}(k) = \sum_{k=2}^{\infty} \binom{k}{r} \sum_{n=2}^{\infty} \frac{1}{n^k} =$$

$$\sum_{n=2}^{\infty} \sum_{k=r}^{\infty} \binom{k}{r} \frac{1}{n^k} = \sum_{n=2}^{\infty} \frac{1}{n^r} \sum_{t=0}^{\infty} \binom{r+t}{r} \frac{1}{n^t} =$$

$$\sum_{k=2}^{\infty} \frac{1}{n^r} \frac{1}{\left(1-\dfrac{1}{n}\right)^{r+1}} =$$

$$\zeta(r) + \zeta(r+1)$$

由于 $m \geq 1$ 时,有

$$k^m = \sum_{r=1}^{m} s_2(m, r)[k]_r = \sum_{r=1}^{m}(r! \, s_2(m, r)) \frac{[k]_r}{r!}$$

因而有

$$\sum_{k=2}^{\infty} k^m \bar{\zeta}(k) = \sum_{k=2}^{\infty} \left[\sum_{r=1}^{\infty}(r! \, s_2(m, r)) \frac{[k]_r}{r!} \right] \bar{\zeta}(k) =$$

$$\sum_{k=2}^{\infty} k s_2(m,1) \bar{\zeta}(k) +$$

$$\sum_{k=2}^{\infty} \left[\sum_{r=2}^{\infty}(r! \, s_2(m, r)) \frac{[k]_r}{r!} \right] \bar{\zeta}(k) =$$

$$\sum_{k=2}^{\infty} k \bar{\zeta}(k) + \sum_{r=2}^{\infty} r! \, s_2(m, r) \sum_{k=2}^{\infty} \frac{[k]_r}{r!} \bar{\zeta}(k) =$$

$$\sum_{k=2}^{\infty} k\bar{\zeta}(k) +$$

$$\sum_{r=2}^{\infty} r!\, s_2(m,r)(\zeta(r) + \zeta(r+1))$$

由于

$$\sum_{k=2}^{\infty} k\bar{\zeta}(k) = \sum_{n=2}^{\infty} \sum_{k=2}^{\infty} \frac{k}{n^k} = \sum_{n=2}^{\infty} \left[\frac{1}{n} \sum_{t=2}^{\infty} \binom{1+t}{1} \frac{1}{n^t}\right] =$$

$$\sum_{n=2}^{\infty} \left[\frac{1}{n}\left[\frac{1}{\left(1-\frac{1}{n}\right)^2} - 1\right]\right] =$$

$$1 + \zeta(2)$$

根据第二类 Stirling 数的递推公式

$$s_2(m+1,r) = s_2(m,r-1) + rs_2(m,r)$$

即得

$$\sum_{k=2}^{\infty} k^m \bar{\zeta}(k) = 1 + \zeta(2) +$$

$$\sum_{r=2}^{\infty} r!\, s_2(m,r)(\zeta(r) + \zeta(r+1)) =$$

$$1 + \sum_{r=2}^{m} (r-1)!\, (s_2(m,r-1) +$$

$$rs_2(m,r))\zeta(r) + m!\, s_2(m,m)\zeta(m+1) =$$

$$1 + \sum_{r=2}^{m} (r-1)!\, (s_2(m+1,r))\zeta(r) +$$

$$m!\, s_2(m+1,m+1)\zeta(m+1) =$$

$$1 + \sum_{r=2}^{m+1} (r-1)!\, (s_2(m+1,r))\zeta(r)$$

4. $\sum_{r=1}^{\infty} (2k)^m \bar{\zeta}(2k)$ 的求和公式

定理 2 （1）当 $m = 2p(p = 1, 2, \cdots)$ 时，有

$$\sum_{k=1}^{\infty}(2k)^{2p}\bar{\zeta}(2k)=$$

$$\sum_{r=1}^{p}(2r-1)!\,s_2(2p+1,2r)\zeta(2r) \qquad (21.8)$$

(2) 当 $m=2p-1(p=1,2,\cdots)$ 时,有

$$\sum_{k=1}^{\infty}(2k)^{2p-1}\bar{\zeta}(2k)=$$

$$\sum_{r=1}^{p}(2r-1)!\,s_2(2p,2r)\zeta(2r)+\frac{2^{2p}-1}{4p}B_{2p}$$

(21.9)

证明 首先有

$$(2k)^m = \sum_{u=1}^{m} s_2(m,u)[2k]_u$$

(1) 当 $m=2p$ 时,由引理 2 得

$$\sum_{k=1}^{\infty}(2k)^{2p}\bar{\zeta}(2k)=$$

$$\sum_{u=1}^{2p} u!\,s_2(2p,u)\sum_{k=1}^{\infty}\frac{[2k]_u}{u!}\bar{\zeta}(2k)=$$

$$\sum_{r=1}^{p}(2r-1)!\,s_2(2p,2r-1)\cdot$$

$$\sum_{k=1}^{\infty}\frac{[2k]_{2r-1}}{(2r-1)!}\bar{\zeta}(2k)+$$

$$\sum_{r=1}^{p}(2r)!\,s_2(2p,2r)\sum_{k=1}^{\infty}\frac{[2k]_{2r}}{(2r)!}\bar{\zeta}(2k)=$$

$$\sum_{r=1}^{p}(2r-1)!\,s_2(2p,2r-1)\Big(\zeta(2r)+\frac{1}{2^{2r+2}}\Big)$$

$$\sum_{r=1}^{p}(2r)!\,s_2(2p,2r)\Big(\zeta(2r)-\frac{1}{2^{2r+2}}\Big)=$$

$$\sum_{r=1}^{p}(2r-1)!\,[s_2(2p,2r-1)+$$

$$2rs_2(2p,2r)]\zeta(2r) -$$

$$\frac{1}{4}\sum_{u=1}^{2p}(-1)^u \frac{u!}{2^u}s_2(2p,u) =$$

$$\sum_{r=1}^{p}(2r-1)!\, s_2(2p+1,2r)\zeta(2r) - \frac{1}{4}I_{2p} =$$

$$\sum_{r=1}^{p}(2r-1)!\, s_2(2p+1,2r)\zeta(2r)$$

最后一步是根据引理 3 中式 (21.5) 得出的.

(2) 当 $m = 2p - 1$ 时,有

$$\sum_{k=1}^{\infty}(2k)^{2p-1}\bar\zeta(2k) =$$

$$\sum_{u=1}^{2p-1} u!\, s_2(2p-1,u)\sum_{k=1}^{\infty}\frac{[2k]_u}{u!}\bar\zeta(2k) =$$

$$\sum_{r=1}^{p}(2r-1)!\, s_2(2p-1,2r-1)\cdot$$

$$\sum_{k=1}^{\infty}\frac{[2k]_{2r-1}}{(2r-1)!}\bar\zeta(2k) +$$

$$\sum_{r=1}^{p-1}(2r)!\, s_2(2p-1,2r)\sum_{k=1}^{\infty}\frac{[2k]_{2r}}{(2r)!}\bar\zeta(2k) =$$

$$\sum_{r=1}^{p}(2r-1)!\, s_2(2p-1,2r)\left(\zeta(2r) + \frac{1}{2^{2r+1}}\right) +$$

$$\sum_{r=1}^{p-1}(2r)!\, s_2(2p-1,2r)\left(\zeta(2r) + \frac{1}{2^{2r+2}}\right) =$$

$$\sum_{r=1}^{p-1}(2r-1)!\,[s_2(2p-1,2r-1) +$$

$$2rs_2(2p,2r)]\zeta(2r) +$$

$$(2p-1)!\, s_2(2p-1,2p-1)\zeta(2p) -$$

$$\frac{1}{4}\sum_{u=1}^{2p-1}\frac{(-1)^u u!}{2^u}s_2(2p-1,u) =$$

$$\sum_{r=1}^{p-1}(2r-1)!\,s_2(2p-1,2r)\zeta(2r)+$$

$$(2p-1)!\,s_2(2p,2p)\zeta(2p)-\frac{1}{4}I_{2p-1}=$$

$$\sum_{r=1}^{p}(2r-1)!\,s_2(2p,2r)\zeta(2r)+$$

$$\frac{2^{2p}-1}{4p}B_{2p}$$

5. $\sum_{k=1}^{\infty}k^m\bar{\zeta}(2k)$ 和 $\sum_{k=1}^{\infty}(2k+1)^m\bar{\zeta}(2k+1)$ 的求和公式

由定理 2 易得

定理 3 （1）当 $m=2p(p=1,2,\cdots)$ 时,有

$$\sum_{k=1}^{\infty}k^{2p}\bar{\zeta}(2k)=$$

$$\frac{1}{2^{2p}}\sum_{r=1}^{p}(2r-1)!\,s_2(2p+1,2r)\zeta(2r)\qquad(21.10)$$

（2）当 $m=2p-1(p=1,2,\cdots)$ 时,有

$$\sum_{k=1}^{\infty}k^{2p-1}\bar{\zeta}(2k)=$$

$$\frac{1}{2^{2p-1}}\sum_{r=1}^{p}(2r-1)!\,s_2(2p,2r)\zeta(2r)+$$

$$\frac{1-2^{2p}}{2^{2p+1}p}B_{2p}\qquad(21.11)$$

比较定理 1 和定理 2 可知

定理 4 （1）当 $m=2p(p=1,2,\cdots)$ 时,有

$$\sum_{k=1}^{\infty}(2k+1)^{2p}\bar{\zeta}(2k+1)=$$

第一部分　Riemann 猜想的历史及进展

$$1 + \sum_{r=1}^{p} (2r)! \, s_2(2p+1, 2r+1) \zeta(2r+1)$$

(21.12)

（2）当 $m = 2p - 1 (p = 1, 2, \cdots)$ 时，有

$$\sum_{k=1}^{\infty} (2k+1)^{2p-1} \bar{\zeta}(2k+1) =$$

$$1 + \sum_{r=1}^{p} (2r)! \, s_2(2p, 2r-1) \zeta(2r-1) + \frac{1 - 2^{2p}}{4p} B_{2p}$$

(21.13)

参 考 资 料

[1] VAN DER POORTEN A. Euler 错过了的证明. 数学译林,1980,2: 43-47.

[2] LEHMER D H. Interesting series involving the central binomial coefficient. The American Math. Monthly, 1985,92:449-457.

[3] E3103[1985,507]. An old sum reappears. The American Math. Monthly, 1987,94:466-468.

[4] 吴云飞. 与 Riemann ζ 函数有关的一些级数和. 数学的实验与认识, 1990,3:82-86.

[5] 华罗庚. 从杨辉三角谈起. 北京:人民教育出版社,1964.

第二十二章 两个新的算术函数及其均值[①]

1. 引言及结论

对任意正整数 n，我们定义两个新的算术函数 $f(n)$ 及它的对偶函数 $\bar{f}(n)$ 为 $f(1) = \bar{f}(n) = 1$，当 $n > 1$ 且 $n = p_1^{\alpha_1} p_2^{\alpha_2} \cdots p_k^{\alpha_k}$ 为 n 的标准分解式时，定义 $f(n) = \max(\alpha_1, \alpha_2, \cdots, \alpha_k)$ 和 $\bar{f}(n) = \min(\alpha_1, \alpha_2, \cdots, \alpha_k)$. 例如 $f(1)=1,f(3)=1,f(4)=2,f(5)=1,f(6)=1,f(7)=1,f(8)=3,f(9)=2,f(10)=1,\cdots;\bar{f}(1)=1,\bar{f}(2)=1,\bar{f}(3)=1,\bar{f}(4)=2,\bar{f}(5)=1,\bar{f}(6)=1,\bar{f}(7)=1,\bar{f}(8)=3,\bar{f}(9)=2,\bar{f}(10)=1,\cdots$. 显然这两个函数是 Smarandache 可乘函数，即对任意的正整数 m,n，若 $(m,n)=1$，则我们有

$$f(mn) = \max\{f(n), f(m)\}$$
$$\bar{f}(mn) = \min\{\bar{f}(m), \bar{f}(n)\}$$

关于这两个函数的算术性质，至今似乎没有人研究，至少我们现在没有看到过有关文献. 西北京大学学数学系的梅永刚[1,2]、王好[1] 两位教授2008 年利用初等和解析方法研究了这两个函数的均值性质，并给出了两个有趣的均值公式. 具体地说，我们证明下面的：

定理 1 对任意实数 $x > 1$，我们有渐近公式

[①] 摘编自《纯粹数学与应用数学》,2008,24(3).

第一部分　Riemann 猜想的历史及进展

$$\sum_{n \leqslant x} (f(n) - 1)^2 = bx + O(x^{\frac{1}{2}+\varepsilon})$$

其中

$$b = \sum_{k=2}^{\infty} \frac{(k-1)^2}{\zeta(k+1)} \sum_{p} \frac{p-1}{p^{k+1}-1}$$

为常数，ε 为任意给定的正数，$\zeta(s)$ 为 Riemann ζ 函数.

定理 2　对任意实数 $x > 1$，我们有渐近公式

$$\sum_{n \leqslant x} (\bar{f}(n) - 1)^2 = \frac{\zeta\left(\frac{3}{2}\right)}{\zeta(3)} x^{\frac{1}{2}} + O(x^{\frac{1}{3}} \ln^2 x)$$

2. 几个引理

为了完成定理的证明，我们需要下面三个引理. 首先有：

引理 1　设 p 为一给定的素数，对任意实数 $x > 1$，定义函数

$$A(n) = \begin{cases} 1, & \text{若 } n \text{ 的素因子的指数不超过 } k \\ & (k \text{ 为任意给定的正整数}) \\ 0, & \text{其他} \end{cases}$$

则我们有渐近公式

$$\sum_{\substack{n \leqslant x \\ (n,p)=1}} A(n) = \frac{p^k(p-1)}{\zeta(k+1)(p^{k+1}-1)} x + O(x^{\frac{1}{2}+\varepsilon})$$

其中 ε 为任意给定的正数.

证明　设 $f(s) = \sum_{\substack{n=1 \\ (n,p)=1}}^{\infty} \frac{A(n)}{n^s}$，则由 Euler 积公式和 $A(n)$ 的定义有

$$f(s) = \prod_{q \neq p} \sum_{m=0}^{\infty} \frac{A(q^m)}{q^{ms}} = \prod_{q \neq p} \left(1 + \frac{1}{q^s} + \frac{1}{q^{2s}} + \frac{1}{q^{ks}}\right) =$$

$$\prod_{q \neq p} \left(\frac{1 - \frac{1}{q^{(k+1)s}}}{1 - \frac{1}{q^s}} \right) =$$

$$\frac{\zeta(s)}{\zeta((k+1)s)} \left(1 + \frac{1}{p^s} + \frac{1}{p^{2s}} + \frac{1}{p^{ks}} \right)^{-1} =$$

$$\frac{\zeta(s)}{\zeta((k+1)s)} \frac{p^{ks}(p^s - 1)}{p^{(k+1)s} - 1}$$

其中 $\zeta(s)$ 为 Riemann ζ 函数;根据 Perron 公式[2],取 $s_0 = 0, T = x, b = \frac{3}{2}$ 则可以推出

$$\sum_{\substack{n \leq x \\ (n,p)=1}} A(n) = \frac{1}{2\pi i} \int_{\frac{3}{2} - iT}^{\frac{3}{2} + iT} \frac{\zeta(s)}{\zeta((k+1)s)} \frac{p^{ks}(p^s - 1)}{p^{(k+1)s} - 1} \frac{x^s}{s} ds +$$

$$O\left(\frac{x^{\frac{3}{2}}}{T} \right)$$

将上式中积分线从 $\frac{3}{2} \pm iT$ 移到 $\frac{1}{2} \pm iT$ 处,现在来估计主项

$$\frac{1}{2\pi i} \int_{\frac{3}{2} - iT}^{\frac{3}{2} + iT} \frac{\zeta(s)}{\zeta((k+1)s)} \frac{p^{ks}(p^s - 1)}{p^{(k+1)s} - 1} \frac{x^s}{s} ds$$

这时,函数 $f(s) = \frac{\zeta(s)}{\zeta((k+1)s)} \frac{p^{ks}(p^s - 1)}{p^{(k+1)s} - 1} \frac{x^s}{s}$ 在 $s = 1$ 处有一个一级极点,其留数为 $\frac{p^k(p-1)x}{\zeta(k+1)(p^{k+1} - 1)}$.

所以

$$\frac{1}{2\pi i} \left(\int_{\frac{3}{2} - iT}^{\frac{3}{2} + iT} + \int_{\frac{3}{2} + iT}^{\frac{1}{2} + iT} + \int_{\frac{1}{2} + iT}^{\frac{1}{2} - iT} + \int_{\frac{1}{2} - iT}^{\frac{3}{2} - iT} \right) \frac{x^s}{s} \cdot$$

$$\frac{\zeta(s)}{\zeta((k+1)s)} \frac{p^{ks}(p^s - 1)}{p^{(k+1)s} - 1} ds =$$

第一部分　Riemann猜想的历史及进展

$$\frac{p^k(p-1)x}{\zeta(k+1)(p^{k+1}-1)}$$

注意到

$$\frac{1}{2\pi i}\left(\int_{\frac{3}{2}+iT}^{\frac{1}{2}+iT}+\int_{\frac{1}{2}+iT}^{\frac{1}{2}-iT}+\int_{\frac{1}{2}-iT}^{\frac{3}{2}-iT}\right)$$

$$\frac{\zeta(s)}{\zeta((k+1)s)}\frac{p^{ks}(p^s-1)}{p^{(k+1)s}-1}\frac{x^s}{s}\mathrm{d}s \ll x^{\frac{1}{2}+\varepsilon}$$

那么

$$\sum_{\substack{n\leqslant x \\ (n,p)=1}} A(n) = \frac{p^k(p-1)}{\zeta(k+1)(p^{k+1}-1)}x + O(x^{\frac{1}{2}+\varepsilon})$$

引理1得证.

引理2　设B是所有Square-full数构成的集合,则有

$$\sum_{\substack{n\leqslant x \\ n\in B}} 1 = \frac{\zeta\left(\frac{3}{2}\right)}{\zeta(3)}\cdot x^{\frac{1}{2}} + \frac{\zeta\left(\frac{2}{3}\right)}{\zeta(2)}\cdot x^{\frac{1}{3}} + O(x^{\frac{1}{6}})$$

其中$\zeta(s)$为Riemann ζ函数.

证明　参阅资料[3]定理14.4.

引理3　设C是所有Cubic-full数构成的集合,则有

$$\sum_{\substack{n\leqslant x \\ n\in C}} 1 = Nx^{\frac{1}{3}} + O(x^{\frac{1}{4}})$$

其中N是可计算的常数.

证明　参阅资料[3]定理14.4.

3. 定理的证明

本段我们利用前面的引理来完成定理的证明. 对任意的正整数$n>1$,设$n=p_1^{\alpha_1}p_2^{\alpha_2}\cdots p_r^{\alpha_r}$,$A$为所有无平

方因子的集合,B 为至少含有一个素因子的指数大于或等于 2 的整数的集合,C 为所有素因子的指数不超过 k 的整数构成的集合.

对于定理 1,我们有

$$\sum_{n \leqslant x} (f(n) - 1)^2 = \sum_{\substack{n \leqslant x \\ n \in A}} (f(n) - 1)^2 + \sum_{\substack{n \leqslant x \\ n \in B}} (f(n) - 1)^2$$

当 $n \in A$ 时,由 $f(n)$ 的定义易知

$$\sum_{\substack{n \leqslant x \\ n \in A}} (f(n) - 1)^2 + \sum_{\substack{n \leqslant x \\ n \in A}} (1 - 1)^2 = 0$$

当 $n \in B$ 时,设 $f(n) = k, p$ 为 k 所对应的素因子,结合引理 1,我们有

$$\sum_{\substack{n \leqslant x \\ n \in B}} (f(n) - 1)^2 = \sum_{\substack{n \leqslant x \\ f(n) = k, n \in B}} (k - 1)^2 =$$

$$\sum_{\substack{p^k \leqslant x \\ k \geqslant 2}} \sum_{\substack{n \leqslant \frac{x}{p^k} \\ (n,p) = 1, n \in C}} (k - 1)^2 =$$

$$\sum_{k=2}^{\infty} (k-1)^2 \sum_{p \leqslant x^{\frac{1}{k}}} \left[\frac{1}{\zeta(k+1)} \frac{p-1}{p^{k+1}-1} x + O\left(\left(\frac{x}{p^k}\right)^{\frac{1}{2}+\varepsilon}\right) \right] =$$

$$x \sum_{k=2}^{\infty} \frac{(k-1)^2}{\zeta(k+1)} \sum_{p \leqslant x^{\frac{1}{k}}} \frac{p-1}{p^{k+1}-1} + O(x^{\frac{1}{2}+\varepsilon}) =$$

$$x \sum_{k=2}^{\infty} \frac{(k-1)^2}{\zeta(k+1)} \Big(\sum_{p} \frac{p-1}{p^{k+1}-1} - \sum_{p > x^{\frac{1}{k}}} \frac{p-1}{p^{k+1}-1} \Big) +$$

$$O(x^{\frac{1}{2}+\varepsilon}) =$$

$$x \sum_{k=2}^{\infty} \frac{(k-1)^2}{\zeta(k+1)} \sum_{p} \frac{p-1}{p^{k+1}-1} + O(x^{\frac{1}{2}+\varepsilon})$$

注意当 $k \geqslant 2$ 时,$\sum_{k=2}^{\infty} \frac{(k-1)^2}{\zeta(k+1)} \sum_{p} \frac{p-1}{p^{k+1}-1}$ 收敛,

故有 $\sum_{n \leqslant x} (f(n) - 1)^2 = bx + O(x^{\frac{1}{2}+\varepsilon})$,其中 $b =$

第一部分　Riemann 猜想的历史及进展

$$\sum_{k=2}^{\infty} \frac{(k-1)^2}{\zeta(k+1)} \sum_p \frac{p-1}{p^{k+1}-1},$$ ε 为任意给定的正数, $\zeta(s)$ 为 Riemann ζ 函数.

于是证明了定理 1.

现在我们来证明定理 2. 设 B 是所有 Square-full 数构成的集合, C 是所有不属于 B 的整数构成的集合, D 是所有 Cubic-full 数构成的集合. 由引理 1 和引理 2 及注意到当 n 含有任意素数的一次方幂时, $\bar{f}(n) - 1 = 0$, 于是有

$$\sum_{n \leqslant x} (\bar{f}(n) - 1)^2 =$$

$$\sum_{\substack{n \leqslant x \\ n \in B}} (\bar{f}(n) - 1)^2 + \sum_{\substack{n \leqslant x \\ n \in C}} (\bar{f}(n) - 1)^2 =$$

$$\sum_{\substack{n \leqslant x \\ n \in B \setminus D}} (\bar{f}(n) - 1)^2 + \sum_{\substack{n \leqslant x \\ n \in D}} (\bar{f}(n) - 1)^2 =$$

$$\left(\sum_{\substack{n \leqslant x \\ n \in B}} 1 - \sum_{\substack{n \leqslant x \\ n \in D}} 1 \right) + O \left(\sum_{\substack{n \leqslant x \\ n \in D}} \left(\frac{\ln x}{\ln 2} - 1 \right)^2 \right) =$$

$$\sum_{\substack{n \leqslant x \\ n \in B}} 1 + O \left(\sum_{\substack{n \leqslant x \\ n \in D}} \left(\frac{\ln x}{\ln 2} - 1 \right)^2 \right) =$$

$$\frac{\zeta\left(\frac{3}{2}\right)}{\zeta(3)} x^{\frac{1}{2}} + O(x^{\frac{1}{3}} \ln^2 x)$$

于是完成了定理 2 的证明.

参 考 资 料

[1] SMARANDACHE F. Only problems, not solutions. Chicago: Xiquan Publishing House, 1993.

[2] 潘承洞, 潘承彪. 素数定理的初等证明. 上海: 上海科学技术出版社, 1988.

[3] APOSTOL T M. Introduction to analytical number theory. New York:

Spring-Verlag, 1976.

[4] 张文鹏. 初等数论. 西安:陕西师范大学出版社,2007.

[5] IVIĆ A. The Riemann Zeta-Function. New York: Dover Publications, 2003.

第二十三章 一类 Genocchi 数与 Riemann ζ 函数多重求和的计算公式①

1. 引言

当 $\Omega_n = B_n$(Bernoulli 数),E_n(Euler 数)或 G_n(Genocchi 数)时,形如下列和式

$$\sum_{a_1+a_2+\cdots+a_k=n} \frac{\Omega_{2a_1}\Omega_{2a_2}\cdots\Omega_{2a_k}}{(2a_1)!\ (2a_2)!\ \cdots(2a_k)!}$$

的研究时常引起人们的兴趣,参阅资料[1] ~ [11]. 资料[8],[9]彻底解决了 $\Omega_n = B_n$(Bernoulli 数)或 E_n(Euler 数)的问题,得到了其一般计算公式. 洛阳师范学院数学系的刘麦学和大连理工大学应用数学系的张之正两位教授 2001 年利用计算技巧建立 Genocchi 数 G_n 的一般结果,推广王天明、张祥德[5]的结果. 这时 $n \geq k$ 为正整数,$a_1 + a_2 + \cdots + a_k = n$ 表示对所有满足该式的 k 维正整数组 $(a_1, a_2, \cdots, a_k)$ 求和.

其主要结果如下:

定理 1

$$\sum_{a_1+a_2+\cdots+a_k=n} \frac{G_{2a_1}G_{2a_2}\cdots G_{2a_k}}{(2a_1)!\ (2a_2)!\ \cdots(2a_k)!} =$$

---

① 摘编自《数学研究与评论》,2001,21(3).

$$\frac{1}{(2n-k)!}\sum_{j=0}^{[\frac{k-1}{2}]}\sum_{i=1}^{2j}(-1)^i\binom{k}{i}\cdot$$

$$\frac{2^{k-i-1}}{(k-i-1)!}\sigma_{k-i,2j-i}\frac{G_{2n-2j}}{2n-2j}$$

定理 2

$$\sum_{a_1+a_2+\cdots+a_k=n}(1-2^{2a_1})(1-2^{2a_2})\cdots(1-2^{2a_k})\cdot$$

$$\zeta(2a_1)\zeta(2a_2)\cdots\zeta(2a_k)=$$

$$\frac{(-1)^{k-1}}{(2n-k)!\,2^{k-1}}\sum_{j=0}^{[\frac{k-1}{2}]}\sum_{i=1}^{2j}\binom{k}{i}(-1)^{i+j}\cdot$$

$$\frac{2^{2j-1}(1-2^{2n-2j})\pi^{2j}\sigma_{k-i,2j-i}(2n-2j-1)!}{(k-i-1)!}\zeta(2n-2j)$$

定理 3

$$(2n)_k \sum_{j=0}^{[\frac{k-1}{2}]}\sum_{i=1}^{2j}(-1)^i\binom{k}{i}\cdot$$

$$\frac{2^{k-i-1}\sigma_{k-i,2j-i}}{(k-i-1)!\,(2n-2j)}G_{2n-2j}$$

是一个整数.

2. 定理的证明

定义 1 高阶 Genocchi 数 $G_n^{(k)}$ 和高阶偶 Genocchi 数 $H_{2n}^{(k)}$ 分别定义为

$$\left(\frac{2t}{e^t+1}\right)^k = \sum_{n\geqslant 1} G_n^{(k)} \frac{t^n}{n!}$$

$$\left(\frac{2t}{e^t+1}-t\right)^k = \sum_{n\geqslant 1} H_{2n}^{(k)} \frac{t^{2n}}{(2n)!}$$

其中 k 为非负整数,显然 $G_n^{(1)}=G_n$,$H_{2n}^{(1)}=G_{2n}$ 为普通的

Genocchi 数[12].

定义 2　$\sigma_{s,j}$ 表示从 $0,1,\cdots,s-1$ 中任取 j 个所做的一切可能乘积的和,其中 s 是正整数,$1 \leq j \leq s$.

显然 $\sigma_{s,s} = 0$;$\sigma_{s,j} + s\sigma_{s,j-1} = \sigma_{s+1,j}$;$s\sigma_{s,s-1} = \sigma_{s+1,s}$,另外本章约定 $\sigma_{s,0} = 1$;当 $t < 0$ 或 $s < t$ 时,$\sigma_{s,t} = 0$.

引理 1[1]　(1) $G_{2n+1} = 0 (n \geq 1)$.

(2) $G_{2n} = (-1)^{n-1} \dfrac{4(1-2^{2n})(2n)!}{(2\pi)^{2n}} \zeta(2n)$.

引理 2[1]　(1) $G_n^{(k+1)} = 2\left\{\dfrac{n-k}{k} G_n^{(k)} + n G_{n-1}^{(k)}\right\}$

$H_{2n}^{(k+1)} = 2\left\{\dfrac{2n-k}{k} H_{2n}^{(k)} + n(2n-1) H_{2n-2}^{(k-1)}\right\}$

(2) $G_n^{(k)} = \dfrac{2^{k-1} n!}{(k-1)!(n-k)!} \sum_{j=0}^{k-1} \sigma_{k,j} \dfrac{G_{n-j}}{n-j}$

(3) $G_{2n}^{(k)} = \dfrac{2^{k-1}(2n)!}{(k-1)!(2n-k)!} \sum_{j=0}^{\left[\frac{k-1}{2}\right]} \sigma_{k,2j} \dfrac{G_{2n-2j}}{2n-2j}$

证明　(1) 分别比较下列两式展开的系数,则可得(1) 中两式

$$\left(\dfrac{2t}{e^t+1}\right)^{k+1} = \dfrac{2}{k} t \dfrac{d}{dt}\left(\dfrac{2t}{e^t+1}\right)^k - 2(1-t)\left(\dfrac{2t}{e^t+1}\right)^k$$

$$\dfrac{k}{2}\left(\dfrac{2t}{e^t+1} - t\right)^{k+1} = t \dfrac{d}{dt}\left(\dfrac{2t}{e^t+1} - t\right)^k -$$

$$k\left(\dfrac{2t}{e^t+1} - t\right)^k + \dfrac{k}{2} t^2 \left(\dfrac{2t}{e^t+1} - t\right)^{k-1}$$

(2) (应用数学归纳法)(a) 当 $k = 1$ 时,结论显然成立.(b) 假设结论对 k 已经成立,则

$$G_n^{(k+1)} = 2\left\{\dfrac{n-k}{k} G_n^{(k)} + n G_{n-1}^{(k)}\right\} =$$

$$\frac{2^k n!}{k!\,(n-k)!}(n-k)\sum_{j=0}^{k-1}\sigma_{k,j}\frac{G_{n-j}}{n-j}+$$

$$2n\frac{2^{k-1}(n-1)!}{(k-1)!\,(n-1-k)!}\cdot$$

$$\sum_{j=0}^{k-1}\sigma_{k,j}\frac{G_{n-1-j}}{n-1-j}=\frac{2^k n!}{k!\,(n-k-1)!}\cdot$$

$$\left\{\sum_{j=0}^{k-1}\sigma_{k,j}\frac{G_{n-j}}{n-j}+\sum_{j=0}^{k-1}k\sigma_{k,j}\frac{G_{n-1-j}}{n-1-j}\right\}=$$

$$\frac{2^k n!}{k!\,(n-k-1)!}\cdot$$

$$\left\{\frac{G_n}{n}+\sum_{j=1}^{k-1}(\sigma_{k,j}+k\sigma_{k,j-1})\frac{G_{n-j}}{n-j}+\right.$$

$$\left. k\sigma_{k,k-1}\frac{G_{n-k}}{n-k}\right\}=\frac{2^k n!}{k!\,(n-k-1)!}\cdot$$

$$\left\{\frac{G_n}{n}+\sum_{j=1}^{k-1}(\sigma_{k+1,j}\frac{G_{n-j}}{n-j}+\sigma_{k+1,k}\frac{G_{n-k}}{n-k})\right\}=$$

$$\frac{2^k n!}{k!\,(n-k-1)!}\sum_{j=1}^{k}\sigma_{k+1,j}\frac{G_{n-j}}{n-j}$$

上式说明结论对 $k+1$ 也成立,综合(a)和(b)知结论成立.

(3) 由(2)和引理 1(1)即得.

引理 3

$$H_{2n}^{(k)}=\frac{(2n)!}{(2n-k)!}\sum_{j=0}^{[\frac{k-1}{2}]}\sum_{i=0}^{2j}(-1)^i\binom{k}{i}\cdot$$

$$\frac{2^{k-i-1}\sigma_{k-i,2j-i}}{(k-i-1)!\,(2n-2j)!}G_{2n-2j}$$

证明

$$H_{2n}^{(k)}=(2n)!\sum_{i=0}^{k}(-1)^{k-i}\binom{k}{i}\frac{G_{2n-k+i}^{(i)}}{(2n-k+i)!}=$$

第一部分 Riemann 猜想的历史及进展

$$(2n)!\sum_{i=1}^{k}(-1)^{k-i}\binom{k}{i}\cdot$$

$$\frac{2^{i-1}(2n-k+i)!}{(2n-k+i)!\ (i-1)!\ (2n-k)!}\cdot$$

$$\sum_{j=0}^{i-1}\sigma_{i,j}\frac{G_{2n-k+i-j}}{2n-k+i-j}=$$

$$\frac{(2n)!}{(2n-k)!}\sum_{i=1}^{k}(-1)^{k-i}\binom{k}{i}\cdot$$

$$\frac{2^{i-1}}{(i-1)!}\sum_{j=k-i}^{i-1+k-i}\sigma_{i,j-k+i}\frac{G_{2n-j}}{2n-j}=$$

$$\frac{(2n)!}{(2n-k)!}\sum_{i=0}^{k-1}(-1)^{k-i-1}\binom{k}{i+1}\cdot$$

$$\frac{2^{i}}{i!}\sum_{j=k-1-i}^{k-1}\sigma_{i+1,j-k+i+1}\frac{G_{2n-j}}{2n-j}=$$

$$\frac{(2n)!}{(2n-k)!}\sum_{j=0}^{k-1}\sum_{i=0}^{j}(-1)^{i}\binom{k}{i}\cdot$$

$$\frac{2^{k-i-1}}{(k-i-1)!}\sigma_{k-i,j-i}\frac{G_{2n-j}}{2n-j}=$$

$$\frac{(2n)!}{(2n-k)!}\sum_{j=0}^{[\frac{k-1}{2}]}\sum_{i=0}^{2j}(-1)^{i}\binom{k}{i}\cdot$$

$$\frac{2^{k-i-1}}{(k-i-1)!}\sigma_{k-i,2j-i}\frac{G_{2n-2j}}{2n-2j}$$

引理 4

$$\sum_{a_1+a_2+\cdots+a_k=n}\frac{H_{2a_1}^{(m_1)}H_{2a_2}^{(m_2)}\cdots H_{2a_k}^{(m_k)}}{(2a_1)!\ (2a_2)!\ \cdots(2a_k)!}=$$

$$\frac{1}{(2n)!}H_{2n}^{(m_1+m_2+\cdots+m_k)}$$

$$\sum_{a_1+a_2+\cdots+a_k=n}\frac{G_{2a_1}G_{2a_2}\cdots G_{2a_k}}{(2a_1)!\ (2a_2)!\ \cdots(2a_k)!}=$$

$$\frac{1}{(2n)!}H_{2n}^{(k)}$$

证明 由定义1可得.

由以上所给各引理,可以得到定理1;通过引理1(2)可得定理2;再由于 G_n 是整数([12],p49),可得定理3.

参考资料

[1] 张文鹏.关于 Riemann ζ 函数的几个恒等式.科学通报,1991,36(4):250-253.

[2] 张文鹏.关于 Euler 数的几个恒等式.西北京大学学学报(自然科学版),1992,22(1):17-20.

[3] 辛小龙,张建康.联系 Euler 数和 Bernoulli 数的一些恒等式.纯粹数学与应用数学,1993,9(1):23-28.

[4] 党四善,诸维盘.涉及 Euler 数,Bernoulli 数和推广的第一类 Stirling 数一些恒等式.纯粹数学与应用数学,1997,13(2):109-113.

[5] 王天明,张祥德.关于 Genocchi 数和 Riemann Zeta 函数的一些恒等式.数学研究与评论,1997,17(4):597-600.

[6] 张之正.高阶偶 Bernoulli 数的递归性质及其应用.信阳师范学院学报(自然科学版),1997,10(1):30-32.

[7] 张之正.关于高阶 Euler 多项式的一点注记.数学研究与评论,1998,18(4):546.

[8] 张之正.一类 Euler 数多重求和的计算公式.

[9] 刘国栋.一类包含 Riemann ζ 函数求和的计算公式.科学通报,1999,44(2):146-148.

[10] RAO R S, DAVIS B. Some identities involving the Riemann Zeta function Ⅱ. Indian, J. Pure. Appl. Math., 1986,17:1175-1186.

[11] SANKARANARYANAN A. An identity involving Riemann Zeta function. Indian J. Pure. Appl. Math., 1987,18:794-800.

[12] COMTET L. Advanced combinatorics. Reidel, Boston, Mass., 1974.

第二十四章 有限域上一类代数簇 ζ 函数的计算[①]

对于有限域上给定代数簇的 ζ 函数,Weil 提出了著名的系列猜想,其中"有理性"和"Riemann 猜想的模拟"先后被 Dwork 和 Deligne 用 p-adic 分析和 l-adic 上同调等高深的代数几何工具所解决. 宁波大学数学系的徐浪、曹炜两位教授 2015 年发现,若代数簇的增广次数矩阵的 Smith 标准形满足一定的条件,则可计算出其 ζ 函数,从而用初等的方法证明了 Weil 猜想中的"有理性"和"Riemann 猜想的模拟"对于这类代数簇是成立的.

1. 引言

设 $\mathbb{F}_q$ 是特征为 p 的 q 元有限域,$\overline{\mathbb{F}}_p$ 为其代数封闭域. 对任意的正整数 r,用 $\mathbb{F}_{q^r}$ 表示 $\mathbb{F}_q$ 在 $\overline{\mathbb{F}}_p$ 中的 r 次扩张. 设 $f_i(x_1, x_2, \cdots, x_n)$ $(i = 1, 2, \cdots, s)$ 为 $\mathbb{F}_q[x_1, x_2, \cdots, x_n]$ 中的一组多项式. 用 V 表示由 $f_i(i = 1, 2, \cdots, s)$ 的公共零点在仿射空间 $\mathbb{A}^n(\overline{\mathbb{F}}_p)$ 中所确定的代数簇,用 $N_{q^r}(V)$ 表示 V 中 $\mathbb{F}_{q^r}$-有理点的个数,即

[①] 摘编自《数学进展》,2015,44(4).

$$N_{q^r}(V) = \#\{(x_1, x_2, \cdots, x_n) \in \mathbb{F}_{q^r}^n | f_i(x_1, x_2, \cdots, x_n) = 0, \forall i = 1, 2, \cdots, s\}$$

若 V 是由单个多项式 f 所确定的超曲面(即 $s=1$),则将 $N_{q^r}(V)$ 简记为 $N_{q^r}(f)$. 代数簇 V 的 ζ 函数,记作 $Z(V,t)$,定义为生成函数

$$Z(V,t) = \exp\left(\sum_{r=1}^{\infty} N_{q^r}(V) \frac{t^r}{r}\right) \quad (24.1)$$

$Z(V,t)$ 包含有关于代数簇 V 的算术和几何方面的重要信息. 在经过实例计算之后,Weil[1] 对 ζ 函数 $Z(V,t)$ 提出如下猜想:

(1) 有理性.

$Z(V,t)$ 是 t 的有理函数,即是有理系数多项式之商

$$Z(V,t) = \frac{\prod_{i=1}^{d_1}(1-\alpha_i t)}{\prod_{j=1}^{d_2}(1-\beta_j t)} \quad (24.2)$$

其中 α_i 与 β_j 的个数有限且均为代数整数;

(2) Riemann 猜想的模拟.

式(24.2)中的 α_i 与 β_j 分别满足

$$|\alpha_i| = q^{\frac{u_i}{2}}, \quad |\beta_j| = q^{\frac{v_j}{2}}$$

其中 u_i, v_j 为非负整数,且 α_i 与 β_j 的 Galois 共轭均有相同的复绝对值. 这样的数又称为 Weil q-整数.

注 如果 V 是定义在射影空间 $\mathbb{P}^n(\overline{\mathbb{F}}_p)$ 中的非奇异不可约代数簇,Weil[1] 对 ζ 函数 $Z(V,t)$ 还提出了关于"函数方程"和"Betti 数"的猜想(参阅资料[2]). Weil 的系列猜想影响深远,它揭示了有限域上代数簇

的算术与复数域上代数簇的拓扑之间的深刻联系. 注意,Riemann ζ 函数是定义在复数域上的;另外在有向图上亦可定义离散的 ζ 函数(参阅资料[9,13]).

但是,Weil 本人只对代数曲线及一些特殊情形(如对角方程)验证了他的猜想. 1959 年,Dwork[5] 用 p-adic 分析方法证明了 Weil 猜想的"有理性"部分. 1964 年,Grothendieck 等人[6] 利用 l-adic 上同调(这里 l 表示与 p 不同的一个素数),证明了有关"函数方程"和"Betti 数"的猜想. 最深刻也是最困难的部分,即"Riemann 猜想的模拟",被 Deligne[7] 在 1974 年用更高深的代数几何工具证明.

在一般情形下,要给出 $Z(V,t)$ 的明确表达式是困难的,参阅资料[8,9]. 但通过定义和研究代数簇 V 的增广次数矩阵,我们发现在一些特殊情形下,可以得到 $Z(V,t)$ 的明确表达式,从而用较为初等的方法证明 Weil 猜想中的"有理性"和"Riemann 猜想的模拟"对这一类代数簇是成立的.

2. 预备知识

用 $\mathbb{Q}_p$ 表示 p-adic 数域(即有理数域 $\mathbb{Q}$ 关于 p-adic 赋值的完备化),$\mathbb{C}_p$ 为 $\mathbb{Q}_p$ 的代数封闭域的完备化. 设 ζ_p 为 $\mathbb{C}_p$ 中一个本原 p 次单位根. 用 $\mathrm{Tr}_{\mathbb{F}_q/\mathbb{F}_p}$ 表示从 $\mathbb{F}_q$ 到素域 $\mathbb{F}_p$ 的绝对迹映射. 对于给定的 $f(x_1,x_2,\cdots,x_n) \in \mathbb{F}_q[x_1,x_2,\cdots,x_n]$,定义指数和

$$S_q(f) = \sum_{x_1,x_2,\cdots,x_n \in \mathbb{F}_q} \zeta^{\mathrm{Tr}_{\mathbb{F}_q/\mathbb{F}_p}(f(x_1,x_2,\cdots,x_n))} \quad (24.3)$$

则 $N_q(f)$ 可表示为

$$N_q(f) = \frac{1}{q} S_q(x_0 f) \quad (24.4)$$

这里 x_0 为添加的一个新变量.

定义1 假设 $f \in \mathbb{F}_q[x_1, x_2, \cdots, x_n]$ 有如下的稀疏表达式

$$f(x_1, x_2, \cdots, x_n) = \sum_{j=1}^{m} a_j x^{D_j}, a_j \in \mathbb{F}_q^* \quad (24.5)$$

其中

$$\boldsymbol{D}_j = (d_{1j}, d_{2j}, \cdots, d_{nj})^{\mathrm{T}} \in \mathbb{Z}_{\geq 0}^n$$
$$x^{D_j} = x_1^{d_{1j}} x_2^{d_{2j}} \cdots x_n^{d_{nj}}$$

则 f 的次数矩阵定义为 $n \times m$ 矩阵

$$\boldsymbol{D}_f := \{D_1, D_2, \cdots, D_m\} = (d_{ij})_{1 \leq i \leq n, 1 \leq j \leq m}$$

下面我们把关于单个多项式定义的次数矩阵推广到代数簇上去. 如引言所述, 假设代数簇 V 由 $\mathbb{F}_q[x_1, x_2, \cdots, x_n]$ 中的一组多项式 $f_i(x_1, x_2, \cdots, x_n)(i=1, 2, \cdots, s)$ 所确定.

定义2 记

$$\tilde{\boldsymbol{D}}_{f_1} = \begin{pmatrix} \boldsymbol{1} \\ \boldsymbol{0} \\ \vdots \\ \boldsymbol{0} \\ \boldsymbol{D}_{f_1} \end{pmatrix}, \tilde{\boldsymbol{D}}_{f_2} = \begin{pmatrix} \boldsymbol{0} \\ \boldsymbol{1} \\ \vdots \\ \boldsymbol{0} \\ \boldsymbol{D}_{f_2} \end{pmatrix}, \cdots, \tilde{\boldsymbol{D}}_{f_s} = \begin{pmatrix} \boldsymbol{0} \\ \boldsymbol{0} \\ \vdots \\ \boldsymbol{1} \\ \boldsymbol{D}_{f_s} \end{pmatrix}$$

其中 $\boldsymbol{1} := (1, 1, \cdots, 1), \boldsymbol{0} := (0, 0, \cdots, 0), \boldsymbol{D}_{f_i}$ 为 f_i 的次数矩阵. 注意 $\tilde{\boldsymbol{D}}_{f_i}$ 的前 s 行除了第 i 行等于 $(1, 1, \cdots, 1)$ 外, 其他行均为零向量. 则代数簇 V 的增广次数矩阵定义为

$$\tilde{\boldsymbol{D}}_V = (\tilde{\boldsymbol{D}}_{f_1}, \tilde{\boldsymbol{D}}_{f_2}, \cdots, \tilde{\boldsymbol{D}}_{f_s})$$

令

$$g(x,y) = \sum_{i=1}^{s} y_i f_i(x_1, x_2, \cdots, x_n)$$

其中 y_i 表示添加的 s 个不同的新变量. 设 $g(x,y)$ 有 l 个非零单项式, 及矩阵 $\tilde{D}_V$ 可表示成列向量的形式: $\tilde{D}_V = (\tilde{D}_1, \tilde{D}_2, \cdots, \tilde{D}_l)$. 注意这是一个 $(n+s) \times l$ 阶矩阵. 则 $g(x,y)$ 有如下的稀疏表达式

$$g(x,y) = \sum_{j=1}^{l} c_j z^{\tilde{D}_j}, c_j \in \mathbb{F}_q^*$$

类似于式(24.4), 我们有

$$N_q(V) = \frac{1}{q^s} \sum_{\substack{y_1, y_2, \cdots, y_s \in \mathbb{F}_q \\ x_1, x_2, \cdots, x_n \in \mathbb{F}_q}} \zeta_p^{\mathrm{Tr}_{\mathbb{F}_q/\mathbb{F}_p}(g(x,y))}$$

我们还需要一些关于 Smith 标准形的知识. 熟知对任意的环 R, 用 $\mathrm{GL}_n(R)$ 表示阶为 n 的一般线性群, 即 R 上所有 $n \times n$ 阶可逆矩阵. 因为对任意的 $\alpha \in \mathbb{F}_q$, 均有 $\alpha^q = \alpha$, 所以(增广)次数矩阵 D 等价于剩余类环 $\mathbb{Z}/(q-1)\mathbb{Z}$ 上的一个矩阵, 我们不妨就把它看作是 $\mathbb{Z}/(q-1)\mathbb{Z}$ 上的一个矩阵, 而 D 在 $\mathbb{Z}/(q-1)\mathbb{Z}$ 可逆则可记为 $D \in \mathrm{GL}_m(\mathbb{Z}/(q-1)\mathbb{Z})$.

设 $M \in \mathbb{Z}^{n \times n}$ 为一个整数方阵, 则 M 被称为幺模阵, 如果它的行列式为 ± 1 (即 $M \in \mathrm{GL}_n(\mathbb{Z})$). Smith[10] 证明了

命题1 设 $A \in \mathbb{Z}^{n \times m}$ 为秩为 k 的整数矩阵, 则存在两个幺模阵 $U \in \mathrm{GL}_n\mathbb{Z}$ 和 $V \in \mathrm{GL}_m\mathbb{Z}$, 使得 A 等价于 $UAV = (\lambda_{ij})$, 其中 $\lambda_{ij} = 0$. 若 $i \neq j$, 而对角元 $\lambda_i := \lambda_{ii}$ 则满足以下性质:

(1) 对 $i = 1, 2, \cdots, k-1$, 有 $\lambda_i > 0, \lambda_i | \lambda_{i+1}$, 及 $\lambda_k > 0$.

(2) 对 $i = 1, 2, \cdots, k, \lambda_i$ 由 A 唯一确定;具体地讲,$\delta_i := \lambda_1 \lambda_2 \cdots \lambda_i$ 等于 A 中所有 $i \times i$ 阶子方阵的行列式的极大公因子.

命题1中的 λ_i 和 δ_i 分别称为 A 的不变因子和行列式因子, UAV 则称为 A 的 Smith 标准形,记作 $SNF(A) := UAV$. 下面我们将发现多项式(组)的(增广)次数矩阵的极大不变因子在确定其有理点个数中发挥着重要的作用.

3. 主要结论及其证明

令 $\Omega = \{0, 1, \cdots, q-1\}$ 及 $\Omega^m = \prod_{i=1}^{m} \Omega$ 为 Ω 的 m 重直积. 设 f 为 $\mathbb{F}_q$ 上具有形如式(24.5)的一个多项式. 对于给定的一个向量 $\boldsymbol{k} = (k_1, k_2, \cdots, k_m) \in \Omega^m$, 令 $(l_1, l_2, \cdots, l_n) := k_1 \boldsymbol{D}_1 + k_2 \boldsymbol{D}_2 + \cdots + k_m \boldsymbol{D}_m$, 并用 $v(\boldsymbol{k})$ 和 $s(\boldsymbol{k})$ 分别表示 $(k_1, k_2, \cdots, k_m)$ 中的正整数元的个数和 $(l_1, l_2, \cdots, l_n)$ 中的非零元的个数, 即

$$v(\boldsymbol{k}) = \#\{1 \leq j \leq m \mid k_j > 0\}$$

$$S(\boldsymbol{k}) = \#\{0 \leq i \leq n \mid 对某个 1 \leq j \leq m, 有 k_j d_{ij} > 0\}$$

在资料[4]中,曹炜和孙琦证明了可利用多项式 f 的次数矩阵的奇异性来给出 $N_q(f)$ 的具体表达式. 在研究广义 Markoff-Hurwitz 方程时,曹炜[12]又发现增广次数矩阵比次数矩阵更有效,从而推广了资料[4]中的结论;并利用增广次数矩阵给出了广义 Markoff-Hurwitz 方程在特殊条件下的解数公式,部分地解决了 Carlitz[13] 提出的一个问题,简化并推广了 Baoulina[14] 的研究结果. 利用增广次数矩阵的 Smith 标准形,曹炜[8] 得到了如下的定理,进一步推广了资

料[3,4]中的结果.

定理1 设代数簇 V 由 $\mathbb{F}_q[x_1,x_2,\cdots,x_n]$ 中一组多项式 $f_i(i=1,2,\cdots,s)$ 所确定,其增广次数矩阵为 $\widetilde{D}_V \in \mathbb{Z}^{(n+s)\times l}$,其中 $l \leq n+s$. 设 $\widetilde{D}_V$ 的 Smith 标准形上的对角元为 $\lambda_1,\lambda_2,\cdots,\lambda_l$,且满足 $\lambda_i | \lambda_{i+1}, i=1,2,\cdots,l-1$. 若 $\gcd(\lambda_l,q-1)=1$,则有 $\Omega=\{0,q-1\}$ 及

$$N_q(V) = \sum_{k \in \Omega^l} (-1)^{v(k)} (q-1)^{s(k)-v(k)} q^{n-s(k)+v(k)}$$

由以上定理,可以得到两个简单的推论.

推论1 若 $\widetilde{D}_V$ 是列满秩的且其最大不变因子等于 1,则对任意的正整数 r,有 $\Omega=\{0,q^r-1\}$ 及

$$N_{q^r}(V) = \sum_{k \in \Omega^l} (-1)^{v(k)} (q^r-1)^{s(k)-v(k)} q^{r(n-s(k)+v(k))}$$

推论2 若 $\widetilde{D}_V$ 本身是幺模的,即 $\widetilde{D}_V \in \mathrm{GL}_m(\mathbb{Z})$,则对任意的正整数 r,有 $\Omega=\{0,q^r-1\}$ 及

$$N_{q^r}(V) = \sum_{k \in \Omega^l} (-1)^{v(k)} (q^r-1)^{s(k)-v(k)} q^{r(n-s(k)+v(k))}$$

注意到推论1和2与 q 的具体取值无关,因而对任何有限域都是成立的.

下面的引理给出了 $N_{q^r}(V)$ 与 $Z(V,t)$ 之间的关系.

引理1 若 $N_{q^r}(V) = \sum_i (-1)^{\tau(i)} \lambda(i) \alpha_i^r$ 对所有的正整数 r 都成立,其中 $\tau(i)$ 与 $\lambda(i)$ 都是取值于非负整数的数论函数,则有

$$Z(V,t) = \prod_i (1-\alpha_i t)^{\lambda(i)(-1)^{\tau(i)+1}}$$

证明 由式(24.2)中 $Z(V,t)$ 的表达式容易推导出

$$N_{q^r}(V) = \beta_1^r + \beta_2^r + \cdots + \beta_{d_2}^r - \alpha_1^r - \alpha_2^r - \cdots - \alpha_{d_1}^r \quad (24.6)$$

反过来,若式(24.6)成立,则可得到式(24.2)的表达式. 由此可证.

下面给出本章的主要结论.

定理2 设代数簇 V 由 $\mathbb{F}_q[x_1, x_2, \cdots, x_n]$ 中一组多项式 $f_i(i = 1, 2, \cdots, s)$ 所确定,其增广次数矩阵为 $\widetilde{D}_V \in \mathbb{Z}^{(n+s) \times l}$,其中 $l \leq n+s$. 若 $\widetilde{D}_V$ 含有一个 l 阶子方阵 $M \in \mathrm{GL}_l(\mathbb{Z}/(q^r-1)\mathbb{Z})$ 对所有的正整数 r 都成立,则有 $\Omega = \{0, 1\}$ 及

$$Z(V, t) = \prod_{k \in \Omega^l} \prod_{i=0}^{s(k)-v(k)} (1 - q^{n-i}t)^{\binom{s(k)-v(k)}{i}(-1)^{v(k)+i+1}}$$

(24.7)

证明 $\widetilde{D}_V$ 中没有零行向量. 设 $\widetilde{D}_V$ 表示成列向量的形式:$\widetilde{D}_V = (\widetilde{D}_1, \widetilde{D}_2, \cdots, \widetilde{D}_l)$. 对每个 $k_j > 0$ ($1 \leq j \leq l$),向量 $k_1 \widetilde{D}_1 + k_2 \widetilde{D}_2 + \cdots + k_l \widetilde{D}_l$ 中至少有一个非零元. 因而有 $s(k) \geq v(k)$. 由于 $\widetilde{D}_V$ 含有一个 l 阶子方阵 $M \in \mathrm{GL}_l(\mathbb{Z}/(q^r-1)\mathbb{Z})$ 对所有的正整数 r 都成立,由定理1可得:$\Omega = \{0, q^r-1\}$ 及

$$N_{q^r}(V) = \sum_{k \in \Omega^l} (-1)^{v(k)} (q^r - 1)^{s(k)-v(k)} q^{r(n-s(k)+v(k))}$$

利用二项式定理展开有

$$N_{q^r}(V) = \sum_{k \in \Omega^l} (-1)^{v(k)} (q^r - 1)^{s(k)-v(k)} q^{r(n-s(k)+v(k))} =$$
$$\sum_{k \in \Omega^l} (-1)^{v(k)} \sum_{i=0}^{s(k)-v(k)} \binom{s(k)-v(k)}{i} \cdot$$

第一部分　Riemann 猜想的历史及进展

$$q^{r(s(\boldsymbol{k})-v(\boldsymbol{k})-i)}(-1)^i q^{r(n-s(\boldsymbol{k})+v(\boldsymbol{k}))} =$$
$$\sum_{\boldsymbol{k}\in\Omega^l}\sum_{i=0}^{s(\boldsymbol{k})-v(\boldsymbol{k})}\binom{s(\boldsymbol{k})-v(\boldsymbol{k})}{i}\cdot$$
$$q^{r(n-i)}(-1)^{v(\boldsymbol{k})+i}$$

注意到 $\Omega=\{0,q^r-1\}$ 或 $\Omega=\{0,1\}$ 对 $v(\boldsymbol{k})$ 和 $s(\boldsymbol{k})$ 的取值没有影响. 应用引理 1 即可得式(24.7).

注　显然,定理 2 中 ζ 函数 $Z(V,t)$ 是有理函数,且其零点与极点的相反数均为 q-Weil 整数, 即 Weil 猜想中的"有理性"和"Riemann 猜想的模拟"对于这类代数簇是成立的. 与一般 ζ 函数不同的是, 这里的 $Z(V,t)$ 函数很可能会有重零点和重极点(当 $s(\boldsymbol{k}) > v(\boldsymbol{k})$ 时), 而且其相反数均为有理整数.

我们有以下两个简单推论.

推论 3　若 $\widetilde{D}_V$ 含有一个 l 阶子方阵, 其行列式为 p 的整数幂, 则有 $\Omega=\{0,1\}$ 及
$$Z(V,t)=\prod_{\boldsymbol{k}\in\Omega^l}\prod_{i=0}^{s(\boldsymbol{k})-v(\boldsymbol{k})}(1-q^{n-i}t)^{\binom{s(\boldsymbol{k})-v(\boldsymbol{k})}{i}(-1)^{v(\boldsymbol{k})+i+1}}$$
(24.8)

推论 4　若 $\widetilde{D}_V$ 含有一个 l 阶幺模子方阵, 则有 $\Omega=\{0,1\}$ 及
$$Z(V,t)=\prod_{\boldsymbol{k}\in\Omega^l}\prod_{i=0}^{s(\boldsymbol{k})-v(\boldsymbol{k})}(1-q^{n-i}t)^{\binom{s(\boldsymbol{k})-v(\boldsymbol{k})}{i}(-1)^{v(\boldsymbol{k})+i+1}}$$
(24.9)

最后,我们举两个具体的例子来说明如何应用定理 2 来计算给定代数簇的 ζ 函数.

例 1　设代数簇 V 由 $\mathbb{F}_{29}[x,y]$ 上的代数曲线 $x^7+y^5=x^3y^7$ 所确定. 则有

$$\tilde{D}_V = \begin{pmatrix} 1 & 1 & 1 \\ 7 & 0 & 3 \\ 0 & 5 & 7 \end{pmatrix}$$

因为 $\det(\tilde{D}_V) = -29$,所以 $\tilde{D}_V \in \mathrm{GL}_3(\mathbb{Z}/(29^r - 1))$ 对所有的正整数 r 都成立. 对同余式 $\tilde{D}_V \bm{k} \equiv 0 (\mathrm{mod}\ 28)$ 的每个解 $\bm{k}$, $v(\bm{k})$ 与 $s(\bm{k})$ 的值列表如下:

序号	$\bm{k}$	$v(\bm{k})$	$s(\bm{k})$	序号	$\bm{k}$	$v(\bm{k})$	$s(\bm{k})$
1	(0,0,0)	0	0	5	(0,28,28)	2	3
2	(28,0,0)	1	2	6	(28,28,0)	2	3
3	(0,28,0)	1	2	7	(28,0,28)	2	3
4	(0,0,28)	1	3	8	(28,28,28)	3	3

为方便计算,记 $q = 29$. 由推论 2 可得

$$N_{q^r}(V) = q^r - 1$$

由定理 2,可得代数簇 V 的 ζ 函数为

$$Z(V,t) = \frac{1-t}{1-qt}$$

注 更一般地,对于任意有限域 $\mathbb{F}_q$ 上的代数曲线,若其增广次数矩阵的行列式为 q 的幂,则均可由与上例类似的方法得到其代数簇的 ζ 函数.

例2 设代数簇 V 由 $\mathbb{F}_{11}[x_1, x_2, x_3, x_4]$ 中的以下两个多项式所确定

$$\begin{cases} f_1(x_1,x_2,x_3,x_4) = ax_2^3 x_3^5 x_4^3 + bx_2^4 x_3^7 \\ f_2(x_1,x_2,x_3,x_4) = cx_1^2 x_3^2 x_4^7 + dx_1^3 x_3^7 \end{cases}$$

其中系数 a, b, c, d 可取 $\mathbb{F}_{11}$ 中的任意非零元. 则 V 的增广次数矩阵为

第一部分 Riemann 猜想的历史及进展

$$\tilde{D}_V = \begin{pmatrix} 1 & 1 & 0 & 0 \\ 0 & 0 & 1 & 1 \\ 0 & 0 & 2 & 1 \\ 3 & 4 & 0 & 3 \\ 5 & 7 & 2 & 7 \\ 3 & 0 & 7 & 0 \end{pmatrix}$$

设 M 为 $\tilde{D}_V$ 的最后四行四列所组成的子方阵,易知 $\det(M) = 11$,因而 $M \in \mathrm{GL}_4(\mathbb{Z}/(11^r - 1))$ 对所有的正整数 r 都成立. 对同余式 $\tilde{D}_V k \equiv 0 \pmod{10}$ 的每个解 k,$v(k)$ 与 $s(k)$ 的值列表如下:

序号	k	$v(k)$	$s(k)$	序号	k	$v(k)$	$s(k)$
1	(0,0,0,0)	0	0	9	(0,10,10,0)	2	6
2	(10,0,0,0)	1	4	10	(0,10,0,10)	2	5
3	(0,10,0,0)	1	3	11	(0,0,10,10)	2	5
4	(0,0,10,0)	1	4	12	(10,10,10,0)	3	6
5	(0,0,0,10)	1	4	13	(10,10,0,10)	3	6
6	(10,10,0,0)	2	4	14	(10,0,10,10)	3	6
7	(10,0,10,0)	2	6	15	(0,10,10,10)	3	6
8	(10,0,0,10)	2	6	16	(10,10,10,10)	4	6

为方便计算,记 $q = 11$. 由推论 2 可得
$$N_{q^r}(V) = q^{3r} + 4q^{2r} - 7q^r + 3$$
进而由定理 2,可得代数簇 V 的 ζ 函数为
$$Z(V,t) = \frac{(1-qt)^7}{(1-t)^3(1-q^2t)^4(1-q^3t)}$$

参 考 资 料

［1］ WEIL A. Numbers of solutions of equations in finite fields. Bull. Amer. Math. Soc. (N. S.), 1949,55(5):497-508.

［2］ IRELAND K F, ROSEN M I. A Classical introduction to modern number theory. Grad. Texts in Math. Vol. 84, New York: Springer-Verlag, 1982.

［3］ FENG R Q, KWAK J H. Zeta functions of graph bundles. J. Korean Math. Soc., 2006,43(6):1269-1287.

［4］ STARK H M, TERRAS A A. Zeta functions of finite graphs and coverings. Adv. Math., 1996,121(1):124-165.

［5］ DWORK B. On the rationality of the ζ function of an algebraic variety. Amer. J. Math., 1960,82(3):631-648.

［6］ GROTHENDIECK A. Formule de Lefschetz et rationalité des fonctions L, Seminaire Bourbaki, 1964/1965/1966,9:41-55(in French).

［7］ DELIGNE P. La conjecture de Weil, I. Publ. Math. Inst. Hautes Études Sci., 1974,43(1):273-307(in French).

［8］ CAO W. Smith normal form of augmented degree matrix and its applications. Linear Algebra Appl., 2009,431(10):1778-1784.

［9］ 冯克勤,廖群英. 有限域及其应用. 大连:大连理工大学出版社, 2011.

［10］ SMITH H J S. On systems of linear indeterminate equations and congruences. Philos. Tráns. R. Soc. Lond. Ser. A Math. Phys. Eng. Sci., 1861,151:293-326.

［11］ CAO W, SUN Q. On a class of equations with special degrees over finite fields. Acta. Arith., 2007, 130(2):195-202.

［12］ CAO W. On generalized Markoff-Hurwitz-type equations over finite fields. Acta. Appl. Math., 2010,112(3):275-281.

［13］ CARLITZ L. Certain special equations in a finite field. Monatsh. Math., 1954,58(1):5-12.

［14］ BAOULINA I. Generalizations of the Markoff-Hurwitz equations over finite fields. J. Number Theory, 2006,118(1):31-52.

第二十五章 一个重大新闻

第一节 吴康荐帖 15351（之二）并评论

中国著名数学家李忠教授 82 岁时宣告证明了数学最难证明的猜想之一——Riemann 猜想，并于 2018 年 10 月 13 日 14:30—16:30 在中国科学院数学与系统科学研究院南楼 N913 室做了有关报告.

著名数学家、北京大学数学科学学院教授、博士生导师郑忠国先生为此写的评论如下：

> 今天下午我去听了李忠教授的讲座，他宣读了 Riemann 猜想的证明. 李忠利用 Riech 度量严格证明了 Riemann 猜想. 他的证明与数学家 Atiyah 证明的关系可以简述如下：
>
> 两人的思路相同，但 Atiyah 用一个量不合适，严格意义上证明是不完全的. 李忠利用 Riech 度量以后证明就严格了.
>
> 写作过程上两人是完全独立的. 李忠以前在清华大学做过报告，他把他的成果称为他自己的猜想，并给出证明，别人问他是否为 Riemann 猜想，他没有回答，并且他在清华大学的报告是在 Atiyah 宣布之前. 这次以 Riemann 猜想的证明为题目做报告，李忠认

为谁先证明不重要,关键是 Riemann 猜想得到了严格的证明.

我个人认为谁先证明也是重要的,李老师的成果会很大地鼓舞我国青年学者.

听了这个报告以后,感到成果的正确性应该不会有问题了.

以上是作为外行的我的一个体会.

著名数学家、北京大学数学科学学院原副院长、教授、博士生导师,原中国数学会秘书长彭立中先生为此写的评论(此评论后由李忠教授转发给北京大学离退休老师群):

定义 Riech 度量(李–度量),证明 Atiyah 常数在该度量下是有限的数学常数,从而完成了 RH 的证明. 李忠早于 Atiyah 证明了 Riemann 函数在李–度量下有界,从而 RH 成立.

郑忠国介绍

郑忠国,北京大学数学科学学院教授、博士生导师,长期从事数理统计的教学和科研工作,主要研究方向为非参数统计、可靠性统计和统计计算,发表论文近百篇,出版的教材有《高等统计学》《概率与统计》(北京大学出版社)等.

他主持完成国家科研项目"不完全数据统计理论及其应用",教育部博士点基金项目"应用统计方法研究"和"工业与医学中的应用统计研究"等,研究项目

第一部分　Riemann 猜想的历史及进展

"随机加权法"获国家教委科技进步二等奖.

彭立中介绍

彭立中,男,1944年10月生,辽宁省沈阳人.他是北京大学本科、硕士,瑞典斯德哥尔摩大学博士,也是教授和博士生导师,调和分析和小波分析专家.发表研究论文70余篇.从事《数学分析》教学18年.曾任北京大学数学科学学院副院长,主管教学(1995—1998),数学系系主任(1995—2003).曾多次出国访问和参加国际学术会议.中国数学会秘书长(1999—2003).2002年世界数学家大会组织委员会委员.两次获国家教委科技进步二等奖:1991年研究工作为"函数空间上的算子研究"(与邓东皋合作),1997年研究工作为"小波,算子及应用"(与蒋庆堂合作).获得国家教委和人事部优秀留学回国人员荣誉称号(1991).

第二节　什么是 Riemann 猜想——从 Riemann 的动机来看

自从发布 Atiyah 爵士以及北京大学 82 岁退休教授李忠宣布证明 Riemann 猜想的消息后(《实锤!北京大学退休教授已于 13 日在中国科学院报告 Riemann 猜想的证明》),除了众多网友的指教,还有些网友(在头条号"和乐数学"上)问什么是 Riemann 猜想? 我们不揣浅陋,试着介绍一点皮毛.

关于 Riemann 猜想的一个热门评论是:满脸迷茫地进来,又迷茫地出去.

为了避免这一点,我们尽可能通俗地讲点数学,讲点故事.

没有数学内容,就很难对 Riemann 猜想有好的了解,就像欣赏音乐,如果不讲点音乐知识,可能不易使读者对音乐有真正的欣赏.

当然,我们也有故事.如果有我们没讲清楚数学的地方,希望故事还有点趣,读者跳着读读还会有些收获.

怎样了解 Riemann 猜想呢?Riemann 猜想经过 160 多年的研究,自然有不少故事.我们不妨从源头开始讲进,听一下 Riemann 为什么要提出这样一个猜想. 很多时候,问题的起源可能是最重要的.

Riemann 猜想是历史上最伟大的数学家之一的 Riemann 1859 年在一篇名为《论小于给定数值的素数个数》文章中提出的.

Riemann 是德国著名的数学家,受过 Gauss 的指导. Riemann 一生只活了 40 岁,论文也不多,但他的每一篇论文几乎都开创了一个学科,一个方向.特别是他开创了 Riemann 几何,给后来 Einstein 的广义相对论提供了数学基础.

如果你只想在一分钟之内就能了解 Riemann 猜想,那么请看下面这段话:

Riemann 在这篇文章中注意到函数

$$\zeta(s) = \sum_{n=1}^{\infty} \frac{1}{n^s} = \frac{1}{1^s} + \frac{1}{2^s} + \frac{1}{3^s} + \cdots$$

与素数分布有关,并猜测该函数的非平凡零点恰好在实部为 $\frac{1}{2}$ 的直线上. 这个函数现在称为 Riemann ζ 函数.

Riemann 提出这个猜想不是瞎想,他老老实实地

第一部分　Riemann 猜想的历史及进展

算了很多值,当然他没有发表.因为有人从 Riemann 留下的草稿中发现了一个计算公式,这就是现在称为 Riemann-Siegel 公式的计算公式.

如果你想多了解一点,那么让我们慢慢道来.

一、素数与素数计数函数

Riemann 的研究源于数论,数论是数学的女王.素数性质的研究一直是数论研究的要点和难点,张益唐有关孪生素数猜想的突破就曾引起轰动.

所谓素数就是只有 1 和自身为因子且大于 1 的正整数(小学中一般称为质数),如 2,3,5,7,11,13,17,19,23 等.(大于 1 就排除 1 是素数).

素数为什么重要呢?一个原因是它是构造所有整数的基础.任何一个整数都可以唯一地分解为素数的乘积,这叫作素数基本定理.例如

$$72 = 2^3 \times 3^2$$

为了素数基本定理的简洁叙述或许是规定 1 不是素数的一个原因:这样将一个整数表示为素因子之乘积的时候,有唯一表示,例如 $18 = 2 \times 3 \times 3$,避免另一种"素因子"表示:$18 = 1 \times 2 \times 3 \times 3$.

早在古希腊时期,亚历山大城的 Euclid 已经指出如何用反证法证明素数有无穷多个(顺便说一句,这是有史记载的第一个反证法证明的例子).Euclid 说,如果只有有限个素数,设为 $p_1, p_2, \cdots, p_n$,那么它们的乘积与 1 之和 $p_1 \times p_2 \times \cdots \times p_n + 1$ 是素数,因为如果不是素数,应该能被 $p_1, p_2, \cdots, p_n$ 中至少一个整除,但事实上,用 $p_1, p_2, \cdots, p_n$ 中任意一个数除 $p_1 \times p_2 \times \cdots \times p_n + 1$ 时,总有余数 1. 但 $p_1 \times p_2 \times \cdots \times p_n + 1$ 是一个

新的素数,从而矛盾.

关于素数的一个首要的问题就是素数是如何分布的,如何产生的.

有没有一个产生素数的公式呢?这可能是许多人都会思考的问题. 事实上, Euler 也想到了, 而且发现了一个很好的公式, 可惜的是并不能产生所有的素数, 这个公式产生的数也不全是素数. 如果很幸运, 恰好是素数, 就称这个数为 Euler 素数.

Euler 提出的公式是 $n^2 + n + 41$. 我们可以验证一下

$$0^2 + 0 + 41 = 41$$
$$1^2 + 1 + 41 = 43$$
$$2^2 + 2 + 41 = 47$$
$$3^2 + 3 + 41 = 53$$
$$4^2 + 4 + 41 = 61$$

都是素数. 这个公式足够神奇了. 然而, 当 $n = 40$ 时

$$40^2 + 40 + 41 = 1\,681$$

不是素数: $1\,681 = 41 \times 41$.

为了研究素数如何分布, 数学家们研究小于给定数的素数的个数, 并直接定义了一个素数计数函数 $\pi(x)$, 用它表示小于或等于 x 的素数的个数.

例如, 小于或等于 3 的素数只有 2 个, 即 2 和 3, 所以 $\pi(3) = 2$; 小于或等于 10 的素数有 4 个: 2, 3, 5, 7, 所以 $\pi(10) = 4$; 小于或等于 20 的素数有 2, 3, 5, 7, 11, 13, 17, 19, 一共 8 个, 所以 $\pi(20) = 8$.

下面表 1 的第 2 列列出了 $\pi(x)$ 的一些取值. 有了计算机, 是不难算出这个函数的一些取值的. 读者可以想想在 Gauss 那个时代是如何计算的呢?

第一部分 Riemann 猜想的历史及进展

表 1

x	$\pi(x)$[1]	$\pi(x) - \dfrac{x}{\ln x}$ [2]	$\dfrac{\pi(x)}{\dfrac{x}{\ln x}}$	$\mathrm{Li}(x) - \pi(x)$ [3]	$\dfrac{x}{\pi(x)}$
10	4	-0.3	0.921	2.2	2.500
10^2	25	3.3	1.151	5.1	4.000
10^3	168	23	1.161	10	5.952
10^4	1 229	143	1.132	17	8.137
10^5	9 592	906	1.104	38	10.425
10^6	78 498	6 116	1.084	130	12.740
10^7	664 579	44 158	1.071	339	15.047
10^8	5 761 455	332 774	1.061	754	17.537
10^9	50 847 534	2 592 592	1.054	1 701	19.667
10^{10}	455 052 511	20 758 029	1.048	3 104	21.975
10^{11}	4 118 054 813	169 923 159	1.043	11 588	24.283
10^{12}	37 607 912 018	1 416 705 193	1.039	38 263	26.590
10^{13}	346 065 536 839	11 992 858 452	1.034	108 971	28.896
10^{14}	3 204 941 750 802	102 838 308 636	1.033	314 890	31.202
10^{15}	29 844 570 422 669	891 604 962 452	1.031	1 052 619	33.507

二、Euler 与 Riemann ζ 函数

我们将素数计数函数按上表,先回到 Riemann ζ 函数. 这里要仔细了解几点:

1. Riemann ζ 函数中的自变量 s 是复数,即 $x + iy$ 这样的复数.

2. 零点就是指使得 ζ 函数取值为 0 的 s 的值.

3. Riemann 注意到 ζ 函数有平凡的零点,就是负偶数:$-2, -4, -6, -8, \cdots$.

了解 Riemann 猜想的一个难点是要了解这个函数

的定义,也就是这个无穷和是什么意思.

我们先从 s 是实数时的 ζ 函数谈起.

当 s 是实数时,这个无穷和(级数)只有当 $s > 1$ 时才是收敛的,也就是说,这个求和才有意义. 例如,当 $s = 1$ 时,这个求和就是著名的调和级数

$$1 + \frac{1}{2} + \frac{1}{3} + \frac{1}{4} + \cdots$$

这个求和的量虽然积累起来很慢,但是当加到足够多的项时,这个和可以超过任何预先给定的数,也就是说这个和是无穷大的. 从数学上讲,就是说这个级数发散.

又如,当 $s = -1$ 时,这个和显然就是

$$1 + 2 + 3 + 4 + 5 + \cdots$$

显然,这个和是无穷大.

在 Riemann 之前,数学巨匠 Euler 已经发现了调和级数与素数的奥秘. Euler 用调和级数发散证明了素数有无穷多个. 计算如下

$$\ln\left(\sum_{n=1}^{\infty} \frac{1}{n}\right) = \ln\left(\prod_p \frac{1}{1-p^{-1}}\right) = -\sum_p \ln\left(1 - \frac{1}{p}\right) =$$

$$\sum_p \left(\frac{1}{p} + \frac{1}{2p^2} + \frac{1}{3p^3} + \cdots\right) =$$

$$\left(\sum_p \frac{1}{p}\right) +$$

$$\sum_p \frac{1}{p^2}\left(\frac{1}{2} + \frac{1}{3p} + \frac{1}{4p^2} + \cdots\right) <$$

$$\left(\sum_p \frac{1}{p}\right) + \sum_p \frac{1}{p^2}\left(1 + \frac{1}{p} + \frac{1}{p^2} + \cdots\right) =$$

$$\left(\sum_p \frac{1}{p}\right) + \left(\sum_p \frac{1}{p(p-1)}\right) =$$

$$\left(\sum_p \frac{1}{p}\right) + C$$

第一部分　Riemann 猜想的历史及进展

其中 p 表示素数. 因为调和级数是发散的, 所以所有素数的倒数和也必定是发散的. 否则, 如果素数个数有限, 就有矛盾, 所以素数有无穷多个.

Euler 的发现打开了用分析方法研究素数的大门, 也启发了 Riemann 的研究 (将另文介绍 Euler 的研究).

Riemann 将 Euler 研究过的级数加以推广.

他说变量 s 可以是复数, 通过解析延拓, 函数对所有复数都有了定义. 特别地, ζ 函数在 $s=-1$ 时的值为 $-\frac{1}{12}$. 粗略地说, 就是所有正整数的和为 $-\frac{1}{12}$.

解析延拓是数学上将解析函数从较小定义域拓展到更大定义域的方法. 透过此方法, 一些原先发散的级数在新的定义域可具有迥异而有限的值, 其中最知名的例子为 Γ 函数与 Riemann ζ 函数. 解析函数是局部上由收敛幂级数给出的函数.

三、素数定理

从 Riemann 文章的标题可见, Riemann 猜想与素数在自然数中的分布有关. Gauss 通过统计, 曾正确地猜测: 当 x 充分大时, 小于或等于给定数 x 的素数个数 $\pi(x)$ 近似为 $\frac{x}{\log(x)}$.

用公式表示就是

$$\lim_{x \to \infty} \frac{\pi(x)}{\frac{x}{\log(x)}} = 1$$

这就是所谓的素数定理. 请大家复习上面的素数计数函数表.

伟大的数学家 Gauss 亲自计算了很多值 (这是

Gauss 最可怕之处,他不但是天才,而且还能亲自做常人不愿意做的事情),但他并没有给出证明 —— 可见其难. 德国有本畅销书,中译名为《丈量世界》(从数学名词的翻译看,该书翻译不佳),讲述了 Gauss 与 Humboldt 的故事. 其中一个故事讲 Gauss 小时候去见资助人 Ferdinand 公爵时,还在心底默默数数 —— 数素数.

另一位数学家 Legendre,也在 1798 年猜测到了这个素数定理的结果.

数学家的一大悲剧是碰到像 Gauss 这样的高手:既生瑜何生亮. Legendre 在正态分布上也有重要发现,但最终正态分布仍常被称为 Gauss 分布. 另一个悲情如 Legendre 的还有发现非欧几何的匈牙利年轻天才数学家 Bolyai János. János 是发现了 Gauss 早就发现的非欧几何的存在.

俄罗斯著名数学家 Chebyshev 是彼得堡数学学派的第二创始人(第一人是 Euler). 概率论中的 Chebyshev 不等式

$$P(|X - E(X)| \geqslant \varepsilon) \leqslant \frac{\text{Var}(X)}{\varepsilon^2}, \varepsilon > 0$$

就是以他的名字命名的. 他对数论颇有研究,例如,他曾证明在 n 和 $2n$ 之间必有素数.

1851 年 ~ 1852 年,Chebyshev 证明如果极限

$$\lim_{x \to \infty} \frac{\pi(x) \log x}{x}$$

存在,那么这个极限一定是 1,而且他还证明了

$$0.921 \frac{x}{\log x} < \pi(x) < 1.056 \frac{x}{\log x}$$

他仍然没能证明素数定理.

第一部分　Riemann 猜想的历史及进展

直到 1896 年,法国数学家 Hadamard 和比利时数学家 Poussin 才先后独立给出素数定理的证明.

我们对 Hadamard 应该感到亲切. 1935 年,受熊庆来的邀请,Hadamard 与美国著名数学家、现代控制论创始人 N. Wiener 到清华大学讲学. 在 Hadamard 的影响下,许多人赴法留学.

Hadamard 还向华罗庚介绍了苏联的维诺格拉朵夫及 Weil 和方法. Hadamard 告诉华罗庚,维诺格拉朵夫对 Waring 问题的研究非常出色,该问题是这方面研究的主要方向,从此华罗庚进入了研究堆垒数论的主流. 在以后相当长的时间中,华罗庚的工作受到维诺格拉朵夫的影响. Hadamard 讲学时,最后只有华罗庚坐在下面听讲. 从这个方面说,Riemann 猜想的研究与中国数论的研究有着很深的渊源.

Hadamard 等人的证明用到了复分析,尤其是 Riemann ζ 函数.

因为人们对 Riemann ζ 函数感到不可捉摸,毕竟其零点还不清楚,所以人们一直希望有个初等的证明. 在 1949 年,年仅 31 岁的 Selberg 就用初等方法重新证明了素数定理 —— 此前的证明用到了复分析方法. 他的证明立即轰动了数学界,并使他荣获了 1950 年的菲尔兹奖以及 1986 年的沃尔夫奖. 2018 年的菲尔兹奖获得者 Peter Scholze 已经是逆天的年轻了,但还是没能打破 Selberg 的纪录.

著名的流浪数学家 Erdös 也曾在素数定理的初等证明方面做出了重要贡献. 这方面曾有过争论,这里不再细说.

这个故事看起来很精彩, 这是因为人们对

Riemann 函数、Riemann 零点还不清楚.

四、Riemann 猜想与强素数定理

Riemann 猜想所描述的有关素数分布的性质描述比素数定理还要细致.

为了说明这一点,让我们引入对数积分

$$\mathrm{Li}(x) = \int_2^x \frac{\mathrm{d}t}{\log t}$$

可以证明

$$\mathrm{Li}(x) \sim \frac{x}{\log x} \sum_{k=0}^{\infty} \frac{k!}{(\log x)^k} =$$

$$\frac{x}{\log x} + \frac{x}{(\log x)^2} + \frac{2x}{(\log x)^3} + \cdots$$

由此可见,素数定理说的是 $\pi(x) \sim \mathrm{Li}(x)$.

从图 1 和图 2 可以看到素数计数函数是如何被逼近的.

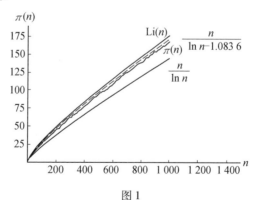

图 1

1899 年,独立证明了素数定理的 Poussin 还证明了

$$\pi(x) = \mathrm{Li}(x) + O(x \mathrm{e}^{-a\sqrt{\log x}})$$

1901 年瑞典数学家 Helge von Koch 证明 Riemann

第一部分　Riemann 猜想的历史及进展

猜想等价于更精细的估计

$$\pi(x) = \text{Li}(x) + O(\sqrt{x}\log x)$$

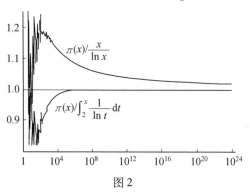

图 2

这是比素数定理更精细的余项估计,这就是所谓的强条件下的素数定理.

读者应该注意的是余项的阶.

粗略地说,Riemann 猜想等价的素数计数函数的估计可以保证:误差在 10 000 倍的估计可以精确到 100 位.

熟悉数学的人对这位数学家 Koch 应该并不陌生.数学中著名的分析 Koch 曲线(图 3)就是他提出来的.

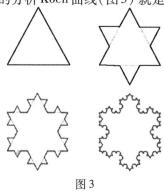

图 3

因此,我们说 Riemann 猜想如果获证,那么便能大大改进素数定理的误差估计.

五、有关 Riemann 猜想的科普图书

有兴趣的读者可以进一步阅读其他科普图书来了解 Riemann 猜想的历史,如卢昌海博士的《黎曼猜想漫谈》(曾获吴大猷科普金奖).新浪微博"南方科技大学"转述"数学文化"汤涛院士的话说:"卢昌海是 Riemann 猜想科普世界第一".此话有待商榷,如果是说时间第一,自然不对,汤院士应该是指该书的质量.

国外也有一些这方面的优秀科普图书,例如:

1. John Derbyshire 的 *Prime Obsession*: *Bernhard Riemann and the Greatest Unsolved Problem in Mathematics* (Joseph Henry Press, 2003).

2. Marcus du Sautoy 的 *The Music of the Primes*: *Searching to Solve the Greatest Mystery in Mathematics* (Harper, 2003).

3. Karl Sabbag 的 *The Riemann Hypothesis*: *The Greatest Unsolved Problem in Mathematics* (Farrar, Straus and Giroux, 2003).

《黎曼博士的零点》有中译本.

六、小结

Riemann 猜想一直被视为数学界最伟大、最有价值的问题.它在 1900 年被 Hilbert 列为 23 个待解决的问题之一,继而又在 2000 年被克雷数学研究所列为 7 个悬赏 100 万美元求解的问题之一.

Riemann 猜想源于一个很有意义的问题,即素数

分布的探索. 因为问题有意义, 很自然地, 后来人们又发现有许许多多的难题可在 Riemann 猜想成立的条件下获证. 特别是人们发现它不仅是一个纯数学问题, 它还与和现实世界紧密相关的随机矩阵的特征值分布有关.

Riemann 猜想就像一个目标, 激发了人们无穷的探索精神. 在寻求证明的过程中, 人们可以对数学有更深刻的理解, 可以产生新的理论.

我们曾转述 Atiyah 爵士的话说, 证明 Riemann 猜想, 如果你还没有名气, 就会声名鹊起; 如果你是有名的人, 将变得"不著名". 有网友指正说, 原文的 "infamous" 不是不著名, 是"声名狼藉". 我们实在不愿意将"声名狼藉"用到勇于探索的勇士身上.

但是, Riemann 猜想有如一位冷峻的美人, 只是静待英雄的出现.

我们仅从素数分布角度介绍了一点点. Riemann 猜想之所以重要, 是因为它与其他问题有千丝万缕的联系. Riemann 猜想的美, 等着你们去进一步探索.

第三节　Riemann ζ 函数的非平凡零点

以下是西安工业大学应用数学系钮鹏程教授的报告.

设 $\Xi(t)$ 是与 Riemann ζ 函数相关的函数. 下面构造了一个与 $\Xi(t)$ 相关的函数 v, 它在 $\Xi(t)$ 的零点处满足一个非奇异微分方程的非自伴边值问题. 通过研究该函数 v 的性质和利用零点的已有性质, 我们证明了 Riemann ζ 函数的非平凡零点都有实部 $\frac{1}{2}$, 从而证明了 Riemann 猜想.

1. 引言

资料[1,Riemann,1859]指出定义于 $\text{Re}(s) > 1$ 上的函数

$$\zeta(s) = \sum_{n=1}^{\infty} \frac{1}{n^s} \qquad (25.1)$$

可解析延拓到整个复平面$\mathbb{C}$,$s=1$ 是其唯一的一个极点. Riemann 猜想是说 Riemann ζ 函数 $\zeta(s)$ 的非平凡零点都有实部 $\frac{1}{2}$. 已经知道函数 $\zeta(s)$ 的所有非平凡零点均位于复平面上的区域 $0 < \text{Re}(s) < 1$ 内. 令

$$\xi(s) = \frac{1}{2}s(s-1)\pi^{-\frac{s}{2}}\Gamma\left(\frac{s}{2}\right)\zeta(s) \qquad (25.2)$$

其中 $\Gamma(s)$ 为 Gamma 函数,则 $\xi(s)$ 是整函数,成立函数方程

$$\xi(s) = \xi(1-s)$$

且 $\xi(s)$ 的零点与函数 $\zeta(s)$ 的非平凡零点相重合. 函数 $\zeta(s)$ 有无穷多个零点,这些零点关于实轴和直线 $\text{Re}(s) = \frac{1}{2}$ 对称,关于点 $\frac{1}{2}$ 对称,零点的实部位于 $(0,1)$ 中(参阅资料[2,Apostol, T.M., *Introduction to analytic number theory*],[3,潘承洞,潘承彪,解析数论基础],[4,卢昌海,黎曼猜想漫谈]). 设 $s = \text{Re}(s) + i\text{Im}(s)$ 为 $\xi(s)$ 在 $\mathbb{C}$ 上的零点,记

$$s := \frac{1}{2} + it \qquad (25.3)$$

其中

$$\text{Re}(t) = \text{Im}(s) \in \mathbb{R}$$

第一部分　Riemann猜想的历史及进展

$$\mathrm{Im}(t) = \frac{1}{2} - \mathrm{Re}(s) \in \left(-\frac{1}{2}, \frac{1}{2}\right)$$

利用已知结果 $|\mathrm{Im}(s)| > 6$(参阅资料[3]),即知

$$|\mathrm{Re}(t)| > 6 \qquad (25.4)$$

令

$$\Xi(t) = \xi\left(\frac{1}{2} + it\right) \qquad (25.5)$$

则 Riemann 猜想可据此表述为

$$\Xi(t) = 0 \Rightarrow t \in \mathbb{R} \qquad (25.6)$$

由资料[1]可知,函数 $\Xi(t)$ 可表示为 Fourier 余弦积分

$$\Xi(t) = 4\int_1^{\infty} \frac{\mathrm{d}(x^{\frac{3}{2}} \psi'(x))}{\mathrm{d}x} x^{-\frac{1}{4}} \cos\left(\frac{t}{2} \log x\right) \mathrm{d}x$$

其中 $\psi(x) = \sum_{n=1}^{\infty} \exp\{-n^2 \pi x\}, x \in (0, +\infty)$。通过作变量替换 $y = \frac{1}{2} \log x$,上式可表示为

$$\Xi(t) = 2\int_1^{\infty} \cos(tx) \Phi(x) \mathrm{d}x$$

其中

$$\Phi(x) = 2\pi \exp\left\{\frac{5x}{2}\right\} \sum_{n=1}^{\infty} (2\pi \exp\{2x\} n^2 - 3) \cdot n^2 \exp\{-n^2 \pi \exp(2x)\}$$

已有众多数学家研究了 Riemann 猜想,出现了大量的文献,也出现了许多研究思路,包括:

循计算思路,有 G. Gram, C. L. Siegel, A. Turing, A. M. Odlyzko 等人。

循代数思路,有 E. Artin, A. Weil, P. Deligne, A. Connes 等人。

循分析思路,有 A. Selberg, N. Levinson, 楼世拓,姚琦, B. Conrey 等人.

循物理学和微分方程思路,有 G. Pólya, F. Dyson, H. Montgomery 等人.

这里我们不详细叙述有关结果,只是指出 Pólya 在资料[4]中对于与 Sturm-Liouville 型算子相关且类似于 $\Xi(t)$ 的函数证明了仅有实根.

Hilbert-Pólya 猜想:Riemann ζ 函数的非平凡零点与某个 Hermite 算符的特征值相对应(卢昌海:黎曼猜想漫谈,P99).

确切地说,该猜想是指若把 Riemann ζ 函数的非平凡零点写成 $s = \frac{1}{2} + it$ 的形式,则那些 t 与某个 Hermite 算符的特征值相对应. 已经知道,Hermite 算符的特征值都是实数,因此如果那些 t 与某个 Hermite 算符的特征值相对应,则 t 为实数,从而非平凡零点 $s = \frac{1}{2} + it$ 的实部都是 $\frac{1}{2}$,即证得 Riemann 猜想.

M. R. Pistorius (arXiv:1608.01555v2,Aug 5, 2016,已撤销) 构造了函数

$$v(y) = \int_0^\infty \cos(tx + t\cos y)\Phi(x)\mathrm{d}x$$

$$y \in \left(0, \frac{\pi}{2}\right), t \text{ 满足 } \Xi(t) = 0$$

则

$$v^n(y) = -t^2(\sin y)^2 v(y) + \frac{\cos y}{\sin y}v'(y)$$

$$v'(0) = v\left(\frac{\pi}{2}\right) = 0$$

第一部分　Riemann 猜想的历史及进展

然后利用已知的 Sturm-Liouville 理论,推出 t^2 是实数,进而推出 t 是实数. 但由于导出的方程是奇异的,所以不能使用 Sturm-Liouville 理论. 虽然其证明错了,但也启发我们构造合适的函数,来证明 Riemann 猜想. 我们试图改进 Pistorius 构造的函数,但遇到本质困难. 构造的函数应对应一个非奇异方程.

E. Kamke(常微分方程手册,P456 ~ P457):二阶方程

$$v'' + \lambda v = 0$$

(这是一个非奇异方程)的通解是

$$v = \begin{cases} C_1 \cosh(\sqrt{\lambda}\, x) + C_2 \sinh(\sqrt{\lambda}\, x), \lambda < 0 \\ C_1 + C_2 x, \lambda = 0 \\ C_1 \cos(\sqrt{\lambda}\, x) + C_2 \sin(\sqrt{\lambda}\, x), \lambda > 0 \end{cases}$$

对应的特征值问题

$$v(a) = v(b), v'(a) = -v'(b)$$

是非自伴的,每一个 λ 都是特征值(可以是复数),并且是单一的,特征函数是

$$\varphi = \begin{cases} \cosh\left[k\left(x - \dfrac{a+b}{2}\right)\right], \lambda = -k^2 \\ 1, \lambda = 0 \\ \cos\left[k\left(x - \dfrac{a+b}{2}\right)\right], \lambda = k^2 \end{cases}$$

我们构造函数时受到此问题的启发.

我们注意到 Bender, Brody 和 Müller[5] 最近提出了一类非自伴 Hamilton 算子,指出通过研究其特征值性质,可能获得 Riemann 猜想的证明.

本节的主要结果是:

定理　式(25.6)是正确的,因此 Riemann 猜想成

立.

为证式(25.6),只需证 $\Xi(t)$ 的零点 $t = t_1 + it_2$ ($t_1 = \operatorname{Re}(t), t_2 = \operatorname{Im}(t)$) 满足 $t_2 = 0$. 我们的证明思路是构造一个与 $\Xi(t)$ 相关的函数 v,且 v 显含 t. 假设 $\Xi(t)$ 的零点 $t = t_1 + it_2$ 满足 $t_2 \neq 0$,通过讨论 v 的性质并利用非平凡零点的已有性质,得到 t^2 是实数,进而说明与 t 是零点矛盾.

本节的难点是构造合适的函数 v. 在构造函数 v 时,我们用到了双曲函数,这可以用来说明 v 满足一个非奇异微分方程的非自伴边值问题. 与 Hilbert-Pólya 猜想比较,我们得到的问题是非自伴的. 为了得到 t^2 是实数的断言,我们除了在 v 的表达式中加上了二次函数外,还引入了小参数 ε. 注意函数 v 的构造中只涉及了 $\Xi(t)$ 的零点,因此我们认为本节的方法对证明其他 Riemann 型猜想也有启示作用.

2. 定理 1 的证明

接下来我们要证式(25.6). 证明分四个部分.

2.1 构造函数 v

构造一个函数

$$v(y;t,\varepsilon) := \cosh\left[t\left(y - \frac{b}{2}\right)\right] + \frac{1}{2\varepsilon}t\left(y - \frac{b}{2}\right)^2 + \Xi(t)y \qquad (25.7)$$

其中 $y \in [0,b]$, b 是待定正实数, $t \in \mathbb{C}$ 是复参数, ε 是待定参数. 显然 $v(y;t,\varepsilon)$ 关于 y 是无穷可微函数.

由式(25.7)可知

$$v(0;t,\varepsilon) = \cosh\left(t\frac{-b}{2}\right) + \frac{1}{2\varepsilon}t\left(\frac{-b}{2}\right)^2$$

第一部分　Riemann 猜想的历史及进展

$$v(b;t,\varepsilon) = \cosh\left(t\frac{b}{2}\right) + \frac{1}{2\varepsilon}t\left(\frac{b}{2}\right)^2 + b\Xi(t)$$

对式(25.7)关于 y 求导有

$$v'(y;t,\varepsilon) = t\sinh\left[t\left(y - \frac{b}{2}\right)\right] + \frac{1}{\varepsilon}t\left(y - \frac{b}{2}\right) + \Xi(t)$$

且有

$$v'(0;t,\varepsilon) = t\sinh\left[t\left(\frac{-b}{2}\right)\right] + \frac{1}{\varepsilon}t\left(\frac{-b}{2}\right)^2 + \Xi(t)$$

$$v'(b;t,\varepsilon) = t\sinh\left(t\frac{b}{2}\right) + \frac{1}{\varepsilon}t\left(\frac{b}{2}\right) + \Xi(t)$$

易知

$$v''(y;t,\varepsilon) = t^2\cosh\left[t\left(y - \frac{b}{2}\right)\right] + \frac{1}{\varepsilon}t =$$

$$t^2 v(y;t,\varepsilon) - \frac{1}{2\varepsilon}t^3\left(y - \frac{b}{2}\right)^2 -$$

$$t^2 \Xi(t)y + \frac{1}{\varepsilon}t$$

设 $t = t_1 + \mathrm{i}t_2$ 满足

$$\Xi(t) = 0 \qquad (25.8)$$

(至此 t, t_1 和 t_2 均被固定),则从前述可得

$$v(y;\varepsilon) := \cosh\left[t\left(y - \frac{b}{2}\right)\right] + \frac{1}{2\varepsilon}t\left(y - \frac{b}{2}\right)^2$$

$$(25.9)$$

$$v(0;\varepsilon) = v(b;\varepsilon) = \cosh\left(t\frac{b}{2}\right) + \frac{1}{2\varepsilon}t\left(\frac{b}{2}\right)^2$$

$$(25.10)$$

$$v'(y;\varepsilon) = t\sinh\left[t\left(y - \frac{b}{2}\right)\right] + \frac{1}{\varepsilon}t\left(y - \frac{b}{2}\right)$$

$$v'(0;\varepsilon) = -v'(b;\varepsilon) = -t\sinh\left(t\frac{b}{2}\right) - \frac{1}{\varepsilon}t\frac{b}{2}$$

$$(25.11)$$

$$v''(y;\varepsilon) = t^2 v(y;\varepsilon) - \frac{1}{2\varepsilon}t^3\left(y - \frac{b}{2}\right)^2 + \frac{1}{\varepsilon}t$$

(25.12)

我们注意到方程(25.12)与边值条件(25.10)和(25.11)一起构成一个非奇异微分方程的非自伴边值问题. 对该问题不能用 Sturm-Liouville 理论来证明 t^2 为实数.

我们要证 $t_2 = 0$. 用反证法, 假设 $t_2 \neq 0$. 不失一般性, 我们下面设

$$0 < t_2 < \frac{1}{2}$$

根据 $\Xi(t)$ 的零点关于轴 t_2 对称, 我们还设

$$t_1 > 6$$

为方便书写, 将 $v(y;\varepsilon)$ 简记为 v, $v'(y;\varepsilon)$ 简记为 v', $v''(y;\varepsilon)$ 简为 v'', $v(0;\varepsilon)$ 简记为 $v(0)$, $v(b;\varepsilon)$ 简记为 $v(b)$, $v'(0;\varepsilon)$ 简记为 $v'(0)$, $v'(b;\varepsilon)$ 简记为 $v'(b)$.

在式(25.12)两边同乘以 $\bar{v}$ 得

$$\bar{v} = \bar{v}(y;\varepsilon) = \cosh\left[\bar{t}\left(y - \frac{b}{2}\right)\right] + \frac{1}{2\varepsilon}\bar{t}\left(y - \frac{b}{2}\right)^2$$

并对 $y \in [0, b]$ 积分, 就有

$$\int_0^b v'' \bar{v} \, dy = \int_0^b \left[t^2 v \bar{v} - \frac{1}{2\varepsilon}t^3\left(y - \frac{b}{2}\right)^2 \bar{v} + \frac{1}{\varepsilon}t\bar{v}\right] dy =$$

$$\int_0^b \bar{v} \, dv' = \bar{v}v' \bigg|_0^b - \int_0^b \bar{v}' v' \, dy =$$

$$2\bar{v}(b)v'(b) - \int_0^b \bar{v}' v' \, dy$$

即得

$$t^2 \int_0^b v\bar{v} \, dy - \frac{1}{2\varepsilon}t^3 \int_0^b \left(y - \frac{b}{2}\right)^2 \bar{v} \, dy + \frac{1}{\varepsilon}t \int_0^b \bar{v} \, dy =$$

第一部分　Riemann 猜想的历史及进展

$$2\bar{v}(b)v'(b) - \int_0^b v'\bar{v}'\mathrm{d}y \qquad (25.13)$$

我们来计算式(25.13)中左端的第二、三项和右端的第一项. 利用变量替换 $y_1 = y - \dfrac{b}{2}$ 得

$$\int y_1^2 \left[\cosh(\bar{t}y_1) + \dfrac{\bar{t}}{2\varepsilon}y_1^2\right] \mathrm{d}y_1 =$$

$$\int y_1^2 \dfrac{1}{\bar{t}}\mathrm{d}\sinh(\bar{t}y_1) + \int \dfrac{\bar{t}}{2\varepsilon}y_1^4 \mathrm{d}y_1 =$$

$$\dfrac{1}{\bar{t}}y_1^2\sinh(\bar{t}y_1) - \dfrac{2}{\bar{t}}\int \sinh(\bar{t}y_1)y_1\mathrm{d}y_1 + \dfrac{\bar{t}}{10\varepsilon}y_1^5 + C =$$

$$\dfrac{1}{\bar{t}}y_1^2\sinh(\bar{t}y_1) - \dfrac{2}{\bar{t}}[y_1\mathrm{d}\cosh(\bar{t}y_1)] + \dfrac{\bar{t}}{10\varepsilon}y_1^5 =$$

$$\dfrac{1}{\bar{t}}y_1^2\sinh(\bar{t}y_1) - \dfrac{2}{\bar{t}}\left[\dfrac{1}{\bar{t}}y_1\cosh(\bar{t}y_1) - \dfrac{1}{\bar{t}^2}\sinh(\bar{t}y_1)\right] +$$

$$\dfrac{\bar{t}}{10\varepsilon}y_1^5 + C =$$

$$\dfrac{1}{\bar{t}}y_1^2\sinh(\bar{t}y_1) - \dfrac{2}{\bar{t}^2}y_1\cosh(\bar{t}y_1) + \dfrac{2}{\bar{t}^3}\sinh(\bar{t}y_1) +$$

$$\dfrac{\bar{t}}{10\varepsilon}y_1^5 + C$$

并利用式(25.9),知式(25.13)左端第二项为

$$-\dfrac{1}{2\varepsilon}\bar{t}^3\int_0^b \left(y - \dfrac{b}{2}\right)^2 \bar{v}\mathrm{d}y =$$

$$-\dfrac{1}{2\varepsilon}\bar{t}^3\int_0^b \left(y - \dfrac{b}{2}\right)^2 \left\{\cosh\left[\bar{t}\left(y - \dfrac{b}{2}\right)\right] + \right.$$

$$\left.\dfrac{\bar{t}}{2\varepsilon}\left(y - \dfrac{b}{2}\right)^2\right\}\mathrm{d}y =$$

$$-\dfrac{1}{2\varepsilon}\bar{t}^3 \int_{-\frac{b}{2}}^{\frac{b}{2}} y_1^2 \left[\cosh(\bar{t}y_1) + \dfrac{\bar{t}}{2\varepsilon}y_1^2\right]\mathrm{d}y_1 =$$

$$-\frac{1}{2\varepsilon}t^3\left[\frac{2}{\bar{t}}\left(\frac{b}{2}\right)^2\sinh\left(\bar{t}\frac{b}{2}\right) - \frac{4}{\bar{t}^2}\frac{b}{2}\cosh\left(\bar{t}\frac{b}{2}\right) + \right.$$

$$\left.\frac{4}{\bar{t}^3}\sinh\left(\bar{t}\frac{b}{2}\right) + \frac{2\bar{t}}{10\varepsilon}\left(\frac{b}{2}\right)^5\right] =$$

$$-\frac{1}{\varepsilon}t^3\left[\frac{1}{\bar{t}}\left(\frac{b}{2}\right)^2\sinh\left(\bar{t}\frac{b}{2}\right) - \frac{2}{\bar{t}^2}\frac{b}{2}\cosh\left(\bar{t}\frac{b}{2}\right) + \right.$$

$$\left.\frac{2}{\bar{t}^3}\sinh\left(\bar{t}\frac{b}{2}\right) + \frac{\bar{t}}{10\varepsilon}\left(\frac{b}{2}\right)^5\right] \qquad (25.14)$$

对式(25.13)中左端的第三项,我们有

$$\frac{1}{\varepsilon}t\int_0^b \bar{v}\,\mathrm{d}y =$$

$$\frac{1}{\varepsilon}t\int_0^b\left\{\cosh\left[\bar{t}\left(y-\frac{b}{2}\right)\right] + \frac{1}{2\varepsilon}\bar{t}\left(y-\frac{b}{2}\right)^2\right\}\mathrm{d}y =$$

$$\frac{1}{\varepsilon}t\left\{\frac{1}{\bar{t}}\sinh\left[\bar{t}\left(y-\frac{b}{2}\right)\right] + \frac{1}{2\varepsilon}\bar{t}\frac{1}{3}\left(y-\frac{b}{2}\right)^3\right\}\bigg|_0^b =$$

$$\frac{1}{\varepsilon}t\left[\frac{2}{\bar{t}}\sinh\left(\bar{t}\frac{b}{2}\right) + \frac{2}{6\varepsilon}\bar{t}\left(\frac{b}{2}\right)^3\right] =$$

$$\frac{2}{\varepsilon}\frac{t}{\bar{t}}\sinh\left(\bar{t}\frac{b}{2}\right) + \frac{1}{3\varepsilon^2}t\bar{t}\left(\frac{b}{2}\right)^3 \qquad (25.15)$$

其中 $t\bar{t} = t_1^2 + t_2^2$。对式(25.13)中右端第一项,成立

$$2\bar{v}(b)v'(b) =$$

$$2\left[\cosh\left(\bar{t}\frac{b}{2}\right) + \frac{1}{2\varepsilon}\bar{t}\left(\frac{b}{2}\right)^2\right]\left[t\sinh\left(t\frac{b}{2}\right) + \frac{1}{\varepsilon}t\frac{b}{2}\right] =$$

$$2\left[t\cosh\left(\bar{t}\frac{b}{2}\right)\sinh\left(t\frac{b}{2}\right) + \frac{1}{\varepsilon}t\frac{b}{2}\cosh\left(\bar{t}\frac{b}{2}\right) + \right.$$

$$\left.\frac{1}{2\varepsilon}t\bar{t}\left(\frac{b}{2}\right)^2\sinh\left(t\frac{b}{2}\right) + \frac{1}{2\varepsilon^2}t\bar{t}\left(\frac{b}{2}\right)^3\right] \qquad (25.16)$$

将式(25.14)(25.15)和(25.16)代入(25.13),得

$$t^2\int_0^b \bar{v}v\,\mathrm{d}y - \frac{1}{\varepsilon}\frac{t^4}{t\bar{t}}\left(\frac{b}{2}\right)^2\sinh\left(\bar{t}\frac{b}{2}\right) +$$

$$\frac{2}{\varepsilon}\frac{t^5}{(\bar{t}t)^2}\frac{b}{2}\cosh\left(\bar{t}\frac{b}{2}\right) -$$

$$\frac{2}{\varepsilon}\frac{t^6}{(\bar{t}t)^3}\sinh\left(\bar{t}\frac{b}{2}\right) - \frac{t^2\bar{t}t}{10\varepsilon^2}\left(\frac{b}{2}\right)^5 +$$

$$\frac{2}{\varepsilon}\frac{t^2}{\bar{t}t}\sinh\left(\bar{t}\frac{b}{2}\right) + \frac{1}{3\varepsilon^2}\bar{t}t\left(\frac{b}{2}\right)^3 =$$

$$-\int_0^b v'\bar{v}'\mathrm{d}y + 2t\cosh\left(\bar{t}\frac{b}{2}\right)\sinh\left(t\frac{b}{2}\right) +$$

$$\frac{2}{\varepsilon}t\frac{b}{2}\cosh\left(\bar{t}\frac{b}{2}\right) +$$

$$\frac{1}{\varepsilon}\bar{t}t\left(\frac{b}{2}\right)^2\sinh\left(t\frac{b}{2}\right) + \frac{1}{\varepsilon^2}\bar{t}t\left(\frac{b}{2}\right)^3 \qquad (25.17)$$

令

$$P(b;\varepsilon) = -\frac{1}{\varepsilon}\frac{t^4}{\bar{t}t}\left(\frac{b}{2}\right)^2\sinh\left(\bar{t}\frac{b}{2}\right) +$$

$$\frac{2}{\varepsilon}\frac{t^5}{(\bar{t}t)^2}\frac{b}{2}\cosh\left(\bar{t}\frac{b}{2}\right) - \frac{2}{\varepsilon}\frac{t^6}{(\bar{t}t)^3}\sinh\left(\bar{t}\frac{b}{2}\right) +$$

$$\frac{2}{\varepsilon}\frac{t^2}{\bar{t}t}\sinh\left(\bar{t}\frac{b}{2}\right) - 2t\cosh\left(\bar{t}\frac{b}{2}\right)\sinh\left(t\frac{b}{2}\right) -$$

$$\frac{2}{\varepsilon}t\frac{b}{2}\cosh\left(\bar{t}\frac{b}{2}\right) - \frac{1}{\varepsilon}\bar{t}t\left(\frac{b}{2}\right)^2\sinh\left(t\frac{b}{2}\right)$$

$$(25.18)$$

则式(25.17)变为

$$t^2\int_0^b v\bar{v}\mathrm{d}y + P(b;\varepsilon) - \frac{t^2\bar{t}t}{10\varepsilon^2}\left(\frac{b}{2}\right)^5 -$$

$$\frac{2}{3\varepsilon^2}\bar{t}t\left(\frac{b}{2}\right)^3 + \int_0^b v'\bar{v}'\mathrm{d}y = 0 \qquad (25.19)$$

下面我们要确定一个 $b_0 > 0$ 和一个适当小的 $\varepsilon_0 > 0$,使得

$P(b_0;\varepsilon_0)$ 的虚部为零,从而 $P(b_0;\varepsilon_0)$ 为实数

(25.20)

且成立

$$\int_0^{b_0} \overline{v}v \mathrm{d}y - \frac{t\overline{t}}{10\varepsilon_0^2}\left(\frac{b_0}{2}\right)^5 \neq 0 \quad (25.21)$$

再从式(25.19)中的量 $\int_0^{b_0} \overline{v}v \mathrm{d}y \left(\int_0^{b_0} \overline{v}v \mathrm{d}y = \int_0^{b_0} |v| \mathrm{d}y\right)$,
$\frac{t\overline{t}}{10\varepsilon_0^2}\left(\frac{b_0}{2}\right)^5$, $-\frac{2}{3\varepsilon_0^2}t\overline{t}\left(\frac{b_0}{2}\right)^3$ 和 $\int_0^{b_0} \overline{v'}v' \mathrm{d}y\left(=\int_0^{b_0}|v'|^2\mathrm{d}y\right)$
均为实数且不为零,和 t^2 必为实数.

2.2　$P(b;\varepsilon)$ 的虚部 $f(b;\varepsilon)$

回顾公式:对 $x,y \in \mathbb{R}$,有

$$\sinh(x \pm \mathrm{i}y) = \sinh x\cos y \pm \mathrm{i}\cosh x\sin y$$
$$\cosh(x \pm \mathrm{i}y) = \cosh x\cos y \pm \mathrm{i}\sinh x\sin y$$

并注意到

$$t^2 = (t_1 + \mathrm{i}t_2)(t_1 + \mathrm{i}t_2) = t_1^2 - t_2^2 + \mathrm{i}2t_1t_2$$
$$t^4 = t^2t^2 = (t_1^2 - t_2^2)^2 - (2t_1t_2)^2 + \mathrm{i}2(t_1^2 - t_2^2)(2t_1t_2)$$
$$\begin{aligned}t^5 = t t^4 = &t_1[(t_1^2 - t_2^2)^2 - (2t_1t_2)^2] - \\ &t_2 2(t_1^2 - t_2^2)(2t_1t_2) + \mathrm{i}\{t_1 2(t_1^2 - t_2^2)(2t_1t_2) + \\ &t_2[(t_1^2 - t_2^2)^2 - 2(t_1t_2)^2]\}\end{aligned}$$
$$\begin{aligned}t^6 = t^2 t^4 = &(t_1^2 - t_2^2)[(t_1^2 - t_2^2)^2 - 2(t_1t_2)^2] - \\ &(2t_1t_2)2(t_1^2 - t_2^2)(2t_1t_2) + \\ &\mathrm{i}\{(t_1^2 - t_2^2)^2(t_1^2 - t_2^2)(2t_1t_2) + \\ &2t_1t_2[(t_1^2 - t_2^2)^2 - (2t_1t_2)^2]\} = \\ &(t_1^2 - t_2^2)[(t_1^2 - t_2^2)^2 - 2(t_1t_2)^2] - \\ &(2t_1^2 - t_2^2)(2t_1t_2)^2 + \\ &\mathrm{i}2t_1t_2[3(t_1^2 - t_2^2)^2 - 2(t_1t_2)^2]\end{aligned}$$

第一部分　Riemann 猜想的历史及进展

$$\sinh\left(\bar{t}\frac{b}{2}\right) = \sinh\left(t_1\frac{b}{2} - it_2\frac{b}{2}\right) =$$

$$\sinh\left(t_1\frac{b}{2}\right)\cos\left(t_2\frac{b}{2}\right) -$$

$$i\cosh\left(t_1\frac{b}{2}\right)\sin\left(t_2\frac{b}{2}\right)$$

$$\sinh\left(t\frac{b}{2}\right) = \sinh\left(t_1\frac{b}{2} + it_2\frac{b}{2}\right) =$$

$$\sinh\left(t_1\frac{b}{2}\right)\cos\left(t_2\frac{b}{2}\right) +$$

$$i\cosh\left(t_1\frac{b}{2}\right)\sin\left(t_2\frac{b}{2}\right)$$

$$\cosh\left(\bar{t}\frac{b}{2}\right) = \cosh\left(t_1\frac{b}{2} - it_2\frac{b}{2}\right) =$$

$$\cosh\left(t_1\frac{b}{2}\right)\cos\left(t_2\frac{b}{2}\right) -$$

$$i\sinh\left(t_1\frac{b}{2}\right)\sin\left(t_2\frac{b}{2}\right)$$

$$\cosh\left(\bar{t}\frac{b}{2}\right)\sinh\left(t\frac{b}{2}\right) =$$

$$\frac{1}{2}(e^{\bar{t}\frac{b}{2}} + e^{-\bar{t}\frac{b}{2}}) \cdot \frac{1}{2}(e^{t\frac{b}{2}} - e^{-t\frac{b}{2}}) =$$

$$\frac{1}{4}(e^{(t+\bar{t})\frac{b}{2}} - e^{(\bar{t}-t)\frac{b}{2}} +$$

$$e^{(t-\bar{t})\frac{b}{2}} - e^{(-t-\bar{t})\frac{b}{2}}) =$$

$$\frac{1}{4}(e^{2t_1\frac{b}{2}} - e^{-2it_2\frac{b}{2}} + e^{2it_2\frac{b}{2}} - e^{-2t_1\frac{b}{2}}) =$$

$$\frac{1}{2}[\sinh(t_1 b) + i\sin(t_2 b)]$$

将这些代入式(25.18)中得

$$P(b;\varepsilon) =$$

$$-\frac{1}{\varepsilon}\left(\frac{b}{2}\right)^2 \frac{1}{t\bar{t}}[(t_1^2-t_2^2)^2 - (2t_1t_2)^2 +$$

$$\mathrm{i}2(t_1^2-t_2^2)(2t_1t_2)] \cdot$$

$$\left[\sinh\left(t_1\frac{b}{2}\right)\cos\left(t_2\frac{b}{2}\right) - \mathrm{i}\cosh\left(t_1\frac{b}{2}\right)\sin\left(t_2\frac{b}{2}\right)\right] +$$

$$\frac{2}{\varepsilon}\frac{b}{2}\frac{1}{(t\bar{t})^2}\{t_1[(t_1^2-t_2^2)^2 - (2t_1t_2)^2] -$$

$$t_2 2(t_1^2-t_2^2)(2t_1t_2) +$$

$$\mathrm{i}\{t_1 2(t_1^2-t_2^2)(2t_1t_2) + t_2[(t_1^2-t_2^2)^2 - (2t_1t_2)^2]\}\} \cdot$$

$$\left[\cosh\left(t_1\frac{b}{2}\right)\cos\left(t_2\frac{b}{2}\right) - \mathrm{i}\sinh\left(t_1\frac{b}{2}\right)\sin\left(t_2\frac{b}{2}\right)\right] -$$

$$\frac{2}{\varepsilon}\frac{1}{(t\bar{t})^3}\{(t_1^2-t_2^2)[(t_1^2-t_2^2)^2 - (2t_1t_2)^2] -$$

$$2(t_1^2-t_2^2)(2t_1t_2)^2 +$$

$$\mathrm{i}2t_1t_2[3(t_1^2-t_2^2)^2 - (2t_1t_2)^2]\} \cdot$$

$$\left[\sinh\left(t_1\frac{b}{2}\right)\cos\left(t_2\frac{b}{2}\right) - \mathrm{i}\cosh\left(t_1\frac{b}{2}\right)\sin\left(t_2\frac{b}{2}\right)\right] +$$

$$\frac{2}{\varepsilon}\frac{1}{t\bar{t}}[t_1^2 - t_2^2 + \mathrm{i}2t_1t_2] \cdot$$

$$\left[\sinh\left(t_1\frac{b}{2}\right)\cos\left(t_2\frac{b}{2}\right) - \mathrm{i}\cosh\left(t_1\frac{b}{2}\right)\sin\left(t_2\frac{b}{2}\right)\right] -$$

$$2(t_1 + \mathrm{i}t_2)\frac{1}{2}[\sinh(t_1b) + \mathrm{i}\sin(t_2b)] -$$

$$\frac{2}{\varepsilon}\frac{b}{2}(t_1 + \mathrm{i}t_2) \cdot$$

$$\left[\cosh\left(t_1\frac{b}{2}\right)\cos\left(t_2\frac{b}{2}\right) - \mathrm{i}\sinh\left(t_1\frac{b}{2}\right)\sin\left(t_2\frac{b}{2}\right)\right] -$$

$$\frac{1}{\varepsilon}\left(\frac{b}{2}\right)^2 t\bar{t}\left[\sinh\left(t_1\frac{b}{2}\right)\cos\left(t_2\frac{b}{2}\right) +\right.$$

$$\mathrm{icosh}\left(t_1\frac{b}{2}\right)\sin\left(t_2\frac{b}{2}\right)\Big]$$

将 $P(b;\varepsilon)$ 的虚部 $\mathrm{Im}\,P(b;\varepsilon)$ 记为 $f(b;\varepsilon)$，这是一个实函数，满足

$f(b;\varepsilon)=$

$-\dfrac{1}{\varepsilon}\left(\dfrac{b}{2}\right)^2\dfrac{1}{t\bar{t}}\{[(t_1^2-t_2^2)^2-(2t_1t_2)^2]\cdot$

$\Big[-\cosh\left(t_1\dfrac{b}{2}\right)\sin\left(t_2\dfrac{b}{2}\right)\Big]+$

$2(t_1^2-t_2^2)\cdot(2t_1t_2)\sinh\left(t_1\dfrac{b}{2}\right)\cos\left(t_2\dfrac{b}{2}\right)\}+$

$\dfrac{2}{\varepsilon}\dfrac{b}{2}\dfrac{1}{(t\bar{t})^2}\{\{t_1[(t_1^2-t_2^2)^2-(2t_1t_2)^2]-$

$t_2 2(t_1^2-t_2^2)(2t_1t_2)\}\cdot$

$\Big[-\sinh\left(t_1\dfrac{b}{2}\right)\sin\left(t_2\dfrac{b}{2}\right)\Big]+$

$\{t_1 2(t_1^2-t_2^2)(2t_1t_2)+t_2[(t_1^2-t_2^2)^2-$

$(2t_1t_2)^2]\}\cosh\left(t_1\dfrac{b}{2}\right)\cos\left(t_2\dfrac{b}{2}\right)\}-$

$\dfrac{2}{\varepsilon}\dfrac{1}{(t\bar{t})^3}\{\{(t_1^2-t_2^2)[(t_1^2-t_2^2)^2-(2t_1t_2)^2]-$

$2(t_1^2-t_2^2)(2t_1t_2)^2\}\cdot$

$\Big[-\cosh\left(t_1\dfrac{b}{2}\right)\sin\left(t_2\dfrac{b}{2}\right)\Big]+$

$2t_1t_2[3(t_1^2-t_2^2)^2-(2t_1t_2)^2]\sinh\left(t_1\dfrac{b}{2}\right)\cos\left(t_2\dfrac{b}{2}\right)\}+$

$\dfrac{2}{\varepsilon}\dfrac{1}{t\bar{t}}\{(t_1^2-t_2^2)\Big[-\cosh\left(t_1\dfrac{b}{2}\right)\sin\left(t_2\dfrac{b}{2}\right)\Big]+$

$2t_1t_2\sinh\left(t_1\dfrac{b}{2}\right)\cos\left(t_2\dfrac{b}{2}\right)\}-$

$$[t_1\sin(t_2 b) + t_2\sinh(t_1 b)] -$$

$$\frac{2}{\varepsilon}\frac{b}{2}\{t_1[-\sinh(t_1\frac{b}{2})\sin(t_2\frac{b}{2})] +$$

$$t_2\cosh(t_1\frac{b}{2})\cos(t_2\frac{b}{2})\} -$$

$$\frac{1}{\varepsilon}\left(\frac{b}{2}\right)^2 tt\cosh\left(t_1\frac{b}{2}\right)\sin\left(t_2\frac{b}{2}\right) \tag{25.22}$$

显然 $f(0;\varepsilon) = 0$.

2.3 确定使式(25.20)和(25.21)成立的 b_0 和 ε_0

我们先将 $f(b;\varepsilon)$ 进行变形. 令

$$t_1 = \alpha t_2 \tag{25.23}$$

则从 $t_1 > 6$ 和 $0 < t_2 < \frac{1}{2}$ 知

$$\alpha > 12 \tag{25.24}$$

而 $f(b;\varepsilon)$ 变为

$f(b;\varepsilon) =$

$$-\frac{1}{\varepsilon}\left(\frac{b}{2}\right)^2\frac{1}{\alpha^2+1}\{[(\alpha^2-1)^2 t_2^2 - 4\alpha^2 t_2^2]\cdot$$

$$[-\cosh(\alpha t_2\frac{b}{2})\sin(t_2\frac{b}{2})] +$$

$$2(\alpha^2-1)2\alpha t_2^2\sinh(\alpha t_2\frac{b}{2})\cos(t_2\frac{b}{2})\} +$$

$$\frac{2}{\varepsilon}\frac{b}{2}\frac{1}{(\alpha^2+1)^2}\{\{\alpha t_2[(\alpha^2-1)^2-4\alpha^2] -$$

$$t_2 2(\alpha^2-1)\cdot 2\alpha\}\cdot$$

$$[-\sinh(\alpha t_2\frac{b}{2})\sin(t_2\frac{b}{2})] +$$

$$\{\alpha t_2\cdot 2(\alpha^2-1)\cdot 2\alpha + t^2[(\alpha^2-1)^2 - 4\alpha^2]\}\cdot$$

$$\cosh(\alpha t_2\frac{b}{2})\cos(t_2\frac{b}{2})\} -$$

第一部分　Riemann猜想的历史及进展

$$\frac{2}{\varepsilon}\frac{1}{(\alpha^2+1)^3}\{\{(\alpha^2-1)[(\alpha^2-1)^2-4\alpha^2]-$$

$$2(\alpha^2-1)4\alpha^2\}\left[-\cosh\left(\alpha t_2\frac{b}{2}\right)\sin\left(t_2\frac{b}{2}\right)\right]+$$

$$2\alpha[3(\alpha^2-1)^2-4\alpha^2]\sinh\left(\alpha t_2\frac{b}{2}\right)\cos\left(t_2\frac{b}{2}\right)\}+$$

$$\frac{2}{\varepsilon}\frac{1}{\alpha^2+1}\{(\alpha^2-1)\left[-\cosh\left(\alpha t_2\frac{b}{2}\right)\sin\left(t_2\frac{b}{2}\right)\right]+$$

$$2\alpha\sinh\left(\alpha t_2\frac{b}{2}\right)\cos\left(t_2\frac{b}{2}\right)\}-$$

$$[\alpha t_2\sin(t_2b)+t_2\sinh(\alpha t_2b)]-$$

$$\frac{2}{\varepsilon}\frac{b}{2}\{\alpha t_2\left[-\sinh\left(\alpha t_2\frac{b}{2}\right)\sin\left(t_2\frac{b}{2}\right)\right]+$$

$$t_2\cosh\left(\alpha t_2\frac{b}{2}\right)\cos\left(t_2\frac{b}{2}\right)\}-$$

$$\frac{1}{\varepsilon}\left(\frac{b}{2}\right)^2(\alpha^2+1)t_2^2\cosh\left(\alpha t_2\frac{b}{2}\right)\sin\left(t_2\frac{b}{2}\right)=$$

$$\frac{1}{\varepsilon}\left(\frac{b}{2}\right)^2\frac{t_2^2}{\alpha^2+1}\left[(\alpha^4-6\alpha^2+1)\cosh\left(\alpha t_2\frac{b}{2}\right)\cdot\right.$$

$$\sin\left(t_2\frac{b}{2}\right)-4\alpha(\alpha^2-1)\sinh\left(\alpha t_2\frac{b}{2}\right)\cos\left(t_2\frac{b}{2}\right)\right]+$$

$$\frac{2}{\varepsilon}\frac{b}{2}\frac{t_2}{(\alpha^2+1)^2}\{(\alpha^5-10\alpha^3+$$

$$5\alpha)\left[-\sinh\left(\alpha t_2\frac{b}{2}\right)\sin\left(t_2\frac{b}{2}\right)\right]+$$

$$(5\alpha^4-10\alpha^2+1)\cosh\left(\alpha t_2\frac{b}{2}\right)\cos\left(t_2\frac{b}{2}\right)\}+$$

$$\frac{2}{\varepsilon}\frac{1}{(\alpha^2+1)^3}\{[(\alpha^2-1)(\alpha^4-6\alpha^2+1)-$$

$$8\alpha^2(\alpha^2-1)]\cosh\left(\alpha t_2\frac{b}{2}\right)\sin\left(t_2\frac{b}{2}\right)-$$

$$2\alpha[3(\alpha^2-1)^2-4\alpha^2]\sinh\left(\alpha t_2 \frac{b}{2}\right)\cos\left(t_2 \frac{b}{2}\right)\} +$$

$$\frac{2}{\varepsilon}\frac{1}{\alpha^2+1}\{(\alpha^2-1)[-\cosh\left(\alpha t_2 \frac{b}{2}\right)\sin\left(t_2 \frac{b}{2}\right)] +$$

$$2\alpha\sinh\left(\alpha t_2 \frac{b}{2}\right)\cos\left(t_2 \frac{b}{2}\right)\} -$$

$$[\alpha t_2 \sin(t_2 b)+t_2\sinh(\alpha t_2 b)] +$$

$$\frac{2}{\varepsilon}\frac{b}{2}t_2\left[\alpha\sinh\left(\alpha t_2 \frac{b}{2}\right)\sin\left(t_2 \frac{b}{2}\right) -\right.$$

$$\left.\cosh\left(\alpha t_2 \frac{b}{2}\right)\cos\left(t_2 \frac{b}{2}\right)\right] -$$

$$\frac{1}{\varepsilon}\left(\frac{b}{2}\right)^2(\alpha^2+1)t_2^2\cosh\left(\alpha t_2 \frac{b}{2}\right)\sin\left(t_2 \frac{b}{2}\right) \quad (25.25)$$

注意式(25.25)的第一项与第七项含因子t_2^2,第二项与第六项含因子t_2,第三项,第四项和第五项不含因子t_2,分别将第一项与第七项合并,第二项与第六项合并,第三项与第四项合并,第五项照写,则有

$$f(b;\varepsilon)=$$

$$\frac{1}{\varepsilon}\left(\frac{b}{2}\right)^2\frac{t_2^2}{\alpha^2+1}\left[(\alpha^4-6\alpha^2+1)\cosh\left(\alpha t_2 \frac{b}{2}\right)\sin\left(t_2 \frac{b}{2}\right) -\right.$$

$$4\alpha(\alpha^2-1)\sinh\left(\alpha t_2 \frac{b}{2}\right)\cos\left(t_2 \frac{b}{2}\right) -$$

$$\left.(\alpha^2+1)^2\cosh\left(\alpha t_2 \frac{b}{2}\right)\sin\left(t_2 \frac{b}{2}\right)\right] +$$

$$\frac{2}{\varepsilon}\frac{b}{2}\frac{t_2}{(\alpha^2+1)^2}\left[(-\alpha^5+10\alpha^3 -\right.$$

$$5\alpha)\sinh\left(\alpha t_2 \frac{b}{2}\right)\sin\left(t_2 \frac{b}{2}\right) +$$

$$(5\alpha^4-10\alpha^2+1)\cosh\left(\alpha t_2 \frac{b}{2}\right)\cos\left(t_2 \frac{b}{2}\right) +$$

第一部分　Riemann 猜想的历史及进展

$$\alpha(\alpha^2+1)^2\sinh\left(\alpha t_2 \frac{b}{2}\right)\sin\left(t_2 \frac{b}{2}\right) -$$

$$(\alpha^2+1)^2\cosh\left(\alpha t_2 \frac{b}{2}\right)\cos\left(t_2 \frac{b}{2}\right)\Big] +$$

$$\frac{2}{\varepsilon}\frac{1}{(\alpha^2+1)^3}\Big[(\alpha^2-1)(\alpha^4-14\alpha^2+1)\cdot$$

$$\cosh\left(\alpha t_2 \frac{b}{2}\right)\sin\left(t_2 \frac{b}{2}\right) -$$

$$2\alpha[3(\alpha^2-1)^2-4\alpha^2]\sinh\left(\alpha t_2 \frac{b}{2}\right)\cos\left(t_2 \frac{b}{2}\right) -$$

$$(\alpha^2-1)(\alpha^2+1)^2\cosh\left(\alpha t_2 \frac{b}{2}\right)\sin\left(t_2 \frac{b}{2}\right) +$$

$$2\alpha(\alpha^2+1)^2\sinh\left(\alpha t_2 \frac{b}{2}\right)\cos\left(t_2 \frac{b}{2}\right)\Big] -$$

$$[\alpha t_2\sin(t_2 b)+t_2\sinh(\alpha t_2 b)] =$$

$$\frac{2}{\varepsilon}\left(\frac{b}{2}\right)^2\frac{t_2^2}{\alpha^2+1}\Big[(-4\alpha^2)\cosh\left(\alpha t_2 \frac{b}{2}\right)\sin\left(t_2 \frac{b}{2}\right) +$$

$$(-2\alpha^3+2\alpha)\sinh\left(\alpha t_2 \frac{b}{2}\right)\sin\left(t_2 \frac{b}{2}\right)\Big] +$$

$$\frac{2}{\varepsilon}\frac{b}{2}\frac{t_2}{(\alpha^2+1)^2}\Big[(12\alpha^3-4\alpha)\sinh\left(\alpha t_2 \frac{b}{2}\right)\sin\left(t_2 \frac{b}{2}\right) +$$

$$(4\alpha^4-12\alpha^2)\cosh\left(\alpha t_2 \frac{b}{2}\right)\cos\left(t_2 \frac{b}{2}\right)\Big] +$$

$$\frac{2}{\varepsilon}\frac{1}{(\alpha^2+1)^3}\Big[(-16\alpha^4+16\alpha^2)\cosh\left(\alpha t_2 \frac{b}{2}\right)\sin\left(t_2 \frac{b}{2}\right) +$$

$$(-4\alpha^5+24\alpha^3-4\alpha)\sinh\left(\alpha t_2 \frac{b}{2}\right)\cos\left(t_2 \frac{b}{2}\right)\Big] -$$

$$[\alpha t_2\sin(t_2 b)+t_2\sinh(\alpha t_2 b)] :=$$

$$\frac{2}{\varepsilon}Q(b)-[\alpha t_2\sin(t_2 b)+t_2\sinh(\alpha t_2 b)] \qquad (25.26)$$

其中
$Q(b) =$

$\left(\dfrac{b}{2}\right)^2 \dfrac{t_2^2}{\alpha^2+1}\Big[(-4\alpha^2)\cosh\left(\alpha t_2 \dfrac{b}{2}\right)\sin\left(t_2 \dfrac{b}{2}\right) +$

$(-2\alpha^3+2\alpha)\sinh\left(\alpha t_2 \dfrac{b}{2}\right)\sin\left(t_2 \dfrac{b}{2}\right)\Big] +$

$\dfrac{b}{2}\dfrac{t_2}{(\alpha^2+1)^2}\Big[(12\alpha^3-4\alpha)\sinh\left(\alpha t_2 \dfrac{b}{2}\right)\sin\left(t_2 \dfrac{b}{2}\right) +$

$(4\alpha^4-12\alpha^2)\cosh\left(\alpha t_2 \dfrac{b}{2}\right)\cos\left(t_2 \dfrac{b}{2}\right)\Big] +$

$\dfrac{1}{(\alpha^2+1)^3}\Big[(-16\alpha^4+16\alpha^2)\cosh\left(\alpha t_2 \dfrac{b}{2}\right)\sin\left(t_2 \dfrac{b}{2}\right) +$

$(-4\alpha^5+24\alpha^3-4\alpha)\sinh\left(\alpha t_2 \dfrac{b}{2}\right)\cos\left(t_2 \dfrac{b}{2}\right)\Big]$

我们来证明存在 $b_1 > 0$,使得 $Q(b_1) > 0$. 令

$$\dfrac{b}{2}t_2 = \sigma \qquad (25.27)$$

其中 $\sigma > 0$ 待定,则

$Q(b) = Q\left(\dfrac{2\sigma}{t_2}\right) =$

$\dfrac{1}{\alpha^2+1}\Big[(-4\alpha^2\sigma^2)\cosh(\alpha\sigma)\sin\sigma +$

$(-2\alpha^3+2\alpha)\sigma^2\sinh(\alpha\sigma)\cos\sigma\Big] +$

$\dfrac{1}{(\alpha^2+1)^2}\Big[(12\alpha^3-4\alpha)\sigma\sinh(\alpha\sigma)\sin\sigma +$

$(4\alpha^4-12\alpha^2)\sigma\cosh(\alpha\sigma)\cos\sigma\Big] +$

$\dfrac{1}{(\alpha^2+1)^3}\Big[(-16\alpha^4+16\alpha^2)\cosh(\alpha\sigma)\sin\sigma +$

$(-4\alpha^5+24\alpha^3-4\alpha)\sinh(\alpha\sigma)\cos\sigma\Big] =$

第一部分 Riemann 猜想的历史及进展

$$\frac{1}{(\alpha^2+1)^3}[-4\alpha^2(\alpha^2+1)^2\sigma^2\cosh(\alpha\sigma)\sin\sigma +$$

$$(-2\alpha^3+2\alpha)(\alpha^2+1)^2\sigma^2\sinh(\alpha\sigma)\cos\sigma +$$

$$(12\alpha^3-4\alpha)(\alpha^2+1)\sigma\sinh(\sigma\sigma)\sin\sigma +$$

$$(4\alpha^4-12\alpha^2)(\alpha^2+1)\sigma\cosh(\alpha\sigma)\cos\sigma +$$

$$(-16\alpha^4+16\alpha^2)\cosh(\alpha\sigma)\sin\sigma +$$

$$(-4\alpha^5+24\alpha^3-4\alpha)\sinh(\alpha\sigma)\cos\sigma] =$$

$$\frac{1}{(\alpha^2+1)^3}\left\{\frac{e^{\alpha\sigma}}{2}[-4\alpha^2(\alpha^2+1)^2\sigma^2 +\right.$$

$$(12\alpha^3-4\alpha)(\alpha^2+1)\sigma+(-16\alpha^4+16\alpha^2)]\sin\sigma +$$

$$\frac{e^{\alpha\sigma}}{2}[(-2\alpha^3+2\alpha)(\alpha^2+1)^2\sigma^2 +$$

$$(4\alpha^4-12\alpha^2)(\alpha^2+1)\sigma +$$

$$(-4\alpha^5+24\alpha^3-4\alpha)]\cos\sigma +$$

$$\frac{e^{-\alpha\sigma}}{2}[-4\alpha^2(\alpha^2+1)^2\sigma^2+(-12\alpha^3+4\alpha)(\alpha^2+1)\sigma +$$

$$(-16\alpha^4+16\alpha^2)]\sin\sigma +$$

$$\frac{e^{-\alpha\sigma}}{2}[(2\alpha^3-2\alpha)(\alpha^2+1)^2\sigma^2 +$$

$$(4\alpha^4-12\alpha^2)(\alpha^2+1)\sigma +$$

$$(4\alpha^5-24\alpha^3+4\alpha)]\cos\sigma\right\} :=$$

$$\frac{1}{(\alpha^2+1)^3}\left\{\frac{e^{\alpha\sigma}}{2}[g_1(\sigma)\sin\sigma+g_2(\sigma)\cos\sigma] +\right.$$

$$\left.\frac{e^{-\alpha\sigma}}{2}[g_3(\sigma)\sin\sigma+g_4(\sigma)\cos\sigma]\right\} \qquad (25.28)$$

对 $g_1(\sigma)$(其中 $\sigma>0$),由于其首项系数为负,所以 $g_1(\sigma)$ 开口向下;而其判别式

$$(12\alpha^3 - 4\alpha)^2(\alpha^2 + 1)^2 -$$
$$4[-4\alpha^2(\alpha^2 + 1)^2](-16\alpha^4 + 16\alpha^2)$$

小于零(利用 $\alpha > 12$),故有
$$g_1(\sigma) < 0$$

类似地,成立
$$g_2(\sigma) < 0, g_3(\sigma) < 0, g_4(\sigma) > 0$$

现在取 $\sigma = \dfrac{3\pi}{2}$,则
$$b_1 = \frac{3\pi}{t_2}$$

以及 $\sin\dfrac{3\pi}{2} = -1, \cos\dfrac{3\pi}{2} = 0$,且有
$$g_1\left(\frac{3\pi}{2}\right)\sin\frac{3\pi}{2} > 0, g_2\left(\frac{3\pi}{2}\right)\cos\frac{3\pi}{2} = 0$$
$$g_3\left(\frac{3\pi}{2}\right)\sin\frac{3\pi}{2} > 0, g_4\left(\frac{3\pi}{2}\right)\cos\frac{3\pi}{2} = 0$$

于是从式(25.28)知 $Q(b_1) > 0$.

取 $b_2 = \dfrac{5\pi}{t_2}$,从式(25.28)知 $Q(b_2) < 0$. 我们断定能在式(25.26)中取适当小的 $\varepsilon_1 > 0$,使得
$$f(b_1, \varepsilon_1) > 0, f(b_2, \varepsilon_1) < 0 \quad (25.29)$$

事实上,记
$$I(b) = \alpha t_2 \sin(t_2 b) + t_2 \sinh(\alpha t_2 b)$$
$$b \in [b_1, b_2] = \left[\frac{3\pi}{t_2}, \frac{5\pi}{t_2}\right]$$

当 $\alpha > 12$ 时,由于 $\sin(t_2 b) \geqslant -1, e^{\alpha t_2 b} > 1 + \alpha t_2 b$, $e^{-\alpha t_2 b} < 0, t_2 b \geqslant 3\pi$,可得
$$I(b) = \alpha t_2 \sin(t_2 b) + t_2 \frac{e^{\alpha t_2 b} - e^{-\alpha t_2 b}}{2} \geqslant$$

第一部分　Riemann 猜想的历史及进展

$$-\alpha t_2 + t_2 \frac{1+\alpha t_2 b - 1}{2} =$$

$$-\alpha t_2 + t_2 \frac{1+\alpha t_2 b}{2} \geqslant$$

$$-\alpha t_2 + t_2 \frac{3\pi\alpha}{2} =$$

$$\alpha t_2 \left(-1 + \frac{3\pi}{2}\right) > 0, b \in [b_1, b_2]$$

从 $Q(b_1) > 0$,可取 $\varepsilon_1 > 0$,使得 $f(b_1, \varepsilon_1) > 0$,同时对 ε_1 及 $Q(b_2) < 0$,有 $f(b_1, \varepsilon_1) < 0$. 至此式(25.29)得证.

注　我们不可以直接对 $f(b, \varepsilon_1)$ 结合式(25.29)用连续函数的介值定理得到 $b_0 \in (b_1, b_2)$,使 $f(b_0, \varepsilon_1) = 0$,因为这难以保证式(25.21)成立. 因此为同时得到式(25.20)和(25.21),需做更细致的分析.

记

$$h(b, \varepsilon) = \int_0^b v\bar{v}\mathrm{d}y - \frac{t\bar{t}}{10\varepsilon^2}\left(\frac{b}{2}\right)^2, \varepsilon > 0$$

(25.30)

通过计算容易得

$$h(b, \varepsilon) = F(b) + \frac{1}{\varepsilon}G(b), b \in [b_1, b_2]$$

(25.31)

其中

$$F(b) = \frac{1}{4}\left[\frac{\mathrm{e}^{\alpha t_2 b} - \mathrm{e}^{-\alpha t_2 b}}{\alpha t_2} + \frac{1}{t_2}\sin(t_2 b)\right] > 0$$

(25.32)

$G(b) =$

$$t_1 \int_0^b \cos\left[t_2\left(y-\frac{b}{2}\right)\right] \cosh\left[t_1\left(y-\frac{b}{2}\right)\right]\left(y-\frac{b}{2}\right)^2 dy +$$
$$t_2 \int_0^b \sin\left[t_2\left(y-\frac{b}{2}\right)\right] \sinh\left[t_1\left(y-\frac{b}{2}\right)\right]\left(y-\frac{b}{2}\right)^2 dy$$
$$(25.33)$$

我们把式(25.31)~(25.33)的证明放在后面.

下面继续接着式(25.39)进行研究. 注意函数 $f(b,\varepsilon), Q(b)$ 和 $G(b)$ 均是连续函数,可正可负,零点是独立分布的. 我们来证明存在 $b_0 \in (b_1, b_2)$ 和 $\varepsilon_0 > 0$,使得

$$f(b_0, \varepsilon_0) = 0, F(b_0) + \frac{1}{\varepsilon_0} G(b_0) \neq 0 \quad (25.34)$$

下面仅详细考虑函数 $G(b)$ 在 $[b_1, b_2]$ 内最多有一个零点的情形,对 $G(b)$ 在 $[b_1, b_2]$ 内有多于一个零点的情形,证明是类似的.

(1) 若 $G(b)$ 在 $[b_1, b_2]$ 内没有零点,则 $G(b)$ 在 $[b_1, b_2]$ 内恒大于0或恒小于0,于是存在 $c_0 > 0$,使得

$$G(b) \geq c_0 \text{ 或 } G(b) \leq -c_0, b \in [b_1, b_2]$$
$$(25.35)$$

对 $G(b) \geq c_0, b \in [b_1, b_2]$,考虑到 $F(b) > 0$,显然有任意 $\varepsilon > 0$ 和 $b \in (b_1, b_2)$,有

$$F(b) + \frac{1}{\varepsilon} G(b) > 0$$

从而

$$F(b) + \frac{1}{\varepsilon_1} G(b) \neq 0$$

利用式(25.29), $f(b, \varepsilon_1)$ 在 $[b_1, b_2]$ 上连续和连续函数的介值定理知存在 $b \in (b_1, b_2)$,使得 $f(b_0, \varepsilon_1) = 0$.

再由上式立即有

$$F(b_0) + \frac{1}{\varepsilon_1}G(b_0) \neq 0$$

式(25.34)得证.

对 $G(b) \leq -c_0, b \in [b_1, b_2]$,取

$$\varepsilon_2 = \frac{c_0}{\max\limits_{b \in [b_1,b_2]} F(b)} > 0$$

就有

$$F(b) + \frac{1}{\varepsilon_2}G(b) \leq \max\limits_{b \in [b_1,b_2]} F(b) + \frac{-c_0}{\varepsilon_2} = 0$$

所以

$$F(b) + \frac{1}{\varepsilon}G(b) < F(b) + \frac{1}{\varepsilon_2}G(b) < 0, 0 < \varepsilon < \varepsilon_2$$

(25.36)

从式(25.29)和$f(b,\varepsilon)$的表达式(25.26)可知

$f(b_1,\varepsilon) > 0, f(b_2,\varepsilon) < 0$,对任意 $\varepsilon, 0 < \varepsilon < \varepsilon_1$

取 $\varepsilon_0, 0 < \varepsilon_0 < \min(\varepsilon_1, \varepsilon_2)$,则从上式和连续函数的介值定理知存在 $b_0 \in (b_1, b_2)$,使得 $f(b_0, \varepsilon_0) = 0$,且由式(25.36)知,$F(b_0) + \frac{1}{\varepsilon_0}G(b_0) \neq 0$,式(25.34)得证.

(2) 若 $G(b)$ 在 $[b_1, b_2]$ 上有零点 b',则有三种可能:(i) $b' \in (b_1, b_2)$;(ii) $b' = b_1$;(iii) $b' = b_2$.

(i) 若 $b' \in (b_1, b_2)$,则我们对函数 $Q(b)$ 考虑两种情形:$Q(b') > 0$ 和 $Q(b') \leq 0$.

当 $Q(b') > 0$ 时,由 $Q(b)$ 的连续保号性可取 $b'_1 > b'$(从而 $b_1 < b' < b'_1 < b_2$),使得 $Q(b'_1) > 0$;相

应地取 $\varepsilon_1 > 0$,使得 $f(b'_1,\varepsilon_1) > 0, f(b_2,\varepsilon_1) < 0$. 此时 $G(b)$ 在 $[b'_1,b_2]$ 上同为正或同为负,于是同情形(1)中处理过的一样推导可以 $\varepsilon_0, 0 < \varepsilon_0 < \varepsilon_1$,且存在 $b_0 \in [b'_1,b_2] \subset [b_1,b_2]$,使 $f(b_0,\varepsilon_0) = 0$,且 $F(b_0) + \dfrac{1}{\varepsilon_0}G(b_0) \neq 0$. 式(25.34)得证.

当 $Q(b') \leqslant 0$ 时,从 $f(b,\varepsilon)$ 的表达式(25.26)可知 $f(b'_1,\varepsilon_1) < 0$. 由 $f(b,\varepsilon_1)$ 的连续保号性知可取 $b'_2 < b'$(即有 $b_1 < b'_2 < b' < b_2$),使得 $f(b'_2,\varepsilon_1) > 0$, $f(b'_2,\varepsilon_1) < 0$. 此时 $G(b)$ 在 $[b_1,b'_2]$ 上同为正或同为负,于是与情形(1)中处理过的一样推导可取 $\varepsilon_0, 0 < \varepsilon_0 < \varepsilon_1$,且存在 $b_0 \in [b_1,b'_2] \subset [b_1,b_2]$,使得 $f(b_0,\varepsilon_0) = 0$,且 $F(b_0) + \dfrac{1}{\varepsilon_0}G(b_0) \neq 0$. 式(25.34)得证.

(ii) 若 $G(b_1) = 0$,则从 $f(b,\varepsilon_1) > 0$(见式(25.29))和 $f(b,\varepsilon_1)$ 连续及连续函数的保号性可知,存在 $b'_1, b_1 < b'_1 < b_2$,使得 $f(b'_1,\varepsilon_1) > 0, f(b_2,\varepsilon_1) < 0$,且 $G(b)$ 在 $[b'_1,b_2]$ 上不变号,然后同(1)一样处理.

(iii) 若 $G(b_2) = 0$,则从 $f(b_2,\varepsilon_1) < 0$(见式(25.29))和 $f(b,\varepsilon_1)$ 连续及连续函数的保号性可知,存在 $b'_2, b_1 < b'_2 < b_2$,使得 $f(b'_2,\varepsilon_1) < 0, f(b_1,\varepsilon_1) > 0$,且 $G(b)$ 在 $[b_1,b'_2]$ 上不变号,然后同(1)一样处理.

(3) 若 $G(b)$ 在 $[b_1,b_2]$ 上有两个零点 b'_1, b'_2,则可能出现下列四种情形:(i)$b_1 < b'_1 < b'_2 < b_2$;(ii)$b_1 = b'_1 < b'_2 < b_2$;(iii)$b_1 < b'_1 < b'_2 = b_2$;(iv)$b_1 = b'_1 <$

$b'_2 = b_2$.

这里(i)说明两个零点在(b_1, b_2)中,(ii)和(iii)说明两个零点中有一个在$[b_1, b_2]$的端点,(iv)说明两个零点均在端点处. 我们注意到$Q(b_1) > 0$, $Q(b_2) < 0$.

对(i),$b_1 < b'_1 < b'_2 < b_2$,从$G(b'_1) = 0$,有$Q(b'_1) > 0$或$Q(b'_1) \leqslant 0$;从$G(b'_2) = 0$,有$Q(b'_2) > 0$或$Q(b'_2) \leqslant 0$. 于是我们分别处理:

(i,a)$Q(b'_1) > 0, Q(b'_2) > 0$. 从$Q(b'_2) > 0$,可知$f(b'_2, \varepsilon_1) > 0$,利用$f(b, \varepsilon_1)$在$[b_1, b_2]$上连续,可取$b''_2 > b'_2$,使得$f(b''_2, \varepsilon_1) > 0$;从$Q(b_2) < 0$已有$f(b_2, \varepsilon_1) < 0$;此时$G(b)$在$[b''_2, b_2]$上不变号,可用前面(1)的过程.

(i,b)$Q(b'_1) > 0, Q(b'_2) \leqslant 0$. 此时易知$f(b'_1, \varepsilon_1) > 0, f(b'_2, \varepsilon_1) < 0$. 利用$f(b, \varepsilon_1)$连续,可取$b''_1 > b'_1$及$b''_2 < b'_2$,使得$f(b''_1, \varepsilon_1) > 0, f(b''_2, \varepsilon_1) < 0$. 又$G(b)$在$[b''_1, b''_2]$上不变号,与前面一样讨论.

(i,c)$Q(b'_1) \leqslant 0, Q(b'_2) > 0$. 利用$Q(b_1) > 0$,有$f(b_1, \varepsilon_1) > 0$;从$Q(b'_1) \leqslant 0$可得$f(b'_1, \varepsilon_1) < 0$,取$b''_1 < b'_1$,使得$f(b''_1, \varepsilon_1) < 0$,再注意到$G(b)$在$[b_1, b''_1]$上不变号,与前面一样讨论.

(i,d)$Q(b'_1) \leqslant 0, Q(b'_2) \leqslant 0$. 利用$Q(b_1) > 0$和$Q(b'_1) \leqslant 0$,同(i,c)一样讨论.

关于(ii),$b_1 = b'_1 < b'_2 < b_2$,当$G(b_1) = G(b'_1) = 0$时,已知$Q(b_1) = Q(b'_1) > 0$,从$G(b'_2) = 0$有情形$Q(b'_2) > 0$或$Q(b'_2) \leqslant 0$. 我们分别处理:

(ii,a) $Q(b_1) > 0, Q(b_2') > 0$. 从 $Q(b_2') > 0$ 及 $Q(b_2) < 0$, 可知 $f(b_2', \varepsilon_1) > 0, f(b_2, \varepsilon_1) < 0$. 取 $b_2'' > b_2'$, 则 $f(b_2'', \varepsilon_1) > 0$, 再注意到 $G(b)$ 在 $[b_2'', b_2]$ 上不变号, 与前面一样讨论.

(ii,b) $Q(b_1) > 0, Q(b_2') \leq 0$. 易得 $f(b_1, \varepsilon_1) > 0, f(b_2', \varepsilon_1) < 0$. 取 $b_1'' > b_1$, 使得 $f(b_1'', \varepsilon_1) > 0$, 再取 $b_2'' < b_2'$, 使得 $f(b_2'', \varepsilon_1) < 0$, 而 $G(b)$ 在 $[b_1'', b_2'']$ 上不变号, 与前面一样讨论.

对(iii), $b_1 < b_1' < b_2' = b_2$, 可与 (ii) 一样讨论.

对(iv), $b_1 = b_1' < b_2' = b_2$, 从 $Q(b_1) > 0, Q(b_2) < 0$, 可取 $b_1'' > b_1, b_2'' < b_2$, 且 $b_1'' < b_2''$, 使得 $f(b_1'', \varepsilon_1) > 0, f(b_2'', \varepsilon_1) < 0$, 且 $G(b)$ 在 $[b_1'', b_2'']$ 上不变号, 与前面一样讨论.

综合上述讨论, 我们从式 (25.19) 看到 t^2 是实数.

2.4 定理1的证明的完成

由 t^2 是实数及

$$t^2 = (t_1 + it_2)(t_1 + it_2) = t_1^2 - t_2^2 + i2t_1t_2$$

可知 $t_1 t_2 = 0$. 又由假设 $t_2 \neq 0$ 及 $t_1 > 6$ 知这不可能, 因此 $t_2 = 0$, 即 $\Xi(t)$ 的零点必须是实数. 从而式 (25.6) 成立, 至此定理1证毕.

3. (25.31) ~ (25.33) 的证明

在这节我们证明式 (25.31) ~ (25.33), 对

$$h(b, \varepsilon) = \int_0^b v\bar{v}\,dy - \frac{t\bar{t}}{10\varepsilon^2}\left(\frac{b}{2}\right)^2, \quad \varepsilon > 0$$

我们由式 (25.10) 知

第一部分　Riemann 猜想的历史及进展

$$v = \frac{e^{t(y-\frac{b}{2})} + e^{-t(y-\frac{b}{2})}}{2} + \frac{1}{2\varepsilon}t\left(y - \frac{b}{2}\right)^2$$

利用

$$t = t_1 + it_2$$

$$e^{t(y-\frac{b}{2})} = e^{t_1(y-\frac{b}{2})}\left[\cos\left(t_2\left(y - \frac{b}{2}\right)\right) + i\sin\left(t_2\left(y - \frac{b}{2}\right)\right)\right]$$

$$e^{-t(y-\frac{b}{2})} = e^{-t_1(y-\frac{b}{2})}\left[\cos\left(t_2\left(y - \frac{b}{2}\right)\right) - i\sin\left(t_2\left(y - \frac{b}{2}\right)\right)\right]$$

$$e^{t(y-\frac{b}{2})} + e^{-t(y-\frac{b}{2})} = 2\cos\left(t_2\left(y - \frac{b}{2}\right)\right)\cosh\left(t_1\left(y - \frac{b}{2}\right)\right) + 2i\sin\left(t_2\left(y - \frac{b}{2}\right)\right)\sinh\left(t_1\left(y - \frac{b}{2}\right)\right)$$

可得

$$v = \cos\left(t_2\left(y - \frac{b}{2}\right)\right)\cosh\left(t_1\left(y - \frac{b}{2}\right)\right) + \frac{t_1}{2\varepsilon}\left(y - \frac{b}{2}\right)^2 + i\left[\sin\left(t_2\left(y - \frac{b}{2}\right)\right)\sinh\left(t_1\left(y - \frac{b}{2}\right)\right) + \frac{t_2}{2\varepsilon}\left(y - \frac{b}{2}\right)^2\right]$$

$$\bar{v} = \cos\left(t_2\left(y - \frac{b}{2}\right)\right)\cosh\left(t_1\left(y - \frac{b}{2}\right)\right) + \frac{t_1}{2\varepsilon}\left(y - \frac{b}{2}\right)^2 - i\left[\sin\left(t_2\left(y - \frac{b}{2}\right)\right)\sinh\left(t_1\left(y - \frac{b}{2}\right)\right) + \frac{t_2}{2\varepsilon}\left(y - \frac{b}{2}\right)^2\right]$$

以及

$$\bar{v}v = \cos^2\left(t_2\left(y - \frac{b}{2}\right)\right)\cosh^2\left(t_1\left(y - \frac{b}{2}\right)\right) +$$

$$\sin^2\!\left(t_2\!\left(y-\frac{b}{2}\right)\right)\sinh^2\!\left(t_1\!\left(y-\frac{b}{2}\right)\right)+$$

$$\frac{t_1}{\varepsilon}\cos\!\left(t_2\!\left(y-\frac{b}{2}\right)\right)\cosh\!\left(t_1\!\left(y-\frac{b}{2}\right)\right)\left(y-\frac{b}{2}\right)^2+$$

$$\frac{t_2}{\varepsilon}\sin\!\left(t_2\!\left(y-\frac{b}{2}\right)\right)\sinh\!\left(t_1\!\left(y-\frac{b}{2}\right)\right)\left(y-\frac{b}{2}\right)^2+$$

$$\frac{t_1^2}{4\varepsilon^2}\!\left(y-\frac{b}{2}\right)^4+\frac{t_2^2}{4\varepsilon^2}\!\left(y-\frac{b}{2}\right)^4$$

因为

$$\int_0^b\frac{t_1^2}{4\varepsilon^2}\!\left(y-\frac{b}{2}\right)^4\mathrm{d}y+\int_0^b\frac{t_2^2}{4\varepsilon^2}\!\left(y-\frac{b}{2}\right)^4\mathrm{d}y=$$

$$\frac{t_1^2+t_2^2}{10\varepsilon^2}\!\left(\frac{b}{2}\right)^5=\frac{t\bar{t}}{10\varepsilon^2}\!\left(\frac{b}{2}\right)^5$$

所以

$$h(b,\varepsilon)=$$

$$\int_0^b\cos^2\!\left(t_2\!\left(y-\frac{b}{2}\right)\right)\cosh^2\!\left(t_1\!\left(y-\frac{b}{2}\right)\right)\mathrm{d}y+$$

$$\int_0^b\sin^2\!\left(t_2\!\left(y-\frac{b}{2}\right)\right)\sinh^2\!\left(t_1\!\left(y-\frac{b}{2}\right)\right)\mathrm{d}y+$$

$$\frac{1}{\varepsilon}\bigg[t_1\!\int_0^b\cos\!\left(t_2\!\left(y-\frac{b}{2}\right)\right)\cosh\!\left(t_1\!\left(y-\frac{b}{2}\right)\right)\cdot$$

$$\left(y-\frac{b}{2}\right)^2\mathrm{d}y+t_2\!\int_0^b\sin\!\left(t_2\!\left(y-\frac{b}{2}\right)\right)\cdot$$

$$\sinh\!\left(t_1\!\left(y-\frac{b}{2}\right)\right)\!\left(y-\frac{b}{2}\right)^2\mathrm{d}y\bigg]$$

上式即式(25.31),其中右端第一项即是 $F(b)$,第二项中方括号即 $G(b)$. 由于

$$\int_0^b\cos^2\!\left(t_2\!\left(y-\frac{b}{2}\right)\right)\cosh^2\!\left(t_1\!\left(y-\frac{b}{2}\right)\right)\mathrm{d}y=$$

$$\int_0^b \frac{1+\cos\left(2t_2\left(y-\frac{b}{2}\right)\right)}{2} \cdot$$

$$\frac{e^{2t_2\left(y-\frac{b}{2}\right)}+2+e^{-2t_2\left(y-\frac{b}{2}\right)}}{2} dy =$$

$$\frac{1}{8}\int_0^b \left[e^{2t_2\left(y-\frac{b}{2}\right)}+2+e^{-2t_2\left(y-\frac{b}{2}\right)} + \right.$$

$$\cos\left(2t_2\left(y-\frac{b}{2}\right)\right) e^{2t_2\left(y-\frac{b}{2}\right)} +$$

$$\left. 2\cos\left(2t_2\left(y-\frac{b}{2}\right)\right) + \cos\left(2t_2\left(y-\frac{b}{2}\right)\right) e^{-2t_2\left(y-\frac{b}{2}\right)} \right] dy$$

$$\int_0^b \sin^2\left(t_2\left(y-\frac{b}{2}\right)\right) \sinh^2\left(t_1\left(y-\frac{b}{2}\right)\right) dy =$$

$$\int_0^b \frac{1-\cos\left(2t_2\left(y-\frac{b}{2}\right)\right)}{2} \cdot$$

$$\frac{e^{2t_2\left(y-\frac{b}{2}\right)}-2+e^{-2t_2\left(y-\frac{b}{2}\right)}}{2} dy =$$

$$\frac{1}{8}\int_0^b \left[e^{2t_2\left(y-\frac{b}{2}\right)}-2+e^{-2t_2\left(y-\frac{b}{2}\right)} - \right.$$

$$\cos\left(2t_2\left(y-\frac{b}{2}\right)\right) e^{2t_2\left(y-\frac{b}{2}\right)} +$$

$$\left. 2\cos\left(2t_2\left(y-\frac{b}{2}\right)\right) - \cos\left(2t_2\left(y-\frac{b}{2}\right)\right) e^{-2t_2\left(y-\frac{b}{2}\right)} \right] dy$$

所以

$$F(b) =$$

$$\int_0^b \cos^2\left(t_2\left(y-\frac{b}{2}\right)\right) \cosh^2\left(t_1\left(y-\frac{b}{2}\right)\right) dy +$$

$$\int_0^b \sin^2\left(t_2\left(y-\frac{b}{2}\right)\right) \sinh^2\left(t_1\left(y-\frac{b}{2}\right)\right) dy =$$

$$\frac{1}{8}\int_0^b \left[2\mathrm{e}^{2t_1\left(y-\frac{b}{2}\right)} + 2\mathrm{e}^{-2t_1\left(y-\frac{b}{2}\right)} + \right.$$

$$\left. 4\cos\left(2t_2\left(y-\frac{b}{2}\right)\right)\right]\mathrm{d}y =$$

$$\frac{1}{8}\left[\frac{2}{t_1}\mathrm{e}^{2t_1\frac{b}{2}} - \frac{2}{t_1}\mathrm{e}^{-2t_1\frac{b}{2}} + \frac{2}{t_2}\sin\left(2t_2\frac{b}{2}\right)\right] =$$

$$\frac{1}{4}\left[\frac{\mathrm{e}^{t_1 b} - \mathrm{e}^{-t_1 b}}{t_1} + \frac{1}{t_2}\sin(t_2 b)\right] =$$

$$\frac{1}{4}\left[\frac{\mathrm{e}^{\alpha t_2 b} - \mathrm{e}^{-\alpha t_2 b}}{\alpha t_2} + \frac{1}{t_2}\sin(t_2 b)\right]$$

其中最后一式用到了 $t_1 = \alpha t_2$.

下面证明 $F(b) > 0, b \in [b_1, b_2]$. 利用 $\mathrm{e}^{\alpha t_2 b} > 1 + \alpha t_2 b, \mathrm{e}^{-\alpha t_2 b} < 1, \sin(t_2 b) \geqslant -1$, 可得

$$F(b) > \frac{1}{4}\left(\frac{1 + \alpha t_2 b - 1}{\alpha t_2} - \frac{1}{t^2}\right) = \frac{1}{4}\left(b - \frac{1}{t_2}\right)$$

注意 $bt_2 \in [3\pi, 5\pi]$, 即有

$$F(b) > \frac{1}{4}\left(b - \frac{1}{t^2}\right) \geqslant \frac{1}{4}\frac{3\pi - 1}{t_2} > 0$$

至此式 (25.33) 得证.

4. 一些注记

（1）本章构造函数 v 时既要与 $\Xi(t)$ 有关, 又能在取 $\Xi(t)$ 的零点 t 时导出 t^2 是实数. 我们提出 Pólya 的工作, 也注意到 Pistorius 构造的函数隐式也包含了 $\Xi(t)$. 我们构造的函数受到他们的启发, 但有本质不同. 我们将这里构造函数 v 的方法称作"双曲函数 + 二次函数"方法.

（2）在得到 v 满足非自伴边值问题后, 无现成理论可用来导出 t^2 是实数, 如何有效地处理非自伴边值问

第一部分 Riemann 猜想的历史及进展

题,是一个挑战. 我们在方程两边乘以 v 的共轭函数,利用分部积分,结合边值条件和零点已有性质(包括零点的对称性,零点的实部 $\text{Re}(s) \in (0,1)$ 和 $|\text{Im}(s)| > 6$),最后证得 t^2 是实数,进而结合反证法证得 t 是实数.

(3)从证明过程看,$\alpha > 12$(这从 $|\text{Im}(s)| > 6$ 即 $|\text{Re}(s)| > 6$ 导出)用于判别 $g_1(\sigma) < 0, g_2(\sigma) < 0, g_3(\sigma) < 0$ 和 $g_4(\sigma) < 0$.

(4)b_0 的选取不是唯一的. 为得到使 $Q(b) > 0$ 成立的 b_1,由于 $Q(b)$ 较复杂,我们借助了数值分析以提供启发.

这里的证明方法可能也适用于研究关于 Dirichlet L 函数的 Riemann 猜想和多变量 Riemann ζ 函数的 Riemann 猜想.

参 考 资 料

[1] RIEMANN B. Über die Anzahl der Primzahlen unter einer gegebenen Grösse. Monat. der Königl. Preuss. Akad. der Wissen. Zu Berlin aus der Jahre 1859(1860),671-680.

[2] APOSTOL T M. Introduction to analytic number theory. Springer-Verlag, 1976.

[3] PAN C D, PAN C B. Basic analytic number theory. Harbin Institule of Technology Press, 2016.

[4] PÓLYA G. Bemerkung über die integraldarstellung der Riemannschen ξ-function. Acta. Mathematica, 1926, 48:305-317.

[5] BENDER C M, BRODY D C, MÜLLER M P. Hamiltonian for the zeros of the Riemann zeta function. Physical Review Letters, 118, 130201(2017).

[6] LU C H. The Riemann Hypothesis. Qinghua University Press, 2012.

附录一 关于使用 $Q(b) > 0$ 成立的 b 的存在性

我们给出通过数值计算获得的结果. 下面的表 1 是当 t_2 变小,α 变大时,使得 $Q(b) > 0$ 成立的 b 的取值范围.

表1 当 t_2 变小,α 变大时,b 的取值范围

t_2	α	使 $Q(b) > 0$ 的 b 所在区间
$\frac{1}{2^2}$	$\alpha = 13$	$(14, 38)$
$\frac{1}{2^3}$	$\alpha = 26$	$(27, 76)$
$\frac{1}{2^4}$	$\alpha = 39$	$(52, 152)$
$\frac{1}{2^5}$	$\alpha = 52$	$(103, 304)$
$\frac{1}{2^6}$	$\alpha = 65$	$(205, 607)$
$\frac{1}{2^7}$	$\alpha = 78$	$(409, 1\,212)$
$\frac{1}{2^8}$	$\alpha = 91$	$(816, 2\,423)$
$\frac{1}{2^9}$	$\alpha = 104$	$(1\,629, 4\,845)$
$\frac{1}{2^{10}}$	$\alpha = 117$	$(3\,252, 9\,865)$
$\frac{1}{2^{11}}$	$\alpha = 130$	$(6\,497, 19\,364)$
$\frac{1}{2^{12}}$	$\alpha = 143$	$(12\,983, 38\,718)$
$\frac{1}{2^{13}}$	$\alpha = 156$	$(25\,946, 77\,417)$
⋮	⋮	⋮

第一部分 Riemann 猜想的历史及进展

下面的表 2 是当 t_2 固定，α 变大时，使得 $Q(b) > 0$ 成立的 b 的取值范围.

表 2 当 t_2 固定，α 变大时，b 的取值范围

t_2	α	使 $Q(b) > 0$ 的 b 所在区间
$\dfrac{1}{2^2}$	$\alpha = 13$	$(14, 38)$
$\dfrac{1}{2^2}$	$\alpha = 26$	$(14, 38)$
$\dfrac{1}{2^2}$	$\alpha = 39$	$(13, 38)$
$\dfrac{1}{2^2}$	$\alpha = 52$	$(13, 38)$
$\dfrac{1}{2^2}$	$\alpha = 65$	$(13, 37)$
$\dfrac{1}{2^2}$	$\alpha = 78$	$(13, 37)$
$\dfrac{1}{2^2}$	$\alpha = 91$	$(13, 37)$
$\dfrac{1}{2^2}$	$\alpha = 104$	$(13, 37)$
$\dfrac{1}{2^2}$	$\alpha = 117$	$(13, 37)$
$\dfrac{1}{2^2}$	$\alpha = 130$	$(13, 37)$
$\dfrac{1}{2^2}$	$\alpha = 143$	$(13, 37)$
$\vdots$	$\vdots$	$\vdots$

下面的表 3 是当 t_2 变小，α 固定时，使得 $Q(b) > 0$ 成立的 b 的取值范围.

这几个数值表提示我们，使得
$$Q(b) > 0$$
成立的 b 与 α 无关，与 t_2 成倒数关系，于是我们尝试取 $b_1 = \dfrac{3\pi}{t_2}$，获得了成功.

表3 当 t_2 变小，α 固定时，b 的取值范围

t_2	α	使 $Q(b)>0$ 的 b 所在区间
$\frac{1}{2^2}$	$\alpha=143$	$(13,37)$
$\frac{1}{2^3}$	$\alpha=143$	$(26,75)$
$\frac{1}{2^4}$	$\alpha=143$	$(51,151)$
$\frac{1}{2^5}$	$\alpha=143$	$(102,302)$
$\frac{1}{2^6}$	$\alpha=143$	$(203,604)$
$\frac{1}{2^7}$	$\alpha=143$	$(406,1\,209)$
$\frac{1}{2^8}$	$\alpha=143$	$(812,2\,419)$
$\frac{1}{2^9}$	$\alpha=143$	$(1\,623,4\,839)$
$\frac{1}{2^{10}}$	$\alpha=143$	$(3\,246,9\,679)$
$\frac{1}{2^{11}}$	$\alpha=143$	$(6\,492,19\,359)$
⋮	⋮	⋮

注记:若 $t=t_1+\mathrm{i}t_2$ 满足

$$\Xi(t)=0$$

这里 $t_1\in\mathbb{R}, t_1\in\left(-\frac{1}{2},\frac{1}{2}\right)$. 容易知道 t 关于 t_1 轴和 t_2 轴以及原点对称且 $|t_1|>6$. 显然 $t=0$ 不是 $\Xi(t)$ 的零点,这从

$$\Xi(0)=2\int_0^\infty \cos(0\cdot x)\Phi(x)\mathrm{d}x=2\int_0^\infty \Phi(x)\mathrm{d}x>0$$

立即看出. 另外, $t=\mathrm{i}t_2(t_2\neq 0)$ 也不满足 $\Xi(t)=0$, 这是因为由

$$\cos(tx)=\cos(\mathrm{i}t_2 x)=\frac{\mathrm{e}^{-t_2 x}+\mathrm{e}^{t_2 x}}{2}>0$$

即知 $\Xi(\mathrm{i}t_2)>0$(后面未用到).

附录二　非自伴边值问题

给定一个微分型

$$L(u) = \sum_{v=0}^{n} f_v u^{(v)}$$

其中 f_v 为 n 阶连续可微函数，$L(u)$ 的自伴形式为

$$L^*(u) = \sum_{v=0}^{n} (-1)^v (f_v u)^{(v)}$$

若 $L(u) = L^*(u)$，则称微分型 $L(u)$ 是自伴的. 对于 n 阶连续可微函数 $u(x)$ 和 $w(x)$，成立 Lagrange 恒等式

$$wL(u) - uL^*w = \frac{\mathrm{d}}{\mathrm{d}x}\mathscr{L}[u,w]$$

其中

$$\mathscr{L}[u,w] = \sum_{r=0}^{n-1} \sum_{p+q=r} (-1)^p u^{(q)} (f_{r+1} w)^{(p)}$$

由此得到 Green 公式

$$\int_a^b [wL(u) - uL^*w] \mathrm{d}x = \mathscr{L}[u,w] \big|_a^b$$

其右端是由两组数

$$u(a), u'(a), \cdots, u^{(n-1)}(a), u(b), u'(b), \cdots, u^{(n-1)}(b)$$

和

$$w(a), w'(a), \cdots, w^{(n-1)}(a), w(b), w'(b), \cdots, w^{(n-1)}(b)$$

构成的双线性微分型，且此双线性微分型的行列式不为 0.

称边值问题

$$L(u) = 0, x \in (a,b)$$

$$U_\mu(u) = 0, \mu = 1, \cdots, n$$

当 x 位于 (a,b) 的端点时是自伴的,结果

$$L(u) = L^*(u), 且 \mathscr{L}[u,w]\big|_a^b = 0$$

例如,下面的边值问题

$$v'' + \lambda v = 0, x \in (a,b)$$
$$v(a) = v(b), v'(a) = -v'(b)$$

是一个非自伴边值问题.

这已经不是第一次有 Riemann 猜想被证明的传闻了,如众所周知的 Atiyah 爵士事件. 实际上,英国 Bristol 大学曾举办了一次"Perspectives on the Riemann Hypothesis"会议. 在这个会议期间,就有传闻称 Conrad 和他的学生在 Riemann 猜想上做出了重大突破. 不过几个月过去了,也未见下文. 中国科学院数学所的某研究员也曾说过,如果顺利的话,四个月内能够证明 Riemann 猜想,当然后来也没下文了. Atiyah 爵士之后,又先后有了钮鹏程和李忠两位老师的故事.

提这些事,并不是说这些数学家有多么不靠谱. 相反的,这恰恰说明了有一些相对靠谱的数学家仍然在关注着 Riemann 猜想的证明. 我在评论里也提了,我是不愿意相信这些国内数学家是在蹭热点博出名的.

虽然 Riemann 猜想仍是一个超级难题,但可能并不如有些人想的那么难. 数学界至今已经提出了几十个思路去试图解决 Riemann 猜想. 以上提及的数学家都在努力拓宽自己的思路. 以我个人的学术观点来看,其中有些思路是相当靠谱的. 所以,我并不相信什么 "Riemann 猜想是要一千年以后才能被证明的"这样的论断. 至少我个人认为,如果在我的有生之年能看到 Riemann 猜想的正确证明,是不会感到意外的. 至于是

第一部分　Riemann 猜想的历史及进展

什么时间那就不知道了.

看其他回答和评论区里有人比较在意诸如"为什么不投 arXiv"的问题, 发表一下我的个人观点 (可能并不一定符合李忠教授本人的想法).

首先, 对于一个举世瞩目的难题, 公开宣称证明还是谨慎一点好. 此事可以参照 Wiles 证明 Fermat 大定理时的情形. 当年 Wiles 为了验证自己的证明无误, 特地与 Katz 开了门椭圆函数课, 两人一起做验证. 而实际上这只是打着课程幌子的讨论班. 两人验证"无误"后才对外宣称证明了 Fermat 大定理. 当然, 即使这样, 后来还是发现有错, 这是题外话. 而对于李忠教授, 这个报告预告实际上也是他们固定的动力系统讨论班上的内容, 只是被外界知道了才造成现在的局面. 我猜测, 李老师本来也只是打算在讨论班上内部宣布一下自己的结果, 然后让大家一起帮忙验证一下.

其次, 并不是所有数学文章都会先投到 arXiv 上的. 据我所知有很多数学家并不喜欢在 arXiv 上挂文章, 另外有些人也是选择性的挂 arXiv. 比如, 张益唐的论文当年直接投到了期刊上, 但他的论文却很早就传回了国内部分同行手里. 类似这种重大的结果, 选择在小同行内传播, 而不是直接挂到 arXiv 上, 也不失为一种选择.

最后, arXiv 作为一个预印本网站, 由于没有严格的审稿制度, 存在着部分谬文, 其中各种重大猜想的"证明"都有. 这就导致了对于重大课题, 放到 arXiv 上的结果反而显得不那么正式.

报告预告是真实的, 并不像有些答案猜的那样是从李忠老师以前的报告预告 P 的. 这个预告在国内数论群里也有传播.报告原定是中国科学院数学所南楼,不是北京大学数学院,所以9楼并不是什么问题.而预告里的地点是动力系统讨论班的一个固定场所.

根据相关消息,这次报告取消了.李老师的学生里有人发现了证明中的错误.当然,李老师还是比较坚持认为自己是对的,不过在解决疑问之前他先把报告取消了.

另外,用 Hermite 矩阵特征值来表征 Riemann 函数的想法早已有之,也是现在被尝试很多的一个方法.从这个观点来看,Reich 定理可能确实与此有关.而李忠老师作为知名复分析专家,对此理论熟悉也不奇怪.暂时来看细节上可能有问题,但至少能提供一个可能的研究方向.

比照之前 Atiyah 爵士的事件,包括有些答案里乌龙贴出的西北工大钮鹏程老师的论文(此论文在数论群里也有传播,反响甚少),个人反而最看好李忠老师的证明.虽然不认为李老师的证明是对的,但是 Atiyah 爵士的证明思路太过缥缈,Todd 函数的构造也实在太虚了.李老师的证明可能相对更务实一点(当然如果有错的话也更容易被指出).

如果真有一天这三人当中有一人证明了 Riemann 猜想,或者有人延着其中一人的思路证明了 Riemann 猜想,那我更倾向于李忠老师.

第二部分

中外名家论 Riemann 函数与 Riemann 猜想

第一编

闵嗣鹤先生论 Riemann 函数与 Riemann 猜想

第一章 谈 $\pi(x)$ 与 $\zeta(s)$ ①

自从 1896 年 Hadamard 与 Poussin 证明了素数定理

$$\pi(x) \sim \frac{x}{\log x}, x \to \infty$$

(式中 $\pi(x)$ 表示不超过 x 的素数个数)以后,已经有不少的数学家对 $\pi(x)$ 做过更进一步的研究. 他们的结果大致都可以纳入下列形式

$$\pi(x) = \mathrm{Li}(x) + O(x\mathrm{e}^{-A(\log x)^\mu}) \qquad (1.1)$$

其中 $\mathrm{Li}(x) = \lim\limits_{\varepsilon \to 0^+}\left(\int_0^{1-\varepsilon} \frac{\mathrm{d}t}{\log t} + \int_{1+\varepsilon}^x \frac{\mathrm{d}t}{\log t}\right)$,$A$ 是一个充分小的正数,$\mu = \mu' - \varepsilon$,ε 是任意小的正数,而 μ' 是其中最重要的常数,其值已由 $\frac{1}{2}$(Poussin)经过 $\frac{5}{9}$(Чулаков, Titchmarsh) 增加到 $\frac{4}{7}$(可用 И. М. Виноградов 估计三角和新的方法得出,隐含于 Titchmarsh 的书[1]中,又在华罗庚著《堆垒素数论》的俄文版附录中也曾提及此结果).

证明式(1.1)的方法是利用它和 Riemann ζ 函数零点的某种分布的等价性. 明白的说有下面的定理:

定理 1 可以找到正数 A 使得式(1.1)成立的必要而且充分的条件是:存在着正数 A_1 使得 $\zeta(s)$ 在

---

① 摘编自《北京大学学报》,1956,2(3):297-302.

$$D: 1 - \frac{a_1}{\log^\lambda t^*} \leqslant \sigma$$

内无零点,式中 $t^* = \max(|t|, 2)$ 而 $\lambda = \frac{1-\mu}{\mu}$.

条件的充分性是 Ingham 在他的书[2]中所证明的一个定理(Theorem 22)的特殊情形,而必要性则是 Turán 在他的一篇文章中所证明的(可参考他的书[3]). 当然充分性是很早就为人所知,而等价性则是由 Turán 发现的.

不过把式(1.1)的证明化成了 $\zeta(s)$ 在 D 内的零点分布问题之后,并不能就顺利地得出很好的结果,因为零点的分布并不是很容易搞清的问题. 依照 Чуааков,Titchmarsh 所提供的方法,我们可以进一步利用当 $t \to \infty$ 时,$\zeta(s)$ 在一个形式如 D 的区域内的阶的估计来推出 $\zeta(s)$ 在 D 内没有零点.

这对于我们所谈问题的"最后一步转移"是有重要意义的,因为接着就可以利用 И. М. Виноградов 估计三角和的方法来估计 $\zeta(s)$ 在 $\sigma = 1$ 附近(也就是在 D 内)的阶. 现在最好的结果就是这样得出来的.

这里就产生了一个问题,上面最后一步转移是否还有所损失? 换句话说,这最后一步转移是否也具有"等价性". 这就是我们要讨论的主要问题. 一旦考虑到这个问题之后,便很自然地联想到 Littlewood 的一个结果,他曾证明在 Riemann 猜想之下有

$$\log \zeta(s) = O\{(\log t)^{2-2\sigma+\varepsilon}\}$$
$$\frac{1}{2} < \sigma_0 \leqslant \sigma \leqslant 1, \varepsilon > 0$$

证明见 Titchmarsh 的书[1]中的 14.2 节,现在即是采用他的方法来解决我们的问题. 在正式提出我们的定理

第二部分 中外名家论 Riemann 函数与 Riemann 猜想

之前,需要先证明一个引理.

引理 当 $\eta \to 0^+$ 时,$\log \zeta(1 + \eta + it) = O(\log \eta^{-1})$.

证明 当 $\eta > 0$ 时,有

$$\log \zeta(1 + \eta + it) = \sum_{n=2}^{\infty} \frac{\Lambda_1(n)}{n^{1+\eta+it}}$$

式中 $\Lambda_1(n) = \frac{\Lambda_1(n)}{\log n} = 1$ 或 0,视 n 是一个素数的幂或不是而定. 显然

$$|\log \zeta(1 + \eta + it)| \leqslant \sum_{n=2}^{\infty} \frac{\Lambda_1(n)}{n^{1+\eta}}$$

在资料[1]内 3.14 节我们可以找到式(3.14.4)

$$\sum_{n<x} \frac{\Lambda_1(n)}{n} = \log \log x + \gamma + o(1) \quad (1.2)$$

令

$$S(x) = \sum_{n \leqslant x} \frac{\Lambda_1(n)}{n}$$

则当 $a \geqslant 3$ 时,有

$$\sum_{n=a}^{\infty} \frac{\Lambda_1(n)}{n^{1+\eta}} = \sum_{n=a}^{\infty} \frac{S(n) - S(n-1)}{n^{\eta}} =$$

$$\sum_{n=a}^{\infty} S(n) \left(\frac{1}{n^{\eta}} - \frac{1}{(n+1)^{\eta}} \right) + \frac{S(a)}{(a+1)^{\eta}} =$$

$$\eta \sum_{n=a}^{\infty} S(n) \int_n^{n+1} \frac{dx}{x^{\eta+1}} = \eta \int_a^{\infty} \left(\frac{S([x])}{x^{\eta+1}} + \frac{S(a)}{(a+1)^{\eta}} \right) dx =$$

$$O\left(\eta \int_a^{\infty} \frac{\log \log x}{x^{\eta+1}} dx \right) + O\left(\frac{\log \log a}{(a+1)^{\eta}} \right)$$

用分部积分可以得出

$$\eta \int_a^{\infty} \frac{\log \log x}{x^{\eta+1}} dx = \frac{\log \log a}{a^{\eta}} + \frac{1}{\eta} \frac{1}{a^{\eta} \log a} -$$

$$\frac{1}{\eta} \int_a^{\infty} \frac{dx}{x^{1+\eta} \log^2 x} =$$

$$O\left(\frac{1}{\eta a^{\eta}}\right) + O\left(\frac{\log\log a}{a^{\eta}}\right)$$

故

$$\sum_{n=\alpha}^{\infty} \frac{\Lambda_1(n)}{n^{1+\eta}} = O\left(\frac{1}{\eta a^{\eta}}\right) + O\left(\frac{\log\log a}{a^{\eta}}\right)$$

又由式(1.2)

$$\sum_{n=2}^{\infty} \frac{\Lambda_1(u)}{n^{1+\eta}} = O(\log\log a) + O\left(\frac{1}{\eta a^{\eta}}\right)$$

取 $\log a = \eta^{-1}\log\eta^{-1}$ 即得出所需要的结果.

设对适当的正数 A_1, $\zeta(s)$ 在

$$D_1: 1 - \frac{A_1}{\log^{\lambda} t^*} < \sigma$$

$$\lambda > 0, t^* = \max(|t|, 2)$$

内无零点,我们用 λ_1 表示这种实数 λ 的下确界. 又设对于适当的正数 A_2 与 A_3 及满足 $\alpha + \beta = \lambda$ 的适当正数 α 与 β, 在

$$D_2: 1 - \frac{A_2}{\log^{\alpha} t^*} < \sigma \leqslant 2$$

内

$$\zeta(s) = O(\exp\{A_3 \log^{\beta}|t|\}) \qquad (1.3)$$

我们用 λ_2 代表这种实数 λ 的下确界. 我们要证明:

定理 2 $\lambda_1 = \lambda_2$.

证明 (1) 由 Titchmarsh 书[1]中定理 3.10 可以推出 $\lambda_1 \leqslant \lambda_2$, 以下要证明 $\lambda_2 \leqslant \lambda_1$, 不妨只考虑 $t > 0$ 的情形.

假定 $\zeta(s)$ 在 D_1 内没有零点, 以 $2 + it$ 为中心, 以

$$1 + \theta(t^* + 1) - \frac{\delta}{2}$$

$1 + \theta(t^* + 1) - \delta, 0 < \delta < \theta(t^* + 1)$

为半径作两个圆(其中 $\theta(t^*) = \dfrac{A_1}{\log^{\lambda+2} t^*}$,见图1),则两圆都在 D_1 内. 在大圆上(当 t 充分大时)

$$R\{\log \zeta(s)\} = \log |\zeta(s)| < A\log t$$

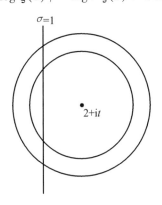

图1

其中 A 是正的常数. 故由 Borel-Caratheodory 定理,在小圆上有

$$|\log \zeta(s)| \leq \frac{2(1 + \theta(t^* + 1) - \delta)}{\frac{1}{2}\delta} A\log t +$$

$$\frac{2 + 2\theta(t^* + 1) - \frac{3}{2}\delta}{\frac{1}{2}\delta} \cdot$$

$$|\log \zeta(2 + it)| < A'\delta^{-1}\log t$$

以上证明了当 t 充分大而

$$\sigma \geq 1 - \frac{A_1}{\log^{\lambda+\varepsilon} t^*} + \delta$$

时,我们有

$$|\log \zeta(s)| < A'\delta^{-1}\log t \qquad (1.4)$$

（2）其次我们要运用 Hadamard 三圆定理到下列三圆上，他们都以 $\sigma_1 + it(1 < \sigma_1 \leq t)$ 为中心,分别通过

$$1 + \eta + it, \sigma + it, 1 - \theta(t_1) + \delta + it$$

即半径分别为

$$r_1 = \sigma_1 - 1 - \eta, r_2 = \sigma_1 - \sigma$$
$$r_3 = \sigma_1 - (1 - \theta(t_1) + \delta)$$

其中我们可以取

$$\sigma_1 = \log \log t^*, t_1 = t^* + \log \log t^*$$

若 $|\log \zeta(s)|$ 在以上三圆上的极大值分别为 M_1, M_2, M_3,则由 Hadamard 三圆定理

$$M_2 \leq M_1^{1-a} M_3^{a} \quad (1.5)$$

其中（我们取 δ 及 η 使他们随 t^{-1} 变小）

$$a = \frac{\log \dfrac{r_2}{r_1}}{\log \dfrac{r_3}{r_1}} = \frac{\log\left(1 + \dfrac{1 + \eta - \sigma}{\sigma_2 - \eta - 1}\right)}{\log\left(1 + \dfrac{\theta(t_1) + \eta - \sigma}{\sigma_1 + \eta - 1}\right)} =$$

$$\frac{\dfrac{1 + \eta - \sigma}{\sigma_1 - \eta - 1} - \cdots}{\dfrac{\theta(t_1) + \eta - \delta}{\sigma_1 - \eta - 1} - \cdots} =$$

$$\frac{1 + \eta - \sigma}{\theta(t_1) + \eta - \delta} + O\left(\frac{1}{\sigma_1}\right)$$

由式(1.4), $M_3 < A\delta^{-1} \log t$. 又容易看出

$$M_1 \leq A'' \log \eta^{-1}, A'' > 0 \text{ 为常数}$$

故代入式(1.5),即得

$$|\log \zeta(\sigma + it)| < (A'' \log \eta^{-1})^{1-a} \left(\frac{A \log t}{\delta}\right)^{a}$$

取

第二部分 中外名家论Riemann函数与Riemann猜想

$$\eta = \delta = \frac{\theta(t_1)}{\log\log t}$$

则任给 $\varepsilon > 0$，当 $\varepsilon' > 0$，充分小而

$$\sigma \geq 1 - \frac{A_1 \varepsilon'}{\log^\lambda t}$$

时即得

$$\log \zeta(\sigma + \mathrm{i}t) = O\{\log \varepsilon t\}$$

故

$$\lambda_2 \geq \lambda_1$$

设用 μ^* 表示对适当的正数 A，能使式(1.1)成立的 μ 的上确界，则结合定理2与定理1即得：

定理3 $$\mu^* = \frac{1}{1+\lambda_2}$$

由于当 $\sigma \geq \sigma_0 > 0$ 及 $t > 0$ 时，有

$$\zeta(s) = \sum_{n \leq t} \frac{1}{n^s} + o(1), s = \sigma + \mathrm{i}t$$

所以我们还可以用

$$\sum_{n \leq t} \frac{1}{n^s} = \sum_{n \leq t} n^{-\sigma} \mathrm{e}^{-\mathrm{i}t\log n} \qquad (1.6)$$

代替式(1.3)的 $\zeta(s)$. 这样就把素数定理中误差项的估计，化成看起来很简单的和数式(1.6)的估计了.

参 考 资 料

[1] TITCHMARSH E C. The theory of the Riemann Zeta function. Oxford：Oxford University Press,1951.

[2] INGHAM A E. The distribution of prime numbers. Cambridge Tract, 1932.

[3] TURÁN P. Eine Neue methode in der Analysis und deren Anwandungen. Akadémiai Kiads Budaperat,1953.

第二章 Riemann ζ 函数的一种推广
——Ⅰ. $Z_{n,k}(s)$ 的全面解析开拓①

1. 引论

Riemann ζ 函数有种种有趣的推广,本章将提出一个新的推广. 在本章中,永远假定 n 是偶数. 命

$$Z_{n,k}(s) = \sum_{x_1=-\infty}^{\infty} \cdots \sum_{x_k=-\infty}^{\infty}{}' \frac{1}{(x_1^n + \cdots + x_k^n)^s} \quad (2.1)$$

式中"′"表示 $x_1, \cdots, x_k$ 不同时为零,而依 Riemann ζ 函数论中的惯例,常设 $s = \sigma + it$. 当式(2.1)的右端绝对收敛时,显然

$$Z_{n,k}(s) = \sum_{m=1}^{\infty} \frac{B(m)}{m^s} \quad (2.2)$$

式中

$$B(m) = \sum_{\substack{x_1=-\infty \\ x_1^n+\cdots+x_k^n=m}}^{\infty} \cdots \sum_{x_k=-\infty}^{\infty} 1 \quad (2.3)$$

表示 $x_1^n + \cdots + x_k^n = m$ 的整数解的个数.

如果把式(2.1)再推广一些,不难使它包括 Epstein Z 函数,例如把式(2.1)右边的 $x_1^n + \cdots + x_k^n$ 换成 k 个线性函数的 n 次方幂的和就是一个最简单的推

---

① 摘编自《数学学报》,1955,5(3):285-294.

广方法. 但为明确计算，我们宁愿对上面这个形式上较特殊而实际上最重要的情形来讨论.

本章 I 将建立函数 $Z_{n,k}(s)$ 的一些基本性质，最主要的是它可以像 $\zeta(s)$ 一样开拓到全平面，其唯一的奇点是一个简单极点.

2. $Z_{n,k}(s)$ 的几个简单性质

为计算简便，今后用 v 表示 $\dfrac{1}{n}$，即

$$v = \frac{1}{n} \tag{2.4}$$

定理 1 级数 (2.1) 当 $\sigma > kv$ 时绝对收敛，当 $\sigma \leqslant kv$ 时发散. 又当 $\sigma > kv$ 时，有

$$Z_{n,k}(s) \leqslant A\left(1 + \frac{1}{\sigma - kv}\right) \tag{2.5}$$

式中 A 代表一个正的绝对常数.

证明 (1) 因多重级数的收敛就是绝对收敛，所以只需考虑 $s = \sigma$ 的情形

$$\sum_{x_1 = -\infty}^{\infty} \cdots \sum_{x_k = -\infty}^{\infty} {}' \frac{1}{(x_1^n + \cdots + x_k^n)^\sigma} \tag{2.6}$$

显然

$$\sum_{\substack{x_1 = -N \\ |x_i| \leqslant |x_1|, i = 2, \cdots, k}}^{N} {}' \frac{1}{(x_1^n + \cdots + x_k^n)^\sigma} \leqslant 2 \sum_{x_1 = 1}^{N} \frac{(2x_1 + 1)^{k-1}}{x_1^{n\sigma}} \leqslant$$

$$2 \cdot 3^{k-1} \sum_{x_1 = 1}^{N} \frac{1}{x_1^{n\sigma - k + 1}} \tag{2.7}$$

式中 " ' " 表示 $x_1 \neq 0$. 若 $\sigma > kv$，则当 $N \to +\infty$ 时，上式右端有界. 显然若用 $x_j (j = 2, \cdots, k)$ 代替上式的 x_1 亦

得同样结论. 由此可见式(2.6)绝对收敛.

(2) 另外

$$\sum_{\substack{x_1 = -N \\ |x_i| \le |x_1|, i=2,\cdots,k}}^{N}{}' \frac{1}{(x_1^n + \cdots + x_k^n)^\sigma} \ge 2\sum_{x_1=1}^{N} \frac{(2x_1+1)^{k-1}}{(kx_1^n)^\sigma} \ge$$

$$2^k \sum_{x_1=1}^{N} k^\sigma \frac{1}{x_1^{n\sigma-k+1}}$$

若 $\sigma \le kv$,上式右端显然随 N 趋向 $+\infty$;故当 $\sigma \le kv$ 时,级数(2.6)发散.

(3) 由式(2.7)

$$\sum_{i=1}^{k} \sum_{\substack{x_i = -N \\ |x_j| \le |x_i|, j \ne i}}^{N}{}' \frac{1}{(x_1^n + \cdots + x_k^n)^\sigma} \le 2 \cdot 3^{k-1} k \sum_{x=1}^{N} \frac{1}{x^{n\sigma-k+1}} \le$$

$$2 \cdot 3^{k-1} k \left\{ 1 + \int_1^N \frac{dx}{x^{n\sigma-k+1}} \right\} \le A\left(1 + \frac{1}{n\sigma - k}\right)$$

于是定理随之成立.

定理2 除以 $s = kv$ 为简单极点外,$Z_{n,k}(s)$ 可以解析地开拓到 $\sigma = kv - v$ 的右端. 在极点 $s = kv$,$Z_{n,k}(s)$ 的残数是

$$P = 2^k kv T_k, \quad T_k = \frac{\Gamma^k(1+v)}{\Gamma(1+kv)} \quad (2.8)$$

证明 (1) 当 $0 \le x < 1$ 时,令 $S(x) = 0$,当 $x \ge 1$ 时,有

$$S(x) = \sum_{0 \le m \le x} B(m)$$

则对于正整数 m 即有

$$B(m) = S(m) - S(m-1)$$

故当 $\sigma > kv$ 时,由式(2.8)得

$$Z_{n,k}(s) = \sum_{m=1}^{\infty} \frac{S(m) - S(m-1)}{m^s} =$$

第二部分　中外名家论 Riemann 函数与 Riemann 猜想

$$\sum_{m=1}^{\infty} S(m)\left(\frac{1}{m^s} - \frac{1}{(m+1)^s}\right) =$$

$$\sum_{m=1}^{\infty} S(m) s \int_{m}^{m+1} \frac{\mathrm{d}x}{x^{s+1}} =$$

$$s \int_{1}^{\infty} \frac{S(x)\mathrm{d}x}{x^{s+1}} \qquad (2.9)$$

(2) 现在要证明当 $x \to +\infty$ 时,有

$$S(x) = S_k(x) = 2^k T_k x^{kv} + \omega_k(x) x^{kv-v} \quad (2.10)$$

式中 $|\omega_k(x)|$ 是一个有界函数,其上界只与 n 及 k 有关. 我们只要证明式(2.10)对正整数 $x = N$ 成立即可. 因为知道式(2.10)对正整数成立之后,不难看出式(2.10)对所有正数 x 都成立.

显然

$$S_1(N) = 2N^v + 1 - 2\theta, 0 < \theta < 1$$

故式(2.10)对于 $S_1(N)$ 成立. 今设式(2.10)对 $S_k(N)$ 成立,则

$$S_{k+1}(N) = \sum_{-N^v \leqslant t \leqslant N^v} S_k(N - t^n) =$$

$$2^k T_k \sum_{-N^v \leqslant t \leqslant N^v} (N-t^n)^{kv} + \sum_{-N^v \leqslant t \leqslant N^v} \omega_k(N-t^n)(N-t^n)^{kv-v} =$$

$$2^k T_k \int_{-N^v}^{N^v} (N-t^n)^{kv} \mathrm{d}t + 2^{k+1}\theta' T_k N^{kv} + N^{kv} A_k(N)$$

式中 $-1 \leqslant \theta' \leqslant 1$, $|A_k(N)| < 2\sup|\omega_k(N)|$. 但

$$\int_{-N^v}^{N^v} (N-t^n)^{kv}\mathrm{d}t = 2\int_{0}^{N^v} (N-t^n)^{kv}\mathrm{d}t =$$

$$2vN^{(k+1)v}\int_{0}^{1}(1-x)^{kv}x^{v-1}\mathrm{d}x =$$

$$2vN^{(k+1)v}\frac{\Gamma(kv+1)\Gamma(v)}{\Gamma(kv+v+1)}$$

故

$$S_{k+1}(N) = 2^{k+1}T_{k+1}N^{(k+1)v} + \omega_{k+1}(N)N^{kv}$$

其中 $|\omega_{k+1}(N)|$ 的上界只与 n 及 k 有关. 这证明式(2.10)常成立①.

(3) 把式(2.10)代入式(2.9),即得:当 $\sigma > kv$ 时,有

$$Z_{n,k}(s) = \frac{2^k T_k s}{s-kv} + s\int_1^\infty \frac{\omega_k(x)\mathrm{d}x}{x^{s-kv+1+v}} \qquad (2.11)$$

利用把 $\dfrac{\omega_k(x)}{x^{s-kv+1+v}}$ 展成 s 的幂级数(显然当 $1 \leqslant x \leqslant X$ 时一致收敛)然后分项积分的方法,可以证明当 X 一定时

$$f_X(s) = s\int_1^X \frac{\omega_k(x)\mathrm{d}x}{x^{s-kv+1+v}} = s\sum_{m=0}^\infty \frac{s^m}{m!}\int_1^X \frac{\omega_k(x)\log^m x}{x^{-kv+1+v}}\mathrm{d}x$$

是 s 的整函数(这因为 $\left|\int_1^X \frac{\omega_k(x)\log^m x}{x^{-kv+1+v}}\mathrm{d}x\right| \leqslant \log^m X \cdot \int_1^X \frac{\omega_k(x)\mathrm{d}x}{x^{-kv+1+v}}$). 又当 $X \to +\infty$ 时,在 $\sigma \geqslant kv - v + \varepsilon$ ($\varepsilon > 0$) 半面内, $f_X(s)$ 一致地趋于极限函数

$$s\int_1^\infty \frac{\omega_k(x)\mathrm{d}x}{x^{s-kv+1+v}} = f(s)$$

故 $f(s)$ 在 $\sigma > kv - v$ 时是解析的,因此 $Z_{n,k}(s)$ 除以 $s = kv$ 为简单极点(其相当的残数显然是 $P = 2^k kv T_k$)外,在半面 $\sigma > kv - v$ 上是解析的②.

---

① 参看 Виноградов,《Метод тригонометрических сумм в теории чисел》, 第一章, 引理 3.

② 参看 Ingham, *The Distribution of Prime Numbers*, 第二章, 第 1,2 两节.

定理 3　当 $\sigma > kv - v$, $|t| \to \infty$ 时,有
$$Z_{n,k}(s) = O(|s|)$$

证明　由式(2.11)及下式即得定理
$$\int_1^\infty \frac{\omega_k(x)\,dx}{x^{\sigma-kv+1+v}} = O\left(\int_1^\infty \frac{dx}{x^{1+v}}\right) = O(1)$$

3. $Z_{n,k}(s)$ 的全面开拓

在前面已经证明 $Z_{n,k}(s)$ 并非以 $\sigma = kv$ 为自然边界而可以解析地开拓到 $\sigma = kv - v$ 的右端(但以 $s = kv$ 为奇点). 下面证明 $Z_{n,k}(s)$ 可以解析地开拓到全平面, 但以 $s = kv$ 为唯一奇点. 我们要用几个引理:

引理 1(Poisson 公式)　设 $f(x)$ 是确定在 $0 \leqslant x < +\infty$ 的连续函数,且当 $x \to +\infty$ 时下降至 0. 又设 $f(x) \in L(0,\infty)$, $\alpha > 0$, $\alpha\beta = 2\pi$, 而
$$g(y) = \sqrt{\frac{2}{\pi}} \int_0^\infty f(t)\cos yt\,dt$$
则
$$\sqrt{\alpha}\left\{\frac{1}{2}f(0) + \sum_{n=1}^\infty f(n\alpha)\right\} = \sqrt{\beta}\left\{\frac{1}{2}g(0) + \sum_{n=1}^\infty g(n\beta)\right\} \tag{2.12}$$

引理 2　当 $\omega > 0$(及 n 是正的偶数)时,有
$$\frac{1}{2} + \sum_{x=1}^\infty e^{-x^n\omega} =$$
$$\frac{1}{\omega^v}\left\{\Gamma(1+v) + \right.$$
$$\left. 2\omega^{2hv}\sum_{y=1}^\infty \frac{(-1)^h}{(2\pi y)^{2h}}\int_0^\infty \left(\frac{d^{2h}}{dx^{2h}}e^{-x^n}\right)\cos\frac{2\pi yx}{\omega^v}\,dx\right\} \tag{2.13}$$

式中 h 可以是任何正整数. 又如把一函数看成是自己

的 0 次导数,则上式当 $h=0$ 时仍然成立.

证明 (1) 在引理.1 中可令

$$f(x)=\mathrm{e}^{-x^n}, \alpha=\omega^v, \beta=\frac{2\pi}{\alpha}=\frac{2\pi}{\omega^v}$$

则

$$g(y)=\sqrt{\frac{2}{\pi}}\int_0^\infty \mathrm{e}^{-t^n}\cos yt\mathrm{d}t$$

而

$$\omega^{\frac{v}{2}}\left\{\frac{1}{2}+\sum_{x=1}^\infty \mathrm{e}^{-x^n\omega}\right\}=\frac{\sqrt{2\pi}}{\omega^{\frac{v}{2}}}\left\{\frac{1}{2}\sqrt{\frac{2}{\pi}}\int_0^\infty \mathrm{e}^{-x^n}\mathrm{d}x+\right.$$

$$\left.\sum_{y=1}^\infty \sqrt{\frac{2}{\pi}}\int_0^\infty \mathrm{e}^{-x^n}\cos\frac{2\pi yx}{\omega^v}\mathrm{d}x\right\}$$

因 $\int_0^\infty \mathrm{e}^{-x^n}\mathrm{d}x=v\int_0^\infty u^{v-1}\mathrm{e}^{-u}\mathrm{d}u=v\Gamma(v)=\Gamma(1+v)$,故

$$\frac{1}{2}+\sum_{x=1}^\infty \mathrm{e}^{-x^n\omega}=$$

$$\frac{1}{\omega^v}\left\{\Gamma(1+v)+2\sum_{y=1}^\infty \int_0^\infty \mathrm{e}^{-x^n}\cos\frac{2\pi yx}{\omega^v}\mathrm{d}x\right\} \quad (2.14)$$

(2) 今将证当 h 是正整数时,有

$$\int_0^\infty \mathrm{e}^{-x^n}\cos\frac{2\pi xy}{\omega^v}\mathrm{d}x=$$

$$(-1)^h\left(\frac{\omega^v}{2\pi y}\right)^{2h}\int_0^\infty \left(\frac{\mathrm{d}^{2h}}{\mathrm{d}x^{2h}}\mathrm{e}^{-x^n}\right)\cos\frac{2\pi xy}{\omega^v}\mathrm{d}x \quad (2.15)$$

如果把 e^{-x^n} 看作是自己的 0 次导数,显然上式对于 $h=0$ 成立.今假定上式成立而用 $h+1$ 换 h 后仍成立.

用两次分部积分法,由式(2.15)得

$$\int_0^\infty \mathrm{e}^{-x^n}\cos\frac{2\pi xy}{\omega^v}\mathrm{d}x=$$

$$(-1)^h \left(\frac{\omega^v}{2\pi y}\right)^{2h+2} \left[\left(\frac{\mathrm{d}^{2h+1}}{\mathrm{d}x^{2h+1}}\mathrm{e}^{-x^n}\right)\cos\frac{2\pi xy}{\omega^v}\right]\Big|_0^\infty +$$

$$(-1)^{h+1}\left(\frac{\omega^v}{2\pi y}\right)^{2h+2}\int_0^\infty \left(\frac{\mathrm{d}^{2h+2}}{\mathrm{d}x^{2h+2}}\mathrm{e}^{-x^n}\right)\cos\frac{2\pi xy}{\omega^v}\mathrm{d}x$$

上面第一项事实上等于0. 因为一方面

$$\frac{\mathrm{d}^{2h+1}}{\mathrm{d}x^{2h+1}}\mathrm{e}^{-x^n} = P(x)\mathrm{e}^{-x^n}$$

其中 $P(x)$ 是一个多项式,故当 $x\to\infty$ 时,上式趋于 0;另一方面

$$\frac{\mathrm{d}^{2h+1}}{\mathrm{d}x^{2h+1}}\mathrm{e}^{-x^n} = \frac{\mathrm{d}^{2h+1}}{\mathrm{d}x^{2h+1}}\left(1 - x^n + \frac{x^{2n}}{2!} - \frac{x^{3n}}{3!} + \cdots\right)$$

上式右端在分项微分之后,不含常数项(因 n 是偶数),故当 $x=0$ 时,上式为 0. 因此式(2.15)常成立.

(3) 把式(2.15)代入式(2.14)即得式(2.13).

定理4 $Z_{n,k}(s)$ 除在 $s=kv$ 有一简单极点(其相应的残数为 $P = 2^k kvT_k$)外,可以解析地开拓到全平面.

证明 (1) 利用当 $\sigma > 0$ 时 $\Gamma(s)$ 的公式

$$\Gamma(s) = \int_0^\infty x^{s-1}\mathrm{e}^{-x}\mathrm{d}x$$

可以证明,当 $\sigma > kv$ 时,有

$$Z_{n,k}(s) = \frac{1}{\Gamma(s)}\int_0^\infty \omega^{s-1}\left[\left(\sum_{x=-\infty}^\infty \mathrm{e}^{-x^n\omega}\right)^k - 1\right]\mathrm{d}\omega$$

(2.16)

现在把证明的详细步骤叙述如下:当 $\omega > 0$ 时,有

$$\left(\sum_{x=-\infty}^\infty \mathrm{e}^{-x^n\omega}\right)^k - 1 = \sum_{m=1}^\infty B(m)\mathrm{e}^{-m\omega} \quad (2.17)$$

式中 $B(m)$ 的定义见式(2.3). 由式(2.10),$S(x) = O(x^{kv})$. 由 $B(m)$ 与 $S(m)$ 的定义知 $B(m) = O(m^{kv})$. 故式(2.17)右边的级数,当 $\omega \geq \varepsilon > 0$ 时是一致收敛

的. 前面已假定 $\sigma > kv$, 于是当 $0 < \varepsilon < N$ 时,有

$$\frac{1}{\Gamma(s)} \int_{\varepsilon}^{N} \omega^{s-1} \left[\left(\sum_{x=-\infty}^{\infty} e^{-x^n \omega} \right)^k - 1 \right] d\omega =$$

$$\frac{1}{\Gamma(s)} \int_{\varepsilon}^{N} \omega^{s-1} \sum_{m=1}^{\infty} B(m) e^{-\omega m} d\omega =$$

$$\sum_{m=1}^{\infty} \frac{1}{\Gamma(s)} \frac{B(m)}{m^s} \int_{m\varepsilon}^{mN} \omega^{s-1} e^{-\omega} d\omega =$$

$$\sum_{m=1}^{\infty} \frac{1}{\Gamma(s)} \frac{B(m)}{m^s} \left\{ \int_{0}^{\infty} - \int_{mN}^{\infty} - \int_{\infty}^{m\varepsilon} \right\} \omega^{s-1} e^{-\omega} d\omega =$$

$$Z_{n,k}(s) - \frac{1}{\Gamma(s)} \sum_{m=1}^{\infty} \frac{B(m)}{m^s} \int_{mN}^{\infty} \omega^{s-1} e^{-\omega} d\omega -$$

$$\frac{1}{\Gamma(s)} \sum_{m=1}^{\infty} \frac{B(m)}{m^s} \int_{0}^{m\varepsilon} \omega^{s-1} e^{-\omega} d\omega =$$

$$Z_{n,k}(s) - \frac{1}{\Gamma(s)} \sum_{1} - \frac{1}{\Gamma(s)} \sum_{2}$$

式中

$$\left| \sum_{1} \right| \leq \sum_{m=1}^{\infty} \frac{B(m)}{m^{\sigma}} \int_{N}^{\infty} \omega^{\sigma-1} e^{-\omega} d\omega \to 0, N \to \infty$$

而

$$\left| \sum_{2} \right| \leq \sum_{m=1}^{M} \frac{B(m)}{m^{\sigma}} \int_{0}^{\varepsilon M} \omega^{\sigma-1} e^{-\omega} d\omega +$$

$$\sum_{m=M+1}^{\infty} \frac{B(m)}{m^{\sigma}} \int_{0}^{\infty} \omega^{\sigma-1} e^{-\omega} d\omega$$

可先选 M 使上式右边第二项小于任意指定正数的一半. M 选定后,当 ε 充分小时,第一项也就小于该指定正数的一半. 故当 $\varepsilon \to 0$ 时, $\sum_{2} \to 0$. 因此当 $\sigma > kv$ 时,式(2.16)成立.

(2) 由式(2.16)知

第二部分　中外名家论 Riemann 函数与 Riemann 猜想

$$Z_{n,k}(s) = \frac{1}{\Gamma(s)}\left\{\int_0^1 \omega^{s-1}\left[\left(\sum_{x=-\infty}^{\infty} e^{-x^n\omega}\right)^k - 1\right]d\omega + \int_1^{\infty} \omega^{s-1}\left[\left(\sum_{x=-\infty}^{\infty} e^{-x^n\omega}\right)^k - 1\right]d\omega\right\} \quad (2.18)$$

我们知道 $\dfrac{1}{\Gamma(s)}$ 是整函数①，所以只需讨论花括弧内两个积分. 现在顺次用 I_1, I_2 代表它们.

首先考虑 I_2. 当 $\omega(0 < \omega < +\infty)$ 一定时，$\omega^s\left[\left(\sum\limits_{x=-\infty}^{\infty} e^{-x^n\omega}\right)^k - 1\right]$ 是 s 的解析函数，而当 $1 \leqslant \omega < \infty$ 时，它又是 ω 与 s 的连续函数. 现在将证 I_2 在半面 $\sigma \leqslant a(a$ 表示任意实数$)$ 上一致收敛.

由式(2.17) 得
$$\left|\omega^{s-1}\left[\left(\sum_{x=-\infty}^{\infty} e^{-x^n\omega}\right)^k - 1\right]\right| <$$
$$\omega^{a-1}\sum_{m=1}^{\infty} B(m) e^{-m\omega} <$$
$$\omega^{a-1} e^{-\omega}\sum_{m=1}^{\infty} B(m) e^{-(m-1)\omega}$$

故 I_2 在 $\sigma \leqslant a$ 时一致收敛. 因此 I_2 代表 s 的一个整函数②.

其次考虑 I_1. 由引理 2，当 $\sigma > kv$ 时，有
$$I_1 = \int_0^1 2^k \omega^{s-kv-1}\left\{\Gamma(1+v) + 2\omega^{2hv}\sum_{y=1}^{\infty}\frac{(-1)^h}{(2\pi y)^{2h}}\int_0^{\infty}\left(\frac{d^{2h}}{dx^{2h}}e^{-x^n}\right)\cos\frac{2\pi yx}{\omega^v}dx\right\}^k d\omega - \frac{1}{s} =$$

---

① 参看 Titchmarsh, *Theory of functions*, 第二版, 第 149 页.
② 参看 Titchmarsh, *Theory of functions*, 第二版, 第 94-100 页.

$$\frac{2^k \Gamma^k(1+v)}{s-kv} - \frac{1}{s} + \int_0^1 2^k \omega^{s-kv-1} \Big[\Big\{ \Gamma(1+v) +$$

$$2\omega^{2hv} \sum_{y=1}^{\infty} \frac{(-1)^h}{(2\pi y)^{2h}} \int_0^{\infty} \Big(\frac{d^{2h}}{dx^{2h}} e^{-x^n} \Big) \cos \frac{2\pi yx}{\omega^v} dx \Big\}^k -$$

$$\Gamma^k(1+v) \Big] d\omega =$$

$$\frac{2^k \Gamma^k(1+v)}{s-kv} - \frac{1}{s} + I_3$$

式中 I_3 可以写成下面的形式

$$I_3 = \int_0^1 2^k \omega^{s-1-kv+2hv} \Phi_{2h}(\omega) d\omega$$

式中 $\Phi_{2h}(\omega)$ 当 $0 < \omega \le 1$ 时是连续的有界的函数,其有界性可以证明如下:显然

$$\Big| \sum_{y=1}^{\infty} \frac{(-1)^h}{(2\pi y)^{2h}} \int_0^{\infty} \Big(\frac{d^{2h}}{dx^{2h}} e^{-x^n} \Big) \cos \frac{2\pi yx}{\omega^v} dx \Big| \le$$

$$\sum_{y=1}^{\infty} \frac{1}{(2\pi y)^{2h}} \int_0^{\infty} \Big| \frac{d^{2h}}{dx^{2h}} e^{-x^n} \Big| dx =$$

$$\sum_{y=1}^{\infty} \frac{1}{(2\pi y)^{2h}} \int_0^{\infty} | \phi_{2h}(x) | e^{-x^n} dx < \infty$$

其中 $\phi_{2h}(x)$ 是 x 的一个多项式. 由此不难看出 $| \Phi_{2h}(\omega) |$ 有界.

因此,当 h 充分大时,即当 $\sigma > kv - 2hv = -(2h-k)v$ 时,$\omega^{s-1-kv+2hv} \Phi_{2h}(\omega)$ 是 s 与 $\omega(0 \le \omega \le 1)$ 的连续函数. 因 h 可取任意大的值,故 I_3 代表 s 的一个整函数.

根据以上对于 I_1 及 I_2 的讨论,由式(2.18) 即得

$$Z_{n,k}^n(s) = \frac{1}{\Gamma(s)} \Big\{ \frac{2^k \Gamma^k(1+v)}{s-kv} - \frac{1}{s} \Big\} + \Phi(s) =$$

$$\frac{2^k \Gamma^k(1+v)}{\Gamma(s)} \frac{1}{s-kv} - \frac{1}{\Gamma(s+1)} + \Phi(s)$$

式中 $\Phi(s)$ 代表 s 的一个整函数. 由此, 可见 $Z_{n,k}(s)$ 只有一个奇点 $s=kv$. 这是一个简单极点, 其相当残数是

$$\frac{2^k \Gamma^k(1+v)}{\Gamma(kv)} = \frac{2^k kv \Gamma^k(1+v)}{\Gamma(1+kv)} = P$$

这结果与定理 2 相合. 定理至此证毕.

总结以上的讨论, 我们可以由 $Z_{n,k}(s)$ 得到下面的表示式:

定理 5

$$Z_{n,k}(s) = \frac{2^k \Gamma^k(1+v)}{\Gamma(s)} \frac{1}{s-kv} - \frac{1}{\Gamma(s+1)} +$$

$$\frac{1}{\Gamma(s)} \Big\{ \int_1^\infty \omega^{s-1} \Big[\Big(\sum_{x=-\infty}^\infty e^{-x^n \omega} \Big)^k - 1 \Big] d\omega +$$

$$\int_0^1 2^k \omega^{s-kv-1} \Big[\Big(\Gamma(1+v) +$$

$$2\omega^{2hv} \sum_{y=1}^\infty \frac{(-1)^h}{(2\pi y)^{2h}} \int_0^\infty \Big(\frac{d^{2h}}{dx^{2h}} e^{-x^n} \Big) \cos \frac{2\pi yx}{\omega^v} dx \Big)^k -$$

$$\Gamma^k(1+v) \Big] d\omega \Big\} \qquad (2.19)$$

这个表示式可以适用于全平面, 式中 h 可取任意正整数值, 且若把一函数看作是自己的 0 次导数, 则上式中 h 可以是 0. 又在 $h=0$ 时, 式 (2.19) 还可以写成下列较好看的形式 (∗ 号表示和数系取 Cauchy 主值)

$$Z_{n,k}(s) = \frac{1}{\Gamma(s)} \Big\{ \frac{2^k \Gamma^k(1+v)}{s-kv} - \frac{1}{s} +$$

$$\int_1^\infty \omega^{s-1} \Big[\Big(\sum_{x=-\infty}^\infty e^{-x^n \omega} \Big)^k - 1 \Big] d\omega +$$

$$\int_0^1 2^k \omega^{s-kv-1} \Big[\Big(\sum_{y=-\infty}^\infty {}^* \int_0^\infty e^{-x^n} \exp \frac{2\pi i yx}{\omega^v} dx \Big)^k -$$

$$\Gamma^k(1+v) \Big] d\omega \Big\} \qquad (2.20)$$

第三章 Riemann ζ 函数的一种推广
—— II. $Z_{n,k}(s)$ 的阶[①]

1. 引论

在 $\sigma \leqslant kv - v$ 的情形下,要想估计当 $t \to \infty$ 时 $Z_{n,k}(s)$ 的阶是比较困难的. 本章的目的就是要证明: 当 $A_1 < \sigma < A_2$ 而 $t \to \infty$ 时,可以找到一个正数 A(与 A_1, A_2 有关)使

$$Z_{n,k}(s) = O(t^A) \quad (3.1)$$

在本章后面,就会显出这个结果的用处. 像在第二章一样,我们永远假定 n 是正的偶数而 $v = \dfrac{1}{n}$.

2. 两个简单的引理

引理 1 设 $\varphi(z)$ 是多项式而 α 与 λ 是满足

$$\alpha\lambda > 0, \ |\alpha| < \frac{\pi}{2n} \quad (3.2)$$

的两个实数,则

$$\int_0^\infty \varphi(x) e^{-x^n + \lambda ix} dx =$$
$$e^{i\alpha} \int_0^\infty \varphi(e^{i\alpha} x) \exp\{-e^{in\alpha} x^n + \lambda i e^{i\alpha} x\} dx \quad (3.3)$$

---

① 摘编自《数学学报》,1956,6(1):1-11.

式中积分路线都是沿着实数轴而取的.

证明 设 $z = re^{i\theta}$,则当 $\lambda\theta > 0$ 且 $|\theta| < \dfrac{\pi}{2n}$ 时,有

$$\operatorname{Re}\{z^n - i\lambda z\} = r^n\cos n\theta + \lambda r\sin\theta > 0$$

设 A 表示点 $z = R(R > 0)$,B 表示 $z = Re^{i\alpha}$,$\widehat{AB}$ 表示圆 $|z| = R$ 上面的一段劣弧,则

$$\left\{\int_{OA} + \int_{\widehat{AB}} + \int_{BO}\right\}\varphi(z)e^{-z^n+\lambda iz}dz = 0$$

在 $\widehat{AB}$ 上,有

$$|\varphi(z)e^{-z^n+\lambda iz}| = |\varphi(Re^{i\theta})|e^{-(R^n\cos n\theta + \lambda R\sin\theta)} = O(R^{-1}), R \to +\infty$$

故 L 表示延长 OB 所得的半线,则

$$\int_0^\infty \varphi(x)e^{-x^n+\lambda ix}dx = \int_L \varphi(z)e^{-z^n+\lambda iz}dz =$$

$$e^{i\alpha}\int_0^\infty \varphi(e^{i\alpha}x)\exp\{-e^{in\alpha}x^n + \lambda i e^{i\alpha}x\}dx$$

引理 2 当 $\sigma < 0$ 时,有

$$Z_{n,k}(s) = \frac{2^k}{\Gamma(s)}\int_0^\infty \omega^{s-1-kv}\left\{\left[\Gamma(1+v) + 2\sum_{y=1}^\infty \int_0^\infty e^{-x^n}\cos\frac{2\pi yx}{\omega^v}dx\right]^k - \Gamma^k(1+v)\right\}d\omega \tag{3.4}$$

即

$$Z_{n,k}(s) = \frac{2^k}{\Gamma(s)}\sum_{k'=1}^\infty \binom{k}{k'}\Gamma^{k-k'}(1+v)\int_0^\infty \omega^{s-1-kv} \cdot$$

$$\left\{2\sum_{y=1}^\infty \int_0^\infty e^{-x^n}\cos\frac{2\pi yx}{\omega^v}dx\right\}^{k'}d\omega \tag{3.5}$$

证明 当 $\sigma < 0$ 时,有

$$\int_1^\infty \omega^{s-1}\mathrm{d}\omega = -\frac{1}{s},\ \int_1^\infty \omega^{s-1-kv}\mathrm{d}\omega = -\frac{1}{s-kv}$$

故在上一章中式(2.19)内取 $h=0$,即得
$$Z_{n,k}(s) =$$
$$\frac{1}{\Gamma(s)}\left\{\int_1^\infty \omega^{s-1}\left[\left(\sum_{x=-\infty}^\infty \mathrm{e}^{-x^n\omega}\right)^k - 2^k\Gamma^k(1+v)\omega^{-kv}\right]\mathrm{d}\omega + \int_0^1 2^k\omega^{s-kv-1}\left[\left(\Gamma(1+v) + 2\sum_{y=1}^\infty \int_0^1 \mathrm{e}^{-x^n}\cos\frac{2\pi yx}{\omega^v}\mathrm{d}x\right)^k - \Gamma^k(1+v)\right]\mathrm{d}\omega\right\}$$

用上一章中引理 2(取 $h=0$) 变化上面花括弧内第一个积号下的函数,再合并两个积分,即得式(3.4). 从此易得式(3.5).

3. 主要引理

引理 3 当 $\sigma = -(2M+1)\dfrac{v}{2}$,而 M 是充分大的正整数时可以找到一个正数 A,使当 $t\to\infty$ 时,有
$$Z_{n,k}(s) = O(t^A) \tag{3.6}$$

证明 (1) 由式(3.5) 可知
$$I = \int_0^\infty \omega^{s-1-kv}\left\{2\sum_{y=1}^\infty \int_0^\infty \mathrm{e}^{-x^n}\cos\frac{2\pi yx}{\omega^v}\mathrm{d}x\right\}^{k'}\mathrm{d}\omega =$$
$$\int_0^\infty \omega^{s-1-kv}\left\{\lim_{N\to\infty}{\sum_{y=-N}^{N}}'\int_0^\infty \mathrm{e}^{-x^n}\mathrm{e}^{\frac{2\pi iyx}{\omega^v}}\mathrm{d}x\right\}^{k'}\mathrm{d}\omega$$
$$1 \leqslant k' \leqslant k \tag{3.7}$$

式中"$'$"表示 $y\neq 0$.

今将用归纳法证明:当 $h\geqslant 1$ 且为整数时,有

$$\sum_{y=-N}^{N}{}'\int_0^\infty e^{-x^n} e^{\frac{2\pi i y x}{\omega^v}} dx \sum_{y=-N}^{N}{}' \frac{(-1)^h}{\left(\frac{2\pi i y}{\omega^v}\right)^h} \int_0^\infty \left(\frac{d^h}{dx^h} e^{-x^n}\right) e^{\frac{2\pi i y x}{\omega^v}} dx$$

(3.8)

若将一函数看成是自己的 0 次导数，则上式当 $h=0$ 时显然成立. 又上式右端可以写成

$$\sum_{y=-N}^{N}{}' \frac{(-1)^h}{\left(\frac{2\pi i y}{\omega^v}\right)^h} \int_0^\infty \left(\frac{d^h}{dx^h} e^{-x^n}\right) d\frac{e^{\frac{2\pi i y x}{\omega^v}}}{\frac{2\pi i y}{\omega^v}} =$$

$$\sum_{y=-N}^{N}{}' \frac{(-1)^h}{\left(\frac{2\pi i y}{\omega^v}\right)^{h+1}} \left\{\left[\left(\frac{d^h}{dx^h} e^{-x^n}\right) e^{\frac{2\pi i y x}{\omega^v}}\right]\bigg|_0^\infty - \int_0^\infty \left(\frac{d^{h+1}}{dx^{h+1}} e^{-x^n}\right) e^{\frac{2\pi i y x}{\omega^v}} dx\right\}$$

(3.9)

上面右端方括弧内的 $\frac{d^h}{dx^h} e^{-x^n}$ 是 x 的多项式与 e^{-x^n} 之积，故当 $x \to +\infty$ 时，$\frac{d^h}{dx^h} e^{-x^n} \to 0$. 又当 h 是奇数时，因

$$\frac{d^h}{dx^h} e^{-x^n} = \frac{d^h}{dx^h} \sum_{\mu=0}^{\infty} \frac{(-x^n)^\mu}{\mu!} = \sum_{\mu=0}^{\infty} \frac{d^h}{dx^h} \frac{(-x^n)^\mu}{\mu!}$$

不含常数项，故当 $x=0$ 时其值为 0. 若 h 是偶数，则当 $x=0$ 时，$\left(\frac{d^h}{dx^h} e^{-x^n}\right) e^{\frac{2\pi i y x}{\omega^v}}$ 的值与 y 无关，设为 c，又因

$$\sum_{y=-N}^{N}{}' \frac{(-1)^h}{\left(\frac{2\pi i y}{\omega^v}\right)^{h+1}} \cdot c = 0$$

故由式(3.9)得

$$\sum_{y=-N}^{N}{}' \frac{(-1)^h}{\left(\frac{2\pi i y}{\omega^v}\right)^h} \int_0^\infty \left(\frac{d^h}{dx^h} e^{-x^n}\right) e^{\frac{2\pi i y x}{\omega^v}} dx =$$

$$\sum_{y=-N}^{N}{}' \frac{(-1)^{h+1}}{\left(\frac{2\pi \mathrm{i} y}{\omega^v}\right)^{h+1}} \int_0^\infty \left(\frac{\mathrm{d}^{h+1}}{\mathrm{d}x^{h+1}} \mathrm{e}^{-x^n}\right) \mathrm{e}^{\frac{2\pi \mathrm{i} yx}{\omega^v}} \mathrm{d}x$$

故式(3.8)在 h 换成 $h+1$ 后仍成立. 故式(3.8)恒成立.

（2）由式(3.8)，可将式(3.7)写成

$$I = \int_0^\infty \omega^{s-1-kv} \prod_{j=1}^{k'} \left\{ \sum_{y_j=-\infty}^{\infty}{}' \frac{(-1)^{h_j}}{\left(\frac{2\pi \mathrm{i} y_j}{\omega^v}\right)^{h_j}} \int_0^\infty \left(\frac{\mathrm{d}^{h_j}}{\mathrm{d}x^{h_j}} \mathrm{e}^{-x^n}\right) \mathrm{e}^{\frac{2\pi \mathrm{i} yx}{\omega^v}} \mathrm{d}x \right\} \mathrm{d}\omega$$

式中 $h_1, h_2, \cdots, h_{k'}$ 可以是任意选定的大于 1 的一串整数（注意花括号内每一积分的绝对值小于与 y 无关的一个常数）。上式也可以写成

$$I = (-1)^R \int_0^\infty \omega^{s-1-kv+Rv} \cdot$$

$$\prod_{j=1}^{k'} \left\{ \sum_{y_j=-\infty}^{\infty}{}' \frac{1}{(2\pi \mathrm{i} y_j)^{h_j}} \int_0^\infty \left(\frac{\mathrm{d}^{h_j}}{\mathrm{d}x^{h_j}} \mathrm{e}^{-x_j^n}\right) \mathrm{e}^{\frac{2\pi \mathrm{i} y x_j}{\omega^v}} \mathrm{d}x_j \right\} \mathrm{d}\omega$$

(3.10)

式中 $R = \sum_{j=1}^{k'} h_j$.

（3）令 $\dfrac{\mathrm{d}^h}{\mathrm{d}x^h} \mathrm{e}^{-x^n} = \varphi_k(x) \mathrm{e}^{-x^n}$，$\lambda = \dfrac{2\pi y}{\omega^v}$，$\alpha\lambda > 0$ 且 $|\alpha| < \dfrac{\pi}{2n}$，则由引理 1 得

$$\int_0^\infty \left(\frac{\mathrm{d}^h}{\mathrm{d}x^h} \mathrm{e}^{-x^n}\right) \mathrm{e}^{\frac{2\pi \mathrm{i} yx}{\omega^v}} \mathrm{d}x = \int_0^\infty \varphi_h(x) \mathrm{e}^{-x^n + \mathrm{i}\lambda x} \mathrm{d}x =$$

$$\mathrm{e}^{\mathrm{i}\alpha} \int_0^\infty \varphi_h(\mathrm{e}^{\alpha \mathrm{i}} x) \exp\left\{-\mathrm{e}^{n\alpha \mathrm{i}} x^n + \frac{2\pi \mathrm{i} y}{\omega^v} \mathrm{e}^{\alpha \mathrm{i}} x\right\} \mathrm{d}x$$

用 $\omega^v x$ 代替最后一积分中的 x 即得

第二部分　中外名家论Riemann函数与Riemann猜想

$$\int_0^\infty \left(\frac{d^h}{dx^h} e^{-x^n}\right) e^{\frac{2\pi i y x}{\omega^v}} dx =$$

$$e^{\alpha i} \omega^v \int_0^\infty \varphi_h(e^{\alpha i}\omega^v x) \exp\{-e^{n\alpha i}\omega x^n + 2\pi i y e^{\alpha i} x\} dx$$

因此由式(3.10)得$\left(\text{假定 } \alpha_j y_j > 0, |\alpha_j| < \dfrac{\pi}{2n}\right)$

$$I = (-1)^R \int_0^\infty \omega^{s-1-kv+Rv+k'v} \cdot$$

$$\prod_{j=1}^{k'} \left\{\sum_{y_j=-\infty}^{\infty}{}' \frac{e^{\alpha_j^i}}{(2\pi i y_j)^{h_j}} \int_0^\infty \varphi_{hj}(e^{\alpha_j^i}\omega^v x_j) \cdot\right.$$

$$\left.\exp[-e^{n\alpha_j^i}\omega x_j^n + 2\pi i e^{\alpha_j^i} y_j x_j] dx_j\right\} d\omega \quad (3.11)$$

(4) 当 $x_j > 0$ 时，有

$$\text{Re } e^{n\alpha_j^i}\omega x_j^n = \omega x_j^n \cos n\alpha_j > 0$$

$$\text{Re } 2\pi i \, e^{\alpha_j^i} x_j y_j = -2\pi x_j y_j \sin \alpha_j < 0$$

故

$$\int_0^\infty |\varphi_{hj}(e^{\alpha_j^i}\omega^v x_j) \exp[-e^{n\alpha_j^i}\omega x_j^n + 2\pi i e^{\alpha_j^i} y_j x_j]| dx_j \leqslant$$

$$\int_0^\infty |\varphi_{hj}(e^{\alpha_j^i}\omega^v x_j)| \exp[-\omega x_j^n \cos n\alpha_j - 2\pi x_j y_j \sin \alpha_j] dx_j \leqslant$$

$$\int_0^\infty |\varphi_{hj}(e^{\alpha_j^i}\omega^v x_j)| \exp[-\omega x_j^n \cos n\alpha_j] dx_j < +\infty$$

$$(3.12)$$

又因 $h_j \geqslant 2$，故式(3.11)右边花括弧内各级数都是绝对收敛级数. 因此式(3.11)可写成

$$I = (-1)^R \int_0^\infty d\omega \sum_{y_1=-\infty}^{\infty}{}' \cdots \sum_{y_{k'}=-\infty}^{\infty}{}' \frac{e^{iT}\omega^{S-1}}{(2\pi i y_1)^{h_1} \cdots (2\pi i y_{k'})^{h_{k'}}} \cdot$$

$$\int_0^\infty \cdots \int_0^\infty \varphi h_1(e^{\alpha_1^i}\omega^v x_1) \cdots \varphi h_{k'}(e^{\alpha_{k'}^i}\omega^v x_{k'}) \cdot$$

$$\exp\left\{-\omega\sum_{j=1}^{k'}\mathrm{e}^{n\alpha_j\mathrm{i}}x_j^n+2\pi\mathrm{i}\sum_{j=1}^{k'}\mathrm{e}^{\alpha_j\mathrm{i}}y_jx_j\right\}\mathrm{d}x_1\cdots\mathrm{d}x_{k'}$$

(3.13)

式中(S, T 是新记号, R 是旧记号)

$$S = s - kv + Rv + k'v, \quad T = \sum_{j=1}^{k'}\alpha_j, \quad R = \sum_{j=1}^{k'}h_j$$

(3.14)

(5) 由本引理的假设,我们可选定 $h_j \geq 2$ 使

$$\mathrm{Re}\,(S) = \frac{v}{2}$$

(3.15)

考虑多重级数

$$\sum_{y_1=-\infty}^{\infty}{}'\cdots\sum_{y_{k'}=-\infty}^{\infty}{}'\frac{\mid\omega^{S-1}\mid}{(2\pi\mathrm{i}y_1)^{h_1}\cdots(2\pi y_{k'})^{h_{k'}}}\cdot$$
$$\left|\int_0^\infty\cdots\int_0^\infty\varphi h_1(\mathrm{e}^{\alpha_1\mathrm{i}}\omega^v x_1)\cdots\varphi h_{k'}(\mathrm{e}^{\alpha_{k'}\mathrm{i}}\omega^v x_{k'})\cdot\right.$$
$$\left.\exp\left\{-\omega\sum_{j=1}^{k'}\mathrm{e}^{n\alpha_j\mathrm{i}}x_j^u+2\pi\mathrm{i}\sum_{j=1}^{k'}\mathrm{e}^{\alpha_j\mathrm{i}}y_jx_j\right\}\mathrm{d}x_1\cdots\mathrm{d}x_{k'}\right|$$

(3.16)

由式(3.12)可知上面的 k' 重积分的绝对值不超过

$$\int_0^\infty\cdots\int_0^\infty\mid\varphi h_1(\mathrm{e}^{\alpha_1\mathrm{i}}\omega^v x_1)\cdots\varphi h_{k'}(\mathrm{e}^{\alpha_{k'}\mathrm{i}}\omega^v x_{k'})\mid\cdot$$
$$\exp\left\{-\omega\sum_{j=1}^{k'}x_j^n\cos n\alpha_j-2\pi\sum_{j=1}^{k'}x_jy_j\sin\alpha_j\right\}\mathrm{d}x_1\cdots\mathrm{d}x_{k'}$$

(3.17)

设多项式 $\varphi_{hj}(x_j)=\sum_{\mu=0}^{m_j}c_{j,\mu}x_j^\mu$,则当 $\omega\leq 1$, $x_j\geq 0$ 时,有

$$\mid\varphi_{hj}(\mathrm{e}^{\alpha_j\mathrm{i}}\omega^v x_j)\mid\leq\sum_{\mu=0}^{m_j}\mid c_{j,\mu}\mid x_j^\mu=\Phi_j(x_j)\,(\text{新记号})$$

而式(3.17)不超过(因 $|y_i| \geq 1$)

$$\int_0^\infty \cdots \int_0^\infty \Phi_1(x_1)\cdots\Phi_{k'}(x_{k'}) \cdot$$

$$\exp\left\{-2\pi \sum_{j=1}^{k'} x_j |\sin\alpha_j|\right\} dx_1 \cdots dx_{k'} =$$

$$\prod_{j=1}^{k'} \int_0^\infty \Phi_j(x_j)\exp\{-2\pi x_j |\sin\alpha_j|\} dx_j < \infty$$

$$(3.18)$$

故如将式(3.16)自 0 积分至 1(对于 ω)所得为一收敛的积分.

另外,当 $\omega \geq 1$ 时,式(3.17)不超过

$$\omega^{-k'v}\int_0^\infty \cdots \int_0^\infty |\varphi_{h_1}(\mathrm{e}^{\alpha_1 \mathrm{i}}x)\cdots\varphi h_{k'}(\mathrm{e}^{\alpha_{k'}\mathrm{i}}x)| \cdot$$

$$\exp\left\{-\sum_{j=1}^{k'} x_j^n \cos n\alpha_j\right\} dx_1 \cdots dx_{k'} \leq$$

$$\omega^{-k'v}\int_0^\infty \cdots \int_0^\infty \Phi_{h_1}(x_1)\cdots\Phi_{h_{k'}}(x_{k'}) \cdot$$

$$\exp\left\{-\sum_{j=1}^{k'} x_j^n \cos n\alpha_j\right\} dx_1 \cdots dx_{k'} =$$

$$\omega^{-k'v}\prod_{j=1}^{k'} \int_0^\infty \Phi_{h_j}(x_j)\exp\{-x_j^n \cos n\alpha_j\} dx_j \quad (3.19)$$

故由式(3.15),若把(3.16)自 1 积分至 $+\infty$ 亦得收敛的积分.

因此若把式(3.16)自 0 积分至 $+\infty$,所得为收敛的积分.

(6) 由式(3.18)及(3.19)可以看出:k' 重级数(3.16)在 $0 < \omega_0 \leq \omega \leq \omega_1 < +\infty$ 时是一致收敛的. 因此,式(3.13)由第一个积分号下的 k' 重级数在 $0 < \omega_0 < \omega < \omega_1 < +\infty$ 时也是一致收敛的. 故可用逐项

积分法自 ω_0 积至 ω_1. 由一著名的定理[1]，根据(5)中的结果，我们可以把那个 k' 重级数由 0 积至 $+\infty$. 这样，我们就可以把式(3.13)内第一个积分号移到所有 $\sum$ 号之后，得到

$$I = (-1)^R \sum_{y_1=-\infty}^{\infty}{'} \cdots \sum_{y_{k'}=-\infty}^{\infty}{'} \frac{e^{iT}}{(2\pi i y_1)^{h_1} \cdots (2\pi i y_{k'})^{h_{k'}}} \cdot$$

$$\int_0^{\infty} \omega^{s-1} d\omega \int_0^{\infty} \cdots \int_0^{\infty} \varphi h_1(e^{\alpha_1 i} \omega^v x_1) \cdots \varphi h_{k'}(e^{\alpha_{k'} i} \omega^v x_{k'}) \cdot$$

$$\exp\left\{-\omega \sum_{j=1}^{k'} e^{n\alpha_j i} x_j^n + 2\pi i \sum_{j=1}^{k'} e^{\alpha_j i} y_j x_j\right\} dx_1 \cdots dx_{k'} \quad (3.20)$$

不仅如此，由(5)内对于(3.17)这个 k' 重积分的讨论，我们知道上式右边的 $k'+1$ 累次积分是绝对收敛的，同时不难看出下列积分(看成对于 x_μ 的积分，$\mu = 1, 2, \cdots, k'$)

$$\int_0^{\infty} dx_\mu \int_0^{\infty} \cdots \int_0^{\infty} \varphi_{h_\mu}(e^{\alpha_\mu i} \omega^v x_\mu) \cdot$$

$$\varphi_{h_{\mu+1}}(e^{\alpha_{\mu+1} i} \omega^v x_{\mu+1}) \cdots \varphi_{h_{k'}}(e^{\alpha_{k'} i} \omega^v x_{k'}) \cdot$$

$$\exp\left\{-\omega \sum_{j=\mu}^{k'} e^{n\alpha_j i} x_j^n + 2\pi i \sum_{j=\mu}^{k'} e^{\alpha_j i} y_j x_j\right\} dx_\mu \cdots dx_{k'}$$

在 $0 < \omega_0 \leq \omega \leq \omega_1 < +\infty$ 时是一致收敛的. 因此由一个著名的定理，我们可以把式(3.20)内的第一个积分号移到所有积分号之后. 于是得到

$$I = (-1)^R \sum_{y_1=-\infty}^{\infty}{'} \cdots \sum_{y_{k'}=-\infty}^{\infty}{'} \frac{e^{iT}}{(2\pi i y_1)^{h_1} \cdots (2\pi i y_{k'})^{h_{k'}}} \cdot$$

$$\int_0^{\infty} \cdots \int_0^{\infty} \exp\left\{2\pi i \sum_{j=1}^{k'} e^{\alpha_j i} y_j x_j\right\} dx_1 \cdots dx_{k'} \cdot$$

$$\int_0^\infty \omega^{S-1}\Big\{\prod_{j=1}^{k'}\varphi_{h_j}(e^{\alpha_j i}\omega^v x_j)\Big\}\exp\Big\{-\omega\sum_{j=1}^{k'}e^{n\alpha_j i}j^{-i}x_j^n\Big\}d\omega$$

(3.21)

(7) 上式右边最后一积分为

$$J=\int_0^\infty \omega^{S-1}\Big\{\prod_{j=1}^{k'}\varphi_{h_j}(e^{\alpha_j i}\omega^v x_j)\Big\}e^{-\omega \Lambda}d\omega \quad (3.22)$$

式中 $\Lambda = \sum_{j=1}^{k'}e^{n\alpha_j i}x_j^n$. 当 $x_j \geq 0$ 时,由(3)内对于 α_j 的假定,有

$$\text{Re}(\Lambda) = \sum_{j=1}^{k'} x_j^n \cos n\alpha_j \geq 0 \quad (3.23)$$

且上式中的"="号只在 $x_1 = x_2 = \cdots = x_{k'} = 0$ 时才成立,故除在 $x_1 = x_2 = \cdots = x_{k'} = 0$ 时以外,都可设

$$-\frac{\pi}{2} < \arg \Lambda = \Omega < \frac{\pi}{2}$$

于是式(3.22)内积分号下的函数的圆弧

$$|\omega| = \rho, |\arg \omega| \leq |\Omega|, \Omega \arg \omega \leq 0$$

上的绝对值的上界,当 $\rho \to +\infty$ 时为 $O(\rho^{-1})$. 因此像在引理1那样,我们可以用 $\dfrac{\omega}{\Lambda}$ 代替(3.22)中的 ω 而得

$$J = \frac{1}{\Lambda^S}\int_0^\infty \omega^{s-1}\Big\{\prod_{j=1}^{k'}\varphi_{hj}\Big(e^{\alpha_j i}\omega^v \frac{x_j}{\Lambda^v}\Big)\Big\}e^{-\omega}d\omega$$

前已设 $\varphi_{hj}(x) = \sum_{\mu=0}^{m_j}c_{j,\mu}x_j^\mu$,故上式可以写成

$$J = \sum \frac{C_{\lambda_1,\lambda_2,\cdots,\lambda_{k'}}x_1^{\lambda_1}\cdots x_k^{\lambda_{k'}}}{\Lambda^{s+v(\lambda_1+\cdots+\lambda_{k'})}}\int_0^\infty \omega^{s+v(\lambda_1+\cdots+\lambda_{k'})-1}e^{-\omega}d\omega$$

其中 $C_{\lambda_1,\lambda_2,\cdots,\lambda_{k'}} = C_{1,\lambda_1}C_{2,\lambda_2}\cdots C_{k',\lambda_{k'}}e^{(\alpha_1\lambda_1+\cdots+\alpha_k\lambda_k)i}$,而 λ_j 分别自0变到 m_j. 上式即 $\Big($注意已选好 $\text{Re}(S) = \dfrac{v}{2}\Big)$

$$J = \sum \Gamma(S + v(\lambda_1 + \cdots + \lambda_{k'})) \frac{C_{\lambda_1,\cdots,\lambda_{k'}} x_1^{\lambda_1} \cdots x^{\lambda'_{k'}}}{\Lambda^{S+v(\lambda_1+\cdots+\lambda_{k'})}}$$

故由式(3.21)得

$$I = (-1)^R \sum_{y_1=-\infty}^{\infty}{}' \cdots \sum_{y_{k'}=-\infty}^{\infty}{}' \frac{e^{iT}}{(2\pi i y_1)^{h_1} \cdots (2\pi i y_{k'})^{h_{k'}}} \cdot$$

$$\sum \Gamma(S + v(\lambda_1 + \cdots + \lambda_{k'})) \cdot$$

$$C_{\lambda_1,\cdots,\lambda_{k'}} \int_0^{\infty} \cdots \int_0^{\infty} \exp\left\{2\pi i \sum_{j=1}^{k'} e^{\alpha_j i} y_j x_j\right\} \cdot$$

$$\frac{x_1^{\lambda_1} \cdots x_{k'}^{\lambda_{k'}}}{\Lambda^{S+v(\lambda_1+\cdots+\lambda_{k'})}} dx_1 \cdots dx_{k'} \tag{3.24}$$

(8) 今取

$$|\alpha_1| = |\alpha_2| = \cdots = |\alpha_{k'}| = \frac{1}{|t|}$$

则当 $|t|$ 充分大时,即满足 $|\alpha_j| < \dfrac{\pi}{2n}$ 的条件. 由

$$\Lambda = \sum_{j=1}^{k'} x_j^n \cos n\alpha_j + i \sum_{j=1}^{k'} x_j^n \sin n\alpha_j$$

得

$$|\Lambda| \geq \cos\frac{n}{|t|} \sum_{j=1}^{k'} x_j^n \left(\geq x_j^n \cos\frac{n}{|t|}\right)$$

$$|\arg \Lambda| = \left|\arctan \frac{\sum_{j=1}^{k'} x_j^n \sin n\alpha_j}{\sum_{j=1}^{k'} x_j^n \cos n\alpha_j}\right| \leq$$

$$\arctan\left(\tan\frac{n}{|t|}\right) = \frac{n}{|t|}$$

因 $\operatorname{Re}(S) = \dfrac{v}{2}, \operatorname{Im}(S) = t$, 故

$$|\Lambda^S| = |\Lambda|^{\frac{v}{2}} |e^{(i\arg\Lambda)(\frac{v}{2}+it)}| =$$

第二部分　中外名家论 Riemann 函数与 Riemann 猜想

$$|\Lambda|^{\frac{v}{2}}|\mathrm{e}^{-\mathrm{i}t\arg\Lambda}> C(\sum_{j=1}^{k'}x_j^n)^{\frac{v}{2}}$$

式中 C 是一个适当的正的常数. 又因 $|y_j|\geqslant 1$, $y_j\alpha_j>0$, 及当 $|\alpha|\leqslant\frac{\pi}{2}$ 时, $|\sin\alpha|>\frac{2}{\pi}|\alpha|$, 故式(3.24)右边的 k' 重积分的绝对值不超过

$$O\left[\int_0^\infty\cdots\int_0^\infty\exp\left\{-2\pi\sum_{j=1}^{k'}(y_j\sin\alpha_j)x_j\right\}\cdot\frac{\mathrm{d}x_1\cdots\mathrm{d}x_{k'}}{(x_1^n+\cdots+x_{k'}^n)^{\frac{v}{2}}}\right]=$$

$$O\left[\int_0^\infty\cdots\int_0^\infty\exp\left\{-4\sum_{j=1}^{k'}\frac{x_j}{|t|}\right\}\frac{\mathrm{d}x_1\cdots\mathrm{d}x_{k'}}{(x_1^n+\cdots+x_{k'}^n)^{\frac{v}{2}}}\right]=$$

$$O\left[|t|^{k'-\frac{1}{2}}\int_0^\infty\cdots\int_0^\infty\exp\left\{-4\sum_{j=1}^{k'}x_j\right\}\frac{\mathrm{d}x_1\cdots\mathrm{d}x_{k'}}{(x_1^n+\cdots+x_{k'}^n)^{\frac{v}{2}}}\right]=$$

$$O(t^{k'-\frac{1}{2}})$$

(利用 $\frac{x_1^n+\cdots+x_{k'}^n}{k'}\geqslant(x_1^n\cdots x_{k'}^n)^{\frac{1}{k'}}$, 可证明上面最后的 k' 重积分收敛, 且不超过 $k'^{-\frac{v}{2}}\left(\int_0^\infty\mathrm{e}^{-4x}x^{-\frac{1}{2k'}}\mathrm{d}x\right)^{k'}$). 因 $h_j\geqslant 2$, 故由式(3.24)得

$$I\ll|t|^{k'-\frac{1}{2}}\sum\Gamma(S+v(\lambda_1+\cdots+\lambda_{k'}))\tag{3.25}$$

我们知道当 x 一定而 $y\to\pm\infty$ 时, 有

$$|\Gamma(x+\mathrm{i}y)|\sim\mathrm{e}^{-\frac{1}{2}\pi|y|}|y|^{x-\frac{1}{2}}\sqrt{2\pi}①\tag{3.26}$$

故由式(3.5)及(3.25)得

---

① 参看[1]第 151 页(4.42 节).

$$Z_{n,k}(S) = O(t^A)$$

4. 结论

我们现在可以证明下面的定理,在证明中要屡次用到上一章中式(2.19)那个公式,因此把它写在下面

$$Z_{n,k}(S) = \frac{2^k \Gamma^k(1+v)}{\Gamma(s)} \frac{1}{s-kv} - \frac{1}{\Gamma(s+1)} +$$

$$\frac{1}{\Gamma(s)} \left\{ \int_1^\infty \omega^{s-1} \left[\left(\sum_{x=-\infty}^\infty e^{-x^n \omega} \right)^k - 1 \right] d\omega + \right.$$

$$\int_0^1 2^k \omega^{s-kv-1} \left[\left(\Gamma(1+v) + \right. \right.$$

$$2\omega^{2hv} \sum_{y=1}^\infty \frac{(-1)^h}{(2\pi y)^{2h}} \int_0^\infty \left(\frac{d^{2h}}{dx^{2h}} e^{-x^n} \right) \cdot$$

$$\left. \left. \cos \frac{2\pi yx}{\omega^v} dx \right)^k - \Gamma(1+v) \right] d\omega \right\}$$

(上一章中式(2.19))

这个表示式除去奇点 $S = kv$ 外可以适用于全平面,式中 h 可取任意正整数值,且若把一函数看成是自己的 0 次导数,则 h 也可以是 0.

定理 1 设 A_1, A_2 是任意二常数,满足 $A_1 < A_2$,则当 $A_1 \leqslant \sigma \leqslant A_2$ 而 $t \to \infty$ 时,可以找到一个常数 A(与 A_1, A_2 有关)使

$$Z_{n,k}(s) = O(t^A) \quad (3.27)$$

一致的成立(即 O 中所隐含的常数只与 A_1, A_2 有关).

证明 当 $\sigma \geqslant \sigma_0 > kv$ 时,$|Z_{n,k}(s)| \leqslant Z_{n,k}(\sigma_0)$. 今考虑 $\sigma \leqslant \sigma_0$ 的情形,由上一章中式 (2.19) 易知 $Z_{n,k}(\bar{s}) = \overline{Z_{n,k}(s)}$. (式中 $\bar{z}$ 表示 z 的共轭复数),故只需讨论 $t \to +\infty$ 的情形. 由引理 3 知道当 M 是充分大的整数时,在半线

第二部分 中外名家论 Riemann 函数与 Riemann 猜想

$$\sigma = -(2M+1)\frac{v}{2}, \ t \geq 1, \sigma = \sigma_0$$

上式(3.27)成立(对于适当的 A 而言). 我们要证明在 $A_1 \leq \sigma \leq A_2, t \geq 1$ 时,有

$$Z_{n,k}(s) = O(\mathrm{e}^t) = O(\mathrm{e}^{\varepsilon st}) \qquad (3.28)$$

式中 ε 表示任意正数. 这可以根据上一章中式(2.19)来证明. 因当 $|z| \to \infty$ 时,有

$$\log \Gamma(z) = \left(z - \frac{1}{2}\right)\log z - z + \frac{1}{2}\log 2\pi + O\left(\frac{1}{|z|}\right)$$

对于 $-\pi + \delta \leq \arg z \leq \pi - \delta$ 一致的成立①,故当 $A_1 \leq \sigma \leq A_2$ 而 $t \to +\infty$ 时,上一章中式(2.19)右边前两项等于 $O(\mathrm{e}^t)$. 又上一章中式(2.19)右边花括号外的因子也是 $O(\mathrm{e}^t)$,而花括号内部的两个积分的绝对值分别小于下面两个积分

$$\int_1^\infty \omega^{\sigma-1}\left[\left(\sum_{x=-\infty}^\infty \mathrm{e}^{-x^n\omega}\right)^k - 1\right]\mathrm{d}\omega$$

及

$$\int_0^1 2^k \omega^{\sigma-kv-1}\left\{\left[\Gamma(1+v) + 2\omega^{2hv}\sum_{y=1}^\infty \frac{1}{(2\pi y)^{2h}}\int_0^\infty \left|\frac{\mathrm{d}^{2h}}{\mathrm{d}x^{2h}}\mathrm{e}^{-x^n}\right|\mathrm{d}x\right]^k - \Gamma^k(1+v)\right\}\mathrm{d}\omega$$

其中 h 可取充分大的值. 上面两积分都是收敛的,且与 t 无关,故等于 $O(1)$. 因此式(3.28)成立. 根据以上的讨论,可知可以应用一个已知的定理得到:当 $-(2M+1)\frac{v}{2} \leq \sigma \leq \sigma_0$ 时,式(3.27)成立. 又因为 M 可以任意大,所以定理成立.

---

① 参看[1],151 页(4.42)节.

参 考 资 料

[1] TITCHMARSH E C. The theory of functions, 2nd ed. Oxford University Press, Oxford, 1939: 44-45.

[2] LITTLEWOOD J E. Lectures on the theory of functions. Oxford University Press, 1944: 108.

第四章 论 Riemann ζ 函数的非明显零点[①]

1. 引论.

Riemann ζ 函数 $\zeta(s)$ ($s = \sigma + it$) 以 $s = -2, -4, \cdots$ 为零点. 这些零点就是所谓明显零点(trivial zeros), 其他的零点就是所谓非明显零点(non-trivial zeros) 都含于带形区域 $0 < \sigma < 1$ 内. 用 $N(T)$ 表示满足 $0 \leqslant \beta \leqslant 1, 0 \leqslant \gamma \leqslant T$ 的 $\zeta(s)$ 的零点 $\beta + i\gamma$ 的个数, 并用 $N_0(T)$ 表示满足 $\beta = \frac{1}{2}, 0 \leqslant \gamma \leqslant T$ 的 $\zeta(s)$ 的零点个数. 则因 $\zeta(s)$ 在共轭复数上取共轭值, 所谓 Riemann 假说就和下式等价

$$N_0(T) = N(T), T \geqslant 0$$

我们知道当 $T \to \infty$ 时, $N(T) \sim (2\pi)^{-1} T \log T$, 所以根据 Riemann 猜想知道 $N_0(T) \sim (2\pi)^{-1} T \log T$. Selberg 曾证明有一个常数 A 存在使得

$$N_0(T) > AT \log T \qquad (4.1)$$

本章将证明:

定理 1 当 T 充分大时, $N_0(T) > \dfrac{1}{60\,000} N(T)$.

2. 我们要以下面的引理为依据:

引理 1 设 $F(t)$ 是一个定义在 (T_1, T_2) 的实连续

---

① 摘编自《北京大学学报》, 1956, 2(2): 2: 165-189.

函数而 $0 < H < T_2 - T_1$，又设 n 是 $F(t)$ 在 (T_1, T_2) 内变更符号的次数，则

$$\left\{ \int_{T_1}^{T_2-H} \left(\int_t^{t+H} | F(v) | \, dv - \left| \int_t^{t+H} F(v) \, dv \right| \right) dt \right\}^2 \leqslant$$

$$nH \int_{T_1}^{T_2-H} \left\{ \int_t^{t+H} | F(v) | \, dv - \left| \int_t^{t+H} F(v) \, dv \right| \right\}^2 dt \quad (4.2)$$

引理 2 设 $F(t)$ 对于所有 t 的值是连续的，并且下面出现的积分都存在. 设 $0 < 2H < T_2 - T_1$ 而 $u = T_2 - T_1 - 2H$. 最后设

$$\int_{-\infty}^{\infty} | F(v) |^2 \, dv \leqslant \delta_1 H^{-2}$$

$$\int_{-\infty}^{\infty} \left| \int_t^{t+H} F(v) \, dv \right|^2 dt = \delta'_2 \leqslant \delta_2 \quad (4.3)$$

与

$$\int_{T_1+H}^{T_2-H} | F(v) | \, dv \geqslant \delta_3 H^{-1} u^{\frac{1}{2}}, \quad \delta_3 > \delta_2^{\frac{1}{2}}$$

则 $F(t)$ 在 (T_1, T_2) 内变号的次数是

$$n \geqslant \frac{(\delta_3 - \delta'_2{}^{\frac{1}{2}})^2}{\delta_1 - \delta'_2} \cdot \frac{u}{H} \geqslant \frac{(\delta_3 - \delta_2^{\frac{1}{2}})^2}{\delta_1} \cdot \frac{u}{H} \quad (4.4)$$

引理 3 若在引理 2 里面再假定 $F(t)$ 以 $f(y)$ 为 Fourier 变换，则条件 (4.3) 可以用下列条件代替

$$2 \int_0^{\infty} | f(y) |^2 \, dy \leqslant \delta_1 H^{-2}$$

$$8 \int_0^{\infty} | f(y) |^2 \frac{\sin^2 \frac{1}{2} Hy}{y^2} \, dy = \delta'_2 \leqslant \delta_2 \quad (4.5)$$

这些引理已被证明. 由于以往对于引理 2 及引理 3 的叙述有些缺点，因而需要改成现在的形式，至于以前的证明只要把 δ_2 改成 δ'_2 就可以了. 这些改动并不影响证

明的其他部分，因为在证明中内只用到 $n \geqslant \dfrac{(\delta_3 - \delta_2^{\frac{1}{2}})^2}{\delta_1} \dfrac{u}{H}$.

上面最后一个引理就是我们估计 $N_0(T)$ 的主要工具，事实上，我们以后取

$$F(t) = -\frac{1}{\sqrt{8\pi}} \pi^{-\frac{1}{4}-\frac{i}{2}t} \Gamma\left(\frac{1}{4} + \frac{i}{2}t\right) \zeta\left(\frac{1}{2} + it\right) \cdot \left|\phi\left(\frac{1}{2} + it\right)\right|^2 e^{(\frac{\pi}{4}-\frac{d}{2})t}$$

其中

$$\phi(s) = \sum_{v<\xi} \beta_v v^{-s}, \ |\beta_v| \leqslant 1$$

常数 $\xi = \xi(T) = o(T^{\frac{1}{4}})$ 与 $d = d(T) = O\left(\dfrac{1}{T}\right)$ 要在以后决定，而常数 $\beta_v = \beta_v(T)$ 则规定如下：

我们用下式定义 α_v 与 α'_v

$$\{\zeta(s)\}^{-\frac{1}{2}} = \sum_{v=1}^{\infty} \frac{\alpha_v}{v^s}$$

$$\{\zeta(s)\}^{\frac{1}{2}} = \sum_{v=1}^{\infty} \frac{\alpha'_v}{v^s}, \sigma > 1, \alpha_1 = \alpha'_1 = 1$$

并令

$$\beta_v = \alpha_v \left(1 - \frac{\log v}{\log \xi}\right)^{\alpha}, 1 \leqslant v \leqslant \xi, \alpha > \frac{1}{2}$$

由 $\zeta(s)$ 的 Euler 乘积可以看出当 $(\mu, v) = 1$ 时，$\alpha_\mu \alpha_v = \alpha_{\mu v}$，而 $|\alpha_v| \leqslant \alpha'_v < 1$. 由此，$|\beta_v| \leqslant 1$ 而

$$|\phi(s)| = O(\xi^{1-\sigma})$$

我们知道 $F(t)$ 的 Fourier 变换是

$$f(y) = \frac{1}{2} z^{\frac{1}{2}} \phi(0) \phi(1) -$$

$$z^{-\frac{1}{2}} \sum_{n=1}^{\infty} \sum_{\mu=1}^{\xi} \sum_{v=1}^{\xi} \frac{\beta_\mu \beta_v}{v} \exp\left(-\frac{\pi n^2 \mu^2}{z^2 v^2}\right), y \geqslant 0$$

其中 $z = \mathrm{e}^{-\mathrm{i}(\frac{\pi}{4}-\frac{d}{2})-y}$. 为方便计算

$$I = \int_H^{T-H} |F(v)| \, \mathrm{d}v, \quad I_1 = \int_0^\infty |f(x)|^2 \mathrm{d}x$$

$$I_2 = \int_0^\infty |f(x)|^2 \frac{\sin^2 \frac{1}{2}Hx}{x^2} \mathrm{d}x$$

其中 $H = H(T) = o(T)$. 由式(4.4)可知,我们把估计 $N_0(T)$ 的问题化为求 I 的一个适当的下界与 I_1 及 I_2 的适当上界的问题.

3. 积分 I 的一个下界.

引理 4

$$I > (1-o(1)) \frac{1}{2}\left(\frac{2}{\pi}\right)^{\frac{1}{4}} d^{-\frac{3}{4}} \int_{dH}^{d(T-H)} t^{-\frac{1}{4}} \mathrm{e}^{-\frac{1}{2}t} \mathrm{d}t >$$

$$(1-o(1)) \frac{2}{3}\left(\frac{2}{\pi}\right)^{\frac{1}{4}} T^{\frac{3}{4}} \mathrm{e}^{-\frac{dT}{2}}$$

证明 当 x 是常数,而 $y \to \pm\infty$ 时,我们有 $\Gamma(x+\mathrm{i}y) \sim \mathrm{e}^{-\frac{1}{2}\pi|y|} |y|^{x-\frac{1}{2}} \sqrt{2\pi}$. 因此,当 $t \to \infty$ 时,有

$$|F(t)| \sim \frac{1}{2}\left(\frac{2}{\pi}\right)^{\frac{1}{4}} t^{-\frac{1}{4}} \mathrm{e}^{-\frac{d}{2}t} \left|\zeta\left(\frac{1}{2}+\mathrm{i}t\right)\right| \cdot \left|\phi\left(\frac{1}{2}+\mathrm{i}t\right)\right|^2$$

由此可知当 $n > T^{\frac{1}{2}}$ 时,有

$$I = \sum_{m=0}^{n} \int_{H+\frac{m}{n}(T-2H)}^{H+\frac{m+1}{n}(T-2H)} |F(v)| \, \mathrm{d}v >$$

$$(1-o(1)) \frac{1}{2}\left(\frac{2}{\pi}\right)^{\frac{1}{4}} d^{\frac{1}{4}} \sum_{m=0}^{n} \left\{dH + \frac{m}{n}d(T-2H)\right\}^{-\frac{1}{4}} \cdot$$

第二部分　中外名家论 Riemann 函数与 Riemann 猜想

$$e^{-\frac{1}{2}d\{H+\frac{m}{n}(T-2H)\}} \cdot$$

$$\int_{H+\frac{m}{n}(T-2H)}^{H+\frac{m+1}{n}(T-2H)} \left|\zeta\left(\frac{1}{2}+it\right)\right| \cdot \left|\phi\left(\frac{1}{2}+it\right)\right|^2 dt >$$

$$(1-o(1))\frac{1}{2}\left(\frac{2}{\pi}\right)^{\frac{1}{4}} d^{-\frac{3}{4}} \int_{dH}^{d(T-H)} e^{-\frac{t}{2}} t^{-\frac{1}{4}} dt >$$

$$(1-o(1))\frac{2}{3}\left(\frac{2}{\pi}\right)^{\frac{1}{4}} T^{\frac{3}{4}} e^{-\frac{dT}{2}}$$

因为当 $u > T^{\frac{1}{2}}$ 时,有

$$\int_T^{T+u} \zeta\left(\frac{1}{2}+it\right)\varphi^2\left(\frac{1}{2}+it\right) dt = u + o(u)$$

4. 让我们来考虑

$$I_2 = \int_0^\infty |f(y)|^2 \frac{\sin^2\frac{1}{2}Hy}{y^2} dy$$

其中

$$f(y) = \frac{1}{2}z^{\frac{1}{2}}\varphi(0)\varphi(1) -$$

$$z^{-\frac{1}{2}} \sum_{n=1}^\infty \sum_{\mu=1}^\zeta \sum_{v=1}^\xi \frac{\beta_\mu \beta_v}{v} \exp\left(-\frac{\pi n^2 \mu^2}{z^2 v^2}\right)$$

而 $z = \exp\left\{-i\left(\frac{1}{4}\pi - \frac{1}{2}d\right) - y\right\}$. 我们有

$$I_2 \leq \frac{H^2}{4}\int_0^{\frac{2}{H}} |f(y)|^2 dy + \int_{\frac{2}{H}}^\infty |f(y)|^2 \frac{dy}{y^2} =$$

$$\frac{H^2}{4}I_{21} + I_{22}(\text{新引进的符号}) \qquad (4.6)$$

令 $y = \log x$ 与 $G = e^{\frac{2}{H}}$,则

$I_{21} =$

$$\int_1^G \left|\frac{1}{2}x^{-1}\varphi(0)\varphi(1)\exp\left\{-i\left(\frac{\pi}{4}-\frac{d}{2}\right)\right\} - g(x)\right|^2 dx$$

其中

$$g(x) = \sum_{n=1}^{\infty} \sum_{\mu=1}^{\xi} \sum_{v=1}^{\xi} \frac{\beta_\mu \beta_v}{v} \exp\left(-\frac{\pi\mu^2 n^2}{v^2} e^{i(\pi/2-d)} x^2\right)$$

由于 $\varphi(0)\varphi(1) = O(\xi\log\xi)$ 和 $\alpha_v = o(1)$ 我们有

$$I_{21} \leq \int_1^G |g(x)|^2 dx + 2\int_1^G \frac{\xi\log\xi |g(x)|}{2x} dx +$$

$$\int_1^G \frac{\xi^2 \log^2 \xi}{4x^2} dx \leq \int_1^G |g(x)|^2 dx +$$

$$O\left\{\xi\log\xi\left(\int_1^G |g(x)|^2 dx\right)^{\frac{1}{2}}\right\} +$$

$$O(\xi^2 \log^2 \xi) \tag{4.7}$$

仿此,由 $\int_G^\infty \frac{|\varphi(0)\varphi(1)|^2}{4x^2 \log^2 x} dx = O\left(\frac{\xi^2 \log^2 \xi}{G \log^2 G}\right)$,我们得到

$$I_{22} \leq \int_G^\infty \frac{|g(x)|^2}{\log^2 x} dx +$$

$$O\left\{\left(\frac{\xi^2 \log^2 \xi}{G \log^2 G} \int_G^\infty \frac{|g(x)|^2}{\log^2 x} dx\right)^{\frac{1}{2}}\right\} + O\left(\frac{\xi^2 \log^2 \xi}{G \log^2 G}\right) \tag{4.8}$$

转而讨论 I_1,我们容易得到

$$I_1 \leq \int_1^\infty |g(x)|^2 dx +$$

$$O\left\{\xi\log\xi\left(\int_1^\infty |g(x)|^2 dx\right)^{\frac{1}{2}}\right\} + O(\varepsilon^2 \log^2 \xi) \tag{4.9}$$

因此,剩下的问题只有估计

$$I_1^* = \int_1^G |g(x)|^2 dx$$

$$I_2^* = \int_G^\infty \frac{|g(x)|^2}{\log^2 x} dx, \quad I_3^* = \int_1^\infty |g(x)|^2 dx$$

第二部分 中外名家论Riemann函数与Riemann猜想

设

$$J(x,\theta) = \int_x^\infty |g(x)|^2 \frac{dx}{x^\theta}, 0 < \theta < 1$$

不难看出

$$I_1^* = -\int_1^G x^\theta \frac{\partial J}{\partial x} dx = -[x^\theta J]\big|_1^G + \theta \int_1^G x^{\theta-1} J dx$$

(4.10)

而对于充分大的 G,则有

$$\int_0^{\frac{1}{2}} \theta J(G,\theta) d\theta = \int_G^\infty |g(x)|^2 dx \int_0^{\frac{1}{2}} \theta x^{-\theta} d\theta =$$

$$\int_G^\infty |g(x)|^2 \left(\frac{1}{\log^2 x} - \frac{1}{2x^{\frac{1}{2}}\log x} - \frac{1}{x^{\frac{1}{2}}\log^2 x}\right) dx \geq$$

$$\int_G^\infty \frac{|g(x)|^2}{\log^2 x} dx - \int_G^\infty \frac{|g(x)|^2}{x^{\frac{1}{2}}} dx$$

即

$$I_2^* \leq \int_0^{\frac{1}{2}} \theta J(G,\theta) d\theta + J\left(G \frac{1}{2}\right) \quad (4.11)$$

5. 显然,我们有

$$J(X,\theta) = \sum_{m=1}^\infty \sum_{n=1}^\infty \sum_\kappa \sum_\lambda \sum_\mu \sum_v \frac{\beta_\kappa \beta_\lambda \beta_\mu \beta_v}{\lambda v} \cdot$$

$$\int_X^\infty \exp\left\{-\pi\left(\frac{m^2\kappa^2}{\lambda^2} + \frac{n^2\mu^2}{v^2}\right) x^2 \sin d + \right.$$

$$\left. i\pi\left(\frac{m^2\kappa^2}{\lambda^2} - \frac{n^2\mu^2}{v^2}\right) x^2 \cos d\right\} \frac{dx}{x^\theta}$$

用 $\sum_1$ 表示各项满足 $\frac{m\kappa}{\lambda} = \frac{n\mu}{v}$ 的和,而 $\sum_2$ 则表示其余各项之和. 令 $(\kappa v, \lambda \mu) = q$ 则 $\kappa v = aq, \lambda \mu = bq$ 而 $(a,b) = 1$, 故在 $\sum_1$ 中 $ma = nb$ 因而 $n = ra, m = rb$ ($r = 1, 2, \cdots$), 故

$$\sum\nolimits_1 = \sum_{\kappa}\sum_{\lambda}\sum_{\mu}\sum_{v}\frac{\beta_\kappa\beta_\lambda\beta_\mu\beta_v}{\lambda v}\cdot$$
$$\sum_{r=1}^{\infty}\int_X^{\infty}\exp\left(-2\pi\frac{r^2\kappa^2\mu^2}{q^2}x^2\sin d\right)\frac{\mathrm{d}x}{x^\theta}$$

我们先考虑
$$\sum_{r=1}^{\infty}\int_X^{\infty}\mathrm{e}^{-r^2x^2\eta}\frac{\mathrm{d}x}{x^\theta}=\eta^{(\frac{1}{2})\theta-(\frac{1}{2})}\sum_{r=1}^{\infty}\frac{1}{r^{1-\theta}}\int_{Xr\sqrt{\eta}}^{\infty}\mathrm{e}^{-y^2}\frac{\mathrm{d}y}{y^\theta}=$$
$$\eta^{(\frac{1}{2})\theta-(\frac{1}{2})}\int_{X\sqrt{\eta}}^{\infty}\frac{\mathrm{e}^{-y^2}}{y^\theta}\cdot$$
$$\left(\sum_{r\leqslant y(X/\sqrt{\eta})}\frac{1}{r^{1-\theta}}\right)\mathrm{d}y$$

因 $\xi(s)=\sum_{n=1}^{N}\frac{1}{n^s}-\frac{1}{(1-s)N^{s-1}}+O\left(\frac{1}{N^\sigma}\right)$,故关于 r 的和可写成
$$\frac{1}{\theta}\left(\frac{y}{X\sqrt{\eta}}\right)^\theta+\xi(1-\theta)+O\left\{\left(\frac{y}{X\sqrt{\eta}}\right)^{\theta-1}\right\}$$

由此可得
$$\sum_{r=1}^{\infty}\int_X^{\infty}\mathrm{e}^{-r^2x^2\eta}\frac{\mathrm{d}x}{x^\theta}=$$
$$\frac{1}{\theta X^\theta\sqrt{\eta}}\left\{\int_0^{\infty}\mathrm{e}^{-y^2}\mathrm{d}y+O(X\sqrt{\eta})\right\}+$$
$$\zeta(1-\theta)\eta^{(\frac{1}{2})\theta-\frac{1}{2}}\left[\int_0^{\infty}y^{-\theta}\mathrm{e}^{-y^2}\mathrm{d}y+O\left(\frac{(X\sqrt{\eta})^{1-\theta}}{1-\theta}\right)\right]+$$
$$O\{X^{1-\theta}\log(X\sqrt{\eta})\}=$$
$$\frac{\sqrt{\pi}}{2\theta X^\theta\eta^{\frac{1}{2}}}+\frac{1}{2}\xi(1-\theta)\Gamma\left(\frac{1-\theta}{2}\right)\eta^{(\frac{1}{2})\theta-\frac{1}{2}}+$$
$$O\left\{\frac{X^{1-\theta}}{\theta(1-\theta)}\log(X\sqrt{\eta})\right\}$$

令 $\eta=2\pi\kappa^2\mu^2q^{-2}\sin d$,我们有

第二部分 中外名家论 Riemann 函数与 Riemann 猜想

$$\sum\nolimits_1 = \frac{S(0)}{2(2\sin d)^{\frac{1}{2}}\theta X^\theta} +$$

$$\frac{1}{2}\zeta(1-\theta)\Gamma\left(\frac{1-\theta}{2}\right)(2\pi\sin d)^{\frac{\theta-1}{2}}S(\theta) +$$

$$O\left(\frac{X^{1-\theta}\log\left(\frac{X\xi}{d}\right)}{\theta(1-\theta)}\xi^2\log^2\xi\right) \tag{4.12}$$

其中

$$S(\theta) = \sum_\kappa \sum_\lambda \sum_\mu \sum_v \left(\frac{q}{\kappa\mu}\right)^{1-\theta}\frac{\beta_\kappa\beta_\lambda\beta_\mu\beta_v}{\lambda v}$$

我们已知

$$\sum\nolimits_2 = O\left(X^{-\theta}\xi^4\log^2\frac{1}{d}\right) \tag{4.13}$$

故由式(4.12)与(4.13)得出

$$J(X,\theta) = \frac{S(0)}{2(2\sin d)^{\frac{1}{2}}\theta X^\theta} +$$

$$\frac{1}{2}\xi(1-\theta)\Gamma\left(\frac{1-\theta}{2}\right)(2\pi\sin d)^{\frac{\theta-1}{2}}S(\theta) +$$

$$O\left(\frac{X^{1-\theta}\xi^2}{\theta(1-\theta)}\log\left(\frac{X\xi}{d}\right)\log^2\xi\right) +$$

$$O\left(X^{-\theta}\xi^4\log^2\frac{1}{d}\right) \tag{4.14}$$

我们取 $G = \mathrm{e}^{\frac{2}{\theta}}$ 并选择 d,ξ 与 H 使得

$$d = \frac{A_1}{T}, \xi = A_2 T^{(\frac{1}{8})^{-\varepsilon_1}}, H = \frac{A_3}{\log\xi} > \frac{2}{\log\xi} \tag{4.15}$$

其中 A_1, A_2 和以后的 $A_3, \cdots$ 都是正的常数,又 ε_1 和以后的 $\varepsilon_2, \varepsilon_3, \cdots$ 都表示任意小的正数. 于是从式(4.14)得出

$$J(X,\theta) = \frac{S(0)}{2(2\sin d)^{\frac{1}{2}}\theta X^{\theta}} +$$

$$\frac{1}{2}\zeta(1-\theta)\Gamma\left(\frac{1-\theta}{2}\right)(2\pi\sin d)^{\frac{\theta-1}{2}}S(\theta) +$$

$$O\left\{\left(\frac{X^{1-\theta}}{\theta(1-\theta)} + T^{\frac{1}{4}}X^{-\theta}\right)T^{\frac{1}{4}-\varepsilon_2}\right\} \quad (4.16)$$

取 $\theta = \frac{1}{2}$ 并代入式(4.10) 我们得到

$$I_1^* = \frac{S(0)}{(2\sin d)^{\frac{1}{2}}H} + O(T^{\frac{1}{2}-\varepsilon_3}) \quad (4.17)$$

将来要证明 $S(\theta) \geqslant 0$ (见(4.55)). 因而上面第二项与 $\zeta(1-\theta)$ 是同号的. 但 $\zeta(1-\theta)$ 当 $0 \leqslant \theta \leqslant 1$ 时是负的, 故由式(4.16) 得

$$J(X,\theta) \leqslant \frac{S(0)}{2(2\sin d)^{\frac{1}{2}}\theta X^{\theta}} +$$

$$O\left\{\left(\frac{X^{1-\theta}}{\theta(1-\theta)} + T^{\frac{1}{4}}X^{-\theta}\right)T^{\frac{1}{4}-\varepsilon_2}\right\}$$

$$(4.18)$$

代入式(4.17) 我们得出

$$I_2^* \leqslant \frac{HS(0)}{4(2\sin d)^{\frac{1}{2}}} + O(T^{\frac{1}{2}-\varepsilon_4}) \quad (4.19)$$

将来要证明 $S(\theta) = O\left(\frac{1}{\log \xi}\right)$ (见(4.67)). 把式(4.17) 及(4.19) 代入式(4.7) 和(4.8) 即得

$$I_{21} \leqslant \frac{S(0)}{(2\sin d)^{\frac{1}{2}}H} + O(T^{\frac{1}{2}-\varepsilon_5})$$

$$I_{22} \leqslant \frac{HS(0)}{4(2\sin d)^{\frac{1}{2}}} + O(T^{\frac{1}{2}-\varepsilon_6})$$

故由式(4.6)

$$I_2 \leq \frac{HS(0)}{2(2\sin d)^{\frac{1}{2}}} + O(T^{\frac{1}{2}-\varepsilon_7}) \quad (4.20)$$

6. 现在考虑 $I_3^* = J(1,0)$. 我们可以写成

$$I_3^* = \sum_{m=1}^{\infty}\sum_{n=1}^{\infty}\sum_{\kappa}\sum_{\lambda}\sum_{\mu}\sum_{v} \frac{\beta_\kappa \beta_\lambda \beta_\mu \beta_v}{\lambda v} \cdot$$

$$\int_1^{\infty} \exp\left\{-\pi\left(\frac{m^2\kappa^2}{\lambda^2} + \frac{n^2\mu^2}{v^2}\right)x^2 \sin d + \right.$$

$$\left. i\pi\left(\frac{m^2\kappa^2}{\lambda^2} - \frac{n^2\mu^2}{v^2}\right)x^2 \cos d\right\} dx =$$

$$\sum_1^* + \sum_2^*$$

其中 $\sum_1^* + \sum_2^*$ 是对应于 $\sum_1$ 及 $\sum_2$ 的项. 因为 $\theta = 0$ 时 $\sum_2$ 变成 $\sum_2^*$. 故由式(4.13) 我们得到

$$\sum_2^* = O\left(\xi^4 \log^2 \frac{1}{\alpha}\right) = O(T^{\frac{1}{2}-\varepsilon_8}) \quad (4.21)$$

另外

$$\sum_1^* = \sum_{\kappa}\sum_{\lambda}\sum_{\mu}\sum_{v} \frac{\beta_\kappa \beta_\lambda \beta_\mu \beta_v}{\lambda v} \cdot$$

$$\sum_{r=1}^{\infty} \int_1^{\infty} \exp\left(-2\pi \frac{r^2\kappa^2\mu^2}{q} x^2 \sin d\right) dx$$

现在

$$\sum_{r=1}^{\infty} \int_1^{\infty} e^{-r^2 x^2 \eta} dx = \eta^{-\frac{1}{2}} \int_{\sqrt{\eta}}^{\infty} e^{-y^2} \sum_{r \leq y/\sqrt{\eta}} + \frac{1}{r} dy =$$

$$\eta^{-\frac{1}{2}} \int_{\sqrt{\eta}}^{\infty} e^{-y^2} \left[\log \frac{y}{\sqrt{\eta}} + C + O\left(\frac{\sqrt{\eta}}{y}\right)\right] dy$$

其中 C 是一常数. 最后的式子等于

$$\eta^{-\frac{1}{2}}\left\{\int_0^{\infty} e^{-y^2} \log \frac{y}{\sqrt{\eta}} dy + O(\eta^{\frac{1}{2}} \log \eta) + A_4\right\} =$$

$$-\frac{\sqrt{\pi}}{4}\eta^{-\frac{1}{2}}\log \eta + A_5 \eta^{-\frac{1}{2}} + O(\log \eta)$$

令 $\eta = 2\pi \kappa^2 \mu^2 q^{-2} \sin d$,我们由式(4.15) 得到

$$\sum\nolimits_{1}^{*} = -\frac{S^*}{4(2\sin d)^{\frac{1}{2}}} + \frac{A_6 S(0)}{(2\sin d)^{\frac{1}{2}}} +$$

$$O\left(\log d^{-1} \sum_{\kappa} \sum_{\lambda} \sum_{\mu} \sum_{v} \frac{1}{\lambda v}\right)$$

其中

$$S^* = \sum_{\kappa}\sum_{\lambda}\sum_{\mu}\sum_{v} \frac{\beta_\kappa \beta_\lambda \beta_\mu \beta_v}{\lambda v} \frac{q}{\kappa \mu}\log\left(2\pi \frac{\kappa^2 \mu^2}{q^2}\sin d\right)$$

因 $S(0) = O\left(\dfrac{1}{\log \xi}\right)$ 及

$$\log d^{-1}\sum\sum\sum\sum\frac{1}{\lambda v} =$$

$$O(\xi^2 \log^2 \xi \log d^{-1}) = O(T^{\frac{1}{4}}\log^3 T)$$

我们有

$$\sum\nolimits_{1}^{*} = -\frac{S^*}{4(2\sin d)^{\frac{1}{2}}} + O\left(\frac{T^{\frac{1}{2}}}{\log T}\right) \qquad (4.22)$$

把式(4.21) 及(4.22) 加起来,我们得到

$$I_3^* = -\frac{S^*}{4(2\sin d)^{\frac{1}{2}}} + O\left(\frac{T^{\frac{1}{2}}}{\log T}\right) \qquad (4.23)$$

这就给出式(4.9) 的第一项的一个估计. 将来要证明 $S^* = O(1)$ [见式(4.70)],故由式(4.9)

$$I_1 \leqslant -\frac{S^*}{4(2\sin d)^{\frac{1}{2}}} + O\left(\frac{T^{\frac{1}{2}}}{\log T}\right) \qquad (4.24)$$

7. 假定我们能证明(见式(4.67))

$$S(0) \leqslant \frac{A_0}{\log \xi'} - S^* \leqslant A^* \qquad (4.25)$$

第二部分　中外名家论 Riemann 函数与 Riemann 猜想

则由式(4.24)(4.20)及引理 4 得

$$I_1 \leq (1+o(1))\frac{A^*}{4(2\sin d)^{\frac{1}{2}}}$$

$$I_2 \leq (1+o(1))\frac{HA_0\log^{-1}\xi}{2(2\sin d)^{\frac{1}{2}}}$$

$$I \geq \widetilde{A}T^{\frac{3}{4}}$$

其中 $\left(\text{取 } d = \frac{1}{2T}\right)$

$$\widetilde{A} = \frac{2}{3}\left(\frac{2}{\pi}\right)^{\frac{1}{4}}e^{-\frac{dT}{2}} = \frac{2}{3}\left(\frac{2}{\pi}\right)^{\frac{1}{4}}e^{-\frac{1}{4}} \quad (4.26)$$

由引理 3($T_1 = 0$, $T_2 = T$)

$$N_0(T) \geq (1-o(1))\frac{2(2\sin d)^{\frac{1}{2}}}{A^*H^2} \cdot$$

$$\left\{\widetilde{A}HT^{\frac{1}{4}} - \frac{2A_0^{\frac{1}{2}}H^{\frac{1}{2}}}{(2\sin d)^{\frac{1}{4}}}\log^{-\frac{1}{4}}\xi\right\}^2 \frac{T}{H} =$$

$$8(1-o(1)) \cdot$$

$$\left\{\frac{1}{2}\widetilde{A}H^{\frac{1}{2}}T^{\frac{1}{4}}(2\sin d)^{\frac{1}{4}} - A_0^{\frac{1}{2}}\log^{-\frac{1}{2}}\xi\right\}^2 \cdot$$

$$\frac{T}{A^*H^2}$$

取 H 使得

$$\frac{1}{2}\widetilde{A}H^{\frac{1}{2}}T^{\frac{1}{4}}(2\sin d)^{\frac{1}{4}} = 2A_0^{\frac{1}{2}}\log^{-\frac{1}{2}}\xi$$

即使得

$$H^2 = \frac{128A_0^2}{\widetilde{A}^4 T\sin d}\frac{1}{\log^2\xi}$$

我们有

$$N_0(T) \geq 8(1 - o(1)) \frac{A_0 T \log^{-1} \xi}{A^* H^2} =$$

$$(1 - o(1)) \frac{\widetilde{A}^4 T \sin d}{16 A_0 A^*} T \log \xi =$$

$$(1 - o(1)) \frac{T \log T}{648 \pi e A_0 A^*} \quad (4.27)$$

8. 在估计 $S(0)$ 及 S^* 之前我们要先证明几个引理.

引理 5 当 $\mathrm{Re}(a) = a_1 > \frac{1}{2}$ 及 k 充分大时,有

$$\frac{1}{\Gamma(a+1)} \sum_{\substack{\kappa \leq k \\ (\kappa,\rho)=1}} \frac{\alpha_\kappa}{\kappa} \log^a \frac{k}{\kappa} =$$

$$\frac{1}{\Gamma(a+\frac{1}{2})} \sum_{\kappa \leq k}^* \frac{\alpha'_\kappa}{\kappa} \log^{a-(\frac{1}{2})} \frac{k}{\kappa} +$$

$$O\left[(\log^{a_1 - (\frac{3}{2})} k + \log^{(\frac{a_1}{2}) - (\frac{1}{4})} k) \prod_{p \mid \rho} \left(1 - \frac{1}{p}\right)^{-\frac{1}{2}} \right]$$
$$(4.28)$$

其中 * 号表示 κ 的一切素因数都除尽 ρ,并且 $\alpha_\kappa, \alpha'_\kappa$ 分别是 $\{\zeta(s)\}^{-\frac{1}{2}}$ 及 $\{\zeta(s)\}^{\frac{1}{2}}$ 的狄氏级数的系数. 我们取平方根的符号使得 $\alpha_1 = \alpha'_1 = 1$.

证明 当 $c > 0$ 及 $\mathrm{Re}(z) > 0$ 时,我们有

$$\frac{1}{\Gamma(z)} = \frac{1}{2\pi} \int_{-\infty}^{\infty} e^{\alpha + iu} (c + iu)^{-z} du = \frac{1}{2\pi i} \int_{c-i\infty}^{c+i\infty} \frac{e^s}{s^z} ds$$

这公式是 Laplace 证明的(参阅 Whittaker-Watson, *Modern analysis* 第 4 版, 245-246 页例 1), 故当 $\mathrm{Re}(b) > 0$ 时,有

第二部分　中外名家论Riemann函数与Riemann猜想

$$\frac{1}{2\pi i}\int_{1-i\infty}^{1+i\infty}\frac{x^s}{s^{b+1}}ds = \begin{cases} 0, 0 \leq x \leq 1 \\ \dfrac{1}{\Gamma(b+1)}\log^b x, 1 < x \end{cases}$$

(4.29)

当 $\sigma > 0$ 时，我们有

$$\sum_{\substack{\kappa=1\\(\kappa,\rho)=1}}^{\infty}\frac{\alpha_\kappa}{\kappa^{1+s}} = \prod_{p|\rho}\left(1-\frac{1}{p^{1+s}}\right)^{-\frac{1}{2}}\frac{1}{\sqrt{\zeta(1+s)}}$$

因此，由式（4.29）得

$$\frac{1}{\Gamma(a+1)}\sum_{\substack{\kappa \leq k\\(\kappa,\rho)=1}}\frac{\alpha_\kappa}{\kappa}\log^a\frac{k}{\kappa} =$$

$$\frac{1}{2\pi i}\int_{1-i\infty}^{1+i\infty}\frac{k^s}{s^{a+1}}\prod_{p|\rho}\left(1-\frac{1}{p^{1+s}}\right)^{-\frac{1}{2}}\frac{ds}{\sqrt{\zeta(1+s)}}$$

我们把积分路线推到 $\sigma = 0$ 去，为了避免通过原点，可以绕着一个以原点为中心，以 r 为半径并且整个在虚轴右边的半圆，这样我们就得到

$$\frac{1}{\Gamma(a+1)}\sum_{\substack{\kappa \leq k\\(\kappa,\rho)=1}}\frac{\alpha_\kappa}{\kappa}\log^a\frac{k}{\kappa} =$$

$$\frac{1}{2\pi i}\left\{\int_C + \int_{-i\infty}^{-ir_1} + \int_{ir_1}^{i\infty}\right\}\frac{k^s}{s^{a+1}}\prod_{p|\rho}\left(1-\frac{1}{p^{1+s}}\right)^{-\frac{1}{2}}\frac{ds}{\sqrt{\zeta(1+s)}}$$

(4.30)

其中 $r_1 > r$，并且 C 包含一个半圆和两个线段. 上述步骤是合理的，这因为当 $\sigma \geq 1$ 时，我们有：当 $t \to \infty$ 时 $\dfrac{1}{\xi(s)} = O\{\log t^{A_7}\}$（参阅 Ingham, *The Distribution of prime numbers*, Theorem 10）.

我们知道 $|\zeta(1+it)|^{-1} < A_8 |t|$ 是对于一切的 t 值（不论大或小）一致成立的，故式（4.30）右边最后

两个积分的绝对值小于(取 $r_1 = \log^{-\frac{1}{2}} k$)

$$A_9 \int_{r_1}^{\infty} \frac{\mathrm{d}t}{t^{a_1+\frac{1}{2}}} \prod_{p \mid \rho} \left(1 - \frac{1}{p}\right)^{-\frac{1}{2}} \leqslant$$

$$A_{10} r_1^{\frac{1}{2}-a_1} \prod_{p \mid \rho} \left(1 - \frac{1}{p}\right)^{-\frac{1}{2}} \leqslant$$

$$A_{10} \log^{\left(\frac{1}{2}\right) a_1 - \frac{1}{4}} k \prod_{p \mid \rho} \left(1 - \frac{1}{p}\right)^{-\frac{1}{2}} \quad (4.31)$$

当 $|s| \leqslant r_1$ 时,我们有 $\zeta^{-\frac{1}{2}}(1+s) = s^{\frac{1}{2}} + A_1 s^{\frac{3}{2}} + \cdots$,取 $r_1 = \frac{1}{\log k}$,我们得到:沿 C 的积分是

$$\int_C \frac{k^s}{s^{a+1}} \prod_{p \mid \rho} \left(1 - \frac{1}{p^{1+s}}\right)^{-\frac{1}{2}} s^{\frac{1}{2}} \mathrm{d}s +$$

$$O\left[\log^{a_1-\frac{3}{2}} k \prod_{p \mid \rho} \left(1 - \frac{1}{p}\right)^{-\frac{1}{2}}\right] =$$

$$\left\{\int_C + \int_{-i\infty}^{-ir_1} + \int_{ir_1}^{i\infty}\right\} \frac{k^s}{s^{a+\frac{1}{2}}} \prod_{p \mid \rho} \left(1 - \frac{1}{p^{1+s}}\right)^{-\frac{1}{2}} \mathrm{d}s +$$

$$O\left[\log^{a_1-\frac{3}{2}} k \prod_{p \mid \rho} \left(1 - \frac{1}{p}\right)^{-\frac{1}{2}}\right] +$$

$$O\left[\log^{\frac{a_1}{2}-\frac{1}{4}} k \prod_{p \mid \rho} \left(1 - \frac{1}{p}\right)^{-\frac{1}{2}}\right] \quad (4.32)$$

在式(4.32)右边的积分等于(根据式(4.29))

$$\frac{1}{2\pi \mathrm{i}} \int_{1-\mathrm{i}\infty}^{1+\mathrm{i}\infty} \frac{k^s}{s^{a+\left(\frac{1}{2}\right)}} \prod_{p \mid \rho} \left(1 - \frac{1}{p^{1+s}}\right)^{-\frac{1}{2}} \mathrm{d}s =$$

$$\frac{1}{\Gamma\left(a+\frac{1}{2}\right)} \sum_{\kappa \leqslant k}^{*} \frac{\alpha'_\kappa}{\kappa} \log^{a-\frac{1}{2}} \frac{k}{\kappa} \quad (4.33)$$

由式(4.31)(4.32)及(4.33)我们看到式(4.30)的

右边等于

$$\frac{1}{\Gamma\left(a+\frac{1}{2}\right)}\sum_{\kappa\leqslant k}{}^{*}\frac{\alpha'_{\kappa}}{\kappa}\log^{a-\frac{1}{2}}\frac{k}{\kappa}+$$

$$O\left\{(\log^{\frac{a_1}{2}-\frac{1}{4}}k+\log^{a_1-\frac{3}{2}}k)\prod_{p\mid\rho}\left(1-\frac{1}{p}\right)^{-\frac{1}{2}}\right\}$$

这正是我们所要证明的.

引理 6 设 λ_1 与 λ_2 是正的，ξ_1 与 ξ_2 是大于 1 的，n 是一个正的整数而 p 是一个素数，则

$$\left|\sum_{l+m=n}{}'\alpha_p^l\alpha_p^m\log^{\lambda_1}\frac{\xi_1}{p^l}\log^{\lambda_2}\frac{\xi_2}{p^m}\right|<Cn^{-\frac{3}{2}}\log^{\lambda_1+\lambda_2}\xi$$
(4.34)

其中 $\xi=\max(\xi_1,\xi_2)$，$C=4\mathrm{e}^{\frac{5}{3}}\pi^{-\frac{1}{2}}$ 而 "'" 表示 m 与 n 通过满足 $p^l\leqslant\xi_1$ 与 $p^m\leqslant\xi_2$ 的非负整数.

证明 式(4.34) 的左边不超过

$$\log^{\lambda_1+\lambda_2}\xi\sum_{l+m=n}|\alpha_{p^l}\alpha_{p^m}| \quad (4.35)$$

因为 $\alpha_{p^l}=(-)^l\dfrac{\frac{1}{2}\left(\frac{1}{2}-1\right)\cdots\left(\frac{1}{2}-l+1\right)}{l!}$ 是负的或等于 1，要看 $l>0$ 或 $l=0$ 而定. 所以我们知道当 $n>1$ 时，式(4.35) 等于

$$\log^{\lambda_1+\lambda_2}\xi\Big(\sum_{l+m=n}\alpha_{p^l}\alpha_{p^m}-4\alpha_p^n\Big)=-4\log^{\lambda_1+\lambda_2}\xi\cdot\alpha_p^n$$

(因为 $\sum_{l+m=n}\alpha_{p^l}\alpha_{p^m}$ 是在

$$[\{\zeta(s)\}^{-\frac{1}{2}}]^2=\zeta^{-1}(s)=\prod_p\left(1-\frac{1}{p^s}\right)=\sum_{n=1}^{\infty}\frac{\mu(n)}{n^s}$$

中 $\dfrac{1}{p^{ns}}$ 的系数，因而当 $n>1$ 时它等于 0). 由 Stirling 公

式

$$|\alpha_p^n| = \frac{\frac{1}{2} \cdot \frac{1}{2} \cdot \frac{3}{2} \cdot \cdots \cdot \frac{2n-3}{2}}{1 \cdot 2 \cdot 3 \cdot \cdots \cdot n} = \frac{1}{\sqrt{\pi}} \frac{\Gamma\left(\frac{2n-1}{2}\right)}{\Gamma(n+1)} =$$

$$\frac{1}{\sqrt{\pi}} \frac{\left(n-\frac{1}{2}\right)^{n-1} e^{-n+\left(\frac{1}{2}\right)} e^{\frac{\theta_1}{6(2n-1)}}}{(n+1)^{n+\left(\frac{1}{2}\right)} e^{-n-1} e^{\frac{\theta_2}{12(n+1)}}} <$$

$$\frac{1}{\sqrt{\pi}} \cdot \frac{1}{n^{\frac{3}{2}}} \cdot e^{\frac{3}{2}} \cdot e^{\frac{1}{6}} = \frac{e^{\frac{5}{3}}}{\sqrt{\pi}} n^{-\frac{3}{2}}$$

$$0 < \theta_1 < 1, \ 0 < \theta_2 < 1$$

由此立刻证明引理.

引理 7 设 ρ 是不超过 ξ^2 的一个整数而 λ_1 与 λ_2 都是正数,则当 ε 是任意正数而 ξ 充分大时,我们有

$$\sum_{\rho \mid D}^{*} \frac{1}{D} \sum_{\substack{d_1 d_2 = D \\ d_1 \leq \xi/\kappa, d_2 \leq \xi/v}} \alpha_{d_1} \alpha_{d_2} \log^{\lambda_1} \frac{\xi}{d_1 \kappa} \log^{\lambda_2} \frac{\xi}{d_2 v} =$$

$$\frac{1}{\rho} \sum_{\substack{d_1 d_2 = \rho \\ d_1 \leq \xi/\kappa, d_2 \leq \xi/v}} \alpha_{d_1} \alpha_{d_2} \log^{\lambda_1} \frac{\xi}{d_1 \kappa} \log^{\lambda_2} \frac{\xi}{d_2 v} + R$$

(4.36)

其中 $|R| < \varepsilon \log^{\lambda_1 + \lambda_2} \xi \frac{1}{\rho} \prod_{p \mid \rho} \left(1 - \frac{1}{p}\right)^{-1}$. 而 " * " 表示 D 通过一切那种类型的正整数, 就是它只以 ρ 的素因数为素因数, 又除去当 ρ 不是下列形式的数时, 式 (4.36) 右边第一项应该删去

$$\rho^{*} = p_1 \cdots p_j p_{j+1}^{l_1} \cdots p_{j+g}^{l_g} \qquad (4.37)$$

其中 $g < C_\varepsilon$, 而 $p_{j+i} > C_{\xi, \varepsilon}$, 又 $p_1, \cdots, p_{j+h}$ 是不同的素数, C_ε 是一个常数(与 λ_1, λ_2 及 ε 有关), 而 $C_{\xi, \varepsilon}$ 是另一个常数(与 $\lambda_1, \lambda_2, \varepsilon$ 及 ξ 有关)并且 $C_{\xi, \varepsilon}$ 随 $\xi \to \infty$ 而

第二部分 中外名家论 Riemann 函数与 Riemann 猜想

趋于无穷.

证明 为方便计算,我们用 $p^j \mathbin{/\mkern-5mu/} N$ 来表示 p^j 除尽 N,但 p^{j+1} 不能除尽 N. 设

$$n \geqslant 2, \quad p^n \mathbin{/\mkern-5mu/} D, \quad p^l \mathbin{/\mkern-5mu/} d_1 \ \text{与} \ p^m \mathbin{/\mkern-5mu/} d_2$$

设 $d_1 = ap^l$ 而 $d_2 = bp^m$. 当 $(\mu, v) = 1$ 时 $\alpha_\mu \alpha_v = \alpha_{\mu v}$,式 (4.36) 左边的内部和等于

$$\sum_{a\ b\ p^n = D} \alpha_a \alpha_b \sum \sum {}' \alpha_{p^l} \alpha_{p^m} \log^{\lambda_1} \frac{\xi}{a\kappa p^l} \log^{\lambda_2} \frac{\xi}{bvp^m} \tag{4.38}$$

其中 "'" 表示 l 与 m 满足条件: $p^l \leqslant \dfrac{\xi}{a\kappa}$, $p^m \leqslant \dfrac{\xi}{bv}$ 与 $l + m = n$.

令

$$\sum_p = \sum \sum {}' \alpha_{p^l} \alpha_{p^m} \log^{\lambda_1} \frac{\xi}{a\kappa p^l} \log^{\lambda_2} \frac{\xi}{bvp^m} \tag{4.39}$$

若 $\dfrac{\xi}{a\kappa}$ 与 $\dfrac{\xi}{bv}$ 之中有一个小于 $\xi^{\varepsilon'}(0 < \varepsilon' < 1)$ 而 $\lambda = \min(\lambda_1, \lambda_2)$,则

$$\left| \sum_p \right| \leqslant \varepsilon'^\lambda \log^{\lambda_1, \lambda_2} \xi \sum \sum {}^* |\alpha_{p^l} \alpha_{p^m}| \leqslant$$
$$\varepsilon'^\lambda \log^{\lambda_1 + \lambda_2} \xi \sum_{l+m=n} \sum \alpha'_{p^l} \alpha'_{p^m} =$$
$$\varepsilon'^\lambda \log^{\lambda_1 + \lambda_2} \xi \tag{4.40}$$

现在假定 $\dfrac{\xi}{a\kappa}$ 与 $\dfrac{\xi}{bv}$ 都大于 $\xi^{\varepsilon'}$,那么我们或者得到 $p^n \leqslant \xi^{\varepsilon'2}$ 或是得到 $p^n > \xi^{\varepsilon'2}$.

在第一种情形下

$$\log^{\lambda_1} \frac{\xi}{a\kappa p^l} \log^{\lambda_2} \frac{\xi}{bvp^m} =$$

$$\log^{\lambda_1}\frac{\xi}{a\kappa}\log^{\lambda_2}\frac{\xi}{bv}\left(1-\frac{\log p^l}{\log\frac{\xi}{\alpha\kappa}}\right)^{\lambda_1}\left(1-\frac{\log p^m}{\log\frac{\xi}{bv}}\right)^{\lambda_2}=$$

$$\log^{\lambda_1}\frac{\xi}{a\kappa}\log^{\lambda_2}\frac{\xi}{bv}(1+\theta(l))$$

其中 $|\theta(l)|<A'\varepsilon'$ 且 A' 是一常数(只与 λ_1 及 λ_2 有关). 故(因 $|a_v|<\alpha'_v$)

$$\sum_p=\log^{\lambda_1}\frac{\xi}{a\kappa}\log^{\lambda_2}\frac{\xi}{bv}\sum_{l+m=n}\sum\alpha_{p^l}\alpha_{p^m}-$$

$$\varepsilon''\log^{\lambda_1}\frac{\xi}{a\kappa}\log^{\lambda_2}\frac{\xi}{bv}\sum_{l+m=n}\sum\alpha'_{p^l}\alpha'_{d^m}$$

其中 $|\varepsilon''|<A'\varepsilon'$. 我们曾证明当 $n>1$ 时, $\sum_{l+m=n}\alpha_{p^l}\alpha_{p^m}=0$, 我们同样可以证明 $\sum_{l+m=n}\alpha'_{p^l}\alpha'_{p^m}=1$, 故

$$\left|\sum_p\right|\leqslant A'\varepsilon'\log^{\lambda_1+\lambda_2}\xi \qquad (4.41)$$

在第二种情形中,我们从引理 6 可以推出

$$\left|\sum_p\right|<\frac{C}{n^{\frac{3}{2}}}\log\xi=\varepsilon'''\log^{\lambda_1+\lambda_2}\xi,\ n>\left(\frac{C}{\varepsilon'''}\right)^{\frac{2}{3}}$$
$$(4.42)$$

由式(4.40)(4.41)与(4.42),我们可以下结论说

$$\left|\sum_p\right|\leqslant\varepsilon^{(4)}\log^{\lambda_1+\lambda_2}\xi,\ \varepsilon^{(4)}=\max(\varepsilon'^\lambda,A'\varepsilon',\varepsilon''')$$

除了当 $n=1$ 或

$$p^n>\xi^{\varepsilon'^2}\text{ 与 } 1<n<\left(\frac{C}{\varepsilon'''}\right)^{\frac{2}{3}}$$

即

$$p>\xi^{\frac{\varepsilon'^2}{n}}>\xi^{\varepsilon'^2(\frac{\varepsilon'''}{C})^{\frac{2}{3}}}$$

以外都是成立的. 因此利用 $\sum_{a}\sum_{b}\sum_{p^n=D}\alpha'_a\alpha'_b = 1$ 这个等式一般可以得到

$$\left|\sum_{\substack{d_1d_2=D \\ d_1\leq\xi/\kappa, d_2\leq\xi/v}}\alpha_{d_1}\alpha_{d_2}\log^{\lambda_1}\frac{\xi}{d_1\kappa}\log^{\lambda_2}\frac{\xi}{d_2v}\right|\leq$$

$$\varepsilon^{(4)}\log^{\lambda_1+\lambda_2}\xi\sum_{a}\sum_{b}\sum_{p^n=D}\alpha'_a\alpha'_b =$$

$$\varepsilon^{(4)}\log^{\lambda_1+\lambda_2}\xi \qquad (4.43)$$

上式不成立的情形只有: D 无平方因数(也就是说等于 ρ) 或者可以写成

$$D^* = p_1\cdots p_r p_{r+1}^{n_1}\cdots p_{r+h}^{n_h} \qquad (4.44)$$

其中 $p_1,\cdots,p_{r+h}$ 是不同的素数, 而

$$p_{r+i}^{n_i} > \xi^{\varepsilon'^2}, 1 < n_i < \left(\frac{C}{\varepsilon'''}\right)^{\frac{2}{3}}$$

即

$$p_{r+i} > \xi^{\frac{\varepsilon'^2}{n_i}} > \xi^{\varepsilon'^2(\frac{\varepsilon'''}{C})^{\frac{2}{3}}} = \xi^{\kappa}, \kappa \text{ 是新记号} \quad (4.45)$$

因为 $\rho \leq \xi^2$, 所以大于 $\xi^{\varepsilon'^2}\left(\frac{\varepsilon'''}{C}\right)^{\frac{2}{3}}$ 的素因数个数一定小于或等于

$$\frac{\log \xi^2}{\log[\xi^{\varepsilon'^2(\frac{\varepsilon'''}{C})^{\frac{2}{3}}}]} = \frac{2}{\varepsilon'^2\left(\frac{\varepsilon'''}{C}\right)^{\frac{2}{3}}} = C\varepsilon' (\text{新符号})$$

$$(4.46)$$

现在

$$\sum_{\rho|D}^{*}\frac{1}{D}\sum_{\substack{d_1d_2=D \\ d_1\leq\xi/\kappa, d_2\leq\xi/v}}\alpha_{d_1}\alpha_{d_2}\log^{\lambda_1}\frac{\xi}{d_1\kappa}\log^{\lambda_2}\frac{\xi}{d_2v} =$$

$$\sum{}' + \sum{}'' \qquad (4.47)$$

其中 $\sum''$ 表示其中 D 无平方因数, 或者可以写成式(4.

44）的各项之和，而 $\sum'$ 表示其他各项之和. 于是由式（4.43）得

$$\left|\sum{}'\right| \leq \sum_{\rho|D}{}' \frac{1}{D} \cdot \varepsilon^{(4)} \log^{\lambda_1+\lambda_2} \xi \leq$$

$$\varepsilon^{(4)} \log^{\lambda_1+\lambda_2} \xi \cdot \frac{1}{\rho} \prod_{p|\rho} \left(1 - \frac{1}{p}\right)^{-1}$$

(4.48)

另外

$$\sum{}'' = \frac{1}{\rho} \sum_{\substack{d_1 d_2 = \rho \\ d_1 \leq \xi/\kappa, d_2 \leq \xi/v}} \alpha_{d_1} \alpha_{d_2} \log^{\lambda_1} \frac{\xi}{d_1 \kappa} \log^{\lambda_2} \frac{\xi}{d_2 v} +$$

$$\sum_{\substack{\rho|D^* \\ \rho \neq D^*}} \frac{1}{D^*} \sum_{\substack{d_1 d_2 = D^* \\ d_1 \leq \xi/\kappa, d_2 \leq \xi/v}} \alpha_{d_1} \alpha_{d_2} \log^{\lambda_1} \frac{\xi}{d_1 \kappa} \log^{\lambda_2} \frac{\xi}{d_2 v}$$

其中右边第一项除了当 ρ 可以表示成式（4.44）的形式 D^* 时以外，都应该删去. 至于上式右边第二项的绝对值则不超过

$$\log^{\lambda_1+\lambda_1} \xi \sum_{\substack{\rho|D^* \\ \rho \neq D^*}} \frac{1}{D^*} \sum_{d_1 d_2 = D^*} \alpha'_{d_1} \alpha'_{d_2} \leq \log^{\lambda_1+\lambda_1} \xi \sum_{\substack{\rho|D^* \\ D^* \neq \rho}} \frac{1}{D^*}$$

由式（4.45）及（4.46），知道上式不超过

$$\log^{\lambda_1+\lambda_1} \xi \cdot \frac{1}{\rho} \prod_{p|\rho, p > \xi^k} \left(1 - \frac{1}{p}\right)^{-1} <$$

$$\log^{\lambda_1+\lambda_1} \xi \cdot \frac{1}{\rho} \left\{\left(1 - \frac{1}{\xi^\kappa}\right)^{-C'_\xi} - 1\right\} < \varepsilon^{(5)} \frac{\log^{\lambda_1+\lambda_1} \xi}{\rho}$$

其中 $\varepsilon^{(5)} \to 0$ 当 $\xi \to \infty$. 故结合式（4.48）我们看出式（4.47）右边的式子等于

$$\frac{1}{\rho} \sum_{\substack{d_1 d_2 = \rho \\ d_1 \leq \xi/\kappa, d_2 \leq \xi/v}} \alpha_{d_1} \alpha_{d_2} \log^{\lambda_1} \frac{\xi}{d_1 \kappa} \log^{\lambda_2} \frac{\xi}{d_2 v} + R$$

其中 $|R| < \varepsilon \log^{\lambda_1+\lambda_2} \xi \cdot \frac{1}{\rho} \left(1 - \frac{1}{\rho}\right)^{-1}$ 而 ε 可以选得任

意小(我们可以先选 ε 充分小再取 ξ 充分大). 这就完成了引理的证明.

引理8 设 ρ 是不超过 ξ^2 的一个整数而 $\lambda_1 > \frac{1}{2}$, $\lambda_2 > \frac{1}{2}$ 及 $|\lambda_1 - \lambda_2| \leq 1$, 则任给 $\varepsilon_0 > 0$, 当 ξ 充分大时我们就有

$$\left| \sum_{\substack{\kappa \leq \xi \\ \rho \mid \kappa v}} \sum_{v \leq \xi} \frac{\alpha_\kappa \alpha_v}{\kappa v} \left(1 - \frac{\log \kappa}{\log \xi}\right)^{\lambda_1} \left(1 - \frac{\log v}{\log \xi}\right)^{\lambda_2} \right| \leq$$

$$\frac{\Gamma(\lambda_1 + 1)\Gamma(\lambda_2 + 1)}{\Gamma\left(\lambda_1 + \frac{1}{2}\right)\Gamma\left(\lambda_2 + \frac{1}{2}\right)} \frac{1}{\log^{\lambda_1 + \lambda_2}\xi} \frac{1}{\rho} \log^{\lambda_1 + \lambda_2 - 1} \cdot$$

$$\frac{\xi}{\sqrt{\rho}} \prod_{p \mid \rho}\left(1 - \frac{1}{p}\right)^{-1} + \frac{\varepsilon_0}{\log \xi} \frac{1}{\rho} \prod_{p \mid \rho}\left(1 - \frac{1}{p}\right)^{-2}$$

(4.49)

证明 由于当 $(v_1, v_2) = 1$ 时 $\alpha_{v_1}\alpha_{v_2} = \alpha_{v_1 v_2}$, 不难推出

$$\sum_{\substack{\kappa \leq \xi \\ \rho \mid \kappa v}} \sum_{v \leq \xi} \frac{\alpha_\kappa \alpha_v}{\kappa v} \left(1 - \frac{\log \kappa}{\log \xi}\right)^{\lambda_1} \left(1 - \frac{\log v}{\log \xi}\right)^{\lambda_2} =$$

$$\frac{1}{\log^{\lambda_1 + \lambda_2}\xi} \sum_{\rho \mid d_1 d_2}^{*} \sum^{*} \frac{\alpha_{d_1}\alpha_{d_2}}{d_1 d_2} \sum_{\substack{\kappa' \leq \xi/d_1 \\ (\kappa', \rho) = 1}} \frac{\alpha_{\kappa'}}{\kappa'} \log^{\lambda_1} \frac{\xi}{\kappa' d_1} \cdot$$

$$\sum_{\substack{v' \leq \xi/d_2 \\ (v', \rho) = 1}} \frac{\alpha'_{v'}}{v'} \log^{\lambda_2} \frac{\xi}{v' d_2}$$

(4.50)

其中 "$*$" 用来表示 d_1 与 d_2 只通过以 ρ 的素因数为素因数的那些数, 由引理 5 知道式 (4.50) 的绝对值不超过下式的绝对值

$$\frac{\Gamma(\lambda_1 + 1)\Gamma(\lambda_2 + 1)}{\Gamma\left(\lambda_1 + \frac{1}{2}\right)\Gamma\left(\lambda_2 + \frac{1}{2}\right)} \frac{1}{\log^{\lambda_1 + \lambda_2}\xi} \sum_{\rho \mid d_1 d_2}^{*} \sum^{*} \frac{\alpha_{d_1}\alpha_{d_2}}{d_1 d_2} \cdot$$

$$\left[\sum_{\kappa' \leq \xi/d_1}{}^* \frac{\alpha'_{\kappa'}}{\kappa'} \log^{\lambda_1 - \frac{1}{2}} \frac{\xi}{\kappa' d_1} + \right.$$

$$\left. O\left(\left(\log^{\lambda_1 - \frac{3}{2}} \frac{\xi}{d_1} + \log^{\frac{\lambda_1}{2} - \frac{1}{4}} k\right) \prod_{p \mid \rho} \left(1 - \frac{1}{p}\right)^{-\frac{1}{2}}\right)\right] \cdot$$

$$\left[\sum_{v' \leq \xi/d_2}{}^* \frac{\alpha'_{v'}}{v'} \log^{\lambda_2 - \frac{1}{2}} \frac{\xi}{v' d_2} + \right.$$

$$\left. O\left(\left(\log^{\lambda_2 - \frac{3}{2}} \frac{\xi}{d_1} + \log^{\frac{\lambda_2}{2} - \frac{1}{4}} k\right) \prod_{p \mid \rho} \left(1 - \frac{1}{p}\right)^{-\frac{1}{2}}\right)\right] \quad (4.51)$$

容易看出

$$\sum_{\rho \mid d_1 d_2}{}^* \sum{}^* \frac{|\alpha_{d_1} \alpha_{d_2}|}{d_1 d_2} \leq \sum_{\rho \mid d_1 d_2}{}^* \frac{\alpha'_{d_1} \alpha'_{d_2}}{d_1 d_2} =$$

$$\sum_{\rho \mid D}{}^* \frac{1}{D} \sum_{d_1 d_2 = D} \alpha'_{d_1} \alpha'_{d_2} =$$

$$\frac{1}{\rho} \prod_{p \mid \rho} \left(1 - \frac{1}{p}\right)^{-1}$$

其中"*"表示所有 D 的素因数都是 ρ 的素因数. 又

$$\sum_{\kappa' \leq \xi/d}{}^* \frac{\alpha'_\kappa}{\kappa'} \leq \prod_{p \mid \rho} \left(1 - \frac{1}{p}\right)^{-\frac{1}{2}}$$

故式(4.51)等于

$$\frac{\Gamma(\lambda_1 + 1)\Gamma(\lambda_2 + 1)}{\Gamma\left(\lambda_1 + \frac{1}{2}\right)\Gamma\left(\lambda_2 + \frac{1}{2}\right)} \frac{1}{\log^{\lambda_1 + \lambda_2} \xi} \sum_{\rho \mid d_1 d_2}{}^* \sum{}^* \frac{\alpha_{d_1} \alpha_{d_2}}{d_1 d_2} \cdot$$

$$\sum_{\substack{\kappa' \leq \xi/d_1 \\ v' \leq \xi/d_2}}{}^* \sum{}^* \frac{\alpha_{\kappa'} \alpha_{v'}}{\kappa' v'} \log^{\lambda_1 - \frac{1}{2}} \frac{\xi}{\kappa' d_1} \log^{\lambda_2 - \frac{1}{2}} \frac{\xi}{v' d_2} +$$

$$O\left[\frac{1}{\log^{1+\delta} \xi} \frac{1}{\rho} \prod_{p \mid \rho} \left(1 - \frac{1}{p}\right)^{-2}\right] \quad (4.52)$$

其中

$$2\delta = \min\left(\lambda_1 - \frac{1}{2}, \lambda_2 - \frac{1}{2}\right)$$

第二部分　中外名家论 Riemann 函数与 Riemann 猜想

让我们用 $\sum'$ 表示上面的四重和，则由引理 7 及 $|\alpha_v| \leqslant \alpha'$ 这个不等式，我们便有

$$\sum' = \sum_{\substack{\kappa' < \xi \\ \kappa'v' \leqslant \xi^2/\rho}}^* \sum_{v' < \xi}^* \frac{\alpha'_{\kappa'}\alpha'_{v'}}{\kappa'v'} \cdot$$

$$\sum_{\rho \mid d_1 d_2}^* \sum_{\substack{d_1 \leqslant \xi/\kappa' \\ d_2 \leqslant \xi/v'}}^* \frac{\alpha_{d_1}\alpha_{d_2}}{d_1 d_2} \log^{\lambda_1 - \frac{1}{2}} \frac{\xi}{\kappa'd_1} \log^{\lambda_2 - \frac{1}{2}} \frac{\xi}{v'd_2} \leqslant$$

$$\sum_{\substack{\kappa' \leqslant \xi \\ \kappa'v' \leqslant \xi^2/\rho}}^* \sum_{v' \leqslant \xi}^* \frac{\alpha'_{\kappa'}\alpha'_{v'}}{\kappa'v'} \cdot$$

$$\left\{ \frac{1}{\rho} \sum_{d_1 d_2 = \rho} \alpha'_{d_1}\alpha'_{d_2} \log^{\lambda_1 - \frac{1}{2}} \frac{\xi}{d_1 \kappa'} \log^{\lambda_2 - \frac{1}{2}} \frac{\xi}{d_2 v'} + \frac{\varepsilon}{\rho} \log^{\lambda_1 + \lambda_2 - 1} \xi \cdot \prod_{p \mid \rho} \left(1 - \frac{1}{p}\right)^{-1} \right\}$$

其中除了当 ρ 具有引理 7 中所述的形式外，都可以省去花括弧中的第一项. 因为

$$\sum_{\kappa' = 1}^{\infty *} \sum_{v' = 1}^{\infty *} \frac{\alpha'_{\kappa'}\alpha'_{v'}}{\kappa'v'} = \left[\prod_{p \mid \rho}\left(1 - \frac{1}{p}\right)^{-\frac{1}{2}}\right]^2 = \prod_{p \mid \rho}\left(1 - \frac{1}{p}\right)^{-1}$$

所以

$$\sum' \leqslant \sum_{\substack{\kappa' \leqslant \xi \\ \kappa'v' \leqslant \xi^2/\rho}}^* \sum_{v' \leqslant \xi}^* \frac{\alpha'_{\kappa'}\alpha'_{v'}}{\kappa'v'} \frac{1}{\rho} \sum_{d_1 d_2 = \rho} \frac{\alpha'_{d_1}\alpha'_{d_2}}{2} \cdot$$

$$\left(\log^{\lambda_1 - \frac{1}{2}} \frac{\xi}{d_1 \kappa'} \log^{\lambda_2 - \frac{1}{2}} \frac{\xi}{d_2 v'} + \log^{\lambda_1 - \frac{1}{2}} \frac{\xi}{d_2 v'} \log^{\lambda_2 - \frac{1}{2}} \frac{\xi}{d_1 \kappa'}\right) +$$

$$\frac{\varepsilon}{\rho} \prod_{p \mid \rho}\left(1 - \frac{1}{p}\right)^{-2} \log^{\lambda_1 + \lambda_2 - 1} \xi \qquad (4.53)$$

容易验证当 $0 \leqslant X \leqslant 1$ 时, $X^a(1-X)^b + X^b(1-X)^a$ 的最大值是 $\dfrac{1}{2^{a+b-1}}$ 式中 a 与 b 是正数其差不超过 1.

取 $X = \dfrac{x}{x+y}$ 可以推出当 x, y 与 a, b 是正数而 $|a-b| \leqslant 1$ 时我们有

$$\frac{x^a y^b + x^b y^a}{2} \leqslant \left(\frac{x+y}{2}\right)^{a+b}$$

因此,式(4.53)右边第一项不超过

$$\sum_{\substack{\kappa' \leqslant \xi \\ \kappa'v' \leqslant \xi^2/\rho}}^{*} \sum_{v' \leqslant \xi}^{*} \frac{\alpha'_{\kappa'} \alpha'_{v'}}{\kappa'v'} \frac{1}{\rho} \sum_{d_1 d_2 = \rho} \sum \alpha'_{d_1} \alpha'_{d_2} \log^{\lambda_1 + \lambda_2 - 1} \frac{\xi}{\sqrt{\rho \kappa' v'}} =$$

$$\sum_{\substack{\kappa' \leqslant \xi \\ \kappa'v' \leqslant \xi^2/\rho}}^{*} \sum_{v' \leqslant \xi}^{*} \frac{\alpha'_{\kappa'} \alpha'_{v'}}{\kappa'v'} \frac{1}{\rho} \log^{\lambda_1 + \lambda_2 - 1} \frac{\xi}{\sqrt{\rho \kappa' v'}} \leqslant$$

$$\frac{1}{\rho} \log^{\lambda_1 + \lambda_2 - 1} \frac{\xi}{\sqrt{\rho}} \prod_{p \mid \rho} \left(1 - \frac{1}{p}\right)^{-1}$$

引理随之成立.

9. 现在我们可以估计 $S(0)$ 及 S^*.

设

$$\phi_{-\theta}(\rho) = \rho^{1-\theta} \sum_{m \mid \rho} \frac{\mu(m)}{m^{1-\theta}} = \rho^{1-\theta} \prod_{p \mid \rho} \left(1 - \frac{1}{\rho^{1-\theta}}\right)$$

$$\phi_0(\rho) = \phi_0(\rho)$$

其中 $\mu(m)$ 是 Möbius 函数,则

$$q^{1-\theta} = \sum_{\rho \mid q} \phi_{-\theta}(\rho) = \sum_{\rho \mid (\kappa v, \lambda \mu)} \phi_{-\theta}(\rho) = \sum_{\rho \mid \kappa v, \rho \mid \lambda \mu} \phi_{-\theta}(\rho)$$

(4.54)

故当 $0 \leqslant \theta \leqslant 1$ 时,有

$$S(\theta) = \sum_{\rho \leqslant \xi^2} \phi_{-\theta}(\rho) \sum_{\rho \mid \kappa v} \sum \sum_{\rho \mid \lambda \mu} \sum \frac{\beta_\kappa \beta_\lambda \beta_\mu \beta_v}{\kappa^{1-\theta} \lambda \mu^{1-\theta} v} =$$

$$\sum_{\rho \leqslant \xi^2} \phi_{-\theta}(\rho) \left(\sum_{\rho \mid \kappa v} \frac{\beta_\kappa \beta_v}{\kappa^{1-\theta} v} \right)^2 \geqslant 0 \quad (4.55)$$

特别有

$$S(0) = \sum_{\rho \leqslant \xi^2} \phi(\rho) \left(\sum_{\rho \mid \kappa v} \frac{\beta_\kappa \beta_v}{\kappa v} \right)^2 \quad (4.56)$$

另外

$$S^* = \sum_\kappa \sum_\lambda \sum_\mu \sum_v \frac{\beta_\kappa \beta_\lambda \beta_\mu \beta_v}{\lambda v} \frac{q}{\kappa \mu} \log\left(2\pi \frac{\kappa^2 \mu^2}{q^2} \sin d\right) =$$

$$2 \sum_\kappa \sum_\lambda \sum_\mu \sum_v \frac{\beta_\kappa \beta_\lambda \beta_\mu \beta_v}{\lambda v} \frac{q}{\kappa \mu} (\log \kappa\mu - \log q) +$$

$$\sum_\kappa \sum_\lambda \sum_\mu \sum_v \frac{\beta_\kappa \beta_\lambda \beta_\mu \beta_v}{\lambda v} \frac{q}{\kappa \mu} \log (2\pi \sin d) =$$

$$-2 \sum_\kappa \sum_\lambda \sum_\mu \sum_v \frac{\beta_\kappa \beta_\lambda \beta_\mu \beta_v}{\lambda v} \frac{q \log q}{\kappa \mu} +$$

$$4 \sum_\kappa \sum_\lambda \sum_\mu \sum_v \frac{\beta_\kappa \beta_\lambda \beta_\mu \beta_v}{\lambda v} \frac{q}{\kappa \mu} \log \mu -$$

$$\log(2\pi \sin d)^{-1} \sum_\kappa \sum_\lambda \sum_\mu \sum_v \frac{\beta_\kappa \beta_\lambda \beta_\mu \beta_v}{\lambda v} \frac{q}{\kappa \mu} =$$

$$-2S_1 + 4S_2 - S_3 (\text{新引用符号}) \quad (4.57)$$

对于式(4.54)中 θ 微分即得

$$-q^{1-\theta} \log q = \sum_{\rho \mid \kappa v, \rho \mid \lambda \mu} \frac{\partial}{\partial \theta} \phi_{-\theta}(\rho) = -\sum_{\rho \mid \kappa v, \rho \mid \lambda \mu} \phi_{-\theta}^*(\rho)$$

其中

$$\phi_{-\theta}^*(\rho) = \rho^{1-\theta} \log \rho \prod_{p \mid \rho} \left(1 - \frac{1}{\rho^{1-\theta}}\right) +$$

$$\rho^{1-\theta} \prod_{p \mid \rho} \left(1 - \frac{1}{\rho^{1-\theta}}\right) \sum_{p \mid \rho} \frac{\log \rho}{\rho^{1-\theta} - 1}$$

特别是

$$\phi^*(\rho) = \phi_0^*(\rho) = \phi(\rho)\left(\log \rho + \sum_{p|\rho} \frac{\log p}{p-1}\right)$$

(4.58)

由此可知

$$S_1 = \sum_{p \leq \xi^2} \phi(\rho)\left(\log \rho + \sum_{p|\rho} \frac{\log p}{p-1}\right) \cdot$$

$$\sum_{\rho|\kappa v} \sum \sum_{\rho|\lambda \mu} \sum \frac{\beta_\kappa \beta_\lambda \beta_\mu \beta_v}{\kappa \lambda \mu v} =$$

$$\sum_{p \leq \xi^2} \phi(\rho)\left(\log \rho + \sum_{p|\rho} \frac{\log p}{p-1}\right)\left(\sum_{\rho|\kappa v} \frac{\beta_\kappa \beta_v}{\kappa v}\right)^2$$

(4.59)

对于与 S_1 相当的表示式是

$$S_2 = \sum_{\rho \leq \xi^2} \phi(\rho)\left(\sum_{\rho|\kappa v} \frac{\beta_\kappa \beta_v}{\kappa v}\right)\left(\sum_{\rho|\lambda \mu} \frac{\beta_\lambda \beta_\mu}{\lambda \mu}\log \mu\right) =$$

$$\sum_{\rho \leq \xi^2} \phi(\rho)\log \xi\left(\sum_{\rho|\kappa v} \frac{\beta_\kappa \beta_v}{\kappa v}\right)^2 -$$

$$\sum_{\rho \leq \xi^2} \phi(\rho)\left(\sum_{\rho|\kappa v} \frac{\beta_\kappa \beta_v}{\kappa v}\right)\left(\sum_{\rho|\lambda \mu} \frac{\beta_\lambda \beta_\mu}{\lambda \mu}\log \frac{\xi}{\mu}\right) \quad (4.60)$$

最后我们有

$$S_3 = \log(2\pi \sin d)^{-1} S(0) \qquad (4.61)$$

把式(4.59)(4.60)与式(4.61)代入式(4.57)便有

$$S^* = -2\sum_{\rho \leq \xi^2} \phi(\rho)\left(\log \rho + \sum_{p|\rho} \frac{\log \rho}{p-1}\right)\left(\sum_{\rho|\kappa v} \frac{\beta_\kappa \beta_v}{\kappa v}\right)^2 +$$

$$4\sum_{\rho \leq \xi^2} \phi(\rho)\log \xi\left(\sum_{\rho|\kappa v} \frac{\beta_\kappa \beta_v}{\kappa v}\right)^2 -$$

$$4\sum_{\rho \leq \xi^2} \phi(\rho)\left(\sum_{\rho|\kappa v} \frac{\beta_\kappa \beta_v}{\kappa v}\right)\left(\sum_{\rho|\lambda \mu} \frac{\beta_\lambda \beta_\mu}{\lambda \mu}\log \frac{\xi}{\mu}\right) -$$

$$\log(2\pi \sin d)^{-1} S(0)$$

故

$$-S^* \leq 4\sum_{\rho \leq \xi^2}\phi(\rho)\Big(\sum_{\rho|\kappa v}\frac{\beta_\kappa \beta_v}{\kappa v}\Big)\Big(\sum_{\rho|\lambda\mu}\frac{\beta_\lambda \beta_\mu}{\lambda\mu}\log\frac{\xi}{\mu}\Big) +$$

$$2\sum_{\rho \leq \xi^2}\phi(\rho)\sum_{p|\rho}\frac{\log\rho}{p-1}\Big(\sum_{\rho|\kappa v}\sum\frac{\beta_\kappa \beta_v}{\kappa v}\Big)^2 +$$

$$\log(2\pi\sin d)^{-1}S(0) =$$
$$4S_1^* + 2S_2^* + \log(2\pi\sin d)^{-1}S(0)$$

$$(4.62)$$

因 $\beta_v = \alpha_v\Big(1 - \dfrac{\log v}{\log \xi}\Big)^\alpha$, $\alpha > \dfrac{1}{2}$,由引理 8 我们得到

$$S(0) \leq \sum_{\rho \leq \xi^2}\phi(\rho)\Big\{\frac{\Gamma^2(\alpha+1)}{\Gamma^2(\alpha+\frac{1}{2})}\frac{1}{\log^{2\alpha}\xi}\frac{1}{\rho}\cdot$$

$$\log^{2\alpha-1}\frac{\xi}{\sqrt{\rho}}\prod_{p|\rho}\Big(1-\frac{1}{\rho}\Big)^{-1} +$$

$$\frac{\varepsilon_0}{\log\xi}\frac{1}{\rho}\prod_{p|\rho}\Big(1-\frac{1}{p}\Big)^{-2}\Big\}^2 \leq$$

$$\frac{\Gamma^4(\alpha+1)}{\Gamma^4(\alpha+\frac{1}{2})}\frac{1}{\log^{4\alpha}\xi}\sum_{\rho \leq \xi^2}\frac{\log^{4\alpha-2}\frac{\xi}{\sqrt{\rho}}}{\rho}\prod_{p|\rho}\Big(1-\frac{1}{p}\Big)^{-1} +$$

$$\frac{\varepsilon_0^2}{\log^2\xi}\sum_{\rho \leq \xi^2}\frac{1}{\rho}\prod_{p|\rho}\Big(1-\frac{1}{p}\Big)^{-3} +$$

$$\frac{\Gamma^2(\alpha+1)}{\Gamma^2(\alpha+\frac{1}{2})}\frac{2\varepsilon_0}{\log^{2\alpha+1}\xi}\sum_{\rho \leq \xi^2}\frac{\log^{2\alpha-1}\frac{\xi}{\sqrt{\rho}}}{\rho}\prod_{p|\rho}\Big(1-\frac{1}{p}\Big)^{-2} =$$

$$\frac{\Gamma^4(\alpha+1)}{\Gamma^4(\alpha+\frac{1}{2})}\frac{1}{\log^{4\alpha}\xi}S' + \frac{\varepsilon_0^2}{\log^2\xi}S'' +$$

$$\frac{\Gamma^2(\alpha+1)}{\Gamma^4\left(\alpha+\frac{1}{2}\right)}\frac{2\varepsilon_0}{\log^{2\alpha+1}\xi}S''' \text{(新符号)} \tag{4.63}$$

我们有

$$S' = \sum_{\rho \leqslant \xi^2} \frac{\log^{4\alpha-2}\frac{\xi}{\sqrt{\rho}}}{\rho} \sum{}^* \frac{1}{n}$$

其中"*"号表示所有 n 的素因数都除尽 ρ. 故

$$S' = \sum{}' \frac{1}{n} \sum_{\rho \leqslant \xi^2} \frac{\log^{4\alpha-2}\frac{\xi}{\sqrt{\rho}}}{\rho}$$

其中"'"表示 ρ 可以被 n 的一切素因数除尽.

设 $P = P(n)$ 为 n 的一切素因数的乘积,则关于 ρ 的和不超过

$$\sum_{\rho_1 \leqslant \xi^2/P} \frac{\log^{4\alpha-2}\frac{\xi}{\sqrt{\rho_1 P}}}{P\rho_1} \leqslant$$

$$\frac{1}{P}\left(\log^{4\alpha-2}\frac{\xi}{\sqrt{P}} + \int_1^{\xi^2/P} \frac{\log^{4\alpha-2}\frac{\xi}{\sqrt{\rho_1 P}}}{\rho_1}d\rho_1\right) =$$

$$\frac{1}{P}\left(\frac{2}{4\alpha-1}\log^{4\alpha-1}\frac{\xi}{\sqrt{P}} + \log^{4\alpha-2}\frac{\xi}{\sqrt{P}}\right)$$

故

$$S' \leqslant \left(\frac{2}{4\alpha-1}\log^{4\alpha-1}\xi + \log^{4\alpha-2}\xi\right) \sum_{n=1}^{\infty} \frac{1}{nP}$$

上面关于 n 的和小于或等于

$$\prod_p \left(1 + \frac{1}{p^2} + \frac{1}{p^2} + \cdots\right) = \prod_p \left(1 + \frac{1}{p(p-1)}\right) =$$

$$\prod_p \frac{1-p^{-6}}{(1-p^{-3})(1-p^{-2})} = \frac{\zeta(2)\zeta(3)}{\zeta(6)} = \frac{\pi^2}{6}\frac{\zeta(3)}{\zeta(6)}$$

故
$$S' \leq \frac{\pi^2}{6} \frac{\zeta(3)}{\zeta(6)} \left(\frac{2}{4\alpha - 1} \log^{4\alpha-1} \xi + \log^{4\alpha-2} \xi \right)$$
(4.64)

另外,因为 $(1-x)^{-4} < 1 + 2^4 x$(当 $0 < x \leq \frac{1}{2}$),所以

$$S''' \leq \log^{2\alpha-1} \xi \sum_{\rho \leq \xi^2} \frac{1}{\rho} \prod_{p \mid \rho} \left(1 - \frac{1}{p}\right)^{-2} \leq$$

$$\log^{2\alpha-1} \xi \sum_{\rho \leq \xi^2} \frac{1}{\rho} \prod_{p \mid \rho} \left(1 + \frac{2^4}{p}\right)$$

故

$$S''' \leq A \log^{2\alpha-1} \xi \sum_{\rho \leq \xi^2} \frac{1}{\rho} \prod_{p \mid \rho} \left(1 + \frac{1}{p^{\frac{1}{2}}}\right)$$

其中 $A = \prod_{p \leq 2^8} \left(1 + \frac{1}{p}\right)$. 上面关于 ρ 的和不超过

$$\sum_{\rho \leq \xi^2} \frac{1}{\rho} \sum_{n \mid \rho} = \sum_{n \leq \xi^2} \sum_{\rho_1 \leq \xi^2/n} \frac{1}{(n\rho_1) n^{\frac{1}{2}}} =$$

$$\sum_{n=1}^{\infty} \frac{1}{n^{\frac{3}{2}}} \sum_{\rho_1 \leq \xi^2/n} \frac{1}{\rho} = O(\log \xi)$$

故
$$S''' = O(\log^{2\alpha} \xi) \qquad (4.65)$$

仿此
$$S'' = O(\log \xi) \qquad (4.66)$$

由式(4.63)~(4.66),我们可以得到

$$S(0) \leq (1 + \varepsilon^*) \frac{\pi^2}{3(4\alpha - 1)} \frac{\Gamma^4(\alpha + 1)}{\Gamma^4\left(\alpha + \frac{1}{2}\right)} \frac{\zeta(3)}{\zeta(6)} \frac{1}{\log \xi} =$$

$$(1 + \varepsilon^*) \frac{A_0}{\log \xi} (\text{新符号}) \qquad (4.67)$$

其中当 ξ 充分大时 ε 可以任意小.

其次,我们考虑

$$S_1^* = \sum_{\rho \leqslant \xi^2} \phi(\rho) \left(\sum_{\rho \mid \kappa v} \frac{\beta_\kappa \beta_v}{\kappa v} \right) \left(\sum_{\rho \mid \lambda \mu} \frac{\beta_\lambda \beta_\mu}{\lambda \mu} \log \frac{\xi}{\mu} \right)$$

由引理 8,知道上式不超过

$$\sum_{\rho \leqslant \xi^2} \phi(\rho) \left\{ \frac{\Gamma^2(\alpha+1)}{\Gamma^2\left(\alpha+\frac{1}{2}\right)} \frac{1}{\log^{2\alpha}\xi} \frac{1}{\rho} \log^{2\alpha-1} \frac{\xi}{\sqrt{\rho}} \cdot \right.$$

$$\prod_{p \mid \rho} \left(1 - \frac{1}{p}\right)^{-1} + \frac{\varepsilon_0}{\log \xi} \frac{1}{\rho} \prod_{p \mid \rho} \left(1 - \frac{1}{p}\right)^{-2} \right\} \cdot$$

$$\left\{ \frac{\Gamma(\alpha+1)\Gamma(\alpha+2)}{\Gamma^2\left(\alpha+\frac{1}{2}\right)\left(\alpha+\frac{3}{2}\right)} \frac{1}{\log^{2\alpha}\xi} \frac{1}{\rho} \cdot \right.$$

$$\log^{2\alpha} \frac{\xi}{\sqrt{\rho}} \prod_{p \mid \rho} \left(1 - \frac{1}{p}\right)^{-1} + \varepsilon_0 \frac{1}{\rho} \prod_{p \mid \rho} \left(1 - \frac{1}{p}\right)^{-2} \right\} \leqslant$$

$$\frac{\Gamma^3(\alpha+1)}{\Gamma^3\left(\alpha+\frac{1}{2}\right)} \frac{\Gamma(\alpha+2)}{\Gamma\left(\alpha+\frac{3}{2}\right)} \cdot$$

$$\frac{1}{\log^{4\alpha}\xi} \sum_{\rho \leqslant \xi^2} \frac{\log^{4\alpha-1}\left(\frac{\xi}{\sqrt{\rho}}\right)}{\rho} \prod_{p \mid \rho} \left(1 - \frac{1}{p}\right)^{-1} +$$

$$\frac{\varepsilon_0^2}{\log \xi} \sum_{\rho \leqslant \xi^2} \frac{1}{\rho} \prod_{p \mid \rho} \left(1 - \frac{1}{p}\right)^{-3} +$$

$$\frac{\Gamma(\alpha+1)}{\Gamma\left(\alpha+\frac{1}{2}\right)} \frac{\Gamma(\alpha+2)}{\Gamma\left(\alpha+\frac{1}{2}\right)} \cdot$$

$$\frac{\varepsilon_0}{\log^{2\alpha+1}\xi} \sum_{\rho \leqslant \xi^2} \frac{\log^{2\alpha}\left(\frac{\xi}{\sqrt{\rho}}\right)}{\rho} \prod_{p \mid \rho} \left(1 - \frac{1}{p}\right)^{-2} +$$

$$\frac{\Gamma^2(\alpha+1)}{\Gamma^2\left(\alpha+\frac{1}{2}\right)} \frac{\varepsilon_0}{\log^{2\alpha}\xi} \sum_{\rho \leqslant \xi^2} \frac{\log^{2\alpha-1}\left(\frac{\xi}{\sqrt{\rho}}\right)}{\rho} \prod_{p \mid \rho}\left(1-\frac{1}{p}\right)^{-2}$$

我们把上式和 $S(0)$ 相当的表达式比较一下就可以看出

$$S_1^* \leqslant (1+\varepsilon_1^*) \frac{\pi^2}{3\left[4\left(\alpha+\frac{1}{4}\right)-1\right]} \cdot$$

$$\frac{\Gamma^3(\alpha+1)}{\Gamma^3\left(\alpha+\frac{1}{2}\right)} \frac{\Gamma(\alpha+2)}{\Gamma\left(\alpha+\frac{3}{2}\right)} =$$

$$(1+\varepsilon_1^*) \frac{\pi^2}{12\alpha} \frac{\Gamma^3(\alpha+1)}{\Gamma^3\left(\alpha+\frac{1}{2}\right)} \cdot$$

$$\frac{\Gamma(\alpha+2)}{\Gamma\left(\alpha+\frac{3}{2}\right)} \frac{\zeta(3)}{\zeta(6)} \qquad (4.68)$$

其中把 ξ 取得充分大时 ε^* 就可以任意小.

在这儿很容易看出 S_2^* 是可以忽略的. 事实上

$$\sum_{p \mid \rho} \frac{\log p}{p-1} \leqslant \log(\log \rho+1) \sum_{p \leqslant \log \rho+1} \frac{1}{p-1} +$$

$$\frac{1}{\log \rho} \sum_{\substack{p \mid \rho \\ p \geqslant \log \rho+1}} \log p =$$

$$O\{(\log \log \rho)^2\}$$

故

$$S_2^* = O\{\log \log \xi\}^2 S(0) = O\left[\frac{(\log \log \xi)^2}{\log \xi}\right] = o(1) \qquad (4.69)$$

结合 (4.68)(4.69) 与 (4.67) 的结果, 我们由

(4.62) 与 $d = A_1/T, \xi = A_2 T^{(\frac{1}{8})-\varepsilon_1}$ 这些式子可以得到

$$-S^* \leq (1+\varepsilon_1^*)\frac{\pi^2}{3\alpha}\frac{\Gamma^3(\alpha+1)}{\Gamma^3\left(\alpha+\frac{1}{2}\right)}\frac{\Gamma(\alpha+2)}{\Gamma\left(\alpha+\frac{3}{2}\right)}\frac{\zeta(3)}{\zeta(6)}+$$

$$(1+\varepsilon_2^*)\frac{8\pi^2}{3(4\alpha-1)}\frac{\Gamma^4(\alpha+1)}{\Gamma^4\left(\alpha+\frac{1}{2}\right)}\frac{\zeta(3)}{\zeta(6)}+o(1)=$$

$$(1+\varepsilon_3^*)A^*(新符号) \qquad (4.70)$$

其中(今后要沿用)我们用 ε_i^* 表示一个当 ξ 充分大时任意小的数.

我们可以选 α 使得

$$A_0 A^* = \frac{\pi^2}{3(4\alpha-1)}\frac{\Gamma^4(\alpha+1)}{\Gamma^4\left(\alpha+\frac{1}{2}\right)}\frac{\zeta^2(3)}{\zeta^2(6)}.$$

$$\left\{\frac{\pi^2}{3\alpha}\frac{\Gamma^3(\alpha+1)}{\Gamma^3\left(\alpha+\frac{1}{2}\right)}\frac{\Gamma(\alpha+2)}{\Gamma\left(\alpha+\frac{3}{2}\right)}+\right.$$

$$\left.\frac{8\pi^2}{3(4\alpha-1)}\frac{\Gamma^4(\alpha+1)}{\Gamma^4\left(\alpha+\frac{1}{2}\right)}\right\}=$$

$$\frac{\pi^4}{9(4\alpha-1)}\frac{\Gamma^8(\alpha+1)}{\Gamma^8\left(\alpha+\frac{1}{2}\right)}\frac{\zeta^2(3)}{\zeta^2(6)}.$$

$$\left\{\frac{1}{\alpha}\frac{\alpha+1}{\alpha+\frac{1}{2}}+\frac{8}{4\alpha-1}\right\}$$

尽可能的小,但为简单计算,我们取 $\alpha = \frac{1}{2}+\varepsilon_4$,其中 ε_4 是一个很小的正数. 这种取法比 Selberg 在他文章中的选法(取 $\alpha=1$)更佳.

在式(4.67)与(4.68)中取 $\alpha = \frac{1}{2} + \varepsilon_4$ 即得

$$S(0) \leqslant (1+\varepsilon_5^*)\frac{\pi^2}{3}\frac{\Gamma^4\left(\frac{3}{2}\right)}{\Gamma^4(1)}\frac{\zeta(3)}{\zeta(6)}\frac{1}{\log \xi} =$$

$$(1+\varepsilon_5^*)\frac{\pi^4}{48}\frac{\zeta(3)}{\zeta(6)}\frac{1}{\log \xi}$$

与

$$-S^* \leqslant (1+\varepsilon_1^*)\frac{2\pi^2}{3}\frac{\Gamma^3\left(\frac{3}{2}\right)}{\Gamma^3(1)}\frac{\Gamma\left(\frac{5}{2}\right)}{\Gamma(2)}\frac{\zeta(3)}{\zeta(6)} +$$

$$(1+\varepsilon_6^*)\frac{\pi^4}{6}\frac{\zeta(3)}{\zeta(6)} \leqslant$$

$$(1+\varepsilon_7^*)\left(\frac{\pi^4}{16}\frac{\zeta(3)}{\zeta(6)} + \frac{\pi^4}{6}\frac{\zeta(3)}{\zeta(6)}\right) =$$

$$(1+\varepsilon_7^*)\frac{11\pi^4}{48}\frac{\zeta(3)}{\zeta(6)}$$

因此我们可以取

$$A_0 = \frac{\pi^4}{48}\frac{\zeta(3)}{\zeta(6)}, A^* = \frac{11\pi^4}{48}\frac{\zeta(3)}{\zeta(6)}$$

代入式(4.27)当 T 充分大时,我们就有

$$N_0(T) \geqslant (1-o(1))\frac{T\log T}{9\pi e} \cdot \frac{32}{11\pi^8}\frac{\zeta(6)}{\zeta(3)} =$$

$$(1-o(1))\frac{32 T\log T}{99\pi^9 e}\frac{\zeta(6)}{\zeta(3)} =$$

$$\frac{(1-o(1))}{2\pi}T\log T\frac{64}{99\pi^8 e}\frac{\zeta^2(6)}{\zeta^2(3)} >$$

$$\frac{N(T)}{60\ 000}$$

因为 $\zeta(3) = 1.202$ 与 $\zeta(6) = 1.017$. 这样我们就证明了引论中所提出的定理.

从 Riemann 到 Enoch——Riemann 猜想的历史

　　这个定理的结论是可以略微改进的. 但像比较大的改进, 例如接近最后的结果, 则比较困难, 还需要进一步的研究, 探索才行.

第五章 Riemann ζ 函数的一种推广
—— Ⅲ. $Z_{n,k}(s)$ 的均值公式①

1. 引论

关于 $\zeta(s)$,我们有所谓均值公式(或均值定理),如

$$\lim_{T \to \infty} \frac{1}{T} \int_1^T |\zeta(\sigma + it)|^2 dt = \zeta(2\sigma)$$

$$\sigma > \frac{1}{2} \qquad (5.1)$$

$$\int_0^T \left|\zeta\left(\frac{1}{2} + it\right)\right|^2 dt \sim T\log T \qquad (5.2)$$

本章的目的就是要为 $Z_{n,k}(s)$ 建立类似的公式.

当 $\sigma > kv$ 时,我们很容易为 $Z_{n,k}(s)$ 建立类似 (5.1) 的公式②,在这种情形下,我们可以把 $Z_{n,k}(s)$ 表示成绝对收敛级数的和

$$Z_{n,k}(s) = \sum_{x_1=-\infty}^{\infty} \cdots \sum_{x_k=-\infty}^{\infty}{}' \frac{1}{(x_1^n + \cdots + x_k^n)^s} = \sum_{m=1}^{\infty} \frac{B(m)}{m^s} \qquad (5.3)$$

其中"'"表示 $x_1, \cdots, x_k$ 不同时为零,而 $B(m)$ 表示

$$x_1^n + \cdots + x_k^n = m$$

---

① 摘编自《数学学报》,1956,6(3):347-361.
② 像在前面两章一样,我们永远假定 n 是正偶数而 $v = \frac{1}{n}$.

的整数解的组数. 因此,当 $T \geq 1$ 时,有

$$\frac{1}{T}\int_1^T |Z_{n,k}(\sigma+\mathrm{i}t)|^2 \mathrm{d}t =$$

$$\frac{1}{T}\int_1^T \sum_{m_1=1}^{\infty}\sum_{m_2=1}^{\infty} \frac{B(m_1)}{m_1^{\sigma+\mathrm{i}t}} \frac{B(m_2)}{m_2^{\sigma-\mathrm{i}t}} \mathrm{d}t =$$

$$\sum_{m=1}^{\infty} \frac{B^2(m)}{m^{2\sigma}} +$$

$$\frac{1}{T}\sum_{\substack{m_1=1 \\ m_1 \neq m_2}}^{\infty}\sum_{m_2=1}^{\infty} \frac{B(m_1)B(m_2)}{(m_1 m_2)^{\sigma}} \frac{\left(\frac{m_1}{m_2}\right)^{\mathrm{i}T} - \left(\frac{m_1}{m_2}\right)^{\mathrm{i}}}{\mathrm{i}\log\frac{m_1}{m_2}}$$

故

$$\lim_{T\to\infty}\frac{1}{T}\int_1^T |Z_{n,k}(\sigma+\mathrm{i}t)|^2 \mathrm{d}t = \sum_{m=1}^{\infty} \frac{B^2(m)}{m^{2\sigma}}, \sigma > kv$$

(5.4)

当 $\sigma \leq kv$ 时,均值公式的建立就困难得多. 在为 $\zeta(s)$ 建立均值公式时有许多方法,其中方法之一是先证明形如

$$\int_0^{\infty} \left|\zeta\left(\frac{1}{2}+\mathrm{i}t\right)\right|^2 \mathrm{e}^{-\delta t} \mathrm{d}t \sim \frac{1}{\delta}\log\frac{1}{\delta}, \delta \to 0 \quad (5.5)$$

的公式. 我们不妨称式(5.5)为 Titchmarsh 型均值公式. 本章也要先为 $Z_{n,k}(s)$ 建立 Titchmarsh 型均值公式. 为计算简便,我们只讨论 $0 < \sigma < kv - v$ 的情形.

2. 几个引理,一对 Fourier 变形

引理 1 (Mellin 反转公式①) 设 κ 是实数而

---

① Titchmarsh, *Introduction to the theory of Fourier integrals* (Oxford,1937),第 1.29 节. 以后把这一本书记作 TF1.

第二部分 中外名家论 Riemann 函数与 Riemann 猜想

(1) $y^{\kappa-1}f(y) \in L(0,\infty)$.

(2) $f(y)$ 在 $y = x(0 < x < \infty)$ 的一个邻域内囿变.

(3) $F(s) = \int_0^\infty f(y) y^{s-1} \mathrm{d}y, \ s = \kappa + \mathrm{i}t$.

则

$$\frac{1}{2}\{f(x+0) + f(x-0)\} = \frac{1}{2\pi\mathrm{i}} \lim_{T\to\infty} \int_{\kappa-\mathrm{i}T}^{\kappa+\mathrm{i}T} F(s) x^{-s} \mathrm{d}s$$

引理 2 下列两函数是一对 Fourier 变形

$$f(t) = \frac{1}{\sqrt{2\pi}} \Gamma(a + \mathrm{i}t) Z_{n,k}(a + \mathrm{i}t) \mathrm{e}^{-\mathrm{i}(c+\mathrm{i}t)(\pi/2-\delta)}$$

$$F(\xi) = \mathrm{e}^{a\xi}\{(\sum_{x=-\infty}^{\infty} \mathrm{e}^{-x^n \mathrm{i}\mathrm{e}^{\xi-\mathrm{i}\delta}})^k - j - j'R(\omega)\}$$

(5.6)

式中 $0 < \delta < \pi, a$ 不等于 0 及 $kv, \omega = \mathrm{i}\mathrm{e}^{\xi-\mathrm{i}\delta}$

$$R(\omega) = 2^k \Gamma^k(1+v) \omega^{-kv} \quad (5.7)$$

而

$$j = \begin{cases} 1, \text{当 } a > 0, \\ 0, \text{当 } a < 0, \end{cases} \quad j' = \begin{cases} 1, \text{当 } a < kv, \\ 0, \text{当 } a > kv \end{cases}$$

证明 (1) 当 $\sigma > kv$ 时,由第二章中式 (2.16) 知

$$Z_{n,k}(s) = \frac{1}{\Gamma(s)} \int_0^\infty \omega^{s-1} [(\sum_{x=-\infty}^{\infty} \mathrm{e}^{-x^n \omega})^k - 1] \mathrm{d}\omega$$

(5.8)

在 $(0, \infty)$ 内函数 $(\sum_{x=-\infty}^{\infty} \mathrm{e}^{-x^n \omega})^k - 1$ 是单调下降的,故在每一点 $\omega, \omega > 0$ 的附近,函数是囿变的. 又当 $\omega \to +\infty$ 时,有

$$(\sum_{x=-\infty}^{\infty} \mathrm{e}^{-x^n \omega})^k - 1 < (\sum_{x=-\infty}^{\infty} \mathrm{e}^{-|x|\omega})^k - 1 =$$

$$\left(\frac{1+\mathrm{e}^{-\omega}}{1-\mathrm{e}^{-\omega}}\right)^k - 1 = O(\mathrm{e}^{-\omega})$$

故对于任何实数 κ 都有

$$\omega^{\kappa-1}\left\{\left(\sum_{x=-\infty}^{\infty}\mathrm{e}^{-x^n\omega}\right)^k - 1\right\} \in L(0,\infty)$$

又从第三章定理 1 及第三章式 (3.26) 得 $\Gamma(a+\mathrm{i}t)Z_{n,k}(a+\mathrm{i}t) = o(\mathrm{e}^{(-\pi/2+\varepsilon)|t|})$ ($\varepsilon > 0$). 因此，可以引用引理 1 得到

$$\left(\sum_{x=-\infty}^{\infty}\mathrm{e}^{-x^n\omega}\right)^k - 1 = \frac{1}{2\pi\mathrm{i}}\int_{c-\mathrm{i}\infty}^{c+\mathrm{i}\infty}\Gamma(s)Z_{n,k}(s)\omega^{-s}\mathrm{d}s \tag{5.9}$$

在上式中假定了 $c > kv, \omega > 0$. 设 $s = c + \mathrm{i}t$, 则

$$\omega^{-s} = \mathrm{e}^{-(c+\mathrm{i}t)(\log\omega+\mathrm{i}\arg\omega)} = \mathrm{e}^{-(c\log\omega-t\arg\omega)+\mathrm{i}(t\log\omega+c\arg\omega)}$$

我们容易看出上式两边当 $\mathrm{Re}(\omega) > 0$ 时都是 ω 的解析函数 (ω 的辐角应取在 $-\frac{\pi}{2}$ 与 $\frac{\pi}{2}$ 之间). 因此上式当 $\mathrm{Re}(\omega) > 0$ 时恒成立. 命

$$\omega = \mathrm{i}\mathrm{e}^{\xi-\mathrm{i}\delta} = \mathrm{e}^{\xi+\mathrm{i}(\frac{\pi}{2}-\delta)} = \mathrm{e}^{\xi}(\sin\delta + \mathrm{i}\cos\delta)$$
$$0 < \delta < \pi$$

则得

$$\left(\sum_{x=-\infty}^{\infty}\mathrm{e}^{-x^n\omega}\right)^k - 1 =$$

$$\frac{1}{2\pi}\int_{-\infty}^{\infty}\Gamma(c+\mathrm{i}t)Z_{n,k}(c+\mathrm{i}t)\mathrm{e}^{-(c+\mathrm{i}t)\xi-\mathrm{i}(c+\mathrm{i}t)(\pi/2-\delta)}\mathrm{d}t$$

这证明当 $c > kv$ 时，有

$$\mathrm{e}^{c\xi}\left\{\left(\sum_{x=-\infty}^{\infty}\mathrm{e}^{-x^n\omega}\right)^k - 1\right\} =$$

$$\frac{1}{2\pi}\int_{-\infty}^{\infty}\Gamma(c+\mathrm{i}t)Z_{n,k}(c+\mathrm{i}t)\mathrm{e}^{-\mathrm{i}(c+\mathrm{i}t)(\pi/2-\delta)}\mathrm{e}^{-\mathrm{i}t\xi}\mathrm{d}t$$

因而得到一对 Fourier 变形

$$f(t) = \frac{1}{\sqrt{2\pi}} \Gamma(c+it) Z_{n,k}(c+it) e^{-i(c+it)(\pi/2-\delta)}$$

$$F(\xi) = e^{c\xi} \left\{ \left(\sum_{x=-\infty}^{\infty} e^{-x^n \omega} \right)^k - 1 \right\}, \omega = i e^{\xi-i\delta}$$

这证明了引理中当 $a = c > kv$ 的情形.

(2) 当 $|s| \to \infty$ 时,有

$$\log \Gamma(s) = \left(s - \frac{1}{2} \right) \log s - s + \frac{1}{2} \log 2\pi + O\left(\frac{1}{|s|} \right)$$

对于 $-\pi + \delta \leq \arg s \leq \pi + \delta (0 < \delta < \pi)$ 一致成立[①],由此可以推出当 $a \leq \sigma \leq c$ 而 $|t| \to \infty$ 时,有

$$|\Gamma(\sigma+it)| = (1+o(1)) e^{-\pi/2|t|} |t|^{\sigma-\frac{1}{2}} \sqrt{2\pi}$$
(5.10)

其中 o 所隐含的常数只与 a 及 c 有关. 因此,由第三章定理 1 知式(5.9)右边积分号下的函数当 $a \leq \sigma \leq c$, $|t| \to \infty$ 时,一致趋于 0. 又当 $0 < a < kv$ 时,该函数在带形域 $a \leq \sigma \leq c$ 内只有一个奇点,即简单极点 $s = kv$. 由第二章定理 2 知,相当的残数是

$$\Gamma(kv) \frac{2^k \Gamma^k(1+v)}{\Gamma(kv)} \omega^{-kv} = R(\omega)$$

因而可将式(2.4)右边积分路线移到 $\sigma = a$ 而得到

$$\left(\sum_{x=-\infty}^{\infty} e^{-x^n \omega} \right)^k - j - R(\omega) =$$

$$\frac{1}{2\pi i} \int_{a-i\infty}^{a+i\infty} \Gamma(s) Z_{n,k}(s) \omega^{-s} ds =$$

$$\frac{1}{2\pi} \int_{-\infty}^{\infty} \Gamma(a+it) Z_{n,k}(a+it) \omega^{-a-it} dt \quad (5.11)$$

---

① Titchmarsh, *Theory of functions*, 2nd ed. 4.42, Example(i).

式中,$j = 1$ 而 $0 < a < kv$. 当 $a < 0$ 时,由第二章中式 (2.19) 知道在带形域 $a \leqslant \sigma \leqslant c$ 内,式(5.9) 右边的被积函数除以 $s = kv$ 为奇点外,还有一奇点 $s = 0$,其相当的残数为 -1. 这证明当 $a < 0$ 时,式(5.11)中的 j 应为 0.

(3) 由第三章定理1及式(5.10),$\Gamma(a+\mathrm{i}t)Z_{n,k}(a+\mathrm{i}t) = o(\mathrm{e}^{-|t|})$. 故式(5.11) 最左及最右两端,当 $\mathrm{Re}(\omega) > 0$ 时都是 ω 的解析函数. 因此上式当 $\mathrm{Re}(\omega) > 0 \left(\text{可取} -\frac{\pi}{2} < \arg\omega < \frac{\pi}{2}\right)$ 时恒成立. 命

$$\omega = \mathrm{i}\mathrm{e}^{\xi-\mathrm{i}\delta} = \mathrm{e}^{\xi+\mathrm{i}(\pi/2-\delta)} = \mathrm{e}^{\xi}(\sin\delta + \mathrm{i}\cos\delta)$$
$$0 < \delta < \pi$$

即得

$$\left(\sum_{x=-\infty}^{\infty}\mathrm{e}^{-x^n\omega}\right)^k - j - R(\omega) =$$
$$\frac{1}{2\pi}\int_{-\infty}^{\infty}\Gamma(a+\mathrm{i}t)Z_{n,k}(a+\mathrm{i}t)\mathrm{e}^{-a\xi-\mathrm{i}\xi t-\mathrm{i}(a+\mathrm{i}t)(\pi/2-\delta)}\mathrm{d}t$$

$$\mathrm{e}^{a\xi}\left\{\left(\sum_{x=-\infty}^{\infty}\mathrm{e}^{-x^n\omega}\right)^k - j - R(\omega)\right\} =$$
故
$$\frac{1}{2\pi}\int_{-\infty}^{\infty}\Gamma(a+\mathrm{i}t)Z_{n,k}(a+\mathrm{i}t)\mathrm{e}^{-\mathrm{i}(a+\mathrm{i}t)(\pi/2-\delta)}\mathrm{e}^{-\mathrm{i}\xi t}\mathrm{d}t$$

由此得到一对 Fourier 变形

$$f(t) = \frac{1}{\sqrt{2\pi}}\Gamma(a+\mathrm{i}t)Z_{n,k}(a+\mathrm{i}t)\mathrm{e}^{-\mathrm{i}(a+\mathrm{i}t)(\pi/2-\delta)}$$

$$F(\xi) = \mathrm{e}^{a\xi}\left\{\left(\sum_{x=-\infty}^{\infty}\mathrm{e}^{-x^n\omega}\right)^k - j - R(\omega)\right\}, \omega = \mathrm{i}\mathrm{e}^{\xi-\mathrm{j}\delta}$$

式中 $0 \neq a < kv$ 而

$$j = \begin{cases} 1, \text{当} a > 0 \\ 0, \text{当} a < 0 \end{cases}$$

引理3(Parseval 等式[①]) 设$f(x) \in L(-\infty, \infty)$并且它的 Fourier 变形是$F(x) \in L(-\infty, \infty)$,则

$$\int_{-\infty}^{\infty} |f(x)|^2 dx = \int_{-\infty}^{\infty} |F(x)|^2 dx$$

引理4[②] 设$f(x) \in L^p(-\infty, \infty)$ ($1 < p \leq 2$),则

$$F_b(x) = \frac{1}{\sqrt{2\pi}} \int_{-b}^{b} f(t) e^{ixt} dt$$

以指数$p' = \dfrac{p}{p-1}$平均收敛到极限函数$F(x)$,并满足

$$\int_{-\infty}^{\infty} |F(x)|^{p'} dx \leq \frac{1}{(2\pi)^{\frac{1}{2}p'-1}} \int_{-\infty}^{\infty} |f(x)|^p dx$$

又几乎到处有

$$F(x) = \frac{1}{\sqrt{2\pi}} \frac{d}{dx} \int_{-\infty}^{\infty} f(t) \frac{e^{ixt}-1}{it} dt$$

3. Titchmarsh 型均值公式

下面我们是要为$Z_{n,k}(s)$建立类似于式(5.5)的均值公式,即 Titchmarsh 型均值公式. 为思路清晰,我们把证明的若干部分写成一些引理:

引理5 设$0 < a < kv$,则当$\delta \to +0$时,有

$$\frac{1}{\sqrt{2\pi}} \int_0^{\infty} t^{2a-1}(1+o(1)) |Z_{n,k}(a+it)|^2 e^{-2\delta t} dt =$$

$$\int_0^{\infty} u^{2a-1} \left| \left(\sum_{x=-\infty}^{\infty} e^{-x^n \omega} \right)^k - 1 - \frac{2^k \Gamma^k(1+v)}{\omega^{kv}} \right|^2 du$$

(5.12)

---

① TFI,2.2 节定理35 及2.1 节公式(2.1.3).
② TFI,4.1 节定理74.

式中 $\omega = ine^{-i\delta}$.

证明 我们知道当 $t \to \infty$ 时,有

$$\Gamma(a + it) = \exp\left\{-\frac{\pi}{2}|t|\right\}|t|^{a-\frac{1}{2}}\sqrt{2\pi}(1 + o(1))$$

(5.13)

(见式(5.10)),故由第三章定理 1 知道当 δ 充分小而 $t \to \infty$ 时,有

$$\Gamma(a + it)Z_{n,k}(a + it)\exp\left\{t\left(\frac{\pi}{2} - \delta\right)\right\} = O(t^{A_1}e^{-\delta|t|})$$

(5.14)

式中 A_1 只与 a 有关,O 中所隐含的常数也只与 a 有关. 这表明引理 2 中的 $f(t)$ 是属于 $L(-\infty, \infty)$ 的. 又当 $0 < a < kv$ 时,引理 2 中的 $F(\xi)$ 是

$$F(\xi) = e^{a\xi}\left\{\left(\sum_{x=-\infty}^{\infty}e^{-x^n e^{\xi}(\sin\delta + i\cos\delta)}\right)^k - 1 - \frac{2^k\Gamma^k(1+v)}{(ie^{\xi-i\delta})^{kv}}\right\}$$

像在引理 2 的证明中一样,当 $\xi \to +\infty$ 时,我们有

$$|F(\xi)| \leq e^{a\xi}\left\{\left(\sum_{x=-\infty}^{\infty}e^{-x^n e^{\xi}\sin\delta}\right)^k - 1 + \frac{2^k\Gamma^k(1+v)}{e^{kv\xi}}\right\} =$$

$$O(e^{a\xi - e^{\xi}\sin\delta}) + O(e^{(a-kv)\xi})$$

设用 $f_a(t)$ 及 $F_a(\xi)$ 记引理 2 中的 $f(t)$ 及 $F(\xi)$,则 $f_{\frac{a}{2}}(t) \in L(-\infty, \infty)$ 而

$$F_a(\xi) = e^{\frac{a\xi}{2}}F_{a/2}(\xi) = \frac{e^{\frac{a\xi}{2}}}{\sqrt{2\pi}}\int_{-\infty}^{\infty}f_{\frac{a}{2}}(t)e^{-i\xi t}dt = O(e^{\frac{a\xi}{2}})$$

由以上的讨论知道 $F(\xi) \in L(-\infty, \infty)$. 因此,当 $0 < a < kv$ 时,可以把引理 3 应用到引理 2 中的 $f(t)$ 及 $F(\xi)$ 得到

$$\frac{1}{2\pi}\int_{-\infty}^{\infty}|\Gamma(a+it)Z_{n,k}(a+it)e^{t(\frac{\pi}{2}-\delta)}|^2dt =$$

$$\int_{-\infty}^{\infty} e^{2a\xi} \left| \Big(\sum_{x=-\infty}^{\infty} e^{-x^n \omega} \Big)^k - 1 - \frac{2^k \Gamma^k(1+v)}{\omega^{kv}} \right|^2 d\xi =$$

$$\int_0^{\infty} u^{2a-1} \left| \Big(\sum_{x=-\infty}^{\infty} e^{-x^n \omega} \Big)^k - 1 - \frac{2^k \Gamma^k(1+v)}{\omega^{kv}} \right|^2 du$$

(5.15)

由式(5.13),当 $\delta \to +0$ 时,式(5.15)的最左端可以写成

$$\frac{1}{\sqrt{2\pi}} \int_{-\infty}^{\infty} (1+o(1)) \mid t \mid^{2a-1} \mid Z_{n,k}(a+it) \mid^2 \cdot e^{-\pi(|t|-t)-2\delta t} dt$$

因此,根据第三章定理1立得式(5.12).

引理 6 设 $m \geq c$,则任何一个包含 x 与 y 的 m 次多项式一定可以写成下列三个类型的项之和:

A. $A(x-y)^\lambda y^\mu, \mu \geq c,, \lambda + \mu \leq m$

B. $A(x-y-1)^\lambda y^\mu, \mu < c, c \leq \lambda + \mu \leq m$

C. $A(x-1)^\lambda y^\mu, \mu < c, \lambda + \mu < c$

当 $m < c$ 时,只有 C 类型的项,引理显然仍成立.

证明 设用 P 表示已知多项式. 若 P 不含 x,显然可以写成 A,C 两类型的项之和(此时 $\lambda = 0$). 设引理对 x 的 m 次多项式成立,要证对 x 的 $m+1$ 次多项式 P 也成立. 任取 P 内含 x^{m+1} 的一项,设为 $Q = Ax^\lambda y^\mu (\lambda = m+1)$. 若 $\mu \geq c$,则 Q 与 A 类型的项 $A(x-y)^\lambda y^\mu$ 的差对 x 为 m 次;若 $\mu < c$,则应考虑 Q 与 B 或 C 类型的项之差(要分 $\lambda + \mu \geq c$ 及 $\lambda + \mu < c$ 两种情形),结果也得到 x 的 m 次多项式. 对 P 内每一含 x^{m+1} 的项都可以如此操作. 这就是说,总可以从 P 减去 A,B,C 三类型的项,使所余为 x 的 m 次多项式. 用归纳法即得本引理.

引理7　我们可以把 $x^k - y^k - 1\,(k > c)$ 表示成下列形式

$$x^k - y^k - 1 = \sum_{\substack{\lambda > 0, \mu \geq c \\ \lambda + \mu \leq k}} c_{\lambda,\mu}(x-y)^\lambda y^\mu +$$

$$\sum_{\substack{0 \leq \mu < c \\ c \leq \lambda + \mu \leq k}} c_{\lambda,\mu}(x-y-1)^\lambda y^\mu +$$

$$\sum_{\substack{\lambda + \mu < c \\ \lambda > 0}} c_{\lambda,\mu}(x-1)^\lambda y^\mu \qquad (5.16)$$

式中 $c_{\lambda,\mu}$ 都是常数且 $c_{1,k-1} = k$.

证明　由引理6,可以把 $x^k - y^k - 1$ 表示成

$$x^k - y^k - 1 = \sum_{\substack{\lambda > 0, \mu \geq c \\ \lambda + \mu \leq k}} c_{\lambda,\mu}(x-y)^\lambda y^\mu +$$

$$\sum_{\substack{0 \leq \mu < c \\ c \leq \lambda + \mu \leq k}} c_{\lambda,\mu}(x-y-1)^\lambda y^\mu +$$

$$\sum_{\substack{\lambda + \mu < c \\ \lambda > 0}} c_{\lambda,\mu}(x-1)^\lambda y^\mu + \sum_{0 \leq \mu \leq k} c_\mu y^\mu$$

其中 c_μ 是常数. 命 $x = 1$ 即得

$$-y^k = \sum_{\substack{\lambda > 0, \mu \geq c \\ \lambda + \mu \leq k}} c_{\lambda,\mu}(1-y)^\lambda y^\mu +$$

$$\sum_{\substack{0 \leq \mu < c \\ c \leq \lambda + \mu \leq k}} (-1)^\lambda c_{\lambda,\mu} y^{\lambda+\mu} + \sum_{0 \leq \mu \leq k} c_\mu y^\mu$$

由此易得 $c_\mu = 0, 0 \leq \mu < c$. 又命 $x = y$ 即得

$$-1 = \sum_{\substack{0 \leq \mu < c \\ c \leq \lambda + \mu \leq k}} (-1)^\lambda c_{\lambda,\mu} y^\mu +$$

$$\sum_{\substack{\lambda + \mu < c \\ \lambda > 0}} c_{\lambda,\mu}(y-1)^\lambda y^\mu + \sum_{c \leq \mu \leq k} c_\mu y^\mu$$

因此又得 $c_\mu = 0, c \leq \mu \leq k$. 故式(5.16)成立. 但还要证 $c_{1,k-1} = k$. 比较式(5.16)两边的最高次项得

第二部分　中外名家论 Riemann 函数与 Riemann 猜想

$$x^k - y^k = \sum_{\substack{\lambda > 0, \mu \geqslant c \\ \lambda + \mu = k}} c_{\lambda,\mu}(x-y)^\lambda y^\mu + \sum_{\substack{0 \leqslant \mu < c \\ c \leqslant \lambda + \mu = k}} c_{\lambda,\mu}(x-y)^\lambda y^\mu$$

因 $\mu < c < k, \lambda + \mu = k$ 隐含 $\lambda \geqslant 1$。故上式第二项中 $\lambda \geqslant 1$。用 $x - y$ 除两边，得

$$x^{k-1} + \cdots + y^{k-1} = \sum_{\substack{\lambda > 0, \mu \geqslant c \\ \lambda + \mu = k}} c_{\lambda,\mu}(x-y)^{\lambda-1} y^\mu +$$
$$\sum_{\substack{0 \leqslant \mu < c \\ \lambda + \mu = k}} c_{\lambda,\mu}(x-y)^{\lambda-1} y^\mu$$

令 $x = y = 1$，即得 $k = c_{1,k-1}$。

定理 1　设 an 不是整数而 $0 < a < kv - v$，则当 $\delta \to 0$ 时，有

$$\int_0^\infty t^{2a-1} |Z_{n,k}(a+\mathrm{i}t)|^2 \mathrm{e}^{-2\delta t} \mathrm{d}t =$$
$$c_1 \delta^{-2(n-1)(kv-v-a)-1}(1 + o(1)) + O(\delta^{-2a}) + O(\delta^{-4-\varepsilon})$$

式中

$$c_1 = k^2 (2\pi)^{\frac{1}{2}} (2\pi v)^{-2(k-na)-1} (2\Gamma(1+v))^{2k-2} \cdot$$
$$\Gamma(2(1-v)(k-na-1)+1)\xi(2(k-na))$$

而 $\varepsilon > 0$。

证明　(1) 设 $c = an > [an]$（$[x]$ 表示 x 的整数部分），则由引理 7 得

$$\int_0^\infty u^{2a-1} \left| \left(\sum_{x=-\infty}^\infty \mathrm{e}^{-x^n \omega} \right)^k - 1 - \left(\frac{2\Gamma(1+v)}{\omega^v} \right)^k \right|^2 \mathrm{d}u =$$
$$\int_0^\infty u^{2a-1} \Big| \sum_{\substack{\lambda > 0, \mu \geqslant c \\ \lambda + \mu \leqslant k}} c_{\lambda,\mu}(\Phi - \Psi)^\lambda \Psi^\mu +$$
$$\sum_{\substack{0 \leqslant \mu < c \\ c \leqslant \lambda + \mu \leqslant k}} c_{\lambda,\mu}(\Phi - \Psi - 1)^\lambda \Psi^\mu +$$
$$\sum_{\substack{\lambda + \mu < c \\ \lambda > 0}} c_{\lambda,\mu}(\Phi - 1)^\lambda \Psi^\mu \Big|^2 \mathrm{d}u \qquad (5.17)$$

式中 $\omega = \mathrm{i}u\mathrm{e}^{-\mathrm{i}\delta}$ 而

$$\Phi = \Phi(u) = \sum_{x=-\infty}^{\infty} \mathrm{e}^{-x^n\omega}, \Psi = \Psi(u) = \frac{2\Gamma(1+v)}{\omega^v}$$

把式(5.17)右边积分号下形如 $|W|^2$ 的式子换作 $W\overline{W}$($\overline{W}$ 表 W 的共轭复数),则乘开以后分别积分就得到九个类型的项. 其中三个类型的项,除去一常数因子不算,就可以写成

$$A = I_{\lambda,\mu} = \int_0^\infty u^{2a-1} |\Phi - \Psi|^{2\lambda} |\Psi|^{2\mu} \mathrm{d}u$$

$$\lambda > 0, \mu \geqslant c, \lambda + \mu \leqslant k$$

$$B = I_{\lambda,\mu} = \int_0^\infty u^{2a-1} |\Phi - \Psi - 1|^{2\lambda} |\Psi|^{2\mu} \mathrm{d}u$$

$$0 \leqslant \mu < c, c \leqslant \lambda + \mu \leqslant k$$

$$C = I_{\lambda,\mu} = \int_0^\infty u^{2a-1} |\Phi - 1|^{2\lambda} |\Psi|^{2\mu} \mathrm{d}u$$

$$\lambda > 0, \lambda + \mu < c$$

另外 9 个类型的项的绝对值,则不超过(对于适当的 $\lambda, \mu, \lambda', \mu'$)

$$O(\sqrt{I_{\lambda,\mu} I_{\lambda',\mu'}}), |\lambda - \lambda'| + |\mu - \mu'| \neq 0$$

为说明最后一句话,我们利用 Schwarz 不等式就得到

$$\left| \int_0^\infty u^{2a-1} |\Phi - \Psi|^\lambda \Psi^\mu \cdot \overline{(\Phi - \Psi - 1)^{\lambda'} \Psi^{\mu'}} \mathrm{d}u \right| \leqslant \sqrt{AB}$$

以后要证明在 A,B,C 三种项中,在适当的条件下,只有 $I_{1,k-1}$ 的阶最大,其余的阶都较低,因此,式(5.17)的主要部分是

$$\int_0^\infty u^{2a-1} |c_{1,k-1}(\Phi - \Psi)|^2 |\Psi|^{2k-2} \mathrm{d}u = k^2 I_{1,k-1}$$

(5.18)

(2) A,B,C 三类型的项都可以写作

第二部分　中外名家论 Riemann 函数与 Riemann 猜想

$$I_{\lambda,\mu} = (2\Gamma(1+v))^{2\mu} \int_0^\infty u^{2(a-\mu v)} \cdot$$

$$\left| \sum_{x=-\infty}^\infty e^{-x^n \omega} - j - j' \frac{2\Gamma(1+v)}{\omega^v} \right|^{2\lambda} \frac{du}{u}$$

其中

$$j = \begin{cases} 1, \text{当} \mu < an, \text{即} \dfrac{a-\mu v}{\lambda} > 0 \\ 0, \text{当} \mu > an, \text{即} \dfrac{a-\mu v}{\lambda} < 0 \end{cases}$$

而

$$j' = \begin{cases} 1, \text{当} \lambda+\mu > an, \text{即} \dfrac{a-\mu v}{\lambda} < v \\ 0, \text{当} \lambda+\mu < an, \text{即} \dfrac{a-\mu v}{\lambda} > v \end{cases}$$

故由引理 2 得

$$f(t) = \frac{1}{\sqrt{2\pi}} \Gamma\left(\frac{a-\mu v}{\lambda} + \mathrm{i}t\right) Z_{n,1}\left(\frac{a-\mu v}{\lambda} + \mathrm{i}t\right) \cdot$$

$$e^{-\mathrm{i}\left(\frac{a-\mu v}{\lambda} + \mathrm{i}t\right)\left(\frac{\pi}{2} - \delta\right)}$$

与

$$F(\xi) = e^{\frac{a-\mu v}{\lambda} \xi} \left\{ \sum_{x=-\infty}^\infty e^{-x^n \omega} - j - j' \frac{2\Gamma(1+v)}{\omega^v} \right\}$$

是一对 Fourier 变形. 由式(5.14) 知道,当 $|t| \to \infty$ 时,有

$$f(t) = O(|t|^{A_1} e^{-\delta|t|}) \tag{5.19}$$

因此对任何的 $p(1 \leq p \leq 2)$,均得 $\overline{f(t)} \in L^p(-\infty, \infty)$,故引理 4 可用,于是得

$$\int_{-\infty}^\infty |F_1(x)|^{p'} \mathrm{d}x \leq \frac{1}{(2\pi)^{\frac{p'}{2}-1}} \int_{-\infty}^\infty |f(x)|^p \mathrm{d}x$$

$$\tag{5.20}$$

其中 $p' = \dfrac{p}{p-1}$ 而

$$F_1(x) \doteq \dfrac{d}{dx} \dfrac{1}{\sqrt{2\pi}} \int_{-\infty}^{\infty} \overline{f(t)} \dfrac{e^{ixt}-1}{it} dt$$

式中"$\doteq$"表示两边除在一测度是零的集合上以外,恒相等. 又由式(5.19),上式右边可以在积分号下取微分. 故 $F_1(x) \doteq \overline{F(x)}$. 因此,式(5.20) 变成

$$\int_{-\infty}^{\infty} |F_1(x)|^{p'} dx \le \dfrac{1}{(2\pi)^{\frac{p'}{2}-1}} \int_{-\infty}^{\infty} |f(x)|^p dx$$

由此可见,对于 A,B,C 三类型的项,都有

$$I_{\lambda,\mu} = (2\Gamma(1+v))^{2\mu} \int_0^{\infty} u^{2(a-\mu v)} \cdot$$

$$\left| \sum_{x=-\infty}^{\infty} e^{-x^n \omega} - j - j' \dfrac{2\Gamma(1+v)}{\omega^v} \right|^{2\lambda} \dfrac{du}{u} \ll$$

$$\int_{-\infty}^{\infty} \left| \dfrac{1}{\sqrt{2\pi}} \Gamma\left(\dfrac{a-\mu v}{\lambda} + it\right) Z_{n,1}\left(\dfrac{a-\mu v}{\lambda} + it\right) \cdot \right.$$

$$\left. \exp\left\{-i\left(\dfrac{a-\mu v}{\lambda} + it\right)\left(\dfrac{\pi}{2} - \delta\right)\right\} \right|^h dt \quad (5.21)$$

式中 $h = \dfrac{2\lambda}{2\lambda - 1}$.

(3) 现在估计式(5.21) 的右边. 由式(5.13),当 $t \to \infty$ 时,有

$$\left| \dfrac{1}{\sqrt{2\pi}} \Gamma\left(\dfrac{a-\mu v}{\lambda} + it\right) \exp\left\{-i\left(\dfrac{a-\mu v}{\lambda} + it\right)\left(\dfrac{\pi}{2} - \delta\right)\right\} \right| \ll$$

$$|t|^{\frac{a-\mu v}{\lambda} - \frac{1}{2}} e^{-\frac{\pi}{2}(|t|-t) - \delta t}$$

式中所隐含的常数与 δ 及 t 都无关. 因此,由式(5.21) 及第三章中定理 1,当 $\delta \to +0$ 时,有

$$I_{\lambda,\mu} \ll \int_1^{\infty} t^{(\frac{a-\mu v}{\lambda} - \frac{1}{2})h} e^{-\delta ht} \left| Z_{n,1}\left(\dfrac{a-\mu v}{\lambda} + it\right) \right|^h dt + 1 \ll$$

第二部分　中外名家论 Riemann 函数与 Riemann 猜想

$$\int_1^\infty t^{(\frac{a-\mu v}{\lambda}-\frac{1}{2})h} e^{-\delta ht} \left| \xi\left(\frac{an-\mu}{\lambda}+nit\right) \right|^h dt + 1$$

(1) 现在考虑 $\dfrac{an-\mu}{\lambda} > 1$，也就是 $\lambda+\mu < an$ 的情形. 在这情形下，因 $\zeta\left(\dfrac{an-\mu}{\lambda}+nit\right) = O(1)$（当 $t \to \infty$），故

$$I_{\lambda,\mu} \ll \int_1^\infty t^{(\frac{a-\mu v}{\lambda}-\frac{1}{2})h} e^{-\delta ht} dt + 1 =$$

$$\delta^{-(\frac{a-\mu v}{\lambda}-\frac{1}{2})h-1} \int_\delta^\infty |t|^{(\frac{a-\mu v}{\lambda}-\frac{1}{2})h} e^{-ht} dt + 1 =$$

$$O(\delta^{-(\frac{a-\mu v}{\lambda}-\frac{1}{2})h-1}) + O(\delta^{-1})$$

因 $\lambda \geqslant 1$，故 $\dfrac{a-\mu v}{\lambda} \leqslant a$, $1 \leqslant h = \dfrac{2\lambda}{2\lambda-1} \leqslant 2$，而

$$I_{\lambda,\mu} = O(\delta^{-2a}) + O(\delta^{-1})$$

(2) 其次考虑 $0 < \dfrac{an-\mu}{\lambda} < 1$，也就是 $an-\mu > 0$ 且 $\lambda+\mu > an$ 的情形. 在这情形下，我们利用 $\zeta(s) = O(t^{\frac{3}{2}+\varepsilon})$（当 $\sigma \geqslant -\varepsilon, \varepsilon \geqslant 0$）① 可得

$$I_{\lambda,\mu} \ll \int_1^\infty t^{(\frac{a-\mu v}{\lambda}-\frac{1}{2})h} e^{-\delta ht} t^{(\frac{3}{2}+\varepsilon)h} dt + 1 =$$

$$\int_1^\infty t^{(\frac{a-\mu v}{\lambda}+1+\varepsilon)h} e^{-\delta ht} dt + 1 = O(\delta^{-(\frac{a-\mu v}{\lambda}+1+\varepsilon)h-1}) =$$

$$O(\delta^{-2(v+1+\varepsilon)-1}) = O(\delta^{-4-\varepsilon})$$

$$h \leqslant 2, \ n \geqslant 2$$

(3) 最后考虑 $\dfrac{an-\mu}{\lambda} < 0$，也就是 $\mu > an$ 的情形.

---

① Titchmarsh, *The theory of the Riemann Zeta–function*（Oxford, 1951）5.1 节（有俄文译本）. 以后简记作 TRZ.

在这种情形下,我们利用 $\xi(s) = O(t^{\frac{1}{2} - \sigma})(\sigma \leqslant -\varepsilon < 0)$ 可得

$$I_{\lambda,\mu} \ll \int_1^\infty t^{(\frac{a-\mu v}{\lambda} - \frac{1}{2})h} e^{-\delta h t} t^{(\frac{1}{2} - \frac{an-\mu}{\lambda})h} dt + 1 =$$

$$\int_1^\infty t^{-(n-1)h\frac{a-\mu v}{\lambda}} e^{-\delta h t} dt + 1 =$$

$$O(\delta^{-(n-1)h\frac{\mu v-a}{\lambda} - 1})$$

当 a 一定时,如果 λ 越小,μ 越大,上式右边的指数就越大. 因 $\lambda \geqslant 1, \mu \leqslant k-1$, 故

$$I_{\lambda,\mu} = \begin{cases} O(\delta^{-(kv-v-a)(n-1)h-1}), & \text{当 } \lambda = 1, \mu = k-1 \\ o(\delta^{-(kv-v-a)(n-1)h-1}), & \text{其他情形} \end{cases}$$

(4) 对于 $I_{1,k-1}$,我们还要求出它的主要部分. 因为 $a < kv - v$,所以

$$I_{1,k-1} = (2\Gamma(1+v))^{2k-2} \int_0^\infty u^{2(a-kv+v)} \cdot$$

$$\left| \sum_{x=-\infty}^\infty e^{-x^n \omega} - \frac{2\Gamma(1+v)}{\omega^v} \right|^2 \frac{du}{u}$$

这时,我们可以不用不等式(5.20)而用 Parseval 等式 (引理3). 现在先验证一对 Fourier 变形(引理2)

$$f(t) = \frac{1}{\sqrt{2\pi}} \Gamma(a - kv + v + it) Z_{n,1}(a - kv + v + it) \cdot$$

$$e^{-i(a-kv+v+it)(\frac{\pi}{2} - \delta)}$$

$$F(\xi) = e^{(a-kv+v)\xi} \left\{ \sum_{x=-\infty}^\infty e^{-x^n \omega} - \frac{2\Gamma(1+v)}{\omega^v} \right\}$$

$$\omega = e^{\xi + i(\frac{\pi}{2} - \delta)}$$

是否都属于 $L(-\infty, \infty)$. 由式(5.14),$f(x) \in L(-\infty, \infty)$. 显然当 $\xi \to +\infty$ 时,$F(\xi) = O(e^{(a-kv+v)\xi})$. 用 $f_{a-kv+v}(t)$ 及 $F_{a-kv+v}(\xi)$ 表示以上一对 Fourier 变形,则

第二部分 中外名家论 Riemann 函数与 Riemann 猜想

$f_{-kv+v}(t)$ 及 $F_{-kv+v}(\xi)$ 也是一对 Fourier 变形而 $f_{-kv+v}(t) \in L(-\infty, \infty)$. 因此

$$F(\xi) = F_{a-kv+v}(\xi) = e^{a\xi} F_{-kv+v}(\xi) =$$

$$e^{a\xi} \frac{1}{\sqrt{2\pi}} \int_{-\infty}^{\infty} f_{-kv+v}(t) e^{-\xi t i} dt =$$

$$O(e^{a\xi}), \xi \to -\infty$$

故 $F(\xi) \in L(-\infty, \infty)$. 由引理 2

$$I_{1,k-1} = (2\Gamma(1+v))^{2k-2} \int_{-\infty}^{\infty} \left| \frac{1}{\sqrt{2\pi}} \Gamma(a - kv + v + it) \cdot Z_{n,1}(a - kv + v + it) e^{-i(a-kv+v+it)(\frac{\pi}{2}-\delta)} \right|^2 dt$$

由式 (5.13),当 $t \to \infty$ 时,有

$$\left| \frac{1}{\sqrt{2\pi}} \Gamma(a - kv + v) e^{-i(a-kv+v+it)(\frac{\pi}{2}-\delta)} \right| =$$

$$|t|^{a-kv+v-\frac{1}{2}} e^{-\frac{\pi(|t|-t)}{2} - \delta t} (1 + o(1))$$

故当 $\delta \to +0$ 时,有

$$I_{1,k-1} = (1 + o(1))(2\Gamma(1+v))^{2k-2} \int_{v}^{\infty} t^{2(a-kv+v-\frac{1}{2})} e^{-2\delta t} \cdot |\zeta(na - k + 1 + nit)|^2 dt + O(1)$$

式中积分的下限 v 是为方便而取的. 由此得

$$I_{1,k-1} = (1 + o(1)) v^{2(a-kv+v)} (2\Gamma(1+v))^{2k-2} \cdot \int_{1}^{\infty} t^{2(a-kv+v)-1} e^{-2\delta v t} \cdot |\zeta(na - k + 1 + it)|^2 dt + O(1)$$

的 $\zeta(s)$ 的函数方程①,当 $t \to +\infty$ 时,有

$$|\xi(s)| = |\chi(s) \xi(1-s)| \sim \left(\frac{t}{2\pi}\right)^{\frac{1}{2} - \sigma} |\xi(1-s)|$$

---

① TRZ, 136, (7.12.6) ~ (7.12.7).

故又得

$$I_{1,k-1} = (1 + o(1))(2\pi)^{-1}(2\pi v^v)^{-2(k-na-1)} \cdot$$

$$(2\Gamma(1+v))^{2k-2} \cdot$$

$$\int_1^\infty t^{2(n-1)(kv-v-a)} e^{-2\delta vt} \cdot$$

$$|\zeta(k-na-it)|^2 dt + O(1) \quad (5.22)$$

今用 I_0 表示上式右边的积分,则因 $k - na > 1$,故

$$I_0 = \int_1^\infty t^{2(n-1)(kv-v-a)} e^{-2\delta vt} \sum_{m_1=1}^\infty \frac{1}{m_1^{k-na-it}} \sum_{m_2=1}^\infty \frac{1}{m_2^{k-na-it}} dt =$$

$$\zeta(2(k-na)) \int_1^\infty t^{2(n-1)(kv-v-a)} e^{-2\delta vt} dt +$$

$$2 \sum_{m_1=1}^\infty \sum_{m_2=1}^{m_1-1} \frac{1}{(m_1 m_2)^{k-na}} \cdot$$

$$\int_1^\infty t^{2(n-1)(kv-v-a)} e^{-2\delta vt} \left(\frac{m_1}{m_2}\right)^{it} dt =$$

$$I_{01} + I_{02}$$

显然

$$\int_1^\infty t^{2(n-1)(kv-v-a)} e^{-2\delta vt} dt =$$

$$(2\delta v)^{-2(n-1)(kv-v-a)-1} \int_0^\infty t^{2(n-1)(kv-v-a)} e^{-t} dt + O(1) =$$

$$(2\delta v)^{-2(n-1)(kv-v-a)-1} \cdot$$

$$\Gamma(2(n-1)(kv-v-a)+1) + O(1)$$

而

$$\int_1^\infty t^{2(n-1)(kv-v-a)} e^{-2\delta vt} \left(\frac{m_1}{m_2}\right)^{it} dt =$$

$$\left(\log \frac{m_1}{m_2}\right)^{-2(n-1)(kv-v-a)-1} \cdot$$

$$\int_{\log\frac{m_1}{m_2}}^{\infty} t^{2(n-1)(kv-v-a)} e^{-2\delta vt(\log(\frac{m_1}{m_2}))^{-1}} e^{it} dt \ll$$

$$\left(\log\frac{m_1}{m_2}\right)^{-2(n-1)(kv-v-a)-1} \cdot$$

$$\max_{\log(\frac{m_1}{m_2}) \leqslant t < \infty} t^{2(n-1)(kv-v-a)} e^{-2\delta vt(\log(\frac{m_1}{m_2}))^{-1}} \ll$$

$$\left(\log\frac{m_1}{m_2}\right)^{-1} \delta^{-2(n-1)(kv-v-a)} + O(1)$$

故

$$I_{01} = (2\delta v)^{-2(n-1)(kv-v-a)-1} \cdot$$
$$\Gamma(2(n-1)(kv-v-a)+1) \cdot$$
$$\zeta(2(k-na)) + O(1)$$

而

$$I_{02} \ll \sum_{m_1=1}^{\infty} \sum_{m_2=1}^{m_1-1} \frac{\delta^{-2(n-1)(kv-v-a)}}{(m_1 m_2)^{k-na} \log\left(\frac{m_1}{m_2}\right)} = O(\delta^{-2(n-1)(kv-v-a)})$$

合并 I_{01} 及 I_{02} 得

$$I_0 = (2\delta v)^{-2(n-1)(kv-v-a)-1} \cdot$$
$$\Gamma(2(n-1)(kv-v-a)+1) \cdot$$
$$\zeta(2(k-na)) +$$
$$O(\delta^{-2(n-1)(kv-v-a)}) + O(1)$$

代入式(5.22)即得

$$I_{1,k-1} = (1+o(1))c_0 \delta^{-2(n-1)(kv-v-a)-1} \quad (5.23)$$

其中

$$c_0 = (2\pi)^{-1}(2\pi v^v)^{-2(k-na-1)}(2v)^{-2(n-1)(kv-v-a)-1} \cdot$$
$$(2\Gamma(1+v))^{2k-2} \Gamma(2(n-1)(kv-v-a)+1) \cdot$$
$$\zeta(2(k-na)) =$$
$$(2\pi v)^{-2(k-na-1)-1}(2\Gamma(1+v))^{2k-2} \cdot$$

$$\Gamma(2(1-v)(k-na-1)+1)\zeta(2(k-na))$$
(5.24)

(5) 根据以上各段的讨论,我们得

$$\int_0^\infty u^{2a-1} \left| \left(\sum_{x=-\infty}^\infty e^{-x^n\omega} \right)^k - 1 - \left(\frac{2\Gamma(1+v)}{\omega^v} \right)^k \right|^2 du =$$
$$(1+o(1))k^2 c_0 \delta^{-2(n-1)(kv-v-a)-1} + O(\delta^{-2a}) + O(\delta^{-4-\varepsilon})$$

由引理 5 得

$$\frac{1}{\sqrt{2\pi}} \int_0^\infty t^{2a-1} |Z_{n,k}(a+it)|^2 e^{-2\delta t} dt =$$
$$(1+o(1))k^2 c_0 \delta^{-2(n-1)(kv-v-a)-1} + O(\delta^{-2a}) + O(\delta^{-4-\varepsilon})$$

定理随之成立.

以上为方便起见,假定了 an 不是整数. 当 an 是整数,定理应该修改. 这一点,本章不拟加以讨论.

4. 典型的均值公式

下面,我们要为 $Z_{n,k}(s)$ 建立像式(5.1)及(5.2)那样的均值公式,我们不妨称之为典型的均值公式. 为计算方便,我们没有除去所有能除去的条件. 现在先提出几个引理:

引理 8[①] 若
$$\int_1^\infty f(t) e^{-\delta t} dt \sim C \delta^{-\alpha}, \alpha > 0$$
则
$$\int_1^\infty t^{-\beta} f(t) e^{-\delta t} dt \sim C \frac{\Gamma(\alpha-\beta)}{\Gamma(\alpha)} \delta^{\beta-\alpha}, 0 < \beta < \alpha$$

引理 9 设 an 不是整数而 $2(n-1)(kv-v-$

---

① TRZ,136,(7.12.6 ~ 7.12.7).

第二部分　中外名家论 Riemann 函数与 Riemann 猜想

$a) + 1 > \max(2a, 4)$，则

$$\int_0^\infty |Z_{n,k}(a+\mathrm{i}t)|^2 \mathrm{e}^{-2\delta t} \mathrm{d}t \sim c_2 \delta^{-2(n-1)(kv-v-a)+2a-2}$$

其中

$$c_2 = \frac{\Gamma(2(n-1)(kv-v-a)-2a+2)}{\Gamma(2(n-1)(kv-v-a)+1)} c_1$$

而 c_1 的意义见定理 1.

证明　这个引理可以从定理 1 及引理 8 推出.

引理 10[①]　设 $\alpha(t)$ 是单调增加函数，而积分 $f(x) = \int_0^\infty \mathrm{e}^{-st} \mathrm{d}\alpha(t)$ 在 $s > 0$ 时收敛. 又设对于正数 γ 及常数 A，有

$$f(s) \sim \frac{A}{s^r}, s \to 0_+$$

则

$$\alpha(t) \sim \frac{At^r}{\Gamma(\gamma+1)}, t \to \infty$$

定理 2　设 $an > 0$ 且不是整数，而 $2(n-1)(kv-v-a)+1 > \max(2a,4)$ 则

$$\int_0^T |Z_{n,k}(a+\mathrm{i}t)|^2 \mathrm{d}t \sim c_3 T^{2(n-1)(kv-v-a)-2a+2}, T \to +\infty$$

其中

$$c_3 = 2^{-2(kv-v)+\frac{1}{2}} [2(n-1)(kv-v-a)-2a+2]^{-1} \cdot$$
$$\pi^{-2(k-na)+\frac{3}{2}} k^2 v^{2na} \Gamma^2(v) \zeta(2(k-na))$$

证明　在引理 10 中，令 $\alpha(T) = \int_0^T |Z_{n,k}(a+\mathrm{i}t)|^2 \mathrm{d}t$，则由引理 9 可以得到本定理.

---

① Widder, *The Laplace transform*, Chapter, V. Theorem 4-3.

第六章　关于 $Z_{n,k}(s)$ 的均值公式[①]

1. 引论

闵嗣鹤曾建立 $Z_{n,k}(s)$ 的均值公式[1],但由于引用了一个错误的定理(资料[1]中引理 2.4,亦即资料[2]内定理 74),因此所得均值公式(资料[1]中定理 3.1 与 4.1)是需要修改的. 本章的主要目的是改正资料[1]内的错误,给出正确的 $Z_{n,k}(s)$ 的均值公式,其次是叙述并讨论关于 $Z_{n,k}(s)$ 的几个猜测. 在全章中用 n 表示正偶数,用 v 表示 $\frac{1}{n}$.

当然,在资料[1]内不牵涉其中引理 2.4 的部分依然是正确的. 为简便计算,本章要加以引用,不再证明.

2. $Z_{n,k}(s)$ 的均值公式

在建立这个公式以前,我们需要一系列的引理:

引理 1 设 $0 < a < kv$,则当 $\delta \to +0$ 时

$$I = \frac{1}{\sqrt{2\pi}} \int_0^\infty t^{2a+1}(1 + o(1)) \mid Z_{n,k}(a + it) \mid^2 e^{-2\delta t} dt =$$

$$\int_0^\infty u^{2a-1} \mid \Psi^k - 1 - (A_\delta u^{-v})^k \mid^2 du =$$

[①] 摘编自《北京大学学报》,1958(4),1:41-50. 合作者:尹文霖.

$$\int_0^1 + \int_1^\infty = I_1 + I_2$$

式中

$$\Psi = \sum_{x=-\infty}^{\infty} \mathrm{e}^{-\mathrm{i}ux^n \mathrm{e}^{-\mathrm{i}\delta}}, A_\delta = \frac{2\Gamma(1+v)}{(\mathrm{i}\mathrm{e}^{-\mathrm{i}\delta})^v}$$

这就是资料[1]内引理 3.1.

引理 2 当 $a < kv$ 时

$$I_2 \ll \delta^{-2kv}, \delta \to +0$$

证明 由 $(x+1)^n \geqslant x^n + 1 (x \geqslant 0)$ 及

$$\psi \ll \int_1^\infty \mathrm{e}^{-x^n u \sin\delta} \mathrm{d}x + 1 \ll (u\delta)^{-v} + 1$$

可以得到

$$\Big|\Big(\sum_{x=-\infty}^{\infty} \mathrm{e}^{-x^n \mathrm{i}u \mathrm{e}^{-\mathrm{i}\delta}}\Big)^k - 1\Big| = |\Psi - 1| \sum_{v=0}^{k-1} |\Psi|^v \leqslant$$

$$\mathrm{e}^{-u\sin\delta} |\Psi| \sum_{v=0}^{k-1} |\Psi|^v \ll \mathrm{e}^{-u\sin\delta} \{(u\delta)^{-kv} + 1\}$$

由此容易推出本引理.

显然,当 $a > 0$ 时

$$I_1 = \int_0^1 u^{2a-1} |\Psi^k - (A_\delta u^{-v})^k|^2 \mathrm{d}u -$$

$$2R\Big[\int_0^1 u^{2a-1} \{\Psi^k - (A_\delta u^{-v})^k\} \mathrm{d}u\Big] +$$

$$\int_0^1 u^{2a-1} \mathrm{d}u =$$

$$I_2 + O(I_3^{\frac{1}{2}}) + O(1)$$

其中 $R[X]$ 表示 X 的实部,而

$$I_3 = \int_0^1 u^{2a-1} \Big[\sum_{m=0}^{K-1} (A_\delta u^{-v})^m \Psi^{k-1-m}\Big]^2 \cdot |\Psi - A_\delta u^{-v}|^2 \mathrm{d}u$$

引理 3 当 $a < kv - v$ 时

$$I_{1,k-1} = (2\Gamma(1+v))^{2k-2} \int_0^\infty u^{-2(kv-v-a)-1} \cdot$$

$$\int_0^1 |\Psi - A_\delta u^{-v}|^2 \mathrm{d}u =$$
$$(1+o(1))c_0 \delta^{-2(n-1)(kv-v-a)-1}, \delta \to +0$$

证明见资料[1]内定理3.1证明中的4),而 c_0 的值见资料[1]内公式(3.13).

引理4 设 $\varepsilon > 0$,则
$$I(\alpha) = \int_0^1 u^{-2\alpha-1} |\Psi - A_\delta u^{-v}|^2 \mathrm{d}u \ll$$
$$\begin{cases} \delta^{-2(n-1)\alpha-1}, \alpha > 0 \\ \delta^{-1-\varepsilon}, \alpha \leq 0 \end{cases}, \delta \to +0$$

实际上,当 $\alpha > 0$ 时
$$I(\alpha) = (1+o(1))c_0(2\Gamma(1+v))^{2-2k}\delta^{-2(n-1)\alpha-1}$$

证明 当 $\alpha > 0$ 时
$$\int_1^\infty u^{-2\alpha-1} |\Psi - A_\delta u^{-v}|^2 \mathrm{d}u \ll$$
$$\int_1^\infty u^{-2\alpha-1}(u\delta)^{-2v}\mathrm{d}u + \int_1^\infty u^{-2\alpha-1}\mathrm{d}u \ll \delta^{-2v}$$

故由引理3,得
$$I(\alpha) = \int_\delta^\infty u^{-2\alpha-1}|\Psi - A_\delta u^{-v}|^2 \mathrm{d}u + O(\delta^{-2v}) =$$
$$(1+o(1))c_0(2\Gamma(1+v))^{2-2k}\delta^{-2(n-1)\alpha-1}$$

又当 $\alpha \leq 0$ 时,显然 $I(\alpha) \leq I\left(\dfrac{\varepsilon}{2(n-1)}\right) \ll \delta^{-1-\varepsilon}$. 引理证毕.

将来我们会看到:证明本章主要定理的关键,在于估计下列形式的积分
$$\int_0^1 u^{2\sigma-1}\Psi^{2h}|\Psi - A_\delta u^{-v}|^2 \mathrm{d}u$$

我们首先要估计
$$\Psi = \sum_{x=-\infty}^\infty \mathrm{e}^{-\mathrm{i}x^n u \mathrm{e}^{\mathrm{i}\delta}} = 2\sum_{0 \leq x \leq A_1 u^{-\frac{1}{n-1}}} + 2\sum_{x > A_1 u^{-\frac{1}{n-1}}} - 1 =$$

$$2\Psi_1 + 2\Psi_2 - 1$$

其中 A_1 是适当小的正数.

引理 5 设 $f(x)$ 为在 (a,b) 上具有连续的单调下降的一级导数的实函数, $f'(b) = \alpha, f'(a) = \beta$. 又设 $g(x) > 0$ 及单调下降, $g'(x)$ 连续, 且 $|g'(x)|$ 单调下降, 则

$$\sum_{a < n \leq b} g(n) e^{2\pi i f(n)} = \sum_{a-\eta < v < \beta+\eta} \int_a^b g(x) e^{2\pi i [f(x) - vx]} dx + O\{g(a)\log(\beta - \alpha + 2)\} + O\{|g'(a)|\}$$

式中 η 为小于 1 的任意正常数. 这个引理见资料 [3] 内第 4.10 节.

引理 6 设 $F(x)$ 为在 (a,b) 上二次可微的实函数, $f''(x) \geq r > 0$, $g(x)/f'(x)$ 单调及 $|g(x)| \leq M$, 则

$$\left| \int_a^b g(x) e^{iF(x)} dx \right| \leq \frac{8M}{\sqrt{r}}$$

这个引理见资料 [3] 内第 4.5 节.

引理 7 当 A_1 适当小时, 有

$$\Psi_1 = \frac{\Gamma(1+v)}{(iue^{-i\delta})^v} + O(u^{\frac{1}{2(n-1)}}), \delta \to +0$$

证明 取

$$g(x) = e^{-x^n u \sin \delta}$$

$$f(x) = -\frac{1}{2\pi} x^n u \cos \delta = \frac{F}{2\pi}$$

$$f'(x) = -\frac{n}{2\pi} x^{n-1} u \cos \delta$$

$$f''(x) = -\frac{n(n-1)}{2\pi} x^{n-2} u \cos \delta$$

取 A_1 适当小,当 $0 \leqslant x \leqslant A_1 u^{-\frac{1}{n-1}}$ 时,$|f'(x)| < \frac{1}{2}$. 显然 $|g(x)| \leqslant 1$,而

$$g'(x) = -nx^{n-1} u \sin \delta e^{-x^n u \sin \delta}$$
$$g''(x) = e^{-x^n u \sin \delta}(n^2 x^{2n-2} u^2 \sin^2 \delta - n(n-1)x^{n-2} u \sin \delta) =$$
$$e^{-x^n n \sin \delta} n x^{n-2} u \sin \delta (nx^n u \sin \delta - n + 1)$$

故 $g'(x)$ 至多有 n 个极值. 又当 $|f'(x)| < \frac{1}{2}$ 时

$$|g'(x)| = O(\delta)$$

在引理 5 中取 $\eta = \frac{1}{2}$,即得

$$\Psi_1 = \int_0^{A_1 u^{-\frac{1}{n-1}}} e^{-x^n u(\sin \delta + i \cos \delta)} dx + O(1)$$

又当 $u^{-\frac{1}{n-1}} = O(x)$ 时

$$f''(x) \geqslant A u^{\frac{1}{n-1}} > 0, A > 0 \text{ 为一常数}$$

由引理 6 得

$$\int_{A_1 u^{-\frac{1}{n-1}}}^{\infty} e^{-iux^n e^{-i\delta}} dx = O(u^{-\frac{1}{2(n-1)}})$$

因此

$$\Psi_1 = \int_0^{\infty} e^{-iux^n e^{-i\delta}} dx + O(u^{-\frac{1}{2(n-1)}}) =$$
$$\frac{\Gamma(1+v)}{(iue^{-\delta})^{iv}} + O(u^{-\frac{1}{2(n-1)}})$$

引理 8 设 $h \geqslant 1, r - q \geqslant 1, f(x)$ 是在 (q, r) 上二次可微分的实函数,且满足

$$\lambda \leqslant -f''(x) \leqslant h\lambda$$

又设 $g(x)$ 在 (q, r) 上单调下降及 $0 < g(x) \leqslant M$,则

$$\sum_{q < x \leqslant r} g(x) e^{2\pi i f(x)} = O\{hM(r-q)\lambda^{\frac{1}{2}}\} + O(M\lambda^{-\frac{1}{2}})$$

证明 若 $g(x) \equiv 1$,则引理是在资料[3]内定理

第二部分 中外名家论 Riemann 函数与 Riemann 猜想

5.9 的一部分. 由 Abel 引理推导出一般情形.

引理 9
$$\Psi_2 = O(\delta^{-\frac{1}{2}})$$
$$\Psi = A_\delta u^{-v} + O(u^{-\frac{1}{2(n-1)}}) + O(\delta^{-\frac{1}{2}})$$

证明 设 $g(x) = e^{-x^n u \sin\delta}$, $f(x) = -\dfrac{1}{2\pi}x^n u\sin\delta$, 我们要估计

$$\sum\nolimits_a = \sum_{a < x \leqslant 2a} g(x) e^{2\pi i f(x)}$$

在引理 8 中取

$$\lambda = \frac{n(n-1)}{2\pi} a^{n-2} u\cos\delta, \quad h = 2^{n-2}, \quad M = e^{-a^n u \sin\delta}$$

则

$$\lambda \leqslant -f''(x) \leqslant h\lambda, \quad 0 \leqslant g(x) \leqslant M$$

因此,当 $a \geqslant \dfrac{1}{2} A_1 u^{-\frac{1}{n-1}}$ 时

$$\sum\nolimits_a = O(e^{-a^n u \sin\delta} a^{\frac{n}{2}} u^{\frac{1}{2}}) + O(e^{-a^n u \sin\delta} a^{-\frac{n-2}{2}} u^{-\frac{1}{2}}) =$$
$$O(e^{-a^n u \sin\delta} a^{\frac{n}{2}} u^{\frac{1}{2}}) = O(e^{-\frac{2}{\pi} a^n u \delta} \sqrt{a^n u \delta} \, \delta^{-\frac{1}{2}})$$

设 $a_0 = (u\delta)^{-v}$,则 $\sum\nolimits_{a_0} = O(\delta^{-\frac{1}{2}})$,而

$$\Psi_2 < \sum_{m=-\infty}^{\infty}{}^* \sum\nolimits_{2^m a_0}$$

其中"$*$"表示 m 满足 $2^m a_0 \geqslant \dfrac{1}{2} A_1 u^{-\frac{1}{n-1}}$. 故

$$\Psi_2 \ll \sum_{m=-\infty}^{\infty} e^{-\frac{2}{\pi} 2^{mn}} 2^{\frac{mn}{2}} \delta^{-\frac{1}{2}} \ll \delta^{-\frac{1}{2}}$$

引理前一半已证明,结合引理 7,后一半即证明.

引理 10 当 $a < kv - v$ 及 $\varepsilon > 0$ 时

$$I_3 \begin{cases} \ll \delta^{-2(n-1)(kv-va)-1} + \delta^{-k+na-2a-\varepsilon}, n \geqslant 2 \\ = \{k^2 c_0 \delta^{-2(n-1)(kv-va)-1} + \\ O(\delta^{-k+na-2a-\varepsilon})\}\{1+o(1)\}, n > 2 \end{cases}$$

证明

$$I_3 = \int_0^1 u^{2a-1} \Big| \sum_{m=0}^{k-1} (A_\delta u^{-v})^m \Psi^{k-1-m} \Big|^2 |\Psi - A_\delta u^{-v}|^2 du =$$

$$\sum_{m_1=0}^{k-1} \sum_{m_2=0}^{k-1} J(m_1, m_2) \tag{6.1}$$

其中

$$J(m_1, m_2) = \int_0^1 u^{2a-1-(m_1+m_2)v} A_0^{m_1} \overline{A_0^{m_2}} \Psi^{k-1-m_1} \overline{\Psi^{k-1-m_2}} \cdot$$
$$|\psi - A_\delta u^{-v}|^2 du$$

显然

$$J(k-1, k-1) = \{2\Gamma(1+v)\}^{2k-2} I(kv-v-a) \tag{6.2}$$

从引理2的证明可以知道,当 $u\delta < 1$ 时, $\Psi \ll (u\delta)^{-v}$.
因此,当 $a < kv - v$ 时,由引理4得

$$\int_{\delta^{\frac{n}{2}-1}}^1 u^{2a-1-(m_1+m_2)v} |\overline{\psi}^{2k-2-m_1-m_2}| \cdot |\Psi - A_\delta u^{-v}|^2 du \ll$$

$$\delta^{-2(k-1)v} \int_{\delta^{\frac{n}{2}-1}}^1 u^{-2(kv-v-a)-1} |\Psi - A_\delta u^{-v}|^2 du \ll$$

$$\delta^{-2(k-1)v-(\frac{n}{2}-1)\cdot 2(kv-v-a)} I(0) \ll \delta^{-k+na-2a-\varepsilon} \tag{6.3}$$

根据引理9内对 Ψ 的估计,并(最后)用到 Hölder 不等式,即得

$$\int_0^{\delta^{(\frac{n}{2})-1}} u^{2a-1-(m_1+m_2)v} A_0^{m_1} \overline{A_0^{m_2}} \Psi^{k-1-m_1} \overline{\Psi^{k-1-m_2}} \cdot$$
$$|\Psi - A_\delta u^{-v}|^2 dv =$$

$$\{2\Gamma(1+v)\}^{2k-2} \int_0^{\delta^{(\frac{n}{2})-1}} u^{2a-1-2(k-1)r} \cdot$$

第二部分　中外名家论 Riemann 函数与 Riemann 猜想

$$(1 + O(u^{v-\frac{1}{2(n-1)}}) + O(u^v \delta^{-\frac{1}{2}}))^{k-1-m_1} \cdot$$
$$(1 + O(u^{v-\frac{1}{2(n-1)}})) + O(u^v \delta^{-\frac{1}{2}}))^{k-1-m_2} \cdot$$
$$\mid \Psi - A_\delta u^{-v} \mid^2 \mathrm{d}u =$$
$$\{2\Gamma(1+v)\}^{2k-2} \int_0^{\delta^{\frac{n}{2}-1}} u^{2a-1-2(k-1)v} \mid \Psi - A_\delta u^{-v} \mid^2 \mathrm{d}u +$$
$$O\bigg\{ \int_0^{\delta^{\frac{n}{2}-1}} u^{2a-1-2(k-1)v} (u^{v-\frac{1}{2(n-1)}} + u^v \delta^{-\frac{1}{2}} +$$
$$u^{(2k-2-m_1-m_2)(v-\frac{1}{2(n-1)})} + (u^v \delta^{-\frac{1}{2}})^{2k-2-m_1-m_2}) \cdot$$
$$\mid \Psi - A_\delta u^{-v} \mid^2 \mathrm{d}u \bigg\} =$$
$$\{2\Gamma(1+v)\}^{2k-2} \int_0^{\delta^{\frac{n}{2}-1}} u^{2a-1-2(k-1)v} \mid \Psi - A_\delta u^{-v} \mid^2 \mathrm{d}u +$$
$$O(J_1) + O(J_2) + O(J_1^{\frac{1}{2k-2}} J^{\frac{2k-3}{2k-2}}) + O(J_2^{\frac{1}{2k-2}} J^{\frac{2k-3}{2k-2}})$$
$$(6.4)$$

式中 $J = J(k-1, k-1)$ 而

$$J_1 = \int_0^{\delta^{\frac{n}{2}-1}} u^{2a-1-(m_1+m_2)v - \frac{1}{2(n-1)}(2k-2-m_1-m_2)} \mid \Psi - A_\delta u^{-v} \mid^2 \mathrm{d}u$$

$$J_2 = \int_0^{\delta^{\frac{n}{2}-1}} u^{2a-1-(m_1+m_2)v} \delta^{-k+1+\frac{1}{2}(m_1+m_2)} \mid \Psi - A_\delta u^{-v} \mid^2 \mathrm{d}u$$

由引理 4 得

$$J_2 \ll \delta^{-k+1+\frac{1}{2}(m_1+m_2)+\Delta(m_1+m_2)-1}$$

其中

$$\Delta(m_1+m_2) = \begin{cases} \left(\dfrac{n}{2}-1\right)[2a-(m_1+m_2)v] - \varepsilon, \\ \qquad 2a-(m_1+m_2)v \geqslant 0 \\ (n-1)[2a-(m_1+m_2)v], \\ \qquad 2a-(m_1+m_2)v < 0 \end{cases}$$

若 $2\alpha - (m_1 + m_2)v \geq 0$,则

$$J_2 \ll \delta^{-k + \frac{m_1+m_2}{2} + (\frac{n}{2}-1)[2\alpha - (m_1+m_2)v] - \varepsilon} =$$
$$\delta^{-k+na-2a+(m_1+m_2)v-\varepsilon} \ll$$
$$\delta^{-k+na-2a-\varepsilon} \quad (6.5)$$

若 $2a - (m_1 + m_2)v < 0$,则

$$J_2 \ll \delta^{-k+\frac{1}{2}(m_1+m_2)+(n-1)[2a-(m_1+m_2)v]} =$$
$$\delta^{-k-\frac{1}{2}(m_1+m_2)+(m_1+m_2)v+2(n-1)a}$$

由此,当 $m_1 + m_2 \leq 2k - 3$ 时

$$J_2 \ll \delta^{-2k+\frac{3}{2}+2kv-3v+2(n-1)a} =$$
$$\delta^{-2(n-1)(kv-v)+2(n-1)a-\frac{1}{2}-v} =$$
$$\begin{cases} O\{I(kv - v - a)\}, n = 2 \\ o\{I(kv - v - a)\}, n > 2 \end{cases} \quad (6.6)$$

另外,当 $m_1 + m_2 \leq 2k - 3$ 时

$$(m_1 + m_2)v + \frac{1}{2(n-1)}(2k - 2 - m_1 - m_2) =$$
$$\begin{cases} = 2(kv - v), n = 2 \\ < 2(kv - v), n > 2 \end{cases}$$

故

$$J_1 = \begin{cases} O\{I(kv - v - a)\}, n = 2 \\ o\{I(kv - v - a)\}, n > 2 \end{cases} \quad (6.7)$$

由式(6.2) ~ (6.7)知道,当 $a < kv - v$ 时

$$J_1(m_1, m_2) =$$
$$\begin{cases} \ll J(k-1, k-1) + O(\delta^{-k+na-2a-\varepsilon}), n = 2 \\ = \{J(k-1, k-1) + \\ \quad O(\delta^{-k+na-2a-\varepsilon})\}\{1 + o(1)\}, n > 2 \end{cases}$$

代入式(6.1)后,由式(6.2)及引理4可得本引理中的结论.

定理 1 设 $0 < a < kv - v$ 则当 $\delta \to 0^+$ 时

$$I = \frac{1}{\sqrt{2\pi}} \int_0^\infty t^{2a-1} |Z_{n,k}(a+it)|^2 e^{-2\delta t} dt \ll$$
$$\delta^{-2(n-1)(kv-v-a)-1} + \delta^{-n(kv-a)-2a-s}$$

又当 $n > 2$ 及 $a < kv - 2kv^2 - v + 2v^2$ 时

$$I = (2\pi)^{-\frac{1}{2}} c_1 \delta^{-2(n-1)(kv-v-a)-1} (1 + o(1))$$

式中 $c_1 = (2\pi)^{\frac{1}{2}} k^2 c_0$.

证明 由引理 1, 引理 2 及引理 10 可知, 当 $0 < a < kv - v$ 时

$$I \ll \delta^{-2(n-1)(kv-v-a)-1} + \delta^{-n(kv-a)-2a-s} + \delta^{-2kv}$$

上面右边第三项比第二项小, 可以略去. 又当 $n > 2$ 时, 我们根据同样的三个引理可以得到比较精密的结果

$$I = \{k^2 c_0 \delta^{-2(n-1)(kv-v-a)-1} + O(\delta^{-k+na-2a-s})\}\{1 + o(1)\}$$

式中 ε 可以任意小. 定理随之成立.

定理 2 设 $0 < a < kv$, 则

$$\int_0^T |Z_{n,k}(a+it)|^2 dt \ll T^{2(n-1)(kv-v-a)-2a+2} +$$
$$T^{n(kv-a)+1+s}, \varepsilon < 0$$

又当 $n > 2$ 及 $a < kv - 2kv^2 - v + 2v^2$ 时

$$\int_0^T |Z_{n,k}(a+it)|^2 dt \sim c_3 T^{2(n-1)(kv-v-a)-2a+2}$$

式中 c_3 是与 k, n 及 a 有关的常数, 其明确的表达式见资料 [1] 内定理 4.1.

此定理的证明与资料 [1] 内定理 4.1 的证明相似.

3. 几个猜想

设用 $\mu(\sigma) = \mu_z(\sigma)$ 表示能使

$$Z_{n,k}(\sigma + it) = O(|t|^\xi)$$

成立的 ξ 的下确界. 又用 $v(\sigma) = v_z(\sigma)$ 表示能使

$$\frac{1}{T}\int |Z_{n,k}(\sigma + it)|^2 dt = O(T^\xi)$$

成立的 ξ 的下确界. 由已知的定理, $\mu(\sigma)$ 与 $v(\sigma)$ 都是向下凸的、连续的、非负的及单调下降的(参阅资料[4]内 9.41 节及资料[5]中的引理 2).

当 $\sigma \geq kv$ 时, 我们知道 $\mu(\sigma) = v(\sigma) = 0$. 又当 $\sigma \leq kv - 2kv^2 - 2v + 2v^2$ 及 $n > 2$ 时, 由上节定理 2 知道 $v(\sigma) = 2(k-1)(1-v) - 2na + 1$. 这说明当 $n > 2$ 时, $v(\sigma)$ 的图像至少包含两个半线.

仿照 Lindelöff 对于 $\zeta(s)$ 的猜想, 我们可以做出以下的猜测, 即 $\mu(\sigma)$ 与 $v(\sigma)$ 的图像都是由两个半线组成的. 更确切地说, 就是

$$\mu(\sigma) = \frac{1}{2}v(\sigma) =$$

$$\begin{cases} 0, \sigma \geq kv - kv^2 - \dfrac{v}{2} + v^2 \\ (n-1)(kv - v - \sigma) - \sigma + \dfrac{1}{2}, 其他 \end{cases}$$

为方便计算, 我们称以上的猜想为(对于 $Z_{n,k(s)}$ 的) 狭义 Lindelöff 猜想. 但是根据 Richert 的一个结果(资料[5]内 Satz 8), 有

$$v(\sigma) \geq 2(kv - \sigma) - 1$$

取 $\sigma = kv - kv^2 - \dfrac{v}{2} + v^2$, 则在狭义 Lindelöff 猜想下, 由上面不等式得

$$k \leq \frac{n^2}{2} - \frac{n}{2} + 1$$

第二部分 中外名家论 Riemann 函数与 Riemann 猜想

这是狭义 Lindelöff 猜想成立的一个必要条件.

当 $n=2$ 及 k 是偶数时, 汪成义在他的毕业论资料中曾证明

$$v(\sigma) = \begin{cases} 0, & \sigma > \dfrac{k-1}{2} \\ k-2\sigma-1, & \dfrac{1}{2} \leq \sigma \leq \dfrac{k-1}{2} \\ k-4\sigma, & \sigma < \dfrac{1}{2} \end{cases}$$

为了避免狭义 Lindelöff 猜想的局限性, 参考了上面的特殊结果, 我们还可以做出以下的猜想, 即

$$\mu(\sigma) = \frac{1}{2} v(\sigma) =$$
$$\max\left\{0, kv-\sigma-\frac{1}{2}, (n-1)(kv-v-\sigma)-\sigma+\frac{1}{2}\right\}$$

还可以称为广义 Lindelöff 猜想.

关于 $Z_{n,k}(s)$ 的零点分布, 我们所知甚少. 当 σ 充分大时, 显然 $Z_{n,k}(s) \neq 0$. 是否当 $\sigma > kv$ 时, $Z_{n,k}(s) \neq 0$ 还是未解决的问题. 从 $Z_{n,k}(s)$ 的积分表达式 (参阅资料 [6] 内公式 (3.8)) 容易看出 $Z_{n,k}(s)$ 有简单零点 $s=-1,-2,\cdots$. 是否当 $\sigma<0$ 时, 只有这些零点, 也是一个问题. 这样说来, 我们对于零点分布如果做出任何推测, 似乎都是为时过早的. 但由本节以上的讨论, 是相当于 $\zeta(s)$ 的临界线 $\sigma=\dfrac{1}{2}$ 的, 看来不是 $\sigma=\dfrac{kv}{2}$ 而是
$$\sigma = kv - kv^2 - \frac{v}{2} + v^2.$$
Kober[7] 曾证明, 当 $k=n=2$ 时, $Z_{n,k}(s)$ 在 $\sigma=\dfrac{1}{2}$ 上有无穷多的零点. 是否在一般情形

下, $Z_{n,k}(s)$ 在 $\sigma = kv - kv^2 - \dfrac{v}{2} + v^2$ 上都有无穷多零点. 这是一个很有趣的问题.

参 考 资 料

[1] 闵嗣鹤. 黎曼ζ函数的一种推广 ——Ⅲ. $Z_{n,k}(s)$ 的均值公式. 数学学报,1956(3):6.

[2] TITCHMARSH E C. Introduction to the theory of Fourier integrals. Oxford：University press, 1937.

[3] TITCHMARSH E C. The theory of the Riemann Zeta-function. Oxford：University Press, 1951.

[4] TITCHMARSH E C. The theory of functions. Oxford：University Press, 1944.

[5] RICHERT H E. Beiträge Zur Summierbarkeit Dirichletschen Reihen mit Anwendungen auf die Zahlentheorie. Nachrichten Jahrgang, Nr. 5, 1956.

[6] 闵嗣鹤. 黎曼ζ函数的一种推广 ——Ⅰ. $Z_{n,k}(s)$ 的全面解析开拓. 数学学报,1955(3):5.

[7] KOBER H. Proc. Lon. Soc. Math. 42, 1936,7.

第七章 李文清先生论 Riemann ζ 函数的零点[①]

在 Titchmarsh 所著《黎曼 Zeta 函数》一书中,第10章关于 ζ 函数在 $\frac{1}{2}+it$ 这条线上有无限个零点的证明,列举了 Hardy, Pólya, Fejer, Landau 和 Titchmarsh 等人的不同的证明. 这里给出一个简化的证明. 令

$$\theta(t) = -\frac{1}{2}\left(t^2+\frac{1}{4}\right)\pi^{-\frac{1}{4}-i\frac{t}{2}}\Gamma\left(\frac{1}{4}+\frac{1}{2}it\right)\xi\left(\frac{1}{2}+it\right) \tag{7.1}$$

在同书中有一熟知的公式

$$\int_0^\infty \frac{\theta(t)}{t^2+\frac{1}{4}} t^{2n} \cosh\frac{1}{4}\pi t \, dt = \frac{(-1)^n \pi \cos\frac{\pi}{8}}{2^{2n}} \tag{7.2}$$

我们证明当 t 由 0 变到 ∞ 时,$\theta(t)$ 无限次变号,由式(7.1)可知在 $\frac{1}{2}+it$ 在上有无限个零点. 证明方法为求证 $\theta(t)$ 在 (T,∞) 内对任一大数 T 不能恒为正或负,则得到定理的证明. 设对某一大数 T,当 $t>T$ 恒为正,不失一般性有

$$I_n = \int_0^\infty \frac{\theta(t)}{t^2+\frac{1}{4}} t^{2n} \cosh\frac{\pi}{4} t \, dt =$$

[①] 摘编自《厦大科技》,1983(2).

$$\int_0^T + \int_T^\infty \frac{\theta(t)}{t^2 + \frac{1}{4}} t^{2n} \cosh \frac{\pi}{4} t \mathrm{d}t \geqslant$$

$$\int_T^\infty \frac{\theta(t)}{t^2 + \frac{1}{4}} t^{2n} \cosh \frac{\pi}{4} t \mathrm{d}t -$$

$$\int_0^T \frac{|\theta(t)| t^{2n}}{t^2 + \frac{1}{4}} \cosh \frac{\pi}{4} t \mathrm{d}t$$

今令

$$\psi(t) = \frac{\theta(t)}{t^2 + \frac{1}{4}} \cosh \frac{\pi}{4} t$$

$$\min_{T \leqslant t \leqslant 2T} \psi(t) = m, \max_{0 \leqslant t \leqslant T} |\psi(t)| = M$$

则得

$$I_n \geqslant \int_T^\infty \psi(t) t^{2n} \mathrm{d}t - \int_0^T |\psi(t)| t^{2n} \mathrm{d}t >$$

$$\int_T^{2T} \psi(t) t^{2n} \mathrm{d}t - \max_{0 \leqslant t \leqslant T} |\psi(t)| \int_0^T t^{2n} \mathrm{d}t \geqslant$$

$$\min_{T \leqslant t \leqslant 2T} \psi(t) \int_T^{2T} t^{2n} \mathrm{d}t - \max_{0 \leqslant t \leqslant T} |\psi(t)| \int_0^T t^{2n} \mathrm{d}t \geqslant$$

$$m[2^{n+1} - 1] \frac{T^{2n+1}}{2n+1} - M \frac{T^{2n+1}}{2n+1} =$$

$$\frac{T^{2n+1}}{2^{n+1} + 1} \{ m[2^{n+1} - 1] - M \}$$

$I_n > 0$, 但是当 n 充分大时, $I_n = \dfrac{(-1)^n \pi \cos \dfrac{\pi}{8}}{2}$ 的符号依照 n 是偶数或奇数变换, 引起矛盾, 从而设 $\theta(t)$ 在 (T, ∞) 内不变号是错误. 定理得证.

第二部分　中外名家论 Riemann 函数与 Riemann 猜想

附录　辛勤执教四十载科研育人双丰收[①]

提起李文清教授,从事泛函分析的同志就会谈到李教授的专著《泛函分析》;从事逼近论的学者就会想起李教授对逼近度的深入研究;研究信息科学的人会记得他的译著《信息论》;控制论研究者则会说道他是我国控制理论的开拓者之一;而对广大的中学师生,首先想到的是李教授曾在数论上指导过著名数学家陈景润.

一个人能在如此广泛的领域中取得成就是不容易的,但这也绝不是偶然的.早在学生时代,李文清就勤奋好学,考试成绩经常名列前茅.大学时期,他以富有创造性而闻名燕京(现在的北京)与日本京都两所大学.三年级时,他就在燕京大学《数学系列》上发表论文.他在京都大学毕业后,在日本大阪大学学院学习期间,又在数学系主编的名教授、专家的论坛——《全国纸上数学谈话会》上发表关于 Fourier 变换的文章,并且在自然除数的级数与美国动态规划创始人 Bellman 研究的结论相同. Bellman 在给李文清的信中表示,今后要"合作研究共同关心的数学问题".

[①] 摘编自《李文清科学论文集》,李文清著,厦门大学出版社,1990.

从 Riemann 到 Enoch——Riemann 猜想的历史

　　李文清先生回国后,在整函数的零点分布、函数逼近论、泛函积分、控制理论等多个领域中进行研究,在《中国科学》《数学进展》《厦大学报》等刊物上发表论文三十余篇.这些论文论述范围广,内容深刻,代表了各个领域的先进水平.有些成果在国际上的领先地位保持了许多年,例如他在1957年写的《关于伯恩斯坦多项式的逼近度》论文,二十年后(1976年)荷兰 EINDHOVEN 工业大学的 Schurer 博士才得到同样的结果.1960年,中国科学技术情报所把李教授有关非线性运算积分的论文作为我国的科研成果之一与苏联科学院进行交流,他的成绩在国际上引起强烈的反响.1986年4月,李文清教授应邀参加日本京都召开的数学年会,做了关于非线性分析的学术报告,日本数学会会长小松彦三郎认为李教授的报告"将对于加深彼此的了解和数学的发展做出贡献",高度评价了李教授的论文在世界同行中的地位与作用.同年,日本大阪大学聘他为客座研究员,大阪大学、京都大学、庆应大学新宿文化中心等均邀请他做了学术报告.日本数学会特别赠送日文版的《岩波数学辞典》给李教授,以表彰他在中日数学学术交流、增进两国学者互相了解中的突出贡献.荷兰数学中心 HAZWINKEL 教授来京讲学结识李教授,对李教授的工作很赞赏,要和李教授交换研究资料,此后该中心出版的刊物每期都寄给李教授.

　　李教授不仅自己在研究上做出突出贡献,而且重视人才的培养.在他的倡导和培养下,厦门大学的学者在函数逼近论、控制理论等方面的研究队伍已形成一支劲旅,在国外颇有影响.他所在教研室有的同志曾多次应邀出国讲学,得到好评,其论文多次被国外学术会议所采用,并且在 1988 年北京召开的国际系统辨识会议任程序委员会委员.

在李教授培养指导下成长的学生中,许多是出类拔萃的.除了举世瞩目的陈景润外,他的学生有两位是博士导师,四位是大专院校数学系主任.比如中国科学院系统科学研究所的博士生导师林群,当时他的大学毕业论文就发表在全国一级刊物《数学进展》上了.又如有一位中年教师曾致力于研究实数扩充理论,有人认为这方面研究难出成果.然而李教授并不这样看,在他的关心与支持下,这位中年教师终于写出有创见的论文,著名数学家王梓坤、李国平评价该论文是对古典分析的一个很好的总结与推广.

李文清教授始终战斗在教学第一线."文化大革命"前,他为兄弟系开设数学分析、高数、古典分析等课程,数学系三分之二的课程他都教过."文化大革命"后,为适应现代科学日新月异的发展,尤其是第二次世界大战后迅速发展起来的计算机与控制论新科学,他与关肇直等专家极力主张开展这方面研究并培养相关人才.为创办厦门大学控制论专业,他自编讲义,自己担任主干课程的授课.1978 年获得运筹学与控制理论硕士学位授予点,招收了七届研究生,已毕业 25 人,有的被派往法国、德国攻读博士学位.李教授年逾古稀,仍坚持授课,亲自指导研究生的专题报告.控制理论的主干课程如滤波理论、线性系统、随机控制、应用泛函分析等他都讲授过.为了提高教师的外语水平,他特地挤出时间为青年教师开专业日语课.他编写的《滤波理论》一书,总结了 Wiener 滤波和 Kalman 滤波的特点与方法以及科研成果,在理论上有独到之处.

李教授认为学生要苦练基本功,打好基础,才可能拓宽知识面,为今后的专门化创造条件.他赞赏名家关于"要有新观念、新方法、新结论"与"善于提出问题和解决问题"等观点,十分注重近代科技的发展与边缘科学或交叉科学的关系,吸收其精华补充到教学与专题报告中去.他能较好利用近代科技成果,使古典数学生辉.因此,他的教学深受好评.李教授还善于因材施教、因势利导,做到人尽其才.比如有的研究生因大学毕业后参加工作,使专业知识的学习不连续,李教授就给予特别的指导,对其论文进行反复修改,多达十余次.最后该论文被外校专家评为具有创造性的优秀论文.

　　李文清教授还承担繁重的社会工作.由于李教授做出卓著的贡献,1988年他被评为厦门市劳动模范.

第二编

陈景润先生论 Riemann 函数与 Riemann 猜想

第一章　关于 $\zeta\left(\dfrac{1}{2}+\mathrm{i}t\right)$[①]

1. 曾经从事求上极限 Q 使得 $\zeta\left(\dfrac{1}{2}+\mathrm{i}t\right)=O(t^Q)$ 成立的这个问题有 Van der Corput, Koksma[1], Walfisz[2], Titchmarsh[3], Phillips[4], Titchmarsh[5] 和闵嗣鹤[6]，他们的结果是

$$Q\leqslant\frac{1}{6},\frac{163}{988},\frac{27}{164},\frac{229}{1\,392},\frac{19}{116}\text{和}\frac{15}{92}+\varepsilon$$

中国科学院数学研究所的陈景润院士 1965 年改善上述的结果而成为 $Q\leqslant\dfrac{6}{37}$.

2. 我们来考虑和式

$$S_1=\sum_{n=a}^{b}n^{-\mathrm{i}t}=\sum_{n=a}^{b}\mathrm{e}^{-\mathrm{i}t\log n}$$

$$t^{\frac{587}{1\,295}}<a<b\leqslant 2a\ll t^{\frac{1}{2}}$$

由资料[6]的引理 2 我们有

$$|S_1|\leqslant\frac{1}{\rho}\{4(b-a)^2\rho+2(b-a)\cdot$$

$$|\sum_{r=1}^{\rho-1}(\rho-r)\sum_{m=a}^{b-r}\mathrm{e}^{-\mathrm{i}t\log\frac{m+r}{m}}|\}^{\frac{1}{2}}$$

其中 $0<\rho=at^{-\frac{12}{37}}\leqslant b-a$，令

---

① 摘编自《数学学报》,1965,15(2).

$$S_2 = \sum_{r=1}^{\rho-1} (\rho - r) \sum_{m=a}^{b-r} e^{-it\log\frac{m+r}{m}} \quad (1.1)$$

则由资料[6]的引理1我们有

$$S_2 = e^{-\frac{\pi i}{4}} \sum_{r=1}^{\rho-1} (\rho - r) \sum_{\alpha \leqslant v \leqslant \beta} \frac{e^{2\pi i\phi(r,v)}}{|f''(m_v)|^{\frac{1}{2}}} +$$

$$O(a^{\frac{3}{2}} t^{-\frac{1}{2}} \rho^{\frac{3}{2}}) + O(\rho^2 \log t) +$$

$$O(a^{-\frac{2}{5}} t^{\frac{2}{5}} \rho^{\frac{12}{5}}) \quad (1.2)$$

这里

$$f(y) = f(r,y) = -\frac{t}{2\pi} \log \frac{y+r}{y}$$

$$f'(m_v) = v$$

$$\phi(r,v) = f(r,m_v) - vm_v$$

$$\alpha = f'(b-r), \beta = f'(a)$$

这里我们选取 b,使它满足条件

$$b = O(t^{\frac{1}{2}})$$

则我们有

$$v = f'(m_v) = \frac{tr}{2\pi m_v(m_v + r)} > \frac{Atr}{m_v^2} > Ar$$

即有

$$\rho = O(\beta) \quad (1.3)$$

令

$$S_3 = \sum_{x=R+1}^{R'} \sum_{y=N+1}^{N'} e^{2\pi i\phi(x,y)}$$

$$R < R' \leqslant 2R < \rho$$

$$N < N' \leqslant 2N < \beta$$

又令 $x_1, x_2, x_3, y_1, y_2, y_3$ 都是非负整数,满足条件 $1 \leqslant x_1 \leqslant \lambda', 0 \leqslant y_1 \leqslant \lambda'' - 1, 1 \leqslant x_2 \leqslant \lambda'_1 - 1, 0 \leqslant y_2 \leqslant \lambda''_1 - 1, 1 \leqslant x_3 \leqslant \lambda'_2, 0 \leqslant y_3 \leqslant \lambda''_2 - 1$,这里我们又假

第二部分 中外名家论 Riemann 函数与 Riemann 猜想

定 λ' 和 λ'' 满足条件 $\lambda'\lambda'' = \lambda$, $\lambda_1'\lambda_1'' = \lambda^2$, $\lambda_2'\lambda_2'' = \lambda^4$, $\lambda' = \lambda^{\frac{1}{2}}\left(\frac{R}{N}\right)^{\frac{1}{2}}$, $\lambda_1' = \lambda\left(\frac{R}{N}\right)^{\frac{1}{2}}$, $\lambda_2' = \lambda^2\left(\frac{R}{N}\right)^{\frac{1}{2}}$. 又令

$$\psi(x,y) = \int_0^1\int_0^1\int_0^1 \frac{\partial^3}{\partial t_1 \partial t_2 \partial t_3}\phi(x+x_1t_1+x_2t_2+x_3t_3, y+y_1t_1+y_2t_2+y_3t_3)\,dt_1\,dt_2\,dt_3$$

3. 在本章中我们将要简化 $\psi(x,y)$, 使它变成为一个比较容易处理的形式, 我们知道

$$\frac{\partial^3}{\partial t_1 \partial t_2 \partial t_3}\phi(x+x_1t_1+x_2t_2+x_3t_3, y+y_1t_1+y_2t_2+y_3t_3) =$$

$$x_1x_2x_3\frac{\partial^3}{\partial x^{*3}}\phi(x^*,y^*) + y_1y_2y_3\frac{\partial^3}{\partial y^{*3}}\phi(x^*,y^*) +$$

$$(x_1x_2y_3+x_2x_3y_1+x_1x_3y_2)\frac{\partial^3}{\partial x^{*2}\partial y^*}\phi(x^*,y^*) +$$

$$(x_1y_2y_3+x_2y_1y_3+x_3y_1y_2)\frac{\partial^3}{\partial x^*\partial y^{*2}}\phi(x^*,y^*)$$

这里

$$x^* = x + x_1t_1 + x_2t_2 + x_3t_3$$
$$y^* = y + y_1t_1 + y_2t_2 + y_3t_3$$

我们有

$$\frac{\partial}{\partial x}\phi(x,y) = f_x(x,m_y(x)) + f_y(x,m_y(x))\frac{\partial}{\partial x}m_y(x) -$$

$$y\frac{\partial}{\partial x}m_y(x) = f_x(x,m_y(x)) \qquad (1.4)$$

$$\frac{\partial}{\partial y}\phi(x,y) = f_y(x,m_y(x))\frac{\partial m_y(x)}{\partial y} - m_y(x) -$$

$$y\frac{\partial m_y(x)}{\partial y} = -m_y(x) \qquad (1.5)$$

$$f_x(x,y) = -\frac{t}{2\pi}\left(\frac{1}{x+y}\right)$$

$$f_y(x,y) = -\frac{t}{2\pi}\left(\frac{1}{x+y} - \frac{1}{y}\right) \quad (1.6)$$

$$v = f_y(x, m_v(x)) = -\frac{t}{2\pi}\left(\frac{1}{x+m_v(x)} - \frac{1}{m_v(x)}\right) =$$

$$-\frac{t}{2\pi}\left(\frac{-x}{m_v(x)(x+m_v(x))}\right) =$$

$$\frac{tx}{2\pi m_v(x)(x+m_v(x))}$$

得到

$$m_v^2(x) = m_v(x)x - \frac{tx}{2\pi v} = 0$$

即为

$$m_v(x) = -\frac{x}{2} + \frac{\sqrt{x^2 + \frac{2tx}{\pi v}}}{2} =$$

$$-\frac{x}{2} + \frac{x}{2}\sqrt{1 + \frac{2t}{\pi xv}} \quad (1.7)$$

由式(1.4)(1.6)和式(1.7)得到

$$\phi_x(x,y) = -\frac{t}{2\pi}\frac{1}{x+m_y(x)} =$$

$$-\frac{t}{2\pi}\frac{1}{\frac{x}{2} + \frac{x}{2}\sqrt{1+\frac{2t}{\pi xy}}} =$$

$$-\frac{t}{2\pi}\frac{\frac{x}{2} - \frac{x}{2}\sqrt{1+\frac{2t}{\pi xy}}}{-\frac{tx}{\pi(2y)}} =$$

$$\frac{y}{2}\left(1 - \frac{(2t)^{\frac{1}{2}}}{(\pi xy)^{\frac{1}{2}}}\sqrt{1+\frac{\pi xy}{2t}}\right) =$$

第二部分　中外名家论 Riemann 函数与 Riemann 猜想

$$\frac{y}{2} - \frac{(2t)^{\frac{1}{2}} y^{\frac{1}{2}}}{2\pi^{\frac{1}{2}} x^{\frac{1}{2}}} \left(1 + \frac{1}{2}\frac{\pi xy}{2t} - \frac{1}{8}\left(\frac{\pi xy}{2t}\right)^2 + \cdots \right)$$

由式(1.5) 和式(1.7) 得到

$$\phi_y(x,y) = \frac{x}{2}\left(1 - \sqrt{1 + \frac{2t}{\pi xy}}\right) =$$

$$\frac{x}{2} - \frac{x}{2}\frac{(2t)^{\frac{1}{2}}}{(\pi xy)^{\frac{1}{2}}}\left(1 + \frac{\pi xy}{2t}\right)^{\frac{1}{2}} =$$

$$\frac{x}{2} - \frac{(2t)^{\frac{1}{2}} x^{\frac{1}{2}}}{2(\pi y)^{\frac{1}{2}}}\left(1 + \frac{1}{2}\frac{\pi xy}{2t} - \frac{1}{8}\left(\frac{\pi xy}{2t}\right)^2 + \cdots \right)$$

微分后得到

$$\phi_{xyy} = \frac{1}{8}\left(\frac{2t}{\pi}\right)^{\frac{1}{2}} x^{-\frac{1}{2}} y^{-\frac{3}{2}} \cdot$$

$$\left[1 - \frac{3}{2}\frac{\pi xy}{2t} + \frac{15}{8}\left(\frac{\pi xy}{2t}\right)^2 + \cdots\right] \qquad (1.8)$$

$$\phi_{yyy} = -\frac{3}{8}\left(\frac{2t}{\pi}\right)^{\frac{1}{2}} x^{\frac{1}{2}} y^{-\frac{5}{2}} \cdot$$

$$\left[1 - \frac{1}{6}\frac{\pi xy}{2t} - \frac{1}{8}\left(\frac{\pi xy}{2t}\right)^2 + \cdots\right] \qquad (1.9)$$

$$\phi_{xxx} = -\frac{3(2t)^{\frac{1}{2}} y^{\frac{1}{2}}}{8\pi^{\frac{1}{2}}} x^{-\frac{5}{2}} \cdot$$

$$\left[1 - \frac{1}{6}\frac{\pi xy}{2t} - \frac{1}{8}\left(\frac{\pi xy}{2t}\right)^2 + \cdots\right] \qquad (1.10)$$

$$\phi_{xxy} = \frac{(2t)^{\frac{1}{2}}}{8\pi^{\frac{1}{2}}} y^{-\frac{1}{2}} x^{-\frac{3}{2}} \cdot$$

$$\left[1 - \frac{3}{2}\frac{\pi xy}{2t} + \frac{15}{8}\left(\frac{\pi xy}{2t}\right)^2 + \cdots\right] \qquad (1.11)$$

利用式(1.8)～式(1.11)这四个式子就可以得到

$$\psi(x,y) = \frac{1}{8}\left(\frac{2t}{\pi}\right)^{\frac{1}{2}} \iiint_0^1 x^{*-\frac{5}{2}} y^{*-\frac{5}{2}} \cdot$$

$$\left[-\frac{3}{6}Xy^{*3} + \frac{Y}{2}x^*y^{*2} + \frac{Z}{2}x^{*2}y^* - \right.$$

$$\left.\frac{1}{2}Wx^{*3}\right]dt_1 dt_2 dt_3 +$$

$$\frac{1}{16}\left(\frac{2t}{\pi}\right)^{\frac{1}{2}} \iiint_0^1 \left\{\frac{\pi x^* y^*}{2t} x^{*-\frac{5}{2}} y^{*-\frac{5}{2}} \cdot \right.$$

$$\left[\frac{X}{6}y^{*3} - \frac{3}{2}Yx^*y^{*2} - \frac{3}{2}Zx^{*2}y^* + \right.$$

$$\left.\left.\frac{W}{6}x^{*3}\right] + \cdots\right\}dt_1 dt_2 dt_3 \qquad (1.12)$$

这里

$$X = 6x_1 x_2 x_3, Y = 2\sum x_1 x_2 y_3$$

$$Z = 2\sum x_1 y_2 y_3, W = 6y_1 y_2 y_3$$

现在我们来考虑 $\psi(x,y)$ 的 Hessian，即 $H(x,y) = \psi_{xx}\psi_{yy} - \psi_{xy}^2$. 又用 $\psi^0(x,y)$ 代表式(1.12)右边的第一项，又记

$$\phi_1(x,y) = x^{-\frac{5}{2}} y^{-\frac{5}{2}} \left(-\frac{1}{2}Xy^3 + \frac{Y}{2}xy^2 + \frac{Z}{2}x^2 y - \frac{W}{2}x^3\right)$$

则有

$$\phi_{1xx} = \frac{3}{4}x^{-\frac{9}{2}} y^{-\frac{5}{2}} \left[-\frac{35}{6}Xy^3 + \frac{5}{2}Yxy^2 + \frac{Z}{2}x^2 y + \frac{W}{6}x^3\right]$$

$$\phi_{1yy} = \frac{3}{4}x^{-\frac{5}{2}} y^{-\frac{9}{2}} \left[\frac{X}{6}y^3 + \frac{Y}{2}xy^2 + \frac{5Z}{2}x^2 y - \frac{35}{6}Wx^3\right]$$

第二部分 中外名家论 Riemann 函数与 Riemann 猜想

$$\phi_{1xy} = \frac{3}{4}x^{-\frac{7}{2}}y^{-\frac{7}{2}}\left[\frac{5}{6}Xy^3 + \frac{Y}{2}xy^2 + \frac{Z}{2}x^2y + \frac{5W}{6}x^3\right]$$

由上面的这三个式子,我们得到当 $R+1 \leqslant x \leqslant 2R, N+1 \leqslant y \leqslant 2N$ 时,则有

$$\phi_{1xx} = O(R^{-\frac{9}{2}}N^{-\frac{5}{2}}Q) \qquad (1.13)$$

$$\phi_{1xy} = O(R^{-\frac{7}{2}}N^{-\frac{7}{2}}Q) \qquad (1.14)$$

$$\phi_{1yy} = O(R^{-\frac{5}{2}}N^{-\frac{9}{2}}Q) \qquad (1.15)$$

而这里

$$Q = (RN)^{\frac{3}{2}}\lambda^{\frac{7}{2}} \gg |X|N^3 + |Y|RN^2 + |Z|R^2N + |W|R^3$$

我们有

$$\phi_{1x^4} = O(R^{-\frac{13}{2}}N^{-\frac{5}{2}}Q) \qquad (1.16)$$

$$\phi_{1x^3y} = O(R^{-\frac{11}{2}}N^{-\frac{7}{2}}Q) \qquad (1.17)$$

$$\phi_{1x^2y^2} = O(R^{-\frac{9}{2}}N^{-\frac{9}{2}}Q) \qquad (1.18)$$

利用表示式

$$\phi_1(x^*, y^*) =$$
$$\phi_1(x,y) + (x_1t_1 + x_2t_2 + x_3t_3)\phi_{1x}(x,y) +$$
$$(y_1t_1 + y_2t_2 + y_3t_3)\phi_{1y}(x,y) +$$
$$\frac{1}{2}[(x_1t_1 + x_2t_2 + x_3t_3)^2\phi_{1xx}(x,y) +$$
$$2(x_1t_1 + x_2t_2 + x_3t_3)(y_1t_1 + y_2t_2 + y_3t_3)\phi_{1xy}(x,y) +$$
$$(y_1t_1 + y_2t_2 + y_3t_3)^2\phi_{1yy}(x,y)] + \cdots$$

我们得到

$$\psi^0(x,y) = \frac{1}{8}\left(\frac{2t}{\pi}\right)^{\frac{1}{2}}\{\phi_1(x,y) +$$

$$\frac{x_1+x_2+x_3}{2}\phi_{1x}(x,y)+\frac{y_1+y_2+y_3}{2}\phi_{1y}(x,y)+$$

$$\frac{1}{2}\left(\frac{x_1^2+x_2^2+x_3^2}{3}+\frac{x_1x_2+x_1x_3+x_2x_3}{2}\right)\phi_{1xx}+$$

$$\frac{1}{2}\left(\frac{y_1^2+y_2^2+y_3^2}{3}+\frac{y_1y_2+y_1y_3+y_2y_3}{2}\right)\phi_{1yy}+$$

$$\left[\frac{1}{3}(x_1y_1+x_2y_2+x_3y_3)+\right.$$

$$\left.x_1\left(\frac{y_2+y_3}{4}\right)+x_2\left(\frac{y_1+y_3}{4}\right)+x_3\left(\frac{y_1+y_2}{4}\right)\right]\phi_{1xy}+\cdots=$$

$$\frac{1}{8}\left(\frac{2t}{\pi}\right)^{\frac{1}{2}}\left\{\phi_1(x',y')+\right.$$

$$\frac{1}{2}\left[\frac{1}{12}(x_1^2+x_2^2+x_3^2)\phi_{1xx}+\frac{1}{12}(y_1^2+y_2^2+y_3^2)\phi_{1yy}+\right.$$

$$\left.\left.\frac{1}{6}(x_1y_1+x_2y_2+x_3y_3)\phi_{1xy}\right]+\cdots\right\}$$

而这里

$$x'=x+\frac{x_1+x_2+x_3}{2}$$

$$y'=y+\frac{y_1+y_2+y_3}{2}$$

因此我们得到

$$\psi_{xx}^0=\frac{1}{8}\left(\frac{2t}{\pi}\right)^{\frac{1}{2}}\left[\phi_{1xx}(x',y')+O(\lambda^4 R^{-\frac{11}{2}}N^{-\frac{7}{2}}Q)\right]$$

(1.19)

$$\psi_{xy}^0=\frac{1}{8}\left(\frac{2t}{\pi}\right)^{\frac{1}{2}}\left[\phi_{1xy}(x',y')+O(\lambda^4 R^{-\frac{9}{2}}N^{-\frac{9}{2}}Q)\right]$$

(1.20)

第二部分　中外名家论 Riemann 函数与 Riemann 猜想

$$\psi_{yy}^0 = \frac{1}{8}\left(\frac{2t}{\pi}\right)^{\frac{1}{2}}\left[\phi_{1yy}(x',y') + O(\lambda^4 R^{-\frac{7}{2}} N^{-\frac{11}{2}} Q)\right]$$

(1.21)

然后再使用资料[6]中的 Remarks 及 R,N 的取法和式 (1.12) 易见,可将式 (1.19)(1.20)(1.21) 中 ψ_{xx}^0, ψ_{xy}^0, ψ_{yy}^0 分别改为 $\psi_{xx}, \psi_{xy}, \psi_{yy}$,于是,即可求得

$$H(x,y) = \frac{1}{64}\left(\frac{2t}{\pi}\right)\{(\phi_{1xy}^2 - \phi_{1xx}\phi_{1yy})(-1) +$$

$$O(\lambda^4 R^{-8} N^{-8} Q^2) + O(\lambda^8 R^{-9} N^{-9} Q^2)\} =$$

$$-\frac{3}{4^5} x^{-7} y^{-7}\left(\frac{2t}{\pi}\right)[5X^2 y^6 + 5W^2 x^6 -$$

$$3Y^2 x^2 y^4 - 3Z^2 x^4 y^2 + 10ZWx^5 y + 10XYxy^5 +$$

$$46YWx^4 y^2 - 18YZx^3 y^3 -$$

$$98XWx^3 y^3 + 46XZx^2 y^4] +$$

$$O(\lambda^4 R^{-8} N^{-8} Q^2 t) + O(\lambda^8 R^{-9} N^{-9} Q^2 t)$$

(1.22)

4. 关于 ϕ_{1xx}, ϕ_{1xy} 及 ϕ_{1yy} 同时小的条件. 设下面三个式子

$$\begin{cases} \phi_{1xx} \ll R^{-\frac{9}{2}} N^{-\frac{5}{2}} N^3 X t^{-\delta} \\ \phi_{1xy} \ll R^{-\frac{7}{2}} N^{-\frac{7}{2}} N^3 X t^{-\delta} \\ \phi_{1yy} \ll R^{-\frac{5}{2}} N^{-\frac{9}{2}} N^3 X t^{-\delta} \end{cases}$$

(1.23)

同时成立,这里 δ 是任意正数,我们假设

$$xY = (3 + \alpha)yX$$

$$x^2 Z = -(3 + \alpha_1)y^2 X$$

$$x^3 W = -(1 + \alpha_2)y^3 X$$

那么由 ϕ_{1xx}, ϕ_{1xy} 及 ϕ_{1yy} 的表示式而得

$$-\frac{35}{6} + \frac{5}{2}(3 + \alpha) - \frac{1}{2}(3 + \alpha_1) - \frac{1}{6}(1 + \alpha_2) \ll t^{-\delta}$$

593

$$\frac{1}{6}+\frac{1}{2}(3+\alpha)-\frac{5}{2}(3+\alpha_1)+\frac{35}{6}(1+\alpha_2) \ll t^{-\delta}$$

$$\frac{5}{6}+\frac{1}{2}(3+\alpha)-\frac{1}{2}(3+\alpha_1)-\frac{5}{6}(1+\alpha_2) \ll t^{-\delta}$$

(1.24)

即得

$$\alpha \ll t^{-\delta}, \alpha_1 \ll t^{-\delta}, \alpha_2 \ll t^{-\delta} \qquad (1.25)$$

5. 我们用 $H_0(x,y)$ 来表示

$$\begin{aligned}H_0(x,y) = & 5y^6 X^2 + 5x^6 W^2 - 3x^2 y^4 Y^2 - \\ & 3x^4 y^2 Z^2 + 10x^5 yZW + 10xy^5 XY + 46x^4 y^2 YW - \\ & 18x^3 y^3 YZ - 98x^3 y^3 XW + 46x^2 y^4 XZ\end{aligned}$$

则我们有

$$\begin{aligned}\frac{\partial}{\partial x}H_0(x,y) = & 30x^5 W^2 - 6xy^4 Y^2 - 12x^3 y^2 Z^2 + \\ & 50x^4 yZW + 10y^5 XY + 184x^3 y^2 YW - \\ & 54x^2 y^3 YZ - 294x^2 y^3 XW + 92xy^4 XZ\end{aligned}$$

$$\begin{aligned}\frac{\partial^2}{\partial x^2}H_0(x,y) = & 150x^4 W^2 - 6y^4 Y^2 - 36x^2 y^2 Z^2 + \\ & 200x^3 yZW + 552x^2 y^2 XY - 108xy^3 YZ - \\ & 588xy^3 XW + 94y^4 XZ\end{aligned}$$

设

$$xY = (3+\alpha)yX$$
$$x^2 Z = -(3+\alpha_1)y^2 X$$
$$x^3 W = -(1+\alpha_2)y^3 X$$

$$F_1(\alpha,\alpha_1,\alpha_2) = 5\alpha_2^2 - 3\alpha^2 - 3\alpha_1^2 + 10\alpha_1\alpha_2 - 46\alpha\alpha_2 + 18\alpha\alpha_1$$

$$F_2(\alpha,\alpha_1,\alpha_2) = -168\alpha_2 + 150\alpha_2^2 - 264\alpha - 6\alpha^2 + 216\alpha_1 - 36\alpha_1^2 + 200\alpha_1\alpha_2 - 552\alpha\alpha_2 +$$

第二部分　中外名家论 Riemann 函数与 Riemann 猜想

$$F_3(\alpha,\alpha_1,\alpha_2) = \begin{array}{l} 108\alpha\alpha_1 \\ -48\alpha_2 - 48\alpha + 48\alpha_1 + 30\alpha_2^2 - 6\alpha^2 - \\ 12\alpha_1^2 + 50\alpha_1\alpha_2 - 184\alpha\alpha_2 + 54\alpha\alpha_1 \end{array}$$

则我们有

$$H_0(x,y) = F_1(\alpha,\alpha_1,\alpha_2)y^6 X^2$$

$$x\frac{\partial}{\partial x}H_0(x,y) = F_3(\alpha,\alpha_1,\alpha_2)y^6 X^2$$

$$x^2\frac{\partial^2}{\partial x^2}H_0(x,y) = F_2(\alpha,\alpha_1,\alpha_2)y^6 X^2$$

引理 1　满足 $F_1(\alpha,\alpha_1,\alpha_2) = 0, F_2(\alpha,\alpha_1,\alpha_2) = 0, F_3(\alpha,\alpha_1,\alpha_2) = 0$ 的实数解 $(\alpha,\alpha_1,\alpha_2)$ 的组数不超过 5 组,并且都可以经过有限步的加、减、乘、除、平方根及立方根而求得. 又如果 $(\alpha,\alpha_1,\alpha_2)$ 满足 $F_1(\alpha,\alpha_1,\alpha_2) \ll t^{-2\delta}, F_2(\alpha,\alpha_1,\alpha_2) \ll t^{-\delta}, F_3(\alpha,\alpha_1,\alpha_2) \ll t^{-\delta}$,其中 $\delta > 0$,而 α,α_1,α_2 都是实数,则一定对应有一组 $(\alpha^0,\alpha_1^0,\alpha_2^0)$ 满足 $F_1(\alpha^0,\alpha_1^0,\alpha_2^0) = 0, F_2(\alpha^0,\alpha_1^0,\alpha_2^0) = 0, F_3(\alpha^0,\alpha_1^0,\alpha_2^0) = 0$ 及当 $\alpha_2 \ll t^{-\frac{\delta}{5}}$ 不成立时,有 $\alpha - \alpha^0 \ll t^{-\delta}, \alpha_1 - \alpha_1^0 \ll t^{-\delta}, \alpha_2 - \alpha_2^0 \ll t^{-\delta}$;而当 $\alpha_2 \ll t^{-\frac{\delta}{5}}$ 时,有 $\alpha_1 \ll t^{-\frac{\delta}{5}}$ 和 $\alpha_3 \ll t^{-\frac{\delta}{5}}$,其中 $\alpha^0,\alpha_1^0,\alpha_2^0$ 也都是实数并且 $\alpha_2^0 \neq -1$.

证明　由 $\frac{1}{2}\{F_2(\alpha,\alpha_1,\alpha_2) - F_3(\alpha,\alpha_1,\alpha_2)\} \ll t^{-\delta}$ 而得

$$-60\alpha_2 - 108\alpha + 84\alpha_1 + 60\alpha_2^2 - 12\alpha_1^2 + 75\alpha_1\alpha_2 - 184\alpha\alpha_2 + 27\alpha\alpha_1 \ll t^{-\delta} \tag{1.26}$$

由 $\frac{1}{2}\{F_2(\alpha,\alpha_1,\alpha_2) - 2F_1(\alpha,\alpha_1,\alpha_2)\} \ll t^{-\delta}$ 而得

$$-84\alpha_2 + 70\alpha_2^2 - 132\alpha + 108\alpha_1 - 15\alpha_1^2 +$$

$$90\alpha_1\alpha_2 - 230\alpha\alpha_2 + 36\alpha\alpha_1 \ll t^{-\delta} \quad (1.27)$$

由式(1.27) ~ (1.26) 而得

$$(12 + 9\alpha_1)\alpha - (36\alpha_2 + 20\alpha_2^2 - 12\alpha_1 + 15\alpha_1\alpha_2) \ll t^{-\delta} \quad (1.28)$$

由 $\frac{1}{2}(12 + 9\alpha_1)^2 F_3(\alpha, \alpha_1, \alpha_2) \ll t^{-\delta}$ 而得

$$-3(12 + 9\alpha_1)^2 \alpha^2 + (-24 - 92\alpha_2 + 27\alpha_1)(12 + 9\alpha_1)(12 + 9\alpha_1)\alpha + (-24\alpha_2 + 24\alpha_1 + 15\alpha_2^2 + 25\alpha_1\alpha_2 - 6\alpha_1^2)(12 + 9\alpha_1)^2 \ll t^{-\delta} \quad (1.29)$$

将式(1.28) 代入式(1.29) 中,并略去公因子 2 以后就可以得到

$$-243\alpha_1^4 + 2\,835\alpha_1^3\alpha_2 - 3\,510\alpha_1^2\alpha_2^2 - 9\,180\alpha_1\alpha_2^3 - 600\alpha_2^4 - 1\,134\alpha_1^3 + 12\,420\alpha_1^2\alpha_2 - 21\,384\alpha_1\alpha_2^2 - 13\,200\alpha_2^3 + 6\,912\alpha_1\alpha_2 + 1\,296\alpha_1^2 + 3\,456\alpha_1 - 6\,912\alpha_2 - 23\,616\alpha_2^2 \ll t^{-\delta} \quad (1.30)$$

由式(1.27) ~ (1.26) 后并乘以(12 + $9\alpha_1$) 而得

$$(-24 + 9\alpha_1 - 46\alpha_2)(12 + 9\alpha_1)\alpha + (-24\alpha_2 + 10\alpha_2^2 + 24\alpha_1 - 3\alpha_1^2 + 15\alpha_1\alpha_2)(12 + 9\alpha_1) \ll t^{-\delta} \quad (1.31)$$

将式(1.28) 代入式(1.31) 中就可以得到

$$-27\alpha_1^3 + 72\alpha_1^2 + 576\alpha_1 + 270\alpha_1^2\alpha_2 - 420\alpha_1\alpha_2^2 + 480\alpha_1\alpha_2 - 1\,152\alpha_2 - 2\,016\alpha_2^2 - 920\alpha_2^3 \ll t^{-\delta} \quad (1.32)$$

将 $F_1(\alpha, \alpha_1, \alpha_2) \ll t^{-\delta}$ 乘以$(12 + 9\alpha_1)^2$ 而得

$$(5\alpha_2^2 - 3\alpha_1^2 + 10\alpha_1\alpha_2)(12 + 9\alpha_1)^2 + (18\alpha_1 - 46\alpha_2)(12 + 9\alpha_1)(12 + 9\alpha_1)\alpha - 3(12 + 9\alpha_1)^2\alpha^2 \ll t^{-\delta} \quad (1.33)$$

将式(1.28) 代入式(1.33) 中,并略去公因子 3 就可以得到

$-81\alpha_1^4 + 1\,080\alpha_1^3\alpha_2 - 1\,080\alpha_1^2\alpha_2^2 - 3\,360\alpha_1\alpha_2^3 - 400\alpha_2^4 - 864\alpha_1^3 - 1\,152\alpha_1^2 + 5\,760\alpha_1^2\alpha_2 + 6\,144\alpha_1\alpha_2 - 7\,680\alpha_2^2 - 5\,120\alpha_2^3 - 6\,528\alpha_1\alpha_2^2 \ll t^{-\delta}$ (1.34)

由式(1.34) $-\dfrac{1}{3}$(1.30) 可以得到

$135\alpha_1^3\alpha_2 + 90\alpha_1^2\alpha_2^2 - 300\alpha_1\alpha_2^3 - 200\alpha_2^4 - 486\alpha_1^3 + 1\,620\alpha_1^2\alpha_2 + 600\alpha_1\alpha_2^2 - 720\alpha_2^3 - 1\,584\alpha_1^2 + 3\,840\alpha_1\alpha_2 + 192\alpha_2^2 - 1\,152\alpha_1 + 2\,304\alpha_2 \ll t^{-\delta}$ (1.35)

将式(1.32)代入式(1.35)中的第一项以后,略去公因子 6 而得

$240\alpha_1^2\alpha_2^2 + 330\alpha_1^2\alpha_2 - 81\alpha_1^3 - 264\alpha_1^2 - 192\alpha_1 + 1\,120\alpha_1\alpha_2 + 500\alpha_1\alpha_2^2 - 400\alpha_1\alpha_2^3 + 384\alpha_2 - 928\alpha_2^2 - 1\,800\alpha_2^3 - 800\alpha_2^4 \ll t^{-\delta}$ (1.36)

将式(1.32)代入式(1.36)中第 3 项以后,略去公因子 80 而得到

$3\alpha_1^2\alpha_2^2 - 6\alpha_1^2\alpha_2 - 6\alpha_1^2 - 5\alpha_1\alpha_2^3 + 22\alpha_1\alpha_2^2 - 4\alpha_1\alpha_2 - 24\alpha_1 + 48\alpha_2 + 64\alpha_2^2 + 12\alpha_2^3 - 10\alpha_2^4 \ll t^{-\delta}$ (1.37)

将式(1.32)两边同乘以 $\alpha_2^2 - 2\alpha_2 - 2$ 以后就可以得到

$(\alpha_2^2 - 2\alpha_2 - 2)(-27\alpha_1^3) + (\alpha_2^2 - 2\alpha_2 - 2)(72\alpha_1^2 + 576\alpha_1 + 270\alpha_1^2\alpha_2 - 420\alpha_1\alpha_2^2 + 480\alpha_1\alpha_2 - 1\,152\alpha_2 - 2\,016\alpha_2^2 - 920\alpha_2^3) \ll t^{-\delta}$ (1.38)

将式(1.37)代入式(1.38)中的第一项 $-27\alpha_1^3(\alpha_2^2 - 2\alpha_2 - 2)$ 以后即得到

$225\alpha_1^2\alpha_2^3 - 270\alpha_1^2\alpha_2^2 - 720\alpha_1^2\alpha_2 - 360\alpha_1^2 - 510\alpha_1\alpha_2^4 +$

$1\,428\alpha_1\alpha_2^3 + 1\,032\alpha_1\alpha_2^2 - 1\,680\alpha_1\alpha_2 - 1\,152\alpha_1 - 920\alpha_2^5 - 176\alpha_2^4 + 4\,720\alpha_2^3 + 6\,336\alpha_2^2 + 2\,304\alpha_2 \ll t^{-\delta}$

(1.39)

由 $(60 + 75\alpha_2)$ 乘以式(1.37)减(1.39)而得到

$-90\alpha_1^2\alpha_2 + 135\alpha_1\alpha_2^4 - 78\alpha_1\alpha_2^3 - 12\alpha_1\alpha_2^2 - 360\alpha_1\alpha_2 - 288\alpha_1 + 170\alpha_2^5 + 476\alpha_2^4 + 800\alpha_2^3 + 1\,104\alpha_2^2 + 576\alpha_2 \ll t^{-\delta}$

(1.40)

由 $30\alpha_2$ 乘以式(1.37)加 $(\alpha_2^2 - 2\alpha_2 - 2)$ 乘以式(1.40)可以得到

$30(-5\alpha_1\alpha_2^3 + 22\alpha_1\alpha_2^2 - 4\alpha_1\alpha_2 - 24\alpha_1 + 48\alpha_2 + 64\alpha_2^2 + 12\alpha_2^3 - 10\alpha_2^4)\alpha_2 +$
$(\alpha_2^2 - 2\alpha_2 - 2)(135\alpha_1\alpha_2^4 - 78\alpha_1\alpha_2^3 - 12\alpha_1\alpha_2^2 - 360\alpha_1\alpha_2 - 288\alpha_1 + 170\alpha_2^5 + 476\alpha_2^4 + 800\alpha_2^3 + 1\,104\alpha_2^2 + 576\alpha_2) \ll t^{-\delta}$

即为

$(135\alpha_2^6 - 348\alpha_2^5 - 276\alpha_2^4 + 480\alpha_2^3 + 336\alpha_2^2 + 576\alpha_2 + 576)\alpha_1 + 170\alpha_2^7 + 136\alpha_2^6 - 792\alpha_2^5 - 1\,088\alpha_2^4 - 1\,312\alpha_2^3 - 1\,920\alpha_2^2 - 1\,152\alpha_2 \ll t^{-\delta}$

(1.41)

将式(1.40)两边同时乘以 $(45\alpha_2^6 - 116\alpha_2^5 - 92\alpha_2^4 + 160\alpha_2^3 + 112\alpha_2^2 + 192\alpha_2 + 192)^2$ 后,将式(1.41)代入而得

$-10\alpha_2(170\alpha_2^7 + 136\alpha_2^6 - 792\alpha_2^5 - 1\,088\alpha_2^4 - 1\,312\alpha_2^3 - 1\,920\alpha_2^2 - 1\,152\alpha_2)^2 + (-45\alpha_2^4 + 26\alpha_2^3 + 4\alpha_2^2 + 120\alpha_2 + 96)(45\alpha_2^6 - 116\alpha_2^5 - 92\alpha_2^4 + 160\alpha_2^3 + 112\alpha_2^2 + 192\alpha_2 + 192)(170\alpha_2^7 + 136\alpha_2^6 - 792\alpha_2^5 - 1\,088\alpha_2^4 - 1\,312\alpha_2^3 - 1\,920\alpha_2^2 - 1\,152\alpha_2) +$

第二部分　中外名家论 Riemann 函数与 Riemann 猜想

$(170\alpha_2^5 + 476\alpha_2^4 + 800\alpha_2^3 + 1\,104\alpha_2^2 + 576\alpha_2)(45\alpha_2^6 - 116\alpha_2^5 - 92\alpha_2^4 + 160\alpha_2^3 + 112\alpha_2^2 + 192\alpha_2 + 192)^2 \ll t^{-\delta}$

即为

$256\alpha_2^5(25\alpha_2^{10} + 590\alpha_2^9 - 914\alpha_2^8 - 4\,096\alpha_2^7 - 2\,464\alpha_2^6 + 7\,488\alpha_2^5 + 20\,416\alpha_2^4 + 24\,576\alpha_2^3 + 17\,664\alpha_2^2 + 7\,680\alpha_2 + 1\,536) \ll t^{-\delta}$

将上式分解因子而得

$256\alpha_2^5(5\alpha_2^2 + 4\alpha_2 + 4)^2(\alpha_2^2 - 2\alpha_2 - 2)(\alpha_2^4 + 24\alpha_2^3 - 24\alpha_2^2 - 96\alpha_2 - 48) \ll t^{-\delta}$ (1.42)

当 α_2 满足 $\alpha_2^2 - 2\alpha_2 - 2 \ll \varepsilon$ 时,其中 ε 是一个很小的数,即得 $\alpha_2 - 1 - \sqrt{3} \ll \varepsilon$ 或 $\alpha_2 - 1 + \sqrt{3} \ll \varepsilon$,当 t 充分大时代入式(1.37)即得 $5\alpha_1 + 14\alpha_2 + 16 \ll \varepsilon$. 将所求得的数值 (α_1, α_2) 代入式(1.32),比较含有 $\sqrt{3}$ 的无理数部分,就知道不是式(1.32)的解,故满足 $\alpha_2^2 - 2\alpha_2 - 2 \ll \varepsilon$ 的 α_2 不是 $F_1(\alpha, \alpha_1, \alpha_2) \ll t^{-\delta}$, $F_2(\alpha, \alpha_1, \alpha_2) \ll t^{-\delta}$, $F_3(\alpha, \alpha_1, \alpha_2) \ll t^{-\delta}$ 的解. 当 $\alpha_2 \ll \varepsilon$ 时,代入式(1.41)即得 $\alpha_1 \ll \varepsilon$,将 (α_1, α_2) 代入 $F_1(\alpha, \alpha_1, \alpha_2) \ll t^{-\delta}$,即得 $\alpha \ll \varepsilon$. 此时显见引理 1 是成立的. 现在我们来证明不存在 α_2 使得

$\alpha_2^4 + 24\alpha_2^3 - 24\alpha_2^2 - 96\alpha_2 - 48 = 0$
$135\alpha_2^6 - 348\alpha_2^5 - 276\alpha_2^4 + 480\alpha_2^3 + 336\alpha_2^2 + 576\alpha_2 + 576 = 0$

同时成立. 如果上面两式都成立,则由式(1.41)及 $\alpha_2 \neq 0$ 而得

$170\alpha_2^6 + 136\alpha_2^5 - 792\alpha_2^4 - 1\,088\alpha_2^3 - 1\,312\alpha_2^2 - 1\,920\alpha_2 - 1\,152 = 0$

同时满足这三个式子的 α_2 稍经计算就知道是不存在的. 由上面的式(1.26)到(1.42)的计算过程我们知道同时满足 $F_1(\alpha,\alpha_1,\alpha_2)=0, F_2(\alpha,\alpha_1,\alpha_2)=0$ 及 $F_3(\alpha,\alpha_1,\alpha_2)=0$ 的非 0 实数的 α_2 必须满足方程式
$$f(\alpha_2)=\alpha_2^4+24\alpha_2^3-24\alpha_2^2-96\alpha_2-48=0$$
而满足这个方程式的 α_2 只有 4 个, 每一个 α_2 代入式(1.41)可求得唯一的 α_1. 当 $\alpha_1=-\dfrac{4}{3}$ 时代入 $F_1(\alpha,\alpha_1,\alpha_2)=0, F_2(\alpha,\alpha_1,\alpha_2)=0$ 及 $F_3(\alpha,\alpha_1,\alpha_2)=0$ 稍经计算就知道不存在 α_2 和 α 使其同时成立. 将每一个 (α_1,α_2) 代入式(1.28)可求得唯一的 α, 故最多存在 5 组 $(\alpha,\alpha_1,\alpha_2)$, 其中 α,α_1,α_2 都是实数而使 $F_1(\alpha,\alpha_1,\alpha_2)=0, F_2(\alpha,\alpha_1,\alpha_2)=0$ 及 $F_3(\alpha,\alpha_1,\alpha_2)=0$ 同时成立, 由于 $f(-26)>0, f(-10)<0, f(-1)>0, f(0)<0, f(3)>0$, 故知道 $f(\alpha_2)$ 的根都是不相同的, 再由式(1.41)(1.28)知道本引理是成立的.

引理 2 如果
$$xY=(3+\alpha+O(t^{-\delta}))yX$$
$$x^2Z=(-3-\alpha_1+O(t^{-\delta}))y^2X$$
$$x^3W=(-1-\alpha_2+O(t^{-\delta}))y^3X$$
而满足方程式
$$f_1(x)=x^3-3(3+\alpha)x^2-3(3+\alpha_1)x+(1+\alpha_2)=0$$
的三个根都是实根, 则当 $1+\alpha_2\gg 1$ 时下面
$$\frac{y_1 x}{x_1 y}=r_i+O(t^{-\frac{\delta}{3}})$$
或
$$\frac{y_1 x}{x_1 y}=r_j+O(t^{-\frac{\delta}{3}})$$

或

$$\frac{y_1 x}{x_1 y} = r_k + O(t^{-\frac{\delta}{3}})$$

三式之中至少有一个式子成立,其中 r_i, r_j, r_k 就是 $f_1(x)$ 的那三个根且都不为 0.

证明 我们有

$$\frac{1}{3}\sum_{i=1}^{3}\left(\frac{y_i x}{x_i y}\right) = 3 + \alpha + O(t^{-\delta})$$

$$\frac{1}{3}\left\{\left(\frac{y_1 x}{x_1 y}\right)\left(\frac{y_2 x}{x_2 y}\right) + \left(\frac{y_1 x}{x_1 y}\right)\left(\frac{y_3 x}{x_3 y}\right) + \left(\frac{y_2 x}{x_2 y}\right)\left(\frac{y_3 x}{x_3 y}\right)\right\} = -3 - \alpha_1 + O(t^{-\delta})$$

$$\left(\frac{y_1 x}{x_1 y}\right)\left(\frac{y_2 x}{x_2 y}\right)\left(\frac{y_3 x}{x_3 y}\right) = -1 - \alpha_2 + O(t^{-\delta})$$

故 $\left(\frac{y_1 x}{x_1 y}\right), \left(\frac{y_2 x}{x_2 y}\right), \left(\frac{y_3 x}{x_3 y}\right)$ 是方程式

$$x^3 - (9 + 3\alpha + O(t^{-\delta}))x^2 - (9 + 3\alpha_1 + O(t^{-\delta}))x - (1 + \alpha_2 + O(t^{-\delta})) = 0$$

的那三个根,又由于 $1 + \alpha_2 \gg 1$,故这三个根都不为 0,本引理得证.

6. 设使 $F_1(\alpha, \alpha_1, \alpha_2) = 0, F_2(\alpha, \alpha_1, \alpha_2) = 0$ 及 $F_3(\alpha, \alpha_1, \alpha_2) = 0$,又使 $f_1(x) = 0$ 有三个不同实根的那些实数组记有 $(\alpha^{(j)}, \alpha_1^{(j)}, \alpha_2^{(j)})$,而 $1 \leq j \leq 5$,其对应于 $f_1(x) = 0$ 的那三个实根分别为 $(r_1^{(j)}, r_2^{(j)}, r_3^{(j)})$,而 $1 \leq j \leq 5$,由引理 1 我们知道 $\alpha_2^{(j)} \neq -1$,故由引理 2 知道所有 $r_1^{(j)}, r_2^{(j)}, r_3^{(j)}$ 都不为 0,对于 S_3 我们使用资料[6]中的引理 4 而得

$$S_2 \ll \frac{RN}{\lambda^{\frac{1}{2}}} + \frac{R^{\frac{1}{2}} N^{\frac{1}{2}}}{\lambda^{\frac{1}{2}}} \sum_{i=1}^{2} \left\{ \sum_{x_1=1}^{\lambda'-1} \sum_{y_1=0}^{\lambda''-1} |S_4^{(i)}| \right\}^{\frac{1}{2}}$$

(1.43)

其中

$$S_4^{(1)} = \sum_{x=R+1}^{R'} \sum_{y=N+1}^{N'} e^{2\pi i \{\phi(x+x_1, y+y_1) - \phi(x,y)\}}$$

而 $S_4^{(2)}$ 乃是一个相似的和式，只不过改变了 y_1 的符号，我们令 $J = \left[\dfrac{\log t}{37\log 2}\right]$，我们用记号 D 表示区域 $(R+1 \leqslant x \leqslant R', N+1 \leqslant y \leqslant N')$. 子区域 $D_j (1 \leqslant j < J)$ 由 D 中的满足条件 $2^{-j-1} \leqslant \min\limits_{\substack{1\leqslant i\leqslant 3 \\ 1\leqslant k\leqslant 5}} \left|\dfrac{y_1 x}{x_1 y} - r_i^{(k)}\right| \leqslant 2^{-j}$ 的所有点组成，子区域 D_J 是由 D 中的所有满足条件 $\min\limits_{\substack{1\leqslant i\leqslant 3 \\ 1\leqslant k\leqslant 5}} \left|\dfrac{y_1 x}{x_1 y} - r_i^{(k)}\right| < 2^{-J}$ 的点组成，子区域 D_0 是由 D 中的满足条件 $\min\limits_{\substack{1\leqslant i\leqslant 3 \\ 1\leqslant k\leqslant 5}} \left|\dfrac{y_1 x}{x_1 y} - r_i^{(k)}\right| \geqslant \dfrac{1}{2}$ 的所有点组成，子区域 $D_{jl}(0 \leqslant j < J)$ 是由 D_j 中满足条件 $(1 + 2^{-j}l)R < x \leqslant \{1 + 2^{-j}(l+1)R\}$ 的所有点 (x,y) 组成，于是有

$$S_4^{(i)} = \sum_{(x,y)\in D} \sum e^{2\pi i\{\phi(x+x_1, y+y_1) - \phi(x,y)\}} \ll$$

$$\sum_{j=0}^{l-1} \sum_{l=0}^{2^j} |S_{jl}^{(i)}| + RNt^{-\frac{1}{37}} \quad (1.44)$$

其中

$$S_{jl}^{(i)} = \sum_{(x,y)\in D_{jl}} \sum e^{2\pi i\{\phi(x+x_1, y+y_1) - \phi(x,y)\}}$$

由于 $r_i^{(k)} \gg 1$，当 $j \geqslant \varepsilon \log t$，又当 $(x,y) \in D_{jl}$，则 y 最多跑过一个区间，其长度远远小于 $2^{-j}N$. 对于 $0 \leqslant j < J$，使用资料[6]中的引理 4 而得

$$\dfrac{R^{\frac{1}{2}} N^{\frac{1}{2}}}{\lambda^{\frac{1}{2}}} \Big(\sum_{x_1=1}^{\lambda'-1} \sum_{y_1=0}^{\lambda''-1} \sum_{l=0}^{2^j} |S_{jl}^{(i)}|\Big)^{\frac{1}{2}} \ll$$

$$\frac{RN}{\lambda^{\frac{1}{2}}}+\frac{(R'N)^{\frac{7}{8}}2^{-\frac{3}{4}j}}{\lambda^{\frac{3}{2}}}\sum_{k=1}^{4}\{\sum_{x_1=1}^{\lambda'_1-1}\sum_{y_1=0}^{\lambda''_1-1}\sum_{l=0}^{2j}\cdot$$

$$[\sum_{x_2=1}^{\lambda'_1-1}\sum_{y_2=0}^{\lambda''_1-1}(\sum_{x_3=1}^{\lambda'_2-1}\sum_{y_3=0}^{\lambda''_2-1}|S^{(i,k)}_{5jl}|)^{\frac{1}{2}}]^{\frac{1}{2}}\}^{\frac{1}{2}}t^{\varepsilon} \quad (1.45)$$

其中

$$S^{(1,1)}_{5jl}=\sum_{(x,y)\in D_{jl}}\sum e^{2\pi i\psi(x,y)} \quad (1.46)$$

其中 $\psi(x,y)$ 的定义见第 2 节, $\lambda = RN^2 a^{\frac{52}{15}}\rho^{-\frac{37}{15}}t^{-\frac{27}{15}}$, 而 $S^{(i,k)}_{5jl}$ 乃是一个相似的和式, 只不过改变 y_1, y_2, y_3 的符号而已.

7. 设 $xY=(3+\alpha^0)yX, x^2Z=-(3+\alpha^0_1)y^2X, x^3W=-(1+\alpha^0_2)y^3X$, 当 $(x,y)\in D_{jl}$ 时, 由下面三个式子我们将证明

$$F_1(\alpha^0,\alpha^0_1,\alpha^0_2)\ll 2^{-6j}t^{-\varepsilon} \quad (1.47)$$

$$F_2(\alpha^0,\alpha^0_1,\alpha^0_2)\ll 2^{-5j}t^{-\varepsilon} \quad (1.48)$$

$$F_3(\alpha^0,\alpha^0_1,\alpha^0_2)\ll 2^{-5j}t^{-\varepsilon} \quad (1.49)$$

是不可能同时成立的, 这里 ε 是任一给定的小正数. 因为由引理 1 知道使 $F_1(\alpha,\alpha_1,\alpha_2)=0, F_2(\alpha,\alpha_1,\alpha_2)=0, F_3(\alpha,\alpha_1,\alpha_2)=0$ 同时成立的实数组 $(\alpha,\alpha_1,\alpha_2)$ 最多有 5 组, 反之式 (1.47)(1.48)(1.49) 都成立. 如果 $\alpha_2\ll 2^{-j}t^{-\frac{\varepsilon}{5}}$ 不成立时, 那么在引理 1 中取 $\delta=\frac{\varepsilon}{2}+\frac{3j\log 2}{\log t}$, 就知道有 $\alpha^0=\alpha+O(2^{-3j}t^{-\frac{\varepsilon}{2}}), \alpha^0_1=\alpha_1+O(2^{-3j}t^{-\frac{\varepsilon}{2}}), \alpha^0_2=\alpha_2+O(2^{-3j}t^{-\frac{\varepsilon}{2}})$, 其中 $(\alpha,\alpha_1,\alpha_2)$ 使 $F_1(\alpha,\alpha_1,\alpha_2)=0, F_2(\alpha,\alpha_1,\alpha_2)=0, F_3(\alpha,\alpha_1,\alpha_2)=0$, 又在引理 2 中取 $\delta=\frac{\varepsilon}{2}+\frac{3j\log 2}{\log t}$ 来考虑方程式

$$x^3 - 3(3+\alpha)x^2 - 3(3+\alpha_1)x + (1+\alpha_2) = 0 \qquad (1.50)$$

如果这个方程式有一个虚根,那么表示 $\dfrac{y_i x}{x_i y} (1 \leqslant i \leqslant 3)$ 至少有一个是虚数,且和所假定的 x_i, y_i, x 和 y 都是实数而发生矛盾. 如果式(1.50)中三个根都是实根,设为 R_1, R_2, R_3,那么由引理 1 和引理 2 知道 R_1, R_2, R_3 分别相同于 $r_i^{(k)}$ 中的一个,这里 $1 \leqslant i \leqslant 3, 1 \leqslant k \leqslant 5$ 及

$$\left| \frac{y_1 x}{x_1 y} - R_1 \right| \ll 2^{-j} t^{-\frac{\varepsilon}{6}}$$

$$\left| \frac{y_1 x}{x_1 y} - R_2 \right| \ll 2^{-j} t^{-\frac{\varepsilon}{6}}$$

$$\left| \frac{y_1 x}{x_1 y} - R_3 \right| \ll 2^{-j} t^{-\frac{\varepsilon}{6}}$$

这三个式子至少有一个成立而和

$$2^{-j-1} \leqslant \min_{\substack{1 \leqslant i \leqslant 3 \\ 1 \leqslant k \leqslant 5}} \left| \frac{y_1 x}{x_1 y} - r_i^{(k)} \right| \leqslant 2^{-j}$$

发生矛盾,故式(1.47)(1.48)(1.49)三个式子之中至少有一个不成立. 如果 $\alpha_2 \ll 2^{-j} t^{-\frac{\varepsilon}{5}}$,那么由引理 1 及 $f_1(x) = 0$ 无重根,易见上述结论也成立. 现在我们来证明下面三个式子不可能

$$\phi_{1yy} \ll 2^{-3j} R^{-\frac{5}{2}} N^{-\frac{9}{2}} N^3 X t^{-\varepsilon} \qquad (1.51)$$

$$\phi_{1xy} \ll 2^{-3j} R^{-\frac{7}{2}} N^{-\frac{7}{2}} N^3 X t^{-\varepsilon} \qquad (1.52)$$

$$\phi_{1xx} \ll 2^{-3j} R^{-\frac{9}{2}} N^{-\frac{5}{2}} N^3 X t^{-\varepsilon} \qquad (1.53)$$

同时成立,如果式(1.51)(1.52)(1.53)都成立,则在第 4 部分中取 $\delta = \varepsilon + \dfrac{3j \log 2}{\log t}$,则有 $|\alpha^0| \ll 2^{-3j} t^{-\varepsilon}$, $|\alpha_1^0| \ll 2^{-3j} t^{-\varepsilon}, |\alpha_2^0| \ll 2^{-3j} t^{-\varepsilon}$,由引理 2 知,与 D_j 发生

矛盾,故说式(1.51)(1.52)(1.53)之中至少有一个不成立,我们将区域 D_{jl} 分成为三个子区域,其中子区域 D_{jl_1} 使得式(1.51)不成立,子区域 D_{jl_2} 使得式(1.52)不成立,子区域 D_{jl_3} 使得式(1.53)不成立,那么我们有

$$S_{5jl}^{(i,k)} = \sum_{(x,y) \in D_{jl_1}} e^{2\pi i \psi(x,y)} + \sum_{(x,y) \in D_{jl_2}} e^{2\pi i \psi(x,y)} + \sum_{(x,y) \in D_{jl_3}} e^{2\pi i \psi(x,y)} =$$

$$S_{5jl_1}^{(i,k)} + S_{5jl_2}^{(i,k)} + S_{5jl_3}^{(i,k)} \quad (1.54)$$

我们知道和式 $S_{5jl_1}^{(i,k)}, S_{5jl_2}^{(i,k)}, S_{5jl_3}^{(i,k)}$ 是相似的,我们将对 $S_{5jl_1}^{(i,k)}$ 进行估值,由于 $2^{-3j} \gg t^{-\frac{3}{37}}, \lambda = t^{-\frac{27}{15}} R N^2 a^{\frac{52}{15}} \rho^{-\frac{37}{15}}, R \ll \rho = a t^{-\frac{12}{37}}, N \ll \frac{t\rho}{a^2}, t^{\frac{587}{1295}} \ll a \ll t^{\frac{1}{2}}$ 及式(1.12)(1.21)而得

$$2^{-3j} R^{-\frac{5}{2}} N^{-\frac{3}{2}} X t^{\frac{1}{2}-\varepsilon} \ll \psi_{yy} \ll R^{-\frac{5}{2}} N^{-\frac{9}{2}} Q t^{\frac{1}{2}} \quad (1.55)$$

$$|\psi_{yyy}| \ll R_3 = R^{-\frac{5}{2}} N^{-\frac{11}{2}} Q t^{\frac{1}{2}} \quad (1.56)$$

又将区域 D_{jl_1} 分成不多于 $O((\log t)^2)$ 个子区域,使得在每一个子区域中恒有

$$\frac{1}{R^*} \ll |\psi_{yy}| \ll \frac{1}{R^*} \quad (1.57)$$

这里有

$$t^{-\frac{1}{2}} R^{\frac{5}{2}} N^{\frac{9}{2}} Q^{-1} \ll R^* \ll 2^{3j} R^{\frac{5}{2}} N^{\frac{3}{2}} X^{-1} t^{-\frac{1}{2}+\varepsilon} \quad (1.58)$$

设 D_{jl_1m} 为其中的任一个子区域,假设 $H_0(x,y) = 0$ 对于 x 的解有 $d_n(y) + \mathrm{i} e_n(y)$,即有

$$\frac{1}{5} |H_0(x,y)| = \prod_{n=1}^{6} |x - d_n(y) - \mathrm{i} e_n(y)| W^2$$

对于固定的一个 $n(1 \leq n \leq 6)$,将 D_{jl_1m} 中满足 $|x -$

$d_n(y) - \mathrm{i}e_n(y) | \ll N^{1-\alpha}$ 的所有点,令它属于 $D_{jl_1m_n}$,其中 $N^\alpha = 2^{-\frac{3}{2}j}R^{\frac{3}{4}}N^{\frac{11}{4}}t^{-\frac{1}{4}}Q^{-\frac{1}{2}}$,将 D_{jl_1m} 中除去 $D_{jl_1m_1}, D_{jl_1m_2}$, $D_{jl_1m_3}, D_{jl_1m_4}, D_{jl_1m_5}, D_{jl_1m_6}$ 后所剩余的,令它为 $D_{jl_1m_7}$,又用记号 $S_{5jl_1^n}^{(i,k)}$ 表示和式 $S_{5jl_1}^{(i,k)}$ 中对应于子区域 $D_{jl_1m_n}$ 的部分和,这里 $1 \leqslant n \leqslant 7$,现在我们来证明当 $(x,y) \in D_{jl_1m_7}$ 时恒有

$$H_0(x,y) \gg \min\{2^{-6j}N^6 t^{-\varepsilon}X^2, 2^{-5j}N^{7-a}t^{-\varepsilon}X^2R^{-1},$$
$$2^{-5j}N^{8-2\alpha}t^{-\varepsilon}X^2R^{-2}\} \qquad (1.59)$$

成立,因为由式(1.47)(1.48)(1.49)三式之中至少有一个式子不成立,故下面三式

$$H_0(x,y) \gg 2^{-6j}N^6 t^{-\varepsilon}X^2 \qquad (1.60)$$

$$\frac{\partial}{\partial x}H_0(x,y) \gg 2^{-5j}N^6 R^{-1}t^{-\varepsilon}X^2 \qquad (1.61)$$

$$\frac{\partial^2}{\partial x^2}H_0(x,y) \gg 2^{-5j}N^6 R^{-2}t^{-\varepsilon}X^2 \qquad (1.62)$$

至少有一个成立,由于

$$\frac{\partial}{\partial x}H_0(x,y) = 5\sum_{\substack{m=1 \\ m \neq l}}^{6}\prod_{l=1}^{6}(x - d_l(y) - \mathrm{i}e_l(y))W^2$$
$$(1.63)$$

$$\frac{\partial^2}{\partial x^2}H_0(x,y) = 5\sum_{\substack{n=1 \\ n \neq m}}^{6}\sum_{\substack{m=1 \\ n \neq l \neq m}}^{6}\prod_{l=1}^{6}(x - d_l(y) - \mathrm{i}e_l(y))W^2$$
$$(1.64)$$

如果式(1.60)成立,则显然式(1.59)成立,如果式(1.61)成立,由式(1.63)知道至少存在一个 m,使得

$$W^2\prod_{\substack{l=1 \\ l \neq m}}^{6}|x - d_l(y) - \mathrm{i}e_l(y)| \gg 2^{-5j}t^{-\varepsilon}N^6 X^2 R^{-1}$$

当 $(x,y) \in D_{jl_1m_7}$ 时恒有

第二部分　中外名家论 Riemann 函数与 Riemann 猜想

$$|x - d_m(y) - ie_m(y)| \gg N^{1-\alpha}$$

故式(1.59)成立,如果式(1.62)成立,则由式(1.64)知道至少存在一组(m,n)使得

$$\prod_{\substack{l=1 \\ n \neq l \neq m}}^{6} |x - d_l(y) - ie_l(y)| \gg 2^{-5j} t^{-\varepsilon} N^6 X^2 (RW)^{-2}$$

当$(x,y) \in D_{jl_1 m_7}$时恒有

$$|(x - d_n(y) - ie_n(y))(x - d_m(y) - ie_m(y))| \gg N^{2-2\alpha}$$

故得式(1.59)成立,总之当$(x,y) \in D_{jl_1 m_7}$时式(1.59)恒成立,关于和式$S^{(i,k)}_{5jl_1 n}$,这里$1 \leq n \leq 6$可以使用普通的方法进行估值,即设$N^{2-\alpha} R^{-1} \psi_{yy} \gg 1$时,可以使用资料[7]中的引理1而得到

$$S^{(i,k)}_{5jl_1 n} \ll N^{2-\alpha} \psi_{yy}^{\frac{1}{2}} \ll 2^{\frac{3}{2}j} R^{-\frac{5}{2}} N^{-\frac{5}{2}} t^{\frac{1}{2}} Q \quad (1.65)$$

而当$N^{2-\alpha} R^{-1} \psi_{yy} \ll 1$时,则有

$$S^{(i,k)}_{5jl_1 n} \ll R \psi_{yy}^{-\frac{1}{2}} \ll 2^{\frac{3}{2}j} R^{\frac{9}{4}} N^{\frac{3}{4}} X^{-\frac{1}{2}} t^{-\frac{1}{4}+\varepsilon} \quad (1.66)$$

现在我们对于$S^{(i,k)}_{5jl_1 7}$进行估值,这里有

$$S^{(i,k)}_{5jl_1 7} = \sum_x \sum_{c_1(x) \leq y \leq c_2(x)} e^{2\pi i \psi(x,y)} \quad (1.67)$$

这里的$c_1(x)$和$c_2(x)$都是x的代数函数,又因为在区间$c_1(x) \leq y \leq c_2(x)$中的$y$都一定满足

$$H_0(x,y) \gg \min(2^{-6j} N^6 t^{-\varepsilon} X^2,$$
$$2^{-5j} N^{7-\alpha} t^{-\varepsilon} X^2 R^{-1},$$
$$2^{-5j} N^{8-2\alpha} t^{-\varepsilon} X^2 R^{-2})$$

使用资料[7]中的引理2我们得到

$$S^{(i,k)}_{5jl_1 7} = S^{(i,k)}_{5jl_1 7_1} + S^{(i,k)}_{5jl_1 7_2} + S^{(i,k)}_{5jl_1 7_3} \quad (1.68)$$

这里

$$S^{(i,k)}_{5jl_17_1} = \frac{1+i}{\sqrt{2}} \sum_x \sum_{v_1(x) < v \leqslant v_2(x)} \frac{e^{2\pi i \eta(x)}}{\sqrt{\psi_{yy}(x, n_v(x))}}$$
(1.69)

$$S^{(i,k)}_{5jl_17_2} = \sum_x \sqrt{R^*} \ll 2^{\frac{3}{2^j}} R^{\frac{9}{4}} N^{\frac{3}{4}} X^{-\frac{1}{2}} t^{-\frac{1}{4}+\varepsilon}$$
(1.70)

$$S^{(i,k)}_{5jl_17_3} = \sum_x \log t \ll R \log t$$
(1.71)

又式(1.69)中的 $\eta(x) = \psi(x, n_v(x)) - v n_v(x)$. 当 $\psi_{yy} \leqslant 0$ 时,有 $v_1(x) = \psi_y(x, c_2(x))$, $v_2(x) = \psi_y(x, c_1(x))$, 又当 $\psi_{yy} > 0$ 时,有 $v_1(x) = \psi_y(x, c_1(x))$, $v_2(x) = \psi_y(x, c_2(x))$ 交换 x 和 v 的次序,对于一个固定的 v 而 x 只经过正整数,它使得 $v_1(x) \leqslant v$ 同时又使得 $v_2(x) \geqslant v$,由于 $v_1(x) = v$ 或 $v_2(x) = v$ 的 x 的解的数目都不超过有限个,又由于 $v_1(x)$ 和 $v_2(x)$ 都是 x 的连续函数,所以说可假定同时满足条件 $v_1(x) \leqslant v$ 及 $v_2(x) \geqslant v$ 的 x 的解只经过不多于有限段的连续正整数,而每段的长度当然不过 $2^{-j}R$,现在考虑其中的任一段,对于这些 x 我们考虑

$$\sum_x e^{2\pi i \eta(x)} \frac{1}{\sqrt{\psi_{yy}(x, n_v(x))}}$$

其中

$$\eta(x) = \psi(x, n_v(x)) - v n_v(x)$$
$$\eta'(x) = \psi_x(x, n_v(x))$$
$$\eta''(x) = (\psi_{xx}\psi_{yy} - \psi_{yy}^2)\psi_{yy}^{-1} = H(x, n_v(x))\psi_{yy}^{-1}(x, n_v(x))$$

对于固定的 v 而言, $n_v(x)$ 仍指满足方程式 $\psi_y(x, y) = v$ 的 y 的解,对于一个给定的 x,它必须满足 $v_1(x) \leqslant v \leqslant v_2(x)$,如果 $\psi_{yy} \leqslant 0$,当 $v \leqslant v_2(x) = \psi_y(x, c_1(x))$,由于 $\psi_{yy} \leqslant 0$,故有 $n_v(x) \geqslant c_1(x)$,同样地,当 $v \geqslant v_1(x)$ 时,

第二部分 中外名家论 Riemann 函数与 Riemann 猜想

则有 $n_v(x) \leq c_2(x)$,故有
$$c_1(x) \leq n_v(x) \leq c_2(x) \qquad (1.72)$$

而当 $\psi_{yy} \geq 0$ 时,同样可以证明式(1.72)是成立的,故有
$$H_0(x, n_v(x)) \gg \min(2^{-6j} N^6 X^2 t^{-\varepsilon},$$
$$2^{-5j} N^{7-\alpha} R^{-1} X^2 t^{-\varepsilon},$$
$$2^{-5j} N^{8-2\alpha} R^{-2} X^2 t^{-\varepsilon})$$

由上式,$2^{-j} \gg t^{-\frac{1}{37}}$,$\lambda = RN^2 a^{\frac{52}{15}} \rho^{-\frac{37}{15}} t^{-\frac{27}{15}}$,$R \ll \rho = at^{-\frac{12}{37}}$, $N \ll \frac{t\rho}{a^2}$,$\frac{t\rho}{a^2} t^{\frac{587}{1295}} \ll a \ll t^{\frac{1}{2}}$ 及式(1.22)而得
$$H(x, n_v(x)) \gg \min(2^{-6j} N^{-1} R^{-7} X^2 t^{1-\varepsilon},$$
$$2^{-5j} N^{-\alpha} R^{-8} X^2 t^{1-\varepsilon},$$
$$2^{-5j} N^{1-2\alpha} R^{-9} X^2 t^{1-\varepsilon}) \qquad (1.73)$$

显然我们有
$$H(x, n_v(x)) \ll tR^{-7} N^{-7} Q^2 \qquad (1.74)$$

于是由资料[7]中的引理1及 x 所经过的区间的长度远远小于 $2^{-j}R$ 可以得到
$$\sum_x \frac{e^{2\pi i \eta(x)}}{\sqrt{\psi_{yy}(x, n_v(x))}} \ll 2^{-j} R (HR^*)^{\frac{1}{2}} R^{*\frac{1}{2}} +$$
$$(HR^*)^{-\frac{1}{2}} R^{*\frac{1}{2}}$$

由于 y 所经过的区间的长度远远小于 $2^{-j}N$,故 v 的个数不会超过 $2^{-j}N\psi_{yy} + 2^{-j}R\psi_{xy}$,故得
$$\sum_v \sum_x \frac{e^{2\pi i \eta(x)}}{\sqrt{\psi_{yy}(x, n_v(x))}} \ll$$
$$(2^{-j} NR^{*-1} + 2^{-j} R\psi_{xy})(2^{-j} RH^{\frac{1}{2}} R^* + H^{-\frac{1}{2}}) \ll$$
$$2^{-j} R^{-\frac{5}{2}} N^{-\frac{7}{2}} Q t^{\frac{1}{2}} (2^{-j} t^{\frac{1}{2}} R^{-\frac{5}{2}} N^{-\frac{7}{2}} Q \cdot$$
$$2^{3j} R^{\frac{5}{2}} N^{\frac{3}{2}} X^{-1} t^{-\frac{1}{2}+\varepsilon} + 2^{3j} N^{\frac{1}{2}} R^{\frac{7}{2}} X^{-1} t^{-\frac{1}{2}+\varepsilon} +$$

$$2^{\frac{5}{2j}}N^{\frac{\alpha}{2}}R^4X^{-1}t^{-\frac{1}{2}+\frac{\varepsilon}{2}}+2^{\frac{5}{2j}}N^{-\frac{1}{2}+\alpha}R^{\frac{9}{2}}X^{-1}t^{-\frac{1}{2}+\varepsilon})\ll$$
$$\Delta+2^{\frac{3}{2j}}R^{-\frac{5}{2}}N^{-\frac{11}{2}}Q^2t^{\frac{1}{2}}X^{-1}t^{\varepsilon} \qquad (1.75)$$

在上式中 $\Delta = 2^{2j}R^{\frac{5}{2}}N^{-\frac{1}{2}}\lambda^{\frac{1}{2}}X^{-1}$,又我们使用了 $\lambda = RN^2\alpha^{\frac{52}{15}}\rho^{-\frac{37}{15}}t^{-\frac{27}{15}}, R\ll\rho = at^{-\frac{12}{37}}, N\ll\frac{t\rho}{\alpha^2}$,由于

$$2^{\frac{3}{2j}}R^{-\frac{5}{2}}N^{-\frac{5}{2}}t^{\frac{1}{2}}Q + R\log t \ll$$
$$2^{\frac{3}{2j}}R^{-\frac{5}{2}}N^{-\frac{11}{2}}Q^2t^{\frac{1}{2}}X^{-1}$$

故由式(1.65)~(1.71)这6个式子及式(1.75)而得

$$S_{5jl_1}^{(i,k)} \ll 2^{\frac{3}{2j}}R^{-\frac{5}{2}}N^{-\frac{11}{2}}Q^2t^{\frac{1}{2}}X^{-1} +$$
$$2^{\frac{3}{2j}}R^{\frac{9}{4}}N^{\frac{3}{4}}X^{-\frac{1}{2}}t^{-\frac{1}{4}+\varepsilon}+\Delta \qquad (1.76)$$

对于和式 $S_{5jl_2}^{(i,k)}$ 的估值,可以使用资料[8]的变数的变换,然后再使用估值 $S_{5jl_1}^{(i,k)}$ 的相同方法而得到

$$S_{5jl_2}^{(i,k)} \ll 2^{\frac{3}{2j}}R^{-\frac{5}{2}}N^{-\frac{11}{2}}Q^2t^{\frac{1}{2}}X^{-1} +$$
$$2^{\frac{3}{2j}}R^{\frac{9}{4}}N^{\frac{3}{4}}X^{-\frac{1}{2}}t^{-\frac{1}{4}+\varepsilon}+\Delta \qquad (1.77)$$

对于和式 $S_{5jl_3}^{(i,k)}$ 的估值可以相似于估值 $S_{5jl_1}^{(i,k)}$ 的方法,实际上当式(1.51)(1.52)成立时,如果式(1.47)不成立,那么显然可以使用相同于估值 $S_{5jl_1}^{(i,k)}$ 的方法进行估值.如果式(1.47)成立,那么由于式(1.53)不成立,容易推出式(1.48)不成立,故可使用相同于估值 $S_{5jl_1}^{(i,k)}$ 的方法而得到

$$S_{5jl_3}^{(i,k)} \ll 2^{\frac{3}{2j}}R^{-\frac{5}{2}}N^{-\frac{11}{2}}Q^2t^{\frac{1}{2}}X^{-1} +$$
$$2^{\frac{3}{2j}}R^{\frac{9}{4}}N^{\frac{3}{4}}X^{-\frac{1}{2}}t^{-\frac{1}{4}+\varepsilon}+\Delta \qquad (1.78)$$

由式(1.54)(1.76)(1.77)(1.78)而得

$$S_{5jl}^{(i,k)} \ll 2^{\frac{3}{2j}}R^{-\frac{5}{2}}N^{-\frac{11}{2}}Q^2t^{\frac{1}{2}}X^{-1} +$$
$$2^{\frac{3}{2j}}R^{\frac{9}{4}}N^{\frac{3}{4}}X^{-\frac{1}{2}}t^{-\frac{1}{4}+\varepsilon}+\Delta \qquad (1.79)$$

第二部分　中外名家论 Riemann 函数与 Riemann 猜想

由式 (1.43)(1.44)(1.45) 及 (1.79) 而得当 $t^{\frac{587}{1295}} \ll \alpha \ll t^{\frac{1}{2}}$ 时有

$$S_3 \ll t^{\frac{1}{30}}(t\rho^2 a^{-2})^{\frac{13}{15}}(R\rho^{-1})^{\frac{1}{2}}$$

8. 当 $a \leqslant t^{\frac{587}{1295}}$ 时使用资料 [6] 中的第 472 页而得

$$\sum_{n=a}^{2a} \frac{1}{n^{\frac{1}{2}+it}} = O(t^k a^{l-k-\frac{1}{2}})$$

我们取 $k = \dfrac{97}{696}, l = \dfrac{480}{696}$，就得到当 $a \leqslant t^{\frac{587}{1295}}$ 时有

$$\sum_{n=a}^{2a} \frac{1}{n^{\frac{1}{2}+it}} = O(t^{\frac{6}{37}})$$

而当 $t^{\frac{587}{1295}} < a \leqslant t^{\frac{1}{2}}$，由式 (1.2) 及 $f''(m_v) \gg tra^{-3}, \beta = O(tra^{-2})$ 及资料 [6] 中的引理 3，我们得到

$$S_2 = O(\rho(t\rho a^{-3})^{-\frac{1}{2}} t^{\frac{1}{30}}(\rho t\rho a^{-2})^{\frac{13}{15}}) + O(a^{\frac{3}{2}} t^{-\frac{1}{2}} \rho^{\frac{3}{2}}) +$$
$$O(\rho^2 \log t) + O(a^{-\frac{2}{5}} t^{\frac{2}{5}} \rho^{\frac{12}{5}}) =$$
$$O(t^{\frac{2}{5}} \rho^{\frac{67}{30}} a^{-\frac{7}{30}}) + O(a^{\frac{3}{2}} t^{-\frac{1}{2}} \rho^{\frac{3}{2}}) +$$
$$O(\rho^2 \log t) + O(a^{-\frac{2}{5}} t^{\frac{2}{5}} \rho^{\frac{12}{5}})$$

因此我们得到

$$|S_1| = O(a\rho^{-\frac{1}{2}}) + O(t^{\frac{23}{60}} t^{\frac{1}{5}} \rho^{\frac{7}{60}}) + O(a^{\frac{5}{4}} t^{-\frac{1}{4}} \rho^{-\frac{1}{4}}) +$$
$$O(a^{\frac{1}{2}} \log t) + O(a^{\frac{3}{10}} t^{\frac{1}{5}} \rho^{\frac{1}{5}})$$

取 ρ 使得

$$a\rho^{-\frac{1}{2}} = t^{\frac{1}{5}} a^{\frac{23}{60}} \rho^{\frac{7}{60}}$$

则得

$$\rho^{\frac{37}{60}} = t^{-\frac{1}{5}} a^{\frac{37}{60}}, \rho = (t^{-\frac{1}{5}} a^{\frac{37}{60}})^{\frac{60}{37}} = at^{-\frac{12}{37}}$$

故显见当 $a = O(t^{\frac{1}{2}})$ 时有

$$S_1 = O(t^{\frac{6}{37}} a^{\frac{1}{2}})$$

再使用资料[6]中的引理3得到

$$\sum_{a<n\leqslant 2a}\frac{1}{n^{\frac{1}{2}+it}}=O(t^{\frac{6}{37}})$$

这里 $a \ll t^{\frac{1}{2}}$,故得到 $\zeta\left(\frac{1}{2}+it\right)=O(t^{\frac{6}{37}})$

参 考 资 料

[1] VAN DER CORPUT, KOKSMA. Sur l'ordre de grandeur de la fonction $\zeta(s)$ de Riemann dans le bande critique. Annales de Toulouse, 1930,22(3):1-39.

[2] WALFISZ. Zur Abschatzung von $\zeta\left(\frac{1}{2}+it\right)$. Cottingen Naohrichten. 1924:155-158.

[3] TITCHMARSH E C. On van der Corput's method and the zeta-function of Riemann (11). Quart. J. Math., 1931(2).

[4] PHILLIPS. The Zeta-function of Riemann; further developments of van der Corput's method. Quart. J. Math. Oxford Ser., 1933(4): 209-225.

[5] TITCHMARSH E C. On the order of $\zeta\left(\frac{1}{2}+it\right)$. Quart. J. Math. Oxford Ser., 1942(13):11-17.

[6] 闵嗣鹤. On the order of $\zeta\left(\frac{1}{2}+it\right)$. Trans. of Amer. Math. Soc., 1949(65):448-472.

[7] ВИНОГРАДОВ Н. М. К вопросу о чистых целых точех в заданнои области. Извесщя Ак. Наук СССР, 1960(24): 777-786.

[8] 尹文霖. 狄氏除数问题. 北京大学学报,1959(5):103-126.

第三编

Riemann ζ 函数理论

第一章 THE FUNCTION $\zeta(s)$ AND THE DIRICHLET SERIES RELATED TO IT

1.1. Definition of $\zeta(s)$. The Riemann zeta-function $\zeta(s)$ has its origin in the identity expressed by the two formulae

$$\zeta(s) = \prod_{n=1}^{\infty} \frac{1}{n^s} \qquad (1.1)$$

where n runs through all integers, and

$$\zeta(s) = \prod_{p} \left(1 - \frac{1}{p^s}\right)^{-1} \qquad (1.2)$$

where p runs through all primes. Either of these may be taken as the definition of $\zeta(s)$; s is a complex variable, $s = \sigma + it$. The Dirichlet series (1.1) is convergent for $\sigma > 1$, and uniformly convergent in any finite region in which $\sigma \geq 1 + \delta$, $\delta > 0$. It therefore defines an analytic function $\zeta(s)$, regular for $\sigma > 1$.

The infinite product is also absolutely convergent for $\sigma > 1$; for so is

$$\sum_{p} \left|\frac{1}{p^s}\right| = \sum_{p} \frac{1}{p^\sigma}$$

this being merely a selection of terms from the series $\sum n^{-\sigma}$. If we expand the factor involving p in powers of p^{-s}, we obtain

$$\prod_p \left(1 + \frac{1}{p^s} + \frac{1}{p^{2s}} + \cdots\right)$$

On multiplying formally, we obtain the series (1.1), since each integer n can be expressed as a product of prime-powers p^m in just one way. The identity of (1.1) and (1.2) is thus an analytic equivalent of the theorem that the expression of an integer in prime factors is unique. A rigorous proof is easily constructed by taking first a finite number of factors. Since we can multiply a finite number of absolutely convergent series, we have

$$\prod_{p \leq P} \left(1 + \frac{1}{p^s} + \frac{1}{p^{2s}} + \cdots\right) = 1 + \frac{1}{n_1^s} + \frac{1}{n_2^s} + \cdots$$

where $n_1, n_2, \cdots$, are those integers none of whose prime factors exceed P. Since all integers up to P are of this form, it follows that, if $\zeta(s)$ is defined by (1.1)

$$\left| \zeta(s) - \prod_{p \leq P} \left(1 - \frac{1}{p^s}\right)^{-1} \right| =$$

$$\left| \zeta(s) - 1 - \frac{1}{n_1^s} - \frac{1}{n_2^s} - \cdots \right| \leq$$

$$\frac{1}{(P+1)^\sigma} + \frac{1}{(P+2)^\sigma} + \cdots$$

This tends to 0 as $P \to \infty$, if $\sigma > 1$; and (1.2) follows.

This fundamental identity is due to Euler, and (1.2) is known as Euler's product. But Euler considered it for particular values of s only, and it was Riemann who first considered $\zeta(s)$ as an analytic function of a complex variable.

Since a convergent infinite product of non-zero factors is not zero, we deduce that $\zeta(s)$ has no zeros for $\sigma >$

第二部分　中外名家论 Riemann 函数与 Riemann 猜想

1. This may be proved directly as follows. We have for $\sigma>1$

$$\left(1-\frac{1}{2^s}\right)\left(1-\frac{1}{3^s}\right)\cdots\left(1-\frac{1}{P^s}\right)\zeta(s)=1+\frac{1}{m_1^s}+\frac{1}{m_2^s}+\cdots$$

where m_1, m_2, $\cdots$, are the integers all of whose prime factors exceed P. Hence

$$\left|\left(1-\frac{1}{2^s}\right)\cdots\left(1-\frac{1}{P^s}\right)\zeta(s)\right|\geq 1-\frac{1}{(P+1)^\sigma}-\frac{1}{(P+2)^\sigma}-\cdots>0$$

if P is large enough. Hence $|\zeta(s)|>0$.

The importance of $\zeta(s)$ in the theory of prime numbers lies in the fact that it combines two expressions, one of which contains the primes explicitly, while the other does not. The theory of primes is largely concerned with the function $\pi(x)$, the number of primes not exceeding x. We can transform (1.2) into a relation between $\zeta(s)$ and $\pi(x)$; for if $\sigma>1$

$$\log \zeta(s) = -\sum_p \log\left(1-\frac{1}{p^s}\right) =$$
$$-\sum_{n=2}^{\infty}\{\pi(n)-\pi(n-1)\}\log\left(1-\frac{1}{n^s}\right) =$$
$$-\sum_{n=2}^{\infty}\pi(n)\left\{\log\left(1-\frac{1}{n^s}\right)-\log\left(1-\frac{1}{(n+1)^s}\right)\right\} =$$
$$\sum_{n=2}^{\infty}\pi(n)\int_n^{n+1}\frac{s}{x(x^s-1)}dx = s\int_2^\infty\frac{\pi(x)}{x(x^s-1)}dx$$

$$(1.3)$$

The rearrangement of the series is justified since $\pi(n)\leq n$ and

$$\log(1-n^{-s})=O(n^{-\sigma})$$

Again

$$\frac{1}{\zeta(s)} = \prod_p \left(1 - \frac{1}{p^s}\right)$$

and on carrying out the multiplication we obtain

$$\frac{1}{\zeta(s)} = \sum_{n=1}^{\infty} \frac{\mu(n)}{n^s}, \sigma > 1 \qquad (1.4)$$

where $\mu(1) = 1$, $\mu(n) = (-1)^k$ if n is the product of k different primes, and $\mu(n) = 0$ if n contains any factor to a power higher than the first. The process is easily justified as in the case of $\zeta(s)$.

The function $\mu(n)$ is known as the Möbius function. It has the property

$$\sum_{d \mid q} \mu(d) = \begin{cases} 1, & q = 1 \\ 0, & q > 1 \end{cases} \qquad (1.5)$$

where $d \mid q$ means that d is a divisor of q. This follows from the identity

$$1 = \sum_{m=1}^{\infty} \frac{1}{m^s} \sum_{n=1}^{\infty} \frac{\mu(n)}{n^s} = \sum_{q=1}^{\infty} \frac{1}{q^s} \sum_{d \mid q} \mu(d)$$

It also gives the Möbius inversion formula

$$g(q) = \sum_{d \mid q} f(d) \qquad (1.6)$$

$$f(q) = \sum_{d \mid q} \mu\left(\frac{q}{d}\right) g(d) \qquad (1.7)$$

connecting two functions $f(n)$, $g(n)$ defined for integral n. If f is given and g defined by (1.6), the right-hand side of (1.7) is

$$\sum_{d \mid q} \mu\left(\frac{q}{d}\right) \sum_{r \mid d} f(r)$$

The coefficient of $f(q)$ is $\mu(1) = 1$. If $r < q$, then $d = kr$, where $k \mid q/r$. Hence the coefficient of $f(r)$ is

$$\sum_{k|q/r} \mu\left(\frac{q}{kr}\right) = \sum_{k'q/r} \mu(k') = 0$$

by (1.5). This proves (1.7). Conversely, if g is given, and f is defined by (1.7), then the right-hand side of (1.6) is

$$\sum_{d|q} \sum_{r|d} \mu\left(\frac{d}{r}\right) g(r)$$

and this is $g(q)$, by a similar argument. The formula may also be derived formally from the obviously equivalent relations

$$F(s)\zeta(s) = \sum_{n=1}^{\infty} \frac{g(n)}{n^s}, F(s) = \frac{1}{\zeta(s)} \sum_{n=1}^{\infty} \frac{g(n)}{n^s}$$

where

$$F(s) = \sum_{n=1}^{\infty} \frac{f(n)}{n^s}$$

Again, on taking logarithms and differentiating (1.2), we obtain, for $\sigma > 1$

$$\frac{\zeta'(s)}{\zeta(s)} = -\sum_{p} \frac{\log p}{p^s}\left(1 - \frac{1}{p^s}\right)^{-2} =$$

$$-\sum_{p} \log p \sum_{m=1}^{\infty} \frac{1}{p^{ms}} =$$

$$-\sum_{n=2}^{\infty} \frac{\Lambda(n)}{n^s} \qquad (1.8)$$

where $\Lambda(n) = \log p$ if n is p or a power of p, and otherwise $\Lambda(n) = 0$. On integrating we obtain

$$\log \zeta(s) = \sum_{n=2}^{\infty} \frac{\Lambda_1(n)}{n^s}, \sigma > 1 \qquad (1.9)$$

where $\Lambda_1(n) = \Lambda(n)/\log n$, and the value of $\log \zeta(s)$ is that which tends to 0 as $\sigma \to \infty$, for any fixed t.

1.2. Various Dirichlet series connected with $\zeta(s)$. In the first place

$$\zeta^2(s) = \sum_{n=1}^{\infty} \frac{d(n)}{n^s}, \sigma > 1 \qquad (1.10)$$

where $d(n)$ denotes the number of divisors of n (including 1 and n itself). For

$$\zeta^2(s) = \sum_{\mu=1}^{\infty} \frac{1}{\mu^s} \sum_{\nu=1}^{\infty} \frac{1}{\nu^s} = \sum_{n=1}^{\infty} \frac{1}{n^s} \sum_{\mu\nu=n} 1$$

and the number of terms in the last sum is $d(n)$. And generally

$$\zeta^k(s) = \sum_{n=1}^{\infty} \frac{d_k(n)}{n^s}, \sigma > 1 \qquad (1.11)$$

where $k=2, 3, 4, \cdots$, and $d_k(n)$ denotes the number of ways of expressing n as a product of k factors, expressions with the same factors in a different order being counted as different. For

$$\zeta^k(s) = \sum_{\nu_1=1}^{\infty} \frac{1}{\nu_1^s} \cdots \sum_{\nu_k=1}^{\infty} \frac{1}{\nu_k^s} = \sum_{n=1}^{\infty} \frac{1}{n^s} \sum_{\nu_1\cdots\nu_k=n} 1$$

and the last sum is $d_k(n)$.

Since we have also

$$\zeta^2(s) = \prod_p \left(1-\frac{1}{p^s}\right)^{-2} = \prod_p \left(1+\frac{2}{p^s}+\frac{3}{p^{2s}}+\cdots\right) \qquad (1.12)$$

on comparing the coefficients in (1.10) and (1.12) we verify the elementary formula

$$d(n) = (m_1+1)\cdots(m_r+1) \qquad (1.13)$$

for the number of divisors of

$$n = p_1^{m_1} p_2^{m_2} \cdots p_r^{m_r} \qquad (1.14)$$

Similarly from (1.12)

第二部分　中外名家论 Riemann 函数与 Riemann 猜想

$$d_k(n) = \frac{(k+m_1-1)!}{m_1!\,(k-1)!} \cdots \frac{(k+m_r-1)!}{m_r!\,(k-1)!} \quad (1.15)$$

We next note the expansions

$$\frac{\zeta(s)}{\zeta(2s)} = \sum_{n=1}^{\infty} \frac{|\mu(n)|}{n^s}, \sigma>1 \quad (1.16)$$

where $\mu(n)$ is the coefficient in (1.4)

$$\frac{\zeta^2(s)}{\zeta(2s)} = \sum_{n=1}^{\infty} \frac{2^{\nu(n)}}{n^s}, \sigma>1 \quad (1.17)$$

where $\nu(n)$ is the number of different prime factors of n

$$\frac{\zeta^3(s)}{\zeta(2s)} = \sum_{n=1}^{\infty} \frac{d(n^2)}{n^s}, \sigma>1 \quad (1.18)$$

and

$$\frac{\zeta^4(s)}{\zeta(2s)} = \sum_{n=1}^{\infty} \frac{\{d(n)\}^2}{n^s}, \sigma>1 \quad (1.19)$$

To prove (1.16), we have

$$\frac{\zeta(s)}{\zeta(2s)} = \prod_p \frac{1-p^{-2s}}{1-p^{-s}} = \prod_p \left(1+\frac{1}{p^s}\right)$$

and this differs from the formula for $1/\zeta(s)$ only in the fact that the signs are all positive. The result is therefore clear. To prove (1.17), we have

$$\frac{\zeta^2(s)}{\zeta(2s)} = \prod_p \frac{1-p^{-2s}}{(1-p^{-s})^2} = \prod_p \frac{1+p^{-s}}{1-p^{-s}} =$$
$$\prod_p (1+2p^{-s}+2p^{-2s}+\cdots)$$

and the result follows. To prove (1.18)

$$\frac{\zeta^3(s)}{\zeta(2s)} = \prod_p \frac{1-p^{-2s}}{(1-p^{-s})^3} = \prod_p \frac{1+p^{-s}}{(1-p^{-s})^2} =$$
$$\prod_p \{(1+p^{-s})(1+2p^{-s}+3p^{-2s}+\cdots)\} =$$
$$\prod_p \{1+3p^{-s}+\cdots+(2m+1)p^{-ms}+\cdots\}$$

and the result follows, since, if n is (1.14)
$$d(n^2) = (2m_1+1)\cdots(2m_r+1)$$
Similarly
$$\frac{\zeta^4(s)}{\zeta(2s)} = \prod_p \frac{1-p^{-2s}}{(1-p^{-s})^4} = \prod_p \frac{1+p^{-s}}{(1-p^{-s})^3} =$$
$$\prod_p \{(1+p^{-s})(1+3p^{-s}+\cdots+$$
$$\frac{1}{2}(m+1)(m+2)p^{-ms}+\cdots)\} =$$
$$\prod_p \{1+4p^{-s}+\cdots+(m+1)^2 p^{-ms}+\cdots\}$$
and (1.19) follows.

Other formulae are
$$\frac{\zeta(2s)}{\zeta(s)} = \sum_{n=1}^{\infty} \frac{\lambda(n)}{n^s}, \sigma>1 \qquad (1.20)$$
where $\lambda(n) = (-1)^r$ if n has r prime factors, a factor of degree k being counted k times
$$\frac{\zeta(s-1)}{\zeta(s)} = \sum_{n=1}^{\infty} \frac{\phi(n)}{n^s}, \sigma>2 \qquad (1.21)$$
where $\phi(n)$ is the number of numbers less than n and prime to n; and
$$\frac{1-2^{1-s}}{1-2^{-s}}\zeta(s-1) = \sum_{n=1}^{\infty} \frac{a(n)}{n^s}, \sigma>2 \qquad (1.22)$$
where $a(n)$ is the greatest odd divisor of n. Of these, (1.20) follows at once from
$$\frac{\zeta(2s)}{\zeta(s)} = \prod_p \left(\frac{1-p^{-s}}{1-p^{-2s}}\right) = \prod_p \left(\frac{1}{1+p^{-s}}\right) =$$
$$\prod_p (1-p^{-s}+p^{-2s}-\cdots)$$
Also

$$\frac{\zeta(s-1)}{\zeta(s)} = \prod_p \left(\frac{1-p^{-s}}{1-p^{1-s}} \right) = \prod_p \left\{ \left(1-\frac{1}{p^s}\right)\left(1+\frac{p}{p^s}+\frac{p^2}{p^{2s}}+\cdots\right) \right\} =$$
$$\prod_p \left\{ 1+\left(1-\frac{1}{p}\right)\left(\frac{p}{p^s}+\frac{p^2}{p^{2s}}+\cdots\right) \right\}$$

and (1.21) follows, since, if $n = p_1^{m_1} \cdots p_r^{m_r}$

$$\phi(n) = n\left(1-\frac{1}{p_1}\right) \cdots \left(1-\frac{1}{p_r}\right)$$

Finally

$$\frac{1-2^{1-s}}{1-2^{-s}}\zeta(s-1) = \frac{1-2^{1-s}}{1-2^{-s}} \prod_p \frac{1}{1-p^{1-s}} =$$
$$\frac{1}{1-2^{-s}} \cdot \frac{1}{1-3^{1-s}} \cdot \frac{1}{1-5^{1-s}} \cdots =$$
$$\left(1+\frac{1}{2^s}+\frac{1}{2^{2s}}+\cdots\right)\left(1+\frac{3}{3^s}+\frac{3^2}{3^{2s}}+\cdots\right)\cdots$$

and (1.22) follows.

Many of these formulae are, of course, simply particular cases of the general formula

$$\sum_{n=1}^{\infty} \frac{f(n)}{n^s} = \prod_p \left\{ 1+\frac{f(p)}{p^s}+\frac{f(p^2)}{p^{2s}}+\cdots \right\}$$

where $f(n)$ is a multiplicative function, i. e. is such that, if $n = p_1^{m_1} p_2^{m_2} \cdots$, then

$$f(n) = f(p_1^{m_1}) f(p_2^{m_2}) \cdots$$

Again, let $f_k(n)$ denote the number of representations of n as a product of k factors, each greater than unity when $n > 1$, the order of the factors being essential. Then clearly

$$\sum_{n=2}^{\infty} \frac{f_k(n)}{n^2} = \{\zeta(s)-1\}^k, \sigma > 1 \qquad (1.23)$$

Let $f(n)$ be the number of representations of n as a product of factors greater than unity, representations with factors in a different order being considered as distinct; and let $f(1)=1$. Then

$$f(n) = \sum_{k=1}^{\infty} f_k(n)$$

Hence

$$\sum_{n=1}^{\infty} \frac{f(n)}{n^s} = 1 + \sum_{k=1}^{\infty} \{\zeta(s)-1\}^k = 1 + \frac{\zeta(s)-1}{1-\{\zeta(s)-1\}} = \frac{1}{2-\zeta(s)} \quad (1.24)$$

It is easily seen that $\zeta(s)=2$ for $s=\alpha$, where α is a real number greater than 1; and $|\zeta(s)|<2$ for $\sigma>\alpha$, so that (1.24) holds for $\sigma>\alpha$.

1.3. Sums involving $\sigma_a(n)$. Let $\sigma_a(n)$ denote the sum of the ath powers of the divisors of n. Then

$$\zeta(s)\zeta(s-a) = \sum_{n=1}^{\infty} \frac{1}{\mu^s} \sum_{\nu=1}^{\infty} \frac{\nu^a}{\nu^s} = \sum_{n=1}^{\infty} \frac{1}{n^s} \sum_{\mu\nu=n} \nu^a$$

i. e.

$$\zeta(s)\zeta(s-a) = \sum_{n=1}^{\infty} \frac{\sigma_a(n)}{n^s}, \sigma>1, \ \sigma>\mathbf{R}(a)+1$$
$$(1.25)$$

Since the left-hand side is, if $a\neq 0$

$$\prod_p \left(1+\frac{1}{p^s}+\frac{1}{p^{2s}}+\cdots\right)\left(1+\frac{p^a}{p^s}+\frac{p^{2a}}{p^{2s}}+\cdots\right) =$$
$$\prod_p \left(1+\frac{1+p^a}{p^s}+\frac{1+p^a+p^{2a}}{p^s}+\cdots\right) =$$
$$\prod_p \left(1+\frac{1-p^{2a}}{1-p^a}\frac{1}{p^s}+\cdots\right)$$

we have

624

第二部分 中外名家论 Riemann 函数与 Riemann 猜想

$$\sigma_a(n) = \frac{1-p_1^{(m_1+1)a}}{1-p_1^a} \cdot \cdots \cdot \frac{1-p_r^{(m_r+1)a}}{1-p_r^a} \quad (1.26)$$

if n is (1.14), as is also obvious from elementary considerations.

The formula[①]

$$\frac{\zeta(s)\zeta(s-a)\zeta(s-b)\zeta(s-a-b)}{\zeta(2s-a-b)} = \sum_{n=1}^{\infty} \frac{\sigma_a(n)\sigma_b(n)}{n^s} \quad (1.27)$$

is valid for $\sigma > \max\{1, \mathbf{R}(a)+1, \mathbf{R}(b)+1, \mathbf{R}(a+b)+1\}$. The left-hand side is equal to

$$\prod_p \frac{1-p^{-2s+a+b}}{(1-p^{-s})(1-p^{-s+a})(1-p^{-s+b})(1-p^{-s+a+b})}$$

Putting $p^{-s} = z$, the partial-fraction formula gives

$$\frac{1-p^{a+b}z^2}{(1-z)(1-p^a z)(1-p^b z)(1-p^{a+b}z)} =$$

$$\frac{1}{(1-p^a)(1-p^b)}\left\{\frac{1}{1-z} - \frac{p^a}{1-p^a z} - \frac{p^b}{1-p^b z} + \frac{p^{a+b}}{1-p^{a+b}z}\right\} =$$

$$\frac{1}{(1-p^a)(1-p^b)} \sum_{m=0}^{\infty} (1-p^{(m+1)a} - p^{(m+1)b} + p^{(m+1)(a+b)}) z^m =$$

$$\frac{1}{(1-p^a)(1-p^b)} \sum_{m=0}^{\infty} (1-p^{(m+1)a})(1-p^{(m+1)b}) z^m$$

Hence

$$\frac{\zeta(s)\zeta(s-a)\zeta(s-b)\zeta(s-a-b)}{\zeta(2s-a-b)} =$$

$$\prod_p \sum_{m=0}^{\infty} \frac{1-p^{(m+1)a}}{1-p^a} \cdot \frac{1-p^{(m+1)b}}{1-p^b} \cdot \frac{1}{p^{ms}}$$

---

① Ramanujan (2), B. M. Wilson (1).

and the result follows from (1.26). If $a=b=0$, (1.27) reduces to (1.19).

Similar formulae involving $\sigma_a^{(q)}(n)$, the sum of the ath powers of those divisors of n which are qth powers of integers, have been given by Crum (1).

1.4. It is also easily seen that, if $f(n)$ is multiplicative, and

$$\sum_{n=1}^{\infty}\frac{f(n)}{n^s}$$

is a product of zeta-functions such as occurs in the above formulae, and k is a given positive integer, then

$$\sum_{n=1}^{\infty}\frac{f(kn)}{n^s}$$

can also be summed. An example will illustrate this point. The function $\sigma_a(n)$ is 'multiplicative', i.e. if m is prime to n

$$\sigma_a(mn)=\sigma_a(m)\sigma_a(n)$$

Hence

$$\sum_{n=1}^{\infty}\frac{\sigma_a(n)}{n^s}=\prod_p\sum_{m=0}^{\infty}\frac{\sigma_a(p^m)}{p^{ms}}$$

and, if $k=\prod p^l$

$$\sum_{n=1}^{\infty}\frac{\sigma_a(kn)}{n^s}=\prod_p\sum_{m=0}^{\infty}\frac{\sigma_a(p^{l+m})}{p^{ms}}$$

Hence

$$\sum_{n=1}^{\infty}\frac{\sigma_a(kn)}{n^s}=\zeta(s)\zeta(s-a)\prod_{p\mid k}\left\{\frac{\sum_{m=0}^{\infty}\frac{\sigma_a(p^{l+m})}{p^{ms}}}{\sum_{m=0}^{\infty}\frac{\sigma_a(p^m)}{p^{ms}}}\right\}$$

Now if $a \neq 0$

$$\sum_{m=0}^{\infty} \frac{\sigma_a(p^{l+m})}{p^{ms}} = \sum_{m=0}^{\infty} \frac{1-p^{(l+m+1)a}}{(1-p^a)p^{ms}} =$$

$$\frac{1-p^{a-s}-p^{(l+1)a}+p^{(l+1)a-s}}{(1-p^a)(1-p^{-s})(1-p^{a-s})}$$

Hence

$$\sum_{n=0}^{\infty} \frac{\sigma_a(kn)}{n^s} =$$

$$\zeta(s)\zeta(s-a) \prod_{p|k} \frac{1-p^{a-s}-p^{(l+1)a}+p^{(l+1)a-s}}{1-p^a}$$

(1.28)

Making $a \neq 0$

$$\sum_{n=0}^{\infty} \frac{d(kn)}{n^s} = \zeta^2(s) \prod_{p|k} (l+1-lp^{-s}) \quad (1.29)$$

1.5. Ramanujan's sums[①]. Let

$$c_k(n) = \sum_h e^{-\frac{2nh\pi i}{k}} = \sum_h \cos \frac{2nh\pi}{k} \quad (1.30)$$

where h runs through all positive integers less than and prime to k. Many formulae involving these sums were proved by Ramanujan.

We shall first prove that

$$c_k(n) = \sum_{d|k, d|n} \mu\left(\frac{k}{d}\right) d \quad (1.31)$$

The sum

$$\eta_k(n) = \sum_{m=0}^{k-1} e^{-\frac{2nm\pi i}{k}}$$

is equal to k if $k|n$ and 0 otherwise. Denoting by (r, d)

---

① Ramanujan (3), Hardy (5).

the highest common factor of r and d, so that $(r,d)=1$ means that r is prime to d

$$\sum_{d|k} c_d(n) = \sum_{d|k} \sum_{(r,d)=1, r<d} e^{-\frac{2n r \pi i}{d}} = \eta_k(n)$$

Hence by the inversion formula of Möbius (1.7)

$$c_k(n) = \sum_{d|k} \mu\left(\frac{k}{d}\right) \eta_d(n)$$

and (1.31) follows. In particular

$$c_k(1) = \mu(k) \qquad (1.32)$$

The result can also be written

$$c_k(n) = \sum_{dr=k, d|n} \mu(r) d$$

Hence

$$\frac{c_k(n)}{k^s} = \sum_{dr=k, d|n} \frac{\mu(r)}{r^s} d^{1-s}$$

Summing with respect to k, we remove the restriction on r, which now assumes all positive integral values. Hence①

$$\sum_{k=1}^{\infty} \frac{c_k(n)}{k^s} = \sum_{r,d|n} \frac{\mu(r)}{r^s} d^{1-s} = \frac{\sigma_{1-s}(n)}{\zeta(s)} \qquad (1.33)$$

the series being absolutely convergent for $\sigma > 1$ since $|c_k(n)| \leq \sigma_1(n)$, by (1.31).

We have also

$$\sum_{n=1}^{\infty} \frac{c_k(n)}{n^s} = \sum_{n=1}^{\infty} \frac{1}{n^s} \sum_{d|k, d|n} \mu\left(\frac{k}{d}\right) d =$$

$$\sum_{d|k} \mu\left(\frac{k}{d}\right) d \sum_{m=1}^{\infty} \frac{1}{(md)^s} =$$

---

① Two more proofs are given by Hardy, Ramanujan, 137-141.

$$\zeta(s) \sum_{d\mid k} \mu\left(\frac{k}{d}\right) d^{1-s} \qquad (1.34)$$

We can also sum series of the form[①]

$$\sum_{n=1}^{\infty} \frac{c_k(n)f(n)}{n^s}$$

where $f(n)$ is a multiplicative function. For example

$$\sum_{n=1}^{\infty} \frac{c_k(n)d(n)}{n^s} = \sum_{n=1}^{\infty} \frac{d(n)}{n^s} \sum_{\delta\mid k,\delta\mid n} \delta\mu\left(\frac{k}{\delta}\right) =$$

$$\sum_{\delta\mid k} \delta\mu\left(\frac{k}{\delta}\right) \sum_{m=1}^{\infty} \frac{d(m\delta)}{(m\delta)^s} =$$

$$\zeta^2(s) \sum_{\delta\mid k} \delta^{1-s}\mu\left(\frac{k}{\delta}\right) \prod_{p\mid\delta} (l+1-lp^{-s})$$

if $\delta = \prod p^l$. If $k = \prod p^\lambda$ the sum is

$$k^{1-s} \prod_{p\mid k} (\lambda+1-\lambda p^{-s}) - \sum_{p\mid k} \left(\frac{k}{p}\right)^{1-s} \{\lambda-(\lambda-1)p^{-s}\} \cdot$$

$$\prod_{\substack{p'\mid k \\ p'\neq p}} (\lambda+1-\lambda p'^{-s}) + \sum_{pp'\mid k} \left(\frac{k}{pp'}\right)^{1-s} \{\lambda-(\lambda-1)p^{-s}\} \cdot$$

$$\{\lambda-(\lambda-1)p'^{-s}\} \prod_{\substack{p''\mid k \\ p''\neq p,p'}} (\lambda+1-\lambda p''^{-s}) - \cdots =$$

$$k^{1-s} \prod_{p\mid k} \left\{(\lambda+1-\lambda p^{-s}) - \frac{1}{p^{1-s}}\{\lambda-(\lambda-1)p^{-s}\}\right\} =$$

$$k^{1-s} \prod_{p\mid k} \left\{1-\frac{1}{p}+\lambda\left(1-\frac{1}{p^s}\right)\left(1-\frac{1}{p^{1-s}}\right)\right\}$$

Hence

$$\sum_{n=1}^{\infty} \frac{c_k(n)d(n)}{n^s} =$$

---

① Crum (1).

$$\zeta^2(s)k^{1-s}\prod_{p|k}\left\{1-\frac{1}{p}+\lambda\left(1-\frac{1}{p^s}\right)\left(1-\frac{1}{p^{1-s}}\right)\right\} \quad (1.35)$$

We can also sum

$$\sum_{n=1}^{\infty}\frac{c_k(qn)f(n)}{n^s}$$

For example, in the simplest case $f(n)=1$, the series is

$$\sum_{n=1}^{\infty}\frac{1}{n^s}\sum_{\delta|k,\delta|qn}\delta\mu\left(\frac{k}{\delta}\right)$$

For given δ, n runs through those multiples of δ/q which are integers. If δ/q in its lowest terms is δ_1/q_1, these are the numbers δ_1, $2\delta_2$, $\cdots$ Hence the sum is

$$\sum_{\delta|k}\delta\mu\left(\frac{k}{\delta}\right)\sum_{r=1}^{\infty}\frac{1}{(r\delta_1)^s}=\zeta(s)\sum_{\delta|k}\delta\mu\left(\frac{k}{\delta}\right)\delta_1^{-s}$$

Since $\delta_1=\delta/(q,\delta)$, the result is

$$\sum_{n=1}^{\infty}\frac{c_k(qn)}{n^s}=\zeta(s)\sum_{\delta|k}\delta^{1-s}\mu\left(\frac{k}{\delta}\right)(q,\delta)^s \quad (1.36)$$

1.6. There is another class of identities involving infinite series of zeta-functions. The simplest of these is[①]

$$\sum_{p}\frac{1}{p^s}=\sum_{n=1}^{\infty}\frac{\mu(n)}{n}\log\zeta(ns) \quad (1.37)$$

We have

$$\log\zeta(s)=\sum_{m}\sum_{p}\frac{1}{mp^{ms}}=\sum_{m=1}^{\infty}\frac{P(ms)}{m}$$

where $P(s)=\sum p^{-s}$. Hence

$$\sum_{n=1}^{\infty}\frac{\mu(n)}{n}\log\zeta(ns)=\sum_{n=1}^{\infty}\frac{\mu(n)}{n}\sum_{m=1}^{\infty}\frac{P(mns)}{m}=$$

---

① See Landau and Walfisz (1), Estermann (1)(2).

$$\sum_{r=1}^{\infty} \frac{P(rs)}{r} \sum_{n \mid r} \mu(n)$$

and the result follows from (1.5).

A closely related formula is

$$\sum_{n=1}^{\infty} \frac{\nu(n)}{n^s} = \zeta(s) \sum_{n=1}^{\infty} \frac{\mu(n)}{n} \log \zeta(ns) \quad (1.38)$$

where $\nu(n)$ is defined under (1.17). This follows at once from (1.37) and the identity

$$\sum_{n=1}^{\infty} \frac{\nu(n)}{n^s} = \sum_{m=1}^{\infty} \frac{1}{m^s} \sum_p \frac{1}{p^s}$$

Denoting by $b(n)$ the number of divisors of n which are primes or powers of primes, another identity of the same class is

$$\sum_{n=1}^{\infty} \frac{b(n)}{n^s} = \zeta(s) \sum_{n=1}^{\infty} \frac{\phi(n)}{n} \log \zeta(ns) \quad (1.39)$$

where $\phi(n)$ is defined under (1.21). For the left-hand side is equal to

$$\sum_{m=1}^{\infty} \frac{1}{m^s} \sum_p \left(\frac{1}{p^s} + \frac{1}{p^{2s}} + \frac{1}{p^{3s}} + \cdots \right)$$

and the series on the right is

$$\sum_{n=1}^{\infty} \frac{\phi(n)}{n} \sum_{m=1}^{\infty} \sum_p \frac{1}{mp^{mns}} = \sum_p \sum_\nu \frac{1}{\nu p^{\nu s}} \sum_{n \mid \nu} \phi(n)$$

Since

$$\sum_{n \mid \nu} \phi(n) = \nu$$

the result follows.

第二章 THE ANALYTIC CHARACTER OF $\zeta(s)$ AND THE FUNCTIONAL EQUATION

2.1. Analytic continuation and the functional equation, first method. Each of the formulae of Chapter I is proved on the supposition that the series or product concerned is absolutely convergent. In each case this restricts the region where the formula is proved to be valid to a half-plane. For $\zeta(s)$ itself, and in all the fundamental formulae of 1.1, this is the half-plane $\sigma>1$.

We have next to inquire whether the analytic function $\zeta(s)$ can be continued beyond this region. The result is

Theorem 2.1. *The function $\zeta(s)$ is regular for all values of s except $s=1$, where there is a simple pole with residue 1.*

It satisfies the functional equation

$$\zeta(s) = 2^s \pi^{s-1} \sin\frac{1}{2}s\pi \Gamma(1-s)\zeta(1-s) \quad (2.1)$$

This can be proved in a considerable variety of different ways, some of which will be given in later sections. We shall first give a proof depending on the following summation formula.

Let $\phi(x)$ be any function with a continuous derivative in the interval $[a, b]$. Then, if $[x]$ denotes the greatest integer not exceeding x

$$\sum_{a<n\leqslant b}\phi(n)=\int_a^b \phi(x)\,\mathrm{d}x+\int_a^b (x-[x]-\frac{1}{2})\phi'(x)\,\mathrm{d}x+ (a-[a]-\frac{1}{2})\phi(a)-(b-[b]-\frac{1}{2})\phi(b) \qquad (2.2)$$

Since the formula is plainly additive with respect to the interval $(a, b]$ it suffices to suppose that $n\leqslant a<b\leqslant n+1$. One then has

$$\int_a^b (x-n-\frac{1}{2})\phi'(x)\,\mathrm{d}x = (b-n-\frac{1}{2})\phi(b)-(a-n-\frac{1}{2})\phi(a)-\int_a^b \phi(x)\,\mathrm{d}x$$

on integrating by parts. Thus the right hand side of (2.2) reduces to $([b]-n)\phi(b)$. This vanishes unless $b=n+1$, in which case it is $\phi(n+1)$, as required.

In particular, let $\phi(n)=n^{-s}$, where $s\neq 1$, and let a and b be positive integers. Then

$$\sum_{n=a+1}^b \frac{1}{n^s}=\frac{b^{1-s}-a^{1-s}}{1-s}-s\int_a^b \frac{x-[x]-\frac{1}{2}}{x^{s+1}}\,\mathrm{d}x+\frac{1}{2}(b^{-s}-a^{-s}) \qquad (2.3)$$

First take $\sigma>1$, $a=1$, and make $b\to\infty$. Adding 1 to each side, we obtain

$$\zeta(s)=s\int_1^\infty \frac{[x]-x+\frac{1}{2}}{x^{s+1}}\,\mathrm{d}x+\frac{1}{s-1}+\frac{1}{2} \qquad (2.4)$$

Since $[x]-x+\frac{1}{2}$ is bounded, this integral is convergent for $\sigma>0$, and uniformly convergent in any finite region to the right of $\sigma=0$. It therefore defines an analytic function of s, regular for $\sigma>0$. The right-hand side therefore provides the analytic continuation of $\zeta(s)$ up to $\sigma=0$, and there is clearly a simple pole at $s=1$ with residue 1.

For $0<\sigma<1$ we have

$$\int_0^1 \frac{[x]-x}{x^{s+1}} dx = -\int_0^1 x^{-s} dx = \frac{1}{s-1}, \frac{s}{2}\int_1^\infty \frac{dx}{x^{s+1}} = \frac{1}{2}$$

and (2.4) may be written

$$\zeta(s) = s\int_0^\infty \frac{[x]-x}{x^{s+1}} dx, 0<\sigma<1 \qquad (2.5)$$

Actually (2.4) gives the analytic continuation of $\zeta(s)$ for $\sigma>-1$; for if

$$f(x)=[x]-x+\frac{1}{2}, f_1(x) = \int_1^x f(y) dy$$

then $f_1(x)$ is also bounded, since, as is easily seen

$$\int_k^{k+1} f(y) dy = 0$$

for any integer k. Hence

$$\int_{x_1}^{x_2} \frac{f(x)}{x^{s+1}} dx = \left[\frac{f_1(x)}{x^{s+1}}\right]_{x_1}^{x_2} + (s+1)\int_{x_1}^{x_2} \frac{f_1(x)}{x^{s+2}} dx$$

which tends to 0 as $x_1 \to \infty$, $x_2 \to \infty$, if $\sigma>-1$. Hence the integral in (2.4) is convergent for $\sigma>-1$. Also it is easily verified that

$$s\int_0^1 \frac{[x]-x+\frac{1}{2}}{x^{s+1}} dx = \frac{1}{s-1}+\frac{1}{2}, \sigma<0$$

Hence

$$\zeta(s) = s\int_0^\infty \frac{[x]-x+\frac{1}{2}}{x^{s+1}} dx, -1<\sigma<0 \qquad (2.6)$$

Now we have the Fourier series

$$[x] - x + \frac{1}{2} = \sum_{n=1}^{\infty} \frac{\sin 2n\pi x}{n\pi} \qquad (2.7)$$

where x is not an integer. Substituting in (2.6), and integrating term by term, we obtain

$$\zeta(s) = \frac{s}{\pi} \sum_{n=1}^{\infty} \frac{1}{n} \int_0^{\infty} \frac{\sin 2n\pi x}{x^{s+1}} dx =$$

$$\frac{s}{\pi} \sum_{n=1}^{\infty} \frac{(2n\pi)^s}{n} \int_0^{\infty} \frac{\sin y}{y^{s+1}} dy =$$

$$\frac{s}{\pi}(2\pi)^s \{-\Gamma(-s)\} \sin \frac{1}{2} s\pi \zeta(1-s)$$

i. e. (2.1). This is valid primarily for $-1 < \sigma < 0$. Here, however, the right-hand side is analytic for all values of s such that $\sigma < 0$. It therefore provides the analytic continuation of $\zeta(s)$ over the remainder of the plane, and there are no singularities other than the pole already encountered at $s = 1$.

We have still to justify the term-by-term integration. Since the series (2.7) is boundedly convergent, term-by-term integration over any finite range is permissible. It is therefore sufficient to prove that

$$\lim_{\lambda \to \infty} \sum_{n=1}^{\infty} \frac{1}{n} \int_{\lambda}^{\infty} \frac{\sin 2n\pi x}{x^{s+1}} dx = 0, -1 < \sigma < 0$$

Now

$$\int_{\lambda}^{\infty} \frac{\sin 2n\pi x}{x^{s+1}} dx = \left[-\frac{\cos 2n\pi x}{2n\pi x^{s+1}} \right]_{\lambda}^{\infty} - \frac{s+1}{2n\pi} \int_{\lambda}^{\infty} \frac{\cos 2n\pi x}{x^{s+2}} dx =$$

$$O\left(\frac{1}{n\lambda^{\sigma+1}}\right) + O\left(\frac{1}{n} \int_{\lambda}^{\infty} \frac{dx}{x^{\sigma+2}}\right) =$$

$$O\left(\frac{1}{n\lambda^{\sigma+1}}\right)$$

and the desired result clearly follows.

The functional equation (2.1) may be written in a number of different ways. Changing s into $1-s$, it is

$$\zeta(1-s) = 2^{1-s}\pi^{-s}\cos\frac{1}{2}s\pi\Gamma(s)\zeta(s) \qquad (2.8)$$

It may also be written

$$\zeta(s) = \chi(s)\zeta(1-s) \qquad (2.9)$$

where

$$\chi(s) = 2^s\pi^{s-1}\sin\frac{1}{2}s\pi\Gamma(1-s) = \pi^{s-\frac{1}{2}}\frac{\Gamma\left(\frac{1}{2}-\frac{1}{2}s\right)}{\Gamma\left(\frac{1}{2}s\right)}$$

$$(2.10)$$

and

$$\chi(s)\chi(1-s) = 1 \qquad (2.11)$$

Writing

$$\xi(s) = \frac{1}{2}s(s-1)\pi^{-\frac{1}{2}s}\Gamma\left(\frac{1}{2}s\right)\zeta(s) \qquad (2.12)$$

it is at once verified from (2.8) and (2.9) that

$$\xi(s) = \xi(1-s) \qquad (2.13)$$

Writing

$$\Xi(z) = \xi\left(\frac{1}{2}+iz\right) \qquad (2.14)$$

we obtain

$$\Xi(z) = \Xi(-z) \qquad (2.15)$$

The functional equation is therefore equivalent to the statement that $\Xi(z)$ is an even function of z.

The approximation near $s = 1$ can be carried a stage farther; we have

第二部分　中外名家论 Riemann 函数与 Riemann 猜想

$$\zeta(s) = \frac{1}{s-1} + \gamma + O(|s-1|) \qquad (2.16)$$

where γ is Euler's constant. For by (2.4)

$$\lim_{s \to 1}\left\{\zeta(s) - \frac{1}{s-1}\right\} = \int_1^\infty \frac{[x] - x + \frac{1}{2}}{x^2} dx + \frac{1}{2} =$$

$$\lim_{n \to \infty} \int_1^n \frac{[x] - x}{x^2} dx + 1 =$$

$$\lim_{n \to \infty}\left\{\sum_{m=1}^{n-1} m \int_m^{m+1} \frac{dx}{x^2} - \log n + 1\right\} =$$

$$\lim_{n \to \infty}\left\{\sum_{m=1}^{n-1} \frac{1}{m+1} + 1 - \log n\right\} = \gamma$$

2.2. A considerable number of variants of the above proof of the functional equation have been given. A similar argument was applied by Hardy,[①] not to $\zeta(s)$ itself, but to the function

$$\sum_{n=1}^\infty \frac{(-1)^{n-1}}{n^s} = (1 - 2^{1-s})\zeta(s) \qquad (2.17)$$

This Dirichlet series is convergent for all real positive values of s, and so, by a general theorem on the convergence of Dirichlet series, for all values of s such that $\sigma > 0$. Here, of course, the pole of $\zeta(s)$ at $s = 1$ is cancelled by the zero of the other factor. These facts enable us to simplify the discussion in some respects.

Hardy's proof runs as follows. Let

$$f(x) = \sum_{n=0}^\infty \frac{\sin(2n+1)x}{2n+1}$$

---

① Hardy (6).

This series is boundedly convergent and

$$f(x)=(-1)^m \frac{1}{4}\pi$$

for

$$m\pi<x<(m+1)\pi, m=0,1,\cdots$$

Multiplying by x^{s-1} ($0<s<1$), and integrating over ($0, \infty$), we obtain

$$\frac{1}{4}\pi\sum_{m=0}^{\infty}(-1)^m\int_{m\pi}^{(m+1)\pi}x^{s-1}\mathrm{d}x =$$

$$\Gamma(s)\sin\frac{1}{2}s\pi\sum_{n=0}^{\infty}\frac{1}{(2n+1)^{s+1}} =$$

$$\Gamma(s)\sin\frac{1}{2}s\pi(1-2^{2s-1})\zeta(s+1)$$

The term-by-term integration may be justified as in the previous proof. The series on the left is

$$\frac{\pi^s}{s}\left[1+\sum_{m=1}^{\infty}(-1)^m\{(m+1)^s-m^s\}\right]$$

This series is convergent for $s<1$, and, as a little consideration of the above argument shows, uniformly convergent for $\mathbf{R}(s)\leq 1-\delta<1$. Its sum is therefore an analytic function of s, regular for $\mathbf{R}(s)<1$. But for $s<0$ it is

$$2(1^s-2^s+3^s-\cdots)=2(1-2^{s+1})\zeta(-s)$$

Its sum is therefore the same analytic function of s for $\mathbf{R}(s)<1$. Hence, for $0<s<1$

$$\frac{\pi^{s+1}}{2s}(1-2^{s+1})\zeta(-s)=\Gamma(s)\sin\frac{1}{2}s\pi(1-2^{-s-1})\zeta(s+1)$$

and the functional equation again follows.

2.3. Still another proof is based on Poisson's summation formula

638

第二部分 中外名家论 Riemann 函数与 Riemann 猜想

$$\sum_{n=-\infty}^{\infty} f(n) = \sum_{n=-\infty}^{\infty} \int_{-\infty}^{\infty} f(u) \cos 2\pi nu\, du \quad (2.18)$$

If we put $f(x) = |x|^{-s}$ and ignore all questions of convergence, we obtain the result formally at once. The proof may be established in various ways. If we integrate by parts to obtain integrals involving $\sin 2\pi nu$, we obtain a proof not fundamentally distinct from the first proof given here.① The formula can also be used to give a proof depending② on $(1-2^{1-s})\zeta(s)$.

Actually cases of Poisson's formula enter into several of the following proofs; (2.26) and (2.32) are both cases of Poisson's formula.

2.4. Second method. The whole theory can be developed in another way, which is one of Riemann's methods. Here the fundamental formula is

$$\zeta(s) = \frac{1}{\Gamma(s)} \int_0^\infty \frac{x^{s-1}}{e^x - 1} dx, \sigma > 1 \quad (2.19)$$

To prove this, we have for $\sigma > 1$

$$\int_0^\infty x^{s-1} e^{-nx} dx = \frac{1}{n^s} \int_0^\infty y^{s-1} e^{-y} dy = \frac{\Gamma(s)}{n^s}$$

Hence

$$\Gamma(s)\zeta(s) = \sum_{n=1}^\infty \int_0^\infty x^{s-1} e^{-nx} dx = \int_0^\infty x^{s-1} \sum_{n=1}^\infty e^{-nx} dx = \int_0^\infty \frac{x^{s-1}}{e^x - 1} dx$$

---

① Mordell (2).
② Ingham, Prime Numbers, 46.

if the inversion of the order of summation and integration can be justified; and this is so by absolute convergence if $\sigma>1$, since

$$\sum_{n=1}^{\infty} \int_0^{\infty} x^{\sigma-1} e^{-nx} dx = \Gamma(\sigma)\zeta(\sigma)$$

is convergent for $\sigma>1$.

Now consider the integral

$$I(s) = \int_C \frac{z^{s-1}}{e^z - 1} dz$$

where the contour C starts at infinity on the positive real axis, encircles the origin once in the positive direction, excluding the points $\pm 2i\pi$, $\pm 4i\pi$, $\cdots$, and returns to positive infinity. Hence z^{s-1} is defined as

$$e^{(s-1)\log z}$$

when the logarithm is real at the beginning of the contour; thus $\mathbf{I}(\log z)$ varies from 0 to 2π round the contour.

We can take C to consist of the real axis from ∞ to $\rho(0<\rho<2\pi)$, the circle $|z|=\rho$, and the real axis from ρ to ∞. On the circle

$$|z^{s-1}1| = e^{(\sigma-1)\log|z|-t \arg z} \leqslant |z|^{\sigma-1} e^{2\pi|t|}$$

$$|e^z - 1| > A|z|$$

Hence the integral round this circle tends to zero with ρ if $\sigma>1$. On making $\rho \to 0$ we therefore obtain

$$I(s) = -\int_0^{\infty} \frac{x^{s-1}}{e^x - 1} dx + \int_0^{\infty} \frac{(xe^{2\pi i})^{s-1}}{e^x - 1} dx =$$

$$(e^{2\pi is} - 1)\Gamma(s)\zeta(s) =$$

$$\frac{2i\pi e^{i\pi s}}{\Gamma(1-s)}\zeta(s)$$

第二部分 中外名家论 Riemann 函数与 Riemann 猜想

Hence

$$\zeta(s) = \frac{e^{-i\pi s}\Gamma(1-s)}{2\pi i}\int_C \frac{z^{s-1}}{e^z-1}dz \qquad (2.20)$$

This formula has been proved for $\sigma > 1$. The integral $I(s)$, however, is uniformly convergent in any finite region of the s-plane, and so defines an integral function of s. Hence the formula provides the analytic continuation of $\zeta(s)$ over the whose s-plane. The only possible singularities are the poles of $\Gamma(1-s)$, viz. $s = 1, 2, 3, \cdots$. We know already that $\zeta(s)$ is regular at $s = 2, 3, \cdots$, and in fact it follows at once from Cauchy's theorem that $I(s)$ vanishes at these points. Hence the only possible singularity is a simple pole at $s = 1$. Here

$$I(1) = \int_C \frac{dz}{e^x - 1} = 2\pi i$$

and

$$\Gamma(1-s) = -\frac{1}{s-1} + \cdots$$

Hence the residue at the pole is 1.

If s is any integer, the integrand in $I(s)$ is one-valued, and $I(s)$ can be evaluated by the theorem of residues. Since

$$\frac{z}{e^z-1} = 1 - \frac{1}{2}z + B_1\frac{z^2}{2!} - B_2\frac{z^4}{4!} + \cdots$$

where $B_1, B_2, \cdots$ are Bernoulli's numbers, we find the following values of $\zeta(s)$

$$\zeta(0) = -\frac{1}{2}, \zeta(-2m) = 0$$

$$\zeta(1-2m) = \frac{(-1)^m B_m}{2m}, m=1,2,\cdots \quad (2.21)$$

To deduce the functional equation from (2.20), take the integral along the contour C_n consisting of the positive real axis from infinity to $(2n+1)\pi$, then round the square with corners $(2n+1)\pi(\pm 1 \pm i)$, and then back to infinity along the positive real axis. Between the contours C and C_n the integrand has poles at the points $\pm 2i\pi, \cdots, \pm 2in\pi$. The residues at $2mi\pi$ and $-2mi\pi$ are together

$$(2m\pi e^{\frac{1}{2}i\pi})^{s-1} + (2m\pi e^{\frac{3}{2}i\pi})^{s-1} =$$
$$(2m\pi)^{s-1} e^{i\pi(s-1)} 2 \cos \frac{1}{2}\pi(s-1) =$$
$$-2(2m\pi)^{s-1} e^{i\pi s} \sin \frac{1}{2}\pi s$$

Hence by the theorem of residues

$$I(s) = \int_{C_n} \frac{z^{s-1}}{e^x - 1} dz + 4\pi i e^{i\pi s} \sin \frac{1}{2}\pi s \sum_{m=1}^{n} (2m\pi)^{s-1}$$

Now let $\sigma < 0$ and make $n \to \infty$. The function $1/(e^z - 1)$ is bounded on the contours C_n, and $z^{s-1} = O(|z|^{\sigma-1})$. Hence the integral round C_n tends to zero, and we obtain

$$I(s) = 4\pi i e^{i\pi s} \sin \frac{1}{2}\pi s \sum_{m=1}^{\infty} (2m\pi)^{s-1} =$$
$$4\pi i e^{i\pi s} \sin \frac{1}{2}\pi s (2\pi)^{s-1} \zeta(1-s)$$

The functional equation now follows again.

Two minor consequences of the functional equation may be noted here. The formula

第二部分　中外名家论 Riemann 函数与 Riemann 猜想

$$\zeta(2m) = 2^{2m-1}\pi^{2m}\frac{B_m}{(2m)!}, m = 1, 2, \cdots \quad (2.22)$$

follows from the functional equation (2.1), with $s = 1 - 2m$, and the value obtained above for $\zeta(1-2m)$. Also

$$\zeta'(0) = -\frac{1}{2}\log 2\pi \quad (2.23)$$

For the functional equation gives

$$-\frac{\zeta'(1-s)}{\zeta(1-s)} = -\log 2\pi - \frac{1}{2}\pi \tan \frac{1}{2}s\pi + \frac{\Gamma'(s)}{\Gamma(s)} + \frac{\zeta'(s)}{\zeta(s)}$$

In the neighbourhood of $s = 1$

$$\frac{1}{2}\pi \tan \frac{1}{2}s\pi = -\frac{1}{s-1} + O(|s-1|)$$

$$\frac{\Gamma'(s)}{\Gamma(s)} = \frac{\Gamma'(1)}{\Gamma(1)} + \cdots = -\gamma + \cdots$$

and

$$\frac{\zeta'(s)}{\zeta(s)} = \frac{-\{1/(s-1)^2\} + k + \cdots}{\{1/(s-1)\} + \gamma + k(s-1) + \cdots} = -\frac{1}{s-1} + \gamma + \cdots$$

where k is a constant. Hence, making $s \to 1$, we obtain

$$-\frac{\zeta'(0)}{\zeta(0)} = -\log 2\pi$$

and (2.23) follows.

2.5. Validity of (2.17) for all s. The original series (1.1) is naturally valid for $\sigma > 1$ only, on account of the pole at $s = 1$. The series (2.17) is convergent, and represents $(1-2^{1-s})\zeta(s)$, for $\sigma > 0$. This series ceases to converge on $\sigma = 0$, but there is nothing in the nature of the function represented to account for this. In fact if we use summability instead of ordinary convergence the equation still holds to the left of $\sigma = 0$.

Theorem 2.5. The series $\sum_{n=1}^{\infty}(-1)^{n-1}n^{-s}$ is summable (A) to the sum $(1-2^{1-s})\zeta(s)$ for all values of s.

Let $0<x<1$. Then

$$\sum_{n=1}^{\infty}\frac{(-1)^{n-1}}{n^s}x^n = \sum_{n=1}^{\infty}\frac{(-1)^{n-1}x^n}{\Gamma(s)}\int_0^{\infty}e^{-nu}u^{s-1}du =$$

$$\frac{1}{\Gamma(s)}\int_0^{\infty}u^{s-1}\sum_{n=1}^{\infty}(-1)^{n-1}x^n e^{-nu}du =$$

$$\frac{1}{\Gamma(s)}\int_0^{\infty}u^{s-1}\frac{xe^{-u}}{1+xe^{-u}}du$$

This is justified by absolute convergence for $\sigma>1$, and the result by analytic continuation for $\sigma>0$.

We can now replace this by a loop-integral in the same way as (2.20) was obtained from (2.19). We obtain

$$\sum_{n=1}^{\infty}\frac{(-1)^{n-1}}{n^s}x^n = \frac{e^{-i\pi s}\Gamma(1-s)}{2\pi i}\int_C w^{s-1}\frac{xe^{-w}}{1+xe^{-w}}dw$$

when C encircles the origin as before, but excludes all zeros of $1+xe^{-w}$, i.e. the points $w=\log x+(2m+1)i\pi$.

It is clear that, as $x\to 1$, the right-hand side tends to a limit, uniformly in any finite region of the s-plane excluding positive integers; and, by the theory of analytic continuation, the limit must be $(1-2^{1-s})\zeta(s)$. This proves the theorem except if s is a positive integer, when the proof is elementary.

Similar results hold for other methods of summation.

2.6. Third method. This is also one of Riemann's original proofs. We observe that if $\sigma>0$

$$\int_0^\infty x^{\frac{1}{2}s-1} e^{-n^2\pi x} dx = \frac{\Gamma\left(\frac{1}{2}s\right)}{n^s \pi^{\frac{1}{2}s}}$$

Hence if $\sigma > 1$

$$\frac{\Gamma\left(\frac{1}{2}s\right)\zeta(s)}{\pi^{\frac{1}{2}s}} = \sum_{n=1}^\infty \int_0^\infty x^{\frac{1}{2}s-1} e^{-n^2\pi x} dx = \int_0^\infty x^{\frac{1}{2}s-1} \sum_{n=1}^\infty e^{-n^2\pi x} dx$$

the inversion being justified by absolute convergence, as in §2.4.

Writing

$$\psi(x) = \sum_{n=1}^\infty e^{-n^2\pi x} \qquad (2.24)$$

we therefore have

$$\zeta(s) = \frac{\pi^{\frac{1}{2}s}}{\Gamma\left(\frac{1}{2}s\right)} \int_0^\infty x^{\frac{1}{2}s-1} \psi(x) dx, \sigma > 1 \quad (2.25)$$

Now it is known that, for $x > 0$

$$\sum_{n=-\infty}^\infty e^{-n^2\pi x} = \frac{1}{\sqrt{x}} \sum_{n=-\infty}^\infty e^{-n^2\pi/x}$$

$$2\psi(x) + 1 = \frac{1}{\sqrt{x}}\left\{2\psi\left(\frac{1}{x}\right) + 1\right\} \qquad (2.26)$$

Hence (2.25) gives

$$\pi^{-\frac{1}{2}s}\Gamma\left(\frac{1}{2}s\right)\zeta(s) = \int_0^1 x^{\frac{1}{2}s-1}\psi(x)dx + \int_1^\infty x^{\frac{1}{2}s-1}\psi(x)dx =$$

$$\int_0^1 x^{\frac{1}{2}s-1}\left\{\frac{1}{\sqrt{x}}\psi\left(\frac{1}{x}\right) + \frac{1}{2\sqrt{x}} - \frac{1}{2}\right\}dx +$$

$$\int_1^\infty x^{\frac{1}{2}s-1}\psi(x)dx =$$

$$\frac{1}{s-1} - \frac{1}{s} + \int_0^1 x^{\frac{1}{2}s-3/2}\psi\left(\frac{1}{x}\right)dx +$$

$$\int_1^\infty x^{\frac{1}{2}s-1}\psi(x)\,\mathrm{d}x =$$

$$\frac{1}{s-1}+\int_1^\infty (x^{-\frac{1}{2}s-\frac{1}{2}}+x^{\frac{1}{2}s-1})\psi(x)\,\mathrm{d}x$$

The last integral is convergent for all values of s, and so the formula holds, by analytic continuation, for all values of s. Now the right-hand side is unchanged if s is replaced by $1-s$. Hence

$$\pi^{-\frac{1}{2}s}\Gamma\left(\frac{1}{2}s\right)\zeta(s)=\pi^{-\frac{1}{2}+1/2s}\Gamma\left(\frac{1}{2}-\frac{1}{2}s\right)\zeta(1-s)$$

(2.27)

which is a form of the functional equation.

2.7. Fourth method; proof by self-reciprocal functions. Still another proof of the functional equation is as follows. For $\sigma>1$, (2.19) may be written

$$\zeta(s)\Gamma(s)=\int_0^1\left(\frac{1}{e^x-1}-\frac{1}{x}\right)x^{s-1}\,\mathrm{d}x+\frac{1}{s-1}+\int_1^\infty\frac{x^{s-1}\,\mathrm{d}x}{e^x-1}$$

and this holds by analytic continuation for $\sigma>0$. Also for $0<\sigma<1$

$$\frac{1}{s-1}=-\int_1^\infty\frac{x^{s-1}}{x}\,\mathrm{d}x$$

Hence

$$\zeta(s)\Gamma(s)=\int_0^\infty\left(\frac{1}{e^x-1}-\frac{1}{x}\right)x^{s-1}\,\mathrm{d}x,\ 0<\sigma<1$$

(2.28)

Now it is known that the function

$$f(x)=\frac{1}{e^{x\sqrt{(2\pi)}}-1}-\frac{1}{x\sqrt{(2\pi)}}$$

(2.29)

is self-reciprocal for sine transforms, i.e. that

第二部分　中外名家论 Riemann 函数与 Riemann 猜想

$$f(x) = \sqrt{\left(\frac{2}{\pi}\right)} \int_0^\infty f(y) \sin xy \, dy \qquad (2.30)$$

Hence, putting $x = \xi\sqrt{(2\pi)}$ in (2.28)

$$\zeta(s)\Gamma(s) = (2\pi)^{\frac{1}{2}s} \int_0^\infty f(\xi)\xi^{s-1}d\xi =$$

$$(2\pi)^{\frac{1}{2}s}\sqrt{\left(\frac{2}{\pi}\right)} \int_0^\infty \xi^{s-1}d\xi \int_0^\infty f(y) \sin \xi y \, dy$$

If we can invert the order of integration, this is

$$2^{\frac{1}{2}s+\frac{1}{2}} \pi^{\frac{1}{2}s-\frac{1}{2}} \int_0^\infty f(y)\,dy \int_0^\infty \xi^{s-1} \sin \xi y \, d\xi =$$

$$2^{\frac{1}{2}s+\frac{1}{2}} \pi^{\frac{1}{2}s-\frac{1}{2}} \int_0^\infty f(y) y^{-s} dy \int_0^\infty u^{s-1} \sin u \, du =$$

$$2^{\frac{1}{2}s+\frac{1}{2}} \pi^{\frac{1}{2}s-\frac{1}{2}} (2\pi)^{\frac{1}{2}s-\frac{1}{2}} \Gamma(1-s) \zeta(1-s) \cdot$$

$$\frac{\pi}{2\cos\frac{1}{2}\pi s \, \Gamma(1-s)}$$

and the functional equation again follows.

To justify the inversion, we observe that the integral

$$\int_0^\infty f(y) \sin \xi y \, dy$$

converges uniformly over $0 < \delta \leq \xi \leq \Delta$. Hence the inversion of this part is valid, and it is sufficient to prove that

$$\lim_{\substack{\delta \to 0 \\ \Delta \to \infty}} \int_0^\infty f(y)\,dy \left(\int_0^\delta + \int_\Delta^\infty\right) \xi^{s-1} \sin \xi y \, d\xi = 0$$

Now

$$\int_0^\delta \xi^{s-1} \sin \xi y \, d\xi = \int_0^\delta O(\xi^{\sigma-1}\xi y)\,d\xi = O(\delta^{\sigma+1} y)$$

and also =

$$y^{-s} \int_0^{\delta y} u^{s-1} \sin u \, du = O(y^{-\sigma})$$

Since $f(y) = O(1)$ as $y \to 0$, and $f(y) = O(y^{-1})$ as $y \to \infty$, we obtain

$$\int_0^\infty f(y)\,dy \int_0^\delta \xi^{s-1} \sin \xi y\,d\xi =$$

$$\int_0^1 O(\delta^{\sigma+1} y)\,dy + \int_1^{\frac{1}{\delta}} O(\delta^{\sigma+1})\,dy + \int_{\frac{1}{\delta}}^\infty O(y^{-\sigma-1})\,dy =$$

$$O(\delta^\sigma) \to 0$$

A similar method shows that the integral involving Δ also tends to 0.

2.8. Fifth method. The process by which (2.28) was obtained from (2.19) can be extended indefinitely. For the next stage, (2.28) gives

$$\Gamma(s)\zeta(s) = \int_0^1 \left(\frac{1}{e^x - 1} - \frac{1}{x} + \frac{1}{2}\right) x^{s-1}\,dx - \frac{1}{2s} +$$

$$\int_1^\infty \left(\frac{1}{e^x - 1} - \frac{1}{x}\right) x^{s-1}\,dx$$

and this holds by analytic continuation for $\sigma > -1$. But

$$\int_1^\infty \frac{1}{2} x^{s-1}\,dx = -\frac{1}{2s}, \quad -1 < \sigma < 0$$

Hence

$$\Gamma(s)\zeta(s) = \int_0^1 \left(\frac{1}{e^x - 1} - \frac{1}{x} + \frac{1}{2}\right) x^{s-1}\,dx, \quad -1 < \sigma < 0$$

(2.31)

Now

$$\frac{1}{e^x - 1} = \frac{1}{x} - \frac{1}{2} + 2x \sum_{n=1}^\infty \frac{1}{4n^2 \pi^2 + x^2} \quad (2.32)$$

Hence

$$\Gamma(s)\zeta(s) = \int_0^\infty 2x \sum_{n=1}^\infty \frac{1}{4n^2 \pi^2 + x^2} x^{s-1}\,dx =$$

$$2\sum_{n=1}^{\infty}\int_{0}^{\infty}\frac{x^s}{4n^2\pi^2+x^2}dx=$$

$$2\sum_{n=1}^{\infty}(2n\pi)^{s-1}\frac{\pi}{2\cos\frac{1}{2}s\pi}=$$

$$\frac{2^{s-1}\pi^s}{\cos\frac{1}{2}s\pi}\zeta(1-s)$$

the functional equation. The inversion is justified by absolute convergence if $-1<\sigma<0$.

2.9. Sixth method. The formula[1]

$$\zeta(s)=\frac{e^{i\pi s}}{2\pi i}\int_{c-i\infty}^{c+i\infty}\left\{\frac{\Gamma'(1+z)}{\Gamma(1+z)}-\log z\right\}z^{-s}dz,\ -1<c<0$$

(2.33)

is easily proved by the calculus of residues if $\sigma>1$; and the integrand is $O(|z|^{-\sigma-1})$, so that the integral is convergent, and the formula holds by analytic continuation, if $\sigma>0$.

We may next transform this into an integral along the positive real axis after the manner of §2.4. We obtain

$$\zeta(s)=-\frac{\sin\pi s}{\pi}\int_{0}^{\infty}\left\{\frac{\Gamma'(1+x)}{\Gamma(1+x)}-\log x\right\}x^{-s}dx,\ 0<\sigma<1$$

(2.34)

To deduce the functional equation, we observe that[2]

$$\frac{\Gamma'(x)}{\Gamma(x)}=\log x-\frac{1}{2x}-2\int_{0}^{\infty}\frac{tdt}{(t^2+x^2)(e^{2\pi t}-1)}$$

---

[1] Kloosterman (1).
[2] Whittaker and Watson, §12.32, example.

Hence

$$\frac{\Gamma'(1+x)}{\Gamma(1+x)} - \log x = \frac{\Gamma'(x)}{\Gamma(x)} + \frac{1}{x} - \log x =$$

$$\frac{1}{2x} - 2\int_0^\infty \frac{tdt}{(t^2+x^2)(e^{2\pi t}-1)} =$$

$$-2\int_0^\infty \frac{t}{t^2+x^2}\left(\frac{1}{e^{2\pi t}-1} - \frac{1}{2\pi t}\right)dt$$

Hence (2.34) gives

$$\zeta(s) = \frac{2\sin \pi s}{\pi}\int_0^\infty x^{-s}dx \int_0^\infty \frac{t}{t^2+x^2}\left(\frac{1}{e^{2\pi t}-1} - \frac{1}{2\pi t}\right)dt =$$

$$\frac{2\sin \pi s}{\pi}\int_0^\infty \left(\frac{1}{e^{2\pi t}-1} - \frac{1}{2\pi t}\right)tdt \int_0^\infty \frac{x^{-s}}{t^2+x^2}dx =$$

$$\frac{\sin \pi s}{\cos \frac{1}{2}\pi s}\int_0^\infty \left(\frac{1}{e^{2\pi t}-1} - \frac{1}{2\pi t}\right)t^{-s}dt =$$

$$2\sin \frac{1}{2}\pi s (2\pi)^{s-1}\int_0^\infty \left(\frac{1}{e^u-1} - \frac{1}{u}\right)u^{-s}du =$$

$$2\sin \frac{1}{2}\pi s (2\pi)^{s-1}\Gamma(1-s)\zeta(1-s)$$

by (2.28). The inversion is justified by absolute convergence.

2.10. Seventh method. Still another method of dealing with $\zeta(s)$, due to Riemann, has been carried out in detail by Siegel.① It depends on the evaluation of the following infinite integral.

Let

---

① Siegel (2).

第二部分　中外名家论 Riemann 函数与 Riemann 猜想

$$\Phi(a) = \int_L \frac{e^{iw^2/(4\pi)+aw}}{e^w - 1} dw \qquad (2.35)$$

where L is a straight line inclined at an angle $\frac{1}{4}\pi$ to the real axis, and intersecting the imaginary axis between O and $2\pi i$. The integral is plainly convergent for all values of a.

We have

$$\Phi(a+1) - \Phi(a) = \int_L \frac{e^{\frac{1}{4}iw^2/\pi}}{e^w - 1}(e^{(a+1)w} - e^{aw}) dw =$$

$$\int_L e^{\frac{1}{4}iw^2/\pi + aw} dw =$$

$$\int_L e^{\frac{1}{4}i(w-2i\pi a)^2/\pi + i\pi a^2} dw =$$

$$e^{i\pi a^2} \int e^{\frac{1}{4}iW^2/\pi} dW$$

where $W = w - 2i\pi a$. Here we may move the contour to the parallel line through the origin, so that the last integral is

$$e^{\frac{1}{4}i\pi} \int_{-\infty}^{\infty} e^{-\frac{1}{4}\rho^2/\pi} d\rho = 2\pi e^{\frac{1}{4}i\pi}$$

Hence

$$\Phi(a+1) - \Phi(a) = 2\pi e^{i\pi(a^2 + \frac{1}{4})} \qquad (2.36)$$

Next let L' be the line parallel to L and intersecting the imaginary axis at a distance 2π below its intersection with L. Then by the theorem of residues

$$\int_{L'} \frac{e^{\frac{1}{4}iw^2/\pi + aw}}{e^w - 1} dw - \int_L \frac{e^{\frac{1}{4}iw^2/\pi + aw}}{e^w - 1} dw = 2\pi i$$

But

$$\int_{L'} \frac{e^{\frac{1}{4}iw^2/\pi + aw}}{e^w - 1} dw = \int_L \frac{e^{\frac{1}{4}i(w-2\pi i)^2/\pi + a(w-2\pi i)}}{e^w - 1} dw =$$

$$\int_L \frac{e^{\frac{1}{4}iw^2/\pi + w - i\pi + a(w - 2\pi i)}}{e^w - 1} dw =$$
$$-e^{-2\pi i a} \Phi(a+1)$$

Hence
$$-e^{-2\pi i a} \Phi(a+1) - \Phi(a) = 2\pi i \quad (2.37)$$

Eliminating $\Phi(a+1)$, we have
$$\Phi(a) = -\frac{2\pi i + 2\pi e^{i\pi(a^2 - 2a + \frac{1}{4})}}{1 + e^{-2\pi i a}} \quad (2.38)$$

or
$$\Phi(a) = 2\pi \frac{\cos \pi(\frac{1}{2}a^2 - a - \frac{1}{8})}{\cos \pi a} e^{i\pi(\frac{1}{2}a^2 - \frac{5}{8})} \quad (2.39)$$

If $a = \frac{1}{2}iz/\pi + \frac{1}{2}$, the result (2.38) takes the form
$$\int_L \frac{e^{\frac{1}{4}iw^2/\pi + \frac{1}{2}izw/\pi + \frac{1}{2}w}}{e^w - 1} dw = \frac{2\pi i}{e^z - 1} - 2\pi i \frac{e^{-\frac{1}{4}iz^2/\pi + \frac{1}{2}z}}{e^z - 1}$$

Multiplying by z^{s-1} ($\sigma > 1$), and integrating from 0 to $\infty e^{-\frac{1}{4}i\pi}$, we obtain
$$\int_L \frac{e^{\frac{1}{4}iw^2/\pi + \frac{1}{2}w}}{e^w - 1} dw \int_0^{\infty e^{-\frac{1}{4}i\pi}} e^{\frac{1}{2}izw/\pi} z^{s-1} dz =$$
$$2\pi i \Gamma(s) \zeta(s) - 2\pi i \int_0^{\infty e^{-\frac{1}{4}i\pi}} \frac{e^{-\frac{1}{4}iz^2/\pi + \frac{1}{2}z}}{e^z - 1} z^{s-1} dz$$

The inversion on the left-hand side is justified by absolute convergence; in fact
$$w = -c + \rho e^{\frac{1}{4}i\pi}, z = r e^{-\frac{1}{4}i\pi}$$

where $c > 0$, so that
$$\mathbf{R}(izw) = -cr/\sqrt{2}$$

第二部分 中外名家论 Riemann 函数与 Riemann 猜想

Now

$$\int_0^{\infty e^{-\frac{1}{4}i\pi}} e^{\frac{1}{2}izw/\pi} z^{s-1} dz = e^{\frac{1}{2}i\pi s} \int_0^{\infty} e^{-\frac{1}{2}yw/\pi} y^{s-1} dy = e^{\frac{1}{2}i\pi s} \left(\frac{w}{2\pi}\right)^{-s} \Gamma(s)$$

and

$$\int_0^{\infty e^{-\frac{1}{4}i\pi}} \frac{e^{-\frac{1}{4}iz^2/\pi + \frac{1}{2}z}}{e^z - 1} z^{s-1} dz = \frac{1}{1+e^{-is\pi}} \int_{\bar{L}} \frac{e^{-\frac{1}{4}iz^2/\pi + \frac{1}{2}z}}{e^z - 1} z^{s-1} dz$$

where $\bar{L}$ is the reflection of L in the real axis. Hence

$$\zeta(s) = \frac{e^{\frac{1}{2}is\pi}(2\pi)^s}{2\pi i} \int_L \frac{e^{\frac{1}{4}iw^2/\pi + \frac{1}{2}w}}{e^w - 1} w^{-s} dw + \frac{1}{\Gamma(s)(1+e^{-is\pi})} \int_{\bar{L}} \frac{e^{-\frac{1}{4}iz^2/\pi + \frac{1}{2}z}}{e^z - 1} z^{s-1} dz$$

or

$$\pi^{-\frac{1}{2}s} \Gamma\left(\frac{1}{2}s\right) \zeta(s) =$$

$$e^{\frac{1}{2}i\pi(s-1)} 2^{s-1} \pi^{\frac{1}{2}s-1} \Gamma\left(\frac{1}{2}s\right) \int_L \frac{e^{\frac{1}{4}iw^2/\pi + \frac{1}{2}w}}{e^w - 1} w^{-s} dw +$$

$$e^{\frac{1}{2}i\pi s} 2^{-s} \pi^{-\frac{1}{2}s-\frac{1}{2}} \Gamma\left(\frac{1}{2} - \frac{1}{2}s\right) \int_{\bar{L}} \frac{e^{-\frac{1}{4}iz^2/\pi + \frac{1}{2}z}}{e^z - 1} z^{s-1} dz \quad (2.40)$$

This formula holds by the theory of analytic continuation for all values of s.

If $s = \frac{1}{2} + it$, the two terms on the right are conjugates. Hence

$$f(s) = \pi^{-\frac{1}{2}s} \Gamma\left(\frac{1}{2}s\right) \zeta(s)$$

is real on $\sigma = \frac{1}{2}$. Hence

$$f(s)=f(\sigma+\mathrm{i}t)=\overline{f(1-\sigma+\mathrm{i}t)}=f(1-\sigma-\mathrm{i}t)=f(1-s)$$
the functional equation.

2.11. A general formula involving $\zeta(s)$. It was observed by Müntz[①] that several of the formulae for $\zeta(s)$ which we have obtained are particular cases of a formula containing an arbitrary function.

We have formally
$$\int_0^\infty x^{s-1}\sum_{n=1}^\infty F(nx)\,\mathrm{d}x=\sum_{n=1}^\infty\int_0^\infty x^{s-1}F(nx)\,\mathrm{d}x=$$
$$\sum_{n=1}^\infty\frac{1}{n^s}\int_0^\infty y^{s-1}F(y)\,\mathrm{d}y=$$
$$\zeta(s)\int_0^\infty y^{s-1}F(y)\,\mathrm{d}y$$

where $F(x)$ is arbitrary, and the process is justifiable if $F(x)$ is bounded in any finite interval, and $O(x^{-\alpha})$, where $\alpha>1$, as $x\to\infty$. For then
$$\sum_{n=1}^\infty\left|\frac{1}{n^s}\right|\int_0^\infty |y^{s-1}F(y)|\,\mathrm{d}y$$
exists if $1<\sigma<\alpha$, and the inversion is justified.

Suppose next that $F'(x)$ is continuous, bounded in any finite interval, and $O(x^{-\beta})$, where $\beta>1$, as $x\to\infty$. Then as $x\to 0$
$$\sum_{n=1}^\infty F(nx)-\int_0^\infty F(ux)\,\mathrm{d}u=x\int_0^\infty F'(ux)(u-[u])\,\mathrm{d}u=$$
$$x\int_0^{\frac{1}{x}}O(1)\,\mathrm{d}u+$$

---

① Müntz (1).

654

$$x\int_{\frac{1}{x}}^{\infty} O\{(ux)^{-\beta}\} du = O(1)$$

i. e.

$$\sum_{n=1}^{\infty} F(nx) = \frac{1}{x}\int_0^{\infty} F(v)dv + O(1) = \frac{c}{x} + O(1)$$

say. Hence

$$\int_0^{\infty} x^{s-1} \sum_{n=1}^{\infty} F(nx) dx =$$

$$\int_0^1 x^{s-1}\left\{\sum_{n=1}^{\infty} F(nx) - \frac{c}{x}\right\}dx + \frac{c}{s-1} + \int_1^{\infty} x^{s-1} \sum_{n=1}^{\infty} F(nx) dx$$

and the right-hand side is regular for $\sigma>0$ (except at $s=1$). Also for $\sigma<1$

$$\frac{c}{s-1} = -c\int_1^{\infty} x^{s-2} dx$$

Hence we have Müntz's formula

$$\zeta(s)\int_0^{\infty} y^{s-1} F(y) dy = \int_0^{\infty} x^{s-1}\left\{\sum_{n=1}^{\infty} F(nx) - \frac{1}{x}\int_0^{\infty} F(v)dv\right\}dx \quad (2.41)$$

valid for $0<\sigma<1$ if $F(x)$ satisfies the above conditions.

If $F(x) = e^{-x}$ we obtain (2.28); if $F(x) = e^{-\pi x^2}$ we obtain a formula equivalent to those of §2.6; if $F(x) = 1/(1+x^2)$ we obtain a formula which is also obtained by combining (2.19) with the functional equation. If $F(x) = x^{-1}\sin \pi x$ we obtain a formula equivalent to (2.6), though this $F(x)$ does not satisfy our general conditions.

If $F(x) = 1/(1+x)^2$, we have

$$\sum_{n=1}^{\infty} F(nx) - \frac{1}{x}\int_0^{\infty} F(v) dv =$$

$$\sum_{n=1}^{\infty} \frac{1}{(1+nx)^2} - \frac{1}{x} =$$

$$\frac{1}{x^2}\left[\frac{d^2}{d\xi^2}\log\Gamma(\xi+1)\right]_{\xi=1/x} - \frac{1}{x}$$

Hence

$$\frac{(1-s)\pi}{\sin\pi s}\zeta(s) = \int_0^{\infty} \xi^{1-s}\left\{\frac{d^2}{d\xi^2}\log\Gamma(\xi+1) - \frac{1}{\xi}\right\}d\xi$$

and on integrating by parts we obtain (2.34).

2.12. Zeros; factorization formulae.

Theorem 2.1.2. $\xi(s)$ and $\Xi(z)$ are integral functions of order 1.

It follows from (2.12) and what we have proved about $\zeta(s)$ that $\xi(s)$ is regular for $\sigma>0$, $(s-1)\zeta(s)$ being regular at $s=1$. Since $\xi(s)=\xi(1-s)$, $\xi(s)$ is also regular for $\sigma<1$. Hence $\xi(s)$ is an integral function.

Also

$$\left|\Gamma\left(\frac{1}{2}s\right)\right| = \left|\int_0^{\infty} e^{-u} u^{\frac{1}{2}s-1} du\right| \leqslant \int_0^{\infty} e^{-u} u^{\frac{1}{2}\sigma-1} du =$$

$$\Gamma\left(\frac{1}{2}\sigma\right) = O(e^{A\sigma\log\sigma}), \sigma>0 \qquad (2.42)$$

and (2.4) gives for $\sigma \geqslant \frac{1}{2}$, $|s-1|>A$

$$\zeta(s) = O\left(|s| \int_1^{\infty} \frac{du}{u^{\frac{3}{2}}}\right) + O(1) = O(|s|) \tag{2.43}$$

Hence (2.12) gives

$$\xi(s) = O(e^{A|s|\log|s|}) \tag{2.44}$$

for $\sigma \geqslant \frac{1}{2}$, $|s|>A$. By (2.13) this holds for $\sigma \leqslant \frac{1}{2}$ al-

so. Hence $\xi(s)$ is of order 1 at most. The order is exactly 1 since as $s \to \infty$ by real values log $\zeta(s) \sim 2^{-s}$, log $\xi(s) \sim \dfrac{1}{2}s\log s$.

Hence also
$$\Xi(z) = O(e^{A|z|\log|z|}), |z|>A$$
and $\Xi(z)$ is of order 1. But $\Xi(z)$ is an even function. Hence $\Xi(\sqrt{z})$ is also an integral function, and is of order $\dfrac{1}{2}$. It therefore has an infinity of zeros, whose exponent of convergence is $\dfrac{1}{2}$. Hence $\Xi(z)$ has an infinity of zeros, whose exponent of convergence is 1. The same is therefore true of $\xi(s)$. Let ρ_1, ρ_2, $\cdots$ be the zeros of $\xi(s)$.

We have already seen that $\zeta(s)$ has no zeros for $\sigma>1$. It then follows from the functional equation (2.1) that $\zeta(s)$ has no zeros for $\sigma<0$ except for simple zeros at $s=-2, -4, -6, \cdots$; for, in (2.1), $\zeta(1-s)$ has no zeros for $\sigma<0$, $\sin\dfrac{1}{2}s\pi$ has simple zeros at $s=-2, -4, \cdots$ only, and $\Gamma(1-s)$ has no zeros.

The zeros $\zeta(s)$ at $-2, -4, \cdots$, are known as the 'trivial zeros'. They do not correspond to zeros of $\xi(s)$, since in (2.12) they are cancelled by poles of $\Gamma\left(\dfrac{1}{2}s\right)$.

It therefore follows from (2.12) that $\xi(s)$ has no zero for $\sigma>1$ or for $\sigma<0$. Its zeros $\rho_1, \rho_2, \cdots$ therefore all lie in the strip $0\leqslant\sigma\leqslant 1$; and they are also zeros of $\zeta(s)$, since

$s(s-1)\Gamma\left(\dfrac{1}{2}s\right)$ has no zeros in the strip except that at $s=1$, which is cancelled by the pole of $\zeta(s)$.

We have thus proved that $\zeta(s)$ has an infinity of zeros $\rho_1, \rho_2, \cdots$ in the strip $0 \leqslant \sigma \leqslant 1$. Since

$$(1-2^{1-s})\zeta(s)=1-\dfrac{1}{2^s}+\dfrac{1}{3^s}-\cdots>0, 0<s<1 \quad (2.45)$$

and $\zeta(0)\neq 0$, $\zeta(s)$ has no zeros on the real axis between 0 and 1. The zeros $\rho_1, \rho_2, \cdots$ are therefore all complex.

The remainder of the theory is largely concerned with questions about the position of these zeros. At this point we shall merely observe that they are in conjugate pairs, since $\zeta(s)$ is real on the real axis; and that, if ρ is a zero, so is $1-\rho$, by the functional equation, and hence so is $1-\bar{\rho}$. If $\rho=\beta+i\gamma$, then $1-\bar{\rho}=1-\beta+i\gamma$. Hence the zeros either lie on $\sigma=\dfrac{1}{2}$, or occur in pairs symmetrical about this line.

Since $\xi(s)$ is an integral function of order 1, and $\xi(0)=-\zeta(0)=\dfrac{1}{2}$, Hadamard's factorization theorem gives, for all values of s

$$\xi(s)=\dfrac{1}{2}e^{b_0 s}\prod_\rho\left(1-\dfrac{s}{\rho}\right)e^{s/\rho} \quad (2.46)$$

where b_0 is a constant. Hence

$$\zeta(s)=\dfrac{e^{bs}}{2(s-1)\Gamma\left(\dfrac{1}{2}s+1\right)}\prod_\rho\left(1-\dfrac{s}{\rho}\right)e^{s/\rho}$$

$$(2.47)$$

where $b = b_0 + \frac{1}{2}\log \pi$. Hence also

$$\frac{\zeta'(s)}{\zeta(s)} = b - \frac{1}{s-1} - \frac{1}{2} \times \frac{\Gamma'\left(\frac{1}{2}s+1\right)}{\Gamma\left(\frac{1}{2}s+1\right)} + \sum_\rho \left(\frac{1}{s-\rho} + \frac{1}{\rho}\right)$$

(2.48)

Making $s \to 0$, this gives

$$\frac{\zeta'(0)}{\zeta(0)} = b + 1 + \frac{1}{2} \cdot \frac{\Gamma'(1)}{\Gamma(1)}$$

Since $\zeta'(0)/\zeta(0) = \log 2\pi$ and $\Gamma'(1) = -\gamma$, it follows that

$$b = \log 2\pi - 1 - \frac{1}{2}\gamma \qquad (2.49)$$

2.13. In this section[①] we shall show that the only function which satisfies the functional equation (2.1), and has the same general characteristics as $\zeta(s)$, is $\zeta(s)$ itself.

Let $G(s)$ be an integral function of finite order, $P(s)$ a polynomial, and $f(s) = G(s)/P(s)$, and let

$$f(s) = \sum_{n=1}^{\infty} \frac{a_n}{n^s} \qquad (2.50)$$

be absolutely convergent for $\sigma > 1$. Let

$$f(s)\Gamma\left(\frac{1}{2}s\right)\pi^{-\frac{1}{2}s} = g(1-s)\Gamma\left(\frac{1}{2} - \frac{1}{2}s\right)\pi^{-\frac{1}{2}(1-s)}$$

(2.51)

where

---

① Hamburger (1) ~ (4), Siegel (1).

$$g(1-s) = \sum_{n=1}^{\infty} \frac{b_n}{n^{1-s}}$$

the series being absolutely convergent for $\sigma < -\alpha < 0$. Then $f(s) = C\zeta(s)$, where C is a constant.

We have, for $x>0$

$$\phi(x) = \frac{1}{2\pi i} \int_{2-i\infty}^{2+i\infty} f(s) \, \Gamma\left(\frac{1}{2}s\right) \pi^{-\frac{1}{2}s} x^{-\frac{1}{2}s} ds =$$

$$\sum_{n=1}^{\infty} \frac{a_n}{2\pi i} \int_{2-i\infty}^{2+i\infty} \Gamma\left(\frac{1}{2}s\right) (\pi n^2 x)^{-\frac{1}{2}s} ds =$$

$$2 \sum_{n=1}^{\infty} a_n e^{-\pi n^2 x}$$

Also, by (2.51)

$$\phi(x) = \frac{1}{2\pi i} \int_{2-i\infty}^{2+i\infty} g(1-s) \, \Gamma\left(\frac{1}{2} - \frac{1}{2}s\right) \pi^{-\frac{1}{2}(1-s)} x^{-\frac{1}{2}s} ds$$

We move the line of integration from $\sigma = 2$ to $\sigma = -1 - \alpha$. We observe that $f(s)$ is bounded on $\sigma = 2$, and $g(1-s)$ is bounded on $\sigma = -1 - \alpha$; since

$$\frac{\Gamma\left(\frac{1}{2}s\right)}{\Gamma\left(\frac{1}{2} - \frac{1}{2}s\right)} = O(|t|^{\sigma - \frac{1}{2}})$$

it follows that $g(1-s) = O(|t|^{3/2})$ on $\sigma = 2$. We can therefore, by the Phragmén-Lindelöf principle, apply Cauchy's theorem, and obtain

$$\phi(x) = \frac{1}{2\pi i} \int_{-\alpha-1-i\infty}^{-\alpha-1+i\infty} g(1-s) \, \Gamma\left(\frac{1}{2} - \frac{1}{2}s\right) \pi^{-\frac{1}{2}(1-s)} x^{-\frac{1}{2}s} ds + \sum_{\nu=1}^{m} R_\nu$$

where R_1, R_2, $\cdots$, are the residues at the poles, say s_1, $\cdots$, s_m. Thus

第二部分 中外名家论 Riemann 函数与 Riemann 猜想

$$\sum_{\nu=1}^{m} R_{\nu} = \sum_{\nu=1}^{m} x^{-\frac{1}{2}s\nu} Q_{\nu}(\log x) = Q(x)$$

where the $Q_{\nu}(\log x)$ are polynomials in $\log x$. Hence

$$\phi(x) = \frac{1}{\sqrt{x}} \sum_{n=1}^{\infty} \frac{b_n}{2\pi i} \int_{-\alpha-1-i\infty}^{-\alpha-1+i\infty} \Gamma\left(\frac{1}{2} - \frac{1}{2}s\right) \cdot$$

$$\left(\frac{\pi n^2}{x}\right)^{-\frac{1}{2}+\frac{1}{2}s} ds + Q(x) =$$

$$\frac{2}{\sqrt{x}} \sum_{n=1}^{\infty} b_n e^{-\pi n^2/x} + Q(x)$$

Hence

$$\sum_{n=1}^{\infty} a_n e^{-\pi n^2 x} = \frac{1}{\sqrt{x}} \sum_{n=1}^{\infty} b_n e^{-\pi n^2/x} + \frac{1}{2} Q(x)$$

Multiply by $e^{-\pi t^2 x}$ ($t>0$), and integrate over $(0, \infty)$. We obtain

$$\sum_{n=1}^{\infty} \frac{a_n}{\pi(t^2+n^2)} = \sum_{n=1}^{\infty} \frac{b_n}{t} e^{-2\pi nt} + \frac{1}{2} \int_0^{\infty} Q(x) e^{-\pi t^2 x} dx$$

and the last term is a sum of terms of the form

$$\int_0^{\infty} x^a \log^b x e^{-\pi t^2 x} dx$$

where the b's are integers and $\mathbf{R}(a) > -1$; i.e. it is a sum of terms of the form $t^\alpha \log^\beta t$.

Hence

$$\sum_{n=1}^{\infty} a_n \left(\frac{1}{t+in} + \frac{1}{t-in}\right) - \pi t H(t) = 2\pi \sum_{n=1}^{\infty} b_n e^{-2\pi nt}$$

where $H(t)$ is a sum of terms of the form $t^\alpha \log^\beta t$.

Now the series on the left is a meromorphic function, with poles at $\pm in$. But the function on the right is periodic, with period i. Hence (by analytic continuation) so is the function on the left. Hence the residues at ki and ($k+$

1) i are equal, i. e. $a_k = a_{k+1}$ ($k = 1, 2, \cdots$). Hence $a_k = a_1$ for all k, and the result follows.

2.14. Some series involving $\zeta(s)$. We have[1]

$$\zeta(s) - \frac{1}{s-1} = 1 - \frac{1}{2}s\{\zeta(s+1) - 1\} -$$

$$\frac{s(s+1)}{2 \times 3}\{\zeta(s+2) - 1\} - \cdots \quad (2.52)$$

for all values of s. For the right-hand side is

$$1 - \frac{1}{s-1} \sum_{n=2}^{\infty} \frac{1}{n^{s-1}}\left\{\frac{(s-1)s}{1 \times 2} \times \frac{1}{n^2} + \frac{(s-1)s(s+1)}{1 \times 2 \times 3} \times \frac{1}{n^3} + \cdots\right\} =$$

$$1 - \frac{1}{s-1} \sum_{n=2}^{\infty} \frac{1}{n^{s-1}}\left\{\left(1 - \frac{1}{n}\right)^{1-s} - 1 - \frac{s-1}{n}\right\} =$$

$$1 - \frac{1}{s-1} \sum_{n=2}^{\infty} \left\{\frac{1}{(n-1)^{s-1}} - \frac{1}{n^{s-1}} - \frac{s-1}{n^s}\right\} =$$

$$\zeta(s) - \frac{1}{s-1}$$

The inversion of the order of summation is justified for $\sigma > 0$ by the convergence of

$$\sum_{n=2}^{\infty} \frac{1}{n^{\sigma-1}} \sum_{k=0}^{\infty} \frac{|s| \cdots (|s|+k)}{(k+1)!} \times \frac{1}{n^{k+2}} = \sum_{n=2}^{\infty} \frac{1}{n^\sigma}\left\{\left(1 - \frac{1}{n}\right)^{-|s|} - 1\right\}$$

The series obtained is, however, convergent for all values of s.

Another formula[2] which can be proved in a similar way is

---

[1] Landau, *Handuch*, 272.

[2] Ramaswami (1). § See E. C. Titchmarsh, *Introduction to the Theory of Fourier Integrals*, § § 1.5, 1.29, 2.1, 2.7, 3.17.

$$(1-2^{1-s})\zeta(s) = s\frac{\zeta(s+1)}{2^{s+1}} + \frac{s(s+1)}{1\times 2}\times\frac{\zeta(s+2)}{2^{s+2}} + \cdots$$
(2.53)

also valid for all values of s.

Either of these formulae may be used to obtain the analytic continuation of $\zeta(s)$ over the whole plane.

2.15. Some applications of Mellin's inversion formulae. Mellin's inversion formulae connecting the two functions $f(x)$ and $\mathfrak{F}(s)$ are

$$\mathfrak{F}(s) = \int_0^\infty f(x)x^{s-1}dx, \quad f(x) = \frac{1}{2\pi i}\int_{\sigma-i\infty}^{\sigma+i\infty} \mathfrak{F}(s)x^{-s}ds$$
(2.54)

The simplest example is
$$f(x) = e^{-x}, \mathfrak{F}(s) = \Gamma(s), \sigma>0 \quad (2.55)$$

From (2.19) we derive the pair
$$f(x) = \frac{1}{e^x-1}, \ \mathfrak{F}(s) = \Gamma(s)\zeta(s), \sigma>1 \quad (2.56)$$

and from (2.25) the pair
$$f(x) = \psi(x), \ \mathfrak{F}(s) = \pi^{-s}\Gamma(s)\zeta(2s), \sigma>\frac{1}{2}$$
(2.57)

The inverse formulae are thus
$$\frac{1}{2\pi i}\int_{\sigma-i\infty}^{\sigma+i\infty}\Gamma(s)\zeta(s)x^{-s}ds = \frac{1}{e^x-1}, \sigma>1 \quad (2.58)$$

and
$$\frac{1}{2\pi i}\int_{\sigma-i\infty}^{\sigma+i\infty}\pi^{-s}\Gamma(s)\zeta(2s)x^{-s}ds = \psi(x), \sigma>\frac{1}{2}$$
(2.59)

Each of these can easily be proved directly by inserting

the series for $\zeta(s)$ and integrating term-by-term, using (2.55).

As another example, (2.34) with s replaced by $1-s$, gives the Mellin pair

$$f(x) = \frac{\Gamma'(1+s)}{\Gamma(1+x)} - \log x, \mathfrak{F}(s) = -\frac{\pi\zeta(1-s)}{\sin \pi s}, 0 < \sigma < 1$$

(2.60)

The inverse formula is thus

$$\frac{\Gamma'(1+s)}{\Gamma(1+x)} - \log x = -\frac{1}{2i} \int_{\sigma-i\infty}^{\sigma+i\infty} \frac{\zeta(1-s)}{\sin \pi s} x^{-s} ds \quad (2.61)$$

Integrating with respect to x, and replacing s by $1-s$, we obtain

$$\log \Gamma(1+x) - x\log x + x = -\frac{1}{2i} \int_{\sigma-i\infty}^{\sigma+i\infty} \frac{\zeta(s) x^s}{s\sin \pi s} ds, 0 < \sigma < 1$$

(2.62)

This formula is used by Whittaker and Watson to obtain the asymptotic expansion of $\log \Gamma(1+x)$.

Next, let $f(x)$ and $\mathfrak{F}(s)$ be related by (2.54), and let $g(x)$ and $\mathfrak{G}(s)$ be similarly related. Then we have, subject to appropriate conditions

$$\frac{1}{2\pi i} \int_{c-i\infty}^{c+i\infty} \mathfrak{F}(s) \mathfrak{G}(w-s) ds = \int_0^\infty f(x) g(x) x^{w-1} dx$$

(2.63)

Take for example $\mathfrak{F}(s) = \mathfrak{G}(s) = \Gamma(s)\zeta(s)$, so that

$$f(x) = g(x) = 1/(e^x - 1)$$

Then, if $\mathbf{R}(w) > 2$, the right-hand side is

$$\int_0^\infty \frac{x^{w-1}}{(e^x-1)^2} dx = \int_0^\infty (e^{-2x} + 2e^{-3x} + 3e^{-4x} + \cdots) x^{w-1} dx =$$

$$\left(\frac{1}{2^w} + \frac{2}{3^w} + \frac{3}{4^w} + \cdots\right) \Gamma(w) =$$

664

第二部分　中外名家论 Riemann 函数与 Riemann 猜想

$$\Gamma(w)\{\zeta(w-1)-\zeta(w)\}$$

Thus if $1<c<\mathbf{R}(w)-1$

$$\frac{1}{2\pi i}\int_{c-i\infty}^{c+i\infty}\Gamma(s)\Gamma(w-s)\zeta(s)\zeta(w-s)\,\mathrm{d}s=$$

$$\Gamma(w)\{\zeta(w-1)-\zeta(w)\} \qquad (2.64)$$

Similarly, taking $\mathfrak{F}(s)=\mathfrak{G}(s)=\Gamma(s)\zeta(2s)$, so that

$$f(x)=g(x)=\psi\left(\frac{x}{\pi}\right)=\sum_{n=1}^{\infty}e^{-n^2 x}$$

the right-hand side of (2.63) is, if $\mathbf{R}(w)>1$

$$\int_0^\infty \sum_{m=1}^{\infty}\sum_{n=1}^{\infty}e^{-(m^2+n^2)x}x^{w-1}\mathrm{d}x=\Gamma(w)\sum_{m=1}^{\infty}\sum_{n=1}^{\infty}\frac{1}{(m^2+n^2)^w}$$

This may also be written

$$\Gamma(w)\left\{\frac{1}{4}\sum_{n=1}^{\infty}\frac{r(n)}{n^w}-\zeta(2w)\right\}$$

where $r(n)$ is the number of ways of expressing n as the sum of two squares; or as

$$\Gamma(w)\{\zeta(w)\eta(w)-\zeta(2w)\}$$

where

$$\eta(w)=1^{-w}-3^{-w}+5^{-w}-\cdots$$

Hence[①] if $\dfrac{1}{2}<c<\mathbf{R}(w)-\dfrac{1}{2}$

$$\frac{1}{2\pi i}\int_{c-i\infty}^{c+i\infty}\Gamma(s)\Gamma(w-s)\zeta(2s)\zeta(2w-2s)\,\mathrm{d}s=$$

$$\Gamma(w)\{\zeta(w)\eta(w)-\zeta(2w)\} \qquad (2.65)$$

2.16. Some integrals involving $\Xi(t)$. There are some cases[②] in which integrals of the form

---

① Hardy (4). A generalization is given by Taylor (1).
② Ramanujan (1).

$$\Phi(x) = \int_0^\infty f(t)\,\Xi(t)\cos xt\,dt$$

can be evaluated. Let $f(t) = |\phi(it)|^2 = \phi(it)\phi(-it)$, where ϕ is analytic. Writing $y = e^x$,

$$\Phi(x) = \frac{1}{2}\int_{-\infty}^\infty \phi(it)\phi(-it)\,\Xi(t)\,y^{it}\,dt =$$

$$\frac{1}{2}\int_{-\infty}^\infty \phi(it)\phi(-it)\,\zeta\!\left(\frac{1}{2}+it\right) y^{it}\,dt =$$

$$\frac{1}{2i\sqrt{y}}\int_{\frac{1}{2}-i\infty}^{\frac{1}{2}+i\infty} \phi\!\left(s-\frac{1}{2}\right)\phi\!\left(\frac{1}{2}-s\right)\xi(s)\,y^s\,ds =$$

$$\frac{1}{2i\sqrt{y}}\int_{\frac{1}{2}-i\infty}^{\frac{1}{2}+i\infty} \phi\!\left(s-\frac{1}{2}\right)\phi\!\left(\frac{1}{2}-s\right)(s-1)\cdot$$

$$\Gamma\!\left(1+\frac{1}{2}s\right)\pi^{-\frac{1}{2}s}\zeta(s)\,y^s\,ds$$

Taking $\phi(s) = 1$, this is equal to

$$\frac{1}{i\sqrt{y}}\sum_{n=1}^\infty \int_{2-i\infty}^{2+i\infty}\left\{\Gamma\!\left(2+\frac{1}{2}s\right) - \frac{3}{2}\Gamma\!\left(1+\frac{1}{2}s\right)\right\}\left(\frac{y}{n\sqrt{\pi}}\right)^s ds =$$

$$\frac{1}{i\sqrt{y}}\sum_{n=1}^\infty\left\{2\int_{3-i\infty}^{3+i\infty}\Gamma(w)\left(\frac{y}{n\sqrt{\pi}}\right)^{2w-4}dw - \right.$$

$$\left. 3\int_{2-i\infty}^{2+i\infty}\Gamma(w)\left(\frac{y}{n\sqrt{\pi}}\right)^{2w-2}dw\right\} =$$

$$\frac{4\pi}{\sqrt{y}}\sum_{n=1}^\infty\left(\frac{y}{n\sqrt{\pi}}\right)^{-4}e^{-\frac{n^2\pi}{y^2}} - \frac{6\pi}{\sqrt{y}}\sum_{n=1}^\infty\left(\frac{y}{n\sqrt{\pi}}\right)^{-2}e^{-\frac{n^2\pi}{y^2}}$$

Hence

$$\int_0^\infty \Xi(t)\cos xt\,dt =$$

$$2\pi^2\sum_{n=1}^\infty 2\pi n^4 e^{-\frac{9x}{2}} - 3n^2 e^{-\frac{5x}{2}}\exp(-n^2\pi e^{-2x}) \qquad (2.66)$$

Again, putting $\phi(s) = 1\big/\!\left(s+\dfrac{1}{2}\right)$, we have

第二部分　中外名家论 Riemann 函数与 Riemann 猜想

$$\Phi(x) = -\frac{1}{2i\sqrt{y}} \int_{\frac{1}{2}-i\infty}^{\frac{1}{2}+i\infty} \frac{1}{s} \Gamma\left(1+\frac{1}{2}s\right) \pi^{-\frac{1}{2}s} \zeta(s) y^s \mathrm{d}s =$$

$$-\frac{1}{4i\sqrt{y}} \int_{\frac{1}{2}-i\infty}^{\frac{1}{2}+i\infty} \Gamma\left(\frac{1}{2}s\right) \pi^{-\frac{1}{2}s} \zeta(s) y^s \mathrm{d}s =$$

$$-\frac{\pi}{\sqrt{y}\psi}\left(\frac{1}{y^2}\right) + \frac{1}{2}\pi\sqrt{y}$$

in the notation of §2.6. Hence

$$\int_0^\infty \frac{\Xi(t)}{t^2+\frac{1}{2}} \cos xt \mathrm{d}t = \frac{1}{2}\pi\left\{ \mathrm{e}^{\frac{1}{2}x} - 2\mathrm{e}^{-\frac{1}{2}x}\psi(\mathrm{e}^{-2x})\right\} \quad (2.67)$$

The case $\phi(s) = \Gamma\left(\frac{1}{2}s - \frac{1}{4}\right)$ was also investigated by Ramanujan, the result being expressed in terms of another integral.

2.17. The function $\zeta(s,a)$. A function which is in a sense a generalization of $\zeta(s)$ is the Hurwitz zeta-function, defined by

$$\zeta(s,a) = \sum_{n=0}^\infty \frac{1}{(n+a)^s}, 0 < a \leqslant 1, \sigma > 1$$

This reduces to $\zeta(s)$ when $a = 1$, and to $(2^s - 1)\zeta(s)$ when $a = \frac{1}{2}$. We shall obtain here its analytic continuation and functional equation, which are required later. This function, however, has no Euler product unless $a = \frac{1}{2}$ or $a = 1$, and so does not share the most characteristic properties of $\zeta(s)$.

As in §2.4

$$\zeta(s,a) = \sum_{n=0}^{\infty} \frac{1}{\Gamma(s)} \int_0^{\infty} x^{s-1} e^{-(n+a)x} dx =$$

$$\frac{1}{\Gamma(s)} \int_0^{\infty} \frac{x^{s-1} e^{-ax}}{1-e^{-x}} dx \quad (2.68)$$

We can transform this into a loop integral as before. We obtain

$$\zeta(s,a) = \frac{e^{-i\pi s} \Gamma(1-s)}{2\pi i} \int_C \frac{z^{s-1} e^{-az}}{1-e^{-z}} dz \quad (2.69)$$

This provides the analytic continuation of $\zeta(s,a)$ over the whole plane; it is regular everywhere except for a simple pole at $s=1$ with residue 1.

Expanding the loop to infinity as before, the residues at $2m\pi i$ and $-2m\pi i$ are together

$$(2m\pi e^{\frac{1}{2}i\pi})^{s-1} e^{-2m\pi i a} + (2m\pi e^{\frac{3}{2}i\pi})^{s-1} e^{2m\pi i a} =$$

$$(2m\pi)^{s-1} e^{i\pi(s-1)} 2 \cos\left\{\frac{1}{2}\pi(s-1) + 2m\pi a\right\} =$$

$$-2(2m\pi)^{s-1} e^{i\pi s} \sin\left\{\frac{1}{2}\pi s + 2m\pi a\right\}$$

Hence, if $\sigma < 0$

$$\zeta(s,a) = \frac{2\Gamma(1-s)}{(2\pi)^{1-s}} \left\{ \sin\frac{1}{2}\pi s \sum_{m=1}^{\infty} \frac{\cos 2m\pi a}{m^{1-s}} + \cos\frac{1}{2}\pi s \sum_{m=1}^{\infty} \frac{\sin 2m\pi a}{m^{1-s}} \right\} \quad (2.70)$$

If $a=1$, this reduces to the functional equation for $\zeta(s)$.

NOTES FOR CHAPTER 2

2.18. Selberg [3] has given a very general method for obtaining the analytic continuation and functional equation of certain types of zeta-function which arise as the

668

第二部分　中外名家论 Riemann 函数与 Riemann 猜想

constant terms' of Eisenstein series. We sketch a form of the argument in the classical case. Let $\mathscr{H} = \{z = x+iy;\ y > 0\}$ be the upper half plane and define

$$E(z,s) = \sum_{\substack{c,d=-\infty \\ (c,d)=1}}^{\infty} \frac{y^s}{|cz+d|^{2s}},\ z \in \mathscr{H},\ \sigma > 1$$

and

$$B(z,s) = \zeta(2s)E(z,s) = \sum_{\substack{c,d=-\infty \\ (c,d) \neq (0,0)}}^{\infty} \frac{y^s}{|cz+d|^{2s}},\ z \in \mathscr{H},\ \sigma > 1$$

these series being absolutely and uniformly convergent in any compact subset of the region $\mathbf{R}(s) > 1$. Here $E(z, s)$ is an Eisenstein series, while $B(z,s)$ is, apart from the factor y^s, the Epstein zeta-function for the lattice generated by 1 and z. We shall find it convenient to work with $B(z,s)$ in preference to $E(z,s)$.

We begin with two basic observations. Firstly one trivially has

$$B(z+1,\ s) = B\left(-\frac{1}{z},\ s\right) = B(z,s) \qquad (2.71)$$

(Thus, in fact, $B(z,s)$ is invariant under the full modular group.) Secondly, if Δ is the Laplace-Beltrami operator

$$\Delta = -y^2 \left(\frac{\partial^2}{\partial x^2} + \frac{\partial^2}{\partial y^2}\right)$$

then

$$\Delta\left(\frac{y^s}{|cz+d|^{2s}}\right) = s(1-s)\frac{y^s}{|cz+d|^{2s}} \qquad (2.72)$$

whence

$$\Delta B(z,s) = s(1-s)B(z,s), \sigma>1 \quad (2.73)$$

We proceed to obtain the Fourier expansion of $B(z, s)$ with respect to x, We have

$$B(z,s) = \sum_{-\infty}^{\infty} a_n(y,s) e^{2\pi inx}$$

where

$$a_n(y,s) = y^s \sum_{c,d} \int_0^1 \frac{e^{-2\pi inx} dx}{|cx+d+icy|^{2s}} =$$

$$2\delta_n y^s \zeta(2s) + 2y^s \sum_{c=1}^{\infty} \sum_{d=-\infty}^{\infty} \int_0^1 \frac{e^{-2\pi inx} dx}{|cx+d+icy|^{2s}}$$

with $\delta_n = 1$ or 0 according as $n=0$ or not. The d summation above is

$$\sum_{k=1}^{c} \sum_{j=-\infty}^{\infty} \int_0^1 \frac{e^{-2\pi inx} dx}{|c(xj)+k+icy|^{2s}} =$$

$$\sum_{k=1}^{c} \int_{-\infty}^{\infty} \frac{e^{-2\pi inx} dx}{|cx+k+icy|^{2s}} =$$

$$c^{-2s} y^{1-2s} \int_{-\infty}^{\infty} \frac{e^{-2\pi inyv} dv}{(v^2+1)^s} \sum_{k=1}^{c} e^{2\pi ink/c}$$

and the sum over k is c or 0 according as $c\mid n$ or not. Moreover

$$\int_{-\infty}^{\infty} \frac{dv}{(v^2+1)^s} = \frac{\pi^{\frac{1}{2}} \Gamma\left(s-\frac{1}{2}\right)}{\Gamma(s)}$$

and

$$\int_{-\infty}^{\infty} \frac{e^{-2\pi inyv}}{(v^2+1)^s} dv = 2\pi^s (|n|y)^{s-\frac{1}{2}} \frac{K_{s-\frac{1}{2}}(2\pi|n|y)}{\Gamma(s)}, n \neq 0$$

第二部分　中外名家论 Riemann 函数与 Riemann 猜想

in the usual notation of Bessel functions[①].

We now have
$$B(z, s) = \phi(s)y^s + \psi(s)y^{1-s} + B_0(z,s), \sigma > 0 \quad (2.74)$$

where
$$\phi(s) = 2\zeta(2s),\ \psi(s) = 2\pi^{\frac{1}{2}}\frac{\Gamma\left(s-\frac{1}{2}\right)}{\Gamma(s)}\zeta(2s-1)$$

and
$$B_0(z,s) = 8\pi^s y^{\frac{1}{2}} \sum_{n=1}^{\infty} n^{s-\frac{1}{2}}\sigma_{1-2s}(n) \cdot \cos(2\pi nx)\frac{K_{s-\frac{1}{2}}(2\pi ny)}{\Gamma(s)} \quad (2.75)$$

We observe at this point that
$$K_u(t) \ll t^{-\frac{1}{2}}e^{-t}, t \to \infty$$

for fixed u, whence the series (2.75) is convergent for all s, and so defines an entire function. Moreover we have
$$B_0(z,s) \ll e^{-y}, y \to \infty \quad (2.76)$$

for fixed s. Similarly one finds
$$\frac{\partial B_0(z,s)}{\partial y} \ll e^{-y}, y \to \infty \quad (2.77)$$

We proceed to derive the 'Maass-Selberg' formula. Let $D = \{z \in \mathscr{H}: |z| \geq 1, |\mathbf{R}|(z) \leq \frac{1}{2}\}$ be the standard fundamental region for the modular group, and let

---

① see Watson. *Theory of Bessel functions* § 6.16.

$D_Y = \{z \in D : \mathbf{I}(z) \leq Y\}$, where $Y \geq 1$. Let $\mathbf{R}(s)$, $\mathbf{R}(w) > 1$ and write, for convenience, $F = B(z, s)$ $G = B(z, w)$. Then, according to (2.73), we have

$$\{s(1-s) - w(1-w)\} \iint_{D_Y} FG \frac{\mathrm{d}x\mathrm{d}y}{y^2} =$$

$$\iint_{D_Y} (G\Delta F - F\Delta G) \frac{\mathrm{d}x\mathrm{d}y}{y^2} =$$

$$\iint_{D_Y} (F\nabla^2 G - G\nabla^2 F) \mathrm{d}x\mathrm{d}y =$$

$$\iint_{\partial D_Y} (F\nabla G - G\nabla F) \mathrm{d}n$$

by Green's Theorem. The integrals along $x = \pm \frac{1}{2}$ cancel, since $F(z+1) = F(z)$, $G(z+1) = G(z)$ (see (2.71)). Similarly the integral for $|z| = 1$ vanishes, since $F(-1/z) = F(z)$, $G(-1/z) - G(z)$. Thus

$$\{s(1-s) - w(1-w)\} \iint_{D_Y} FG \frac{\mathrm{d}x\mathrm{d}y}{y^2} =$$

$$\int_{-\frac{1}{2}}^{\frac{1}{2}} \left(F \frac{\partial G}{\partial y}(x, Y) - G \frac{\partial F}{\partial y}(x, Y) \right) \mathrm{d}x \quad (2.78)$$

The functions y^s and y^{1-s} also satisfy the eigenfunction equation (2.73) (by (2.72) with $c = 0$, $d = 1$) and thus, by (2.74) so too does $B_0(z, s)$. Consequently, if $Z \geq Y$, an argument analogous to that above yields

$$\{s(1-s) - w(1-w)\} \int_Y^Z \int_{-\frac{1}{2}}^{\frac{1}{2}} F_0 G_0 \frac{\mathrm{d}x\mathrm{d}y}{y^2} =$$

$$\int_{-\frac{1}{2}}^{\frac{1}{2}} \left(F_0 \frac{\partial G_0}{\partial y}(x, Z) - G_0 \frac{\partial F_0}{\partial y}(x, Z) \right) \mathrm{d}x -$$

$$\int_{-\frac{1}{2}}^{\frac{1}{2}} \left(F_0 \frac{\partial G_0}{\partial y}(x,Y) - G_0 \frac{\partial F_0}{\partial y}(x,Y) \right) dx$$

where $F_0 = B_0(z,s)$, $G_0 = B_0(z,w)$. Here we have used $F_0(z+1) = F_0(z)$ and $G_0(z+1) = G_0(z)$. (Note that we no longer have the corresponding relations involving $-1/z$.) We may now take $Z \to \infty$, using (2.76) and (2.77), so that the first integral on the right above vanishes. On adding the result to (2.78) we obtain the Maass-Selberg formula

$$\{s(1-s) - w(1-w)\} \iint_D \widetilde{B}(z,s) \widetilde{B}(z,w) \frac{dxdy}{y^2} =$$

$$\int_{-\frac{1}{2}}^{\frac{1}{2}} \left(F \frac{\partial G}{\partial y}(x,Y) - G \frac{\partial F}{\partial y}(x,Y) \right) dx -$$

$$\int_{-\frac{1}{2}}^{\frac{1}{2}} \left(F_0 \frac{\partial G_0}{\partial y}(x,Y) - G_0 \frac{\partial F_0}{\partial y}(x,Y) \right) dx =$$

$$(s-w)\{\psi(s)\psi(w) Y^{1-s-w} - \phi(s)\phi(w) Y^{s+w-1}\} +$$
$$(1-s-w)\{\phi(s)\psi(w) Y^{s-w} - \psi(s)\phi(w) Y^{w-s}\}$$
$$(2.79)$$

where

$$\widetilde{B}(z,s) = \begin{cases} B(z,s), & y \leq Y \\ B_0(z,s), & y > Y \end{cases}$$

2.19. In the general case there are now various ways in which one can proceed in order to get the analytic continuation of ϕ and ψ. However one point is immediate: once the analytic continuation has been established one may take $w = 1-s$ in (2.79) to obtain the relation

$$\phi(s)\phi(1-s) = \psi(s)\psi(1-s) \quad (2.80)$$

which can be thought of as a weak form of the functional

equation.

The analysis we shall give takes advantage of certain special properties not available in the general case. We shall take $Y=1$ in (2.79) and expand the integral on the left to obtain

$$(s-w)\alpha(s+w)\psi(s)\psi(w)+\beta(s,w)\psi(s)+$$
$$\gamma(s,w)\psi(w)+\delta(s,w)=0 \qquad (2.81)$$

where

$$\alpha(u)=(1-u)\iint_{D_1} y^{-u}dxdy-1=-2\int_0^{\frac{1}{2}}(1-x^2)^{\frac{1}{2}(1-u)}dx$$

and β, γ, δ involve the functions ϕ and B_0, but not ψ. If we know that $\zeta(s)$ has a continuation to the half plane $\mathbf{R}(s)>\sigma_0$ then $\phi(s)$ has a continuation to $\mathbf{R}(s)>\frac{1}{2}\sigma_0$, so that $\alpha,\beta,\gamma,\delta$ are meromorphic there. If

$$(s-w)\alpha(s+w)\psi(w)+\beta(s,w)=0 \qquad (2.82)$$

identically for $\mathbf{R}(s)$, $\mathbf{R}(w)>1$, then

$$\psi(w)=-\frac{\beta(s,w)}{(s-w)\alpha(s+w)} \qquad (2.83)$$

which gives the analytic continuation of $\psi(w)$ to $\mathbf{R}(w)>\frac{1}{2}\sigma_0$. Note that $(s-w)\alpha\cdot(s+w)$ does not vanish identically. If (2.82) does not hold for all s and w then (2.81) yields

$$\psi(s)=-\frac{\gamma(s,w)\psi(w)+\delta(s,w)}{(s-w)\alpha(s+w)\psi(w)+\beta(s,w)} \qquad (2.84)$$

which gives the analytic continuation of $\psi(s)$ to $\mathbf{R}(s)>\frac{1}{2}\sigma_0$, on choosing a suitable w in the region $K(w)>1$.

第二部分 中外名家论 Riemann 函数与 Riemann 猜想

In either case $\zeta(s)$ may be continued to $\mathbf{R}(s) > \frac{1}{2}\sigma_0 - 1$. This process shows that $\zeta(s)$ has a meromorphic continuation to the whole complex plane.

Some information on possible poles comes from taking $w = \bar{s}$ in (2.79), so that $\widetilde{B}(z,w) = \overline{\widetilde{B}(z,s)}$. Then

$$(2\sigma-1)\iint_D |\widetilde{B}(z,s)|^2 \frac{dxdy}{y^2} =$$
$$\{|\phi(s)|^2 Y^{\sigma-1} - |\psi(s)|^2 Y^{1-2\sigma}\} +$$
$$(2\sigma-1)\frac{\phi(s)\overline{\psi(s)}Y^{2it} - \psi(s)\overline{\phi(s)}Y^{-2it}}{2it}$$

If $t \neq 0$ we may choose $Y \geq 1$ so that the second term on the right vanishes. It follows that

$$|\psi(s)|^2 Y^{1-2\sigma} \leq |\phi(s)|^2 Y^{2\sigma-1}$$

for $\sigma \geq \frac{1}{2}$. Thus ψ is regular for $\sigma \geq \frac{1}{2}$ and $t \neq 0$, providing that ϕ is. Hence $\zeta(s)$ has no poles for $\mathbf{R}(s) > 0$, except possibly on the real axis.

If we take $\frac{1}{2} < \mathbf{R}(s)$, $\mathbf{R}(w) < 1$ in (2.84), so that $\phi(s)$ and $\phi(w)$ are regulour, we see that $\psi(s)$ can only have a pole at a point so far which the denominator vanishes identically in w. For such an s_0, (2.83) must hold. However $\alpha(u)$ is clearly non-zero for real u, whence $\psi(w)$ can have at most asingle, simple pole for real $w > \frac{1}{2}$, and this is at $w = s_0$. Since it is clear that $\zeta(s)$ does in fact have asingularity at $s = 1$ we see that

$s_0 = 1$.

Much of the inelegance of the above analysis arises from the fact that, in the general case where one uses the Eisenstein series rather than the Epstein zeta-function, one has asingle function $\rho(s) = \psi(s)/\phi(s)$ rather than two separate ones. Here $\rho(s)$ will indeed have poles to the left of $\mathbf{R}(s) = \dfrac{1}{2}$. In our special case we can extract the functional equation for $\zeta(s)$ itself, rather than the weaker relation $\rho(s) \cdot \rho(1-s) = 1$ (see (2.80)), by using (2.74) and (2.75). We observe that

$$n^{s-\frac{1}{2}}\sigma_{1-2s}(n) = n^{\frac{1}{2}-s}\sigma_{2s-1}(n)$$

and that $K_u(z) = K_{-u}(z)$, whence $\pi^{-s}\Gamma(s)B_0(z,s)$ is invariant under the transformation $s \to 1-s$. It follows that

$$\pi^{-s}\Gamma(s)B(z,s) - \pi^{s-1}\Gamma(1-s)B(z,1-s) =$$
$$\left\{A(s) - A\left(\frac{1}{2}-s\right)\right\}y^s + \left\{A\left(s-\frac{1}{2}\right) - A(1-s)\right\}y^{1-s}$$

where we have written temporarily

$$A(s) = 2\pi^{-s}\Gamma(s)\zeta(2s)$$

The left-hand side is invariant under the transformation $z \to -1/z$, by (2.71), and so, taking $z = iy$ for example, we see that

$$A(s) = A\left(\frac{1}{2}\right) \text{ and } A\left(s-\frac{1}{2}\right) = A(1-s)$$

These produce the functional equation in the form (2.27) and indeed yield

$$\pi^{-s}\Gamma(s)B(z,s) = \pi^{s-1}\Gamma(1-s)B(z,1-s)$$

2.20. An insight into the nature of the zeta-function

第二部分　中外名家论 Riemann 函数与 Riemann 猜想

and its functional equation may be obtained from the work of Tate [1]. He considers an algebraic number field k and a general zeta-function

$$\zeta(f,c) = \int f(a)c(a)d^*a$$

where the integral on the right is over the idles J of k. Here f is one of a certain class of functions and c is any quasi-character of J, (that is to say, a continuous homomorphism from J to $\mathbb{C}^\times$) which is trivial on $k^\times$. We may write $c(a)$ in the form $c_0(a)|a|^s$, where $c_0(a)$ is a character on J (i. e. $|c_0(a)| = 1$ for $a \in J$). Then $c_0(a)$ corresponds to χ, a 'Hecke character' for k, and $\zeta(f,c)$ differs from

$$\zeta(s,\chi) = \prod_P \{1-\chi(P)(NP)^{-s}\}^{-1}$$

(where P runs over prime ideals of k), in only a finite number of factors. In particular, if $k = \mathbb{Q}$, then $\zeta(f,c)$ is essentially a Dirichlet L-series $L(s,\chi)$. Thus these are essentially the only functions which can be associated to the rational field in this manner.

Tate goes on to prove a Poisson summation formula in this idèlic setting, and deduces the elegant functional equation

$$\zeta(f,c) = \zeta(\hat{f},\tilde{c})$$

where $\hat{f}$ is the 'Fourier transform' of f, and $\hat{c}(a) = \overline{c_0(a)}|a|^{1-s}$. The functional equation for $\zeta(s,\chi)$ may be extracted from this. In the case $k = \mathbb{Q}$ we may take c_0 identically equal to 1, and make a particular choice $f = f_0$,

677

such that $\tilde{f}=f_0$ and

$$\zeta(f_0,|\cdot|^s) = \pi^{-\frac{1}{2}s}\Gamma\left(\frac{1}{2}s\right)\zeta(s)$$

The functional equation (2.27) is then immediate. Moreover it is now apparent that the factor $\pi^{-\frac{1}{2}s}\Gamma\left(\frac{1}{2}s\right)$ should be viewed as the natural term to be included in the Euler product, to correspond to the real valuation of $\mathbb{Q}$.

2.21. It is remarkable that the values of $\zeta(s)$ for $s=0, -1, -2, \cdots$, are all rational, and this suggests the possibility of a p-adic analogue of $\zeta(s)$, interpolating these numbers. In fact it can be shown that for any prime p and any integer n there is a unique meromorphic function $\zeta_{p,n}(s)$ defined for $s \in \mathbb{Z}_p$, (the p-adic integers) such that

$$\zeta_{p,n}(k) = (1-p^{-k})\zeta(k), k \leq 0, k \equiv n \pmod{p-1}$$

Indeed if $n \not\equiv 1 \pmod{p-1}$ then $\zeta_{p,n}(s)$ will be analytic on $\mathbb{Z}_p$, and if $n \equiv 1 \pmod{p-1}$ then $\zeta_{p,n}(s)$ will be analytic apart from a simple pole at $s=1$, of residue $1-(1/p)$. These results are due to Leopoldt and Kubota [1]. While these p-adic zeta-functions seem to have little interest in the simple case above, their generalizations to Dirichlet L-functions yield important algebraic information about the corresponding cyclotomic fields.

第三章 THE THEOREM OF HADAMARD AND DE LA VALLÉE POUSSIN AND ITS CONSEQUENCES

3.1. As we have already observed, it follows from the formula

$$\zeta(s) = \prod_p \left(1 - \frac{1}{p^s}\right)^{-1}, \sigma > 1 \qquad (3.1)$$

that $\zeta(s)$ has no zeros for $\sigma > 1$. For the purpose of prime-number theory, and indeed to determine the general nature of $\zeta(s)$, it is necessary to extend as far as possible this zero-free region.

It was conjectured by Riemann that all the complex zeros of $\zeta(s)$ lie on the 'critical line' $\sigma = \frac{1}{2}$. This conjecture, now known as the Riemann hypothesis, has never been either proved or disporved.

The problem of the zero-free region appears to be a question of extending the sphere of influence of the Euler product (3.1) beyond its actual region of convergence; for examples are known of functions which are extremely like the zeta-function in their representation by Dirichlet series, functional equation, and so on, but which have no Euler product, and for which the analogue of the Riemann hypothesis is false. In fact the deepest theorems on the distribution of the zeros of $\zeta(s)$ are obtained in the way suggested. But the problem of extending the sphere of influence of (3.1) to the left of $\sigma=1$ in any effective way appears to be of extreme difficulty.

By (1.4)
$$\frac{1}{\zeta(s)}=\sum_{n=1}^{\infty}\frac{\mu(n)}{n^s}, \sigma>1$$
where $|\mu(n)|\leqslant 1$. Hence for σ near to 1
$$\left|\frac{1}{\zeta(s)}\right|\leqslant \sum_{n=1}^{\infty}\frac{1}{n^{\sigma}}=\zeta(\sigma)<\frac{A}{\sigma-1}$$
i. e.
$$|\zeta(s)|>A(\sigma-1)$$
Hence if $\zeta(s)$ has a zero on $\sigma=1$ it must be a simple zero. But to prove that there cannot be even simple zeros, a much more subtle argument is required.

It was proved independently by Hadamard and de la Vallée Poussin in 1896 that $\zeta(s)$ has no zeros on the line $\sigma=1$. Their methods are similar in principle, and they form the main topic of this chapter.

The main object of both these mathematicians was to prove the prime-number theorem, that as $x\to\infty$
$$\pi(x)\sim\frac{x}{\log x}$$
This had previously been conjectured on empirical grounds. It was shown by arguments depending on the theory of functions of a complex variable that the prime-number theorem is a consequence of the Hadamard-de la Vallée Poussin theorem. The proof of the primenumber theorem so obtained was therefore not elementary.

第二部分　中外名家论 Riemann 函数与 Riemann 猜想

An elementary proof of the prime-number theorem, i. e. a proof not depending on the theory of $\zeta(s)$ and complex function theory, has recently been obtained by A. Selberg and Erdös. Since the primenumber theorem implies the Hadamard-de la Vallée Poussin theorem, this leads to a new proof of the latter. However, the Selberg-Erdös method does not lead to such good estimations as the Hadamard-de la Vallée Poussin method, so that the latter is still of great interest.

3.2. Hadamard's argument is, roughly, as follows. We have for $\sigma > 1$

$$\log \zeta(s) = \sum_p \sum_{m=1}^{\infty} \frac{1}{mp^{ms}} = \sum_p \frac{1}{p^s} + f(s) \quad (3.2)$$

where $f(s)$ is regular for $\sigma > \frac{1}{2}$. Since $\zeta(s)$ has a simple pole at $s=1$, it follows in particular that, as $\sigma \to 1 \, (\sigma > 1)$

$$\sum_p \frac{1}{p^\sigma} \sim \log \frac{1}{\sigma - 1} \quad (3.3)$$

Suppose now that $s = 1 + it_0$ is a zero of $\zeta(s)$. Then if $s = \sigma + it_0$, as $\sigma \to 1 \, (\sigma > 1)$

$$\sum_p \frac{\cos(t_0 \log p)}{p^\sigma} = \log |\zeta(s)| - \mathbf{R}f(s) \sim \log(\sigma - 1)$$

$$(3.4)$$

Comparing (3.3) and (3.4), we see that $\cos(t_0 \log p)$ must, in some sense, be approximately -1 for most values of p. But then $\cos(2t_0 \log p)$ is approximately 1 for most values of p, and

$$\log |\zeta(\sigma + 2it_0)| \sim \sum_p \frac{\cos(2t_0 \log p)}{p^\sigma}$$

$$\sim \sum_p \frac{1}{p^\sigma} \sim \log \frac{1}{\sigma-1}$$

so that $1+2it_0$ is a pole of $\zeta(s)$. Since this is false, it follows that $\zeta(1+it_0) \neq 0$.

To put the argument in a rigorous form, let

$$S = \sum_p \frac{1}{p^\sigma}$$

$$P = \sum_p \frac{\cos(t_0 \log p)}{p^\sigma}$$

$$Q = \sum_p \frac{\cos(2t_0 \log p)}{p^\sigma}$$

Let S', P', Q' be the parts of these sums for which

$$(2k+1)\pi - \alpha \leqslant t_0 \log p \leqslant (2k+1)\pi + \alpha$$

for any integer k, and α fixed, $0 < \alpha < \frac{1}{4}\pi$. Let S'', etc., be the remainders. Let $\lambda = S'/S$.

If ϵ is any positive number, it follows from (3.3) and (3.4) that

$$P < -(1-\epsilon)S$$

if $\sigma - 1$ is small enough. But

$$P' \geqslant -S' = -\lambda S$$

and

$$P'' \geqslant -S'' \cos \alpha = -(1-\lambda)S \cos \alpha$$

Hence

$$-\{\lambda + (1-\lambda)\cos \alpha\} S < -(1-\epsilon)S$$

i.e.

$$(1-\lambda)(1-\cos \alpha) < \epsilon$$

Hence $\lambda \to 1$ as $\sigma \to 1$

Also

第二部分 中外名家论 Riemann 函数与 Riemann 猜想

$$Q' \geqslant S' \cos 2\alpha, Q'' \geqslant -S''$$

so that

$$Q \geqslant S(\lambda \cos 2\alpha - 1 + \lambda)$$

Since $\lambda \to 1$, $S \to \infty$, it follows that $Q \to \infty$ as $\sigma \to 1$. Hence $1 + 2it_0$ is a pole, and the result follows as before.

The following form of the argument was suggested by Dr. F. V. Atkinson. We have

$$\left\{\sum_p \frac{\cos(t_0 \log p)}{p^\sigma}\right\}^2 = \left\{\sum_p \frac{\cos(t_0 \log p)}{p^{\frac{1}{2}\sigma}} \cdot \frac{1}{p^{\frac{1}{2}\sigma}}\right\}^2 \leqslant$$

$$\sum_p \frac{\cos^2(t_0 \log p)}{p^\sigma} \sum_p \frac{1}{p^\sigma} =$$

$$\frac{1}{2} \sum_p \frac{1 + \cos(2t_0 \log p)}{p^\sigma} \sum_p \frac{1}{p^\sigma}$$

i. e.

$$P^2 \leqslant \frac{1}{2}(S+Q)S$$

Suppose now that, for some t_0, $P \sim \log(\sigma - 1)$. Since $S \sim \log\{1/(\sigma-1)\}$, it follows that, for a given ϵ and $\sigma - 1$ small enough

$$(1-\epsilon)^2 \log^2 \frac{1}{\sigma-1} \leqslant \frac{1}{2}\left\{(1+\epsilon)\log\frac{1}{\sigma-1} + Q\right\}(1+\epsilon)\log\frac{1}{\sigma-1}$$

i. e.

$$Q \geqslant \left\{\frac{2(1-\epsilon)^2}{1+\epsilon} - 1 - \epsilon\right\} \log \frac{1}{\sigma-1}$$

Hence $Q \to \infty$, and this involves a contradiction as before.

3.3. In de Vallée Poussin's argument a relation between $\zeta(\sigma+it)$ and $\zeta(\sigma+2it)$ is also fundamental; but the result is now deduced from the fact that

$$3+4\cos\phi+\cos 2\phi=2(1+\cos\phi)^2\geq 0 \quad (3.5)$$

for all values of ϕ.

We have

$$\zeta(s)=\exp\sum_p\sum_{m=1}^{\infty}\frac{1}{mp^{ms}}$$

and hence

$$|\zeta(s)|=\exp\sum_p\sum_{m=1}^{\infty}\frac{\cos(mt\log p)}{mp^{m\sigma}}$$

Hence

$$\zeta^3(\sigma)|\zeta(\sigma+it)|^4|\zeta(\sigma+2it)|=$$
$$\exp\left\{\sum_p\sum_{m=1}^{\infty}\frac{3+4\cos(mt\log p)+\cos(2mt\log p)}{mp^{m\sigma}}\right\} \quad (3.6)$$

Since every term in the last sum is positive or zero, it follows that

$$\zeta^3(\sigma)|\zeta(\sigma+it)|^4|\zeta(\sigma+2it)|\geq 1, \sigma>1 \quad (3.7)$$

Now, keeping t fixed, let $\sigma\to 1$. Then

$$\zeta^3(\sigma)=O\{(\sigma-1)^{-3}\}$$

and, if $1+it$ is zero of $\zeta(s)$, $\zeta(\sigma+it)=O(\sigma-1)$. Also $\zeta(\sigma+2it)=O(1)$, since $\zeta(s)$ is regular at $1+2it$. Hence the left-hand side of (3.7) is $O(\sigma-1)$, giving a contradiction. This proves the theorem.

There are other inequalities of the same type as (3.5), which can be used for the same purpose; e.g. from

$$5+8\cos\phi+4\cos 2\phi+\cos 3\phi=$$
$$(1+\cos\phi)(1+2\cos\phi)^2\geq 0 \quad (3.8)$$

we deduce that

$$\zeta^5(\sigma)|\zeta(\sigma+it)|^8|\zeta(\sigma+2it)|^4|\zeta(\sigma+3it)|\geq 1$$
$$(3.9)$$

This, however, has no particular advantage over (3.7).

3.4. Another alternative proof has been given by Ingham.[①] This depends on the identity

$$\frac{\zeta^2(s)\zeta(s+ai)\zeta(s-ai)}{\zeta(2s)} = \sum_{n=1}^{\infty} \frac{|\sigma_{ai}(n)|^2}{n^s}, \sigma>1 \tag{3.10}$$

where a is any real number other than zero, and

$$\sigma_{ai}(n) = \sum_{d|n} d^{ai}$$

This is the particular case of (1.27) obtained by putting ai for a and $-ai$ for b.

Let σ_0 be the abscissa of convergence of the series (3.10). Then $\sigma_0 \leq 1$, and (3.10) is valid by analytic continuation for $\sigma > \sigma_0$, the function $f(s)$ on the left-hand side being of necessity regular in this half-plane. Also, since all the coefficients in the Dirichlet series are positive, the real point of the line of convergence, viz. $s = \sigma_0$, is a singularity of the function.

Suppose now that $1+ai$ is a zero of $\zeta(s)$. Then $1-ai$ is also a zero, and these two zeros cancel the double pole of $\zeta^2(s)$ at $s=1$. Hence $f(s)$ is regular on the real axis as far as $s=-1$, where $\zeta(2s)=0$; and so $\sigma_0 = -1$. This is easily seen in various ways to be impossible; for example (3.10) would then give $f\left(\frac{1}{2}\right) \geq 1$, whereas in fact $f\left(\frac{1}{2}\right) = 0$.

---

① Ingham (3).

3.5. In the following sections we extend as far as we can the ideas suggested by §3.1.

Since $\zeta(s)$ has a finite number of zeros in the rectangle $0 \leqslant \sigma \leqslant 1$, $0 \leqslant t \leqslant T$ and none of them lie on $\sigma = 1$, it follows that there is a rectangle $1-\delta \leqslant \sigma \leqslant 1$, $0 \leqslant t \leqslant T$, which is free from zeros. Here $\delta = \delta(T)$ may, for all we can prove, tend to zero as $T \to \infty$; but we can obtain a positive lower bound for $\delta(T)$ for each value of T.

Again, since $1/\zeta(s)$ is regular for $\sigma = 1$, $1 \leqslant t \leqslant T$, it has an upper bound in the interval, which is a function of T. We also investigate the behaviour of this upper bound as $t \to \infty$. There is, of course, a similar problem for $\zeta(s)$, in which the distribution of the zeros is not immediately involved. It is convenient to consider all these problems together, and we begin with $\zeta(s)$.

Theorem 3.5. *We have*

$$\zeta(s) = O(\log t) \qquad (3.11)$$

uniformly in the region

$$1 - \frac{A}{\log t} \leqslant \sigma \leqslant 2, t > t_0$$

where A is any positive constant. In particular

$$\zeta(1+it) = O(\log t) \qquad (3.12)$$

In (2.3), take $\sigma > 1$, $a = N$, and make $b \to \infty$. We obtain

$$\zeta(s) - \sum_{n=1}^{N} \frac{1}{n^s} = s \int_{N}^{\infty} \frac{[x] - x + \frac{1}{2}}{x^{s+1}} dx + \frac{N^{1-s}}{s-1} - \frac{1}{2} N^{-s}$$

$$(3.13)$$

the result holding by analytic continuation for $\sigma > 0$.

686

Hence for $\sigma>0$, $t>1$

$$\zeta(s) - \sum_{n=1}^{N} \frac{1}{n^s} = O\left(t\int_{N}^{\infty} \frac{dx}{x^{\sigma+1}}\right) + O\left(\frac{N^{1-\sigma}}{t}\right) + O(N^{-\sigma}) =$$

$$O\left(\frac{t}{\sigma N^\sigma}\right) + O\left(\frac{N^{1-\sigma}}{t}\right) + O(N^{-\sigma}) \quad (3.14)$$

In the region considered, if $n \leqslant t$

$$|n^{-s}| = n^{-\sigma} = e^{-\sigma \log n} \leqslant \exp\left\{-\left(1-\frac{A}{\log t}\right)\log n\right\} \leqslant n^{-1} e^{A}$$

Hence, taking $N = [t]$

$$\zeta(s) = \sum_{n=1}^{N} O\left(\frac{1}{n}\right) + O\left(\frac{t}{N}\right) + O\left(\frac{1}{t}\right) + O\left(\frac{1}{N}\right) =$$

$$O(\log N) + O(1) = O(\log t)$$

This result will be improved later (Theorems 5.16, 6.11), but at the cost of far more difficult proofs.

It is also easy to see that

$$\zeta'(s) = O(\log^2 t) \quad (3.15)$$

in the above region. For, differentiating (3.13)

$$\zeta'(s) = -\sum_{n=2}^{N} \frac{\log n}{n^s} + \int_{N}^{\infty} \frac{[x] - x + \frac{1}{2}}{x^{s+1}} (1 - s\log x) dx -$$

$$\frac{N^{1-s}\log N}{s-1} - \frac{N^{1-s}}{(s-1)^2} + \frac{1}{2} N^{-s} \log N$$

and a similar argument holds, with an extra factor $\log t$ on the right-hand side. Similarly for higher derivatives of $\zeta(s)$.

We may note in passing that (3.13) shows the behaviour of the Dirichlet series (1.2) for $\sigma \leqslant 1$. If we take $\sigma = 1$, $t \neq 0$, we obtain

$$\zeta(1+it) - \sum_{1}^{N} \frac{1}{n^{1+it}} = (1+it)\int_{N}^{\infty} \frac{[x]-x+\frac{1}{2}}{x^{2+it}}dx + \frac{N^{-it}}{it} - \frac{1}{2}N^{-1-it}$$

which oscillates finitely as $N \to \infty$. For $\sigma < 1$ the series, of course, diverges (oscillates infinitely).

3.6. Inequalities for $1/\zeta(s)$, $\zeta'(s)/\zeta(s)$, **and** $\log \zeta(s)$. Inequalities of this type in the neighbourhood of $\sigma = 1$ can now be obtained by a slight elaboration of the argument of §3.3. We have for $\sigma > 1$

$$\left|\frac{1}{\zeta(\sigma+it)}\right| \leq \{\zeta(\sigma)\}^{\frac{3}{4}} |\zeta(\sigma+2it)|^{\frac{1}{4}} = O\left\{\frac{\log^{\frac{1}{4}}t}{(\sigma-1)^{\frac{3}{4}}}\right\}$$

(3.16)

Aalso

$$\zeta(1+it) - \zeta(\sigma+it) = -\int_{1}^{\infty} \zeta'(u+it)du = O\{(\sigma-1)\log^2 t\}$$

(3.17)

for $\sigma > 1 - A/\log t$. Hence

$$|\zeta(1+it)| > A_1 \frac{(\sigma-1)^{\frac{3}{4}}}{\log^{\frac{1}{4}}t} - A_2(\sigma-1)\log^2 t$$

The two terms on the right are of the same order if $\sigma - 1 = \log^{-9}t$. Hence, taking $\sigma - 1 = A_3 \log^{-9}t$, where A_3 is sufficiently small

$$|\zeta(1+it)| > A\log^{-7}t \qquad (3.18)$$

Next (3.17) and (3.18) together give, for $1 - A\log t < \sigma < 1$

$$|\zeta(\sigma+it)| > A\log^{-7}t - A(1-\sigma)\log^2 t \qquad (3.19)$$

and the right-hand side is positive if $1-\sigma < A\log^{-9}t$. Hence $\zeta(s)$ has no zeros in the region $\sigma > 1 - A\log^{-9}t$, and in

fact, by (3.19)

$$\frac{1}{\zeta(s)} = O(\log^7 t) \qquad (3.20)$$

in this region.

Hence also, by (3.20)

$$\frac{\zeta'(s)}{\zeta(s)} = O(\log^9 t) \qquad (3.21)$$

and

$$\log \zeta(s) = \int_2^\sigma \frac{\zeta'(u+it)}{\zeta(u+it)} du + \log \zeta(2+it) = O(\log^9 t) \qquad (3.22)$$

both for $\sigma > 1 - A\log^{-9} t$.

We shall see later that all these results can be improved, but they are sufficient for some purposes.

3.7. The Prime-number Theorem. Let $\pi(x)$ denote the number of primes not exceeding x. Then as $x \to \infty$

$$\pi(x) \sim \frac{x}{\log x} \qquad (3.23)$$

The investigation of $\pi(x)$ was, of course, the original purpose for which $\zeta(s)$ was studied. It is not our purpose to pursue this side of the theory farther than is necessary, but it is convenient to insert here a proof of the main theorem on $\pi(x)$.

We have proved in (1.3) that, if $\sigma > 1$

$$\log \zeta(s) = s \int_2^\infty \frac{\pi(x)}{x(x^s - 1)} dx$$

We want an explicit formula for $\pi(x)$, i. e. we want to invert the above integral formula. We can reduce this to a case of Mellin's inversion formula as follows. Let

$$\omega(s) = \int_2^\infty \frac{\pi(x)}{x^{s+1}(x^s-1)} dx$$

Then

$$\frac{\log \zeta(s)}{s} - \omega(s) = \int_2^\infty \frac{\pi(x)}{x^{s+1}} dx \quad (3.24)$$

This is of the Mellin form, and $\omega(s)$ is a comparatively trivial function; in fact since $\pi(x) \leq x$ the integral for $\omega(s)$ converges uniformly for $\sigma \geq \frac{1}{2} + \delta$, by comparison with

$$\int_2^\infty \frac{dx}{x^{\frac{1}{2}+\delta}(x^{\frac{1}{2}+\delta} - 1)}$$

Hence $\omega(s)$ is regular and bounded for $\sigma \geq \frac{1}{2} + \delta$. Similarly so is $\omega'(s)$, since

$$\omega'(s) = \int_2^\infty \pi(x) \log x \frac{1-2x^s}{x^{s+1}(x^s-1)^2} dx$$

We could now use Mellin's inversion formula, but the resulting formula is not easily manageable. We therefore modify (3.24) as follows. Differentiating with respect to s

$$-\frac{\zeta'(s)}{s\zeta(s)} + \frac{\log \zeta(s)}{s^2} + \omega'(s) = \int_2^\infty \frac{\pi(x) \log x}{x^{s+1}} dx$$

Denote the left-hand side by $\phi(s)$, and let

$$g(x) = \int_0^x \frac{\pi(u) \log u}{u} du, \quad h(x) = \int_0^x \frac{g(u)}{u} du$$

$\pi(x)$, $g(x)$, and $h(x)$ being zero for $x<2$. Then, integrating by parts

第二部分　中外名家论 Riemann 函数与 Riemann 猜想

$$\phi(s) = \int_0^\infty g'(x) x^{-s} \mathrm{d}x = x \int_0^\infty g(x) x^{-s-1} \mathrm{d}x =$$

$$s \int_0^\infty h'(x) x^{-s} \mathrm{d}x = s^2 \int_0^\infty h(x) x^{-s-1} \mathrm{d}x, \sigma > 1$$

or

$$\frac{\phi(1-s)}{(1-s)^2} = \int_0^\infty \frac{h(x)}{x} x^{s-1} \mathrm{d}x$$

Now $h(x)$ is continuous and of bounded variation in any finite interval; and, since $\pi(x) \leq x$, it follows that, for $x > 1$, $g(x) \leq x\log x$, and $h(x) \leq x\log x$. Hence $h(x) x^{k-2}$ is absolutely integrable over $(0, \infty)$ if $k < 0$. Hence

$$\frac{h(x)}{x} = \frac{1}{2\pi \mathrm{i}} \int_{k-\mathrm{i}\infty}^{k+\mathrm{i}\infty} \frac{\phi(1-s)}{(1-s)^2} x^{-s} \mathrm{d}s, k < 0$$

or

$$h(x) = \frac{1}{2\pi \mathrm{i}} \int_{c-\mathrm{i}\infty}^{c+\mathrm{i}\infty} \frac{\phi(s)}{s^2} x^s \mathrm{d}s, c > 1$$

The integral on the right is absolutely convergent, since by (3.21) and (3.22) $\phi(s)$ is abounded for $\sigma \geq 1$, except in the neighbourhood for $s = 1$.

In the neighbourhood of $s = 1$

$$\phi(s) = \frac{1}{s-1} + \log \frac{1}{s-1} + \cdots$$

and we may write

$$\phi(s) = \frac{1}{s-1} + \psi(s)$$

where $\psi(s)$ is bounded for $\sigma \geq 1$, $|s-1| \geq 1$, and $\psi(s)$ has alogarithmic infinity as $s \to 1$. Now

$$h(x) = \frac{1}{2\pi \mathrm{i}} \int_{c-\mathrm{i}\infty}^{c+\mathrm{i}\infty} \frac{x^s}{(s-1) s^2} \mathrm{d}s + \frac{1}{2\pi \mathrm{i}} \int_{c-\mathrm{i}\infty}^{c+\mathrm{i}\infty} \frac{\psi(s)}{s^2} x^s \mathrm{d}s$$

The first term is equal to the sum of the residues on the left of the line $\mathbf{R}(s) = c$, and so is
$$x - \log x - 1$$
In the other term we may put $c = 1$, i.e. apply Cauchy's theorem to the rectangle $(1 \pm iT, c \pm iT)$, with an indentation of radius ϵ round $s = 1$, and make $T \to \infty$, $\epsilon \to \infty$. Hence
$$h(x) = x - \log x - 1 + \frac{2}{2\pi} \int_{-\infty}^{\infty} \frac{\psi(1+it)}{(1+it)^2} x^{it} dt$$
The last integral tends to zero as $x \to \infty$, by the extension to Fourier integrals of the Riemann-Lebesgue theorem. ① Hence
$$h(x) \sim x \qquad (3.25)$$

To get back to $\pi(x)$ we now use the following lemma:

Let $f(x)$ be be positive non-decreasing, and as $x \to \infty$ let
$$\int_1^x \frac{f(u)}{u} du \sim x$$
Then

If δ is given positive number
$$(1-\delta)x < \int_1^x \frac{f(t)}{t} dt < (1+\delta)x, x > x_0(\delta)$$
Hence for any positive ϵ
$$\int_x^{x(1+\epsilon)} \frac{f(u)}{u} du = \int_1^{x(1+\epsilon)} \frac{f(u)}{u} du - \int_1^x \frac{f(u)}{u} du <$$

---

① See *Introduction to the Theory of Fourier Integrals*, Theorem 1.

$$(1+\delta)(1+\epsilon)x - (1-\delta)x = (2\delta + \epsilon + \delta\epsilon)x$$

But, since $f(x)$ is non-decreasing

$$\int_x^{x(1+\epsilon)} \frac{f(u)}{u} du \geqslant f(x) \int_x^{x(1+\epsilon)} \frac{du}{u} > f(x) \int_x^{x(1+\epsilon)} \frac{du}{x(1+\epsilon)} = \frac{\epsilon}{1+\epsilon} f(x)$$

Hence

$$f(x) < x(1+\epsilon)\left(1+\delta+\frac{2\delta}{\epsilon}\right)$$

Taking, for example, $\epsilon = \sqrt{\delta}$, it follows that

$$\overline{\lim} \frac{f(x)}{x} \leqslant 1$$

Similarly, by considering

$$\int_{x(1-\epsilon)}^{x} \frac{f(u)}{u} du$$

we obtain

$$\underline{\lim} \frac{f(x)}{x} \geqslant 1$$

and the lemma follows.

Applying the lemma twice, we deduce from (3.25) that

$$g(x) \sim x$$

and hence that

$$\pi(x) \log x \sim x$$

3.8. Theorem 3.8. *There is a constant A such that $\zeta(s)$ is not zero for*

$$\sigma \geq 1 - \frac{A}{\log t}, t \geq t_0$$

We have for $\sigma > 1$

$$-\mathbf{R}\left\{\frac{\zeta'(s)}{\zeta(s)}\right\} = \sum_{p,m} \frac{\log p}{p^{m\sigma}} \cos(mt\log p) \quad (3.26)$$

Hence, for $\sigma > 1$ and any real γ

$$-3\frac{\zeta'(\sigma)}{\zeta(\sigma)} - 4\mathbf{R}\frac{\zeta'(\sigma+i\gamma)}{\zeta(\sigma+i\gamma)} - \mathbf{R}\frac{\zeta'(\sigma+2i\gamma)}{\zeta(\sigma+2i\gamma)} =$$

$$\sum_{p,m} \frac{\log p}{p^{m\sigma}} \{3 + 4\cos(m\gamma\log p) + \cos(2m\gamma\log p)\} \geq 0$$

(3.27)

Now

$$-\frac{\zeta'(\sigma)}{\zeta(\sigma)} < \frac{1}{\sigma-1} + O(1) \quad (3.28)$$

Also, by (2.44)

$$-\frac{\zeta'(s)}{\zeta(s)} = O(\log t) - \sum_{\rho}\left(\frac{1}{s-\rho} + \frac{1}{\rho}\right) \quad (3.29)$$

where $\rho = \beta + i\gamma$ runs through complex zeros of $\zeta(s)$. Hence

$$-\mathbf{R}\left\{\frac{\zeta'(s)}{\zeta(s)}\right\} = O(\log t) - \sum_{\rho}\left\{\frac{\sigma-\beta}{(\sigma-\beta)^2+(t-\gamma)^2} + \frac{\beta}{\beta^2+\gamma^2}\right\}$$

Since every term in the last sum is positive, it follows that

$$-\mathbf{R}\left\{\frac{\zeta'(s)}{\zeta(s)}\right\} < O(\log t) \quad (3.30)$$

and also, if $\beta + i\gamma$ is a particular zero of $\zeta(s)$, that

$$-\mathbf{R}\left\{\frac{\zeta'(\sigma+i\gamma)}{\zeta(\sigma+i\gamma)}\right\} < O(\log \gamma) - \frac{1}{\sigma-\beta} \quad (3.31)$$

From (3.27) (3.28) (3.30) (3.31) we obtain

$$\frac{3}{\sigma-1} - \frac{4}{\sigma-\beta} + O(\log \gamma) \geq 0$$

第二部分 中外名家论 Riemann 函数与 Riemann 猜想

or say

$$\frac{3}{\sigma-1}-\frac{4}{\sigma-\beta} \geq -A_1 \log \gamma$$

Solving for β, we obtain

$$1-\beta \geq \frac{1-(\sigma-1)A_1 \log \gamma}{3/(\sigma-1)+A_1 \log \gamma}$$

The right-hand side is positive if $\sigma-1 = \dfrac{1/2A_1}{\log \gamma}$, and then

$$1-\beta \geq \frac{A_2}{\log \gamma}$$

the required result.

3.9. There is an alternative method, due to Landau,[①] of obtaining results of this kind, in which the analytic character of $\zeta(s)$ for $\sigma \leq 0$ need not be known. It depends on the following lemmas.

Lemma α. If $f(s)$ is regular, and

$$\left|\frac{f(s)}{f(s_0)}\right| < e^M, M > 1$$

in the circle $|s-s_0| \leq r$, then

$$\left|\frac{f'(s)}{f(s)} - \sum_\rho \frac{1}{s-\rho}\right| < \frac{AM}{r}, |s-s_0| \leq \frac{1}{4}r$$

where ρ runs through the zeros of $f(s)$ such that $|\rho-s_0| \leq \dfrac{1}{2}r$.

The function $g(s) = f(s) \prod_\rho (s-\rho)^{-1}$ is regular for

---

① Landau (14).

$|s-s_0| \leq r$, and not zero for $|s-s_0| \leq \frac{1}{2}r$. On $|s-s_0|=r$, $|s-\rho| \geq \frac{1}{2}r \geq |s_0-\rho|$, so that

$$\left|\frac{g(s)}{g(s_0)}\right| = \left|\frac{f(s)}{f(s_0)}\right| \prod \left(\frac{s_0-\rho}{s-\rho}\right) \leq \left|\frac{f(s)}{f(s_0)}\right| < e^M$$

This inequality therefore holds inside the circle also. Hence the function

$$h(s) = \log\left\{\frac{g(s)}{g(s_0)}\right\}$$

where the logarithm is zero at $s = s_0$, is regular for $|s-s_0| \leq \frac{1}{2}r$, and

$$h(s_0) = 0, \mathbf{R}\{h(s)\} < M$$

Hence by the Borel-Carathéodory theorem[1]

$$|h(s)| < AM, |s-s_0| \leq \frac{3}{8}r \qquad (3.32)$$

and so, for $|s-s_0| \leq \frac{1}{4}r$

$$|h'(s)| = \left|\frac{1}{2\pi i}\int_{|z-s|=\frac{1}{8}r}\frac{h(z)}{(z-s)^2}dz\right| < \frac{AM}{r}$$

This gives the result stated.

Lemma β. If $f(s)$ satisfies the conditions of the previous lemma, and has no zeros in the right-hand half of the circle $|s-s_0| \leq r$, then

$$-\mathbf{R}\left\{\frac{f'(s_0)}{f(s_0)}\right\} < \frac{AM}{r}$$

---

[1] Titchmarsh, *Theory of Functions*, §5.5.

while if $f(s)$ has a zero ρ_0 between $s_0 - \frac{1}{2}r$ and s_0, then

$$-\mathbf{R}\left\{\frac{f'(s_0)}{f(s_0)}\right\} < \frac{AM}{r} - \frac{1}{s_0 - \rho_0}$$

Lemma α gives

$$-\mathbf{R}\left\{\frac{f'(s_0)}{f(s_0)}\right\} < \frac{AM}{r} - \sum \mathbf{R}\frac{1}{s_0 - \rho}$$

and since $\mathbf{R}\{1/(s_0-\rho)\} \geq 0$ for every ρ, both results follow at once.

Lemma γ. Let $f(s)$ satisfy the conditions of Lemma α, and let

$$\left|\frac{f'(s_0)}{f(s_0)}\right| < \frac{M}{r}$$

Suppose also that $f(s) \neq 0$ in the part $\sigma \geq \sigma_0 - 2r'$ of the circle $|s-s_0| \leq r$, where $0 < r' < \frac{1}{4}r$. Then

$$\left|\frac{f'(s)}{f(s)}\right| < A\frac{M}{r}, \quad |s-s_0| \leq r'$$

Lemma α now gives

$$-\mathbf{R}\left|\frac{f'(s)}{f(s)}\right| < A\frac{M}{r} - \sum \mathbf{R}\frac{1}{s-\rho} < A\frac{M}{r}$$

for all s in $|s-s_0| \leq \frac{1}{4}r$, $\sigma \geq \sigma_0 - 2r'$, each term of the sum being positive in this region. The result then follows on applying the Borel-Carathéodory theorem to the function $-f'(s)/f(s)$ and the circles $|s-s_0|=2r'$, $|s-s_0|=r'$.

3.10. We can now prove the following general theorem, which we shall apply later with special forms of the functions $\theta(t)$ and $\phi(t)$.

Theorem 3.10. Let
$$\zeta(s) = O(e^{\phi(t)})$$
as $t \to \infty$ in the region
$$1-\theta(t) \leqslant \sigma \leqslant 2, t \geqslant 0$$
where $\phi(t)$ and $1/\theta(t)$ are positive non-decreasing functions of t for $t \geqslant 0$, such that $\theta(t) \leqslant 1$, $\phi(t) \to \infty$, and
$$\frac{\phi(t)}{\theta(t)} = o(e^{\phi(t)}) \tag{3.33}$$

Then there is a constant A_1 such that $\zeta(s)$ has no zeros in the region
$$\sigma \geqslant 1 - A_1 \frac{\theta(2t+1)}{\phi(2t+1)} \tag{3.34}$$

Let $\beta + i\gamma$ be a zero of $\zeta(s)$ in the upper half-plane. Let
$$1 + e^{-\phi(2\gamma+1)} \leqslant \sigma_0 \leqslant 2$$
$$s_0 = \sigma_0 + i\gamma, s_0' = \sigma_0 + 2i\gamma, r = \theta(2\gamma+1)$$
Then the circles $|s-s_0| \leqslant r$, $|s-s_0'| \leqslant r$ both lie in the region
$$\sigma \geqslant 1 - \theta(t)$$
Now
$$\left|\frac{1}{\zeta(s_0)}\right| < \frac{A}{\sigma_0 - 1} < A e^{\phi(2\gamma+1)}$$
and similarly for s_0'. Hence there is a constant A_2 such that
$$\left|\frac{\zeta(s)}{\zeta(s_0)}\right| < e^{A_2 \phi(2\gamma+1)}, \left|\frac{\zeta(s)}{\zeta(s_0')}\right| < e^{A_2 \phi(2\gamma+1)}$$
in the circles $|s-s_0| \leqslant r$, $|s-s_0'| \leqslant r$ respectively. We can therefore apply Lemma β with $M = A_2 \phi(2\gamma+1)$. We

obtain

$$-\mathbf{R}\left\{\frac{\zeta'(\sigma_0+2i\gamma)}{\zeta(\sigma_0+2i\gamma)}\right\} < \frac{A_3\phi(2\gamma+1)}{\theta(2\gamma+1)} \quad (3.35)$$

and, if

$$\beta > \sigma_0 - \frac{1}{2}r \quad (3.36)$$

$$-\mathbf{R}\left\{\frac{\zeta'(\sigma_0+i\gamma)}{\zeta(\sigma_0+i\gamma)}\right\} < \frac{A_3\phi(2\gamma+1)}{\theta(2\gamma+1)} - \frac{1}{\sigma_0-\beta} \quad (3.37)$$

Also as $\sigma_0 \to 1$

$$-\frac{\zeta'(\sigma_0)}{\zeta(\sigma_0)} \sim \frac{1}{\sigma_0-1}$$

Hence

$$-\frac{\zeta'(\sigma_0)}{\zeta(\sigma_0)} < \frac{a}{\sigma_0-1} \quad (3.38)$$

where a can be made as near 1 as we please by choice of σ_0.

Now (3.27) (3.35) (3.37) and (3.38) give

$$\frac{3a}{\sigma_0-1} + \frac{5A_3\phi(2\gamma+1)}{\theta(2\gamma+1)} - \frac{4}{\sigma_0-\beta} \geq 0$$

$$\sigma_0-\beta \geq \left\{\frac{3a}{4(\sigma_0-1)} + \frac{5A_3}{4} \cdot \frac{\phi(2\gamma+1)}{\theta(2\gamma+1)}\right\}^{-1}$$

$$1-\beta \geq \left\{\frac{3a}{4(\sigma_0-1)} + \frac{5A_3}{4} \cdot \frac{\phi(2\gamma+1)}{\theta(2\gamma+1)}\right\}^{-1} - (\sigma_0-1) =$$

$$\frac{\left\{1 - \frac{3a}{4} - \frac{5A_3}{4} \cdot \frac{\phi(2\gamma+1)(\sigma_0-1)}{\theta(2\gamma+1)}\right\}}{\left\{\frac{3a}{4(\sigma_0-1)} + \frac{5A_3}{4} \cdot \frac{\phi(2\gamma+1)}{\theta(2\gamma+1)}\right\}}$$

To make the numerator positive, take $a = \frac{4}{5}$, and

$$\sigma_0 - 1 = \frac{1}{40A_3} \cdot \frac{\theta(2\gamma+1)}{\phi(2\gamma+1)}$$

this being consistent with the previous conditions, by (3.33) if γ is large enough. It follows that

$$1-\beta \geqslant \frac{\theta(2\gamma+1)}{1\ 240A_3\phi(2\gamma+1)}$$

as required. If (3.36) is not satisfied

$$\beta \leqslant \sigma_0 - \frac{1}{2}r = 1 + \frac{1}{40A_3} \cdot \frac{\theta(2\gamma+1)}{\phi(2\gamma+1)} - \frac{1}{2}\theta(2\gamma+1)$$

which also leads to (3.34). This proves the theorem.

In particular, we can take $\theta(t) = \frac{1}{2}$, $\phi(t) = \log(t+2)$. This gives a new proof of Theorem 3.8.

3.11. Theorem 3.11. *Under the hypotheses of Theorem* 3.10 *we have*

$$\frac{\zeta'(s)}{\zeta(s)} = O\left\{\frac{\phi(2t+3)}{\theta(2t+3)}\right\} \qquad (3.39)$$

$$\frac{1}{\zeta(s)} = O\left\{\frac{\phi(2t+3)}{\theta(2t+3)}\right\} \qquad (3.40)$$

uniformly for

$$\sigma \geqslant 1 - \frac{A_1}{4} \cdot \frac{\theta(2t+3)}{\phi(2t+3)} \qquad (3.41)$$

in particular

$$\frac{\zeta(1+it)}{\zeta'(1+it)} = O\left\{\frac{\phi(2t+3)}{\theta(2t+3)}\right\} \qquad (3.42)$$

$$\frac{1}{\zeta(1+it)} = O\left\{\frac{\phi(2t+3)}{\theta(2t+3)}\right\} \qquad (3.43)$$

We apply Lemma γ, with

$$s_0 = 1 + \frac{A_1}{2} \cdot \frac{\theta(2t_0+3)}{\phi(2t_0+3)} + it_0, r = \theta(2t_0+3)$$

第二部分 中外名家论 Riemann 函数与 Riemann 猜想

In the circle $|s-s_0| \leq r$

$$\frac{\zeta(s)}{\zeta(s_0)} = O\left\{\frac{e^{\phi(t)}}{\sigma_0-1}\right\} = O\left\{\frac{\phi(2t_0+3)}{\theta(2t_0+3)} e^{\phi(t_0+1)}\right\} = O\left\{e^{A\phi(2t_0+3)}\right\}$$

and

$$\frac{\zeta'(s_0)}{\zeta(s_0)} = O\left\{\frac{1}{\sigma_0-1}\right\} = O\left\{\frac{\phi(2t_0+3)}{\theta(2t_0+3)}\right\} = O\left\{\frac{\phi(2t_0+3)}{r}\right\}$$

We can therefore take $M = A\phi(2t_0+3)$. Also, by the previous theorem, $\zeta(s)$ has no zeros for

$$t \leq t_0+1, \sigma \geq 1 - A_1 \frac{\theta\{2(t_0+1)+1\}}{\phi\{2(t_0+1)+1\}} = 1 - A_1 \frac{\theta(2t_0+3)}{\phi(2t_0+3)}$$

Hence we can take

$$2r' = \frac{3A_1}{2} \cdot \frac{\theta(2t_0+3)}{\phi(2t_0+3)}$$

Hence

$$\frac{\zeta'(s)}{\zeta(s)} = O\left\{\frac{\phi(2t_0+3)}{\theta(2t_0+3)}\right\}$$

for

$$|s-s_0| \leq \frac{3A_1}{4} \cdot \frac{\theta(2t_0+3)}{\phi(2t_0+3)}$$

and in particular for

$$t = t_0, \sigma \geq 1 - \frac{A_1}{4} \cdot \frac{\theta(2t_0+3)}{\phi(2t_0+3)}$$

This is (3.39), with t_0 instead of t.

Also, if

$$1 - \frac{A_1}{4} \cdot \frac{\theta(2t+3)}{\phi(2t+3)} \leq \sigma \leq 1 + \frac{\theta(2t+3)}{\phi(2t+3)} \quad (3.44)$$

$$\log \frac{1}{|\zeta(s)|} = -\mathbf{R}\log \zeta(s) =$$

$$-\mathbf{R}\log \zeta\left\{1 + \frac{\theta(2t+3)}{\phi(2t+3)} + it\right\} + \int_\sigma^{1+\frac{\theta(2t+3)}{\phi(2t+3)}} \mathbf{R}\frac{\zeta'(u+it)}{\zeta(u+it)} du \leq$$

$$\log \zeta \left\{ 1 + \frac{\theta(2t+3)}{\phi(2t+3)} \right\} + \int_\sigma^{1+\frac{\theta(2t+3)}{\phi(2t+3)}} O\left\{ \frac{\theta(2t+3)}{\phi(2t+3)} \right\} du <$$

$$\log \frac{A\theta(2t+3)}{\phi(2t+3)} + O(1)$$

Hence (3.40) follows if σ is in the range (3.44); and for larger σ it is trivial.

Since we may take $\theta(t) = \frac{1}{2}$, $\phi(t) = \log(t+2)$, it follows that

$$\frac{\zeta'(s)}{\zeta(s)} = O(\log t) \qquad (3.45)$$

$$\frac{1}{\zeta(s)} = O(\log t) \qquad (3.46)$$

in a region $\sigma \geqslant 1 - A\log t$; and in particular

$$\frac{\zeta'(1+it)}{\zeta(1+it)} = O(\log t) \qquad (3.47)$$

$$\frac{1}{\zeta(1+it)} = O(\log t) \qquad (3.48)$$

3.12. For the next theorem we require the following lemma.

Lemma 3.12. Let

$$f(s) = \sum_{n=1}^\infty \frac{a_n}{n^s}, \sigma > 1$$

where $a_n = O\{\psi(n)\}$, $\psi(n)$ being non-decreasing and

$$\sum_{n=1}^\infty \frac{|a_n|}{n^\sigma} = O\left\{ \frac{1}{(\sigma-1)^\alpha} \right\}$$

as $\sigma \to 1$. Then if $c > 0$, $\sigma + c > 1$, x is not an integer, and N is the integer nearest to x

$$\sum_{n<x} \frac{a_n}{n^s} = \frac{1}{2\pi i} \int_{c-iT}^{c+iT} f(s+w) \frac{x^w}{w} dw + O\left\{ \frac{x^c}{T(\sigma+c-1)^\alpha} \right\} +$$

$$O\left\{\frac{\psi(2x)x^{1-\sigma}\log x}{T}\right\}+O\left\{\frac{\psi(N)x^{1-\sigma}}{T|x-N|}\right\}$$
(3.49)

If x is an integer, the corresponding result is

$$\sum_{n=1}^{x-1}\frac{a_n}{n^s}+\frac{a_x}{2x^s}=\frac{1}{2\pi i}\int_{c-iT}^{c+iT}f(s+w)\frac{x^w}{w}dw+O\left\{\frac{x^c}{T(\sigma+c-1)^\alpha}\right\}+$$

$$O\left\{\frac{\psi(2x)x^{1-\sigma}\log x}{T}\right\}+O\left\{\frac{\psi(x)x^{-\sigma}}{T}\right\}$$
(3.50)

Suppose first that x is not an integer. If $n<x$, the calculus of residues gives

$$\frac{1}{2\pi i}\left(\int_{-\infty-iT}^{c-iT}+\int_{c-iT}^{c+iT}+\int_{c+iT}^{-\infty+iT}\right)\left(\frac{x}{n}\right)^w\frac{dw}{w}=1$$

Now

$$\int_{-\infty+iT}^{c+iT}\left(\frac{x}{n}\right)^w\frac{dw}{w}=$$

$$\left[\frac{(x/n)^w}{w\log x/n}\right]_{-\infty+iT}^{c+iT}+\frac{1}{\log x/n}\int_{-\infty+iT}^{c+iT}\left(\frac{x}{n}\right)^w\frac{dw}{w^2}=$$

$$O\left\{\frac{(x/n)^c}{T\log x/n}\right\}+O\left\{\frac{(x/n)^c}{\log x/n}\int_{-\infty}^{\infty}\frac{du}{u^2+T^2}\right\}=$$

$$O\left\{\frac{(x/n)^c}{T\log x/n}\right\}$$

and similarly for the integral over $(-\infty-iT, c-iT)$. Hence

$$\frac{1}{2\pi i}\int_{c-iT}^{c+iT}\left(\frac{x}{n}\right)^w\frac{dw}{w}=1+O\left\{\frac{(x/n)^c}{T\log x/n}\right\}$$

If $n>x$ we argue similarly with $-\infty$ replaced by $+\infty$, and there is no residue term. We therefore obtain a similar result without the term 1.

Multiplying by $a_n n^{-s}$ and summing

$$\frac{1}{2\pi i}\int_{c-iT}^{c+iT} f(s+w)\frac{x^w}{w}dw =$$

$$\sum_{n<x}\frac{a_n}{n^s} + O\left\{\frac{x^c}{T}\sum_{n=1}^{\infty}\frac{|a_n|}{n^{\sigma+c}|\log x/n|}\right\}$$

If $n<1/2x$ or $n>2x$, $|\log x/n|>A$, and these parts of the sum are

$$O\left(\sum_{n=1}^{\infty}\frac{|a_n|}{n^{\sigma+c}}\right) = O\left\{\frac{1}{(\sigma+c-1)^{\alpha}}\right\}$$

if $N<n\leqslant 2x$, let $n=N+r$. Then

$$\log\frac{n}{x}\geqslant\log\frac{N+r}{N+\frac{1}{2}}>\frac{Ar}{N}>\frac{Ar}{x}$$

Hence this part of the sum is

$$O\left\{\psi(2x)x^{1-\sigma-c}\sum_{1\leqslant r\leqslant x}\frac{1}{r}\right\} = O\{\psi(2x)x^{1-\sigma-c}\log x\}$$

A similar argument applies to the terms with $1/2x\leqslant n<N$. Finally

$$\frac{|a_N|}{N^{\sigma+c}|\log x/N|} = O\left\{\frac{\psi(N)}{N^{\sigma+c}\log\{1+(x-N)/N\}}\right\} =$$

$$O\left\{\frac{\psi(N)x^{1-\sigma-c}}{|x-N|}\right\}$$

Hence (3.49) follows.

If x is an integer, all goes as before except for the term

$$\frac{a_x}{2\pi i x^s}\int_{c-iT}^{c+iT}\frac{dw}{w} = \frac{a_x}{2\pi i x^s}\log\frac{c+iT}{c-iT} = \frac{a_x}{2\pi i x^s}\left\{i\pi + O\left(\frac{1}{T}\right)\right\}$$

Hence (3.50) follows.

3.13. Theorem 3.13. We have

第二部分　中外名家论 Riemann 函数与 Riemann 猜想

$$\frac{1}{\zeta(s)} = \sum_{n=1}^{\infty} \frac{\mu(n)}{n^s}$$

at all points of the line $\sigma = 1$.

Take $a_n = \mu(n)$, $\alpha = 1$, $\sigma = 1$, in the lemma, and let x be half an odd integer. We obtain

$$\sum_{n<x} \frac{\mu(n)}{n^s} = \frac{1}{2\pi i} \int_{c-iT}^{c+iT} \frac{1}{\zeta(s+w)} \frac{x^w}{w} dw + O\left(\frac{x^c}{Tc}\right) + O\left(\frac{\log x}{T}\right)$$

The theorem of residues gives

$$\frac{1}{2\pi i} \int_{c-iT}^{c+iT} \frac{1}{\zeta(s+w)} \frac{x^w}{w} dw =$$
$$\frac{1}{\zeta(s)} + \frac{1}{2\pi i} \left(\int_{c-iT}^{-\delta-iT} + \int_{-\delta-iT}^{-\delta+iT} + \int_{-\delta+iT}^{c+iT} \right)$$

if δ is so small that $\zeta(s+w)$ has no zeros for

$$\mathbf{R}(w) \geq \delta, |\mathbf{I}(s+w)| \leq |t| + T$$

By §3.6 we can take $\delta = A\log^{-9} T$. Then

$$\int_{-\delta-iT}^{-\delta+iT} \frac{1}{\zeta(s+w)} \frac{x^w}{w} dw = O\left(x^{-\delta} \log^7 T \int_{-T}^{T} \frac{dv}{\sqrt{(\delta^2 + v^2)}} \right) =$$
$$O\left\{ x^{-\delta} \log^7 T \int_{-T/\delta}^{T/\delta} \frac{dv}{\sqrt{(1+v^2)}} \right\} =$$
$$O(x^{-\delta} \log^8 T)$$

and

$$\int_{-\delta+iT}^{c+iT} \frac{1}{\zeta(s+w)} \frac{x^w}{w} dw = O\left(\frac{\log^7 T}{T} \int_{-\delta}^{c} x^u du \right) =$$
$$O\left(\frac{x^c \log^7 T}{T} \right)$$

and similarly for the other integral. Hence

$$\sum_{n<x} \frac{\mu(n)}{n^s} - \frac{1}{\zeta(s)} = O\left(\frac{x^c}{Tc}\right) + O\left(\frac{\log x}{T}\right) +$$
$$O\left(\frac{x^c \log^7 T}{T}\right) + O\left(\frac{\log^8 T}{x^\delta}\right)$$

Take $c = 1/\log x$, so that $x^c = e$; and take $T = \exp\{(\log x)^{1/10}\}$, so that $\log T = (\log x)^{1/10}$, $\delta = A(\log x)^{-9/10}$, $x^\delta = T^A$. Then the right-hand side tends to zero, and the result follows.

In particular
$$\sum_{n=1}^{\infty} \frac{\mu(n)}{n} = 0$$

3.14. *The series for $\zeta'(s)/\zeta(s)$ and $\log \zeta(s)$ on $\sigma = 1$.*

Taking① $a_n = \Lambda(n) = O(\log n)$, $\alpha = 1$, $\sigma = 1$, in the lemma, we obtain
$$\sum_{n<x} \frac{\Lambda(n)}{n^s} = -\frac{1}{2\pi i} \int_{c-iT}^{c+iT} \frac{\zeta'(s+w)}{\zeta(s+w)} \cdot \frac{x^w}{w} dw + O\!\left(\frac{x^c}{Tc}\right) + O\!\left(\frac{\log^2 x}{T}\right)$$

In this case there is a pole at $w = 1 - s$, giving a residue term
$$\frac{\zeta'(s)}{\zeta(s)} - \frac{x^{1-s}}{1-s}, s \neq 1, a - \log x, s = 1$$

where a is a constant. Hence if $s \neq 1$ we obtain
$$\sum_{n<x} \frac{\Lambda(n)}{n^s} + \frac{\zeta'(s)}{\zeta(s)} - \frac{x^{1-s}}{1-s} = O\!\left(\frac{x^c}{Tc}\right) + O\!\left(\frac{\log^2 x}{T}\right) + O\!\left(\frac{\log^{10} T}{x^\delta}\right) + O\!\left(\frac{x^c \log^9 T}{T}\right)$$

Taking $c = 1/\log x$, $T = \exp\{(\log x)^{1/10}\}$, we obtain as before

---

① See (1.1.8).

第二部分　中外名家论 Riemann 函数与 Riemann 猜想

$$\sum_{n<x} \frac{\Lambda(n)}{n^s} + \frac{\zeta'(s)}{\zeta(s)} - \frac{x^{1-s}}{1-s} = O(1) \qquad (3.51)$$

The term $x^{1-s}/(1-s)$ oscillates finitely, so that if $\mathbf{R}(s)=1$, $s \neq 1$, the series $\sum \Lambda(n) n^{-s}$ is not convergent, but its partial sums are bounded.

If $s=1$, we obtain

$$\sum_{n<x} \frac{\Lambda(n)}{n} = \log x + O(1) \qquad (3.52)$$

or, since

$$\sum_{n<x} \frac{\Lambda(n)}{n} = \sum_{p<x} \frac{\log p}{p} + \sum_{m=2}^{\infty} \sum_{p^m<x} \frac{\log p}{p^m} = \sum_{p<x} \frac{\log p}{p} + O(1)$$

$$\sum_{p<x} \frac{\log p}{p} = \log x + O(1) \qquad (3.53)$$

Since $\Lambda_1(n) = \Lambda(n) \log n$, and $1/\log n$ tends steadily to zero, it follows that

$$\sum \frac{\Lambda_1(n)}{n^s}$$

is convergent on $\sigma=1$, except for $t=0$. Hence, by the continuity theorem for Dirichlet series, the equation

$$\log \zeta(s) = \sum_{n=2}^{\infty} \frac{\Lambda_1(n)}{n^s}$$

holds for $\sigma=1$, $t \neq 0$.

To determine the behaviour of this series for $s=1$ we have, as in the case of $1/\zeta(s)$

$$\sum_{n<x} \frac{\Lambda_1(n)}{n} = \frac{1}{2\pi i} \int_{c-iT}^{c+iT} \log \zeta(w+1) \frac{x^w}{w} dw + O\left(\frac{\log x}{T}\right)$$

where $c=1/\log x$, and T is chosen as before. Now

$$\frac{1}{2\pi i} \int_{c-iT}^{c+iT} \log \zeta(w+1) \frac{x^w}{w} dw =$$

$$\frac{1}{2\pi i}\left(\int_{c-iT}^{-\delta-iT} + \int_{-\delta-iT}^{-\delta+iT} + \int_{-\delta+iT}^{c+iT}\right) + \frac{1}{2\pi i}\int_C$$

where C is a loop starting and finishing at $s=-\delta$, and encircling the origin in the positive direction. Defining δ as before, the integral along $\sigma=-\delta$ is $O(x^{-\delta}\log^{10}T)$ and the integrals along the horizontal sides are $O(x^c T^{-1}\log^9 T)$, by (3.22). Since

$$\frac{1}{w}\left\{\log\zeta(w+1) - \log\frac{1}{w}\right\}$$

is regular at the origin, the last term is equal to

$$\frac{1}{2\pi i}\int_C \log\frac{1}{w}\frac{x^w}{w}dw$$

Since

$$\frac{1}{2\pi i}\int_C \log\frac{1}{w}\frac{dw}{w} = -\frac{1}{4\pi i}\Delta_C\log^2 w =$$

$$-\frac{1}{4\pi i}\{\log^2(\delta e^{i\pi}) - \log^2(\delta e^{-i\pi})\} = -\log\delta$$

this term is also equal to

$$\frac{1}{2\pi i}\int_C \log\frac{1}{w}\frac{x^w-1}{w}dw - \log\delta$$

Take C to be a circle with centre $w=0$ and radius ρ ($\rho<\delta$), together with the segment $(-\delta, -\rho)$ of the real axis described twice. The integrals along the real segments together give

$$-\frac{1}{2\pi i}\int_\delta^\rho \log\left(\frac{1}{ue^{-i\pi}}\right)\frac{x^{-u}-1}{-u}du =$$

$$-\frac{1}{2\pi i}\int_\rho^\delta \log\left(\frac{1}{ue^{-i\pi}}\right)\frac{x^{-u}-1}{-u}du =$$

$$-\int_\rho^\delta \frac{x^{-u}-1}{u}du = -\int_{\rho\log x}^{\delta\log x}\frac{e^{-v}-1}{v}dv =$$

$$\int_{\rho\log x}^{1} \frac{1-e^{-v}}{v} dv - \int_{1}^{\delta\log x} \frac{e^{-v}}{v} dv + \log(\delta \log x) =$$
$$\gamma + \log(\delta \log x) + o(1)$$

if $\rho\log x \to 0$ and $\delta \log x \to \infty$. Also

$$\int_{|w|=\rho} \log\frac{1}{w} \frac{x^w-1}{w} dw = O\left(\rho\log\frac{1}{\rho}\log x\right)$$

Taking $\rho = 1/\log^2 x$, say, it follows that

$$\sum_{n<x} \frac{\Lambda_1(n)}{n} = \log\log x + \gamma + o(1) \qquad (3.54)$$

The left-hand side can also be written in the form

$$\sum_{p<x} \frac{1}{p} + \sum_{m\geq 2}\sum_{p^m<x} \frac{1}{mp^m}$$

As $x \to \infty$, the second term clearly tends to the limit

$$\sum_{m=2}^{\infty} \sum_{p} \frac{1}{mp^m}$$

Hence

$$\sum_{p<x} \frac{1}{p} = \log\log x + \gamma - \sum_{m=2}^{\infty} \sum_{p} \frac{1}{mp^m} + o(1)$$

$$(3.55)$$

3.15. Euler's product on $\sigma=1$. The above analysis shows that for $\sigma=1$, $t\neq 0$

$$\log \zeta(s) = \sum_{p} \frac{1}{p^s} + \sum_{q} \frac{\Lambda_1(q)}{q^s}$$

where p runs through primes and q throgh powers of primes. In fact the second series is absolutely convergent on $\sigma=1$, since it is merely a rearrangement of

$$\sum_{p} \sum_{m=2}^{\infty} \frac{1}{mp^{ms}}$$

which is absolutely convergent by comparison with

$$\sum_p \sum_{m=2}^{\infty} \frac{1}{p^m} = \sum_p \frac{1}{p(p-1)}$$

Hence also

$$\log \zeta(s) = \sum_p \frac{1}{p^s} + \sum_p \sum_{m=2}^{\infty} \frac{1}{mp^{ms}} =$$

$$\sum_p \sum_{m=1}^{\infty} \frac{1}{mp^{ms}} =$$

$$\sum_p \log \frac{1}{1-p^{-s}}, \sigma=1, t \neq 0$$

Taking exponentials

$$\zeta(s) = \prod_p \frac{1}{1-p^{-s}} \qquad (3.56)$$

i. e. Euler's product holds on $\sigma=1$, except at $t=0$.

At $s=1$ the product is, of course, not convergent, but we can obtain an asymptotic formula for its partial products, viz.

$$\prod_{p \leqslant x} \left(1 - \frac{1}{p}\right) \sim \frac{e^{-\gamma}}{\log x} \qquad (3.57)$$

To prove this, we have to prove that

$$f(x) = -\log \prod_{p \leqslant x} \left(1 - \frac{1}{p}\right) = \log \log x + \gamma + o(1)$$

Now we have proved that

$$g(x) = \sum_{n \leqslant x} \frac{\Lambda_1(n)}{n} = \log \log x + \gamma + o(1)$$

Also

$$f(x) - g(x) = \sum_{p \leqslant x} \sum_{m=1}^{\infty} \frac{1}{mp^m} - \sum_{p^m \leqslant x} \sum \frac{1}{mp^m} =$$

$$\frac{1}{2} \sum_{x^{\frac{1}{2}} \leqslant p < x} \frac{1}{p^2} + \frac{1}{3} \sum_{x^{\frac{1}{3}} < p \leqslant x} \frac{1}{p^3} + \cdots <$$

710

$$\sum_{\substack{p \\ p^m > x}} \sum_{m=2}^{\infty} \frac{1}{mp^m}$$

which tends to zero as $x \to \infty$, since the double series is absolutely convergent. This proves (3.57).

It will also be useful later to note that

$$\prod_{p \leqslant x}\left(1 + \frac{1}{p}\right) \sim \frac{6e^\gamma \log x}{\pi^2} \qquad (3.58)$$

For the left-hand side is

$$\prod_{p \leqslant x} \frac{1-1/p^2}{1-1/p} \sim e^\gamma \log x \prod_p \left(1 - \frac{1}{p^2}\right) = \frac{e^\gamma \log x}{\zeta(2)} = \frac{6e^\gamma \log x}{\pi^2}$$

Note also that (3.53) (3.55) with error term $O(1)$, and (3.57) can be proved in an elementary way, i.e. without the theory of the Riemann zeta-function; see Hardy and Wright, *The Theory of Numbers* (5th ed.), Theorems 425 and 427 ~ 429. Indeed the proof of Theorem 427 yields (3.55) with the error term $O\left(\frac{1}{\log x}\right)$.

NOTES FOR CHAPTER 3

3.16. The original elementary proofs of the prime number theorem may be found in Selberg [2] and Erdös [1], and a thorough survey of the ideas involved is given by Diamond [1]. The sharpest error term obtained by elementary methods to date is

$$\pi(x) = \text{Li}(x) + O\left[x\exp\left\{-(\log x)^{\frac{1}{6}-\varepsilon}\right\}\right] \quad (3.59)$$

for any $\varepsilon > 0$, due to Lavrik and Sobirov [1]. Pintz [1] has obtained a very precise relationship between zero-free regions of $\zeta(s)$ and the error term in the prime-number

theorem. Specifically, if we define
$$R(x) = \max\{|\pi(t) - \text{Li}(t)| : 2 \leq t \leq x\}$$
then
$$\log \frac{x}{R(x)} \sim \min_{\rho}\{(1-\beta)\log x + \log |\gamma|\}, x \to \infty$$
the minimum being over non-trivial zeros ρ of $\zeta(s)$. Thus (3.59) yields
$$(1-\beta)\log x + \log |\gamma| \gg (\log x)^{\frac{1}{6}-\varepsilon}$$
for any ρ and any x. Now, on taking $\log x = (1-\beta)^{-1} \cdot \log |\gamma|$ we deduce that
$$1-\beta \gg (\log |\gamma|)^{-5-\varepsilon'}$$
for any $\varepsilon' > 0$. This should be compared with Theorem 3.8.

3.17. It may be observed in the proof of Theorem 3.10 that the bound $\zeta(s) = O(e^{\phi(t)})$ is only required in the immediate vicinity of s_0 and s_0'. It would be nice to eliminate consideration of s_0' and so to have a result of the strength of Theorem 3.10, giving a zero-free region around $1+it$ solely in terms of an estimate for $\zeta(s)$ in a neighbourhood of $1+it$.

Ingham's method in §3.4 is of special interest because it avoids any reference to the behaviour of $\zeta(s)$ near $1+2i\gamma$. It is possible to get quantitative zero-free regions in this way, by incorporating simple sieve estimates (Balasubramanian and Ramachandra [1]). Thus, for example, the analysis of §3.8 yields
$$\sum_{p,m} \frac{\log p}{p^{m\sigma}}\{1+\cos(m\gamma\log p)\} \leq \frac{1}{\sigma-1} - \frac{1}{\sigma-\beta} + O(\log \gamma)$$

However one can show that

$$\sum_{X<p\leqslant 2X}\{1+\cos(\gamma\log p)\} \gg \frac{X}{\log X}$$

for $X \geqslant \gamma^2$, by using a lower bound of Chebychev type for the number of primes $X<p\leqslant 2X$, coupled with an upper bound $O(h/\log h)$ for the number of primes in certain short intervals $X'<p\leqslant X'+h$. One then derives the estimate

$$\sum_{p\geqslant \gamma^2}\frac{\log p}{p^\sigma}\{1+\cos(\gamma\log p)\} \gg \frac{\gamma^{2(1-\sigma)}}{\sigma-1}$$

and an appropriate choice of $\sigma = 1+(A/\log \gamma)$ leads to the lower bound $1-\beta \gg (\log \gamma)^{-1}$.

3.18. Another approach to zero-free regions via sieve methods has been given by Motohashi [1]. This is distinctly complicated, but has the advantage of applying to the wider regions discussed in §§5.17, 6.15 and 6.19.

One may also obtain zero-free regions from a result of Montgomery [1; Theorem 11.2] on the proliferation of zeros. Let $n(t, w, h)$ denote the number of zeros $\rho = \beta + i\gamma$ of $\zeta(s)$ in the rectangle $1-w\leqslant \beta \leqslant 1$, $t-\frac{1}{2}h\leqslant \gamma \leqslant t+\frac{1}{2}h$. Suppose ρ is any zero with $\beta > \frac{1}{2}$, $\gamma > 0$, and that δ satisfies $1-\beta \leqslant \delta \leqslant (\log \gamma)^{-\frac{1}{4}}$. Then there is some r with $\delta \leqslant r \leqslant 1$ for which

$$n(\gamma, r, r)+n(2\gamma, r, r) \gg \frac{r^3}{\delta^2(1-\beta)} \quad (3.60)$$

Roughly speaking, this says that if $1-\beta$ is small, there must be many other zeros near either $1+i\gamma$ or $1+2i\gamma$. Montgomery gives a more precise version of this principle, as do Ramachandra [1] and Balasubramanian and Ramachandra [3]. To obtain a zero-free region one couples hypotheses of the type used in Theorem 3.10 with Jensen's Theorem, to obtain an upper bound for $n(t, r, r)$. For example, the bound

$$\zeta(s) \ll (1+T^{1-\sigma}) \log T, T = |t|+2$$

which follows from Theorem 4.11, leads to

$$n(t, r, r) \ll r\log T + \log\log T + \log\frac{1}{r} \quad (3.61)$$

On choosing $\delta = (\log \log \gamma)/(\log \gamma)$, a comparison of (3.60) and (3.61) produces Theorem 3.8 again.

One can also use the Epstein zeta-function of §2.18 and the Maass-Selberg formula (2.75) to prove the non-vanishing of $\zeta(s)$ for $\sigma = 1$. For, if $s = \frac{1}{2}+it$ and $\phi(s) = 2\zeta(2s) = 0$, then

$$\left|\psi\left(\frac{1}{2}+it\right)\right|^2 = \psi(s)\psi(1-s) = \phi(s)\phi(1-s) =$$

$$\left|\phi\left(\frac{1}{2}+it\right)\right|^2 = 0$$

by the functional equation (2.76). Thus (2.75) yields

$$\iint_D \widetilde{B}(z,s)\widetilde{B}(z,w)\frac{dxdy}{y^2} = 0$$

for any $w \neq s$, $1-s$. This, of course, may be extended to $w = s$ or $w = 1-s$ by continuity. Taking $w = \frac{1}{2}-it = \bar{s}$ we obtain

$$\iint_D |\widetilde{B}(z,s)|^2 \frac{\mathrm{d}x\mathrm{d}y}{y^2} = 0$$

so that $\widetilde{B}(z,s)$ must be identically zero. This however is impossible since the fourier coefficient for $n=1$ is

$$8\pi^s y^{\frac{1}{2}} K_{s-\frac{1}{2}}(2\pi y)/\Gamma(s)$$

according to (2.71), and this does not vanish identically. The above contradiction shows that $\zeta(2s) \neq 0$. One can get quantitative estimates by such methods, but only rather weak ones. It seems that the proof given here has its origins in unpublished work of Selberg.

3.19. Lemma 3.12 is a version of Perron's formula. It is sometimes useful to have a form of this in which the error is bounded as $x \to N$.

Lemma 3.19. *Under the hypotheses of Lemma 3.12 one has*

$$\sum_{n \leq x} \frac{a_n}{n^s} = \frac{1}{2\pi\mathrm{i}} \int_{c-\mathrm{i}T}^{c+\mathrm{i}T} f(s+w) \frac{x^w}{w} \mathrm{d}w +$$

$$O\left\{\frac{x^c}{T(\sigma+c-1)^a}\right\} +$$

$$O\left\{\frac{\psi(2x)x^{1-\sigma}\log x}{T}\right\} +$$

$$O\left\{\psi(N)x^{-\sigma}\min\left(\frac{x}{T|x-N|}, 1\right)\right\}$$

This follows at once from Lemma 3.12 unless $x-N = O(x/T)$. In the latter case one merely estimates the contribution from the term $n=N$ as

$$\int_{c-\mathrm{i}T}^{c+\mathrm{i}T} \frac{a_N}{N^s}\left(\frac{x}{N}\right)^w \frac{\mathrm{d}w}{w} = \int_{c-\mathrm{i}T}^{c+\mathrm{i}T} \frac{a_N}{N^s}\left\{1 + O\left(\frac{w}{T}\right)\right\} \frac{\mathrm{d}w}{w} =$$

$$\frac{a_N}{N^s}\left\{\log\frac{c+\mathrm{i}T}{c-\mathrm{i}T}+O(1)\right\}=O\{\psi(N)N^{-\sigma}\}$$

and the result follows.

第四章 APPROXIMATE FORMULAE

4.1. In this chapter we shall prove a number of approximate formulae for $\zeta(s)$ and for various sums related to it. We shall begin by proving some general results on integrals and series of a certain type.

4.2. Lemma 4.2. Let $F(x)$ be a real differentiable function such that $F'(x)$ is monotonic and $F'(x) > m > 0$, or $F'(x) \leqslant -m < 0$, throughout the interval $[a, b]$. Then

$$\left| \int_a^b e^{iF(x)} dx \right| \leqslant \frac{4}{m} \qquad (4.1)$$

Suppose, for example, that $F'(x)$ is positive increasing. Then by the second mean-value theorem

$$\int_b^a \cos\{F(x)\} dx = \int_a^b \frac{F'(x)\cos\{F(x)\}}{F'(x)} dx =$$
$$\frac{1}{F'(a)} \int_a^\xi F'(x)\cos\{F(x)\} dx =$$
$$\frac{\sin\{F(\xi)\} - \sin\{F(a)\}}{F'(a)}$$

and the modulus of this does not exceed $2/m$. A similar argument applies to the imaginary part and the result follows.

4.3. More generally we have

Lemma 4.3. Let $F(x)$ and $G(x)$ be real functions, $G(x)/F'(x)$ monotonic, and $F'(x)/G(x) \geqslant m > 0$,

or $\leqslant -m<0$. Then
$$\left|\int_a^b G(x)\,e^{iF(x)}\,dx\right|\leqslant \frac{4}{m}$$

The proof is similar to that of the previous lemma.

The values of the constants in these lemmas are usually not of any importance.

4.4. Lemma 4.4 Let $F(x)$ be a real function, twice differentiable, and let $F''(x)\geqslant r>0$, or $F''(x)\leqslant -r<0$, throughout the interval $[a,b]$. Then
$$\left|\int_a^b e^{iF(x)}\,dx\right|\leqslant \frac{8}{\sqrt{r}} \qquad (4.2)$$

Consider, for example, the first alternative. The $F'(x)$ is steadily increasing, and so vanishes at most once in the interval (a,b), say at c. Let
$$I=\int_b^a e^{iF(x)}\,dx = \int_a^{c-\delta}+\int_{c-\delta}^{c+\delta}+\int_{c+\delta}^b = I_1+I_2+I_3$$
where δ is a positive number to be chosen later, and it is assumed that $a+\delta\leqslant c\leqslant b-\delta$. In I_3
$$F'(x)=\int_c^x F''(t)\,dt\geqslant r(x-c)\geqslant r\delta$$
Hence, by Lemma 4.2
$$|I_3|\leqslant \frac{4}{r\delta}$$
I_1 satisfies the same inequality, and $|I_2|\leqslant 2\delta$. Hence
$$|I|\leqslant \frac{8}{r\delta}+2\delta$$

Taking $\delta = 2r^{-\frac{1}{2}}$, we obtain the result. If $c<a+\delta$, or $c>b-\delta$, the argument is similar.

4.5. Lemma 4.5. Let $F(x)$ satisfy the conditions of

the previous lemma, and let $G(x)/F'(x)$ be monotonic, and $|G(x)| \leqslant M$. Then

$$\left| \int_b^a G(x) \mathrm{e}^{\mathrm{i}F(x)} \mathrm{d}x \right| \leqslant \frac{8M}{\sqrt{r}}$$

The proof is similar to the previous one, but uses Lemma 4.3 instead of Lemma 4.2.

4.6. Lemma 4.6 *Let $F(x)$ be real, with derivatives up to the third order. Let*

$$0 < \lambda_2 \leqslant F''(x) < A\lambda_2 \qquad (4.3)$$

or

$$0 < \lambda_2 \leqslant -F''(x) < A\lambda_2 \qquad (4.4)$$

and

$$|F'''(x)| \leqslant A\lambda_3 \qquad (4.5)$$

throughout the interval (a, b). Let $F'(c) = 0$, where

$$a \leqslant c \leqslant b \qquad (4.6)$$

Then in the case (4.3)

$$\int_b^a \mathrm{e}^{\mathrm{i}F(x)} \mathrm{d}x = (2\pi)^{\frac{1}{2}} \frac{\mathrm{e}^{\frac{1}{4}\mathrm{i}\pi + \mathrm{i}F(c)}}{|F''(c)|^{\frac{1}{2}}} + O(\lambda_2^{-\frac{4}{5}} \lambda_3^{\frac{1}{3}}) +$$

$$O\left\{ \min\left(\frac{1}{|F'(a)|}, \lambda_2^{-\frac{1}{2}} \right) \right\} +$$

$$O\left\{ \min\left(\frac{1}{|F'(b)|}, \lambda_2^{-\frac{1}{2}} \right) \right\} \quad (4.7)$$

In the case (4.4) the factor $\mathrm{e}^{\frac{1}{4}\mathrm{i}\pi}$ is replaced by $\mathrm{e}^{-\frac{1}{4}\mathrm{i}\pi}$. If $F'(x)$ does not vanish on $[a, b]$ then (4.7) holds without the leading term.

If $F'(x)$ does not vanish on $[a, b]$ the result follows from Lemmas 4.2 and 4.4. Otherwise either (4.3) or (4.4) shows that $F'(x)$ is monotonic, and so vanishes at only one point c. We put

$$\int_a^b e^{iF(x)} dx = \int_a^{c-\delta} + \int_{c-\delta}^{c+\delta} + \int_{c+\delta}^b$$

assuming that $a+\delta \leqslant c \leqslant b-\delta$. By (4.1)

$$\int_{c+\delta}^b = O\left\{\frac{1}{|F'(c+\delta)|}\right\} = O\left\{1 \bigg/ \left|\int_c^{c+\delta} F''(x) dx\right|\right\} = O\left(\frac{1}{\delta\lambda}\right)$$

Similarly

$$\int_a^{c-\delta} = O\left(\frac{1}{\delta\lambda_2}\right)$$

Also

$$\int_{c-\delta}^{c+\delta} = \int_{c-\delta}^{c+\delta} \exp[iF(c)+(x-c)F'(c)+$$

$$\frac{1}{2}(x-c)^2 F''(c)+$$

$$\frac{1}{6}(x-c)^3 F'''\{c+\theta(x-c)\}] dx =$$

$$e^{iF(c)} \int_{c-\delta}^{c+\delta} e^{\frac{1}{2}i(x-c)^2 F''(c)} [1+O\{(x-c)^3 \lambda_3\}] dx =$$

$$e^{iF(c)} \int_{c-\delta}^{c+\delta} e^{\frac{1}{2}i(x-c)^2 F''(c)} dx + O(\delta^4 \lambda_3)$$

Supposing $F''(c) > 0$, and putting

$$\frac{1}{2}(x-c)^2 F''(c) = u$$

the integral becomes

$$\frac{2^{\frac{1}{2}}}{\{F''(c)\}^{\frac{1}{2}}} \int_0^{\frac{1}{2}\delta^2 F''(c)} \frac{e^{iu}}{\sqrt{u}} du =$$

$$\frac{2^{\frac{1}{2}}}{\{F''(c)\}^{\frac{1}{2}}} \left\{\int_0^\infty \frac{e^{iu}}{\sqrt{u}} du + O\left(\frac{1}{\delta\sqrt{\lambda_2}}\right)\right\} =$$

$$\frac{(2\pi)^{\frac{1}{2}} e^{\frac{1}{4}i\pi}}{\{F''(c)\}^{\frac{1}{2}}} + O\left(\frac{1}{\delta\lambda_2}\right)$$

Taking $\delta = (\lambda_2 \lambda_3)^{-\frac{1}{5}}$, the result follows.

If $b - \delta < c \leq b$, there is also an error

$$e^{iF(c)} \int_b^{c+\delta} e^{\frac{1}{2}i(x-c)^2 F''(c) dx} = O\left\{\frac{1}{(b-c)\lambda_2}\right\} = O\left\{\frac{1}{|F'(b)|}\right\}$$

and also $O(\lambda_2^{-\frac{1}{2}})$; and similarly if $a \leq c \leq a + \delta$.

4.7. We now turn to the consideration of exponential sums, i. e. sums of the form

$$\sum e^{2\pi i f(n)}$$

where $f(n)$ is a real function. If the numbers $f(n)$ are the values taken by a function $f(x)$ of a simple kind, we can approximate to such a sum by an integral, or by a sum of integrals.

Lemma 4.7.[①] *Let $f(x)$ be a real function with a continuous and steadily decreasing derivative $f'(x)$ in (a, b), and let $f'(b) = \alpha$, $f'(a) = \beta$. Then*

$$\sum_{a < n \leq b} e^{2\pi i f(n)} = \sum_{\alpha - \eta < \nu < \beta + \eta} \int_a^b e^{2\pi i \{f(x) - \nu x\}} dx + O\{\log(\beta - \alpha + 2)\} \quad (4.8)$$

where η is any positive constant less that 1.

We may suppose without loss of generality that $\eta - 1 < \alpha \leq \eta$, so that $\nu \geq 0$; for if k is the integer such that $\eta - 1 < \alpha - k \leq \eta$, and

$$h(x) = f(x) - kx$$

then (4.8) is

$$\sum_{a < n \leq b} e^{2\pi i h(n)} =$$

---

① van der Corput (1).

$$\sum_{\alpha'-\eta < \nu-k < \beta'+\eta} \int_a^b e^{2\pi i\{h(x)-(\nu-k)x\}} \,dx + O\{\log(\beta'-\alpha'+2)\}$$

where $\alpha' = \alpha-k$, $\beta' = \beta-k$, i. e. the same formula for $h(x)$.

In (2.2), let $\phi(x) = e^{2\pi i f(x)}$. Then

$$\sum_{a < n \leqslant b} e^{2\pi i f(n)} =$$

$$\int_a^b e^{2\pi i f(x)} \,dx + \int_a^b \left(x-[x]-\frac{1}{2}\right) 2\pi i f'(x) e^{2\pi i f(x)} \,dx + O(1)$$

Also

$$x-[x]-\frac{1}{2} = -\frac{1}{\pi} \sum_{\nu=1}^{\infty} \frac{\sin 2\nu\pi x}{\nu}$$

if x is not an integer; and the series is boundedly convergent, so that we may multiply by an integrable function and integrate term-by-term. Hence the second term on the right is equal to

$$-2i \sum_{\nu=1}^{\infty} \int_a^b \frac{\sin 2\nu\pi x}{\nu} e^{2\pi i f(x)} f'(x) \,dx =$$

$$\sum_{\nu=1}^{\infty} \frac{1}{\nu} \int_a^b (e^{-2\pi i \nu x} - e^{2\pi i \nu x}) e^{2\pi i f(x)} f'(x) \,dx$$

The integral may be written

$$\frac{1}{2\pi i} \int_a^b \frac{f'(x)}{f'(x)-\nu} d(e^{2\pi i\{f(x)-\nu x\}}) -$$

$$\frac{1}{2\pi i} \int_a^b \frac{f'(x)}{f'(x)+\nu} d(e^{2\pi i\{f(x)+\nu x\}})$$

Since $\dfrac{f'(x)}{f'(x)+\nu}$ is steadily decreasing, the second term is

$$O\left(\frac{\beta}{\beta+\nu}\right)$$

by applying the second mean-value theorem to the real and imaginary parts. Hence this term contributes

$$O\left(\sum_{\nu=1}^{\infty} \frac{\beta}{\nu(\beta+\gamma)}\right) = O\left(\sum_{\nu \leq \beta} \frac{1}{\nu}\right) + O\left(\sum_{\nu > \beta} \frac{\beta}{\nu^2}\right) = O\{\log(\beta+2)\} + O(1)$$

Similarly the first term is $O\{\beta/(\nu-\beta)\}$ for $\nu \geq \beta+\eta$, and this contributes

$$O\left(\sum_{\nu \geq \beta+\eta} \frac{\beta}{\nu(\nu-\beta)}\right) = O\left(\sum_{\beta+\eta \leq \nu < 2\beta} \frac{1}{\nu-\beta}\right) + O\left(\sum_{\nu \geq 2\beta} \frac{\beta}{\nu^2}\right) = O\{\log(\beta+2)\} + O(1)$$

Finally

$$\sum_{\nu=1}^{\beta+\eta} \frac{1}{\nu} \int_a^b e^{2\pi i\{f(x)-\nu x\}} f'(x) \, dx =$$

$$\sum_{\nu=1}^{\beta+\eta} \left[\frac{e^{2\pi i\{f(x)-\nu x\}}}{2\pi i \nu}\right]_a^b + \sum_{\nu=1}^{\beta+\eta} \int_a^b e^{2\pi i\{f(x)-\nu x\}} \, dx$$

and the integrated terms are $O\{\log(\beta+2)\}$. The result therefore follows.

4.8. As a particular case, we have

Lemma 4.8. *Let $f(x)$ be a real differentiable function in the interval $[a, b]$, let $f'(x)$ be monotonic, and let $|f'(x)| \leq \theta < 1$. Then*

$$\sum_{a < n \leq b} e^{2\pi i f(n)} = \int_a^b e^{2\pi i f(x)} \, dx + O(1) \quad (4.9)$$

Taking $\eta < 1-\theta$, the sum on the right of (4.8) either reduces to the single term $\nu = 0$, or if $f'(x) \geq \eta$ or $\leq -\eta$ throughout $[a, b]$, it is null, and

$$\int_a^b e^{2\pi i f(x)} \, dx = O(1)$$

by Lemma 4.2.

4.9. Theorem 4.9.[①] *Let $f(x)$ be a real function with derivatives up to the third order. Let $f'(x)$ be steadily decreasing in $a \leqslant x \leqslant b$, and $f'(b) = \alpha$, $f'(a) = \beta$. Let x_ν be defined by*

$$f'(x_\nu) = \nu, \alpha < \nu \leqslant \beta$$

Let

$$\lambda_2 \leqslant |f''(x)| < A\lambda_2, |f'''(x)| < A\lambda_3$$

Then

$$\sum_{a < n \leqslant b} e^{2\pi i f(n)} = e^{-\frac{1}{4}\pi i} \sum_{\alpha < \nu \leqslant \beta} \frac{e^{2\pi i \{f(x_\nu) - \nu x_\nu\}}}{|f''(x_\nu)|^{\frac{1}{2}}} + O(\lambda_2^{-\frac{1}{2}}) +$$

$$O[\log\{2 + (b-a)\lambda_2\}] + O\{(b-a)\lambda_2^{\frac{1}{5}}\lambda_3^{\frac{1}{5}}\}$$

We use Lemma 4.7, where now

$$\beta - \alpha = O\{(b-a)\lambda_2\}$$

Also we can replace the limits of summation on the right-hand side by $(\alpha+1, \beta-1)$, with error $O(\lambda_2^{-\frac{1}{2}})$. Lemma 4.6. then gives

$$\sum_{\alpha+1 < \nu < \beta-1} \int_a^b e^{2\pi i \{f(x) - \nu x\}} \, dx =$$

$$e^{-\frac{1}{4}\pi i} \sum_{\alpha+1 < \nu < \beta-1} \frac{e^{2\pi i \{f(x_\nu) - \nu x_\nu\}}}{|f''(x_\nu)|^{\frac{1}{2}}} + \sum_{\alpha+1 < \nu < \beta-1} O(\lambda_2^{-\frac{4}{5}}\lambda_3) +$$

$$\sum_{\alpha+1 < \nu < \beta-1} \left\{ O\left(\frac{1}{\nu - \alpha}\right) + O\left(\frac{1}{\beta - \nu}\right) \right\}$$

The second term on the right is

$$O\{(\beta-\alpha)\lambda_2^{-\frac{4}{5}}\lambda_3^{\frac{1}{5}}\} = O\{(b-a)\lambda_2^{\frac{1}{5}}\lambda_3^{\frac{1}{5}}\}$$

and the last term is

---

① van der Corput (2).

$$O\{\log(2+\beta-\alpha)\} = O[\log\{2+(b-a)\lambda_2\}]$$

Finally we can replace the limits $(\alpha+1, \beta-1)$ by $(\alpha, \beta]$ with eoor $O(\lambda_2^{-\frac{1}{2}})$.

4.10. Lemma 4.10. *Let $f(x)$ satisfy the same conditions as in Lemma 4.7, and let $g(x)$ be a real positive decreasing function, with a continuous derivative $g'(x)$, and let $|g'(x)|$ be steadily decreasing. Then*

$$\sum_{a<n\leq b} g(n) e^{2\pi i f(n)} =$$
$$\sum_{\alpha-\eta<\nu<\beta+\eta} \int_a^b g(x) e^{2\pi i\{f(x)-\nu x\}} dx +$$
$$O\{g(a)\log(\beta-\alpha+2)\} + O\{|g'(a)|\}$$

We proceed as in §4.7, but with
$$\phi(x) = g(x) e^{2\pi i f(x)}$$

We encounter terms of the form
$$\int_a^b g(x) \frac{f'(x)}{f'(x) \pm \nu} d(e^{2\pi i\{f(x)\pm\nu x\}})$$

and also
$$\int_a^b \frac{g'(x)}{f'(x)\pm\nu} d(e^{2\pi i\{f(x)\pm\nu x\}})$$

The former lead to $O\{g(a)\log(\beta-\alpha+2)\}$ as before. The latter give, for example

$$\sum_{\nu=1}^\infty \frac{|g'(a)|}{\nu^2} = O(|g'(a)|)$$

and the result follows.

4.11. We now come to the simplest theorem[①] on the approximation to $\zeta(s)$ in the critical strip by a partial

---

① Hardy and Littlewood (3).

sum of its Dirichlet series.

Theorem 4.11. *We have*

$$\zeta(s) = \sum_{n \leq x} \frac{1}{n^s} - \frac{x^{1-s}}{1-s} + O(x^{-\sigma}) \quad (4.10)$$

uniformly for $\sigma \geq \sigma_0 > 0$, $|t| < 2\pi \leq x/C$, *when C is a given constant greater that* 1.

We have, by (3.13)

$$\zeta(s) = \sum_{n=1}^{N} \frac{1}{n^s} - \frac{N^{1-s}}{1-s} + s \int_{N}^{\infty} \frac{[u] - u + \frac{1}{2}}{u^{s+1}} du - \frac{1}{2} N^{-s} =$$

$$\sum_{n=1}^{N} \frac{1}{n^s} - \frac{N^{1-s}}{1-s} + O\left(\frac{|s|}{N^{\sigma}}\right) + O(N^{-\sigma}) \quad (4.11)$$

The sum

$$\sum_{x < n \leq N} \frac{1}{n^s} = \sum_{x < n \leq N} \frac{n^{-it}}{n^{\sigma}}$$

is of the form considered in the above lemma, with $g(u) = u^{-\sigma}$, and

$$f(u) = -\frac{t \log u}{2\pi}, \quad f'(u) = -\frac{t}{2\pi u}$$

Thus

$$|f'(u)| \leq \frac{t}{2\pi x} < \frac{1}{C}$$

Hence

$$\sum_{x < n \leq N} \frac{1}{n^s} = \int_{x}^{N} \frac{du}{u^s} + O(x^{-\sigma}) = \frac{N^{1-s} - x^{1-s}}{1-s} + O(x^{-\sigma})$$

Hence

$$\zeta(s) = \sum_{n \leq x} \frac{1}{n^s} - \frac{x^{1-s}}{1-s} + O(x^{-\sigma}) + O\left(\frac{|s|+1}{N^{\sigma}}\right)$$

Making $N \to \infty$, the result follows.

第二部分 中外名家论 Riemann 函数与 Riemann 猜想

4.12. For many purposes the sum involved in Theorem 4.11 contains too many terms (at least $A|t|$) to be of use. We therefore consider the result of taking smaller values of x in the above formulae. The form of the result is given by Theorem 4.9, with an extra factor $g(n)$ in the sum. If we ignore error terms for the moment, this gives

$$\sum_{a<n\leqslant b} g(n) e^{2\pi i f(n)} \sim e^{-\frac{1}{4}\pi i} \sum_{\alpha<\nu\leqslant\beta} \frac{e^{2\pi i \{f(x_\nu)-\nu x_\nu\}}}{|f''(x_\nu)|^{\frac{1}{2}}} g(x_\nu)$$

Taking

$$g(u) = u^{-\sigma}, f(u) = \frac{t\log u}{2\pi}$$

$$f'(u) = \frac{t}{2\pi u}, f''(u) = -\frac{t}{2\pi u^2}$$

$$x_\nu = \frac{t}{2\pi\nu}, f''(x_\nu) = -\frac{2\pi\nu^2}{t}$$

and replacing a, b by x, N and i by $-i$, we obtain

$$\sum_{x<n\leqslant N} \frac{1}{n^s} \sim e^{\frac{1}{4}\pi i} \sum_{t/2\pi N<\nu\leqslant t/2\pi x} \frac{e^{-2\pi i\{(t/2\pi)\log(t/2\pi\nu)-(t/2\pi)\}}}{(t/2\pi\nu)^\sigma (2\pi\nu^2/t)^{\frac{1}{2}}} =$$

$$\left(\frac{t}{2\pi}\right)^{\frac{1}{2}-\sigma} e^{\frac{1}{4}\pi i - it\log(t/2\pi e)} \sum_{t/2\pi N<\nu\leqslant t/2\pi x} \frac{1}{\nu^{1-s}}$$

Now the functional equation is

$$\zeta(s) = \chi(s)\zeta(1-s)$$

where

$$\chi(s) = 2^{s-1}\pi^s \sec\frac{1}{2}s\pi/\Gamma(s)$$

In any fixed strip $\alpha\leqslant\sigma\leqslant\beta$, as $t\to\infty$

$$\log \Gamma(\sigma+it) = \left(\sigma+it-\frac{1}{2}\right)\log(it) - it + \frac{1}{2}\log 2\pi + O\left(\frac{1}{t}\right)$$
(4.12)

Hence

$$\Gamma(\sigma+it) = t^{\sigma+it-\frac{1}{2}} e^{-\frac{1}{2}\pi t - it + \frac{1}{2}i\pi(\sigma-\frac{1}{2})} (2\pi)^{\frac{1}{2}} \left\{1 + O\left(\frac{1}{t}\right)\right\}$$
(4.13)

$$\chi(s) = \left(\frac{2\pi}{t}\right)^{\sigma+it-\frac{1}{2}} e^{i(t+\frac{1}{4}\pi)} \left\{1 + O\left(\frac{1}{t}\right)\right\}$$ (4.14)

Hence the above relation is equivalent to

$$\sum_{x<n\leqslant N} \frac{1}{n^s} \sim \chi(s) \sum_{t/2\pi N < \nu \leqslant 2\pi x} \frac{1}{\nu^{1-s}}$$

The formulae therefore suggest that, with some suitable error terms

$$\zeta(s) \sim \sum_{n\leqslant x} \frac{1}{n^s} + \chi(s) \sum_{\nu\leqslant y} \frac{1}{\nu^{1-s}}$$

where $2\pi xy = |t|$.

Actually the result is that

$$\zeta(s) = \sum_{n\leqslant x} \frac{1}{n^s} + \chi(s) \sum_{n\leqslant y} \frac{1}{n^{1-s}} + O(x^{-\sigma}) + O(|t|^{\frac{1}{2}-\sigma} y^{\sigma-1})$$ (4.15)

for $0<\sigma<1$. This is known as the *approximate functional equation*①

4.13. Theorem 4.13. *If h is a positive constant*
$$0<\sigma<1, 2\pi xy = t, x>h>0, y>h>0$$
then

---

① Hardy and Littlewood (3), (4), (6), Siegel (2).

第二部分　中外名家论 Riemann 函数与 Riemann 猜想

$$\zeta(s) = \sum_{n \leq x} \frac{1}{n^s} + \chi(s) \sum_{n \leq y} \frac{1}{n^{1-s}} O(x^{-\sigma} \log |t|) +$$

$$O(|t|^{\frac{1}{2}-\sigma} y^{\sigma-1}) \qquad (4.16)$$

This is an imperfect form of the approximate functional equation in which a factor log $|t|$ appears in one of the O-terms; but for most purposes it is quite sufficient. The proof depends on the same principle as Theorem 4.9, but Theorem 4.9 would not give a sufficiently good O-result, and we have to reconsider the integrals which occur in this problem. Let $t > 0$. By Lemma 4.10

$$\sum_{x < n \leq N} \frac{1}{n^s} = \sum_{t/2\pi N - \eta < \nu \leq y + \eta} \int_x^N \frac{e^{2\pi i \nu u}}{u^s} du + O\left\{x^{-\sigma} \log\left(\frac{t}{x} - \frac{t}{N} + 2\right)\right\}$$

and the last term is $O(x^{-\sigma} \log t)$. If $2\pi N \eta > t$, the first term is $\nu = 0$, i.e.

$$\int_x^N \frac{du}{u^s} = \frac{N^{1-s} - x^{1-s}}{1 - s}$$

Hence by (4.11)

$$\zeta(s) = \sum_{n \leq x} \frac{1}{n^s} + \sum_{1 \leq \nu \leq y + \eta} \int_x^N \frac{e^{2\pi i \nu u}}{u^s} du + O(x^{-\sigma} \log t) + O(tN^{-\sigma})$$

since

$$x^{1-s}/(1-s) = O(x^{-\sigma}) = O(x^{-\sigma} \log t)$$

Now

$$\int_0^\infty \frac{e^{2\pi i \nu u}}{u^s} du = \Gamma(1-s)\left(\frac{2\pi\nu}{i}\right)^{s-1}$$

and by Lemma 4.3

$$\int_N^\infty u^{-\sigma} e^{-2\pi i |(t/2\pi)\log u - \nu u|} du = O\left(\frac{N^{-\sigma}}{\nu - (t/2\pi N)}\right) = O\left(\frac{N^{-\sigma}}{\nu}\right)$$

$$\int_0^x u^{-s} e^{2\pi i \nu u} du = \left[\frac{u^{1-s}}{1-s} e^{2\pi i \nu u}\right]_0^x - \frac{2\pi i \nu}{1-s} \int_0^x u^{1-s} e^{2\pi i \nu u} du =$$

$$O\left(\frac{x^{1-\sigma}}{t}\right)+O\left(\frac{\nu}{t}\frac{x^{1-\sigma}}{\nu-(t/2\pi x)}\right)$$

Hence

$$\sum_{1\leqslant\nu\leqslant y-\eta}\int_x^N\frac{e^{2\pi i\nu u}}{u^s}du=\left(\frac{2\pi}{i}\right)^{s-1}\Gamma(1-s)\sum_{1\leqslant\nu\leqslant y-\eta}\frac{1}{\nu^{1-s}}+$$

$$O(N^{-\sigma}\log y)+O\left(\frac{x^{1-\sigma}y}{t}\right)+$$

$$O\left(\frac{x^{1-\sigma}}{t}\sum_{1\leqslant\nu\leqslant y-\eta}\frac{\nu}{\nu-y}\right)=$$

$$\left(\frac{2\pi}{i}\right)^{s-1}\Gamma(1-s)\sum_{1\leqslant\nu\leqslant y-\eta}\frac{1}{\nu^{1-s}}+$$

$$O(N^{-\sigma}\log t)+O\left(\frac{x^{1-\sigma}y\log t}{t}\right)$$

There is still a possible term corresponding to $y-\eta<\nu\leqslant y+\eta$; for this, by Lemma 4.5

$$\int_0^x u^{1-s}e^{2\pi i\nu u}du=O\left\{x^{1-\sigma}\left(\frac{t}{x^2}\right)^{-\frac{1}{2}}\right\}$$

giving a term

$$O\left\{\frac{y}{t}x^{1-\sigma}\left(\frac{t}{x^2}\right)^{-\frac{1}{2}}\right\}=O\left\{x^{-\sigma}\left(\frac{t}{x^2}\right)^{-\frac{1}{2}}\right\}=O(x^{1-\sigma}t^{-\frac{1}{2}})=$$

$$O(t^{\frac{1}{2}-\sigma}y^{\sigma-1})$$

Finally we can replace $\nu\leqslant y-\eta$ by $\nu\leqslant y$ with error

$$O\left\{\left|\left(\frac{2\pi}{i}\right)^{s-1}\Gamma(1-s)\right|y^{\sigma-1}\right\}=O(t^{\frac{1}{2}-\sigma}y^{\sigma-1})$$

Also for $t>0$

$$\chi(s)=2^s\pi^{s-1}\sin\frac{1}{2}s\pi\Gamma(1-s)=$$

$$2^s\pi^{s-1}\left\{-\frac{e^{-\frac{1}{2}is\pi}}{2i}+O(e^{-\frac{1}{2}\pi t})\right\}\Gamma(1-s)=$$

$$\left(\frac{2\pi}{i}\right)^{s-1} \Gamma(1-s)\{1+O(e^{-\pi t})\}$$

Hence the result follows on taking N large enough.

It is possible to prove the full result by a refinement of the above methods. We shall not give the details here, since the result will be obtained by another method, depending on contour integration.

4.14. Complex-variable methods. An extremely powerful method of obtaining approximate formulae for $\zeta(s)$ is to express $\zeta(s)$ as a contour integral, and then move the contour into a position where it can be suitably dealt with. The following is a simple example.

Alternative proof of Theorem 4.11. We may suppose without loss of generality that x is half an odd integer, since the last term in the sum, which might be affected by the restriction, is $O(x^{-\sigma})$, and so is the possible variation in $x^{1-s}/(1-s)$.

Suppose first that $\sigma>1$. Then a simple application of the theorem of residues shows that

$$\zeta(s) - \sum_{n<x} n^{-s} = \sum_{n>x} n^{-s} = -\frac{1}{2i}\int_{x-i\infty}^{x+i\infty} z^{-s} \cot \pi z \, dz =$$

$$-\frac{1}{2i}\int_{x-i\infty}^{x} (\cot \pi z - i) z^{-s} dz -$$

$$\frac{1}{2i}\int_{x}^{x+i\infty} (\cot \pi z + i) z^{-s} dz - \frac{x^{1-s}}{1-s}$$

The final formula holds, by the theory of analytic continuation, for all values of s, since the last two integrals are uniformly convergent in any finite region. In the second integral we put $z=x+ir$, so that

and

$$|\cot \pi z + i| = \frac{2}{1+e^{2\pi r}} < 2e^{-2\pi r}$$

and

$$|z^{-s}| = |z|^{-\sigma} e^{t \arg z} < x^{-\sigma} e^{|t|\arctan(r/x)} < x^{-\sigma} e^{|t|r/x}$$

Hence the modulus of this term does not exceed

$$x^{-\sigma} \int_0^\infty e^{-2\pi r + |t|r/x} dr = \frac{x^{-\sigma}}{2\pi - |t|/x}$$

A similar result holds for the other integral, and the theorem follows.

It is possible to prove the approximate functional equation by an extension of this argument; we may write

$$-\cot \pi z - i = 2i \sum_{\nu=1}^{n} e^{2\nu\pi i z} + \frac{2i e^{2(n+1)\pi i z}}{1 - e^{2\pi i z}}$$

Proceeding as before, this leads to an O-term

$$O\left\{ x - \sigma \int_0^\infty e^{-2(n+1)\pi r - |t|r/x} dr \right\} = O\left(\frac{x^{-\sigma}}{2(n+1)\pi - |t|/x} \right)$$

and this is $O(x^{-\sigma})$ if $2(n+1)\pi - |t|/x > A$, i.e. for comparatively small values of x, if n is large. However, the rest of the argument suggested is not particularly simple, and we prefer another proof, which will be more useful for further developments.

4.15. Theorem 4.15. *The approximate functional equation* (4.15) *holds for* $0 \leqslant \sigma \leqslant 1$, $x>h>0$, $y>h>0$.

It is possible to extend the result to any strip $-k<\sigma<k$ by slight changes in the argument

For $\sigma>1$

$$\zeta(s) = \sum_{n=1}^{m} \frac{1}{n^s} + \frac{1}{\Gamma(s)} \int_0^\infty \frac{x^{s-1} e^{-mx}}{e^x - 1} dx$$

Transforming the integral into a loop-integral as in

§2.4, we obtain

$$\zeta(s) = \sum_{n=1}^{m} \frac{1}{n^s} + \frac{e^{-i\pi s}\Gamma(1-s)}{2\pi i}\int_C \frac{w^{s-1}e^{-mw}}{e^w - 1}dw$$

where C excludes the zeros of $e^w - 1$ other than $w = 0$. This holds for all values of s except positive integers.

Let $t > 0$ and $x \leq y$, so that $x \leq \sqrt{(t/2\pi)}$. Let $\sigma \leq 1$
$$m = [x], y = t/(2\pi x), q = [y], \eta = 2\pi y$$
We deform the contour C into the straight lines C_1, C_2, C_3, C_4 joining ∞, $c\eta + i\eta(1+c)$, $-c\eta + i\eta(1-c)$, $-c\eta - (2q+1)\pi i$, ∞, where c is an absolute constant, $0 < c \leq \frac{1}{2}$. If y is an integer, a small indentation is made above the pole at $w = i\eta$. We have then

$$\zeta(s) = \sum_{n=1}^{m} \frac{1}{n^s} + \chi(s)\sum_{n=1}^{q}\frac{1}{n^{1-s}} +$$
$$\frac{e^{-i\pi s}\Gamma(1-s)}{2\pi i}\left(\int_{C_1} + \int_{C_2} + \int_{C_3} + \int_{C_4}\right)$$

Let $w = u + iv = \rho e^{i\phi}(0 < \phi < 2\pi)$. Then
$$|w^{s-1}| = \rho^{\sigma-1}e^{-t\phi}$$

On C_4, $\phi \geq \frac{5}{4}\pi$, $\rho > A\eta$, and $|e^w - 1| > A$. Hence

$$\left|\int_{C_4}\right| = O\left(\eta^{\sigma-1}e^{-\frac{5}{4}\pi t}\int_{-c\eta}^{\infty}e^{-mu}du\right) = O(e^{mc\eta - \frac{5}{4}\pi t}) =$$
$$O(e^{t(c - \frac{5}{4}\pi)})$$

On C_3, $\phi \geq \frac{1}{2}\pi + \arctan\frac{c}{1-c} > \frac{1}{2}\pi + c + A$ where $A > 0$,

since
$$\arctan\theta = \int_0^{\theta}\frac{du}{1+\mu^2} > \int_0^{\theta}\frac{du}{(1+\mu)^2} = \frac{\theta}{1+\theta}$$

Hence

$$w^{s-1}e^{-mw} = O(\eta^{\sigma-1}e^{-t(\frac{1}{2}\pi+c+A)+mc\eta}) = O(\eta^{\sigma-1}e^{-t(\frac{1}{2}\pi+A)})$$

and $|e^w-1|>A$. Hence

$$\int_{C_3} = O(\eta^\sigma e^{-t(\frac{1}{2}\pi+A)})$$

On C_1, $|e^w-1|>Ae^u$. Hence

$$\frac{u^{s-1}e^{-mw}}{e^w-1} = O\left[\eta^{\sigma-1}\exp\left\{-t\arctan\frac{(1+c)\eta}{u}-(m+1)u\right\}\right]$$

Since $m+1 \geqslant x = t/\eta$, and

$$\frac{d}{du}\left\{\arctan\frac{(1+c)\eta}{u}+\frac{u}{\eta}\right\} = -\frac{(1+c)\eta}{u^2+(1+c)^2\eta^2}+\frac{1}{\eta}>0$$

We have

$$\arctan\frac{(1+c)\eta}{u}+\frac{u}{\eta} \geqslant \arctan\frac{1+c}{c}+c =$$

$$\frac{1}{2}\pi+c-\arctan\frac{c}{1+c} = \frac{1}{2}\pi+A$$

since for $0<\theta<1$

$$\arctan\theta < \int_0^\theta \frac{du}{(1-\mu)^2} = \frac{\theta}{1-\theta}$$

Hence

$$\int_{C_1} = O\left(\eta^{\sigma-1}\int_0^{\pi\eta} e^{-(\frac{1}{2}\pi+A)t}du\right)+O\left(\eta^{\sigma-1}\int_{\pi\eta}^\infty e^{-xu}du\right) =$$

$$O(\eta^\sigma e^{-(\frac{1}{2}\pi+A)t})+O(\eta^{\sigma-1}e^{-\pi\eta x}) =$$

$$O(\eta^\sigma e^{-(\frac{1}{2}\pi+A)t})$$

Finally consider C_2. Here $w = i\eta+\lambda e^{\frac{1}{4}i\pi}$, where λ is real, $|\lambda| \leqslant \sqrt{2}c\eta$. Hence

$$w^{s-1} = \exp\left[(s-1)\left\{\frac{1}{2}i\pi+\log(\eta+\lambda e^{-\frac{1}{4}i\pi})\right\}\right] =$$

$$\exp\left[(s-1)\left\{\frac{1}{2}i\pi+\log\eta+\frac{\lambda}{\eta}e^{-\frac{1}{4}i\pi}-\frac{1}{2}\frac{\lambda^2}{\eta^2}e^{-\frac{1}{2}i\pi}+O\left(\frac{\lambda^3}{\eta^3}\right)\right\}\right]=$$

$$O\left[\eta^{\sigma-1}\exp\left[\left\{-\frac{1}{2}\pi+\frac{\lambda}{\eta\sqrt{2}}-\frac{1}{2}\frac{\lambda^2}{\eta^2}+O\left(\frac{\lambda^3}{\eta^3}\right)\right\}t\right]\right]$$

Also

$$\frac{e^{-mw+xw}}{e^w-1}=O\left(\frac{e^{(x-m-1)u}}{1-e^{-u}}\right), w\geq 0$$

$$\frac{e^{-mw+xw}}{e^w-1}=O\left(\frac{e^{(x-m)u}}{e^u-1}\right), u<0$$

which is bounded for $u<-\frac{1}{2}\pi$ and $u>\frac{1}{2}\pi$; and

$$|e^{-xw}|=e^{-\lambda t/\eta\sqrt{2}}$$

Hence the part with $|u|>\frac{1}{2}\pi$ is

$$O\left\{\eta^{\sigma-1}e^{-\frac{1}{2}\pi t}\int_{-c\eta\sqrt{2}}^{c\eta\sqrt{2}}\exp\left[\left\{-\frac{1}{2}\frac{\lambda^2}{\eta^2}+O\left(\frac{\lambda^3}{\eta^3}\right)\right\}t\right]d\lambda\right\}=$$

$$O\left\{\eta^{\sigma-1}e^{-\frac{1}{2}\pi t}\int_{-\infty}^{\infty}e^{-A\lambda^2\eta^{-2}t}d\lambda\right\}=$$

$$O(\eta^\sigma t^{-\frac{1}{2}}e^{-\frac{1}{2}\pi t})$$

The argument also applies to the part $|u|\leq\frac{1}{2}\pi$ if $|e^w-1|>A$ on this part. If not, suppose, for example, that the contour goes too near to the pole at $w=2q\pi i$. Take it round an arc of the circle $|w-2q\pi i|=\frac{1}{2}\pi$. On this circle

$$w=2q\pi i+\frac{1}{2}\pi e^{i\theta}$$

and

$$\log(w^{s-1}e^{-mw}) =$$
$$-\frac{1}{2}m\pi e^{i\theta}+(s-1)\{\frac{1}{2}i\pi+\log(2q\pi)+\frac{1}{2}\pi e^{i\theta}/i\} =$$
$$-\frac{1}{2}m\pi e^{i\theta}-\frac{1}{2}\pi t+(s-1)\log(2q\pi)+\frac{te^{i\theta}}{4q}+O(1)$$

Since
$$m\pi-\frac{t}{2q}=\frac{2mq\pi-t}{2q}=O(1)$$

this is
$$-\frac{1}{2}\pi t+(s-1)\log(2q\pi)+O(1)$$

Hence
$$|w^{s-1}e^{-mw}|=O(q^{\sigma-1}e^{-\frac{1}{2}\pi t})$$

The contribution of this part is therefore
$$O(\eta^{\sigma-1}e^{-\frac{1}{2}\pi t})$$

Since
$$e^{-i\pi s}\Gamma(1-s)=O(t^{\frac{1}{2}-\sigma}e^{\frac{1}{2}\pi t})$$

we have now proved that
$$\zeta(s)=\sum_{n=1}^{m}\frac{1}{n^s}+\chi(s)\sum_{n=1}^{q}\frac{1}{n^{1-s}}+$$
$$O\{t^{\frac{1}{2}-\sigma}(e^{-At}+\eta^{\sigma}t^{-\frac{1}{2}}+\eta^{\sigma-1})\}$$

The O-terms are
$$O(e^{-At})+O\left\{\left(\frac{t}{x}\right)^{\sigma}t^{-\sigma}\right\}+O\left\{t^{\frac{1}{2}-\sigma}\left(\frac{t}{x}\right)^{\sigma-1}\right\}=$$
$$O(e^{-At})+O(x^{-\sigma})+O(t^{-\frac{1}{2}}x^{1-\sigma})=$$
$$O(x^{-\sigma})$$

This proves the theorem in the case considered.

第二部分 中外名家论 Riemann 函数与 Riemann 猜想

To deduce the case $x \geqslant y$, change s into $1-s$ in the result already obtained. Then

$$\zeta(1-s) = \sum_{n \leqslant x} \frac{1}{n^{1-s}} + \chi(1-s) \sum_{n \leqslant y} \frac{1}{n^s} + O(x^{\sigma-1})$$

Multiplying by $\chi(s)$, and using the functional equation and

$$\chi(s)\chi(1-s) = 1$$

we obtain

$$\zeta(s) = \chi(s) \sum_{n \leqslant x} \frac{1}{n^{1-s}} + \sum_{n \leqslant y} \frac{1}{n^s} + O(t^{\frac{1}{2}-\sigma} x^{\sigma-1})$$

Interchanging x and y, this gives the theorem with $x \geqslant y$.

4.16. Further approximations. [①] A closer examination of the above analysis, together with a knowledge of the formulae of §2.10, shows that the O-terms in the approximate functional equation can be replaced by an asymptotic series, each term of which contains trigonometrical functions and powers of t only.

We shall consider only the simplest case in which $x = y = \sqrt{(t/2\pi)}$, $\eta = \sqrt{(2\pi t)}$. In the neighbourhood of $w = i\eta$ we have

$$(s-1)\log \frac{2}{i\eta} = (s-1)\log\left(1 + \frac{w-i\eta}{i\eta}\right) =$$

$$(\sigma + it - 1)\left\{\frac{w-i\eta}{i\eta} - \frac{1}{2}\left(\frac{w-i\eta}{i\eta}\right)^2 + \cdots\right\} =$$

$$\frac{\eta}{2\pi}(w-i\eta) + \frac{i}{4\pi}(w-i\eta)^2 + \cdots$$

Hence we write

---

① Siegel (2).

$$e^{(s-1)\log(w/i\eta)} = e^{(\eta/2\pi)(w-i\eta)+(i/4\pi)(w-i\eta)^2}\phi\left(\frac{w-i\eta}{i\sqrt{(2\pi)}}\right)$$

where

$$\phi(z) = \exp\left\{(s-1)\log\left(1+\frac{z}{\sqrt{t}}\right) - iz\sqrt{t} + \frac{1}{2}iz^2\right\} = \sum_{n=0}^{\infty} a_n z^n$$

say. Now

$$\frac{d\phi}{dz} = \left(\frac{s-1}{z+\sqrt{t}} - i\sqrt{t} + iz\right)\phi(z) = \frac{\sigma-1+iz^2}{z+\sqrt{t}}\phi(z)$$

Hence

$$(z+\sqrt{t})\sum_{n=1}^{\infty} na_n z^{n-1} = (\sigma-1+iz^2)\sum_{n=0}^{\infty} a_n z^n$$

and the coefficients a_n are determined in succession by the recurrence formula

$$(n+1)\sqrt{t} \cdot a_{n+1} = (\sigma-n-1)a_n + ia_{n-2}, n=2, 3, \cdots$$

this being true for $n=1$, $n=1$ also if we write $a_{-2} = a_{-1} = 0$. Thus

$$a_0 = 1, \ a_1 = \frac{\sigma-1}{\sqrt{t}}, a_2 = \frac{(\sigma-1)(\sigma-2)}{2t}, \cdots$$

It follows that

$$a_n = O(t^{-\frac{1}{2}n + [\frac{1}{3}n]}) \tag{4.17}$$

(not uniformly in n); for if this is true up to n, then

$$a_{n+1} = O(t^{-\frac{1}{2}n+[\frac{1}{3}n]-\frac{1}{2}}) + O(t^{-\frac{1}{2}(n-2)+[\frac{1}{3}(n-2)]-\frac{1}{2}}) = O(t^{-\frac{1}{2}(n+1)+[\frac{1}{3}(n+1)]})$$

Hence (4.17) follows for all n by induction.

Now let

第二部分 中外名家论 Riemann 函数与 Riemann 猜想

$$\phi(z) = \sum_{n=0}^{N-1} a_n z^n + r_N(z)$$

Then

$$r_N(z) = \frac{1}{2\pi i} \int_\Gamma \frac{\phi(w) z^N}{w^N (w-z)} dw$$

Where Γ is a contour including the points 0 and z. Now

$$\log \phi(w) = (s-1)\log\left(1+\frac{w}{\sqrt{t}}\right) + \frac{1}{2}iw^2 - iw\sqrt{t} =$$

$$(\sigma-1)\log\left(1+\frac{w}{\sqrt{t}}\right) + iw^2 \sum_{k=1}^{\infty} \frac{(-1)^{k-1}}{k+2}\left(\frac{w}{\sqrt{t}}\right)^k$$

Hence for $|w| \leq \frac{3}{5}\sqrt{t}$ we have

$$\mathbf{R}\{\log \phi(w)\} \leq |\sigma-1|\log \frac{8}{5} + |w|^2 \cdot \frac{5}{6}\frac{|w|}{\sqrt{t}}$$

Let $|z| < \frac{4}{7}\sqrt{t}$, and let Γ be a circle with centre $w=0$, radius ρ_N, where

$$\frac{21}{20}|z| \leq \rho_N \leq \frac{3}{5}\sqrt{t}$$

Then

$$r_N(z) = O(|z|^N \rho_N^{-N} e^{5\rho_N^3/6\sqrt{t}})$$

The function $\rho^{-N} e^{5\rho^3/6\sqrt{t}}$ has the minimum $(5e/2N\sqrt{t})^{\frac{1}{3}N}$ for $\rho = (2N\sqrt{t}/5)^{\frac{1}{3}}$; ρ_N can have this value if

$$\frac{21}{20}|z| \leq \left(\frac{2N\sqrt{t}}{5}\right)^{\frac{1}{3}} \leq \frac{3}{5}\sqrt{t}$$

Hence

$$r_N(z) = O\left\{|z|^N \left(\frac{5e}{2N\sqrt{t}}\right)^{\frac{1}{3}N}\right\}$$

$$\left\{ N \leqslant \frac{27}{50}t, |z| \leqslant \frac{20}{21}\left(\frac{2N\sqrt{t}}{5}\right)^{\frac{1}{3}} \right\}$$

For $|z| \leqslant \frac{4}{7}\sqrt{t}$ we can also take $\rho_N = \frac{21}{20}|z|$, giving

$$r_N(z) = O\left[\left(\frac{20}{21}\right)^N \left\{\exp\frac{5}{6\sqrt{t}}\left(\frac{21}{20}|z|\right)^3\right\}\right] =$$

$$O\left\{\exp\left(\frac{14}{29}|z|^2\right)\right\}, |z| \leqslant \frac{1}{2}\sqrt{t}$$

Now consider the integral along C_2, and take $c = 2^{-\frac{3}{2}}$. Then

$$\int_{C_2} \frac{w^{s-1} e^{-mw}}{e^w - 1} dw =$$

$$\int_{C_2} (i\eta)^{s-1} \frac{e^{(i/4\pi)(w-i\eta)^2 + (\eta/2\pi)(w-i\eta) - mw}}{e^w - 1} \cdot$$

$$\sum_{n=0}^{N-1} a_n \left(\frac{w-i\eta}{i\sqrt{(2\pi)}}\right)^n dw +$$

$$\int_{C_2} (i\eta)^{s-1} \frac{e^{(i/4\pi)(w-i\eta)^2 + (\eta/2\pi)(w-i\eta) - mw}}{e^w - 1} r_N\left(\frac{w-i\eta}{i\sqrt{(2\pi)}}\right) dw$$

If $|e^w - 1| > A$ on C_2 the last integral is, as in the previous section

$$O\left[\eta^{\sigma-1} e^{-\frac{1}{2}\pi t}\left\{\int_0^{A(N\sqrt{t})^{\frac{1}{3}}} e^{-\lambda^2/4\pi}\left(\frac{\lambda}{\sqrt{(2\pi)}}\right)^N \left(\frac{5e}{2N\sqrt{t}}\right)^{\frac{1}{3}N} d\lambda + \right.\right.$$

$$\left.\left.\int_{A(N\sqrt{t})^{\frac{1}{3}}}^{\frac{1}{2}\eta} e^{-(\lambda^2/4\pi) + (7\lambda^2/29\pi)} d\lambda\right\}\right] =$$

$$O\left[\eta^{\sigma-1} e^{-\frac{1}{2}\pi t}\left\{\left(\frac{5e}{2N\sqrt{t}}\right)^{\frac{1}{3}N} 2^{\frac{1}{2}N}\Gamma\left(\frac{1}{2}N + \frac{1}{2}\right) + e^{-A(N\sqrt{t})^{\frac{1}{2}}}\right\}\right] =$$

$$O\left\{\eta^{\sigma-1} e^{-\frac{1}{2}\pi t}\left(\frac{AN}{t}\right)^{\frac{1}{6}N}\right\}$$

for $N<At$. The case where the contour goes near a pole gives a similar result, as in the previous section.

In the first N terms we now replace C_2 by the infinite straight line of which it is a part, C_2' say. The integral multiplying a_n changes by

$$O\left\{\eta^{\sigma-1}e^{-\frac{1}{2}\pi t}\int_{\frac{1}{2}\eta}^{\infty}e^{-(\lambda^2/4\pi)+(\eta\lambda/2\pi\sqrt{2})(m+1)(\lambda/\sqrt{2})}\left(\frac{\lambda}{\sqrt{(2\pi)}}\right)^n d\lambda\right\}$$

Since $m+1 \geqslant t/\eta = \eta/(2\pi)$, this is

$$O\left\{\eta^{\sigma-1}e^{-\frac{1}{2}\pi t}\int_{\frac{1}{2}\eta}^{\infty}e^{-\lambda^2/4\pi}\left(\frac{\lambda}{\sqrt{(2\pi)}}\right)^n d\lambda\right\}$$

We can write the integrand as

$$e^{-\lambda^2/8\pi} \cdot e^{-\lambda^2/8\pi}\left(\frac{\lambda}{\sqrt{(2\pi)}}\right)^n$$

and the second factor is steadily decreasing for $\lambda > 2\sqrt{(n\pi)}$, and so throughout the interval of integration if $n<N<At$ with A small enough. The whole term is then

$$O\left\{\eta^{\sigma-1}e^{-\frac{1}{2}\pi t-(\eta^2/32\pi^2)}\left(\frac{\eta}{2\sqrt{(2\pi)}}\right)^n\right\} =$$

$$O\left\{\eta^{\sigma-1}e^{-\frac{1}{2}\pi t-(t/16\pi)}\left(\frac{1}{2}\sqrt{t}\right)^n\right\}$$

Also

$$a_n = (r_n - r_{n+1})z^{-n} = O\left\{\left(\frac{5e}{2n\sqrt{t}}\right)^{\frac{1}{3}n}\right\}$$

Hence the total error is

$$O\left\{\eta^{\sigma-1}e^{-\frac{1}{2}\pi t-(t/16\pi)}\sum_{n=0}^{N-1}\left(\frac{1}{2}\sqrt{t}\right)^n\left(\frac{5e}{2n\sqrt{t}}\right)^{\frac{1}{3}n}\right\} =$$

$$O\left\{\eta^{\sigma-1}e^{-\frac{1}{2}\pi t-(t/16\pi)}\sum_{n=0}^{N-1}\left(\frac{5et}{16n}\right)^{\frac{1}{3}n}\right\}$$

Now $(t/n)^{\frac{1}{3}n}$ increases steadily up to $n = t/e$, and so if $n < At$, where $A < 1/e$, it is

$$O(e^{\frac{1}{3}tA\log 1/A})$$

Hence if $N < At$, with A small enough, the whole term is

$$O(e^{-(\frac{1}{2}\pi+A)t})$$

We have finally the sum

$$(i\eta)^{s-1} \sum_{n=0}^{N-1} \frac{a_n}{i^n(2\pi)^{\frac{1}{2}n}} \int_{C'_2} \frac{e^{(i/4\pi)(w-i\eta)^2+(\eta/2\pi)(w-i\eta)-mw}}{e^w-1} \cdot (w-i\eta)^n dw$$

The integral may be expressed as

$$-\int_L \exp\left\{\frac{i}{4\pi}(w+2m\pi i-i\eta)^2 + \frac{\eta}{2\pi}(w+2m\pi i-i\eta) - mw\right\} \cdot \frac{(w+2m\pi i-i\eta)^n}{e^w-1} dw$$

where L is a line in the direction $\arg w = \frac{1}{4}\pi$, passing between 0 and $2\pi i$.

This is $n!$ times the coefficient of ζ^n in

$$-\int_L \exp\left\{\frac{i}{4\pi}(w+2m\pi i-i\eta)^2 + \frac{\eta}{2\pi}(w+2m\pi i-i\eta) - mw + \xi(w+2m\pi i-i\eta)\right\} \frac{dw}{e^w-1} =$$

$$-\exp\left\{i(2m\pi-\eta)\left(\frac{3\eta}{4\pi}-\frac{1}{2}m+\xi\right)\right\} \cdot$$

$$\int_L \exp\left\{\frac{iw^2}{4\pi} + w\left(\frac{\eta}{\pi}-2m+\xi\right)\right\} \frac{dw}{e^w-1} =$$

$$2\pi\Psi\left(\frac{\eta}{\pi}-2m+\xi\right) \exp\left\{\frac{i\pi}{2}\left(\frac{\eta}{\pi}-2m+\xi\right)^2 - \right.$$

$$\frac{5\mathrm{i}\pi}{8}+\mathrm{i}(2m\pi-\eta)\left(\frac{3\eta}{4\pi}-\frac{1}{2}m+\xi\right)\right\}$$

where

$$\Psi(a) = \frac{\cos \pi\left(\frac{1}{2}a^2-a-\frac{1}{8}\right)}{\cos \pi a} =$$

$$2\pi(-1)^{m-1}e^{-\frac{1}{2}it-\left(\frac{5i\pi}{8}\right)} \Psi\left(\frac{\eta}{\pi}-2m+\xi\right)e^{\frac{1}{2}i\pi\xi^2} =$$

$$2\pi(-1)^{m-1}e^{-\frac{1}{2}it-\left(\frac{5i\pi}{8}\right)} \cdot$$

$$\sum_{\mu=0}^{\infty}\Psi(\mu)\left(\frac{\eta}{\pi}-2m\right)\frac{\xi\mu}{\mu!}\sum_{\nu=0}^{\infty}\frac{\left(\frac{1}{2}i\pi\xi^2\right)^\nu}{\nu!}$$

Hence we obtain

$$e^{\frac{1}{2}i\pi(s-1)}(2\pi t)^{\frac{1}{2}s-\frac{1}{2}}2\pi(-1)^{m-1}e^{-\frac{1}{2}it-\left(\frac{5i\pi}{8}\right)} \cdot$$

$$\sum_{n=0}^{N-1}\sum_{\nu\leqslant\frac{1}{2}n}\frac{n!\,\mathrm{i}^{\nu-n}}{\nu!\,(n-2\nu)!\,2^n}\left(\frac{2}{\pi}\right)^{\frac{1}{2}n-\nu}a_n\Psi^{(n-2\nu)}\left(\frac{\eta}{\pi}-2m\right)$$

Denoting the last sum by S_N, we have the following result.

Theorem 4.16. If $0\leqslant\sigma\leqslant 1$, $n=[\sqrt{t/2\pi}]$, and $N<At$, where A is a sufficiently small constant

$$\zeta(s) = \sum_{n=1}^{m}\frac{1}{n^s}+\chi(s)\sum_{n=1}^{m}\frac{1}{n^{1-s}}+(-1)^{m-1}e^{-\frac{1}{2}i\pi(s-1)} \cdot$$

$$(2\pi t)^{\frac{1}{2}s-\frac{1}{2}}e^{-\frac{1}{2}it-(i\pi/8)} \cdot$$

$$\Gamma(1-s)\left\{S_N+O\left\{\left(\frac{AN}{t}\right)^{\frac{1}{6}N}\right\}+O(e^{-At})\right\}$$

4.17. Special cases

In the approximate functional equation, let $\sigma = \frac{1}{2}$

and
$$x = y = \{t/(2\pi)\}^{\frac{1}{2}}$$

Then (4.15) gives

$$\zeta\left(\frac{1}{2}+it\right) = \sum_{n \leq x} n^{-\frac{1}{2}-it} + \chi^{(\frac{1}{2}+it)} \sum_{n \leq x} n^{-\frac{1}{2}+it} + O(t^{-\frac{1}{4}})$$

(4.18)

This can also be put into another form which is sometimes useful. We have

$$\chi\left(\frac{1}{2}+it\right)\chi\left(\frac{1}{2}-it\right) = 1$$

so that

$$\left|\chi\left(\frac{1}{2}+it\right)\right| = 1$$

Let

$$\theta = \theta(t) = -\frac{1}{2}\arg\chi\left(\frac{1}{2}+it\right)$$

so that

$$\chi\left(\frac{1}{2}+it\right) = e^{-2i\theta}$$

Let

$$Z(t) = e^{i\theta}\zeta\left(\frac{1}{2}+it\right) = \left\{\chi\left(\frac{1}{2}+it\right)\right\}^{-\frac{1}{2}}\zeta\left(\frac{1}{2}+it\right)$$

(4.19)

Since

$$\left\{\chi\left(\frac{1}{2}+it\right)\right\}^{-\frac{1}{2}} = \pi^{-\frac{1}{2}it}\left\{\frac{\Gamma\left(\frac{1}{4}+\frac{1}{2}it\right)}{\Gamma\left(\frac{1}{4}-\frac{1}{2}it\right)}\right\}^{\frac{1}{2}} =$$

第二部分　中外名家论 Riemann 函数与 Riemann 猜想

$$\frac{\pi^{-\frac{1}{2}it}\Gamma\left(\frac{1}{4}+\frac{1}{2}it\right)}{\left|\Gamma\left(\frac{1}{4}+\frac{1}{2}it\right)\right|}$$

we have also

$$Z(t)=-2\pi^{\frac{1}{4}}\frac{\Xi(t)}{\left(t^2+\frac{1}{4}\right)\left|\Gamma\left(\frac{1}{4}+\frac{1}{2}it\right)\right|} \quad (4.20)$$

The function $Z(t)$ is thus real for real t, and

$$|Z(t)|=\left|\zeta\left(\frac{1}{2}+it\right)\right|$$

Multiplying (4.18) by $e^{i\theta}$, we obtain

$$Z(t)=e^{i\theta}\sum_{n\leqslant x}n^{-\frac{1}{2}-it}+e^{i\theta}\sum_{n\leqslant x}n^{-\frac{1}{2}+it}+O(t^{-\frac{1}{4}})=$$
$$2\sum_{n\leqslant x}n^{-\frac{1}{2}}\cos(\theta-t\log n)+O(t^{-\frac{1}{4}}) \quad (4.21)$$

Again, in Theorem 4.16, Let $N=3$. Then

$$S_3=a_0\Psi\left(\frac{\eta}{\pi}-2m\right)+\frac{1}{2i}\left(\frac{2}{\pi}\right)^{\frac{1}{2}}a_1\Psi\left(\frac{\eta}{\pi}-2m\right)-$$

$$\frac{a_2}{2\pi}\Psi''\left(\frac{\eta}{\pi}-2m\right)+\frac{a_2}{2i}\Psi\left(\frac{\eta}{\pi}-2m\right)=$$

$$\Psi\left(\frac{\eta}{\pi}-2m\right)+O(t^{-\frac{1}{2}})=$$

$$\frac{\cos\{t-(2m+1)\sqrt{(2\pi t)}-\frac{1}{8}\pi\}}{\cos\sqrt{(2\pi t)}}+O(t^{-\frac{1}{2}})$$

and the O-term gives, for $\zeta(s)$, a term $O(t^{-\frac{1}{2}\sigma-\frac{1}{2}})$. In the case $\sigma=\frac{1}{2}$ we obtain, on multiplying by $e^{i\theta}$ and proceeding as before

$$Z(t) = 2\sum_{n=1}^{m} \frac{\cos(\theta - t\log n)}{n^{\frac{1}{2}}} + (-1)^{m-1}\left(\frac{2\pi}{t}\right)^{\frac{1}{4}} \cdot$$

$$\frac{\cos\{t-(2m+1)\sqrt{(2\pi t)} - \frac{1}{8}\pi\}}{\cos\sqrt{(2\pi t)}} + O(t^{-\frac{3}{4}})$$

(4.22)

4.18. A different type of approximate formula has been obtained by Meulenbeld.① Instead of using finite partial sums of the original Dirichlet series, we can approximate to $\zeta(s)$ by sums of the form

$$\sum_{n\leq x} \frac{\phi(n/x)}{n^s}$$

where $\phi(u)$ decreases from 1 to 0 as u increases from 0 to 1. This reduces considerably the order of the error terms. The simplest result of this type is

$$\zeta(s) = 2\sum_{n\leq x}\frac{1-n/x}{n^s} + \chi(s)\sum_{n\leq y}\frac{1}{n^{1-s}} - \chi(s)\sum_{y<n<2y}\frac{1}{n^{1-s}} + \frac{2\chi(s-1)}{x}\sum_{y<n<2y}\frac{1}{n^{2-s}} + O\left(\frac{1}{t^{2\sigma}} + \frac{1}{x^\sigma t^{\frac{1}{2}}} + \frac{1}{x^{\sigma-1}t}\right)$$

valid for $2\pi xy = |t|$, $|t| \geq (x+1)^{\frac{1}{2}}$, $-2<\sigma<2$.

There is also an approximate functional equation② for $\{\zeta(s)\}^2$. This is

$$\{\zeta(s)\}^2 = \sum_{n\leq x}\frac{d(n)}{n^s} + \chi^2(s)\sum_{x\leq y}\frac{d(n)}{n^{1-s}} + O(x^{\frac{1}{2}-\sigma}\log t)$$

(4.23)

---

① Meulenbeld (1).
② Hardy and Littlewood (6), Titchmarsh (21).

where $0 \leqslant \sigma \leqslant 1$, $xy=(t/2\pi)^2$, $x \geqslant h>0$, $y \geqslant h>0$. The proofs of this are rather elaborate.

NOTES FOR CHAPTER 4

4.19. Lemmas 4.2 and 4.4 can be generalized by taking F to be k times differentiable, and satisfying $|f^{(k)}(x)| \geqslant \lambda > 0$ throughout $[a, b]$. By using induction, in the same way that Lemma 4.4 was deduced from Lemma 4.2, one finds that

$$\int_a^b e^{iF(x)} dx \ll_k \lambda^{-\frac{1}{k}}$$

The error term $O(\lambda_2^{-\frac{4}{5}} \lambda_3^{-\frac{1}{5}})$ in Lemma 4.6 may be replaced by $O(\lambda_2^{-1} \lambda_3^{\frac{1}{3}})$, which is usually sharper in applications. To do this one chooses $\delta = \lambda_3^{-\frac{1}{3}}$ in the proof. It then suffices to show that

$$\int_{-\delta}^{\delta} e^{i\lambda x^2}(e^{if(x)} - 1) dx \ll (\lambda\delta)^{-1} \qquad (4.24)$$

if f has a continuous first derivative and satisfies $f(x) \ll x^3 \delta^{-3}$, $f'(x) \ll x^2 \delta^{-3}$. Here we have written $\lambda = \frac{1}{2} F''(c)$ and

$$f(x) = F(x+c) - F(c) - \frac{1}{2} x^2 F''(c)$$

If $\delta \leqslant (\lambda\delta)^{-1}$ then (4.24) is immediate. Otherwise we have

$$\int_{-\delta}^{\delta} = \int_{-\delta}^{-(\lambda\delta)^{-1}} + \int_{-(\lambda\delta)^{-1}}^{(\lambda\delta)^{-1}} + \int_{(\lambda\delta)^{-1}}^{\delta}$$

The second integral on the right is trivially $O\{(\lambda\delta)^{-1}\}$, while the third, for example, is, on integrating by parts

$$\int_{(\lambda\delta)^{-1}}^{\delta}(2\mathrm{i}\lambda x\mathrm{e}^{\mathrm{i}\lambda x^2})\frac{\mathrm{e}^{\mathrm{i}f(x)}-1}{2\mathrm{i}\lambda x}\mathrm{d}x=$$

$$\left[\mathrm{e}^{\mathrm{i}\lambda x^2}\frac{\mathrm{e}^{\mathrm{i}f(x)}-1}{2\mathrm{i}\lambda x}\right]_{(\lambda\delta)^{-1}}^{\delta}-\int_{(\lambda\delta)^{-1}}^{\delta}\mathrm{e}^{\mathrm{i}\lambda x^2}\frac{\mathrm{d}}{\mathrm{d}x}\left(\frac{\mathrm{e}^{\mathrm{i}f(x)}-1}{2\mathrm{i}\lambda x}\right)\mathrm{d}x\ll$$

$$\max_{x=(\lambda\delta)^{-1},\delta}|\frac{f(x)}{\lambda x}|+$$

$$\int_{(\lambda\delta)^{-1}}^{\delta}\left|\frac{x\mathrm{i}f'(x)\mathrm{e}^{\mathrm{i}f(x)}-(\mathrm{e}^{\mathrm{i}f(x)}-1)}{2\mathrm{i}\lambda x^2}\right|\mathrm{d}x\ll$$

$$(\lambda\delta)^{-1}+\int_{(\lambda\delta)^{-1}}^{\delta}\left|\frac{x^3\delta^{-3}}{2\mathrm{i}\lambda x^2}\right|\mathrm{d}x\ll$$

$$(\lambda\delta)^{-1}$$

as required. Similarly the error term $O\{(b-a)\lambda_2^{\frac{1}{5}}\lambda_3^{\frac{1}{5}}\}$ in Theorem 4.9 may be replaced by $O\{(b-a)\lambda_3^{\frac{1}{3}}\}$.

For further estimates along these lines see Vinogradov [2; pp. 86~91] and Heath-Brown [11; Lemmas 6 and 10]. These papers show that the error term $O((b-a)\lambda_2^{\frac{1}{5}}\lambda_3^{\frac{1}{5}})$ can be dropped entirely, under suitable conditions.

Lemmas 4.2 and 4.8 have the following corollary, which is sometimes useful.

Lemma 4.19. *Lex $f(x)$ be a real differentiable function on the interval $[a,b]$, let $f'(x)$ be monotonic, and let $0<\lambda\leqslant|f'(x)|\leqslant\theta\leqslant 1$. Then*

$$\sum_{a<n\leqslant b}\mathrm{e}^{2\pi\mathrm{i}f(n)}\ll\theta\lambda^{-1}$$

4.20. Weighted approximate functional equations related to those mentioned in §4.18 have been given by Lavrik [1] and Heath-Brown [3; Lemma 1], [4; Lemma 1]. As a typical example one has

第二部分　中外名家论 Riemann 函数与 Riemann 猜想

$$\zeta(s)^k = \sum_1^\infty d_k(n) n^{-s} w_s\left(\frac{n}{x}\right) +$$

$$\chi(s)^k \sum_1^\infty d_k(n) n^{s-1} w_{1-s}\left(\frac{n}{y}\right) +$$

$$O(x^{1-\sigma} \log^k(2+x) e^{-t^2/4}) \qquad (4.25)$$

uniformly for $t \geq 1$, $|\sigma| \leq \frac{1}{2}t$, $xy = (t/2\pi)^k$, $x, y \gg 1$, for any fixed positive integer k. Here

$$w_s(u) = \frac{1}{2\pi i} \int_{c-i\infty}^{c+i\infty} \left(\left(\frac{1}{2}t\right)^{-z/2} \frac{\Gamma\left\{\frac{1}{2}(s+z)\right\}}{\Gamma\left(\frac{1}{2}s\right)} \right)^k u^{-z} e^{z^2} \frac{dz}{z}$$

$$c > \max(0, -\sigma)$$

The advantage of (4.25) is the very small error term.

Although the weight $w_s(u)$ is a little awkward, it is easy to see, by moving the line of integration to $c = \pm 1$, for example, that

$$w_s(u) = \begin{cases} O(u^{-1}), & u \geq 1 \\ 1 + O(u) + O\left\{u^\sigma \left(\log \frac{2}{u}\right)^k e^{-\frac{1}{2}t^2}\right\}, & 0 < u \leq 1 \end{cases}$$

uniformly for $0 \leq \sigma \leq 1$, $t \geq 1$. More accurate estimates are however possible.

To prove (4.25) one writes

$$\sum_1^\infty d_k(n) n^{-s} w_s\left(\frac{n}{x}\right) =$$

$$\frac{1}{2\pi i} \int_{c-i\infty}^{c+i\infty} \left(\left(\frac{1}{2}t\right)^{-\frac{1}{2}z} \frac{\Gamma\left\{\frac{1}{2}(s+z)\right\}}{\Gamma\left(\frac{1}{2}s\right)} \zeta(s+z) \right)^k x^z e^{z^2} \frac{dz}{z}$$

$$c > \max(0, 1-\sigma)$$

and moves the line of integration to $\mathbf{R}(z) = -d$, $d > \max(0, \sigma)$, giving

$$\frac{1}{2\pi i}\int_{-d-i\infty}^{-d+i\infty}\left(\left(\frac{1}{2}t\right)^{-\frac{1}{2}z}\frac{\Gamma\left\{\frac{1}{2}(s+z)\right\}}{\Gamma\left(\frac{1}{2}s\right)}\zeta(s+z)\right)^k \cdot$$

$$x^z e^{z^2}\frac{dz}{z} + \zeta(s)^k + \operatorname{Re}(s), z = 1-s$$

The residue term is easily seen to be $O\{x^{1-\sigma}\log^k(2+x) e^{-t^2/4}\}$. In the integral we substitute $z = -w$, $x = (t/2\pi)^k y^{-1}$, and we apply the functional equation (2.27). This yields

$$\frac{1}{2\pi i}\int_{-d-i\infty}^{-d+i\infty}\left(\left(\frac{1}{2}t\right)^{-z/2}\frac{\Gamma\left\{\frac{1}{2}(s+z)\right\}}{\Gamma\left(\frac{1}{2}s\right)}\zeta(s+z)\right)^k x^z e^{z^2}\frac{dz}{z} =$$

$$\frac{\chi(s)^k}{2\pi i}\int_{-d-i\infty}^{-d+i\infty}\left(\left(\frac{1}{2}t\right)^{-w/2}\frac{\Gamma\left\{\frac{1}{2}(1-s+w)\right\}}{\Gamma\left\{\frac{1}{2}(1-s)\right\}}\zeta(1-s+w)\right)^k \cdot$$

$$y^w e^{w^2}\frac{dw}{w} = \chi(s)^k \sum_{1}^{\infty} d_k(n) n^{s-1} w_{1-s}\left(\frac{n}{y}\right)$$

as required.

Another result of the same general nature is

$$\left|\zeta\left(\frac{1}{2}+it\right)\right|^{2k} = \sum_{m,n=1}^{\infty} d_k(m) d_k(n) m^{-\frac{1}{2}-it} n^{-\frac{1}{2}+it} W_t(mn) +$$

$$O(e^{-t^2/2}) \qquad (4.26)$$

for $t \geq 1$, and any fixed positive integer k, where
$W_t(u) =$

$$\frac{1}{\pi i}\int_{1-i\infty}^{1+i\infty}\left(\pi^{-z}\frac{\Gamma\{\frac{1}{2}(\frac{1}{2}+it+z)\}\Gamma\{\frac{1}{2}(\frac{1}{2}-it+z)\}}{\Gamma\{\frac{1}{2}(\frac{1}{2}+it)\}\Gamma\{\frac{1}{2}(\frac{1}{2}-it)\}}\right)^k$$

$$u^{-z}e^{z^2}\frac{dz}{z}$$

This type of formula has the advantage that the cross terms which would arise on multipling (4.25) by its complex conjugate are absent. By moving the line of integration to $\mathbf{R}(z)=\pm\frac{1}{2}$ one finds that

$$W_t(u)=2+O\left\{u^{\frac{1}{2}}\log^k\left(\frac{2}{u}\right)\right\},\ 0<u\leqslant 1$$

and $W_t(u)=O(u^{-\frac{1}{2}})$ for $u\geqslant 1$. Again better estimates are possible. The proof of (4.26) is similar to that of (4.25). and starts from the formula

$$\frac{1}{2}\sum_{m,n=1}^{\infty}d_k(m)d_k(n)m^{-\frac{1}{2}-it}n^{-\frac{1}{2}+it}W_t(mn)^k=$$

$$\frac{1}{2\pi i}\int_{1-i\infty}^{1+i\infty}\left(\pi^{-z}\frac{\Gamma\{\frac{1}{2}(\frac{1}{2}+it+z)\}\Gamma\{\frac{1}{2}(\frac{1}{2}-it+z)\}}{\Gamma\{\frac{1}{2}(\frac{1}{2}+it)\}\Gamma\{\frac{1}{2}(\frac{1}{2}-it)\}}\right.$$

$$\left.\zeta\left(\frac{1}{2}+it+z\right)\zeta\left(\frac{1}{2}-it+z\right)\right)^k e^{z^2}\frac{dz}{z}$$

4.21. We may write the approximate functional equation (4.23) in the form

$$\zeta(s)^2=S(s,\ x)+\chi(s)^2S(1-s,y)+R(s,\ x)$$

The estimate $R(s,x)\ll x^{\frac{1}{2}-\sigma}\log t$ has been shown by

Jutila (see Ivic [3; §4.2]) to the best possible for

$$t^{\frac{1}{2}} \ll \left| x - \frac{t}{2\pi} \right| \ll t^{\frac{1}{2}}$$

Outside this range however, one can do better. Thus Jutila (in work to appear) has proved that

$$R(s, x) \ll t^{\frac{1}{2}} x^{-\sigma} (\log t) \log\left(1 + \frac{x}{t}\right) + t^{-1} x^{1-\sigma} (y^{\varepsilon} + \log t)$$

for $0 \leqslant \sigma \leqslant 1$ and $x \gg t \gg 1$. (The corresponding result for $x \ll t$ may be deduced from this, via the functional equation.) For the special case $x = y = t/2\pi$ one may also improve on (4.23). Motohashi [2], [3], and in work in the course of publication, has established some very precise results in this direction. In particular he has shown that

$$\chi(1-s) \ R\left(s, \frac{t}{2\pi}\right) = -\left(\frac{4\pi}{t}\right)^{\frac{1}{2}} \Delta\left(\frac{t}{2\pi}\right) + O(t^{-\frac{1}{2}})$$

where $\Delta(x)$ is the remainder term in the Dirichlet divisor problem (see §12.1). Jutila, in the work to appear, cited above, gives another proof of this. In fact, for the special case $\sigma = \frac{1}{2}$, the result was obtained 40 years earlier by Taylor (1).

第五章　THE ORDER OF $\zeta(s)$ IN THE CRITICAL STRIP

5.1. The main object of this chapter is to discuss the order of $\zeta(s)$ as $t\to\infty$ in the 'critical strip' $0\leq\sigma\leq 1$. We begin with a general discussion of the order problem. It is clear from the original Dirichlet series (1.1) that $\zeta(s)$ is bounded in any half-plane $\sigma\geq 1+\delta>1$; and we have proved in (2.43) that

$$\zeta(s)=O(|t|), \sigma\geq\frac{1}{2}$$

For $\sigma<\frac{1}{2}$, corresponding results follow from the functional equation

$$\zeta(s)=\chi(s)\zeta(1-s)$$

In any fixed strip $\alpha\leq\sigma\leq\beta$, as $t\to\infty$

$$|\chi(s)|\sim\left(\frac{t}{2\pi}\right)^{\frac{1}{2}-\sigma}$$

by (4.14). Hence

$$\zeta(s)=O(t^{\frac{1}{2}-\sigma}), \sigma\leq-\delta<0 \qquad (5.1)$$

and

$$\zeta(s)=O(t^{\frac{3}{2}+\delta}), \sigma\geq-\delta$$

Thus in any half-plane $\sigma\geq\sigma_0$

$$\zeta(s)=O(|t|^k), k=k(\sigma_0)$$

i.e. $\zeta(s)$ is a function of finite order in the sense of the

theory of Dirichlet series. ①

For each σ we define a number $\mu(\sigma)$ as the lower bound of number ξ such that
$$\zeta(\sigma+it) = O(|t|^\xi)$$
It follows from the general theory of Dirichlet series② that, as a function of σ, $\mu(\sigma)$ is continuous, non-increasing, and convex downwards in the sense that no arc of the curve $y=\mu(\sigma)$ has any point above its chord; also $\mu(\sigma)$ is never negative.

Since $\zeta(s)$ is bounded for $\sigma \geq 1+\delta(\delta>0)$, it follows that
$$\mu(\sigma) = 0, \sigma > 1 \qquad (5.2)$$
and then from the functional equation that
$$\mu(\sigma) = \frac{1}{2} - \sigma, \sigma < 0 \qquad (5.3)$$
These equations also hold by continuity for $\sigma=1$ and $\sigma=0$ respectively.

The chord joining the points $(0, \frac{1}{2})$ and $(1,0)$ on the curve $y=\mu(\sigma)$ is $y=\frac{1}{2}-\frac{1}{2}\sigma$. It therefore follows from the convexity property that
$$\mu(\sigma) \leq \frac{1}{2} - \frac{1}{2}\sigma, 0 < \sigma < 1 \qquad (5.4)$$
In particular, $\mu\left(\frac{1}{2}\right) \leq \frac{1}{4}$, i. e.

---

① See Titchmarsh, *Theory of Functions*, §§9.4, 9.41.
② Ibid, §§5.65, 9.41.

$$\zeta\left(\frac{1}{2}+it\right) = O(t^{\frac{1}{4}+\epsilon}) \tag{5.5}$$

for every positive ϵ.

The exact value of $\mu(\sigma)$ is not known for any value of σ between 0 and 1. It will be shown later that $\mu\frac{1}{2} < \frac{1}{4}$, and the simplest possible hypothesis is that the graph of $\mu(\sigma)$ consists of two straight lines

$$\mu(\sigma) = \begin{cases} \frac{1}{2}-\sigma, & \sigma \leq \frac{1}{2} \\ 0, & \sigma > \frac{1}{2} \end{cases} \tag{5.6}$$

This is known as Lindelöf's hypothesis. It is equivalent to the statement that

$$\zeta\left(\frac{1}{2}+it\right) = O(t^{\epsilon}) \tag{5.7}$$

for every positive ϵ.

The approximate functional equation gives a slight refinement on the above results. For example, taking $\sigma = \frac{1}{2}$, $x=y=\sqrt{(t/2\pi)}$ in (4.15), we obtain

$$\zeta\left(\frac{1}{2}+it\right) = \sum_{n \leq \sqrt{(t/2\pi)}} \frac{1}{n^{\frac{1}{2}+it}} + O(1) \sum_{n \leq \sqrt{(t/2\pi)}} \frac{1}{n^{\frac{1}{2}-it}} + O(t^{-\frac{1}{4}}) =$$

$$O\left(\sum_{n \leq \sqrt{(t/2\pi)}} \frac{1}{n^{\frac{1}{2}}}\right) + O(t^{-\frac{1}{4}}) =$$

$$O(t^{\frac{1}{4}}) \tag{5.8}$$

5.2. To improve upon this we have to show that a certain amount of cancelling occurs between the terms of

such a sum. We have
$$\sum_{n=a+1}^{b} n^{-s} = \sum_{n=a+1}^{b} n^{-\sigma} e^{-it\log n}$$
and we apply the familiar lemma of 'partial summation'. Let
$$b_1 \geqslant b_2 \geqslant \cdots \geqslant b_n \geqslant 0$$
and
$$s_m = a_1 + a_2 + \cdots + a_m$$
where the a's are any real or complex numbers. Then if
$$|s_m| \leqslant M, m = 1, 2, \cdots$$
$$|a_1 b_1 + a_2 b_2 + \cdots + a_n b_n| \leqslant M b_1 \qquad (5.9)$$
For
$$a_1 b_1 + \cdots + a_n b_n = b_1 s_1 + b_2 (s_2 - s_1) + \cdots + b_n (s_n - s_{n-1}) =$$
$$s_1 (b_1 - b_2) + s_2 (b_2 - b_3) + \cdots +$$
$$s_{n-1}(b_{n-1} - b_n) + s_n b_n$$
Hence
$$|a_1 b_1 + \cdots + a_n b_n| \leqslant M(b_1 - b_2 + \cdots + b_{n-1} - b_n + b_n) = M b_1$$
If $0 \leqslant b_1 \leqslant b_2 \leqslant \cdots \leqslant b_n$ we obtain similarly
$$|a_1 b_1 + \cdots + a_n b_n| \leqslant 2 M b_n$$
If $a_n = e^{-it\log n}$, $b_n = n^{-\sigma}$, where $\sigma \geqslant 0$, it follows that
$$\sum_{n=a+1}^{b} n^{-s} = O\left(a^{-\sigma} \max_{a < c \leqslant b} \left| \sum_{n=a+1}^{c} e^{-it\log n} \right| \right) \qquad (5.10)$$
This raises the general question of the order of sums of the form
$$\sum = \sum_{n=a+1}^{b} e^{2\pi i f(n)} \qquad (5.11)$$
when $f(n)$ is a real function of n. In the above case
$$f(n) = \frac{-t\log n}{2\pi}$$

第二部分　中外名家论 Riemann 函数与 Riemann 猜想

The earliest method of dealing with such sums is that of Weyl,[①] largely developed by Hardy and Littlewood.[②] This is roughly as follows. We can reduce the problem of $\sum$ to that of

$$S = \sum_{n=a+1}^{b} e^{2\pi i g(n)}$$

where $g(n)$ is a polynomial of sufficiently high degree, say of degree k. Now

$$|S^2| = \sum_{m}\sum_{n} e^{2\pi i \{g(m)-g(n)\}} = \sum_{\nu}\sum_{n} e^{2\pi i \{g(n+\nu)-g(n)\}} \leqslant$$
$$\sum_{\nu}\left|\sum_{n} e^{2\pi i \{g(n+\nu)-g(n)\}}\right| \quad (5.12)$$

with suitable limits for the sums; and $g(n+\nu)-g(n)$ is of degree $k-1$. By repeating the process we ultimately obtain a sum of the form

$$S_k = \sum_{n=a+1}^{b} e^{2\pi i(\lambda n + \mu)}$$

We can now actually carry out the summation. We obtain

$$|S_k| = \left|\frac{1-e^{2\pi i(b-a)\lambda}}{1-e^{2\pi i\lambda}}\right| \leqslant \frac{1}{|\sin \pi \lambda|} \quad (5.13)$$

If $|\operatorname{cosec} \pi\lambda|$ is small compared with $b-a$, this is a favourable result, and can be used to give a non-trivial result for the original sum S.

An alternative method is due to van der Corput §[③]

---

　①　Weyl (1), (2).
　②　Littlewood (2), Landau (15).
　③　§ van der Corput (1) ~ (7), van der Corput and Koksma (1), Titchmarsh (8) ~ (12).

In this method we approximate to the sum $\sum$ by the corresponding integral

$$\int_a^b e^{2\pi i f(x)}\,dx$$

and then estimate the integral by the principle of stationary phase, or some such method. Actually the original sum is usually not suitable for this process, and intermediate steps of the form (5.12) have to be used.

Still another method has been introduced by Vinogradov. This is in some ways very complicated; but it avoids the k-fold repetition used in the Weyl-Hardy-Littlewood method, which for large k is very 'uneconomical'. An account of this method will be given in the next chapter.

5.3. The Weyl-Hardy-Littlewood method. The relation of the general sum to the sum involving polynomials is as follows:

Lemma 5.3. *Let k be a positive integer*

$$t \geqslant 1,\ \frac{b-a}{a} \leqslant \frac{1}{2} t^{-1/(k+1)}$$

and

$$\left| \sum_{m=1}^{\mu} \exp\left\{-it\left(\frac{m}{a} - \frac{1}{2}\frac{m^2}{a^2} + \cdots + \frac{(-1)^{k-1} m^k}{k a^k}\right)\right\} \right| \leqslant M$$

$$\mu \leqslant b - a$$

Then

$$\left| \sum_{n=a+1}^{b} e^{-it\log n} \right| < AM$$

For

$$\left|\sum_{n=a+1}^{b} e^{-it\log n}\right| = \left|\sum_{m=1}^{b-a} e^{-it\log(a+m)}\right| =$$

$$\left|\sum_{m=1}^{b-a} \exp\left\{-it\left(\frac{m}{a} - \cdots + \frac{(-1)^{k-1} m^k}{ka^k}\right) - it\left(\frac{(-1)^k m^{k+1}}{(k+1)a^{k+1}} + \cdots\right)\right\}\right| =$$

$$\left|\sum_{m=1}^{b-a} \exp\left\{-it\left(\frac{m}{a} - \cdots + \frac{(-1)^{k-1} m^k}{ka^k}\right)\right\} \cdot \sum_{\nu=0}^{\infty} e_\nu(t)\left(\frac{m}{a}\right)^\nu\right|$$

say =

$$\left|\sum_{\nu=0}^{\infty} \frac{e_\nu(t)}{a^\nu} \sum_{m=1}^{b-a} m^\nu \exp\left\{-it\left(\frac{m}{a} - \cdots + \frac{(-1)^{k-1} m^k}{ka^k}\right)\right\}\right| \leqslant$$

$$2M \sum_{\nu=0}^{\infty} |e_\nu(t)| \left(\frac{b-a}{a}\right)^\nu \leqslant$$

$$2M \exp\left[t\left\{\frac{(b-a)^{k+1}}{(k+1)a^{k+1}} + \cdots\right\}\right] \leqslant$$

$$2M \exp\left\{t \frac{(b-a)^{k+1}}{a^{k+1}} \bigg/ \left(1 - \frac{b-a}{a}\right)\right\} \leqslant 2Me^2$$

5.4. The simplest case is that of $\zeta\left(\frac{1}{2} + it\right)$, and we begin by working this out. We require the case $k=2$ of the above lemma, and also the following

Lemma. Let

$$S = \sum_{m=1}^{\mu} e^{2\pi i(\alpha m^2 + \beta m)}$$

Then $|S|^2 \leqslant \mu + 2 \sum_{r=1}^{\mu-1} \min(\mu, |\csc 2\pi\alpha\gamma|)$

For

$$|S|^2 = \sum_{m=1}^{\mu} \sum_{m'=1}^{\mu} e^{2\pi i(\alpha m^2 + \beta m - \alpha m'^2 - \beta m')}$$

Putting $m' = m - r$, this takes the form

$$\sum_{m} \sum_{r} e^{2\pi i(2\alpha m r - \alpha r^2 + \beta r)} \leq \sum_{r=-\mu+1}^{\mu-1} \left| \sum_{m} e^{4\pi i \alpha m r} \right|$$

where, corresponding to each value of r, m runs over at most μ consecutive integers. Hence, by (5.13)

$$|S|^2 \leq \sum_{r=-\mu+1}^{\mu-1} \min(\mu, |\csc 2\pi\alpha \gamma|) =$$

$$\mu + 2 \sum_{r=1}^{\mu-1} \min(\mu, |\csc 2\pi\alpha \gamma|)$$

5.5. Theorem 5.5. $\zeta\left(\dfrac{1}{2}+it\right) = O(t^{\frac{1}{6}} \log^{\frac{3}{2}} t)$.

Let $2t^{\frac{1}{3}} \leq a \leq At$, $b \leq 2a$, and let

$$\mu = \left[\frac{1}{2} a t^{-\frac{1}{3}}\right] \tag{5.14}$$

Then

$$\sum = \sum_{n=a+1}^{b} e^{-it\log n} = \sum_{n=a+1}^{a+\mu} + \sum_{a+\mu+1}^{a+\mu} + \cdots + \sum_{a+N\mu+1}^{b} =$$

$$\sum_{1} + \sum_{2} + \cdots + \sum_{N+1}$$

where

$$N = \left[\frac{b-a}{\mu}\right] = O\left(\frac{a}{\mu}\right) = O(t^{\frac{1}{3}})$$

By §5.3, $\sum_{\nu} = O(M)$, where M is the maximum of

$$S_{\nu} = \sum_{m=1}^{\mu'} \exp\left\{-it\left(\frac{m}{a+\nu\mu} - \frac{1}{2} \frac{m^2}{(a+\nu\mu)^2}\right)\right\}$$

for $\mu' \leq \mu$. By §5.4 this is

$$O\left[\left\{\mu + \sum_{r=1}^{\mu-1} \min\left(\mu, \left|\csc \frac{tr}{2(a+\nu\mu)^2}\right|\right)\right\}^{\frac{1}{2}}\right]$$

第二部分　中外名家论 Riemann 函数与 Riemann 猜想

$$\sum = O\{(N+1)\mu^{\frac{1}{2}}\} +$$

$$O\Big[\Big\{\sum_{\nu=1}^{N+1} 1 \sum_{\nu=1}^{N+1} \sum_{r=1}^{\mu-1} \min\Big(\mu, \Big|\csc\frac{tr}{2(a+\nu\mu)^2}\Big|\Big)\Big\}^{\frac{1}{2}}\Big] =$$

$$O\{(N+1)\mu^{\frac{1}{2}}\} +$$

$$O\Big[(N+1)^{\frac{1}{2}}\Big\{\sum_{r=1}^{\mu-1}\sum_{\nu=1}^{N+1} \min\Big(\mu, \Big|\csc\frac{tr}{2(a+\nu\mu)^2}\Big|\Big)\Big\}^{\frac{1}{2}}\Big]$$

Now

$$\frac{tr}{2(a+\nu\mu)^2} - \frac{tr}{2\{a+(\nu+1)\mu\}^2} = \frac{tr\mu\{2a+(2\nu+1)\mu\}}{2(a+\nu\mu)^2\{a+(\nu+1)\mu\}^2}$$

which, as ν varies, lies between constant multiples of $tr\mu/a^3$, or, by (5.14), of r/μ^2. Hence for the values of ν for which $\frac{1}{2}tr/(a+\nu\mu)^2$ lies in a certain interval $\{l\pi, (l\pm\frac{1}{2})\pi\}$, the least value but one of

$$\Big|\sin\frac{tr}{2(a+\nu\mu)^2}\Big|$$

is greater than Ar/μ^2, the least but two is greater than $2Ar/\mu^2$, the least but three is greater than $3Ar/\mu^2$, and so on to $O(N) = O(t^{\frac{1}{3}})$ terms. Hence these values of ν contribute

$$\mu + O\Big(\frac{\mu^2}{r} + \frac{\mu^2}{2r} + \cdots\Big) = \mu + O\Big(\frac{\mu^2}{r}\log t\Big) = O\Big(\frac{\mu^2}{r}\log t\Big)$$

The number of such intervals $\{l\pi, (l\pm\frac{1}{2})\pi\}$ is

$$O\Big\{(N+1)\frac{r}{\mu^2}+1\Big\}$$

Hence the ν-sum is

$$O\{(N+1)\log t\} + O\left(\frac{\mu^2}{r}\log t\right)$$

Hence

$$\sum = O\{(N+1)\mu^{\frac{1}{2}}\} +$$

$$O(N+1)^{\frac{1}{2}}\left[\sum_{r=1}^{\mu-1}\left\{(N+1)\log t + \frac{\mu^2}{r}\log t\right\}\right]^{\frac{1}{2}} =$$

$$O\{(N+1)\mu^{\frac{1}{2}}\} + O\{(N+1)\mu^{\frac{1}{2}}\log^{\frac{1}{2}} t\} +$$

$$O\{(N+1)^{\frac{1}{2}}\mu\log t\} =$$

$$O(a^{\frac{1}{2}}t^{\frac{1}{6}}\log^{\frac{1}{2}} t) + O(at^{-\frac{1}{6}}\log t)$$

if $a = O(t^{\frac{1}{2}})$, the second term can be omitted. Then by partial summation

$$\sum_{n=a+1}^{b}\frac{1}{n^{\frac{1}{2}+it}} = O(t^{\frac{1}{6}}\log^{\frac{1}{2}} t), b \leq 2a$$

By adding $O(\log t)$ sums of the above form, we get

$$\sum_{2t^{\frac{1}{3}} \leq n \leq (t/2\pi)^{\frac{1}{2}}}\frac{1}{n^{\frac{1}{2}+it}} = O(t^{\frac{1}{6}}\log^{\frac{3}{2}} t)$$

Also

$$\sum_{n<2t^{\frac{1}{3}}}\frac{1}{n^{\frac{1}{2}+it}} = O\left(\sum_{n<2t^{\frac{1}{3}}}\frac{1}{n^{\frac{1}{2}}}\right) = O(t^{\frac{1}{6}})$$

The result therefore follows from the approximate functional equation.

5.6. We now proceed to the general case. We require the following lemmas.

Lemma 5.6. *Let*

$$f(x) = \alpha x^k + \cdots$$

be a polynomial of degree k with real coefficients. Let

$$S = \sum e^{2\pi i f(m)}$$

where *m ranges over at most* μ *consecutive integers. Let* $K=2^{k-1}$. *Then for* $k \geq 2$

$$|S|^K \leq 2^{2K} \mu^{K-1} + 2^K \mu^{K-k} \sum_{r_1,\cdots,r_{k-1}} \min(\mu, |\cosec(\pi \alpha k! \, r_1 \cdots r_{k-1})|)$$

where each r varies from 1 to $\mu - 1$. *For* $k=1$ *the sum is replaced by the single term* $\min(\mu, |\cosec \pi \alpha|)$.

We have

$$|S|^2 = \sum_m \sum_{m'} e^{2\pi i \{f(m)-f(m')\}} =$$

$$\sum_m \sum_r e^{2\pi i \{f(m)-f(m-r_1)\}} \overset{m'=m-r_1}{\leq}$$

$$\sum_{r_1=-\mu+1}^{\mu-1} |S_1|$$

where

$$S_1 = \sum_m e^{2\pi i \{f(m)-f(m-r_1)\}} = \sum_m e^{2\pi i (\alpha k r_1 m^{k-1}+\cdots)}$$

and, for each r_1, *m ranges over at most* μ *consecutive integers. Hence by Hölder's inequality*

$$|S|^2 \leq \Big(\sum_{r_1=-\mu+1}^{\mu-1} 1\Big)^{1-\frac{2}{K}} \Big(\sum_{r_1=-\mu+1}^{\mu-1} |S_1|^{\frac{K}{2}}\Big)^{\frac{2}{K}} \leq$$

$$(2\mu)^{1-\frac{2}{K}} \Big(\mu^{\frac{K}{2}} + \sum_{r_1=-\mu+1}^{\mu-1} |S_1|^{\frac{K}{2}}\Big)^{\frac{2}{K}}$$

where the dash denotes that the term $r_1 = 0$ is omitted. Hence

$$|S|^K \leq (2\mu)^{\frac{1}{2}K-1} \Big(\mu^{\frac{1}{2}K} + {\sum_{r_1=-\mu+1}^{\mu-1}}' |S_1|^{\frac{1}{2}K}\Big)$$

If the theorem is true for $k-1$, then

$$|S_1|^{\frac{1}{2K}} \leqslant 2^K \mu^{\frac{1}{2}K-1} + 2^{\frac{1}{2}} u^{\frac{1}{2}K-k+1} \sum_{r_2,\cdots,r_{k-1}} \min(\mu,$$
$$|\operatorname{cosec}\{\pi(\alpha k r_1)(k-1)!\ (r_2\cdots r_{k-1})\}|)$$

Hence
$$|S|^K \leqslant 2^{\frac{1}{2}K-1}\mu^{K-1} + 2^{\frac{3}{2}K}\mu^{K-1} + 2^K\mu^{K-k} \sum_{r_1,\cdots,r_{k-1}} \min(\mu,$$
$$|\operatorname{cosec}(\pi\alpha k!\ r_1\cdots r_{k-1})|)$$

and the result for k follows. Since by §5.4 the result is true for $k=2$, it holds generally.

5.7. Lemma 5.7. *For $a<b\leqslant 2a$, $k\geqslant 2$, $K=2^{k-1}$, $a=O(t)$, $t>t_0$*

$$\sum = \sum_{n=a+1}^{b} n^{-it} = O(a^{1-\frac{1}{K}}t^{\frac{1}{(k+1)K}}\log^{\frac{1}{K}}t) + O(at^{-\frac{1}{(k+1)K}}\log^{\frac{k}{K}}t)$$

If $a\leqslant 4t^{\frac{1}{k+1}}$, then
$$\sum = O(a) = O(a^{1-\frac{1}{K}}t^{\frac{1}{(k+1)K}})$$

as required. Otherwise, let
$$\mu = \left[\frac{1}{2}at^{-\frac{1}{k+1}}\right]$$

and write
$$\sum = \sum_{n=a+1}^{a+\mu} + \sum_{a+\mu+1}^{a+2\mu} + \cdots + \sum_{a+N\mu+1}^{b} = \sum_1 + \sum_{N+1}$$

Then $\sum_\nu = O(M)$, where M is the maximum, for $\mu'\leqslant\mu$, of
$$S_\nu = \sum_{m=1}^{\mu'} \exp\left\{-it\left(\frac{m}{a+\nu\mu} - \frac{1}{2}\frac{m^2}{(a+\nu\mu)^2} + \cdots + (-1)^{k-1}\frac{m^k}{k(a+\nu\mu)^k}\right)\right\}$$

By Lemma 5.6
$$S_\nu = O(\mu^{1-\frac{1}{K}}) +$$

$$O\left[\mu^{1-\frac{k}{K}}\left\{\sum_{r_1,\cdots,r_{k-1}}\min\left(\mu,\left|\operatorname{cosec}\frac{t(k-1)!\ r_1\cdots r_{k-1}}{2(a+\nu\mu)^k}\right|\right)\right\}^{\frac{1}{K}}\right]$$

Hence

$$\sum = O\{(N+1)\mu^{1-\frac{1}{K}}\} +$$

$$O\left[\mu^{1-\frac{1}{K}}\sum_{\nu=1}^{N+1}\left\{\sum_{r_1,\cdots,r_{k-1}}\min\left(\mu,\left|\operatorname{cosec}\frac{t(k-1)!\ r_1\cdots r_{k-1}}{2(a+\nu\mu)^k}\right|\right)\right\}^{\frac{1}{K}}\right] =$$

$$O\{(N+1)\mu^{1-\frac{1}{K}}\} +$$

$$O\left[\mu^{1-\frac{k}{K}}(N+1)^{1-\frac{1}{K}}\left\{\sum_{\nu=1}^{N+1}\sum_{r_1,\cdots,r_{k-1}}\min\left(\mu,\left|\operatorname{cosec}\frac{t(k-1)!\ r_1\cdots r_{k-1}}{2(a+\nu\mu)^k}\right|\right)\right\}^{\frac{1}{K}}\right]$$

by Hölder's inequality.

Now as ν varies

$$\frac{t(k-1)!\ r_1\cdots r_{k-1}}{2(a+\nu\mu)^k} - \frac{t(k-1)!\ r_1\cdots r_{k-1}}{2\{a+(\nu-1)\mu\}^k}$$

lies between constant multiples of $t(k-1)!\ r_1\cdots r_{k-1}\mu a^{-k-1}$, i.e. of $(k-1)!\ r_1\cdots r_{k-1}\mu^{-k}$. The number of intervals of the form $\left\{l\pi, \left(l\pm\frac{1}{2}\right)\pi\right\}$ containing values of $\frac{1}{2}t(k-1)!r_1\cdots r_{k-1}(a+\nu\mu)^{-k}$ is therefore

$$O\{(N+1)(k-1)!\ r_1\cdots r_{k-1}\mu^{-k}+1\}$$

The part of the ν-sum corresponding to each of these intervals is, as in the previous case

$$\mu+O\left(\frac{\mu^k}{(k-1)!\ r_1\cdots r_{k-1}}\right)+O\left(\frac{\mu^k}{2(k-1)!\ r_1\cdots r_{k-1}}\right)+\cdots =$$

$$\mu + O\left(\frac{\mu^k \log t}{(k-1)! \; r_1 \cdots r_{k-1}}\right) = O\left(\frac{\mu^k \log t}{r_1 \cdots r_{k-1}}\right)$$

Hence the ν-sum is

$$O\{(N+1)\log t\} + O\left(\frac{\mu^k \log t}{r_1 \cdots r_{k-1}}\right)$$

Summing with respect to $r_1, \cdots, r_{k-1}$, we obtain

$$O\{(N+1)\mu^{k-1} \log t\} + O(\mu^k \log^k t)$$

Hence

$$\sum = O\{(N+1)\mu^{1-\frac{1}{k}}\} + O\{(N+1)\mu^{1-\frac{1}{k}} \log^{1/K} t\} +$$
$$O\{(N+1)^{1-\frac{1}{K}} \mu \log^{k/K} t\}$$

The first term on the right can be omitted, and since

$$N+1 = O\left(\frac{b-a}{\mu}+1\right) = O(t^{1/(k+1)})$$

the result stated follows.

5.8. Theorem 5.8. *If l is a fixed integer greater than* 2, *and* $L = 2^{l-1}$, *then*

$$\zeta(s) = O(t^{1/\{(l+1)L\}}) \log^{1+1/L} t, \sigma = 1 - 1/L \quad (5.15)$$

The second term in Lemma 5.7 can be omitted if

$$a \leqslant t^{2/(k+1)} \log^{1-k} t$$

Taking $k = l$ and applying the result $O(\log t)$, times we obtain

$$\sum_{n \leqslant N} n^{-it} = O(N^{1-1/L} t^{1/\{(l+1)L\}} \log^{1/L} t) \quad (5.16)$$

for $N \leqslant t^{2/(l+1)} \log^{1-l} t$. Similarly, for $k < l$, we find

$$\sum_{t^{2/(k+2)} \log^{-k} t < n \leqslant N} n^{-it} = O(N^{1-\frac{1}{k}} t^{1/\{(k+1)K\}} \log^{1/K} t)$$

for $t^{2/(k+2)} \log^{-k} t < N \leqslant t^{2/(k+1)} \log^{1-k} t$. The error term here is at most $O(N^{1-1/L} t^\alpha \log^\beta t)$ with

$$\alpha = \left(\frac{1}{L} - \frac{1}{K}\right)\frac{2}{k+2} + \frac{1}{(k+1)K}, \quad \beta = -\left(\frac{1}{L} - \frac{1}{K}\right)k + \frac{1}{K}$$

Thus $\beta \leq 1/L$. When $k = l-1$ we have

$$\alpha = \left(\frac{1}{L} - \frac{2}{L}\right)\frac{2}{l+1} + \frac{2}{lL} = \frac{2}{l(l+1)L} < \frac{1}{(l+1)L}$$

and for $2 \leq k \leq l-2$ we have

$$\alpha \leq \left(\frac{1}{4K} - \frac{1}{K}\right)\frac{2}{k+2} + \frac{1}{(k+1)K} = \frac{k-1}{2(k+1)(k+2)K} \leq$$

$$0 < \frac{1}{(l+1)L}$$

It therefore follows, on summing over k, that (5.16) holds for $N \leq t^{\frac{2}{3}} \log^{-1} t$. Hence, by partial summation, we have

$$\sum_{n \leq (t/2\pi)^{\frac{1}{2}}} n^{-s} = O(t^{1/\{(l+1)L\}} \log^{l+1/L} t)$$

$$\sum_{n \leq (t/2\pi)^{\frac{1}{2}}} n^{s-1} = O(t^{2\sigma-1+1/\{(l+1)L\}} \log^{1/L} t)$$

and the theorem follows from the approximate functional equation.

5.9. van der Corput's method. In this method we approximate to sums by integrals as in Chapter Ⅳ.

Theorem 5.9. *If $f(x)$ is real and twice differentiable, and*

$$0 < \lambda_2 \leq f''(x) \leq h\lambda_2, \quad \lambda_2 \leq -f''(x) \leq h\lambda_2$$

throughout the interval $[a, b]$, *and* $b \geq a+1$, *then*

$$\sum_{a < n \leq b} e^{2\pi i f(n)} = O\{h(b-a)\lambda_2^{\frac{1}{2}}\} + O\{\lambda_2^{-\frac{1}{2}}\}$$

If $\lambda_2 \geq 1$ the result is trivial, since the sum is $O(b-a)$. Otherwise Lemmas 4.7 and 4.4 give

$$O\{(\beta-\alpha+1)\lambda_2^{-\frac{1}{2}}\}+O\{\log(\beta-\alpha+2)\}$$

where

$$\beta-\alpha=f'(a)-f'(b)=O\{(b-a)h\lambda_2\}$$

Since

$$\log(\beta-\alpha+2)=O(\beta-\alpha+2)=O\{(b-a)h\lambda_2\}+O(1)=$$
$$O\{(b-a)h\lambda_2^{\frac{1}{2}}\}+O(1)$$

the result follows.

5.10. Lemma 5.10. *Let $f(n)$ be a real function, $a<n\leqslant b$, and q a positive integer not exceeding $b-a$. Then*

$$\left|\sum_{a<n\leqslant b}e^{2\pi if(n)}\right|<$$

$$A\frac{b-a}{q^{\frac{1}{2}}}+A\left\{\frac{b-a}{q}\sum_{r=1}^{q-1}\left|\sum_{a<n\leqslant b-r}e^{2\pi i\{f(n+r)-f(n)\}}\right|\right\}^{\frac{1}{2}}$$

For convenience in the proof, let $e^{2\pi if(n)}$ denote 0 if $n\leqslant a$ or $n>b$. Then

$$\sum_n e^{2\pi if(n)}=\frac{1}{q}\sum_n\sum_{m=1}^q e^{2\pi if(m+n)}$$

the inner sum vanishing if $n\leqslant a-q$ or $n>b-1$. Hence

$$\left|\sum_n e^{2\pi if(n)}\right|\leqslant\frac{1}{q}\sum_n\left|\sum_{m=1}^q e^{2\pi if(m+n)}\right|\leqslant$$

$$\frac{1}{q}\left\{\sum_n 1\sum_n\left|\sum_{m=1}^q e^{2\pi if(m+n)}\right|^2\right\}^{\frac{1}{2}}$$

Since there are at most $b-a+q\leqslant 2(b-a)$ values of n for which the inner sum does not vanish, this does not exceed

$$\frac{1}{q}\left\{2(b-a)\sum_n\left|\sum_{m=1}^q e^{2\pi if(m+n)}\right|^2\right\}^{\frac{1}{2}}$$

Now

$$\left|\sum_{m=1}^{q} e^{2\pi i f(m+n)}\right|^2 = \sum_{m=1}^{q}\sum_{\mu=1}^{q} e^{2\pi i \{f(m+n)-f(\mu+n)\}} =$$

$$q + \sum_{\mu<m}\sum e^{2\pi i \{f(m+n)-f(\mu+n)\}} +$$

$$\sum_{m<\mu}\sum e^{2\pi i \{f(m+n)-f(\mu+n)\}}$$

Hence

$$\sum_{n}\left|\sum_{m=1}^{q} e^{2\pi i f(m+n)}\right|^2 \leqslant$$

$$2(b-a)q + 2\left|\sum_{n}\sum_{\mu<m}\sum e^{2\pi i \{f(m+n)-f(\mu+n)\}}\right|$$

In the last sum, $f(m+n)-f(\mu+n)=f(\nu+r)-f(\nu)$, for given values of ν and r, $1\leqslant r\leqslant q-1$, just $q-r$ times, namely $\mu=1$, $m=r+1$, up to $\mu=q-r$, $m=q$, with a consequent value of n in each case. Hence the modulus of this sum is equal to

$$\left|\sum_{r=1}^{q-1}(q-r)\sum_{\nu} e^{2\pi i \{f(\nu+r)-f(\nu)\}}\right|\leqslant$$

$$q\sum_{r=1}^{q-1}\left|\sum_{\nu} e^{2\pi i \{f(\nu+r)-f(\nu)\}}\right| \qquad (5.17)$$

Hence

$$\left|\sum_{n} e^{2\pi i f(n)}\right|\leqslant$$

$$\frac{1}{q}\left\{4(b-a)^2 q + 4(b-a)q\sum_{r=1}^{q-1}\left|\sum_{\nu} e^{2\pi i \{f(\nu+r)-f(\nu)\}}\right|\right\}^{\frac{1}{2}}$$

and the result stated follows.

5.11. Theorem 5.11. *Let $f(x)$ be real and have continuous derivatives up to the third order, and let $\lambda_3 \leqslant f'''(x)\leqslant h\lambda_3$, or $\lambda_3 \leqslant -f'''(x)\leqslant h\lambda_3$, and $b-a\geqslant 1$. Then*

$$\sum_{a<n\leqslant b} e^{2\pi i f(n)} = O\{h^{\frac{1}{2}}(b-a)\lambda_3^{\frac{1}{6}}\} + O\{(b-a)^{\frac{1}{2}}\lambda_3^{-\frac{1}{6}}\}$$

Let
$$g(x)=f(x+r)-f(x)$$
Then
$$g''(x)=f''(x+r)-f''(x)=rf'''(\xi)$$
where $x<\xi<x+r$. Hence
$$r\lambda_3 \leqslant g''(x) \leqslant hr\lambda_3$$
or the same for $-g''(x)$. Hence by Theorem 5.9
$$\sum_{a<n\leqslant b-r} e^{2\pi i g(n)} = O\{h(b-a)r^{\frac{1}{2}}\lambda_3^{\frac{1}{2}}\} + O(r^{-\frac{1}{2}}\lambda_3^{-\frac{1}{2}})$$
Hence, by Lemma 5.10
$$\sum_{a<n\leqslant b} e^{2\pi i f(n)} =$$
$$O\left(\frac{b-a}{q^{\frac{1}{2}}}\right) + O\left[\frac{b-a}{q}\sum_{r=1}^{q-1}\{h(b-a)r^{\frac{1}{2}}\lambda_3^{\frac{1}{2}} + r^{-\frac{1}{2}}\lambda_3^{-\frac{1}{2}}\}\right]^{\frac{1}{2}} =$$
$$O\left(\frac{b-a}{q^{\frac{1}{2}}}\right) + O\{h(b-a)^2 q^{\frac{1}{2}}\lambda_3^{\frac{1}{2}} + (b-a)q^{-\frac{1}{2}}\lambda_3^{-\frac{1}{2}}\}^{\frac{1}{2}} =$$
$$O\{(b-a)q^{-\frac{1}{2}}\} + O\{h^{\frac{1}{2}}(b-a)q^{\frac{1}{4}}\lambda_3^{\frac{1}{4}}\} +$$
$$O\{(b-a)^{\frac{1}{2}}q^{-\frac{1}{4}}\lambda_3^{-\frac{1}{4}}\}$$
The first two terms are of the same order in λ_3 if $q = [\lambda_3^{-\frac{1}{3}}]$ provided that $\lambda_3 \leqslant 1$. This gives
$$O\{h^{\frac{1}{2}}(b-a)\lambda_3^{\frac{1}{6}}\} + O\{(b-a)^{\frac{1}{2}}\lambda_3^{-\frac{1}{6}}\}$$
as stated. The theorem is plainly trivial if $\lambda_3 > 1$. The proof also requires that $q \leqslant b-a$. If this is not satisfied, then $b-a = O(\lambda_3^{-\frac{1}{3}})$
$$b-a = O\{(b-a)^{\frac{1}{2}}\lambda_3^{-\frac{1}{6}}\}$$
and the result again follows.

5.12. Theorem 5.12. $\zeta\left(\frac{1}{2}+it\right) = O(t^{\frac{1}{6}}\log t)$.

第二部分　中外名家论 Riemann 函数与 Riemann 猜想

Taking $f(x) = -(2\pi)^{-1} t\log x$, we have

$$f'''(x) = -\frac{t}{\pi x^3}$$

Hence if $b \leq 2a$ the above theorem gives

$$\sum_{a < n \leq b} n^{-it} = O\left\{a\left(\frac{t}{a^3}\right)^{\frac{1}{6}}\right\} + O\left\{a^{\frac{1}{2}}\left(\frac{t}{a^3}\right)^{-\frac{1}{6}}\right\} = O(a^{\frac{1}{2}} t^{\frac{1}{6}}) + O(at^{-\frac{1}{6}})$$

and the second term can be omitted if $a \leq t^{\frac{2}{3}}$. Then by partial summation

$$\sum_{a < n \leq b} \frac{1}{n^{\frac{1}{2}+it}} = O(t^{\frac{1}{6}}) \quad (5.18)$$

Also, by Theorem 5.9

$$\sum_{a < n \leq b} n^{-it} = O(t^{\frac{1}{2}}) + O(at^{-\frac{1}{2}})$$

and hence by partial summation

$$\sum_{a < n \leq b} \frac{1}{n^{\frac{1}{2}+it}} = O\left\{\left(\frac{t}{a}\right)^{\frac{1}{2}}\right\} + O\left\{\left(\frac{a}{t}\right)^{\frac{1}{2}}\right\}$$

Hence (5.18) is also true if $t^{\frac{2}{3}} < a < t$. Hence, applying (5.18) $O(\log t)$ times, we obtain

$$\sum_{n < t} \frac{1}{n^{\frac{1}{2}+it}} = O(t^{\frac{1}{6}} \log t)$$

and the result follows.

5.13. Theorem 5.13. *Let $f(x)$ be real and have continuous derivatives up to the k-th order, where $k \geq 4$. Let $\lambda_k \leq f^{(k)}(x) \leq h\lambda_k$ (or the same for $-f^{(k)}(x)$). Let $b-a \geq 1$, $K = 2^{k-1}$. Then*

$$\sum_{a < n \leq b} e^{2\pi i f(n)} = O\{h^{\frac{2}{K}}(b-a)\lambda_k^{\frac{1}{2K-2}}\} +$$

$$O\{(b-a)^{1-\frac{2}{K}}\lambda_k^{-\frac{1}{2K-2}}\}$$

where the constants implied are independent of k.

If $\lambda_k \geqslant 1$ the theorem is trivial, as before. Otherwise, suppose the theorem true for all integers up to $k-1$. Let

$$g(x)=f(x+r)-f(x)$$

Then

$$g^{(k-1)}(x)=f^{(k-1)}(x+r)-f^{(k)}(x)=rf^{(k)}(\xi)$$

where $x<\xi<x+r$. Hence

$$r\lambda_k \leqslant g^{(k-1)}(x) \leqslant hr\lambda_k$$

Hence the theorem with $k-1$ for k gives

$$\left|\sum_{a<n\leqslant b-r} e^{2\pi i g(n)}\right| < A_1 h^{\frac{4}{K}}(b-a)(r\lambda_k)^{\frac{1}{K-2}}+$$

$$A_2(b-a)^{1-\frac{4}{K}}(r\lambda_k)^{-\frac{1}{K-2}}$$

(writing constants A_1, A_2 instead of the O's). Hence

$$\sum_{r=1}^{q-1}\left|\sum_{a<n\leqslant b-r} e^{2\pi i g(n)}\right| < A_1 h^{\frac{4}{K}}(b-a)q^{1+\frac{1}{K-2}}\lambda_k^{\frac{1}{K-2}}+$$

$$2A_2(b-a)^{1-\frac{4}{K}}q^{1-\frac{1}{K-2}}\lambda_k^{-\frac{1}{K-2}}$$

since

$$\sum_{r=1}^{q-1} r^{-\frac{1}{K-2}} < \int_0^q r^{-\frac{1}{K-2}}dr = \frac{q^{1-\frac{1}{K-2}}}{1-\frac{1}{K-2}} \leqslant 2q^{1-\frac{1}{K-2}}$$

for $K\geqslant 4$. Hence, by Lemma 5.10

$$\sum_{a<n\leqslant b} e^{2\pi i f(n)} \leqslant$$

$$A_3(b-a)q^{-\frac{1}{2}}+$$

$$A_4(b-a)^{\frac{1}{2}}q^{-\frac{1}{2}}\{A_1 h^{\frac{4}{K}}(b-a)q^{1+\frac{1}{K-2}}\lambda_k^{\frac{1}{K-2}}+$$

$$2A_2(b-a)^{1-\frac{4}{K}}q^{1-\frac{1}{K-2}}\lambda_k^{-\frac{1}{K-2}}\}^{\frac{1}{2}} \leqslant$$

第二部分　中外名家论 Riemann 函数与 Riemann 猜想

$$A_3(b-a)q^{-\frac{1}{2}}+A_4 A_1^{\frac{1}{2}} h^{\frac{2}{k}}(b-a)q^{\frac{1}{2K-4}}\lambda_k^{\frac{1}{2K-4}}+$$
$$A_4(2A_2)^{\frac{1}{2}}(b-a)^{1-\frac{2}{K}}q^{-\frac{1}{2K-4}}\lambda_k^{-\frac{1}{2K-4}}$$

To make the first two terms of the same order in λ_k, let

$$q=\left[\lambda_k^{-\frac{1}{K-1}}\right]+1$$

Then

$$\lambda_k^{-\frac{1}{K-1}}\leqslant q\leqslant 2\lambda_k^{-\frac{1}{K-1}}$$
$$q^{\frac{1}{2K-4}}\lambda_k^{\frac{1}{2K-4}}\leqslant 2^{\frac{1}{2K-4}}\lambda_k^{\frac{1}{2K-4}(1-\frac{1}{K-1})}\leqslant 2\lambda_k^{\frac{1}{2K-2}}$$
$$q^{-\frac{1}{2K-4}}\lambda_k^{-\frac{1}{2K-4}}\leqslant \lambda_k^{-\frac{1}{2K-2}}$$

and we obtain

$$\left|\sum_{a<n\leqslant b}e^{2\pi i f(n)}\right|\leqslant (A_3+2A_4 A_1^{\frac{1}{2}})h^{\frac{2}{k}}(b-a)\lambda_k^{\frac{1}{2}(K-2)}+$$
$$A_4(2A_2)^{\frac{1}{2}}(b-a)^{1-\frac{2}{K}}\lambda_k^{-\frac{1}{2K-2}}$$

This gives the result for k; the constants are the same for k as for $k-1$ if

$$A_3+2A_4 A_1^{\frac{1}{2}}\leqslant A_1,\ A_4(2A_2)^{\frac{1}{2}}\leqslant A_2$$

which are satisfied if A_1 and A_2 are large enough.

We have assumed in the proof that $q\leqslant b-a$, which is true if $2\lambda_k^{-\frac{1}{K-1}}\leqslant b-a$. Otherwise

$$\left|\sum_{a<n\leqslant b}e^{2\pi i f(n)}\right|\leqslant b-a\leqslant (b-a)^{\frac{1}{2}}(2\lambda_k^{-\frac{1}{K-1}})^{\frac{1}{2}}\leqslant$$
$$2^{\frac{1}{2}}(b-a)^{1-\frac{2}{K}}\lambda_k^{-\frac{1}{2K-2}}$$

and the result again holds.

5.14. Theorem 5.14. If $l\geqslant 3$, $L=2^{l-1}$, $\sigma=1-l/(2L-2)$

$$\zeta(s)=O(t^{1/(2L-2)}\log t) \quad (5.19)$$

We apply the above theorem with

$$f(x) = -\frac{t\log x}{2\pi}, f^{(k)}(x) = \frac{(-1)^k(k-1)!\ t}{2\pi x^k}$$

if $a < n \leqslant b \leqslant 2a$, then

$$\frac{(k-1)!\ t}{2\pi(2a)^k} \leqslant |f^{(k)}(x)| \leqslant \frac{(k-1)!\ t}{2\pi a^k}$$

and we may apply the theorem with

$$\lambda_k = \frac{(k-1)!\ t}{2\pi(2a)^k}, h = 2^k$$

Hence

$$\sum_{a<n\leqslant b} n^{-it} = O\left[2^{2k/K}a\left\{\frac{(k-1)!\ t}{2\pi(2a)^k}\right\}^{\frac{1}{2K-2}}\right] +$$

$$O\left[a^{1-\frac{2}{K}}\left\{\frac{(k-1)!\ t}{2\pi(2a)^k}\right\}^{-\frac{1}{2K-2}}\right] =$$

$$O(a^{1-\frac{k}{(2K-2)}}t^{\frac{1}{2K-2}}) +$$

$$O(a^{1-\frac{2}{K}+\frac{k}{(2K-2)}}t^{-\frac{1}{2K-2}}) \qquad (5.20)$$

The second term can be omitted if

$$a < At^{K/(kK-2K+2)} \qquad (5.21)$$

Hence by partial summation

$$\sum_{a<n\leqslant b} n^{-s} = O(a^{1-\sigma-\frac{k}{(2K-2)}}t^{\frac{1}{2K-2}}) \qquad (5.22)$$

subject to (5.21). Taking $\sigma = 1 - l/(2L-2)$

$$\sum_{a<n\leqslant b} n^{-s} = O(a^{l/(2L-2)-k(2K-2)}t^{\frac{1}{2K-2}}) \qquad (5.23)$$

First take $k = l$. We obtain

$$\sum_{a<n\leqslant b} n^{-s} = O(t^{1/(2L-2)}), a < At^{L/(lL-2L+2)}$$

Hence

$$\sum_{n\leqslant t^{L/(lL-2L+2)}} n^{-s} = \sum_{\frac{1}{2}t^{L/(lL-2L)+2} < n \leqslant t^{L/(lL-2L+2)}} + \cdots =$$

774

$$O(t^{1/(2L-2)}) + O(t^{1/(2L-2)}) + \cdots = O(t^{1/(2L-2)} \log t) \quad (5.24)$$

Next

$$\sum_{t^{L/(lL-2L+2)} < n \leq t} \frac{1}{n^s} = \sum_{\frac{1}{2}t < n \leq t} + \sum_{\frac{1}{4}t < n \leq \frac{1}{2}t} + \cdots$$

and to each term $\sum_{2^{-m}t < n \leq 2^{1-m}t}$ corresponds a $k < l$ such that

$$t^{K/|(k+1)K-2K+1|} < 2^{-m} t \leq t^{K/(kK-2K+2)}$$

Then

$$\sum_{2^{-m}t < n \leq 2^{1-m}t} \frac{1}{n^s} = O\{t^{|1/(2L-2) - \frac{k}{(2K-2)}|K/|(k+1)K-2K+1| + \frac{1}{2K-2}}\}$$

The index does not exceed that in (5.24) if

$$\left(\frac{l}{2L-2} - \frac{k}{2K-2}\right) \frac{K}{(k+1)K-2K+1} + \frac{1}{2K-2} \leq \frac{1}{2L-2}$$

which reduces to

$$L-K \geq (l-k)K$$

i. e.

$$2^{l-k} - 1 \geq l - k$$

which is true. Since there are again $O(\log t)$ terms

$$\sum_{t^{L/(lL-2L+2)} < n \leq t} \frac{1}{n^s} = O(t^{1/(2L-2)} \log t)$$

The result therefore follows. Theorem 5.12 is the particular case $l=3$, $L=4$.

5.15. Comparison between the Hardy-Littlewood result and the van der Corput result. The Hardy-Littlewood method shows that the function $\mu(\sigma)$ satisfies

$$\mu\left(1 - \frac{1}{2^{k-1}}\right) \leq \frac{1}{(k+1)2^{k-1}} \quad (5.25)$$

and the van der Corput method that

$$\mu\left(1-\frac{l}{2^l-2}\right) \leqslant \frac{1}{2^l-2} \qquad (5.26)$$

For a given k, determine l so that

$$1-\frac{l-1}{2^{l-1}-2} < 1-\frac{1}{2^{k-1}} \leqslant 1-\frac{l}{2^l-2}$$

Then (5.26) and the convexity of $\mu(\sigma)$ give

$$\mu\left(1-\frac{1}{2^{k-1}}\right) \leqslant$$

$$\frac{\frac{1}{2^{k-1}}-\frac{l}{2^l-2}}{\frac{l-1}{2^{l-1}-2}-\frac{l}{2^l-2}} \cdot \frac{1}{2^{l-1}-2} + \frac{\frac{l-1}{2^{l-1}-2}-\frac{1}{2^k-1}}{\frac{l-1}{2^{l-1}-2}-\frac{l}{2^l-2}} \cdot \frac{1}{2^l-2} =$$

$$\frac{2^{l-k}-1}{l2^{l-1}-2^l+2} \leqslant \frac{1}{(k+1)2^{k-1}}$$

if

$$(k+1)(2^{l-1}-2^{k-1}) \leqslant (l-2)2^{l-1}+2$$

Since $2^{k-1} > (2^{l-1}-2)/(l-1)$, this is true if

$$(k+1)\left(2^{l-1}-\frac{2^{l-1}-2}{l-1}\right) \leqslant (l-2)2^{l-1}+2$$

i. e. if

$$k+1 \leqslant l-1$$

Now

$$2^{k-1} \leqslant \frac{2^l-2}{l} < \frac{2^l}{l} \leqslant 2^{l-3}$$

if $l \geqslant 8$. Hence the Hardy-Littlewood result follows from the van der Corput result if $l \geqslant 8$.

For $4 \leqslant l \leqslant 7$ the relevant values of $1-\sigma$ are

H. -L. $\frac{1}{4}, \frac{1}{8}, \frac{1}{16}$

776

v. d. C $\quad \dfrac{2}{7}, \dfrac{1}{6}, \dfrac{3}{31}, \dfrac{1}{18}$

The values of k and l in these cases are $3,4,5$ and $5,6,7$ respectively. Hence $k \leqslant l-2$ in all cases.

5.16. Theorem 5.16. $\zeta(1+\mathrm{i}t) = O\left(\dfrac{\log t}{\log \log t}\right)$.

We have to apply the above results with k variable; in fact it will be seen from the analysis of §5.13 and §5.14 that the constants implied in the O's are independent of k. In particular, taking $\sigma = 1$ in (5.22), we have

$$\sum_{a < n \leqslant b} \frac{1}{n^{1+\mathrm{i}t}} = O\left(a^{-\frac{k}{(2K-2)}} t^{\frac{1}{2K-2}}\right), a < b \leqslant 2a$$

uniformly with respect to k, subject to (5.21). If

$$t^{K/\{(k+1)/K-2K+1\}} < a \leqslant t^{K/(kK-2K+2)}$$

it follows that

$$\sum_{a < n \leqslant b} \frac{1}{n^{1+\mathrm{i}t}} = O\left(t^{\frac{1}{2K-2} - kK/\{(2K-2)(kK-K+1)\}}\right) =$$

$$O\left(t^{-1/\{2(k-1)K+2\}}\right)$$

Writing

$$\sum_{t^{R/\{(r-1)R+1\}} < n \leqslant t} \frac{1}{n^{1+\mathrm{i}t}} = \sum_{\frac{1}{2}t < n \leqslant t} + \sum_{\frac{1}{4}t < n \leqslant \frac{1}{2}t} + \cdots$$

and applying the above result with $k = 2, 3, \cdots,$ or r, we obtain, since there are $O(\log t)$ terms

$$\sum_{t^{R/\{(r-1)R+1\}} < n \leqslant t} \frac{1}{n^{1+\mathrm{i}t}} = O\left(t^{-1/\{2(r-1)R+2\}} \log t\right)$$

(5.27)

Let $r = [\log \log t]$. Then

$$2R \leqslant 2^{\log \log t} = (\log t)^{\log 2}$$

and

$$t^{1/\{2(r-1)R+2\}} \geq \exp\left(\frac{\log t}{(\log t)^{\log 2}\log\log t+2}\right) > \exp\{(\log t)^A\} > A\log t$$

Hence the above sum is bounded. Also

$$\sum_{n\leq t^{R/\{(r-1)R+1\}}}\frac{1}{n^{1+it}} = O(\log t^{R/\{(r-1)R+1\}})=O\left\{\frac{R\log t}{(r-1)R+1}\right\}=$$

$$O\left(\frac{\log t}{r}\right)=O\left(\frac{\log t}{\log\log t}\right)$$

This proves the theorem.

The same result can also be deduced from the Weyl-Hardy-Little-wood analysis.

5.17. Theorem 5.17. *For t>A*

$$\zeta(s)=O(\log^5 t),\sigma\geq 1-\frac{(\log\log t)^2}{\log t} \quad (5.28)$$

$$\zeta(s)\neq 0,\sigma\geq 1-A_1\frac{\log\log t}{\log t} \quad (5.29)$$

(with some A_1), *and*

$$\frac{1}{\zeta(1+it)}=O\left(\frac{\log t}{\log\log t}\right) \quad (5.30)$$

$$\frac{\zeta'(1+it)}{\zeta(1+it)}=O\left(\frac{\log t}{\log\log t}\right) \quad (5.31)$$

We observe that (5.19) holds with a constant independent of l, and also, by the Phragmén-Lindelöf theorem, uniformly for

$$\sigma\geq 1-\frac{l}{2L-2}$$

Let t be given (sufficiently large), and let

$$l=\left[\frac{1}{\log 2}\log\left(\frac{\log t}{\log\log t}\right)\right]$$

第二部分　中外名家论 Riemann 函数与 Riemann 猜想

Then
$$L \leqslant 2^{(1/\log 2)\log(\log t/\log\log t)-1} = \frac{1}{2} \cdot \frac{\log t}{\log\log t}$$
and similarly
$$L \geqslant \frac{1}{4} \cdot \frac{\log t}{4\log\log t}$$
Hence
$$\frac{l}{2L-2} \geqslant \frac{l}{2L} \geqslant \frac{\log\log t - \log\log\log t - \log 2}{\log 2} \frac{\log\log t}{\log t} \geqslant$$
$$\frac{(\log\log t)^2}{\log t}$$
for $t > A$ (large enough). Hence if
$$\sigma \geqslant 1 - \frac{(\log\log t)^2}{\log t}$$
then
$$\sigma \geqslant 1 - \frac{l}{2L-2}$$
Hence (5.19) is applicable, and gives
$$\zeta(s) = O(t^{1/(2L-2)}\log t) = O(t^{1/L}\log t) = $$
$$O(t^{(4\log\log t/\log t)}\log t) = O(\log^5 t)$$
This proves (5.28). The remaining results then follow from Theorems 3.10 and 3.11, taking (for $t > A$)
$$\theta(t) = \frac{(\log\log t)^2}{\log t}, \phi(t) = 5\log\log t$$

5.18. In this section we reconsider the problem of the order of $\zeta\left(\frac{1}{2}+it\right)$. Small improvements on Theorem 5.12 have been obtained by various different methods. Results of the form

$$\zeta\left(\frac{1}{2}+it\right) = O(t^{\alpha}\log^{\beta}t)$$

with

$$\alpha = \frac{163}{988}, \frac{27}{164}, \frac{229}{1\,392}, \frac{19}{116}, \frac{15}{92}$$

were proved by Walfisz (1), Titchmarsh (9), Phillips (1), Titchmarsh (24), and Min (1) respectively.① We shall give here the argument which leads to the index $\frac{27}{164}$. The main idea of the proof is that we combine Theorem 5.13 with Theorem 4.9, which enables us to transform a given exponential sum into another, which may be easier to deal with.

Theorem 5.18.　$\zeta\left(\frac{1}{2}+it\right) = O(t^{27/164})$.

Consider the sum

$$\sum\nolimits_1 = \sum_{a<n\leqslant b} n^{-it} = \sum_{a<n\leqslant b} e^{-it\,\log n}$$

where $a<b\leqslant 2a$, $a<A\sqrt{t}$. By §5.10

$$\sum\nolimits_1 = O\left(\frac{a}{q^{\frac{1}{2}}}\right) + O\left\{\left(\frac{a}{q}\sum_{r=1}^{q-1}\left|\sum\nolimits_2\right|\right)^{\frac{1}{2}}\right\} \quad (5.32)$$

where $q \leqslant b-a$, and

$$\sum\nolimits_2 = \sum_{a<n\leqslant b-r} e^{-it|\log(n+4)-\log n|}$$

We now apply Theorem 4.9. to $\sum_2$. We have

---

① Note that the proof of the lemma in Titchmarsh (24) is incorrect. The lemma should be replaced by the corresponding theorem in Titchmarsh (16).

第二部分 中外名家论 Riemann 函数与 Riemann 猜想

$$f(x) = -\frac{t}{2\pi}\{\log(x+r) - \log x\}, f'(x) = \frac{tr}{2\pi x(x+r)}$$

$$f''(x) = -\frac{tr}{2\pi} \cdot \frac{2x+r}{x^2(x+r)^2}, f'''(x) = \frac{tr}{\pi} \cdot \frac{3x^2+3xr+r^2}{x^3(x+r)^3}$$

We can therefore apply Theorem 4.9 with $\lambda_2 = tra^{-3}$, $\lambda_3 = tra^{-4}$. This

$$\sum_2 = e^{-\frac{1}{4}\pi i} \sum_{\alpha < \nu \leq \beta} \frac{e^{2\pi i \phi(\nu)}}{|f''(x_\nu)|^{\frac{1}{2}}} + O\left(\frac{a^{\frac{3}{2}}}{t^{\frac{1}{2}}r^{\frac{1}{2}}}\right) +$$

$$O\left\{\log\left(2+\frac{tr}{a^2}\right)\right\} + O\left(\frac{t^{\frac{2}{5}}r^{\frac{2}{5}}}{a^{\frac{2}{5}}}\right) \qquad (5.33)$$

where $\phi(\nu) = f(x_\nu) - \nu x_\nu$, $\alpha = f'(b-r)$, $\beta = f'(a)$. Actually thelog-term can be omitted, since it is $O(t^{\frac{3}{5}}r^{\frac{2}{5}} \cdot a^{-\frac{4}{5}})$.

Consider next the sum

$$\sum_{\alpha < \nu \leq \gamma} e^{2\pi i \phi(\nu)}, \alpha < \gamma \leq \beta$$

The numbers x_ν are given by

$$\frac{tr}{2\pi x_\nu(x_\nu + r)} = \nu, \text{ i. e. } x_\nu = \frac{1}{2}\left(r^2 + \frac{2tr}{\pi\nu}\right)^{\frac{1}{2}} - \frac{1}{2}r$$

Hence

$$\phi'(\nu) = \{f'(x_\nu) - \nu\}\frac{dx_\nu}{d\nu} - x_\nu = -x_\nu = \frac{1}{2}r - \frac{1}{2}\left(r^2 + \frac{2tr}{2\pi\nu}\right)^{\frac{1}{2}}$$

$$\phi''(\nu) = \frac{tr}{2\pi\nu^2(r^2 + 2tr/\pi\nu)^{\frac{1}{2}}} = \frac{1}{2}\left(\frac{tr}{2\pi}\right)\left(\frac{1}{\nu^{\frac{3}{2}}} - \frac{\pi r}{4t} \cdot \frac{1}{\nu^{\frac{1}{2}}} + \cdots\right)$$

since

$$r\nu \leq rf'(a) = \frac{tr^2}{2\pi a(a+r)} \leq \frac{tr^2}{2\pi a^2} \leq \frac{t}{2\pi}$$

It follows that

$$\frac{K_1(tr)^{\frac{1}{2}}}{\nu^{k-\frac{1}{2}}} < |\phi^{(k)}(\nu)| < \frac{K_2(tr)^{\frac{1}{2}}}{\nu^{k-\frac{1}{2}}}, t > t_k$$

where K_1, K_2, $\cdots$, and t_k depend on k only. We may therefore apply Theorem 5.13, with $h = O(1)$, and

$$\lambda_k = K_3(tr)^{\frac{1}{2}}(tr/a^2)^{\frac{1}{2}-k} = K_3(tr)^{1-k}a^{2k-1}$$

Hence

$$\sum_{\alpha < \nu \leqslant \gamma} e^{2\pi i\phi(\nu)} = O\left\{\frac{tr}{a^2}\left(\frac{a^{2k-1}}{t^{k-1}r^{k-1}}\right)^{\frac{1}{2K-2}}\right\} +$$

$$O\left\{\left(\frac{tr}{a^2}\right)^{1-\frac{2}{K}}\left(\frac{a^{2k-1}}{t^{k-1}r^{k-1}}\right)^{-\frac{1}{2K-2}}\right\}$$

Also $|f''(x_\nu)|^{-\frac{1}{2}}$ is monotonic and of the form $O(t^{-\frac{1}{2}}r^{-\frac{1}{2}}a^{\frac{3}{2}})$. Hence by partial summation

$$\sum_{\alpha < \nu \leqslant \beta} \frac{e^{2\pi i\phi(\nu)}}{|f''(x_\nu)|^{\frac{1}{2}}} =$$

$$O\{(tr)^{\frac{1}{2}-\frac{k-1}{2K-2}}a^{\frac{2k-1}{2K-2}-\frac{1}{2}}\} +$$

$$O\{(tr)^{\frac{1}{2}-\frac{2}{K}+\frac{k-1}{2K-2}}a^{\frac{4}{K}-\frac{1}{2}-(2k-1)(2K-2)}\}$$

Hence

$$\frac{1}{q}\sum_{r=1}^{q-1}|\sum_2| =$$

$$O\{(tq)^{\frac{1}{2}-\frac{k-1}{2K-2}}a^{\frac{2k-1}{2K-2}-\frac{1}{2}}\} +$$

$$O\{(tq)^{\frac{1}{2}-\frac{2}{K}+\frac{k-1}{2K-2}}a^{\frac{4}{K}-\frac{1}{2}-\frac{2k-1}{2K-2}}\} +$$

$$O\{(tq)^{-\frac{1}{2}}a^{\frac{3}{2}}\} + O\{(tq)^{\frac{2}{5}}a^{-\frac{2}{5}}\}$$

Inserting this in (5.32), and using the inequality

$$(X+Y+\cdots)^{\frac{1}{2}} \leqslant X^{\frac{1}{2}} + Y^{\frac{1}{2}} + \cdots$$

we obtain

第二部分 中外名家论 Riemann 函数与 Riemann 猜想

$$\sum\nolimits_{1} = O\{(aq^{-\frac{1}{2}})\} +$$
$$O\{(tq)^{\frac{1}{4}-\frac{k-1}{4K-4}}a^{\frac{2k-1}{4K-4}+\frac{1}{4}}\} +$$
$$O\{(tq)^{\frac{1}{4}-\frac{1}{K}+\frac{k-1}{4K-4}}a^{\frac{2}{K}+\frac{1}{4}-\frac{2k-1}{4K-4}}\} +$$
$$O\{(tq)^{-\frac{1}{4}}a^{\frac{5}{4}}\} + O\{(tq)^{\frac{1}{5}}a^{\frac{3}{10}}\}$$

The first two terms on the right are of the same order if

$$q = [a^{\frac{3K-2k-2}{3K-k-2}}t^{-\frac{K-k}{3K-k-2}}]$$

and they are then of the form

$$O(a^{\frac{3K-2}{2(3K-k-2)}}t^{\frac{K-k}{2(3K-k-2)}}) =$$
$$O(t^{\frac{5K-2k-2}{4(3K-k-2)}}), a < A\sqrt{t}$$

For $k = 2, 3, 4, 5, 6, \cdots$, the index has the values

$$\frac{1}{2}, \frac{3}{7}, \frac{5}{12}, \frac{17}{41}, \frac{73}{176}, \cdots$$

and of these $\frac{17}{41}$ is the smallest. We therefore take $k = 5$

$$q = [a^{\frac{36}{41}}t^{-\frac{11}{41}}], a > t^{\frac{11}{36}}$$

and obtain

$$\sum\nolimits_{1} = O(a^{\frac{23}{41}}t^{\frac{11}{82}}) + O(a^{\frac{147}{328}}t^{\frac{61}{328}}) + O(a^{\frac{160}{164}}t^{-\frac{15}{82}}) + O(a^{\frac{39}{82}}t^{\frac{6}{41}})$$

This also holds if $q \geqslant b - a$, since then

$$\sum\nolimits_{1} = O(b-a) = O(q) = O(a^{\frac{36}{41}}t^{-\frac{11}{41}})$$

which is of smaller order than the third term in the above right-hand side.

It is easily seen that the last two terms are negligible compared with the first if $a = O(\sqrt{t})$. Hence by partial summation

$$\sum_{a < n \leqslant b}\frac{1}{n^{\frac{1}{2}+it}} = O(a^{\frac{5}{82}}t^{\frac{11}{82}}) + O(a^{-\frac{17}{328}}t^{\frac{61}{328}}), a > t^{\frac{11}{36}}$$

Applying this with $a = N$, $b = 2N-1$; $a = 2N$, $b = 4N-1, \cdots$ until $b = [A\sqrt{t}]$, we obtain

$$\sum_{N<n\leqslant A\sqrt{t}} \frac{1}{n^{\frac{1}{2}+it}} = O(t^{\frac{37}{164}}) + O(N^{-\frac{17}{328}} t^{\frac{61}{328}}) =$$

$$O(t^{\frac{27}{164}}), N > t^{\frac{7}{17}}$$

We require a subsidiary argument for $n \leqslant t^{\frac{7}{17}}$, and in fact (5.20) with $k = 4$ gives

$$\sum_{a<n\leqslant b} n^{-it} = O(a^{\frac{5}{7}} t^{\frac{1}{14}}), a < At^{\frac{4}{9}}$$

$$\sum_{a<n\leqslant b} \frac{1}{n^{\frac{1}{2}+it}} = O(a^{\frac{3}{14}} t^{\frac{1}{14}})$$

and by adding terms of this type as before

$$\sum_{u\leqslant t^{7/17}} \frac{1}{n^{\frac{1}{2}+it}} = O(t^{\frac{3}{14}-\frac{7}{17}+\frac{1}{14}}) = O(t^{\frac{19}{119}}) = O(t^{\frac{27}{164}})$$

The result therefore follows from the approximate functional equation.

NOTES FOR CHAPTER 5

5.19. Two more completely different arguments have been given, leading to the estimate

$$\mu\left(\frac{1}{2}\right) \leqslant \frac{1}{6} \qquad (5.34)$$

Firstly Bombieri, in unpublished work, has used a method related to that of §6.12, together with the bound

$$\int_0^1 \int_0^1 \left| \sum_{1\leqslant x\leqslant P} \exp\{2\pi i(\alpha x + \beta x^2)\} \right|^6 d\alpha d\beta \ll P^3 \log P$$

to prove (5.34). Secondly, (5.34) follows from the mean-value bound (7.74) of Iwaniec [1]. (This deep result is described in §7.24.)

Heath-Brown [9] has shown that the weaker estimate $\mu\left(\frac{1}{2}\right) \leqslant \frac{3}{16}$ follows from an argument analogous to Burgess's [1] treatment of character sums. Moreover the bound $\mu\left(\frac{1}{2}\right) \leqslant \frac{7}{32}$, which is weaker still, but none the less non-trivial, follows from Heath-Brown's [4] fourth. power moment (7.66), based on Weil's estimate for the Kloosterman sum. Thus there are some extremely diverse arguments leading to non. trivial bounds for $\mu\left(\frac{1}{2}\right)$.

5.20. The argument given in §5.18 is generalized by the 'method of exponent pairs' of van der Corput (1), (2) and Phillips (1), let s, c be positive constants, and let $\mathscr{A}(s, c)$ be the set of quadruples (N, I, f, y) as follows:

(i) N and y are positive and satisfy $yN^{-s} \geqslant 1$,

(ii) I is a subinterval of $(N, 2N]$,

(iii) f is a real valued function on I, with derivatives of all orders, satisfying

$$\left| f^{(n+1)}(x) - \frac{d^n}{dx^n}(yx^{-s}) \right| \leqslant c \left| \frac{d^n}{dx^n}(yx^{-s}) \right| \quad (5.35)$$

for $n \geqslant 0$.

We then say that (p, q) is an 'exponent pair' if $0 \leqslant p \leqslant \frac{1}{2} \leqslant q \leqslant 1$ and if for each $s > 0$ there exists a sufficiently small $c = c(p, q, s) > 0$ such that

$$\sum_{n \in I} \exp\{2\pi i f(n)\} \ll_{p,q,s} (yN^{-s})^p N^q \quad (5.36)$$

uniformly for $(N, I, f, y) \in \mathscr{A}(s, c)$.

We may observe that yN^{-s} is the order of magnitude of $f'(x)$. It is immediate that $(0,1)$ is an exponent pair. Moreover Theorems 5.9, 5.11 and 5.13 correspond to the exponent pairs $\left(\frac{1}{2}, \frac{1}{2}\right), \left(\frac{1}{6}, \frac{2}{3}\right)$, and

$$\left(\frac{1}{2^k-2}, \frac{2^k-k-1}{2^k-2}\right)$$

By using Lemma 5.10 one may prove that

$$A(p, q) = \left(\frac{p}{2p+2}, \frac{p+q+1}{2p+2}\right)$$

is an exponent pair whenever (p,q) is. Similarly from Theorem 4.9, as sharpened in §4.19, one may show that

$$B(p, q) = \left(q-\frac{1}{2}, p+\frac{1}{2}\right)$$

is an exponent pair whenever (p, q) is, providing that $p+2q \geqslant \frac{3}{2}$. Thus one may build up a range of pairs by repeated applications of these A and B processes. In doing this one should note that $B^2(p, q) = (p, q)$. Examples of exponent pairs are:

$$B(0,1) = \left(\frac{1}{2}, \frac{1}{2}\right), AB(0,1) = \left(\frac{1}{6}, \frac{2}{3}\right)$$

$$A^2 B(0,1) = \left(\frac{1}{14}, \frac{11}{14}\right), A^3 B(0,1) = \left(\frac{1}{30}, \frac{26}{30}\right)$$

$$BA^2 B(0,1) = \left(\frac{2}{7}, \frac{4}{7}\right), A^4 B(0,1) = \left(\frac{1}{62}, \frac{57}{62}\right)$$

$$BA^3 B(0,1) = \left(\frac{11}{30}, \frac{16}{30}\right), ABA^2 B(1,0) = \left(\frac{2}{18}, \frac{13}{18}\right)$$

第二部分 中外名家论 Riemann 函数与 Riemann 猜想

$$BA^4 B(0,1) = \left(\frac{13}{31}, \frac{16}{31}\right), ABA^3 B(0,1) = \left(\frac{11}{82}, \frac{57}{82}\right)$$

$$A^2 BA^2 B(0,1) = \left(\frac{2}{40}, \frac{33}{40}\right), BABA^2 B(0,1) = \left(\frac{4}{18}, \frac{11}{18}\right)$$

To estimate the sum $\sum_1$ of §5.18 we may take

$$f(x) = \frac{t}{2\pi} \log x, y = \frac{t}{2\pi}, s = 1$$

so that (5.35) holds for any $c \geqslant 0$. The exponent pair $\left(\frac{11}{82}, \frac{57}{82}\right)$ then yields

$$\sum_1 \ll t^{\frac{11}{82}} a^{\frac{46}{82}}$$

whence

$$\sum_{a < n \leqslant b} n^{-\frac{1}{2} - it} \ll t^{\frac{11}{82}} a^{\frac{5}{82}} \ll t^{\frac{27}{164}}$$

for $a \ll t^{\frac{1}{2}}$. We therefore recover Theorem 5.18.

The estimate $\mu\left(\frac{1}{2}\right) \leqslant \frac{229}{1\,392}$ of Phillips (1) comes from a better choice of exponent pair. In general we will have

$$\mu\left(\frac{1}{2}\right) \leqslant \frac{1}{2}\left(p + q - \frac{1}{2}\right)$$

providing that $q \geqslant q + \frac{1}{2}$. Rankin [1] has shown that the infimum of $\frac{1}{2}\left(p + q - \frac{1}{2}\right)$, over all pairs generated from (0,1) by the A and B processes, is 0.164 510 67 ⋯ (Graham, in work in the course of publication, gives further details.) Note however that there are exponent pairs better for certain problems than any which can be got in this way, as we shall see in §§ 6.17 ~ 6.18. These unfortunately do not seem to help in the estimation of $\mu\left(\dfrac{1}{2}\right)$.

5.21. The list of bounds for $\mu\left(\dfrac{1}{2}\right)$ may be extended as follows.

$\dfrac{163}{988}=0.164\,979\cdots$ Walfisz (1)

$\dfrac{27}{164}=0.164\,634\cdots$ Titchmarsh (9)

$\dfrac{229}{1\,392}=0.164\,511\cdots$ Phillips (1)

$\phantom{\dfrac{229}{1\,392}=}0.164\,510\cdots$ Rankin [1]

$\dfrac{19}{116}=0.163\,793\cdots$ Titchmarsh (24)

$\dfrac{15}{92}=0.163\,043\cdots$ Min (1)

$\dfrac{6}{37}=0.162\,162\cdots$ Haneke [1]

$\dfrac{173}{1\,067}=0.162\,136\cdots$ Kolesnik [2]

$\dfrac{35}{216}=0.162\,037\cdots$ Kolesnik [4]

$\dfrac{139}{858}=0.162\,004\cdots$ Kolesnik [5]

The value $\dfrac{6}{37}$ was obtained by Chen [1], independently of Haneke, but a little later.

The estimates from Titchmarsh (24) onwards depend on bounds for multiple sums. In proving Lemma

5.10 the sum over r on the left of (5.17) is estimated trivially. However, there is scope for further savings by considering the sum over r and r as a two-dimensional sum, and using two dimensional analogues of the A and B processes given by Lemma 5.10 and Theorem 4.9. Indeed since further variables are introduced each time an A process is used, higher-dimensional sums will occur. Srinivasan [1] has given a treatment of double sums, but it is not clear whether it is sufficiently flexible to give, for example, new exponent pairs for one-dimensional sums.

第六章 VINOGRADOV'S METHOD

6.1. Still another method of dealing with exponential sums is due to Vinogradov.[1] This has passed through a number of different forms of which the one given here is the most successful. In the theory of the zeta-function, the method given new results in the neighbourhood of the line $\sigma = 1$.

Let
$$f(n) = \alpha_k n^k + \cdots + \alpha_1 n + \alpha_0$$
be a polynomial of degree $k \geq 2$ with real coefficients, and let a and q be integers

$$S(q) = \sum_{a < n \leq a+q} e^{2\pi i f(n)}$$

$$J(q,l) = \int_0^1 \cdots \int_0^1 |S(q)|^{2l} d\alpha_1 \cdots d\alpha_k$$

The question of the order of $J(q,l)$ as a function of q is important in the method.

Since $S(q) = O(q)$ we have trivially $J(q,l) = O(q^{2l})$. Less trivially, we could argue as follows. We have

$$\{S(q)\}^k = \sum_{n_1,\cdots,n_k} e^{2\pi i \alpha_k (n_1^k + \cdots + n_k^k)} + \cdots$$

---

① Vinogradov (1) ~ (4), Tchudakoff (1) ~ (5), Titchmarsh (20), Hua (1).

第二部分　中外名家论 Riemann 函数与 Riemann 猜想

$$\{S(q)\}^{2k} = \sum_{m_1,\cdots,n_k} e^{2\pi i \alpha_k(m_1^k+\cdots+m_k^k-n_1^k-\cdots-n_k^k)} + \cdots$$

On integrating over the k-dimensional unit cube, we obtain a zero factor if any of the numbers

$$m_1^h+\cdots+m_k^h-n_1^h-\cdots-n_k^h, h=1,\cdots,k$$

is different from zero. Hence $J(q,k)$ is equal to the number of solutions of the system of equations

$$m_1^h+\cdots+m_k^h = n_1^h+\cdots+n_k^h, h=1,\cdots,k$$

where $a<m_\nu \leq a+q$, $a<n_\nu \leq a+q$.

But it follows from these equations that the numbers n_ν are equal (in some order) to the numbers m_ν. Hence only the m_ν can be chosen arbitrarily, and so the total number of solutions is $O(q^k)$. Hence

$$J(q,k) = O(q^k)$$

and

$$J(q,l) = O\{q^{2l-2k}J(q,k)\} = O(q^{2l-k})$$

This, however, is not sufficient for the application (see Lemma 6.8).

For any integer l, $J(q,t)$ is equal to the number of solutions of the equations

$$m_1^h+\cdots+m_l^h = n_1^h+\cdots+n_l^h, h=1,\cdots,k$$

where $a<m_\nu \leq a+q$, $a<n_\nu \leq a+q$. Actually $J(q,l)$ is independent of a; for putting $M_\nu = m_\nu - a$, $N_\nu = n_\nu - a$, we obtain

$$\sum_{\nu=1}^l (M_\nu+a)^h = \sum_{\nu=1}^l (N_\nu+a)^h, h-1,\cdots,k$$

which is equivalent to

$$\sum_{\nu=1}^l M_\nu^h = \sum_{\nu=1}^l N_\nu^h, h=1,\cdots,k$$

and $0 < M_\nu \leq q$, $0 < N_\nu \leq q$.

Clearly $J(q,l)$ is a non-decreasing function of q.

6.2. Lemma 6.2. Let $m_1, \cdots, m_k$, $n_1, \cdots, n_k$ be two sets of integers, let

$$s_h = \sum_{\nu=1}^{k} m_\nu^h, s_h' = \sum_{\nu=1}^{k} n_\nu^h$$

and let σ_h, σ_h' be the h-th elementary symmetric functions of the m_ν and n_ν respectively. If $|m_\nu| \leq q$, $|n_\nu| \leq q$, and

$$|s_h - s_h'| \leq q^{h-1}, h = 1, \cdots, k \qquad (6.1)$$

then

$$|\sigma_h - \sigma_h'| \leq \frac{3}{4}(2kq)^{h-1}, h = 2, \cdots, k \qquad (6.2)$$

Clearly

$$|s_h| \leq kq^h, |s_h'| \leq kq^h$$

and

$$|\sigma_h'| \leq \binom{k}{h} q^h \leq k^h q^h$$

Now

$$\sigma_2 = \frac{1}{2}(s_1^2 - s_2)$$

Hence

$$|\sigma_2 - \sigma_2'| = \frac{1}{2}|(s_1^2 - s_2) - (s_1'^2 - s_2')| \leq$$

$$\frac{1}{2}|(s_1 - s_1')(s_1 + s_1')| + \frac{1}{2}|s_2 - s_2'| \leq$$

$$kq + \frac{1}{2}q \leq \frac{3}{2}kq$$

the result stated for $h = 2$.

Now suppose that (6.2) holds with $h = 2, \cdots, j-1$,

where $3 \leqslant j \leqslant k$, so that
$$|\sigma_h - \sigma'_h| \leqslant (2kq)^{h-1}, h = 1, \cdots, j-1.$$
By a well-known theorem on symmetric functions
$$s_j - \sigma_1 s_{j-1} + \sigma_2 s_{j-2} - \cdots (-1)^j j \sigma_j = 0$$
Hence
$$|\sigma_j - \sigma'_j| \leqslant$$
$$\frac{1}{j}|s_j - s'_j| + \frac{1}{j} \sum_{h=1}^{j-1} |\sigma_h s_{j-h} - \sigma'_h s'_{j-h}| =$$
$$\frac{|s_j - s'_j|}{j} + \frac{1}{j} \sum_{h=1}^{j-1} |(\sigma_h - \sigma'_h)s_{j-h} + \sigma'_h(s_{j-h} - s'_{j-h})| \leqslant$$
$$\frac{q^{j-1}}{j} + \frac{1}{j} \sum_{h=1}^{j-1} \{(2kq)^{h-1} k q^{j-h} + (kq)^h q^{j-h-1}\} =$$
$$\frac{q^{j-1}}{j} \Big\{ 1 + \sum_{h=1}^{j-1} (2^{h-1} + 1) k^h \Big\} \leqslant$$
$$\frac{q^{j-1}}{j} \sum_{h=0}^{j-1} 2^h k^h = \frac{q^{j-1}}{j} \cdot \frac{(2k)^j - 1}{2k - 1} \leqslant$$
$$(2kq)^{j-1} \frac{2k}{j(2k-1)} \leqslant \frac{2}{3}(2kq)^{j-1} \leqslant \frac{3}{4}(2kq)^{j-1}$$

since $2k/(2k-1) \leqslant 2$ and $j \geqslant 3$. This proves the lemma.

6.3. Lemma 6.3. *Let $1 < G < q$, and let $g_1, \cdots, g_k$ be integers satisfying*
$$1 < g_1 < g_2 < \cdots < g_k \leqslant G, g_\nu - g_{\nu-1} > 1 \qquad (6.3)$$
For each value of ν ($1 \leqslant \nu \leqslant k$) let m_ν be an integer lying in the interval
$$-a + \frac{(g_\nu - 1)q}{G} < m_\nu \leqslant -a + \frac{g_\nu q}{G}$$
where $0 \leqslant a \leqslant q$. Then the number of sets of such integers $m_1, \cdots, m_k$ for which the values of s_h ($h = 1, \cdots, k$) lie in given intervals of lengths not exceeding q^{h-1}, is $\leqslant$

$(4kG)^{\frac{1}{2}k(k-1)}$.

If x is any number such that $|x| \leq q$, the above lemma gives

$$|(x-m_1)\cdots(x-m_k)-(x-n_1)\cdots(x-n_k)| \leq$$

$$\sum_{h=1}^{k} |\sigma_h - \sigma'_h| |x|^{k-h} \leq$$

$$q^{k-1}\left\{1 + \frac{3}{4} \sum_{h=2}^{k} (2k)^{h-1}\right\} =$$

$$q^{k-1}\left\{1 + \frac{3}{4} \cdot \frac{(2k)^k - 2k}{2k-1}\right\} \leq$$

$$(2kq)^{k-1}$$

since $k \geq 2$. If $n_1, \cdots, n_k$ satisfy the same conditions as $m_1, \cdots, m_k$, then $|m_k - n_\nu| \geq q/G$ for $\nu = 1, 2, \cdots, k-1$. Hence, putting $x = n_k$

$$\left(\frac{q}{G}\right)^{k-1} |m_k - n_k| \leq (2kq)^{k-1}$$

i. e.

$$|m_k - n_k| \leq (2kG)^{k-1}$$

Thus the number of numbers m_k satisfying the requirements of the theorem does not exceed

$$(2kG)^{k-1} + 1 \leq (4kG)^{k-1}$$

Next, for a given value of m_k, the numbers $m_1, \cdots, m_{k-1}$ satisfy similar conditions with $k-1$ instead of k, and hence the number of values of m_{k-1} is at most $\{4(k-1)G\}^{k-2} < (4kG)^{k-2}$. Proceeding in this way, we find that the total number of sets does not exceed

$$(4kG)^{(k-1)+(k-2)+\cdots} = (4kG)^{\frac{1}{2}k(k-1)}$$

6.4. Lemma 6.4. *Under the same conditions as in Lemma* 6.3, *the number of sets of integers* $m_1, \cdots, m_k$ *for which the numbers* $s_h(h=1,\cdots,k)$ *lie in given intervals of lengths not exceeding* $cq^{h(1-\frac{1}{k})}$, *where* $c>1$, *does not exceed*

$$(2c)^k (4kG)^{\frac{1}{2}k(k-1)} q^{\frac{1}{2}(k-1)}$$

We divide the hth interval into

$$1 + \left[\frac{cq^{h(1-\frac{1}{k})}}{q^{h-1}}\right] \leqslant 2cq^{1-h/k}$$

parts, and apply Lemma 6.3. Since

$$\prod_{h=1}^{k}(2cq^{1-h/k}) = (2c)^k q^{\frac{1}{2}(k-1)}$$

we have at most $(2c)^k q^{\frac{1}{2}(k-1)}$ sets of sub-intervals, each satisfying the conditions of Lemma 6.3. For each set there are at most $(4kG)^{\frac{1}{2}k(k-1)}$ solutions, so that the result follows.

6.5. Lemma 6.5. *Let* $k<l$, *let* $f(n)$ *be as in* §6.1, *and let*

$$I = \int_0^1 \cdots \int_0^1 |Z_{m,g_1}\cdots z_{m,g_k}|^2 |S(q^{1-\frac{1}{k}})|^{2(l-k)} d\alpha_1 \cdots d\alpha_k$$

where

$$Z_{m,g_\nu} = \sum_{(g_\nu-1)2^{-m_q}<n\leqslant g_\nu 2^{-m_q}} e^{2\pi i f(n)}$$

and the g_ν, *satisfy* (6.3) *with* $1<G=2^m<q$. *Then*

$$I \leqslant 2^{3k+(m+2)\frac{1}{2}k(k-1)-mk}(l-k)^k k^{\frac{1}{2}k(k-1)} q^{\frac{3}{2}k-\frac{1}{2}} J(q^{1-\frac{1}{k}}, l-k)$$

We have

$$I = \sum_{N_1,\cdots,N_k} \Psi(N_1,\cdots,N_k) \int_0^1 \cdots \int_0^1 e^{2\pi i(N_k\alpha_k+\cdots+N_1\alpha_1)} \cdot$$

$$|S(q^{1-\frac{1}{k}})|^{2(l-k)} d\alpha_1 \cdots d\alpha_k \leqslant$$

$$\sum_{N_1,\cdots,N_k} \Psi(N_1,\cdots,N_k) \int_0^1 \cdots \int_0^1 |S(q^{1-\frac{1}{k}})|^{2(l-k)} \cdot d\alpha_1 \cdots d\alpha_k$$

where $\Psi(N_1,\cdots,N_k)$ is the number of solutions of the equations

$$m_1^h + \cdots + m_k^h - n_1^h - \cdots - n_k^h = N_h, h = 1,\cdots,k$$

for m_ν and n_ν in the interval $(g_\nu - 1)2^{-m}q < x \leqslant g_\nu 2^{-m}q$. Moreover N_h runs over those integers for which one can solve

$$N_h = n_1^{'h} + \cdots + n_{l-k}^{'h} - m_1^{'h} - \cdots - m_{l-k}^{'h}$$

where m'_ν and n'_ν lie in an interval $(q, a + q^{1-\frac{1}{k}}]$. As in §6.1 we can shift each range through $-a$, i.e. replace a by 0. Then N_h ranges over at most $2(l-k)q^{h(1-\frac{1}{k})}$ values. Hence by Lemma 6.4, for given values of $n_1, \cdots, n_k$ the number of sets of $(m_1,\cdots,m_k)$ does not exceed

$$\{4(l-k)\}^k (2^{m+2}k)^{\frac{1}{2}k(k-1)} q^{\frac{1}{2}(k-)}$$

Also $(n_1,\cdots,n_k)$ takes not more than $(1+2^{-m}q)^k \leqslant (2^{1-m}q)^k$ values. Hence

$$\sum_{N_1,\cdots,N_k} \Psi(N_1,\cdots,N_k) \leqslant$$

$$\{4(l-k)\}^k k^{\frac{1}{2}k(k-1)} 2^{(m+2)\frac{1}{2}k(k-1)-mk+k} q^{\frac{3}{2}k-\frac{1}{2}}$$

and the result follows.

6.6. Lemma 6.6. *The result of Lmemma 6.5 holds whether the g's satisfy, (6.3) or not, if m has the value*

$$M = \left[\frac{\log q}{k\log 2}\right] \qquad (6.4)$$

Since

$$|Z_{M,g_\nu}| \leqslant 2^{-M}q + 1 \leqslant 2^{1-M}q$$

$$|Z_{M,g_1\cdots Z_M,g_k}|^2 \leq (2^{1-M}q)^{2k}$$

it is sufficient to prove that

$$(2^{1-M}q)^{2k} \leq 2^{3k+(M+2)\frac{1}{2}k(k-1)-Mk}(l-k)^k k^{\frac{1}{2}k(k-1)} q^{\frac{3}{2}k-\frac{1}{2}}$$

or that

$$q^{\frac{1}{2}k+\frac{1}{2}} \leq 2^{(M+2)\frac{1}{2}k(k-1)+Mk} k^{\frac{1}{2}k(k-1)}$$

or that

$$\left(\frac{1}{2}k+\frac{1}{2}\right)\log q \leq \frac{1}{2}k(k+1)M\log 2 + \frac{1}{2}k(k-1)\log 4k$$

or that

$$\log q \leq kM\log 2 + \frac{k(k-1)}{k+1}\log 4k$$

Since

$$M \geq \frac{\log q}{k\log 2} - 1$$

this is true if

$$k\log 2 \leq \frac{k(k-1)}{k+1}\log 4k$$

or

$$\log 2 \leq \frac{k-1}{k+1}\log 4k$$

which is true for $k \geq 2$.

6.7. Lemma 6.7. *The set of integers* $(g_1,\cdots,g_l)$, *where $k<l$, and each g_ν ranges over* $(1,G]$, *is said to be well-spaced if there are at least k of them, say* $g_{j_1},\cdots,g_{j_k}$, *satisfying*

$$g_{j_\nu} - g_{j_{\nu-1}} > 1, \nu = 2,\cdots,k$$

The number of sets which are not well-spaced is at most $l!\ 3^l G^{k-1}$.

Let $g_1',\cdots,g_l'$ denote $g_1,\cdots,g_l$ arranged in increasing order, and let $f_\nu = g_\nu' - g_{\nu-1}'$. If the set is not well-spaced, there are at most $k-2$ of the numbers f_ν for which $f_\nu > 1$.

Consider those sets in which exactly h ($0 \leqslant h \leqslant k-2$) of the numbers f_ν are greater than 1. The number of ways in which these $h f_\nu$'s can be chosen from the total $l-1$ is $\binom{l-1}{h}$. Also each of the $h f_\nu$'s can take at most G values, and each of the rest at most 2 values. Since g_1' takes at most G values, the total number of sets of g_ν' arising in this way is at most

$$\binom{l-1}{h} G^{h+1} 2^{l-h-1}$$

The total number of not well-spaced sets g_ν' is therefore

$$\leqslant \sum_{h=0}^{k-2} \binom{l-1}{h} G^{h+1} 2^{l-h-1} \leqslant G^{k-1} \sum_{h=1}^{k-2} \binom{l-1}{h} 2^{l-h-1} \leqslant G^{k-1}(1+2)^{l-1} < 3^l G^{k-1}$$

Since the number of sets g_ν corresponding to each set g_ν' is at most $l!$, the result follows.

6.8. Lemma 6.8. If $l \geqslant \frac{1}{4}k^2 + \frac{5}{4}k$ and M is defined by (6.4), then

$$J(q,l) = \max(1, M) 48^{2l} (l!)^2 l^k k^{\frac{1}{2}k(k-1)} \cdot q^{2(l-k)/k + \frac{3}{2}k - \frac{1}{2}} J(q^{1-\frac{1}{k}}, l-k)$$

Suppose first that M is not less than 2, i.e. that $q \geqslant 2^{2k}$. Let μ be a positive integer not greater than $M-1$. Then

$$\mu \leqslant \frac{\log q}{k \log 2} - 1, \text{ i.e. } 2^{\mu+1} \leqslant q^{\frac{1}{k}}$$

第二部分　中外名家论 Riemann 函数与 Riemann 猜想

Let

$$S(q) = \sum_{g=1}^{2^\mu} \sum_{(g-1)2^{-\mu}q < n \leq g2^{-\mu}q} e^{2\pi i f(n)} = \sum_{g=1}^{2^\mu} Z_{\mu,g}$$

say. Then

$$\{S(q)\}^l = \sum Z_{\mu,g_1} \cdots Z_{\mu,g_l}$$

where each g_ν runs from 1 to 2^μ, and the sum contains $2^{\mu l}$ terms.

We denote those products $Z_{\mu,g_1} \cdots Z_{\mu,g_l}$ with well-spaced g's by Z'_μ. The number of these, M_μ say, does not exceed $2^{\mu l}$. In the remaining terms we divide each factor into two parts, so that we obtain products of the type $Z_{\mu+1,g_1} \cdots Z_{\mu+1,g_l}$, each g lying in $(1, 2^{\mu+1})$. The number of such terms, $M_{\mu+1}$ say, does not exceed $l!\ 3^l 2^{\mu(k-1)} 2^l = l!\ 6^l 2^{\mu(k-1)}$, by Lemma 6.7. The terms of this type with well-spaced g's we denote by $Z'_{\mu+1}$, and the rest we subdivide again. We proceed in this way until finally Z'_M denotes all the products of order M, whether containing well-spaced g's or not. We then have

$$\{S(q)\}^l = \sum_{m=\mu}^{M} \sum Z'_m$$

$$|S(q)|^{2l} \leq M \sum_{m=\mu}^{M} |\sum Z'_m|^2 \leq M \sum_{m=\mu}^{M} M_m \sum |Z'_m|^2 \tag{6.5}$$

where M_m is the number of terms in the sum $\sum Z'_m$. By Lemma 6.7

$$M_m \leq l!\ 3^l 2^{(m-1)(k-1)} 2^l = l!\ 6^l 2^{(m-1)(k-1)},\ m > \mu$$

Consider, for example, $\sum |Z'_\mu|^2$. The general Z'_μ

can be written

$$Z_{\mu,g_1}\cdots Z_{\mu,g_k} Z_{\mu,g_{k+1}}\cdots Z_{\mu,g_l}$$

where $g_1,\cdots,g_k$ satisfy (6.3) with $G=2^\mu$. Now, since the geometric mean does not exceed the arithmetic mean

$$|Z_{\mu,g_{k+1}}\cdots Z_{\mu,g_l}|^2 \leqslant \frac{1}{l-k}\sum_{\nu=k+1}^{l}|Z_{\mu,g_\nu}|^{2(l-k)}$$

We divide these Z_{μ,g_ν} into parts of length $q^{1-\frac{1}{k}}-1$ (or less). The number of such parts does not exceed

$$\left[\frac{2^{-\mu}q}{q^{1-\frac{1}{k}}-1}\right]+1 \leqslant \frac{2^{-\mu}q}{q^{1-\frac{1}{k}}-1}+2^{-\mu-1}q^{\frac{1}{k}} \leqslant \frac{2^{-\mu}q}{\frac{3}{4}q^{1-\frac{1}{k}}}+2^{-\mu-1}q^{\frac{1}{k}} \leqslant$$

$$2^{1-\mu}q^{\frac{1}{k}}$$

since $q^{1-\frac{1}{k}} \geqslant q^{\frac{1}{k}} \geqslant 2^M \geqslant 4$. Each part is of the form $S(q^{1-\frac{1}{k}})$, or with $q^{1-\frac{1}{k}}$ replaced by a smaller number. Hence by Hölder's inequality①

$$|Z_{\mu,g_\nu}|^{2(l-k)} \leqslant (2^{1-\mu}q^{\frac{1}{k}})^{2(l-k)-1}\sum |S(q^{1-\frac{1}{k}})|^{2(l-k)}$$

Hence

$$\sum|Z'_\mu|^2 \leqslant \frac{(2^{1-\mu}q^{\frac{1}{k}})^{2(l-k)-1}}{l-k}\sum_{g_\nu}|Z_{\mu,g_1}\cdots Z_{\mu,g_k}|^2 \cdot$$

$$\sum_{\nu=k+1}^{l}\sum|S(q^{1-\frac{1}{k}})|^{2(l-k)}$$

Hence by Lemma 6.5, and the non-decreasing property of $J(q,l)$ as a function of q

$$\int_0^1\cdots\int_0^1 \sum|Z'_\mu|^2 d\alpha_1\cdots d\alpha_k \leqslant$$

---

① Here $S(q^{1-\frac{1}{k}})$ denotes any sum of the for $S(p)$ with $p \leqslant q^{1-\frac{1}{k}}$.

第二部分　中外名家论 Riemann 函数与 Riemann 猜想

$$(2^{1-\mu}q^{\frac{1}{k}})^{2(l-k)-1} M_\mu 2^{1-\mu} q^{\frac{1}{k}} \cdot 2^{3k+(\mu+2)\frac{1}{2}k(k-1)-\mu k} \cdot$$
$$(l-k)^k k^{\frac{1}{2}k(k-1)} q^{\frac{3}{2}k-\frac{1}{2}} J(q^{1-\frac{1}{k}}, l-k) =$$
$$2^{\mu(\frac{1}{2}k^2+\frac{1}{2}k-2l)+2l+k^2+k} M_\mu (l-k)^k k^{\frac{1}{2}k(k-1)} \cdot$$
$$q^{2(l-k)/k+\frac{3}{2}k-\frac{3}{2}} J(q^{1-\frac{1}{k}}, l-k)$$

A similar argument applies to Z'_m, with μ replaced by m. Hence

$$J(q,l) \leqslant M \sum_{m=\mu}^{M} 2^{m(\frac{1}{2}k^2+\frac{1}{2}k-2l)} M_m^2 \cdot 2^{2l+k^2+k}(l-k)^k \cdot$$
$$k^{\frac{1}{2}k(k-1)} q^{2(l-k)/k+\frac{3}{2}k-\frac{1}{2}} J(q^{1-\frac{1}{k}}, l-k)$$

Also

$$\sum_{m=\mu}^{M} 2^{m(\frac{1}{2}k^2+\frac{1}{2}k-2l)} M_m^2 \leqslant$$
$$2^{\mu(\frac{1}{2}k^2+\frac{1}{2}k-2l)+2\mu l} + \sum_{m=\mu+1}^{M} 2^{m(\frac{1}{2}k^2+\frac{1}{2}k-2l)}(l!)^2 6^{2l} 2^{2(m-1)(k-1)} =$$
$$2^{\frac{1}{2}\mu(k^2+k)} + (l!)^2 6^{2l} \sum_{m=\mu+1}^{M} 2^{m(\frac{1}{2}k^2+\frac{5}{2}k-2l-2)-2(k-1)} \leqslant$$
$$2^{2\mu l} + (l!)^2 6^{2l} \leqslant 2(l!)^2 6^{2l}$$

since we can start with an integer μ such that $2^{\mu l} < l!$. (Indeed we may take $\mu = 1$.) Hence

$$J(q,l) \leqslant M 2^{2l+k^2+k+1}(l!)^2 6^{2l} l^k k^{\frac{1}{2}k(k-1)} \cdot$$
$$q^{2(l-k)/k+\frac{3}{2}k-\frac{1}{2}} J(q^{1-\frac{1}{k}}, l-k)$$

and since

$$2^{2l+k^2+k+1} 6^{2l} \leqslant 2^{6l} 6^{2l} = 48^{2l}$$

the result follows.

If $M<2$, i.e. $q<2^{2k}$, divide $s(q)$ into four parts, each of the form $S(q')$, where $q' \leqslant \frac{1}{4} q \leqslant q^{1-\frac{1}{k}}$. By

Hölder's inequality

$$|S(q)|^{2l} \leq 4^{2l-1} \sum |S(q')|^{2l} \leq$$
$$4^{2l-1} q^{2k(1-\frac{1}{k})} \sum |S(q')|^{2(l-k)}$$

Integrating over the unit hypercube

$$J(q,l) \leq 4^{2l-1} q^{2k(1-\frac{1}{k})} \sum J(q', l-k) \leq$$
$$4^{2l} q^{2k(1-\frac{1}{k})} J(q^{1-\frac{1}{k}}, l-k)$$

and the result again follows.

6.9. Lemma 6.9. *If r is any non-negative integer, and $l \geq \frac{1}{4}k^2 + \frac{1}{4}k + kr$, then*

$$J(q,l) \leq K^r \log^r q \cdot q^{2l-\frac{1}{2}k(k+1)+\delta_r}$$

where

$$\delta_r = \frac{1}{2}k(k+1)\left(1-\frac{1}{k}\right)^r, K = 48^{2l}(l!)^2 l^k k^{\frac{1}{2}k(k-1)}$$

This is obvious if $r=0$, since then $\delta_0 = \frac{1}{2}k(k+1)$ and $J(q,l) \leq q^{3l}$. Assuming then that it is true up to $r-1$, Lemma 6.8 (in which $M \leq \log q$) gives

$$J(q,l) \leq K\log q \cdot q^{2(l-k)/k+\frac{3}{2}k-\frac{1}{2}} \cdot K^{r-1} \log^{r-1} \cdot$$
$$q^{1-\frac{1}{k}} \cdot q^{(1-1/k)|2(l-k)-\frac{1}{2}k(k+1)+\delta_{r-1}|}$$

and the index of q reduces to $2l - \frac{1}{2}k(k+1) + \delta_r$.

6.10. Lemma 6.10. *If $l = [k^2 \log(k^2+k) + \frac{1}{4}k^2 + \frac{5}{4}k] + 1, k \geq 7$*

$$J(q,l) = e^{64lk\log^2 k} \log^{2l} q \cdot q^{2l-\frac{1}{2}k(k+1)+\frac{1}{2}}$$

We have
$$\delta_r \leq \frac{1}{2} \text{ if } k(k+1)\left(1-\frac{1}{k}\right)^r \leq 1$$
i. e. if
$$\log\{k(k+1)\} \leq r\log\frac{k}{k-1}$$
This is true if
$$\log\{k(k+1)\} \leq \frac{r}{k}$$
or if
$$r = [k\log(k^2+k)] + 1$$
Since
$$r < k\log^3 k + 1 < 4k\log k, l < k^3$$
and
$$\log K < 2l\log 48 + 2l\log l + k\log l + \frac{1}{2}k(k-1)\log k <$$
$$5l\log l + l\log k < 16l \log k$$
the result follows.

6.11 Lemma 6.11. Let M and N be integers, $N>1$, and let $\phi(n)$ be a real function of n, defined for $M \leq n \leq M+N-1$, such that
$$\delta \leq \phi(n+1) - \phi(n) \leq c\delta, M \leq n \leq M+N-2$$
where $\delta > 0$, $c \geq 1$, $c\delta \leq \frac{1}{2}$. Let $W > 0$. Let $\overline{x}$ denote the difference between x and the nearest integer. Then the number of values of n for which $\overline{\phi(n)} \leq W\delta$ is less than
$$(Nc\delta+1)(2W+1)$$

Let α be a given real number, and let G be the number of values of n of which

$$\alpha+h<\phi(n)\leq\alpha+h+\delta$$

for some integer h. To each h corresponds at most one n, so that $G\leq h_2-h_1+1$, where h_1 and h_2 are the least and greatest values of h. But clearly

$$\phi(M)\leq\alpha+h_1+\delta, \alpha+h_2<\phi(M+N-1)$$

whence

$$h_2-h_1-\delta<\phi(M+N-1)-\phi(M)\leq(N-1)c\delta$$

and

$$G\leq(N-1)c\delta+\delta+1\leq Nc\delta+1$$

The result of the lemma now follows from the fact that an interval of length $2W\delta$ may be divided into $[2W+1]$ intervals of length less than $\delta(<\frac{1}{2})$.

6.12. Lemma 6.12. *Let k and Q be integers, $k\geq 7$, $Q\geq 2$, and let $f(x)$ be real and have continuous derivatives up to the $(k+1)$th order in $[P+1, P+Q]$; let $0<\lambda<1$ and*

$$\lambda\leq\frac{f^{(k+1)}(x)}{(k+1)!}\leq 2\lambda, P+1\leq x\leq P+Q \quad (6.6)$$

or the same for $-f^{(k+1)}(x)$, and let

$$\lambda^{-\frac{1}{4}}\leq Q\leq\lambda^{-1} \quad (6.7)$$

Then

$$\left|\sum_{n=P+1}^{P+Q}e^{2\pi if(n)}\right|<Ae^{33k\log^2 k}Q^{1-\rho}\log Q \quad (6.8)$$

where

$$\rho=(24k^2\log k)^{-1}$$

Let

$$q=[\lambda^{-1/(k+1)}]+1$$

第二部分　中外名家论 Riemann 函数与 Riemann 猜想

so that
$$2 \leqslant q \leqslant [Q^{4/(k+1)}] + 1 \leqslant Q$$
and write
$$S = \sum_{n=P+1}^{P+Q} e^{2\pi i f(n)}$$
$$T(n) = \sum_{m=1}^{q} e^{2\pi i \{f(m+n)-f(n)\}}, P+1 \leqslant n \leqslant P+Q-q$$
Then
$$q|S| = \left| \sum_{m=1}^{q} \sum_{n=P+1}^{P+Q} e^{2\pi i f(n)} \right| \leqslant$$
$$\left| \sum_{m=1}^{q} \sum_{n=P+1+m}^{P+Q-q+m} e^{2\pi i f(n)} \right| \sum_{m=1}^{q} q =$$
$$\left| \sum_{m=1}^{q} \sum_{n=P+1}^{P+Q-q} e^{2\pi i f(m+n)} \right| + q^2 =$$
$$\left| \sum_{n=P+1}^{P+Q-q} \sum_{m=1}^{q} e^{2\pi i f(m+n)} \right| + q^2 \leqslant$$
$$\sum_{n=P+1}^{P+Q-q} |T(n)| + q^2 \leqslant$$
$$Q^{1-1/(2l)} \left\{ \sum_{n=P+1}^{P+Q-q} |T(n)|^{2l} \right\}^{1/(2l)} + q^2 \quad (6.9)$$

by Hölder's inequality, where l is any positive integer.

We now write $A_r = A_r(n) = f^{(r)}(n)/r!$ for $1 \leqslant r \leqslant k$, and define the k-dimensional region Ω_n by the inequalities
$$|\alpha_r - A_r| \leqslant \frac{1}{2} q^{-r}, r = 1, \cdots, k \quad (6.10)$$

If we set
$$\delta(m) = f(m+n) - f(n) - (\alpha_k m^k + \cdots + \alpha_1 m)$$
then, by partial summation, we will have
$$T(n) = S(q) e^{2\pi i \delta(q)} - 2\pi i \int_0^q S(p) \delta'(p) e^{2\pi i \delta(p)} dp$$

However, by Taylor's theorem together with the bound (6.6) we obtain

$$\delta'(p) = f'(p+n) - \sum_{1}^{k} r\alpha_r p^{r-1} =$$

$$f'(n) + pf''(n) + \cdots + \frac{p^{k-1}}{(k-1)!} f^{(k)}(n) +$$

$$\frac{p^k}{k!} f^{(k+1)}(n+\vartheta p) - \sum_{1}^{k} r\alpha_r p^{r-1} =$$

$$\sum_{1}^{k} r(A_r - \alpha_r) p^{r-1} + 2(k+1)\lambda \vartheta' p^k$$

where $0 < \vartheta, \vartheta' \leq 1$. if (6.10) holds it follows that

$$\delta'(p) \leq \sum_{1}^{k} r \frac{1}{2} q^{-r} q^{r-1} + 3k\lambda q^k \leq \frac{1}{2} k^2 q^{-1} + 3k\lambda q^k \leq$$

$$2^{k+3} kq^{-1}$$

by our choice of q. We therefore have

$$|T(n)| \leq 2^{k+4} k\pi (|S(q)| + \frac{1}{q} \int_0^q |S(p)| dp) =$$

$$2^{k+4} k\pi S_0(q)$$

say. Integration over the region Ω_n, and dividing by its volume, we obtain

$$|T(n)|^{2l} \leq (2^{k+4} k\pi)^{2l} q^{\frac{1}{2}k(k+1)} \int_{\Omega_n} \cdots \int |S_0(q)|^{2l} d\alpha_1 \cdots d\alpha_k$$

(6.11)

The integral of $|S_0(q)|^{2l}$ over Ω_n is equal to its integral taken over the region obtained by subtracting any integer from each coordinate. We say that such a region is congruent (mod 1) to Ω_n. Now let n, n' be two integers in the interval $[P+1, P+Q-q]$ and let Ω_n, Ω'_n be the corresponding regions defined by (6.10). A necessary

condition that Ω_n should intersect with any region congruent (mod 1) to Ω_n' is that

$$\overline{A_k(n)-A_k(n')} \leq q^{-k} \leq \lambda q \qquad (6.12)$$

Let $\phi(n)=A_k(n)-A_k(n')$. Then

$$\phi(n+1)-\phi(n)=\frac{1}{k!}\{f^{(k)}(n+1)-f^{(k)}(n)\}=\frac{f^{(k+1)}(\xi)}{k!}$$

where $n<\xi<n+1$. The conditions of Lemma 6.11 are therefore satisfied, with $c=2$ and $\delta=\lambda(k+1)$. Taking $W=q/(k+1)$, we see that the number of numbers n in $[P+1, P+Q-q]$ for which (6.12) is possible, does not exceed

$$\{2Q\lambda(k+1)+1\}\left(\frac{2q}{k+1}+1\right) \leq (2k+3)\left(\frac{2q}{k+1}+1\right) \leq 3kq$$

Since this is independent of n', it follows that

$$\sum_{n=P+1}^{P+Q-q}\int\cdots\int_{\Omega_n}|S_0(q)|^{2l}d\alpha_1\cdots d\alpha_k \leq$$
$$3kq\int_0^1\cdots\int_0^1|S_0(q)|^{2l}d\alpha_1\cdots d\alpha_k \leq$$
$$3kq2^{2l}J(q,l) \qquad (6.13)$$

since

$$S_0(q)^{2l} \leq 2^{2l-1}\left(|S(q)|^{2l}+\frac{1}{q}\int_0^q|S(p)|^{2l}dp\right)$$

Defining l as in Lemma 6.10, we obtain from (6.9) (6.11) (6.13) and Lemma 10

$$|S| \leq 2^{k+5}k\pi Q^{1-\frac{1}{2l}}q^{-1}\{q^{\frac{1}{2}k(k+1)}3kqJ(q,l)\}^{\frac{1}{2l}}+q \leq$$
$$2^{k+5}k\pi Q^{1-\frac{1}{2l}}\{3ke^{64lk\log^2 k}q^{\frac{3}{2}}\}^{\frac{1}{2l}}\log q+q$$

Now $q \leq 2\lambda^{-1/(k+1)} \leq 2Q^{4/(k+1)}$. Hence

$$|S| \leq Ae^{33k\log^2 k}Q^{1-\frac{1}{2l}+3/|(k+1)l|}\log Q+2Q^{4/(k+1)}$$

and the result follows, since $\dfrac{1}{2l} - \dfrac{3}{(k+1)l} \geqslant \dfrac{1}{8l}$ and $l < 3k^2 \log k$.

6.13. Lemma 6.13. *If $f(x)$ satisfies the conditions of Lemma 6.12 in on interval $[P+1, P+N]$, where $N \leqslant Q$, and*

$$\lambda^{-\frac{1}{3}} \leqslant Q \leqslant \lambda^{-1} \tag{6.14}$$

then

$$\left| \sum_{n=P+1}^{P+N} e^{2\pi i f(n)} \right| < A e^{33k} \log^2 k Q^{1-p} \log Q \tag{6.15}$$

If $\lambda^{-\frac{1}{4}} \leqslant N$, the conditions of the previous theorem are satisfied when Q is replaced by N, and (6.15) follows at once from (6.18). On the other hand, if $\lambda^{-\frac{1}{4}} > N$, then

$$\left| \sum_{n=P+1}^{P+N} e^{2\pi i f(n)} \right| \leqslant N < \lambda^{-\frac{1}{4}} \leqslant Q^{\frac{3}{4}} \leqslant Q^{1-p}$$

and (6.14) again follows.

6.14. Theorem 6.14.

$$\zeta(1+it) = O\{(\log t \log \log t)^{\frac{3}{4}}\}$$

Let

$$f(x) = -\dfrac{t \log x}{2\pi}, f^{(k+1)}(x) = \dfrac{(-1)^{k+1} k! \; t}{2\pi x^{k+1}}$$

Let $a < x \leqslant b \leqslant 2a$. Since $(-1)^{k+1} f^{(k+1)}(x)$ is steadily decreasing, we can divide the interval $[a, b]$ into not more than $k+1$ intervals, in each of which inequalities of the form (6.6) hold, where λ depends on the particular interval, and satisfies

$$\frac{t}{2\pi(k+1)(2a)^{k+1}} \leq \lambda \leq \frac{t}{4\pi(k+1)a^{k+1}} \quad (6.16)$$

Let $Q = a \leq t$, $\log a > 2\log^{\frac{1}{2}} t$, and

$$k = \left[\frac{\log t}{\log a}\right] + 1$$

Then

$$Q < a^{k+1} t^{-1} \leq Q^2$$

Clearly $\lambda \leq Q^{-1}$, while $\lambda \geq Q^{-3}$ if $Q \geq 2^{k+2}\pi(k+1)$, or if

$$\log a \geq \left(\frac{\log t}{\log a} + 3\right)\log 2 + \log\left(\frac{\log t}{\log a} + 2\right) + \log \pi$$

and this is true if t is large enough. It follows from Lemma 6.13 that

$$\sum_{a < n \leq b} e^{-it\log n} = O(k e^{33k\log^2 k} a^{1-\rho} \log a)$$

where ρ is defined as in §6.12. Hence

$$\sum_{a < n \leq b} \frac{1}{n^{1+it}} = O(k e^{33k\log^2 k} a^{-\rho} \log a) =$$

$$O\left\{\log t \, \exp\left(33k\log^2 k - \frac{\log a}{24k^2 \log k}\right)\right\}$$

Suppose that

$$k\log k < A\log^{\frac{1}{2}} a$$

with a sufficiently small A, or

$$\log a > A(\log t \log \log t)^{\frac{3}{4}}$$

with a sufficiently large A. Then

$$\sum_{a < n \leq b} \frac{1}{n^{1+it}} = O\left\{\log t \, \exp\left(\frac{-A\log^2 a}{\log^2 t \log \log t}\right)\right\} =$$

$$O[\log t \, \exp\{-A\log^{\frac{1}{4}} t (\log \log t)^{\frac{5}{4}}\}]$$

and the sum of $O(\log t)$ such terms is bounded.

Since $k \geqslant 7$, we also require that $a \leqslant t^{\frac{1}{7}}$. Using (5.27) with $r=8$, and writing $\beta = t^{128/(7 \times 128 + 1)}$, we obtain

$$\zeta(1+it) = \sum_{n \leqslant \beta} \frac{1}{n^{1+it}} + O(1) =$$

$$O(\log \alpha) + \sum_{\alpha < n \leqslant \beta} \frac{1}{n^{1+it}} + O(1)$$

The last sum is bounded if

$$\log \alpha = A(\log t \log \log t)^{\frac{3}{4}}$$

with a suitable A, and the theorem follows.

6.15. If $0 < \sigma < 1$, we obtain similarly

$$\sum_{\alpha < n \leqslant \beta} \frac{1}{n^{\sigma + it}} = O[\alpha^{1-\sigma} \exp\{-A \log^{\frac{1}{4}} t (\log \log t)^{\frac{5}{4}}\} \log t]$$

and this is bounded if

$$1 - \sigma < \frac{A(\log \log t)^{\frac{1}{2}}}{\log^{\frac{1}{2}} t} = 1 - \sigma_0$$

with a sufficiently small A. Hence in this region

$$\zeta(s) = O\left(\sum_{n \leqslant \alpha} \frac{1}{n^{\sigma_0}}\right) + O(1) = O\left(\frac{\alpha^{1-\sigma_0}}{1-\sigma_0}\right) + O(1) =$$

$$O\left[\exp\{A \log^{\frac{1}{4}} t (\log \log t)^{\frac{5}{4}}\} \frac{\log^{\frac{1}{2}} t}{(\log \log t)^{\frac{1}{2}}}\right]$$

We can now apply Theorem 3.10, with

$$\theta(t) = \frac{A(\log \log t)^{\frac{1}{2}}}{\log^{\frac{1}{2}} t}, \phi(t) = A \log^{\frac{1}{4}} t (\log \log t)^{\frac{5}{4}}$$

Hence there is a region

$$\sigma \geqslant 1 - \frac{A}{\log^{\frac{3}{4}} t (\log \log t)^{\frac{3}{4}}} \quad (6.17)$$

which is free from zeros of $\zeta(s)$; and by Theorem 3.11

we have also

$$\frac{1}{\zeta(1+it)} = O\{\log^{\frac{3}{4}} t (\log \log t)^{\frac{3}{4}}\} \qquad (6.18)$$

$$\frac{\zeta'(1+it)}{\zeta(1+it)} = O\{\log^{\frac{3}{4}} t (\log \log t)^{\frac{3}{4}}\} \qquad (6.19)$$

NOTES FOR CHAPTER 6

6.16. Further improvements have been made in the estimation of $J(q,l)$. The most important of these is due to Karatsuba [2] who used a p-adic analogue of the argument given here, thereby producing a considerable simplication of the proof. Moreover, as was shown by Steckin [1], one is then able to sharpen Lemma 6.9 to yield the bound

$$J(q,l) \leqslant C^{k^3 \log k} q^{2l - \frac{1}{2}k(k+1) + \delta_r}$$

for $l \geqslant kr$, where $k \geqslant 2$, r is a positive integer, C is an absolute constant, and $\delta_r = \frac{1}{2}k^2\left(1 - \frac{1}{k}\right)^r$. Here one has a smaller value for δ_r than formerly, but more significantly, the condition $l \geqslant \frac{1}{4}k^2 + \frac{1}{4}k + kr$ has been relaxed.

6.17. One can use Lemma 6.13 to obtain exponent pairs. To avoid confusion of notation, we take f to be defined on $(a, b]$, with $a < b \leqslant 2a$ and $\lambda^{-\frac{1}{3}} \leqslant a \leqslant \lambda^{-1}$. Then

$$\left| \sum_{a < n \leqslant b} e^{2\pi i f(n)} \right| \leqslant A e^{33 k \log 2k} a^{1-\rho} \log a$$

Now suppose that (N, I, f, y) is in the set $\mathscr{F}(s, \frac{1}{4})$ of §5.20, whence

$$\frac{3}{4}\alpha_k x^{-s-k} \leqslant \frac{|f^{(k+1)}(x)|}{(k+1)!} \leqslant \frac{5}{4}\alpha_k x^{-s-k}$$

with

$$\alpha_k = y \frac{s(s+1)\cdots(s+k-1)}{(k+1)!}$$

We may therefore break up I into $O(s+k)$ subintervals $(a, b]$ with $b \leqslant (\frac{6}{5})^{1/(s+k)} a$, on each of which one has

$$\lambda \leqslant \frac{|f^{(k+1)}(x)|}{(k+1)!} \leqslant 2\lambda$$

with $\lambda = \frac{5}{8}\alpha_k a^{-s-k}$. We now choose k so that $\lambda^{-\frac{1}{3}} \leqslant N \leqslant 2N \leqslant \lambda^{-1}$ for all a in the range $N \leqslant a \leqslant 2N$. To do this we take $k \geqslant 7$ such that

$$\frac{N^{k-1}}{\alpha_{k-1}} < \frac{5}{4} N^{1-s} \leqslant \frac{N^k}{\alpha_k} \qquad (6.20)$$

Note that $\frac{N^k}{\alpha_k}$ tends to infinity with k, if $N \geqslant 2$, so this is always possible, providing that

$$\frac{N^6}{\alpha_6} < \frac{5}{4} N^{1-s} \qquad (6.21)$$

The estimate (6.21) ensures that $2N \leqslant \lambda^{-1}$, and hence, incidentally, that $\lambda < 1$. Moreover we also have

$$N^k < \frac{5}{4}\alpha_{k-1} N^{2-s} \leqslant \frac{5}{8}\alpha_k 2^{-s-k} N^{3-s}$$

if $N \geqslant 2^{s+k+2}$, and so $\lambda^{-\frac{1}{3}} \leqslant N$. It follows that

$$\sum_{n \in I} e^{2\pi i f(n)} \ll_s k e^{33k^2 \log k} N^{1-\rho} \log N \qquad (6.22)$$

for $N \geqslant 2^{s+k+2}$, subject to (6.21).

We shall now show that

$$(p,q) = \left(\frac{1}{25(m-2)m^2 \log m}, 1 - \frac{1}{25m^2 \log m} \right)$$

(6.23)

is an exponent pair whenever $m \geq 3$. If $yN^{2-s-m} \geq 1$ then $(yN^{-s})^p N^q \geq N$, and the required bound (5.36) is trivial. If (6.21) fails, then $yN^{-s} \ll_s N^5$ and, using the exponent pair $\left(\frac{1}{126}, \frac{120}{126} \right) = A^5 B(0,1)$ (in the notation of §5.20) we have

$$\sum_{n \in I} e^{2\pi i f(n)} \ll_s (yN^{-s})^{\frac{1}{126}} N^{\frac{120}{126}} \ll_s N^{\frac{125}{126}} \ll N^q \ll (yN^{-s})^p N^q$$

as required. We may therefore assume that $yN^{2-s-m} < 1$, and that (6.21) holds. Let us suppose that $N \geq \max\left(2^{s+m+2}, 2\left(\frac{1}{2}s+1\right)^m \right)$. Then (6.20) yields

$$N^{k-1} < \frac{5}{4} \cdot \frac{s}{2} \cdot \frac{s+1}{3} \cdot \frac{s+2}{4} \cdot \cdots \cdot \frac{s+k-2}{k} yN^{1-s} \leq$$

$$\frac{5}{4} \left(\max\left(\frac{s}{2}, 1 \right) \right)^{k-1} yN^{1-s} <$$

$$2\left(\frac{1}{2}s+1 \right)^{k-1} N^{m-1}$$

whence

$$\left(\frac{N}{\frac{1}{2}s+1} \right)^{k-m} < 2\left(\frac{1}{2}s+1 \right)^{m-1}$$

Since $N \geq 2\left(\frac{1}{2}s+1\right)^m$ we deduce that $k \leq m$. Moreover we then have $N \geq 2^{s+m+2} \geq 2^{s+k+2}$, so that (6.22) applies. Since k is bounded in terms of p, q and s, it follows that

$$\sum_{n \in I} e^{2\pi i f(n)} \ll_{p,q,s} (N^{1-p}) \log N \ll_{p,q,s} N^q$$

if $N \gg_{p,q,s} 1$, and the required estimate (5.36) follows.

6.18. We now show that the exponent pair (6.23) is better than any pair (α, β) obtainable by the A and B processes from $(0,1)$, if $m \geq 10^6$. By this we mean that there is no pari (α, β) with both $p \geq \alpha$ and $q \geq \beta$. To do this we shall show that

$$\beta + 5\alpha^{\frac{3}{4}} \geq 1 \qquad (6.24)$$

Then, since $5^4 25 m^2 \log m < (m-2)^3$ for $m \geq 10^6$, we have $q + 5p^{\frac{3}{4}} < 1$, and the result will follow. Certainly (6.24) holds for $(0,1)$. Thus it suffices to prove (6.24) by induction on the number of A and B processes needed to obtain (α, β). Since $B^2(\alpha, \beta) = (\alpha, \beta)$ and $A(0,1) = (0,1)$, we may suppose that either $(\alpha, \beta) = A(\gamma, \delta)$ or $(\alpha, \beta) = BA(\gamma, \delta)$, where (γ, δ) satisfies (6.24). In the former case we have

$$\beta + 5\alpha^{\frac{3}{4}} = \frac{\gamma+\delta+1}{2\gamma+2} + 5\left(\frac{\gamma}{2\gamma+2}\right)^{\frac{3}{4}} \geq \frac{\gamma+2+5\gamma^{\frac{3}{4}}}{2\gamma+2} + 5\left(\frac{\gamma}{2\gamma+2}\right)^{\frac{3}{4}} \geq 1$$

for $0 \leq \gamma \leq \frac{1}{2}$, and in the latter case

$$\beta + 5\alpha^{\frac{3}{4}} = \frac{2\gamma+1}{2\gamma+2} + 5\left(\frac{\delta}{2\gamma+2}\right)^{\frac{3}{4}} \geq \frac{2\gamma+1}{2\gamma+2} + 5\left(\frac{\frac{1}{2}}{2\gamma+2}\right)^{\frac{3}{4}} \geq 1$$

for $0 \leq \gamma \leq \frac{1}{2}$. This completes the proof of our assertion.

The exponent pairs (6.23) are not likely to be useful in practice. The purpose of the above analysis is to show that Lemma 6.13 is sufficiently general to apply to any function for which the exponent pairs method can be used, and that there do exist exponent pairs not obtainable by the A and B processes.

6.19. Different ways of using $J(q,l)$ to estimate exponential sums have been given by Korobov [1] and Vinogradov [1] (see Walfizs [1; Chapter 2] for an alternative exposition). These methods require more information about f than a bound (6.6) for a single derivative, and so we shall give the result for partial sums of the zeta-function only. The two methods give qualitatively similar estimates, but Vinogradov's is slightly simpler, and is quantitatively better. Vinogradov's result, as given by Walfisz [1], is

$$\sum_{a<n\leqslant b} n^{-it} \ll a^{1-\rho} \qquad (6.25)$$

for $a<b\leqslant 2a$, $t\geqslant 1$, where

$$t^{\frac{1}{k}} \leqslant a \leqslant t^{1/(k-1)}$$

$k\geqslant 19$, and

$$\rho = \frac{1}{60\ 000 k^2}$$

The implied constant is absolute. Richert [3] has used this to show that

$$\zeta(\sigma+it) \ll (1+t^{100(1-\sigma)^{\frac{3}{2}}})(\log t)^{\frac{2}{3}} \qquad (6.26)$$

uniformly for $0\leqslant\sigma\leqslant 2$, $t\geqslant 2$. The choices

$$\theta(t) = \left(\frac{\log\log t}{100\log t}\right)^{\frac{2}{3}}, \quad \phi(t) = \log\log t$$

in Theorems 3.10 and 3.11 therefore give a region

$$\sigma \geqslant 1 - A(\log t)^{-\frac{2}{3}}(\log\log t)^{-\frac{1}{3}}$$

free of zeros, and in which

$$\frac{\zeta'(s)}{\zeta(s)} \ll (\log t)^{\frac{2}{3}} (\log \log t)^{\frac{1}{3}}$$

$$\frac{1}{\zeta(s)} \ll (\log t)^{\frac{2}{3}} (\log \log t)^{\frac{1}{3}}$$

The superiority of (6.25) over Lemma 6.13 lies mainly in the elimination of the term $\exp(33k^2 \log k)$, rather than in the improvement in the exponent ρ.

Various authors have reduced the constant 100 in (6.26), and the best result to date appears to be one in which 100 is replaced by 18.8 (Heath-Brown, unpublished).

6.20. We shall sketch the proof of Vinogradov's bound. The starting point is an estimate of the form (6.9), but with

$$\sum_{u,v=1}^{q} e^{2\pi i \{f(uv+n) - f(n)\}} \qquad (6.27)$$

in place of $T(n)$. One replaces $f(uv+n) - f(n)$ by a polynomial

$$F(uv) = A_1 uv + \cdots + A_k u^k v^k$$

as in §6.12, and then uses Hölder's inequality to obtain

$$\left| \sum_v e^{2\pi i F(uv)} \right|^l \leq q^{l-1} \sum_v \left| \sum_u e^{2\pi i F(uv)} \right|^l =$$

$$q^{l-1} \sum_v \eta(v) \left| \sum_u e^{2\pi i F(uv)} \right|^l =$$

$$q^{l-1} \sum_{\sigma_1, \cdots, \sigma_k} n(\sigma_1, \cdots, \sigma_k) \cdot$$

$$\sum_v \eta(v) e^{2\pi i G(\sigma_1, \cdots, \sigma_k; v)}$$

where $|\eta(v)| = 1$, $n(\sigma_1, \cdots, \sigma_k)$ denotes the number of solutions of

第二部分　中外名家论 Riemann 函数与 Riemann 猜想

$$u_1^h + \cdots + u_l^h = \sigma_h, 1 \leq h \leq k$$

and

$$G(\sigma_1, \cdots, \sigma_k; \nu) = A_1\sigma_1\nu + \cdots + A_k\sigma_k\nu^k$$

Now, by Hölder's inequality again, one has

$$\left|\sum e^{2\pi i F(u\nu)}\right|^{2l^2} \leq q^{2l(l-1)} \left(\sum n(\sigma_1, \cdots, \sigma_k)\right)^{2l-2} \cdot$$

$$\left(\sum n(\sigma_1, \cdots, \sigma_k)^2\right) \cdot$$

$$\left(\sum_{\sigma_1, \cdots, \sigma_k} \left|\sum_\nu \eta(\nu) e^{2\pi i G(\sigma_1, \cdots, \sigma_k; \nu)}\right|^{2l}\right)$$

Here

$$\sum_{\sigma_1, \cdots, \sigma_k} n(\sigma_1, \cdots, \sigma_k) = q^l$$

and

$$\sum_{\sigma_1, \cdots, \sigma_k} n(\sigma_1, \cdots, \sigma_k)^2 = J(q, l)$$

Moreover

$$\sum_{\sigma_1, \cdots, \sigma_k} \left|\sum_\nu \eta(\nu) e^{2\pi i G}\right|^{2l} =$$

$$\sum_{\tau_1, \cdots, \tau_k} n^*(\tau_1, \cdots, \tau_k) \sum_{\sigma_1, \cdots, \sigma_k} e^{2\pi i H(\sigma_1, \cdots, \sigma_k; \tau_1, \cdots, \tau_k)}$$

where

$$H(\sigma_1, \cdots, \sigma_k; \tau_1, \cdots, \tau_k) = A_1\sigma_1\tau_1, \cdots, A_k\sigma_k\tau_k$$

and $n^*(\tau_1, \cdots, \tau_k)$ is the sum of $\eta(\nu_1) \cdots \eta(\nu_{2l})$ subject to

$$\nu_1^h + \cdots + \nu_l^h - \nu_{l+1}^h - \cdots - \nu_{2l}^h = \tau_h, 1 \leq h \leq k$$

Since $|n^*(\tau_1, \cdots, \tau_k)| \leq J(q, l)$, it follows that

$$\left|\sum e^{2\pi i F(u\nu)}\right|^{2l^2} \leq$$

$$q^{4l^2-4l} J(q, l)^2 \prod_{h=1}^k \left(\sum_{\tau_h} \left|\sum_{\sigma_h} \exp(2\pi i A_h \sigma_h \tau_h)\right|\right) \leq$$

$$q^{4l^2-4l}J(q,l)^2 \prod_{h=1}^{k} \Big(\sum_{\tau_h} \min(lq^h, |\csc \pi A_h \tau_n|) \Big)$$

At this point one estimates the sum over τ_h, getting a non-trivial bound whenever $q^{-2h} \ll |A_h| \ll 1$. This leads to an appropriate result for the original sum (6.27), on taking $l = [ck^2]$ with a suitable constant c. If we use Lemma 6.9, for example, to estimate $J(q,l)$, then
$$(K^{2r})^{(2l^2)^{-1}} \ll 1$$
One therefore sees that the implied constant in (6.25) is indeed independent of k.

第七章 MEAN-VALUE THEOREMS

7.1. The problem of the order of $\zeta(s)$ in the critical strip is, as we have seen, unsolved. The problem of the average order, or mean-value, is much easier, and, in its simplest form, has been solved completely. The form which it takes is that of determining the behaviour of

$$\frac{1}{T}\int_1^T |\zeta(\sigma + it)|^2 dt$$

as $T \to \infty$, for any given value of σ. We also consider mean values of other powers of $\zeta(s)$.

Results of this kind have applications in the problem of the zeros, and also in problems in the theory of numbers. They could also be used to prove O-results if we could push them far enough; and they are closely connected with the Ω-results which are the subject of the next chapter.

We begin by recalling a general mean-value theorem for Dirichlet series.

Theorem 7.1. *Let*

$$f(s) = \sum_{n=1}^{\infty} \frac{a_n}{n^s}, \quad g(s) = \sum_{n=1}^{\infty} \frac{b_n}{n^s}$$

be absolutely convergent for $\sigma > \sigma_1$, $\sigma > \sigma_2$ *respectively. Then for* $\alpha > \sigma_1$, $\beta > \sigma_2$

$$\lim_{T\to\infty}\frac{1}{2T}\int_{-T}^{T} f(\alpha+\mathrm{i}t)g(\beta-\mathrm{i}t)\,\mathrm{d}t = \sum_{n=1}^{\infty}\frac{a_n b_n}{n^{\alpha+\beta}}$$

(7.1)

For

$$f(\alpha+\mathrm{i}t)g(\beta-\mathrm{i}t) = \sum_{n=1}^{\infty}\frac{a_m}{m^{\alpha+\mathrm{i}t}}\sum_{n=1}^{\infty}\frac{b_n}{n^{\beta-\mathrm{i}t}} =$$

$$\sum_{n=1}^{\infty}\frac{a_n b_n}{n^{\alpha+\beta}} + \sum\sum_{m\ne n}\frac{a_m b_n}{m^{\alpha}n^{\beta}}\left(\frac{n}{m}\right)^{\mathrm{i}t}$$

the series being absolutely convergent, and uniformly convergent in any finite t-range. Hence we may integrate term-by-term, and obtain

$$\frac{1}{2T}\int_{-T}^{T} f(\alpha+\mathrm{i}t)g(\beta-\mathrm{i}t)\,\mathrm{d}t =$$

$$\sum_{n=1}^{\infty}\frac{a_n b_n}{n^{\alpha+\beta}} + \sum\sum_{m\ne n}\frac{a_m b_n}{m^{\alpha}n^{\beta}}\cdot\frac{2\sin(T\log n/m)}{2T\log n/m}$$

The factor involving T is bounded for all T, m, and n, so that the double series converges uniformly with respect to T; and each term tends to zero as $T\to\infty$. Hence the sum also tends to zero, and the result follows.

In particular, taking $b_n = \overline{a_n}$ and $\alpha=\beta=\sigma$, we obtain

$$\lim_{T\to\infty}\frac{1}{2T}\int_{-T}^{T} |f(\sigma+\mathrm{i}t)|^2\,\mathrm{d}t = \sum_{n=1}^{\infty}\frac{|a_n|^2}{n^{2\sigma}}, \sigma>\sigma_1$$

(7.2)

These theorems have immediate applications to $\zeta(s)$ in the half-plane $\sigma>1$. We deduce at once

$$\lim_{T\to\infty}\frac{1}{2T}\int_{-T}^{T} |\zeta(\sigma+\mathrm{i}t)|^2\,\mathrm{d}t = \zeta(2\sigma), \sigma>1 \quad (7.3)$$

and generally

第二部分　中外名家论 Riemann 函数与 Riemann 猜想

$$\lim_{T\to\infty}\frac{1}{2T}\int_{-T}^{T}\zeta^{(\mu)}(\alpha+it)\zeta^{(\nu)}(\beta-it)\,dt=$$

$$\zeta^{(\mu+\nu)}(\alpha+\beta),\alpha>1,\beta>1 \qquad (7.4)$$

Taking $a_n = d_k(n)$, we obtain

$$\lim_{T\to\infty}\frac{1}{2T}\int_{-T}^{T}|\zeta(\sigma+it)|^{2k}dt=\sum_{n=1}^{\infty}\frac{d_k^2(n)}{n^{2\sigma}},\sigma>1$$

$$(7.5)$$

By (1.19), the case $k=2$ is

$$\lim_{T\to\infty}\frac{1}{2T}\int_{-T}^{T}|\zeta(\sigma+it)|^{4}dt=\frac{\zeta^{4}(2\sigma)}{\zeta(4\sigma)},\sigma>1$$

$$(7.6)$$

The following sections are mainly concerned with the attempt to extend these formulae to values of σ less than or equal to 1. The attempt is successful for $k\leq 2$, only partially successful for $k>2$.

7.2. We require the following lemmas.

Lemma. *We have*

$$\sum_{0<m<n<T}\sum\frac{1}{m^\sigma n^\sigma \log n/m}=O(T^{2-2\sigma}\log T) \quad (7.7)$$

for $\frac{1}{2}\leq\sigma<1$, *and uniformly for* $\frac{1}{2}\leq\sigma\leq\sigma_0<1$.

Let $\sum_1$ denote the sum of the terms for which $m<\frac{1}{2}n$, $\sum_2$ the remainder. In $\sum_1$, $\log\frac{n}{m}>A$, so that

$$\sum_1 < A\sum_{0<m<n<T}\sum m^{-\sigma}n^{-\sigma} < A\Big(\sum_{n<T}n^{-\sigma}\Big)^2 < AT^{2-2\sigma}$$

In $\sum_2$ we write $m=n-r$, where $1\leq r\leq\frac{1}{2}n$, and then

$$\log\frac{n}{m}=-\log\Big(1-\frac{r}{n}\Big)>\frac{r}{n}$$

Hence

$$\sum\nolimits_{2} < A \sum_{n<T} \sum_{r\leq \frac{1}{2}n} \frac{(n-r)^{-\sigma}n^{-\sigma}}{r/n} < A \sum_{n<T} n^{1-2\sigma} \sum_{r\leq \frac{1}{2}n} \frac{1}{r} < AT^{2-2\sigma} \log T$$

Lemma

$$\sum_{0<m<n<\infty} \frac{e^{-(m+n)\delta}}{m^\sigma n^\sigma \log n/m} = O\left(\delta^{2\sigma-2}\log\frac{1}{\delta}\right) \quad (7.8)$$

Dividing up as before, we obtain

$$\sum\nolimits_{1} = O\left[\left(\sum_{1}^{\infty} n^{-\sigma}e^{-\delta n}\right)^{2}\right] = O(\delta^{2\sigma-2})$$

and

$$\sum\nolimits_{2} = O\left(\sum_{n=1}^{\infty} n^{1-2\sigma}e^{-\delta n} \sum_{r=1}^{\frac{1}{2}n} \frac{1}{r}\right) = O\left(\delta^{2\sigma-2}\log\frac{1}{\delta}\right)$$

Theorem 7.2

$$\lim_{T\to\infty}\frac{1}{T}\int_{1}^{T} |\zeta(\sigma+it)|^{2}dt = \zeta(2\sigma), \sigma > \frac{1}{2}$$

We have already accounted for the case $\sigma > 1$, so that we now suppose that $\frac{1}{2} < \sigma \leq 1$. Since $t \geq 1$, Theorem 4.11, with $x=t$, gives

$$\zeta(s) = \sum_{n<t} n^{-s} + O(t^{-\sigma}) = Z + O(t^{-\sigma})$$

say. Now

$$\int_{1}^{T} |Z|^{2}dt = \int_{1}^{T} \left[\sum_{m<t} m^{-\sigma-it} \sum_{n<t} n^{-\sigma+it}\right]dt =$$

$$\sum_{m<T}\sum_{n<T} m^{-\sigma}n^{-\sigma} \int_{T_1}^{T}\left(\frac{n}{m}\right)^{it}dt \quad \underline{T_1 = \max(m,n)}$$

$$\sum_{n<T} n^{-2\sigma}(T-n) +$$

822

$$\sum_{m\neq n}\sum m^{-\sigma}n^{-\sigma}\frac{(n/m)^{iT}-(n/m)^{iT_1}}{i\log n/m} =$$

$$T\sum_{n<T} n^{-2\sigma} - \sum_{n<T} n^{1-2\sigma} +$$

$$O\left(\sum_{0<m<n<T}\sum \frac{1}{m^\sigma n^\sigma \log n/m}\right) =$$

$$T\{\zeta(2\sigma)+O(T^{1-2\sigma})\}+O(T^{2-2\sigma})+$$

$$O(T^{2-2\sigma}\log T)$$

provided that $\sigma<1$. If $\sigma=1$, we can replace the σ of the last two terms by $\frac{3}{4}$, say. In either case

$$\int_1^T |Z|^2 dt \sim T\zeta(2\sigma)$$

Hence

$$\int_1^T |\zeta(s)|^2 dt =$$

$$\int_1^T |Z|^2 dt + O\left(\int_1^T |Z| t^{-\sigma} dt\right) + O\left(\int_1^T t^{-2\sigma} dt\right) =$$

$$\int_1^T |Z|^2 dt + O\left(\int_1^T |Z|^2 dt \int_1^T t^{-2\sigma} dt\right)^{\frac{1}{2}} + O(\log T) =$$

$$\int_1^T |Z|^2 dt + O\{(T\log T)^{\frac{1}{2}}\} + O(\log T)$$

and the result follows.

It will be useful later to have a result of this type which holds uniformly in the strip. It is[①]

Theorem 7.2 (A).

$$\int_1^T |\zeta(\sigma+it)|^2 dt < AT\min\left(\log T, \frac{1}{\sigma-\frac{1}{2}}\right)$$

---

① Littlewood (4).

uniformly for $\frac{1}{2} \leq \sigma \leq 2$.

Suppose first that $\frac{1}{2} \leq \sigma \leq \frac{3}{4}$. Then we have, as before

$$\int_1^T |Z|^2 dt < T \sum_{n<T} n^{-2\sigma} + O(T^{2-2\sigma} \log T)$$

uniformly in σ. Now

$$\sum_{n<T} n^{-2\sigma} \leq \sum_{n<T} n^{-1} < A \log T$$

and also

$$\leq 1 + \int_1^\infty u^{-2\sigma} du < \frac{A}{\sigma - \frac{1}{2}}$$

Similarly

$$T^{2-2\sigma} \log T \leq T \log T$$

and also, putting $x = (2\sigma - 1) \log T$

$$T^{2-2\sigma} \log T = \frac{1}{2} T x e^{-x} / \left(\sigma - \frac{1}{2}\right) \leq \frac{1}{2} T / \left(\sigma - \frac{1}{2}\right)$$

This gives the result for $\sigma \leq \frac{3}{4}$, the term $O(t^{-\sigma})$ being dealt with as before.

If $\frac{3}{3} \leq \sigma \leq 2$, we obtain

$$\int_1^T |Z|^2 dt < T \sum_{n<T} n^{-\frac{3}{2}} + O(T^{\frac{1}{2}} \log T)$$

and the result follows at once.

7.3. The particular case $\sigma = \frac{1}{2}$ of the above theorem is

824

$$\int_1^T \left|\zeta\left(\frac{1}{2}+it\right)\right|^2 dt = O(T \log T)$$

We can improve this O-result to an asymptotic equality.[1] But Theorem 4.11 is not sufficient for this purpose, and we have to use the approximate functional equation.

Theorem 7.3. *As* $T \to \infty$

$$\int_0^T \left|\zeta\left(\frac{1}{2}+it\right)\right|^2 dt \sim T \log T$$

In the approximate functional equation (4.15), take $\sigma = \frac{1}{2}$, $t > 2$, and $x = \dfrac{t}{(2\pi\sqrt{\log t})}$, $y = \sqrt{\log t}$.

Then, since $\chi^{(\frac{1}{2}+it)} = O(1)$

$$\zeta\left(\frac{1}{2}+it\right) = \sum_{n<x} n^{-\frac{1}{2}-it} + O\left(\sum_{n<y} n^{-\frac{1}{2}}\right) +$$

$$O(t^{-\frac{1}{2}}\log^{\frac{1}{4}} t) + O(\log^{-\frac{1}{4}} t) =$$

$$\sum_{n<x} n^{-\frac{1}{2}-it} + O(\log^{\frac{1}{4}} t) =$$

$$Z + O(\log^{\frac{1}{4}} t)$$

say. Since

$$\int_2^T (\log^{\frac{1}{4}} t)^2 dt = O(T\log^{\frac{1}{2}} T) = o(T\log T)$$

it is, as in the proof of Theorem 7.2, sufficient to prove that

$$\int_0^T |Z|^2 dt \sim T \log T$$

Now

---

[1] Hardy and Littlewood (2),(4).

$$\int_0^T |Z|^2 dt = \int_0^T \sum_{m<x} m^{-\frac{1}{2}-it} \sum_{n<x} n^{-\frac{1}{2}+it} dt$$

In inverting the order of integration and summation, it must be remembered that x is a function of t. The term in (m,n) occurs if

$$x > \max(m,n) = \frac{T_1}{(2\pi\sqrt{\log T_1})}$$

say, where $T_1 = T_1(m, n)$. Hence, writing $X = \dfrac{T}{(2\pi\sqrt{\log T})}$

$$\int_0^T |Z|^2 dt = \sum_{m,n<X} \int_{T_1}^T m^{-\frac{1}{2}-it} n^{-\frac{1}{2}+it} dt =$$

$$\sum_{n<X} \frac{T - T_1(n,n)}{n} +$$

$$\sum_{m \neq n} \sum \frac{1}{\sqrt{(mn)}} \int_{T_1}^T \left(\frac{n}{m}\right)^{it} dt =$$

$$T \sum_{n<X} \frac{1}{n} + O\left(\sum_{n<X} \frac{T_1(n,n)}{n}\right) +$$

$$O\left(\sum_{m<n<X} \sum \frac{1}{\sqrt{(mn)} \log n/m}\right)$$

The first term is

$$T\log X + O(T) = T\log T + o(T\log T).$$

The second term is

$$O\left(\sum_{n<X} \sqrt{\log n}\right) = O(X\sqrt{\log X}) = O(T)$$

and, by the first lemma of §7.2, the last term is

$$O(X\log X) = O(T\sqrt{\log T})$$

This proves the theorem.

7.4. We shall next obtain a more precise form of the

above meanvalue formula.①

Theorem 7.4.

$$\int_0^T \left|\zeta\left(\frac{1}{2}+it\right)\right|^2 dt = T\log T + (2\gamma-1-\log 2\pi)T + O(T^{\frac{1}{2}+\epsilon}) \qquad (7.9)$$

We first prove the following lemma.

Lemma. *If* $n < T/2\pi$

$$\frac{1}{2\pi i}\int_{\frac{1}{2}-iT}^{\frac{1}{2}+iT}\chi(1-s)n^{-s}ds = 2 + O\left(\frac{1}{n^{\frac{1}{2}}\log(T/2\pi n)}\right) + O\left(\frac{\log T}{n^{\frac{1}{2}}}\right) \qquad (7.10)$$

If $n > T/2\pi$, $c > \frac{1}{2}$

$$\frac{1}{2\pi i}\int_{c-iT}^{c+iT}\chi(1-s)n^{-s}ds = O\left(\frac{T^{c-\frac{1}{2}}}{n^c\log(2\pi n/T)}\right) + O\left(\frac{T^{c-\frac{1}{2}}}{n^c}\right) \qquad (7.11)$$

We have

$$\chi(1-s) = 2^{1-s}\pi^{-s}\cos\frac{1}{2}s\pi\Gamma(s) = \frac{2^{1-s}\pi^{1-s}}{2\sin\frac{1}{2}s\pi\Gamma(1-s)}$$

This has poles at $s = -2\nu$ ($\nu = 0, 1, \cdots$) with residues

$$\frac{(-1)^\nu 2^{1+2\nu}\pi^{2\nu}}{(2\nu)!}$$

Also, by Stirling's formula, for $-\pi+\delta < \arg(-s) < \pi-\delta$

---

① Ingham (1) obtained the error term $O(T^{\frac{1}{2}}\log T)$; the method given here is due to Atkinson (1).

$$\chi(1-s) = \left(\frac{2\pi}{-s}\right)^{\frac{1}{2}-s} \frac{e^{-s}}{2\sin\frac{1}{2}s\pi}\left\{1+O\left(\frac{1}{|s|}\right)\right\}$$

The calculus of residues therefore gives

$$\frac{1}{2\pi i}\left(\int_{-\infty-iT_1}^{\frac{1}{2}-iT_1} + \int_{\frac{1}{2}-iT_1}^{\frac{1}{2}+iT_1} + \int_{\frac{1}{2}+iT_1}^{-\infty+iT_1}\right)\chi(1-s)n^{-s}ds =$$

$$\sum_{\nu=0}^{\infty} \frac{(-1)^{\nu} 2^{1+2\nu} \pi^{2\nu} n^{2\nu}}{(2\nu)!} =$$

$$2\cos 2\pi n = 2$$

Also, since

$$e^{is\arg(-s)} = O(e^{\frac{1}{2}\pi t})$$

$$\int_{\frac{1}{2}+iT_1}^{-\infty+iT_1} \chi(1-s)n^{-s}ds = O\left\{\int_{-\infty}^{\frac{1}{2}} \left(\frac{2\pi}{|\sigma+iT_1|}\right)^{\frac{1}{2}-\sigma} e^{-\sigma} n^{-\sigma} d\sigma\right\} =$$

$$O\left\{n^{-\frac{1}{2}} \int_{-\infty}^{\frac{1}{2}} \left(\frac{T_1}{2\pi e n}\right)^{\sigma-\frac{1}{2}} d\sigma\right\} =$$

$$O\left(\frac{1}{n^{\frac{1}{2}} \log(T_1/2\pi e n)}\right)$$

and similarly for the integral over $(-\infty-iT_1, 1/2-iT_1)$.

Again, for a fixed σ

$$\chi(1-s) = \left(\frac{2\pi}{t}\right)^{\frac{1}{2}-\sigma-it} e^{-it-\frac{1}{4}i\pi}\left\{1+O\left(\frac{1}{t}\right)\right\}, t \geq 1$$

Hence

$$\int_{\frac{1}{2}+iT}^{\frac{1}{2}+iT_1} \chi(1-s)n^{-s}ds = n^{-\frac{1}{2}} e^{-\frac{1}{4}i\pi}\int_{T}^{T_1} e^{iF(t)}dt + O(n^{-\frac{1}{2}}\log T_1)$$

where

$$F(t) = t\log t - t(\log 2\pi + 1 + \log n)$$
$$F'(t) = \log t - \log 2\pi n$$

Hence by Lemma 4.2, the last integral is of the form

$$O\left(\frac{1}{\log(T/2\pi n)}\right)$$

uniformly with respect to T_1. Taking, for example, $T_1 = 2eT > 4\pi e n$, we obtain (7.10). Again

$$\int_{c+i}^{c+iT} \chi(1-s) n^{-s} ds = n^{-c} e^{-\frac{1}{4}i\pi} \int_1^T \left(\frac{t}{2\pi}\right)^{c-\frac{1}{2}} e^{iF(t)} dt +$$

$$O\left(n^{-c} \int_1^T t^{c-\frac{3}{2}} dt\right)$$

and (7.11) follows from Lemma 4.3.

In proving (7.9) we may suppose that $T/2\pi$ is half an odd integer; for a change of $O(1)$ in T alters the left-hand side by $O(T^{\frac{1}{2}})$, since $\zeta(1/2+it) = O(t^{\frac{1}{4}})$, and the leading terms on the right-hand side by $O(\log T)$. Now the left-hand side is

$$\frac{1}{2}\int_{-T}^{T} \left|\zeta\left(\frac{1}{2}+it\right)\right|^2 dt =$$

$$\frac{1}{2}\int_{-T}^{T} \zeta\left(\frac{1}{2}+it\right)\zeta\left(\frac{1}{2}-it\right) dt =$$

$$\frac{1}{2i}\int_{\frac{1}{2}-iT}^{\frac{1}{2}+iT} \zeta(s)\zeta(1-s) ds =$$

$$\frac{1}{2i}\int_{\frac{1}{2}-iT}^{\frac{1}{2}+iT} \chi(1-s)\zeta^2(s) ds =$$

$$\frac{1}{2i}\int_{\frac{1}{2}-iT}^{\frac{1}{2}+iT} \chi(1-s) \sum_{n\leqslant T/2\pi} \frac{d(n)}{n^s} + ds$$

$$\frac{1}{2i}\int_{\frac{1}{2}-iT}^{\frac{1}{2}+iT} \chi(1-s)\left(\zeta^2(s) - \sum_{n\leqslant T/2\pi}\frac{d(n)}{n^s}\right) ds =$$

$I_1 + I_2$, say

By (7.10)

$$I_1 = 2\pi \sum_{n \leqslant T/2\pi} d(n) + O\left(\sum_{n \leqslant T/2\pi} \frac{d(n)}{n^{\frac{1}{2}} \log(T/2\pi n)}\right) +$$
$$O\left(\log T \sum_{n \leqslant T/2\pi} \frac{d(n)}{n^{\frac{1}{2}}}\right)$$

The first term is①

$$2\pi\left\{\frac{T}{2n}\log\frac{T}{2\pi} + (2\gamma-1)\frac{T}{2\pi} + O(T^{\frac{1}{2}})\right\} =$$
$$T\log T + (2\gamma-1-\log 2\pi)T + O(T^{\frac{1}{2}})$$

Since $d(n) = O(n^\varepsilon)$, the second term is

$$O\left(\sum_{n \leqslant T/4\pi} \frac{1}{n^{\frac{1}{2}-\varepsilon}}\right) + O\left\{T^{\frac{1}{2}+\varepsilon} \sum_{T/4\pi < n \leqslant T/2\pi} \frac{1}{T/2\pi - n}\right\} =$$
$$O(T^{\frac{1}{2}+\varepsilon})$$

The last term is also clearly of this form. Hence

$$I_1 = T\log T + (2\gamma-1-\log 2\pi)T + O(T^{\frac{1}{2}+\varepsilon})$$

Next, if $c > 1$

$$I_2 = \frac{1}{2i}\left(\int_{\frac{1}{2}-iT}^{c-iT} + \int_{c+iT}^{\frac{1}{2}+iT}\right)\chi(1-s)\left(\zeta^2(s) - \sum_{n \leqslant T/2\pi} \frac{d(n)}{n^s}\right)ds +$$
$$\frac{1}{2i}\sum_{n > T/2\pi} d(n) \int_{c-iT}^{c+iT} \chi(1-s)n^{-s}ds - A$$

A being the residue of $\pi\chi(1-s)\zeta^2(s)$ at $s=1$.

Since $\chi(1-s) = O(t^\sigma - 1/2)$, and $\zeta^2(\sigma+iT)$ and $\sum_{n \leqslant T/2\pi} d(n)n^{-s}$ are both of the form

$$O(T^{1-\sigma+\varepsilon}), \sigma \leqslant 1, O(T^\varepsilon), \sigma > 1$$

The first term is

---

① See § 12.1, or Hardy and Wright, *An Introduction to the Theory of Numbers*, Theorem 320.

第二部分　中外名家论 Riemann 函数与 Riemann 猜想

$$O(T^{\frac{1}{2}+\epsilon}) + O(T^{c-\frac{1}{2}+\epsilon})$$

By (7.11), the second term is

$$O\left\{T^{c-\frac{1}{2}} \sum_{n>T/2\pi} \frac{d(n)}{n^c}\left(\frac{1}{\log(2\pi n/T)} + 1\right)\right\} =$$

$$O\left(T^{\frac{1}{2}+\epsilon} \sum_{T/2\pi < n \leqslant T/\pi} \frac{1}{n-(T/2\pi)}\right) +$$

$$O\left(T^{c-\frac{1}{2}} \sum_{n>T/\pi} \frac{1}{n^{c-\epsilon}}\right) =$$

$$O(T^{\frac{1}{2}+\epsilon})$$

Since c may be as near to 1 as we please, this proves the theorem.

A more precise form of the above argument shows that the errorterm in (7.9) is $O(T^{\frac{1}{2}}\log^2 T)$. But a more complicated argument, §[1] depending on van der Corput's method, shows that it is $O(T^{\frac{5}{12}}\log^2 T)$; and presumably further slight improvements could be made by the methods of the later sections of Chapter V.

7.5. We now pass to the more difficult, but still manageable, case of $|\zeta(s)|^4$. We first prove[2]

Theorem 7.5.

$$\lim_{T \to \infty} \frac{1}{T} \int_1^T |\zeta(\sigma + it)|^4 dt = \frac{\zeta^4(2\sigma)}{\zeta(4\sigma)}, \sigma > \frac{1}{2}$$

Take $x = y = \sqrt{(t/2\pi)}$ and $\sigma > \frac{1}{2}$ in the approximate functional equation. We obtain

---

[1]　Titchmarsh (12).
[2]　Hardy and Littlewood (4).

$$\zeta(s) = \sum_{n < \sqrt{(t/2\pi)}} \frac{1}{n^s} + \chi(s) \sum_{n < \sqrt{(t/2\pi)}} \frac{1}{n^{1-s}} + O(t^{-\frac{1}{4}}) =$$
$$Z_1 + Z_2 + O(t^{-\frac{1}{4}}) \qquad (7.12)$$

say. Now

$$|Z_1|^4 = \sum \frac{1}{m^{\sigma+it}} \sum \frac{1}{n^{\sigma+it}} \sum \frac{1}{\mu^{\sigma-it}} \sum \frac{1}{\nu^{\sigma-it}} =$$
$$\sum \frac{1}{(mn\mu\nu)^\sigma} \left(\frac{\mu\nu}{mn}\right)^{it}$$

where each variable runs over $\{1, \sqrt{(t/2\pi)}\}$. Hence

$$\int_1^T |Z_1|^4 dt = \int_1^T \sum \frac{1}{(mn\mu\nu)^\sigma} \left(\frac{\mu\nu}{mn}\right)^{it} dt =$$
$$\sum_{m,n,\mu,\nu < \sqrt{(T/2\pi)}} \frac{1}{(mn\mu\nu)^\sigma} \int_{T_1}^T \left(\frac{\mu\nu}{mn}\right)^{it} dt$$

where

$T_1 = 2\pi \max(m^2, n^2, \mu^2, \nu^2) =$

$$\sum_{mn=\mu\nu} \frac{T - T_1}{(mn)^{2\sigma}} + \sum_{mn \neq \mu\nu} O\left(\frac{1}{(mn\mu\nu)^\sigma} \cdot \frac{1}{|\log(\mu\nu/mn)|}\right)$$

The number of solutions of the equations $mn = \mu\nu = r$ is $\{d(r)\}^2$ if $r < \sqrt{(T/2\pi)}$, and in any case does not exceed $\{d(r)\}^2$. Hence

$$T \sum_{mn=\mu\nu} \frac{1}{(mn)^{2\sigma}} =$$
$$T \sum_{r < \sqrt{(T/2\pi)}} \frac{\{d(r)\}^2}{r^{2\sigma}} + O\left(T \sum_{\sqrt{(T/2\pi)} \leq r < T/2\pi} \frac{\{d(r)\}^2}{r^{2\sigma}}\right) \sim$$
$$T \sum_{r=1}^\infty \frac{\{d(r)\}^2}{r^{2\sigma}} = T \frac{\zeta^4(2\sigma)}{\zeta(4\sigma)} \qquad (7.13)$$

Next

$$\sum_{mn=\mu\nu} \frac{T_1}{(mn)^{2\sigma}} < \sum_{mn=\mu\nu} \frac{2\pi(m^2+n^2+\mu^2+\nu^2)}{(mn\mu\nu)^\sigma}$$

第二部分　中外名家论 Riemann 函数与 Riemann 猜想

and the right-hand side, by considerations of symmetry, is

$$8\pi \sum_{mn=\mu\nu} \frac{m^2}{(mn\mu\nu)^\sigma} \leq 8\pi \sum \frac{m^2 d(mn)}{(mn)^{2\sigma}} =$$

$$O(T^\epsilon \sum m^{2-2\sigma} \sum n^{-2\sigma}) =$$

$$O\{T^\epsilon(T^{\frac{1}{2}(3-2\sigma)}+1)\log T\} =$$

$$O(T^{\frac{3}{2}-\sigma+\epsilon}) + O(T^\epsilon)$$

The remaining sum is

$$O\left(\sum_{0<q<r<T/2\pi} \frac{d(q)d(r)}{(qr)^\sigma \log(r/q)}\right) =$$

$$O\left(T^\epsilon \sum \frac{1}{(qr)^\sigma \log(r/q)}\right) =$$

$$O(T^{2-2\sigma+\epsilon})$$

by the lemma of §7.2. Hence

$$\int_1^T |Z_1|^4 dt \sim T\frac{\zeta^4(2\sigma)}{\zeta(4\sigma)}$$

Now let

$$j(T) = \int_1^T \left| \sum_{n<\sqrt{(t/2\pi)}} n^{s-1} \right|^4 dt$$

The calculations go as before, but with σ replaced by $1-\sigma$. The term corresponding to (7.13) is

$$T \sum_{r<AT} \frac{O(r^\epsilon)}{r^{2-2\sigma}} = O(T^{2\sigma+\epsilon})$$

and the other two terms are $O(T^{\frac{1}{2}+\sigma+\epsilon})$ and $O(T^{2\sigma+\epsilon})$ respectively. Hence

$$j(T) = O(T^{2\sigma+\epsilon})$$

and, since $\chi(s) = O(t^{\frac{1}{2}-\sigma})$

$$\int_1^T |Z_2|^4 dt < A \int_1^T t^{2-4\sigma} j'(t) dt =$$

$$A[t^{2-4\sigma}j(t)]_1^T + A(4\sigma-2)\int_1^T t^{1-4\sigma}j(t)\,dt =$$
$$O(T^{2-2\sigma+\epsilon}) + O\left(\int_1^T t^{1-2\sigma+\epsilon}\,dt\right) = O(T^{2-2\sigma+\epsilon})$$

The theorem now follows as in previous cases.

7.6. The problem of the mean value of $|\zeta(1/2+it)|^4$ is a little more difficult. If we follow out the above argument, with $\sigma = 1/2$, as accurately as possible, we obtain

$$\int_1^T \left|\zeta\left(\frac{1}{2}+it\right)\right|^4 dt = O(T\log^4 T) \quad (7.14)$$

but fail to obtain an asymptotic equality. It was proved by Ingham[1] by means of the functional equation for $\{\zeta(s)\}^2$ that

$$\int_1^T \left|\zeta\left(\frac{1}{2}+it\right)\right|^4 dt = \frac{T\log^4 T}{2\pi^2} + O(T\log^3 T)$$

$$(7.15)$$

The relation

$$\int_1^T \left|\zeta\left(\frac{1}{2}+it\right)\right|^4 dt \sim \frac{T\log^4 T}{2\pi^2} \quad (7.16)$$

is a consequence of a result obtained later in this chapter (Theorem 7.16).

7.7. We now pass to still higher powers of $\zeta(s)$. In the general case our knowledge is very incomplete, and we can state a mean-value formula in a certain restricted range of values of σ only.

Theorem 7.7. *For every positive integer* $k>2$

---

① Ingham (1).

第二部分　中外名家论 Riemann 函数与 Riemann 猜想

$$\lim_{T\to\infty}\frac{1}{T}\int_1^T |\zeta(\sigma+it)|^{2k}dt = \sum_{n=1}^{\infty}\frac{d_k^2(n)}{n^{2\sigma}},\sigma > 1-\frac{1}{k}$$

(7.17)

This can be proved by a straightforward extension of the argument of §7.5. Starting again from (7.12), we have

$$|Z_1|^{2k} = \sum \frac{1}{(m_1\cdots m_k n_1\cdots n_k)^{\sigma}}\left(\frac{n_1\cdots n_k}{m_1\cdots m_k}\right)^{it}$$

where each variable runs over $\{1/\sqrt{t/2\pi}\}$. The leading term goes in the same way as before, $d(r)$ being replaced by $d_k(r)$. The man O-term is of the form

$$O\left(T^{\epsilon}\sum_{0<q<r<AT^{\frac{1}{2}k}}\sum\frac{1}{(qr)^{\sigma}\log r/q}\right) = O(T^{k(1-\sigma)+\epsilon})$$

The corresponding term in

$$j(T) = \int_1^T \left|\sum_{n<\sqrt{(t/2\pi)}} n^{s-1}\right|^{2k} dt$$

is

$$O(T^{k\sigma+\epsilon})$$

and since $|\chi|^{2k} = O(t^{k-2k\sigma})$, we obtain $O(T^{k(1-\sigma)+\epsilon})$ again. These terms are $O(T)$ if $\sigma>1-1/k$, and the theorem follows as before.

7.8. It is convenient to introduce at this point the following notation. For each positive integer k and each σ, let $\mu_k(\sigma)$ be the lower bound of positive numbers ξ such that

$$\frac{1}{T}\int_1^T |\zeta(\sigma+it)|^{2k}dt = O(T^{\xi})$$

Each $\mu_k(\sigma)$ has the same general properties as the function $\mu(\sigma)$ defined in §5.1. By (7.5), $\mu_k(\sigma) = 0$

835

for $\sigma>1$. Further, as a function of σ, $\mu_k(\sigma)$ is continuous, non-increasing, and convex downwards. We shall deduce this from a general theorem on mean-values of analytic functions. ①

Let $f(s)$ be an analytic function of s, real for real s, regular for $\sigma \geqslant \alpha$ except possibly for a pole at $s = s_0$, and $O(e^{\epsilon|t|})$ as $|t| \to \infty$ for every positive ϵ and $\sigma \geqslant \alpha$. Let $\alpha < \beta$, and suppose that for all $T > 0$

$$\int_0^T |f(\alpha + it)|^2 dt \leqslant C(T^a + 1) \quad (7.18)$$

$$\int_0^T |f(\beta + it)|^2 dt \leqslant C'(T^b + 1) \quad (7.19)$$

where $a \geqslant b$, $b \geqslant 0$, and C, C' depend on $f(s)$. Then for $\alpha < \sigma < \beta$, $T \geqslant 2$

$$\int_{\frac{1}{2}T}^T |f(\sigma + it)|^2 dt \leqslant K(CT^a)^{\frac{\beta-\sigma}{\beta-\alpha}} (C'T^b)^{\frac{\sigma-\alpha}{\beta-\alpha}}$$

$$(7.20)$$

where K depends on a, b, α, β only, and is bounded if these are bounded.

We may suppose in the proof that $\alpha \geqslant \dfrac{1}{2}$, since otherwise we could apply the argument to $f\left(s + \dfrac{1}{2} - \alpha\right)$. Suppose first that $f(s)$ is regular for $\sigma \geqslant \alpha$. Let

$$\frac{1}{2\pi i}\int_{\sigma-i\infty}^{\sigma+i\infty} \Gamma(s)f(s)z^{-s}ds = \phi(z), \sigma \geqslant \alpha, \ |\arg z| < \frac{1}{2}\pi$$

---

① Hardy, Ingham, and Pólya (1), Titchmarsh (23).

第二部分　中外名家论 Riemann 函数与 Riemann 猜想

Putting $z = ixe^{-i\delta}\left(0<\delta<\frac{1}{2}\pi\right)$, we find that

$$\Gamma(\sigma+it)f(\sigma+it)e^{-i(\sigma+it)(\frac{1}{2}\pi-\delta)},\phi(ixe^{-i\delta})$$

are Mellin transforms. Let

$$I(\sigma) = \int_{-\infty}^{\infty} |\Gamma(\sigma+it)f(\sigma+it)|^2 e^{(\pi-2\delta)t} dt$$

Then, using Parseval's formula and Hölder's inequality, we obtain

$$I(\sigma) = 2\pi \int_0^{\infty} |\phi(ixe^{-i\delta})|^2 x^{2\sigma-1} dx \leq$$
$$2\pi \left(\int_0^{\infty} |\phi|^2 x^{2\alpha-1} dx\right)^{(\beta-\sigma)/(\beta-\alpha)} \cdot$$
$$\left(\int_0^{\infty} |\phi|^2 x^{2\beta-1} dx\right)^{(\sigma-\alpha)/(\beta-\alpha)} =$$
$$\{I(\alpha)\}^{(\beta-\sigma)/(\beta-\alpha)} \{I(\beta)\}^{(\sigma-\alpha)/(\beta-\alpha)}$$

Writing

$$F(T) = \int_0^T |f(\alpha+it)|^2 dt \leq C(T^a + 1)$$

we have by Stirling's theorem (with various values of K)

$$I(\alpha) < K \int_0^{\infty} (t^{2\alpha-1}+1)|f(\alpha+it)|^2 e^{-2\delta t} dt =$$
$$K \int_0^{\infty} F(t)\{2\delta(t^{2\alpha-1}+1)-(2\alpha-1)t^{2\alpha-2}\}e^{-2\delta t} dt <$$
$$KC \int_0^{\infty} (t^{\alpha}+1)2\delta(t^{2\alpha-1}+1)e^{-2\delta t} dt <$$
$$KC \int_0^{\infty} (t^{\alpha+2\alpha-1}+1)\delta e^{-2\delta t} dt =$$
$$KC \int_0^{\infty} \left\{\left(\frac{u}{\delta}\right)^{a+2\alpha-1}+1\right\}e^{-2u} du <$$
$$KC(\delta^{-a-2\alpha+1}+1) < KC\delta^{-a-2\alpha+1}$$

Similarly for $I(\beta)$. Hence

$$I(\sigma) < K(C\delta^{-a-2\alpha+1})^{(\beta-\sigma)/(\beta-\alpha)}(C'\delta^{-b-2\beta+1})^{(\sigma-\alpha)/(\beta-\alpha)} =$$
$$K\delta^{-2\sigma+1}(C\delta^{-a})^{(\beta-\sigma)/(\beta-\alpha)}(C'\delta^{-b})^{(\sigma-\alpha)/(\beta-\alpha)}$$

Also

$$I(\sigma) > K \int_{\frac{1}{2}\delta}^{\frac{1}{\delta}} | f(\sigma + \mathrm{i}t) |^2 t^{2\sigma-1} \mathrm{d}t >$$
$$K\delta^{-2\sigma+1} \int_{\frac{1}{2}\delta}^{\frac{1}{\delta}} | f(\sigma + \mathrm{i}t) |^2 \mathrm{d}t$$

Putting $\delta = 1/T$, the result follows.

If $f(s)$ has a pole of order k at s_0, we argue similarly with $(s-s_0)^k f(s)$; this merely introduces a factor T^{2k} on each side of the result, so that (7.20) again follows.

Replacing T in (7.20) by $1/2T$, $1/4T$, $\cdots$, and adding, we obtain the result:

If

$$\int_0^T | f(\alpha + \mathrm{i}t) |^2 \mathrm{d}t = O(T^a)$$
$$\int_0^T | f(\beta + \mathrm{i}t) |^2 \mathrm{d}t = O(T^b)$$

then

$$\int_0^T | f(\sigma + \mathrm{i}t) |^2 \mathrm{d}t = O\{T^{|a(\beta-\sigma)+b(\sigma-\alpha)|/(\beta-\alpha)}\}$$

Taking $f(s) = \zeta^k(s)$, the convexity of $\mu_k(\sigma)$ follows.

7.9. An alternative method of dealing with these problems is due to Carlson.① His main result is

---

① Carlson (2), (3).

Theorem 7.9. Let σ_k be the lower bound of numbers σ such that

$$\frac{1}{T}\int_1^T |\zeta(\sigma+it)|^{2k} dt = O(1) \quad (7.21)$$

Then

$$\sigma_k \leq \max\left(1-\frac{1-\alpha}{1+\mu_k(\alpha)}, \frac{1}{2}, \alpha\right)$$

for $0<\alpha<1$.

We first prove the following lemma.

Lemma. Let $f(s) = \sum_{n=1}^{\infty} a_n n^{-s}$ be absolutely convergent for $\sigma>1$. Then

$$\sum_{n=1}^{\infty} \frac{a_n}{n^s} e^{-\delta n} = \frac{1}{2\pi i}\int_{c-i\infty}^{c+i\infty} \Gamma(w-s)f(w)\delta^{s-w} dw$$

for $\delta>0$, $c>1$, $c>\sigma$.

For the right-hand side is

$$\frac{1}{2\pi i}\int_{c-i\infty}^{c+i\infty} \Gamma(w-s) \sum_{n=1}^{\infty} \frac{a_n}{n^w} \delta^{s-w} dw =$$

$$\sum_{n=1}^{\infty} \frac{a_n}{n^s} \cdot \frac{1}{2\pi i}\int_{c-i\infty}^{c+i\infty} \Gamma(w-s)(\delta n)^{s-w} dw =$$

$$\sum_{n=1}^{\infty} \frac{a_n}{n^s} \cdot \frac{1}{2\pi i}\int_{c-\sigma-i\infty}^{c-\sigma+i\infty} \Gamma(w'-s)(\delta n)^{-w'} dw' =$$

$$\sum_{n=1}^{\infty} \frac{a_n}{n^s} e^{-\delta n}$$

The inversion is justified by the convergence of

$$\int_{-\infty}^{\infty} |\Gamma\{c-\sigma+i(\nu-t)\}| \sum_{n=1}^{\infty} \frac{|a_n|}{n^c} \delta^{\sigma-c} d\nu$$

Taking $a_n = d_k(n)$, $f(s) = \zeta^k(s)$, $c=2$, we obtain

$$\sum_{n=1}^{\infty}\frac{d_k(n)}{n^s}e^{-\delta n}=\frac{1}{2\pi i}\int_{2-i\infty}^{2+i\infty}\Gamma(w-s)\zeta^k(w)\delta^{s-w}dw,\sigma<2$$

Moving the contour to $\mathbf{R}(w)=\alpha$, where $\sigma-1<\alpha<\sigma$, we pass the pole of $\Gamma(w-s)$ at $w=s$, with residue $\zeta^k(s)$, and the pole of $\zeta^k(w)$ at $w=1$, where the residue is a finite sum of terms of the form

$$K_{m,n}\Gamma^{(m)}(1-s)\log^n\delta \cdot \delta^{s-1}$$

This residue is therefore of the form $O(\delta^{\sigma-1+\epsilon}e^{-A|t|})$, and, if $\delta > |t|^{-A}$, it is of the form $O(e^{-A|t|})$. Hence

$$\zeta^k(s)=\sum_{n=1}^{\infty}\frac{d_k(n)}{n^s}e^{-\delta n}-$$

$$\frac{1}{2\pi i}\int_{\alpha-i\infty}^{\alpha+i\infty}\Gamma(w-s)\zeta^k(w)\delta^{s-w}dw+O(e^{-A|t|})$$

Let us call the first two terms on the right Z_1 and Z_2. Then, as in previous proofs, if $\sigma>\frac{1}{2}$

$$\int_{\frac{1}{2}T}^{T}|Z_1|^2 dt = O\left(T\sum_{n=1}^{\infty}\frac{d_k^2(n)}{n^{2\sigma}}e^{-2\delta n}\right)+$$

$$O\left(\sum_{m\neq n}\sum\frac{d_k(m)d_k(n)e^{-(m+n)\delta}}{m^\sigma n^\sigma |\log m/n|}\right)=$$

$$O(T)+O\left(\sum_{m\neq n}\sum\frac{e^{(m+n)\delta}}{m^{\sigma-\epsilon}n^{\sigma-\epsilon}|\log m/n|}\right)=$$

$$O(T)+O(\delta^{2\sigma-2-\epsilon})$$

by (7.8). Also, putting $w=\alpha+iv$

$$|Z_2|\leq\frac{\delta^{\sigma-\alpha}}{2\pi}\int_{-\infty}^{\infty}|\Gamma(w-s)\zeta^k(w)|dv\leq$$

$$\frac{\delta^{\sigma-\alpha}}{2\pi}\left\{\int_{-\infty}^{\infty}|\Gamma(w-s)|dv\int_{-\infty}^{\infty}|\Gamma(w-s)\zeta^{2k}(w)|dv\right\}^{\frac{1}{2}}$$

The first integral is $O(1)$, while for $|t|\leq T$

$$\left(\int_{-\infty}^{-2T}+\int_{2T}^{\infty}\right)|\Gamma(w-s)\zeta^{2k}(w)|\mathrm{d}v=$$

$$\left(\int_{-\infty}^{-2T}+\int_{2T}^{\infty}\right)\mathrm{e}^{-A|v-t|}|v|^{Ak}\mathrm{d}v=O(\mathrm{e}^{-AT})$$

Hence

$$\int_{\frac{1}{2}T}^{T}|Z_2|^2\mathrm{d}t=$$

$$O\left\{\delta^{2\sigma-2\alpha}\int_{-2T}^{2T}|\zeta(w)|^{2k}\mathrm{d}v\int_{\frac{1}{2}T}^{T}|\Gamma(w-s)|\mathrm{d}t\right\}+$$

$$O(\delta^{2\sigma-2\alpha})=$$

$$O\left\{\delta^{2\sigma-2\alpha}\int_{-2T}^{2T}|\zeta(\alpha+\mathrm{i}v)|^{2k}\mathrm{d}v\right\}+O(\delta^{2\sigma-2\alpha})=$$

$$O(\delta^{2\sigma-2\alpha}T^{1+\mu_k(\alpha)+\epsilon})$$

Hence

$$\int_{\mathrm{i}T}^{T}|\zeta(s)|^{2k}\mathrm{d}t=O(T)+O(\delta^{2\sigma-2-\epsilon})+$$

$$O(\delta^{2\sigma-2\alpha}T^{1+\mu_k(\alpha)+\epsilon})$$

Let $\delta=T^{-\frac{1}{2}|1+\mu_k(\alpha)|/(1-\alpha)}$, so that the last two terms are of the same order, apart, form ϵ's. These terms are then $O(T)$ if

$$\sigma>1-\frac{1-\alpha}{1+\mu_k(\alpha)}$$

For such values of σ, replacing T by $\frac{1}{2}T$, $\frac{1}{4}T$, $\cdots$, and adding, it follows that (7.21) holds. Hence σ_k is less than any such σ, and the theorem follows.

A similar argument shows that, if we define σ_k' to be the lower bound of numbers σ such that

$$\frac{1}{T}\int_{1}^{T}|\zeta(\sigma+\mathrm{i}t)|^{2k}\mathrm{d}t=O(T^\epsilon) \qquad (7.22)$$

then actually $\sigma_k' = \sigma_k$. For clearly $\sigma_k' \leq \sigma_k$, and the above argument shows that, if $\alpha > \sigma_k'$, and $\sigma < \alpha$, then

$$\int_{\frac{1}{2}T}^{T} |\zeta(\sigma + it)|^{2k} dt = O(T) + O(\delta^{2\sigma-2-\epsilon}) + O(\delta^{2\sigma-2\alpha} T^{1+\epsilon})$$

Taking $\delta = T^{-\lambda}$, where $0 < \lambda < \dfrac{1}{2-2\sigma}$, the right-hand side is $O(T)$. Hence $\sigma_k \leq \alpha$, and so $\sigma_k \leq \sigma_k'$.

It is also easily seen that

$$\frac{1}{T}\int_1^T |\zeta(\sigma + it)|^{2k} dt \sim \sum_{n=1}^{\infty} \frac{d_k^2(n)}{n^{2\sigma}}, \sigma > \sigma_k$$

For the term $O(T)$ of the above argument is actually

$$\frac{1}{2}T\sum_{n=1}^{\infty} \frac{d_k^2(n)}{n^{2\sigma}} e^{-2\delta n} = \frac{1}{2}T\sum_{n=1}^{\infty} \frac{d_k^2(n)}{n^{2\sigma}} + o(T)$$

and the result follows by obvious modifications of the argument. This is a case of a general theorem on Dirichlet series. ①

Theorem 7.9. (A). *If $\mu(\sigma)$ is the μ-function defined in §5.1*

$$1-\sigma_k \geq \frac{1-\sigma_{k-1}}{1+2\mu(\sigma_{k-1})}$$

for $k=1,2,\cdots$

Since $\zeta(\sigma+it) = O(t^{\mu(\sigma)+\epsilon})$

$$\int_1^T |\zeta(\sigma + it)|^{2k} dt = O\left\{T^{2\mu(\sigma)+\epsilon} \int_1^T |\zeta(\sigma + it)|^{2k-2} dt\right\}$$

---

① See E. C. Titchmarsh, *Theory of Functions*, §9.51.

and hence
$$\mu_k(\sigma) \leq 2\mu(\sigma) + \mu_{k-1}(\sigma)$$
Since $\mu_{k-1}(\sigma_{k-1}) = 0$, this gives $\mu_k(\sigma_{k-1}) \leq 2\mu(\sigma_{k-1})$, and the result follows on taking $\alpha = \sigma_{k-1}$ in the previous theorem.

These formulae may be used to give alternative proofs of Theorems 7.2, 7.5, and 7.7. It follows from the functional equation that
$$\mu_k(1-\sigma) = \mu_k(\sigma) + 2k\left(\sigma - \frac{1}{2}\right)$$
Since $\mu_k(\sigma_k) = 0$, $\mu_k(1-\sigma_k) \geq 0$, it follows that $\sigma_k \geq \frac{1}{2}$. Hence, putting $\alpha = 1 - \sigma_k$ in Theorem 7.9, we obtain either $\sigma_k = \frac{1}{2}$ or
$$\sigma_k \leq 1 - \frac{\sigma_k}{1 + 2k\left(\sigma_k - \frac{1}{2}\right)}$$
i.e.
$$2\sigma_k - 1 \leq 2k\left(\sigma_k - \frac{1}{2}\right)(1 - \sigma_k)$$
Hence $\sigma_k = \frac{1}{2}$, or
$$1 \leq k(1-\sigma_k), \sigma_k \leq 1 - \frac{1}{k} \qquad (7.23)$$
For $k=2$ we obtain $\sigma_2 = \frac{1}{2}$, but for $k>2$ we must take the weaker alternative (7.22).

7.10. The following refinement[①] on the above results uses the theorems of Chapter V on $\mu(\sigma)$.

Theorem 7.10. *Let k be an integer greater than 1, and let ν be determined by*
$$(\nu-1)2^{\nu-2}+1 < k \leqslant \nu 2^{\nu-1}+1 \qquad (7.24)$$
Then
$$\sigma_k \leqslant 1 - \frac{\nu+1}{2k+2^\nu-2} \qquad (7.25)$$

The theorem is true for $k=2$ ($\nu=1$). We then suppose it true for all l with $1 < l < k$, and deduce it for k.

Take $l=(\nu-1)2^{\nu-2}+1$, where ν is determined by (7.24). Then $\mu_l(\alpha)=0$, provided that
$$\alpha > 1 - \frac{\nu}{2l+2^{\nu-1}-2} = 1 - \frac{1}{2^{\nu-1}}$$

Taking $\alpha = 1 - 2^{-\nu+1} + \epsilon$, we have, since
$$\frac{1}{T}\int_1^T |\zeta(\alpha+it)|^{2k} dt \leqslant$$
$$\max_{1 \leqslant t \leqslant T} |\zeta(\alpha+it)|^{2k-2l} \frac{1}{T}\int_1^T |\zeta(\alpha+it)|^{2l} dt$$
$$\mu_k(x) \leqslant 2(k-l)\mu(\alpha) + \mu_l(\alpha) =$$
$$2(k-l)\mu(\alpha) \leqslant$$
$$\frac{2\{k-(\nu-1)2^{\nu-2}-1\}}{(\nu+1)2^{\nu-1}}$$

by Theorem 5.8. Hence, by Theorem 7.9
$$\sigma_k \leqslant 1 - 2^{-\nu+1}\left(\frac{2k+2^\nu-2}{(\nu+1)2^{\nu-1}}\right)^{-1} = 1 - \frac{\nu+1}{2k+2^\nu-2}$$

The theorem therefore follows by induction.

---

① Davenport (1), Haselgrove (1).

For example, if $k=3$, then $\nu=2$, and we obtain
$$\sigma_3 \leqslant \frac{5}{8}$$
instead of the result $\sigma_3 \leqslant \frac{2}{3}$ given by Theorem 7.7.

7.11. For integral k, $d_k(n)$ denotes the number of decompositions of n into k factors. If k is not an integer, we can define $d_k(n)$ as the coefficient of n^{-s} in the Dirichlet series for $\zeta^k(s)$, which converges for $\sigma>1$. We can now extend Theorem 7.7 to certain non-integral values of k.

Theorem[①] **7.11** *For* $0<k\leqslant 2$
$$\lim_{T\to\infty}\frac{1}{T}\int_1^T |\zeta(\sigma+it)|^{2k}dt = \sum_{n=1}^{\infty}\frac{d_k^2(n)}{n^{2\sigma}}, \sigma>\frac{1}{2}$$
(7.26)

This is the formula already proved for $k=1$, $k=2$; we now take $0<k<2$. Let
$$\zeta_N(s)=\prod_{p<N}\frac{1}{1-p^{-s}}, \eta_N(s)=\frac{\zeta(s)}{\zeta_N(s)}$$

The proof depends on showing (i) that the formula corresponding to (7.26) with ζ_N instead of ζ is true; and (ii) that $\zeta_N(s)$, thought it does not converge to $\zeta(s)$ for $\sigma\leqslant 1$, still approximates to it in a certain average sense in this strip.

We have, if $\lambda>0$
$$\{\zeta_N(s)\}^{\lambda}=\prod_{p<N}(1-p^{-s})^{-\lambda}=\sum_{n=1}^{\infty}\frac{d'_{\lambda}(n)}{n^s}$$

---

① Ingham (4); proof by Davenport (1).

say, where the series on the right converges absolutely for $\sigma>0$, and $d'_\lambda(n) = d_\lambda(n)$ if $n<N$, and $0 \leqslant d'_\lambda(n) \leqslant d_\lambda(n)$ for all n. Hence

$$\lim_{T\to\infty} \frac{1}{T}\int_1^T |\zeta(\sigma+it)|^{2\lambda}\mathrm{d}t = \sum_{n=1}^\infty \frac{\{d'_\lambda(n)\}^2}{n^{2\sigma}}, \sigma>0 \qquad (7.27)$$

and

$$\lim_{N\to\infty}\lim_{T\to\infty} \frac{1}{T}\int_1^T |\zeta(\sigma+it)|^{2\lambda}\mathrm{d}t =$$
$$\sum_{n=1}^\infty \frac{\{d_\lambda(n)\}^2}{n^{2\sigma}}, \sigma>\frac{1}{2} \qquad (7.28)$$

We shall next prove that

$$\lim_{N\to\infty}\lim_{T\to\infty}\frac{1}{T}\int_1^T |\zeta(\sigma+it) - \zeta_N(\sigma+it)|^{2k}\mathrm{d}t = 0$$
$$\sigma>\frac{1}{2} \qquad (7.29)$$

By Hölder's inequality

$$\frac{1}{T}\int_1^T |\zeta - \zeta_N|^{2k}\mathrm{d}t \leqslant \left\{\frac{1}{T}\int_1^T |\eta_N - 1|^4 \mathrm{d}t\right\}^{\frac{1}{2k}} \cdot$$
$$\left\{\frac{1}{T}\int_1^T |\zeta_N|^{4k/(2-k)}\mathrm{d}t\right\}^{\frac{1}{2}(2-k)} \qquad (7.30)$$

Now $\{\eta_N(s)-1\}^2$ is regular everywhere except for a pole at $s=1$, and is of finite order in t. Also, for $\sigma>\frac{1}{2}$

$$\int_1^T |\eta_N(\sigma+it) - 1|^4\mathrm{d}t \leqslant$$
$$\int_1^T \{1 + 2^N |\zeta(\sigma+it)|\}^4\mathrm{d}t = O(T)$$

Hence, by a theorem of Carlson[①]

$$\lim_{T\to\infty}\frac{1}{T}\int_1^T |\eta_N(\sigma+it)-1|^4 dt = \sum_{n=1}^{\infty}\frac{\rho_N^2(n)}{n^{2\sigma}}$$

for $\sigma>\frac{1}{2}$ where ρ_N is the coefficient of n^{-s} in the Dirichlet series of $\{\eta_N(s)-1\}^2$. Now $\rho_N(n)=0$ for $n<N$, and $0 \leqslant \rho_N(n) \leqslant d(n)$ for all n. Since $\sum d^2(n)n^{-2\sigma}$ converges, it follows that

$$\lim_{N\to\infty}\lim_{T\to\infty}\frac{1}{T}\int_1^T |\eta_N(\sigma+it)-1|^4 dt = 0 \quad (7.31)$$

(7.29) now follows from (7.30) (7.31), and (7.28).

We can now deduce (7.26) from (7.28) and (7.29). We have[②]

$$\left\{\int_1^T |\zeta|^{2k}dt\right\}^R = \left\{\int_1^T |\zeta_N+\zeta-\zeta_N|^{2k}dt\right\}^R \leqslant$$
$$\left\{\int_1^T |\zeta_N|^{2k}dt\right\}^R +$$
$$\left\{\int_1^T |\zeta-\zeta_N|^{2k}dt\right\}^R$$

where $R=1$ if $0<2k\leqslant 1$, $R=\frac{1}{2k}$ if $2k>1$. Similarly

$$\left\{\int_1^T |\zeta_N|^{2k}dt\right\}^R \leqslant \left\{\int_1^T |\zeta|^{2k}dt\right\}^R +$$
$$\left\{\int_1^T |\zeta-\zeta_N|^{2k}dt\right\}^R$$

and (7.26) clearly follows.

---

① See Titchmarsh, *Theory of Functions*, §9.51.
② Hardy, Littlewood, and Pólya, *Inequalities*, Theorem 28.

7.12. An alternative set of mean-value theorems. [1] Instead of considering integrals of the form

$$I(T) = \int_0^T |\zeta(\sigma + it)|^{2k} dt$$

where T is large, we shall now consider integrals of the form

$$J(\delta) = \int_0^\infty |\zeta(\sigma + it)|^{2k} e^{-\delta t} dt$$

where δ is small.

The behaviour of these two integrals is very similar. If $J(\delta) = O(1/\delta)$, then

$$I(T) < e \int_0^T |\zeta(\sigma + it)|^{2k} e^{-t/T} dt < eJ\left(\frac{1}{T}\right) = O(T)$$

Conversely, if $I(T) = O(T)$, then

$$J(\delta) = \int_0^\infty I'(t) e^{-\delta t} dt =$$

$$[I(t) e^{-\delta t}]_0^\infty + \delta \int_0^\infty I(t) e^{-\delta t} dt =$$

$$O\left(\delta \int_0^\infty t e^{-\delta t} dt\right) = O\left(\frac{1}{\delta}\right)$$

Similar results plainly hold with other powers of T, and with other functions, such as powers of T multiplied by powers of log T.

We have also more precise results; for example, *if $I(T) \sim CT$, then $J(\delta) \sim C/\delta$, and conversely.*

If $I(T) \sim CT$, let $|I(T) - CT| \leq \epsilon T$ for $T \geq T_0$. Then

$$J(\delta) = \delta \int_0^{T_0} I(t) e^{-\delta t} dt + \delta \int_{T_0}^\infty \{I(t) - Ct\} e^{-\delta t} dt +$$

---

① Titchmarsh (1), (19).

$$C\delta \int_{T_0}^{\infty} t e^{-\delta t} dt$$

The last term is $Ce^{-\delta T_0}(T_0+1/\delta)$, and the modulus of the previous term does not exceed $\epsilon(T_0+1/\delta)$. That $J(\delta) \sim C/\delta$ plainly follows on choosing first T_0 and then δ.

The converse deduction is the analogue for integrals of the well-known Tauberian theorem of Hardy and Littlewood,[①] viz. that *if $a_n \geqslant 0$, and*

$$\sum_{n=0}^{\infty} a_n x^n \sim \frac{1}{1-x}, x \to 1$$

then

$$\sum_{n=0}^{\infty} a_n \sim N$$

The theorem for integrals is as follows:

If $f(t) \geqslant 0$ for all t, and

$$\int_0^{\infty} f(t) e^{-\delta t} dt \sim \frac{1}{\delta} \quad (7.32)$$

as $\delta \to 0$, then

$$\int_0^T f(t) dt \sim T \quad (7.33)$$

as $T \to \infty$.

We first show that, if $P(x)$ is any polynomial

$$\int_0^{\infty} f(t) e^{-\delta t} P(e^{-\delta t}) dt \sim \frac{1}{\delta} \int_0^1 P(x) dx$$

It is sufficient to prove this for $P(x) = x^k$. In this case the left-hand side is

---

① See Titchmarsh, *Theory of Functions*, § § 7.51–7.53.

$$\int_0^\infty f(t) e^{-(k+1)\delta t} dt \sim \frac{1}{(k+1)\delta} = \frac{1}{\delta}\int_0^1 x^k dx$$

Next, we deduce that

$$\int_0^\infty f(t) e^{-\delta t} g(e^{-\sigma t}) dt \sim \frac{1}{\delta}\int_0^1 g(x) dx \quad (7.34)$$

if $g(x)$ is continuous, or has a discontinuity of the first kind. For, given ϵ we can[①] construct polynomials $p(x)$, $P(x)$, such that

$$p(x) \leqslant g(x) \leqslant P(x)$$

and

$$\int_0^1 \{g(x) - p(x)\} dx \leqslant \epsilon, \int_0^1 \{P(x) - g(x)\} dx \leqslant \epsilon$$

Then

$$\overline{\lim_{\delta \to 0}} \, \delta \int_0^\infty f(t) e^{-\delta t} g(e^{-\delta t}) dt \leqslant$$

$$\overline{\lim_{\delta \to 0}} \, \delta \int_0^\infty f(t) e^{-\delta t} P(e^{-\delta t}) dt =$$

$$\int_0^1 P(x) dx < \int_0^1 g(x) dx + \epsilon$$

and making $\epsilon \to 0$ we obtain

$$\overline{\lim_{\delta \to 0}} \, \delta \int_0^\infty f(t) e^{-\delta t} g(e^{-\delta t}) dt \leqslant \int_0^1 g(x) dx$$

Similarly, arguing with $p(x)$, we obtain

$$\overline{\lim_{\delta \to 0}} \, \delta \int_0^\infty f(t) e^{-\delta t} g(e^{-\delta t}) dt \leqslant \int_0^1 g(x) dx$$

and (7.34) follows.

Now let

$$g(x) = 0, 0 \leqslant x < e^{-1}, g(x) = \frac{1}{x}, e^{-1} \leqslant x \leqslant 1$$

---

① See Titchmarsh, *Theory of Functions*, §7.53.

Then

$$\int_0^\infty f(t) e^{-\delta t} g(e^{-\delta t}) dt = \int_0^{\frac{1}{\delta}} f(t) dt$$

and

$$\int_0^1 g(x) dx = \int_{\frac{1}{e}}^1 \frac{dx}{x} = 1$$

Hence

$$\int_0^{\frac{1}{\delta}} f(t) dt \sim \frac{1}{\delta}$$

which is equivalent to (7.33).

If $f(t) \geqslant 0$ for all t, and, for a given positive m

$$\int_0^\infty f(t) e^{-\delta t} dt \sim \frac{1}{\delta} \log^m \frac{1}{\delta} \qquad (7.35)$$

then

$$\int_0^\infty f(t) dt \sim T \log^m T \qquad (7.36)$$

The proof is substantially the same. We have

$$\int_0^\infty f(t) e^{-(k+1)\delta t} dt \sim \frac{1}{(k+1)\delta} \log^m \left\{ \frac{1}{(k+1)\delta} \right\}$$

$$\sim \frac{1}{(k+1)\delta} \log^m \frac{1}{\delta}$$

and the argument runs as before, with $\frac{1}{\delta}$ replaced by $\frac{1}{\delta} \log^m \frac{1}{\delta}$.

We shall also use the following theorem:

If

$$\int_1^\infty f(t) e^{-\delta t} dt \sim C \delta^{-\alpha}, \alpha > 0 \qquad (7.37)$$

then

$$\int_1^\infty t^{-\beta} f(t) e^{-\delta t} dt \sim C \frac{\Gamma(\alpha-\beta)}{\Gamma(\alpha)} \delta^{\beta-\alpha}, 0<\beta<\alpha$$

(7.38)

Multiplying (7.37) by $(\delta-\eta)^{\beta-1}$ and integrating over (η, ∞), we obtain

$$\int_1^\infty f(t) dt \int_\eta^\infty e^{-\delta t}(\delta-\eta)^{\beta-1} d\delta =$$

$$C \int_\eta^\infty \{\delta^{-\alpha} + o(\delta^{-\alpha})\}(\delta-\eta)^{\beta-1} d\delta$$

Now

$$\int_\eta^\infty e^{-\delta t}(\delta-\eta)^{\beta-1} d\delta = e^{-\eta t} \int_\eta^\infty e^{-xt} x^{\beta-1} dx = e^{-\eta t} t^{-\beta} \Gamma(\beta)$$

$$\int_\eta^\infty \delta^{-\alpha}(\delta-\eta)^{\beta-1} d\delta = \int_\eta^\infty \frac{x^{\beta-1}}{(\eta+x)^\alpha} dx =$$

$$\eta^{\beta-\alpha} \frac{\Gamma(\beta)\Gamma(\alpha-\beta)}{\Gamma(\alpha)}$$

and the remaining term is plainly $o(\eta^{\beta-\alpha})$ as $\eta \to 0$. Hence the result.

7.13. We can approximate to integrals of the form $J(\delta)$ by means of Parseval's formula. If $\mathbf{R}(z)>0$, we have

$$\frac{1}{2\pi i} \int_{2-i\infty}^{2+i\infty} \Gamma(s) \zeta^k(s) z^{-s} dx =$$

$$\sum_{n=\infty}^{\infty} \frac{d_k(n)}{2\pi i} \int_{2-i\infty}^{2+i\infty} \Gamma(s)(nz)^{-s} ds =$$

$$\sum_{n=1}^{\infty} d_k(n) e^{-nz}$$

the inversion being justified by absolute convergence. Now move the contour to $\sigma=\alpha(0<\alpha<1)$. Let $R_k(z)$ be the residue at $s=1$, so that $R_k(z)$ is of the form

852

$$\frac{1}{z}(a_0^{(k)}+a_1^{(k)}\log z+\cdots+a_{k-1}^{(k)}\log^{k-1}z)$$

Let
$$\phi_k(z)=\sum_{n=1}^{\infty}d_k(n)\mathrm{e}^{-nz}-R_k(z)$$

Then
$$\frac{1}{2\pi\mathrm{i}}\int_{\alpha-\mathrm{i}\infty}^{\alpha+\mathrm{i}\infty}\Gamma(s)\zeta^k(s)z^{-s}\mathrm{d}s=\phi_k(z) \quad (7.39)$$

Putting $z=\mathrm{i}x\mathrm{e}^{-\mathrm{i}\delta}$, where $0<\delta<\frac{1}{2}\pi$, we see that

$$\phi_k(\mathrm{i}x\mathrm{e}^{-\mathrm{i}\delta}),\Gamma(s)\zeta^k(s)\mathrm{e}^{-\mathrm{i}(\frac{1}{2}\pi-\delta)s} \quad (7.40)$$

are Mellin transforms. Hence the Parseval formula gives

$$\frac{1}{2\pi}\int_{-\infty}^{\infty}|\Gamma(\sigma+\mathrm{i}t)\zeta^k(\sigma+\mathrm{i}t)|^2\mathrm{e}^{(\pi-2\delta)t}\mathrm{d}t=$$
$$\int_0^{\infty}|\phi_k(\mathrm{i}x\mathrm{e}^{-\mathrm{i}\delta})|^2x^{2\sigma-1}\mathrm{d}x \quad (7.41)$$

Now as $|t|\to\infty$
$$|\Gamma(\sigma+\mathrm{i}t)|=\mathrm{e}^{-\frac{1}{2}\pi|t|}|t|^{\sigma-\frac{1}{2}}\sqrt{(2\pi)}\{1+O(t^{-1})\}$$

Hence the part of the t-integral over $(-\infty,0)$ is bounded as $\delta\to 0$, and we obtain, for $\frac{1}{2}<\sigma<1$

$$\int_0^{\infty}t^{2\sigma-1}\{1+O(t^{-1})\}|\zeta(\sigma+\mathrm{i}t)|^{2k}\mathrm{e}^{-2\delta t}\mathrm{d}t=$$
$$\int_0^{\infty}|\phi_k(\mathrm{i}x\mathrm{e}^{-\mathrm{i}\delta})|^2x^{2\sigma-1}\mathrm{d}x+O(1) \quad (7.42)$$

In the case $\sigma=\frac{1}{2}$, we have

$$\left|\Gamma\left(\frac{1}{2}+\mathrm{i}t\right)\right|^2=\pi\,\mathrm{sech}\,\pi t=2\pi\mathrm{e}^{-\pi|t|}+O(\mathrm{e}^{-3\pi|t|})$$

The integral over $(-\infty,0)$, and the contribution of the

O-term to the whole integral, are now bounded, and in fact are analytic functions of δ, regular for sufficiently small $|\delta|$. Hence we have

$$\int_0^\infty \left| \zeta\left(\frac{1}{2} + it\right) \right|^{2k} e^{-2\delta t} dt = \int_0^\infty |\phi_k(ixe^{-i\delta})|^2 dx + O(1)$$

(7.43)

7.14. We now apply the above formulae to prove Theorem 7.14. As $\delta \to 0$

$$\int_0^\infty \left| \zeta\left(\frac{1}{2} + it\right) \right|^2 e^{-\delta t} dt \sim \frac{1}{\delta} \log \frac{1}{\delta} \quad (7.44)$$

In this case $R_1(z) = \dfrac{1}{z}$, and

$$\phi_1(z) = \sum_{n=1}^\infty e^{-nz} - \frac{1}{z} = \frac{1}{e^z - 1} - \frac{1}{z}$$

Hence (7.43) gives

$$\int_0^\infty \left| \zeta\left(\frac{1}{2} + it\right) \right|^2 e^{-2\delta t} dt =$$

$$\int_0^\infty \left| \frac{1}{\exp(ixe^{-i\delta}) - 1} - \frac{1}{ixe^{-i\delta}} \right|^2 dx + O(1) \quad (7.45)$$

The x-integrand is bounded uniformly in δ over $(0, \pi)$, so that this part of the integral is $O(1)$. The remainder is

$$\int_\pi^\infty \left\{ \frac{1}{\exp(ixe^{-i\delta}) - 1} - \frac{1}{ixe^{-i\delta}} \right\} \left\{ \frac{1}{\exp(-ixe^{i\delta}) - 1} + \frac{1}{ixe^{i\delta}} \right\} dx =$$

$$\int_\pi^\infty \frac{dx}{\{\exp(ixe^{-i\delta}) - 1\}\{\exp(-ixe^{i\delta}) - 1\}} +$$

$$ie^{i\delta} \int_\pi^\infty \frac{1}{\{\exp(-ixe^{i\delta}) - 1\}} \cdot$$

$$\frac{dx}{x} - ie^{-i\delta} \int_\pi^\infty \frac{1}{\{\exp(-ixe^{i\delta}) - 1\}} \cdot \frac{dx}{x} + \int_\pi^\infty \frac{dx}{x^2} \quad (7.46)$$

The last term is a constant. In the second term, turn the

line of integration round to $(\pi, \pi+i\infty)$. The integrand is then regular on the contour for sufficiently small $|\delta|$, and is $O\{x^{-1}\}\exp(-x\cos\delta)$ as $x\to\infty$. This integral is therefore bounded; and similarly so is the third term.

The first term is

$$\int_\pi^\infty \sum_{m=1}^\infty \sum_{n=1}^\infty \exp(-imxe^{-i\delta}+inxe^{i\delta})\,dx =$$

$$\sum_{m=1}^\infty \sum_{n=1}^\infty \frac{\exp\{-(m+n)\pi\sin\delta - i(m-n)\pi\cos\delta\}}{(m+n)\sin\delta + i(m-n)\cos\delta} =$$

$$\sum_{n=1}^\infty \frac{e^{2n\pi\sin\delta}}{2n\sin\delta} +$$

$$2\sum_{m=2}^\infty \sum_{n=1}^{m-1} \frac{(m+n)\sin\delta\cos\{(m-n)\pi\cos\delta\}}{(m+n)^2\sin^2\delta + (m-n)^2\cos^2\delta} e^{-(m+n)\pi\sin\delta} -$$

$$2\sum_{m=2}^\infty \sum_{n=1}^{m-1} \frac{(m-n)\cos\delta\sin\{(m-n)\pi\cos\delta\}}{(m+n)^2\sin^2\delta + (m-n)^2\cos^2\delta} e^{-(m+n)\pi\sin\delta} =$$

$$\sum_1 + \sum_2 + \sum_3$$

the series of imaginary parts vanishing identically. Now

$$\sum_1 = \frac{1}{2\sin\delta}\log\frac{1}{1-e^{-2\pi\sin\delta}} \sim \frac{1}{2\delta}\log\frac{1}{\delta}$$

$$|\sum_2| < 2\sum_{m=2}^\infty \sum_{n=1}^{m-1} \frac{2m\sin\delta}{(m-n)^2\cos^2\delta} e^{-m\pi\sin\delta} =$$

$$O\Big(\delta \sum_{n=2}^\infty m e^{-m\pi\sin\delta}\Big) = O\Big(\frac{1}{\delta}\Big)$$

and, since

$$|\sin\{(m-n)\pi\cos\delta\}| = |\sin\{2(m-n)\pi\sin^2\tfrac{1}{2}\delta\}| = O\{(m-n)\delta^2\}$$

$$\sum_3 = O\Big(\delta^2 \sum_{m=2}^\infty \sum_{n=1}^{m-1} e^{-m\pi\sin\delta}\Big) =$$

$$O\left(\delta^2 \sum_{m=2}^{\infty} m\mathrm{e}^{-m\pi\sin\delta}\right) = O(1)$$

This proves the theorem.

The case $\frac{1}{2} < \delta < 1$ can be dealt with in a similar way.

The leading term is

$$\int_{\pi}^{\infty} \sum_{n=1}^{\infty} \mathrm{e}^{-2nx\sin\delta} x^{2\sigma-1} \mathrm{d}x = \int_{\pi}^{\infty} \frac{x^{2\sigma-1}}{\mathrm{e}^{2x\sin\delta}-1} \mathrm{d}x =$$

$$\frac{1}{(2\sin\delta)^{2\sigma}} \int_{2\pi\sin\delta}^{\infty} \frac{y^{2\sigma-1}}{\mathrm{e}^y - 1} \mathrm{d}y \sim \frac{1}{(2\delta)^{2\sigma}} \int_{0}^{\infty} \frac{y^{2\sigma-1}}{\mathrm{e}^y - 1} \mathrm{d}y =$$

$$\frac{1}{(2\delta)^{2\sigma}} \Gamma(2\sigma) \zeta(2\sigma)$$

Also (turning the line of integration through $-\frac{1}{2}\pi$)

$$\int_{\pi}^{\infty} \mathrm{e}^{-|(m+n)\sin\delta + \mathrm{i}(m-n)\cos\delta|x} x^{2\sigma-1} \mathrm{d}x =$$

$$O\left\{ \mathrm{e}^{-(m+n)\pi\sin\delta} \int_{0}^{\infty} \mathrm{e}^{-(m-n)y} \cos\delta(\pi^{2\sigma-1} + y^{2\sigma-1}) \mathrm{d}y \right\} =$$

$$O\left(\frac{\mathrm{e}^{-(m+n)\pi\sin\delta}}{m-n} \right) \tag{7.47}$$

and the terms with $m \neq n$ give

$$O\left(\sum_{n=2}^{\infty} \mathrm{e}^{-m\pi\sin\delta} \sum_{n=1}^{m-1} \frac{1}{m-n} \right) = O\left(\frac{1}{\delta} \log \frac{1}{\delta} \right)$$

Hence

$$\int_{0}^{\infty} t^{2\sigma-1} |\zeta(\sigma+\mathrm{i}t)|^2 \mathrm{e}^{-2\delta t} \mathrm{d}t \sim \frac{\Gamma(2\sigma)\zeta(2\sigma)}{2^{2\sigma}\delta^{2\sigma}} \tag{7.48}$$

Hence by (7.37) (7.38)

$$\int_{0}^{\infty} |\zeta(\sigma+\mathrm{i}t)|^2 \mathrm{e}^{-\delta t} \mathrm{d}t \sim \frac{\zeta(2\sigma)}{\delta} \tag{7.49}$$

7.15. We shall now show that we can approximate to the integral (7.44) by an asymptotic series in positive powers of δ.

We first requrie[①]

Theorem 7.15. *As* $z \to 0$ *in any angle* $|\arg z| \leq \lambda$, *where* $\lambda < \frac{1}{2}\pi$

$$\sum_{n=1}^{\infty} d(n) e^{-nz} = \frac{\gamma - \log z}{z} + \frac{1}{4} + \sum_{n=0}^{N-1} b_n z^{2n+1} + O(|z|^{2N})$$
(7.50)

where the b_n are constants.

Near $s = 1$

$$\Gamma(s)\zeta^2(s)z^{-s} = \{1 - \gamma(s-1) + \cdots\}\left(\frac{1}{s-1} + \gamma + \cdots\right)^2 \cdot$$

$$\frac{1}{z}\{1 - (s-1)\log z + \cdots\} =$$

$$\frac{1}{z(s-1)^2} + \frac{\gamma - \log z}{2}\frac{1}{s-1} + \cdots$$

Hence by (7.39), with $k = 2$

$$\sum_{n=1}^{\infty} d(n) e^{-nz} = \frac{\gamma - \log z}{z} + \frac{1}{2\pi i}\int_{\alpha - i\infty}^{\alpha + i\infty} \Gamma(s)\zeta^2(s)z^{-s}\,\mathrm{d}x$$

$$0 < \alpha < 1$$

Here we can move the line of integration to $\sigma = -2N$, since $\Gamma(s) = O(|t|^K e^{-\frac{1}{2}\pi|t|})$, $\zeta^2(s) = O(|t|^K)$ and $z^{-s} = O(r^{-\sigma}e^{\lambda t})$. The residue at $s = 0$ is $\zeta^2(0) = \frac{1}{4}$. The poles of $\Gamma(s)$ at $s = -2n$ are cancelled by zeros of $\zeta^2(s)$. The

---

① Wigert (1).

poles of $\Gamma(s)$ at $s=-2n-1$ give residues

$$\frac{-1}{(2n+1)!}\zeta^2(-2n-1)z^{2n+1} = \frac{B_{n+1}^2}{(2n+1)!(2n+2)^2}z^{2n+1}$$

The remaining integral is $O(|z|^{2N})$, and the result follows.

The constant implied in the O, of course, depends on N, and the series taken to infinity is divergent, since the function $\sum d(n)e^{-nz}$ cannot be continued analytically across the imaginary axis.

We can now prove[①]

Theorem 7.15 (A). As $\delta \to 0$, for every positive N

$$\int_0^\infty \left|\zeta\left(\frac{1}{2}+it\right)\right|^2 e^{-2\delta t} dt = \frac{\gamma-\log 4\pi\delta}{2\sin\delta} + \sum_{n=0}^{N} c_n \delta^n + O(\delta^{N+1})$$

the constant of the O depending on N, and be c_n being constants.

We observe that the term $O(1)$ in (7.45) is

$$\frac{1}{2}\int_0^\infty \left|\zeta\left(\frac{1}{2}+it\right)\right|^2 e^{-(\pi+2\delta)t} \operatorname{sech} \pi t\, dt -$$

$$\frac{1}{2}\int_{-\infty}^0 \left|\zeta\left(\frac{1}{2}+it\right)\right|^2 e^{(\pi-2\delta)t} \operatorname{sech} \pi t\, dt$$

and is thus an analytic function of δ, regular for $|\delta|<\pi$. Also

$$\int_0^\pi \left\{\frac{1}{\exp(ixe^{-i\delta})-1} - \frac{1}{ixe^{-i\delta}}\right\}\left\{\frac{1}{\exp(ixe^{-i\delta})-1} + \frac{1}{ixe^{i\delta}}\right\}dx$$

is analytic for sufficiently small $|\delta|$. We dissect the

---

① Kober (4), Atkinson (1).

remainder of the integral on the right of (7.45) as in (7.46). As before

$$\int_\pi^\infty \frac{1}{\exp(-ixe^{i\delta})-1}\frac{dx}{x} = \int_\pi^{\pi+i\infty}\frac{1}{\exp(-ize^{i\delta})-1}\frac{dz}{z}$$

and the integrand is regular on the new line of integration for sufficiently small $|\delta|$, and, if $\delta = \xi + i\eta$, $z = \pi + iy$, it is $O\{y^{-1}\exp(-y\cos\xi e^{-\eta})\}$ as $y \to \infty$. The integral is therefore regular for sufficiently small $|\delta|$. Similarly for the third term on the right of (7.46); and the fourth term is a constant.

By the calculus of residues, the first term is equal to

$$2i\pi\sum_{n=1}^\infty \frac{1}{ie^{-i\delta}}\frac{1}{\exp(-2in\pi e^{2i\delta})-1}+$$

$$\int_0^\infty \frac{dy}{[\exp\{(i\pi-y)e^{-i\delta}\}-1][\exp\{(-i\pi+y)e^{i\delta}\}-1]}$$

As before, the y-integral is an analytic function of δ, regular for $|\delta|$ small enough. Expressing the series as a power series in $\exp(2i\pi e^{2i\delta})$, we therefore obtain

$$\int_0^\infty \left|\zeta\left(\frac{1}{2}+it\right)\right|^2 e^{-2\delta t}dt =$$

$$2\pi e^{i\delta}\sum_{n=1}^\infty d(n)\exp(2in\pi e^{2i\delta}) + \sum_{n=0}^\infty a_n\delta^n \quad (7.51)$$

for $|\delta|$ small enough and $\mathbf{R}(\delta) > 0$.

Let $z = 2i\pi(1-e^{2i\delta})$ in (7.50). Multiplying by $2\pi e^{i\delta}$, we obtain

$$2\pi e^{i\delta}\sum_{n=1}^\infty d(n)\exp(2in\pi e^{2i\delta}) =$$

$$\frac{\gamma - \log(4\pi e^{i\delta}\sin\delta)}{2\sin\delta} + \frac{1}{4} +$$

$$\sum_{n=0}^{N-1} b_n \{2i\pi(1-e^{2i\delta})\}^{2n+1} + O(\delta^{2N})$$

and the result now easily follows.

7.16. The next case is that of $\left|\zeta\left(\dfrac{1}{2}+it\right)\right|^4$.

In (7.45) the contribution of the x-integral for small x was negligible. We now take (7.43) with $k=2$, and

$$\phi_2(z) = \sum_{n=1}^{\infty} d(n) e^{-nz} - \frac{\gamma - \log z}{z} \quad (7.52)$$

In this case the contribution of small x is not negligible, but is substantially the same as that of the other part. We have

$$\phi_2\left(\frac{1}{z}\right) = \frac{1}{2\pi i} \int_{\alpha-i\infty}^{\alpha+i\infty} \Gamma(s) \zeta^2(s) z^s \mathrm{d}s =$$

$$\frac{1}{2\pi i} \int_{1-\alpha-i\infty}^{1-\alpha+i\infty} \Gamma(1-s) \zeta^2(1-s) z^{1-s} \mathrm{d}s =$$

$$\frac{z}{2\pi i} \int_{1-\alpha-i\infty}^{1-\alpha+i\infty} \frac{\Gamma(1-s)}{\chi^2(s)} \zeta^2(s) z^{-s} \mathrm{d}s$$

$$0<\alpha<1$$

Now

$$\frac{\Gamma(1-s)}{\chi^2(s)} = 2^{2-2s} \pi^{-2s} \cos^2 \frac{1}{2} s\pi \Gamma^2(s) \Gamma(1-s) =$$

$$2^{1-2s} \pi^{1-2s} \cot \frac{1}{2} s\pi \Gamma^2(s) =$$

$$2^{1-2s} \pi^{1-2s} \left\{-i + O\left(\frac{e^{-\frac{1}{2}\pi t}}{|\sin \frac{1}{2} s\pi|}\right)\right\} \Gamma(s)$$

$$t \to \pm \infty$$

If $z = ixe^{-i\delta}$ ($x > x_0$, $0 < \delta < \dfrac{1}{2}\pi$), the O term is

第二部分 中外名家论 Riemann 函数与 Riemann 猜想

$$O\left\{ x\int_{1-\alpha-i\infty}^{1-\alpha+i\infty} \frac{e^{-\frac{1}{2}\pi t}}{\left|\sin\frac{1}{2}s\pi\right|} |\Gamma(s)| e^{(\frac{1}{2}\pi-\delta)t}(1+|t|)x^{\alpha-1}dt \right\} =$$

$O(x^\alpha)$

uniformly for small δ. Hence

$$\phi_2\left(\frac{1}{z}\right) = \frac{-iz}{2\pi i}\int_{1-\alpha-i\infty}^{1-\alpha+i\infty} 2^{1-2s}\pi^{1-2s}\Gamma(s)\zeta^2(s)z^{-s}dx + O(x^\alpha) =$$

$$-2\pi iz\phi_2(4\pi^2 z) + O(x^\alpha) \qquad (7.53)$$

where α may be as near zero as we please.

We also use the results

$$\sum_{n=1}^{\infty} d^2(n)e^{-n\eta} = O\left(\frac{1}{\eta}\log^3\frac{1}{\eta}\right) \qquad (7.54)$$

$$\sum_{n=1}^{\infty} n^2 d^2(n)e^{-n\eta} = O\left(\frac{1}{\eta^3}\log^3\frac{1}{\eta}\right) \qquad (7.55)$$

as $\eta \to 0$. By (1.19)

$$\frac{1}{2\pi i}\int_{2-i\infty}^{2+i\infty} \Gamma(s)\frac{\zeta^4(s)}{\zeta(2s)}\eta^{-s}ds =$$

$$\frac{1}{2\pi i}\sum_{n=1}^{\infty} d^2(n)\int_{2-i\infty}^{2+i\infty} \Gamma(s)(n\eta)^{-s}d\delta =$$

$$\sum_{n=1}^{\infty} d^2(n)e^{-n\eta} \qquad (7.56)$$

Hence

$$\sum_{n=1}^{\infty} d^2(n)e^{-n\eta} = R + \frac{1}{2\pi i}\int_{c-i\infty}^{c+i\infty}\Gamma(s)\frac{\zeta^4(s)}{\zeta(2s)}\eta^{-s}ds =$$

$$R + O(\eta^{-c}), \frac{1}{2} < c < 1$$

where R is the residue at $s=1$; and

$$R = \frac{1}{\eta}\left(a\log^3\frac{1}{\eta} + b\log^2\frac{1}{\eta} + c\log\frac{1}{\eta} + d\right)$$

where a, b, c, d are constants, and in fact

$$a = \frac{1}{3!\ \zeta(2)} = \frac{1}{\pi^2}$$

This proves (7.54); and (7.55) can be proved similarly by first differentiating (7.56) twice with respect to η.

We can now prove[①]

Theorem 7.16. As $\delta \to 0$

$$\int_0^\infty \left| \zeta\left(\frac{1}{2} + it\right) \right|^4 e^{-\delta t} dt \sim \frac{1}{2\pi^2} \frac{1}{\delta} \log^4 \frac{1}{\delta}$$

Using (7.43), we have

$$\int_0^\infty \left| \zeta\left(\frac{1}{2} + it\right) \right|^4 e^{-2\delta t} dt = \int_0^\infty |\phi_2(ixe^{-i\delta})|^2 dx + O(1)$$

and it is sufficient fo prove that

$$\int_{2\pi}^\infty |\phi_2(ixe^{-i\delta})|^2 dx \sim \frac{1}{8\pi^2} \frac{1}{\delta} \log^4 \frac{1}{\delta}$$

For then, by (7.53)

$$\int_0^{2\pi} |\phi_2(ixe^{-i\delta})|^2 dx = \int_{\frac{1}{2\pi}}^\infty \left| \phi_2\left(\frac{ie^{-i\delta}}{x}\right) \right|^2 \frac{dx}{x^2} =$$

$$\int_{\frac{1}{2\pi}}^\infty \left| \phi_2\left(\frac{1}{ixe^{-i\delta}}\right) \right|^2 \frac{dx}{x^2} =$$

$$\int_{\frac{1}{2\pi}}^\infty |2\pi xe^{-i\delta} \phi_2(4\pi^2 ixe^{-i\delta}) +$$

$$O(x^\alpha)|^2 \frac{dx}{x^2} (0 < \alpha < \frac{1}{2}) =$$

$$\int_{2\pi}^\infty |\phi_2(ixe^{-i\delta}) + O(x^{\alpha-1})|^2 dx =$$

---

① Titchmarsh (1).

$$\int_{2\pi}^{\infty} |\phi_2(ixe^{-i\delta})|^2 dx +$$

$$O\left(\int_{2\pi}^{\infty} |\phi_2(ixe^{-i\delta})|^2 dx \int_{2\pi}^{\infty} x^{2\alpha-2} dx\right)^{\frac{1}{2}} +$$

$$O\left(\int_{2\pi}^{\infty} x^{2\alpha-2} dx\right) =$$

$$\frac{1}{8\pi^2}\frac{1}{\delta}\log^4\frac{1}{\delta} + O\left(\frac{1}{\sqrt{\delta}}\log^2\frac{1}{\delta}\right) + O(1)$$

and the result clearly follows.

It is then sufficient to prove that

$$\int_{2\pi}^{\infty} \left|\sum_{n=1}^{\infty} d(n) \exp(-inxe^{-i\delta})\right|^2 dx \sim \frac{1}{8\pi^2}\frac{1}{\delta}\log^4\frac{1}{\delta}$$

for the remainder of (7.32), will then contribute $O(\delta^{-\frac{1}{2}} \cdot \log^2 1/\delta)$.

As in the previous proof, the left-hand side is equal to

$$\sum_{n=1}^{\infty} d^2(n) \frac{e^{-4n\pi\sin\delta}}{2n\sin\delta} + 2\sum_{m=2}^{\infty}\sum_{n=1}^{m-1} d(m)d(n) \cdot$$

$$\frac{(m+n)\sin\delta\cos\{2(m-n)\pi\cos\delta\}}{(m+n)^2\sin^2\delta+(m-n)^2\cos^2\delta}e^{-2(m+n)\pi\sin\delta} -$$

$$2\sum_{m=2}^{\infty}\sum_{n=1}^{m-1} d(m)d(n) \cdot$$

$$\frac{(m-n)\cos\delta\sin\{2(m-n)\pi\cos\delta\}}{(m+n)^2\sin^2\delta+(m-n)^2\cos^2\delta}e^{-2(m+n)\pi\sin\delta} =$$

$$\sum_1 + \sum_2 + \sum_3$$

Now

$$\sum_1 = \frac{1}{2\sin\delta}(1-e^{-4\pi\sin\delta})\sum_{n=1}^{\infty} e^{-4\pi n\sin\delta}\sum_{\nu=1}^{n}\frac{d^2(\nu)}{\nu} \sim$$

$$2\pi\sum_{n=1}^{\infty} e^{-4\pi n\sin\delta}\frac{\log^4 n}{4\pi^2} \sim \frac{1}{2\pi}\int_0^{\infty} e^{-4\pi n\sin\delta}\log^4 x\, dx =$$

$$\frac{1}{8\pi^2\sin\delta}\int_0^\infty e^{-y}\log^4\left(\frac{y}{4\pi\sin\delta}\right)dy \sim \frac{1}{8\pi^2\delta}\log^4\frac{1}{\delta}$$

$$\sum{}_2 \leq 2\sum_{m=2}^\infty \sum_{n=1}^{m-1} d(m)d(n)\frac{2m\sin\delta}{(m-n)^2\cos^2\delta}e^{-2\pi m\sin\delta}=$$

$$\frac{4\sin\delta}{\cos^2\delta}\sum_{m=2}^\infty m\, d(m)\, e^{-2\pi m\sin\delta}\sum_{r=1}^{m-1}\frac{d(m-r)}{r^2 2}=$$

$$\frac{4\sin\delta}{\cos^2\delta}\sum_{r=1}^\infty \frac{1}{r^2}\sum_{m=r+1}^\infty m\, d(m)d(m-r)e^{-2\pi m\sin\delta}$$

The square of the inner sum does not exceed

$$\sum_{m=r+1}^\infty m^2 d^2(m)\, e^{-2\pi m\sin\delta}\sum_{m=r+1}^\infty d^2(m-r)\, e^{-2\pi m\sin\delta}\leq$$

$$\sum_{m=1}^\infty m^2 d^2(m)\, e^{-2\pi m\sin\delta}\sum_{m=1}^\infty d^2(m)\, e^{-2\pi m\sin\delta}=$$

$$O\left(\frac{1}{\delta^3}\log^3\frac{1}{\delta}\right)O\left(\frac{1}{\delta}\log^3\frac{1}{\delta}\right)=$$

$$O\left(\frac{1}{\delta^4}\log^6\frac{1}{\delta}\right)$$

by (7.54) and (7.55). Hence

$$\sum{}_2 = O\left(\frac{1}{\delta}\log^3\frac{1}{\delta}\right)$$

Finally (as in the previous proof)

$$\sum{}_3 = O\left(\delta^2\sum_{m=2}^\infty m^{1+\epsilon}e^{-2\pi m\sin\delta}\right) = O(\delta^{-\epsilon})$$

This proves the theorem.

It has been proved by Atkinson (2) that

$$\int_0^\infty \left|\zeta\left(\frac{1}{2}+it\right)\right|^4 e^{-\delta t}dt =$$

$$\frac{1}{\delta}\left(A\log^4\frac{1}{\delta}+B\log^3\frac{1}{\delta}+C\log^2\frac{1}{\delta}+D\log\frac{1}{\delta}+E\right)+$$

$$O\left\{\left(\frac{1}{\delta}\right)^{\frac{13}{14}+\epsilon}\right\}$$

where

$$A=\frac{1}{2\pi^2}, B=-\frac{1}{\pi^2}\left(2\log 2\pi-6\gamma+\frac{24\zeta'(2)}{\pi^2}\right)$$

A method is also indicated by which the index $\frac{13}{14}$ could be reduced to $\frac{8}{9}$.

7.17. The method of residues used in §7.15 for $\left|\zeta\left(\frac{1}{2}+it\right)\right|^2$ suggests still another method of dealing with $\left|\zeta\left(\frac{1}{2}+it\right)\right|^4$. This is primarily a question of approximating to

$$\int_{2\pi}^{\infty}\left|\sum_{n=1}^{\infty}d(n)\exp(-inxe^{-i\delta})\right|^2\mathrm{d}x=$$

$$\int_{2\pi}^{\infty}\left|\sum_{n=1}^{\infty}\frac{1}{\exp(inxe^{-i\delta})-1}\right|^2\mathrm{d}x=$$

$$\sum_{m=1}^{\infty}\sum_{n=1}^{\infty}\int_{2\pi}^{\infty}\frac{\mathrm{d}x}{\{\exp(imxe^{-i\delta})-1\}\{\exp(-inxe^{i\delta})-1\}}$$

In the terms with $n\geqslant m$, put $x=\xi/m$. We get

$$\sum_{m=1}^{\infty}\frac{1}{m}\sum_{n=m}^{\infty}\int_{2\pi m}^{\infty}\frac{\mathrm{d}\xi}{\{\exp(i\xi e^{-i\delta})-1\}\{\exp(inm^{-1}\xi e^{i\delta})-1\}}$$

Approximating to the integral by a sum obtained from the residues of the first factor, as in §7.15, we obtain as an approximation to this

$$2\pi e^{i\delta} \sum_{m=1}^{\infty} \frac{1}{m} \sum_{n=m}^{\infty} \sum_{r=m}^{\infty} \frac{1}{\exp\{-2i(nr/m)\pi e^{2i\delta}\}-1} =$$

$$2\pi e^{i\delta} \sum_{m=1}^{\infty} \frac{1}{m} \sum_{n=m}^{\infty} \sum_{r=m}^{\infty} \sum_{q=1}^{\infty} \exp\left(2i\frac{nqr}{m}\pi e^{2i\delta}\right) =$$

$$2\pi e^{i\delta} \sum_{m=1}^{\infty} \frac{1}{m} \sum_{r=m}^{\infty} \sum_{q=1}^{\infty} \frac{\exp(2iqr\pi e^{2i\delta})}{1-\exp\{2i(qr/m)\pi e^{2i\delta}\}} =$$

$$O\left(\sum_{m=1}^{\infty} \frac{1}{m} \sum_{r=m}^{\infty} \sum_{q=1}^{\infty} \frac{e^{-2qr\pi\sin 2\delta}}{|1-\exp\{2i(qr/m)\pi e^{2i\delta}\}|}\right) =$$

$$O\left(\sum_{m=1}^{\infty} \frac{1}{m} \sum_{\nu=m}^{\infty} \frac{d(\nu)e^{-2q\nu\pi\sin 2\delta}}{|1-\exp(2i\nu m^{-1}\pi e^{2i\delta})|}\right)$$

The terms with $m\mid\nu$ are

$$O\left(\sum_{m=1}^{\infty} \frac{1}{m} \sum_{\nu=m}^{\infty} \frac{d(\nu)e^{-2\nu\pi\sin 2\delta}}{\nu m^{-1}\delta}\right) =$$

$$O\left(\frac{1}{\delta} \sum_{m\mid\nu} \frac{d(\nu)}{\nu} e^{-2\nu\pi\sin 2\delta}\right) =$$

$$O\left(\frac{1}{\delta} \sum_{\nu=1}^{\infty} \frac{d^2(\nu)}{\nu} e^{-2\nu\pi\sin 2\delta}\right) =$$

$$O\left(\frac{1}{\delta}\log^4 \frac{1}{\delta}\right)$$

The remaining terms are

$$O\left(\sum_{m=1}^{\infty} \frac{1}{m} \sum_{k=1}^{\infty} \sum_{l=1}^{m-1} \frac{d(km+l)e^{-2(km+l)\pi\sin 2\delta}}{l/m}\right) =$$

$$O\left(\sum_{m=1}^{\infty} \sum_{k=1}^{\infty} e^{-2km\pi\sin 2\delta} \sum_{l=1}^{m-1} \frac{d(km+l)}{l}\right) =$$

$$O\left(\sum_{m=1}^{\infty} \sum_{k=1}^{\infty} e^{-2km\pi\sin 2\delta} \sum_{l=1}^{km} \frac{d(km+l)}{l}\right) =$$

$$O\left(\sum_{\nu=1}^{\infty} d(\nu)e^{-2\nu\pi\sin 2\delta} \sum_{l=1}^{\nu} \frac{d(\nu+l)}{l}\right) =$$

第二部分　中外名家论 Riemann 函数与 Riemann 猜想

$$O\left(\sum_{l=1}^{\infty}\frac{1}{l}\sum_{\nu=l}^{\infty}d(\nu)d(\nu+l)e^{-2\nu\pi\sin 2\delta}\right) =$$

$$O\left(\sum_{l=1}^{\infty}\frac{e^{-l\pi\sin 2\delta}}{l}\sum_{\nu=l}^{\infty}d(\nu)d(\nu+l)e^{-(2\nu-l)\pi\sin 2\delta}\right)$$

Using Schwarz's inequality and (7.54) we obtain

$$O\left(\sum_{l=1}^{\infty}\frac{e^{-l\pi\sin 2\delta}}{l}\frac{1}{\delta}\log^3\frac{1}{\delta}\right) = O\left(\frac{1}{\delta}\log^4\frac{1}{\delta}\right)$$

Actually it follows from a theorem of Ingham (1) that this term is

$$O\left(\frac{1}{\delta}\log^3\frac{1}{\delta}\right)$$

7.18. There are formulae similar to those of §7.16 for larger values of k, though in the higher cases they fail to give the desired mean-value formula.[①] We have

$$\phi_k\left(\frac{1}{z}\right) = \frac{1}{2\pi i}\int_{\alpha-i\infty}^{\alpha+i\infty}\Gamma(s)\zeta^k(s)z^s ds =$$

$$\frac{1}{2\pi i}\int_{1-\alpha-i\infty}^{1-\alpha+i\infty}\Gamma(1-s)\zeta^k(1-s)z^{1-s}ds =$$

$$\frac{z}{2\pi i}\int_{1-\alpha-i\infty}^{1-\alpha+i\infty}\frac{\Gamma(1-s)}{\chi^k(s)}\zeta^k(s)z^{-s}ds$$

Now

$$\Gamma(1-s)\chi^{-k}(s) = 2^{k-ks}\pi^{-ks}\cos^k\frac{1}{2}s\pi\Gamma^k(s)\Gamma(1-s) =$$

$$2^{k-ks}\pi^{1-ks}\cos^k\frac{1}{2}s\pi\operatorname{cosec}\pi s\Gamma^{k-1}(s)$$

For large s

$$\Gamma^{k-1}(s) \sim s^{(k-1)(s-\frac{1}{2})}e^{-(k-1)s}(2\pi)^{\frac{1}{2}(k-1)}$$

---

① See also Bellman (3).

Now
$$\Gamma\{(k-1)s-\frac{1}{2}k+1\} \sim$$
$$\{(k-1)s\}^{(k-1)s-\frac{1}{2}k+\frac{1}{2}}e^{-(k-1)s}(2\pi)^{\frac{1}{2}}$$

Hence we may expect to be able to replace $\Gamma^{k-1}(s)$ by
$$(k-1)^{-(k-1)s+\frac{1}{2}k-\frac{1}{2}}(2\pi)^{\frac{1}{2}(k-2)}\Gamma\{(k-1)s-\frac{1}{2}k+1\}$$

Also, in the upper half-plane
$$\cos^k\frac{1}{2}s\pi \text{ cosec } s\pi \sim (\frac{1}{2}e^{-\frac{1}{2}is\pi})^k\frac{-2i}{e^{-is\pi}}=-2^{1-k}ie^{-is\pi(\frac{1}{2}k-1)}$$

We should thus replace $\Gamma(1-s)\chi^{-k}(s)$ by
$$-i \cdot 2^{1-ks}\pi^{1-ks}e^{-is\pi(\frac{1}{2}k-1)}(k-1)^{-(k-1)s+\frac{1}{2}k-\frac{1}{2}}(2\pi)^{\frac{1}{2}(k-2)} \cdot$$
$$\Gamma\{(k-1)s-\frac{1}{2}k+1\}$$

Hence an approximation to $\phi_k(1/z)$ should be
$$\psi_k\left(\frac{1}{z}\right) = -i(2\pi)^{\frac{1}{2}k}\sum_{n=1}^{\infty}d_k(n)\frac{z}{2\pi i} \cdot$$
$$\int_{1-\alpha-i\infty}^{1-\alpha+i\infty}\Gamma\{(k-1)s-\frac{1}{2}k+1\} \cdot$$
$$(k-1)^{-(k-1)s+\frac{1}{2}k-\frac{1}{2}}e^{-is\pi(\frac{1}{2}k-1)}(2^k\pi^k nz)^{-s}ds$$

Putting $s=(w+\frac{1}{2}k-1)/(k-1)$, the integral is
$$-i(2\pi)^{\frac{1}{2}k}\frac{z}{2\pi i}\int\Gamma(w)(k-1)^{-w-\frac{1}{2}} \cdot$$
$$e^{-i\pi(\frac{1}{2}k-1)(w+\frac{1}{2}k-1)/(k-1)}(2^k\pi^k nz)^{-(w+\frac{1}{2}k-1)/(k-1)}dw =$$
$$-i(2\pi)^{\frac{1}{2}k}z(k-1)^{-\frac{1}{2}}e^{-i\pi(\frac{1}{2}k-1)2/(k-1)} \cdot$$
$$(2^k\pi^k nz)^{-\frac{1}{2}(k-1)(k-1)} \cdot$$
$$\exp\{-(k-1)e^{i\pi(\frac{1}{2}k-1)/(k-1)}2^{\frac{k}{k-1}}\pi^{\frac{k}{k-1}}(nz)^{\frac{1}{k-1}}\}$$

第二部分 中外名家论 Riemann 函数与 Riemann 猜想

Putting $z = \mathrm{i}x\mathrm{e}^{-\mathrm{i}\delta}$, we obtain

$$(2\pi)^{\frac{k}{2k-2}}(k-1)^{-\frac{1}{2}}x^{\frac{k}{2(k-1)}}n^{-(\frac{1}{2}k-1)/(k-1)} \cdot$$

$$C_k \exp\left\{-(k-1)\mathrm{e}^{\frac{1}{2}\mathrm{i}\pi}2^{\frac{k}{k-1}}\pi^{\frac{k}{k-1}}(nx)^{\frac{1}{k-1}}\mathrm{e}^{-\frac{\mathrm{i}\delta}{k-1}}\right\}$$

where $|C_k| = 1$.

We have, by (7.43)

$$\int_0^\infty \left|\zeta\left(\frac{1}{2} + \mathrm{i}t\right)\right|^{2k}\mathrm{e}^{-2\delta t}\mathrm{d}t =$$

$$\int_0^\infty |\phi_k(\mathrm{i}x\mathrm{e}^{-\mathrm{i}\delta})|^2 \mathrm{d}x + O(1) =$$

$$\int_0^\lambda |\phi_k(\mathrm{i}x\mathrm{e}^{-\mathrm{i}\delta})|^2 \mathrm{d}x +$$

$$\int_\lambda^\infty |\phi_k(\mathrm{i}x\mathrm{e}^{-\mathrm{i}\delta})|^2 \mathrm{d}x + O(1)$$

As in the above cases, the integral, over (λ, ∞) is

$$\sum_{n=1}^\infty d_k^2(n)\frac{\mathrm{e}^{-2\lambda n\sin\delta}}{2n\sin\delta} + 2\sum_{m=2}^\infty \sum_{n=1}^{m-1} d_k(m)d_k(n) \cdot$$

$$\frac{(m+n)\sin\delta\cos\{\lambda(m-n)\cos\delta\}}{(m+n)^2\sin^2\delta + (m-n)^2\cos^2\delta}\mathrm{e}^{-\lambda(m+n)\sin\delta} -$$

$$2\sum_{m=2}^\infty \sum_{n=1}^{m-1} d_k(m)d_k(n) \cdot$$

$$\frac{(m+n)\cos\delta\sin\{\lambda(m-n)\cos\delta\}}{(m+n)^2\sin^2\delta + (m-n)^2\cos^2\delta}\mathrm{e}^{-\lambda(m+n)\sin\delta} =$$

$$\sum\nolimits_1 + \sum\nolimits_2 + \sum\nolimits_3 \qquad (7.57)$$

Using the relation $d_k(n) = O(n^\epsilon)$, we obtain

$$\sum\nolimits_1 = O\left(\frac{1}{\delta} \cdot \frac{1}{(\lambda\delta)^\epsilon}\right)$$

and, since

$$(m+m)^2\sin^2\delta + (m-n)^2\cos^2\delta > A\delta(m+n)(m-n)$$

$$\sum\nolimits_2 = O\left(\sum_{m=2}^\infty m^\epsilon \mathrm{e}^{-\lambda m\sin\delta}\sum_{n=1}^{m-1}\frac{1}{m-n}\right) =$$

$$O\Big(\sum_{m=2}^{\infty} m^{\epsilon} e^{-\lambda m\sin\delta}\Big) = O\Big(\frac{1}{(\lambda\delta)^{1+\epsilon}}\Big)$$

$$\sum_3 = O\Big(\sum_{m=2}^{\infty} m^{\epsilon} e^{-\lambda m\sin\delta} \sum_{n=1}^{m-1} \frac{1}{m-n}\Big) = O\Big(\frac{1}{(\lambda\delta)^{1+\epsilon}}\Big)$$

Hence, for $\lambda < A$

$$\int_{\lambda}^{\infty} |\phi_k(ixe^{-i\delta})|^2 dx = O\Big(\frac{1}{(\lambda\delta)^{1+\epsilon}}\Big)$$

Also

$$\int_0^{\lambda} |\phi_k(ixe^{-i\delta})|^2 dx = \int_{1/\lambda}^{\infty} \left|\phi_k\Big(\frac{1}{ixe^{-i\delta}}\Big)\right|^2 \frac{dx}{x^2}$$

and by the above formula this should be approximately

$$\frac{(2\pi)^{\frac{k}{k-1}}}{k-1} \cdot \int_{1/\lambda}^{\infty} \left|\sum_{n=1}^{\infty} \frac{d_k(n)}{n^{(\frac{1}{2}k-1)/(k-1)}} \cdot \exp\{-(k-1)i(2\pi)^{\frac{k}{k-1}}(nx)^{\frac{1}{k-1}} e^{-\frac{i\delta}{k-1}}\}\right|^2 \frac{dx}{x^{2-\frac{k}{k-1}}}$$

Putting $x = \xi^{k-1}$, this is

$$(2\pi)^{\frac{k}{k-1}} \cdot \int_{\lambda^{-\frac{1}{k-1}}}^{\infty} \left|\sum_{n=1}^{\infty} \frac{d_k(n)}{n^{(\frac{1}{2}k-1)/(k-1)}} \cdot \exp\{-(k-1)i(2\pi)^{\frac{k}{k-1}} n^{\frac{1}{k-1}}\xi e^{-\frac{i\delta}{k-1}}\}\right|^2 d\xi$$

and we can integrate as before. We obtain

$$K \sum_{m=1}^{\infty} \sum_{n=1}^{\infty} \frac{d_k(m) d_k(n)}{(mn)^{(\frac{1}{2}k-1)/(k-1)}} \cdot$$

$$\frac{\exp[(k-1)(2\pi)^{\frac{k}{k-1}} \{n^{\frac{1}{k-1}} - m^{\frac{1}{k-1}}\} i \cos\frac{\delta}{k-1} - (m^{\frac{1}{k-1}} + n^{\frac{1}{k-1}}) \sin\frac{\delta}{k-1}\} \lambda^{-\frac{1}{k-1}}]}{(n^{\frac{1}{k-1}} - m^{\frac{1}{k-1}}) i \cos\frac{\delta}{k-1} - (m^{\frac{1}{k-1}} + n^{\frac{1}{k-1}}) \sin\frac{\delta}{k-1}}$$

where K depends on k only.

The terms with $m = n$ are

$$O\left\{\frac{1}{\delta}\sum_{n=1}^{\infty}\frac{d_k^2(n)}{n}\exp(-K\delta n^{\frac{1}{k-1}}\lambda^{-\frac{1}{k-1}})\right\}=$$

$$O\left\{\frac{1}{\delta}\frac{1}{(\lambda\delta)^{\epsilon}}\right\}$$

The rest are

$$O\left\{\sum_{m>n}\sum\frac{1}{(mn)^{(\frac{1}{2}k-1)/(k-1)}}\frac{\exp(-K\delta m^{\frac{1}{k-1}}\lambda^{-\frac{1}{k-1}})}{m^{\frac{1}{k-1}}-n^{\frac{1}{k-1}}}\right\}$$

Now

$$\sum_{n=1}^{m-1}\frac{1}{n^{(\frac{1}{2}k-1)/(k-1)}(m^{\frac{1}{k-1}}-n^{\frac{1}{k-1}})}=$$

$$O\left\{\sum_{n=1}^{\frac{1}{2}m}\frac{1}{n^{(\frac{1}{2}k-1)/(k-1)}m^{\frac{1}{k-1}}}+\sum_{\frac{1}{2}m}^{m-1}\frac{1}{m^{(\frac{1}{2}k-1)/(k-1)+\frac{1}{k-1}-1}(m-n)}\right\}=$$

$$O(m^{1-(\frac{1}{2}k-1)/(k-1)-1(k-1)+\epsilon})=O(m^{(\frac{1}{2}k-1)/(k-1)+\epsilon})$$

Hence we obtain

$$O\left\{\sum_{m=2}^{\infty}m^{\epsilon}\exp(-K\delta m^{\frac{1}{k-1}}\lambda^{-\frac{1}{k-1}})\right\}=$$

$$O\left\{\int_0^{\infty}x^{\epsilon}\exp(-K\delta x^{\frac{1}{k-1}}\lambda^{-\frac{1}{k-1}})\mathrm{d}x\right\}=$$

$$O\left\{\left(\frac{\lambda}{\delta^{k-1}}\right)^{1+\epsilon}\right\}$$

Altogether

$$\int_0^{\infty}\left|\zeta\left(\frac{1}{2}+\mathrm{i}t\right)\right|^{2k}\mathrm{e}^{-2\delta t}\mathrm{d}t=O\left\{\frac{1}{(\lambda\delta)^{1+\epsilon}}\right\}+O\left\{\left(\frac{\lambda}{\delta^{k-1}}\right)^{1+\epsilon}\right\}$$

and taking $\lambda=\delta^{\frac{1}{2}k-1}$, we obtain

$$\int_0^{\infty}\left|\zeta\left(\frac{1}{2}+\mathrm{i}t\right)\right|^{2k}\mathrm{e}^{-2\delta t}\mathrm{d}t=O(\delta^{-\frac{1}{2}k-\epsilon}),k\geqslant 2$$

This index is what we should obtain from the approximate functional equation.

7.19. The attempt to obtain a non-trivial upper bound for

$$\int_0^\infty \left|\zeta\left(\frac{1}{2}+it\right)\right|^{2k} e^{-2\delta t}\,dt$$

for $k>2$ fails. But we can obtain a lower bound① for it which may be somewhere near the truth; for in this problem we can ignore $\phi_k(ixe^{i\delta})$ for small x, since by (7.43)

$$\int_0^\infty \left|\zeta\left(\frac{1}{2}+it\right)\right|^{2k} e^{-2\delta t}\,dt > \int_1^\infty |\phi_k(ixe^{-i\delta})|^2\,dx +$$
$$O(1) \qquad (7.58)$$

and we can approximate to the right-hand side by the method already used.

If k is any positive integer, and $\sigma<1$

$$\zeta^k(s) = \prod_p \left(1-\frac{1}{p^s}\right)^{-k} = \prod_p \sum_{m=0}^\infty \frac{(k+m-1)!}{(k-1)!\,m!}\frac{1}{p^{ms}} = \sum_{n=1}^\infty \frac{d_k(n)}{n^s}$$

If we replace the coefficient of each term p^{-ms} by its square, the coefficient of each n^{-s} is replaced by its square. Hence if

$$F_k(s) = \sum_{n=1}^\infty \frac{d_k^2(n)}{n^s}$$

then

---

① Titchmarsh (4).

第二部分　中外名家论 Riemann 函数与 Riemann 猜想

$$F_k(s) = \prod_p \sum_{m=0}^{\infty} \left\{ \frac{(k+m-1)!}{(k-1)!\, m!} \right\}^2 \frac{1}{p^{ms}} = \prod_p f_k(p^{-s})$$

say. Thus

$$f_k\!\left(\frac{1}{p^s}\right) = 1 + \frac{k^2}{p^s} + \cdots$$

and

$$\left(1 - \frac{1}{p^s}\right)^{k^2} f_k\!\left(\frac{1}{p^s}\right) = \left(1 - \frac{k^2}{p^s} + \cdots\right)\!\left(1 + \frac{k^2}{p^s} + \cdots\right) = 1 + O\!\left(\frac{1}{p^{2\sigma}}\right)$$

Hence the product

$$\prod_p \left(1 - \frac{1}{p^s}\right)^{k^2} f_k\!\left(\frac{1}{p^s}\right)$$

is absolutely convergent for $\sigma > \frac{1}{2}$, and so represents an analytic function, $g(s)$ say, regular for $\sigma > \frac{1}{2}$, and bounded in any half-plane $\sigma \geq \frac{1}{2} | \delta$; and

$$F_k(s) = \zeta^{k^2}(s) g(s)$$

Now

$$\sum_{n=1}^{\infty} d_k^2(n)\, e^{-2n\sin\delta} = \frac{1}{2\pi i} \int_{2-i\infty}^{2+i\infty} \Gamma(s) F_k(s) (2\sin\delta)^{-s} ds$$

Moving the line of integration just to the left of $\sigma = 1$, and evaluating the residue at $s = 1$, we obtain in the usual way

$$\sum_{n=1}^{\infty} d_k^2(n)\, e^{-2n\sin\delta} \sim \frac{C_k'}{\delta} \log^{k^2-1} \frac{1}{\delta}$$

Similarly

$$\sum_{n=1}^{\infty} \frac{d_k^2(n)}{n}\, e^{-2n\sin\delta} =$$
$$\frac{1}{2\pi i} \int_{2-i\infty}^{2+i\infty} \Gamma(s) F_k(s+1) (2\sin\delta)^{-s} ds \sim C_k \log^{k^2} \frac{1}{\delta}$$

since here there is a pole of order k^2+1 at $s=0$.

We can now prove

Theorem 7.19. *For any fixed integer k, and $0<\delta\leqslant\delta_0=\delta_0(k)$*

$$\int_0^\infty \left|\zeta\left(\frac{1}{2}+it\right)\right|^{2k} e^{-\delta t} dt \geqslant \frac{C_k}{\delta}\log k^2 \frac{1}{\delta}$$

The integral on the right of (7.58) is equal to (7.57) with $\lambda=1$; and

$$\sum_1 \sim \frac{C_k}{2\delta}\log^{k^2}\frac{1}{\delta}$$

while

$$\sum_2 + \sum_3 = O\left(\frac{1}{\delta}\log^{k^2-1}\frac{1}{\delta}\right)$$

The result therefore follows.

7.20. When applied (with care) to a general Dirichlet polynomial, the proof of the first lemma of §7.2 leads to

$$\int_0^T \left|\sum_1^N a_n n^{-it}\right|^2 dt = \sum_1^N |a_n|^2 \{T+O(n\log 2n)\}$$

However Montgomery and Vaugham [1] have given a superior result, namely

$$\int_0^T \left|\sum_1^N a_n n^{-it}\right|^2 dt = \sum_1^N |a_n|^2 \{T+O(n)\}$$

(7.59)

Ramachandra [2] has given an alternative proof of this result. Both proofs are more complicated than the argument leading to (7.7). However (7.59) has the advantage of dealing with the mean value of $\zeta(s)$ uniformly for

$\sigma \geq \frac{1}{2}$. Suppose for example that $\sigma = \frac{1}{2}$. One takes $x = 2T$ in Theorem 4.11, whence

$$\zeta\left(\frac{1}{2}+it\right) = \sum_{n \leq 2T} n^{-\frac{1}{2}-it} + O(T^{-\frac{1}{2}}) = Z + O(T^{-\frac{1}{2}})$$

say, for $T \leq t \leq 2T$. Then

$$\int_T^{2T} |Z|^2 dt = \sum_{n \leq 2T} n^{-1} \{T + O(n)\} = T \log T + O(T)$$

Moreover $Z \ll T^{\frac{1}{2}}$, whence

$$\int_T^{2T} |Z| T^{-\frac{1}{2}} dt \ll T$$

Then, since

$$\int_T^{2T} O(T^{-\frac{1}{2}})^2 dt = O(1)$$

we conclude that

$$\int_T^{2T} \left|\zeta\left(\frac{1}{2}+it\right)\right|^2 dt = T \log T + O(T)$$

and Theorem 7.3 follows (with error term $O(T)$ on summing over $\frac{1}{2}T, \frac{1}{4}T, \cdots$. In particular we see that Theorem 4.11 is sufficient for this purpose, contrary to Titchmarsh's remark at the beginning of §7.3.

We now write

$$\int_0^T \left|\zeta\left(\frac{1}{2}+it\right)\right|^2 dt = T \log\left(\frac{T}{2\pi}\right) + (2\lambda-1)T + E(T)$$

Much further work has been done concerning the error term $E(T)$. It has been shown by Balasubramanian [1] that $E(T) \ll T^{\frac{1}{2}+\varepsilon}$. A different proof was given by Heath-Brown [4]. The estimate may be improved slightly by using exponential sums, and Ivic [3; Corollary 15.4] has sketched the argument leading to the exponent $\frac{35}{108}+\varepsilon$, using a lemma due to Kolesink [4]. It is no coincidence that this is twice the exponent occurring in Kolesnik's estimate for $\mu\left(\frac{1}{2}\right)$, since one has the following result.

Lemma 7.20. *Let k be a fixed positive integer and let $t \geqslant 2$. Then*

$$\zeta\left(\frac{1}{2}+it\right)^k \ll (\log t)\left(1+\int_{-\log^2 t}^{\log^2 t}\mid\zeta(\frac{1}{2}+it+iu)\mid^k e^{-|u|}du\right)$$

(7.60)

This is a trivial generalization of Lemma 3 of Heath-Brown [2], which is the case $k=2$. It follows that

$$\zeta\left(\frac{1}{2}+it\right)^k \ll (\log t)^4+(\log t)\max E\{t\pm(\log t)^2\}$$

(7.61)

Thus, if μ is the infimum of those α for which $E(T)\ll T^\alpha$, then $\mu\left(\frac{1}{2}\right)\leqslant\frac{1}{2}\mu$. On the other hand, an examination of the initial stages of the process for estimating $\zeta\left(\frac{1}{2}+it\right)$ by van der Corput's method shows that one is, in effect, bounding the mean square of $\zeta\left(\frac{1}{2}+it\right)$ over a short range $(t-\Delta, t+\Delta)$. Thus it appears that one can hope for nothing better for $\mu\left(\frac{1}{2}\right)$, by this method, than is given by (7.61).

The connection between estimates for $\zeta\left(\frac{1}{2}+it\right)$ and those for $E(T)$ should not be pushed too far however, for Good [1] has shown that $E(T) = \Omega(T^{\frac{1}{4}})$. Indeed Heath-Brown [1] later gave the asymptotic formula

$$\int_0^T E(t)^2 dt = \frac{2}{3}(2\pi)^{-\frac{1}{2}}\frac{\zeta\left(\frac{3}{2}\right)^2}{\zeta(3)}T^{\frac{3}{2}} + O(T^{\frac{5}{4}}\log T)$$
(7.62)

from which the above Ω-result is immediate. It is perhaps of interest to note that the error term of (7.62) must be $\Omega\{T^{\frac{3}{4}}(\log T)^{-1}\}$, since any estimate $O\{F(T)\}$ readily yields $E(T) \ll \{F(T)\log T\}^{\frac{1}{3}}$, by an argument analogous to that used in the proof of Lemma α in 14.13. It would be nice to reduce the error term in (7.62) to $O(T^{1+\varepsilon})$ so as to include Balasubramanian's bound $E(T) \ll T^{\frac{1}{3}+\varepsilon}$.

Higher mean-values of $E(T)$ have been investigated by Ivic [1] who showed, for example, that

$$\int_0^T E(t)^8 dt \ll T^{3+\varepsilon}$$
(7.63)

This readily implies the estimate $E(T) \ll T^{\frac{1}{3}+\varepsilon}$.

The mean-value theorem of Heath-Brown and Ivic depend on a remarkable formula for $E(T)$ due to Atkinson [1]. Let $0 < A < A'$ be constants and suppose $AT \leq N \leq A'T$. Put

$$N' = N'(T) = \frac{T}{2\pi} + \frac{N}{2} - \left(\frac{NT}{2\pi} + \frac{N^2}{4}\right)^{\frac{1}{2}}$$

Then $E(T) = \sum_1 + \sum_2 + O(\log^2 T)$, where

$$\sum_1 = 2^{-\frac{1}{2}} \sum_{n \leq N} (-1)^n d(n) \left(\frac{nT}{2\pi} + \frac{n^2}{4}\right)^{-\frac{1}{2}} \cdot$$

$$\left\{\sinh^{-1}\left(\frac{\pi n}{2T}\right)^{\frac{1}{2}}\right\}^{-1} \sin f(n) \qquad (7.64)$$

with

$$f(n) = \frac{1}{4}\pi + 2T\sinh^{-1}\left(\frac{\pi n}{2T}\right)^{\frac{1}{2}} + (\pi^2 n^2 + 2\pi nT)^{\frac{1}{2}}$$

$$(7.65)$$

and

$$\sum_2 = 2 \sum_{n \leq N'} d(n) n^{-\frac{1}{2}} \left(\log \frac{T}{2\pi n}\right)^{-1} \sin g(n)$$

where

$$g(n) = T\log\frac{T}{2\pi n} - T - \frac{1}{4}\pi$$

Atkinson loses a minus sign on [1; p 375]. this is corrected above. In applications of the above formula one can usually show that $\sum_2$ may be ignored. On the Lindelöf hypothesis, for example, one has

$$\sum_{n \leq x} d(n) n^{-\frac{1}{2} - iT} \ll T^{\varepsilon}$$

for $x \ll T$, so that $\sum_2 \ll T^{\varepsilon}$ by partial summation; and in general one finds $\sum_2 \ll T^{2\mu(\frac{1}{2}) + \varepsilon}$. The sum $\sum_1$ is closely analogous to that occuring in the explicit formula (12.9) for $\Delta(x)$ in Dirichlet's divisor problem. Indeed,

第二部分　中外名家论 Riemann 函数与 Riemann 猜想

if $n = o(T^{\frac{1}{3}})$ then the summands of (7.64) are

$$(-1)^n \left(\frac{2T}{\pi}\right)^{\frac{1}{4}} \frac{d(n)}{n^{\frac{3}{4}}} \cos\left(2\sqrt{(2\pi nT)} - \frac{\pi}{4}\right) + O\left(T^{\frac{1}{4}} \frac{d(n)}{n^{\frac{3}{4}}}\right)$$

7.21. Ingham's result has been improved by Heath-Brown [4] to give

$$\int_0^T \left|\zeta\left(\frac{1}{2} + it\right)\right|^4 dt = \sum_{n=0}^4 c_n T (\log T)^n + O(T^{\frac{7}{8}+\varepsilon})$$

(7.66)

where $c_4 = (2\pi^2)^{-1}$ and

$$c_3 = 2\{4\gamma - 1 - \log(2\pi) - 12\zeta'(2)\pi^{-2}\}\pi^{-2}$$

The proof requires an asymptotic formula for

$$\sum_{n \leqslant N} d(n) d(n+r)$$

with a good error term, uniform in r. Such estimates are obtained in Heath-Brown [4] by applying Weil's bound for the Kloosterman sum (see §7.24).

7.22. Better estimates for σ_k are now available. In particular we have $\sigma_3 \leqslant \frac{7}{12}$ and $\sigma_4 \leqslant \frac{5}{8}$. The result on σ_4 is due to Heath-Brown [8]. To deduce the estimate for σ_3 one merely uses Gabriel's convexity theorem (see §9.19), taking $\alpha = \frac{1}{2}$, $\beta = \frac{5}{8}$, $\lambda = \frac{1}{4}$, $\mu = \frac{1}{8}$, and $\sigma = \frac{7}{12}$.

The key ingredient required to obtain $\sigma_4 \leqslant \frac{5}{8}$ is the estimate

$$\int_0^T \left|\zeta\left(\frac{1}{2}+it\right)\right|^{12} dt \ll T^2 (\log T)^{17} \quad (7.67)$$

of Health-Brown [2]. According to (7.60) this implies the bound $\mu\left(\frac{1}{2}\right) \leqslant \frac{1}{6}$. In fact, in establishing (7.67) it is shown that, if $\left|\zeta\left(\frac{1}{2}+it\right)\right| \geqslant V(>0)$ for $1 \leqslant r R$, where $0 < t_r \leqslant T$ and $t_{r+1} - t_r \geqslant 1$, then

$$R \ll T^2 V^{-12} (\log T)^{16}$$

and, if $V \geqslant T^{\frac{2}{13}}(\log T)^2$, then

$$R \ll T V^{-6} (\log T)^8$$

Thus one sees not only that $\zeta\left(\frac{1}{2}+it\right) \ll t^{\frac{1}{6}}(\log t)^{\frac{4}{3}}$, but also that the number of points at which this bound is close to being attained is very small. Moreover, for $V \geqslant T^{\frac{2}{13}}(\log T)^2$, the behaviour corresponds to the, as yet unproven, estimate

$$\int_0^T \left|\zeta\left(\frac{1}{2}+it\right)\right|^6 dt \ll T^{1+\varepsilon}$$

To prove (7.67) one uses Atkinson's formula for $E(T)$ (see §7.20) to show that

$$\int_{T-G}^{T+G} \left|\zeta\left(\frac{1}{2}+it\right)\right|^2 dt \ll$$

$$G\log T + G \sum_K (TK)^{-\frac{1}{4}} \cdot$$

$$\left(|S(K)| + K^{-1}\int_0^K |S(x)| dx\right) e^{-\frac{G^2 K}{T}} \quad (7.68)$$

where K runs over powers of 2 in the range $T^{\frac{1}{3}} \leqslant K \leqslant TG^{-2}\log^3 T$, and

第二部分 中外名家论 Riemann 函数与 Riemann 猜想

$$S(x) = S(x, K, T) = \sum_{K < n \leqslant K+x} (-1)^n d(n) e^{if(n)}$$

with $f(n)$ as in (7.65). The bound (7.68) holds uniformly for $\log^2 T \leqslant G \leqslant T^{\frac{5}{12}}$. In order to obtain the estimate (7.67) one proceeds to estimate how often the sum $S(x, K, T)$ can be large, for varying T. This is done by using a variant of Halász's method, as described in §9.28.

By following similar ideas, Graham, in work in the process of publication, has obtained

$$\int_0^T \left| \zeta\left(\frac{5}{7} + it\right) \right|^{196} dt \ll T^{14} (\log T)^{425} \quad (7.69)$$

Of course there is no analogue of Atkinson's formula available here, and so the proof is considerably more involved. The result (7.69) contains the estimate $\mu\left(\frac{5}{7}\right) \leqslant \frac{1}{14}$ (which is the case $l = 4$ of Theorem 5.14) in the same way that (7.67) implies $\mu\left(\frac{1}{2}\right) \leqslant \frac{1}{6}$.

7.23. As in §7.9, one may define σ_k, for all positive real k, as the infimum of those σ for which (7.21) holds, and σ_k' similarly, for (7.22). Then it is still true that $\sigma_k = \sigma_k'$, and that

$$\int_1^T |\zeta(\sigma + it)|^{2k} dt = T \sum_1^\infty d_k(n)^2 n^{-2\sigma} + O(T^{1-\delta})$$

for $\sigma > \sigma_k$, where $\delta = (\sigma, k) > 0$ may be explicitly determined. This may be proved by the method of Haselgrove [1]; see also Turganaliev [1]. In particular one may take $\delta\left(\sigma, \frac{1}{2}\right) = \frac{1}{2}\left(\sigma - \frac{1}{2}\right)$ for $\frac{1}{2} < \sigma < 1$ (Ivic [3;

(8.111)] or Turganaliev [1]). For some quite general approaches to these fractional moments the reader should consult Ingham (4) and Bohr and Jessen (4).

Mean values for $\sigma = \dfrac{1}{2}$ are far more difficult, and in no case other than $k=1$ or 2 is an asymptotic formula for

$$\int_0^T \left| \zeta\left(\frac{1}{2} + it\right) \right|^{2k} dt = I_k(T)$$

say, known, even assuming the Riemann hypothesis. However Health. Brown [7] has shown that

$$T(\log T)^{k^2} \ll I_k(T) \ll T(\log T)^{k^2}, k = \frac{1}{n}$$

Ramachandra [3], [4] having previously dealt with the case $k = \dfrac{1}{2}$. Jutila [4] observed that the implied constants may be taken to be independent of k. We also have

$$I_k(T) \gg T(\log T)^{k^2}$$

for any positive rational k. This is due to Ramachandra [4] when k is half an integer, and to Heath-Brown [7] in the remaining cases. (Titchmarsh [1; Theorem 29] states such a result for positive integral k, but the reference given there seems to yield only Theorem 7.19, which is weaker.) When k is irrational the best result known is Ramachandra's estimate [5]

$$I_k(T) \gg T(\log T)^{k^2}(\log \log T)^{-k^2}$$

If one assumes the Riemann hypothesis one can obtain the better results

$$I_k T \ll T(\log T)^{k^2}, 0 \leq k \leq 2$$

and

第二部分 中外名家论 Riemann 函数与 Riemann 猜想

$$I_k(T) \gg T(\log T)^{k^2}, k \geq 0 \quad (7.70)$$

for which see Ramachandra [4] or Heath-Brown [7]. Conrey and Ghosh [1] have given a particularly simple proof of (7.70) in the form

$$I_k(T) \geq \{C_k + o(1)\} T(\log T)^{k^2}$$

with

$$C_k = \{\Gamma(k^2+1)\}^{-1} \cdot$$

$$\prod_p \left\{ \left(1 - \frac{1}{p}\right)^{k^2} \sum_{m=0}^{\infty} \left(\frac{\Gamma(k+m)}{m! \, \Gamma(k)}\right)^2 p^{-m} \right\}$$

They suggest that this relation may even hold with equality (as it does when $k=1$ or 2).

7.24. The work of Atkinson (2) alluded to at the end of §7.16 is of special historical interest, since it contains the first occurence of Kloosterman sums in the subject. These sums are defined by

$$S(q; a,b) = \sum_{\substack{n=1 \\ (n,q)=1}}^{q} \exp\left(\frac{2\pi i}{q}(an+b\overline{n})\right) \quad (7.71)$$

where $n\overline{n} \equiv 1 \pmod{q}$. Such sums have been of great importance in recent work, notably that of Heath-Brown [4] mentioned in §7.21, and of Iwaniec [1] and Deshouillers and Iwaniec [2],[3] referred to later in this section. The key fact about these sums is the estimate

$$|S(q; a, b)| \leq d(q) q^{\frac{1}{2}} (q,a,b)^{\frac{1}{2}} \quad (7.72)$$

which indicates a very considerable amount of cancellation in (7.71). This result is due to Weil [1] when q is prime (the most important case) and to Estermann [2] in general. Weil's proof uses deep methods from algebraic geometry. It is possible to obtain further cancellations by averaging $S(q; a, b)$ over q, a and b. In order to do this one employs the theory of non-holomorphic modular forms, as in the work of Deshouillers and Iwaniec [1]. This is perhaps the most profound area of current research in the subject.

One way to see how Kloosterman sums arise is to use (7.51). Suppose for example one considers

$$\int_0^\infty |\zeta(\tfrac{1}{2}+it)|^2 \Big| \sum_{u \leqslant U} u^{-it} \Big|^2 e^{-t/T} dt \quad (7.73)$$

Applying (7.51) with $2\delta = 1/T + i\log(v/u)$ one is led to examine

$$\sum_{n=1}^\infty d(n) \exp\left(\frac{2\pi i n u}{v} e^{i/T}\right)$$

One may now replace $e^{i/T}$ by $1+(i/T)$ with negligible error, producing

$$\sum_{n=1}^\infty d(n) \exp\left(\frac{2\pi i n u}{v}\right) \exp\left(-\frac{2\pi n u}{vT}\right) =$$
$$\frac{1}{2\pi i} \int_{2-i\infty}^{2+i\infty} \Gamma(s) \left(\frac{Tv}{2\pi u}\right)^2 D\left(s, \frac{u}{v}\right) ds$$

where

$$D\left(s, \frac{u}{v}\right) = \sum_{n=1}^\infty d(n) \exp\left(\frac{2\pi i n u}{v}\right) n^{-s}$$

This Dirichlet series was investigated by Estermann [1], using the function $\zeta(s,a)$ of §2.17. It has an analytic continuation to the whole complex plane, and satisfies the functional equation

$$D\left(s, \frac{u}{v}\right) = 2v^{1-2s}\frac{\Gamma(1-s)^2}{(2\pi)^{2-2s}}\left\{D\left(1-s, \frac{\overline{u}}{v}\right) - \right.$$

第二部分　中外名家论 Riemann 函数与 Riemann 猜想

$$\cos(\pi s) D\left(1-s, -\frac{\bar{u}}{v}\right)\right\}$$

providing that $(u, v) = 1$. To evaluate our original integral (7.73) it is necessary to average over u and v, so that one is led to consider

$$\sum_{\substack{u \leqslant U \\ (u,v)=1}} D\left(1-s, \frac{\bar{u}}{v}\right) = \sum_{v \leqslant U} \sum_{n=1}^{\infty} d(n) n^{s-1} \sum_{\substack{u \leqslant U \\ (u,v)=1}} \exp\left(\frac{2\pi i n \bar{u}}{v}\right)$$

for example. In order to get a sharp bound for the innermost sum on the right one introduces the Kloosterman sum

$$\sum_{\substack{u \leqslant U \\ (u,v)=1}} \exp\left(\frac{2\pi i n \bar{u}}{v}\right) =$$

$$\sum_{\substack{m=1 \\ (m,v)=1}}^{v} \exp\left(\frac{2\pi i n \bar{m}}{v}\right) \sum_{\substack{u \leqslant U \\ u \equiv m (\bmod v)}} 1 =$$

$$\sum_{\substack{m=1 \\ (m,v)=1}}^{v} \exp\left(\frac{2\pi i n \bar{m}}{v}\right) \sum_{u \leqslant U} \left\{\frac{1}{v} \sum_{a=1}^{v} \exp\left(\frac{2\pi i a(m-u)}{v}\right)\right\} =$$

$$\frac{1}{v} \sum_{a=1}^{v} S(v; a, n) \sum_{u \leqslant U} \exp\left(-\frac{2\pi i a u}{v}\right)$$

and one can now get a significant saving by using (7.72). Notice also that $S(v; a, n)$ is averaged over v, a and n, so that estimates for averages of Kloosterman sums are potentially applicable.

By pursuing such ideas and exploiting the connection with non-hölomorphic modular forms, Iwaniec [1] showed that

$$\sum_{1}^{R} \int_{t_r}^{t_r+\Delta} \left|\zeta\left(\frac{1}{2}+it\right)\right|^4 dt \ll (R\Delta + TR^{\frac{1}{2}}\Delta^{-\frac{1}{2}}) T^{\varepsilon}$$

for $0 \leq t_r \leq T$, $t_{r+1} - t_r \geq \Delta \geq T^{\frac{1}{2}}$. In particular, taking $R = 1$, one has

$$\int_T^{T+T^{\frac{2}{3}}} \left| \zeta\left(\frac{1}{2} + it\right) \right|^4 dt \ll T^{\frac{2}{3}+\varepsilon} \qquad (7.74)$$

which again implies $\mu\left(\frac{1}{2}\right) \leq \frac{1}{6}$, by (7.60). Moreover, by a suitable choice of the points t_r one can deduce (7.67), with $T^{2+\varepsilon}$ on the right.

Mean-value theorems involving general Dirichlet polynomials and partial sums of the zeta function are of interest, particularly in connection with the problems considered in Chapters 9 and 10. Such results may be proved by the methods of this chapter, but sharper estimates can be obtained by using Kloosterman sums and their connection with modular forms. Thus Deshouillers and Iwaniec [2],[3] established the bounds

$$\int_0^T \left| \zeta\left(\frac{1}{2} + it\right) \right|^4 \left| \sum_{n \leq N} a_n n^{it} \right|^2 dt \ll$$

$$T^\varepsilon (T + T^{\frac{1}{2}} N^2 + T^{\frac{3}{4}} N^{\frac{5}{4}}) \sum_{n \leq N} |a_n|^2 \qquad (7.75)$$

and

$$\int_0^T \left| \zeta\left(\frac{1}{2} + it\right) \right|^2 \left| \sum_{m \leq M} a_m m^{it} \right|^2 \left| \sum_{n \leq N} b_n n^{it} \right|^2 dt \ll$$

$$T^\varepsilon (T + T^{\frac{1}{2}} M^{\frac{3}{4}} N + T^{\frac{1}{2}} MN^{\frac{1}{2}} + M^{\frac{7}{4}} N^{\frac{3}{2}}) \cdot$$

$$\left(\sum_{m \leq M} |a_m|^2\right)\left(\sum_{n \leq N} |b_n|^2\right) \qquad (7.76)$$

for $N \leq M$. In a similar vein Balasubramanian, Conrey, and Heath-Brown [1] showed that

第二部分　中外名家论 Riemann 函数与 Riemann 猜想

$$\int_0^T \left|\zeta\left(\frac{1}{2}+it\right)\right|^2 \left|\sum_{m\leqslant M}\mu(m)F(m)m^{-\frac{1}{2}-it}\right|^2 dt =$$
$$CT + O_A\{T(\log T)^{-A}\} \qquad (7.77)$$
$$C = \sum_{m,n\leqslant M}\frac{\mu(m)\mu(n)}{mn}F(m)\overline{F(n)}(m,n) \cdot$$
$$\left(\log\frac{T(mm,n)^2}{2\pi mn}+2\gamma-1\right)$$

for $M \leqslant T^{\frac{9}{17}-\varepsilon}$, where A is any positive constant, and the function F satisfies $F(x) \ll 1$, $F'(x) \ll x^-$. The proof requires Weil's estimate for the Kloosterman sum, if $T^{\frac{1}{2}} \leqslant M \leqslant T^{\frac{9}{17}-\varepsilon}$.

第八章 Ω THEOREMS

8.1. Introduction. The previous chapters have been largely concerned with what we may call O-theorems, i. e. results of the form
$$\zeta(s)=O\{f(t)\}, 1/\zeta(s)=O\{g(t)\}$$
for certain values of σ.

In this chapter we prove a corresponding set of Ω-theorems, i. e. results of the form
$$\zeta(s)=\Omega\{\phi(t)\}, 1/\zeta(s)=\Omega\{\psi(t)\}$$
the Ω symbol being defined as the negation of o, so that $F(t)=\Omega\{\phi(t)\}$ means that the inequality $|F(t)|>A\phi(t)$ is satisfied for some arbitrarily large values of t.

If, for a given function $F(t)$, we have both
$$F(t)=O\{f(t)\}, F(t)=\Omega\{f(t)\}$$
we may say that the order of $F(t)$ is determined, and the only remaining question is that of the actual constants involved.

For $\sigma>1$, the problems of $\zeta(\sigma+it)$ and $1/\zeta(\sigma+it)$ are both solved. For $1/2\leqslant\sigma\leqslant 1$ there remains a considerable gap between the O-results of Chapters V ~ VI and the Ω-results of the present chapter. We shall see later that, on the Riemann hypothesis, it is the Ω-results which represent the real truth, and the O-results which fall short of it. We are always more successful with Ω-theorems. This is perhaps not surprising, since an O-re-

sult is a statement about all large values of t, an Ω-result about some indefinitely large values only.

8.2. The first Ω results were obtained by means of Diophantine approximation, i.e. the approximate solution in integers of given equations. The following two theorems are used.

Dirichlet's Theorem. *Given N real numbers a_1, $a_2, \cdots, a_N$, a positive integer q, and a positive number t_0, we can find a number t in the range*

$$t_0 \leqslant t \leqslant t_0 q^N \tag{8.1}$$

and integers $x_1, x_2, \cdots, x_N$, such that

$$|ta_n - x_n| \leqslant 1/q, n = 1, 2, \cdots, N \tag{8.2}$$

The proof is based on an argument which was introduced and employed extensively by Dirichlet. This argument, in its simplest form, is that, if there are $m+1$ points in m regions, there must be at least one region which contains at least two points.

Consider the N-dimensional unit cube with a vertex at the origin and edges along the coordinate axes. Divide each edge into q equal parts, and thus the cube into q^N equal compartments. Consider the $q^N + 1$ points, in the cube, congruent (mod 1) to the points $(ua_1, ua_2, \cdots, ua_N)$, where $u = 0, t_0, 2t_1, \cdots, q^N t_0$. At least two of these points must lie in the same compartment. If these two points correspond to $u = u_1$, $u = u_2 (u_1 < u_2)$, then $t = u_2 - u_1$ clearly satisfies the requirements of the theorem.

The theorem may be extended as follows. Suppose that we give u the values $0, t_0, 2t_0, \cdots, mq^N t_0$. We obtain mq^N+1 points, of which one compartment must contain at least $m+1$. Let these points correspond to $u = u_1, \cdots, u_{m+1}$. Then $t = u_2 - u_1, \cdots, u_m - u_1$, all satisfy the requirements of the theorem.

We conclude that the interval $(t_0, mq^N t_0)$ contains at least m solutions of the inequalities (8.2), any two solutions differing by at least t_0.

8.3. Kronecker's Theorem. *Let $a_1, a_2, \cdots, a_N$ be linearly independent real numbers, i. e. numbers such that there is no linear relation*

$$\lambda_1 a_1 + \cdots + \lambda_N a_N = 0$$

in which the coefficients $\lambda_1, \cdots$ are integers not all zero. Let $b_1, \cdots, b_N$ be any real numbers, and q a given positive number. Then we can find a number t and integers $x_1, \cdots, x_N$, such that

$$|ta_n - b_n - x_n| \leq 1/q, n = 1, 2, \cdots, N \qquad (8.3)$$

If all the numbers b_n are 0, the result is included in Dirichlet's theorem. In the general case, we have to suppose the a_n linearly independent; for example, if the a_n are all zero, and the b_0 are not all integers, there is in general no t satisfying (8.3). Also the theorem assigns no upper bound for the number t such as the q^N of Dirichlet's theorem. This makes a considerable difference to the results which can be deduced from the two theorems.

Many proofs of Kronecker's theorem are known. ①

---

① Bohr (15), (16), Bohr and Jessen (3), Estermann (3), Lettenmeyer (1).

第二部分　中外名家论 Riemann 函数与 Riemann 猜想

The following is due to Bohr (15).

We require the following lemma

LEMMA. *If $\phi(x)$ is positive and continuous for $a \leqslant x \leqslant b$, then*

$$\lim_{n \to \infty}\left\{\int_a^b \{\phi(x)\}^n dx\right\}^{\frac{1}{n}} = \max_{a \leqslant x \leqslant b} \phi(x)$$

A similar result holds for an integral in any number of dimensions.

Let $M = \max \phi(x)$. Then

$$\left\{\int_a^b \{\phi(x)\}^n dx\right\}^{\frac{1}{n}} \leqslant \{(b-a)M^n\}^{\frac{1}{n}} = (b-a)^{\frac{1}{n}} M$$

Also, given ϵ, there is an interval, (α, β) say, throughout which

$$\phi(x) \geqslant M - \epsilon$$

Hence

$$\left\{\int_a^b \{\phi(x)\}^n dx\right\}^{\frac{1}{n}} \geqslant \{(\beta-\alpha)(M-\epsilon)^n\}^{\frac{1}{n}} = (\beta-\alpha)^{\frac{1}{n}}(M-\epsilon)$$

and the result is clear. A similar proof holds in the general case.

Proof of Kronecker's theorem. It is sufficient to prove that we can find a number t such that each of the numbers

$$e^{2\pi i(a_n t - b_n)}, n = 1, 2, \cdots, N$$

differs from 1 by less than a given ϵ; or, if

$$F(t) = 1 + \sum_{n=1}^{N} e^{2\pi i(a_n t - b_n)}$$

that the upper bound of $|F(t)|$ for real values of t is $N+1$. Let us denote this upper bound by L. Clearly $L \leqslant N+1$.

Let

$$G(\phi_1,\phi_2,\cdots,\phi_N) = 1 + \sum_{n=1}^{N} e^{2\pi i \phi_n}$$

where the numbers $\phi_1, \phi_2, \cdots, \phi_N$ are independent real variables, each lying in the interval $(0,1)$. Then the upper bound of $|G|$ is $N+1$, this being the value of $|G|$ when $\phi_1 = \phi_2 = \cdots = \phi_N = 0$.

We consider the polynomial expansions of $\{F(t)\}^k$ and $\{G(\phi_1,\cdots,\phi_N)\}^k$, where k is an arbitrary positive integer; and we observe that each of these expansions contains the same number of terms. For, the numbers $a_1, a_2, \cdots, a_N$ being linearly independent, no two terms in the expansion of $\{F(t)\}^k$ fall together. Also the moduli of corresponding terms are equal. Thus if

$$\{G(\phi_1,\cdots,\phi_N)\}^k = 1 + \sum C_q e^{2\pi i(\lambda_{q,1}\phi_1 + \cdots + \lambda_{q,N}\phi_N)}$$

then

$$\{F(t)\}^k = 1 + \sum C_q e^{2\pi i \{\lambda_{q,1}(a_1 t - b_1) + \cdots + \lambda_{q,N}(a_N t - b_N)\}} = 1 + \sum C_q e^{2\pi i(\alpha_q t - \beta_q)}$$

say. Now the mean values

$$F_k = \lim_{T\to\infty} \frac{1}{2T} \int_{-T}^{T} |F(t)|^{2k} dt$$

and

$$G_k = \int_0^1 \int_0^1 \cdots \int_0^1 |G(\phi_1,\cdots,\phi_N)|^{2k} d\phi_1 \cdots d\phi_N$$

are equal, each being equal to

$$1 + \sum C_q^2$$

This is easily seen in each case on expressing the squared modulus as a product of conjugates and integrating term

第二部分　中外名家论 Riemann 函数与 Riemann 猜想

by term.

Since $N+1$ is the upper bound of $|G|$, the lemma gives

$$\lim_{T\to\infty} G_k^{\frac{1}{2}k} = N+1$$

Hence also

$$\lim_{T\to\infty} f_k^{\frac{1}{2}k} = N+1$$

But plainly

$$f_k^{\frac{1}{2}k} \leqslant L$$

for all values of k. Hence $L \geqslant N+1$, and so in fact $L = N+1$. This proves the theorem.

8.4. Theorem 8.4. *If $\sigma > 0$, then*

$$|\zeta(s)| \leqslant \zeta(\sigma) \qquad (8.4)$$

for all values of t, while

$$|\zeta(s)| \geqslant (1-\epsilon)\zeta(\sigma) \qquad (8.5)$$

for some indefinitely large values of t.

We have

$$|\zeta(s)| = \left|\sum_{n=1}^{\infty} n^{-s}\right| \leqslant \sum_{n=1}^{\infty} n^{-\sigma} = \zeta(\sigma)$$

so that the whole difficulty lies in the second part. To prove this we use Dirichlet's theorem. For all values of N

$$\zeta(s) = \sum_{n=1}^{N} n^{-\sigma} e^{-it\log n} + \sum_{n=N+1}^{\infty} n^{-\sigma-it}$$

and hence (the modulus of the first sum being not less than its real part)

$$|\zeta(s)| \geqslant \sum_{n=1}^{N} n^{-\sigma} \cos(t\log n) - \sum_{n=N+1}^{\infty} n^{-\sigma} \qquad (8.6)$$

By Dirichlet's theorem there is a number $t(t_0 \leqslant t \leqslant t_0 q^N)$

and integers $x_1, \cdots, x_N$, such that, for given N and $q(q \geq 4)$

$$\left|\frac{t\log n}{2\pi} - x_n\right| \leq \frac{1}{q}, n = 1, 2, \cdots, N$$

Hence $\cos(t\log n) \geq \cos(2\pi/q)$ for these values of n, and so

$$\sum_{n=1}^{N} n^{-\sigma} \cos(t\log n) \geq \cos\left(\frac{2\pi}{q}\right) \sum_{n=1}^{N} n^{-\sigma} >$$

$$\cos\left(\frac{2\pi}{q}\right) \zeta(\sigma) - \sum_{n=N+1}^{\infty} n^{-\sigma}$$

Hence by (8.6)

$$|\zeta(s)| \geq \cos\left(\frac{2\pi}{q}\right) \zeta(\sigma) - 2\sum_{N+1}^{\infty} n^{-\sigma}$$

Now

$$\zeta(\sigma) = \sum_{n=1}^{\infty} n^{-\sigma} > \int_{1}^{\infty} u^{-\sigma} du = \frac{1}{\sigma - 1}$$

and

$$\sum_{N+1}^{\infty} n^{-\sigma} < \int_{N}^{\infty} u^{-\sigma} du = \frac{N^{1-\sigma}}{\sigma - 1}$$

Hence

$$|\zeta(s)| \geq \left\{\cos\left(\frac{2\pi}{q}\right) - 2N^{1-\sigma}\right\} \zeta(\sigma) \quad (8.7)$$

and the result follows if q and N are large enough.

Theorem (8.4) (A). *The function $\zeta(s)$ is unbounded in the open region*

$$\sigma > 1, \ t > \delta > 0$$

This follows at once from the previous theorem, since the upper bound $\zeta(\sigma)$ of $\zeta(s)$ itself tends to infinity as $\sigma \to 1$.

第二部分　中外名家论 Riemann 函数与 Riemann 猜想

Theorem 8.4 (B). *The function $\zeta(1+it)$ is unbounded as $t \to \infty$.*

This follows from the previous theorem and the theorem of Phragmén and Lindelöf. Since $\zeta(2+it)$ is bounded, if $\zeta(1+it)$ were also bounded $\zeta(s)$ would be bounded throughout the half-strip $1 \leq \sigma \leq 2$, $t > \delta$; and this is false, by the previous theorem.

8.5. Dirichlet's theorem also gives the following more precise result. [1]

Theorem 8.5. *However large t_1 may be, there are values of s in the region $\sigma > 1$, $t > t_1$, for which*

$$|\zeta(s)| > A\log \log t \qquad (8.8)$$

Also

$$\zeta(1+it) = \Omega(\log \log t) \qquad (8.9)$$

Take $t_0 = 1$ and $q = 6$ in the proof of Theorem 8.4. Then (8.7) gives

$$|\zeta(s)| \geq \left(\frac{1}{2} - 2N^{1-\sigma}\right)/(\sigma-1) \qquad (8.10)$$

for a value of t between 1 and 6^N. We choose N to be the integer next above $8^{1/(\sigma-1)}$. Then

$$|\zeta(s)| \geq \frac{1}{4(\sigma-1)} \geq \frac{\log(N-1)}{4\log 8} > A\log N \qquad (8.11)$$

for a value of t such that $N > A\log t$. The required inequality (8.8) then follows from (8.11). It remains only to observe that the value of t in question must be greater than any assigned t_1, if $\sigma - 1$ is sufficiently small; other-

---

[1] Bohr and Landau (1).

wise it would follow from (8.10) that $\zeta(s)$ was unbounded in the region $\sigma>1$, $1<t\leqslant t_1$; and we know that $\zeta(s)$ is bounded in any such region.

The second part of the theorem now follows from the first by the Phragmén-Lindelöf method. Consider the function

$$f(s) = \frac{\zeta(s)}{\log \log s}$$

the branch of log log s which is real for $s>1$, and is restricted to $|s|>1$, $\sigma>0$, $t>0$ being taken. Then $f(s)$ is regular for $1\leqslant\sigma\leqslant 2$, $t>\delta$. also $|\log \log s| \sim \log \log t$ as $t\to\infty$, uniformly with respect to σ in the strip. Hence $f(2+it)\to 0$ as $t\to\infty$, and so, if $f(1+it)\to 0$, $f(s)\to 0$ uniformly in the strip.① This contradicts (8.8), and so (8.9) follows.

It is plain that arguments similar to the above may be applied to all Dirichlet series, with coefficients of fixed sign, which are not absolutely convergent on their line of convergence. For example, the series for log $\zeta(s)$ and its differential coefficients are of this type. The result for log $\zeta(s)$ is, however, a corollary of that for $\zeta(s)$, which gives at once

$$|\log \zeta(s)| > \log \log \log t - A$$

for some indefinitely large values of t in $\sigma>1$. For the nth differential coefficient of log $\zeta(s)$ the result is that

---

① See e. g. *Theory of Function*, §5.63, with the angle transformed into a strip.

第二部分 中外名家论 Riemann 函数与 Riemann 猜想

$$\left|\left(\frac{\mathrm{d}}{\mathrm{d}s}\right)^n \log \zeta(s)\right| > A_n (\log \log t)^n$$

for some indefinitely large values of t in $\sigma > 1$.

8.6. We now turn to the corresponding problems[①] for $1/\zeta(s)$. We cannot apply the argument depending on Dirichlet's theorem to this function, since the coefficients in the series

$$\frac{1}{\zeta(s)} = \sum_{n=1}^{\infty} \frac{\mu(n)}{n^s}$$

are not all of the same sign; nor can we argue similarly with Kronecker's theorem, since the numbers $(\log n)/2\pi$ are not linearly independent. Actually we consider $\log \zeta(s)$, which depends on the series $\sum p^{-s}$, to which Kronecker's theorem can be applied.

Theorem 8.6. *The function $1/\zeta(s)$ is unbounded in the open region $\sigma > 1$, $t > \delta > 0$.*

We have for $\sigma \geqslant 1$

$$\left|\log \zeta(s) - \sum_p \frac{1}{p^s}\right| = \left|\sum_p \sum_{m=2}^{\infty} \frac{1}{mp^{ms}}\right| \leqslant$$

$$\sum_p \sum_{m=2}^{\infty} \frac{1}{p^m} =$$

$$\sum_p \frac{1}{p(p-1)} = A$$

Now

$$\mathbf{R}\left(\sum_p \frac{1}{p^s}\right) = \sum_{n=1}^{\infty} \frac{\cos(t \log p_n)}{p_n^{\sigma}} \leqslant$$

[①] Bohr and Landau (7).

$$\sum_{n=1}^{N}\frac{\cos(t\log p_n)}{p_n^{\sigma}}+\sum_{n=N+1}^{\infty}\frac{1}{p_n^{\sigma}}$$

Also *the numbers* $\log p_n$ *are linearly independent*. For it follows from the theorem that an integer can be expressed as a product of prime factors in one way only, that there can be no relation of the form

$$p_1^{\lambda_1}p_2^{\lambda_2}\cdots p_N^{\lambda_N}=1$$

where the λ's are integers, and therefore no relation of the form

$$\lambda_1\log p_1+\cdots+\lambda_N\log p_N=0$$

Hence also the numbers $(\log p_n)/2\pi$ are linearly independent. It follows therefore from Kronecker's theorem that we can find a number t and integers $x_1,\cdots,x_N$ such that

$$\left|t\frac{\log p_n}{2\pi}-\frac{1}{2}-x_n\right|\leqslant\frac{1}{6}, n=1,2,\cdots,N$$

or

$$|t\log p_n-\pi-2\pi x_n|\leqslant\frac{1}{3}\pi, n=1,2,\cdots,N$$

Hence for these values of n

$$\cos(t\log p_n)=-\cos(t\log p_n-\pi-2\pi x_n)\leqslant-\cos\frac{1}{4}\pi=-\frac{1}{2}$$

and hence

$$\mathbf{R}\left(\sum_p\frac{1}{p^s}\right)\leqslant-\frac{1}{2}\sum_{n=1}^{N}\frac{1}{p_n^{\sigma}}+\sum_{n=N+1}^{\infty}\frac{1}{p_n^{\sigma}}$$

Since $\sum p_n^{-1}$ is divergent, we can, if H is any assigned positive number, choose σ so near to 1 that $\sum p_n^{-\sigma}>H$. Having fixed σ, we can choose N so large that

第二部分　中外名家论 Riemann 函数与 Riemann 猜想

$$\sum_{n=1}^{N} p_n^{-\sigma} > \frac{3}{4}H, \quad \sum_{n=N+1}^{\infty} p_n^{-\sigma} < \frac{1}{4}H$$

Then

$$\mathbf{R}\Big(\sum_p p^{-s}\Big) < -\frac{3}{8}H + \frac{1}{4}H = -\frac{1}{8}H$$

Since H may be as large as we please, it follows that $\mathbf{R}(\sum p^{-s})$, and so log $|\zeta(s)|$, takes arbitrarily large negative values. This proves the theorem.

Theorem 8.6 (A). *The function $1/\zeta(1+it)$ is unbounded as $t \to \infty$.*

This follows from the previous theorem in the same way as Theorem 8.4 (B) from Theorem 8.4 (A).

We cannot, however, proceed to deduce an analogue of Theorem 8.5 for $1/\zeta(s)$. In proving Theorem 8.5, each of the numbers $\cos(t\log n)$ has to be made as near as possible to 1, and this can be done by Dirichlet's theorem. In Theorem 8.6, each of the numbers $\cos(t\log p_n)$ has to be made as near as possible to -1, and this requires Kronecker's theorem. Now Theorem 8.5 depends on the fact that we can assign an upper limit to the number t which satisfies the conditions of Dirichlet's theorem. Since there is no such upper limit in Kronecker's theorem, the corresponding argument for $1/\zeta(s)$ fails. We shall see later that the analogue of Theorem 8.5 is in fact true, but it requires a much more elaborate proof.

8.7 Before proceeding to these deeper theorems, we shall give another method of proving some of the above results.① This method deals directly with integrals of high powers of the functions in question, and so might be described as a short cut which avoids explicit use of Diophantine approximation.

We write
$$M\{|f(s)|^2\} = \lim_{T\to\infty} \frac{1}{2T} \int_{-T}^{T} |f(\sigma + it)|^2 dt$$
and prove the following lemma.

Lemma. *Let*
$$g(s) = \sum_{m=1}^{\infty} \frac{b_m}{m^s}, h(s) = \sum_{n=1}^{\infty} \frac{c_n}{n^s}$$
be absolutely convergent for a given value of σ, *and let every m with $b_m \neq 0$ be prime to every n with $c_n \neq 0$. Then for such* σ
$$M\{|g(s)h(s)|^2\} = M\{|g(s)|^2\} M\{|h(s)|^2\}$$

By Theorem 7.1
$$M\{|g(s)|^2\} = \sum_{m=1}^{\infty} \frac{|b_m|^2}{m^{2\sigma}}$$
$$M\{|h(s)|^2\} = \sum_{n=1}^{\infty} \frac{|c_n|^2}{n^{2\sigma}}$$

Now
$$g(s)h(s) = \sum_{r=1}^{\infty} \frac{d_r}{r^s}$$
where each term $d_r r^{-s}$ is the product of two terms $b_m m^{-s}$ and $c_n n^{-s}$. Hence

---

① Bohr and Landau (7).

第二部分 中外名家论 Riemann 函数与 Riemann 猜想

$$M\{|g(s)h(s)|^2\} = \sum_{r=1}^{\infty} \frac{|d_r|^2}{r^{2\sigma}} = \sum\sum \frac{|b_m c_n|^2}{(mn)^{2\sigma}} =$$
$$M\{|g(s)|^2\}M\{|h(s)|^2\}$$

We can now prove the analogue for $1/\zeta(s)$ of Theorem 8.4.

Theorem 8.7. *If $\sigma>1$, then*

$$\left|\frac{1}{\zeta(s)}\right| \leq \frac{\zeta(\sigma)}{\zeta(2\sigma)} \qquad (8.12)$$

for all values of t, while

$$\left|\frac{1}{\zeta(s)}\right| \geq (1-\epsilon)\frac{\zeta(\sigma)}{\zeta(2\sigma)} \qquad (8.13)$$

for some indefinitely large values of t.

We have, for $\sigma>1$

$$\left|\frac{1}{\zeta(s)}\right| = \left|\sum_{n=1}^{\infty}\frac{\mu(n)}{n^s}\right| \leq \sum_{n=1}^{\infty}\frac{|\mu(n)|}{n^\sigma}$$

Since

$$\sum_{n=1}^{\infty}\frac{\mu(n)}{n^s} = \prod_p\left(1-\frac{1}{p^s}\right)$$

we have also

$$\sum_{n=1}^{\infty}\frac{\mu(n)}{n^\sigma} = \prod_p\left(1-\frac{1}{p^\sigma}\right) = \prod_p\left(\frac{1-p^{-2\sigma}}{1-p^{-\sigma}}\right) = \frac{\zeta(\sigma)}{\zeta(2\sigma)}$$

and the first part follows.

To prove the second part, write

$$\frac{1}{\zeta(s)} = \prod_{n=1}^{N}\left(1-\frac{1}{p_n^s}\right)\eta_N(s)$$

$$\frac{1}{\{\zeta(s)\}^k} = \prod_{n=1}^{N}\left(1-\frac{1}{p_n^s}\right)^k\{\eta_N(s)\}^k$$

By repeated application of the lemma it follows that

$$M\left\{\frac{1}{|\zeta(s)|^{2k}}\right\} = \prod_{n=1}^{N} M\left\{\left|\left(1-\frac{1}{p_n^s}\right)\right|^{2k}\right\} M\{|\eta_N(s)|^{2k}\}$$

Now, for every p

$$M\left\{\left|1-\frac{1}{p^s}\right|^{2k}\right\} = \frac{\log p}{2\pi}\int_0^{2\pi/\log p}\left|1-\frac{1}{p^s}\right|^{2k} \mathrm{d}t$$

since the integrand is periodic with period $2\pi/\log p$; and

$$M\{|\eta_N(s)|^{2k}\} \geq 1$$

since the Dirichlet series for $\{\eta_N(s)\}^k$ begins with $1+\cdots$
Hence

$$M\left\{\frac{1}{|\zeta(s)|^{2k}}\right\} \geq \prod_{n=1}^{N} \frac{\log p}{2\pi}\int_0^{2\pi/\log p_n}\left|1-\frac{1}{p_n^s}\right|^{2k} \mathrm{d}t$$

Now

$$\lim_{k\to\infty}\left\{\int_0^{2\pi/\log p}\left|1-\frac{1}{p^s}\right|^{2k}\mathrm{d}t\right\}^{\frac{1}{2k}} = \max_{0\leq t\leq 2\pi/\log p}\left|1-\frac{1}{p^s}\right| = 1+\frac{1}{p^\sigma}$$

Hence

$$\lim_{k\to\infty}\left[M\left\{\frac{1}{|\zeta(s)|^{2k}}\right\}\right]^{\frac{1}{2k}} \geq \prod_{n=1}^{N}\left(1+\frac{1}{p_n^\sigma}\right)$$

Since the left-hand side is independent of N, we can make $N\to\infty$ on the right, and obtain

$$\lim_{k\to\infty}\left[M\left\{\frac{1}{|\zeta(s)|^{2k}}\right\}\right]^{\frac{1}{2k}} \geq \frac{\zeta(\sigma)}{\zeta(2\sigma)}$$

Hence to any ϵ corresponds a k such that

$$\left[M\left\{\frac{1}{|\zeta(s)|^{2k}}\right\}\right]^{\frac{1}{2k}} > (1-\epsilon)\frac{\zeta(\sigma)}{\zeta(2\sigma)}$$

and (8.13) now follows.

Since $\zeta(\sigma)/\zeta(2\sigma)\to\infty$ as $\sigma\to 1$, this also gives an alternative proof of Theorem 8.6

It is easy to see that a similar method can be used to

第二部分　中外名家论 Riemann 函数与 Riemann 猜想

prove Theorem 8.4 (A). It is also possible to prove Theorems 8.4 (B) and 8.6 (A) directly by this method without using the Phragmén-Lindelöf theorem. This, however, requires an extension of the general mean-value theorem for Dirichlet series.

8.8. Theorem 8.8.[①] *However large t_0 may be, there are values of s in the region $\sigma > 1$, $t > t_0$ for which*

$$\left|\frac{1}{\zeta(s)}\right| > A\log\log t$$

Also

$$\frac{1}{\zeta(1+it)} = \Omega(\log\log t)$$

As in the case of Theorem 8.5, it is enough to prove the first part. We first prove some lemmas. The object of these lemmas is to supply, for the particular case in hand, what Kronecker's theorem lacks in the general case, viz. an upper bound for the number t which satisfies the conditions (8.3).

Lemma α. *If m and n ard different positive integers*

$$\left|\log\frac{m}{n}\right| > \frac{1}{\max(m, n)}$$

For if $m<n$

$$\log\frac{n}{m} \geq \log\frac{n}{n-1} = \frac{1}{n} + \frac{1}{2} \cdot \frac{1}{n^2} + \cdots > \frac{1}{n}$$

Lemma β. *If $p_1, \cdots, p_N$ are the first N primes, and $\mu_1, \cdots, \mu_N$ are integers, not all 0 (not necessarily posi-*

[①] Bohr and Landau (7)

tive), then

$$\left| \log \prod_{n=1}^{N} p_n^{\mu_n} \right| > p_N^{-\mu N}, \mu = \max |\mu_n|$$

For $\prod_{n=1}^{N} p_n^{\mu_n} = u/v$, where

$$u = \prod_{\mu_n > 0} p_n^{\mu_n}, \quad v = \prod_{\mu_n < 0} p_n^{\mu_n}$$

and u and v, being mutually prime, are different. Also

$$\max(u, v) \leq \prod_{n=1}^{N} p_n^{\mu} \leq p_N^{N\mu}$$

and the result follows form Lemma α.

Lemma γ. *The number of solutions in positive or zero integers of the equation*

$$v_0 + v_1 + \cdots + v_k = k$$

does not exceed $(k+1)^N$.

For $N=1$ the number of solutions is $k+1$, so that the theorem holds. Suppose that it holds for any given N. Then for given v_{N+1} the number of solutions of

$$v_0 + v_1 + \cdots + v_N = k - v_{N+1}$$

does not exceed $(k - v_{N+1} + 1)^N \leq (k+1)^N$; and v_{N+1} can take $k+1$ values. Hence the total number of solutions is $\leq (k+1)^{N+1}$, whence the result.

Lemma δ. *For $N > A$, there exits a t satisfying $0 \leq t \leq \exp(N^6)$ for which*

$$\cos(t \log p_n) < -1 + \frac{1}{N}, n \leq N$$

Let $N>1$, $k>1$. Then

$$\left(\sum_{n=0}^{N} x_n \right)^k = \sum c(v_0, \cdots, v_N) x_0^{v_0} \cdots x_N^{v_N}$$

where
$$c(v_0,\cdots,v_N)=\frac{k!}{v_0!\cdots v_N!},\quad \sum v_n = k$$

The number of distinct terms in the expansion is at most $(k+1)^N < k^{2N}$, by Lemma γ. Hence
$$\left(\sum c\right)^2 \leq \sum c^2 \sum 1 < k^{2N} \sum c^2$$

so that
$$\sum c^2 > k^{-2N}\left(\sum c\right)^2 = k^{-2N}(N+1)^{2k}$$

Let
$$F(t) = 1 - \sum_{n=1}^{N} e^{it\log p_n}$$

so that
$$\{F(t)\}^k = \sum c(v_0,\cdots,v_N)(-1)^{v_1+\cdots+v_N} \cdot \exp\left(it\sum_1^N v_n \log p_n\right)$$

$$\{F(t)\}^{2k} = \sum_{v,v'}\sum cc'(-1)^{\Sigma v_n + \Sigma v'_n} \cdot \exp\left\{it\sum_n (v_n - v'_n)\log p_n\right\} = \sum\nolimits_1 + \sum\nolimits_2$$

where $\sum_1$ is taken over values of (v, v') for which $v_1 = v'_1$, $v_2 = v'_2$, $\cdots$, and $\sum_2$ over the remainder. Now
$$\frac{1}{T}\int_0^T e^{i\alpha t}dt = 1, \alpha = 0$$

$$\left|\frac{1}{T}\int_0^T e^{i\alpha t}dt\right| = \left|\frac{e^{i\alpha T}-1}{i\alpha T}\right| \leq \frac{2}{|\alpha|T}, \alpha \neq 0$$

Hence

$$\frac{1}{T}\int_0^T |F(t)|^{2k} dt \geq \sum_1 c^2 - \sum_2 \frac{2cc'}{|\sum(v_n-v'_n)\log p_n|T}$$

By Lemma β, since the numbers $v_n-v'_n$ are not all 0

$$\left|\sum(v_n-v'_n)\log p_n\right| = \left|\log \prod_{n=1}^N p_n^{(v_n-v'_n)}\right| >$$

$$p_N^{-N\max |v_n-v'_n|} \geq p_N^{-kN}$$

Hence

$$\frac{1}{T}\int_0^T |F(t)|^{2k} dt \geq \sum c^2 - \frac{2p_N^{kN}}{T}\sum\sum cc' \geq$$

$$k^{-2N}\left(\sum c\right)^2 - \frac{2p_N^{kN}}{T}\left(\sum c\right)^2 =$$

$$\left(k^{-2N} - \frac{2p_N^{kN}}{T}\right)(N+1)^{2k}$$

In this we take $k=N^4$, $T=e^{N^6}$, and obtain, for $N>A$

$$k^{-2N} - \frac{2p_N^{kN}}{T} = N^{-8N} - 2\left(\frac{p_N}{e^N}\right)^{kN} > e^{-N^3/(N+1)}$$

Hence

$$\left\{\frac{1}{T}\int_0^T |F(t)|^{2k} dt\right\}^{\frac{1}{2k}} \geq (N+1)e^{-1/|2N(N+1)|} > N+1-\frac{1}{2N}$$

Hence there is a t in $(0, e^{N^6})$ such that

$$|F(t)| > N+1-\frac{1}{2N}$$

Suppose, however, that $\cot(t\log p_n) \geq -1+1/N$ for some value of n. Then

$$|F(t)| \leq N-1+|1-e^{it\log p_n}| =$$

$$N-1+\sqrt{2}(1-\cos t\log p_n)^{\frac{1}{2}} \leq$$

$$N-1+\sqrt{2}\left(2-\frac{1}{N}\right)^{\frac{1}{2}} \leq$$

第二部分　中外名家论 Riemann 函数与 Riemann 猜想

$$N+1-\frac{1}{2N}$$

We can now prove Theorem 8.8. As in §8.6, for $\sigma>1$

$$\log\frac{1}{|\zeta(s)|}=-\sum\frac{\cos(t\log p_n)}{p_n^\sigma}+O(1)$$

Let now N be large, $t=t(N)$ the number of Lemma δ, $\delta=1/\log N$, and $\sigma=1+\delta$. Then

$$\log\frac{A}{|\zeta(s)|}=-\sum\frac{\cos(t\log p_n)}{p_n^\sigma}\geqslant$$

$$\left(1-\frac{1}{N}\right)\sum_1^N\frac{1}{p_n^\sigma}-\sum_{N+1}^\infty\frac{1}{p_n^\sigma}>$$

$$\left(1-\frac{1}{N}\right)\sum\frac{1}{p^\sigma}-2\sum_{N+1}^\infty\frac{1}{p_n^\sigma}>$$

$$\left(1-\frac{1}{N}\right)\{\log\zeta(\sigma)-A\}-2\sum_{N+1}^\infty\frac{1}{(An\log n)^\sigma}>$$

$$\left(1-\frac{1}{N}\right)\left(\log\frac{1}{\delta}-A\right)-\frac{A}{\log N}\sum_{N+1}^\infty\frac{1}{n^\sigma}$$

$$\log\frac{A\delta}{|\zeta(s)|}>-A-\frac{1}{N}\log\frac{1}{\delta}-\frac{A}{\log N}\cdot\frac{N^{1-\sigma}}{\sigma-1}>-A$$

$$\frac{1}{|\zeta(s)|}>\frac{A}{\delta}=A\log N>A\log\log t$$

The number $t=t(N)$ evidently tends to infinity with N, since $1/\zeta(s)$ is bounded in $|t|\leqslant A$, $\sigma\leqslant 1$, and the proof is completed.

8.9. In Theorem 8.5 and 8.8 we have proved that each of the inequalities

$$|\zeta(1+it)|>A\log\log t, 1/|\zeta(1+it)|>A\log\log t$$

is satisfied for some arbitrarily large values of t, if A is a suitable constant. We now consider the question how large the constant can be in the two cases.

Since neither $|\zeta(1+it)|/\log\log t$ nor $|\zeta(1+it)|^{-1}/\log\log t$ is known to be bounded, the question of the constants might not seem to be of much interest. But we shall see later that on the Riemann hypothesis they are both bounded; in fact if

$$\lambda = \varlimsup_{t\to\infty}\frac{|\zeta(1+it)|}{\log\log t},\ \mu = \varlimsup_{t\to\infty}\frac{1/|\zeta(1+it)|}{\log\log t} \quad (8.14)$$

then, on the Riemann hypothesis

$$\lambda \leqslant 2e^{\gamma},\ \mu \leqslant \frac{12}{\pi^2}e^{\gamma} \quad (8.15)$$

where γ is Euler's constant.

There is therefore a certain interest in proving the following results. ①

Theorem 8.9 (A)

$$\varlimsup_{t\to\infty}\frac{|\zeta(1+it)|}{\log\log t}\geqslant e^{\gamma}$$

Theorem 8.9 (B)

$$\varlimsup_{t\to\infty}\frac{1/|\zeta(1+it)|}{\log\log t}\geqslant \frac{6}{\pi^2}e^{\gamma}$$

Thus on the Riemann hypothesis it is only a factor 2 which remains in doubt in each case.

We first prove some identities and inequalities. As in §7.19, if

$$F_k(s) = \sum_{n=1}^{\infty}\frac{d_k^2(n)}{n^s},\ \sigma > 1 \quad (8.16)$$

---

① Littlewood (5), (6), Titchmarsh (4), (14).

第二部分　中外名家论 Riemann 函数与 Riemann 猜想

and
$$f_k(x) = \sum_{m=0}^{\infty} \left\{ \frac{(k+m-1)!}{(k-1)!\, m!} \right\}^2 x^m \quad (8.17)$$

then
$$F_k(s) = \prod_p f_k(p^{-s}) \quad (8.18)$$

Now for real x
$$f_k(x) = \frac{1}{2\pi} \int_{-\pi}^{\pi} \left| \sum_{m=0}^{\infty} \frac{(k+m-1)!}{(k-1)!\, m!} x^{\frac{1}{2}m} e^{im\phi} \right|^2 d\phi =$$

$$\frac{1}{\pi} \int_0^{\pi} \frac{d\phi}{|1 - x^{\frac{1}{2}} e^{i\phi}|^{2k}} =$$

$$\frac{1}{\pi} \int_0^{\pi} \frac{d\phi}{(1 - 2\sqrt{x}\cos\phi + x)^k} \quad (8.19)$$

Using the familiar formula
$$P_n(z) = \frac{1}{\pi} \int_0^{\pi} \frac{d\phi}{\{z - \sqrt{(z^2-1)}\cos\phi\}^{n+1}} \quad (8.20)$$

for the Legendre polynomial fo degree n, we see that
$$f_k(x) = \frac{1}{(1-x)^k} P_{k-1}\left(\frac{1+x}{1-x}\right) \quad (8.21)$$

Naturally this identity holds also for complex x; it gives
$$F_k(s) = \prod_p \frac{1}{(1-p^{-s})^k} P_{k-1}\left(\frac{1+p^{-s}}{1-p^{-s}}\right) =$$

$$\zeta^k(s) \prod_p P_{k-1}\left(\frac{1+p^{-s}}{1-p^{-s}}\right) \quad (8.22)$$

A similar set of formulae holds for $1/\zeta(s)$. We have
$$\frac{1}{\{\zeta(s)\}^k} = \prod_p \left(1 - \frac{1}{p^s}\right)^k =$$

$$\prod_p \left(1 - \frac{k}{p^s} + \frac{k(k-1)}{1\cdot 2} \cdot \frac{1}{p^{2s}} - \cdots + \frac{(-1)^k}{p^{ks}}\right)$$

Hence

$$\frac{1}{\zeta^k(s)} = \sum_{n=1}^{\infty} \frac{b_k(n)}{n^s} \qquad (8.23)$$

where the coefficients $b_k(n)$ are determined in an obvious way from the above product. They are integers, but are not all positive.

The form of these coefficients shows that

$$\sum_{n=1}^{\infty} \frac{|b_k(n)|}{n^s} =$$

$$\prod_p \left(1 + \frac{k}{p^s} + \cdots + \frac{1}{p^{ks}}\right) = \prod_p \left(1 + \frac{1}{p^s}\right)^k =$$

$$\prod_p \left(1 - \frac{1}{p^{2s}}\right)^k \left(1 - \frac{1}{p^s}\right)^{-k} = \left\{\frac{\zeta(s)}{\zeta(2s)}\right\} \qquad (8.24)$$

Again, let

$$G_k(s) = \sum_{n=1}^{\infty} \frac{b_k^2(n)}{n^s} \qquad (8.25)$$

As in the case of $F_k(s)$

$$G_k(s) = \prod_p \left(1 + \frac{k^2}{p^s} + \frac{k^2(k-1)^2}{1^2 \cdot 2^2} \cdot \frac{1}{p^{2s}} + \cdots + \frac{1}{p^{ks}}\right) =$$

$$\prod_p g_k(p^{-s}) \qquad (8.26)$$

say. Now, for real x

$$g_k(x) = \frac{1}{2\pi} \int_{-\pi}^{\pi} \left| \sum_{m=0}^{k} \frac{k!}{m!(k-m)!} x^{\frac{1}{2}m} e^{im\phi} \right|^2 d\phi =$$

$$\frac{1}{\pi} \int_0^{\pi} |1 + x^{\frac{1}{2}} e^{i\phi}|^{2k} d\phi =$$

$$\frac{1}{\pi} \int_0^{\pi} (1 + 2x^{\frac{1}{2}} \cos \phi + x)^k d\phi$$

Comparing this with the formula

第二部分　中外名家论 Riemann 函数与 Riemann 猜想

$$P_n(z) = \frac{1}{\pi} \int_0^\pi \{z + \sqrt{(z^2-1)} \cos \phi\}^n d\phi$$

we see that[①]

$$g_k(x) = (1-x)^k P_k\left(\frac{1+x}{1-x}\right) \qquad (8.27)$$

Hence

$$G_k(s) = \prod_p (1 - p^{-s})^k P_k\left(\frac{1 + p^{-s}}{1 - p^{-s}}\right) =$$

$$\frac{1}{\zeta^k(s)} \prod_p P_k\left(\frac{1 + p^{-s}}{1 - p^{-s}}\right)$$

We have also the identity

$$F_{k+1}(s) = \zeta^{2k+1}(s) G_k(s) \qquad (8.28)$$

Again for $0 < x < \frac{1}{2}$

$$f_k(x) > \frac{1}{x} \int_0^{\pi/k} \frac{d\phi}{(1-2\sqrt{x}\cos\phi+x)^k} =$$

$$\frac{1}{\pi(1-\sqrt{x})^{2k}} \int_0^{\pi/k} \left\{1 - \frac{2\sqrt{x}(1-\cos\phi)}{1-2\sqrt{x}\cos\phi+x}\right\}^k d\phi =$$

$$\frac{1}{\pi(1-\sqrt{x})^{2k}} \int_0^{\pi/k} \left\{1 + O\left(\frac{1}{k^2}\right)\right\}^k d\phi >$$

$$\frac{1}{2k(1-\sqrt{x})^{2k}} \qquad (8.29)$$

if k is large enough. Hence also

[①] This formula is, essentially, Murphy's well-known formula

$$P_k(\cos \theta) = \cos^{2k}\frac{1}{2}\theta F(-k, -k; 1; -\tan^2 \frac{1}{2}\theta)$$

with $x = -\tan^2 \frac{1}{2}\theta$, cf. Hobson, *Spherical and Ellipsoidal Harmonics*, pp. 22, 31.

$$g_k(x) = (1-x)^{2k+1} f_{k+1}(x) > \frac{(1+\sqrt{x})^{2k+1}}{2k+2} > \frac{(1+\sqrt{x})^{2k}}{3k}$$

(8.30)

for k large enough; and

$$g_k(x) \leq \frac{1}{\pi} \int_0^\pi (1+\sqrt{x})^{2k} d\phi = (1+\sqrt{x})^{2k}$$

(8.31)

for all values of x and k.

8.10. Proof of Theorem 8.9 (A). Let $\sigma > 1$. Then

$$\int_{-T}^{T} \left(1 - \frac{|t|}{T}\right) |\zeta(\sigma + it)|^{2k} dt =$$

$$\int_{-T}^{T} \left(1 - \frac{|t|}{T}\right) \sum_{m=1}^{\infty} \frac{d_k(m)}{m^{\sigma+it}} \sum_{n=1}^{\infty} \frac{d_k(n)}{n^{\sigma-it}} dt =$$

$$\sum_{n=1}^{\infty} \frac{d_k^2(n)}{n^{2\sigma}} \int_{-T}^{T} \left(1 - \frac{|t|}{T}\right) dt +$$

$$\sum_{m \neq n} \sum \frac{d_k(m) d_k(n)}{(mn)^\sigma} \int_{-T}^{T} \left(1 - \frac{|t|}{T}\right) \left(\frac{n}{m}\right)^{it} dt =$$

$$T \sum_{n=1}^{\infty} \frac{d_k^2(n)}{n^{2\sigma}} + \sum_{m \neq n} \sum \frac{d_k(m) d_k(n)}{(mn)^\sigma} \cdot$$

$$\frac{4\sin^2\left\{\frac{1}{2} T\log(n/m)\right\}}{T\log^2(n/m)} \geq$$

$$T \sum_{n=1}^{\infty} \frac{d_k^2(n)}{n^{2\sigma}} = TF_k(2\sigma) \quad (8.32)$$

Since (from its original definition) $f_k(p^{-2\sigma}) \geq 1$ for all values of p

$$F_k(2\sigma) \geq \prod_{p \leq x} f_k(p^{-2\sigma}) \geq \prod_{p \leq x} \left\{\frac{1}{2k}\left(1 - \frac{1}{p^\sigma}\right)^{-2k}\right\}$$

(8.33)

第二部分　中外名家论 Riemann 函数与 Riemann 猜想

for any positive x and k large enough. Here the number of factors is $\pi(x) < Ax/\log x$. Hence if $x > \sqrt{k}$

$$\prod_{p \leq x} \frac{1}{2k} \geq \left(\frac{1}{2k}\right)^{Ax/\log x} = \exp\left(-\frac{Ax\log 2k}{\log x}\right) > e^{-Ax}$$

(8.34)

Also

$$\log \prod_{p \leq x} \frac{1 - p^{-\sigma}}{1 - p^{-1}} = \sum_{p \leq x} \frac{1 - p^{-\sigma}}{1 - p^{-1}} = \sum_{p \leq x} O\left(\frac{1}{p^\sigma} - \frac{1}{p}\right) =$$
$$\sum_{p \leq x} O\left(\log p \int_1^\sigma \frac{du}{p^u}\right) =$$
$$O\left\{(\sigma - 1) \sum_{p \leq x} \frac{\log p}{p}\right\} =$$
$$O\{(\sigma - 1)\log x\} \quad (8.35)$$

Hence

$$F_k(2\sigma) > e^{-Ax - Ak(\sigma-1)\log x} \prod_{p \leq x} \left(1 - \frac{1}{p}\right)^{-2k}$$

and

$$\left\{\frac{1}{T}\int_{-T}^{T}\left(1 - \frac{|t|}{T}\right)|\zeta(\sigma + it)|^{2k}dt\right\}^{\frac{1}{2k}} >$$
$$e^{-Ax/k - A(\sigma-1)\log x} \prod_{p \leq x}\left(1 - \frac{1}{p}\right)^{-1} >$$
$$\{e^\gamma + o(1)\} e^{-Ax/k - A(\sigma-1)\log x} \log x$$

as $x \to \infty$, by (3.57).

Let $x = \delta k$, where $k^{-\frac{1}{2}} < \delta < 1$, and $\sigma = 1 + \eta/\log k$, where $0 < \eta < 1$. Then the right-hand side is greater than

$$\{e^\gamma + o(1)\} e^{-A\delta - A\eta}\left(\log k - \log \frac{1}{\delta}\right)$$

Also, if $m_{\sigma, T} \max_{1 \leq |t| \leq T} |\zeta(\sigma + it)|$, the left-hand side does not exceed

$$\left\{\frac{2}{T}\int_0^1 \left(1-\frac{|t|}{T}\right)\left(\frac{2}{\sigma-1}\right)^{2k}\mathrm{d}t\right\}^{\frac{1}{2k}} +$$

$$\left\{\frac{2}{T}\int_0^1 \left(1-\frac{|t|}{T}\right)m_{\sigma,T}^{2k}\mathrm{d}t\right\}^{\frac{1}{2k}} <$$

$$\left(\frac{2}{T}\right)^{\frac{1}{2k}}\frac{2}{\sigma-1} + 2^{\frac{1}{2k}}m_{\sigma,T}$$

Hence

$$m_{\sigma,T} > 2^{-\frac{1}{2k}}\{e^{\gamma}+o(1)\}e^{-A\delta-A\eta}\left(\log k-\log\frac{1}{\delta}\right)-\frac{2\log k}{T^{\frac{1}{2k}}\eta}$$

Let $T=\eta^{-4k}$, so that

$$\log\log T = \log k + \log\left(4\log\frac{1}{\eta}\right)$$

Then

$$m_{\sigma,T} > 2^{-\frac{1}{2k}}\{e^{\gamma}+o(1)\}e^{-A\delta-A\eta}\cdot$$

$$\left\{\log\log T-\log\left(4\log\frac{1}{\eta}\right)-\log\frac{1}{\delta}\right\}-$$

$$2\eta\left\{\log\log T-\log\left(4\log\frac{1}{\eta}\right)\right\}$$

Giving δ and η arbitrarily small values, and then making $k\to\infty$, i.e. $T\to\infty$, we obtain

$$\overline{\lim}\frac{m_{\sigma,T}}{\log\log T}\geqslant e^{\gamma}$$

where, of course, σ is a function of T.

The result now follows by the Phragmén-Lindelöf method. Let

$$f(s)=\frac{\zeta(s)}{\log\log(s+hi)}$$

where $h>4$, and let

第二部分　中外名家论 Riemann 函数与 Riemann 猜想

$$\lambda = \overline{\lim} \frac{|\zeta(1+it)|}{\log\log t}$$

We may suppose λ finite, or there is nothing to prove. On $\sigma=1$, $t \geq 0$, we have

$$|f(s)| \leq \frac{|\zeta(s)|}{\log\log t} < \lambda+\epsilon, t>t_0$$

Also, on $\sigma=2$

$$|f(s)| = o(1) < \lambda+\epsilon, t>t_1$$

We can choose h so that $|f(s)| < \lambda+\epsilon$ also on the remainder of the boundary of the strip bounded by $\sigma=1$, $\sigma=2$, and $t=1$. Then, by the Phragmén-Lindelöf theorem, $|f(x)| < \lambda+\epsilon$ in the interior, and so

$$\overline{\lim} \frac{|\zeta(s)|}{\log\log t} = \overline{\lim} \frac{|\zeta(s)|}{\log\log(t+h)} \leq \lambda$$

Hence $\lambda \geq e^\gamma$, the required result.

8.11. Proof of Theorem 8.9 (B). The above method depends on the fact that $d_k(n)$ is positive. Since $b_k(n)$ is not always positive, a different method is required in this case.

Let $\sigma>1$, and let N be any positive number. Then

$$\frac{1}{T}\int_0^T \left|\sum_{n \leq N} \frac{b_k(n)}{n^s}\right|^2 dt =$$

$$\frac{1}{T}\int_0^T \sum_{m \leq N} \frac{b_k(m)}{m^{\sigma+it}} \sum_{n \leq N} \frac{b_k(n)}{n^{\sigma-it}} dt =$$

$$\sum_{n \leq N} \frac{b_k^2(n)}{n^{2\sigma}} + \frac{1}{T} \sum_{m \neq n}\sum \frac{b_k(m)b_k(n)}{m^\sigma n^\sigma} \int_0^T \left(\frac{n}{m}\right)^{it} dt \geq$$

$$\sum_{n \leq N} \frac{b_k^2(n)}{n^{2\sigma}} - \frac{1}{T} \sum_{m \neq n}\sum \frac{|b_k(m)b_k(n)|}{m^\sigma n^\sigma} \frac{2}{|\log n/m|}$$

Now

$$\left|\log\frac{n}{m}\right| \geq \log\frac{n+1}{n} \geq \frac{1}{2n} \geq \frac{1}{2N}$$

so that the last sum does not exceed

$$\frac{4N}{t}\sum_{m\neq n}\sum\frac{|b_k(m)b_k(n)|}{m^\sigma n^\sigma} < \frac{4N}{T}\left(\sum_{n=1}^{\infty}\frac{|b_k(n)|}{n^\sigma}\right)^2 =$$

$$\frac{4N}{T}\left\{\frac{\zeta(\sigma)}{\zeta(2\sigma)}\right\}^{2k}$$

Since $\zeta(\sigma) \sim 1/(\sigma-1)$ as $\sigma \to 1$, and $\zeta(2) > 1$, we have, if σ is sufficiently near to 1,

$$\frac{\zeta(\sigma)}{\zeta(2\sigma)} < \frac{1}{\sigma-1}$$

Hence the above last sum is less than

$$\frac{4N}{T(\sigma-1)^{2k}}$$

Also

$$\left|\frac{1}{\zeta^k(s)} - \sum_{n\leq N}\frac{|b_k(n)|}{n^s}\right| \leq \sum_{n>N}\frac{|b_k(n)|}{n^\sigma} <$$

$$\frac{1}{N^{\frac{1}{2}\sigma-\frac{1}{2}}}\sum_{n>N}\frac{|b_k(n)|}{n^{\frac{1}{2}\sigma+\frac{1}{2}}} <$$

$$\frac{1}{N^{\frac{1}{2}\sigma-\frac{1}{2}}}\left\{\frac{\zeta(\frac{1}{2}\sigma+\frac{1}{2})}{\zeta(\sigma+1)}\right\}^k < \frac{1}{N^{\frac{1}{2}\sigma-\frac{1}{2}}}\left(\frac{2}{\sigma-1}\right)^k$$

for σ sufficiently near to 1. Since for $\sigma > 2$

$$G_k(\sigma) \leq \prod_p\left(1+\frac{1}{p^{\frac{1}{2}\sigma}}\right)^{2k} = \prod_p\left(\frac{1-p^{-\sigma}}{1-p^{-\frac{1}{2}\sigma}}\right)^{2k} = \left\{\frac{\zeta(\frac{1}{2}\sigma)}{\zeta(\sigma)}\right\}^{2k}$$

we have similarly

$$G_k(2\sigma) - \sum_{n \leqslant N} \frac{b_k^2(n)}{n^{2\sigma}} = \sum_{n > N} \frac{b_k^2(n)}{n^{2\sigma}} < \frac{1}{N^{\sigma-1}} \sum_{n > N} \frac{b_k^2(n)}{n^{\sigma+1}} <$$

$$\frac{G_k(\sigma+1)}{N^{\sigma-1}} <$$

$$\frac{1}{N^{\sigma-1}} \left\{ \frac{\zeta(\frac{1}{2}\sigma+\frac{1}{2})}{\zeta(\sigma+1)} \right\}^{2k} <$$

$$\frac{1}{N^{\sigma-1}} \left(\frac{2}{\sigma-1} \right)^{2k}$$

These two differences are therefore both bounded if

$$N = \left(\frac{2}{\sigma-1} \right)^{2k/(\sigma-1)}$$

With this value of N we have

$$\frac{1}{T} \int_0^T \left| \frac{1}{\zeta^k(s)} + O(1) \right|^2 dt =$$

$$\frac{1}{T} \int_0^T \left| \sum_{n \leqslant N} \frac{b_k(n)}{n^s} \right|^2 dt >$$

$$G_k(2\sigma) - \frac{4N}{T(\sigma-1)^{2k}} + O(1) >$$

$$\prod_{p \leqslant x} \left\{ \frac{1}{3k} \left(1 + \frac{1}{p^\sigma} \right)^{2k} \right\} - \frac{4N}{T(\sigma-1)^{2k}} + O(1)$$

by (8.30). Now

$$\log \prod_{p \leqslant x} \frac{1+p^{-1}}{1+p^{-\sigma}} = O\{(\sigma-1)\log x\}$$

as in (8.35). Hence, as in (8.34) and (3.58)

$$\prod_{p \leqslant x} \left\{ \frac{1}{3k} \left(1 + \frac{1}{p^\sigma} \right)^{2k} \right\} > e^{-Ax - Ak(\sigma-1)\log x} \{b + o(1)\}^{2k} \log^{2k} x$$

where $b = 6e^\gamma / \pi^2$.

Choosing x and σ as in the last proof

$$\frac{N}{(\sigma-1)^{2k}} < \left(\frac{2\log k}{\eta}\right)^{2k\log k/\eta + 2k}$$

and we obtain

$$\frac{1}{T}\int_0^T \left|\frac{1}{\zeta^k(s)} + O(1)\right|^2 dt > e^{-A\delta k - A\eta k}\{b+o(1)\}^{2k}\log^{2k}\delta k - \frac{4}{T}\left(\frac{2\log T}{\eta}\right)^{2k\log k/\eta + 2k} + O(1)$$

Finally, let

$$T = \left(\frac{2\log k}{\eta}\right)^{2k\log k/\eta + 2k}$$

Then

$$\log\log T = \log k + \log\left(\frac{2\log k}{\eta} + 2\right) + \log\log\frac{2\log k}{\eta} < (1+\epsilon)\log k$$

for $k > k_1 = k_1(\epsilon, \eta)$. Hence

$$\frac{1}{T}\int_0^T \left|\frac{1}{\zeta^k(s)} + O(1)\right|^2 dt >$$

$$e^{-A\delta k - A\eta k}\{b+o(1)\}^{2k}\left(\frac{\log\log T}{1+\epsilon} - \log\frac{1}{\delta}\right)^{2k} + O(1)$$

Let

$$M_{\sigma,T} = \max_{0 \leq t \leq T}\frac{1}{|\zeta(\sigma+it)|}$$

Since the first term on the right of the above inequality tends to infinity with k (for fixed δ, η, and ϵ) it is clear that $M_{\sigma,T}^k$ tends to infinity. Hence

$$\left|\frac{1}{\zeta^k(s)} + O(1)\right| < 2M_{\sigma,T}^k$$

if k is large enough, and we deduce that

$$4M_{\sigma,T}^{2k} > \frac{1}{2}e^{-A\delta k - A\eta k}\{b+o(1)\}^{2k}\left(\frac{\log\log T}{1+\epsilon} - \log\frac{1}{\delta}\right)^{2k}$$

for k large enough. Hence
$$M_{\sigma,T} > \frac{1}{8^{\frac{1}{2}k}} e^{-A\delta - A\eta} \{b + o(1)\} \left(\frac{\log \log T}{1+\epsilon} - \log \frac{1}{\delta} \right)$$

Giving δ, ϵ, and η arbitrarily small values, and then varying T, we obtain
$$\varlimsup \frac{M_{\sigma,T}}{\log \log T} \geqslant b$$

The theorem now follows as in the previous case.

8.12. The above theorems are mainly concerned with the neighbour-hood of the line $\sigma = 1$. We now penetrate further into the critical strip, and prove[①]

Theorem 8.12. *Let σ be a fixed number in the range $1/2 \leqslant \sigma < 1$. Then the inequality*
$$|\zeta(\sigma + it)| > \exp(\log^\alpha t)$$
is satisfied for some indefinitely large values of t, provided that
$$\alpha < 1 - \sigma$$

Throughout the proof k is supposed large enough, and δ small enough, for any purpose that may be required. We take $\frac{1}{2} < \sigma < 1$, and the constants C_1, C_2, $\cdots$, and those implied by the symbol O, are independent of k and δ, but may depend on σ, and on ϵ when it occurs. The case $\sigma = \frac{1}{2}$ is deduced finally from the case $\sigma > \frac{1}{2}$.

We first prove some lemmas.

---

① Titchmarsh (4).

Lemma α. Let
$$\Gamma(s)\zeta^k(s) = \sum_{m=0}^{k-1} \frac{(-1)^m m! \, a_m^{(k)}}{(s-1)^{m+1}} + \cdots$$
in the neighbourhood of $s=1$. Then
$$|a_m^{(k)}| < e^{C_1 k}, 1 \leqslant m \leqslant k$$
The $a_m^{(k)}$ are the same as those of §7.13. We have
$$\Gamma(s) = \sum_{n=0}^{\infty} c_n (s-1)^n$$
$$\zeta^k(s) = (s-1)^{-k} \sum_{n=0}^{\infty} e_n^{(k)} (s-1)^n$$
where
$$|c_n| \leqslant C_2^m, \ |e_n^{(1)}| \leqslant C_3^n, C_2 > 1, \ C_3 > 1$$
Hence $e_n^{(k)}$ is less than the coefficient of $(s-1)^n$ in
$$\left\{ \sum_{n=0}^{\infty} C_3^n (s-1)^n \right\}^k =$$
$$\{1 - C_3(s-1)\}^{-k} \sum_{n=0}^{\infty} \frac{(k+n-1)!}{(k-1)! \, n!} C_3^n (s-1)^n$$
Hence
$$m! \, |a_m^{(k)}| = \left| \sum_{n=0}^{k-m-1} c_{k-m-n-1} e_n^{(k)} \right| <$$
$$\sum_{n=0}^{k-m-1} C_2^{k-m-n-1} \frac{(k+n-1)!}{(k-1)! \, n!} C_3^n <$$
$$k C_2^k C_3^k \frac{(2k-2)!}{\{(k-1)!\}^2} < e^{C_1 k}$$

Lemma β.
$$\frac{1}{\pi} \int_{-\infty}^{\infty} |\Gamma(\sigma + it) \zeta^k(\sigma + it) e^{(\frac{1}{2}\pi - \delta)t}|^2 dt >$$
$$\int_1^{\infty} \left| \sum_{n=1}^{\infty} d_k(n) \exp(-inx e^{-i\delta}) \right|^2 x^{2\sigma - 1} dx - \exp(C_4 k \log k)$$

By (7.41) the left-hand side is greater than

$$2\int_1^\infty |\phi_k(ixe^{-i\delta})|^2 x^{2\sigma-1} dx \geq$$

$$\int_1^\infty \left|\sum_{n=1}^\infty d_k(n)\exp(-inxe^{-i\delta})\right|^2 x^{2\sigma-1} dx -$$

$$2\int_1^\infty |R_k(ixe^{-i\delta})|^2 x^{2\sigma-1} dx$$

Since $|\log(ixe^{-i\delta})| \leq \log x + \frac{1}{2}\pi$

$$|R_k(ixe^{-i\delta})| \leq \frac{1}{x}\left\{|a_0^{(k)}| + |a_1^{(k)}|\left(\log x + \frac{1}{2}\pi\right) + \cdots + a_{k-1}^{(k)}\left(\log x + \frac{1}{2}\pi\right)^{k-1}\right\} \leq$$

$$\frac{ke^{C_1 k}\left(\log x + \frac{1}{2}\pi\right)^{k-1}}{x}$$

and

$$\int_1^\infty \left(\log x + \frac{1}{2}\pi\right)^{2k-2} x^{2\sigma-3} dx < \int_1^\infty (2\log x)^{2k-2} x^{2\sigma-3} dx +$$

$$\int_1^\infty \pi^{2k-2} x^{2\sigma-3} dx = \frac{\Gamma(2k-1)}{2(1-\sigma)^{2k-1}} + \frac{\pi^{2k-2}}{2-2\sigma}$$

The result now clearly follows.

Lemma γ.

$$\int_1^\infty \left|\sum_{n=1}^\infty d_k(n)\exp(-inxe^{-i\delta})\right|^2 x^{2\sigma-1} dx >$$

$$\frac{C_5}{\delta^{2\sigma}} \sum_{n=1}^\infty \frac{d_k^2(n)}{n^{2\sigma}} e^{-2n\sin\delta} - C_6 \log\frac{1}{\delta} \sum_{n=1}^\infty d_k^2(n) e^{-n\sin\delta}$$

The left-hand side is equal to

$$\sum_{m=1}^{\infty}\sum_{n=1}^{\infty}d_k(m)d_k(n)\int_1^{\infty}\exp(\mathrm{i}mx\mathrm{e}^{\mathrm{i}\delta}-\mathrm{i}nx\mathrm{e}^{-\mathrm{i}\delta})x^{2\sigma-1}\mathrm{d}x=$$

$$\sum_{m=n}\sum_{m\ne n}=\sum{}_1+\sum{}_2$$

Now

$$\int_1^{\infty}\mathrm{e}^{-2nx\sin\delta}x^{2\sigma-1}\mathrm{d}x=(2n\sin\delta)^{-2\sigma}\int_{2n\sin\delta}^{\infty}\mathrm{e}^{-y}y^{2\sigma-1}\mathrm{d}y$$

and for $2n\sin\delta\leqslant 1$

$$\int_{2n\sin\delta}^{\infty}\mathrm{e}^{-y}y^{2\sigma-1}\mathrm{d}y\geqslant\int_1^{\infty}\mathrm{e}^{-y}y^{2\sigma-1}\mathrm{d}y=C_7>C_7\mathrm{e}^{-2n\sin\delta}$$

while for $2n\sin\delta>1$

$$\int_{2n\sin\delta}^{\infty}\mathrm{e}^{-y}y^{2\sigma-1}\mathrm{d}y>\int_{2n\sin\delta}^{\infty}\mathrm{e}^{-y}\mathrm{d}y=\mathrm{e}^{-2n\sin\delta}$$

Hence

$$\sum{}_1=\sum_{n=1}^{\infty}d_k^2(n)\int_1^{\infty}\mathrm{e}^{-2nx\sin\delta}x^{2\sigma-1}\mathrm{d}x>\frac{C_5}{\delta^{2\sigma}}\sum_{n=1}^{\infty}\frac{d_k^2(n)}{n^{2\sigma}}\mathrm{e}^{-2n\sin\delta}$$

Also, using (7.47)

$$|\sum{}_2|<C_8\sum_{m=2}^{\infty}\sum_{n=1}^{m-1}d_k(m)d_k(n)\frac{\mathrm{e}^{-m\sin\delta}}{m-n}=$$

$$C_8\sum_{r=1}^{\infty}\sum_{m=r+1}^{m=r+1}d_k(m)d_k(m-r)\frac{\mathrm{e}^{-m\sin\delta}}{r}=$$

$$C_8\sum_{r=1}^{\infty}\frac{\mathrm{e}^{-\frac{1}{2}r\sin\delta}}{r}\sum_{m=r+1}^{\infty}d_k(m)\mathrm{e}^{-\frac{1}{2}m\sin\delta}\cdot$$

$$d_k(m-r)\mathrm{e}^{-\frac{1}{2}(m-r)\sin\delta}\leqslant$$

$$C_8\sum_{r=1}^{\mathrm{e}}\frac{\mathrm{e}^{-\frac{1}{2}r\sin\delta}}{r}\cdot$$

$$\{\sum_{m=r+1}^{\infty}d_k^2(m)\mathrm{e}^{-m\sin\delta}\sum_{m=r+1}^{\infty}d_k^2(m-r)\mathrm{e}^{-(m-r)\sin\delta}\}^{\frac{1}{2}}<$$

$$C_8\sum_{r=1}^{\infty}\frac{\mathrm{e}^{-\frac{1}{2}r\sin\delta}}{r}\sum_{m=1}^{\infty}d_k^2(m)\mathrm{e}^{-m\sin\delta}<$$

$$C_6 \log \frac{1}{\delta} \sum_{m=1}^{\infty} d_k^2(m) e^{-m\sin\delta}$$

This proves the lemma.

Lemma 8. *For $\sigma>1$*

$$\exp\left\{C_9\left(\frac{k}{\log k}\right)^{2/\sigma}\right\} < F_k(\sigma) < \exp(C_{10} k^{2/\sigma})$$

It is clear from (8.19) that

$$f_k(x) \le (1-\sqrt{x})^{-2k}, \quad 0<x<1$$

Also it is easily verified that

$$\left\{\frac{(k+m-1)!}{(k-1)! \, m!}\right\}^2 \le \frac{(k^2+m-1)!}{(k^2-1)! \, m!}$$

Hence, for $0<x<1$

$$f_k(x) \le \sum_{m=0}^{\infty} \frac{(k^2+m-1)!}{(k^2-1)! \, m!} x^m = (1-x)^{-k^2}$$

Hence

$$\log F_k(\sigma) =$$

$$\sum_{p^\sigma \le k^3} \log f_k(p^{-\sigma}) + \sum_{p^\sigma > k^2} \log f_k(p^{-\sigma}) \le$$

$$2k \sum_{p^\sigma \le k^2} \log(1-p^{-\frac{1}{2}\sigma})^{-1} + k^2 \sum_{p^\sigma > k^2} \log(1-p^{-\sigma})^{-1} =$$

$$O\left(k \sum_{p^\sigma \le k^2} p^{-\frac{1}{2}\sigma}\right) + O\left(k^2 \sum_{p^\sigma > k^2} p^{-\sigma}\right) =$$

$$O\{k(k^{2/\sigma})^{1-\frac{1}{2}\sigma}\} + O\{k^2(k^{2/\sigma})^{1-\sigma}\} = O(k^{2/\sigma})$$

On the other hand, (8.23) gives

$$\log F_k(\sigma) > 2k \sum_{p<x} \log(1-p^{-\frac{1}{2}\sigma})^{-1} - \sum_{p<x} \log 2k >$$

$$2k \sum_{p<x} p^{-\frac{1}{2}\sigma} - C_{11}\frac{x}{\log x}\log 2k >$$

$$C_{12} k \frac{x^{1-\frac{1}{2}\sigma}}{\log x} - C_{11}\frac{x}{\log x}\log 2k$$

Taking
$$x = \left(\frac{C_{12}}{2C_{11}} \cdot \frac{k}{\log k}\right)^{2/\sigma}$$
the other result follows.

Proof of Theorem 8.12 for $\frac{1}{2} < \sigma < 1$. It follows from Lemmas β and γ and Stirling's theorem that
$$\int_0^\infty |\zeta(\sigma+it)|^{2k} e^{-2\delta t} t^{2\sigma-1} dt >$$
$$\frac{C_{13}}{\delta^{2\sigma}} \sum_{n=1}^\infty \frac{d_k^2(n)}{n^{2\sigma}} e^{-2n\sin\delta} -$$
$$C_{14} \log \frac{1}{\delta} \sum_{n=1}^\infty d_k^2(n) e^{-n\sin\delta} - C_{15} e^{C_4 k \log k}$$

Now, if $0 < \epsilon < 2\sigma - 1$
$$\sum_{n=1}^\infty \frac{d_k^2(n)}{n^{2\sigma}} e^{-2n\sin\delta} = F_k(2\sigma) - \sum_{n=1}^\infty \frac{d_k^2(n)}{n^{2\sigma}} (1 - e^{-2n\sin\delta}) >$$
$$F_k(2\sigma) - C_{16} \sum_{n=1}^\infty \frac{d_k^2(n)}{n^{2\sigma}} (n\delta)^\epsilon =$$
$$F_k(2\sigma) - C_{16} \delta^\epsilon F_k(2\sigma - \epsilon) >$$
$$\exp\left\{C_9 \left(\frac{k}{\log k}\right)^{1/\sigma}\right\} -$$
$$C_{16} \delta^\epsilon \exp\{C_{10} k^{2/(2\sigma - \epsilon)}\}$$

and
$$\sum_{n=1}^\infty d_k^2(n) e^{-n\sin\delta} < C_{17} \sum_{n=1}^\infty d_k^2(n) (n\delta)^{\epsilon - 2\sigma} =$$
$$C_{17} \delta^{\epsilon - 2\sigma} F_k(2\sigma - \epsilon) <$$
$$C_{17} \delta^{\epsilon - 2\sigma} \exp\{C_{10} k^{2/(2\delta - \epsilon)}\}$$

Let

$$\delta = \exp\left\{-\frac{C_{10}}{\epsilon}k^{2/(2\sigma-\epsilon)}\right\}$$

Then

$$\int_0^\infty |\zeta(\sigma+it)|^{2k} e^{-2\delta t} t^{2\sigma-1} dt >$$

$$\frac{1}{\delta^{2\sigma}}\left[C_{13}\exp\left\{C_9\left(\frac{k}{\log k}\right)^{1/\sigma}\right\} - C_{13}C_{16} -\right.$$

$$\left. C_{14}C_{17}\frac{C_{10}}{\epsilon}k^{2/(2\sigma-\epsilon)}\right] - C_{15}e^{C_4 k\log k} >$$

$$\frac{C_{18}}{\delta^{2\sigma}}\exp\left\{C_9\left(\frac{k}{\log k}\right)^{1/\sigma}\right\}$$

Suppose now that

$$|\zeta(\sigma+it)| \leq \exp(\log^\alpha t), t \geq t_0$$

where $0<\alpha<1$. Then

$$\int_0^\infty |\zeta(\sigma+it)|^{2k} e^{-2\delta t} t^{2\sigma-1} dt \leq C_{19}^{2k} + \int_1^\infty e^{2k\log^\alpha t - 2\delta t} t^{2\sigma-1} dt$$

If $t > \frac{k^2}{\delta^2}$, $k > k_0$, then

$$\frac{k}{\delta} < \sqrt{t} < \frac{1}{2}\frac{t}{\log^\alpha t}$$

Hence

$$\int_1^\infty e^{2k\log^\alpha t - 2\delta t} t^{2\sigma-1} dt \leq$$

$$e^{2k\log^\alpha(k^2/\delta^2)} \int_1^{k^2/\delta^2} e^{-2\delta t} t^{2\sigma-1} dt + \int_{k^2/\delta^2}^\infty e^{-\delta t} t^{2\sigma-1} dt <$$

$$e^{2k\log^\alpha(k^2/\delta^2)} \frac{C_{20}}{\delta^{2\sigma}}$$

Hence

$$\left(\frac{k}{\log k}\right)^{1/\sigma} = O\left(k\log^\alpha \frac{k}{\delta}\right) = O(k^{1+(2\alpha)/(2\sigma-\epsilon)})$$

Hence

$$\frac{1}{\sigma} \leqslant 1 + \frac{2\alpha}{2\sigma - \epsilon}$$

and since ϵ may be as small as we please

$$\frac{1}{\sigma} \leqslant 1 + \frac{\alpha}{\sigma}, \alpha \geqslant 1 - \sigma$$

The case $\sigma = \frac{1}{2}$. Suppose that

$$\zeta\left(\frac{1}{2} + it\right) = O\{\exp(\log^\beta t)\}, 0 < \beta < \frac{1}{2}$$

Then the function

$$f(s) = \zeta(s) \exp(-\log^\beta s)$$

is bounded on the lines $\sigma = \frac{1}{2}$, $\sigma = 2$, $t > t_0$, and it is $O(t)$ uniformly in this strip. Hence by the Phragmén-Lindeöf theorem $f(s)$ is bounded in the strip, i. e.

$$\zeta(\sigma + it) = O\{\exp(\log^\beta t)\}$$

for $\frac{1}{2} < \sigma < 2$. Since this is not true for $\frac{1}{2} < \sigma < 1 - \beta$, it follows that $\beta \geqslant \frac{1}{2}$.

NOTES FOR CHAPTER 8

8.13. Levinson [1] has sharpened Theorem 8.9 (A) and 8.9(B) to show that the inequalities

$$|\zeta(1+it)| \geqslant e^\gamma \log \log t + O(1)$$

and

$$\frac{1}{|\zeta(1+it)|} \geqslant \frac{6e^\gamma}{\pi^2}(\log \log t - \log \log \log t) + O(1)$$

each hold for arbitrarily large t. Theorem 8.12 has also

been improved, by Montgomery [3]. He showed that for may σ in the range $\frac{1}{2}<\sigma<1$, and for any real ϑ, there are arbitrarily large t such that

$$\mathbf{R}\{e^{i\vartheta}\log \zeta(\sigma+it)\} \geq \frac{1}{20}\left(\sigma-\frac{1}{2}\right)^{-1}(\log t)^{1-\sigma}(\log \log t)^{-\sigma}$$

Here $\log \zeta(s)$ is, as usual, defined by continuous variation along lines parallel to the real axis, using the Dirichlet series (1.9) for $\sigma>1$. It follows in particular that

$$\zeta(\sigma+it)=\Omega\left\{\exp\left(\frac{\frac{1}{20}}{\sigma-\frac{1}{2}}\frac{(\log t)^{1-\sigma}}{(\log \log t)^{\sigma}}\right)\right\}, \frac{1}{2}<\sigma<1$$

and the same for $\zeta(\sigma+it)^{-1}$. For $\sigma=\frac{1}{2}$ the best result is due to Balasubramanian and Ramachandra [2], who showed that

$$\max_{T \leq t \leq T+H}\left|\zeta\left(\frac{1}{2}+it\right)\right| \geq \exp\left(\frac{3}{4} \cdot \frac{(\log H)^{\frac{1}{2}}}{(\log \log H)^{\frac{1}{2}}}\right)$$

if $(\log T)^{\delta} \leq H \leq T$ and $T \geq T(\delta)$, where δ is any positive constant. Their method is akin to that of §8.12, in that it depends on a lower bound for a mean value of $\left|\zeta\left(\frac{1}{2}+it\right)\right|^{2k}$, uniform in k. By constrast the method of Montgomery [3] uses the formula

$$\frac{4}{\pi}\int_{-(\log t)^2}^{(\log t)^2} e^{-i\vartheta}\log \zeta(\sigma+it+iy)\left(\frac{\sin \frac{1}{2}y}{y}\right)^2 \cdot$$
$$\{1+\cos(\vartheta+y\log x)\}dy=$$

$$\sum_{|\log n/x| \leqslant \frac{1}{2}} \frac{\Lambda(n)}{\log n} n^{-\sigma-it} \left(\frac{1}{2} - \left| \log \frac{n}{x} \right| \right) +$$

$$O\{(x\log t)^{-2}\} \qquad (8.36)$$

This is valid for any real x and ϑ, providing that $\zeta(s) \neq 0$ for $\mathbf{R}(s) \geqslant \sigma$ and $|\mathbf{I}(s) - t| \leqslant 2(\log t)^2$. After choosing x suitably one may use the extended version of Dirichlet's theorem given in §8.2 to show that the real part of the sum on the right of (8.36) is large at points $t_1 < \cdots < t_N \leqslant T$, spaced at least $4(\log T)^2$ apart. One can arrange that N exceeds $N(\sigma, T)$, whence at least one such t_n will satisfy the condition that $\zeta(s) \neq 0$ in the corresponding rectangle.

第九章 THE GENERAL DISTRIBUTION OF THE ZEROS

9.1. In §2.12 we deduced from the general theory of integral functions that $\zeta(s)$ *has an infinity of complex zeros.* This may be proved directly as follows.

We have

$$\frac{1}{2^2}+\frac{1}{3^2}+\cdots<\frac{1}{2^2}+\frac{1}{2\times 3}+\frac{1}{3\times 4}+\cdots=$$

$$\frac{1}{4}+\left(\frac{1}{2}-\frac{1}{3}\right)+\left(\frac{1}{3}-\frac{1}{4}\right)+\cdots=\frac{3}{4}$$

Hence or $\sigma \geqslant 2$

$$|\zeta(s)|\leqslant 1+\frac{1}{2^\sigma}+\frac{1}{3^\sigma}+\cdots\leqslant 1+\frac{1}{2^2}+\cdots<\frac{7}{4} \quad (9.1)$$

and

$$|\zeta(s)|\geqslant 1-\frac{1}{2^\sigma}-\cdots\geqslant 1-\frac{1}{2^2}-\cdots>\frac{1}{4} \quad (9.2)$$

Also

$$\mathbf{R}\{\zeta(s)\}=1+\frac{\cos(t\log 2)}{2^\sigma}+\cdots\geqslant 1-\frac{1}{2^2}-\cdots>\frac{1}{4}$$

$$(9.3)$$

Hence for $\sigma\geqslant 2$ we may write

$$\log \zeta(s)=\log |\zeta(s)|+i\arg \zeta(s)$$

where $\arg \zeta(s)$ is that value of $\arctan\{\mathbf{I}\zeta(s)/\mathbf{R}\zeta(s)\}$ which lies between $-1/2\pi$ and $1/2\pi$. It is clear that

$$|\log \zeta(s)|<A, \sigma\geqslant 2 \quad (9.4)$$

For $\sigma<2$, $t\neq 0$, we define log $\zeta(s)$ as the analytic continuation of the above function along the straight line (σ+it, 2+it), provided that $\zeta(s)\neq 0$ on this segment of line.

Now consider a system of four concentric circles C_1, C_2, C_3, C_4, with centre $3+iT$ and radii $1,4,5$, and 6 respectively. Suppose that $\zeta(s)\neq 0$ in or on C_4. Then log $\zeta(s)$, defined as above, is regular in C_4. Let M_1, M_2, M_3 be its maximum modulus on C_1, C_2 and C_3 respectively.

Since $\zeta(s)=O(t^A)$, $\mathbf{R}\{\log \zeta(s)\}<A\log T$ in C_4, and the Borel-Carathéodory theorem gives

$$M_3\leqslant\frac{2\cdot 5}{6-5}A\log T+\frac{6+5}{6-5}\log|\zeta(3+iT)|<A\log T$$

Also $M_1<A$, By (9.4). Hence Hadamard's three-circles theorem, applied to the circles C_1, C_2, C_3, gives

$$M_2\leqslant M_1^\alpha M_3^\beta <A\log^\beta T$$

where

$$1-\alpha=\beta=\frac{\log 4}{\log 5}<1$$

Hence

$$\zeta(-1+iT)=O\{\exp(\log^\beta T)\}=O(T^\varepsilon)$$

But by (9.2), and the functional equation (2.1) with $\sigma=2$

$$|\zeta(-1+iT)|>AT^{\frac{3}{2}}$$

We have thus obtained a contradiction. Hence every such circle C_4 contains at least one zero of $\zeta(s)$, and so there are an infinity of zeros. The argument also shows that the gaps between the ordinates of successive zeros are bounded.

9.2. The function $N(T)$. Let $T>0$, and let $N(T)$ denote the number of zeros of the function $\zeta(s)$ in the region $0 \leqslant \sigma \leqslant 1$, $0 < t \leqslant T$. The distribution of the ordinates of the zeros can then be studied by means of formulae involving $N(T)$.

The most easily proved result is

Theorem 9.2. As $T \to \infty$
$$N(T+1) - N(T) = O(\log T) \qquad (9.5)$$

For it is easily seen that
$$N(T+1) - N(T) \leqslant n(\sqrt{5})$$
where $n(r)$ is the number of zeros of $\zeta(s)$ in the circle with centre $2+iT$ and radius r. Now, by Jensen's theorem
$$\int_0^3 \frac{n(r)}{r} dr = \frac{1}{2\pi} \int_0^{2\pi} \log|\zeta(2+iT+3e^{i\theta})| d\theta - \log|\zeta(2+iT)|$$

Since $|\zeta(s)| < t^A$ for $-1 \leqslant \sigma \leqslant 5$, we have
$$\log|\zeta(2+iT+3e^{i\theta})| < A\log T$$

Hence
$$\int_0^3 \frac{n(r)}{r} dr < A\log T + A < A\log T$$

Since
$$\int_0^3 \frac{n(r)}{r} dr \geqslant \int_{\sqrt{5}}^3 \frac{n(r)}{r} dr \geqslant n(\sqrt{5}) \int_{\sqrt{5}}^3 \frac{dr}{r} = An(\sqrt{5})$$
the result (9.5) follows.

Naturally it also follows that
$$N(T+h) - N(T) = O(\log T)$$
for any fixed value of h. In particular, the multiplicity of

a multiple zero of $\zeta(s)$ in the region considered is at most $O(\log T)$.

9.3. The closer study of $N(T)$ depends on the following theorem.① If T is not the ordinate of a zero, let $S(T)$ denote the value of

$$\pi^{-1}\arg \zeta\left(\frac{1}{2}+iT\right)$$

obtained by continuous variation along the straight lines joining 2, $2+iT$, $\frac{1}{2}+iT$, starting with the value 0. If T is the ordinate of a zero, let $S(T)=S(T+0)$. Let

$$L(T)=\frac{1}{2\pi}T\log T-\frac{1+\log 2\pi}{2\pi}T+\frac{7}{8} \quad (9.6)$$

Theorem 9.3. As $T\to\infty$

$$N(T)=L(T)+S(T)+O\left(\frac{1}{T}\right) \quad (9.7)$$

The number of zeros of the function $\Xi(z)$ (see §2.1) in the rectangle with vertices at $z=\pm T\pm\frac{3}{2}i$ is $2N(T)$, so that

$$2N(T)=\frac{1}{2\pi i}\int\frac{\Xi'(z)}{\Xi(z)}dz$$

taken round the rectangle. Since $\Xi(z)$ is even and real for real z, this is equal to

$$\frac{2}{\pi i}\left(\int_T^{T+\frac{3}{2}i}+\int_{T+\frac{3}{2}i}^{\frac{3}{2}i}\right)\frac{\Xi'(z)}{\Xi(z)}dz=\frac{2}{\pi i}\left(\int_2^{2+iT}+\int_{2+iT}^{\frac{1}{2}+iT}\right)\frac{\xi'(s)}{\xi(s)}ds=$$

---

① Backlund (2), (3).

第二部分　中外名家论 Riemann 函数与 Riemann 猜想

$$\frac{2}{\pi}\Delta\arg \xi(s)$$

where Δ denotes the variation from 2 to $2+iT$, and thence to $\frac{1}{2}+iT$, along straight lines. Recalling that

$$\xi(s)=\frac{1}{2}s(s-1)\pi^{-\frac{1}{2}s}\Gamma\left(\frac{1}{2}s\right)\zeta(s)$$

we obtain

$$\pi N(T)=\Delta\arg s(s-1)+\Delta\arg \pi^{-\frac{1}{2}s}+$$
$$\Delta\arg \Gamma\left(\frac{1}{2}s\right)+\Delta\arg \zeta(s)$$

Now

$$\Delta\arg s(s-1)=\arg\left(-\frac{1}{4}-T^2\right)=\pi$$

$$\Delta\arg \pi^{-\frac{1}{2}s}=\Delta\arg e^{-\frac{1}{2}s\log \pi}=-\frac{1}{2}T\log \pi$$

and by (4.12)

$$\Delta\arg \Gamma\left(\frac{1}{2}s\right)=\mathbf{I}\log \Gamma\left(\frac{1}{4}+\frac{1}{2}iT\right)=$$
$$\mathbf{I}\left\{\left(-\frac{1}{4}+\frac{1}{2}iT\right)\log\left(\frac{1}{2}iT\right)-\right.$$
$$\left.\frac{1}{2}iT+O\left(\frac{1}{T}\right)\right\}=$$
$$\frac{1}{2}T\log \frac{1}{2}T-\frac{1}{8}\pi-\frac{1}{2}T+O\left(\frac{1}{T}\right)$$

Adding these results, we obtain the theorem, provided that T is not the ordinate of a zero. If T is the originate of a zero, the result follows from the definitions and what has already been proved, the term $O\left(\frac{1}{T}\right)$ being continuous.

The problem of the behaviour of $N(T)$ is thus reduced to that of $S(T)$.

9.4. We shall now prove the following lemma.

Lemma. *Let* $0 \leqslant \alpha < \beta < 2$. *Let* $f(s)$ *be an analytic function, real for real* s, *regular for* $\sigma \geqslant \alpha$ *except at* $s=1$; *let*

$$|\mathbf{R}f(2+it)| \geqslant m > 0$$

and

$$|f(\sigma'+it')| \leqslant M_{\sigma,t}, \sigma' \geqslant \sigma, 1 \leqslant t' \leqslant T$$

Then if T *is not the ordinate of a zero of* $f(s)$

$$|\arg f(\sigma+iT)| \leqslant \frac{\pi}{\log\{(2-\alpha)/(2-\beta)\}} \left(\log M_{\alpha,T+2} + \log \frac{1}{m}\right) + \frac{3\pi}{2} \quad (9.8)$$

for $\sigma \geqslant \beta$.

Since $\arg f(2) = 0$, and

$$\arg f(s) = \arctan\left\{\frac{\mathbf{I}f(s)}{\mathbf{R}f(s)}\right\}$$

where $\mathbf{R}f(s)$ does not vanish on $\sigma = 2$, we have

$$|\arg f(2+iT)| < \frac{1}{2}\pi$$

Now if $\mathbf{R}f(s)$ vanishes q times between $2+iT$ and $\beta+iT$, this interval is divided into $q+1$ parts, throughout each of which $\mathbf{R}\{f(s)\} \geqslant 0$ or $\mathbf{R}\{f(s)\} \leqslant 0$. Hence in each part the variation of $\arg f(s)$ does not exceed π. Hence

$$|\arg f(s)| \leqslant \left(q+\frac{3}{2}\right)\pi, \sigma \geqslant \beta$$

Now q is the number of zeros of the function

$$g(z) = \frac{1}{2}\{f(z+iT) + f(z-iT)\}$$

for $\mathbf{I}(z)=0$, $\beta \leqslant \mathbf{R}(z) \leqslant 2$; hence $q \leqslant n(2-\beta)$, where $n(r)$ denotes the number of zeros of $g(z)$ for $|z-2| \leqslant r$. Also

$$\int_0^{2-\alpha} \frac{n(r)}{r} dr \geqslant \int_{2-\beta}^{2-\alpha} \frac{n(r)}{r} dr \geqslant n(2-\beta) \log \frac{2-\alpha}{2-\beta}$$

and by Jensen's theorem

$$\int_0^{2-\alpha} \frac{n(r)}{r} dr = \frac{1}{2\pi} \int_0^{2\pi} \log |g\{2+(2-\alpha)e^{i\theta}\}| d\theta -$$
$$\log |g(2)| \leqslant$$
$$\log M_{\alpha, T+2} + \log \frac{1}{m}$$

This proves the lemma.

We deduce

Theorem 9.4. As $T \to \infty$
$$S(T) = O(\log T) \qquad (9.9)$$

i. e.

$$N(T) = \frac{1}{2\pi} T \log T - \frac{1+\log 2\pi}{2\pi} T + O(\log T) \quad (9.10)$$

We apply the lemma with $f(s) = \zeta(s)$, $\alpha = 0$, $\beta = \frac{1}{2}$, and (9.9) follows, since $\zeta(s) = O(t^A)$. Then (9.10) follows from (9.7).

Theorem 9.4 has a number of interesting consequences. It gives another proof of Theorem 9.2, since $(0<\theta<1)$

$$L(T+1) - L(T) = L'(T+\theta) = O(\log T)$$

We can also prove the following result.

If the zeros $\beta + i\gamma$ of $\zeta(s)$ with $\gamma > 0$ are arranged in a sequence $\rho_n = \beta_n + i\gamma_n$ so that $\gamma_{n+1} \geqslant \gamma_n$, then as $n \to \infty$

$$|\rho_n| \sim \gamma_n \sim \frac{2\pi n}{\log n} \qquad (9.11)$$

We have
$$N(T) \sim \frac{1}{2\pi} T \log T$$

Hence
$$2\pi N(\gamma_n \pm 1) \sim (\gamma_n \pm 1)\log(\gamma_n \pm 1) \sim \gamma_n \log \gamma_n$$

Also
$$N(\gamma_n - 1) \leqslant n \leqslant N(\gamma_n + 1)$$

Hence
$$2\pi n \sim \gamma_n \log \gamma_n$$

Hence
$$\log n \sim \log \gamma_n$$

and so
$$\gamma_n \sim \frac{2\pi n}{\log n}$$

Also $|\rho_n| \sim \gamma_n$, since $\beta_n = O(1)$.

We can also deduce the result of §9.1, that the gaps between the ordinates of successive zeros are bounded. For if $|S(t)| \leqslant C\log t \ (t \geqslant 2)$

$$N(T+H) - N(T) =$$
$$\frac{1}{2\pi} \int_T^{T+H} \log \frac{t}{2\pi} dt + S(T+H) - S(T) + O\left(\frac{1}{T}\right) \geqslant$$
$$\frac{H}{2\pi} \log \frac{T}{2\pi} - C\{\log(T+H) + \log T\} + O\left(\frac{1}{T}\right)$$

which is ultimately positive if H is a constant greater than $4\pi C$.

The behaviour of the function $S(T)$ appears to be very complicated. It must have a discontinuity k where T

第二部分　中外名家论 Riemann 函数与 Riemann 猜想

passes through the ordinate of a zero of $\zeta(s)$ of order k (since the term $O\left(\dfrac{1}{T}\right)$ in the above theorem is in fact continuous). Between the zeros, $N(T)$ is constant, so that the variation of $S(T)$ must just neutralize that of the other terms. In the formula (9.6), the term $\dfrac{7}{8}$ is presumably overwhelmed by the variations of $S(T)$. On the other hand, in the integrated formula

$$\int_0^T N(t)\,dt = \int_0^T L(t)\,dt + \int_0^T S(t)\,dt + O(\log T)$$

the term in $S(T)$ certainly plays a much smaller part, since, as we shall presently prove, the integral of $S(t)$ over $(0, T)$ is still only $O(\log T)$. Presumably this is due to frequent variations in the sign of $S(t)$. Actually we shall show that $S(t)$ changes sign an infinity of times.

9.5. A problem of analytic continuation. The above theorems on the zeros of $\zeta(s)$ lead to the solution of a curious subsidiary problem of analytic continuation.[①] Consider the function

$$P(s) = \sum_p \frac{1}{p^s} \qquad (9.12)$$

This is an analytic function of s, regular for $\sigma > 1$. Now by (1.37)

$$P(s) = \sum_{n=1}^{\infty} \frac{\mu(n)}{n} \log \zeta(ns) \qquad (9.13)$$

As $n \to \infty$, $\log \zeta(ns) \sim 2^{-ns}$. Hence the right-hand side

---

① Landau and Walfisz (1).

represents an analytic function of s, regular for $\sigma>0$, except at thesingularities of individual terms. These are branch-points arising from the poles and zeros of the functions $\zeta(ns)$; there are an infinity of such points, but they have no limit-point in the region $\sigma>0$. Hence $P(s)$ is regular for $\sigma>0$, except at certain branch-points.

Similarly, the function

$$Q(s) = -P'(s) = -\sum_{n=1}^{\infty} \mu(n) \frac{\zeta'(ns)}{\zeta(ns)} \quad (9.14)$$

is regular for $\sigma>0$, except at certain simple poles.

We shall now prove that *the line $\sigma=0$ is natural boundary of the functions $P(s)$ and $Q(s)$*.

We shall in fact prove that every point of $\sigma=0$ is a limit-point of poles of $Q(s)$. By symmetry, it is sufficient to consider the upper halfline. Thus it is sufficient to prove that for every $u>0$, $\delta>0$, the square

$$0<\sigma<\delta, u<t\leqslant u+\delta \quad (9.15)$$

contains at least one pole of $Q(s)$.

As $p\to\infty$ through primes

$$N\{p(u+\delta)\} \sim \frac{1}{2\pi}(u+\delta)p\log p, N(pu) \sim \frac{1}{2\pi}up\log p$$

by Theorem 9.4. Hence for all $p\geqslant p_0(\delta,u)$

$$N\{p(u+\delta)\} - N(pu) > 0 \quad (9.16)$$

Also, by Theorem 9.2, the multiplicity $v(\rho)$ of each zero $\rho=\beta+i\gamma$ with ordinate $\gamma\geqslant 2$ is less than $A\log\gamma$, where A is an absolute constant.

Now choose $p=p(\delta,u)$ satisfying the conditions

$$p>\frac{1}{\delta}, p\geqslant\frac{2}{u}, p\geqslant p_0(\delta,u), p>A\log\{p(u+\delta)\}$$

938

There is then, by (9.16), a zero ρ of $\zeta(s)$ in the rectangle
$$\frac{1}{2} \leqslant \sigma < 1, pu < t \leqslant p(u+\delta) \qquad (9.17)$$
Since $\gamma > pu \geqslant 2$, its multiplicity $v(\rho)$ satisfies
$$v(\rho) > A\log \gamma \leqslant A\log \{p(u+\delta)\} < p$$
and so is not divisible by p.

The point ρ/p belongs to the square (9.15). We shall show that this point is pole of $Q(s)$. Let m run through the positive integers (finite in number) for which $\zeta(m\rho/p) = 0$. Then we have to prove that
$$\sum \frac{\mu(m)}{m} v\left(\frac{m\rho}{p}\right) \neq 0 \qquad (9.18)$$
The term of this sum corresponding to $m = p$ is $-v(\rho)p$. No other m occurring in the sum is divisible by p, since for $m \geqslant 2p$
$$R\left(\frac{m\rho}{p}\right) = \frac{m\beta}{p} \geqslant \frac{2p \cdot \frac{1}{2}}{p} = 1$$
Hence
$$\sum \frac{\mu(m)}{m} v\left(\frac{m\rho}{p}\right) = \frac{a}{b} - \frac{v(\rho)}{p}$$
where a and b are integers, and p is not a factor of b. Since p is also not a factor of $v(\rho)$, $ap \neq bv(\rho)$, and (9.18) follows.

There are various other functions with similar properties. For example,[①] let

---

① Estermann (1).

$$f_{l,k}(s) = \sum_{n=1}^{\infty} \frac{\{d_k(n)\}^l}{n^s}$$

where k and l are positive integers, $k \geq 2$. By (1.11) and (1.19), $f_{l,k}(s)$ is a meromorphic function of s if $l=1$, or if $l=2$ and $k=2$. For all other values of l and k, $f_{l,k}(s)$ has $\sigma=0$ as a natural boundary, and it has no singularities other than poles in the half-plane $\sigma>0$.

9.6. An approximate formula for $\zeta'(s)/\zeta(s)$. The following approximate formula for $\zeta'(s)/\zeta(s)$ in term of the zeros near to s is often useful.

Theorem 9.6 (A). *If $\rho = \beta + i\gamma$ runs through zeros of $\zeta(s)$*

$$\frac{\zeta'(s)}{\zeta(s)} = \sum_{|t-\gamma| \leq 1} \frac{1}{s-\rho} + O(\log t) \quad (9.19)$$

uniformly for $-1 \leq \sigma \leq 2$.

Take $f(s) = \zeta(s)$, $s_0 = 2+iT$, $r=12$ in Lemma α of §3.9. Then $M = A \log T$, and we obtain

$$\frac{\zeta'(s)}{\zeta(s)} = \sum_{|\rho-s_0| \leq 6} \frac{1}{s-\rho} + O(\log t) \quad (9.20)$$

for $|s-s_0| \leq 3$, and so in particular for $-1 \leq \sigma \leq 2$, $t=T$. Replacing T by t in the particular case, we obtain (9.20) with error $O(\log t)$, and $-1 \leq \sigma \leq 2$. Finally any term occurring in (9.20) but not in (9.19) is bounded, and the number of such terms does not exceed

$$N(t+6) - N(t-6) = O(\log t)$$

by Theorem 9.2. This proves (9.19).

Another proof depends on (2.48), which, by a known property of the Γ-function, gives

$$\frac{\zeta'(s)}{\zeta(s)} = \sum_{\rho}\left(\frac{1}{s-\rho} + \frac{1}{\rho}\right) + O(\log t)$$

Replacing s by $2+3t$ and subtracting

$$\frac{\zeta'(s)}{\zeta(s)} = \sum_{\rho}\left(\frac{1}{s-\rho} - \frac{1}{2+\mathrm{i}t-\rho}\right) + O(\log t)$$

since $\zeta'(2+\mathrm{i}t)/\zeta(2+\mathrm{i}t) = O(1)$.

Now

$$\sum_{|t-\gamma|\leqslant 1}\frac{1}{2+\mathrm{i}t-\rho} = \sum_{|t-\gamma|\leqslant 1}O(1) = O(\log t)$$

by Theorem 9.2. Also

$$\sum_{t+n<\gamma\leqslant t+n+1}\left(\frac{1}{s-\rho} - \frac{1}{2+\mathrm{i}t-\rho}\right) =$$

$$\sum_{t+n<\gamma\leqslant t+n+1}\frac{2-\sigma}{(s-\rho)(2+\mathrm{i}t-\rho)} =$$

$$\sum_{t+n<\gamma\leqslant t+n+1}O\left\{\frac{1}{(\gamma-t)^2}\right\} =$$

$$\sum_{t+n<\gamma\leqslant t+n+1}O\left(\frac{1}{n^2}\right) =$$

$$O\left\{\frac{\log(t+n)}{n^2}\right\}$$

again by Theorem 9.2. Since

$$\sum_{n=1}^{\infty}\frac{\log(t+n)}{n^2} < \sum_{n\leqslant t}\frac{\log 2t}{n^2} + \sum_{n>t}\frac{\log 2n}{n^2} = O(\log t)$$

it follows that

$$\sum_{\gamma>t+1}\left(\frac{1}{s-\rho} - \frac{1}{2+\mathrm{i}t-\rho}\right) = O(\log t)$$

Similarly

$$\sum_{\gamma<t+1}\left(\frac{1}{s-\rho} - \frac{1}{2+\mathrm{i}t-\rho}\right) = O(\log t)$$

and the result follows again.

The corresponding formula for log $\zeta(s)$ is given by Theorem 9.6 (B). We have

$$\log \zeta(s) = \sum_{|t-\gamma| \leqslant 1} \log(s-\rho) + O(\log t) \quad (9.21)$$

uniformly for $-1 \leqslant \sigma \leqslant 2$, where $\log \zeta(s)$ has its usual meaning, and $-\pi < \mathrm{Ilog}(s-\rho) \leqslant \pi$.

Integrating (9.19) from s to $2+it$, and supposing that t is not equal to the ordinate of any zero, we obtain

$$\log \zeta(s) - \log \zeta(2+it) =$$

$$\sum_{|t-\gamma| \leqslant 1} \{\log(s-\rho) - \log(2+it-\rho)\} + O(\log t)$$

Now $\log \zeta(2+it)$ is bounded; also $\log(2+it-\rho)$ is bounded, and there are $O(\log t)$ such terms. Their sum is therefore $O(\log t)$. The result therefore follows for such values of t, and then by continuity for all values of s in the strip other than the zeros.

9.7. As an application of Theorem 9.6 (B) we shall prove the following theorem on the minimum value of $\zeta(s)$ in certain parts of the critical strip. We know from Theorem 8.12 that $|\zeta(s)|$ is sometimes large in the critical strip, but we can prove little about the distribution of the values of t for which it is large. The following result[1] states a much weaker inequality, but states it for many more values of t.

Theorem 9.7. *There is a constant A such that each interval $(T, T+1)$ contains a value of t for which*

$$|\zeta(s)| > t^{-A}, -1 \leqslant \sigma \leqslant 2 \quad (9.22)$$

---

[1] Valiron (1), Landau (8), (18), Hoheisel (3).

第二部分　中外名家论 Riemann 函数与 Riemann 猜想

Further, if H is any number greater than unity, then
$$|\zeta(s)|>T^{-AH} \qquad (9.23)$$
for $-1\leqslant\sigma\leqslant 2$, $T\leqslant t\leqslant T+1$, *except possibly for a set of values of t of measure* $\dfrac{1}{H}$.

Taking real parts in (9.21)
$$\log|\zeta(s)| = \sum_{|t-\gamma|\leqslant 1}\log|s-\rho|+O(\log t) \geqslant$$
$$\sum_{|t-\gamma|\leqslant 1}\log|t-\gamma|+O(\log t) \quad (9.24)$$

Now
$$\int_T^{T+1}\sum_{|t-\gamma|\leqslant 1}\log|t-\gamma|\,\mathrm{d}t =$$
$$\sum_{T-1\leqslant\gamma\leqslant T+2}\int_{\max(\gamma-1,T)}^{\min(\gamma+1,T+1)}\log|t-\gamma|\,\mathrm{d}t \geqslant$$
$$\sum_{T-1\leqslant\gamma\leqslant T+2}\int_{\gamma-1}^{\gamma+1}\log|t-\gamma|\,\mathrm{d}t =$$
$$\sum_{T-1\leqslant\gamma\leqslant T+2}(-2) > -A\log T$$

Hence
$$\sum_{|t-\gamma|\leqslant 1}\log|t-\gamma| > -A\log T$$
for some t in $(T, T+1)$.

Hence $\log|\zeta(s)| > -A\log T$ for some t in $(T, T+1)$ and all σ in $-1\leqslant\sigma\leqslant 2$; and
$$\log|\zeta(s)| > -AH\log T$$
except in a set of measure $\dfrac{1}{H}$. This proves the theorem.

The exceptional values of t are, of course, those in the neighbourhood of ordinates of zeros of $\zeta(s)$.

9.8. Application to a formula of Ramanujan.[①]

Let a and b be positive numbers such that $ab = \pi$, and consider the integral

$$\frac{1}{2\pi i}\int a^{-2s}\frac{\Gamma(s)}{\zeta(1-2s)}ds = \frac{1}{2\pi i}\int \frac{b^{2s}}{\sqrt{\pi}}\frac{\Gamma\left(\frac{1}{2}-s\right)}{\zeta(2s)}ds$$

taken round the rectangle $\left(1 \pm iT, -\frac{1}{2} \pm iT\right)$. The two forms are equivalent on account of the functional equation.

Let $T \to \infty$ through values such that $|T - \gamma| > \exp\left(-\frac{A_1 \gamma}{\log \gamma}\right)$ for every ordinate γ of a zero of $\zeta(s)$. Then by (9.24)

$$\log|\zeta(\sigma + iT)| \geqslant -\sum_{|T-\gamma|\leqslant 1}\frac{A_1\gamma}{\log \gamma} + O(\log T) > -A_2 T$$

where $A_2 < \frac{1}{4}\pi$ if A_1 is small enough, and $T > T_0$. It now follows from the asymptotic formula for the Γ-function that the integrals along the horizontal sides of the contour tend to zero as $T \to \infty$ through the above values. Hence by the theorem of residues[②]

$$\frac{1}{2\pi i}\int_{-\frac{1}{2}-i\infty}^{-\frac{1}{2}+i\infty}a^{-2s}\frac{\Gamma(s)}{\zeta(1-2s)}ds - \frac{1}{2\pi i}\int_{1-i\infty}^{1+i\infty}\frac{b^{2s}}{\sqrt{\pi}}\frac{\Gamma\left(\frac{1}{2}-s\right)}{\zeta(2s)}ds =$$

---

① Hardy and Littlewood (2), 156-9.

② In forming the series of residues we have supposed for simplicity that the zeros of $\zeta(s)$ are all simple.

第二部分　中外名家论 Riemann 函数与 Riemann 猜想

$$-\frac{1}{2\sqrt{\pi}} \sum_{\rho} b^{\rho} \frac{\Gamma\left(\frac{1}{2}-\frac{1}{2}\rho\right)}{\zeta'(\rho)}$$

The first term on the left is equal to

$$\sum_{n=1}^{\infty} \frac{\mu(n)}{n} \frac{1}{2\pi i} \int_{-\frac{1}{2}-i\infty}^{-\frac{1}{2}+i\infty} \left(\frac{n}{a}\right)^{2s} \Gamma(s) \, ds =$$

$$-\sum_{n=1}^{\infty} \frac{\mu(n)}{n} \left\{ 1 - e^{-\left(\frac{a}{n}\right)^2} \right\} =$$

$$\sum_{n=1}^{\infty} \frac{\mu(n)}{n} e^{-\left(\frac{a}{n}\right)^2}$$

Evaluating the other integral in the same way, and multiplying through by $\sqrt{a}$, we obtain Ramanujan's result

$$\sqrt{a} \sum_{n=1}^{\infty} \frac{\mu(n)}{n} e^{-\left(\frac{a}{n}\right)^2} - \sqrt{b} \sum_{n=1}^{\infty} \frac{\mu(n)}{n} e^{-\left(\frac{b}{n}\right)^2} =$$

$$-\frac{1}{2\sqrt{b}} \sum_{\rho} b^{\rho} \frac{\Gamma\left(\frac{1}{2}-\frac{1}{2}\rho\right)}{\zeta'(\rho)} \quad (9.25)$$

We have, of course, not proved that the series on the right is convergent in the ordinary sense. We have merely proved that it is convergent if the terms are bracketed in such a way that two terms for which

$$|\gamma - \gamma'| < \exp\left(-\frac{A_1 \gamma}{\log \gamma}\right) + \exp\left(-\frac{A_1 \gamma'}{\log \gamma'}\right)$$

are included in the same bracket. Of course the zeros are, on the average, much farther apart than this, and it is quite possible that the series may converge without any bracketing. But we are unable to prove this, even on the Riemann hypothesis.

9.9. We next prove a general formula concerning

the zeros of an analytic function in a rectangle. [1] Suppose that $\phi(s)$ is meromorphic in and upon the boundary of a rectangle bounded by the lines $t=0$, $t=T$, $\sigma=\alpha$, $\sigma=\beta$ ($\beta>\alpha$), and regular and not zero on $\sigma=\beta$. The function log $\phi(s)$ is regular in the neighbourhood of $\sigma=\beta$, and here, starting with any one value of the logarithm, we define $F(s)=\log\phi(s)$. For other points s of the rectangle, we define $F(s)$ to be the value obtained from log $\phi(\beta+it)$ by continuous variation along $t=$ constant from $\beta+it$ to $\sigma+it$, provided that the path does not cross a zero or pole of $\phi(s)$; if it does, we put

$$F(s)=\lim_{\epsilon\to+0}F(\sigma+it+i\epsilon)$$

Let $\nu(\sigma', T)$ denote the excess of the number of zeros over the number of poles in the part of the rectangle for which $\sigma>\sigma'$, including zeros or poles on $t=T$, but not those on $t=0$.

Then

$$\int F(s)\,ds = -2\pi i \int_{\alpha}^{\beta} \nu(\sigma, T)\,d\sigma \qquad (9.26)$$

the integral on the left being taken round the rectangle in the positive direction.

We may suppose $t=0$ and $t=T$ to be free from zeros and poles of $\phi(s)$; it is easily verified that our conventions then ensure the truth of the theorem in the general case.

We have

---

[1] Littlewood (4).

$$\int F(s)\,ds = \int_\alpha^\beta F(\sigma)\,d\sigma - \int_\alpha^\beta F(\sigma + iT)\,d\sigma +$$
$$\int_0^T \{F(\beta + it) - F(\alpha + it)\}\,i\,dt$$
$$(9.27)$$

The last term is equal to
$$\int_0^T i\,dt \int_\alpha^\beta \frac{\phi'(\sigma + it)}{\phi(\sigma + it)}\,d\sigma = \int_\alpha^\beta d\sigma \int_\sigma^{\sigma+iT} \frac{\phi'(s)}{\phi(s)}\,ds$$

and by the theorem of residues
$$\int_\sigma^{\sigma+iT} \frac{\phi'(s)}{\phi(s)}\,ds =$$
$$\left(\int_\sigma^\beta + \int_\beta^{\beta+iT} - \int_{\sigma+iT}^{\beta+iT}\right)\frac{\phi'(s)}{\phi(s)}\,ds - 2\pi i \nu(\sigma, T) =$$
$$F(\sigma+iT) - F(\sigma) - 2\pi i \nu(\sigma, T)$$

Substituting this in (9.27), we obtain (9.26).

We deduce

Theorem 9.9. *If*
$$S_1(T) = \int_0^T S(t)\,dt$$

then
$$S_1(T) = \frac{1}{\pi}\int_{\frac{1}{2}}^2 \log|\zeta(\sigma+iT)|\,d\sigma + O(1) \quad (9.28)$$

Take $\phi(s) = \zeta(s)$, $\alpha = \frac{1}{2}$, in the above formula, and take the real part. We obtain
$$\int_{\frac{1}{2}}^2 \log|\zeta(\sigma)|\,d\sigma - \int_0^T \arg\zeta(\beta+it)\,dt -$$
$$\int_{\frac{1}{2}}^\beta \log|\zeta(\sigma+iT)|\,d\sigma +$$

$$\int_0^T \arg \zeta\left(\frac{1}{2}+it\right) dt = 0 \qquad (9.29)$$

the term in $\nu(\sigma, T)$, being purely imaginary, disappearing. Now make $\beta \to \infty$. We have

$$\log \zeta(s) = \log\left(1+\frac{1}{2^s}+\cdots\right) = O(2^{-\sigma})$$

as $\sigma \to \infty$, uniformly with respect to t. Hence $\arg \zeta(s) = O(2^{-\sigma})$, so that the second integral tends to 0 as $\beta \to \infty$. Also the first integral is a constant, and

$$\int_2^\beta \log|\zeta(\sigma+iT)| d\sigma = \int_2^\beta O(2^{-\sigma}) d\sigma = O(1)$$

Hence the result.

Theorem 9.9 (A)
$$S_1(T) = O(\log T)$$

By Theorem (9.6) (B)

$$\int_{\frac{1}{2}}^2 \log|\zeta(s)| d\sigma = \sum_{|t-\gamma| \leq 1} \int_{\frac{1}{2}}^2 \log|s-\rho| d\sigma + O(\log t)$$

The terms of the last sum are bounded, since

$$\frac{3}{2}\log\left(\frac{9}{4}+1\right) \geq \int_{\frac{1}{2}}^2 \log\{(\sigma-\beta)^2+(\gamma-t)^2\} d\sigma \geq$$

$$2\int_{\frac{1}{2}}^2 \log|\sigma-\beta| d\sigma > -A$$

Hence

$$\int_{\frac{1}{2}}^2 \log|\zeta(s)| d\sigma = O(\log t) \qquad (9.30)$$

and the result follows from the previous theorem.

It was proved by F. and R. Nevanlinna (1) (2) that

$$\int_0^T \frac{S(t)}{t} dt = A + O\left(\frac{\log T}{T}\right) \qquad (9.31)$$

第二部分 中外名家论 Riemann 函数与 Riemann 猜想

This follows from the previous result by integration by parts; for

$$\int_1^T \frac{S(t)}{t} dt = \left[\frac{S_1(t)}{t}\right]_1^T + \int_1^T \frac{S_1(t)}{t^2} dt =$$

$$A + \frac{S_1(T)}{T} - \int_T^\infty \frac{S_1(t)}{t^2} dt$$

Since $S_1(T) = O(\log T)$, the middle term is $O(T^{-1}\log T)$, and the last term is

$$O\left(\int_T^\infty \frac{\log t}{t^2} dt\right) = O\left(-\left[\frac{\log t}{t}\right]_T^\infty + \int_T^\infty \frac{dt}{t^2}\right) = O\left(\frac{\log T}{T}\right)$$

Hence the result follows. A similar result clearly holds for

$$\int_1^T \frac{S(t)}{t^\alpha} dt, 0 < \alpha < 1$$

It has recently been proved by A. Selberg (5) that

$$S(t) = \Omega_\pm \{(\log t)^{\frac{1}{3}}(\log \log t)^{-\frac{7}{3}}\} \quad (9.32)$$

with a similar result for $S_1(t)$; and that

$$S_1(t) = \Omega_+ \{(\log t)^{\frac{1}{2}}(\log \log t)^{-4}\} \quad (9.33)$$

9.10. Theorem 9.10.[①] $S(t)$ *has an infinity of changes of sign.*

Consider the interval (γ_n, γ_{n+1}) in which $N(t) = n$. Let $l(t)$ be the linear function of t such that $l(\gamma_n) = S(\gamma_n)$, $l(\gamma_{n+1}) = S(\gamma_{n+1}-0)$. Then for $\gamma_n < t < \gamma_{n+1}$

$$l(t) - S(t) =$$

$$\{S(\gamma_{n+1}-0) - S(\gamma_n)\} \frac{t-\gamma_n}{\gamma_{n+1}-\gamma_n} - \{S(t) - S(\gamma_n)\} =$$

---

① Titchmarsh (17).

$$-\{L(\gamma_{n+1})-L(\gamma_n)\}\frac{t-\gamma_n}{\gamma_{n+1}-\gamma_n}+\{L(t)-L(\gamma_n)\}+O\left(\frac{1}{\gamma_n}\right)$$

using (9.7) and the fact that $N(t)$ is constant in the interval. The first two terms on the right give

$$-L'(\xi)(t-\gamma_n)+L'(\eta)(t-\gamma_n)=L''(\xi_1)(\eta-\xi)(t-\gamma_n)=$$
$$O\left(\frac{1}{\gamma_n}\right)$$

$\gamma_n<\eta<t$, $\gamma_n<\xi<\gamma_{n+1}$, ξ_1 between ξ and η since $\gamma_{n+1}-\gamma_n=O(1)$. Hence

$$\int_{\gamma_n}^{\gamma_{n+1}}S(t)\,\mathrm{d}t=\int_{\gamma_n}^{\gamma_{n+1}}l(t)\,\mathrm{d}t+O\left(\frac{\gamma_{n+1}-\gamma_n}{\gamma_n}\right)=$$
$$\frac{1}{2}(\gamma_{n+1}-\gamma_n)\{S(\gamma_n)+S(\gamma_{n+1}-0)\}+$$
$$O\left(\frac{\gamma_{n+1}-\gamma_n}{\gamma_n}\right)$$

Suppose that $S(t)\geq 0$ for $t>t_0$. Then
$$N(\gamma_n)\geq N(\gamma_n-0)+1$$
gives
$$S(\gamma_n)\geq S(\gamma_n-0)+1\geq 1$$
Hence
$$\int_{\gamma_n}^{\gamma_{n+1}}S(t)\,\mathrm{d}t\geq(\gamma_{n+1}-\gamma_n)+O\left(\frac{\gamma_{n+1}-\gamma_n}{\gamma_n}\right)\geq$$
$$\frac{1}{4}(\gamma_{n+1}-\gamma_n),n\geq n_0$$

Hence
$$\int_{\gamma_{n_0}}^{\gamma_N}S(t)\,\mathrm{d}t\geq\frac{1}{4}(\gamma_N-\gamma_{n_0})$$

contrary to Theorem 9.9 (A). Similarly the hypothesis $S(t)\leq 0$ for $t>t_0$ can be shown to lead to a contradiction.

第二部分　中外名家论 Riemann 函数与 Riemann 猜想

It has been proved by A. Selberg (5) that $S(t)$ changes sign at least
$$T(\log T)^{\frac{1}{3}} e^{-A_N \log \log T}$$
times in the interval $(0, T)$.

9.11. At the present time to improvement on the result
$$S(T) = O(\log T)$$
is known. But it is possible to prove directly some of the results which would follows from such an improvement. We shall first prove[①]

Theorem 9.11. *The gaps between the ordinates of successive zeros of $\zeta(s)$ tend to* 0.

This would follow at once from (9.7) if it were possible to prove that $S(t) = o(\log t)$.

The argument given in §9.1 shows that the gaps are bounded. Here we have to apply a similar argument to the strip $T-\delta \leqslant t \leqslant T+\delta$, where δ is arbitrarily small, and it is clear that we cannot use four concentric circles. But the ideas of the theorems of Borel-Carathéodory and Hadamard are in no way essentially bound up with sets of concentric circles, and the difficulty can be surmounted by using suitable elongated curves instead.

Let D_4 be the rectangle with centre $3+iT$ and a corner at $-3+i(T+\delta)$, the sides being parallel to the axes. We represent D_4 conformally on the unit circle D'_4 in the

---

① Littlewood (3).

z-plane, so that its centre $3+iT$ corresponds to $z=0$. By this representation a set of concentric circles $|z|=r$ inside D'_4 will correspond to a set of convex curves inside D_4, such that as $r\to 0$ the curve shrinks upon the point $3+iT$, while as $r\to 1$ it tends to coincidence with D_4. Let D'_1, D'_2, D'_3 be circles (independent, of course, of T) for which the corresponding curves D_1, D_2, D_3 in the s-plane pass through the points $2+iT$, $-1+iT$, $-2+iT$ respectively.

The proof now proceeds as before. We consider the function

$$f(z)=\log \zeta\{s(z)\}$$

where $s=s(z)$ is the analytic function corresponding to the conformal representation; and we apply the theorems of Borel-Carathéodory and Hadamard in the same way as before.

9.12. We shall now obtain a more precise result of the same kind. ①

Theorem 9.12. *For every large positive* T, $\zeta(s)$ *has a zero* $\beta+i\gamma$ *satisfying*

$$|\gamma-T|<\frac{A}{\log\log\log T}$$

This was first proved by Littlewood by a detailed study of the conformal representation used in the previous proof. This involves rather complicated calculations with elliptic functions. We shall give here two proofs which

---

① Littlewood (3); proofs given here by Titchmarsh (13), Kramaschke (1).

avoid these calculations.

In the first, we replace the rectangles by a succession of circles. Let T be a large positive number, and suppose that $\zeta(s)$ has no zero $\beta+i\gamma$ such that $T-\delta \leqslant \gamma \leqslant T+\delta$, where $\delta < \frac{1}{2}$. Then the function

$$f(s) = \log \zeta(s)$$

where thelogarithm has its principal value for $\sigma > 2$, is regular in the rectangle

$$-2 \leqslant \sigma \leqslant 3, T-\delta \leqslant t \leqslant T+\delta$$

Let c_ν, C_ν, $\mathbf{C}_\nu$, Γ_ν be four concentric circles, with centre $2 - \frac{1}{4}\nu\delta + iT$, and radii $\frac{1}{4}\delta$, $\frac{1}{4}\delta$, $\frac{3}{4}\delta$, and δ respectively. Consider these sets of circles for $\nu = 0, 1, \cdots, n$, where $n = \left[\frac{12}{\delta} + 1\right]$, so that $2 - \frac{1}{4}n\delta \leqslant -1$, i.e. the centre of the last circle les on, or to the left of, $\sigma = -1$. Let m_ν, M_ν, and $\mathbf{M}_\nu$ denote the maxima of $|f(s)|$ on c_ν, C_ν and $\mathbf{C}_\nu$ respectively.

Let A_1, A_2, $\cdots$ denote absolute constants (it is convenient to preserve their identity throughout the proof). We have $\mathbf{R}\{f(s)\} < A_1 \log T$ on all the circles, and $|f(2+iT)| < A_2$. Hence the Borel-Carathéodory theorem for the circles $\mathbf{C}_0$ and Γ_0 gives.

$$\mathbf{M}_0 < \frac{\delta + \frac{3}{4}\delta}{\delta - \frac{3}{4}\delta}(A_1 \log T + A_2) = 7(A_1 \log T + A_2)$$

and in particular

$$\left|f\left(2-\frac{1}{4}\delta+iT\right)\right|<7(A_1\log T+A_2)$$

Hence, applying the Borel-Carathéodory theorem to $\mathbf{C}_1$ and Γ_1

$$\mathbf{M}_1<7\left\{A_1\log T+\left|f\left(2-\frac{1}{4}\delta+iT\right)\right|\right\}<(7+7^2)A_1\log T+7^2A_2$$

So generally

$$\mathbf{M}_\nu<(7+\cdots+7^{\nu+1})A_1\log T+7^{\nu+1}A_2$$

or, say

$$\mathbf{M}_\nu<7^\nu A_3\log T \qquad (9.34)$$

Now by Hadamard's three-circles theorem

$$M_\nu\leqslant m_\nu^a\mathbf{M}_\nu^b$$

where a and b are positive constants such that $a+b=1$; in fact $a=\log\frac{3}{2}/\log 3$, $b=\frac{\log 2}{\log 3}$. Also, since the circle $C_{\nu-1}$ includes the circle c_ν, $m_\nu\leqslant M_{\nu-1}$. Hence

$$M_\nu\leqslant M_{\nu-1}^a\mathbf{M}_\nu^b, \nu=1,2,\cdots,n$$

Thus

$$M_1\leqslant M_0^a\mathbf{M}_1^b, M_2\leqslant M_1^a\mathbf{M}_2^b\leqslant M_0^{a^2}\mathbf{M}_1^{ab}\mathbf{M}_2^b$$

and so on, giving finally

$$M_n\leqslant M_0^{a^n}\mathbf{M}_1^{a^{n-1}b}\mathbf{M}_2^{a^{n-2}b}\cdots\mathbf{M}_n^b$$

Hence, by (9.34)

$$M_n\leqslant M_0^{a^n}7^{a^{n-1}b+2a^{n-2}b+\cdots+nb}(A_3\log T)^{a^{n-1}b+a^{n-2}b+\cdots+b}$$

Now

$$a^{n-1}b+2a^{n-2}b+\cdots+nb<n^2$$
$$a^{n-1}b+a^{n-2}b+\cdots+b=\frac{b(1-a^n)}{(1-a)}=1-a^n$$

Hence

$$M_n\leqslant M_0^{a^n}7^{n^2}(A_3\log T)^{1-a^n}<A_4 7^{n^2}(\log T)^{1-a^n}$$

Since M_0 is bounded as $T \to \infty$.

But $|\zeta(s)| > t^{A_5}$ for $\sigma \leqslant -1$, $t > t_0$, so that $M_n > A_5 \log T$. Hence

$$A_5 < A_4 \, 7^{n^2} (\log T)^{-a^n}$$

$$\log \log T < \left(\frac{1}{a}\right)^n \left(n^2 \log 7 - \log \frac{A_5}{A_4}\right)$$

$$\log \log \log T < n \log \frac{1}{a} + A_6 \log n$$

so that

$$\delta < \frac{12}{n-1} < \frac{A}{\log \log \log T}$$

and the result follows.

9.13. Second Proof. Consider the angular region in the s-plane with vertex at $s = -3 + iT$, bounded by straight lines making angles $\pm \frac{1}{2}\alpha (0 < \alpha < \pi)$ with the real axis.

Let

$$w = (s+3-iT)^{\frac{\pi}{\alpha}}$$

Then the angular region is mapped on the half-plane $\mathbf{R}(w) \geqslant 0$. The point $s = 2+iT$ corresponds to

$$w = 5^{\pi/\alpha}$$

Let

$$z = \frac{w - 5^{\pi/\alpha}}{w + 5^{\frac{\pi}{\alpha}}}$$

Then the angular region corresponds to the unit circle in the z-plane, and $s = 2+iT$ corresponds to its centre $z = 0$. If $s = \sigma + iT$ corresponds to $z = -r$, then

$$(\sigma+3)^{\pi/\alpha} = w = 5^{\pi/\alpha}\frac{1-r}{1+r}$$

i. e.

$$r = \left\{1 - \left(\frac{\sigma+3}{5}\right)^{\pi/\alpha}\right\} \Big/ \left\{1 + \left(\frac{\sigma+3}{5}\right)^{\frac{\pi}{\alpha}}\right\}$$

Suppose that $\zeta(s)$ has no zeros in the angular region, so that $\log \zeta(s)$ is regular in it.

Let $s = \frac{3}{2}+iT$, $-1+iT$, $-2+iT$ correspond to $z = -r_1$, $-r_2$, $-r_3$ respectively. Let M_1, M_2, M_3 be the maxima of $|\log \zeta(s)|$ on the s-curves corresponding to $|z| = r_1$, r_2, r_3. Then Hadamard's three-circles theorem gives

$$\log M_2 \leqslant \frac{\log r_3/r_2}{\log r_3/r_1}\log M_1 + \frac{\log r_2/r_1}{\log r_3/r_1}\log M_3$$

It is easily verified that, on the curve corresponding to $|z| = r_1$, $\sigma \geqslant \frac{3}{2}$. For if $w = \xi + i\eta$, then

$$\sigma = -3 + (\xi^2+\eta^2)^{\alpha/2\pi}\cos\left(\frac{\alpha}{\pi}\arctan\frac{\eta}{\xi}\right)$$

which is a minimum at $\eta = 0$, for given ξ, if $0 < \alpha < \frac{1}{2}\pi$; and the minimum is $-3 + \xi^{\alpha/\pi}$, which, as a function of ξ, is a minimum when ξ is a minimum, i. e. when $z = -r_1$. It therefore follows that $\log M_1 < A$.

Since $\mathbf{R}\{\log \zeta(s)\} < A\log T$ in the angle, it follows from the Borel-Carathéodory theorem that

$$M_3 < \frac{2}{1-r_3}(A\log T + A) < \frac{A\log T}{1-r_3}$$

Hence

第二部分　中外名家论 Riemann 函数与 Riemann 猜想

$$\log M_2 \leqslant A + \frac{\log r_2/r_1}{\log r_3/r_1} \log\left(\frac{A\log T}{1-r_2}\right)$$

Now if r_1, r_2, and r_3 are sufficiently near to 1, i. e. if α is sufficiently small

$$\frac{\log r_2/r_1}{\log r_3/r_1} = \frac{\log\left(1+\frac{r_2-r_1}{r_1}\right)}{\log\left(1+\frac{r_3-r_1}{r_1}\right)} \leqslant \left(\frac{r_2-r_1}{r_3-r_1}\right)^{\frac{1}{2}}$$

and

$$\frac{r_2-r_1}{r_3-r_1} = \frac{\frac{1-r_1}{1+r_1}-\frac{1-r_2}{1+r_2}}{\frac{1-r_1}{1+r_1}-\frac{1-r_3}{1+r_3}} \cdot \frac{1+r_2}{1+r_3} < \frac{\left(\frac{9}{10}\right)^{\frac{\pi}{\alpha}}-\left(\frac{2}{5}\right)^{\frac{\pi}{\alpha}}}{\left(\frac{9}{10}\right)^{\frac{\pi}{\alpha}}-\left(\frac{1}{5}\right)^{\frac{\pi}{\alpha}}} <$$

$$1 - A\left(\frac{4}{9}\right)^{\frac{\pi}{\alpha}}$$

Hence

$$\frac{\log r_2/r_1}{\log r_3/r_1} < 1 - A\left(\frac{4}{9}\right)^{\frac{\pi}{\alpha}}$$

Also

$$\frac{1}{1-r_3} < A5^{\frac{\pi}{\alpha}}$$

Hence

$$\log M_2 < A + \left\{1 - A\left(\frac{4}{9}\right)^{\frac{\pi}{\alpha}}\right\}\left\{\log\log T + \frac{\pi}{\alpha}\log 5 + A\right\}$$

Let $\alpha = \dfrac{\pi}{(c\log\log\log T)}$. Then

$$\log M_2 < A + \{1 - A(\log\log T)^{-c\log\frac{9}{4}}\} \cdot$$

$$\{\log\log T + c\log 5\log\log\log T + A\} <$$

$$\log\log T - (\log\log T)^{\frac{1}{2}}$$

if $c \log \frac{9}{4} < \frac{1}{2}$ and T is large enough. Hence

$$M_2 < \log T \ e^{-(\log \log T)^{\frac{1}{2}}} < \epsilon \log T, T > T_0(\epsilon)$$

In particular
$$\log |\zeta(-1+iT)| < \epsilon \log T$$
$$|\zeta(-1+iT)| < T^\epsilon$$

But
$$|\zeta(-1+iT)| = |\chi(-1+iT)\zeta(2+iT)| > KT^{\frac{3}{2}}$$

We thus obtain a contradiction, and the result follows.

9.14. Another result[①] in the same order of ideas is

Theorem 9.14. *For any fixed h, however small*
$$N(T+h) - N(T) > K \log T$$
for $K = K(h)$, $T > T_0$.

This result is not a consequence of Theorem 9.4 if h is less than a certain value.

Consider the same angular region as before, with a new α such that $\tan \alpha \leq \frac{1}{4}$, and suppose now that $\zeta(s)$ has zeros $\rho_1, \rho_2, \cdots, \rho_n$ in the angular region. Let

$$F(s) = \frac{\zeta(s)}{(s-\rho_1)\cdots(s-\rho_n)}$$

Let C be the circle with centre $\frac{1}{2} + iT$ and radius 3. Then $|s-\rho_v| \geq 1$ on C. Hence

$$|F(s)| \leq |\zeta(s)| < T^A$$

on C, and so also inside C.

---

① Not previously published.

Let $f(s) = \log F(s)$. Then $f(s)$ is regular in the angle, and
$$\mathbf{R}f(s) < A\log T$$
Also
$$f(2+iT) = \log \zeta(2+iT) - \sum_{\nu=1}^{n} \log(2+iT-\rho_\nu) =$$
$$O(1) + \sum_{\nu=1}^{n} O(1) = O(n)$$
Let M_1, M_2, and M_3 now denote the maxima of $|f(s)|$ on the three s-curves. Then
$$M_3 < \frac{A}{1-r_3}(\log T + n)$$
Also $M_1 < An$, as for $f(2+iT)$. Hence
$$\log|f(-1+iT)| \leq \log M_2 <$$
$$\frac{\log r_3/r_2}{\log r_3/r_1}(A+\log n) + \frac{\log r_2/r_1}{\log r_3/r_1}\log\left\{\frac{A(n+\log T)}{1-r_3}\right\} <$$
$$A + \log n + \frac{\log r_2/r_1}{\log r_3/r_1}\left\{\log\frac{1}{1-r_3} + \log\left(\frac{\log T}{n}\right)\right\} <$$
$$A + \log n + \left\{1 - A\left(\frac{4}{9}\right)^{\frac{\pi}{\alpha}}\right\} \cdot$$
$$\left\{\frac{\pi}{\alpha}\log 5 + \log\left(\frac{\log T}{n}\right)\right\}$$
as before. But
$$|f(-1+iT)| = |\log \zeta(-1+iT) - \sum_{\nu=1}^{n} \log(-1+iT-\rho_\nu)| \geq$$
$$\log|\zeta(-1+iT)| - \sum_{\nu=1}^{n} O(1) >$$
$$A_1 \log T - A_2 n$$
say. If $n > \frac{1}{2}\left(\frac{A_1}{A_2}\right)\log T$ the theorem follows at once. Oth-

erwise

$$|f(-1+iT)| > \frac{1}{2}A_1 \log T$$

and we obtain

$$\log\left(\frac{\log T}{n}\right) < A + \left\{1 + A\left(\frac{4}{9}\right)^{\frac{\pi}{\alpha}}\right\}\left\{\frac{\pi}{\alpha}\log 5 + \log\left(\frac{\log T}{n}\right)\right\}$$

$$A\left(\frac{4}{9}\right)^{\frac{\pi}{\alpha}}\log\left(\frac{\log T}{n}\right) < A + \left\{1 + A\left(\frac{4}{9}\right)^{\frac{\pi}{\alpha}}\right\}\frac{\pi}{\alpha}\log 5$$

and hence

$$\log\log\left(\frac{\log T}{n}\right) < \frac{\pi}{\alpha}\log\frac{9}{4} + \log\frac{1}{\alpha} + A < \frac{A}{\alpha}$$

$$n > e^{-\frac{eA}{\alpha}}\log T$$

This proves the theorem.

9.15. The function $N(\sigma, T)$. We define $N(\sigma, T)$ to be the number of zeros $\beta + i\gamma$ of the zeta-function such that $\beta > \sigma$, $0 < t \leq T$. For each T, $N(\sigma, T)$ is a non-increasing function of σ, and is 0 for $\sigma \geq 0$. On the Riemann hypothesis, $N(\sigma, T) = 0$ for $\sigma > \frac{1}{2}$. Without any hypothesis, all that we can say so far is that

$$N(\sigma, T) \leq N(T) < AT \log T$$

for $\frac{1}{2} < \sigma < 1$.

The object of the next few sections is to improve upon this inequality for values of σ between $\frac{1}{2}$ and 1.

We return to the formula (9.26). Let $\phi(s) = \zeta(s)$, $\alpha = \sigma_0$, $\beta = 2$, and this time take the imaginary part. We have

$\nu(\sigma, T) = N(\sigma, T), \sigma < 1, \nu(\sigma, T) = 0, \sigma \geq 1$

We obtain, if T is not the ordinate of a zero

$$2\pi \int_{\sigma_0}^{1} N(\sigma, T) d\sigma = \int_{0}^{T} \log |\zeta(\sigma_0 + it)| dt -$$

$$\int_{0}^{T} \log |\zeta(2 + it)| dt +$$

$$\int_{\sigma_0}^{2} \arg \zeta(\sigma + iT) d\sigma + K(\sigma_0)$$

where $K(\sigma_0)$ is independent of T. We deduce[①]

Theorem 9.15. *If* $\frac{1}{2} \leq \sigma_0 \leq 1$, *and* $T \to \infty$

$$2\pi \int_{\sigma_0}^{1} N(\sigma, T) d\sigma = \int_{0}^{T} \log |\zeta(\sigma_0 + it)| dt + O(\log T)$$

We have

$$\int_{0}^{T} \log |\zeta(2 + it)| dt = \mathbf{R} \sum_{n=2}^{\infty} \frac{\Lambda_1(n)}{n^2} \cdot \frac{n^{-iT} - 1}{-i \log n} = O(1)$$

Also, by §9.4, $\arg \zeta(\sigma + iT) = O(\log T)$ uniformly for $\sigma \geq \frac{1}{2}$, if T is not the ordinate of a zero. Hence the integral involving $\arg \zeta(\sigma + iT)$ is $O(\log T)$. The result follows if T is not the ordinate of a zero, and this restriction can then the be removed from considerations of continuity.

Theorem 9.15 (A). [②] *For any fixed σ greater than $\frac{1}{2}$*

$$N(\sigma, T) = O(T)$$

---

① Littlewood (4).
② Bohr and Landau (4), Littlewood (4).

For any non-negative continuous $f(t)$

$$\frac{1}{b-a}\int_a^b \log f(t)\,dt \leq \log\left\{\frac{1}{b-1}\int_a^b f(t)\,dt\right\}$$

Thus, for $\frac{1}{2}<\sigma<1$

$$\int_0^T \log|\zeta(\sigma+it)|\,dt = \frac{1}{2}\int_0^T \log|\zeta(\sigma+it)|^2\,dt \leq$$

$$\frac{1}{2}T\log\left\{\frac{1}{T}\int_0^T |\zeta(\sigma+it)|^2\,dt\right\} =$$

$$O(T)$$

by Theorem 7.2. Hence, by Theorem 9.15

$$\int_{\sigma_0}^1 N(\sigma,T)\,d\sigma = O(T)$$

for $\sigma_0 > \frac{1}{2}$. Hence, if $\sigma_1 = \frac{1}{2}+\frac{1}{2}(\sigma_0-\frac{1}{2})$

$$N(\sigma_0,T) \leq \frac{1}{\sigma_0-\sigma_1}\int_{\sigma_1}^{\sigma_0} N(\sigma,T)\,d\sigma \leq$$

$$\frac{2}{\sigma_0-\frac{1}{2}}\int_{\sigma_1}^1 N(\sigma,T)\,d\sigma = O(T)$$

the required result.

From this theorem, and the fact that $N(T) \sim AT \cdot \log T$, it follows that *all but an infinitesimal proportion of the zeros of $\zeta(s)$ lie in the strip* $\frac{1}{2}-\delta<\sigma<\frac{1}{2}+\delta$, *however small δ may be.*

9.16. We shall next prove a number of theorems in which the $O(T)$ of Theorem 9.15 (A) is replaced by

第二部分 中外名家论 Riemann 函数与 Riemann 猜想

$O(T^\theta)$, where $\theta<1$.[①] We do this by applying the above methods, not to $\zeta(s)$ itself, but to the function

$$\zeta(s)M_X(s) = \zeta(s)\sum_{n<X}\frac{\mu(n)}{n^s}$$

The zeros of $\zeta(s)$ are zeros of $\zeta(s)M_X(s)$. If $\sigma>1$, $M_X(s)\to\frac{1}{\zeta(s)}$ as $X\to\infty$, so that $\zeta(s)M_X(s)\to 1$. On the Riemann hypothesis this is also true for $\frac{1}{2}<\sigma\leqslant 1$. Of course we cannot prove this without any hypothesis; but we can choose X so that the additional factor neutralizes to a certain extent the peculiarities of $\zeta(s)$, even for values of σ less than 1.

Let

$$f_X(s) = \zeta(s)M_X(s) - 1$$

We shall first prove

Theorem 9.16. *If for some* $X = X(\sigma, T)$, $T^{1-l(\sigma)} \leqslant X < T^A$

$$\int_{\frac{1}{2}T}^{T} |f_X(s)|^2 \mathrm{d}t = O(T^{l(\sigma)}\log^m T)$$

as $T\to\infty$, *uniformly for* $\sigma \geqslant \alpha$, *where* $l(\sigma)$ *is a positive non-increasing function with a bounded derivative, and* m *is a constant* $\geqslant 0$, *then*

$$N(\sigma, T) = O(T^{l(\sigma)}\log^{m+1} T)$$

uniformly for $\sigma \geqslant \alpha + \frac{1}{\log T}$.

[①] Bohr and Landau (5), Carlson (1), Landau (12), Titchmarsh (5), Ingham (5).

We have

$$f_X(s) = \zeta(s) \sum_{n<X} \frac{\mu(n)}{n^s} - 1 = \sum \frac{a_n(X)}{n^s}$$

where $a_1(X) = 0$

$$a_n(X) = \sum_{d\mid n} \mu(d) = 0, n < X$$

and

$$|a_n(X)| = |\sum_{\substack{d\mid n \\ d<X}} \mu(d)| \leq d(n)$$

for all n and X.

Let

$$1 - f_X^2 = \zeta M_X(2 - \zeta M_X) = \zeta(s)g(s) = h(s)$$

say, where $g(s) = g_X(s)$ and $h(s) = h_X(s)$ are regular except at $s = 1$. Now for $\sigma \geq 2$, $X > X_0$

$$|f_X(s)|^2 \leq \left(\sum_{n\geq X} \frac{d(n)}{n^2}\right)^2 = O(X^{2\epsilon-2}) < \frac{1}{2X} < \frac{1}{2}$$

so that $h(s) \neq 0$. Applying (9.26) to $h(s)$, and writing

$$\nu(\sigma, T_1, T_2) = \nu(\sigma, T_2) - \nu(\sigma, T_1)$$

we obtain

$$2\pi \int_{\sigma_0}^{2} \nu(\sigma, \frac{1}{2}T, T) d\sigma =$$

$$\int_{\frac{1}{2}T}^{T} \{\log |h(\sigma_0 + it)| - \log |h(2 + it)|\} dt +$$

$$\int_{\sigma_0}^{2} \{\arg h(\sigma + iT) - \arg h(\sigma + \frac{1}{2}iT)\} d\sigma$$

Now

$$\log |h(s)| \leq \log\{1 + |f_X(s)|^2\} \leq |f_X(s)|^2$$

so that, if $\sigma_0 \geq \alpha$

$$\int_{\frac{1}{2}T}^{T} \log |h(\sigma_0 + it)| dt \leq \int_{\frac{1}{2}T}^{T} |f_X(\sigma_0 + it)|^2 dt =$$

$$O(T^{l(\sigma_0)}\log^m T)$$

Next
$$-\log|h(2+it)| \leq -\log\{1-|f_X(2+it)|^2\} \leq$$
$$2|f_X(2+it)|^2 < X^{-1}$$

so that
$$-\int_{\frac{1}{2}T}^{T} \log|h(2+it)|\,dt < \frac{T}{2X} = O(T^{l(\sigma_0)})$$

Also we can apply the lemma of §9.4 to $h(s)$, with $\alpha=0$, $\beta\geq\frac{1}{2}$, $m\geq\frac{1}{2}$, and $M_{\sigma,t}=O(X^A T^A)$. We obtain
$$\arg h(s) = O(\log X + \log t)$$
for $\sigma\geq\frac{1}{2}$. Hence
$$\int_{\sigma_0}^{\frac{1}{2}}\left\{\arg h(\sigma+iT) - \arg h\left(\sigma+\frac{1}{2}iT\right)\right\}d\sigma =$$
$$O(\log X + \log T) = O(\log T)$$

Hence
$$\int_{\sigma_0}^{2} \nu\left(\sigma, \frac{1}{2}T, T\right)d\sigma = O(T^{l(\sigma_0)}\log^m T)$$

Also
$$\int_{\sigma_0}^{2}\nu\left(\sigma,\frac{1}{2}T,T\right)d\sigma \geq \int_{\sigma_0}^{2} N\left(\sigma,\frac{1}{2}T,T\right)d\sigma \geq$$
$$(\sigma_1-\sigma_0)N\left(\sigma_1,\frac{1}{2}T,T\right)$$

if $\sigma_0<\sigma_1\leq 2$. Taking $\sigma_1=\sigma_0+\frac{1}{\log T}$, we have
$$T^{l(\sigma_0)} = T^{l(\sigma_0)+O(\sigma_1-\sigma_0)} = O(T^{l(\sigma_1)})$$

Hence

$$N\left(\sigma_1, \frac{1}{2}T, T\right) = O(T^{d(\sigma_1)} \log^{m+1} T)$$

Replacing T by $\frac{1}{2}T$, $\frac{1}{4}T, \cdots$ and adding, the result follows.

9.17. The simplest application is

Theorem 9.17. *For any fixed σ in $\frac{1}{2} < \sigma < 1$*

$$N(\sigma, T) = O(T^{4\sigma(1-\sigma)+\epsilon})$$

We use Theorem 4.11 with $x = T$, and obtain

$$f_X(s) = \sum_{m<T} \frac{1}{m^s} \sum_{n<X} \frac{\mu(n)}{n^s} - 1 + O(T^{-\sigma} \mid M_X(s) \mid) =$$

$$\sum \frac{b_n(X)}{n^s} + O(T^{-\sigma} X^{1-\sigma}) \qquad (9.35)$$

where, if $X < T$, $b_n(X) = 0$ for $n < X$ and for $n > XT$; and, as for a_n, $\mid b_n(X) \mid \leq d(n) = O(n^\epsilon)$. Hence

$$\int_{\frac{1}{2}T}^{T} \left| \sum \frac{b_n(X)}{n^s} \right|^2 dt = \frac{1}{2} T \sum \frac{\mid b_n(X) \mid^2}{n^{2\sigma}} +$$

$$\sum \sum \frac{b_m \bar{b}_n}{(mn)^\sigma} \int_{\frac{1}{2}T}^{T} \left(\frac{n}{m}\right)^{it} dt =$$

$$O\left(T \sum_{n \geq X} \frac{1}{n^{2\sigma-\epsilon}}\right) +$$

$$O\left(\sum_{n<m<XT} \sum \frac{1}{(mn)^{\sigma-\epsilon} \log m/n}\right) =$$

$$O(TX^{1-2\sigma+\epsilon}) + O\{(XY)^{2-2\sigma+\epsilon}\}$$

by (7.7). These terms are of the same order (apart from ϵ's) if $X = T^{2\sigma-1}$, and then

$$\int_{\frac{1}{2}T}^{T} \left| \sum \frac{b_n(X)}{n^s} \right|^2 dt = O(T^{4\sigma(1-\sigma)+\epsilon})$$

The O-term in (9.35) gives
$$O(T^{1-2\sigma}X^{2-2\sigma}) = O(T^{1-2\sigma}X) = O(1)$$
The result therefore follows form Theorem 9.16.

9.18. The main instrument used in obtaining still better results for $N(\sigma, T)$ is the convexity theorem for mean values of analytic functions proved in §7.8. We require, however, some slight extensions of the theorem. If the right-hand sides of (7.18) and (7.19) are replaced by finite sums
$$\sum C(T^a+1), \quad \sum C'(T^b+1)$$
then the right-hand side of (7.20) is clearly to be replaced by
$$K \sum \sum (CT^a)^{(\beta-\sigma)/(\beta-\alpha)} (C'T^b)^{(\sigma-\alpha)/(\beta-\alpha)}$$

In one of the applications a term $T^a \log^4 T$ occurs in the data instead of the above T^a. This produces the same change in the result. The only change in the proof is that, instead of the term
$$\int_0^\infty \left(\frac{u}{\delta}\right)^{a+2\alpha-1} e^{-2u} du = \frac{K}{\delta^{a+2\alpha-1}}$$
we obtain a term
$$\int_0^\infty \left(\frac{u}{\delta}\right)^{a+2\alpha-1} \log^4 \frac{u}{\delta} e^{-2u} du =$$
$$\int_0^\infty \left(\frac{u}{\delta}\right)^{a+2\alpha-1} \left\{\log^4 \frac{1}{\delta} + 4\log^3 \frac{1}{\delta} \log u + \cdots\right\} e^{-2u} du <$$
$$\frac{K}{\delta^{a+2\alpha-1}} \log^4 \frac{1}{\delta}$$

Theorem 9.18. *If* $\zeta\left(\frac{1}{2}+it\right) = O(t^c \log^{c'} t)$, *where*

$c' \leqslant \dfrac{3}{2}$, then

$$N(\sigma, T) = O(T^{2(1+2c)(1+\sigma)} \log^5 T)$$

uniformly for $\dfrac{1}{2} \leqslant \sigma \leqslant 1$.

If $0 < \delta < 1$

$$\int_0^T |f_X(1+\delta+it)|^2 dt | =$$

$$\sum_{m \geqslant X} \sum_{n \geqslant X} \dfrac{a_X(m)a_X(n)}{m^{1+\delta} n^{1+\delta}} \int_0^T \left(\dfrac{m}{n}\right)^{it} dt =$$

$$T \sum_{n \geqslant X} \dfrac{a_X^2(n)}{n^{2+2\delta}} + 2 \sum_{X \leqslant m < n} \sum \dfrac{a_X(m)a_X(n)}{m^{1+\delta} n^{1+\delta}} \cdot \dfrac{\sin(T\log m/n)}{\log m/n} \leqslant$$

$$T \sum_{n \geqslant X} \dfrac{d^2(n)}{n^{2+2\delta}} + 2 \sum_{X \leqslant m < n} \sum \dfrac{d(m)d(n)}{m^{1+\delta} n^{1+\delta}}$$

Now①

$$\sum_{n \leqslant x} d^2(n) < Ax \log^3 x$$

$$\sum_{m < n \leqslant x} \sum \dfrac{d(m)d(n)}{(mn)^{\frac{1}{2}} \log n/m} < Ax \log^3 x$$

Hence

$$\sum_{n \geqslant X} \dfrac{d^2(n)}{n^{1+\xi}} = \sum_{n \geqslant X} d^2(n) \int_n^\infty \dfrac{1+\xi}{x^2+\xi} dx =$$

$$\int_x^\infty \dfrac{1+\xi}{x^2+\xi} \sum_{X \leqslant n \leqslant x} d^2(n) dx <$$

$$\int_X^\infty \dfrac{(1+\xi)A\log^3 x}{x^{1+\xi}} dx =$$

---

① The first result follows easily from (7.54); for the second, see Ingham (1); the argument of §7.21, and the first result, give an extralog x.

第二部分　中外名家论 Riemann 函数与 Riemann 猜想

$$\frac{A(1+1/\xi)}{x^\xi}\int_1^\infty \frac{\log^3(Xy^{1/\xi})}{y^2}\mathrm{d}y$$

(putting $x = Xy^{1/\xi}$)

$$< \frac{A}{\xi X^\xi}\left(\log X + \frac{1}{\xi}\right)^3$$

Hence

$$\sum_{n \geq X}\frac{d^2(n)}{n^{2+2\delta}} < \frac{A\log^3 X}{X^{1+2\delta}} < \frac{A}{X\delta^3}$$

since

$$X^{2\delta} = e^{2\delta\log X} > \frac{1}{6}(2\delta\log X)^3$$

Also, since

$$1 < \log \lambda + \lambda^{-1} < \log \lambda + \lambda^{-\frac{1}{2}}$$

for $\lambda > 1$

$$\sum_{X \leq m < n}\sum \frac{d(m)d(n)}{(mn)^{1+\xi}\log n/m} <$$

$$\sum_{X \leq m < n}\sum \frac{d(m)d(n)}{(mn)^{1+\xi}} + \sum_{X \leq m < n}\sum \frac{d(m)d(n)}{m^\xi n^{1+\xi}(mn)^{\frac{1}{2}}\log n/m} <$$

$$\left(\sum_{n=1}^\infty \frac{d(n)}{n^{1+\xi}}\right)^2 + \sum_{1 \leq m < n}\sum \frac{d(m)d(n)}{(mn)^{\frac{1}{2}}\log n/m}\int_n^\infty \frac{1+\xi}{x^2+\xi}\mathrm{d}x <$$

$$\zeta^4(1+\xi) + \int_1^\infty \frac{1+\xi}{x^2+\xi}\sum_{m < n \leq x}\sum \frac{d(m)d(n)}{(mn)^{\frac{1}{2}}\log n/m}\mathrm{d}x <$$

$$\zeta^4(1+\xi) + \int_1^\infty \frac{(1+\xi)A\log^3 x}{x^{1+\xi}}\mathrm{d}x < \frac{A}{\xi^4}$$

Hence

$$\int_0^T |f_X(1+\delta+it)|^2\mathrm{d}t < A\left(\frac{T}{X}+1\right)\delta^{-4} \quad (9.36)$$

For $\sigma = \frac{1}{2}$ we use the inequalities

$$|f_X|^2 \leq 2(|\zeta|^2|M_X|^2+1)$$

$$\int_0^T |M_X(\tfrac{1}{2}+it)|^2 dt \leq$$

$$T\sum_{n<X} \frac{\mu^2(n)}{n} + 2\sum_{m<n\leq X} \frac{|\mu(m)\mu(n)|}{(mn)^{\frac{1}{2}}\log n/m} \leq$$

$$T\sum_{n<X} \frac{1}{n} + 2\sum_{m<n<X} \frac{1}{(mn)^{\frac{1}{2}}\log n/m} <$$

$$A(T+X)\log X$$

by (7.7).

Hence

$$\int_0^T \left|f_X\left(\tfrac{1}{2}+it\right)\right|^2 dt < AT^{2c}(T+X)\log^{2c'}(T+2)\log X$$

(9.37)

The convexity theorem therefore gives

$$\int_{\frac{1}{2}T}^T |f_X(\sigma+it)|^2 dt =$$

$$O\left\{\left(\frac{T}{X}+1\right)\delta^{-4}\right\}^{(\sigma-\frac{1}{2})/(\frac{1}{2}+\delta)} \cdot$$

$$\{T^{2c}(T+X)\log^{2c'}(T+2)\log X\}^{(1+\delta-\sigma)/(\frac{1}{2}+\delta)} =$$

$$O\left\{\frac{T+X}{\delta^4} \frac{T^{4c(1-\sigma)}}{X^{2\sigma-1}}(XT^{2c})^{|(2\sigma-1)\delta|/(\frac{1}{2}+\delta)} \cdot\right.$$

$$\left.(\delta^4\log^3(T+2)\log X)^{(1+\delta-\sigma)/(\frac{1}{2}+\delta)}\right\}$$

Taking $\delta = \dfrac{1}{\log(T+X)}$ we obtain

$$O\{(T+X)T^{4c(1-\sigma)}X^{1-2\sigma}\log^4(T+X)\}$$

If $X=T$, the result follows from Theorem 9.16.

For example, by Theorem 5.5 we may take $c=\dfrac{1}{6}$,

$c' = \dfrac{3}{2}$. Hence

$$N(\sigma, T) = O(T^{\frac{8}{3}(1-\sigma)} \log^5 T) \qquad (9.38)$$

This is an improvement on Theorem 9.17 if $\sigma > \dfrac{2}{3}$.

On the unproved Lindelöf hypothesis that $\zeta\left(\dfrac{1}{2} + it\right) = O(t^\epsilon)$, Theorem 9.18 gives

$$N(\sigma, T) = O(T^{2(1-\sigma)+\epsilon})$$

9.19. An improvement on Theorem 9.17 for all values of σ in $\dfrac{1}{2} < \sigma < 1$ is effected by combining (9.38) with

Theorem 9.19 (A). $N(\sigma, T) = O(T^{\frac{3}{2}-\sigma} \log^5 T)$.

We have

$$\int_0^T \left| f_X\left(\dfrac{1}{2} + it\right) \right|^2 dt <$$

$$A \int_0^T \left| \zeta\left(\dfrac{1}{2} + it\right) \right|^2 \left| M_X\left(\dfrac{1}{2} + it\right) \right|^2 dt + AT <$$

$$A \left\{ \int_0^T \left| \zeta\left(\dfrac{1}{2} + it\right) \right|^4 dt \cdot \int_0^T \left| M_X\left(\dfrac{1}{2} + it\right) \right|^4 dt \right\}^{\frac{1}{2}} + AT$$

Now

$$M_X^2(s) = \sum_{n < X^2} \dfrac{c_n}{n^s}, \; |c_n| \leq d(n)$$

Hence

$$\int_0^T \left| M_X\left(\dfrac{1}{2} + it\right) \right|^4 dt \leq$$

$$T \sum_{n<X^2} \frac{d^2(n)}{n} + 2 \sum_{m<n<X^2} \frac{d(m)d(n)}{(mn)^{\frac{1}{2}} \log n/m} <$$
$$AT\log^4 X + AX^2 \log^3 X$$

Hence
$$\int_0^T \left| f_X\left(\frac{1}{2} + it\right) \right|^2 dt < AT^{\frac{1}{2}}(T+X^2)^{\frac{1}{2}} \log^2(T+2)\log^2 X$$
(9.39)

From (9.36) (9.39), and the convexity theorem, we obtain
$$\int_{\frac{1}{2}T}^T |f_X(\sigma + it)|^2 dt =$$
$$O\left\{\left(\frac{T}{X}+1\right)\delta^{-4}\right\}^{(\delta-\frac{1}{2})/(\frac{1}{2}+\delta)} \cdot$$
$$\left\{T^{\frac{1}{2}}(T+X^2)^{\frac{1}{2}}\log^2(T+2)\log^2 X\right\}^{(1+\delta-\sigma)/(\frac{1}{2}+\delta)}$$

If $X = T^{\frac{1}{2}}$, $\delta = \frac{1}{\log(T+2)}$, the result follows as before.

This is an improvement on Theorem 9.17 if $\frac{1}{2} < \sigma < \frac{3}{4}$.

Various results of this type have been obtained, ① the most successful ② being

Theorem 9.19 (B).
$$N(\sigma, T) = O(T^{3(1-\sigma)/(2-\sigma)} \log^5 T)$$

This depends on a two-variable convexity theorem; if

---

① Titchmarsh (5), Ingham (5), (6).
② Ingham (6).

第二部分 中外名家论 Riemann 函数与 Riemann 猜想

$$J(\sigma, \lambda) = \left\{ \int_0^T |f(\sigma + it)|^{1/\lambda} dt \right\}^\lambda$$

then

$$J(\sigma, p\lambda + q\mu) = O\{J^p(\alpha,\lambda) J^q(\beta,\mu)\}, \alpha < \sigma < \beta$$

where

$$p = \frac{\beta - \sigma}{\beta - \alpha}, q = \frac{\sigma - \alpha}{\beta - \alpha}$$

We have

$$\int_0^T \left| f_X\left(\frac{1}{2} + it\right) \right|^{\frac{4}{3}} dt <$$

$$A \int_0^T \left| \zeta\left(\frac{1}{2} + it\right) \right|^{\frac{4}{3}} \left| M_X\left(\frac{1}{2} + it\right) \right|^{\frac{4}{3}} dt + AT <$$

$$A \left\{ \int_0^T \left| \zeta\left(\frac{1}{2} + it\right) \right|^4 dt \right\}^{\frac{1}{3}} \cdot$$

$$\left\{ \int_0^T \left| M_X\left(\frac{1}{2} + it\right) \right|^2 dt \right\}^{\frac{2}{3}} + AT <$$

$$A\{T\log^4(T+2)\}^{\frac{1}{3}} \{(T+X)\log X\}^{\frac{2}{3}} + AT <$$

$$A(T+X)\log^2(T+X) \qquad (9.40)$$

In the two-variable convexity theorem, take $\alpha = \frac{1}{2}$, $\beta = 1 + \delta$, $\lambda = \frac{3}{4}$, $\mu = \frac{1}{2}$, and use (9.36) and (9.40).

We obtain

$$\int_0^T |f_X(\sigma + it)|^{\frac{1}{k}} dt <$$

$$A\{(T+X)\log^2(T+X)\}^{\frac{3}{2}(1-\sigma+\delta)/\left(1-\frac{1}{2}\sigma+\frac{3}{2}\delta\right)} \cdot$$

$$\left\{ \left(\frac{T}{X}+1\right) \delta^{-4} \right\}^{\left(\delta-\frac{1}{2}\right)\left(1-\frac{1}{2}\sigma+\frac{3}{2}\delta\right)}$$

where $K=p\lambda+q\mu$ lies between $\frac{1}{2}$ and $\frac{3}{4}$. Taking $X=T$, $\delta=-\frac{1}{\log T}$, we obtain

$$\int_0^T |f_X(\sigma+it)|^{\frac{1}{k}}dt < AT^{3(1-\sigma)/(2-\sigma)} \log^4 T$$

The result now follows from a modified form of Theorem 9.16, since

$$\log|1-f_X^2| \leq \log(1+|f_X|^2) < A|f_X|^{\frac{1}{k}}$$

A. Selberg① has recently proved

Theorem 9.10 (C)

$$N(\sigma, T) = O(T^{1-\frac{1}{4}(\sigma-\frac{1}{2})} \log T)$$

uniformly for

$$\frac{1}{2} \leq \sigma \leq 1$$

This is an improvement on the previous theorem if σ is a function of T such that $\sigma-\frac{1}{2}$ is sufficiently small.

9.20. The corresponding problems with σ equal or nearly equal to $\frac{1}{2}$ are naturally more difficult. Here the most interesting question is that of the behaviour of

$$\int_{\frac{1}{2}}^1 N(\sigma, T) d\sigma \qquad (9.41)$$

as $T \to \infty$. If the zeros of $\zeta(s)$ are $\beta+i\gamma$, this is equal to

$$\int_{\frac{1}{2}}^1 (\sum_{\beta>\sigma, 0<\gamma\leq T} 1) d\sigma = \sum_{\beta>\frac{1}{2}, 0<\gamma\leq T} \int_{\frac{1}{2}}^\beta d\sigma =$$

---

① Selberg (5).

第二部分　中外名家论 Riemann 函数与 Riemann 猜想

$$\sum_{\beta > \frac{1}{2}, 0 < \gamma \leqslant T} \left(\beta - \frac{1}{2}\right)$$

Hence an equivalent problem is that of the sum

$$\sum_{0 < \gamma \leqslant T} |\beta - \frac{1}{2}| \qquad (9.42)$$

There are some immediate results. ① If we apply the above argument, but use Theorem 7.2 (A) instead of Theorem 7.2, we obtain at once

$$\int_{\sigma_0}^1 N(\sigma, T) \mathrm{d}\sigma < AT \log \left\{ \min \left(\log T, \log \frac{1}{\sigma_0 - \frac{1}{2}} \right) \right\} \qquad (9.43)$$

for $1/2 \leqslant \sigma_0 \leqslant 1$; and in particular

$$\int_{\frac{1}{2}}^1 N(\sigma, T) \mathrm{d}\sigma = O(T \log \log T) \qquad (9.44)$$

These, however, are superseded by the following analysis, due to A. Selberg (2), the principal result of which is that

$$\int_{\frac{1}{2}}^1 N(\sigma, T) \mathrm{d}\sigma = O(T) \qquad (9.45)$$

We consider the integral

$$\int_T^{T+U} \left| \zeta\left(\frac{1}{2} + it\right) \psi\left(\frac{1}{2} + it\right) \right|^2 \mathrm{d}t$$

where $0 < U \leqslant T$ and ψ is a function to be specified later. We use the formulae of §4.17. Since

$$e^{i\theta} = \left\{ \chi\left(\frac{1}{2} + it\right) \right\}^{-\frac{1}{2}} = \left(\frac{t}{2\pi e}\right)^{\frac{1}{2}it} e^{-\frac{1}{8}\pi i} \left\{ 1 + O\left(\frac{1}{t}\right) \right\}$$

---

① Littlewood (4).

we have
$$Z(t) = z(t) + \overline{z}(t) + O(t^{-\frac{1}{4}}) \qquad (9.46)$$
where
$$z(t) = \left(\frac{1}{2\pi e}\right)^{\frac{1}{2}it} e^{-\frac{1}{8}\pi i} \sum_{n \leqslant x} n^{-\frac{1}{2}-it}$$
and $x = (t/2\pi)^{\frac{1}{2}}$. Let $T \leqslant t \leqslant T+U$, $\tau = (T/2\pi)^{\frac{1}{2}}$, $\tau' = \{(T+U)/2\pi\}^{\frac{1}{2}}$.

Let
$$z_1(t) = \left(\frac{1}{2\pi e}\right)^{\frac{1}{2}it} e^{-\frac{1}{8}\pi i} \sum_{n \leqslant \tau} n^{-\frac{1}{2}+it}$$

Proceeding as in §7.3, we have
$$\int_T^{T+U} |z(t) - z_1(t)|^2 dt =$$
$$O\left(U \sum_{\tau < n \leqslant \tau'} \frac{1}{n}\right) + O(T^{\frac{1}{2}} \log T) =$$
$$O\left(U \frac{\tau' - \tau}{\tau}\right) + O(T^{\frac{1}{2}} \log T) =$$
$$O(U^2/T) + O(T^{\frac{1}{2}} \log T) \qquad (9.47)$$

9.21. Lemma 9.21. *Let m and n be positive integers, $(m, n) = 1$, $M = \max(m, n)$. Then*
$$\int_T^{T+U} z_1(t) \overline{z_1(t)} \left(\frac{n}{m}\right)^{it} dt = \frac{U}{(mn)^{\frac{1}{2}}} \sum_{r \leqslant \tau/M} \frac{1}{r} +$$
$$O\{T^{\frac{1}{2}} M^2 \log(MT)\}$$

The integral is
$$\sum_{\mu \leqslant \tau} \sum_{\nu \leqslant \tau} \frac{1}{(\mu\nu)^{\frac{1}{2}}} \int_T^{T+U} \left(\frac{m\nu}{m\mu}\right)^{it} dt$$

The terms with $m\mu = n\nu$ contribute

第二部分　中外名家论 Riemann 函数与 Riemann 猜想

$$U \sum_{m\mu = m\nu} \sum \frac{1}{(\mu\nu)^{\frac{1}{2}}} = U \sum_{rn\leq\tau,\, rm\leq\tau} \sum \frac{1}{(rn\cdot rm)^{\frac{1}{2}}} = \frac{U}{(mn)^{\frac{1}{2}}} \sum_{r\leq\tau/M} \frac{1}{r}$$

The remaining terms are

$$O\left\{ \sum_{m\mu\neq n\nu} \sum \frac{1}{(\mu\nu)^{\frac{1}{2}} |\log(n\nu/m\mu)|} \right\} =$$

$$O\left\{ \sum_{m\mu\neq n\nu} \sum \frac{M}{(m\mu n\nu)^{\frac{1}{2}} |\log(n\nu/m\mu)|} \right\} =$$

$$O\left\{ M \sum_{\kappa\leq M\tau,\, \lambda\leq M\tau} \sum \frac{1}{(\kappa\lambda)^{\frac{1}{2}} |\log\lambda/\kappa|} \right\} =$$

$$O\{ M^2 \tau \log(M\tau) \}$$

9.22. Lemma 9.22. *Defining* m, n, M *as before, and supposing*

$$T^{\frac{4}{5}} < U \leq T$$

$$\int_T^{T+U} z_1^2(t) \left(\frac{n}{m}\right)^{it} dt = \frac{U}{(mn)^{\frac{1}{2}}} \sum_{\tau/m\leq r\leq \tau/n} \frac{1}{r} + O(MT^{\frac{1}{2}}) + O(U^2/T) + O(T^{\frac{9}{10}}) \qquad (9.48)$$

if $n \leq m$. *If* $m < n$, *the first term on the right-hand side is to be omitted.*

The left-hand side is

$$e^{-\frac{1}{4}\pi i} \sum_{\mu\leq\tau} \sum_{\nu\leq\tau} \frac{1}{(\mu\nu)^{\frac{1}{2}}} \int_T^{T+U} \left(\frac{t}{2\pi e\mu\nu m}\right)^{it} dt$$

The integral is of the form considered in §4.6, with

$$F(t) = t\log\frac{t}{ec}, \quad c = \frac{2\pi\mu\nu m}{n}$$

Hence by (4.7), with $\lambda_2 = (T+U)^{-1}$, $\lambda_3 = (T+U)^{-2}$, it is equal to

$$(2\pi c)^{\frac{1}{2}} e^{\frac{1}{4}\pi i - ic} + O(T^{\frac{2}{5}}) + O\left\{\min\left(\frac{1}{|\log c/T|}, T^{\frac{1}{2}}\right)\right\} +$$

$$O\left\{\min\left(\frac{1}{\log|(T+U)/c|}, T^{\frac{1}{2}}\right)\right\} \qquad (9.49)$$

with the leading term present only when $T \leqslant c \leqslant T+U$. We therefore obtain a main term

$$2\pi \left(\frac{m}{n}\right)^{\frac{1}{2}} \sum_{\mu \leqslant \tau} \sum_{\nu \leqslant \tau} e^{-2\pi i \mu \nu / n} \qquad (9.50)$$

where μ and ν also satisfy

$$\tau^2 n/m \leqslant \mu\nu \leqslant \tau'^2 n/m$$

The double sum is clearly zero unless $n \leqslant m$, as we now suppose. The ν-summation runs over the range $\nu_1 \leqslant \nu \leqslant \nu_2$, where $\nu_1 = \tau^2 n/m\mu$ and $\nu_2 = \min(\tau'^2 n/m\mu, \tau)$, and μ runs over $\tau n/m \leqslant \mu \leqslant t$. The inner sum is therefore $\nu_2 - \nu_1 + O(n)$ if $n \mid u$, and $O(n)$ otherwise. The error term $O(n)$ contributes $O\{(mn)^{\frac{1}{2}}\tau\} = O(MT)^{\frac{1}{2}}$ in (9.48). On writing $\mu = nr$ we are left with

$$2\pi \left(\frac{m}{n}\right)^{\frac{1}{2}} \sum_{\tau/m \leqslant r \leqslant \tau/n} (\nu_2 - \nu_1)$$

Let $\nu_3 = \tau'^2/mr$. Then $\nu_2 = \nu_3$ unless $r < \tau'^2/m\tau$. Hence the error on replacing ν_2 by ν_3 is

$$O\left\{\left(\frac{m}{n}\right)^{\frac{1}{2}} \sum_{\tau/m \leqslant r < \tau'^2/m\tau} \left(\frac{\tau'^2}{mr} - \tau\right)\right\} =$$

$$O\left\{\left(\frac{m}{n}\right)^{\frac{1}{2}} \left(\frac{\tau'^2}{m\tau} - \frac{\tau}{m} + 1\right)\left(\frac{\tau'^2}{\tau} - \tau\right)\right\} =$$

$$O\left\{(mn)^{-\frac{1}{2}}\left(\frac{\tau'^2 - \tau^2}{\tau}\right)^2\right\} + O\left\{\left(\frac{m}{n}\right)^{\frac{1}{2}}\left(\frac{\tau'^2 - \tau^2}{\tau}\right)\right\} =$$

$$O(U^2 T^{-1}) + O(M^{\frac{1}{2}} UT^{-\frac{1}{2}})$$

Finally there remains

$$2\pi\left(\frac{m}{n}\right)^{\frac{1}{2}} \sum_{\tau/m \leqslant r \leqslant t/n} (\nu_3 - \nu_1) =$$

$$2\pi\left(\frac{m}{n}\right)^{\frac{1}{2}} \sum_{\tau/m \leqslant r \leqslant \tau/n} \left(\frac{\tau'^2}{mr} - \frac{\tau^2}{mr}\right) =$$

$$\frac{U}{(mn)^{\frac{1}{2}}} \sum_{\tau/m \leqslant r \leqslant \tau/n} \frac{1}{r}$$

Now consider the O-terms arising from (9.49). The term $O(T^{\frac{2}{5}})$ gives

$$O\left\{T^{\frac{3}{5}} \sum_{\mu \leqslant \tau} \sum_{\nu \leqslant \tau} \frac{1}{(\mu\nu)^{\frac{1}{2}}}\right\} = O(T^{\frac{2}{5}\tau}) = O(T^{\frac{9}{10}})$$

Next

$$\sum_{\mu \leqslant \tau} \sum_{\nu \leqslant \tau} \frac{1}{(\mu\nu)^{\frac{1}{2}}} \min\left(\frac{1}{|\log(2\pi\mu\nu m/nT)|}, T^{\frac{1}{2}}\right) =$$

$$O\left\{T^{\epsilon} \sum_{r \leqslant \tau^2} \frac{1}{r^{\frac{1}{2}}} \min\left(\frac{1}{|\log(rm+n\tau^2)|}, T^{\frac{1}{2}}\right)\right\}$$

Suppose, for example, that $n<m$. Then the terms with $r < n\tau^2/2m$ or $r > 2n\tau^2/m$ are

$$O\left(T^{\epsilon} \sum_{r \leqslant \tau^2} \frac{1}{r^{\frac{1}{2}}}\right) = O(T^{\epsilon}\tau) = O(T^{\frac{1}{2}+\epsilon})$$

In the other terms, let $r = [n\tau^2/m] - r'$. We obtain

$$O\left\{T^{\epsilon} \sum_{r'} \frac{1}{(n\tau^2/m)^{\frac{1}{2}}} \frac{1}{|r'-\theta|/(n\tau^2/m)}\right\} =$$

$$O\left\{T^{\epsilon}\left(\frac{n\tau^2}{m}\right)^{\frac{1}{2}} \log T\right\} = O(T^{\frac{1}{2}+\epsilon}), |\theta| < 1$$

omitting the terms $r' = -1, 0, 1$; and these are $O(T^{\frac{1}{2}+\epsilon})$. A similar argument applies in the other cases.

9.23. Lemma 9.23. Let $(m,n)=1$ with $m, n \leq X \leq T^{\frac{1}{5}}$. If $T^{\frac{14}{15}} \leq U \leq T$, then

$$\int_T^{T+U} Z^2(t)\left(\frac{n}{m}\right)^{it} dt = \frac{U}{(mn)^{\frac{1}{2}}}\left\{\log\frac{T}{2\pi mn}+2\gamma\right\} +$$

$$O(U^{\frac{3}{2}}T^{-\frac{1}{2}}\log T)$$

Let $Z(t) = z_1(t) + \overline{z_1(t)} + e(t)$. Then

$$\int_T^{T+U} \{z_1(t) + \overline{z_1(t)}\}^2 \left(\frac{n}{m}\right)^{it} dt =$$

$$\int_T^{T+U} Z(t)^2\left(\frac{n}{m}\right)^{it} dt + O\left(\int_T^{T+U} |Z(t)e(t)dt|\right) +$$

$$O\left(\int_T^{T+U} |e(t)|^2 dt\right)$$

We have

$$\int_T^{T+U} |e(t)|^2 dt = O(U^2 + T) + O(T^{\frac{1}{2}}\log T) =$$

$$O\left(\frac{U^2}{T}\right)$$

by (9.47), and

$$\int_T^{T+U} |Z(t)|^2 dt = O(U\log T) + O(T^{\frac{1}{2}+\varepsilon}) =$$

$$O(U\log T)$$

by Theorem 7.4. Hence

$$\int_T^{T+U} |Z(t)e(t)| dt = O\left\{\left(\frac{U^2}{T}\right)^{\frac{1}{2}}(U\log T)^{\frac{1}{2}}\right\}$$

by Cauchy's inequality. It follows that

$$\int_T^{T+U} Z(t)^2\left(\frac{n}{m}\right)^{it} dt =$$

$$\int_T^{T+U} \{z_1(t)^2 + \overline{z_1(t)}^2 + 2z_1(t)\overline{z_1(t)}\}\left(\frac{n}{m}\right)^{it} dt +$$

$$O(U^{\frac{3}{2}}T^{-\frac{1}{2}}\log^{\frac{1}{2}}T)$$

By Lemmas 9.21 and 9.22 the main integral on the right is

$$\frac{U}{(mn)^{\frac{1}{2}}}\left(\sum_{r\leqslant\tau/n}\frac{1}{r}+\sum_{r\leqslant\tau/m}\frac{1}{r}\right)+O\{T^{\frac{1}{2}}X^2\log(XT)\}+$$

$$O\left(\frac{U^2}{T}\right)+O(T^{\frac{9}{10}})$$

whether $n\leqslant m$ or not. The result then follows, since

$$\sum_{r\leqslant\tau/n}\frac{1}{r}+\sum_{r\leqslant\tau/m}\frac{1}{r}=\log\frac{\tau^2}{mn}+2\gamma+O\left(\frac{X}{\tau}\right)$$

and since the error terms $O\{T^{\frac{1}{2}}X^2\log(XT)\}$, $O(XT^{\frac{1}{2}})$, $O(U^2/T)$, $O(T^{\frac{9}{10}})$ and $O(UT^{-\frac{1}{2}})$ are all $O(U^{\frac{1}{2}}T^{-\frac{1}{2}}\cdot\log T)$.

9.24. Theorem 9.24

$$\int_{\frac{1}{2}}^{1}N(\sigma,T)\mathrm{d}\sigma=O(T) \qquad (9.51)$$

Consider the integral

$$I=\int_{T}^{T+U}\left|\zeta\left(\frac{1}{2}+\mathrm{i}t\right)\psi\left(\frac{1}{2}+\mathrm{i}t\right)\right|^2\mathrm{d}t=$$

$$\int_{T}^{T+U}Z^2(t)\left|\psi\left(\frac{1}{2}+\mathrm{i}t\right)\right|^2\mathrm{d}t$$

where

$$\psi(s)=\sum_{r<X}\delta_r r^{1-s}$$

and

$$\delta_r=\frac{\sum_{\rho r<X}\mu(\rho r)\mu(\rho)\phi(\rho r)}{\sum_{\rho<X}\mu^2(\rho)/\phi(\rho)}=$$

从 Riemann 到 Enoch——Riemann 猜想的历史

$$\frac{\mu(r)}{\phi(r)} \frac{\sum_{\rho r<X,\,(\rho,r)=1} \mu^2(\rho)/\phi(\rho)}{\sum_{\rho<X} \mu^2(\rho)/\phi(\rho)}$$

Clearly

$$|\delta_r| \leq \frac{1}{\phi(r)}$$

for all values of r. Now

$$I = \sum_{q<X} \sum_{r<X} \delta_q \delta_r q^{\frac{1}{2}} r^{\frac{1}{2}} \int_T^{T+U} Z^2(t) \left(\frac{n}{m}\right)^{it} dt$$

where $m = q/(q,r)$, $n = r/(q,r)$. Using Lemma 9.23, the main term contributes to this

$$\sum_{q<X} \sum_{r<X} \delta_q \delta_r q^{\frac{1}{2}} r^{\frac{1}{2}} \frac{U}{(mn)^{\frac{1}{2}}} \log \frac{Te^{2\gamma}}{2\pi mn} =$$

$$U \sum_{q<X} \sum_{r<X} \delta_q \delta_r (q, r) \log \frac{Te^{2\gamma}(q,r)^2}{2\pi qr} =$$

$$U \log \frac{Te^{2\gamma}}{2\pi} \sum_{q<X} \sum_{r<X} \delta_q \delta_r (q, r) -$$

$$2U \sum_{q<X} \sum_{r<X} \delta_q \delta_r (q, r) \log q +$$

$$2U \sum_{q<X} \sum_{r<X} \delta_q \delta_r (q, r) \log (q,r)$$

For a fixed $q<X$

$$\sum_{r<X} (q,r) \delta_r = \left\{ \sum_{\rho<X} \frac{\mu^2(\rho)}{\phi(\rho)} \right\}^{-1} \sum_{r<X,\,\rho r<X} \frac{(q,r)\mu(\rho r)\mu(\rho)}{\phi(\rho r)}$$

Now

$$(q,r) = \sum_{\nu \mid (q,r)} \phi(\nu) = \sum_{\nu \mid q,\, \nu \mid r} \phi(\nu)$$

Hence the second factor on the right is

$$\sum_{r<X,\,\rho r<X} \frac{\mu(\rho r)\mu(\rho)}{\phi(\rho r)} \sum_{\nu \mid q,\, \nu \mid r} \phi(\nu) =$$

$$\sum_{\nu|q}\phi(\nu)\sum_{\substack{r<X,\rho r<X\\ \nu|r}}\frac{\mu(\rho r)\mu(\rho)}{\phi(\rho r)}$$

Put $\rho r = l$. Then $\rho\nu|\rho r$, $\rho\nu|l$, i.e. $\rho|(l,\nu)$. Hence we get

$$\sum_{\nu|q}\phi(\nu)\sum_{\substack{l<X\\ \nu|l}}\frac{\mu(l)}{\phi(l)}\sum_{\rho|(l/\nu)}\mu(\rho)$$

The ρ-sum is 0 unless $l=\nu$, when it is 1. Hence we get

$$\sum_{\nu|q}\phi(\nu)\frac{\mu(\nu)}{\phi(\nu)}=\sum_{\nu|q}\mu(\nu)=\begin{cases}1, q=1\\ 0, q>1\end{cases}$$

Hence

$$\sum_{q<X}\sum_{r<X}\delta_q\delta_r(q,r)=\left\{\sum_{p<X}\frac{\mu^2(\rho)}{\phi(\rho)}\right\}^{-1}\delta_1=\left\{\sum_{\rho<X}\frac{\mu^2(\rho)}{\phi(\rho)}\right\}^{-1}$$

and

$$\sum_{q<X}\sum_{r<X}\delta_q\delta_r(q,r)\log q=\left\{\sum_{p<X}\frac{\mu^2(\rho)}{\phi(\rho)}\right\}^{-1}\delta_1\log 1=0$$

Let $\phi_a(n)$ be defined by

$$\sum_{n=1}^{\infty}\frac{\phi_a(n)}{n^s}=\frac{\zeta(s-a-1)}{\zeta(s)}$$

so that

$$\phi_a(n)=n^{1+a}\sum_{m|n}\frac{\mu(m)}{m^{1+a}}=n^{1+a}\prod_{p|n}\left(1-\frac{1}{p^{1+a}}\right)$$

Let $\psi(n)$ be defined by

$$\sum_{n=1}^{\infty}\frac{\psi(n)}{n^s}=-\frac{\zeta'(s-1)}{\zeta(s)}$$

Then

$$-\zeta'(s-1)=\zeta(s)\sum_{n=1}^{\infty}\frac{\psi(n)}{n^s}$$

and hence

$$n\log n = \sum_{d\mid n} \psi(d)$$

Hence

$$(q, r)\log(q\delta r) = \sum_{d\mid q, d\mid r} \psi(d)$$

and

$$\sum_{q<X}\sum_{r<X} \delta_q \delta_r (q,r) \log(q,r) = \sum_{d<X} \psi(d) \sum_{\substack{d\mid q, d\mid r \\ q<X, r<X}} \delta_q \delta_r = \sum_{d<X} \psi(d) \Big(\sum_{d\mid q, q<X} \delta_q\Big)^2$$

Now

$$\psi(n) = \Big[\frac{\partial}{\partial a}\phi_a(n)\Big]_{a=0} = \phi(n)\Big(\log n + \sum_{p\mid n}\frac{\log p}{p-1}\Big)$$

$$\psi(n) \leq \phi(n)\Big(\log n + \sum_{p\mid n} \log p\Big) \leq 2\phi(n)\log n$$

Also

$$\sum_{\substack{d\mid q \\ q<X}} \delta_q = \Big\{\sum_{p<X}\frac{\mu^2(\rho)}{\phi(\rho)}\Big\}^{-1} \sum_{\substack{\rho q<X \\ d\mid q}}\sum \frac{\mu(\rho q)\mu(\rho)}{\phi(\rho q)} =$$

$$\Big\{\sum_{p<X}\frac{\mu^2(\rho)}{\phi(\rho)}\Big\}^{-1} \sum_{\substack{n<X \\ d\mid n}}\sum \frac{\mu(n)}{\phi(n)}\sum_{\rho\mid n/d}\mu(\rho) =$$

$$\Big\{\sum_{p<X}\frac{\mu^2(\rho)}{\phi(\rho)}\Big\}^{-1}\frac{\mu(d)}{\phi(d)}$$

Hence

$$\sum_{q<X}\sum_{r<X}\delta_q\delta_r(q,r)\log(q,r) \leq 2\log X\Big\{\sum_{p<X}\frac{\mu^2(\rho)}{\phi(\rho)}\Big\}^{-1}$$

Since

$$\sum_{n=1}^{\infty}\frac{\mu^2(n)}{\phi(n)n^s} = \prod_p\Big(1+\frac{\mu^2(p)}{\phi(p)p^s}\Big) = \prod_p\Big(1+\frac{1}{(p-1)p^s}\Big) =$$

$$\zeta(s+1)\prod_p\Big(1-\frac{1}{p^{s+1}}\Big)\Big(1+\frac{1}{(p-1)p^s}\Big)$$

we have
$$\sum_{p<X} \frac{\mu^2(\rho)}{\phi(\rho)} \sim A \log X$$
The contribution of all the above terms to I is therefore
$$O\left(U \frac{\log T}{\log X}\right) + O(U) = O(U)$$
on taking, say, $X = T^{\frac{1}{100}}$.

The O-term in Lemma 9.23 gives
$$O(U^{\frac{3}{2}} T^{-\frac{1}{2}} \log T) \sum_{q<X} \sum_{r<X} \frac{q^{\frac{1}{2}} r^{\frac{1}{2}}}{\phi(q)\phi(r)} =$$
$$O(U^{\frac{3}{2}} T^{-\frac{1}{2}} \log T) O(X) =$$
$$O(U^{\frac{3}{2}} T^{-\frac{49}{100}} \log T)$$
Taking say $U = T^{\frac{14}{15}}$, this is $O(U)$. Hence $I = O(U)$.

By an argument similar to that of §9.16, it follows that
$$\int_{\frac{1}{2}}^{1} \{N(\sigma, T+U) - N(\sigma, T)\} d\sigma = O(U)$$
Replacing T by $T+U$, $T+2U, \cdots$, and adding, $O(T/U)$ terms, we obtain
$$\int_{\frac{1}{2}}^{1} \{N(\sigma, 2T) - N(\sigma, T)\} d\sigma = O(T)$$
Replacing T by $\frac{1}{2}T$, $\frac{1}{4}T, \cdots$, and adding, the theorem follows.

It also follows that, if $\frac{1}{2} < \sigma \leq 1$
$$N(\sigma, T) = \frac{2}{\sigma - \frac{1}{2}} \int_{\frac{1}{2}\sigma + \frac{1}{4}}^{\sigma} N(\sigma', T) d\sigma' \leq$$

$$\frac{2}{\sigma-\frac{1}{2}}\int_{\frac{1}{2}}^{1} N(\sigma, T)\, d\sigma =$$

$$O\left(\frac{T}{\sigma-\frac{1}{2}}\right) \qquad (9.52)$$

Lastly, *if $\phi(t)$ is positive and increases to infinity with t, all but an infinitesimal proportion of the zeros of $\zeta(s)$ in the upper half-plane lie in the region*

$$|\sigma-\frac{1}{2}|<\frac{\phi(t)}{\log t}$$

The curved boundary of the region

$$\sigma=\frac{1}{2}+\frac{\phi(t)}{\log t},\, T^{\frac{1}{2}}<t<T$$

lies to the right of

$$\sigma=\sigma_1=\frac{1}{2}+\frac{\phi(T^{\frac{1}{2}})}{\log T}$$

and

$$N(\sigma_1, T)= O\left(\frac{T}{\sigma_1-\frac{1}{2}}\right)= O\left(\frac{T\log T}{\phi(T^{\frac{1}{2}})}\right)= o(T\log T)$$

Hence the number of zeros outside the region specified is $o(T\log T)$, and the result follows.

NOTES FOR CHAPTER 9

9.25. The mean value of $S(t)$ has been investigated by Selberg (5). One has

$$\int_0^T |S(t)|^{2k} dt \sim \frac{(2k)!}{k!\,(2\pi)^{2k}} T(\log\log T)^k$$

$$(9.53)$$

第二部分 中外名家论 Riemann 函数与 Riemann 猜想

for every positive integer k. Selberg's earlier conditional treatment (4) is disucssed in §§ 14.20~24, the key feature used in (5) to deal with zeros off the critical line being the estimate given in Theorem 9.19 (C). Selberg (5) also gave an unconditional proof of Theorem 14.19, which had previously been established on the Riemann hypothesis by Littlewood. These results have been investigated further by Fujii [1], [2] and Ghosh [1], [2], who give results which are uniform in k.

It follows in particular from Fujii [1] that

$$\int_0^T |S(t+h) - S(t)|^2 dt = \pi^{-2} T \log(3+h\log T) + O[T\{\log(3+h\log T)\}^{\frac{1}{2}}] \quad (9.54)$$

and

$$\int_0^T |S(t+h) - S(t)|^{2k} dt \ll T\{Ak^4 \log(3+h\log T)\}^k \quad (9.55)$$

uniformly for $0 \leq h \leq \frac{1}{2}T$. One may readily deduce that

$$N_j(T) \ll N(T) e^{-A\sqrt{j}}$$

where $N_j(T)$ denotes the number of zeros $\beta+i\gamma$ of multiplicity exactly j, in the range $0 < \gamma \leq T$. Moreover one finds that

$$\#\{n: 0<\gamma_n \leq T, \gamma_{n+1}-\gamma_n \geq \lambda/\log T\} \ll N(T)\exp\{-A\lambda^{\frac{1}{2}}(\log \lambda)^{-\frac{1}{4}}\}$$

uniformly for $\lambda \geq 2$, whence, in particular

$$\sum_{0<\gamma_n \leq T} (\gamma_{n+1} - \gamma_n)^k \ll \frac{N(T)}{(\log T)^k} \quad (9.56)$$

for any fixed $k \geq 0$. Fujii [2] also states that there exist *constants* $\lambda>1$ and $\mu<1$ such that

$$\frac{\gamma_{n+1}-\gamma_n}{2\pi/\log \gamma_n} \geq \lambda \qquad (9.57)$$

and

$$\frac{\gamma_{n+1}-\gamma_n}{2\pi/\log \gamma_n} \leq \mu \qquad (9.58)$$

each hold for a positive proportion of n (i.e. the number of n for which $0<\gamma_n \leq T$ is at least $AN(T)$ if $T \geq T_0$). Note that $2\pi/\log \gamma_n$ is the average spacing between zeros. The possibility of results such as (9.57) and (9.58) was first observed by Selberg [1].

9.26. Since the deduction of the results (9.57) and (9.58) is not obvious, we give a sketch. If M is a sufficiently large integer constant, then (9.54) and (9.55) yield

$$\int_T^{2T} |S(t+h)-S(t)|^2 dt \gg T$$

and

$$\int_T^{2T} |S(t+h)-S(t)|^4 dt \ll T$$

uniformly for

$$\frac{2\pi M}{\log T} \leq h \leq \frac{4\pi M}{\log T}$$

By Hölder's inequality we have

$$\int_T^{2T} |S(t+h)-S(t)|^2 dt \leq$$

$$\left(\int_T^{2T} |S(t+h)-S(t)| dt\right)^{\frac{2}{3}} \cdot$$

$$\left(\int_T^{2T} |S(t+h)-S(t)|^4 dt\right)^{\frac{1}{3}}$$

so that
$$\int_T^{2T} |S(t+h) - S(t)| \, dt \gg T$$

We now observe that
$$S(t+h) - S(t) = N(t+h) - N(t) - \frac{h\log T}{2\pi} + O\left(\frac{1}{\log T}\right)$$

for $T \leqslant t \leqslant 2T$, whence
$$\int_T^{2T} \left| N(t+h) - N(t) - \frac{h\log T}{2\pi} \right| dt \gg T$$

We proceed to write $h = \dfrac{2\pi M\lambda}{\log T}$ and
$$\delta(t, \lambda) = N\left(t + \frac{2\pi\lambda}{\log T}\right) - N(t) - \lambda$$

so that
$$N(t+h) - N(t) - \frac{h\log T}{2\pi} = \sum_{m=0}^{M-1} \delta\left(t + \frac{2\pi m\lambda}{\log T}, \lambda\right)$$

Thus
$$T \ll \sum_{m=0}^{M-1} \int_{T+\pi m\lambda/\log T}^{2T+2\pi m\lambda/\log T} |\delta(t, \lambda)| \, dt =$$
$$M \int_T^{2T} |\delta(t, \lambda)| \, dt + O(1)$$

and hence
$$\int_T^{2T} |\delta(t, \lambda)| \, dt \gg T \qquad (9.59)$$

uniformly for $1 \leqslant \lambda \leqslant 2$, since M is constant.

Now, if I is the subest of $[T, 2T]$ on which $N\left(t + \dfrac{2\pi\lambda}{\log T}\right) = N(t)$, then
$$|\delta(t, \lambda)| \leqslant \begin{cases} \delta(t, \lambda) + 2\lambda, & (t \in I) \\ \delta(t, \lambda) + 2\lambda - 2, & (t \in [T, 2T] - I) \end{cases}$$

so that (9.59) yields

$$T \ll \int_T^{2T} \delta(t, \lambda)\, dt + (2\lambda - 2)T + 2m(I)$$

where $m(I)$ is the measure of I. However

$$\int_T^{2T} \delta(t, \lambda)\, dt = O\left(\frac{T}{\log T}\right)$$

whence $m(I) \gg T$, if $\lambda > 1$ is chosen sufficiently close to 1. Thus, if

$$S = \left\{ n : T \leq \gamma_n \leq 2T,\ \gamma_{n+1} - \gamma_n \geq \frac{2\pi\gamma}{\log T} \right\}$$

then

$$T \ll m(I) \ll \sum_{n \in S} (\gamma_{n+1} - \gamma_n) + O(1)$$

so that

$$T^2 \ll \left\{ \sum_{n \in S} (\gamma_{n+1} - \gamma_n) \right\}^2 \leq (\#S) \left(\sum_{n \in S} (\gamma_{n+1} - \gamma_n)^2 \right) \ll \#S \frac{T}{\log T}$$

by (9.56) with $k=2$. It follows that

$$\#S \gg N(T) \qquad (9.60)$$

proving that (9.57) holds for a positive proportion of n.

Now suppose that μ is a constant in the range $0 < \mu < 1$, and put

$$U = \{ n : T \leq \gamma_n \leq 2T \}$$

and

$$V = \left\{ n \in U : \gamma_{n+1} - \gamma_n \leq \frac{2\pi\mu}{\log T} \right\}$$

where $\#U = \dfrac{T}{2\pi} \log T + O(T)$. Then

$$T = \sum_{n \in U} (\gamma_{n+1} - \gamma_n) + O(1) \geq$$

$$\sum_{n \in U-V} (\gamma_{n+1} - \gamma_n) + O(1) \geqslant$$

$$\frac{2\pi\mu}{\log T}(\#U - \#V - \#S) + \frac{2\pi\lambda}{\log T}S + O(1) =$$

$$\frac{2\pi\mu}{\log T}\left(\frac{T}{2\pi}\log T - \#V\right) + \frac{2\pi(\lambda-\mu)}{\log T}\#S + O\left(\frac{T}{\log T}\right)$$

If the implied constant in (9.60) is η, it follows that $\#V \gg N(T)$, on taking $\mu = 1-\nu$, with $0 < \nu < \frac{\eta(\lambda-1)}{1-\eta}$. Thus (9.58) also holds for a positive proportion of n.

9.27. Ghosh [1] was able to sharpen the result of Selberg mentioned at the end of §9.10, to show that $S(t)$ has at least

$$T(\log T) \exp\left(-\frac{A\log \log T}{(\log \log \log T)^{\frac{1}{2}-\delta}}\right)$$

sign changes in the range $0 \leqslant t \leqslant T$, for any positive δ, and $A = A(\delta)$, $T \geqslant T(\delta)$. He also proved (Ghosh [2]) that the asymptotic formula (9.53) holds for any positive real k, with the constant on the right hand side replaced by $\frac{\Gamma(2k+1)}{\Gamma(k+1)(2\pi)^{2k}}$. Moreover he showed (Ghosh [2]) that

$$\frac{|S(t)|}{\sqrt{(\log \log t)}} = f(t)$$

say, has a limiting distribution

$$P(\sigma) = 2\pi^{\frac{1}{2}} \int_0^\sigma e^{-\pi^2 z^2} dz$$

in the sense that, for any $\sigma > 0$, the measure of the set of $t \in [0, T]$ for with $f(t) \leqslant \sigma$, is asymptotically $TP(\sigma)$. (A minor error in Ghosh's statement of the result has been corrected here.)

9.28. A great deal of work has been done on the zero-density estimates' of § §9.15~19, using an idea which originates with Halász [1]. However it is not possible to combine this with the method of §9.16, based on Littlewood's formula (9.26). Instead one argues as follows (Montgomery [1; Chapter 12]). Let

$$M_X(s)\zeta(s) = \sum_1^\infty a_n n^{-s}$$

so that $a_n = 0$ for $2 \leqslant n \leqslant X$. If $\zeta(\rho) = 0$, where $\rho = \beta + i\gamma$ and $\beta > \frac{1}{2}$, then we have

$$e^{-1/Y} + \sum_{n>X} a_n n^{-\rho} e^{-n/Y} = \sum_{n=1}^\infty a_n n^{-\rho} e^{-n/Y} = \frac{1}{2\pi i} \int_{2-i\infty}^{2+i\infty} M_X(s+\rho)\zeta(s+\rho)\Gamma(s) Y^s ds$$

by the lemma of §7.9. On moving the line of integration to $\mathbf{R}(s) = \frac{1}{2} - \beta$ this yields

$$M_X(1)\Gamma(1-\rho) Y^{1-\rho} + \frac{1}{2\pi i} \int_{-\infty}^\infty M_X\left(\frac{1}{2} + it\right) \cdot \zeta\left(\frac{1}{2} + it\right) \Gamma\left(\frac{1}{2} - \beta + i(t-\gamma)\right) Y^{\frac{1}{2} - \beta + i(t-\gamma)} dt$$

since the pole of $\Gamma(s)$ at $s=0$ is cancelled by the zero of $\zeta(s+\rho)$. If we now assume that $\log^2 T \leqslant \gamma \leqslant T$, and that $\log T \ll \log X, \log Y \ll \log T$, then $e^{-1/Y} \gg 1$ and

$$M_X(1)\Gamma(1-\rho) Y^{1-\rho} = o(1)$$

whence either

$$\left|\sum_{n>X} a_n n^{-\rho} e^{-n/\gamma}\right| \gg 1$$

or
$$\int_{-\infty}^{\infty}\left|M_X\left(\frac{1}{2}+\mathrm{i}t\right)\zeta\left(\frac{1}{2}+\mathrm{i}t\right)\Gamma\left(\frac{1}{2}-\beta+\mathrm{i}(t-\gamma)\right)\right|\mathrm{d}t\gg Y^{\beta-\frac{1}{2}}$$

In the latter case one has
$$\left|M_X\left(\frac{1}{2}+\mathrm{i}t_\rho\right)\zeta\left(\frac{1}{2}+\mathrm{i}t_\rho\right)\right|\gg\left(\beta-\frac{1}{2}\right)Y^{\beta-\frac{1}{2}}$$

for some t_ρ in the range $|t_\rho-\gamma|\leqslant\log^2 T$. The problem therefore reduces to that of counting discrete points at which one of the Dirichlet series $\sum a_n n^{-s}\mathrm{e}^{-n/Y}$, $M_X(s)$, and $\zeta(s)$ is large. In practice it is more convenient to take finite Dirichlet polynomials approximating to these.

The methods given in §§ 9.17~19 correspond to the use of a mean-value bound. Thus Montgomery [1; Chapter 7] showed that

$$\sum_{r=1}^{R}\left|\sum_{n=1}^{N}a_n n^{-s}\right|^2\ll(T+N)(\log N)^2\sum_{n=1}^{N}|a_n|^2 n^{-2\sigma}$$
(9.61)

for any points s_r satisfying
$$\mathbf{R}(s)\geqslant\sigma,|\mathbf{I}(s)|\leqslant T,|\mathbf{I}(s_{r+1}-s_r)|\geqslant 1 \quad (9.62)$$

and any complex a_n. Theorem 9.17, 9.18, 9.19(A), and 9.19(B) may all be recovered form this (except possibly for worse powers of log T). However one may also use Halász's lemma. One simple form of this (Montgomery [1: Theorem 8.2]) gives

$$\sum_{r=1}^{R}\left|\sum_{n=1}^{N}a_n n^{-s}\right|^2\ll(N+RT^{\frac{1}{2}})(\log T)\sum_{n=1}^{N}|a_n|^2 n^{-2\sigma}$$
(9.63)

for any points s_r satisfying (9.62). Under suitable circumstances this implies a sharper bound for R than does (9.61). Under the Lindelöf hypothesis one may replace the term $RT^{\frac{1}{2}}$ in (9.63) by $RT^{\varepsilon}N^{\frac{1}{2}}$, which is superior, since one invariably takes $N \leqslant T$ in applying the Halász lemma. (If $N \geqslant T$ it would be better to use (9.61).) Moreover Montgomery [1; Chapter 9] makes the conjecture (the Large Values Conjecture)

$$\sum_{r=1}^{R} \left| \sum_{n=1}^{N} a_n n^{-s_r} \right|^2 \ll (N+RT^{\varepsilon}) \sum_{n=1}^{N} |a_n|^2 n^{-2\sigma}$$

for points s_r satisfying (9.62). Using the Halász lemma with the Lindelöf hypothesis one obtains

$$n(\sigma, T) \ll T^{\varepsilon}, \frac{3}{4}+\varepsilon \leqslant \delta \leqslant 1 \qquad (9.64)$$

(Halász and Turán [1], Montgomery [1; Theorem 12.3]). If the Large Values Conjecture is true then the Lindelöof hypothesis gives the wider range $\frac{1}{2}+\varepsilon \leqslant \sigma \leqslant 1$ for (9.64)

9.29. The picture for unconditional estimates is more complex. At present it seems that the Halász method is only useful for $\sigma \geqslant \frac{3}{4}$. Thus Ingham's result, Theorem 9.19(B), is still the best known for $\frac{1}{2} < \sigma \leqslant \frac{3}{4}$, Using (9.63), Montgomery [1; Theorem 12,1] showed that

$$N(\sigma, T) \ll T^{2(1-\sigma)/\sigma}(\log T)^{14}, \frac{4}{5} \leqslant \sigma \leqslant 1$$

which is superior to Theorem 9.19(B). This was im-

第二部分 中外名家论 Riemann 函数与 Riemann 猜想

proved by Huxley [1] to give

$$N(\sigma, T) \ll T^{3(1-\sigma)/(3\sigma-1)} (\log T)^{44}, \frac{3}{4} \leqslant \sigma \leqslant 1 \tag{9.65}$$

Huxley used the Halász lemma in the form

$$R \ll \{NV^{-2} \sum_{n=1}^{N} |a_n|^2 n^{-2\sigma} + TNV^{-6} \Big(\sum_{n=1}^{N} |a_n|^2 n^{-2\sigma}\Big)^3\} (\log T)^2$$

for points s_r satisfying (9.62) and the condition

$$\Big|\sum_{n=1}^{N} a_n n^{-s_r}\Big| \geqslant V$$

In conjunction with Theorem 9.19 (B), Huxley's result yields

$$N(\sigma, T) \ll T^{12/5(1-\sigma)} (\log T)^{44}, \frac{1}{2} \leqslant \sigma \leqslant 1$$

(c.f. (9.38)). A considerable number of other estimates have been given, for which the interested reader is referred to Ivic [3; Chapter 11]. We mention only a few of the most significant. Ivic [2] showed that

$$N(\sigma, T) \ll \begin{cases} T^{(3-3\sigma)/(7\sigma-4)+\varepsilon}, & \dfrac{3}{4} \leqslant \sigma \leqslant \dfrac{10}{13} \\ T^{(9-9\sigma)/(8\sigma-2)+\varepsilon}, & \dfrac{10}{13} \leqslant \sigma \leqslant 1 \end{cases}$$

which supersede Huxley's result (9.65) throughout the range $\frac{3}{4} < \sigma < 1$. Jutila [1] gave a more powerful, but more complicated, result, which has a similar effect. His bounds also imply the 'Density hypothesis' $N(\sigma, T) \ll$

$T^{2-2\sigma+\varepsilon}$, for $\frac{11}{14} \leqslant \sigma \leqslant 1$. Heath-Brown [6] improved this by giving

$$N(\sigma, T) \ll T^{(9-9\sigma)/(7\sigma-1)+\varepsilon}, \frac{11}{14} \leqslant \sigma \leqslant 1$$

When σ is very close to 1 one can use the Vinogradov-Korobov exponential sum estimates, as described in Chapter 6. These lead to

$$N(\sigma, T) \ll T^{A(1-\sigma)^{\frac{3}{2}}} (\log T)^A$$

for suitable numerical constants A and A', (see Montgomery [1; Corollary 12.5], who gives $A = 1\,334$, after correction of a numerical error).

Selberg's estimate given in Theorem 9.19 (C) has been improved by Jutila [2] to give

$$N(\sigma, T) \ll T^{1-(1-\delta)\left(\sigma-\frac{1}{2}\right)} \log T$$

uniformly for $\frac{1}{2} \leqslant \sigma \leqslant 1$, for any fixed $\delta > 0$.

9.30. Of course Theorem 19.24 is an immediate consequence of Theorem 19.9 (C), but the proof is a little easier. The coefficients δ_r used in §9.24 are essentially

$$\mu(r) r^{-1} \frac{\log X/r}{\log X}$$

and indeed a more careful analysis yields

$$\int_0^T \left| \zeta\left(\frac{1}{2} + it\right) \right|^2 \left| \sum_{r \leqslant X} \mu(r) \frac{\log X/r}{\log X} r^{-\frac{1}{2}-it} \right|^2 dt \sim T\left(1 + \frac{\log T}{\log X}\right)$$

Here one can take $X \leqslant T^{\frac{1}{2}-\varepsilon}$ using fairly standard techniques, or $X \leqslant T^{\frac{9}{17}-\varepsilon}$ by employing estimates for Kloosterman sums (see Balasubramanian, Conrey and Heath-Brown [1]. The latter result yields (9.51) with the implied constant 0.084 5).

第十章　THE ZEROS ON THE CRITICAL LINE

10.1. General discussion. The memoir in which Riemann first considered the zeta-function has become famous for the number of ideas it contains which have since proved fruitful, and it is by no means certain that these are even now exhausted. The analysis which precedes his observations on the zeros is particularly interesting. He obtains, as in §2.6, the formula

$$\Gamma\left(\frac{1}{2}s\right)\pi^{-\frac{1}{2}s}\zeta(s)=\frac{1}{s(s-1)}+\int_1^\infty \psi(x)(x^{\frac{1}{2}s-1}+x^{-\frac{1}{2}-\frac{1}{2}s})\,dx$$

where

$$\psi(x)=\sum_{n=1}^\infty e^{-n^2\pi x}$$

Multiplying by $\frac{1}{2}s(s-1)$, and putting $s=\frac{1}{2}+it$, we obtain

$$\Xi(t)=\frac{1}{2}-\left(t^2+\frac{1}{4}\right)\int_1^\infty \psi(x)x^{-\frac{3}{4}}\cos\left(\frac{1}{2}t\log x\right)dx \tag{10.1}$$

Integrating by parts, and using the relation

$$4\psi'(1)+\psi(1)=-\frac{1}{2}$$

which follows at once from (2.26), we obtain

998

第二部分　中外名家论 Riemann 函数与 Riemann 猜想

$$\Xi(t) = 4\int_1^\infty \frac{\mathrm{d}}{\mathrm{d}x}\{x^{\frac{3}{2}}\psi'(x)\}x^{-\frac{1}{4}}\cos\left(\frac{1}{2}t\log x\right)\mathrm{d}x$$

(10.2)

Riemann then observes:

'Diese Function ist für alle endlichen Werthe von t endlich, und lässt sich nach Potenzen von tt in eine sehr schnell convergirende. Reihe entwickeln. Da für einen Werth von s, dessen reeller Bestandtheil grösser als 1 ist, $\log \zeta(s) = -\sum \log(1-p^{-s})$ endlich bleibt, und von den Logarithmen der übrigen Factoren von $\Xi(t)$ dasselbe gilt, so kann die Function $\Xi(t)$ nur verschwinden, wenn der imaginäre Theil von t zwischen $\frac{1}{2}\mathrm{i}$ und $-\frac{1}{2}\mathrm{i}$ liegt. Die Anzahl der Wurzeln von $\Xi(t)=0$, deren reeler Theil zwischen 0 und T liegt, ist etwa

$$= \frac{T}{2\pi}\log\frac{T}{2\pi} - \frac{T}{2\pi}$$

denn dass Integral $\int \mathrm{d}\log\Xi(t)$ positive um den Inbegriff der Werthe von t erstreckt, deren imaginäre Theil zwischen $\frac{1}{2}\mathrm{i}$ und $-\frac{1}{2}\mathrm{i}$, und deren reeller Theil zwischen 0 und T liegt, ist (bis auf einen Bruchteil von der Ordnung der Grösse $\frac{1}{T}$) gleich $\left\{T\log(\frac{T}{2\pi})-T\right\}\mathrm{i}$; dieses Integral aber ist gleich der Anzahl der in diesem Gebiet liegenden Wurzeln von $\Xi(t)=0$, multiplicirt mit $2\pi\mathrm{i}$. Man findet nun in der That etwa so viel reelle Wurzeln innerhalb dieser Grenzen, und es ist sehr wahrscheinlich, dass alle

Wurzeln reellesind.'

This statement, that all the zeros of $\Xi(t)$ are real, is the famous 'Riemann hypothesis', which remains unproved to this day. The memoir goes on:

'Hiervon wäre allerdings ein strenger Beweis zu wünschen; ich habe indess ide Aufsuchung desselben nach einigen flüchtigen vergeblichen Versuchen vorläufig bei Seite gelassen, da er für den nächsten Zweck meiner Untersuchung [i. e. the explicit formula for $\pi(x)$] entbehrlich schien.'

In the approximate formula for $N(T)$, Riemann's $\dfrac{1}{T}$ may be a mistake forlog T; for, since $N(T)$ has an infinity of discontinuities at least equal to 1, the remainder cannot tend to zero. With this correction, Riemann's first statement is Theorem 9.4, which was proved by von Mangoldt many years later.

Riemann's second statement, on the real zeros of $\Xi(t)$, is more obscure, and his exact meaning cannot now be known. It is, however, possible that anyone encountering the subject for the first time might argue as follows. We can write (10.2) in the form

$$\Xi(t) = 2\int_0^\infty \Phi(u)\cos ut\,du \qquad (10.3)$$

where

$$\Phi(u) = 2\sum_{n=1}^\infty (2n^4\pi^2 e^{\frac{9}{2}u} - 3n^2\pi e^{\frac{5}{2}u}) e^{-n^2\pi e^{2u}}$$

$$(10.4)$$

This series converges very rapidly, and one might sup-

第二部分　中外名家论 Riemann 函数与 Riemann 猜想

pose that an approximation to the truth could be obtained by replacing it by its first term; or perhaps better by

$$\Phi^*(u) = 2\pi^2 \cosh \frac{9}{2} u e^{-2\pi \cosh 2u}$$

since the like $\Phi(u)$, is an even function of u, which is asymptotically equivalent to $\Phi(u)$. We should thus replace $\Xi(t)$ by

$$\Xi*(t) = 4\pi^2 \int_0^\infty \cosh \frac{9}{2} u e^{-2\pi \cosh 2u} \cos ut \, du$$

The asymptotic behaviour of $\Xi*(t)$ can be found by the method of steepest descents. To avoid the calculation we shall quote known Bessel-function formulae. We have[①]

$$K_z(a) = \int_0^\infty e^{-a \cosh u} \cosh zu \, du$$

and hence

$$\Xi*(t) = \pi^2 \{ K_{\frac{9}{4}+\frac{1}{2}it}(2\pi) + K_{\frac{9}{4}-\frac{1}{2}it}(2\pi) \}$$

For fixed z, as $\nu \to \infty$

$$I_\nu(z) \sim \left(\frac{1}{2}z\right)^\nu / \Gamma(\nu+1)$$

Hence

$$I_{-\frac{9}{4}-\frac{1}{2}it}(2\pi) \sim \frac{\pi^{-\frac{9}{4}-\frac{1}{2}it}}{\Gamma\left(-\frac{5}{4}-\frac{1}{2}it\right)} \sim$$

$$\frac{1}{\pi\sqrt{2}} e^{\frac{1}{4}\pi t} \left(\frac{t}{2\pi}\right)^{\frac{7}{4}} \left(\frac{t}{2\pi e}\right)^{\frac{1}{2}it} e^{-\frac{7}{8}i\pi}$$

---

① Watson, *Theory of Bessel Functions*, 6.22 (5).

$$I_{\frac{9}{4}+\frac{1}{2}it}(2\pi) \sim \frac{\pi^{\frac{9}{4}+\frac{1}{2}it}}{\Gamma\left(\frac{13}{4}+\frac{1}{2}it\right)} = O(e^{\frac{1}{4}\pi t}t^{-\frac{11}{4}})$$

$$K_{\frac{9}{4}+\frac{1}{2}it}(2\pi) = \frac{1}{2}\pi \operatorname{cosec} \pi\left(\frac{9}{4}+\frac{1}{2}it\right) \cdot$$

$$\{I_{-\frac{9}{4}-\frac{1}{2}it}(2\pi) - I_{\frac{9}{4}+\frac{1}{2}it}(2\pi)\} \sim$$

$$\frac{1}{\sqrt{2}} e^{-\frac{1}{4}\pi t} \left(\frac{t}{2\pi}\right)^{\frac{7}{4}} \left(\frac{t}{2\pi e}\right)^{\frac{1}{2}it} e^{\frac{7}{8}i\pi}$$

Hence

$$\Xi*(t) \sim \pi^{\frac{1}{4}} 2^{-\frac{5}{4}} t^{\frac{7}{4}} e^{-\frac{1}{4}\pi t} \cos\left(\frac{1}{2} t \log \frac{t}{2\pi e} + \frac{7}{8}\pi\right)$$

The right-hand side has zeros at

$$\frac{1}{2} t \log \frac{t}{2\pi e} + \frac{7}{8}\pi = \left(n + \frac{1}{2}\right)\pi$$

and the number of these in the interval $(0, T)$ is

$$\frac{T}{2\pi} \log \frac{T}{2\pi} - \frac{T}{2\pi} + O(1)$$

The similarity to the formula for $N(T)$ is indeed striking.

However, if we try to work on this suggestion, difficulties at once appear. We can write

$$\Xi(t) - \Xi*(t) = \int_{-\infty}^{\infty} \{\Phi(u) - \Phi*(u)\} e^{iut} du$$

To show that this is small compared with $\Xi(t)$ we should want to move the line of integration into the upper half-plane, at least as far as $\mathbf{I}(u) = \frac{1}{4}\pi$; and this is just where the series for $\Phi(u)$ ceases to converge. Actually

$$|\Xi(t)| > At^{\frac{7}{4}} e^{-\frac{1}{4}\pi t} \left|\zeta\left(\frac{1}{2} + it\right)\right|$$

and $\left|\zeta\left(\frac{1}{2}+it\right)\right|$ is unbounded, so that the suggestion that $\Xi * (t)$ is an approximation to $\Xi(t)$ is false, at any rate if it is taken in the most obvious sense.

10.2. Although every attempt to prove the Riemann hypothesis, that all the complex zeros of $\zeta(s)$ lie on $\sigma = \frac{1}{2}$, has failed, it is known *that $\zeta(s)$ has an infinity of zeros on $\sigma = \frac{1}{2}$*. This was first proved by Hardy in 1914. We shall give here a number of different proofs of this theorem.

First method. ① We have

$$\Xi(t) = -\frac{1}{2}\left(t^2 + \frac{1}{4}\right)\pi^{-\frac{1}{4}-\frac{1}{2}it}\Gamma\left(\frac{1}{4}+\frac{1}{2}it\right)\zeta\left(\frac{1}{2}+it\right)$$

where $\Xi(t)$ is an even integral function of t, and is real for real t. A zero of $\zeta(s)$ on $\sigma = \frac{1}{2}$ therefore corresponds to a real zero of $\Xi(t)$, and it is a question of proving that $\Xi(t)$ has an infinity of real zeros.

Putting $x = -i\alpha$ in (2.68), we have

$$\frac{2}{\pi}\int_0^\infty \frac{\Xi(t)}{t^2+\frac{1}{4}}\cosh \alpha t\, dt = e^{-\frac{1}{2}i\alpha} - 2e^{\frac{1}{2}i\alpha}\psi(e^{2i\alpha}) =$$

$$2\cos\frac{1}{2}\alpha - 2e^{\frac{1}{2}i\alpha}\left\{\frac{1}{2}+\psi(e^{2i\alpha})\right\}$$

(10.5)

---

① Hardy (1).

Since $\zeta\left(\frac{1}{2}+it\right) = O(T^A)$, $\Xi(t) = O(t^A e^{-\frac{1}{4}\pi t})$, and the above integral may be differentiated with respect to α any number of times provided that $\alpha < \frac{1}{2}\pi$. Thus

$$\frac{2}{\pi}\int_0^\infty \frac{\Xi(t)}{t^2 + \frac{1}{4}} t^{2n} \cosh \alpha t \, dt = \frac{(-1)^n \cos\frac{1}{2}\alpha}{2^{2n-1}} -$$

$$2\left(\frac{d}{d\alpha}\right)^{2n} e^{\frac{1}{2}i\alpha}\left\{\frac{1}{2} + \psi(e^{2i\alpha})\right\}$$

We next prove that the last term tends to 0 as $\alpha \to \frac{1}{4}\pi$, for every fixed n. The equation (2.26) gives at once the functional equation

$$x^{-\frac{1}{4}} - 2x^{\frac{1}{4}}\psi(x) = x^{\frac{1}{4}} - 2x^{-\frac{1}{4}}\psi\left(\frac{1}{x}\right)$$

or

$$\psi(x) = x^{-\frac{1}{2}}\psi\left(\frac{1}{x}\right) + \frac{1}{2}x^{-\frac{1}{2}} - \frac{1}{2}$$

Hence

$$\psi(i+\delta) = \sum_{n=1}^\infty e^{-n^2\pi(i+\delta)} =$$

$$\sum_1^\infty (-1)^n e^{-n^2\pi\delta} =$$

$$2\psi(4\delta) - \psi(\delta) =$$

$$\frac{1}{\sqrt{\delta}}\psi\left(\frac{1}{4\delta}\right) - \frac{1}{\sqrt{\delta}}\psi\left(\frac{1}{\delta}\right) - \frac{1}{2}$$

It is easily seen from this that $\frac{1}{2} + \psi(x)$ and all its deriv-

1004

atives tend to zero as $x \to i$ along any route in an angle $|\arg(x-i)| < \frac{1}{2}\pi$.

We have thus proved that

$$\lim_{\alpha \to \frac{1}{4}\pi} \int_0^\infty \frac{\Xi(t)}{t^2+\frac{1}{4}} t^{2n} \cosh \alpha t \, dt = \frac{(-1)^n \pi \cos \frac{1}{8}\pi}{2^{2n}}$$

(10.6)

Suppose now that $\Xi(t)$ were ultimately of one sign, say, for example, positive for $t \geq T$. Then

$$\lim_{\alpha \to \frac{1}{4}\pi} \int_T^\infty \frac{\Xi(t)}{t^2+\frac{1}{4}} t^{2n} \cosh \alpha t \, dt = L$$

say. Hence

$$\int_T^{T'} \frac{\Xi(t)}{t^2+\frac{1}{4}} t^{2n} \cosh \alpha t \, dt \leq L$$

for all $\alpha < \frac{1}{4}\pi$ and $T' > T$. Hence, making $\alpha \to \frac{1}{4}\pi$

$$\int_T^{T'} \frac{\Xi(t)}{t^2+\frac{1}{4}} t^{2n} \cosh \frac{1}{4}\pi t \, dt \leq L$$

Hence the integral

$$\int_0^\infty \frac{\Xi(t)}{t^2+\frac{1}{4}} t^{2n} \cosh \frac{1}{4}\pi t \, dt$$

is convergent. The integral on the left of (10.6) is therefore uniformly convergent with respect to α for $0 \leq \alpha \leq \frac{1}{4}\pi$, and it follows that

$$\int_0^\infty \frac{\Xi(t)}{t^2+\frac{1}{4}} t^{2n} \cosh \frac{1}{4}\pi t \, dt = \frac{(-1)^n \pi \cos \frac{1}{8}\pi}{2^{2n}}$$

for every n.

This however, is impossible; for, taking n odd, the right-hand side is negative, and hence

$$\int_T^\infty \frac{\Xi(t)}{t^2+\frac{1}{4}} t^{2n} \cosh \frac{1}{4}\pi t \, dt < -\int_0^T \frac{\Xi(t)}{t^2+\frac{1}{4}} t^{2n} \cosh \frac{1}{4}\pi t \, dt <$$

$$KT^{2n}$$

where K is independent of n. But by hypothesis there is a positive $m = m(T)$ such that $\Xi(t)/\left(t^2+\frac{1}{4}\right) \geq m$ for $2T \leq t \leq 2T+1$. Hene

$$\int_T^\infty \frac{\Xi(t)}{t^2+\frac{1}{4}} t^{2n} \cosh \frac{1}{4}\pi t \, dt \geq \int_{2T}^{2T+1} mt^{2n} \geq dm(2T)^{2n}$$

Hence

$$m 2^{2n} < K$$

which is false for sufficiently large n. This proves the theorem.

10.3 A variant of the above proof depends on the following theorem of Fejér:[①]

Let n be any positive integer. Then the number of changes in sign in the interval $(0, a)$ of a continuous function $f(x)$ is not less than the number of changes in

---

① Fejér (1).

第二部分　中外名家论 Riemann 函数与 Riemann 猜想

sign of the sequence

$$f(0), \int_0^a f(t)\,dt, \cdots, \int_0^a f(t)t^n\,dt \quad (10.7)$$

We deduce this from the following theorem of Fekete:①

The number of changes in sign in the interval $(0, a)$ of a continuous function $f(x)$ is not less than the number of changes in sign of the sequence

$$f(a), f_1(a), \cdots, f_n(a) \quad (10.8)$$

where

$$f_\nu(x) = \int_0^x f_{\nu-1}(t)\,dt, \nu = 1,2,\cdots,n, f_0(x) = f(x)$$

To prove Fekete's theorem, suppose first than $n = 1$. Consider the ourve $y = f_1(x)$. Now $f_1(0) = 0$, and if $f(a)$ and $f_1(a)$ have opposite signs, y is positive decreasing or negative increasing at $x = a$. Hence $f(x)$ has at least one zero.

Now assume the theorem for $n-1$. Suppose that there are k changes of sign in the sequence $f_1(x), \cdots, f_n(x)$. Then $f_1(x)$ has at least k changes of sign. We have then to prove that

(i) if $f(a)$ and $f_1(a)$ have the same sign, $f(x)$ has at least k changes of sign,

(ii) if $f(a)$ and $f_1(a)$ have opposite signs, $f(x)$ has at leat $k+1$ changes of sign.

Each of these cases is easily verified by considering the curve $y = f_1(x)$. This proves Fekete's theorem.

To deduce Fejér's theorem, we have

---

① Fekete (1).

$$f_\nu(x) = \frac{1}{(\nu-1)!}\int_0^x (x-t)^{\nu-1}f(t)\,\mathrm{d}t$$

and hence

$$f_\nu(a) = \frac{1}{(\nu-1)!}\int_0^a (a-t)^{\nu-1}f(t)\,\mathrm{d}t =$$

$$\frac{1}{(\nu-1)!}\int_0^a f(a-t)t^{\nu-1}\,\mathrm{d}t$$

We may therefore replace the sequence (10.8) by the sequence

$$f(a),\ \int_0^a f(a-t)\,\mathrm{d}t,\ \cdots,\ \int_0^a f(a-t)t^{n-1}\,\mathrm{d}t$$

(10.9)

Since the number of changes of sign of $f(t)$ is the same as the number of changes of sign of $f(a-b)$, we can replace $f(t)$ by $f(a-t)$. This proves Fejér's theorem.

To prove that there are an infinity of zeros of $\zeta(s)$ on the critical line, we prove as before that

$$\lim_{\alpha \to \frac{1}{4}\pi}\int_0^\infty \frac{\Xi(t)}{t^2+\frac{1}{4}}t^{2n}\cosh\alpha t\,\mathrm{d}t = \frac{(-1)^n\pi\cos\frac{1}{8}\pi}{2^{2n}}$$

Hence

$$\int_0^a \frac{\Xi(t)}{t^2+\frac{1}{4}}t^{2n}\cosh\alpha t\,\mathrm{d}t$$

has the same sign as $(-1)^n$ for $n=0,1,\cdots,N$, if $a=a(N)$ is large enough and $\alpha=\alpha(N)$ is near enough to $\frac{1}{4}\pi$. Hence $\Xi(t)$ has at least N changes of sign in $(0,$

α), and the result follows.[1]

10.4. Another method[2] is based on Riemann's formula (10.2).

Putting $x = e^{2u}$ in (10.2), we have

$$\Xi(t) = 4\int_0^\infty \frac{\mathrm{d}}{\mathrm{d}u}\{e^{3u}\psi'(e^{2u})\}e^{-\frac{1}{2}u}\cos ut\,\mathrm{d}u =$$

$$2\int_0^\infty \Phi(u)\cos ut\,\mathrm{d}u$$

say. Then, by Fourier's integral theorem

$$\Phi(u) = \frac{1}{\pi}\int_0^\infty \Xi(t)\cos ut\,\mathrm{d}t$$

and hence also

$$\Phi^{(2n)}(u) = \frac{(-1)^n}{\pi}\int_0^\infty \Xi(t)t^{2n}\cos ut\,\mathrm{d}t$$

Since $\psi(x)$ is regular for $\mathbf{R}(x) > 0$, $\Phi(u)$ is regular for $-\frac{1}{4}\pi < \mathbf{I}(u) < \frac{1}{4}\pi$.

Let

$$\Phi(\mathrm{i}u) = c_0 + c_1 u^2 + c_2 u^4 + \cdots, \quad |u| < \frac{1}{4}\pi$$

Then

$$(2n)!\,c_n = (-1)^n \Phi^{(2n)}(0) = \frac{1}{\pi}\int_0^\infty \Xi(t)t^{2n}\mathrm{d}t$$

Suppose now that $\Xi(t)$ is of one sign, say $\Xi(t) > 0$, for $t > T$. Then $c_n > 0$ for $n > n_0$, since

$$\int_0^\infty \Xi(t)t^{2n}\mathrm{d}t > \int_{T+1}^{T+2}\Xi(t)t^{2n}\mathrm{d}t - \int_0^T |\Xi(t)|t^{2n}\mathrm{d}t >$$

---

[1] Fekete (2).
[2] Pólya (3).

$$(T+1)^{2n}\int_{T+1}^{T+2}\Xi(t)\,\mathrm{d}t - T^{2n}\int_0^T |\Xi(t)|\,\mathrm{d}t$$

It follows that $\Phi^{(n)}(iu)$ increases steadily with u if $n > 2n_0$. But in fact $\Phi(u)$ and all its derivatives tend to 0 as $u \to \frac{1}{4}i\pi$ along the imaginary axis, by the properties of $\psi(x)$ obtained in §10.2. The theorem therefore follows again.

10.5. The above proofs of Hardy's theorem are all similar in that they depend on the consideration of 'moments' $\int f(t)t^n \mathrm{d}t$. The following method① depends on a contrast between the asymptotic behaviour of the integrals

$$\int_T^{2T} Z(t)\,\mathrm{d}t, \quad \int_T^{2T} |Z(t)|\,\mathrm{d}t$$

where $Z(t)$ is the function defined in §4.17. If $Z(t)$ were ultimately of one sign, these integrals would be ultimately equal, apart possibly from sign. But we shall see that in fact they behave quite differently.

Consider the integral

$$\int \{\chi(s)\}^{-\frac{1}{2}}\zeta(s)\,\mathrm{d}s$$

where the integrand is the function which reduces to $Z(t)$ on $\sigma = \frac{1}{2}$, taken round the rectangle with sides $\sigma = \frac{1}{2}$, $\sigma = \frac{5}{4}$, $t = T$, $t = 2T$. This integral is zero, by Cauchy's theorem. Now

---

① See Landau, *Vorlesungen*, ii. 78-85.

$$\int_{\frac{1}{2}+iT}^{\frac{1}{2}+2iT} \{\chi(s)\}^{-\frac{1}{2}} \zeta(s) \, \mathrm{d}s = i \int_T^{2T} Z(t) \, \mathrm{d}t$$

Also by (4.14)

$$\{\chi(s)\}^{-\frac{1}{2}} = \left(\frac{t}{2\pi}\right)^{\frac{1}{2}\sigma - \frac{1}{4} + \frac{1}{2}it} e^{-\frac{1}{2}it - \frac{1}{8}i\pi} \left\{1 + O\left(\frac{1}{t}\right)\right\}$$

Hence, by (5.2) and (5.4)

$$\{\chi(s)\}^{-\frac{1}{2}} \zeta(s) = O(t^{\frac{1}{2}\sigma - \frac{1}{4}} \cdot t^{\frac{1}{2} - \frac{1}{2}\sigma + \epsilon}) =$$

$$O(t^{\frac{1}{4}+\epsilon}) \overline{\frac{\frac{1}{2} \leq \sigma \leq 1}{}}$$

$$O(t^{\frac{1}{2}\sigma - \frac{1}{4} + \epsilon}) = O(t^{\frac{3}{8}+\epsilon}), \quad 1 < \sigma \leq \frac{5}{4}$$

The integrals along the sides $t = T$, $t = 2T$ are therefore $O(T^{\frac{3}{8}+\epsilon})$.

The integral along the right-hand side is

$$\int_T^{2T} \left(\frac{t}{2\pi}\right)^{\frac{3}{8} + \frac{1}{2}it} e^{-\frac{1}{2}it - \frac{1}{8}i\pi} \left\{1 + O\left(\frac{1}{t}\right)\right\} \zeta\left(\frac{5}{4} + it\right) \mathrm{i}\mathrm{d}t$$

The contribution of the O-term is

$$\int_T^{2T} O(t^{-\frac{5}{8}}) \, \mathrm{d}t = O(T^{\frac{3}{8}})$$

The other term is a constant multiple of

$$\sum_{n=1}^{\infty} n^{-\frac{5}{4}} \int_T^{2T} \left(\frac{t}{2\pi}\right)^{\frac{3}{8} + \frac{1}{2}it} e^{-\frac{1}{2}it - it\log n} \, \mathrm{d}t$$

Now

$$\frac{\mathrm{d}^2}{\mathrm{d}t^2} \left(\frac{1}{2} t \log \frac{t}{2\pi} - \frac{1}{2} t - t \log n\right) = \frac{1}{2t}$$

Hence, by Lemma 4.5, the integral in the above sum is $O(T^{\frac{7}{8}})$, uniformly with respect to n, so that the whole sum is also $O(T^{\frac{7}{8}})$.

Combining all these results, we obtain

$$\int_T^{2T} Z(t)\,dt = O(T^{\frac{7}{8}}) \qquad (10.10)$$

On the other hand

$$\int_T^{2T} |Z(t)|\,dt = \int_T^{2T} \left|\zeta\left(\frac{1}{2}+it\right)\right|dt \geq$$

$$\left|\int_T^{2T} \zeta\left(\frac{1}{2}+it\right)dt\right|$$

But

$$i\int_T^{2T}\zeta\left(\frac{1}{2}+it\right)dt = \int_{\frac{1}{2}+iT}^{\frac{1}{2}+2iT}\zeta(s)\,ds =$$

$$\int_{\frac{1}{2}+iT}^{2+iT} + \int_{2+iT}^{2+2iT} + \int_{2+2iT}^{\frac{1}{2}+2iT} =$$

$$\left[s - \sum_{n=2}^{\infty}\frac{1}{n^s \log n}\right]_{2+iT}^{2+2iT} +$$

$$\int_{\frac{1}{2}}^{2} O(T^{\frac{1}{2}})\,d\sigma =$$

$$iT + O(T^{\frac{1}{2}})$$

Hence

$$\int_T^{2T} |Z(t)|\,dt > AT \qquad (10.11)$$

Hardy's theorem now follows from (10.10) and (10.11).

Another variant of this method is obtained by starting again form (10.5). Putting $\alpha = \frac{1}{4}\pi - \delta$, we obtain

$$\int_0^{\infty} \frac{\Xi(t)}{t^2 + \frac{1}{4}} \cosh\left\{\left(\frac{1}{4}\pi - \delta\right)t\right\}dt =$$

$$O(1)+O\left\{\sum_{n=1}^{\infty}\exp\left(-n^2\pi i e^{2-i\delta}\right)\right\}=$$

$$O(1)+O\left(\sum_{n=1}^{\infty} e^{-n^2\pi\sin 2\delta}\right)=$$

$$O(1)+O\left(\int_0^{\infty} e^{-x^2\pi\sin 2\delta}dx\right)=O(\delta^{-\frac{1}{2}})$$

as $\delta\to 0$. If, for example, $\Xi(t)>0$ for $t>t_0$, it follows that for $T>t_0$

$$\int_T^{2T}|Z(t)|dt=\left|\int_T^{2T}Z(t)dt\right|<A\int_T^{2T}\frac{\Xi(t)}{t^2+\frac{1}{4}}t^{\frac{1}{4}}e^{\frac{1}{4}\pi t}dt<$$

$$AT^{\frac{1}{4}}\int_T^{2T}\frac{\Xi(t)}{t^2+\frac{1}{4}}e^{\frac{1}{4}\pi t-\frac{1}{2}t/T}dt<$$

$$AT^{\frac{1}{4}}\int_{t_0}^{\infty}\frac{\Xi(t)}{t^2+\frac{1}{4}}\cosh\left\{\left(\frac{1}{4}\pi-\frac{1}{2T}\right)t\right\}dt=$$

$$O(T^{\frac{1}{4}}\cdot T^{\frac{1}{2}})=O(T^{\frac{3}{4}})$$

This is inconsistent with (10.11), so that the theorem again follows.

10.6. Still another method[①] depends on the formula (4.21), viz.

$$Z(t)=2\sum_{n\leqslant x}\frac{\cos(\theta-t\log n)}{\sqrt{n}}+O(t^{-\frac{1}{4}})$$

where $x=\sqrt{(t/2\pi)}$. Hence $\vartheta=\vartheta(t)$ is defined by

$$\chi\left(\frac{1}{2}+it\right)=e^{-2i\vartheta(t)}$$

---

① Titchmarsh (11).

so that

$$\vartheta'(t) = -\frac{1}{2}\frac{\chi'\left(\frac{1}{2}+it\right)}{\chi\left(\frac{1}{2}+it\right)} =$$

$$-\frac{1}{2}\left\{\log \pi - \frac{1}{2}\frac{\Gamma'\left(\frac{1}{4}-\frac{1}{2}it\right)}{\Gamma\left(\frac{1}{4}-\frac{1}{2}it\right)} - \frac{1}{2}\frac{\Gamma'\left(\frac{1}{4}+\frac{1}{2}it\right)}{\Gamma\left(\frac{1}{4}+\frac{1}{2}it\right)}\right\} =$$

$$-\frac{1}{2}\log \pi + \frac{1}{4}\log\left(\frac{1}{16}+\frac{1}{4}t^2\right) -$$

$$\frac{1}{1+4t^2} - \mathbf{R}\int_0^\infty \frac{udu}{\left\{u^2+\left(\frac{1}{4}+\frac{1}{2}it\right)^2\right\}(e^{2\pi u}-1)}$$

and we have

$$\vartheta'(t) = \frac{1}{2}\log t - \frac{1}{2}\log 2\pi + O\left(\frac{1}{t}\right)$$

$$\vartheta(t) \sim \frac{1}{2}t\log t, \vartheta''(t) \sim \frac{1}{2t}$$

The function $\vartheta(t)$ is steadily increasing for $t \geq t_0$. if ν is any positive integer ($\geq \nu_0$), the equation $\vartheta(t) = \nu\pi$ therefore has just one solution, say t_ν, and $t_\nu \sim 2\pi\nu/\log \nu$. Now

$$Z(t_\nu) = 2(-1)^\nu \sum_{n \leq x} \frac{\cos(t_\nu \log n)}{\sqrt{n}} + O(t_\nu^{-\frac{1}{4}})$$

The sum

$$g(t_\nu) = \sum_{n \leq x} \frac{\cos(t_\nu \log n)}{\sqrt{n}} = 1 + \frac{\cos(t_\nu \log 2)}{\sqrt{2}} + \cdots$$

consists of the constant term unity and oscillatory terms; and the formula suggests that $g(t_\nu)$ will usually be posi-

tive, and hence that $Z(t)$ will usually change sign in the interval $(t_\nu, t_{\nu+1})$.

We shall prove

Theorem 10.6. *As* $N \to \infty$

$$\sum_{\nu=\nu_0}^{N} Z(t_{2\nu}) \sim 2N, \quad \sum_{\nu=\nu_0}^{N} Z(t_{2\nu+1}) \sim 2N$$

It follows at once that $Z(t_{2\nu})$ is positive for an infinity of values of ν, and that $Z(t_{2\nu+1})$ is negative for an infinity of values of ν, and the existence of an infinity of real zeros of $Z(t)$, and so of $\Xi(t)$, again follows.

We have

$$\sum_{\nu=M+1}^{N} g(t_{2\nu}) = \sum_{\nu=M+1}^{N} \sum_{n \leq \sqrt{(t_{2\nu}/2\pi)}} \frac{\cos(t_\nu \log n)}{\sqrt{n}} =$$

$$N - M + \sum_{2 \leq n \leq \sqrt{(t_{2\nu}/2\pi)}} \frac{1}{\sqrt{n}} \sum_{\tau \leq t_{2\nu} \leq t_{2N}} \cos(t_{2\nu} \log n)$$

where $\tau = \max(t_{2M+2}, 2\pi n^2)$. The inner sum is of the form

$$\sum \cos\{2\pi \phi(\nu)\}$$

where

$$\phi(\nu) = \frac{t_{2\nu} \log n}{2\pi}$$

We may define t_ν for all $\nu \geq \nu_0$ (not necessarily integral) by $\vartheta(t_\nu) = \nu\pi$. Then

$$\phi'(\nu) = \frac{\log n}{2\pi} \frac{dt_{2\nu}}{d\nu}, \quad \vartheta'(t_{2\nu}) \frac{dt_{2\nu}}{d\nu} = 2\pi$$

so that

$$\phi'(\nu) = \frac{\log n}{\vartheta(t_{2\nu})}$$

Hence $\phi'(\nu)$ is positive and steadily decreasing, and, if

ν is large enough

$$\phi''(\nu) = -2\pi \log n \frac{\vartheta''(t_{2\nu})}{\{\vartheta'(t_\nu)\}^3} \sim \frac{8\pi \log n}{t_{2\nu} \log^3 t_{2\nu}} < -A \frac{\log n}{t_{2N} \log^3 t_{2N}}$$

Hence, by Theorem 5.9

$$\sum_{\tau \leq t_{2\nu} \leq t_{2N}} \cos(t_{2\nu} \log n) = O\left(t_{2N} \frac{\log^{\frac{1}{2}} n}{t_{2N}^{\frac{1}{2}} \log^{\frac{3}{2}} t_{2N}}\right) + O\left(\frac{t_{2N}^{\frac{1}{2}} \log^{\frac{3}{2}} t_{2N}}{\log^{\frac{1}{2}} n}\right) = O(t_{2N}^{\frac{1}{2}} \log^{\frac{3}{2}} t_{2N})$$

Hence

$$\sum_{2 \leq n \leq \sqrt{(t_{2N}/2\pi)}} \frac{1}{\sqrt{n}} \sum_{\tau \leq t_{2\nu} \leq t_{2N}} \cos(t_{2\nu} \log n) = O(t_{2N}^{\frac{3}{4}} \log^{\frac{3}{2}} t_{2N}) = O(N^{\frac{3}{4}} \log^{\frac{3}{4}} N)$$

Hence

$$\sum_{\nu=M+1}^{N} Z(t_{2\nu}) = 2N + O(N^{\frac{3}{4}} \log^{\frac{3}{4}} N)$$

and a similar argument applies to the other sum.

10.7. We denote by $N_0(T)$ the number of zeros of $\zeta(s)$ of the form $\frac{1}{2} + it$ ($0 < t \leq T$). The theorem already proved shows that $N_0(T)$ tends to infinity with T. We can, however, prove much more than this.

Theorem 10.7.① $N_0(T) > AT$.

Any of the above proofs can be put in a more precise form so as to give results in this direction. The most successful method is similar in principle to that of §10.5, but is more elaborate. We contrast the behaviour of the

---

① Hardy and Littlewood (3).

第二部分　中外名家论 Riemann 函数与 Riemann 猜想

integrals

$$I = \int_t^{t+h} \Xi(u) \frac{e^{\frac{1}{4}\pi u}}{u^2 + \frac{1}{4}} e^{-u/T} du$$

$$J = \int_t^{t+h} |\Xi(u)| \frac{e^{\frac{1}{4}\pi u}}{u^2 + \frac{1}{4}} e^{-u/T} du$$

where $T \leqslant t \leqslant 2T$ and $T \to \infty$.

We use the theory of Fourier transforms. Let $F(u)$, $f(y)$ be functions related by the Fourier formulae

$$F(u) = \frac{1}{\sqrt{(2\pi)}} \int_{-\infty}^{\infty} f(y) e^{iyu} dy$$

$$f(y) = \frac{1}{\sqrt{(2\pi)}} \int_{-\infty}^{\infty} F(u) e^{-iyu} du$$

Iterating over $(t, t+H)$, we obtain

$$\int_t^{t+h} F(u) du = \frac{1}{\sqrt{(2\pi)}} \int_{-\infty}^{\infty} f(y) \frac{e^{iyH}-1}{iy} e^{iyt} dy$$

so that

$$\int_t^{t+h} F(u) du, f(y) \frac{e^{iyH}-1}{iy}$$

are Fourier transforms. Hence the Parseval formula gives

$$\int_{-\infty}^{\infty} \left| \int_t^{t+h} F(u) du \right|^2 dt = \int_{-\infty}^{\infty} |f(y)|^2 \frac{4\sin^2 \frac{1}{2}Hy}{y^2} dy$$

If $F(u)$ is real, $|f(y)|$ is even, and we have

$$\int_{-\infty}^{\infty} \left| \int_t^{t+h} F(u) du \right|^2 dt = 2\int_0^{\infty} |f(y)|^2 \frac{4\sin^2 \frac{1}{2}Hy}{y^2} dy \leqslant$$

$$2H^2 \int_0^{1/H} |f(y)|^2 dy +$$

$$8\int_{1/H}^{\infty}\frac{|f(y)|^2}{y^2}dy \quad (10.12)$$

Now (2.68) may be written

$$\frac{1}{2\pi}\int_{-\infty}^{\infty}\frac{\Xi(t)}{t^2+\frac{1}{4}}e^{i\xi t}dt = \frac{1}{2}e^{\frac{1}{2}\xi}-e^{-\frac{1}{2}\xi}\psi(e^{-2\xi})$$

Putting $\xi = -i\left(\frac{1}{4}\pi-\frac{1}{2}\delta\right)-y$, it is seen that we may take

$$F(t) = \frac{1}{\sqrt{(2\pi)}}\frac{\Xi(t)}{t^2+\frac{1}{4}}e^{(\frac{1}{4}\pi-\frac{1}{2}\delta)t}$$

$$f(y)=\frac{1}{2}e^{-\frac{1}{2}i(\frac{1}{2}\pi-\frac{1}{2}\delta)-\frac{1}{2}y}-e^{\frac{1}{2}i(\frac{1}{4}\pi-\frac{1}{2}\delta)+\frac{1}{2}y}\psi(e^{i(\frac{1}{2}\pi-\delta)+2y})$$

Let $H \geqslant 1$. The contribution of the first term in $f(y)$ to (10.12) is clearly $O(H)$. Putting $y = \log x$, $G = e^{1/H}$, we therefore obtain

$$\int_{-\infty}^{\infty}\left|\int_{t}^{t+h}F(u)du\right|^2 dt =$$

$$O\left\{H^2\int_{1}^{G}|\psi(e^{i(\frac{1}{2}\pi-\delta)}x^2)|^2 dx\right\} +$$

$$O\left\{\int_{G}^{\infty}|\psi(e^{i(\frac{1}{2}\pi-\delta)}x^2)|^2\frac{dx}{\log^2 x}\right\} +$$

$$O(H) \quad (10.13)$$

Now

$$|\psi(e^{i(\frac{1}{2}\pi-\delta)}x^2)|^2 = \left|\sum_{n=1}^{\infty}e^{-n^2\pi x^2(\sin\delta+i\cos\delta)}\right|^2 =$$

$$\sum_{n=1}^{\infty}e^{-2n^2\pi x^2\sin\delta} +$$

$$\sum_{m\neq n}\sum e^{-(m^2+n^2)\pi x^2\sin\delta+i(m^2-n^2)\pi x^2\cos\delta}$$

As in §10.5, the first sum is $O(x^{-1}\delta^{-\frac{1}{2}})$, and its contribution to (10.13) is therefore

$$O\left(H^2\int_1^G x^{-1}\delta^{-\frac{1}{2}}dx\right) + O\left(\int_G^\infty \frac{\delta^{-\frac{1}{2}}dx}{x\log^2 x}\right) =$$

$$O\{H^2(G-1)\delta^{-\frac{1}{2}}\} + O(\delta^{-\frac{1}{2}}/\log G) =$$

$$O(H\delta^{-\frac{1}{2}})$$

The sum with $m \neq n$ contributes to the second term in (10.13) terms of the form

$$\int_G^\infty e^{-(m^2+n^2)\pi x^2\sin\delta + i(m^2-n^2)\pi x^2\cos\delta}\frac{dx}{\log^2 x} = O\left\{\frac{e^{-(m^2+n^2)\pi G^2\sin\delta}}{|m^2-n^2|G\log^2 G}\right\} =$$

$$O\left(\frac{H^2 e^{-(m^2+n^2)\pi\sin\delta}}{|m^2-n^2|}\right)$$

by Lemma 4.3. Hence the sum is

$$O\left(H^2\sum_{m=2}^\infty\sum_{n=1}^{m-1}\frac{e^{-(m^2+n^2)\pi\sin\delta}}{m^2-n^2}\right) =$$

$$O\left(H^2\sum_{m=2}^\infty\frac{e^{-m^2\pi\sin\delta}}{m}\sum_{n=1}^{m-1}\frac{1}{m-n}\right) =$$

$$O\left(H^2\sum_{m=2}^\infty\frac{\log m}{m}e^{-m^2\pi\sin\delta}\right) =$$

$$O\left\{H^2\left(\sum_{m\leq 1/\delta}\frac{\log m}{m} + \sum_{m>1/\delta}e^{-m^2\pi\sin\delta}\right)\right\} =$$

$$O\left(H^2\log^2\frac{1}{\delta}\right) = O(H\delta^{-\frac{1}{2}})$$

for $\delta < \delta_0(H)$. The first integral in (10.13) may be dealt with in the same way. Hence

$$\int_{-\infty}^\infty\left|\int_t^{t+h}F(u)du\right|^2 dt = O(H\delta^{-\frac{1}{2}})$$

Taking $\delta = 1/T$ and $T > T_0(H)$, it follows that

$$\int_T^{2T}|I|^2 dt = O(HT^{\frac{1}{2}}) \qquad (10.14)$$

10.8. We next prove that

$$J > (AH + \Psi) T^{-\frac{1}{4}} \quad (10.15)$$

where

$$\int_T^{2T} |\Psi|^2 dt = O(T), \quad 0 < H < T \quad (10.16)$$

We have, if $s = \frac{1}{2} + it$, $T \leq t \leq 2T$

$$T^{\frac{1}{4}} |\Xi(t)| \frac{e^{\frac{1}{4}\pi t}}{t^2 + \frac{1}{4}} > A \left| \zeta\left(\frac{1}{2} + it\right) \right|$$

Hence

$$T^{\frac{1}{4}} J > A \int_t^{t+h} \left| \zeta\left(\frac{1}{2} + it\right) \right| du >$$

$$A \left| \int_t^{t+h} \zeta\left(\frac{1}{2} + iu\right) du \right| =$$

$$A \left| \int_t^{t+h} \left\{ \sum_{n < AT} \frac{1}{n^{\frac{1}{2} + iu}} + O(T^{-\frac{1}{2}}) \right\} du \right| =$$

$$AH + O\left\{ \left| \int_t^{t+h} \sum_{2 \leq n < AT} \frac{1}{n^{\frac{1}{2} + iu}} du \right| \right\} + O(HT^{-\frac{1}{2}}) =$$

$$AH + O\left\{ \left| \sum_{2 \leq n < AT} \left(\frac{1}{n^{\frac{1}{2} + i(t+H)} \log n} - \frac{1}{n^{\frac{1}{2} + it} \log n} \right) \right| \right\} +$$

$$O(HT^{-\frac{1}{2}})$$

It is now sufficient to prove that

$$\int_T^{2T} \left(\sum_{2 \leq n < AT} \frac{1}{n^{\frac{1}{2} + it} \log n} \right)^2 dt = O(T)$$

and the calculations are similar to those of §7.3, but with an extra factor log $m$log n in the denominator.

To prove Theorem 10.7, let S be the sub-set of the interval $(T, 2T)$ where $I = J$. Then

第二部分　中外名家论 Riemann 函数与 Riemann 猜想

$$\int_S |I|\,\mathrm{d}t = \int_S J\mathrm{d}t$$

Now

$$\int_S |I|\,\mathrm{d}t \leq \int_T^{2T} |I|\,\mathrm{d}t \leq \left(T\int_T^{2T} |I|^2 \mathrm{d}t\right)^{\frac{1}{2}} < AH^{\frac{1}{2}}T^{\frac{3}{4}}$$

by (10.14); and by (10.15) and (10.16)

$$\int_S J\mathrm{d}t > T^{-\frac{1}{4}} \int_S (AH + \Psi)\,\mathrm{d}t >$$

$$AT^{-\frac{1}{4}}Hm(S) - T^{-\frac{1}{4}}\int_T^{2T} |\Psi|\,\mathrm{d}t >$$

$$AT^{-\frac{1}{4}}Hm(S) - T^{-\frac{1}{4}}\left(T\int_T^{2T} |\Psi|^2 \mathrm{d}t\right)^{\frac{1}{2}} >$$

$$AT^{-\frac{1}{4}}Hm(S) - AT^{\frac{3}{4}}$$

where $m(S)$ is the measure of S. Hence, for $H \geq 1$ and $T > T_0(H)$

$$m(S) < ATH^{-\frac{1}{2}}$$

Now divide the interval $(T, 2T)$ into $[T/2H]$ pairs of abutting intervals j_1, j_2, each, except the last j_2, of length H, and each j_2 lying to the right of the corresponding j_1. Then either j_1 or j_2 contains a zero of $\Xi(t)$ unless j_1 consists entirely of points of S. Suppose that the latter occurs for ν j_1's. Then

$$\nu H \leq m(S) < ATH^{-\frac{1}{2}}$$

Hence there are, in $(T, 2T)$, at least

$$[T/2H] - \nu > \frac{T}{H}\left(\frac{1}{3} - \frac{A}{\sqrt{H}}\right) > \frac{T}{4H}$$

zeros if H is large enough. This proves the theorem.

10.9. For many years the above theorem of Hardy and Littlewood, that $N_0(T) > AT$, was the best that was known in this direction. Recently it has been proved by A. Selberg (2) that $N_0 T > AT\log T$. This is a remarkable improvement, since it shows that a finite proportion of the zeros of $\zeta(s)$ lie on the critical line. On the Riemann hypothesis, of course

$$N_0(T) = N(T) \sim \frac{1}{2\pi} T\log T$$

The numerical value of the constant A in Selberg's theorem is very small. ①

The essential idea of Selberg's proof is to modify the series for $\zeta(s)$ by multiplying it by the square of a partial sum of the series for $\{\zeta(s)\}^{-\frac{1}{2}}$. To this extent, it is similar to the proofs given in Chapter IX of theorems about the general distribution of the zeros.

We define α_ν by

$$\frac{1}{\sqrt{\zeta(s)}} = \sum_{\nu=1}^{\infty} \frac{a_\nu}{\nu^s}, \sigma > 1, \alpha_1 = 1$$

It is seen from the Euler product that $\alpha_\mu \alpha_\nu = \alpha_{\mu\nu}$ if $(\mu,\nu) = 1$. Since the series for $(1-z)^{\frac{1}{2}}$ is majorized by that for $(1-z)^{-\frac{1}{2}}$, we see that, if

$$\sqrt{\zeta(s)} = \sum_{\nu=1}^{\infty} \frac{a'_\nu}{\nu^s} \alpha'_1 = 1$$

then $|\alpha_\nu| \leqslant \alpha'_\nu \leqslant 1$.

Let

$$\beta_\nu = \alpha_\nu \left(1 - \frac{\log \nu}{\log X}\right), 1 \leqslant \nu < X$$

---

① It was calculated in an Oxford dissertation by S. H. Min.

Then
$$|\beta_\nu| \leq 1$$
All sums involving β_ν run over $[1, X]$ (or we may suppose $\beta_\nu = 0$ for $\nu \geq X$). Let
$$\phi(s) = \sum \frac{\beta_\nu}{\nu^s}$$

10.10. Let[①]
$$\Phi(z) = \frac{1}{4\pi i} \int_{c-i\infty}^{c+i\infty} \Gamma\left(\frac{1}{2}s\right) \pi^{-\frac{1}{2}s} \zeta(s) \phi(s) \phi(1-s) z^s ds$$

where $c > 1$. Moving the line of integration to $\sigma = \frac{1}{2}$, and evaluating the residue at $s = 1$, we obtain

$$\Phi(z) = \frac{1}{2} z \phi(1) \phi(0) + \frac{1}{4\pi i} \int_{c-i\infty}^{c+i\infty} \Gamma\left(\frac{1}{2}s\right) \pi^{-\frac{1}{2}s} \zeta(s) \phi(s) \cdot \phi(1-s) z^s ds =$$

$$\frac{1}{2} z \phi(1) \phi(0) - \frac{z^{\frac{1}{2}}}{2\pi} \int_{-\infty}^{\infty} \frac{\Xi(t)}{t^2 + \frac{1}{2}} \left|\phi\left(\frac{1}{2} + it\right)\right|^2 z^{it} dt$$

On the other hand
$$\Phi(z) = \frac{1}{4\pi i} \sum_{n=1}^{\infty} \sum_{\mu} \sum_{\nu} \beta_\mu \beta_\nu \int_{c-i\infty}^{c+i\infty} \Gamma\left(\frac{1}{2}s\right) \pi^{-\frac{1}{2}s} \frac{z^s}{n^s \mu^s \nu^{1-s}} ds =$$

$$\sum_{n=1}^{\infty} \sum_{\mu} \sum_{\nu} \frac{\beta_\mu \beta_\nu}{\nu} \exp\left(-\frac{\pi n^2 \mu^2}{z^2 \nu^2}\right)$$

Putting $z = e^{-i\left(\frac{1}{4}\pi - \frac{1}{2}\delta\right)-y}$, it follows that the functions

$$F(t) = \frac{1}{\sqrt{(2\pi)}} \frac{\Xi(t)}{t^2 + \frac{1}{4}} \left|\phi\left(\frac{1}{2} + it\right)\right|^2 e^{\left(\frac{1}{4}\pi - \frac{1}{2}\delta\right)t}$$

[①] Titchmarsh (26).

$$f(y) = \frac{1}{2}z^{\frac{1}{2}}\phi(1)\phi(0) - z^{-\frac{1}{2}}\sum_{n=1}^{\infty}\sum_{\mu}\sum_{\nu}\frac{\beta_{\mu}\beta_{\nu}}{\nu} \cdot$$
$$\exp\left(-\frac{\pi n^2\mu^2}{z^2\nu^2}\right)$$

are Fourier transforms. Hence, as in § 10.7

$$\int_{-\infty}^{\infty}\left\{\int_{t}^{t+h}F(u)\,du\right\}^2 dt \leq 2h^2\int_{0}^{1/h}|f(y)|^2 dy +$$
$$8\int_{1/h}^{\infty}|f(y)|^2 y^{-2} dy$$

(10.17)

where $h \leq 1$ is to be chosen later.

Putting $y = \log x$, $G = e^{\frac{1}{h}}$, the first integral on the right is equal to

$$\int_{1}^{G}\left|\frac{e^{-i(\frac{1}{2}\pi - \frac{1}{2}\delta)}}{2x}\phi(1)\phi(0) - \right.$$
$$\left.\sum_{n=1}^{\infty}\sum_{\mu}\sum_{\nu}\frac{\beta_{\mu}\beta_{\nu}}{\nu}\exp\left(-\frac{\pi n^2\mu^2}{\nu^2}e^{i(\frac{1}{2}\pi - \delta)}x^2\right)\right|^2 dx$$

Calling the triple sum $g(x)$, this is not greater than

$$2\int_{1}^{G}\frac{|\phi(1)\phi(0)|^2}{4x^2}dx + 2\int_{1}^{G}|g(x)|^2 dx <$$
$$\frac{1}{2}|\phi(1)\phi(0)|^2 + 2\int_{1}^{G}|g(x)|^2 dx$$

Similarly the second integral in (10.17) does not exceed

$$\frac{|\phi(1)\phi(0)|^2}{2G\log^2 G} + 2\int_{G}^{\infty}\frac{|g(x)|^2}{\log^2 x}dx$$

10.11. We have to obtain upper bounds for these integrals as $\delta \to 0$, but it is more convenient to consider directly the integral

$$J(x,\theta) = \int_{x}^{\infty}|g(u)|^2 u^{-\theta} du, 0 < \theta \leq \frac{1}{2}, x \geq 1$$

This is equal to

$$\sum_{m=1}^{\infty}\sum_{n=1}^{\infty}\sum_{\kappa\lambda\mu\nu}\frac{\beta_\kappa\beta_\lambda\beta_\mu\beta_\nu}{\lambda\nu}\int_x^{\infty}\exp\left\{-\pi\left(\frac{m^2\kappa^2}{\lambda^2}+\frac{n^2\mu^2}{\nu^2}\right)u^2\sin\delta+\right.$$

$$\left.i\pi\left(\frac{m^2\kappa^2}{\lambda^2}-\frac{n^2\mu^2}{\nu^2}\right)u^2\cos\delta\right\}\frac{du}{u^\theta}$$

Let $\sum_1$ denote the sum of those terms in which $m\kappa/\lambda = n\mu/\nu$, and $\sum_2$ the remainder. Let $(\kappa\nu, \lambda\mu) = q$, so that

$$\kappa\nu = aq, \lambda\mu = bq, (a,b) = 1$$

Then, in $\sum_1$, $ma = nb$, so that $n = ra$, $m = rb$ ($r = 1, 2, \cdots$). Hence

$$\sum_1 = \sum_{\kappa\lambda\mu\nu}\frac{\beta_\kappa\beta_\lambda\beta_\mu\beta_\nu}{\lambda\nu}\sum_{r=1}^{\infty}\int_x^{\infty}\exp\left(-2\pi\frac{r^2\kappa^2\mu^2}{q^2}u^2\sin\delta\right)\frac{du}{u^\theta}$$

Now

$$\sum_{r=1}^{\infty}\int_x^{\infty}e^{-r^2u^2\eta}\frac{du}{u^\theta}=\eta^{\frac{1}{2}\theta-\frac{1}{2}}\sum_{r=1}^{\infty}\frac{1}{r^{1-\theta}}\int_{xr\sqrt{\eta}}^{\infty}e^{-y^2}\frac{dy}{y^\theta}=$$

$$\eta^{\frac{1}{2}\theta-\frac{1}{2}}\int_{x\sqrt{\eta}}^{\infty}\frac{e^{-y^2}}{y^\theta}\left(\sum_{r\leqslant y/(x\sqrt{\eta})}\frac{1}{r^{1-\theta}}\right)dy$$

The last r-sum is of the form

$$\frac{1}{\theta}\left(\frac{y}{x\sqrt{\eta}}\right)^\theta-\frac{1}{\theta}+K(\theta)+O\left\{\left(\frac{y}{x\sqrt{\eta}}\right)^{\theta-1}\right\}$$

where $K(\theta)$, and later $K_1(\theta)$, are bounded functions of θ. Hence we obtain

$$\frac{1}{\theta x^\theta \eta^{\frac{1}{2}}}\left\{\int_0^{\infty}e^{-y^2}dy+O(x\sqrt{\eta})\right\}-$$

$$\frac{\eta^{\frac{1}{2}\theta-\frac{1}{2}}}{\theta}\left[\int_0^{\infty}e^{-y^2}y^{-\theta}dy+O\{x\sqrt{\eta}\}^{1-\theta}\right]+$$

$$\eta^{\frac{1}{2}\theta-\frac{1}{2}}K(\theta)\left[\int_0^{\infty}e^{-y^2}y^{-\theta}dy+O(x\sqrt{\eta})^{1-\theta}\right]+$$

$$O\{x^{1-\theta}\log(2+\eta^{-1})\} =$$

$$\frac{\sqrt{\pi}}{2\theta x^\theta \eta^{\frac{1}{2}}} + \frac{K_1(\theta)\eta^{\frac{1}{2}\theta-\frac{1}{2}}}{\theta} + O\left\{\frac{x^{1-\theta}}{\theta}\log(2+\eta^{-1})\right\}$$

Putting $\eta = 2\pi\kappa^2\mu^2 q^{-2}\sin\delta$, it follows that

$$\sum_1 = \frac{S(0)}{2(2\sin\delta)^{\frac{1}{2}}\theta x^\theta} + \frac{K_1(\theta)}{\theta}(2\pi\sin\delta)^{\frac{1}{2}\theta-\frac{1}{2}}S(\theta) +$$

$$O\left\{\frac{x^{1-\theta}\log(2+\eta^{-1})}{\theta}\sum_{\kappa\lambda\mu\nu}\frac{|\beta_\kappa\beta_\lambda\beta_\mu\beta_\nu|}{\lambda\nu}\right\}$$

(10.18)

where

$$S(\theta) = \sum_{\kappa\lambda\mu\nu}\left(\frac{q}{\kappa\mu}\right)^{1-\theta}\frac{\beta_\kappa\beta_\lambda\beta_\mu\beta_\nu}{\lambda\nu}$$

Defining $\phi_a(n)$ as in §9.24, we have

$$q^{1-\theta} = \sum_{\rho|q}\phi_{-\theta}(\rho) = \sum_{\rho|\kappa\nu,\rho|\lambda\mu}\phi_{-\theta}(\rho)$$

Hence

$$S(\theta) = \sum_{\rho<X^2}\phi_{-\theta}\rho\left(\sum_{\rho|\kappa\nu}\frac{\beta_\kappa\beta_\nu}{\kappa^{1-\theta}\nu}\right)^2$$

Let d and d_1 denote positive integers whose prime factors divide ρ. Let $\kappa = d\kappa'$, $\nu = d_1\nu'$, where $(\kappa',\rho) = 1$, $(\nu',\rho) = 1$. Then

$$\sum_{\rho|\kappa\nu}\frac{\beta_\kappa\beta_\nu}{\kappa^{1-\theta}\nu} = \sum_{\rho|dd_1}\frac{1}{d^{1-\theta}d_1}\sum_{\kappa'}\frac{\beta_{d\kappa'}}{\kappa'^{1-\theta}}\sum_{\nu'}\frac{\beta_{d_1\nu'}}{\nu'}$$

Now, for $(\kappa',\rho) = 1$, $\beta_{d\kappa'} = \frac{\alpha_d\alpha_{\kappa'}}{\log X}\log\frac{X}{d\kappa'}$.

Hence the above sum is equal to

$$\frac{1}{\log^2 X}\sum_{\rho|dd_1}\frac{\alpha_d\alpha_{d_1}}{d^{1-\theta}d_1}\sum_{\kappa'\leq X/d}\frac{\alpha_{\kappa'}}{\kappa'^{1-\theta}}\log\frac{X}{d\kappa'}\sum_{\nu'\leq X/d_1}\frac{\alpha_{\nu'}}{\nu'}\log\frac{V}{d_1\nu'}$$

10.12. Lemma 10.12. *We have*

$$\sum_{\kappa' \leqslant X/d} \frac{\alpha_{\kappa'}}{\kappa'^{1-\theta}} \log \frac{X}{d\kappa'} = O\left\{ \left(\frac{X}{d}\right)^\theta \log^{\frac{1}{2}} \frac{X}{d} \prod_{p|p} \left(1 + \frac{1}{p}\right)^{\frac{1}{2}} \right\} \quad (10.19)$$

uniformly with respect to θ.

We may suppose that $X \geqslant 2d$, since otherwise the lemma is trivial. Now

$$\frac{1}{2\pi i} \int_{1-i\infty}^{1+i\infty} \frac{x^s}{s^2} dx = 0, 0 < x \leqslant 1, \log x, x > 1$$

Also

$$\sum_{(\kappa',\rho)=1} \frac{\alpha_{\kappa'}}{\kappa'^{1+\theta+s}} = \prod_{(p,\rho)=1} \left(1 - \frac{1}{p^{1-\theta+s}}\right)^{\frac{1}{2}} =$$

$$\sum_{p|\rho} \left(1 - \frac{1}{p^{1-\theta+s}}\right)^{-\frac{1}{2}} \frac{1}{\sqrt{\zeta(1-\theta+s)}}$$

Hence the left-hand side of (10.19) is equal to

$$\frac{1}{2\pi i} \int_{1-i\infty}^{1+i\infty} \frac{1}{s^2} \left(\frac{X}{d}\right)^2 \prod_{p|p=1} \left(1 - \frac{1}{p^{1-\theta+s}}\right)^{-\frac{1}{2}} \frac{ds}{\sqrt{\zeta(1-\theta+s)}} \quad (10.20)$$

There are singularities at $s = 0$ and $s = \theta$. If $\theta \geqslant \{\log(X/d)\}^{-1}$, we can take the line of integration through $s = \theta$, the integral round a small indentation tending to zero. Now

$$\left|\frac{1}{\zeta(1+it)}\right| < A |t|$$

for all t (large or small). Also

$$\prod_{p|\rho} \left(1 - \frac{1}{p^{1-\theta+s}}\right)^{-1} = O\left\{ \left|\prod_{p|\rho} \left(1 + \frac{1}{p^{1-\theta+s}}\right)\right| \right\} =$$

$$O\left\{\prod_{p\mid\rho}\left(1+\frac{1}{p}\right)\right\}$$

Hence (10.20) is

$$O\left\{\left(\frac{X}{d}\right)^{\theta}\prod_{p\mid\rho}\left(1+\frac{1}{p}\right)^{\frac{1}{2}}\int_{-\infty}^{\infty}\frac{|t|^{\frac{1}{2}}dt}{\theta^2+t^2}\right\}=$$

$$O\left\{\left(\frac{X}{d}\right)^{\theta}\prod_{p\mid\rho}\left(1+\frac{1}{p}\right)^{\frac{1}{2}}\frac{1}{\theta^{\frac{1}{2}}}\right\}$$

and the result stated follows.

If $\theta < \{\log(\frac{X}{d})\}^{-1}$, we take the same contour as before modified by a detour round the right-hand side of the circle $|s|=2\{\log(X/d)\}^{-1}$. On this circle

$$\left(\frac{X}{d}\right)^s \leqslant e^2$$

the p-product goes as before, and

$$|\zeta(1-\theta+s)| > A\log\left(\frac{X}{d}\right)$$

Hence the integral round the circle is

$$O\left\{\log^{-\frac{1}{2}}\frac{X}{d}\prod_{p\mid\rho}\left(1+\frac{1}{p}\right)^{\frac{1}{2}}\int\left|\frac{ds}{s^2}\right|\right\}=$$

$$O\left\{\log^{-\frac{1}{2}}\frac{X}{d}\prod_{p\mid\rho}\left(1+\frac{1}{p}\right)^{\frac{1}{2}}\right\}$$

The integral along the part of the line $\sigma=\theta$ above the circle is

$$O\left\{\left(\frac{X}{d}\right)^{\theta}\prod_{p\mid\rho}\left(1+\frac{1}{p}\right)^{\frac{1}{2}}\int_{A\log(X/d)^{-1}}^{\infty}\frac{dt}{t^{\frac{3}{2}}}\right\}=$$

$$O\left\{\left(\frac{X}{d}\right)^{\theta}\log^{\frac{1}{2}}\frac{X}{d}\prod_{p\mid\rho}\left(1+\frac{1}{p}\right)^{\frac{1}{2}}\right\}$$

The lemma is thus proved in all cases.

10.13. Lemma 10.13.

$$\sum_{\rho \mid dd_1} \frac{|\alpha_d \alpha_{d_1}|}{dd_1} = O\left\{\frac{1}{\rho} \prod_{p \mid \rho} \left(1 + \frac{1}{p}\right)\right\}$$

Defining α'_d as in §10.9, we have

$$\sum_{\rho \mid dd_1} \frac{|\alpha_d \alpha_{d_1}|}{dd_1} \leq \sum_{\rho \mid dd_1} \frac{|\alpha'_d \alpha'_{d_1}|}{dd_1} = \sum_{\rho \mid D} \frac{1}{D}$$

where D is a number of the same class as d or

$$d_1 = \frac{1}{\rho} \prod_{p \mid \rho} \left(1 - \frac{1}{p}\right)^{-1} = O\left\{\frac{1}{\rho} \prod_{p \mid \rho} \left(1 + \frac{1}{p}\right)\right\}$$

10.14. Lemma 10.14.

$$S(\theta) = O\left(\frac{1}{\log X}\right)$$

uniformly with respect to θ, In particular

$$S(0) = O\left(\frac{1}{\log X}\right)$$

By the formulae of §10.11, and the above lemmas

$$\sum_{\rho \mid \kappa \nu} \frac{\beta_\kappa \beta_\nu}{\kappa^{1-\theta} \nu} = O\left\{\frac{1}{\log^2 X} \sum_{\rho \mid dd_1} \frac{|\alpha_d \alpha_{d_1}|}{d^{1-\theta} d_1} \left(\frac{X}{d}\right)^\theta \cdot \log^{\frac{1}{2}} \frac{X}{d} \log^{\frac{1}{2}} \frac{X}{d_1} \prod_{p \mid \rho} \left(1 + \frac{1}{p}\right)\right\} =$$

$$O\left\{\frac{X^\theta}{\log X} \prod_{p \mid \rho} \left(1 + \frac{1}{p}\right) \sum_{\rho \mid dd_1} \frac{|\alpha_d \alpha_{d_1}|}{dd_1}\right\} =$$

$$O\left\{\frac{X^\theta}{\rho \log X} \prod_{p \mid \rho} \left(1 + \frac{1}{p}\right)^2\right\}$$

Hence

$$S(\theta) = O\left\{\frac{X^{2\theta}}{\log^2 X} \sum_{\rho \leq X^2} \frac{\phi_{-\theta}(\rho)}{\rho^2} \prod_{p \mid \rho} \left(1 + \frac{1}{p}\right)^4\right\} =$$

$$O\left\{\frac{X^{2\theta}}{\log^2 X}\sum_{\rho\leqslant X^2}\frac{1}{\rho^{1+\theta}}\prod_{p|\rho}\left(1+\frac{1}{p}\right)^4\right\}=$$

$$O\left\{\frac{X^{2\theta}}{\log^2 X}\sum_{\rho\leqslant X^2}\frac{1}{\rho^{1+\theta}}\prod_{n|\rho}\frac{1}{n^{\frac{1}{2}}}\right\}$$

since

$$\prod_{p|\rho}\left(1+\frac{1}{p}\right)^4=O\left\{\prod_{p|\rho}\left(1+\frac{4}{p}\right)\right\}=O\left\{\prod_{p|\rho}\left(1+\frac{1}{p^{\frac{1}{2}}}\right)\right\}=$$

$$O\left(\prod_{n|\rho}\frac{1}{n^{\frac{1}{2}}}\right)$$

Hence

$$S(\theta)=O\left\{\frac{X^{2\theta}}{\log^2 X}\sum_{n\leqslant X^2}\sum_{\rho_1\leqslant X^2/n}\frac{1}{(n\rho_1)^{1+\theta}n^{\frac{1}{2}}}\right\}=$$

$$O\left\{\frac{X^{2\theta}}{\log^2 X}\sum_{n=1}^{\infty}\frac{1}{n^{\frac{3}{2}+\theta}}\sum_{\rho_1\leqslant X^2/n}\frac{1}{\rho_1^{1+\theta}}\right\}=$$

$$O\left\{\frac{X^{2\theta}}{\log^2 X}\sum_{n=1}^{\infty}\frac{1}{n^{\frac{3}{2}}}\sum_{\rho_1\leqslant X^2}\frac{1}{\rho_1}\right\}=$$

$$O\left(\frac{X^{2\theta}}{\log^2 X}\right)$$

10.15. Estimation of $\sum_1$. From (10.18), Lemma 10.14, and the inequality $|\beta_\nu|\leqslant 1$, we obtain

$$\sum_1=O\left(\frac{1}{\delta^{\frac{1}{2}}\theta x^\theta\log X}\right)+O\left\{\frac{(\delta^{\frac{1}{2}}xX^2)^\theta}{\delta^{\frac{1}{2}}\theta x^\theta\log X}\right\}+$$

$$O\left\{\frac{x^{1-\theta}\log(X/\delta)}{\theta}X^2\log^2 X\right\}$$

We shall ultimately take $X=\delta^{-c}$ and $h=(a\log X)^{-1}$, where a and c are suitable positive constants. Then $G=X^a=\delta^{-ac}$. If $x\leqslant G$, the last two terms can be omitted in comparison with the first if $GX^2 = O(\delta - \frac{1}{4})$, i. e. if $(a+2)c \leqslant \frac{1}{4}$. We then have

$$\sum\nolimits_1 = O\left(\frac{1}{\delta^{\frac{1}{2}}\theta x^\theta \log X}\right) \qquad (10.21)$$

10.16. Estimation of $\sum_2$. If P and Q are positive, and $x \geqslant 1$

$$\int_x^\infty e^{-Pu^2+iQu^2}\frac{du}{u^\theta} = \frac{1}{2}\int_{x^2}^\infty \frac{e^{-Pv}}{v^{\frac{1}{2}+\theta+\frac{1}{2}}}e^{iQv}dv = O\left(\frac{e^{-P}}{x^\theta Q}\right)$$

e. g. by applying the second mean-value theorem to the real and imaginary parts. Hence

$$\sum\nolimits_2 = O\left[\frac{1}{x^\theta}\sum_{\kappa\lambda\mu\nu}\frac{1}{\lambda\nu}\sum_{mn}{}'\left|\frac{m^2\kappa^2}{\lambda^2}-\frac{n^2\mu^2}{\nu^2}\right|^{-1}\cdot\right.$$
$$\left.\exp\left\{-\pi\left(\frac{m^2\kappa^2}{\lambda^2}+\frac{n^2\mu^2}{\nu^2}\right)\sin\delta\right\}\right]$$

The terms with $mk/\lambda > n\mu/\nu$ contribute to the m, n sum

$$O\left\{\sum_{m=1}^\infty e^{-\pi m^2\kappa^2\lambda^{-2}\sin\delta}\sum_{n<m\kappa\nu/\lambda\mu}\left(\frac{m^2\kappa^2}{\lambda^2}-\frac{n^2\mu^2}{\nu^2}\right)^{-1}\right\}$$

Now

$$\frac{m^2\kappa^2}{\lambda^2}-\frac{n^2\mu^2}{\nu^2} \geqslant \frac{m\kappa}{\lambda}\left(\frac{m\kappa}{\lambda}-\frac{n\mu}{\nu}\right) = \frac{m\kappa(m\kappa\nu-n\lambda\mu)}{\lambda^2\nu}$$

and

$$\sum_n \frac{1}{m\kappa\nu - n\lambda\mu} \leqslant 1+\frac{1}{\lambda\mu}+\frac{1}{2\lambda\mu}+\cdots = 1+O\left(\frac{\log mX}{\lambda\mu}\right)$$

Hence the m, n sum is

$$O\left\{\frac{\lambda^2\nu}{\kappa}\sum_{m=1}^\infty\left(\frac{1}{m}+\frac{\log(mX)}{m\lambda\mu}\right)e^{-\pi m^2\kappa^2\lambda^{-2}\sin\delta}\right\} =$$

$$O\left\{\frac{\lambda^2\nu}{\kappa}\left(1+\frac{\log X}{\lambda\mu}\right)\log\frac{X^2}{\delta}+\frac{\lambda\nu}{\kappa\mu}\log^2\frac{X^2}{\delta}\right\}=$$
$$O\left(\frac{\lambda^2\nu}{\kappa}\log\frac{1}{\delta}\right)+O\left(\frac{\lambda\mu}{\kappa\mu}\log^2\frac{1}{\delta}\right)$$

since, as in § 10.15, we have $X=\delta^{-c}$, with $0<c\leqslant\frac{1}{8}$.

The remaining terms may be treated similarly. Hence

$$\sum_2=O\left\{\frac{1}{x^\theta}\sum_{\kappa\lambda\mu\nu}\left(\frac{\lambda}{\kappa}\log\frac{1}{\delta}+\frac{1}{\kappa\mu}\log^2\frac{1}{\delta}\right)\right\}=O\left(\frac{X^4}{x^\theta}\log^2\frac{1}{\delta}\right)$$

(10.22)

10.17. Lemma 10.17. *Under the assumptions of* § 10.15

$$\int_{-\infty}^{\infty}\left|\int_t^{t+h}F(u)\mathrm{d}u\right|^2\mathrm{d}t=O\left(\frac{h}{\delta^{\frac{1}{2}}\log X}\right)\quad(10.23)$$

By (10.21) and (10.22)

$$J(x,\theta)=O\left(\frac{1}{\delta^{\frac{1}{2}}\theta x^\theta\log X}\right)\quad(10.24)$$

uniformly with respect to θ. Hence

$$\int_1^G|g(x)|^2\mathrm{d}x=-\int_1^G x^\theta\frac{\partial J}{\partial x}\mathrm{d}x=[-x^\theta J]_1^G+\theta\int_1^G x^{\theta-1}J\mathrm{d}x=$$
$$O\left(\frac{1}{\delta^{\frac{1}{2}}\theta\log X}\right)+O\left(\theta\int_1^G\frac{\mathrm{d}x}{\delta^{\frac{1}{2}}\theta x\log X}\right)=$$
$$O\left(\frac{\log G}{\delta^{\frac{1}{2}}\log X}\right)$$

taking, for example, $\theta=\frac{1}{2}$. Also

$$\int_0^{\frac{1}{2}}\theta J(G,\theta)\mathrm{d}\theta=$$

$$\int_G^\infty |g(x)|^2 dx \int_0^{\frac{1}{2}} \theta x^{-\theta} d\theta =$$

$$\int_G^\infty |g(x)|^2 \left(\frac{1}{\log^2 x} - \frac{1}{2x^{\frac{1}{2}}\log x} - \frac{1}{x^{\frac{1}{2}}\log^2 x} \right) dx \geq$$

$$\int_G^\infty \frac{|g(x)|^2}{\log^2 x} dx - \frac{3}{2} \int_G^\infty \frac{|g(x)|^2}{x^{\frac{1}{2}}} dx$$

since $G = e^{1/h} \geq e$. Hence

$$\int_G^\infty \frac{|g(x)|^2}{\log^2 x} dx \leq \int_0^{\frac{1}{2}} \theta J(G,\theta) d\theta + \frac{3}{2} J\left(G, \frac{1}{2}\right) =$$

$$O\left(\int_0^{\frac{1}{2}} \frac{d\theta}{\delta^{\frac{1}{2}} G^\theta \log X} \right) +$$

$$O\left(\frac{1}{\delta^{\frac{1}{2}} G^{\frac{1}{2}} \log X} \right) =$$

$$O\left(\frac{1}{\delta^{\frac{1}{2}} \log G \log X} \right)$$

Also $\phi(0) = O(X)$, $\phi(1) = O(\log X)$. The result therefore follows from the formulae of §10.10.

10.18. So far the integrals considered have involved $F(t)$. We now turn to the integrals involving $|F(t)|$. The results about such integrals are expressed in the following lemmas.

Lemma 10.18

$$\int_{-\infty}^\infty |F(t)|^2 dt = O\left(\frac{\log 1/\delta}{\delta^{\frac{1}{2}} \log X} \right)$$

By the Fourier transform formulae, the left-hand side is equal to

$$2\int_0^\infty |f(y)|^2 dy =$$

$$2\int_1^\infty \left|\frac{e^{-i(\frac{1}{4}\pi-\frac{1}{2}\delta)}}{2x}\phi(1)\phi(0)-g(x)\right|^2 dx \leq$$

$$4\int_1^\infty |g(x)|^2 dx + O(X^2 \log^2 X)$$

Taking $x=1$, $\theta = \{\log(1/\delta)\}^{-1}$ in (10.24), we have

$$\int_1^\infty |g(u)|^2 e^{-\log u/(\log 1/\delta)} du = O\left(\frac{\log 1/\delta}{\delta^{\frac{1}{2}} \log X}\right)$$

Hence

$$\int_1^{\delta^{-2}} |g(u)|^2 du = O\left(\frac{\log 1/\delta}{\delta^{\frac{1}{2}} \log X}\right)$$

We can estimate the integral over (δ^{-2}, ∞) in a comparatively trivial manner. As in §10.11, this is less than

$$\sum_{m=1}^\infty \sum_{n=1}^\infty \sum_{\kappa\lambda\mu\nu} \frac{|\beta_\kappa \beta_\lambda \beta_\mu \beta_\nu|}{\lambda\nu} \cdot$$

$$\int_{\delta^{-2}}^\infty \exp\left\{-\pi\left(\frac{m^2\kappa^2}{\lambda^2}+\frac{n^2\mu^2}{\nu^2}\right)u^2 \sin\delta\right\} du$$

Using, for example, $\kappa^2\lambda^{-2}\sin\delta > AX^{-2}\delta > A\delta^2$ (since $X=\delta^{-c}$ with $c<\frac{1}{2}$), and $|\beta_\nu|\leq 1$, this is

$$O\left\{X^2 \log^2 X \sum_{m=1}^\infty \sum_{n=1}^\infty \int_{\delta^{-2}}^\infty e^{-A(m^2+n^2)\delta^2 u^2} du\right\} =$$

$$O\left(X^2 \log^2 X \int_{\delta^{-2}}^\infty e^{-A\delta^2 u^2} du\right) =$$

$$O(X^2 \log^2 X e^{-A/\delta^2})$$

which is of the required form.

10.19. Lemma 10.19.

$$\int_{-\infty}^\infty \left\{\int_t^{t+h} |F(u)| du\right\}^2 dt = O\left(\frac{h^2 \log 1/\delta}{\delta^{\frac{1}{2}} \log X}\right)$$

第二部分　中外名家论 Riemann 函数与 Riemann 猜想

For the left-hand side does not exceed

$$\int_{-\infty}^{\infty} \left\{ h \int_{t}^{t+h} |F(u)|^2 du \right\} dt =$$

$$h \int_{-\infty}^{\infty} |F(u)|^2 du \int_{u-h}^{u} dt =$$

$$h^2 \int_{-\infty}^{\infty} |F(u)|^2 du$$

and the result follows from the previous lemma.

10.20. Lemma 10.20. If $\delta = \dfrac{1}{T}$

$$\int_0^T |F(t)| \, dt > AT^{\frac{3}{4}}$$

We have

$$\left(\int_{\frac{1}{2}+i}^{2+i} + \int_{\frac{1}{2}+i}^{2+iT} + \int_{2+iT}^{\frac{1}{2}+iT} + \int_{\frac{1}{2}+iT}^{\frac{1}{2}+i} \right) \zeta(s) \phi^2(s) \, ds = 0$$

Since $\phi(s) = O(X^{\frac{1}{2}})$ for $\sigma \geqslant \dfrac{1}{2}$, the first term is $O(X)$, and the third is $O(XT^{\frac{1}{4}})$. Also

$$\zeta(s)\phi^2(s) = 1 + \sum_{n=2}^{\infty} \frac{a_n}{n^s}$$

where $|a_n| \leqslant d_3(n)$. Hence

$$\int_{2+i}^{2+iT} \zeta(s)\phi^2(s) \, ds = i(T-1) + \sum_{n=2}^{\infty} a_n \int_{2+i}^{2+iT} \frac{ds}{n^s} =$$

$$i(T-1) + O\left(\sum_{n=2}^{\infty} \frac{d_3(n)}{n^2 \log n} \right) =$$

$$iT + O(1)$$

It follows that

$$\int_0^T \zeta\left(\frac{1}{2}+it\right) \phi^2\left(\frac{1}{2}+it\right) dt \sim T$$

Hence

$$\int_0^T |F(t)| \, dt > A \int_0^T t^{-\frac{1}{4}} \left| \zeta\left(\frac{1}{2}+it\right) \phi^2\left(\frac{1}{2}+it\right) \right| dt >$$

$$AT^{-\frac{1}{4}} \int_{\frac{1}{2}T}^T \left| \zeta\left(\frac{1}{2}+it\right) \phi^2\left(\frac{1}{2}+it\right) \right| dt >$$

$$AT^{-\frac{1}{4}} \left| \int_{\frac{1}{2}T}^T \left| \zeta\left(\frac{1}{2}+it\right) \phi^2\left(\frac{1}{2}+it\right) \right| dt \right| >$$

$$AT^{\frac{3}{4}}$$

10.21. Lemma 10.21

$$\int_0^T dt \int_t^{t+h} |F(u)| \, du > AhT^{\frac{3}{4}}$$

The left-hand side is equal to

$$\int_0^{T+h} |F(u)| \, du \int_{\max(0, u-h)}^{\min(T, u)} dt \geq$$

$$\int_h^T |F(u)| \, du \int_{u-h}^u dt =$$

$$h \int_h^T |F(u)| \, du$$

and the result follows from the previous lemma.

10.22. Theorem 10.22

$$N_0(T) > AT\log T$$

Let E be the sub-set of $(0, T)$ where

$$\int_t^{t+h} |F(u)| \, du > \left| \int_t^{t+h} F(u) \, du \right|$$

For such values of t, $F(u)$ must change sign in $(t, t+h)$, and hence so must $\Xi(u)$, and hence $\zeta(1/2+iu)$ must have a zero in this interval.

Since the two sides are equal except in E

$$\int_E dt \int_t^{t+h} |F(u)| \, du \geq$$

$$\int_E \left\{ \int_t^{t+h} |F(u)| \, du - \left| \int_t^{t+h} F(u) \, du \right| \right\} dt =$$

第二部分　中外名家论 Riemann 函数与 Riemann 猜想

$$\int_0^T \left\{ \int_t^{t+h} |F(u)| \, du - \left| \int_t^{t+h} F(u) \, du \right| \right\} dt >$$
$$AhT^{\frac{3}{4}} - \int_0^T \left| \int_t^{t+h} F(u) \, du \right| dt$$

The left-hand side is not greater than

$$\left\{ \int_E dt \int_E \left(\int_t^{t+h} |F(u)| \, du \right)^2 dt \right\}^{\frac{1}{2}} \leqslant$$
$$\left\{ m(E) \int_{-\infty}^{\infty} \left(\int_t^{t+h} |F(u)| \, du \right)^2 dt \right\}^{\frac{1}{2}} <$$
$$A \{m(E)\}^{\frac{1}{2}} h T^{\frac{1}{4}} \left(\frac{\log T}{\log X} \right)^{\frac{1}{2}}$$

by Lemma 10.19 with $\delta = 1/T$. The second term on the right is not greater than

$$\left\{ \int_0^T dt \int_0^T \left| \int_t^{t+h} F(u) \, du \right|^2 dt \right\}^{\frac{1}{2}} < \frac{Ah^{\frac{1}{2}} T^{\frac{3}{4}}}{\log^{\frac{1}{2}} X}$$

by Lemma 10.17. Hence

$$\{m(E)\}^{\frac{1}{2}} > A_1 T^{\frac{1}{2}} \left(\frac{\log X}{\log T} \right)^{\frac{1}{2}} - A_2 \frac{T^{\frac{1}{2}}}{h^{\frac{1}{2}} \log^{\frac{1}{2}} T}$$

where A_1 and A_2 denote the particular constants which occur. Since $X = T^c$ and $h = (a \log X)^{-1} = (ac \log T)^{-1}$

$$\{m(E)\}^{\frac{1}{2}} > A_1 c^{\frac{1}{2}} T^{\frac{1}{2}} - A_2 (ac)^{\frac{1}{2}} T^{\frac{1}{2}}$$

Taking a small enough, it follows that

$$m(E) > A_3 T$$

Hence, of the intervals $(0, h)$, $(h, 2h)$, $\cdots$ contained in $(0, T)$, at least $[A_3 T/h]$ must contain points of E. If $(nh, (n+1)h)$ contains a point t of E, there must be a zero of $\zeta(1/2 + iu)$ in $(t, t+h)$, and so in $(nh, (n+2)h)$. Allowing for the fact that each zero might be counted twice in this way, there must be at least

$$\frac{1}{2}[A_3 T/h] > AT\log T$$

zeros in $(0, T)$.

10.23. In this section we return to the function $\Xi*(t)$ mentioned in §10.1. In spite of its deficiencies as an approximation to $\Xi(t)$, it is of some interest to note that all the zeros of $\Xi(t)$ are real. ①

A still better approximation to $\Phi(u)$ is

$$\Phi**(u) = \pi\left(2\pi\cosh\frac{9}{2}u - 3\cosh\frac{5}{2}u\right)e^{-2\pi\cosh 2u}$$

This gives

$$\Xi**(t) = 2\int_0^\infty \Phi**(u)\cos ut\,du$$

and we shall also prove that all the zeros of $\Xi**(t)$ are real.

The function $K_z(a)$ is, for any value of a, an even integral function of z. We begin by proving that if a is real all its zeros are purely imaginary.

It is known that $w = K_z(a)$ satisfies the differential equation

$$\frac{\mathrm{d}}{\mathrm{d}a}\left(a\frac{\mathrm{d}w}{\mathrm{d}a}\right) = \left(a + \frac{z^2}{a}\right)w$$

This is equivalent to the two equations

$$\frac{\mathrm{d}w}{\mathrm{d}a} = \frac{W}{a}, \frac{\mathrm{d}W}{\mathrm{d}a} = \left(a + \frac{z^2}{a}\right)w$$

These give

---

① Pólya (1) (2) (4).

第二部分　中外名家论 Riemann 函数与 Riemann 猜想

$$\frac{\mathrm{d}}{\mathrm{d}a}(W\overline{w}) = \frac{1}{a}\{|W|^2 + (a^2+z^2)|w|^2\}$$

It is also easily verified that w and W tend to 0 as $a \to \infty$. It follows that, if w vanishes for a certain z and $a = a_0 > 0$, then

$$\int_{\sigma_0}^{\infty}\{|W|^2 + (a^2+z^2)|w|^2\}\frac{\mathrm{d}a}{a} = 0$$

Taking imaginary parts

$$2\mathrm{i}xy\int_{\sigma_0}^{\infty}\frac{|w|^2}{a}\mathrm{d}a = 0$$

Here the interal is not 0, and $K_z(a)$ plainly does not vanish for z real, i.e. $y = 0$. Hence $x = 0$, the required result.

We also require the following lemma.

Let c be a positive constant, $F(z)$ an integral function of genus 0 or 1, which takes real values for real z, and has no complex zeros and at least one real zero. Then all the zeros of

$$F(z+\mathrm{i}c) + F(z-\mathrm{i}c) \tag{10.25}$$

are also real.

We have

$$F(z) = Cz^q \mathrm{e}^{\alpha z}\prod_{n=1}^{\infty}\left(1 - \frac{z}{\alpha_n}\right)\mathrm{e}^{z/\alpha_n}$$

where C, α, α_1, $\cdots$ are real constants, $\alpha_n \neq 0$ for $n = 1, 2, \cdots$, $\sum \alpha_n^{-2}$ is convergent, q a non-negative integer. Let z be a zero of (10.25). Then

$$|F(z+\mathrm{i}c)| = |F(z-\mathrm{i}c)|$$

so that

$$1=\left|\frac{F(z-\mathrm{i}c)}{F(z+\mathrm{i}c)}\right|^2=\left\{\frac{x^2+(y-c)^2}{x^2+(y+c)^2}\right\}^1\prod_{n=1}^{\infty}\frac{(x-\alpha_n)^2+(y-c)^2}{(x-\alpha_n)^2+(y+c)^2}$$

If $y>0$, every factor on the right is <1; if $y>0$, every factor is >1. Hence in fact $y=0$.

The theorem that the zeros of $\Xi(t)$ are all real now follows on taking

$$F(z)=K_{\frac{1}{2}\mathrm{i}z}(2\pi),\, c=\frac{9}{2}$$

10.24. For the discussion of $\Xi**(t)$ we require the following lemma. Let $|f(t)|<Ke^{-|t|^{2+\delta}}$ for some positive δ, so that

$$F(z)=\frac{1}{\sqrt{(2\pi)}}\int_{-\infty}^{\infty}f(t)e^{\mathrm{i}zt}\mathrm{d}t$$

is an integral function of z. Let all the zeros of $F(z)$ be real. Let $\phi(t)$ be an integral function of t of genus 0 or 1, real for real t. Then the zeros of

$$G(z)=\frac{1}{\sqrt{(2\pi)}}\int_{-\infty}^{\infty}f(t)\phi(\mathrm{i}t)e^{\mathrm{i}zt}\mathrm{d}t$$

are also all real.
We have

$$\phi(t)=Ct^q e^{\alpha t}\prod_{m=1}^{\infty}\left(1-\frac{t}{\alpha_m}\right)e^{t/\alpha_m}$$

where the constants are all real, and $\sum \alpha_m^{-2}$ is convergent. Let

$$\phi_n(t)=Ct^q e^{\alpha t}\prod_{m=1}^{\infty}\left(1-\frac{t}{\alpha_m}\right)e^{t/\alpha_m}$$

Then $\phi(n)(t)\to\phi(t)$ uniformly in any finite interval, and (as in Titchmarsh, *Theory of Functions*, §8.25)

第二部分 中外名家论 Riemann 函数与 Riemann 猜想

$$|\phi_n(t)| < Ke^{|t|^{2+\epsilon}}$$

uniformly with respect to n. Hence

$$G(z) = \lim_{n\to\infty} \frac{1}{\sqrt{(2\pi)}} \int_{-\infty}^{\infty} f(t)\phi_n(it) e^{izt} dt = \lim_{n\to\infty} G_n(z)$$

say. It is therefore sufficient to prove that, for every n, the zeros of $G_n(z)$ are real.

Now it is easily verified that $F(z)$ is an integral function of order less than 2. Hence, if its zeros are real, so are those of

$$(D-\alpha)F(z) = e^{\alpha z}\frac{d}{dz}\{e^{-\alpha z}F(z)\}$$

for any real α. Applying this principle repeatedly, we see that all the zeros of

$$H(z) = D^q(D-\alpha_1)\cdots(D-\alpha_n)F(z) =$$
$$\frac{1}{\sqrt{(2\pi)}}\int_{-\infty}^{\infty} f(t)(it)^q(it-\alpha_1)\cdots(it-\alpha_n)e^{izt}dt$$

are real. Since

$$G_n(z) = \frac{(-1)^n C}{\alpha_1\cdots\alpha_n} H\left(z+\alpha+\frac{1}{\alpha_1}+\cdots+\frac{1}{\alpha_n}\right)$$

the result follows.

Taking $\quad f(t) = 4\sqrt{(2\pi)}\, e^{-2\pi\cosh 2t}$

we obtain

$$F(z) = K_{\frac{1}{2}iz}(2\pi)$$

all of whose zeros are real. If

$$\phi(t) = \frac{1}{2}\pi^2\cos\frac{9}{2}t$$

then $G(z) = \Xi*(z)$, and it follows again that all the zeros of $\Xi*(z)$ are real. If

$$\phi(t) = \frac{1}{2}\pi^2 \left(\cos\frac{9}{2}t - \frac{3}{2\pi}\cos\frac{5}{2}t \right)$$

then $G(z) = \Xi**(z)$. Hence all the zeros of $\Xi**(z)$ are real.

10.25. By way of contrast to the Riemann zeta-function we shall now construct a function which has a similar functional equation, and for which the analogues of most of the theorems of this chapter are true; but which has no Euler product, and for which the analogue of the Riemann hypothesis is false.

We shall use the simplest properties of Dirichlet's L-functions (mod 5). These are defined for $\sigma > 1$ by

$$L_0(s) = \sum_{n=1}^{\infty} \frac{\chi_0(n)}{n^s} = \frac{1}{1^s} + \frac{1}{2^s} + \frac{1}{3^s} + \frac{1}{4^s} + \frac{1}{6^s} + \cdots$$

$$L_1(s) = \sum_{n=1}^{\infty} \frac{\chi_1(n)}{n^s} = \frac{1}{1^s} + \frac{i}{2^s} - \frac{i}{3^s} - \frac{1}{4^s} + \frac{1}{6^s} + \cdots$$

$$L_2(s) = \sum_{n=1}^{\infty} \frac{\chi_2(n)}{n^s} = \frac{1}{1^s} - \frac{i}{2^s} + \frac{i}{3^s} - \frac{1}{4^s} + \frac{1}{6^s} + \cdots$$

$$L_3(s) = \sum_{n=1}^{\infty} \frac{\chi_3(n)}{n^s} = \frac{1}{1^s} - \frac{1}{2^s} - \frac{1}{3^s} + \frac{1}{4^s} + \frac{1}{6^s} + \cdots$$

Each $\chi(n)$ has the period 5. It is easily verified that in each case

$$\chi(m)\chi(n) = \chi(mn)$$

if m is prime to n; and hence that

$$L(s) = \prod_p \left\{ 1 - \frac{\chi(p)}{p^s} \right\}^{-1}, \sigma > 1$$

It is also easily seen that

$$L_0(s) = \left(1 - \frac{1}{5^s} \right) \zeta(s)$$

so that $L_0(s)$ is regular except for a simple pole at $s=1$. The other three series are convergent for any real positive s, and hence for $\sigma>0$. Hence $L_1(s)$, $L_2(s)$, and $L_3(s)$ are regular for $\sigma>0$.

Now consider the function

$$f(s) = \frac{1}{2}\sec\theta\{e^{-i\theta}L_1(s)+e^{i\theta}L_2(s)\} =$$

$$\frac{1}{1^s}+\frac{\tan\theta}{2^s}-\frac{\tan\theta}{3^s}-\frac{1}{4^s}+\frac{1}{6^s}+\cdots =$$

$$\frac{1}{5^s}\left\{\zeta\left(s,\frac{1}{5}\right)+\tan\theta\,\zeta\left(s,\frac{2}{5}\right)-\tan\theta\,\zeta\left(s,\frac{3}{5}\right)-\zeta\left(s,\frac{4}{5}\right)\right\}$$

where $\zeta(s,a)$ is defined as in §2.17.

By §2.17 $f(s)$ is an integral function of s, and for $\sigma<0$ it is equal to

$$\frac{2\Gamma(1-s)}{5^s(2\pi)^{1-s}}\left\{\sin\frac{1}{2}\pi s\sum_{m=1}^{\infty}\left(\cos\frac{2m\pi}{5}+\tan\theta\cos\frac{4m\pi}{5}-\tan\theta\cos\frac{6m\pi}{5}-\cos\frac{8m\pi}{5}\right)\frac{1}{m^{1-s}}+\cos\frac{1}{2}\pi s\sum_{m=1}^{\infty}\left(\sin\frac{2m\pi}{5}+\tan\theta\sin\frac{4m\pi}{5}-\tan\theta\sin\frac{6m\pi}{5}-\sin\frac{8m\pi}{5}\right)\frac{1}{m^{1-s}}\right\} =$$

$$\frac{4\Gamma(1-s)\cos\frac{1}{2}\pi s}{5^s(2\pi)^{1-s}}\sum_{m=1}^{\infty}\left(\sin\frac{2m\pi}{5}+\tan\theta\sin\frac{4m\pi}{5}\right)\frac{1}{m^{1-s}}$$

If

$$\sin\frac{4\pi}{5}+\tan\theta\sin\frac{8\pi}{5}=\tan\theta\left(\sin\frac{2\pi}{5}+\tan\theta\sin\frac{4\pi}{5}\right) \tag{10.26}$$

this is equal to

$$\frac{4\Gamma(1-s)\cos\frac{1}{2}\pi s}{5^s(2\pi)^{1-s}}\left(\sin\frac{2\pi}{5}+\tan\theta\sin\frac{4\pi}{5}\right)f(1-s)$$

The equation (10.26) reduces to

$$\sin 2\theta = 2\cos\frac{2\pi}{5} = \frac{\sqrt{5}-1}{2}$$

and we take θ to be the root of this between 0 and $\frac{1}{4}\pi$.

We obtain

$$\tan\theta = \frac{\sqrt{(10-2\sqrt{5})}-2}{\sqrt{5}-1}$$

$$\sin\frac{2\pi}{5}+\tan\theta\sin\frac{4\pi}{5}=\frac{\sqrt{5}}{2}$$

and $f(s)$ satisfies the functional equation

$$f(s)=\frac{2\Gamma(1-s)\cos\frac{1}{2}s\pi}{5^{s-\frac{1}{2}}(2\pi)^{1-s}}f(1-s)$$

There is now no difficulty in extending the theorem this chapter to $f(s)$. We can write the above equation as

$$\left(\frac{5}{\pi}\right)^{\frac{1}{2}s}\Gamma\left(\frac{1}{2}+\frac{1}{2}s\right)f(s)=\left(\frac{5}{\pi}\right)^{\frac{1}{2}-\frac{1}{2}s}\Gamma\left(1-\frac{1}{2}s\right)f(1-s)$$

and putting $s=\frac{1}{2}+it$ we obtain an even integral function of t analogous to $\Xi(t)$.

We conclude that $f(s)$ has an infinity of zeros on the line $\sigma=\frac{1}{2}$, and that the number of such zeros between 0 and T is greater than AT.

On the other hand, we shall now prove that $f(s)$ *has*

an infinity of zeros in the half-plane $\sigma > 1$.

If p is a prime, we define $\alpha(p)$ by

$$\alpha(p) = \frac{1}{2}(1+i)\chi_1(p) + \frac{1}{2}(1-i)\chi_2(p)$$

so that

$$\alpha(p) = \pm 1 \text{ or } \pm i$$

For composite n, we define $\alpha(n)$ by the equation

$$\alpha(n_1 n_2) = \alpha(n_1)\alpha(n_2)$$

Thus $|\alpha(n)|$ is always 0 or 1. Let

$$M(s,\chi) = \sum_{n=1}^{\infty} \frac{\alpha(n)\chi(n)}{n^s} = \prod_p \left(1 - \frac{\alpha(p)\chi(p)}{p^s}\right)^{-1}$$

where χ denotes either χ_1 or χ_2. Let

$$N(s) = \frac{1}{2}\{M(s,\chi_1) + M(s,\chi_2)\}$$

Now

$$\alpha(p)\chi_1(p) = \frac{1}{2}(1+i)\chi_1^2 + \frac{1}{2}(1-i)\chi_1\chi_2$$

$$\alpha(p)\chi_2(p) = \frac{1}{2}(1+i)\chi_1\chi_2 + \frac{1}{2}(1-i)\chi_2^2$$

and these are conjugate since $\chi_1^3 = \chi_2^2$ and χ_1^2 and $\chi_1\chi_2$ are real. Hence $M(s,\chi_1)$ and $M(s,\chi_2)$ are conjugate for real s, and $N(s)$ is real

Let s be real, greater than 1, and $\to 1$. Then

$$\log M(s,\chi_1) = \sum_p \frac{\alpha(p)\chi_1(p)}{p^s} + O(1) =$$

$$\frac{1}{2}(1+i) \sum_p \frac{\chi_1^2(p)}{p^s} +$$

$$\frac{1}{2}(1-i) \sum_p \frac{\chi_1(p)\chi_2(p)}{p^s} + O(1)$$

Now $\chi_1^2 = \chi_3$ and $\chi_1\chi_2 = \chi_0$. Hence

$$\sum_p \frac{\chi_1^2(p)}{p^s} = \sum_p \frac{\chi_3(p)}{p^s} = \log L_3(s) + O(1) = O(1)$$

$$\sum_p \frac{\chi_1(p)\chi_2(p)}{p^s} = \sum_p \frac{\chi_0(p)}{p^s} = \log L_0(s) + O(1) = \log \frac{1}{s-1} + O(1)$$

Hence

$$\log M(s, \chi_1) = \frac{1}{2}(1-i)\log \frac{1}{s-1} + O(1)$$

$$N(s) = \mathbf{R} M(s, \chi_1) = \frac{1}{\sqrt{(s-1)}} \cos\left(\frac{1}{2}\log \frac{1}{s-1}\right) e^{O(1)}$$

It is clear from this formula that $N(s)$ has a zero at each of the points $s = 1 + e^{-(2m+1)\pi}$ ($m = 1, 2, \cdots$).

Now for $\sigma \geq 1 + \delta$, and $\chi = \chi_1$ or χ_2

$$\log L(s+i\tau, \chi) - \log M(s, \chi) =$$

$$\sum_{p \leq P} \left\{ \log\left(1 - \frac{\alpha(p)\chi(p)}{p^s}\right) - \log\left(\frac{1 - p^{-i\tau}\chi(p)}{p^s}\right) \right\} + O\left(\frac{1}{P^\delta}\right) =$$

$$O\left\{ \sum_{\substack{p \leq P \\ p \neq s}} \frac{|\alpha(p) - p^{-i\tau}|}{p^\sigma} \right\} + O\left(\frac{1}{P^\delta}\right)$$

Let $\alpha(p) = e^{2\pi i \beta(p)}$. By Kronecker's theorem, given q, there is number τ and integers x_p such that

$$\left| \tau \frac{\log p}{2\pi} + \beta(p) - x_p \right| \leq \frac{1}{q}, p \leq P$$

Then

$$|\alpha(p) - p^{-i\tau}| = |e^{2\pi i[\beta(p) + (\tau \log p)/2\pi]} - 1| \leq e^{2\pi/q} - 1$$

Hence

$$\log L(s+i\tau, \chi) - \log M(s, \chi) = O\left(\frac{\log P}{q}\right) + O\left(\frac{1}{P^\delta}\right)$$

and we can make this as small as we please by choosing first P and then q. Using this with χ_1 and χ_2, it follows that, given $\epsilon>0$ and $\delta>0$, there is a τ such that
$$|f(s+i\tau)-N(s)|<\epsilon, \sigma\geqslant 1+\delta$$
Let $s_1>1$ be ε zero of $N(s)$. For any $\eta>0$ there exists an η_1 with $0<\eta_1<\eta$, $\eta_1<s_1-1$, such that $N(s)\neq 0$ for $|s-s_1|=\eta_1$. Let
$$\epsilon=\min_{|s-s_1|=\eta_1}|N(s)|$$
and $\delta<s_1-\eta_1-1$. Then, by Rouché's theorem, $N(s)$ and
$$N(s)-\{N(s)-f(s)+i\tau\}$$
have the same number of zeros inside $|s-s_1|=\eta_1$, and so at least one. Hence $f(s)$ has at least one zero inside the circle $|s-s_1-i\tau|=\eta_1$.

A slight extension of the argument shows that the number of zeros of $f(s)$ in $\sigma>1$, $0<t\leqslant T$, exceeds AT as $T\to\infty$. For by the extension of Dirichlet's theorem (§8.2) the interval $(t_0, mq^P t_0)$ contains at least m values of t, differing by at least t_0, such that
$$\left|t\frac{\log p}{2\pi}-x'_p\right|\leqslant\frac{1}{q}, p\leqslant P$$
The above argument then shows the existence of a zero in the neighbourhood of each point $s_1+i(\tau+t)$.

The method is due to Davenport and Heilbronn (1)(2); they proved that a class of functions, of which an example is
$$\sum_{m,n\neq 0,0}\frac{1}{(m^2+5n^2)^s}$$

has an infinity of zeros for $\sigma>1$. It has been shown by calculation[①] that this particular function has a zero in the critical strip, not on the critical line. The method throws no light on the general question of the occurrence of zeros of such functions in the critical strip, but not on the critical line.

NOTES FOR CHAPTER 10

10. 26. In §10. 1 Titchmarsh's comment on Riemann's statement about the approximate formula for $N(T)$ is erroneous. It is clear that Riemann meant that the relative error $\{N(T)-L(T)\}/N(T)$ is $O(T^{-1})$.

10. 27. Further work has been done on the problem mentioned at the end of §10. 25. Davenprot and Heilbronn (1) (2) showed in general that if Q is any positive definite integral quadratic form of discriminant d, such that the class number $h(d)$ is greater than 1, then the Epstein Zeta-function

$$\zeta_Q(s) = \sum_{\substack{(x,y)=-\infty \\ (x,y)\neq(0,0)}}^{\infty} Q(x,y)^{-s}, \sigma>1$$

has zeros to the right of $\sigma=1$. In fact they showed that the number of such zeros up to height T is at least of order T (and hence of exact order T). This result has been extended to the critical strip by Voronin [3], who proved that, for such functions $\zeta_Q(s)$, the number of zeros up to

---

① Potter and Titchmarsh (1).

height T, for $1/2<\sigma_1 \leq \mathbf{I}(s) \leq \sigma_2<1$, is also of order at least $T($ and hence of exact order $T)$. This answers the question raised by Titchmarsh at the end of §10.25.

10.28. Much the most significant result on $N_0(T)$ is due to Levinson [2], who showed that

$$N_0(T) \geq \alpha N(T) \qquad (10.27)$$

for large enough T, with $\alpha = 0.342$. The underlying idea is to relate the distribution of zeros of $\zeta(s)$ to that of the zeros of $\zeta'(s)$. To put matters in their proper perspective we first note that Berndt [1] has shows that

$$\#\{s=\sigma+it: 0<t\leq T, \zeta'(s)=0\} = \frac{T}{2\pi}\left(\log\frac{T}{4\pi}-1\right)+O(\log T)$$

and that Speiser (1) has proved that the Riemann Hypothesis is equivalent to the non-vanishing of $\zeta'(s)$ for $0<\sigma<\frac{1}{2}$. This latter result is related to the unconditional estimate

$$\#\{s=\sigma+it: -1<\sigma<\frac{1}{2}, T_1<t\leq T_2, \zeta'(s)=0\} =$$
$$\#\{s=\sigma+it: 0<\sigma<\frac{1}{2}, T_1<t\leq T_2,$$
$$\zeta(s)=0\}+O(\log T_2) \qquad (10.28)$$

zeros being counted according to multiplicity. This is due to Levinson and Montgomery [1], who also gave a number of other interesting results on the distribution of the zeros of $\zeta'(s)$.

We sketch the proof of (10.28). We shall make frequent reference to thelogarithmic derivative of the functional equation (2.27), which we write in the form

$$\frac{\zeta'(s)}{\zeta(s)}+\frac{\zeta'(1-s)}{\zeta(1-s)}=\log \pi-\frac{1}{2}\left(\frac{\Gamma'\left(\frac{1}{2}s\right)}{\Gamma\left(\frac{1}{2}s\right)}+\frac{\Gamma'\left(\frac{1}{2}-\frac{1}{2}s\right)}{\Gamma\left(\frac{1}{2}-\frac{1}{2}s\right)}\right)=$$

$$-F(s) \qquad (10.29)$$

say. We note that $F\left(\frac{1}{2}+it\right)$ is always real, and that

$$F(s)=\log\left(\frac{t}{2\pi}\right)+O\left(\frac{1}{t}\right) \qquad (10.30)$$

uniformly for $t\geqslant 1$ and $|\sigma|\leqslant 2$. To prove (10.28) it suffices to consider the case in which the numbers T_j are chosen so that $\zeta(s)$ and $\zeta'(s)$ do not vanish for $t=T_j$, $-1\leqslant\sigma\leqslant\frac{1}{2}$. We examine the change in argument in $\frac{\zeta'(s)}{\zeta(s)}$ around the rectangle with vertices $\frac{1}{2}-\delta+iT_1$, $\frac{1}{2}-\delta+iT_2$, $-1+iT_2$, and $-1+iT_1$, where δ is small positive number. Along the horizontal sides we apply the ideas of §9.4 to $\zeta(s)$ and $\zeta'(s)$ separately. We note that $\zeta(s)$ and $\zeta'(s)$ are each $O(T^4)$ for $-3\leqslant\sigma\leqslant 1$. Moreover we also have $|\zeta(-1+iT)|\gg T_j^{\frac{3}{2}}$, by the functional equation, and hence also

$$|\zeta'(-1+iT_j)|\gg T_j^{\frac{3}{2}}\left|\frac{\zeta'(-1+iT_j)}{\zeta(-1+iT_j)}\right|\gg T_j^{\frac{3}{2}}\log T_j$$

by (10.29) and (10.30). The method of §9.4 therefore shows that arg $\zeta(s)$ and arg $\zeta'(s)$ both vary by $O(\log T_2)$ on the horizontal sides of the rectangle. On the vertical side $\sigma=-1$ we have

$$\frac{\zeta'(s)}{\zeta(s)} = \log\left(\frac{t}{2\pi}\right) + O(1)$$

by (10.29) and (10.30), so that the contribution to the total change in argument is $O(1)$. For the vertical side $\sigma = \frac{1}{2} - \delta$ we first observe from (10.29) and (10.30) that

$$\mathbf{R}\left(-\frac{\zeta'\left(\frac{1}{2}+it\right)}{\zeta\left(\frac{1}{2}+it\right)}\right) \geq 1 \qquad (10.31)$$

if $t \geq T_1$ with T_1 sufficiently large. It follows that

$$\mathbf{R}\left(-\frac{\zeta'\left(\frac{1}{2}-\delta+it\right)}{\zeta\left(\frac{1}{2}-\delta+it\right)}\right) \geq \frac{1}{2} \qquad (10.32)$$

for $T_1 \leq t \leq T_2$, if $\delta = \delta(T_2)$ is small enough. To see this, it suffices to examine a neighbourhood of a zero $\rho = \frac{1}{2} + i\gamma$ of $\zeta(s)$. Then

$$-\frac{\zeta'(s)}{\zeta(s)} = \frac{m}{s-\rho} + m' + O(|s-\rho|)$$

where $m \geq 1$ is the multiplicity of ρ. The choice $s = \frac{1}{2} + it$ with $t \to \gamma$ therefore yields $\mathbf{R}(m') \geq 1$, by (10.31). Hence, on taking $s = \frac{1}{2} - \delta + it$, we find that

$$R\left(-\frac{\zeta'(s)}{\zeta(s)}\right) = \frac{m\delta}{|s-\rho|^2} + \mathbf{R}(m') + O(|s-\rho|) \geq \frac{1}{2}$$

for $|s-\rho|$ small enough. The inequality (10.32) now follows. We therefore see that arg $\frac{\zeta'(s)}{\zeta(s)}$ varies by $O(1)$ on the vertical side $\mathbf{R}(s) = \frac{1}{2} - \delta$ of our rectangle, which completes the proof of (10.28).

If we write N for the quantity on the left of (10.28) it follows that

$$N_0(T_2) - N_0(T_1) = \{N(T_2) - N(T_1)\} - 2N + O(\log T_2)$$
(10.33)

so that we now require an upper bound for N. This is achieved by applying the mollifier method's of §§9.20~24 to $\zeta'(1-s)$. Let $\nu(\delta, T_1, T_2)$ denote the number of zeros of $\zeta'(1-s)$ in the rectangle $\sigma \leq \mathbf{R}(s) \leq 2$, $T_1 < \mathbf{I}(s) < T_2$. The method produces an upper bound for

$$\int_u^2 \nu(\sigma, T_1, T_2) d\sigma \qquad (10.34)$$

which in turn yields an estimate $N \leq c\{N(T_2) - N(T_1)\}$ for large T_2. The constant c in this latter bound has to be calculated explicitly, and must be less than $\frac{1}{2}$ for (10.33) to be of use. This is in contrast to (9.45), in which the implied constant was not calculated explicitly, and would have been relatively large. It is difficult to have much feel in advance for how large the constant c produced by the method will be. The following very loose argument gives one some hope that c will turn out to be reasonably small, and so it transpires in practice.

In using (10.34) to obtain a bound for N we shall take

第二部分　中外名家论 Riemann 函数与 Riemann 猜想

$$u = \frac{1}{2} - \frac{a}{\log T_2}$$

where a is a positive constant to be chosen later. The zeros $\rho' = \beta' + i\gamma'$ of $\zeta'(1-s)$ have an asymmetrical distribution about the critical line. Indeed Levinson and Montgomery [1] showed that

$$\sum_{0 < \gamma' \leq T} \left(\frac{1}{2} - \beta'\right) \sim \frac{T}{2\pi} \log \log T$$

whence β' is $\dfrac{1}{2} - \dfrac{\log \log \gamma'}{\log \gamma'}$ on average. Thus one might reasonably hope that a fair proportion of such zeros have $\beta' < u$, thereby making the integral (10.34) rather small.

We now look in more detail at the method. In the first place, it is convenient to replace $\zeta'(1-s)$ by

$$\zeta(s) + \frac{\zeta'(s)}{F(s)} = G(s)$$

say. If we write $h(s) = \pi^{-\frac{1}{2}s} \Gamma\left(\frac{1}{2}s\right)$ then (10.29), together with the functional equation (2.27), yields

$$\zeta'(1-s) = \frac{F(s)\, h(s)\, G(s)}{h(1-s)}$$

so that $G(s)$ and $\zeta'(1-s)$ have the same zeros for t large enough. Now let

$$\psi(s) = \sum_{n < y} b_n n^{-s} \qquad (10.35)$$

be a suitable mollifier' for $G(s)$, and apply Littlewood's formula (9.26) to the function $G(s)\psi(s)$ and the rectangle with vertices $u+iT$, $2+iT_2$, $2+iT_1$, $u+iT_2$. Then, as in §9.16, we find that

$$N \leqslant \frac{\log T_2}{a} \int_u^2 \nu(\sigma, T_1, T_2) d\sigma \leqslant$$

$$\frac{\log T_2}{2\pi a} \int_{T_1}^{T_2} \log |G(u+it)\psi(u+it)| dt + O(\log T_2)$$

Moreover, as in §9.16 we have

$$\int_{T_1}^{T_2} \log |G(u+it) \psi(u+it)| dt \leqslant \frac{1}{2}(T_2-T_1) \cdot$$

$$\log \left(\frac{1}{T_2 - T_1} \int_{T_1}^{T_2} |G(u+it) \psi(u+it)| dt \right)$$

Hence, if we can show that

$$\int_{T_1}^{T_2} |G(u+it) \psi(u+it)|^2 dt \sim c(a)(T_2-T_1)$$

(10.36)

for suitable T_1, T_2, we will have

$$N \leqslant \left(\frac{\log c(a)}{2a} + o(1) \right) \{ N(T_2) - N(T_1) \}$$

(10.37)

whence

$$N_0(T_2) - N_0(T_1) \geqslant \left(1 - \frac{\log c(a)}{2a} + o(1) \right) \{ N(T_2) - N(T_1) \}$$

by (10.33).

The computation of the mean value (10.36) is the most awkward part of Levinson's argument. In [2] he takes $y = T_2^{\frac{1}{2}-\epsilon}$ and

$$b_n = \mu(n) n^{u-\frac{1}{2}} \frac{\log y/n}{\log y}$$

This leads eventually to (10.36) with

$$c(a) = e^{2a} \left(\frac{1}{2a^3} + \frac{1}{24a} \right) - \frac{1}{2a^3} - \frac{1}{a^2} - \frac{25}{24a} + \frac{7}{12} - \frac{a}{12}$$

第二部分　中外名家论 Riemann 函数与 Riemann 猜想

The optimal choice of a is roughly $a=1.3$, which produces (10.27) with $=0.342$.

The method has been improved slightly by Levinson [4], [5], Lou [1] and Conrey [1] and the best constant thus far is $\alpha=0.3658$ (Conrey [1]). The principal restriction on the method is that on the size of y in (10.35). The above authors all take $y=T_2^{\frac{1}{2}-\varepsilon}$, but there is some scope for improvement via the ideas used in the mean-value theorems (7.75), (7.76), and (7.77).

10.29. An examination of the argument just given reveals that the right-hand side of (10.28.11) gives an upper bound for $N+N^*$, where

$$N* = \#\left\{s=\frac{1}{2}+it: T_1<t\leqslant T_2, \zeta'(s)=0\right\}$$

(zeros being counted according to multiplicites). However it is clear from (10.29) and (10.30) that $\zeta'\left(\frac{1}{2}+it\right)$ can only vanish if $\zeta\left(\frac{1}{2}+it\right)$ does. Consequently, if we write $N^{(r)}$ for the number of zeros of $\zeta(s)$ of multiplicity r, on the line segment $s=\frac{1}{2}+it$, $T_1<t\leqslant T_2$, we will have

$$N* = \sum_{r=2}^{\infty}(r-1)N^{(r)}$$

Thus (10.33) may be replaced by

$$N^{(1)}-\sum_{r=3}^{\infty}(r-2)N^{(r)} = \{N(T_2)-N(T_1)\} - 2(N+N*) + O(\log T_2)$$

If we now define $N^{(r)}(T)$ in analogy to $N^{(r)}$, but counting zeros $\frac{1}{2}+it$ with $0<t\leq T$, we may deduce that

$$N^{(1)}(T) - \sum_{r=3}^{\infty} (r-2) N^{(r)}(T) = \alpha N(T)$$

(10.38)

for large enough T, and $\alpha=0.342$. In particular at least a third of the nontrivial zeros of $\zeta(s)$ not only lie on the critical line, but are simple. This observation is due independently to Heath-Brown [5] and Selberg (unpublished). The improved constants α mentioned above do not all allows this refinement. However it has been shown by Anderson [1] that (10.38) holds with $\alpha=0.3532$.

10.30. Levinson's method can be applied equally to the derivatives $\xi^{(m)}(s)$ of the function $\xi(s)$ given by (2.12). One can show that the zeros of these functions lie in the critical strip, and that the number of them, $N_m(T)$ say, for $0<t\leq T$, is $N(T)+O_m(\log T)$. If the Riemann hypothesis holds then all these zeros must lie on the critical line. Thus it is of some interest to give unconditional estimates for

$$\liminf_{T\to\infty} N_m(T)^{-1} \# \left\{ t: 0<t\leq T, \xi^{(m)}\left(\frac{1}{2}+it\right)=0 \right\} = \alpha_m$$

say. Levinson [3], [5] showed that $\alpha_1 \geq 0 \cdot 71$, and Conrey [1] improved and extended the method to give $\alpha_1 \geq 0.8137$, $\alpha_2 \geq 0.9584$ and in general $\alpha_m = 1+O(m^{-2})$.

第十一章 THE GENERAL DISTRIBUTION OF THE VALUES OF $\zeta(s)$

11.1. In the previous chapters we have been concerned almost entirely with the modulus of $\zeta(s)$, and the various values, particularly zero, which it takes. We now consider the problem of $\zeta(s)$ itself, and the values of s for which it takes any given value a.[①]

One method of dealing with this problem is to connect it with the famous theorem of Picard on functions which do not take certain values. We use the following theorem:[②]

If $f(s)$ is regular and never 0 or 1 in $|s-s_0| \leqslant r$, and $|f(s_0)| \leqslant \alpha$, then $|f(s)| \leqslant A(\alpha, \theta)$ for $|s-s_0| \leqslant \theta r$, where $0 < \theta < 1$.

From this we deduce

Theorem 11.1. $\zeta(s)$ *takes every value, with one possible exception, an infinity of times in any strip* $1-\delta < \sigma \leqslant$

[①] See Bohr (1) ~ (14), Bohr and Courant (1), Bohr and Jessen (1) (2) (5), Bohr and Landau (3), Borchsenius and Jessen (1), Jessen (1), van Kampen 91), van Kampen and Wintner (1), Kershner (1), Kershner and Wintner (1) (2), Wintner (1) ~ (4).

[②] See landau's *Ergebnisse der Funktionentheorie*, § 24, or Valiron's *In tegral Functions*, Ch. VI, § 3.

$1+\delta$.

Suppose, on the contrary, that $\zeta(s)$ takes the distinct values a and b only a finite number of times in the strip, and so *never* above $t = t_0$, say. Let $T > t_0 + 1$, and consider the function $f(s) = \{\zeta(s) - a\} / (b - a)$ in the circles C, C', of radii $\frac{1}{2}\delta$ and $\frac{1}{4}\delta$ ($0 < \delta < 1$), and common centre $s_0 = 1 + \frac{1}{4}\delta + iT$. Then

$$|f(s_0)| \leqslant \alpha = \left\{ \zeta\left(1 + \frac{1}{4}\delta\right) + |a| \right\} / |b - a|$$

and $f(s)$ is never 0 or 1 in C. Hence

$$|f(s)| < A(\alpha)$$

in C', and so $|\zeta(\sigma + iT)| < A(a, b, \alpha)$ for $1 \leqslant \sigma \leqslant 1 + \frac{1}{2}\delta$, $T > t_0 + 1$. Hence $\zeta(s)$ is bounded for $\sigma > 1$, which is false, by Theorem 8.4 (A). This proves the theorem.

We should, of course, expect the exceptional value to be 0.

If we assume the Riemann hypothesis, we can use a similar method inside the critical strip; but more detailed results independent of the Riemann hypothesis can be obtained by the method of Diophantine approximation. We devote the rest of the chapter to developments of this method.

11.2. We restrict ourselves in the first place to the half-plane $\sigma > 1$; and we consider, not $\zeta(s)$ itself, but lot $\zeta(s)$, viz. the function defined for $\sigma > 1$ by the series

第二部分　中外名家论 Riemann 函数与 Riemann 猜想

$$\log \zeta(s) = -\sum_{p}(p^{-s} + \frac{1}{2}p^{-2s} + \cdots)$$

We consider at the same time the function

$$\frac{\zeta'(s)}{\zeta(s)} = \sum_{p} \log p(p^{-s} + p^{-2s} + \cdots)$$

We observe that both functions are represented by Dirichlet series, absolutely convergent for $\sigma > 1$, and capable of being written in the form

$$F(s) = f_1(p_1^{-s}) + f_2(p_2^{-s}) + \cdots$$

where $f_n(z)$ is a power-series in z whose coefficients do not depend on s. In fact

$$f_n(z) = -\log(1-z), f_n(z) = \frac{z\log p_n}{1-z}$$

in the above two cases. In what follows $F(s)$ denotes either of the two functions.

11.3. We consider first the values which $F(s)$ takes on the line $\sigma = \sigma_0$, where σ_0 is an arbitrary number greater than 1. On this line

$$F(s) = \sum_{n=1}^{\infty} f_n(p_n^{-\sigma_0} e^{-it\log p_n})$$

and, at t varies, the arguments $-t\log p_n$ are, of course all related. But we shall see that there is an intimate connexion between the set U of values assumed by $F(s)$ on $\sigma = \sigma_0$ and the set V of values assumed by the function

$$\Phi(\sigma_0, \theta_1, \theta_2, \cdots) = \sum_{n=1}^{\infty} f_n(p_n^{-\sigma_0} e^{2\pi i \theta_n})$$

of an infinite number of independent real variables θ_1, $\theta_2, \cdots$.

We shall in fact show that the set U, which is obviously contained in V, is everywhere dense in V, i.e. that corresponding to every value v in V (i.e. to every given set of values θ_1, θ_2, $\cdots$) and every positive ϵ, there exists a t such that

$$|F(\sigma_0+it)-v|<\epsilon$$

Since the Dirichlet series from which we start is absolutely convergent for $\sigma=\sigma_0$, it is obvious that we can find $N=N(\sigma_0, \epsilon)$ such that

$$\left|\sum_{n=N+1}^{\infty} f_n(p_n^{-\sigma_0} e^{2\pi i \mu_n})\right|<\frac{1}{3}\epsilon \qquad (11.1)$$

for any values of the μ_n, and in particular for $\mu_n=\theta_n$, or for

$$\mu_n=\frac{-t(\log p_n)}{2\pi}$$

Now since the numbers $\log p_n$ are linearly independent, we can, by Kronecker's theorem, find a number t and integers g_1, g_2, $\cdots$, g_N such that

$$|-t\log p_n-2\pi\theta_n-2\pi g_n|<\eta, n=1,2,\cdots,N$$

η being an assigned positive number. Since $f_n(p_n^{-\sigma_0} e^{2\pi i \theta})$ is, for each n, a continuous function of θ, we can suppose η so small that

$$\left|\sum_{n=1}^{N}\{f_n(p_n^{-\sigma_0}e^{2\pi i \theta_n})-f_n(p_n^{-\sigma_0}e^{-it\log p_n})\}\right|<\frac{1}{3}\epsilon$$

$$(11.2)$$

The result now follows from (11.1) and (11.2).

11.4. We next consider the set W of values which $F(s)$ takes 'in the immediate neighbourhood' of the line $\sigma=\sigma_0$, i.e. the set of all values of w such that the equa-

tion $F(s)=w$ has, for every positive δ, a root in the strip $|\sigma-\sigma_0|<\delta$.

In the first place, it is evident that U is contained in W. Further, it is easy to see that U is everywhere dense in W. For, for sufficiently small δ (e. g. for $\delta<\frac{1}{2}(\sigma_0-1)$))

$$|F'(s)|<K(\sigma_0)$$

for all values of s in the strip $|\sigma-\sigma_0|<\delta$, so that

$$|F(\sigma_0+it)-F(\sigma_1+it)|<K(\sigma_0)|\sigma_1-\sigma_0|, |\sigma_1-\sigma_0|<\delta \qquad (11.3)$$

Now each value w in W is assumed by $F(s)$ either on the line $\sigma=\sigma_0$, in which case it is a u, or at points σ_1+it arbitrarily near the line, in which case, in virtue of (11.3), we can find a u such that

$$|w-u|<K(\sigma_0)|\sigma_1-\sigma_0|<\epsilon$$

We now proceed to prove that *W is identical with V*. Since U is contained in and is everywhere dense in both V and W, it follows that each of V and W is everywhere dense in the other. It is therefore obvious that W is contained in V, if V is closed.

We shall see presently that much more than this is true, viz. that V consists of all points of an area, including the boundary. The following direct proof that V is closed is, however, very instructive.

Let v^* be a limit-point of V, and let $v_\nu (\nu=1,2,\cdots)$ be a sequence of v's tending to v^*. To each v_ν corresponds a point $P_\nu(\theta_{1,\nu}, \theta_{2,\nu}, \cdots)$ in the space of an infinite number of dimensions defined by $0 \leqslant \theta_{n,\nu} < 1$ ($n=1$, 2, $\cdots$), such that $\Phi(\sigma_0, \theta_{1,\nu}, \cdots) = v_\nu$.

Now since (P_ν) is a bounded set of points (i.e. all the coordinates are bounded), it has a limit-point $P^*(\theta_1^*, \theta_2^*, \cdots)$, i.e. a point such that from (P_ν) we can choose a sequence (P_{ν_r}) such that each coordinate θ_{n,ν_r} of P_{ν_r}, tends to the limit θ_n^* as $r \to \infty$.

It is now easy to prove that P^* corresponds to v^*, i.e. that
$$\Phi(\sigma_0, \theta_1^*, \cdots) = v^*$$
so that v^* is a point of V. For the series for v_{ν_r}, viz.
$$\sum_{n=1}^{\infty} f_n(p_n^{-\sigma_0} e^{2\pi i \theta_{n,\nu_r}})$$
is uniformly. convergent with respect to r, since (by Weierstrass's M-test) it is uniformly convergent with respect to all the θ's; further, the nth term tends to $f_n(p_n^{-\sigma_0} e^{2\pi i \theta_n^*})$ as $r \to \infty$. Hence
$$v^* = \lim_{r \to \infty} v_{\nu_r} = \lim_{r \to \infty} \sum_{n=1}^{\infty} f_n(p_n^{-\sigma_0} e^{2\pi i \theta_{n,\nu_r}}) = \Phi(\sigma_0, \theta_1^*, \cdots)$$
which proves our result.

To establish the identity of V and W it remains to prove that V is contained in W. It is obviously sufficient (and also necessary) for this that W should be closed. But that W is close does not follow, as might perhaps be supposed, from the mere fact that W is the set of values taken by a bounded analytic function in the immediate neighbourhood of a line. Thus e^{-z^2} is bounded and arbitrarily near to 0 in every strip including the real axis, but

never actually assumes the value 0. The fact that W is closed (which we shall not prove directly) depends on the special nature of the functions $F(s)$.

Let $v = \Phi(\sigma_0, \theta_1, \theta_2, \cdots)$ be an arbitrary value contained in V. We have to show that v is a member of W, i.e. that, in every strip

$$|\sigma - \sigma_0| < \delta$$

$F(s)$ assumes the value v. Let

$$G(s) = \sum_{n=1}^{\infty} f_n(p_n^{-s} e^{2\pi i \theta_n})$$

so that $G(\sigma_0) = v$. We choose a small circle C with centre σ_0 and radius less than δ such that $G(s) \neq v$ on the circumference. Let m be the minimum of $|G(s) - v|$ on C.

Kronecker's theorem enables us to choose t_0 such that, for every s in C

$$|F(s + it_0) - G(s)| < m$$

The proof is almost exactly the same as that used to show that U is everywhere dense in V. The series for $F(s)$ and $G(s)$ are uniformly convergent in the strip, and, for each fixed N, $\sum_{1}^{N} f_n(p_n^{-\sigma} e^{2\pi i \mu_n})$ is a continuous function of σ, $\mu_1, \cdots, \mu_N$. It is therefore sufficient to show that we can choose t_0 so that the difference between the arguments of p_n^{-s} at $s = \sigma_0 + it_0$ and $p_n^{-s} e^{2\pi i \theta_n}$ at $s = \sigma_0$, and consequently that between the respective arguments at every pair of corresponding points of the two circles is (mod 2π) arbitrarily small for $n = 1, 2, \cdots, N$. The possibility of this choice follows at once from Kronecker's theorem.

We now have
$$F(\varepsilon+it_0)-v=\{G(s)-v\}+\{F(s+it_0)-G(s)\}$$
and on the circumference of C
$$|F(s+it_0)-G(s)|<m\leqslant|G(s)-v|$$
Hence, by Rouché's theorem, $F(s+it_0)-v$ has in C the same number of zeros as $G(s)-v$, and so at least one. This proves the theorem.

11.5. We now proceed to the study of the set V. Let V_n be the set of values taken by $f_n(p_n^{-s})$ for $\sigma=\sigma_0$, i.e. the set taken by $f_n(z)$ for $|z|=p_n^{-\sigma_0}$. Then V is the 'sum' of the sets of points V_1, V_2, $\cdots$, i.e. it is the set of all values $v_1+v_2+\cdots$, where v_1 is any point of V_1, v_2 any point of V_2, and so on. For the function $\log \zeta(s)$, V_n consists of the points of the curve described by $-\log(1-z)$ as z describes the circle $|z|=p_n^{-\sigma_0}$; for $\zeta'(s)/\zeta(s)$ it consists of the points of the curve described by
$$-(z\log p_n)/(1-z)$$

We begin by considering the function $\zeta'(s)/\zeta(s)$. In this case we can find the set V explicitly. Let
$$w_n=-\frac{z_n\log p_n}{1-z_n}$$
As z_n describes the circle $|z_n|=p_n^{-\sigma_0}$, w_n describes the circle with centre
$$c_n=-\frac{p_n^{-2\sigma_0}\log p_n}{1-p_n^{-2\sigma_0}}$$
and radius

第二部分　中外名家论 Riemann 函数与 Riemann 猜想

$$\rho_n = \frac{p_n^{-\sigma_0} \log p_n}{1 - p_n^{-2\sigma_0}}$$

Let

$$w_n = c_n + w'_n = c_n + \rho_n e^{i\phi_n}$$

and let

$$c = \sum_{n=1}^{\infty} c_n = \frac{\zeta'(2\sigma_0)}{\zeta(2\sigma_0)}$$

Then V is the set of all the values of

$$c + \sum_{n=1}^{\infty} \rho_n e^{i\phi_n}$$

for independent ϕ_1, ϕ_2, $\cdots$. The set V' of the values of $\sum \rho_n e^{i\phi_n}$ is the 'sum' of an infinite number of circles with centre at the origin, whose radii ρ_1, ρ_2, $\cdots$ form, as it is easy to see, a decreasing sequence. Let V'_n denote the nth circle.

Then $V'_1 + V'_2$ is the area swept out by the circle of radius ρ_2 as its centre describes the circle with centre the origin and radius ρ_1. Hence, since $\rho_2 < \rho_1$, $V'_1 + V'_2$ is the annulus with radii $\rho_1 - \rho_2$ and $\rho_1 + \rho_2$.

The argument clearly extends to any finite number of terms. Thus $V'_1 + \cdots + V'_N$ consists of all points of the annulus

$$\rho_1 - \sum_{n=2}^{N} \rho_n \leq |w| \leq \sum_{n=1}^{\infty} \rho_n$$

or, if the left-hand side is negative, of the circle

$$|w| \leq \sum_{n=1}^{N} \rho_n$$

It is now easy to see that

(i) if $\rho_1 > \rho_2 + \rho_3 + \cdots$, the set V' consists of all points w of the annulus

$$\rho_1 - \sum_{n=2}^{N} \rho_n \leq |w| \leq \sum_{n=1}^{\infty} \rho_n$$

(ii) if $\rho_1 \leq \rho_2 + \rho_3 + \cdots$, V' consists of all points w for which

$$|w| \leq \sum_{n=1}^{\infty} \rho_n$$

For example, in case (ii), let w_0 be an interior point of the circle. Then we can choose N so large that

$$\sum_{N+1}^{\infty} \rho_n < \sum_{n=1}^{N} \rho_n - |w_0|$$

Hence

$$w_1 = w_0 - \sum_{N+1}^{\infty} \rho_n e^{i\phi_n}$$

lies within the circle $V'_1 + \cdots + V'_N$ for any values of the ϕ_n, e. g. for $\phi_{N+1} = \cdots = 0$. Hence

$$w_1 = \sum_{n=1}^{N} \rho_n e^{i\phi_n}$$

for some values of $\phi_1, \cdots, \phi_n$, and so

$$w_0 = \sum_{n=1}^{N} \rho_n e^{i\phi_n}$$

as required. That V' also includes the boundary in each case is clear on taking all the ϕ_n equal.

The complete result is that there is an absolute constant $D = 2.57\cdots$, determined as the root of the equation

$$\frac{2^{-D} \log 2}{1 - 2^{-2D}} = \sum_{n=2}^{\infty} \frac{p_n^{-D} \log p_n}{1 - p_n^{-2D}}$$

such that for $\sigma_0 > D$ we are in case (i), and for $1 < \sigma_0 \leq D$

we are in case (ii). The radius of the outer boundary of V' is

$$R = \frac{\zeta'(2\sigma_0)}{\zeta(2\sigma_0)} - \frac{\zeta(\sigma_0)}{\zeta(\sigma_0)}$$

in each case; the radius of the inner boundary in case (i) is

$$r = 2\rho_1 - R = 2^{1-\sigma_0}\log 2/(1-2^{-2\sigma_0}) - R$$

Summing up, we have the following results for $\zeta'(s)/\zeta(s)$

Theorem 11.5 (A). *The values which $\zeta'(s)/\zeta(s)$ takes on the line $\sigma = \sigma_0 > 1$ form a set everywhere dense in a region $R(\sigma_0)$. If $\sigma_0 > D$, $R(\sigma_0)$ is the annulus (boundary included) with centre c and radii r and R; if $\sigma_0 \leq D$, $R(\sigma_0)$ is the circular area (boundary included) with centre c and radius R; c, r, and R are continuous functions of σ_0 defined by*

$$c = \frac{\zeta'(2\sigma_0)}{\zeta(2\sigma_0)}$$

$$R = c - \frac{\zeta'(\sigma_0)}{\zeta(\sigma_0)}$$

$$r = \frac{2^{1-\sigma_0}\log 2}{(1-2^{-2\sigma_0})} - R$$

Further, as $\sigma_0 \to \infty$

$\lim c = \lim r = \lim R = 0, \lim c/R = \lim (R-r)/R = 0$ as $\sigma_0 \to D$, $\lim r = 0$; and as $\sigma_0 \to 1$, $\lim R = \infty$, $\lim c = \zeta'(2)/\zeta(2)$.

Theorem 11.5 (B). *The set of values which $\zeta'(s)/\zeta(s)$ takes in the immediate neighbourhood of $\sigma = \sigma_0$ is* identical with $R(\sigma_0)$. In particular, since c tends to a finite limit and R to infinity as $\sigma_0 \to 1$, $\zeta'(s)/\zeta(s)$ takes all values infinitely often in the strip $1<\sigma<1+\delta$, for an arbitrary positive δ.

The above results evidently enable us to study the set of points at which $\zeta'(s)/\zeta(s)$ takes the assigned value a. We confine ourselves to giving the result for $a=0$; this is the most interesting case, since the zeros of $\zeta'(s)/\zeta(s)$ are identical with those of $\zeta'(s)$.

Theorem 11.5 (C). *There is an absolute constant* E, *between* 2 *and* 3, *such that* $\zeta'(s) \neq 0$ *for* $\sigma > E$, *while* $\zeta'(s)$ *has an infinity of zeros in every strip between* $\sigma = 1$ *and* $\sigma = E$.

In fact it is easily verified that the annulus $R(\sigma_0)$ includes the origin if $\sigma_0 = 2$, but not if $\sigma_0 = 3$.

11.6. We proceed now to the study of $\log \zeta(s)$. In this case the set V consists of the 'sum' of the curves V_n described by the points

$$w_n = -\log(1-z_n)$$

as z_n describes the circle $|z_n| = p_n^{-\sigma_0}$.

In the first place, V_n is a convex curve. For if

$$u+iv = w = f(z) = f(x+iy)$$

and z describes the circle $|z| = r$, then

$$\frac{du}{dx} + i\frac{dv}{dx} = f'(z)\left(1 + i\frac{dy}{dx}\right) = f'(z)\frac{x+iy}{iy}$$

Hence

$$\arctan \frac{dv}{du} = \arg\{zf'(z)\} - \frac{1}{2}\pi$$

第二部分　中外名家论 Riemann 函数与 Riemann 猜想

A sufficient condition that w should describe a convex curve as z describes $|z|=r$ is that the tangent to the path of w should rotate steadily through 2π as z describes the circle, i.e. that $\arg\{zf'(z)\}$ should increase steadily through 2π. This condition is satisfied in the case $f(z)=-\log(-z)$; for $zf'(z)=z/(1-z)$ describes a circle enclosing the origin as z describes $|z|=r<1$.

If $z=re^{i\theta}$, and $w=-\log(1-z)$, then
$$u=-\frac{1}{2}\log(1-2r\cos\theta+r^2), v=\arctan\frac{r\sin\theta}{1-r\cos\theta}$$

The second equation leads to
$$r\cos\theta=\sin^2 v\pm\cos v(r^2-\sin^2 v)^{\frac{1}{2}}$$

Hence, for real r and θ, $|v|<\arcsin r$. If $\cos\theta_1$ and $\cos\theta_2$ are the two values of $\cos\theta$ corresponding to a given v,
$$(1-2r\cos\theta_1+r^2)(1-2r\cos\theta_2+r^2)=(1-r^2)^2$$

Hence if u_1 and u_2 are the corresponding values of u
$$u_1+u_2=-\log(1-r^2)$$

The curve V_n is therefore convex and symmetrical about the lines
$$u=-\frac{1}{2}\log(1-r^2), v=0$$

Its diameters in the u and v directions are $\frac{1}{2}\log\{(1+r)/(1-r)\}$ and $\arcsin r$.

Let
$$c_n=-\frac{1}{2}\log(1-p_n^{-2\sigma_0})$$

and

$$w_n = c_n + w'_n$$
$$c = \sum_{n=1}^{\infty} c_n = \frac{1}{2}\log \zeta(2\sigma_0)$$

Then the points w'_n describe symmetrical convex figures with centre the origin. Let V' be the 'sum' of these figures.

It is now easy, by analogy with the previous case, to imagine the result. *The set V', which is plainly symmetrical about both axes, is either* (i) *the region bounded by two convex curves, one of which is entirely interior to the other, or* (ii) *the region bounded by a single convex curve. In each case the boundary is included as part of the region.*

This follows from a general theorem of Bohr on the 'summation' of a series of convex curves.

For our present purpose the following weaker but more obvious results will be sufficient. The set V' is included in the circle with centre the origin and radius

$$R = \sum_{n=1}^{\infty} \frac{1}{2}\log \frac{1+p_n^{-\sigma_0}}{1-p_n^{-\sigma_0}} = \frac{1}{2}\log \frac{\zeta^2(\sigma_0)}{\zeta(2\sigma_0)}$$

If σ_0 is sufficiently large, V' lies entirely outside the circle of radius

$$\arcsin 2^{-\sigma_0} - \sum_{n=2}^{\infty} \frac{1}{2}\log \frac{1+p_n^{-\sigma_0}}{1-p_n^{-\sigma_0}} =$$
$$\arcsin 2^{-\sigma_0} + \frac{1}{2}\log \frac{1+2^{-\sigma_0}}{1-2^{-\sigma_0}} - R$$

If

$$\sum_{n=2}^{\infty} \arcsin p_n^{-\sigma_0} > \frac{1}{2}\log \frac{1+2^{-\sigma_0}}{1-2^{-\sigma_0}}$$

and so if σ_0 is sufficiently near to 1, V' includes all points inside the circle of radius

$$\sum_{n=1}^{\infty} \arcsin p_n^{-\sigma_0}$$

In particular V' includes any given area, however large, if σ_0 is sufficiently near to 1.

We cannot, as in the case of circles, determine in all circumstances whether we are in case (ⅰ) or case (ⅱ). It is not obvious, for example, whether there exists an absolute constant D' such that we are in case (ⅰ) or (ⅱ) according as $\sigma_0 > D'$ or $1 < \sigma_0 \leqslant D'$. The discussion of this point demands a closer investigation of the geometry of the special curves with which we are dealing, and the question would appear to be one of considerable intricacy.

The relations between U, V, and W now give us the following analogues for $\log \zeta(s)$ of the results $\zeta'(s)/\zeta(s)$.

Theorem 11.6 (A). *On each line $\sigma = \sigma_0 > 1$ the values of $\log \zeta(s)$ are everywhere dense in a region $R(\sigma_0)$ which is either (ⅰ) the ring-shaped area bounded by two convex curves, or (ⅱ) the area bounded by one convex curve. For sufficiently large values of σ_0 we are in case (ⅰ), and for values of σ_0 sufficiently near to 1 we are in case (ⅱ).*

Theorem 11.6 (B). *The set of values which $\log \zeta(s)$ takes in the immediate neighbourhood of $\sigma = \sigma_0$ is identical with $R(\sigma_0)$. In particular, since $R(\sigma_0)$ in-*

cludes any given finite area when σ_0 is sufficiently near 1, log $\zeta(s)$ takes every value an infinity of times in $1<\sigma<1+\delta$.

As a consequence of the last result, we have

Theorem 11.6 (C). *the function $\zeta(s)$ takes every value except 0 an infinity of times in the strip $1<\sigma<1+\delta$.*

This is a more precise form of Theorem 11.1.

11.7. We have seen above that log $\zeta(s)$ takes any assigned value a an infinity of times in $\sigma>1$. It is natural to raise the question *how often* the value a is taken, i.e. the question of the behaviour for large T of the number $M_a(T)$ of roots of log $\zeta(s)=a$ in $\sigma>1$, $0<t<T$. This question is evidently closely related to the question as to how often, as $t\to\infty$, the point $(a_1t, a_2t, \cdots, a_Nt)$ of Kronecker's theorem, which, in virtue of the theorem, comes (mod 1) arbitrarily near every point in the N-dimensional unit cube, comes within a given distance of an assigned point $(b_1, b_2, \cdots, b_N)$. The answer to this last question is given by the following theorem, which asserts that, roughly speaking, the point $(a_1t, \cdots, a_Nt)$ comes near every point of the unit cube equally often, i.e. it does not give a preference to any particular region of the unit cube.

Let $a_1, \cdots, a_N$ be linearly independent, and let γ be a region of the N-dimensional unit cube with volume Γ (in the Jordan sense). Let $I_\gamma(T)$ be the sum of the intervals between $t=0$ and $t=T$ for which the point $P(a_1t,\cdots,a_Nt)$ is (mod 1) inside γ. Then

$$\frac{\lim_{T\to\infty} I_\gamma(T)}{T} = \Gamma$$

The region γ is said to have the volume Γ in the Jordan sense, if, given ϵ, we can find two sets of cubes with sides parallel to the axes, of volumes Γ_1 and Γ_2, included in and including γ respectively, such that

$$\Gamma_1 - \epsilon \leq \Gamma \leq \Gamma_2 + \epsilon$$

If we call a point with coordinates of the form $(a_1 t, \cdots, a_N t)$, mod 1, an 'accessible' point, Kronecker's theorem states that the accessible points are everywhere dense in the unit cube C. If now γ_1, γ_2 are two equal cubes with sides parallel to the axes, and with centres at accessible points P_1 and P_2, corresponding to t_1 and t_2, it is easily seen that

$$\frac{\lim I_{\gamma_1}(T)}{I_{\gamma_2}(T)} = 1$$

For $(a_1 t, \cdots, a_N t)$ will lie inside γ_2 when and only when $\{a_1(t + t_2 - t_1), \cdots\}$ lies inside γ_1.

Consider now a set of p non-overlapping cubes c, inside C, of side ϵ, each of which has its centre at an accessible point, and q of which lie inside γ; and a set of P overlapping cubes c', also centred on accessible points, whose union includes C and such that γ is included in a union of Q of them. Since the accessible points are everywhere dense, it is possible to choose the cubes such that q/P and Q/p are arbitrarily near to Γ. Now, denoting by $\sum_\gamma I_c(T)$ the sum of t-intervals in $(0, T)$ corresponding to the cubes c which lie in γ, and so on

$$\frac{\sum_{\gamma} I_c(T)}{\sum_C I_{c'}(T)} \leq \frac{I_\gamma(T)}{T} \leq \frac{\sum_{\gamma} I_{c'}(T)}{\sum_C I_c(T)}$$

Making $T \to \infty$ we obtain

$$\frac{q}{P} \leq \varlimsup_{T \to \infty} \frac{I_\gamma(T)}{T} \leq \frac{Q}{p}$$

and the result follows.

11.8. We can now prove

Theorem 11.8 (A). *If $\sigma = \sigma_0 > 1$ is a line on which $\log \zeta(s)$ comes arbitrarily near to a given number a, then in every strip $\sigma_0 - \delta < \sigma < \sigma_0 + \delta$ the value a is taken more than $K(a, \sigma_0, \delta) T$ times, for large T, in $0 < t < T$.*

To prove this we have to reconsider the argument of the previous sections, used to establish the existence of a root of $\log \zeta(s) = a$ in the strip, and use Kronecker's theorem in its generalized form. We saw that a sufficient condition that $\log \zeta(s) = a$ may have a root inside a circle with centre $\sigma_0 + it_0$ and radius 2δ is that, for a certain N and corresponding numbers $\theta_1, \cdots, \theta_N$, and a certain $\eta = \eta(\sigma_0, \delta, \theta_1, \cdots, \theta_N)$

$$|-t_0 \log p_n - 2\pi \theta_n - 2\pi g_n| < \eta, n = 1, 2, \cdots, N$$

From the generalized Kronecker's theorem it follows that the sum of the intervals between 0 and T in which t_0 satisfies this condition is asymptotically equal to $\left(\frac{\eta}{2\pi}\right)^N T$, and it is therefore greater than $\frac{1}{2}\left(\frac{\eta}{2\pi}\right)^N T$ for large T.

1074

Hence we can select more than $\frac{1}{8}\left(\frac{\eta}{2\pi}\right)^N T/\delta$ numbers t_0' in them, no two of which differ by less than 4δ. If now we describe circles with the points σ_0+it_0' as centres and radius 2δ, these circles will not overlap, and each of them will contain a zero of $\log \zeta(s)-a$. This gives the desired result.

We can also prove

Theorem 11.8 (B). *There are positive constants $K_1(\alpha)$ and $K_2(\alpha)$ such that the number $M_a(T)$ of zeros of $\log \zeta(s)-a$ in $\sigma>1$ satisfies the inequalities*
$$K_1(a)T<M_a(T)<K_2(a)T$$

The lower bound follows at once from the above theorem. The upper bound follows from the more general result that if b is any given constant, the number of zeros of $\zeta(s)-b$ in $\sigma>\frac{1}{2}+\delta(\delta>0)$, $0<t<T$, is $O(T)$ as $T\to\infty$.

The proof of this is substantially the same as that of Theorem 9.15 (A), the function $\zeta(s)-b$ playing the same part as $\zeta(s)$ did there. Finally the number of zeros of $\log \zeta(s)-a$ is not greater than the number of zeros of $\zeta(s)-e^a$, and so is $O(T)$.

11.9. We now turn to the more difficult question of the behaviour of $\zeta(s)$ in the critical strip. The difficulty, of course, is that $\zeta(s)$ is no longer represented by an absolutely convergent Dirichlet series. But by a device like that used in the proof of Theorem 9.17, we are able to obtain in the critical strip results analogous to those already obtained in the region of absolute convergence.

As before we consider $\log \zeta(s)$. For $\sigma \leq 1$, $\log \zeta(s)$ is defined, on each line $t=$ constant which does not pass through a singularity, by continuation along this line from $\sigma > 1$.

We require the following lemma.

Lemma. *If $f(z)$ is regular for $|z-z_0| \leq R$, and*

$$\iint_{|z-z_0| \leq R} |f(z)|^2 dxdy = H$$

then

$$|f(z)| \leq \frac{(H/\pi)^{\frac{1}{2}}}{R-R'} \quad (|z-z_0| \leq R' < R)$$

For if $|z'-z_0| \leq R'$

$$\{f(z')\}^2 = \frac{1}{2\pi i} \int_{|z-z'|=r} \frac{\{f(z)\}^2}{z-z'} dz = \frac{1}{2\pi} \int_0^{2\pi} \{f(z'+re^{i\theta})\}^2 d\theta$$

Hence

$$|f(z')|^2 \int_0^{R-R'} rdr \leq \frac{1}{2\pi} \int_0^{R-R'} \int_0^{2\pi} |f(z'+re^{i\theta})|^2 rdrd\theta \leq \frac{H}{2\pi}$$

and the result follows.

Theorem 11.9. *Let σ_0 be a fixed number in the range $\frac{1}{2} < \sigma \leq 1$. Then the values which $\log \zeta(s)$ takes on $\sigma = \sigma_0$, $t > 0$, are everywhere dense in the whole plane.*

Let

$$\zeta_N(s) = \zeta(s) \prod_{n=1}^{N} (1-p_n^{-s})$$

第二部分 中外名家论 Riemann 函数与 Riemann 猜想

This function is similar to the function $\zeta(s)M_X(s)$ of Chapter IX, but it happens to be more convenient here.

Let δ be a positive number less than $\frac{1}{2}\left(\sigma_0-\frac{1}{2}\right)$. Then it is easily seen as in §9.19 that for $N\geqslant N_0(\sigma_0,\epsilon)$, $T\geqslant T_0=T_0(N)$

$$\int_1^T |\zeta_N(\sigma+it)-1|^2 dt < \epsilon T$$

uniformly for $\sigma_0-\delta\leqslant\sigma\leqslant\sigma_1+\delta$ ($\sigma_1>1$). Hence

$$\int_1^T \int_{\sigma_0-\delta}^{\sigma_1+\delta} |\zeta_N(\sigma+it)-1|^2 d\sigma dt < (\sigma_1-\sigma_0+2\delta)\epsilon T$$

Hence

$$\int_{\nu-\frac{1}{2}}^{\nu+\frac{1}{2}} \int_{\sigma_0-\delta}^{\sigma_1+\delta} |\zeta_N(\sigma+it)-1|^2 d\sigma dt < (\sigma_1-\sigma_0+2\delta)\sqrt{\epsilon}$$

for more than $(1-\sqrt{\epsilon})T$ integer values of ν. Since this rectangle contains the circle with centre $s=\sigma+it$, where $\sigma_0\leqslant\sigma\leqslant\sigma_1$, $\nu-\frac{1}{2}+\delta\leqslant t\leqslant\nu+\frac{1}{2}-\delta$ and radius δ, it is easily seem from the lemma that we can choose δ and ϵ so that given $0<\eta<1$, $0<\eta'<1$, we have

$$|\zeta_N(\sigma+it)-1|<\eta, \sigma_0\leqslant\sigma\leqslant\sigma_1 \qquad (11.4)$$

for a set of values of t of measure greater than $(1-\eta')T$, and for

$$N\geqslant N_0(\sigma,\eta,\eta'), T\geqslant T_0(N)$$

Let

$$R_N(s)=-\sum_{N+1}^{\infty} \log(1-p_n^{-s}), \sigma>1$$

wherelog denotes the principal value of thelogarithm. Then

$$\zeta_N(s) = \exp\{R_N(s)\}$$

We want to show that $R_N(s) = \log \zeta_N(s)$, i. e. that $|\mathrm{I}R_N(s)| < \frac{1}{2}\pi$, for $\sigma \geqslant \sigma_0$ and the value of t for which (11.4) holds. This is true for $\sigma = \sigma_1$ if σ_1 is sufficiently large, since $|R_N(s)| \to 0$ as $\sigma_1 \to \infty$. Also, by (11.4), $\mathbf{R}\zeta_N(s) > 0$ for $\sigma_0 \leqslant \sigma \leqslant \sigma_1$, so that $\mathrm{I}R_N(s)$ must remain between $-\frac{1}{2}\pi$ and $\frac{1}{2}\pi$ for all values of σ in this interval. This gives the desired result.

We have therefore

$$|R_N(s)| = |\log[1+\{\zeta_N(s)-1\}]| < 2|\zeta_N(s)-1| < 2\eta$$

for $\sigma_0 \leqslant \sigma \leqslant \sigma_1$, $N \geqslant N_0(\sigma_0, \eta, \eta')$, $T \geqslant T_0(N)$, in a set of values of t of measure greater than $(1-\eta')T$.

Now consider the function

$$F_N(\sigma_0+\mathrm{i}t) = -\sum_{n=1}^{N} \log(1-p_n^{-\sigma_0-\mathrm{i}t})$$

and in conjunction with it the function of N independent variables

$$\Phi_N(\theta_1,\cdots,\theta_N) = -\sum_{n=1}^{N} \log(1-p_n^{-\sigma_0}\mathrm{e}^{2\pi\mathrm{i}\theta_n})$$

Since $\sum p_n^{-\sigma_0}$ is divergent, it is easily seen from our previous discussion of the values taken by $\log \zeta(s)$ that the set of values of Φ_N includes any given finite region of the complex plane if N is large enough. In particular, if a is any given number, we can find a number N and values of the θ's such that

$$\Phi_N(\theta_1,\cdots,\theta_N) = a$$

We can then, by Kronecker's theorem, find a number t such that $|F_N(\sigma_0+it)-a|$ is arbitrarily small. But this in itself is not sufficient to prove the theorem, since this value of t does not necessarily make $|R_N(s)|$ small. An additional argument is therefore required.

Let

$$\Phi_{M,N} = -\sum_{n=M+1}^{N} \log(1-p_n^{-\sigma_0} e^{2\pi i\theta_n}) = \sum_{n=M+1}^{N} \sum_{m=1}^{\infty} \frac{p_n^{-m\sigma_0} e^{2\pi i m\theta_n}}{m}$$

Then, expressing the squared modulus of this as the product of conjugates, and integrating term by term, we obtain

$$\int_0^1 \int_0^1 \cdots \int_0^1 |\Phi_{M,N}|^2 d\theta_{M+1} \cdots d\theta_N = \sum_{n=M+1}^{N} \sum_{m=1}^{\infty} \frac{p^{-2m\sigma_0}}{m^2} <$$
$$\sum_{n=M+1}^{N} p_n^{-2\sigma_0} \sum_{m=1}^{\infty} \frac{1}{m^2} <$$
$$A \sum_{n=M+1}^{\infty} p_n^{-2\sigma_0}$$

which can be made arbitrarily small, by choice of M, for all N. It therefore follows from the theory of Riemann integration of a continuous function that, given ϵ, we can divide up the $(N-M)$-dimensional unit cube into subcubes q_ν, each of volume λ, in such a way that

$$\lambda \sum_\nu \max_{q_\nu} |\Phi_{M,N}|^2 < \frac{1}{2} \epsilon^2$$

Hence for $M \geqslant M_0(\epsilon)$ and any $N > M$, we can find cubes of total volume greater than $\frac{1}{2}$ in which $|\Phi_{M,N}| < \epsilon$.

We now choose our value of t as follows.

(i) Choose M so large, and give $\theta'_1, \cdots, \theta'_M$ such

values, that
$$\Phi_M(\theta'_1, \cdots, \theta'_M) = a$$
It then follows from considerations of continuity that, give ϵ, we can find a M-dimensional cube with centre $\theta'_1, \cdots, \theta'_M$ and side $d>0$ throughout which
$$|\Phi_M(\theta'_1, \cdots, \theta'_M) - a| < \frac{1}{3}\epsilon$$

(ii) We may also suppose that M has been chosen so large that, for any value of N, $|\Phi_{M,N}| < \frac{1}{3}\epsilon$ in certain $(N-M)$-dimensional cubes of total volume greater than $\frac{1}{2}$.

(iii) Having fixed M and d, we can choose N so large that, for $T > T_0(N)$, the inequality $|R_N(s)| < \frac{1}{3}\epsilon$ holds in a set of values of t of measure greater than $(1 - \frac{1}{2}d^M)T$.

(iv) Let $I(T)$ be the sum of the intervals between 0 and T for which the point
$$\left\{ -\frac{(t \log p_1)}{2\pi}, \cdots, -\frac{(t \log p_N)}{2\pi} \right\}$$
is (mod 1) inside one of the N-dimensional cubes, of total volume greater than $\frac{1}{2}d^M$, determined by the above construction. Then by the extended Kronecker's theorem, $I(T) > \frac{1}{2}d^M T$ if T is large enough. There are therefore values of t for which the point lies in one of these cubes,

and for which at the same time $|R_N(s)|<\frac{1}{3}\epsilon$. For such a value of t

$$|\log \zeta(s)-a| \leq |F_N(s)-a|+|R_N(s)| \leq$$
$$|\Phi_M(\theta'_1,\cdots,\theta'_M)-a|+|\Phi_{M,N}|+|R_N(s)|<$$
$$\frac{1}{3}\epsilon+\frac{1}{3}\epsilon+\frac{1}{3}\epsilon=\epsilon$$

and the result follows.

11.10. Theorem 11.10. Let $\frac{1}{2}<\alpha<\beta<1$, and let a be any complex number. Let $M_{a,\alpha,\beta}(T)$ be the number of zeros of $\log \zeta(s)-a$ (defined as before) in the rectangle $\alpha<\sigma<\beta$, $0<t<T$. Then there are positive constants $K_1(a,\alpha,\beta)$, $K_2(a,\alpha,\beta)$ such that

$$K_1(a,\alpha,\beta)T<M_{a,\alpha,\beta}(T)<K_2(a,\alpha,\beta)T, T>T_0$$

We first observe that, for suitable values of the θ's, the series

$$-\sum_{n=1}^{\infty}\log(1-p_n^{-s}e^{2\pi i\theta_n})$$

is uniformly convergent in any finite region to the right of $\sigma=\frac{1}{2}$. This is true, for example, if $\theta_n=\frac{1}{2}n$ for sufficiently large values of n; for then

$$\sum_{n>n_0}p_n^{-s}e^{2\pi i\theta_n}=\sum_{n>n_0}(-1)^n p_n^{-s}$$

which is convergent for real $s>0$, and hence uniformly convergent in any finite region to the right of the imaginary axis; and for any θ's $\sum |p_n^{-s}e^{2\pi i\theta_n}|^2=\sum p_n^{-2\sigma}$ is uniformly convergent in any finite region to the right of

$\sigma = \frac{1}{2}$.

If a is any given number, and the θ's have this property, we can choose n_1 so large that

$$\left| -\sum_{n=n_1+1}^{\infty} \log(1-p_n^{-s}e^{2\pi i\theta_n}) \right| < \epsilon, \sigma = \frac{1}{2}(\alpha+\beta)$$

and at the same time so that the set of values of

$$-\sum_{n=1}^{n_1} \log(1-p_n^{-\frac{1}{2}\alpha-\frac{1}{2}\beta}e^{2\pi i\theta_n})$$

includes the circle with centre the origin and radius $|a|+\epsilon$. Hence by choosing first $\theta_{n_1+1}, \cdots$, and then $\theta_1, \cdots, \theta_{n_1}$, we can find values of the θ's, say $\theta_1', \theta_2', \cdots$, such that the series

$$G(s) = -\sum_{n=1}^{\infty} \log(1-p_n^{-s}e^{2\pi i\theta_n'})$$

is uniformly convergent in any finite region to the right of $\sigma = \frac{1}{2}$, and

$$G\left(\frac{1}{2}\alpha+\frac{1}{2}\beta\right) = a$$

We can then choose a circle C of centre $\frac{1}{2}\alpha+\frac{1}{2}\beta$ and radius $\rho < \frac{1}{4}(\beta-\alpha)$ on which $G(s) \neq a$.

Let

$$m = \min_{s \text{ on } C} |G(s)-a|$$

Now let

$$\Phi_{M,N}(s) = -\sum_{n=M+1}^{N} \log(1-p_n^{-s}e^{2\pi i\theta_n'})$$

Then, as in the previous proof

$$\int_0^1 \cdots \int_0^1 \iint_{\left|s-\frac{1}{2}\alpha-\frac{1}{2}\beta\right|\leq\frac{1}{2}(\beta-\alpha)} |\Phi_{M,N}(s)|^2 d\theta_{M+1}\cdots d\theta_N d\sigma dt <$$

$$A \sum_{M+1}^{\infty} p_n^{-2\alpha}$$

Hence for $M \geq M_0(\epsilon)$ and any $N>M$ we can find cubes of total volume greater than $\dfrac{1}{2}$ in which

$$\iint_{\left|s-\frac{1}{2}\alpha-\frac{1}{2}\beta\right|\leq\frac{1}{2}(\beta-\alpha)} |\Phi_{M,N}(s)|^2 d\sigma dt < \epsilon$$

and so in which (by the lemma of §11.9)

$$\Phi_{M,N}(s) < 2\left(\frac{\epsilon}{\pi}\right)^{\frac{1}{2}} (\beta-\alpha)^{-\frac{1}{2}}$$

$$\left(\left|s-\frac{1}{2}\alpha-\frac{1}{2}\beta\right|\leq\frac{1}{4}(\beta-\alpha)\right)$$

We also want a little more information about $R_N(s)$, viz. that $R_N(s)$ is regular, and $|R_N(s)|<\eta$, throughout the rectangle

$$\left|\sigma-\frac{1}{2}\alpha-\frac{1}{2}\beta\right|\leq\frac{1}{4}(\beta-\alpha), t_0-\frac{1}{2}\leq t\leq t_0+\frac{1}{2}$$

for a set of values of t_0 of measure greater than $(1-\eta')T$. As before it is sufficient to prove this for $\zeta_N(s)-1$, and by the lemma it is sufficient to prove that

$$\phi(t_0) = \int_\alpha^\beta d\sigma \int_{t_0-1}^{t_0+1} |\zeta_N(s)-1|^2 dt < \epsilon$$

for such t_0, by choice of N. Now

$$\int_1^T \phi(t_0) dt = \int_\alpha^\beta d\sigma \int_1^T dt_0 \int_{t_0-1}^{t_0+1} |\zeta_N(s)-1|^2 dt \leq$$

$$\int_\alpha^\beta d\sigma \int_1^{T+1} |\zeta_N(s)-1|^2 dt \int_{t-1}^{t+1} dt_0 =$$
$$2\int_\alpha^\beta d\sigma \int_1^{T+1} |\zeta_N(s)-1|^2 dt < \epsilon T$$

by choice of N as before. Hence the measure of the set where $\phi(t_0)>\sqrt{\epsilon}$ is less than $\sqrt{\epsilon T}$, and the desired result follows.

It now follows as before that there is a set of values of t_0 in $(0, T)$, of measure greater than KT, such that for $\left|s-\frac{1}{2}\alpha-\frac{1}{2}\beta\right| \leq \frac{1}{4}(\beta-\alpha)$

$$\left|\sum_{n=1}^M \log(1-p_n^{-s}e^{2\pi i\theta_n'}) - \sum_{n=1}^M \log(1-p_n^{-s-it_0})\right| < \frac{1}{4}m$$

$$|\Phi_{M,N}(s)| < \frac{1}{4}m$$

and also

$$|R_N(s+it_0)| < \frac{1}{4}m$$

At the same time we can suppose that M has been taken so large that

$$\left|G(s) + \sum_{n=1}^M \log(1-p_n^{-s}e^{2\pi i\theta_n'})\right| < \frac{1}{4}m, \sigma \geq \alpha$$

Then

$$|\log \zeta(s) - G(s)| < m$$

on the circle with centre $\frac{1}{2}\alpha+\frac{1}{2}\beta+it_0$ and radius ρ.

Hence, as before, $\log \zeta(s)-a$ has at least one zero in such a circle. The number of such circles for $0<t_0<T$ which do not overlap is plainly greater than KT. The lower bound for $M_{a,\alpha,\beta}(T)$ therefore follows; the upper

bound holds by the same argument as in the case $\sigma>1$.

It has been proved by Bohr and Jensen, by a more detailed study of the situation, that there is a $K(a,\alpha,\beta)$ such that

$$M_{a,\alpha,\beta}(T) \sim K(a,\alpha,\beta)T$$

An immediate corollary of Theorem 11.10 is that, if $N_{a,\alpha,\beta}(T)$ is the number of points in the rectangle $\frac{1}{2}<\alpha<\sigma<\beta<1$, $0<t<T$ where $\zeta(s)=a(a\neq 0)$, then

$$N_{a,\alpha,\beta}(T)>K(a,\alpha,\beta)T, T>T_0$$

For $\zeta(s)=a$ iflog $\zeta(s)=\log a$, any one value of the right-hand side being taken. This result, in conjunction with Theorem 9.17, shows that the value 0 of $\zeta(s)$, if it occurs at all in $\sigma>\frac{1}{2}$, is at any rate quite exceptional, zeros being infinitely rarer than a-values for any value of a other than zero.

NOTES FOR CHAPTER 11

11.11. Theorem 11.9 has been generalized by Voronin [1], [2], who obtained the following universal' property for $\zeta(s)$. Let D_r be the closed disc of radius $r<\frac{1}{4}$, centred at $s=\frac{3}{4}$, and let $f(s)$ be any function continuous and non-vanishing on D_r, and holomorphic on the interior of D_r. Then for any $\varepsilon>0$ there is a real number t such that

$$\max_{s\in D_r}|\zeta(s+it)-f(s)|<\varepsilon \qquad (11.5)$$

It follows that the curve

$$\gamma(t) = (\zeta(\sigma+it), \zeta'(\sigma+it), \cdots, \zeta^{(n-1)}(\sigma+it))$$

is dense in $\mathbb{C}^n$ for any fixed σ in the range $\frac{1}{2}<\sigma<1$. (In fact Voronin [1] establishes this for $\sigma=1$ also). To see this we choose a point $z=(z_0, z_1, \cdots, z_{n-1})$ with $z_0 \neq 0$, and take $f(s)$ to be a polynomial for which $f^{(m)}(\sigma)=z_m$ for $0 \leqslant m \leqslant n$. We then fix an R such that $0<R<\frac{1}{4}-\left|\sigma-\frac{3}{4}\right|$, and such that $f(s)$ is nonvanishing on the closed disc $|s-\sigma| \leqslant R$. Thus, if $r=R+\left|\sigma-\frac{3}{4}\right|$, the disc D_r contains the circle $|s-\sigma|=R$, and hence (11.5) in conjunction with Cauchy's inequality

$$|g^{(m)}(z_0)| \leqslant \frac{m!}{R^m} \max_{|z-z_0|=R} |g(z)|$$

yields

$$|\zeta^{(m)}(\sigma+it) - z_m| \leqslant \frac{m!}{R^m}\varepsilon, 0 \leqslant m < n$$

Hence $\gamma(t)$ comes arbitrarily close to z. The required result then follows, since the available z are dense in $\mathbb{C}^n$.

Voronin's work has been extended by Bagchi [1] (see also Gonek [1]) so that D_r may be replaced by any compact subset D of the strip $\frac{1}{2}<\mathbf{R}(s)<1$, whose complement in $\mathbb{C}^n$ is connected. The condition on f is then that is should be continuous and non-vanishing on D, and holomorphic on the interior (if any) of D. From this it

follows that if Φ is any continuous function, and $h_1 < h_2 < \cdots < h_m$ are real constants, then $\zeta(s)$ cannot satisfy the differential-difference equation

$$\Phi\{\zeta(s+h_1), \zeta'(s+h_1), \cdots, \zeta^{(n_1)}(s+h_1), \zeta(s+h_2)$$
$$\zeta'(s+h_2), \cdots, \zeta^{(n_2)}(s+h_2), \cdots\} = 0$$

unless Φ vanishes identically. This improves earlier results of Ostrowski [1] and Reich [1].

11.12. Levinson [6] has investigated further the distribution of the solutions $\rho_a = \beta_a + i\gamma_a$ of $\zeta(s) = a$. The principal results are that

$$\#\{\rho_a : 0 \leq \gamma_a \leq T\} = \frac{T}{2\pi}\log T + O(T)$$

and

$$\#\{\rho_a : 0 \leq \gamma_a \leq T, |\beta - \frac{1}{2}| \geq \delta\} = O_\delta(T), \delta > 0$$

Thus (c.f. §9.15) all but an infinitesimal proportion of the zeros of $\zeta(s) - a$ lie in the strip $\frac{1}{2} - \delta < \sigma < \frac{1}{2} + \delta$, however small δ may be.

In reviewing this work Montgomery (Math. Reviews 53 # 10737) quotes an unpublished result of Selberg, namely

$$\sum_{\substack{0 \leq \gamma_a \leq T \\ \beta_a \geq \frac{1}{2}}} (\beta_a - \frac{1}{2}) \sim \frac{1}{4\pi^{\frac{3}{2}}} T(\log \log T)^{\frac{1}{2}} \quad (11.6)$$

This leads to a stronger version of the above principle, in which the infinite strip is replaced by the region

$$|\sigma - \frac{1}{2}| < \frac{\phi(t)(\log \log t)^{\frac{1}{2}}}{\log t}$$

where $\phi(t)$ is any positive function which tends to infinity with t. It should be noted for comparison with (11.6) that the estimate

$$\sum_{0\leqslant\gamma_a\leqslant T}\left(\beta_a - \frac{1}{2}\right) = O(\log T)$$

implicit in Levinson's work. It need hardly be emphasized that despite his result the numbers ρ_a are far from being symmetrically distributed about the critical line.

11.13. The problem of the distribution of values of $\zeta\left(\frac{1}{2}+it\right)$ is rather different from that of $\zeta(\sigma+it)$ with $\frac{1}{2}<\sigma<1$. In the first place it is not known whether the values of $\zeta\left(\frac{1}{2}+it\right)$ are everywhere dense, though one would conjecture so. Secondly there is a difference in the rates of growth with respect to t. Thus, for a fixed $\sigma>\frac{1}{2}$, Bohr and Jessen (1), (2) have shown that there is a continuous function $F(z;\sigma)$ such that

$$\frac{1}{2T}m\{t\in[-T, T]:\log \zeta(\sigma+it) \in R\} \to$$

$$\iint_R F(x + iy; \sigma)\,dxdy, T \to \infty$$

for any rectangle $R\subset\mathbb{C}$ whose sides are parallel to the real and imaginary axes. Here, as usual, m denotes Lebesgue measure, and $\log \zeta(s)$ is defined by continuous variation along lines parallel to the real axis, using (1.9) for

$\sigma>1$. By contrast, the corresponding result for $\sigma = \frac{1}{2}$ states that

$$\frac{1}{2T}m\left\{t \in [-T, T] : \frac{\log \zeta\left(\frac{1}{2}+it\right)}{\sqrt{\left[\frac{1}{2}\{\log \log (3+|t|)\}\right]}} \in R\right\} \to$$

$$\frac{1}{2\pi}\iint_R e^{-(x^2+y^2)/2}\mathrm{d}x\mathrm{d}y, T\to\infty$$

(The right hand side gives a 2-dimensional distribution with mean 0 and variance 1.) This is an unpublished theorem of Selberg, which may be obtained via the method of Ghosh [2].

By using a different technique, based on the mean-value bounds of §7.23, Jutila [4] has obtained information on large deviations' of $\log\left|\zeta\left(\frac{1}{2}+it\right)\right|$. Specifically, he showed that there is a constant $A>0$ such that

$$m\left\{t \in [0, T] : \zeta\left(\frac{1}{2}+it\right) \geq V\right\} \ll T \exp\left(-A\frac{\log^2 V}{\log \log T}\right)$$

uniformly for $1 \leq V \leq \log T$.

第十二章 DIVISOR PROBLEMS

12.1. The divisor problem of Dirichlet is that of determining the asymptotic behaviour as $x \to \infty$ of the sum

$$D(x) = \sum_{n \leqslant x} d(n)$$

where $d(n)$ denotes, as usual, the number of divisors of n. Dirichlet proved in an elementary way that

$$D(x) = x\log x + (2\gamma - 1)x + O(x^{\frac{1}{2}}) \quad (12.1)$$

In fact

$$D(x) = \sum_{mn \leqslant x} \sum 1 = \sum_{m \leqslant \sqrt{x}} \sum_{n \leqslant \sqrt{x}} 1 + 2 \sum_{m \leqslant \sqrt{x}} \sum_{\sqrt{x} < n \leqslant x/m} 1 =$$

$$[\sqrt{x}]^2 + 2 \sum_{m \leqslant \sqrt{x}} \left(\left[\frac{x}{m}\right] - [\sqrt{x}] \right) =$$

$$2 \sum_{m \leqslant \sqrt{x}} \left[\frac{x}{m}\right] - [\sqrt{x}]^2 =$$

$$2 \sum_{m \leqslant \sqrt{x}} \left\{ \frac{x}{m} + O(1) \right\} - \{\sqrt{x} + O(1)\}^2 =$$

$$2x\{\log\sqrt{x} + \gamma + O(x^{-\frac{1}{2}})\} +$$

$$O(\sqrt{x}) - \{x + O(\sqrt{x})\}$$

and (12.1) follows. Writing

$$D(x) = x\log x + (2\gamma - 1)x + \Delta(x)$$

We thus have

$$\Delta(x) = O(x^{\frac{1}{2}}) \quad (12.2)$$

Later researches have improved this result, but the exact order of $\Delta(x)$ is still undetermined.

第二部分　中外名家论 Riemann 函数与 Riemann 猜想

The problem is closely related to that of the Riemann zeta-function. By (3.49) with $a_n = d(n)$, $s = 0$, $T \to \infty$, we have

$$D(x) = \frac{1}{2\pi i} \int_{c-i\infty}^{c+i\infty} \zeta^2(w) \frac{x^w}{w} dw, c > 1$$

provided that x is not an integer. On moving the line of integration to the left, we encounter a double pole at $w = 1$, the residue being $x\log x + (2\gamma - 1)x$, by (2.16). Thus

$$\Delta(x) = \frac{1}{2\pi i} \int_{c'-i\infty}^{c'+i\infty} \zeta^2(w) \frac{x^w}{w} dw, 0 < c' < 1$$

The more general problem of

$$D_k(x) = \sum_{n \leqslant x} d_k(n)$$

where $d_k(n)$ is the number of ways of expressing n as a product of k factors, was also considered by Dirichlet. We have

$$D_k(x) = \frac{1}{2\pi i} \int_{c-i\infty}^{c+i\infty} \zeta^k(w) \frac{x^w}{w} dw, c > 1$$

Here there is a pole of order k at $w = 1$, and the residue is of the form $xP_k(\log x)$, where P_k is a polynomial of degree $k-1$. We write

$$D_k(x) = xP_k(\log x) + \Delta_k(x) \qquad (12.3)$$

so that $\Delta_2(x) = \Delta(x)$.

The classical elementary theorem[①] of the subject is

$$\Delta_k(x) = O(x^{1-\frac{1}{k}} \log^{k-2} x), k = 2, 3, \cdots \qquad (12.4)$$

---

① See e. g. Landau (5).

We have already proved this in the case $k=2$. Now suppose that it is true in the case $k-1$. We have

$$D_k(x) = \sum_{n_1 n_2 \cdots n_k \leq x} = \sum_{mn \leq x} d_{k-1}(n) =$$

$$\sum_{m \leq x^{\frac{1}{k}}} \sum_{n \leq x/m} d_{k-1}(n) + \sum_{x^{\frac{1}{k}} < m \leq x} \sum_{n \leq x/m} d_{k-1}(n) =$$

$$\sum_{m \leq x^{\frac{1}{k}}} \sum_{n \leq x/m} d_{k-1}(n) + \sum_{n \leq x^{1-\frac{1}{k}}} d_{k-1}(n) \sum_{x^{\frac{1}{k}} < m \leq x/n} 1 =$$

$$\sum_{m \leq x^{\frac{1}{k}}} D_{k-1}\left(\frac{x}{m}\right) +$$

$$\sum_{n \leq x^{1-\frac{1}{k}}} \left\{ \frac{x}{n} - x^{\frac{1}{k}} + O(1) \right\} d_{k-1}(n) =$$

$$\sum_{m \leq x^{\frac{1}{k}}} D_{k-1}\left(\frac{x}{m}\right) + x \sum_{n \leq x^{1-\frac{1}{k}}} \frac{d_{k-1}n}{n} -$$

$$x^{\frac{1}{k}} D_{k-1}(x^{1-\frac{1}{k}}) + O\{ D_{k-1}(x^{1-\frac{1}{k}}) \}$$

Let us denote by $p_k(z)$ a polynomial in z, of degree $k-1$ at most, not always the same one. Then

$$\sum_{m \leq \xi} \frac{\log^{k-2} m}{m} = p_k(\log \xi) + O\left(\frac{\log^{k-2} \xi}{\xi}\right)$$

Hence

$$\sum_{m \leq x^{\frac{1}{k}}} \frac{x}{m} P_{k-1}\left(\frac{x}{m}\right) = x p_k(\log x) + O(x^{1-\frac{1}{k}} \log^{k-2} x)$$

Also

$$\sum_{m \leq x^{\frac{1}{k}}} \Delta_{k-1}\left(\frac{x}{m}\right) = O\left\{ x^{1-\frac{1}{k-1}} \log^{k-3} x \sum_{m \leq x^{\frac{1}{k}}} \frac{1}{m^{1-\frac{1}{k-1}}} \right\} =$$

$$O\{ x^{1-\frac{1}{k-1}} \log^{k-3} x \cdot x^{1/\{k(k-1)\}} \} =$$

$$O(x^{1-\frac{1}{k}} \log^{k-3} x)$$

The next term is

$$x \sum_{n \leqslant x^{1-\frac{1}{k}}} \frac{D_{k-1}(n) - D_{k-1}(n-1)}{n} =$$

$$x \sum_{n \leqslant x^{1-\frac{1}{k}}} \frac{D_{k-1}(n)}{n(n+1)} + \frac{xD_{k-1}(N)}{N+1}$$

where $N = [x^{1-\frac{1}{k}}]$. Now

$$x \sum_{n \leqslant x^{1-\frac{1}{k}}} \frac{P_{k-1}(\log n)}{n+1} + x\frac{NP_{k-1}(\log N)}{N+1} =$$

$$xp_k(\log x) + O(x^{\frac{1}{k}}\log^{k-2} x)$$

and

$$x \sum_{n \leqslant x^{1-\frac{1}{k}}} \frac{\Delta_{k-1}(n)}{n(n+1)} + \frac{x\Delta_{k-1}(N)}{N+1} =$$

$$Cx - x \sum_{n > x^{1-\frac{1}{k}}} \frac{\Delta_{k-1}(n)}{n(n+1)} + \frac{x\Delta_{k-1}(N)}{N+1} =$$

$$Cx - x \sum_{n > x^{1-\frac{1}{k}}} O\left\{\frac{\log^{k-3} n}{n^{1+\frac{1}{k-1}}}\right\} + O(xN^{-\frac{1}{k-1}}\log^{k-3} N) =$$

$$Cx + O(x^{1-\frac{1}{k}}\log^{k-3} x)$$

Finally

$$x^{\frac{1}{k}}D_{k-1}(x^{1-\frac{1}{k}}) = x^{\frac{1}{k}}\{x^{1-\frac{1}{k}}P_{k-1}(\log x^{1-\frac{1}{k}}) +$$

$$O(x^{(1-\frac{1}{k})(1-\frac{1}{k-1})}\log^{k-3} x)\} =$$

$$xp_{k-1}(\log x) + O(x^{1-\frac{1}{k}}\log^{k-3} x)$$

This proves (12.4).

We may define the order α_k of $\Delta_k(x)$ as the least number such that

$$\Delta_k(x) = O(x^{\alpha_k + \epsilon})$$

for every positive ϵ. Thus it follows from (12.4) that

$$\alpha_k \leq \frac{k-1}{k}, k = 2, 3, \cdots \qquad (12.5)$$

The exact value of α_k has not been determined for any value of k.

12.2. The simplest theorem which goes beyond this elementary result is

Theorem 12.2. [1]

$$\alpha_k \leq \frac{k-1}{k+1}, k = 2, 3, 4, \cdots$$

Take $a_n = d_k(n)$, $\psi(n) = n^\epsilon$, $\alpha = k$, $s = 0$, and let x be half an odd integer, in Lemma 3.12. Replacing w by s, this gives

$$D_k(x) = \frac{1}{2\pi i} \int_{c-iT}^{c+iT} \zeta^k(s) \frac{x^s}{s} ds + O\left(\frac{x^c}{T(c-1)^k}\right) + O\left(\frac{x^{1+\epsilon}}{T}\right), c > 1$$

Now take the integral round the rectangle $-a-iT$, $c-iT$, $c+iT$, $-a+iT$, where $a>0$. We have, by (5.1) and the Phragmén-Lindelöf principle

$$\zeta(s) = O(t^{(a+\frac{1}{2})(c-\sigma)/(a+c)})$$

in the rectangle. Hence

$$\int_{-a+iT}^{c+iT} \zeta^k(s) \frac{x^s}{s} ds = O\left(\int_{-a}^{c} T^{k(a+\frac{1}{2})(c-\sigma)/(a+c)-1} x^\sigma d\sigma\right) = O(T^{k(a+\frac{1}{2})-1} x^{-a}) + O(T^{-1} x^c)$$

since the integrand is a maximum at one end or the other of the range of integration. A similar result holds for the

---

① Voronoi (1), Landau (5).

第二部分 中外名家论 Riemann 函数与 Riemann 猜想

integral over
$$(-a-iT,\ c-iT)$$

The residue at $s=1$ is $xP_k(\log x)$, and the residue at $s=0$ is
$$\zeta^k(0) = O(1)$$

Finally
$$\int_{-a-iT}^{-a+iT} \zeta^k(s)\frac{x^s}{s}ds = \int_{-a-iT}^{-a+iT} \chi^k(s)\zeta^k(1-s)\frac{x^s}{s}ds =$$
$$\sum_{n=1}^{\infty} d_k(n) \int_{-a-iT}^{-a+iT} \frac{\chi^k(s)x^s}{n^{1-s}}ds =$$
$$ix^{-a}\sum_{n=1}^{\infty}\frac{d_k(n)}{n^{1+a}}\int_{-T}^{T}\frac{\chi^k(-a+it)}{-a+it}(nx)^{it}dt$$

For $1 \leqslant t \leqslant T$
$$\chi(-a+it) = Ce^{-it\log t + it\log 2\pi + it}t^{a+\frac{1}{2}} + O(t^{a-\frac{1}{2}})$$
and
$$\frac{1}{-a+it} = \frac{1}{it} + O\left(\frac{1}{t^2}\right)$$

The corresponding part of the integral is therefore
$$iC^k\int_1^T e^{ikt(-\log t + \log 2\pi + 1)}(nx)^{it}t^{\left(a+\frac{1}{2}\right)k-1}dt + O(T^{\left(a+\frac{1}{2}\right)k-1})$$

provided that $\left(a+\frac{1}{2}\right)k > 1$. This integral is of the form considered in Lemma 4.5, with
$$F(t) = kt(-\log t + \log 2\pi + 1) + t\log nx$$

Since
$$F''(t) = -\frac{k}{t} \leqslant -\frac{k}{T}$$

the integral is
$$O(T^{\left(a+\frac{1}{2}\right)k-\frac{1}{2}})$$

uniformly with respect to n and x. A similar result holds for the integral over $(-T, -1)$, while the integral over $(-1, 1)$ is bounded. Hence

$$\Delta_k(x) = O\left(\frac{x^c}{T(c-1)^k}\right) + O\left(\frac{x^{1+\epsilon}}{T}\right) + O\left(\frac{T^{(a+\frac{1}{2})k-1}}{x^a}\right) +$$

$$x^{-a} \sum_{n=1}^{\infty} \frac{d_k(n)}{n^{1+a}} O(T^{(a+\frac{1}{2})k-\frac{1}{2}}) =$$

$$O\left(\frac{x^c}{T(c-1)^k}\right) + O\left(\frac{x^{1+\epsilon}}{T}\right) + O\left(\frac{T^{(a+\frac{1}{2})k-\frac{1}{2}}}{x^a}\right)$$

Taking $c = 1+\epsilon$, $a = \epsilon$, the terms are of the same order, apart from ϵ's, if

$$T = x^{2/(k+1)}$$

Hence

$$\Delta_k(x) = O(x^{(k-1)/(k+1)+\epsilon})$$

The restriction that x should be half an odd integer is clearly unnecessary to the result.

12.3. By using some of the deeper results on $\zeta(s)$ we can obtain a still better result for $k \geq 4$.

Theorem 12.3[①]

$$\alpha_k \leq \frac{k-1}{k+2}, k = 4, 5, \cdots$$

We start as in the previous theorem, but now take the rectangle as far as $\sigma = \frac{1}{2}$ only. Let us suppose that

$$\zeta\left(\frac{1}{2} + it\right) = O(t^\lambda)$$

---

① Hardy and Littlewood (4).

第二部分 中外名家论 Riemann 函数与 Riemann 猜想

Then
$$\zeta(s) = O(t^{\lambda(c-\sigma)/(c-\frac{1}{2})})$$
uniformly in the rectangle. The horizontal sides therefore give
$$O\left(\int_{\frac{1}{2}}^{c} T^{k\lambda(c-\sigma)/(c-\frac{1}{2})-1} x^{\sigma} d\sigma\right) = O(T^{k\lambda-1} x^{\frac{1}{2}}) + O(T^{-1} x^{c})$$

Also
$$\int_{\frac{1}{2}-iT}^{\frac{1}{2}+iT} \zeta^k(s) \frac{x^s}{s} ds = O(x^{\frac{1}{2}}) + O\left(x^{\frac{1}{2}} \int_{1}^{T} \left|\zeta\left(\frac{1}{2}+it\right)\right|^k \frac{dt}{t}\right)$$

Now
$$\int_{1}^{T} \left|\zeta\left(\frac{1}{2}+it\right)\right|^k \frac{dt}{t} \leqslant$$
$$\max_{1 \leqslant t \leqslant T} \left|\zeta\left(\frac{1}{2}+it\right)\right|^{k-4} \int_{1}^{T} \left|\zeta\left(\frac{1}{2}+it\right)\right|^4 \frac{dt}{t} =$$
$$O\left\{T^{(k-4)\lambda} \int_{1}^{T} \left|\zeta\left(\frac{1}{2}+it\right)\right|^4 \frac{dt}{t}\right\}$$

Also
$$\phi(T) = \int_{1}^{T} \left|\zeta\left(\frac{1}{2}+it\right)\right|^4 dt = O(T^{1+\epsilon})$$
by (7.14), so that
$$\int_{1}^{T} \left|\zeta\left(\frac{1}{2}+it\right)\right|^4 \frac{dt}{t} = \int_{1}^{T} \phi'(t) \frac{dt}{t} =$$
$$\left[\frac{\phi(t)}{t}\right]_{1}^{T} + \int_{1}^{T} \frac{\phi(t)}{t^2} dt =$$
$$O(T^{\epsilon}) + O\left(\int_{1}^{T} \frac{1}{t^{1-\epsilon}} dt\right) =$$
$$O(T^{\epsilon})$$

Hence
$$\int_{\frac{1}{2}-iT}^{\frac{1}{2}+iT} \zeta^k(s) \frac{x^s}{s} ds = O(x^{\frac{1}{2}}) + O(x^{\frac{1}{2}} T^{(k-4)\lambda+\epsilon})$$

Altogether we obtain
$$\Delta_k(x) = O(T^{-1}x^c) + O(x^{\frac{1}{2}}T^{k\lambda-1}) + O(x^{\frac{1}{2}}T^{(k-4)\lambda+\varepsilon})$$
The middle term is of smaller order than the last if $\lambda \leq \frac{1}{4}$. Taking $c = 1+\varepsilon$, the other two terms are of the same order, apart from $\varepsilon^2 s$, if
$$T = x^{1/\{2(k-4)\lambda+2\}}$$
This gives
$$\Delta_k(x) = O(x^{[\{2(k-4)\lambda+1\}/\{2(k-4)\lambda+2\}]+\epsilon})$$
Taking $\lambda = \frac{1}{6}+\epsilon$ (Theorems 5.5, 5.12) the result follows. Further slight improvments for $k \geq 5$ are obtained by using the results stated in §5.18.

12.4. The above method does not give any new result for $k = 2$ or $k = 3$. For these values slight improvements on Theorem 12.2 have been made by special methods.

Theorem 12.4. ①
$$\alpha_2 \leq \frac{27}{82}$$
The argument of §12.2 shows that
$$\Delta(x) = \frac{1}{2\pi i} \sum_{n=1}^{\infty} d(n) \int_{-a-iT}^{-a+iT} \frac{\chi^2(s)}{n^{1-s}} \frac{x^s}{s} ds +$$
$$O\left(\frac{T^{2a}}{x^a}\right) + O\left(\frac{x^c}{T}\right) \qquad (12.6)$$
where $a > 0$, $c > 1$. Let $T^2/(4\pi^2 x) = N + \frac{1}{2}$, where N is an

---

① van der Corput (4).

integer, and consider the terms with $n>N$. As before, the integral over $1 \leq t \leq T$ is of the form

$$\frac{1}{x^a n^{1+a}} \int_1^T e^{iF(t)} \{t^{2a} + O(t^{2a-1})\} dt \qquad (12.7)$$

where

$$F(t) = 2t(-\log t + \log 2\pi + 1) + t\log nx$$

$$F'(t) = \log \frac{4\pi^2 nx}{t^2}$$

Hence $F'(t) \geq \log \dfrac{n}{N+\frac{1}{2}}$, and (12.7) is

$$\frac{1}{x^a n^{1+a}} \left\{ O\left(\frac{T^{2a}}{\log\{n/(N+\frac{1}{2})\}}\right) + O(T^{2a}) \right\}$$

For $n \geq 2N$ this contributes to (12.6)

$$O\left\{ \frac{T^{2a}}{x^a} \sum_{n=2N}^{\infty} \frac{d(n)}{n^{1+a}} \right\} = O(N^\epsilon)$$

and for $N<n<2N$ it contributes

$$O\left\{ \frac{T^{2a}}{x^a} \sum_{n=N+1}^{2N} \frac{d(n)}{n^{1+a}\log\{n/(N+\frac{1}{2})\}} \right\} = O\left(N^\epsilon \sum_{m=1}^{N} \frac{1}{m}\right) = O(N^\epsilon)$$

Similarly for the integral over $-T \leq t \leq -1$; and the integral over $-1 < t < 1$ is clearly $O(x^{-a})$.

If $n \leq N$, we write

$$\int_{-a-iT}^{-a+iT} = \int_{-i\infty}^{i\infty} - \left(\int_{iT}^{i\infty} + \int_{-i\infty}^{-iT} + \int_{-iT}^{-a-iT} + \int_{-a+iT}^{iT} \right)$$

The first term is

$$\frac{1}{n} \int_{-i\infty}^{i\infty} 2^{2s} \pi^{2s-2} \sin^2 \frac{1}{2} s\pi \Gamma^2(1-s) \frac{(nx)^s}{s} ds =$$

$$-\frac{1}{n\pi^2}\int_{1-i\infty}^{1+i\infty}\cos^2\frac{1}{2}w\pi\Gamma(w)\Gamma(w-1)\cdot$$
$$\{2\pi\sqrt{(nx)^2}\}^{2-2w}\mathrm{d}w =$$
$$-4\mathrm{i}\sqrt{\left(\frac{x}{n}\right)}\left[K_1\{4\pi\sqrt{(nx)}\}+\frac{1}{2}\pi Y_1\{4\pi\sqrt{(nx)}\}\right]$$

in the usual notation of Bessel functions. ①

The first integral in the bracket is

$$\int_T^\infty \mathrm{e}^{\mathrm{i}F(t)}\left(A+\frac{A'}{t}+O(t^{-2})\right)\mathrm{d}t = O\left\{\frac{1}{\log\{(N+\frac{1}{2})/n\}}\right\}$$

which gives

$$\sum_{n=1}^N \frac{d(n)}{n\log\{(N+\frac{1}{2})/n\}} = O(N^\epsilon)$$

as before; and similarly for the second integral. The last two give

$$O\left\{\sum_{n=1}^N \frac{d(n)}{n}\int_{-a}^0 \left(\frac{nx}{T^2}\right)^\sigma \mathrm{d}\sigma\right\} = O\left\{\sum_{n=1}^N \frac{d(n)}{n}\left(\frac{T^2}{nx}\right)^a\right\} =$$
$$O\left\{\left(\frac{T^2}{x}\right)^a\right\}$$

Altogether we have now proved that

$$\Delta(x) = -\frac{2\sqrt{x}}{\pi}\sum_{n=1}^N \frac{d(n)}{\sqrt{n}}\left[K_1\{4\pi\sqrt{(nx)}\}+\right.$$
$$\left.\frac{1}{2}\pi Y_1\{4\pi\sqrt{(nx)}\}\right]+O\left(\frac{T^{2a}}{x^a}\right)+O\left(\frac{x^c}{T}\right)$$

(12.8)

---

① See, e. g. , Titchmarsh, *Fourier Integrals*, (7.9.8)(7.9.11).

By the usual asymptotic formulae[①] for Bessel functions, this may be replaced by

$$\Delta(x) = \frac{x^{\frac{1}{4}}}{\pi\sqrt{2}} \sum_{n=1}^{N} \frac{d(n)}{n^{\frac{3}{4}}} \cos\{4\pi\sqrt{(nx)} - \frac{1}{4}\pi\} +$$

$$O(x^{-\frac{1}{4}}) + O\left(\frac{T^{2a}}{x^a}\right) + O\left(\frac{x^c}{T}\right) \quad (12.9)$$

Now

$$\sum_{n=1}^{N} d(n) e^{4\pi i \sqrt{(nx)}} = 2 \sum_{m \leq \sqrt{N}} \sum_{n \leq N/m} e^{4\pi i \sqrt{(mnx)}} - \sum_{m \leq \sqrt{N}} \sum_{n \leq \sqrt{N}} e^{4\pi i \sqrt{(mnx)}} \quad (12.10)$$

Consider the sum

$$\sum_{N/2m < n \leq N/m} e^{4\pi i \sqrt{(mnx)}}$$

We apply Theorem 5.13, with $k=5$, and

$$f(n) = 2\sqrt{(mnx)}, f^{(5)}(n) = A(mx)^{\frac{1}{2}} n^{-\frac{9}{2}}$$

Hence the sum is

$$O\left\{\frac{N}{m} \left(\frac{(mx)^{\frac{1}{2}}}{(N/m)^{\frac{9}{2}}}\right)^{\frac{1}{30}}\right\} + O\left\{\left(\frac{N}{m}\right)^{\frac{7}{8}} \left(\frac{(N/m)^{\frac{9}{2}}}{(mx)^{\frac{1}{2}}}\right)^{\frac{1}{30}}\right\} =$$

$$O\{(N/m)^{\frac{17}{20}}(mx)^{\frac{1}{60}}\} + O\{(N/m)^{\frac{41}{40}}(mx)^{-\frac{1}{60}}\}$$

Replacing N by $\frac{1}{2}N$, $\frac{1}{4}N$, $\cdots$, and adding, the same result holds for the sum over $1 \leq n \leq N/m$. Hence the first term on the right of (12.10) is

$$O\left(N^{\frac{17}{20}} x^{\frac{1}{60}} \sum_{m \leq \sqrt{N}} m^{-\frac{5}{6}}\right) + O\left(N^{\frac{41}{40}} x^{-\frac{1}{60}} \sum_{m \leq \sqrt{N}} m^{-\frac{25}{24}}\right) =$$

$$O(N^{\frac{14}{15}} x^{\frac{1}{60}}) + O(N^{\frac{41}{40}} x^{-\frac{1}{60}})$$

---

① Watson, *Theory of Bessel Functions*, §§ 7.21, 7.23.

Similarly the second inner sum is

$$O\{(\sqrt{N})^{\frac{17}{20}}(mx)^{\frac{1}{60}}\}+O\{(\sqrt{N})^{\frac{41}{40}}(mx)^{-\frac{1}{60}}\}$$

and the whole sum is

$$O\Big(N^{\frac{17}{40}}x^{\frac{1}{60}}\sum_{m\leqslant\sqrt{N}}m^{\frac{1}{60}}\Big)+O\Big(N^{\frac{41}{80}}x^{-\frac{1}{60}}\sum_{m\leqslant\sqrt{N}}m^{-\frac{1}{60}}\Big)=$$

$$O\Big(N^{\frac{14}{15}}x^{\frac{1}{60}}\Big)+O\Big(N^{\frac{241}{240}}x^{-\frac{1}{60}}\Big)$$

Hence, multiplying by $e^{-\frac{1}{4}i\pi}$ and taking the real part

$$\sum_{n=1}^{N}d(n)\cos\{4\pi\sqrt{(nx)}-\frac{1}{4}\pi\}=O(N^{\frac{14}{15}}x^{\frac{1}{60}})+O(N^{\frac{41}{40}}x^{-\frac{1}{60}})$$

Using this and partial summation, (12.9) gives

$$\Delta(x)=O\big(N^{\frac{14}{15}-\frac{3}{4}}x^{\frac{1}{4}+\frac{1}{60}}\big)+O\big(N^{\frac{41}{40}-\frac{3}{4}}x^{\frac{1}{4}-\frac{1}{60}}\big)+$$

$$O(N^{a})+O\big(N^{-\frac{1}{2}}x^{c-\frac{1}{2}}\big)=$$

$$O\big(N^{\frac{11}{60}}x^{\frac{4}{15}}\big)+O\big(N^{\frac{11}{40}}x^{\frac{7}{30}}\big)+$$

$$O(N^{a})+O\big(N^{-\frac{1}{2}}x^{c-\frac{1}{2}}\big)$$

Taking $a=\epsilon$, $c=1+\epsilon$, the first and last terms are of the same order, apart from ϵ's, if

$$N=[x^{\frac{14}{41}}]$$

Hence

$$\Delta(x)=O(x^{\frac{27}{82}+\epsilon})$$

the result stated.

A similar argument may be applied to $\Delta_3(x)$. We obtain

$$\Delta_3(x)=\frac{x^{\frac{1}{3}}}{\pi\sqrt{3}}\sum_{n<T^3(8\pi^3x)}\frac{d_3(n)}{n^{\frac{2}{3}}}\cos\{6\pi(nx)^{\frac{1}{3}}\}+O\left(\frac{x^{1+\epsilon}}{T}\right)$$

(12.11)

and deduce that

$$\alpha_3 \leq \frac{37}{75}$$

The detailed argument is given by Atkinson (3).

If the series in (12.9) were absolutely convergent, or if the terms more or less cancelled each other, we should deduce that $\alpha_2 \leq \frac{1}{4}$; and it may reasonably be conjectured that this is the real truth. We shall see later that $\alpha_2 \geq \frac{1}{4}$, so that it would follow that $\alpha_2 = \frac{1}{4}$. Similarly from (12.11) we should obtain $\alpha_3 = \frac{1}{3}$; and so generally it may be conjectured that

$$\alpha_k = \frac{k-1}{2k}$$

12.5. *The average order of $\Delta_k(x)$.* We may define β_k, the average order of $\Delta_k(x)$, to be the least number such that

$$\frac{1}{x}\int_0^x \Delta_k^2(y)\,dy = O(x^{2\beta_k+\epsilon})$$

for every positive ϵ. Since

$$\frac{1}{x}\int_0^x \Delta_k^2(y)\,dy = \frac{1}{x}\int_0^x O(y^{2\alpha_k+\epsilon})\,dy = O(x^{2\alpha_k+\epsilon})$$

we have $\beta_k \leq \alpha_k$ for each k. In particular we obtain a set of upper bounds for the β_k from the above theorems.

As usual, the problem of average order is easier than that of order, and we can prove more about the β_k than about the α_k. We shall first prove the following theorem.①

Theorem 12.5. *Let γ_k be the lower bound of positive number σ for which*

$$\int_{-\infty}^{\infty} \frac{|\zeta(\sigma+it)|^{2k}}{|\sigma+it|^2} dt < \infty \qquad (12.12)$$

Then $\beta_k = \gamma_k$; and

$$\frac{1}{2\pi}\int_{-\infty}^{\infty} \frac{|\zeta(\sigma+it)|^{2k}}{|\sigma+it|^2} dt = \int_{0}^{\infty} \Delta_k^2(x) x^{-2\sigma-1} dx \qquad (12.13)$$

provided that $\sigma > \beta_k$.

We have

$$D_k(x) = \frac{1}{2\pi i} \lim_{T\to\infty} \int_{c-iT}^{c+iT} \frac{\zeta^k(s)}{s} x^s ds, c > 1$$

Applying Cauchy's theorem to the rectangle $\gamma-iT$, $c-iT$, $c+iT$, $\gamma+iT$, where γ is less than, but sufficiently near to, 1, and allowing for the residue at $s=1$, we obtain

$$\Delta_k(x) = \frac{1}{2\pi i} \lim_{T\to\infty} \int_{\gamma-iT}^{\gamma+iT} \frac{\zeta^k(s)}{s} ds \qquad (12.14)$$

Actually (12.14) holds for $\gamma_k < \gamma < 1$. For② $\zeta^k(s)/s \to 0$ uniformly as $t \to \pm\infty$ in the strip. Hence if we integrate the integrand of (12.14) round the rectangle $\gamma'-iT$, $\gamma-iT$, $\gamma+iT$, $\gamma'+iT$, where

$$\gamma_k < \gamma' < \gamma < 1$$

and make $T \to \infty$, we obtain the same result with γ' instead of γ.

---

① Titchmarsh (22).
② By an application of the lemma of §11.9.

If we replace x by $1/x$, (12.14) expresses the relation between the Mellin transforms

$$f(x) = \Delta_k\left(\frac{1}{x}\right), \quad (\mathfrak{F}) = \frac{\zeta^k(s)}{s}$$

the relevant integrals holding also in the mean-square sense. Hence Parseval's formula for Mellin transforms[①] gives

$$\frac{1}{2\pi}\int_{-\infty}^{\infty}\frac{|\zeta(\gamma+it)|^{2k}}{|\gamma+it|^2}dt = \int_0^{\infty}\Delta_k^2\left(\frac{1}{x}\right)x^{2\gamma-1}dx = \int_0^{\infty}\Delta_k^2(x)x^{-2\gamma-1}dx$$

(12.15)

provided that $\gamma_k < \gamma < 1$.

It follows that, if $\gamma_k < \gamma < 1$

$$\int_{\frac{1}{2}X}^{X}\Delta_k^2(x)x^{-2\gamma-1}dx < K = K(k,\gamma)$$

$$\int_{\frac{1}{2}X}^{X}\Delta_k^2(x)dx < KX^{2\gamma+1}$$

and, replacing X by $\frac{1}{2}X$, $\frac{1}{4}X$, $\cdots$, and adding

$$\int_1^X \Delta_k^2(x)dx < KX^{2\gamma+1}$$

Hence $\beta_k \leq \gamma$, and so $\beta_k \leq \gamma_k$.

The inverse Mellin formula is

$$\frac{\zeta^k(s)}{s} = \int_0^{\infty}\Delta_k\left(\frac{1}{x}\right)x^{s-1}dx = \int_0^{\infty}\Delta_k(x)^{-s-1}dx \quad (12.16)$$

The right-hand side exists primarily in the mean-square

---

① See Titchmarsh, *Theory of Fourier Integrals*, Theorem 71.

sense, for $\gamma_k<\sigma<1$. But actually the right-hand side is uniformly convergent in any region interior to the strip $\beta_k<\sigma<1$; for

$$\int_{\frac{1}{2}X}^{X}|\Delta_k(x)|x^{-\sigma-1}dx \leq \left\{\int_{\frac{1}{2}X}^{X}\Delta_k^2(x)dx \int_{\frac{1}{2}X}^{X}x^{-2\sigma-2}dx\right\}^{\frac{1}{2}}=$$
$$\{O(X^{2\beta_k+1+\epsilon})O(X^{-2\sigma-1})\}^{\frac{1}{2}}=$$
$$O(X^{\beta_k-\sigma+\epsilon})$$

and on putting $X=2,4,8,\cdots$, and adding we obtain

$$\int_1^\infty |\Delta_k(x)|x^{-\sigma-1}dx<K$$

It follows that the right-hand side of (12.16) represents an analytic function, regular for $\beta_k<\sigma<1$. The formula therefore holds by analytic continuation throughout this strip. Also (by the argument just given) the right-hand side of (12.15) is finite for $\beta_k<\gamma<1$. Hence so is the left-hand side, and the formula holds. Hence $\gamma_k \leq \beta_k$, and so, in fact, $\gamma_k=\beta_k$. This proves the theorem.

12.6. Theorem 12.6(A). ①

$$\beta_k \geq \frac{k-1}{2k}, k=2,3,\cdots$$

If $\frac{1}{2}<\sigma<1$, by Theorem 7.2

$$C_\sigma T<\int_{\frac{1}{2}T}^{T}|\zeta(\sigma+it)|^2 dt \leq$$
$$\left\{\int_{\frac{1}{2}T}^{T}|\zeta(\sigma+it)|^{2k}dt\right\}^{\frac{1}{k}}\left(\int_{\frac{1}{2}T}^{T}dt\right)^{1-1/k}$$

---

① Titchmarsh (22).

第二部分 中外名家论 Riemann 函数与 Riemann 猜想

Hence
$$\int_{\frac{1}{2}T}^{T} |\zeta(\sigma+\mathrm{i}t)|^{2k}\mathrm{d}t \geqslant 2^{k-1}C_\sigma^k T$$

Hence, if $0<\sigma<\frac{1}{2}$, $T>1$

$$\int_{-\infty}^{\infty} \frac{|\zeta(\sigma+\mathrm{i}t)|^{2k}}{|\sigma+\mathrm{i}t|^2}\mathrm{d}t >$$

$$\int_{\frac{1}{2}T}^{T} \frac{|\zeta(\sigma+\mathrm{i}t)|^{2k}}{|\sigma+\mathrm{i}t|^2}\mathrm{d}t > \frac{C'}{T^2}\int_{\frac{1}{2}T}^{T}|\zeta(\sigma+\mathrm{i}t)|^{2k}\mathrm{d}t >$$

$$C'' T^{k(1-2\sigma)-2}\int_{\frac{1}{2}T}^{T}|\zeta(1-\sigma-\mathrm{i}t)|^{2k}\mathrm{d}t \geqslant$$

$$C'' 2^{k-1} C_{1-\sigma}^{k} T^{k(1-2\sigma)-1} (\text{by the functional equation})$$

This can be made as large as we please by choice of T if $\sigma<\frac{1}{2}(k-1)/k$.

Hence
$$\gamma_k \geqslant \frac{k-1}{2k}$$

and the theorem follows.

Theorem 12.6 (B).[①]

$$\alpha_k \geqslant \frac{k-1}{2k}, k=2,3,\cdots$$

For $\alpha_k \geqslant \beta_k$.

Much more precise theorems of the same type are known. Hardy proved first that both

$$\Delta(x) > Kx^{\frac{1}{4}}, \Delta(x) < -Kx^{\frac{1}{4}}$$

hold for some arbitrarily large values of x, and then that

---

① Hardy (2).

$x^{\frac{1}{4}}$ may in each case be replaced by
$$(x\log x)^{\frac{1}{4}}\log\log x$$

12.7. We recall that (§7.9) the numbers σ_k are defined as the lower bounds for σ such that
$$\frac{1}{T}\int_1^T |\zeta(\sigma + it)|^{2k} dt = O(1)$$

We shall next prove

Theorem 12.7. *For each integer $k \geq 2$, a necessary and sufficient condition that*
$$\beta_k = \frac{k-1}{2k} \qquad (12.17)$$

is that
$$\sigma_k \leq \frac{k+1}{2k} \qquad (12.18)$$

Suppose first that (12.18) holds. Then by the functional equation
$$\int_1^T |\zeta(\sigma + it)|^{2k} dt =$$
$$O\left\{ T^{k(1-2\sigma)} \int_1^T |\zeta(1 - \sigma - it)|^{2k} dt \right\} =$$
$$O(T^{k(1-2\sigma)+1})$$

for $\sigma < \frac{1}{2}\frac{(k-1)}{k}$. It follows from the convexity of mean values that.
$$\int_1^T |\zeta(\sigma + it)|^{2k} dt = O(T^{1+(\frac{1}{2}+\frac{1}{2k}+\frac{\epsilon}{2k}-\sigma)k})$$

for
$$\frac{k-1-\epsilon}{2k} < \sigma < \frac{k+1+\epsilon}{2k}$$

The index of T is less than 2 if

第二部分　中外名家论 Riemann 函数与 Riemann 猜想

$$\sigma > \frac{k-1+\epsilon}{2k}$$

Then

$$\int_{\frac{1}{2}T}^{T} \frac{|\zeta(\sigma+it)|^{2k}}{|\sigma+it|^2} dt = O(T^{-\delta}), \delta > 0$$

Hence (12.12) holds. Hence $\gamma_k \leq \frac{1}{2}\frac{(k-1)}{k}$. Hence $\beta_k \leq \frac{1}{2}\frac{(k-1)}{k}$, and so, by Theorem 12.6 (A), 12.17) holds.

On the other hand, if (12.17) holds, it follows from (12.13) that

$$\int_1^T |\zeta(\sigma+it)|^{2k} dt = O(T^2)$$

for $\sigma > \frac{1}{2}\frac{(k-1)}{k}$. Hence by the functional equation

$$\int_1^T |\zeta(\sigma+it)|^{2k} dt = O(T^{k(1-2\sigma)+2})$$

for $\sigma < \frac{1}{2}\frac{(k+1)}{k}$. Hence, by the convexity theorem, the left-hand side is $O(T^{1+\epsilon})$ for $\sigma = \frac{1}{2}\frac{(k+1)}{k}$; hence, in the notation of §7.9, $\sigma_k' \leq \frac{1}{2}\frac{(k+1)}{k}$, and so (12.18) holds.

12.8. Theorem 12.8. [1]

$$\beta_2 = \frac{1}{4}, \beta_3 = \frac{1}{3}, \beta_4 \leq \frac{3}{7}$$

---

[1] The value of β_2 is due to Hardy (3), and that of β_3 to Cramér (4); for β_4 see Titchmarsh (22).

By Theorem 7.7, $\sigma_k \leq 1 - \frac{1}{k}$. Since

$$1 - \frac{1}{k} \leq \frac{k+1}{2k}, k \leq 3$$

it follows that $\beta_2 = \frac{1}{4}$, $\beta_3 = \frac{1}{3}$.

The available material is not quite sufficient to determine β_4. Theorem 12.6 (A) gives $\beta_4 \geq \frac{3}{8}$. To obtain an upper bound for it, we observe that, by Theorem 5.5. and (7.14)

$$\int_1^T \left| \zeta\left(\frac{1}{2} + it\right) \right|^8 dt = O\left(T^{\frac{2}{3}+\epsilon} \int_1^T \left| \zeta\left(\frac{1}{2} + it\right) \right|^4 dt\right) = O(T^{\frac{5}{3}+\epsilon})$$

and, since $\sigma_4 \leq \frac{7}{10}$ by Theorem 7.10

$$\int_1^T \left| \zeta\left(\frac{3}{10} + it\right) \right|^8 dt = O\left(T^{\frac{8}{5}} \int_1^T \left| \zeta\left(\frac{7}{10} - it\right) \right|^8 dt\right) = O(T^{\frac{13}{5}+\epsilon})$$

Hence by the convexity theorem

$$\int_1^T |\zeta(\sigma + it)|^8 dt = O(T^{4-\frac{14}{3}\sigma+\epsilon})$$

for $\frac{3}{10} < \sigma < \frac{1}{2}$. It easily follows that $\gamma_4 \leq \frac{3}{7}$, i.e. $\beta_4 \leq \frac{3}{7}$.

NOTES FOR CHAPTER 12

12.9. For large k the best available estimates for α_k

are of the shape $\alpha_k \leq 1 - Ck^{-\frac{2}{3}}$, where C is a positive constant. The first such result is due to Richert [2]. (See also Karatsuba [1], Ivic [3; Theorem 13.3] and Fujii [3].) These results depend on bounds of the form (6.26).

For the range $4 \leq k \leq 8$ one has $\alpha_k \leq \frac{3}{4} - \frac{1}{k}$ (Heath-Brown [8]) while for intermediate values of k a number of estimates are possible (see Ivic [3; Theorem 13.2]). In particular one has $\alpha_9 \leq \frac{35}{54}$, $\alpha_{10} \leq \frac{41}{60}$, $\alpha_{11} \leq \frac{7}{10}$, and $\alpha_{12} \leq \frac{5}{7}$.

12.10. The following bounds for α_2 have been obtained.

$$\frac{33}{100} = 0.330\ 000 \cdots \quad \text{van der Corput (2)}$$

$$\frac{27}{82} = 0.329\ 268 \cdots \quad \text{van der Corput (4)}$$

$$\frac{15}{46} = 0.326\ 086 \cdots \quad \text{Chih [1], Richert [1]}$$

$$\frac{12}{37} = 0.324\ 324 \cdots \quad \text{Kolesnik [1]}$$

$$\frac{346}{1\ 067} = 0.324\ 273 \cdots \quad \text{Kolesnik [2]}$$

$$\frac{35}{108} = 0.324\ 074 \cdots \quad \text{Kolesnik [4]}$$

$$\frac{139}{429} = 0.324\ 009 \cdots \quad \text{Kolesnik [5]}$$

In general the methods used to estimate α_2 and $\mu\left(\frac{1}{2}\right)$ are very closely related. Suppose one has a bound

$$\sum_{M<m\leqslant M_1}\sum_{N<n\leqslant N_1}\exp[2\pi i\{x(mn)^{\frac{1}{2}}+cx^{-1}(mn)^{\frac{3}{2}}\}]\ll$$
$$(MN)^{\frac{3}{4}}x^{2\vartheta-\frac{1}{2}} \tag{12.19}$$

for any constant c, uniformly for $M<M_1\leqslant 2M$, $N<N_1\leqslant 2N$, and $MN\leqslant x^{2-4\vartheta}$. It then follows that $\mu\left(\dfrac{1}{2}\right)\leqslant\dfrac{1}{2}\vartheta$, $\alpha_2\leqslant\vartheta$, and $E(T)\ll T^{\vartheta+\varepsilon}$ (for $E(T)$ as in §7.20). In practice those versions of the van der Corput method used to tackle $\mu\left(\dfrac{1}{2}\right)$ and α_2 also apply to (12.19), which explains the similarity between the table of estimates given above and that presented in §5.21 for $\mu\left(\dfrac{1}{2}\right)$. This is just one manifestation of the close similarity exhibited by the functions $E(T)$ and $\Delta(x)$, which has its origin in the formulae (7.64) and (12.9). The classical lattice-point problem for the circle falls within the same area of ideas. Thus, if the bound (12.19) holds, along with its analogue in which the summation condition $m\equiv 1\pmod 4$ is imposed, then one has

$$\#\{(m,n)\in\mathbb{Z}^2: m^2+n^2\leqslant x\}=\pi x+O(x^{\vartheta+\varepsilon})$$

Jutila [3] has taken these ideas further by demonstrating a direct connection between the size of $\Delta(x)$ and that of $\zeta\left(\dfrac{1}{2}+it\right)$ and $E(T)$. In particular he has shown that if $\alpha_2=\dfrac{1}{4}$ then $\mu\left(\dfrac{1}{2}\right)\leqslant\dfrac{3}{20}$ and $E(T)\ll T^{\frac{5}{16}+\epsilon}$.

Further work has also been done on the problem of

estimating α_3. The best result at present is $\alpha_3 \leqslant \frac{43}{96}$, due to Kolesnik [3]. For α_4, however, no sharpening of the bound $\alpha_4 \leqslant \frac{1}{2}$ given by Theorem 12.3 has yet been found. This result, dating from 1922, seems very resistant to any attempt at improvement.

12.11. The Ω-results attributed to Hardy in §12.6 may be found in Hardy [1]. However Hardy's argument appears to yield only

$$\Delta(x) = \Omega_+((x\log x)^{\frac{1}{4}}\log\log x) \quad (12.20)$$

and not the corresponding Ω-result. The reason for this is that Dirichlet's Theorem is applicable for Ω_+, while Kronecker's Theorem is needed for the Ω_- result. By using a quantitative form of Kronecker's Theorem, Corrádi and Kátai [1] showed that

$$\Delta(x) = \Omega_-\left\{x^{\frac{1}{4}}\exp\left(c\,\frac{(\log\log x)^{\frac{1}{4}}}{(\log\log\log x)^{\frac{3}{4}}}\right)\right\}$$

for certain positive constant c. This improved earlier work of Ingham [1] and Gangadharan [1]. Hardy's result (12.20) has also been sharpened by Hafner [1] who obtained

$$\Delta(x) = \Omega_+[(x\log x)^{\frac{1}{4}}(\log\log x)^{\frac{1}{4}(3+2\log 2)} \cdot$$
$$\exp\{-c(\log\log\log x)^{\frac{1}{2}}\}]$$

for a certain positive constant c. For $k \geqslant 3$ he also showed [2] that, for a suitable positive constant c, one has

$$\Delta_k(x) = \Omega_*[(x\log x)^{\frac{k-1}{2k}}(\log\log x)^a \cdot$$

$$\exp\{-c(\log\log\log x)^{\frac{1}{2}}\}]$$

where

$$a = \frac{k-11}{2k}(k\log k + k + 1)$$

and Ω_* is Ω_+ for $k=3$ and $\Omega_{\pm}$ for $k \geqslant 4$.

12.12. As mentioned in §7.22 we now have $\sigma_4 \leqslant \frac{5}{8}$, whence $\beta_4 = \frac{3}{8}$, (Heath-Brown [8]). For $k=2$ and 3 one can give asymptotic formulae for

$$\int_0^x \Delta_k(y)^2 dy$$

Thus Tong [1] showed that

$$\int_0^x \Delta_k(y)^2 dy = \frac{x^{\frac{2k-1}{k}}}{(4k-2)\pi^2} \sum_{n=1}^{\infty} d_k(n)^2 n^{-\frac{k+1}{k}} + R_k(x)$$

with $R_2(x) \ll x(\log x)^5$ and

$$R_k(x) \ll x^{c_k+\varepsilon}, c_k = 2 - \frac{3-4\sigma_k}{2k(1-\sigma_k)-1}, k \geqslant 3$$

Taking $\sigma_3 \leqslant \frac{7}{12}$ (see §7.22) yields $c_3 \leqslant \frac{14}{9}$. However the available information concerning σ_k is as yet insufficient to give $c_k < \frac{(2k-1)}{k}$ for any $k \geqslant 4$. It is perhaps of interest to note that Hardy's result (12.20) implies $R_2(x) = \Omega\{x^{\frac{3}{4}}(\log x)^{-\frac{1}{4}}\}$, since any estimate $R_2(x) \ll F(x)$ easily leads to a bound $\Delta_2(x) \ll \{F(x)\log x\}^{\frac{1}{3}}$, by an argument analogous to that given for the proof of Lemma α in §14.13.

Ivic [3; Theorems 13.9 and 13.10] has estimated

the higher moments of $\Delta_2(x)$ and $\Delta_3(x)$. In particular his results imply that

$$\int_0^x \Delta_2(y)^8 dy \ll x^{3+\varepsilon}$$

For $\Delta_3(x)$ his argument may be modified slightly to yield

$$\int_0^x |\Delta_3(y)|^3 dy \ll x^{2+\varepsilon}$$

These results are readily seen to contain the estimates $\alpha_2 \leqslant \frac{1}{3}$, $\beta_2 \leqslant \frac{1}{4}$ and $\alpha_3 \leqslant \frac{1}{2}$, $\beta_3 \leqslant \frac{1}{3}$ respectively.

第十三章　THE LINDELÖF HYPOTHESIS

13.1. The Lindelöf hypothesis is that

$$\zeta\left(\frac{1}{2}+it\right) = O(t^\epsilon)$$

for every positive ϵ; or, what comes to the same thing, that

$$\zeta(\sigma+it) = O(t^\epsilon)$$

for every positive ϵ and every $\sigma \geq \frac{1}{2}$; for either statement is, by the theory of the function $\mu(\sigma)$, equivalent to the statement that $\mu(\sigma) = 0$ for $\sigma \geq \frac{1}{2}$. The hypothesis is suggested by various theorems in Chapters V and VII. It is also the simplest possible hypothesis on $\mu(\sigma)$, for on it the graph of $y = \mu(\sigma)$ consists simply of the two straight lines

$$y = \frac{1}{2} - \sigma, \sigma \leq \frac{1}{2}$$

$$y = 0, \sigma \geq \frac{1}{2}$$

We shall see later that the Lindelöf hypothesis is true if the Riemann hypothesis is true. The converse deduction, however, cannot be made —in fact (Theorem 13.5) the Lindelöf hypothesis is equivalent to a much less drastic, but still unproved, hypothesis about the distribution of the zeros.

In this chapter we investigate the consequences of the Lindelöf hypothesis. Most of our arguments are reversible, so that we obtain necessary and sufficient conditions for the truth of the hypothesis.

13.2. Theorem 13.2.[①] *Alternative necessary and sufficient conditions for the truth of the Lindelöf hypothesis are*

$$\frac{1}{T}\int_1^T \left|\zeta\left(\frac{1}{2}+it\right)\right|^{2k} dt = O(T^\varepsilon), k=1,2,\cdots \tag{13.1}$$

$$\frac{1}{T}\int_1^T |\zeta(\sigma+it)|^{2k} dt = O(T^\varepsilon), \sigma > \frac{1}{2}, k=1,2,\cdots \tag{13.2}$$

$$\frac{1}{T}\int_1^T |\zeta(\sigma+it)|^{2k} dt \sim \sum_{n=1}^\infty \frac{d_k^2(n)}{n^{2\sigma}}, \sigma > \frac{1}{2}, k=1,2,\cdots \tag{13.3}$$

The equivalence of the first two conditions follows from the convexity theorem (§7.8), while that of the last two follows from the analysis of §7.9. It is therefore sufficient to consider (13.1).

The necessity of the condition is obvious. To prove that it is sufficient, suppose that $\zeta\left(\frac{1}{2}+it\right)$ is not $O(t^\varepsilon)$. Then there is a positive number λ, and a sequence of

---

[①] Hardy and Littlewood (5).

numbers $\frac{1}{2}+it_\nu$, such that $t_\nu \to \infty$ with ν, and

$$\left|\zeta\left(\frac{1}{2}+it_\nu\right)\right| > Ct_\nu^\lambda, \quad C>0$$

On the other hand, on differentiating (2.4) we obtain, for $t \geqslant 1$

$$\left|\zeta'\left(\frac{1}{2}+it\right)\right| < Et$$

E being a positive absolute constant. Hence

$$\left|\zeta\left(\frac{1}{2}+it\right) - \zeta\left(\frac{1}{2}+it_\nu\right)\right| = \left|\int_{t_\nu}^{t} \left|\zeta'\left(\frac{1}{2}+iu\right)du\right|\right| <$$

$$2E|t-t_\nu|t_\nu < \frac{1}{2}Ct_\nu^\lambda$$

if $|t-t_\nu| \leqslant t_\nu^{-1}$ and ν is sufficiently large. Hence

$$\left|\zeta\left(\frac{1}{2}+it\right)\right| > \frac{1}{2}Ct_\nu^\lambda, \quad |t-t_\nu| \leqslant t_\nu^{-1}$$

Take $T=\frac{2}{3}t_\nu$, so that the interval $(t_\nu-t_\nu^{-1}, t_\nu+t_\nu^{-1})$ is included in $(T, 2T)$ if ν is sufficiently large. Then

$$\int_T^{2T}\left|\zeta\left(\frac{1}{2}+it\right)\right|^{2k}dt > \int_{t_\nu-t_\nu^{-1}}^{t_\nu+t_\nu^{-1}}\left(\frac{1}{2}Ct_\nu^\lambda\right)^{2k}dt =$$

$$2\left(\frac{1}{2}C\right)^{2k}t_\nu^{2k\lambda-1}$$

which is contrary to hypothesis if k is large enough. This proves the theorem

We could plainly replace the right-hand side of (13.1) by $O(T^A)$ without altering the theorem or the proof.

13.3. Theorem 13.3. *A necessary and sufficient condition for the truth of the Lindelöf hypothesis is that, for*

第二部分 中外名家论 Riemann 函数与 Riemann 猜想

every positive integer k and $\sigma > \frac{1}{2}$

$$\zeta^k(s) = \sum_{n \leqslant t^\delta} \frac{d_k(n)}{n^s} + O(t^{-\lambda}), t > 0 \qquad (13.4)$$

where δ is any given positive number less than 1, and $\lambda = \lambda(k, \delta, \sigma) > 0$.

We may express this roughly by saying that, on the Lindelöf hypothesis, the behaviour of $\zeta(s)$, or of any of its positive integral powers, is dominated, throughout the right-hand half of the critical strip, by a section of the associated Dirichlet series whose length is less than any positive power of t, however small. The result may be contrasted with what we can deduce, without unproved hypothesis, from the approximate functional equation.

Taking $a_n = d_k(n)$ in Lemma 3.12, we have (if x is half an odd integer)

$$\sum_{n<x} \frac{d_k(n)}{n^s} = \frac{1}{2\pi i} \int_{c-iT}^{c+iT} \zeta^k(s+w) \frac{x^w}{w} dw + O\left(\frac{x^c}{T(\sigma)+c-1)^k}\right)$$

where $c > 1 - \sigma + \epsilon$. Now let $0 < t < T-1$, and integrate round the rectangle $\frac{1}{2} - \sigma - iT$, $c - iT$, $c + iT$, $\frac{1}{2} - \sigma + iT$. We have

$$\frac{1}{2\pi i} \int_{\text{rectangle}} \zeta^k(s+w) \frac{x^w}{w} dw = \zeta^k(s) + \frac{x^{1-s}}{1-s} P\left(\frac{1}{1-s}, \log x\right) =$$
$$\zeta^k(s) + O(x^{1-\sigma+\epsilon} t^{-1+\epsilon})$$

P being a polynomial in its arguments. Also

$$\left(\int_{\frac{1}{2}-\sigma-iT}^{c-iT} + \int_{c+iT}^{\frac{1}{2}-\sigma+iT}\right) \zeta^k(s+w) \frac{x^w}{w} dw = O(x^c T^{-1+\epsilon})$$

by the Lindelöf hypothesis; and

$$\int_{\frac{1}{2}+\sigma-iT}^{\frac{1}{2}-\sigma+iT} \zeta^k(s+w)\frac{x^w}{w}dw = O\left\{x^{\frac{1}{2}-\sigma}\int_{-T}^{T}\frac{\left|\zeta^k\left(\frac{1}{2}+it+iv\right)\right|}{\left|\frac{1}{2}+iv\right|}dv\right\} =$$

$$O(x^{\frac{1}{2}-\sigma}T^{\epsilon})$$

by the Lindelöf hypothesis. Hence

$$\zeta^k(s) = \sum_{n<x}\frac{d_k(n)}{n^s} + O\left\{\frac{x^c}{T(\sigma+c-1)^k}\right\} + O(x^{1-c+\epsilon}t^{\epsilon-1}) +$$

$$O(x^c T^{-1+\epsilon}) + O(x^{\frac{1}{2}-\sigma}T^{\epsilon})$$

and (13.4) follows on taking $x = [t^\delta] + \frac{1}{2}$, $c=2$, $T=t^3$.

Conversely, the condition is clearly sufficient, since it gives

$$\zeta^k(s) = O\left(\sum_{n\leqslant t^\delta} n^{\epsilon-\sigma}\right) + O(t^{-\lambda}) = O(t^{\delta(1-\epsilon-\sigma)})$$

where δ is arbitrarily small.

The result may be used to prove the equivalence of the conditions of the previous section, without using the general theorems quoted.

13.4. Another set of conditions may be stated in terms of the numbers α_k and β_k of the previous chapter.

Theorem 13.4. *Alternative necessary and sufficient conditions for the truth of the Lindelöf hypothesis are*

$$\alpha_k \leqslant \frac{1}{2}, k=2,3,\cdots \quad (13.5)$$

$$\beta_k \leqslant \frac{1}{2}, k=2,3,\cdots \quad (13.6)$$

$$\beta_k = \frac{k-1}{2k}, k=2,3,\cdots \quad (13.7)$$

As regards sufficiency, we need only consider (13.

6), since the other conditions are formally more stringent.

Now (13.6) gives $\gamma_k \leq \frac{1}{2}$, and so

$$\int_{\frac{1}{2}T}^{T} \frac{|\zeta(\sigma+it)|^{2k}}{|\sigma+it|^2} dt = O(1), \sigma > \frac{1}{2}$$

$$\int_{\frac{1}{2}T}^{T} |\zeta(\sigma+it)|^{2k} dt = O(T^2), \sigma > \frac{1}{2}$$

The truth of the Lindelöf hypothesis follows from this, as in §13.2.

Now suppose that the Lindelöf hypothesis is true. We have, as in §12.2

$$D_k(x) = \frac{1}{2\pi i} \int_{2-iT}^{2+iT} \zeta^k(s) \frac{x^s}{s} ds + O\left(\frac{x^2}{T}\right)$$

Now integrate round the rectangle with vertices at $\frac{1}{2} - iT$, $2-iT$, $2+iT$, $\frac{1}{2}+iT$. We have

$$\int_{\frac{1}{2} \pm iT}^{2 \pm iT} \zeta^k(s) \frac{x^s}{s} ds = O(x^2 T^{\epsilon-1})$$

$$\int_{\frac{1}{2}-iT}^{\frac{1}{2}+iT} \zeta^k(s) \frac{x^s}{s} ds = O\left\{x^{\frac{1}{2}} \int_{-T}^{T} |\frac{1}{2} + it|^{\epsilon-1} dt\right\} = O(x^{\frac{1}{2}} T^{\epsilon})$$

The residue at $s = 1$ accounts for the difference between $D_k(x)$ and $\Delta_k(x)$. Hence

$$\Delta_k(x) = O(x^{\frac{1}{2}} T^{\epsilon}) + O(x^2 T^{\epsilon-1})$$

Taking $T = x^2$, it follows that $\alpha_k \leq \frac{1}{2}$. Hence also $\beta_k \leq \frac{1}{2}$. But in fact $\sigma_k \leq \frac{1}{2}$ on the Lindelöf hypothesis, so that, by Theorem 12.7, (13.7) also follows.

13.5. The Lindelöf hypothesis and the zeros.

Theorem 13.5.[1] *A necessary and sufficient condition for the truth of the Lindelöf hypothesis is that, for every $\sigma > \frac{1}{2}$*

$$N(\sigma, T+1) - N(\sigma, T) = o(\log T)$$

The necessity of the condition is easily proved. We apply Jensen's formula

$$\log \frac{r^n}{r_1 \cdots r_n} = \frac{1}{2\pi} \int_0^{2\pi} \log|f(re^{i\theta})| \, d\theta - \log|f(0)|$$

where $r_1, \cdots$ are the moduli of the zeros of $f(s)$ in $|s| \leq r$, to the circle with centre $2+it$ and radius $\frac{3}{2} - \frac{1}{4}\delta$, $f(s)$ being $\zeta(s)$. On the Lindelöf hypothesis the right-hand side is less than $o(\log t)$; and, if there are N zeros in the concentric circle of radius $\frac{3}{2} - \frac{1}{2}\delta$, the left-hand side is greater than

$$N\log\left\{\left(\frac{3}{2} - \frac{1}{4}\delta\right) \Big/ \left(\frac{3}{2} - \frac{1}{2}\delta\right)\right\}$$

Hence the number of zeros in the circle of radius $\frac{3}{2} - \frac{1}{2}\delta$ is $o(\log t)$; and the result stated, with $\sigma = \frac{1}{2} + \delta$, clearly follows by superposing a number (depending on δ only) of such circles.

---

[1] Backlund (4).

To prove the converse,[①] let C_1 be the circle with centre $2+iT$ and radius $\frac{3}{2}-\delta\,(\delta>0)$, and let $\sum_1$ denote a summation over zeros of $\zeta(s)$ in C_1. Let C_2 be the concentric circle of radius $\frac{3}{2}-2\delta$. Then for s in C_2

$$\psi(s) = \frac{\zeta'(s)}{\zeta(s)} - \sum_1 \frac{1}{s-\rho} = O\left(\frac{\log T}{\delta}\right)$$

This follows from Theorem 9.6 (A), since for each term which is in one of the sums

$$\sum_1 \frac{1}{s-\rho},\quad \sum_{|t-\gamma|<1}\frac{1}{s-\rho}$$

but not in the other, $|s-\rho|\geqslant \delta$; and the number of such terms is $O(\log T)$.

Let C_3 be the concentric circle of radius $\frac{3}{2}-3\delta$, C the concentric circle of radius $\frac{1}{2}$. Then $\psi(s)=o(\log T)$ for s in C, since each term is $O(1)$, and by hypothesis the number of terms is $o(\log T)$. Hence Hadamard's three-circles theorem gives, for s in C_3

$$|\psi(s)|<\{o\,(\log T)\}^\alpha\{O(\delta^{-1}\log T)\}^\beta$$

where $\alpha+\beta=1$, $0<\beta<1$, α and β depending on δ only. Thus in C_3, $\psi(s)=o(\log T)$, for any given δ.

Now

$$\int_{\frac{1}{2}+3\delta}^{2}\psi(s)\,d\sigma = \log\zeta(2+it) - \log\zeta\left(\frac{1}{2}+3\delta+it\right) -$$

[①] Littlewood (4).

$$\sum_1 \left\{ \log(2+it-\rho) - \log\left(\frac{1}{2}+3\delta+it-\rho\right) \right\} =$$

$$O(1) - \log \zeta\left(\frac{1}{2}+3\delta+it\right) + o(\log T) +$$

$$\sum_1 \log\left(\frac{1}{2}+3\delta+it-\rho\right)$$

since $\sum_1$ has $o(\log T)$ terms. Also, if $t=T$, then left-hand side is $o(\log T)$. Hence, putting $t=T$ and taking real parts

$$\log\left|\zeta\left(\frac{1}{2}+3\delta+iT\right)\right| = o(\log T) + \sum_1 \log\left|\frac{1}{2}+3\delta+iT-\rho\right|$$

Since $\left|\frac{1}{2}+3\delta+iT-\rho\right| < A$ in C_1, it follows that

$$\log\left|\zeta\left(\frac{1}{2}+3\delta+iT\right)\right| < o(\log T)$$

i. e. the Lindelöf hypothesis is true.

13. 6. Theorem 13. 6 (A). ① *On the Lindelöf hypothesis*

$$S(t) = o(\log t)$$

The proof is the same as Backlund's proof (§9.4) that, without any hypothesis, $S(t) = O(\log t)$, except that we now use $\zeta(s) = O(t^\varepsilon)$ where we previously used $\zeta(s) = O(t^A)$.

Theorem 13.6 (B) ② *On the Lindelöf hypothesis*

$$S_1(t) = o(\log t)$$

---

① Cramér (1), Littlewood (4).
② Littlewood (4).

Integrating the real part of (9.21) from $\frac{1}{2}$ to $\frac{1}{2}+3\delta$

$$\int_{\frac{1}{2}}^{\frac{1}{2}+3\delta} \log|\zeta(s)|d\sigma = \sum_{|\gamma-t|<1} \int_{\frac{1}{2}}^{\frac{1}{2}+3\delta} \log|s-\rho|d\sigma + O(\delta\log t)$$

where $\rho=\beta+i\gamma$ runs through zeros of $\zeta(s)$. Now

$$\int_{\frac{1}{2}}^{\frac{1}{2}+3\delta} \log|s-\rho|d\sigma = \frac{1}{2}\int_{\frac{1}{2}}^{\frac{1}{2}+3\delta} \log\{(\sigma-\beta)^2+(\gamma-t)^2\}d\sigma \leq \frac{3\delta}{2}\log 2$$

and $\geq$

$$\int_{\frac{1}{2}}^{\frac{1}{2}+3\delta} \log|\sigma-\beta|d\sigma \geq \int_{\frac{1}{2}}^{\frac{1}{2}+3\delta} \log\left|\sigma-\frac{1}{2}-\frac{3}{2}\delta\right|d\sigma = 3\delta\left(\log\frac{3}{2}\delta-1\right)$$

Hence

$$\int_{\frac{1}{2}}^{\frac{1}{2}+3\delta} \log|\zeta(s)|d\sigma = \sum_{|\gamma-t|<1} O\left(\delta\log\frac{1}{\delta}\right) + O(\delta\log t) = O(\delta\log 1/\delta\log t)$$

Also, as in the proof of Theorem 13.5

$$\log \zeta(s) = \sum_1 \log(s-\rho) + o(\log t), \frac{1}{2}+3\delta \leq \sigma \leq 2$$

Hence

$$\int_{\frac{1}{2}+3\delta}^{2} \log|\zeta(s)|d\sigma = \sum_1 \int_{\frac{1}{2}+3\delta}^{2} \log|s-\rho|d\sigma + o(\log t) = \sum_1 O(1) + o(\log t) = o(\log t)$$

Hence, by Theorem 9.9

$$S_1 t = \frac{1}{\pi}\int_{\frac{1}{2}}^{2} \log|\zeta(s)|d\sigma + O(1) =$$

$$O(\delta \log 1/\delta \log t) + o(\log t) + O(1)$$

and the result follows on choosing first δ and then t.

NOTES FOR CHAPTER 13

13.7. Since the proof of Theorem 13.6 (A) is not quite straightforward we give the details. Let

$$g(z) = \frac{1}{2}\{\zeta(z+2+iT) + \zeta(z+2-iT)\}$$

and define $n(r)$ to be the number of zeros of $g(z)$ in the disc $|z| \leq r$. As in §9.4 one finds that $S(T) \ll n\left(\frac{3}{2}\right) + 1$. Moreover, by Jensen's Theorem, one has

$$\int_0^R \frac{nr}{r}dr = \frac{1}{2\pi}\int_0^{2\pi}\log|g(Re^{i\vartheta})|d\vartheta - \log|g(0)|$$

(13.8)

With our choice of $g(z)$ we have $\log|g(0)| = \log|\mathbf{R} \cdot \zeta(2+iT)| = O(1)$. We shall take $R = \frac{3}{2} + \delta$. Then, on the Lindelöf Hypothesis, one finds that

$$|\zeta(Re^{i\vartheta} + 2 \pm iT)| \leq T^\varepsilon$$

for $\cos\vartheta \geq -\frac{3}{2R}$ and T sufficiently large. The remaining range for ϑ is an interval of length $O(\vartheta^{\frac{1}{2}})$. Here we write $\mathbf{R}(Re^{i\vartheta} + 2) = \sigma$, so that $\frac{1}{2} - \delta \leq \sigma \leq \frac{1}{2}$. Then, using the convexity of the μ function, together with the facts that $\mu(0) = \frac{1}{2}$ and, on the Lindelöf Hypothesis, that $\mu\left(\frac{1}{2}\right) = 0$, we have $\mu(\sigma) \leq \delta$. It follows that

$$|\zeta(Re^{i\vartheta}+2\pm iT)| \leqslant T^{\delta+\varepsilon}$$

for $\cos\vartheta \leqslant -3/2R$, and large enough T. We now see that the right-hand side of (13.8) is at most

$$O(\varepsilon\log T)+O\{\delta^{\frac{1}{2}}(\delta+\varepsilon)\log T\}$$

Since

$$\frac{\delta}{R}n\left(\frac{3}{2}\right) \leqslant \int_0^R \frac{n(r)}{r}dr$$

we conclude that

$$n\left(\frac{3}{2}\right) = O\left\{\left(\frac{\varepsilon}{\delta}+\delta^{-\frac{1}{2}}(\delta+\varepsilon)\right)\log T\right\}$$

and on taking $\delta = \varepsilon^{\frac{2}{3}}$ we obtain $n\left(\frac{3}{2}\right) = O(\varepsilon^{\frac{1}{3}}\log T)$, from which the result follows.

13.8. It has been observed by Ghosh and Goldston (in unpublished work) that the converse of Theorem 13.6(B) follows from Lemma 21 of Selberg (5).

Theorem 13.8. *If* $S_1(t) = o(\log t)$, *then the Lindelöf hypothesis holds.*

We reproduce the arguments used by Selberg and by Ghosh and Goldston here. Let $\frac{1}{2} \leqslant \sigma \leqslant 2$, and consider the integral

$$\frac{1}{2\pi i}\int_{5-i\infty}^{5+i\infty} \frac{\log \zeta(s+iT)}{4-(s-\sigma)^2}ds$$

Since $\log \zeta(s+iT) \ll 2^{-\mathbf{R}(s)}$ the integral is easily seen to vanish, by moving the line of integration to the right. We now move the line of integration to the left, to $\mathbf{R}(s) = \sigma$, passing a pole at $s = 2+\sigma$, with residue $-\frac{1}{4}\log \zeta(2+\sigma+iT) = O(1)$. We must make detours around $s = 1-iT$, if

$\sigma<1$, and around $s=\rho-iT$, if $\sigma<\beta$. The former, if present, will produce an integral contributing $O(T^{-2})$, and the latter, if present, will be

$$-\int_0^{\beta-\sigma}\frac{du}{4-\{u+i(\gamma-T)\}^2}$$

It follows that

$$\frac{1}{2\pi}\int_{-\infty}^{\infty}\frac{\log\zeta(\sigma+it+iT)}{4+t^2}dt-\sum_{\beta>\sigma}\int_0^{-\beta-\sigma}\frac{du}{4-\{u+i(\gamma-T)\}^2}=O(1)$$

for $T\geqslant 1$. We now take real parts and integrate for $\frac{1}{2}\leqslant\sigma\leqslant 2$. Then by Theorem 9.9 we have

$$\frac{1}{2}\int_{-\infty}^{\infty}\frac{S_1(t+T)}{4+t^2}dt=$$
$$\sum_{\beta>\frac{1}{2}}\int_0^{\beta-\frac{1}{2}}\left(\beta-\frac{1}{2}-u\right)\mathbf{R}\left(\frac{1}{4-\{u+i(\gamma-T)\}^2}\right)du+O(1)$$

(13.9)

By our hypothesis the integral on the left is $o(\log T)$. Moreover

$$\mathbf{R}\left(\frac{1}{4-\{u+i(\gamma-T)\}^2}\right)\geqslant\begin{cases}A(>0),\text{ if }|\gamma-T|\leqslant 1\\ 0,\text{ otherwise}\end{cases}$$

If $\sigma>\frac{1}{2}$ is given, then each zero counted by $N(\sigma,T+1)-N(\sigma,T)$ contributes at least $\frac{1}{2}\left(\sigma-\frac{1}{2}\right)^2 A$ to the sum on the right of (13.9), whence $N(\sigma,T+1)-N(\sigma,T)=o(\log T)$. Theorem 13.8 therefore follows from Theorem 13.5.

第十四章 CONSEQUENCES OF THE RIEMANN HYPOTHESIS

14.1. In this chapter we assume the truth of the unproved Riemann hypothesis, that all the complex zero of $\zeta(s)$ lie on the line $\sigma = \frac{1}{2}$. It will be seen that a perfectly coherent theory can be constructed on this basis, which perhaps gives some support to the view that the hypothesis is true. A proof of the hypothesis would make the 'theorems' of this chapter essential parts of the theory, and would make unnecessary much of the tentative analysis of the previous chapters.

The Riemann hypothesis, of course, leaves nothing more to be said about the 'horizontal' distribution of the zeros. From it we can also deduce interesting consequences both about the 'vertical' distribution of the zeros and about the order problems. In most cases we obtain much more precise results with the hypothesis than without it. But even a proof of the Riemann hypothesis would not by any means complete the theory. The finer shades in the behaviour of $\zeta(s)$ would still not be completely determined.

On the Riemann hypothesis, the function $\log \zeta(s)$, as well as $\zeta(s)$, is regular for $\sigma > \frac{1}{2}$ (except as $s = 1$).

This is the basis of most of the analysis of this chapter.

We shall not repeat the words 'on the Riemann hypothesis', which apply throughout the chapter.

14.2. Theorem 14.2.[①] *We have*

$$\log \zeta(s) = O\{(\log t)^{2-2\sigma+\epsilon}\} \quad (14.1)$$

uniformly for $\frac{1}{2} < \sigma_0 \leq \sigma \leq 1$.

Apply the Borel-Carathéodory theorem to the function $\log \zeta(z)$ and the circles with centre $2+it$ and radii $\frac{3}{2} - \frac{1}{2}\delta$ and $\frac{3}{2} - \delta \left(0 < \delta < \frac{1}{2}\right)$. On the larger circle

$$\mathbf{R}\{\log \zeta(z)\} = \log |\zeta(z)| < A\log t$$

Hence, on the smaller cirlce

$$|\log \zeta(z)| \leq \frac{3-2\delta}{\frac{1}{2}\delta} A\log t + \frac{3-\frac{3}{2}\delta}{\frac{1}{2}\delta} |\log |\zeta(2+it)|| <$$

$$A\delta^{-1}\log t \quad (14.2)$$

Now apply Hadamard's three-circles theorem to the circles C_1, C_2, C_3 with centre $\sigma_1 + it$ ($1 < \sigma_1 \leq t$), passing through the points $1+\eta+it$, $\sigma+it$, $\frac{1}{2}+\sigma+it$. The radii are thus

$$r_1 = \sigma_1 - 1 - \eta, r_2 = \sigma_1 - \sigma, r_3 = \sigma_1 - \frac{1}{2} - \delta$$

If the maxima of $|\log \zeta(z)|$ on the circels are M_1, M_2, M_3. we obtain

---

① Littlewood (1).

$$M_2 \leqslant M_1^{1-a} M_3^2$$

where

$$a = \log\frac{r_2}{r_1} \Big/ \log\frac{r_3}{r_1} = \log\left(1 + \frac{1+\eta-\sigma}{\sigma_1 - 1 - \eta}\right) \Big/ \log\left(1 + \frac{\frac{1}{2}+\eta-\delta}{\sigma_1 - 1 - \eta}\right) =$$

$$\frac{1+\eta-\sigma}{\frac{1}{2}+\eta-\delta} + O\left(\frac{1}{\sigma_1}\right) = 2 - 2\sigma + O(\delta) + O(\eta) + O\left(\frac{1}{\sigma_1}\right)$$

By (14.2), $M_3 < A\delta^{-1}\log t$; and, since

$$\log \zeta(s) = \sum_{n=2}^{\infty} \frac{\Lambda_1(n)}{n^s}, \Lambda_1(n) \leqslant 1 \quad (14.3)$$

$$M_1 \leqslant \max_{x \geqslant 1+\eta} \left|\sum_{n=2}^{\infty} \frac{\Lambda_1(n)}{n^z}\right| \leqslant \sum_{n=2}^{\infty} \frac{1}{n^{1+\eta}} < \frac{A}{\eta}$$

Hence

$$|\log \zeta(\sigma + it)| < \left(\frac{A}{\eta}\right)^{1-a}\left(\frac{A\log t}{\delta}\right)^a <$$

$$\frac{A}{\eta^{1-a}\delta a}(\log t)^{2-2\sigma + O(\delta) + O(\eta) + O(1/\sigma_1)}$$

The result stated follows on taking δ and η small enough and σ_1 large enough. More precisely, we can take

$$\sigma_1 = \frac{1}{\delta} = \frac{1}{\eta} = \log\log t$$

since

$$(\log t)^{O(\delta)} = e^{O(\delta \log \log t)} = e^{O(1)} = O(1)$$

etc., we obtain

$$\log \zeta(s) = O\{\log\log t (\log t)^{2-2\sigma}\}, \frac{1}{2} + \frac{1}{\log\log t} \leqslant \sigma \leqslant 1 \tag{14.4}$$

Since the index of $\log t$ in (14.1) is less than unity if ϵ is small enough, it follows that (with a new ϵ)

$$-\epsilon\log t<\log|\zeta(s)|<\epsilon\log t, t>t_0(\epsilon)$$

i. e. we have both

$$\zeta(s)=O(t^\epsilon) \qquad (14.5)$$

$$\frac{1}{\zeta(s)}=O(t^\epsilon) \qquad (14.6)$$

for every $\sigma>\frac{1}{2}$. In particular, the truth of the Lindelöf hypothesis follows from that of the Riemann hypothesis.

It also follows that for every fixed $\sigma>\frac{1}{2}$, as $T\to\infty$

$$\int_1^T\frac{dt}{|\zeta(\sigma+it)|^2}\sim\frac{\zeta(2\sigma)}{\zeta(4\sigma)}T$$

For $\sigma>1$ this follows from (7.2) and (1.16). For $\frac{1}{2}<\sigma\leqslant 1$ it follows from (14.6) and the analysis of §7.9, applied to $\frac{1}{\zeta(s)}$ instead of to $\zeta^k(s)$.

14.3. The function[①] $\nu(\sigma)$. For each $\sigma>\frac{1}{2}$ we define $\nu(\sigma)$ as the lower bound of numbers a such that

$$\log\zeta(s)=O(\log^a t)$$

It is clear from (14.3) that $\nu(\sigma)\leqslant 0$ for $\sigma>1$; and from (14.2) that $\nu(\sigma)\leqslant 1$ for $\frac{1}{2}<\sigma\leqslant 1$; and in fact from (14.1) that $\nu(\sigma)\leqslant 2-2\sigma$ for $\frac{1}{2}<\sigma\leqslant 1$.

On the other hand, since $\Lambda_1(s)=1$, (14.3) gives

[①] Bohr and Landau (3), Littlewood (5).

$$|\log \zeta(s)| \geq \frac{1}{2^\sigma} - \sum_{n=3}^{\infty} \frac{\Lambda_1(n)}{n^\sigma}$$

and hence $\nu(\sigma) \geq 0$ if σ is so large that the right-hand side is positive. Since

$$\sum_{n=3}^{\infty} \frac{\Lambda_1(n)}{n^\sigma} \leq \sum_{n=3}^{\infty} \frac{1}{n^\sigma} < \int_2^{\infty} \frac{dx}{x^\sigma} = \frac{2^{1-\sigma}}{\sigma-1}$$

this is certainly true for $\sigma \geq 3$. Hence $\nu(\sigma) = 0$ for $\sigma \geq 3$.

Now let $\frac{1}{2} < \sigma_1 < \sigma < \sigma_2 \leq 4$, and suppose that

$$\log \zeta(\sigma_1 + it) = O(\log^a t), \log \zeta(\sigma_2 + it) = O(\log^b t)$$

Let

$$g(s) = \log \zeta(s) \{\log(-is)\}^{-k(s)}$$

where $k(s)$ is the linear function of s such that $k(\sigma_1) = a$, $k(\sigma_2) = b$, viz.

$$k(s) = \frac{(s-\sigma_1)b + (\sigma_2-s)a}{\sigma_2 - \sigma_1}$$

Here

$$\{\log(-is)\}^{-k(s)} = e^{-k(s)\log\log(-is)}$$

where

$$\log(-is) = \log(t - i\sigma), \log\log(-is), t > e$$

denote the branches which are real for $\sigma = 0$. Thus

$$\log(-is) = \log t + \log\left(1 - \frac{i\sigma}{t}\right) = \log t + O\left(\frac{1}{t}\right)$$

$$\log\log(-is) = \log\log t + \log\left\{1 + O\left(\frac{1}{t\log t}\right)\right\} = \log\log t + O\left(\frac{1}{t}\right)$$

Hence

$$|\{\log(-is)\}^{-k(s)}| = e^{-\mathbf{R}\{k(s)\log\log(-is)\}} =$$

$$e^{-k(\sigma)\log\log t + O(\frac{1}{t})} =$$

$$(\log t)^{-k(\sigma)}\{1+O(1/t)\}$$

Hence $g(s)$ is bounded on the lines $\sigma = \sigma_1$ and $\sigma = \sigma_2$; and it is $O(\log^K t)$ for some K uniformly in the strip. Hence, by the theorem of Phragmén and Lindelöf, it is bounded in the strip. Hence

$$\log \zeta(s) = O\{(\log t)^{k(\sigma)}\}$$

i. e.

$$\nu(\sigma) \leq k(\sigma) = \frac{(\sigma-\sigma_1)b + (\sigma_2-\sigma)a}{\sigma_2-\sigma_1} \quad (14.7)$$

Taking $\sigma = 3$, $\sigma_2 = 4$, $\nu(3) = 0$, $b = 0$, we obtain $a \geq 0$. Hence $\nu(\sigma) \geq 0$ for $\sigma > \frac{1}{2}$. Hence $\nu(\sigma) = 0$ for $\sigma > 1$.

Since $\nu(\sigma)$ is finite for every $\sigma > \frac{1}{2}$, we can take $a = \nu(\sigma_1) + \epsilon$, $b = \nu(\sigma_2) + \epsilon$ in (14.7). Making $\epsilon \to 0$, we obtain

$$\nu(\sigma) = \frac{(\sigma-\sigma_1)\nu(\sigma_2) + (\sigma_2-\sigma)\nu(\sigma_1)}{\sigma_2-\sigma_1}$$

i. e. $\nu(\sigma)$ *is a convex function of* σ. Hence it is continuous, and it is non-increasingsince it is ultimately zero.

We can also show that $\zeta'(s)/\zeta(s)$ *has the same ν-function as* $\log \zeta(s)$. Let $\nu_1(s)$ be the ν-function of $\frac{\zeta'(s)}{\zeta(s)}$. Since

$$\frac{\zeta'(s)}{\zeta(s)} = \frac{1}{2\pi i}\int_{|s-z|=\delta} \frac{\log \zeta(z)}{(s-z)^2} dz = O\left\{\frac{1}{\delta}(\log t)^{\nu(\sigma-\delta)+\epsilon}\right\}$$

we have
$$\nu_1(\sigma) \leqslant \nu(\sigma-\delta)$$
for every positive δ; and since $\nu(\sigma)$ is continuous it follows that
$$\nu_1(\sigma) \leqslant \nu(\sigma)$$

We can show, as in the case of $\nu(\sigma)$, that $\nu_1(\sigma)$ is non-increasing, and is zero for $\sigma \geqslant 3$. Hence for $\sigma < 3$

$$\log \zeta(s) = -\int_\sigma^3 \frac{\zeta'(x+it)}{\zeta(x+it)} dx - \log \zeta(3+it) =$$
$$O\left\{\int_\sigma^3 (\log t)^{\nu_1(x)+\epsilon} dx\right\} + O(1) =$$
$$O\{(\log t)^{\nu_1(\sigma)+\epsilon}\}$$

i. e.
$$\nu(\sigma) \leqslant \nu_1(\sigma)$$

The exact value of $\nu(\sigma)$ is not known for any value of σ less than 1. All we know is

Theorem 14.3. *For* $\frac{1}{2} < \sigma < 1$
$$1 - \sigma \leqslant \nu(\sigma) \leqslant 2(1-\sigma)$$

The upper bound follows from Theorem 14.2 and the lower bound from Theorem 8.12. The same lower bound can, however, be obtained in another and in some respects simpler way, though this proof, unlike the former, depends essentially on the Riemann hypothesis. For the proof we require some new formulae.

14.4. Theorem 14.4.[①] *As* $t \to \infty$

[①] Littlewood (5), to the end of §14.8.

$$-\frac{\zeta'(s)}{\zeta(s)} = \sum_{n=1}^{\infty} \frac{\Lambda(n)}{n^s} e^{-\delta n} + \sum_{\rho} \delta^{s-\rho}\Gamma(\rho-s) +$$
$$O(\delta^{\sigma-\frac{1}{4}}\log t) \qquad (14.8)$$

uniformly for $\frac{1}{2} \leq \sigma \leq \frac{9}{8}$, $e^{-\sqrt{t}} \leq \delta \leq 1$

Taking $a_n = \Lambda(n)$, $f(s) = -\frac{\zeta'(s)}{\zeta(s)}$ in the lemma of §7.9, we have

$$\sum_{n=1}^{\infty} \frac{\Lambda(n)}{n^s} e^{-\delta n} = -\frac{1}{2\pi i} \int_{2-i\infty}^{2+i\infty} \Gamma(z-s)\frac{\zeta'(z)}{\zeta(z)} \delta^{s-z} dz$$
$$(14.9)$$

Now, by Theorem 9.6 (A)

$$\frac{\zeta'(s)}{\zeta(s)} = \sum_{|t-\gamma|<1} \frac{1}{s-\frac{1}{2}-i\gamma} + O(\log t)$$

and there are $O(\log t)$ terms in the sum. Hence

$$\frac{\zeta'(s)}{\zeta(s)} = O(\log t)$$

on any line $\sigma \neq \frac{1}{2}$. Also

$$\frac{\zeta'(s)}{\zeta(s)} = O + \left(\frac{\log t}{\min|t-\gamma|}\right) + O(\log t)$$

uniformly for $-1 \leq \sigma \leq 2$. Since each interval $(n, n+1)$ contains values of t whose distance from the ordinate of any zero exceeds $\frac{A}{\log n}$, there is a t_n in any such interval for which

$$\frac{\zeta'(s)}{\zeta(s)} = O(\log^2 t), -1 \leq \sigma \leq 2, t=t_n$$

By the theorem of residues

$$\frac{1}{2\pi i}\left(\int_{2-it_n}^{2+it_n}+\int_{2+it_n}^{\frac{1}{4}+it_n}+\int_{\frac{1}{4}+it_n}^{\frac{1}{4}-it_n}+\int_{\frac{1}{4}-it_n}^{2-it_n}\right)\Gamma(z-s)\frac{\zeta'(z)}{\zeta(z)}\delta^{s-z}\mathrm{d}z=$$

$$\frac{\zeta'(s)}{\zeta(s)}+\sum_{-t_n<\gamma<t_n}\Gamma(\rho-s)\delta^{s-\rho}-\Gamma(1-s)\delta^{s-1}$$

The integrals along the horizontal sides tend to zero as $n\to\infty$, so that

$$\sum_{n=1}^{\infty}\frac{\Lambda(n)}{n^s}e^{-\delta n}=-\frac{1}{2\pi i}\int_{\frac{1}{4}-i\infty}^{\frac{1}{4}+i\infty}\Gamma(z-s)\frac{\zeta'(z)}{\zeta(z)}\delta^{s-z}\mathrm{d}z-$$

$$\frac{\zeta'(s)}{\zeta(s)}-\sum_{\rho}\Gamma(\rho-s)\delta^{s-\rho}+\Gamma(1-s)\delta^{s-1}$$

Since $\Gamma(z-s)=O(e^{-A|y-t|})$, the integral is

$$O\left\{\int_{-\infty}^{\infty}e^{-A|y-t|}\log(|y|+2)\delta^{\sigma-\frac{1}{4}}\mathrm{d}y\right\}=$$

$$O\left\{\int_{0}^{2t}e^{-A|y-t|}\log(|2t|+2)\delta^{\sigma-\frac{1}{4}}\mathrm{d}y\right\}+$$

$$O\left\{\left(\int_{-\infty}^{0}+\int_{2t}^{\infty}\right)e^{-\frac{1}{2}A|y|}\log(|y|+2)\delta^{\sigma-\frac{1}{4}}\mathrm{d}y\right\}=$$

$$O(\delta^{\sigma-\frac{1}{4}}\log t)+O(\delta^{\sigma-\frac{1}{4}})=O(\delta^{\sigma-\frac{1}{4}}\log t)$$

Also

$$\Gamma(1-s)\delta^{s-1}=O(e^{-At}\delta^{\sigma-1})=O(e^{-At}\delta^{-\frac{1}{2}})=$$

$$O(e^{-At+\frac{1}{2t}})=O(e^{-At})=$$

$$O(\delta^{\sigma-\frac{1}{4}}\log t)$$

This proves the theorem.

14.5. We can now prove more precise results about $\zeta'(s)/\zeta(s)$ and $\log\zeta(s)$ than those expressed by the inequality $\nu(\sigma)\leqslant 2-2\sigma$.

Theorem 14.5. *We have*

$$\frac{\zeta'(s)}{\zeta(s)} = O\{(\log t)^{2-2\sigma}\} \qquad (14.10)$$

$$\log \zeta(s) = O\left\{\frac{(\log t)^{2-2\sigma}}{\log \log t}\right\} \qquad (14.11)$$

uniformly for $1/2 < \sigma_0 \leq \sigma \leq \sigma_1 < 1$.

We have

$$\left|\frac{\zeta'(s)}{\zeta(s)}\right| \leq \sum_{n=1}^{\infty} \frac{\Lambda(n)}{n^\sigma} e^{-\delta n} + \delta^{\sigma-\frac{1}{2}} \sum_{\rho} |\Gamma(\rho-s)| + O(\delta^{\sigma-\frac{1}{4}} \log t)$$

Now

$$\sum_{n=1}^{\infty} \frac{\Lambda(n)}{n^\sigma} e^{-\delta n} = -\frac{1}{2\pi i} \int_{2-i\infty}^{2+i\infty} \Gamma(z-s) \frac{\zeta'(z)}{\zeta(z)} \delta^{\sigma-z} dz = O(\delta^{\sigma-1})$$

since we may move the line of integration to $\mathbf{R}(z) = 3/4$, and the leading term is the residue at $z = 1$. Also

$$|\Gamma(\rho-s)| < A e^{-A|\gamma-t|}$$

uniformly for σ in the above range. Hence

$$\sum_{\gamma} |\Gamma(\rho-s)| < A \sum_{\gamma} e^{-A|t-\gamma|} = A \sum_{n=1}^{\infty} \sum_{n-1 \leq |t-\gamma| < n} e^{-A|t-\gamma|}$$

The number of terms in the inner sum is

$$O\{\log(t+n)\} = O(\log t) + O\{\log(n+1)\}$$

Hence we obtain

$$O\left[\sum_{n=1}^{\infty} e^{-An} \{\log t + \log(n+1)\}\right] = O(\log t)$$

Hence

$$\frac{\zeta'(s)}{\zeta(s)} = O(\delta^{\sigma-1}) + O(\delta^{\sigma-\frac{1}{2}} \log t) + O(\delta^{\sigma-\frac{1}{4}} \log t)$$

and taking $\delta = (\log t)^{-2}$ we obtain the first result.

Again for $\sigma_0 \leq \sigma \leq \sigma_1$

$$\log \zeta(s) = \log \zeta(\sigma_1 + it) - \int_\sigma^{\sigma_1} \frac{\zeta'(x+it)}{\zeta(x+it)} dx =$$

$$O\{(\log t)^{2-2\sigma_1+\epsilon}\} + O\left\{\int_\sigma^{\sigma_1} (\log t)^{2-2x} dx\right\} =$$

$$O\{(\log t)^{2-2\sigma_1+\epsilon}\} + O\left\{\frac{(\log t)^{2-2\sigma}}{\log \log t}\right\}$$

If $\sigma \leq \sigma_2 < \sigma_1$ and $\epsilon < 2(\sigma_1 - \sigma_2)$, this is of the required form, and since σ_1 and so σ_2 may be as near to 1 as we please, the second result (with σ_2 for σ_1) follows.

14.6. To obtain the alternative proof of the inequality $\nu(\sigma) \geq 1 - \sigma$ we require an approximate formula for $\log \zeta(s)$.

Theorem 14.6. *For fixed α and σ such that $\frac{1}{2} < \alpha < \sigma \leq 1$, and $e^{-\sqrt{t}} \leq \delta \leq 1$,*

$$\log \zeta(s) = \sum_{n=1}^\infty \frac{\Lambda_1(n)}{n^s} e^{-\delta n} + O\{\delta^{\sigma-\alpha}(\log t)^{\nu(\alpha)+\epsilon}\} + O(1)$$

Moving the line of integration in (14.9) to $\mathbf{R}(w) = \alpha$, we have

$$\sum_{n=1}^\infty \frac{\Lambda_1(n)}{n^s} e^{-\delta n} = -\frac{\zeta'(s)}{\zeta(s)} - \Gamma(1-s)\delta^{s-1} -$$

$$\frac{1}{2\pi i} \int_{\alpha-i\infty}^{\alpha+i\infty} \Gamma(z-s) \frac{\zeta'(s)}{\zeta(s)} \delta^{s-z} dz$$

Since $\zeta'(s)/\zeta(s)$ has the ν-function $\nu(\sigma)$, the integral is of the form

$$O\left\{\delta^{\sigma-\alpha} \int_{-\infty}^\infty e^{-A|y-t|} \{\log(|y|+2)\}^{\nu(\alpha)+\epsilon} dy\right\} =$$

$$O\{\delta^{\sigma-\alpha}(\log t)^{\nu(\alpha)+\epsilon}\}$$

and $\Gamma(1-s)\delta^{s-1}$ is also of this form, as in §14.4.

Hence

$$-\frac{\zeta'(s)}{\zeta(s)} = \sum_{n=1}^{\infty} \frac{\Lambda(n)}{n^s} e^{-\sigma n} + O\{\delta^{\sigma-\alpha}(\log t)^{\nu(\alpha)+\epsilon}\}$$

This result holds uniformly in the range $\left[\sigma, \dfrac{9}{8}\right]$, and so we may integrate over this interval. We obtain

$$\log \zeta(s) - \sum_{n=1}^{\infty} \frac{\Lambda(n)}{n^s} e^{-\sigma n} + O\{\delta^{\sigma-\alpha}(\log t)^{\nu(\alpha)+\epsilon}\} =$$

$$\log \zeta\left(\frac{9}{8}+it\right) - \sum_{n=1}^{\infty} \frac{\Lambda_1(n)}{n^{\frac{9}{8}+it}} e^{-\sigma n} = O(1)$$

as required.

14.7. Proof that $\nu(\sigma) \geqslant 1-\sigma$. Theorem 14.6 enables us to extend the method of Diophantine approximation, already used for $\sigma > 1$, to values of σ between $\dfrac{1}{2}$ and 1. It gives

$$\log |\zeta(s)| = \sum_{n=1}^{\infty} \frac{\Lambda_1(n)}{n^\sigma} \cos(t \log n) e^{-\delta n} +$$

$$O\{\delta^{\sigma-\alpha}(\log t)^{\nu(\alpha)+\epsilon}\} + O(1) =$$

$$\sum_{n=1}^{N} \frac{\Lambda_1(n)}{n^\sigma} \cos(t \log n) e^{-\delta n} +$$

$$O\left(\sum_{n=N+1}^{\infty} e^{-\delta n}\right) +$$

$$O\{\delta^{\sigma-\alpha}(\log t)^{\nu(\alpha)+\epsilon}\} + O(1)$$

for all values of N. Now by Dirichlet's theorem (§8.2) there is a number t in the range $2\pi \leqslant t \leqslant 2\pi q^N$, and integers $x_1, \cdots, x_N$, such that

$$\left| t \frac{\log n}{2\pi} - x_n \right| \leqslant \frac{1}{q}, n = 1, 2, \cdots, N$$

Let us assume for the moment that this number t satisfies the condition of Theorem 14.6 that $e^{-\sqrt{t}} \leqslant \delta$. It gives

$$\sum_{n=1}^{N} \frac{\Lambda_1(n)}{n^\sigma} \cos(t \log n) e^{-\delta n} \geqslant \sum_{n=1}^{N} \frac{\Lambda_1(n)}{n^\sigma} \cos \frac{2\pi}{q} e^{-\sigma n} =$$

$$\sum_{n=1}^{N} \frac{\Lambda_1(n)}{n^\sigma} e^{-\delta n} + O\left(\frac{1}{q}\right) \sum_{n=1}^{N} \frac{1}{n^\sigma}$$

Now

$$\sum_{n=1}^{N} \frac{\Lambda_1(n)}{n^\sigma} e^{-\delta n} \geqslant \frac{1}{\log N} \sum_{n=1}^{N} \frac{\Lambda(n)}{n^\sigma} e^{-\delta n} \geqslant$$

$$\frac{1}{\log N} \sum_{n=1}^{\infty} \frac{\Lambda(n)}{n^\sigma} e^{-\delta n} + O\left(\sum_{n=N+1}^{\infty} e^{-\delta n}\right) >$$

$$\frac{K(\sigma) \delta^{\sigma-1}}{\log N} + O\left(\frac{e^{-\delta N}}{\delta}\right)$$

as in §14.5. Hence

$$\log |\zeta(s)| > \frac{K(\sigma) \delta^{\sigma-1}}{\log N} + O\left(\frac{e^{-\delta N}}{\delta}\right) +$$

$$O\left(\frac{N^{1-\sigma}}{q}\right) + O\{\delta^{\sigma-\alpha}(\log t)^{\nu(\alpha)+\epsilon}\} + O(1)$$

Take $q = N = [\delta^{-\alpha}]$, where $\alpha > 1$. The second and third terms on the right are then bounded. Also

$$\log t \leqslant N \log q + \log 2\pi \leqslant \frac{a}{\delta^a} \log \frac{1}{\delta} + \log 2\pi$$

so that

$$\delta \leqslant K(\log t)^{-1/\alpha+\epsilon}$$

Hence

$$\log |\zeta(s)| > K(\log t)^{1-\sigma-\eta} + O\{(\log t)^{\alpha-\sigma+\nu(\alpha)+\eta'}\}$$

where η and η' are functions of a which tend to zero as $a \to 1$.

If the first term on the right is of larger order than the second, it follows at once that $\nu(\sigma) \geq 1-\sigma$. Otherwise

$$\alpha-\sigma+\nu(\alpha) \geq 1-\sigma$$

and making $\alpha \to \sigma$ the result again follows.

We have still to show that the t of the above argument satisfies $e^{\sqrt{t}} \leq \delta$. Suppose on the contrary that $\delta \leq e^{\sqrt{t}}$ for some arbitrarily small values of δ. Now, by (8.7)

$$|\zeta(s)| \geq \left(\cos\frac{2\pi}{q} - 2N^{1-\sigma}\right)\zeta(\sigma) > \frac{A}{\sigma-1}\left(\frac{1}{2} - 2N^{1-\sigma}\right)$$

for $\sigma > 1$, $q \geq 6$. Taking $\sigma = 1 + \log 8/\log N$

$$|\zeta(s)| > \frac{A}{\sigma-1} = A\log N > A\log\frac{1}{\delta} > At^{\frac{1}{2}}$$

Since $|\zeta(s)| \to \infty$ and $t \geq 2\pi$, $t \to \infty$, and the above result contradicts Theorem 3.5. This completes the proof.

14.8. The function $\zeta(1+it)$. We are now in a position to obtain fairly precise information about this function. We shall first prove

Theorem 14.8. *We have*

$$|\log \zeta(1+it)| \leq \log\log\log t + A \quad (14.12)$$

In particular

$$\zeta(1+it) = O(\log\log t) \quad (14.13)$$

$$\frac{1}{\zeta(1+it)} = O(\log\log t) \quad (14.14)$$

Taking $\sigma = 1$, $\alpha = 3/4$ in Theorem 14.6, we have

$$|\log \zeta(1+it)| \leq \sum_{n=1}^{\infty}\frac{\Lambda_1(n)}{n}e^{-\delta n} + O(\delta^{\frac{1}{4}}\log t) + O(1) \leq$$

$$\sum_{n=1}^{\infty} \frac{\Lambda_1(n)}{n} + \sum_{n=N+1}^{\infty} e^{-\delta n} +$$

$$O(\delta^{\frac{1}{4}} \log t) + O(1) \leqslant$$

$$\log \log N + O(e^{-\delta N}/\delta) +$$

$$O(\delta^{\frac{1}{4}} \log t) + O(1)$$

by (3.54). Taking $\delta = \log^{-4} t$, $N = 1 + [\log^5 t]$, the result follows.

Comparing this result with Theorems 8.5 and 8.8, we see that, as far as the order of the functions $\zeta(1+it)$ and $1/\zeta(1+it)$ is concerned, the result is final. It remains to consider the values of the constants involved in the inequalities.

14.9. We define a function $\beta(\sigma)$ as

$$\beta(\sigma) = \frac{\nu(\sigma)}{2 - 2\sigma}$$

By the convexity of $\nu(\sigma)$ we have, for $\frac{1}{2} < \sigma < \sigma' < 1$

$$\nu(\sigma') \leqslant \frac{(1-\sigma')\nu(\sigma) + (\sigma'-\sigma)\nu(1)}{1-\sigma} = \frac{1-\sigma'}{1-\sigma} \nu(\sigma)$$

i. e.

$$\beta(\sigma') \leqslant \beta(\sigma)$$

Thus $\beta(\sigma)$ is non-increasing in $\left(\frac{1}{2}, 1\right)$. We write

$$\beta\left(\frac{1}{2}\right) = \lim_{\sigma \to \frac{1}{2}+0} \beta(\sigma), \quad \beta(1) = \lim_{\sigma \to 1-0} \beta(\sigma)$$

Then by Theorem 14.3, for $\frac{1}{2} < \sigma < 1$

$$\frac{1}{2} \leqslant \beta(1) \leqslant \beta(\sigma) \leqslant \beta\left(\frac{1}{2}\right) \leqslant 1$$

We shall now prove[①]

Theorem 14.9. As $t \to \infty$

$$|\zeta(1+it)| \leq 2\beta(1)e^{\gamma}\{1+o(1)\}\log\log t \tag{14.15}$$

$$\frac{1}{\zeta(1+it)} \leq 2\beta(1)\frac{6e^{\gamma}}{\pi^2}\{1+o(1)\}\log\log t \tag{14.16}$$

We observe that the $O(1)$ in Theorem 14.6 is actually $o(1)$ if $\delta \to 0$. Also, taking $\sigma = 1$

$$\delta^{1-\alpha}(\log t)^{\nu(\alpha)+\epsilon} = o(1)$$

if

$$\delta = (\log t)^{-2\beta(\alpha)-\eta}, \eta > 0$$

Hence, for such δ

$$\log \zeta(1+it) = \sum_{n=1}^{\infty} \frac{\Lambda_1(n)}{n^{1+it}} e^{-\delta n} + o(1) =$$

$$\sum_{p,m} \frac{e^{-\delta p^m}}{mp^{m(1+it)}} + o(1) =$$

$$\sum_{p,m} \frac{e^{-\delta mp}}{mp^{m(1+it)}} +$$

$$\sum_p \sum_{m>1} \frac{e^{-\delta p^m} - e^{-\delta mp}}{mp^{m(1+it)}} + o(1)$$

Now the modulus of the second double sum does not exceed

$$\sum_p \sum_{m>1} \frac{e^{-\delta p^m} - e^{-\delta mp}}{p^m}$$

This is evidently uniformly convergent for $\delta \geq 0$, the sum-

---

① Littlewood (6).

mand being less than p^{-m}. Since each term tends to zero with δ the sum is $o(1)$. Hence

$$\log \zeta(1+it) = \sum_{p,m} \frac{e^{-\delta mp}}{mp^{m(1+it)}} + o(1) =$$

$$-\sum_{p} \log\left(1 - \frac{e^{-\delta p}}{p^{1+it}}\right) + o(1) =$$

$$-\sum_{p \leq \varpi} \log\left(1 - \frac{e^{-\delta p}}{p^{1+it}}\right) +$$

$$O\left(\sum_{\varpi+1}^{\infty} e^{-\delta n}\right) + o(1)$$

The second term is $O(e^{-\delta \varpi}/\delta) = o(1)$ if $\varpi = [\delta^{-1-\epsilon}]$. Also

$$1 - \frac{1}{p} \leq \left|1 - \frac{e^{-\delta p}}{p^{1+it}}\right| \leq 1 + \frac{1}{p}$$

Hence, by (3.57)

$$\log|\zeta(1+it)| \leq -\sum_{p \leq \varpi} \log\left(1 - \frac{1}{p}\right) + o(1) =$$

$$\log \log \varpi + \gamma + o(1)$$

or

$$|\zeta(1+it)| \leq e^{\gamma + o(1)} \log \varpi$$

Now

$$\log \varpi \leq (1+\epsilon) \log \frac{1}{\delta} = (1+\epsilon)\{2\beta(\alpha) + \eta\} \log \log t$$

and taking α arbitrarily near to 1, we obtain (14.15). Similarly, by (3.58)

$$\log \frac{1}{\zeta(1+it)} \leq \sum_{p \leq \varpi} \log\left(1 + \frac{1}{p}\right) + o(1) =$$

$$\log \log \varpi + \log \frac{6e^{\gamma}}{\pi^2} + o(1)$$

and (14.16) follows from this.

Comparing Theorem 14.9 with Theorem 8.9 (A) and (B), we see that, since we know only that $\beta(1) \leq 1$, in each problem a factor 2 remains in doubt. It is possible that $\beta(1) = \dfrac{1}{2}$, and if this were so each constant would be determined exactly.

14.10. The function $S(t)$. We shall next discuss the behaviour of this function on the Riemann hypothesis.

If $\dfrac{1}{2} < \alpha < \sigma < \beta$, $T < t < T'$, we have

$$\log \zeta(s) = \frac{1}{2\pi i}\left(\int_{\beta+iT}^{\beta+iT'} + \int_{\beta+iT'}^{\alpha+iT'} + \int_{\alpha+iT'}^{\alpha+iT} + \int_{\alpha+iT}^{\beta+iT}\right)\frac{\log \zeta(z)}{z-s}dz$$

Let $\beta > 2$. By (14.2)

$$\int_{\alpha+iT}^{2+iT}\frac{\log \zeta(z)}{z-s}dz = O\left\{\frac{1}{t-T}\int_\alpha^2 |\log \zeta(x+iT)|\,dx\right\} = O\left(\frac{\log T}{t-T}\right)$$

Also

$$\int_{2+iT}^{\beta+iT}\frac{\log \zeta(Z)}{z-s}dz = \sum_{n=2}^\infty \Lambda_1(n)\int_{2+iT}^{\beta+iT}\frac{n^{-z}}{z-s}dz$$

Now

$$\int_{2+iT}^{\beta+iT}\frac{n^{-z}}{z-s}dz = \left[\frac{1-n^{-z}}{(z-s)\log n}\right]_{2+iT}^{\beta+iT} - \frac{1}{\log n}\int_{2+iT}^{\beta+iT}\frac{n^{-z}}{(z-s)^2}dz =$$

$$O\left\{\frac{1}{n^2(t-T)}\right\} + O\left\{\frac{1}{n^2}\int_{-\infty}^\infty\frac{dx}{(x-\sigma)^2+(t-T)^2}\right\} =$$

$$O\left\{\frac{1}{n^2(t-T)}\right\}$$

Hence

$$\int_{2+iT}^{\beta+iT} \frac{\log \zeta(z)}{z-s} dz = O\left(\frac{1}{t-T}\right)$$

and hence

$$\int_{\alpha+iT}^{\beta+iT} \frac{\log \zeta(Z)}{z-s} dz = O\left(\frac{\log T}{t-T}\right)$$

uniformly with respect to β. Similarly for the integral over

$$(\beta+iT',\ \alpha+iT')$$

Also

$$\int_{\beta+iT}^{\beta+iT'} \frac{\log \zeta(z)}{z-s} dz = O\left(\frac{T'-T}{\beta-\sigma}\right)$$

Making $\beta \to \infty$, it follows that

$$\log \zeta(s) = \frac{1}{2\pi i} \int_{\alpha+iT}^{\alpha+iT'} \frac{\log \zeta(z)}{s-z} dz + O\left(\frac{\log T}{t-T}\right) + O\left(\frac{\log T'}{T'-t}\right) \tag{14.17}$$

A similar argument shows that, if $\mathbf{R}(s') < \frac{1}{2}$

$$0 = \frac{1}{2\pi i} \int_{\alpha+iT}^{\alpha+iT'} \frac{\log \zeta(z)}{s'-z} dz + O\left(\frac{\log T}{t-T}\right) + O\left(\frac{\log T'}{T'-t}\right) \tag{14.18}$$

Taking $s' = 2\alpha - \sigma + it$, so that

$$s' - z = 2\alpha - \sigma + it - (\alpha + iy) = \alpha - iy - (\sigma - it)$$

and replacing (14.18) by its conjugate, we have

$$0 = \frac{1}{2\pi i} \int_{\alpha+iT}^{\alpha+iT'} \frac{\log \zeta(z) - i \arg \zeta(z)}{z-s} dz + O\left(\frac{\log T}{t-T}\right) + O\left(\frac{\log T'}{T'-t}\right) \tag{14.19}$$

From (14.17) and (14.19) it follows that

$$\log \zeta(s) = \frac{1}{\pi i} \int_{\alpha+iT}^{\alpha+iT'} \frac{\log \zeta(z)}{s-z} dz + O\left(\frac{\log T}{t-T}\right) + O\left(\frac{\log T'}{T'-t}\right) \tag{14.20}$$

and

$$\log \zeta(s) = \frac{1}{\pi} \int_{\alpha+iT}^{\alpha+iT'} \frac{\arg \zeta(z)}{s-z} dz + O\left(\frac{\log T}{t-T}\right) + O\left(\frac{\log T'}{T'-t}\right)$$
$$(14.21)$$

14.11. We can now show that each of the functions
$$\max\{\log |\zeta(s)|, 0\}, \max\{-\log |\zeta(s)|, 0\}$$
$$\max\{\arg \zeta(s), 0\}, \max\{-\arg |\zeta(s)|, 0\}$$
has the same ν-function as $\log \zeta(s)$. Consider, for example
$$\max\{\arg \zeta(s), 0\}$$
and let its ν-function be $\nu_1(\sigma)$. Since
$$|\arg \zeta(s)| \leq |\log \zeta(s)|$$
we have at once
$$\nu_1(\sigma) \leq \nu(\sigma)$$
Also (14.1) gives
$$\arg \zeta(s) = \frac{1}{\pi} \int_T^{T'} \frac{\sigma-\alpha}{(\sigma-\alpha)^2 + (t-y)^2} \arg \zeta(\alpha+iy) dy +$$
$$O\left(\frac{\log T}{t-T}\right) + O\left(\frac{\log T'}{T'-t}\right) <$$
$$A(\log T')^{\nu_1(\alpha)+\epsilon} \int_T^{T'} \frac{\sigma-\alpha}{(\sigma-\alpha)^2+(t-y)^2} dy +$$
$$O\left(\frac{\log T}{t-T}\right) + O\left(\frac{\log T'}{T'-t}\right) <$$
$$A(\log t)^{\nu_1(\alpha)+\epsilon} + O(t^{-1} \log t) \qquad (14.22)$$
taking, for example, $T = \frac{1}{2}t$, $T' = 2t$.

It is clear from this that $\nu_1(\sigma)$ is non-increasing. Also the Borel-Carathéodory inequality, applied to circles with centre $2+it$ and radii $2-\alpha-\delta$, $2-\alpha-2\delta$, gives
$$|\log \zeta(\alpha+\delta+it)| < \frac{A}{\delta} \left\{ (\log t)^{\nu_1(\alpha)+\epsilon} + \frac{\log t}{t} \right\} +$$

$$\frac{A}{\delta}|\log|\zeta(2+it)||$$

If $\alpha+\delta<1$, so that $\nu(\alpha+\delta)>0$, it follows that
$$\nu(\alpha+\delta)\leq\nu_1(\alpha+\epsilon)$$
Since ϵ and δ may be as small as we please, and $\nu(\sigma)$ is continuous, it follows that
$$\nu(\alpha)\leq\nu_1(\alpha)$$
Hence
$$\nu_1(\sigma)=\nu(\sigma),\ \frac{1}{2}<\sigma<1$$
Similarly all the ν-functions are equal.

14.12. Ω-results[1] for $S(t)$ and $S_1(t)$.

Theorem 14.12 (A). *Each of the inequalities*
$$S(t)>(\log t)^{\frac{1}{2}-\epsilon} \qquad (14.23)$$
$$S(t)<-(\log t)^{\frac{1}{2}-\epsilon} \qquad (14.24)$$
has solutions for arbitrarily lage values of t.

Making $\alpha\to\frac{1}{2}$ in (14.22), by bounded convergence
$$\arg\zeta(s)=\int_{\frac{1}{2}t}^{2t}\frac{\sigma-\frac{1}{2}}{\left(\sigma-\frac{1}{2}\right)^2+(t-y)^2}S(y)\,\mathrm{d}y+$$
$$O\left(\frac{\log t}{t}\right),\ \sigma>\frac{1}{2} \qquad (14.25)$$

If $S(t)<\log^a t$ for all large t, this gives

---

[1] Landau (1), Bohr and Landau (3), Littlewood (5).

1149

$$\arg \zeta(s) < A\log^a t \int_{\frac{1}{2}t}^{2t} \frac{\sigma - \frac{1}{2}}{\left(\sigma - \frac{1}{2}\right)^2 + (t-y)^2} dy + O\left(\frac{\log t}{t}\right) <$$

$$A\log^a t + O(t^{-1}\log t)$$

The above analysis shows that this is false if $\alpha < \nu(\sigma)$, which is satisfied if $\alpha < \frac{1}{2}$ and σ is near enough to $\frac{1}{2}$. This proves the first result, and the other may be proved similarly.

Theorem 14.12 (B)

$$S_1(t) = \Omega\{(\log t)^{\frac{1}{2}-\epsilon}\}$$

From (14.21) with $\alpha \to \frac{1}{2}$ we have

$$\log \zeta(s) = i \int_{\frac{1}{2}t}^{2t} \frac{S(y)}{s - \frac{1}{2} - iy} dy + O(1) =$$

$$i \left[\frac{S_1 y}{s - \frac{1}{2} - iy}\right]_{\frac{1}{2}t}^{2t} + \int_{\frac{1}{2}t}^{2t} \frac{S_1(y)}{\left(s - \frac{1}{2} - iy\right)^2} dy + O(1) =$$

$$\int_{\frac{1}{2}t}^{2t} \frac{S_1(y)}{\left(s - \frac{1}{2} - iy\right)^2} dy + O(1) \qquad (14.26)$$

since $S_1(y) = O(\log y)$. The result now follows as before.

In view of the result of Selberg stated in §9.9, this theorem is true independently of the Riemann hypothesis. In the case of $S(t)$, Selberg's method gives only an index $\frac{1}{3}$ instead of the index $\frac{1}{2}$ obtained on the Riemann hypothesis.

14.13. We now turn to results of the opposite kind.① We know that without any hypothesis
$$S(t) = O(\log t), S_1(t) = O(\log t)$$
and that on the Lindelöf hypothesis, and *a fortiori* on the Riemann hypothesis, each O can be replaced by o. On the Riemann hypothesis we should expect something more precise. The result actually obtained is

Theorem 14.13
$$S(t) = O\left(\frac{\log t}{\log \log t}\right) \qquad (14.27)$$

$$S_1(t) = O\left(\frac{\log t}{(\log \log t)^2}\right) \qquad (14.28)$$

We first prove three lemmas.

Lemma α. *Let*
$$\phi(t) = \max_{1 \leq u \leq t} |S_1(u)|$$
so that $\phi(t)$ is non-decreasing, and $\phi(t) = O(\log t)$. Then
$$S(t) = O[\{\phi(2t)\log t\}^{\frac{1}{2}}]$$

This is independent of the Riemann hypothesis. We have
$$N(t) = L(t) + R(t)$$
where $L(t)$ is defined by (9.6), and $R(t) = S(t) + O(1/t)$. Now
$$N(T+x) - N(T) \geq 0, 0 < x < T$$

Hence

---

① Làndau (11), Cramér (1), Littlewood (4), Titchmarsh (3).

$$R(T+x) - R(T) \geqslant -\{L(T+x) - L(T)\} > Ax\log T$$

Hence

$$\int_T^{T+x} R(t)\,dt = xR(T) + \int_0^x \{R(T+u) - R(T)\}\,du >$$

$$xR(T) - A\int_0^x u\log T\,du >$$

$$xR(T) - Ax^2\log T$$

Hence

$$R(T) < \frac{1}{x}\int_T^{T+x} R(t)\,dt + Ax\log T =$$

$$\frac{S_1(T+x) - S_1(T)}{x} + O\left(\frac{1}{T}\right) + Ax\log T =$$

$$O\left\{\frac{\phi(2T)}{x}\right\} + O\left(\frac{1}{T}\right) + Ax\log T$$

Taking $x = \{\phi(2T)/\log T\}^{\frac{1}{2}}$, the upper bound for $S(T)$ follows. Similarly by considering integrals over $(T-x, T)$ we obtain the lower bound.

Lemma β. Let $\sigma < 1$, and let

$$F(T) = \max|\log \zeta(s)| + \log^{\frac{1}{4}} T$$

$$\sigma - \frac{1}{2} \geqslant \frac{1}{\log \log T},\ 4 \leqslant t \leqslant T$$

Then

$$\log \zeta(s) = O\{F(T+1)\,e^{-A\left(\sigma - \frac{1}{2}\right)\log\log T}\}$$

$$\frac{1}{2} + \frac{1}{\log \log T} \leqslant \sigma \leqslant 2,\ 4 \leqslant t \leqslant T$$

We apply Hadamard's three-circles theorem as in §14.2, but now take

$$\sigma_1 = \frac{3}{2} + \frac{1}{\log \log T},\ \eta = \frac{1}{4},\ \delta = \frac{1}{\log \log T},\ \sigma \leqslant \frac{5}{4}$$

We obtain

$$M_2 < AM_3^a = A\,M_3\left(\frac{1}{M_3}\right)^{1-\alpha}$$

where

$$M_3 \leq F(T+1)$$

and

$$1-a = \log\frac{r_3}{r_2}\bigg/\log\frac{r_3}{r_1} = \log\left(1+\frac{\sigma-\frac{1}{2}-\delta}{\sigma_1-\sigma}\right)\bigg/\log\left(\frac{\sigma_1-\frac{1}{2}-\delta}{\sigma_1-1-\eta}\right) > A\left(\sigma-\frac{1}{2}-\delta\right)$$

Hence

$$M_2 < AF(T+1)^{1-A\left(\sigma-\frac{1}{2}-\delta\right)} \leq AF(T+1)(\log^{\frac{1}{4}}T)^{-A\left(\sigma-\frac{1}{2}-\delta\right)}$$

This gives the required result if $\sigma \leq \frac{5}{4}$, and for $\frac{5}{4} \leq \sigma \leq 2$ it is trivial, if the A is small enough.

Lemma γ. For $\sigma > \frac{1}{2}$, $0 < \xi < \frac{1}{2}t$

$$\log \zeta(s) = i\int_{i-\xi}^{i+\xi}\frac{S(y)}{s-\frac{1}{2}-iy}dy + O\left\{\frac{\phi(2t)}{\xi}\right\} + O(1)$$

(14.29)

We have

$$\int_{t+\xi}^{2t}\frac{S(y)}{s-\frac{1}{2}-iy} =$$

$$\left[\frac{S_1(y)}{s-\frac{1}{2}-iy}\right]_{t+\xi}^{2t} - i\int_{t+\xi}^{2t}\frac{S_1(y)}{\left(s-\frac{1}{2}-iy\right)^2}dy =$$

$$O\left\{\frac{\phi(2t)}{\xi}\right\}+O\left\{\phi(2t)\int_{t+\xi}^{2t}\frac{\mathrm{d}y}{\left(\sigma-\frac{1}{2}\right)^2+(y-t)^2}\right\}=$$

$$O\left\{\frac{\phi(2t)}{\xi}\right\}$$

and similarly for the integral over $\left(\frac{1}{2}t,\ t-\xi\right)$. The result therefore follows from (14.26).

Proof of Theorem 14.13. By Lemmas α and γ

$$\log\zeta(s)=O\{\phi(4t)\log t\}^{\frac{1}{2}}\int_{t-\xi}^{t+\xi}\frac{\mathrm{d}y}{\left\{\left(\sigma-\frac{1}{2}\right)^2+(y-t)^2\right\}^{\frac{1}{2}}}+$$

$$O\left\{\frac{\phi(2t)}{\xi}\right\}+O(1)=$$

$$O\left[\{\phi(4t)\log t\}^{\frac{1}{2}}\frac{\xi}{\sigma-\frac{1}{2}}\right]+O\left\{\frac{\phi(4t)}{\xi}\right\}+O(1)$$

for $\sigma-\frac{1}{2}\geqslant\frac{1}{\log\log T}$, $4\leqslant t\leqslant T$. Taking

$$\xi=A\left\{\frac{\phi(4t)}{\log t}\right\}^{\frac{1}{4}}\frac{1}{(\log\log T)^{\frac{1}{2}}}$$

we obtain

$$\log\zeta(s)=O[(\log T)^{\frac{1}{4}}(\log\log T)^{\frac{1}{2}}\{\phi(4T)\}^{\frac{3}{4}}]$$

Hence by Lemma β, for $\sigma-\frac{1}{2}\geqslant 1/\log\log T$

$$\log\zeta(s)=O[(\log T)^{\frac{1}{4}}(\log\log T)^{\frac{1}{2}}\cdot$$

$$\{\phi(4T+4)\}^{\frac{3}{4}}e^{-A\left(\sigma-\frac{1}{2}\right)\log\log T}]$$

Hence

$$\int_{\frac{1}{2}+1/\log\log T}^{2}\log|\zeta(s)|\mathrm{d}\sigma=$$

$$O[\log T)^{\frac{1}{4}}(\log \log T)^{-\frac{1}{2}}\{\phi(4T+4)\}^{\frac{3}{4}}] \quad (14.30)$$

Again, the real part of (14.29) may be written

$$\log|\zeta(s)| = \int_0^\xi \frac{x}{\left(\sigma-\frac{1}{2}\right)^2+x^2}\{S(t-x)-S(t+x)\}dx +$$

$$O\left(\frac{\phi(2t)}{\xi}\right)+O(1) \quad (14.31)$$

Hence

$$\int_{\frac{1}{2}}^{\frac{1}{2}+\mu}\log|\zeta(s)|d\sigma = \int_0^\xi \arctan\frac{\mu}{x}\{S(t-x)-S(t+x)\}dx +$$

$$O\left\{\frac{\mu\phi(2t)}{\xi}\right\}+O(\mu) =$$

$$O[\xi\{\phi(4t)\log t\}^{\frac{1}{2}}]+O\{\mu\phi(2t)/\xi\}+O(\mu)$$

Taking $\mu = \dfrac{1}{\log \log T}$, and ξ as before

$$\int_{\frac{1}{2}}^{\frac{1}{2}+1/\log \log T}\log|\zeta(s)|d\sigma =$$

$$O[(\log T)^{\frac{1}{4}}(\log \log T)^{-\frac{1}{2}}\{\phi(4T)\}^{\frac{3}{4}}] \quad (14.32)$$

Now (14.30) (14.32), and Theorem 9.9. give

$$S_1(t) = O[(\log T)^{\frac{1}{4}}(\log \log T)^{-\frac{1}{2}}\{\phi(5T)\}^{\frac{3}{4}}]$$
$$4 \leqslant t \leqslant T \quad (14.33)$$

Varying t and taking the maximum

$$\phi(T) = O[(\log T)^{\frac{1}{4}}(\log \log T)^{-\frac{1}{2}}\{\phi(5T)\}^{\frac{3}{4}}]$$

Let

$$\psi(T) = \max_{4 \leqslant t \leqslant T}\frac{(\log \log t)^2 \phi(t)}{\log t}$$

so that $\psi(T)$ is non-decreasing and

$$\phi(T) \leq \frac{\log T}{(\log \log T)^2} \psi(T)$$

Then (14.33) gives

$$\phi(T) = O\left[\frac{\log T}{(\log \log T)^2} \{\psi(5T)\}^{\frac{3}{4}}\right]$$

or

$$\frac{\phi(T)(\log \log T)^2}{\log T} = O[\{\psi(5T)\}^{\frac{3}{4}}] =$$

$$O[\{\psi(5T_1)\}^{\frac{3}{4}}], T \leq T_1$$

Varying T and taking the maximum

$$\psi(T_1) = O[\{\psi(5T_1)\}^{\frac{3}{4}}]$$

But $\psi(5T_1) < 5\psi(T_1)$ for some arbitrarily large T_1; for otherwise

$$\psi(5^n t_0) \geq 5^n \psi(t_0)$$

i.e. $\psi(T) > AT$ for some arbitrarily large T, which is not so, since in fact

$$\phi(T) = O(\log T), \ \psi(T) = O\{(\log \log T)^2\}$$

Hence

$$\psi(T_1) < A\{\psi(T_1)\}^{\frac{3}{4}}, \psi(T_1) < A$$

for some arbitrarily large T_1, and so for all T_1, since ψ is non-decreasing.

Hence

$$\phi(T) = O\left\{\frac{\log T}{(\log \log T)^2}\right\}$$

This proves (14.28), and (14.27) then follows from Lemma α.

The argument can be extended to show that, if $S_n(t)$ is the nth integral of $S(t)$, then

$$S_n(t) = O\left\{\frac{\log t}{(\log \log t)^{n+1}}\right\} \qquad (14.34)$$

14.14. Theorem 14.13 also enables us to prove inequalities for $\zeta(s)$ in the immediate neighbourhood of $\sigma = \frac{1}{2}$, a region not touched by previous arguments. We obtain first

Theorem 14.14 (A)

$$\zeta\left(\frac{1}{2}+it\right) = O\left\{\exp\left(A\,\frac{\log t}{\log \log t}\right)\right\} \qquad (14.35)$$

We have
$$S(t+x) - S(t) = \{N(t+x) - N(t)\} - \\ \{L(t+x) - L(t)\} - \\ \{f(t+x) - f(t)\}$$

where $f(t)$ is the $O(1/t)$ of (9.7), and arises from the asymptotic formula for $\log \Gamma(s)$. Thus $f'(t) = O(1/t^2)$, and since $N(t+x) \geqslant N(t)$

$$S(t+x) - S(t) > Ax\log t + O(x/t^2) > -Ax\log t$$

Hence, by (14.31)

$$\log |\zeta(s)| < \\ A\int_0^\xi \frac{x^2 \log t}{\left(\sigma-\frac{1}{2}\right)^2 + x^2}dx + O\left\{\frac{\log t}{\xi(\log \log t)^2}\right\} + O(1) < \\ A\xi\log t + O\left\{\frac{\log t}{\xi(\log \log t)^2}\right\} + O(1)$$

uniformly for $\sigma > 1/2$, and so by continuity for $\sigma = 1/2$. Taking
$$\xi = 1/\log \log t$$
the result follows.

Theorem 14.14 (B). *We have*

$$-\frac{A\log t}{\log\log t}\log\left\{\frac{2}{\left(\sigma-\frac{1}{2}\right)\log\log t}\right\} < \log|\zeta(s)| <$$

$$\frac{A\log t}{\log\log t}, \quad \frac{1}{2} < \sigma \leq \frac{1}{2} + \frac{A}{\log\log t} \quad (14.36)$$

$$\arg \zeta(s) = O\left(\frac{\log t}{\log\log t}\right), \quad \frac{1}{2} \leq \sigma \leq \frac{1}{2} + \frac{A}{\log\log t}$$
$$(14.37)$$

By (14.27) and (14.29)

$$\log \zeta(s) = O\left\{\frac{\log t}{\log\log t}\int_0^\xi \frac{dx}{\sqrt{\left\{\left(\sigma-\frac{1}{2}\right)^2+x^2\right\}}}\right\} +$$

$$O\left\{\frac{\log t}{\xi(\log\log t)^2}\right\} + O(1)$$

Now

$$\int_0^\xi \frac{du}{\sqrt{\left\{\left(\sigma-\frac{1}{2}\right)^2+x^2\right\}}} = \int_0^{\xi/\left(\sigma-\frac{1}{2}\right)} \frac{dx'}{\sqrt{(1+x'^2)}}$$

which is less than 1 if $\xi \leq \sigma - 1/2$, and otherwise is less than

$$1 + \int_1^{\xi/\left(\sigma-\frac{1}{2}\right)} \frac{dx'}{x'} = 1 + \log\frac{\xi}{\sigma-\frac{1}{2}}$$

Taking $\xi = 1/\log\log t$, the lower bound in (14.36) follows. The upper bound follows from the argument of the previous section. Lastly, taking imaginary parts in (14.29)

第二部分　中外名家论 Riemann 函数与 Riemann 猜想

$$\arg \zeta(s) = \int_0^\xi \frac{\sigma - \frac{1}{2}}{x^2 + \left(\sigma - \frac{1}{2}\right)^2} \{S(t+x) - S(t-x)\} \mathrm{d}x +$$

$$O\left\{\frac{\log t}{\xi(\log \log t)^2}\right\} + O(1) =$$

$$O\left\{\frac{\log t}{\log \log t} \int_0^\xi \frac{\sigma - \frac{1}{2}}{x^2 + \left(\sigma - \frac{1}{2}\right)^2} \mathrm{d}x\right\} +$$

$$O\left\{\frac{\log t}{\xi(\log \log t)^2}\right\} + O(1)$$

Now

$$\int_0^\xi \frac{\sigma - \frac{1}{2}}{x^2 + \left(\sigma - \frac{1}{2}\right)^2} \mathrm{d}x < \int_0^\infty \frac{\sigma - \frac{1}{2}}{x^2 + \left(\sigma - \frac{1}{2}\right)^2} \mathrm{d}x = \frac{1}{2}\pi$$

Hence, taking $\xi = 1$, (14.37) follows uniformly for $\sigma > \frac{1}{2}$, and so by continuity for $\sigma = \frac{1}{2}$.

In particular

$$\log \zeta(s) = O\left(\frac{\log t}{\log \log t}\right), \sigma = \frac{1}{2} + \frac{A}{\log \log t} \tag{14.38}$$

From (14.38) (14.11), and a Phragmén-Lindelöf argument it follows that

$$\log \zeta(s) = O\left\{\frac{(\log t)^{2-2\sigma}}{\log \log t}\right\} \tag{14.39}$$

uniformly for

$$\frac{1}{2} + \frac{A}{\log \log t} \leq \sigma \leq 1 - \delta$$

14.15. Another result in the same order of ideas is an approximate formula for $\log \zeta(s)$, which should be compared with Theorem 9.6 (B)

Theorem 14.15. For $\frac{1}{2} \leqslant \sigma \leqslant 2$

$$\log \zeta(s) = \sum_{|t-\gamma|<1/\log\log t} \log(s-\rho) + O\left(\frac{\log t \log\log\log t}{\log\log t}\right)$$

(14.40)

where $\rho = \frac{1}{2} + i\gamma$ runs through zeros of $\zeta(s)$.

In Lemma α of §3.9, let

$$f(s) = \zeta(s), s_0 = \frac{1}{2} + \frac{1}{\sqrt{3}}\delta + iT, r = \frac{4}{\sqrt{3}}\delta$$

where $\delta = \frac{1}{\log\log T}$. By (14.38)

$$\left|\frac{1}{\zeta(s_0)}\right| \leqslant \exp\left(\frac{A\log T}{\log\log T}\right)$$

The upper bound in (14.38) gives

$$|\zeta(s)| \leqslant \exp\left(\frac{A\log T}{\log\log T}\right)$$

for $|s-s_0| \leqslant r$, $\sigma \geqslant \frac{1}{2}$; and for $|s-s_0| \leqslant r$, $\sigma < \frac{1}{2}$, the functional equation gives

$$|\zeta(s)| < At^{\frac{1}{2}-\sigma} |\zeta(1-s)| < At^{\sqrt{3}\delta} \exp\left(\frac{A\log T}{\log\log T}\right) < \exp\left(\frac{A\log T}{\log\log T}\right)$$

It therefore follows from (3.32) that

$$\log \zeta(s) - \log \zeta(s_0) - \sum_{|s_0-\rho| \leq 2\delta/\sqrt{3}} \log(s-\rho) +$$

$$\sum_{|s_0-\rho| \leq 2\delta/\sqrt{3}} \log(s_0-\rho) = O\left(\frac{\log T}{\log \log T}\right)$$

for $|s-s_0| \leq \frac{3}{8}r$, and so in particular for $\frac{1}{2} \leq \sigma \leq \frac{1}{2}+\delta$, $t=T$.

Now

$$\log \zeta(s_0) = O\left(\frac{\log T}{\log \log T}\right)$$

Also

$$s_0 - \rho = \frac{1}{\sqrt{3}}\delta + i(T-\gamma)$$

Hence

$$\frac{1}{\sqrt{3}}\delta \leq |s_0-\rho| < A$$

and so, if the logarithm has its principal value

$$\log(s_0-\rho) = O\left(\log \frac{1}{\delta}\right) = O(\log \log \log T)$$

Also the number of values of ρ in the above sums does not exceed

$$N\left(T+\frac{2\delta}{\sqrt{3}}\right) - N\left(T-\frac{2\delta}{\sqrt{3}}\right) = O(\delta \log T) + O\left(\frac{\log T}{\log \log T}\right) =$$

$$O\left(\frac{\log T}{\log \log T}\right)$$

by Theorem 14.13. Hence

$$\sum_{|s_0-\rho| \leq 2\delta/\sqrt{3}} \log(s_0-\rho) = O\left(\frac{\log T \log \log \log T}{\log \log T}\right)$$

Since $|T-\gamma| \leq \delta$ if $|s_0-\rho| \leq 2\delta/\sqrt{3}$, the result follows, with T for t and $1/2 \leqslant \sigma \leqslant 1/2+\delta$. It is also true for $1/2+\delta < \sigma \leqslant 2$, since in this region

$$\log \zeta(s) = O\left(\frac{\log T}{\log \log T}\right)$$

and, as in the case of the other sum

$$\sum_{|s_0-\rho| \leqslant 2\delta/\sqrt{3}} \log(s-\rho) = O\left(\frac{\log T \log \log \log T}{\log \log T}\right)$$

This proves the theorem

For $\zeta'(s)/\zeta(s)$ we obtain similarly from Lemma α of §3.9

$$\frac{\zeta'(s)}{\zeta(s)} = \sum_{|t-\gamma| \leqslant 1/\log \log t} \frac{1}{s-\rho} + O(\log t) \quad (14.41)$$

14.16. Theorem 14.16. *Each interval* $[T, T+1]$ *contains a value of t such that*

$$|\zeta(s)| > \exp\left(-A \frac{\log t}{\log \log t}\right), \frac{1}{2} \leqslant \sigma \leqslant 2$$

$$(14.42)$$

Let $\delta = \dfrac{1}{\log \log T}$. Then the lower bound (14.1) holds automatically for $\sigma \geqslant \dfrac{1}{2} + \delta$, by (14.38). We therefore assume that $\dfrac{1}{2} \leqslant \sigma \leqslant \dfrac{1}{2} + \delta$. If $s = \sigma + it$ and $s_0 = \dfrac{1}{2} + \delta + it$ then, on integrating (14.41), we find

$$\log \frac{\zeta(s)}{\zeta(s_0)} = \sum_{|t-\gamma| \leqslant \delta} \log\left(\frac{s-\rho}{s_0-\rho}\right) + O\left(\frac{\log T}{\log \log T}\right)$$

Moreover $\log \zeta(s_0) = O\left(\dfrac{\log T}{\log \log T}\right)$ by (14.38) so that, on taking real parts

$$\log |\zeta(s)| = \sum_{|t-\gamma|\leq\delta} \log \left|\frac{s-\rho}{s_0-\rho}\right| + O\left(\frac{\log T}{\log\log T}\right) \geq$$

$$\sum_{|t-\gamma|\leq\delta} \log \frac{|t-\gamma|}{2\delta} + O\left(\frac{\log T}{\log\log T}\right)$$

since $|s-\rho| \geq |t-\gamma|$ and $|s_0-\rho| \leq 2\delta$. We now observe that

$$\int_T^{T+1} \sum_{|t-\gamma|\leq\delta} \log \frac{|t-\gamma|}{2\delta} dt =$$

$$\sum_{T-\delta\leq\gamma\leq T+1+\delta} \int_{\max(\gamma-\delta,T)}^{\min(\gamma+\delta,T+1)} \log \frac{|t-\gamma|}{2\delta} dt \geq$$

$$\sum_{T-\delta\leq\gamma\leq T+1+\delta} \int_{\gamma-\delta}^{\gamma+\delta} \log \frac{|t-\gamma|}{2\delta} dt =$$

$$\sum_{T-\delta\leq\gamma\leq T+1+\delta} (-2\delta - 2\delta\log 2) \geq$$

$$-A\delta\log T$$

as there are $O(\log T)$ terms in the sum. Hence there is a t for which

$$\sum_{|t-\gamma|\leq\delta} \log \frac{|t-\gamma|}{2\delta} \geq -A\delta\log T$$

and the result follows.

In particular, if ϵ is any positive number, each $(T, T+1)$ contains a t such that

$$\frac{1}{\zeta(s)} = O(t^\epsilon), \frac{1}{2} \leq \sigma \leq 2 \qquad (14.43)$$

14.17. Mean-value theorems[①] **for** $S(t)$ **and** $S_1(t)$. We consider first $S_1(t)$. We begin by proving

Theorem 14.17. For $\frac{1}{2}T \leq t \leq T$, $\delta = T^{-\frac{1}{2}}$

---

① Littlewood (5), Titchmarsh (2).

$$\pi S_1(t) = C - \sum_{n=2}^{\infty} \frac{\Lambda_1(n)\cos(t\log n)}{n^{\frac{1}{2}}\log n} e^{-\delta n} + O\left(\frac{1}{\log\log T}\right)$$

$$(14.44)$$

where

$$C = \int_{\frac{1}{2}}^{\infty} \log |\zeta(\sigma)| \, d\sigma$$

Making $\beta \to \infty$ in (9.29), we have

$$\pi S_1(t) = C - \int_{\frac{1}{2}}^{\infty} \log |\zeta(\sigma+it)| \, d\sigma \quad (14.45)$$

Now, integrating (14.8) from s to $\frac{9}{8}+it$

$$\log \zeta(s) - \log \zeta(\frac{9}{8}+it) =$$

$$\sum_{n=2}^{\infty} \frac{\Lambda_1(n)}{n^s} e^{-\delta n} - \sum_{n=2}^{\infty} \frac{\Lambda_1(n)}{n^{\frac{9}{8}+it}} e^{-\delta n} +$$

$$\sum_{\rho} \int_{\sigma}^{\frac{9}{8}} \delta^{s_1-\rho} \Gamma(\rho-s_1) \, d\sigma_1 + O(\delta^{\sigma-\frac{1}{4}} \log t), \frac{1}{2} \leq \sigma \leq \frac{9}{8}$$

Also, if $\sigma \geq \frac{9}{8}$

$$\log \zeta(\sigma+it) - \sum_{n=2}^{\infty} \frac{\Lambda_1(n)}{n^s} e^{-\delta n} =$$

$$\sum_{n=2}^{\infty} \frac{\Lambda_1(n)}{n^s}(1-e^{-\delta n}) =$$

$$O\left(\sum_{n=2}^{\sigma} n^{-\sigma}(1-e^{-\delta n})\right) =$$

$$O\left(\sum_{2 \leq n \leq 1/\delta} n^{1-\sigma}\delta \sum_{n>1/\delta} n^{-\sigma}\right) =$$

$$O\{(\delta^{\sigma-1}+2^{-\sigma}\delta)\log t\} \quad (14.46)$$

Hence, for $\frac{1}{2} \leq \sigma \leq \frac{9}{8}$

第二部分　中外名家论 Riemann 函数与 Riemann 猜想

$$\log \zeta(s) = \sum_{n=2}^{\infty} \frac{\Lambda_1(n)}{n^s} e^{-\delta n} + \sum_{\rho} \int_{\sigma}^{\frac{9}{8}} \delta^{s_1-\rho} \Gamma(\rho-s_1) \, d\sigma_1 +$$
$$O(\delta^{\frac{1}{9}}) + O(\delta^{\sigma-\frac{1}{4}} \log t)$$

and integrating over $\frac{1}{2} \leqslant \sigma \leqslant \frac{9}{8}$

$$\int_{\frac{1}{2}}^{\frac{9}{8}} \log \zeta(s) \, d\sigma = \int_{\frac{1}{2}}^{\frac{9}{8}} \left(\sum_{n=2}^{\infty} \frac{\Lambda_1(n)}{n^s} e^{-\delta n} \right) d\sigma +$$
$$\sum_{\rho} \int_{\frac{1}{2}}^{\frac{9}{8}} \left(\sigma_1 - \frac{1}{2} \right) \delta^{s_1-\rho} \cdot$$
$$\Gamma(\rho-s_1) \, d\sigma_1 + O(\delta^{\frac{1}{9}}) +$$
$$O(\delta^{\frac{1}{4}} \log t)$$

Also, by (14.46)

$$\int_{\frac{9}{8}}^{\infty} \log \zeta(s) \, d\sigma = \int_{\frac{9}{8}}^{\infty} \left(\sum_{n=2}^{\infty} \frac{\Lambda_1(n)}{n^s} e^{-\delta n} \right) d\sigma + O(\delta^{\frac{1}{9}})$$

and

$$\int_{\frac{1}{2}}^{\infty} \sum_{n=2}^{\infty} \frac{\Lambda_1(n)}{n^s} e^{-\delta n} \, d\sigma = \sum_{n=2}^{\infty} \frac{\Lambda_1(n)}{n^{\frac{1}{2}+it} \log n} e^{-\delta n}$$

the inversion being justified by absolute convergence. Hence

$$\pi S_1(t) = C - \sum_{n=2}^{\infty} \frac{\Lambda_1(n) \cos(t \log n)}{n^{\frac{1}{2}} \log n} e^{-\delta n} +$$
$$O\left\{ \sum_{\rho} \int_{\frac{1}{2}}^{\frac{9}{8}} \left(\sigma_1 - \frac{1}{2} \right) \delta^{\sigma_1-\frac{1}{2}} | \Gamma(\rho-s_1) | \, d\sigma_1 \right\} +$$
$$O(\delta^{\frac{1}{9}}) + O(\delta^{\frac{1}{4}} \log t)$$

Now

$$\Gamma(\rho-s_1) = O(e^{-A|\gamma-t|}), \quad |\gamma-t| \geqslant 1$$
$$\Gamma(\rho-s_1) = O\left(\frac{1}{|\rho-s_1|} \right) =$$

$$O\left\{\frac{1}{\left\{\left(\sigma_1-\frac{1}{2}\right)^2+|\gamma-t|^2\right\}^{\frac{1}{2}}}\right\}, |\gamma-t|<1$$

Hence

$$\sum_\rho = \sum_{|\gamma-t|<1/\log\log t} + \sum_{1/\log\log t\leqslant|\gamma-t|<1} + \sum_{|\gamma-t|\geqslant 1} =$$

$$O\left(\sum_{|\gamma-t|<1/\log\log t}\int_{\frac{1}{2}}^{\frac{9}{8}}\delta^{\sigma_1-\frac{1}{2}}\mathrm{d}\sigma_1\right)+$$

$$O\left(\sum_{1/\log\log t\leqslant|\gamma-t|<1}\frac{1}{|\gamma-t|}\int_{\frac{1}{2}}^{\frac{9}{8}}\left(\sigma_1-\frac{1}{2}\right)\delta^{\sigma_1-\frac{1}{2}}\mathrm{d}\sigma_1\right)+$$

$$O\left(\sum_{|\gamma-t|\geqslant 1}\mathrm{e}^{-A|\gamma-t|}\int_{\frac{1}{2}}^{\frac{9}{8}}\left(\sigma_1-\frac{1}{2}\right)\delta^{\sigma_1-\frac{1}{2}}\mathrm{d}\sigma_1\right)$$

Now

$$\int_{\frac{1}{2}}^{\frac{9}{8}}\delta^{\sigma_1-\frac{1}{2}}\mathrm{d}\sigma_1<\int_0^\infty \mathrm{e}^{-x\log 1/\delta}\mathrm{d}x=\log^{-1}\left(\frac{1}{\delta}\right)$$

$$\int_{\frac{1}{2}}^{\frac{9}{8}}\left(\sigma_1-\frac{1}{2}\right)\delta^{\sigma_1-\frac{1}{2}}\mathrm{d}\sigma_1<\int_0^\infty x\mathrm{e}^{-x\log 1/\delta}\mathrm{d}x=\log^{-2}\left(\frac{1}{\delta}\right)$$

As in §14.5

$$\sum_{|\gamma-t|\geqslant 1}\mathrm{e}^{-A|\gamma-t|}=O(\log t)$$

Also, by (14.27), for $t-1\leqslant t'\leqslant t+1$

$$N\left(t'+\frac{1}{\log\log t}\right)-N(t')=O\left(\frac{\log t}{\log\log t}\right)$$

Hence

$$\sum_{|\gamma-t|\leqslant 1/\log\log t}1=O\left(\frac{\log t}{\log\log t}\right)$$

and

$$\sum_{t+1/\log\log t<\gamma\leqslant t+1}\frac{1}{\gamma-t}=\sum_{m<\log\log t}\sum_{t+m/\log\log t\leqslant\gamma\leqslant t+(m+1)/\log\log t}\frac{1}{\gamma-t}=$$

$$\sum_{m<\log\log t}O\left(\frac{1}{m/\log\log t}\frac{\log t}{\log\log t}\right)=$$

$$O(\log t \log \log \log t)$$

Hence

$$\sum_{\rho} = O\left(\frac{\log t}{\log 1/\delta \log \log t}\right) + O\left(\frac{\log t \log \log \log t}{\log^2 1/\delta}\right) +$$

$$O\left(\frac{\log t}{\log^2 1/\delta}\right) = O\left(\frac{1}{\log \log t}\right)$$

for the given δ and t. This proves the theorem.

14.18. Lemma 14.18. If $a_n = O(1)$, $\delta < \frac{1}{2}$, then

$$\frac{2}{T}\int_{\frac{1}{2}T}^{T}\left|\sum_{n=1}^{\infty}\frac{a_n}{n^s}e^{-\delta n}\right|^2 dt = \sum_{n=2}^{\infty}\frac{|a_n|^2}{n^{2\sigma}}e^{-2\delta n} + O\left(\frac{1}{T\delta}\log\frac{1}{\delta}\right)$$

uniformly for $\sigma \geq \frac{1}{2}$. Similarly, if $a_n = O(\log n)$, the formula holds with a remainder term

$$O\left(\frac{1}{T\delta}\log^3\frac{1}{\delta}\right)$$

The left-hand side is

$$\sum_{m=1}^{\infty}\sum_{n=1}^{\infty}\frac{2}{T}\int_{\frac{1}{2}T}^{T}\frac{a_m \overline{a_n}}{(mn)^{\sigma}}e^{-(m+n)\delta}\left(\frac{n}{m}\right)^{it}dt = \sum_{m=n} + \sum_{m\neq n}$$

Clearly

$$\sum_{m=n} = \sum_{n=1}^{\infty}\frac{|a_n|^2}{n^{2\sigma}}e^{-2\delta n}$$

Also

$$\sum_{m\neq n} = O\left(\frac{1}{T}\right)\sum_{m<n}\frac{e^{-n\delta}}{(mn)^{\frac{1}{2}}\log n/m}$$

Now

$$\sum_{n=m+1}^{2m}\frac{e^{-n\delta}}{(mn)^{\frac{1}{2}}\log n/m} = O\left(\sum_{n=m+1}^{2m}\frac{e^{-m\delta}}{m\log\{1+(n-m)/m\}}\right) =$$

$$O\left(e^{-m\delta}\sum_{n=m+1}^{2m}\frac{1}{n-m}\right)=$$
$$O(e^{-m\delta}\log m)$$

$$\sum_{n=2m+1}^{\infty}\frac{e^{-n\delta}}{(mn)^{\frac{1}{2}}\log n/m}=O\left(\frac{1}{m}\sum_{n=2m+1}^{\infty}e^{-n\delta}\right)=O\left(\frac{e^{-m\delta}}{m\delta}\right)$$

Hence
$$\sum_{m\neq n}=O\left(\frac{1}{T}\right)\sum_{m=1}^{\infty}\left(\log m+\frac{1}{m\delta}\right)e^{-m\delta}=O\left(\frac{1}{T\delta}\log\frac{1}{\delta}\right)$$

This proves the first part. In the second part we have a pair of logarithms running throughout the remainder terms, and this is easily seen to produce the extra $\log^2 1/\delta$ in the result.

14.19. Theorem 14.19. As $T\to\infty$
$$\frac{1}{T}\int_0^T\{S_1(t)\}^2 dt \sim \frac{C^2}{\pi^2}+\frac{1}{2\pi^2}\sum_{n=2}^{\infty}\frac{\Lambda_1^2(n)}{n\log^2 n}$$

Let
$$f(t)=Ce^{-\delta}-\sum_{n=2}^{\infty}\frac{\Lambda_1(n)\cos(t\log n)}{n^{\frac{1}{2}}\log n}e^{-\delta n}$$

Then, as in the lemma
$$\frac{2}{T}\int_{\frac{1}{2}T}^T\{f(t)\}^2 dt=C^2 e^{-2\delta}+\frac{1}{2}\sum_{n=2}^{\infty}\frac{\Lambda_1^2(n)}{n\log^2 n}e^{-2\delta n}+O\left(\frac{\log 1/\delta}{T\delta}\right)$$

and we can replace δ by 0 in the first two terms on the right with error
$$O(\delta)+O\left(\sum_{n=2}^{\infty}\frac{1-e^{-2\delta n}}{n\log^2 n}\right)=O(\delta)+O\left(\sum_{n\leq 1/\delta}\frac{\delta}{\log^2 n}\right)+$$
$$O\left(\sum_{n>1/\delta}\frac{1}{n\log^2 n}\right)=$$
$$O\{1/\log(1/\delta)\}$$

第二部分　中外名家论 Riemann 函数与 Riemann 猜想

Hence, taking $\delta = T^{-\frac{1}{2}}$

$$\frac{2}{T}\int_{\frac{1}{2}T}^{T}\{f(t)\}^2 dt = C^2 + \frac{1}{2}\sum_{n=2}^{\infty}\frac{\Lambda_1^2(n)}{n\log^2 n} + O\left(\frac{1}{\log T}\right)$$

Hence

$$\frac{2\pi^2}{T}\int_{\frac{1}{2}T}^{T}\{S_1(t)\}^2 dt = \frac{2}{T}\int_{\frac{1}{2}T}^{T}\left\{f(t) + O\left(\frac{1}{\log \log T}\right)\right\}^2 dt =$$

$$\frac{2}{T}\int_{\frac{1}{2}T}^{T}\{f(t)\}^2 dt +$$

$$O\left\{\frac{1}{T\log \log T}\int_{\frac{1}{2}T}^{T}|f(t)| dt\right\} +$$

$$O\left\{\frac{1}{(\log \log T)^2}\right\}$$

and, since

$$\int_{\frac{1}{2}T}^{T}|f(t)| dt \leq \left[\int_{\frac{1}{2}T}^{T} dt \int_{\frac{1}{2}T}^{T}\{f(t)\}^2 dt\right]^{\frac{1}{2}} = O(T)$$

is follows that

$$\frac{2}{T}\int_{\frac{1}{2}T}^{T}\{S_1(t)\}^2 dt = \frac{C^2}{\pi^2} + \frac{1}{2\pi^2}\sum_{n=2}^{\infty}\frac{\Lambda_1^2(n)}{n\log^2 n} + O\left(\frac{1}{\log T}\right)$$

Replacing T by $\frac{1}{2}T$, $\frac{1}{4}T$, ⋯ and adding, we obtain the result.

14.20. The corresponding problem involving $S(t)$ is naturally more difficult, but it has recently been solved by A. Selberg (4). The solution depends on the following formula for $\zeta'(s)/\zeta(s)$

Theorem 14.20. *Without any hypothesis*

$$\frac{\zeta'(s)}{\zeta(s)} = -\sum_{n<x^2}\frac{\Lambda_x(n)}{n^s} + \frac{x^{2(1-s)} - x^{1-s}}{(1-s)^2 \log s} +$$

$$\frac{1}{\log s}\sum_{q=1}^{\infty}\frac{x^{-2q-s}-x^{-2(2q+s)}}{(2q+s)^2}+$$
$$\frac{1}{\log x}\sum_{\rho}\frac{x^{\rho-s}-x^{2(\rho-s)}}{(s-\rho)^2}$$

where
$$\Lambda_x(n) = \Lambda(n), 1 \leqslant n \leqslant x,$$
$$\frac{\Lambda(n)\log(x^2/n)}{\log x}, x \leqslant n \leqslant x^2$$

Let $\alpha = \max(2, 1+\sigma)$. Then
$$\frac{1}{2\pi i}\int_{\alpha-i\infty}^{\alpha+i\infty}\frac{x^{z-s}-x^{2(z-s)}}{(z-s)^2}\frac{\zeta'(s)}{\zeta(s)}dx =$$
$$-\frac{1}{2\pi i}\sum_{n=1}^{\infty}\Lambda(n)\int_{\alpha-i\infty}^{\alpha+i\infty}\frac{x^{z-s}-x^{2(z-s)}}{(z-s)^2 n^z}dz =$$
$$-\frac{1}{2\pi i}\sum_{n=1}^{\infty}\frac{\Lambda(n)}{n^s}\int_{\alpha-\sigma-i\infty}^{\alpha-\sigma+i\infty}\frac{x^w-x^{2w}}{w^2 n^w}dw =$$
$$-\frac{1}{2\pi i}\sum_{n=1}^{\infty}\frac{\Lambda(n)}{n^s}\left\{\int_{\alpha-\sigma-i\infty}^{\alpha-\sigma+i\infty}\left(\frac{x}{n}\right)^w\frac{dw}{w^2}-\int_{\alpha-\sigma-i\infty}^{\alpha-\sigma+i\infty}\left(\frac{x^2}{n}\right)^w\frac{dw}{w^2}\right\} =$$
$$-\sum_{n\leqslant x}\frac{\Lambda(n)}{n^s}\left(\log\frac{x}{n}-\log\frac{x^2}{n}\right)-\sum_{x<n\leqslant x^2}\frac{\Lambda(n)}{n^s}\left(-\log\frac{x^2}{n}\right) =$$
$$\log x \sum_{n\leqslant x^2}\frac{\Lambda_x(n)}{n^s}$$

Now consider the residues obtained by moving the line of integration to the left. The residue at $z=s$ is $-\log x \zeta'(s)/\zeta(s)$; that at $z=1$ is
$$-\frac{x^{1-s}-x^{2(1-s)}}{(1-s)^2}$$

those at $z=-2q$ and $z=\rho$ are
$$\frac{x^{-2q-s}-x^{2(-2q-s)}}{(-2q-s)^2}, \frac{x^{\rho-s}-x^{2(\rho-s)}}{(\rho-s)^2}$$

respectively. The result now easily follows.

14.21. Theorem 14.21. For $t > 2$, $4 \leqslant x \leqslant t^2$

$$\sigma_1 = \frac{1}{2} + \frac{1}{\log x}$$

we have

$$S(t) = -\frac{1}{\pi} \sum_{n < x^3} \frac{\Lambda_x(n) \sin(t \log n)}{n^{\sigma_1} \log n} + O\left\{\frac{1}{\log x} \left| \sum_{n < x^2} \frac{\Lambda_x(n)}{n^{\sigma_1 + it}} \right| \right\} + O\left(\frac{\log t}{\log x}\right)$$

By the previous theorem

$$\frac{\zeta'(\sigma + it)}{\zeta(\sigma + it)} = -\sum_{n < x^2} \frac{\Lambda_x(n)}{n^{\sigma + it}} + O\left\{\frac{x^{2(1-\sigma)} + x^{1-\sigma}}{t^2 \log x}\right\} + \frac{2\omega x^{\frac{1}{2}-\sigma}}{\log x} \sum_{\gamma} \frac{1}{\left(\sigma_1 - \frac{1}{2}\right)^2 + (t-\gamma)^2} \quad (14.47)$$

for $\sigma \geqslant \sigma_1$, where $|\omega| < 1$. Now

$$\frac{x^{2(1-\sigma)} + x^{1-\sigma}}{t^2 \log x} \leqslant \frac{x^{1-2\sigma} + x^{-\sigma}}{\log x} < 2x^{\frac{1}{2}-\sigma}$$

Hence

$$\frac{\zeta'(\sigma + it)}{\zeta(\sigma + it)} = -\sum_{n < x^2} \frac{\Lambda_x(n)}{n^{\sigma + it}} + 2\omega x^{\frac{1}{2}-\sigma} \sum_{\gamma} \frac{\sigma_1 - \frac{1}{2}}{\left(\sigma_1 - \frac{1}{2}\right)^2 + (t-\gamma)^2} + O(x^{\frac{1}{2}-\sigma})$$

$$(14.48)$$

Now by (2.48)

$$\frac{\zeta'(s)}{\zeta(s)} = \sum_{\rho} \left(\frac{1}{s-\rho} + \frac{1}{\rho}\right) + O(\log t)$$

Hence

$$\mathbf{R}\frac{\zeta'(\sigma+it)}{\zeta(\sigma+it)} = \sum_{\gamma}\left\{\frac{\sigma-\frac{1}{2}}{\left(\sigma-\frac{1}{2}\right)^2+(t-\gamma)^2} + \frac{\frac{1}{2}}{\frac{1}{4}+\gamma^2}\right\} + O(\log t) =$$

$$\sum_{\gamma}\frac{\sigma-\frac{1}{2}}{\left(\sigma-\frac{1}{2}\right)^2+(t-\gamma)^2} + O(\log t)$$

Taking real parts in (14.48), substituting this on the left, and taking $\sigma = \sigma_1$

$$\sum_{\gamma}\frac{\sigma_1-\frac{1}{2}}{\left(\sigma_1-\frac{1}{2}\right)^2+(t-\gamma)^2} + O(\log t) =$$

$$-\mathbf{R}\sum_{n<x^2}\frac{\Lambda_x(n)}{n^{\sigma+it}} + \frac{2\omega'}{e}\sum_{\gamma}\frac{\sigma_1-\frac{1}{2}}{\left(\sigma_1-\frac{1}{2}\right)^2+(t-\gamma)^2}, |\omega'|<1$$

Hence

$$\left(1-\frac{2\omega'}{e}\right)\sum_{\gamma}\frac{\sigma_1-\frac{1}{2}}{\left(\sigma_1-\frac{1}{2}\right)^2+(t-\gamma)^2} =$$

$$-\mathbf{R}\sum_{n<x^2}\frac{\Lambda_x(n)}{n^{\sigma+it}} + O(\log t)$$

Here

$$1-\frac{2\omega'}{e} > 1-\frac{2}{e} > \frac{1}{4}$$

Hence

$$\sum_{\gamma} \frac{\sigma_1 - \frac{1}{2}}{\left(\sigma_1 - \frac{1}{2}\right)^2 + (t-\gamma)^2} = O\left|\sum_{n<x^2} \frac{\Lambda_x(n)}{n^{\sigma+it}}\right| + O(\log t)$$

(14.49)

Inserting this in (14.48), we get

$$\frac{\zeta'(\sigma+it)}{\zeta(\sigma+it)} = -\sum_{n<x^2} \frac{\Lambda_x(n)}{n^{\sigma+it}} + O\left\{x^{\frac{1}{2}-\sigma}\left|\sum_{n<x^2} \frac{\Lambda_x(n)}{n^{\sigma+it}}\right|\right\} +$$

$$O(x^{\frac{1}{2}-\sigma}\log t) \quad (14.50)$$

Now

$$\arg \zeta\left(\frac{1}{2}+it\right) = -\int_{\frac{1}{2}}^{\infty} \mathbf{I}\frac{\zeta'(\sigma+it)}{\zeta(\sigma+it)}d\sigma =$$

$$-\int_{\sigma_1}^{\infty} \mathbf{I}\frac{\zeta'(\sigma+it)}{\zeta(\sigma+it)}d\sigma - \left(\sigma_1-\frac{1}{2}\right)\mathbf{I}\frac{\zeta'(\sigma_1+it)}{\zeta(\sigma_1+it)} +$$

$$\int_{\frac{1}{2}}^{\sigma_1} \mathbf{I}\left\{\frac{\zeta'(\sigma_1+it)}{\zeta(\sigma_1+it)} - \frac{\zeta'(\sigma+it)}{\zeta(\sigma+it)}\right\}d\sigma =$$

$$J_1 + J_2 + J_3$$

By (14.50)

$$J_1 = \mathbf{I}\int_{\sigma_1}^{\infty}\sum_{n<x^2}\frac{\Lambda_x(n)}{n^{\sigma+it}}d\sigma +$$

$$O\left\{\left|\sum_{n<x^2}\frac{\Lambda_x(n)}{n^{\sigma_1+it}}\right|\left|\int_{\sigma_1}^{\infty}x^{\frac{1}{2}-\sigma}d\sigma\right|\right\} + O\left\{\log t\int_{\sigma_1}^{\infty}x^{\frac{1}{2}-\sigma}d\sigma\right\} =$$

$$\mathbf{I}\sum_{n<x^2}\frac{\Lambda_x(n)}{n^{\sigma_1+it}\log n} + O\left\{\frac{1}{\log x}\left|\sum_{n<x^2}\frac{\Lambda_x(n)}{n^{\sigma_1+it}}\right|\right\} +$$

$$O\left(\frac{\log t}{\log x}\right)$$

Also, by (14.50) with $\sigma = \sigma_1$

$$|J_2| \leq \left(\sigma_1 - \frac{1}{2}\right)\left|\frac{\zeta'(\sigma_1+it)}{\zeta(\sigma_1+it)}\right| =$$

$$O\left\{\left(\sigma_1-\frac{1}{2}\right)\left|\sum_{n<x^2}\frac{\Lambda_x(n)}{n^{\sigma_1+it}}\right|\right\}+O\left\{\left(\sigma_1-\frac{1}{2}\right)\log t\right\}=$$

$$O\left\{\frac{1}{\log x}\left|\sum_{n<x^2}\frac{\Lambda_x(n)}{n^{\sigma_1+it}}\right|\right\}+O\left(\frac{\log t}{\log x}\right)$$

It remains to estimate J_3. For $\frac{1}{2}<\sigma\leqslant\sigma_1$

$$\mathbf{I}\left\{\frac{\zeta'(\sigma_1+it)}{\zeta(\sigma_1+it)}-\frac{\zeta'(\sigma+it)}{\zeta(\sigma+it)}\right\}=$$

$$\sum_\rho \mathbf{I}\left(\frac{1}{\sigma_1+it-\rho}-\frac{1}{\sigma+it-\rho}\right)+O(\log t)=$$

$$\sum_\gamma \frac{(t-\gamma)\left\{\left(\sigma-\frac{1}{2}\right)^2-\left(\sigma_1-\frac{1}{2}\right)^2\right\}}{\left\{\left(\sigma-\frac{1}{2}\right)^2+(t-\gamma)^2\right\}\left\{\left(\sigma_1-\frac{1}{2}\right)^2+(t-\gamma)^2\right\}}+$$

$$O(\log t)$$

Hence

$$\left|\mathbf{I}\left\{\frac{\zeta'(\sigma_1+it)}{\zeta(\sigma_1+it)}-\frac{\zeta'(\sigma+it)}{\zeta(\sigma+it)}\right\}\right|\leqslant$$

$$\sum_\gamma \frac{|t-\gamma|\left(\sigma_1-\frac{1}{2}\right)^2}{\left\{\left(\sigma-\frac{1}{2}\right)^2+(t-\gamma)^2\right\}\left\{\left(\sigma_1-\frac{1}{2}\right)^2+(t-\gamma)^2\right\}}+$$

$$O(\log t)$$

Hence

$$J_3\leqslant\sum_\gamma\frac{\left(\sigma_1-\frac{1}{2}\right)^2}{\left(\sigma_1-\frac{1}{2}\right)^2+(t-\gamma)^2}\int_{\frac{1}{2}}^\infty\frac{|t-\gamma|d\sigma}{\left(\sigma-\frac{1}{2}\right)^2+(t-\gamma)^2}+$$

$$O\left\{\left(\sigma_1-\frac{1}{2}\right)\log t\right\}\leqslant$$

$$\frac{1}{2}\pi\left(\sigma_1-\frac{1}{2}\right)\sum_{\gamma}\frac{\left(\sigma_1-\frac{1}{2}\right)}{\left(\sigma_1-\frac{1}{2}\right)^2+(t-\gamma)^2}+$$

$$O\left\{\left(\sigma_1-\frac{1}{2}\right)\log t\right\}=$$

$$O\left\{\frac{1}{\log x}\left|\sum_{n<x^2}\frac{\Lambda_x(n)}{n^{\sigma_1+it}}\right|\right\}+O\left(\frac{\log t}{\log x}\right)$$

by (14.49). The theorem follows from these results.

Theorem 14.21 leads to an alternative proof of Theorem 14.13, for taking $x=\sqrt{(\log t)}$ we obtain

$$S(t)=O\left(\sum_{n\leqslant x^2}\frac{1}{n^{\frac{1}{2}}}\right)+O\left(\frac{1}{\log x}\sum_{n\leqslant x^2}\frac{\log n}{n^{\frac{1}{2}}}\right)+O\left(\frac{\log t}{\log x}\right)=$$

$$O(x)+O(x)+O\left(\frac{\log t}{\log x}\right)=$$

$$O\left(\frac{\log t}{\log\log t}\right)$$

14.22. Theorem 14.22. *For*

$$T^a\leqslant x\leqslant T^{\frac{1}{2}},0<a\leqslant\frac{1}{2}$$

$$\int_{\frac{1}{2}T}^{T}\left\{S(t)+\frac{1}{\pi}\sum_{p<x^2}\frac{\sin(t\log p)}{\sqrt{p}}\right\}^2 dt=O(T)$$

We have

$$S(t)+\frac{1}{\pi}\sum_{p<x^2}\frac{\sin(t\log p)}{\sqrt{p}}=$$

$$\frac{1}{\pi}\sum_{p<x^2}\frac{\Lambda(p)-\Lambda_x(p)p^{\frac{1}{2}-\sigma}}{p^{\frac{1}{2}}\log p}\sin(t\log p)+$$

$$O\left\{\frac{1}{\log x}\left|\sum_{p<x^2}\frac{\Lambda_x(p)}{p^{\sigma_1+it}}\right|\right\}+$$

$$O\left\{\left|\sum_{p^2<x^2}\frac{\Lambda_x(p^2)}{p^{2(\sigma_1+it)}\log p}\right|\right\}+$$

$$O\left\{\frac{1}{\log x}\left|\sum_{p<x^2}\frac{\Lambda_x(p^2)}{p^{2(\sigma_1+it)}}\right|\right\}+$$

$$O\left(\sum_{r>2}\sum_{p}\frac{1}{p^{\frac{1}{2}r}}\right)+O\left(\frac{\log t}{\log x}\right)$$

The last term is bounded if $\frac{1}{2}T \leqslant t \leqslant T$, $x \geqslant T^a$, where a is a fixed positive constant. The last term but one is

$$O\left(\sum_{p}\sum_{r=3}^{\infty}\frac{1}{p^{\frac{1}{2}r}}\right)=O\left(\sum_{p}\frac{p^{-\frac{3}{2}}}{1-p^{-\frac{1}{2}}}\right)=O(1)$$

Now consider the first term on the right. If $p \leqslant x$

$$\Lambda(p)-\Lambda_x(p)p^{\frac{1}{2}-\sigma_1}=(1-p^{\frac{1}{2}-\sigma_1})\log p=$$
$$(1-p^{-1/\log x})\log p=$$
$$(1-e^{-\log p/\log x})\log p=$$
$$O\left(\frac{\log^2 p}{\log x}\right)$$

and, if $x<p \leqslant x^2$, it is

$$O\{\Lambda_x(p)\}=O\left\{\log p\,\frac{\log x^2/p}{\log x}\right\}=O\left(\frac{\log^2 p}{\log x}\right)$$

Hence the first term is the imaginary part of

$$\sum_{p<x^2}\frac{\alpha_p}{p^{\frac{1}{2}+it}}$$

where

$$\alpha_p=\frac{\Lambda(p)-\Lambda_x(p)p^{\frac{1}{2}-\sigma_1}}{\log p}=O\left(\frac{\log p}{\log x}\right)$$

Now

$$\int_{\frac{1}{2}T}^{T}\left|\sum_{p<x^2}\frac{\alpha_p}{p^{\frac{1}{2}+it}}\right|^2 dt = \sum_{p<x^2}\sum_{q<x^2}\frac{\alpha_p\alpha_q}{p^{\frac{1}{2}}q^{\frac{1}{2}}}\int_{\frac{1}{2}T}^{T}\left(\frac{q}{p}\right)^{it} dt =$$

$$O\left(T\sum_{p<x^2}\frac{\alpha_p^2}{p}\right) + O\left(\sum_{p\neq q}\sum\frac{|\alpha_p\alpha_q|}{p^{\frac{1}{2}}q^{\frac{1}{2}}}\cdot\frac{1}{|\log p/q|}\right)$$

Since
$$\alpha_p^2 = O\left(\frac{\log^2 p}{\log^2 x}\right) = O\left(\frac{\log p}{\log x}\right)$$

the first term is
$$O\left(T\frac{1}{\log x}\sum_{p<x^2}\frac{\log p}{p}\right) = O(T)$$

by (3.53). The second term is

$$O\left(\sum_{p<x^2}\sum_{q\leq\frac{1}{2}p}\frac{|\alpha_p\alpha_q|}{p^{\frac{1}{2}}q^{\frac{1}{2}}}\right) + O\left(\sum_{p<x^2}\sum_{\frac{1}{2}p<q<p}\frac{|\alpha_p\alpha_q|}{p(p-q)/p}\right) =$$

$$O\left(\sum_{p<x^2}\frac{\log p}{p^{\frac{1}{2}}\log x}\right)^2 + O\left(\sum_{p<x^2}\frac{\log^2 p}{p^2 x}\log p\right) =$$

$$O\left(\sum_{p<x^2}\frac{1}{p^{\frac{1}{2}}}\right)^2 + O\left(\sum_{p<x^2}\log p\right) =$$

$$O(x^2) + O(x^2) = O(T)$$

if $x \leq \sqrt{T}$.

A similar argument clearly applies to the second term. In the third term, the sum is of the form

$$\sum_{p<x}\frac{\alpha'_p}{p^{1+2it}}$$

where $\alpha'_p = O(1)$; and

$$\int_{\frac{1}{2}T}^{T}\left|\sum_{p<x}\frac{\alpha'_p}{p^{1+2it}}\right|^2 dt = \sum_{p<x}\sum_{q<x}\frac{\alpha'_p\alpha'_q}{pq}\int_{\frac{1}{2}T}^{T}\left(\frac{q}{p}\right)^{it} dt =$$

$$O\left(T\sum_{p<x}\frac{1}{p^2}\right) +$$

$$O\left(\sum_{p\neq q}\sum \frac{1}{pq|\log p/q|}\right) =$$

$$O(T)+O\left(\sum_{p<x}\sum_{q\leq \frac{1}{2}p} \frac{1}{pq}\right)+$$

$$O\left(\sum_{p<x}\sum_{\frac{1}{2}p<q<p} \frac{1}{p^2(p-q)/p}\right) =$$

$$O(T)+O(\log^2 x)+O(\log^2 x)=O(T)$$

Similarly for the fourth term, and the result follows.

14.23. Theorem 14.23. If $T^a \leq x \leq T^{\frac{1}{4}}$

$$\int_{\frac{1}{2}T}^{T}\left\{\sum_{p<x^2} \frac{\sin(t\log p)}{\sqrt{p}}\right\}^2 dt = \frac{1}{4} T\log\log T+O(T)$$

This is

$$\sum_{p<x^2}\sum_{q<x^2} \frac{1}{p^{\frac{1}{2}}q^{\frac{1}{2}}} \int_{\frac{1}{2}T}^{T} \sin(t\log p)\sin(t\log q)\,dt =$$

$$\sum_{p<x^2} \frac{1}{p}\left\{\frac{1}{4}T+O\left(\frac{1}{\log p}\right)\right\}+O\left(\sum_{p\neq q}\sum \frac{1}{p^{\frac{1}{2}}q^{\frac{1}{2}}|\log p/q|}\right)$$

Now, by (3.55)

$$\sum_{p<x^2} \frac{1}{p} = \log\log x^2+O(1)= -\log\log T+O(1)$$

and (since $p_n > A_n \log n$)

$$\sum \frac{1}{p\log p}=O(1)$$

Hence the first term is

$$\frac{1}{4}T\log\log T+O(T)$$

Also

$$\left|\log\frac{p}{q}\right|>\frac{A}{p}>\frac{A}{x^2}$$

1178

Hence the remainder is

$$O\left\{x^2\left(\sum_{p<x^2}\frac{1}{p^{\frac{1}{2}}}\right)^2\right\}=O(x^2\cdot x^2)=O(x^4)$$

and the result follows if $x \leqslant T^{\frac{1}{4}}$.

14.24. Theorem 14.24

$$\int_0^T \{S(t)\}^2 \mathrm{d}t \sim \frac{1}{2\pi} T \log \log T$$

For

$$\int_{\frac{1}{2}T}^T \{S(t)\}^2 \mathrm{d}t =$$

$$\int_{\frac{1}{2}T}^T \left\{S(t)+\frac{1}{\pi}\sum_{p<x^2}\frac{\sin(t\log p)}{\sqrt{p}}-\frac{1}{\pi}\sum_{p<x^2}\frac{\sin(t\log p)}{\sqrt{p}}\right\}^2 \mathrm{d}t =$$

$$\int_{\frac{1}{2}T}^T \left\{S(t)+\frac{1}{\pi}\sum_{p<x^2}\frac{\sin(t\log p)}{\sqrt{p}}\right\}^2 \mathrm{d}t -$$

$$\frac{2}{\pi}\int_{\frac{1}{2}T}^T \left\{S(t)+\frac{1}{\pi}\sum_{p<x^2}\frac{\sin(t\log p)}{\sqrt{p}}\right\}\sum_{p<x^2}\frac{\sin(t\log p)}{\sqrt{p}}\mathrm{d}t +$$

$$\frac{1}{\pi^2}\int_{\frac{1}{2}T}^T \left\{\sum_{p<x^2}\frac{\sin(t\log p)}{\sqrt{p}}\right\} \mathrm{d}t =$$

$$O(T)+O\{T(\log\log T)^{\frac{1}{2}}\}+\frac{1}{4\pi^2}T\log\log T+O(T)$$

(using Schwarz's inequality on the middle term). The result then follows by addition.

It can be proved in a similar way that

$$\int_0^T \{S(t)\}^{2k} \mathrm{d}t \sim \frac{(2k)!}{k!(2\pi)^{2k}} T(\log\log T)^k$$

(14.51)

for every positive integer k.

14.25. The Dirichlet series for $1/\zeta(s)$. It was

proved in §3.13 that the formula

$$\frac{1}{\zeta(s)} = \sum_{n=1}^{\infty} \frac{\mu(n)}{n^s}$$

which is elementary for $\sigma > 1$, holds also for $\sigma = 1$. On the Riemann hypothesis we can go much farther than this.[1]

Theorem 14.25 (A). *The series*

$$\sum_{n=1}^{\infty} \frac{\mu(n)}{n^s} \tag{14.52}$$

is convergent, and its sum is $1/\zeta(s)$, for every s with $\sigma > \frac{1}{2}$.

In the lemma of §3.12, take $a_n = \mu(n)$, $f(s) = 1/\zeta(s)$, $c = 2$, and x half an odd integer. We obtain

$$\sum_{n<x} \frac{\mu(n)}{n^s} = \frac{1}{2\pi i} \int_{2-iT}^{2+iT} \frac{1}{\zeta(s+w)} \frac{x^w}{w} dw + O\left(\frac{x^2}{T}\right) =$$

$$\frac{1}{2\pi i} \left(\int_{2-iT}^{\frac{1}{2}-\sigma+\delta-iT} + \int_{\frac{1}{2}-\sigma+\delta-iT}^{\frac{1}{2}-\sigma+\delta+iT} + \int_{\frac{1}{2}-\sigma+\delta+iT}^{2+iT} \right) \frac{1}{\zeta(s+w)} \frac{x^w}{w} dw + \frac{1}{\zeta(s)} + O\left(\frac{x^2}{T}\right)$$

where $0 < \delta < \sigma - \frac{1}{2}$.

By (14.5), the first and third integrals are

$$O\left(T^{-1+\epsilon} \int_{\frac{1}{2}-\sigma+\delta}^{2} x^u du \right) = O(T^{-1+\epsilon} x^2)$$

and the second integral is

---

[1] Littlewood (1).

$$O\left\{x^{\frac{1}{2}-\sigma+\delta}\int_{-T}^{T}(1+|t|)^{-1+\epsilon}dt\right\} = O(x^{\frac{1}{2}-\sigma+\delta}T^{\epsilon})$$

Hence

$$\sum_{n<x}\frac{\mu(n)}{n^s} = \frac{1}{\zeta(s)} + O(T^{-1+\epsilon}x^2) + O(T^{\epsilon}x^{\frac{1}{2}-\sigma+\delta})$$

Taking, for example, $T = x^3$, the O-terms tend to zero as $x \to \infty$, and the result follows.

Conversely, if (14.52) is convergent for $\sigma > \frac{1}{2}$, it is uniformly convergent for $\sigma \geq \sigma_0 > \frac{1}{2}$, and so in this region represents an analytic function, which is $1/\zeta(s)$ for $\sigma > 1$ and so throughout the region. Hence the Riemann hypothesis is true. We have in fact.

Theorem 14.25 (B). *The convergence of* (14.52) *for* $\sigma > \frac{1}{2}$ *is a necessary and sufficient condition for the truth of the Riemann hypothesis.*

We have write

$$M(x) = \sum_{n \leq x} \mu(n)$$

Then we also have

Theorem 14.25 (C). *A necessary and sufficient condition for the Riemann hypothesis is*

$$M(x) = O(x^{\frac{1}{2}+\epsilon}) \tag{14.53}$$

The lemma of §3.12 with $s=0$, x half an odd integer, gives

$$M(x) = \frac{1}{2\pi i}\int_{2-iT}^{2+iT}\frac{1}{\zeta(w)}\frac{x^w}{w}dw + O\left(\frac{x^2}{T}\right) =$$

$$\frac{1}{2\pi i}\Big(\int_{2-iT}^{\frac{1}{2}+\delta-iT} + \int_{\frac{1}{2}+\delta-iT}^{\frac{1}{2}+\delta+iT} + \int_{\frac{1}{2}+\delta+iT}^{2+iT}\Big)\frac{1}{\zeta(w)}\frac{x^w}{w}dw+$$

$$O\Big(\frac{x^2}{T}\Big) =$$

$$O\Big(\int_{-T}^{T}(1+|v|)^{-1+\epsilon}x^{\frac{1}{2}+\delta}dv\Big) + O(T^{\epsilon-1}x^2) +$$

$$O\Big(\frac{x^2}{T}\Big) =$$

$$O(T^{\epsilon}x^{\frac{1}{2}+\delta}) + O(x^2T^{\epsilon-1}) \qquad (14.54)$$

by (14.6). Taking $T=x^2$, (14.53) follows if x is half an odd integer, and so generally.

Conversely, if (14.53) holds, then by partial summation (14.52) converges for $\sigma > \frac{1}{2}$, and the Riemann hypothesis follows.

14.26. The finer theorem of $M(x)$ is extremely obscure, and the results are not nearly so precise as the corresponding ones in the prime-number problem. The best O-result known is

Theorem 14.26 (A). ①

$$M(x) = O\Big\{x^{\frac{1}{2}}\exp\Big(A\frac{\log x}{\log\log x}\Big)\Big\} \qquad (14.55)$$

To prove this take

$$\delta = \frac{1}{2} + \frac{1}{\log\log T}, T = x^2$$

in the formula (14.54). By (14.36)

---

① Landau (13), Titchmarsh (3).

$$\left|\frac{1}{\zeta(w)}\right| \leqslant \exp\left(A\,\frac{\log T}{\log\log T}\right)$$

on the horizontal sides of the contour. The contribution of these is therefore

$$O\left\{x^2\frac{1}{T}\exp\left(A\,\frac{\log T}{\log\log T}\right)\right\} = O\left\{\exp\left(A\,\frac{\log x}{\log\log X}\right)\right\}$$

On the vertical side, (14.36) gives

$$\left|\frac{1}{\zeta\left(\frac{1}{2}+\delta+iv\right)}\right| \leqslant \exp\left(A\,\frac{\log v}{\log\log v}\log\frac{2\log\log T}{\log\log v}\right)$$

for $v_0 \leqslant v \leqslant T$. Now it is easily seen that the right-hand side is a steadily increasing function of v in this interval. Hence

$$\left|\frac{1}{\zeta(w)}\right| \leqslant \exp\left(A\,\frac{\log T}{\log\log T}\right),\ v_0 \leqslant v \leqslant T$$

Hence the integral along the vertical side is of the form

$$O(x^{\frac{1}{2}+\delta}) + O\left\{x^{\frac{1}{2}+\delta}\exp\left(A\,\frac{\log T}{\log\log T}\right)\int_{v_0}^{T}\frac{dv}{v}\right\} =$$

$$O\left\{x^{\frac{1}{2}+\delta}\exp\left(A\,\frac{\log T}{\log\log T}\right)\log T\right\} =$$

$$O\left\{x^{\frac{1}{2}}\exp\left(A\,\frac{\log x}{\log\log x}\right)\right\}$$

This proves the theorem.

Theorem 14.26 (B)

$$M(x) = \Omega(x^{\frac{1}{2}}) \tag{14.56}$$

This is true without any hypothesis. For if the Riemann hypothesis is false, Theorem 14.25(C) shows that

$$M(x) = \Omega(x^a)$$

with some a greater than $\frac{1}{2}$. On the other hand, if the

Riemann hypothesis is true, then for $\sigma > \dfrac{1}{2}$

$$\frac{1}{\zeta(s)} = \sum_{n=1}^{\infty} \frac{\mu(n)}{n^s} = \sum_{n=1}^{\infty} M(n)\left\{\frac{1}{n^s} - \frac{1}{(n+1)^s}\right\} = s\int_1^{\infty} \frac{M(x)}{x^{s+1}} dx \qquad (14.57)$$

Suppose that

$$|M(x)| \leq M_0, 1 \leq x < x_0, \text{ or} \leq \delta x^{\frac{1}{2}}, x \geq x_0$$

Then

$$\left|\frac{1}{\zeta(s)}\right| \leq |s|M_0 \int_1^{x_0} \frac{dx}{x^{\frac{3}{2}}} + |s|\delta \int_{x_0}^{\infty} \frac{dx}{x^{\sigma+\frac{1}{2}}} <$$

$$|s|M_0 \int_1^{\infty} \frac{dx}{x^{\frac{3}{2}}} + |s|\delta \int_1^{\infty} \frac{dx}{x^{\sigma+\frac{1}{2}}} =$$

$$2|s|M_0 + \frac{|s|\delta}{\sigma - \frac{1}{2}} \qquad (14.58)$$

But if $\rho = \dfrac{1}{2} + i\gamma$ is a simple zero of $\zeta(s)$, and $s = \sigma + i\gamma$, $\sigma \to \dfrac{1}{2}$, then

$$\frac{1}{\zeta(s)} = \frac{1}{\zeta(s) - \zeta(\rho)} \sim \frac{1}{\left(\sigma - \dfrac{1}{2}\right)\zeta'(\rho)}$$

We therefore obtain a contradiction of

$$\delta < \frac{1}{|\rho\zeta'(\rho)|}$$

This proves the theorem.

14.27. Formulae connecting the functions of prime-number theory with sides of the form

第二部分　中外名家论 Riemann 函数与 Riemann 猜想

$$\sum x^\rho, \quad \sum \frac{x^\rho}{\rho}$$

etc, are well known, and are discussed in the books of Landau and Ingham. Here we prove a similar formula for the function $M(x)$.

Theorem 14.27. There is a sequence T_v, $v \leqslant T_v \leqslant v+1$, such that

$$M(x) = \lim_{v \to \infty} \sum_{|\gamma| < T_v} \frac{x^\rho}{\rho \zeta'(\rho)} - 2 + \sum_{n=1}^{\infty} \frac{(-1)^{n-1}(2\pi/x)^{2n}}{(2n)!\; n\zeta(2n+1)}$$

(14.59)

if x is not an integer. If x is an integer, $M(x)$ is to be replaced by

$$M(x) - \frac{1}{2}\mu(x)$$

In writing the series we have supposed for simplicity that all the zeros of $\zeta(s)$ are simple; obvious modifications are required if this is not so.

For fixed non-integral x, (3.49), with $a_n = \mu(n)$, $s = 0$, $c = 2$, and w replaced by s, gives

$$M(x) = \frac{1}{2\pi i} \int_{2-iT}^{2+iT} \frac{x^s}{s} \frac{1}{\zeta(s)} ds + O\left(\frac{1}{T}\right)$$

If x is an integer, $\frac{1}{2}\mu(x)$ is to be subtracted from the left-hand, side. By the calculus of residues, the first term on the right is equal to

$$\sum_{|\gamma|<T} \frac{x^\rho}{\rho \zeta'(\rho)} - 2 + \sum_{n=1}^{\infty} \frac{(-1)^{n-1}(2\pi/x)^{2n}}{(2n)!\; n\zeta(2n+1)} +$$

$$\frac{1}{2\pi i}\left(\int_{2-iT}^{-2N-1-iT} + \int_{-2N-1-iT}^{-2N-1+iT} + \int_{-2N-1+iT}^{2+iT}\right) \frac{x^s}{s\zeta(s)} ds$$

where T is not the ordinate of a zero. Now

$$\int_{-2N-1-iT}^{-2N-1+iT} \frac{x^s}{s\,\zeta(s)} ds = \int_{2N+2-iT}^{2N+2+iT} \frac{x^{1-s}}{(1-s)\zeta(1-s)} ds =$$

$$\int_{2N+2-iT}^{2N+2+iT} \frac{x^{1-s}}{1-s} \frac{2^{s-1}\pi^s}{\cos\frac{1}{2}s\pi \Gamma(s)} \frac{1}{\zeta(s)} ds$$

Here

$$\frac{1}{\Gamma(s)} = O(|e^{s-\left(s-\frac{1}{2}\right)\log s}|) =$$

$$O(e^{\sigma-\left(\sigma-\frac{1}{2}\right)\log|s|+\frac{1}{2}\pi|t|}) =$$

$$O(e^{\sigma-\left(\sigma-\frac{1}{2}\right)\log\sigma+\frac{1}{2}\pi|t|})$$

Hence the integral is

$$O\left\{\int_{-T}^{T} \frac{1}{T}\left(\frac{2\pi}{x}\right)^{2N+2} e^{2N+2-\left(2N+\frac{3}{2}\right)\log(2N+2)} dt\right\}$$

which tends to zero as $N \to \infty$, for a fixed T. Hence we obtain

$$\sum_{|\gamma|<T} \frac{x^\rho}{\rho \zeta'(\rho)} - 2 + \sum_{n=1}^{\infty} \frac{(-1)^{n-1}(2\pi/x)^{2n}}{(2n)!\ n\zeta(2n+1)} +$$

$$\frac{1}{2\pi i}\left(\int_{2-iT}^{-\infty-iT} + \int_{-\infty+iT}^{2+iT}\right) \frac{x^s}{s\zeta(s)} ds$$

Also

$$\int_{-\infty+iT}^{-1+iT} \frac{x^s}{s\zeta(s)} ds = \int_{2+iT}^{\infty+iT} \frac{x^{1-s}}{(1-s)\zeta(1-s)} ds =$$

$$\int_{2+iT}^{\infty+iT} \frac{x^{1-s}}{1-s} \frac{2^{s-1}\pi^s}{\cos\frac{1}{2}s\pi \Gamma(s)} \frac{1}{\zeta(s)} ds =$$

$$O\left\{\int_{2}^{\infty} \frac{1}{T}\left(\frac{2\pi}{x}\right)^\sigma e^{\sigma-\left(\sigma-\frac{1}{2}\right)\log\sigma} d\sigma\right\} =$$

$$O\left(\frac{1}{T}\right)$$

Also by (14.43) we can choose $T=T_\nu$ ($\nu \leqslant T_\nu \leqslant \nu+1$) such that

$$\frac{1}{\zeta(s)}=O(t^\epsilon), \frac{1}{2}\leqslant\sigma\leqslant 2, t=T_\nu$$

Hence for $-1\leqslant\sigma\leqslant\frac{1}{2}$, $t=T_\nu$

$$\frac{1}{\zeta(s)}=O\left\{\frac{|t|^{\sigma-\frac{1}{2}}}{|\zeta(1-s)|}\right\}=O(t^\epsilon)$$

Hence

$$\int_{-1+iT_\nu}^{2+iT_\nu}\frac{x^s}{s\,\zeta(s)}\mathrm{d}s=O(T_\nu^{\epsilon-1})$$

Similarly for the integral over $(2-iT, -\infty-iT)$, and the result stated follows.

It follows from the above theorem that

$$\sum\frac{1}{|\rho\zeta'(\rho)|}$$

is divergent; if it were convergent

$$\sum\frac{x^\rho}{\rho\zeta'(\rho)}$$

would be uniformly convergent over any finite interval, and $M(x)$ would be continuous.

14.28. The Mertens hypothesis. [①] It was conjectured by Mertens, from numerical evidence, that

$$|M(n)|<\sqrt{n}, n>1 \qquad (14.60)$$

This has not been proved or disproved. It implies the Riemann hypothesis, but is not apparently a consequence of

---

① See references in Landau's *Handbuch*, and von Sterneck (1).

it. A slightly less precise hypothesis would be

$$M(x) = O(x^{\frac{1}{2}}) \qquad (14.61)$$

The problem has a certain similarity to that of the function $\psi(x) - x$ in prime-number theory, where

$$\psi(x) = \sum_{n \leq x} \Lambda(n)$$

On the Riemann hypothesis, $\psi(x) - x = O(x^{\frac{1}{2}+\epsilon})$, but it is not of the form $O(x^{\frac{1}{2}})$, and in fact

$$\psi(x) - x = \Omega(x^{\frac{1}{2}} \log \log \log x) \qquad (14.62)$$

The influence of the factor $\log \log \log x$ is quite inappreciable as far as the calculations go, and it might be conjectured that (14.61) could be disproved similarly. We shall show, however, that there is an essential difference between the two problems, and that the proof of (14.62) cannot be extended to the other case, at any rate in any obvious way.

The proof of (14.62) depends on the fact that the real part of

$$\sum_{\gamma > 0} \frac{e^{i\rho z}}{\rho}$$

is unbounded in the neighbourhood of $z = 0$. To deal with $M(x)$ in the same way, we should have to prove that the real part of

$$f(z) = \sum_{\gamma > 0} \frac{e^{i\rho z}}{\rho \zeta'(\rho)}, \mathbf{R}(z) > 0$$

is unbounded in the neighbourhood of $z = 0$. This, however, is not the case. For consider the integral

$$\frac{1}{2\pi i} \int \frac{e^{isz}}{s \, \zeta(s)} ds$$

taken round the rectangle $(-1, 2, 2+iT_n, -1+iT_n)$, where the T_n are those of the previous section, and an indentation is made above $s=0$. The integral along the upper side of the contour tends to 0 as $n\to\infty$, and we calculate that

$$f(z) = \frac{1}{2\pi i}\int_2^{2+i\infty}\frac{e^{isz}}{s\,\zeta(s)}ds - \frac{1}{2\pi i}\int_{-1}^{-1+i\infty}\frac{e^{isz}}{s\,\zeta(s)}ds + \frac{1}{2\pi i}\int_{-1}^{2}\frac{e^{isz}}{s\,\zeta(s)}ds$$

The last term tends to a finite limit as $z\to 0$. Also

$$|e^{isz}| = e^{y-xt} \leq e^y, s=-1+it, z=x+it, x>0$$

and $1/\zeta(-1+it) = O(t^{-\frac{1}{2}})$. The second term is therefore bounded for $\mathbf{R}(z)>0$.

The first term is equal to

$$\frac{1}{2\pi i}\sum_{n=1}^{\infty}\mu(n)\int_2^{2+i\infty}\frac{e^{isz}}{sn^s}ds$$

Now, if $n>1$

$$\int_2^{2+i\infty}\frac{e^{s(iz-\log n)}}{s}ds = \left[\frac{e^{s(iz-\log n)}}{s(iz-\log n)}\right]_2^{2+i\infty} + \frac{1}{iz-\log n}\int_2^{2+i\infty}\frac{e^{s(iz-\log n)}}{s^2}ds$$

and

$$|e^{(2+it)(iz-\log n)}| = e^{-2y-2\log n - tx} \leq n^{-2}e^{-2y}$$

Hence

$$\int_2^{2+i\infty}\frac{e^{s(iz-\log n)}}{s}ds = O\left(\frac{1}{n^2\log n}\right)$$

uniformly in the neighbourhood of $z=0$. Hence

$$\sum_{n=1}^{\infty}\mu(n)\int_2^{2+i\infty}\frac{e^{isz}}{sn^s}ds = O(1)$$

If $z = re^{i\theta}$, we have

$$\int_2^{2+i\infty} \frac{e^{isz}}{s} ds = \int_2^{ei(\frac{1}{2}\pi-\theta)} + \int_{ei(\frac{1}{2}\pi-\theta)}^{\infty ei(\frac{1}{2}\pi-\theta)} = O(1) + \int_1^{\infty} \frac{e^{-r\lambda}}{\lambda} d\lambda =$$

$$O(1) + \int_r^{\infty} \frac{e^{-x}}{x} dx =$$

$$O(1) + \int_r^1 \frac{dx}{x} + \int_r^1 \frac{e^x - 1}{x} dx + \int_1^{\infty} \frac{e^{-x}}{x} dx =$$

$$\log \frac{1}{r} + O(1)$$

Hence

$$f(z) = \frac{1}{2\pi i} \log \frac{1}{r} + O(1)$$

and consequently $\mathbf{R}f(z)$ is bounded.

14.29. In this section we shall investigate the consequences of the hypothesis that

$$\int_1^X \left\{\frac{M(x)}{x}\right\}^2 dx = O(\log X) \qquad (14.63)$$

This is less drastic than the Mertens hypothesis, since it clearly follows from (14.61). The corresponding formula with $M(x)$ replaced by $\psi(x) - x$ is a consequence of the Riemann hypothesis. ①

Theorem 14.29 (A). *If* (14.63) *is true, all the zeros of* $\zeta(s)$ *on the critical line are simple.*

By (14.57)

$$\left|\frac{1}{\zeta(s)}\right| \leq |s| \int_1^{\infty} \frac{|M(x)|}{x^{\sigma+1}} dx =$$

---

① Cramér (5).

$$|s|\int_1^\infty \frac{|M(x)|}{x^{\frac{1}{2}+\sigma+\frac{3}{4}}} \frac{1}{x^{\frac{1}{2}\sigma+\frac{1}{4}}} dx \leqslant$$

$$|s|\left\{\int_1^\infty \frac{M^2(x)}{x^{\sigma+\frac{3}{2}}} dx \int_1^\infty \frac{dx}{x^{\sigma+\frac{1}{2}}}\right\}^{\frac{1}{2}} =$$

$$\frac{|s|}{\left(\sigma-\frac{1}{2}\right)^{\frac{1}{2}}}\left\{\int_1^\infty \frac{M^2(x)}{x^{\sigma+\frac{3}{2}}} dx\right\}^{\frac{1}{2}}$$

Let

$$f(X) = \int_1^X \left\{\frac{M(x)}{x}\right\}^2 dx$$

Then

$$\int_1^\infty \frac{M^2(x)}{x^{\sigma+\frac{3}{2}}} dx = \int_1^\infty \frac{f'(x)}{x^{\sigma-\frac{1}{2}}} dx = \left(\sigma-\frac{1}{2}\right)\int_1^\infty \frac{f(x)}{x^{\sigma+\frac{1}{2}}} dx =$$

$$O\left\{\left(\sigma-\frac{1}{2}\right)\int_1^\infty \frac{\log x}{x^{\sigma+\frac{1}{2}}} dx\right\} = O\left(\int_1^\infty \frac{dx}{x^{\sigma+\frac{1}{2}}}\right) =$$

$$O\left(\frac{1}{\sigma-\frac{1}{2}}\right)$$

Hence

$$\frac{1}{\zeta(s)} = O\left(\frac{|s|}{\sigma-\frac{1}{2}}\right)$$

Let ρ be a zero and $s=\rho+h$, where $h>0$. Then $\sigma = \frac{1}{2}+h$, and hence

$$\frac{1}{\zeta(\rho+h)} = O\left(\frac{|\rho+h|}{h}\right) \qquad (14.64)$$

This would be false for $h \to 0$, if ρ were a zero of order higher than the first, so that the result follows.

Multiplying each side of (14.64) by h, and making $h\to 0$, we obtain

$$\frac{1}{\zeta'(\rho)} = O(|\rho|) \qquad (14.65)$$

We can, however, prove more than this.

Theorem 14.29 (B). *If* (14.63) *is true*

$$\sum \frac{1}{|\rho\zeta'(\rho)|^2} \qquad (14.66)$$

is convergent.

This follows from an argument of the 'Bessel's inequality' type. We have

$$0 \leqslant \int_1^X \left\{\frac{M(x)}{x} - \sum_{|\gamma|<T} \frac{x^{\rho-1}}{\rho\zeta'(\rho)}\right\}^2 dx =$$

$$\int_1^X \left\{\frac{M(x)}{x}\right\}^2 dx + \sum_{|\gamma|<T} \sum_{|\gamma'|<T} \frac{1}{\rho\rho'\zeta'(\rho)\zeta'(\rho')} \int_1^X x^{\rho+\rho'-2} dx -$$

$$2\sum_{|\gamma|<T} \frac{1}{\rho\zeta'(\rho)} \int_1^X M(x) x^{\rho-2} dx$$

In the first sum, the terms with $\rho' = 1-\rho$ are

$$\sum_{|\gamma|<T} \frac{1}{\rho(1-\rho)\zeta'(\rho)\zeta'(1-\rho)} \int_1^X \frac{dx}{x} = \log X \sum_{|\gamma|<T} \frac{1}{|\rho\zeta'(\rho)|^2}$$

since $1-\rho$ is the conjugate of ρ. In the remaining terms, $\rho = \frac{1}{2} + i\gamma$, $\rho' = \frac{1}{2} + i\gamma'$, where $\gamma' \neq -\gamma$. Hence

$$\int_1^X x^{\rho+\rho'-2} dx = \frac{X^{\rho+\rho'-1}-1}{\rho+\rho'-1} = O\left(\frac{1}{|\gamma+\gamma'|}\right)$$

Hence the sum of these terms is less than $K_1 = K_1(T)$.

In the last sum we write

$$\int_1^X M(x) x^{\rho-2} dx = \int_1^X M(x) x^{\rho-2}\left(1-\frac{x}{X}\right) dx +$$

第二部分 中外名家论 Riemann 函数与 Riemann 猜想

$$\frac{1}{X}\int_1^X M(x)x^{\rho-1}\,\mathrm{d}x$$

The last term is

$$O\left\{\frac{1}{X}\int_1^X |M(x)|x^{-\frac{1}{2}}\,\mathrm{d}x\right\} =$$

$$O\left[\frac{1}{X}\left\{\int_1^X \frac{M^2(x)}{x^2}\mathrm{d}x \int_1^X x\,\mathrm{d}x\right\}^{\frac{1}{2}}\right] =$$

$$O\left\{\int_1^X \frac{M^2(x)}{x^2}\right\}^{\frac{1}{2}} = O(\log^{\frac{1}{2}} X)$$

by (14.63). Also

$$\int_1^X M(x)x^{\rho-2}\left(1-\frac{x}{X}\right)\mathrm{d}x =$$

$$\frac{1}{2\pi\mathrm{i}}\int_{2-\mathrm{i}\infty}^{2+\mathrm{i}\infty}\frac{x^{w+\rho-1}-1}{\zeta(w)w(w+\rho)(w+\rho-1)}\mathrm{d}w \quad (14.67)$$

To prove this, insert the Dirichlet series for $1/\zeta(w)$ on the right-hand side and integrate term by term. This is justified by absolute convergence. We obtain

$$\sum_{n=1}^\infty \frac{\mu(n)}{2\pi\mathrm{i}}\int_{2-\mathrm{i}\infty}^{2+\mathrm{i}\infty}\frac{1}{n^w}\frac{x^{w+\rho-1}-1}{w(w+\rho)(w+\rho-1)}\mathrm{d}w$$

Evaluating the integral in the usual way by the calculus of residues, we obtain

$$\sum_{n\leq X}\mu(n)\left\{\frac{X^{\rho-1}-n^{\rho-1}}{\rho-1}-\frac{X^\rho-n^\rho}{X\rho}\right\} =$$

$$\sum_{n\leq X}\mu(n)\int_n^X\left(x^{\rho-2}-\frac{X^{\rho-1}}{X}\right)\mathrm{d}x =$$

$$\int_1^X\sum_{n\leq X}\mu(n)x^{\rho-2}\left(1-\frac{x}{X}\right)\mathrm{d}x =$$

$$\int_n^X M(x)x^{\rho-2}\left(1-\frac{x}{X}\right)\mathrm{d}x$$

and (14.67) follows.

Let U be not the ordinate of a zero. Then the right-hand side of (14.67) is equal to

$$\frac{1}{2\pi i}\left(\int_{2-i\infty}^{2-iU}+\int_{2-iU}^{\frac{1}{4}-iU}+\int_{\frac{1}{4}-iU}^{\frac{1}{4}+iU}+\int_{\frac{1}{4}+iU}^{2+iU}+\int_{2+iU}^{2+i\infty}\right)+\text{sum of}$$

residues in $-U<\mathbf{I}(w)<U$.

Let ρ'' run through zeros of $\zeta(s)$ with imaginary parts between $-U$ and U. Let $U>T$. Then there is a pole at $w=1-\rho$, with residue

$$\frac{\log X}{(1-\rho)\zeta'(1-\rho)}$$

At the other ρ'' the residues are

$$\frac{X^{\rho''+\rho-1}-1}{\zeta'(\rho'')\rho''(\rho''+\rho-1)(\rho''+\rho)}=O\left(\frac{1}{|(\rho''+\rho-1)(\rho''+\rho)|}\right)=$$

$$O\left(\frac{1}{|\gamma''+\gamma|^2}\right)$$

by (14.65), and

$$\sum_{\substack{-U\leq\gamma''<U\\\gamma''\neq-\gamma}}\frac{1}{|\gamma''+\gamma|^2}\leq\sum_{\gamma''\neq-\gamma}\frac{1}{|\gamma''+\gamma|^2}<K_2$$

where K_2 depends on T, if $|\gamma|<T$, but not on U.

Again

$$\int_{2+iU}^{2+i\infty}\frac{X^{w+\rho-1}-1}{\zeta(w)w(w+\rho)(w+\rho-1)}dw=O\left(X^{\frac{3}{2}}\int_{U}^{\infty}\frac{dv}{v(v+\gamma)^2}\right)=$$

$$O\left(\frac{X^{\frac{3}{2}}}{U(U+\gamma)}\right)=$$

$$O\left(\frac{X^{\frac{3}{2}}}{U(U-T)}\right)$$

and similarly for the integral over $(2-i\infty, 2-iU)$. Also by (14.6) and the functional equation

$$\frac{1}{\zeta\left(\frac{1}{4}+it\right)} = O\left\{\frac{|t|^{-\frac{1}{4}}}{\left|\zeta\left(\frac{3}{4}-it\right)\right|}\right\} = O(|t|^{\epsilon-\frac{1}{4}})$$

Hence, since $|w+\rho| \geqslant \frac{3}{4}$, $|w|\rho-1| \geqslant \frac{1}{4}$

$$\int_{\frac{1}{4}-iU}^{\frac{1}{4}+iU} \frac{x^{w+\rho-1}-1}{\zeta(w)w(w+\rho)(w+\rho-1)} dw =$$

$$O\left\{\int_{-U}^{U} \frac{|v|^{\epsilon-\frac{1}{4}}}{\left(\frac{1}{16}+v^2\right)^{\frac{1}{2}}} dv\right\} = O(1)$$

Finally, by Theorem 14.16, we can choose a sequence of values of U such that

$$\frac{1}{\zeta(w)} = O(|w|), t=U, \frac{1}{2} \leqslant \sigma \leqslant 2$$

By the functional equation the same result then holds for $\frac{1}{4} \leqslant \sigma \leqslant \frac{1}{2}$ also. Hence

$$\int_{\frac{1}{4}+iU}^{2+iU} \frac{x^{w+\rho-1}-1}{\zeta(w)w(w+\rho)(w+\rho-1)} dw = O\left(\frac{X^{\frac{3}{2}}}{U^{1-\epsilon}(U+\gamma)^2}\right) =$$

$$O\left\{\frac{X^{\frac{3}{2}}}{U^{1-\epsilon}(U-T)^2}\right\}$$

and similarly for the integral over $(2-iU, \frac{1}{4}-iU)$. Making $U \to \infty$, it follows that

$$\int_1^X M(x) x^{\rho-2}\left(1-\frac{x}{X}\right) dx = \frac{\log X}{(1-\rho)\zeta'(1-\rho)} + R$$

where $|R| < K_3 = K_3(T)$ if $|\gamma| < T$.

Hence we obtain

$$0 \leqslant A\log X + \log X \sum_{|\gamma|<T} \frac{1}{|\rho\zeta'(\rho)|^2} -$$

$$2\log X \sum_{|\gamma|<T} \frac{1}{|\rho\zeta'(\rho)|^2} +$$

$$A\log^{\frac{1}{2}} X + K_4(T)$$

$$\sum_{|\gamma|<T} \frac{1}{|\rho\zeta'(\rho)|^2} \leqslant A + \frac{A}{\log^{\frac{1}{2}} X} + \frac{K_4(T)}{\log X}$$

Making $X \to \infty$

$$\sum_{|\gamma|<T} \frac{1}{|\rho\zeta'(\rho)|^2} \leqslant A$$

Since the right-hand side is now independent of T, the result follows.

In particular

$$\frac{1}{\zeta'(\rho)} = o(|\rho|)$$

14.30. If (14.63) is true[1]

$$\frac{1}{\zeta'\left(\frac{1}{2}+it\right)} = O\left\{\exp\left(\frac{A\log^2 t}{\log \log t}\right)\right\}$$

Suppose that the interval $(t-t^{-3}, t+t^{-3})$ contains γ, the ordinate of a zero. By differentiating (2.4) twice

$$\zeta''\left(\frac{1}{2}+it\right) = O(t)$$

Using this and (14.65), we obtain

$$\left|\zeta'\left(\frac{1}{2}+it\right)\right| = \left|\zeta'\left(\frac{1}{2}+i\gamma\right) + \int_{\frac{1}{2}+i\gamma}^{\frac{1}{2}+it} \zeta''(s)\,ds\right| >$$

---

[1] Cramér and Landau (1).

第二部分 中外名家论 Riemann 函数与 Riemann 猜想

$$\frac{A}{\gamma} - At \mid t - \gamma \mid >$$

$$\frac{A}{t} - \frac{A}{t^2} > \frac{A}{t}$$

Suppose on the contrary that $(t-t^{-3}, t+t^{-3})$ is free from ordinates of zeros. Theorem 14.15 gives

$$\log\left|\zeta\left(\frac{1}{2}+it\right)\right| = \sum_{|t-\gamma|\leqslant 1/\log\log t} \log|t-\gamma| + O\left(\frac{\log t \log\log\log t}{\log\log t}\right)$$

There are $O\left(\dfrac{\log t}{\log\log t}\right)$ terms in the sum, each being now $O(\log t)$.

Hence

$$\log\left|\zeta\left(\frac{1}{2}+it\right)\right| = O\left(\frac{\log^2 t}{\log\log t}\right)$$

$$\frac{1}{\zeta\left(\frac{1}{2}+it\right)} = O\left\{\exp\left(\frac{A\log^2 t}{\log\log t}\right)\right\}$$

Now $\pi^{-\frac{1}{2}s}\Gamma\left(\dfrac{1}{2}s\right)\zeta(s)$ is real on $\sigma=\dfrac{1}{2}$. Hence

$$-\frac{1}{2}\log\pi + \frac{1}{2}\frac{\Gamma'\left(\frac{1}{2}s\right)}{\Gamma\left(\frac{1}{2}s\right)} + \frac{\zeta'(s)}{\zeta(s)}$$

is purely imaginary on $\sigma=\dfrac{1}{2}$. Hence, on $\sigma=\dfrac{1}{2}$

$$\left|\frac{\zeta'(s)}{\zeta(s)}\right| \geqslant -\mathbf{R}\frac{\zeta'(s)}{\zeta(s)} = -\frac{1}{2}\log\pi + \frac{1}{2}\mathbf{R}\frac{\Gamma'\left(\frac{1}{2}s\right)}{\Gamma\left(\frac{1}{2}s\right)} =$$

$$\frac{1}{2}\log t + O(1) \to \infty$$

Hence (without any hypothesis)

$$\left|\zeta'\left(\frac{1}{2}+it\right)\right| \geq \left|\zeta\left(\frac{1}{2}+it\right)\right|, t>t_0$$

This proves the theorem.

14.31. Let $\frac{1}{2}+i\gamma$, $\frac{1}{2}+i\gamma'$ be consecutive complex zeros of $\zeta(s)$. If (14.63) is true

$$\gamma'-\gamma > \frac{A}{\gamma}\exp\left(-A\frac{\log\gamma}{\log\log\gamma}\right)$$

We have

$$0 = \int_\gamma^{\gamma'} \zeta'\left(\frac{1}{2}+it\right)dt = (\gamma'-\gamma)\zeta'\left(\frac{1}{2}+i\gamma\right) +$$

$$\int_\gamma^{\gamma'}(\gamma'-t)\zeta''\left(\frac{1}{2}+it\right)dt$$

Hence by (14.65)

$$\frac{\gamma'-\gamma}{\gamma} < A\left|\int_\gamma^{\gamma'}(\gamma'-t)\zeta''\left(\frac{1}{2}+it\right)dt\right| <$$

$$A\max_{\gamma\leq t\leq\gamma'}\left|\zeta''\left(\frac{1}{2}+it\right)\right|\left|\int_\gamma^{\gamma'}(\gamma'-t)dt\right| =$$

$$A(\gamma'-\gamma)^2 \max_{\gamma\leq t\leq\gamma'}\left|\zeta''\left(\frac{1}{2}+it\right)\right|$$

Now

$$\zeta''\left(\frac{1}{2}+it\right) = \frac{1}{\pi i}\int_0^{2\pi}\frac{\zeta\left(\frac{1}{2}+it+re^{i\theta}\right)}{(re^{i\theta})^3}ire^{i\theta}d\theta =$$

$$O\left\{\frac{1}{r^2}\int_0^{2\pi}\left|\zeta\left(\frac{1}{2}+it+re^{i\theta}\right)\right|d\theta\right\} =$$

$$O\left\{\frac{1}{r^2}\exp\left(A\frac{\log t}{\log\log t}\right)(1+t^{Ar})\right\}$$

by (14.35) and the functional equation. Taking $r = 1/\log t$

$$\zeta''\left(\frac{1}{2}+it\right) = O\left\{\exp\left(A\frac{\log t}{\log \log t}\right)\right\}$$

and the result follows.

14.32. *Necessary and sufficient conditions for the Riemann hypothesis.* Two such conditions have been given in §14.25. Other similar conditions occur in the prime-number problem.①

A different kind of condition was stated by M. Riesz.② Let

$$F(x) = \sum_{k=1}^{\infty} \frac{(-1)^{k+1} x^k}{(k-1)!\ \zeta(2k)} \qquad (14.68)$$

Then a simple application of the calculus of residues gives

$$F(x) = \frac{i}{2}\int_{a-i\infty}^{a+i\infty}\frac{x^s}{\Gamma(s)\zeta(2s)\sin \pi s}ds =$$
$$\frac{i}{2\pi}\int_{a-i\infty}^{a+i\infty}\frac{\Gamma(1-s)}{\zeta(2s)}x^s ds$$

where $\frac{1}{2} < a < 1$. Taking a just greater than $\frac{1}{2}$, it clearly follows that

$$F(x) = O(x^{\frac{1}{2}+\epsilon})$$

On the Riemann hypothesis we could move the line of integration to $a = \frac{1}{4} + \epsilon$ (using (14.5)) and obtain similarly

---

① Landau, Vorlesungen, ii. 108-156.
② M. Riesz (1).

$$F(x) = O(x^{\frac{1}{4}+\epsilon}) \qquad (14.69)$$

Conversely, by Mellin's inversion formula

$$\frac{\Gamma(1-s)}{\zeta(2s)} = -\int_0^\infty F(x) x^{-1-s} ds$$

If (14.69) holds, the integral converges uniformly for $\sigma \geqslant \sigma_0 > \frac{1}{4}$; the analytic function represented is therefore regular for $\sigma > \frac{1}{4}$, and the truth of the Riemann hypothesis follows. Hence (14.69) is a necessary and sufficient condition for the Riemann hypothesis.

A similar condition stated by Hardy and Littlewood[①] is

$$\sum_{k=1}^\infty \frac{(-x)^k}{k! \, \zeta(2k+1)} = O(x^{-\frac{1}{4}}) \qquad (14.70)$$

These conditions have a superficial attractiveness since they depend explicitly only on values taken by $\zeta(s)$ at points in $\sigma > 1$; but actually no use has ever been made of them.

Conditions for the Riemann hypothesis also occur in the theory of Farey series. Let the fractions h/k with $0 < h \leqslant k$, $(h, k) = 1$, $k \leqslant N$, arranged in order of magnitude, be denoted by r_ν ($\nu = 1, 2, \cdots, \Phi(N)$, where $\Phi(N) = \phi(1) + \cdots + \phi(N)$). Let

$$\delta_\nu = r_\nu - \frac{\nu}{\Phi(N)}$$

---

① Hardy and Littlewood (2).

be the distance between r_ν and the corresponding fraction obtained by dividing up the interval $(0,1)$ into $\Phi(N)$ equal parts. Then a necessary and sufficient condition for the Riemann hypothesis is[①]

$$\sum_{\nu=1}^{\Phi(N)} \delta_r^2 = O\left(\frac{1}{N^{1-\epsilon}}\right) \qquad (14.71)$$

An alternative necessary and sufficient condition is §[②]

$$\sum_{\nu=1}^{\Phi(N)} |\delta_\nu| = O(N^{\frac{1}{2}+\epsilon}) \qquad (14.72)$$

Details are given in Landau's *Vorlesungen*, ii. 167–177.

Still another condition ǁ[③] can be expressed in terms of the formulae of §10.1. If $\Xi(t)$ and $\Phi(u)$ are related by (10.3), a necessary and sufficient condition that all the zeros of $\Xi(t)$ should be real is that

$$\int_{-\infty}^{\infty}\int_{-\infty}^{\infty} \Phi(\alpha)\Phi(\beta) e^{i(\alpha+\beta)x} e^{(\alpha-\beta)y}(\alpha-\beta)^2 d\alpha d\beta \geq 0$$

$$(14.73)$$

for all real values of x and y. But no method has been suggested of showing whether such criteria are satisfied or not.

A sufficient condition[④] for the Riemann hypothesis is that the partial sums $\sum_{\nu=1}^{n} \nu^{-s}$ of the series for $\zeta(s)$ should have no zeros in $\sigma > 1$.

---

① Franel (1).
② Landau (16).
③ ǁ See Pólya (3), §7.
④ Turán (3).

NOTES FOR CHAPTER 14

14.33. The argument of §14.5 may be extended to the strip $\frac{1}{2} \leq \sigma_0 \leq \sigma \leq \frac{9}{8}$, giving

$$\frac{\zeta'(s)}{\zeta(s)} = O\left(\frac{\delta^{\sigma-1}-1}{1-\sigma}\right) + O(\delta^{\sigma-\frac{1}{2}} \log t)$$

The choice $\delta = (\log t)^{-2}$ then yields

$$\frac{\zeta'(s)}{\zeta(s)} \ll \frac{(\log t)^{2-2\sigma}-1}{1-\sigma}$$

uniformly for $\sigma_0 \leq \sigma \leq \frac{9}{8}$ and $t \geq 2$, and hence

$$\log \zeta(s) \ll \begin{cases} \log \frac{1}{\sigma-1}, \\ \quad \text{if } 1+\frac{1}{\log \log t} \leq \sigma \leq \frac{9}{8} \\ \frac{(\log t)^{2-2\sigma}-1}{(1-\sigma)\log \log t} + \log \log \log t, \\ \quad \text{if } \sigma_0 \leq \sigma \leq 1+\frac{1}{\log \log t} \end{cases}$$

These results, together with those of §14.14 are the sharpest conditional order-estimates available at present.

14.34. The Ω-result given by Theorem 14.12(A) has been sharpened by Montgomery [3], to give

$$S(t) = \Omega_\pm \left(\frac{(\log t)^{\frac{1}{2}}}{(\log \log t)^{\frac{1}{2}}}\right)$$

on the Riemann hypothesis. A minor modification of his method also yields

$$S_1(t) = \Omega_\pm \left(\frac{(\log t)^{\frac{1}{2}}}{(\log \log t)^{\frac{3}{2}}}\right)$$

It may be conjectured that these are best possible.

Mueller [2] has shown, on the Riemann hypothesis, that if c is a suitable constant, then $S(t)$ changes sign in any interval $[T, T+c\log \log T]$.

Further results and conjectures on the vertical distribution of the zeros are given by Montgomery [2], who investigated the pair correlation function

$$F(\alpha, T) = \frac{1}{N(T)} \sum_{0<\gamma, \gamma' \leq T} T^{i\alpha(\gamma-\gamma')} w(\gamma-\gamma')$$

where $w(u) = 4/(4+u^2)$. This is a real-valued, even, non-negative function of α, and satisfies

$$F(\alpha, T) = \alpha + T^{-2\alpha} \log T + O\left(\frac{1}{\log T}\right) + O(\alpha T^{\alpha-1}) +$$

$$O(T^{-\frac{3}{2}\alpha}) \qquad (14.74)$$

for $\alpha \geq 0$, where $F(\alpha, T) \to \alpha$ as $T \to \infty$, uniformly for $0 < \delta \leq \alpha \leq 1-\delta$. Montgomery conjectured that in general

$$F(\alpha, T) \to \min(\alpha, 1) \qquad (14.75)$$

uniformly for $0 \leq \delta \leq \alpha \leq A$. This is related to a number of conjectures on the distribution of prime numbers. (See Gallagher and Mueller [1], Heath-Brown [10], and joint work of Goldston and Montgomery in the course of publication.) From (14.75) one may deduce that

$$\#\left\{\gamma, \gamma' \in [0, T] : \frac{2\pi\alpha}{\log T} \leq \gamma-\gamma' \leq \frac{2\pi\beta}{\log T}\right\} \sim$$

$$N(T) \left\{\delta(\alpha, \beta) + \int_\alpha^\beta 1 - \left(\frac{\sin \pi u}{u}\right)^2 du\right\}$$

for fixed , α, β as $T \to \infty$. Hence $\delta(\alpha, \beta) = 1$ or 0 according as $\alpha \leq 0 \leq \beta$ or not.

Using (14.74), Montgomery showed that

$$\sum_{0<\gamma\leqslant T}{}' m(\rho)^2 \leqslant \left\{\frac{4}{3}+o(1)\right\} N(T')$$

where $m(\rho)$ is the multiplicity of ρ, and $\sum{}'$ counts zeros without regard to multiplicity. One may deduce, in the notation of §10.29, that

$$N^{(1)}(T) \geqslant \left\{\frac{2}{3}+o(1)\right\} N(T) \quad (14.76)$$

on the Riemann hypothesis. The conjecture (14.75) would indeed yield, $N^{(1)}T \sim N(T)$, i.e. 'almost all' the zeros would be simple. Montgomery also used (14.74) to show that

$$\liminf_{n\to\infty} \frac{\gamma_{n+1}-\gamma_n}{(2\pi/\log \gamma_n)} \leqslant 0.68 \quad (14.77)$$

here $\frac{2\pi}{\log \gamma_n}$ is the average spacing between zeros.

By using a different method, Conrey, Ghosh, and Gonek (in work in the course of publication) have improved (14.76). Their starting point is the observation that

$$\left|\sum_{0<\gamma\leqslant T} M\left(\frac{1}{2}+i\gamma\right)\zeta'\left(\frac{1}{2}+i\gamma\right)\right|^2 \leqslant$$
$$N^{(1)}(T) \sum_{0<\gamma\leqslant T} \left|M\left(\frac{1}{2}+i\gamma\right)\zeta'\left(\frac{1}{2}+i\gamma\right)\right|^2 \quad (14.78)$$

by Cauchy's inequality. The function $M(s)$ is taken to be a mollifier

$$M(s) = \sum_{n\leqslant y} \mu(n) P\left(\frac{\log y/n}{\log y}\right) n^{-s}, y = T^{\frac{1}{2}-\varepsilon}$$

where the polynomial $P(x)$ is chosen optimally as $\frac{3}{2}x-$

第二部分 中外名家论 Riemann 函数与 Riemann 猜想

$\frac{1}{2}x^2$. One may write the sums occurring in (14.78) as integrals

$$\frac{1}{2\pi i}\int_P \frac{\zeta'(s)}{\zeta(s)} M(s)\zeta'(s)\,ds$$

and

$$\frac{1}{2\pi i}\int_P \frac{\zeta'(s)}{\zeta(s)} M(s)M(1-s)\zeta'(s)\zeta'(1-s)\,ds$$

taken around an appropriate rectangular path P. The estimation of these is long and complicated, but leads ultimately to the lower bound

$$N^{(1)}(T) \geq \left\{\frac{19}{27} + o(1)\right\} N(T)$$

The estimate (14.77) has also been improved, firstly by Montgomery and Odlyzko [1], and then by Conrey, Ghosh and Gonek [1]. The latter work produces the constant 0.5172. The corresponding lower bound

$$\limsup_{n\to\infty} \frac{\gamma_{n+1}-\gamma_n}{2\pi/\log \gamma_n} \geq \lambda > 1 \qquad (14.79)$$

has been considered by Mueller [1], as well as in the two papers just cited. Here the best result known is that Conrey, Ghosh, and Gonek [1], which has $\lambda = 2.337$. Indeed, further work by Conrey, Ghosh, and Gonek, which is in the course of publication at the time of writing, yields $\lambda = 2.68$ subject to the generalized Riemann hypothesis (i.e. a Riemann hypothesis for $\zeta(s)$ and all Dirichlet L-functions $L(s,\chi)$.) Moreover it seems likely that this condition may be relaxed to the ordinary Riemann hypothesis with further work.

If one asks for bounds of the form (14.77) and (14.79) which are satisfied by a positive proportion of zeros (as in §9.25) then one may take constants 0.77 and 1.33 (Conrey, Ghosh, Goldston, Gonek, and Heath-Brown [1]).

14.35. It should be remarked in connection with §14.24 that Selberg (4) proved Theorem 14.24 with error term $O(T)$, while the method here yield only $O\{T(\log\log T)^{\frac{1}{2}}\}$. Moreover he obtained the error term $O\{T(\log\log T)^{k-1}\}$ for (14.51).

14.36. The argument of the final paragraph of §14.27 may be quantified, and then yields

$$\sum_{|\gamma|\leqslant T}\left|\zeta'\left(\frac{1}{2}+i\gamma\right)\right|^{-1}\gg T$$

uniformly for $T\geqslant T_0$, assuming the Riemann hypothesis and that all the zeros are simple. However a slightly better result comes from combining the asymptotic formula

$$\sum_{0<\gamma\leqslant T}\left|\zeta'\left(\frac{1}{2}+i\gamma\right)\right|^{2}\sim\frac{1}{12}N(T)(\log T)^{2}$$

of Gonek [2] with the bound (14.76). Using Hölder's inequality one may then derive the estimate

$$\sum_{cT<\gamma\leqslant T}^{*}\frac{1}{\left|\zeta'\left(\frac{1}{2}+i\gamma\right)\right|}\gg T$$

where $\sum^{*}$ counts simple zero only, and $c>0$ is a suitable numerical constant.

14.37. The Mertens hypothesis has been disproved by Odlyzko and te Riele [1], who showed that

第二部分 中外名家论 Riemann 函数与 Riemann 猜想

$$\limsup_{x\to\infty} \frac{M(x)}{\sqrt{x}} > 1.06$$

and

$$\liminf_{x\to\infty} \frac{M(x)}{\sqrt{x}} < -1.009$$

Their treatment is indirect, and produces no specific x for which $|M(x)| > x^{\frac{1}{2}}$. The method used is computational, and depends on solving numerically the inequalities occurring in Kronecker's theorem, so as to make the first few terms of (14.59) pull in the same direction. To this extent Odlyzko and te Riele follow the earlier work of Jurkat and Peyerimhoff [1], but they use a much more efficient algorithm for solving the Diophantine approximation problem.

14.38. Turán (3) conjectured that

$$\sum_{n \leqslant x} \frac{\lambda(n)}{n} \geqslant 0 \qquad (14.80)$$

for all $x > 0$, where $\lambda(n)$ is the Liouville function, given by (1.20). He showed that his condition, given in §14.32, implies the above conjecture, which in turn implies the Riemann hypothesis. However Haselgrove [2] proved that (14.80) is false in general, thereby showing that Turán's condition does not hold. Later Spira [1] found by calculation that

$$\sum_{n=1}^{19} n^{-s}$$

has a zero in the region $\sigma > 1$.

第十五章 CALCULATIONS RELATING TO THE ZEROS

15.1. It is possible to verify by means of calculation that all the complex zeros of $\zeta(s)$ up to a certain point lie exactly (not merely approximately) on the critical line. As a simple example we shall find roughly the position of the first complex zero in the upper half-plane, and show that it lies on the critical line.

We consider the function $Z(t) = e^{i\vartheta} \zeta\left(\frac{1}{2}+it\right)$ defined in §4.17. This is real for real values of t, so that, if $Z(t_1)$ and $Z(t_2)$ have opposite signs, $Z(t)$ vanishes between t_1 and t_2, and so $\zeta(s)$ has a zero on the critical line between $\frac{1}{2}+it_1$ and $\frac{1}{2}+it_2$.

It follows from (2.17) that $\zeta\left(\frac{1}{2}\right) < 0$, then from (2.12) that, $\xi\left(\frac{1}{2}\right) > 0$, i.e. that $\Xi(0) > 0$; and then from (4.20) that $Z(0) < 0$.

We shall next consider the value $t = 6\pi$. Now the argument of §4.14 shows that, if x is half an odd integer

$$\left|\zeta(s) - \sum_{n<x} \frac{1}{n^s}\right| \leq \frac{x^{1-\sigma}}{|1-s|} + \frac{2x^{-\sigma}}{2\pi - |t|/x} \quad (15.1)$$

Hence, taking $t > 0$

第二部分　中外名家论 Riemann 函数与 Riemann 猜想

$$\left| Z(t) - \sum_{n<x} \frac{\cos(t\log n - \vartheta)}{n^{\frac{1}{2}}} \right| \leq \frac{x^{\frac{1}{2}}}{t} + \frac{2x^{\frac{1}{2}}}{2\pi x - t}$$

(15.2)

for $x = \frac{9}{2}$, $t = 6\pi$, the right-hand side is about 0.6.

We next require an approximation to ϑ. We have

$$e^{-2i\vartheta} = \chi\left(\frac{1}{2} + it\right) = \pi^{it} \frac{\Gamma\left(\frac{1}{4} - \frac{1}{2}it\right)}{\Gamma\left(\frac{1}{4} + \frac{1}{2}it\right)}$$

so that

$$\vartheta = -\frac{1}{2}t\log \pi + I\log \Gamma\left(\frac{1}{4} + \frac{1}{2}it\right) =$$

$$\frac{1}{2}t\log \frac{t}{2\pi} - \frac{1}{2}t - \frac{1}{8}\pi + O\left(\frac{1}{t}\right)$$

It may be verified that the term $O\left(\frac{1}{t}\right)$ is negligible in the calculations.

Writing $\vartheta = 2\pi K$, and using the values
$$\log 2 = 0.693\ 1, \log 3 = 1.098\ 6$$
it is found that
$$K = 0.1166, 3\log 3 - K = 3.179$$
$$3\log 2 - K = 1.963, 3\log 4 - K = 4.042$$
approximately. Hence the cosines in (15.2) are all positive, and $\cos 2\pi K = 0.74\cdots$ Hence $Z(6\pi) > 0$.

There is therefore one zero at least on the critical line between $t = 0$ and $t = 6\pi$.

Again, the formulae of §9.3 give
$$N(T) = 1 + 2K + \frac{1}{\pi}\Delta\arg \zeta(s)$$

where Δ denotes variation along $\left(2, 2+iT, \frac{1}{2}+iT\right)$. Now $\mathbf{R}\zeta(s) > 0$ on $\sigma = 2$, and an argument similar to that already used, but depending on (15.1), shows that $\mathbf{R}\zeta(s) > 0$ on $\left(2+iT, \frac{1}{2}+iT\right)$, if $T = 6\pi$. Hence $|\Delta\arg\zeta(s)| < \frac{1}{2}\pi$, and

$$N(6\pi) < \frac{3}{2} + 2K < 2$$

Hence there is at most one complex zero with imaginary part less than 6π, and so in fact just one, namely the one on the critical line.

15.2. It is plain that the above process can be continued as long as the appropriate changes of sign of the function $Z(t)$ occur. Defining $K = K(t)$, as before, let t_ν be such that

$$K(t_\nu) = \frac{1}{2}\nu - 1, \nu = 1, 2, \cdots \qquad (15.3)$$

Then (15.2) gives

$$Z(t_\nu) \sim (-1)^\nu \sum_{n<x} \frac{\cos(t_\nu \log n)}{n^{\frac{1}{2}}}$$

If the sum is dominated by its first term, it is positive, and so $Z(t_\nu)$ has the sign of $(-1)^\nu$. If this is true for ν and $\nu+1$, $Z(t)$ has a zero in the interval $(t_\nu, t_{\nu+1})$.

The value $t = 6\pi$ in the above argument is a rough approximation to t_2.

The ordinates of the first six zeros are

14.13, 21.02, 25.01, 30.42, 32.93, 37.58

to two decimal places.① Some of these have been calculated with great accuracy.

15.3. The calculations which the above process requires are very laborious if t is at all large. A much better method is to use the formula (4.22) arising from the approximate functional equation. Let us write $t = 2\pi u$

$$\alpha_n = \alpha_n(u) = n^{-\frac{1}{2}}\cos 2\pi(K - u\log n)$$

and

$$h(\xi) = \frac{\cos 2\pi\left(\xi^2 - \xi - \frac{1}{16}\right)}{\cos 2\pi\xi}$$

Then (4.22) gives

$$Z(2\pi u) = 2\sum_{n=1}^{\infty}\alpha_n(u) + (-1)^{m-1}u^{-\frac{1}{4}}h(\sqrt{u} - m) + R(u)$$

where $m = [\sqrt{u}]$, and $R(u) = O(u^{-\frac{3}{4}})$. The $\alpha_n(u)$ can be found, for given values of u, from a table of the function $\cos 2\pi x$. In the interval $0 \leqslant \xi \leqslant \frac{1}{2}$, $h(\xi)$ decreases steadily from 0.923 88 to 0.382 68, and $h(1-\xi) = h(\xi)$.

For the purpose of calculation we require a numerical upper bound for $R(u)$. A rather complicated formula of this kind is obtained in Titchmarsh (17), Theorem 2. For values of u which are not too small it can be much simplified, and in fact it is easy to deduce that

---

① See the references Gram (6), Lindelöf (3), in Landau's *Handbuch*.

$$|R(u)|<\frac{3}{2u^{\frac{3}{4}}}, u>125$$

This inequality is sufficient for most purposes.

Occasionally, when $Z(2\pi u)$ is too small, a second term of the Riemann-Siegel asymptotic formula has to be used.

The values of u for which the calculations are performed are the solutions of (15.3), since they make α_1 alternately 1 and -1. In the calculations described in Titchmarsh (17), I began with

$$u=1.6, K=-0.048\ 65$$

and went as far as

$$u=62.785, K=98.501\ 0$$

The values of u were obtained in succession, and we rather rough approximations to the u_ν, so that the K's are not quite integers or integers and a half.

It was shown in this way that the first 198 zeros of $\zeta(s)$ above the real axis all lie on the line $\sigma=\frac{1}{2}$.

The calculations were carried a great deal farther by Dr. Comrie.[①] Proceeding on the same lines, it was shown that the first 1,041 zeros of $\zeta(s)$ above the real axis all lie on the critical line, in the interval $0<t<1,468$.

One interesting point which emerges from these calculations is that $Z(t_\nu)$ does not always have the same

---

① See Titchmarsh (18).

sign as $(-1)^{\nu}$. A considerable number of exceptional cases were found; but in each of these cases there is a neighbouring point t'_{ν} such that $Z(t'_{\nu})$ has the sign of $(-1)^{\nu}$, and the succession of changes of sign of $Z(t)$ is therefore not interrupted.

15.4 As far as they go, these calculation are all in favour of the truth of the Riemann hypothesis. Nevertheless, it may be that they do not go far enough to reveal the real state of affairs. At the end of the table constructed by Dr. Comrie there are only fifteen terms in the series for $Z(t)$, and this is a very small number when we are dealing with oscillating series of this kind. Indeed there is one feature of the table which may suggest a change in its character farther on. In the main, the result is dominated by the first term α_1, and later terms more or less cancel out. Occasionally (e.g. at $K=435$) all, or nearly all, the numbers α_n have the same sign, and $Z(t)$ has a large maximum or minimum. As we pass from this to neighbouring values of t, the first few α_n undergo violent changes, while the later ones vary comparatively slowly. The term α_n appears when $u=n^2$, and here

$$\cos 2\pi(K-u\log n) = \cos \pi\left\{u\log\left(\frac{u}{n^2}\right) - u - \frac{1}{8} + \cdots\right\} =$$
$$\cos \pi\left(n^2 + \frac{1}{8} + \cdots\right) =$$
$$(-1)^n \cos \frac{1}{8}\pi + \cdots$$

and

$$\frac{d}{du}(K - u\log n) = \frac{1}{2}\log u - \log n - \frac{1}{192\pi^2 u^2} + \cdots - \frac{1}{192\pi^2 u^2}$$

At its first appearance in the table α_n will therefore be approximately $(-1)^n n^{-\frac{1}{2}} \cos \frac{1}{8}\pi$, and it will vary slowly for some time after its appearance.

It is conceivable that if t, and so the number of terms, were large enough, there might be places where the smaller slowly varying terms would combine to overpower the few quickly varying ones, and so prevent the graph of $Z(t)$ from crossing the zero line between successive maxima. There are too few terms in the table already constructed to test this possibility.

There are, of course, relations between the numbers α_n which destroy any too simple argument of this kind. If the Riemann hypothesis is true, there must be some relation, at present hidden, which prevents the suggested possibility from ever occurring at all.

No doubt the whole matter will soon be put to the test of modern methods of calculation. Naturally the Riemann hypothesis cannot be proved by calculation, but, if it is false, it could be disproved by the discovery of exceptions in this way.

NOTES FOR CHAPTER 15

15.5. A number of workers have checked the Riemann hypothesis over increasingly large ranges. At the time of writing the most extensive calculation is that of

第二部分　中外名家论 Riemann 函数与 Riemann 猜想

van de Lune and te Riele (as reported in Odlyzko and te Riele [1]), who have found that the first 1.5×10^9 non-trivial zeros are simple and lie on the critical line.

REFERENCES

ORIGINAL PAPERS

[This list includes that given in my Cambridge tract; it does not include papers referred to in Landau's Handbuch der Lehre von der Verteilung der Primzahlen, 1909.]

ABBREVIATIONS

A. M.	Acta Mathematica.
C. R.	Comptes rendus de l'Académie des sciences (Paris).
J. L. M. S.	Journal of the London Mathematical Society.
J. M.	Journal für die reine und angewandte Mathematik.
M. A.	Mathematische Annalen.
M. Z.	Mathematische Zeitschrift.
P. C. P. S.	Proceedings of the Cambridge Philosophical Society.
P. L. M. S.	Proceedings of the London Mathematical Society.
Q. J. O.	Quarterly Journal of Mathematics (Oxford Series).

第二部分　中外名家论 Riemann 函数与 Riemann 猜想

ANADA RAU K.

［1］　1924. The infinite product for $(s-1)\zeta(s)$［J］. M. Z., 20:156-164.

ARWIN A.

［1］　1923. A Functional Equation from the Theory of the Riemann $\zeta(s)$-function［J］. Annals of Math., 24(2):359-366.

ATKINSON F. V.

［1］　1939. The Mean Value of the Zeta-function on the Critical Line［J］. Q. J. O., 10(2):122-128.

［2］　1941. The Mean Value of the Zeta-function on the Critical Line［J］. P. L. M. S., 47(2):174-200.

［3］　1941. A divisor problem［J］. Q. J. O., 12:193-200.

［4］　1948. A mean value property of the Riemann zeta-function［J］. J. L. M. S., 23:128-135.

［5］　1948. The Abel Summation of Certain Dirichlet series［J］. Q. J. O., 19:59-64.

［6］　1950. The Riemann Zeta-function［J］. Duke Math. J., 17:63-68.

BABINI J.

［1］　1934. Über Einige Eigenschaften der Riemannschen $\zeta(s)$-Funktion［J］. An. Soc. Ci. Argent., 118:209-215.

BACKLUND R.

［1］　1911. Einige numerische Rechnungen, die

Nullpunkte der Riemannschen ζ-Funktion Betreffend[J]. Öfversigt Finska Vetensk. Soc. 54(A) (No. 3).

[2] 1914. Sur les Zéros de la Fonction ζ(s) de Riemann[J]. C. R., 158: 1979-1981.

[3] 1918. Über die Nullstellen der Riemannschen Zetafunktion[J]. A. M., 41: 345-375.

[4] 1918. Über die Beziehung zwischen Anwachsen und Nullstellen der Zetafunktion[J]. Öfversigt Finska Vetensk. Soc., 61(9).

BEAUPAIN J.

[1] 1909. Sur la Fonction ζ(s, w) et la Fonction ζ(s) de Riemann[J]. Acad. Royale de Belgique 3(2).

BELLEMAN R.

[1] 1947. The Dirichlet Divisor Problem[J]. Duke Math. J., 14: 411-417.

[2] 1949. An Analog of an Identity due to Wilton[J], Duke Math. J., 16: 539-545.

[3] 1949. Wigert's Approximate Functional Equation and the Riemann Zeta-function[J]. Duke Math. J., 16: 547-552.

BOHR H.

[1] 1910. En Saetning om ζ-Functionen[J]. Nyt. Tidss. for Math., 21(B): 61-66.

[2] 1911. Über das Verhalten von ζ(s) in der Halbebene σ>1[J]. Göttinger Nachrichters, 409-428.

第二部分　中外名家论 Riemann 函数与 Riemann 猜想

[3] 1911. Sur l'existence de Valeurs Arbitrairement Petites de la Fonction $\zeta(s) = \zeta(\sigma+it)$ de Riemann pour $\sigma>1$ [J]. Oversigt Vidensk. Selsk. Kobenhavn：201-208.

[4] 1912. Sur la Function $\zeta(s)$ Dans le Demi-plan $\sigma>1$ [J]. C. R., 154：1078-1081.

[5] 1912. Über die Funktion $\zeta'(s)/\zeta(s)$ [J]. J. M., 141：217-234.

[6] 1912. En nyt Bevis for, at den Riemann'ske Zetafunktion $\zeta(s) = \zeta(\sigma+it)$ har uendelij mange Nulpunkten indenfor Parallel-strimlen $0 \leqslant \sigma \leqslant 1$ [J]. Nyt. Tidss. for Math., 23(B)：81-85.

[7] 1912. Om de Vaerdier, den Riemann'ske Funktion $\zeta(\sigma+it)$ antager i Halvplanen $\sigma>1$, 2 [J]. Skand. Math. Kongr, 113-121.

[8] 1913. Note sur la Fonction Zéta de Riemann $\zeta(\sigma+it)$ sur la droite $\sigma = 1$ [J]. Oversigt Vidensk. Selsk. Kobenhavn, 3-11.

[9] 1913. Lösung des Absoluten Konvergenzproblems einer Allgemeinen Klasse Dirichletscher Reihen [J]. A. M., 36：197-240.

[10] 1914. Sur la Fonction $\zeta(s)$ de Riemann [J]. C. R., 158：1986-1988.

[11] 1915. Zur Theorie der Riemannschen Zetafunktion im Kritischen Streifen [J]. A. M., 40：67-100.

[12] 1915. Die Riemannsche Zetafunktion [J].

Deutsche Math. Ver. , 24: 1-17.

[13] 1922. Über eine Quasi-Periodische Eigenschaft Dirichletscher Reihen mit Anwendung auf die Dirichletschen L-Funktionen[J]. M. A. , 85: 115-122.

[14] 1923. Über Diophantische Approximationen und Ihre Anwendungen auf Dirich. Letsche Reihen, Besonders auf die Riemannsche Zetafunktion [J]. 5. Skand. Math. Kongr, 131-154.

[15] 1922. Another Proof of Kronecker's Theorem [J]. P. L. M. S. , 21(2): 315-316.

[16] 1934. Again the Kronecker Theorem[J]. J. L. M. S. , 9: 5-6.

BOHR H. , COURANT R.

[1] 1914. Neue Anwendungen der Theorie der Diophantischen Approximationen auf die Riemannsche Zetafunktion[J]. J. M. , 144: 249-274.

BOHR H. , JESSEN B.

[1] 1930. Über die Werteverteilung der Riemannschen Zetafunktion. A. M. , 54: 1-35.

[2] 1932. One More Proof of Kronecker's theorem [J]. J. L. M. S. , 7: 274-275.

[3] 1934. Mean-Value Theorems for the Riemann Zeta-function[J]. Q. J. O. , 5, 43-47.

[4] 1936. On the Distribution of the values of the Riemann Zeta-function[J]. Amer. J. Math. , 58: 35-44.

第二部分　中外名家论 Riemann 函数与 Riemann 猜想

BOHR H. , LANDAU E.

[1] 1910. Über das Verhalten von $\zeta(s)$ und $\zeta_R e(s)$ in der Nähe der Geraden $\sigma = 1$ [J]. Göttinger Nachrichten, 303-330.

[2] 1911. Über die Zetafunktion [J]. Rend. di Palermo, 32: 278-85.

[3] 1913. Beitraäge zur Theorie der Riemannschen Zetafunktion [J]. M. A. , 74: 3-30.

[4] 1914. Ein Satz über Dirichletsche Reihen mit Anwendung auf die ζ-Funktion und die L-Funktionen [J]. Rend. di Palermo, 37: 269-272.

[5] 1914. Sur les zéros de la fonction $\zeta(s)$ de Riemann [J]. C. R. , 158: 106-110.

[6] 1923. Über das Verhalten von $1/\zeta(s)$ auf der Geraden $\sigma = 1$ [J]. Göttinger Nachrichten, 71-80.

[7] 1924. Nachtrag zu unseren Abhandlungen aus den Jahrgängen 1910 und 1923 [J]. Göttinger Nachrichten, 168-172.

BOHR H. , LANDAU E. , LITTLEWOOD J. E.

[1] 1913. Sur la fonction $\zeta(s)$ dans le voisinage de la droite $\sigma = \frac{1}{2}$ [J]. Bull. Acad. Belgique, 15: 1144-1175.

BOHRCHSENIUS V. , JESSEN B.

[1] 1948. Mean motions and values of the Riemann Zeta-function [J]. A. M. , 80: 97-166.

BOUWKAMP C. J.

[1] 1936. Über die Riemannsche Zetafunktion für positive, gerade Werte des Argumentes [J]. Nieuw Arch. Wisk., 19: 50-58.

BRIKA M.

[1] 1933. Über eine Gestalt der Riemannschen Reihe $\zeta(s)$ für s = gerade ganze Zahl[J]. Bull. Soc. Math. Grèce, 14: 36-38.

BRIKA V.

[1] 1920. On the Function $[x]$ [J]. P. C. P. S., 20: 299-303.

[2] 1939. Deux Transformations Élémentaires de la Fonction zéta de Riemann[J]. Revista Ci. Lima, 41: 517-525.

BURRAU C.

[1] 1912. Numerische Lösung der Gleichung $\dfrac{2^{-D}\log 2}{1-2^{-2D}} = \sum_{n=2}^{\infty} \dfrac{p_n^{-D}\log p_n}{1-p_n^{-2D}}$ wo p_n die Reihe der Primzahlen von 3 an durchläuft [J]. J. M., 142: 51-53.

CARLSON F.

[1] 1920. Über die Nullstellen der Dirichletschen Reihen und der Riemannschen ζ-Funktion[J]. Arkiv för Mat. Astr. och Fyik, 15(20).

[2] 1922. Contributions á la théorie des séries de Dirichlet[J]. Arkiv för Mat. Astr. och Fysik, 16(18).

CHOWLA S. D.

[1] 1928. On some Identities Involving Zeta-func-

tions[J]. Journal Indian Math. Soc., 17: 153-163.

CORPUT J. G. VANDER
 [1] 1921. Zahlentheoretische Albschätzungen[J]. M. A., 84: 53-79.
 [2] 1922. Verschärfung der Abschätzung beim Teilerproblem[J]. M. A., 87: 39-65.
 [3] 1923. Neue zahlentheoretische Abschätzungen erste Mitteilung[J]. M. A., 89: 215-254.
 [4] 1928. Zum Teilerproblem[J]. M. A., 98: 697-716.
 [5] 1928. Zahlentheoretische Aschätzungen, mit Anwendung auf Gitterpunkt-problem[J]. M. Z., 28: 301-310.
 [6] 1929. Neue zahlentheoretische Abschaätzungen, zweite Mitteilung[J]. M. Z., 29: 397-426.
 [7] 1936-1937. Über Weylsche Summen[J]. Mathematica B, 1-30.

CORPUT J. G. VANDER, KOKSMA J. F.
 [1] 1930. Sur l'ordre de grandeur de la fonction $\zeta(s)$ de Riemann dans la bande critique[J]. Annales de Toulouse, 22(3): 1-39.

CRAIG C. F.
 [1] 1923. On the Riemann ζ-Function[J]. Bull. Amer. Math. Soc., 29: 337-340.

CRAMÉR H.
 [1] 1918. Über die Nullstellen der Zetafunktion [J]. M. Z., 2: 237-241.

[2] 1919. Studien über die Nullstellen der Riemannschen Zetafunktion[J]. M. Z., 4: 104-130.

[3] 1920. Bemerkung zu der vorstehenden Arbeit des Herrn E. Landau[J]. M. Z., 6: 155-157.

[4] 1922. Über das Teilerproblem von Piltz[J]. Arkiv för Mat. Astr. och. Fysik, 16: 21.

[5] 1922. Ein Mittelwertsatz in der Primzahltheorie [J]. M. Z., 12: 147-63.

CRAMÉR H. LANDAU E.

[1] 1922. Über die Zetafunktion auf der Mittellinie des kritischen Streifens[J]. Arkiv för Mat. Astr. och Fysik, 15: 28.

CRUM M. M.

[1] 1940. On some Dirichlet series[J]. J. L. M. S., 15: 10-15.

DAVENPORT H.

[1] 1935. Note on mean-value theorems for the Riemann zeta-function[J]. J. L. M. S., 10: 136-138.

DAVENPORT H., HEILBRONN H.

[1] 1936 On the zeros of certain Dirichlet series Ⅰ, Ⅱ[J]. J. L. M. S., 11: 181-185, 307-312.

BENJOY A.

[1] 1931. L'hypothèse de Riemann sur la distribution des zéros de $\zeta(s)$, reliée á la théorie des probabilités[J]. C. R., 192: 656-658.

DEURING M.

第二部分　中外名家论 Riemann 函数与 Riemann 猜想

[1] 1933. Imaginäre quadratische Zahlkörper mit der Klassenzahl 1[J]. M. Z. , 37: 405-415.

[2] 1937. On Epstein's zeta-function[J]. Annals of Math. , 38(2): 584-593.

ESTERMANN T.

[1] 1928. On certain functions represented by Dirichlet series[J]. P. L. M. S. , 27(2): 435-448.

[2] 1928. On a problem of analytic continuation [J]. P. L. M. S. , 27: 471-482.

[3] 1933. A proof of Kronecker's theorem by induction[J]. J. J. M. S. , 8: 18-20.

FAVARD J.

[1] 1932. Sur la répartition des points où une fonction presque périodique prend une valeur donnée [J]. C. R. , 194: 1714-1716.

FEJÉR L.

[1] 1914. Nombre de changements de signe d'une fonction dans un intervalle et ses moments[J]. C. R. , 158: 1328-1331.

FEKETE M.

[1] 1914. Sur une limite inférieure des changements de signe d'une fonction dans un intervalle[J]. C. R. , 158: 1256-1258.

[2] 1926. The zeros of Riemann's zeta-function on the critical line[J]. J. L. M. S. , 1: 15-19.

FLETT T. M.

[1] 1950. On the Function $\sum_{n=1}^{\infty} \frac{1}{n} \sin \frac{t}{n}$ [J]. J. L. M. S. , 25: 5-19.

[2] 1951. On a Coefficient Problem of Littlewood and some Trigonometrical Sums[J]. Q. J. O. , 2(2): 26-52.

FRANEL J.

[1] 1924. Les Suites de Farey et le Problème des Nombres Premiers[J]. Göttinger Nach-richten, 198-201.

GABRIEL R. M.

[1] 1927. Some results concerning the integrals of moduli of regular functions along certain curves [J]. J. L. M. S. , 2: 112-17.

GRAM J. P.

[1] 1925. Tafeln für die Riemannsche Zetafunktion [J]. Skriften Kobenhavn, 9(8): 311-325.

GRONWALL T. H.

[1] 1913. ur la fonction $\zeta(s)$ de Riemann au voisinage de $\sigma = 1$ [J]. Rend. di Palermo, 35: 95-102.

[2] 1913. Über das Verhalten der Riemannschen Zeta-funktion auf der Geraden $\sigma = 1$. [J]. Arch. der Math. u. Phys. , 21(3): 231-238.

GROSSM AN J.

[1] 1913. Über die Nullstellen der Riemannschen Zeta-funktion and der Dirich-letschen L-Funktionen[J]. Disserlation, Göttinger.

第二部分　中外名家论 Riemann 函数与 Riemann 猜想

GUINAND A. P.
- [1] 1939. A Formula for $\zeta(s)$ in the Critical Strip[J]. J. L. M. S., 14: 97-100.
- [2] 1947. Some Fourier Tránsforms in Prime-number theory[J]. Q. J. O., 18: 53-64.
- [3] 1947. Some Formulae for the Riemann Zeta-function[J]. J. L. M. S., 22: 14-18.
- [4] 1949. Fourier Reciprocities and the Riemann zeta-function[J]. P. L. M. S., 51: 401-414.

HADAMARD J.
- [1] 1927. Une Application d'une Formule Intégrale Relative aux Séries de Dirichlet[J]. Bull Soc. Math. de France, 56: 43-44.

HAMBURGER H.
- [1] 1922. Über die Riemannsche Funktionalgleichung der ζ-Function[J]. M. Z., 10: 240-254.
- [2] 1922. Über die Riemannsche Funktionalgleichung der ζ-Function[J]. M. Z., 11: 224-245.
- [3] 1922. Über die Riemannsche Funktionalgleichung der ζ-Function[J]. M. Z., 13: 283-311.
- [4] 1922. Über einige Beziehungen, die mit dei Funktionalgleichung der Riemannshen ζ-Function äquivalent sind[J]. M. A., 85: 129-140.

HARDY G. H.
- [1] 1914. Sur les zéros de la fonction $\zeta(s)$ de Rie-

mann[J]. C. R. , 158: 1012-1014.

[2] 1915. On Dirichlet's Divisor Problem[J]. P. L. M. S. , 15(2): 1-25.

[3] 1915. On the Average order of the Arithmetical Functions $P(n)$ and $\Delta(n)$, P. L. M. S. , 15(2): 192-213.

[4] 1919. On some Definite Integrals Considered by Mellin[J]. Messenger of Math. , 49: 85-91.

[5] 1920. Ramanujan's Trigonometrical Function $c_q(n)$[J]. P. C. P. S. , 20: 263-271.

[6] 1922. On the Integration of Fourier series[J]. Messenger of Math. , 51: 186-192.

[7] 1922. A new Proof of the Functional Equation for the Zeta-function[J]. Mat. Tidsskrift, B: 71-73.

[8] 1926. Note on a theorem of Mertens[J]. J. L. M. S. , 2: 70-72.

HARDY G. H. , INGHAM A. E. , PÓLYA G.

[1] 1936. Theorems Concerning Mean Values of Analytic Functions[J]. Proc. Royal Soc. , 113 (A): 542-569.

HARDY G. H. , LITTLEWOOD J. E.

[1] 1912. Some Problems of Diophantine Approximation[J]. Internat. Congress of Math. , 1: 223-229.

[2] 1918. Contributions to the Theory of the Riemann zeta-function and the Theory of the Distribution of Primes[J]. A. M. , 41: 119-196.

[3] 1921. The zeros of Riemann's Zeta-function on the critical line[J]. M. Z., 10: 283-317.

[4] 1922. The Approximate Functional Equation in The theory of the Zeta-function, with Applications to the Divisor Problems of Dirichlet and Piltz[J]. P. L. M. S., 2(21): 39-74.

[5] 1923. On Lindelöf's hypothesis concerning the Riemann zeta-function[J]. Proc. Royal Soc., 103(A): 403-412.

[6] 1929. The Approximate Functional Equations for $\zeta(s)$ and $\zeta^2(s)$[J]. P. L. M. S., 29(2): 81-97.

HARTMAN P.

[1] 1939. Mean Motions and Almost Periodic Functions[J]. Tráns. Amer. Math., Soc., 46: 66-81.

HASELGROVE C. B.

[1] 1949. A Connexion between the Zeros and the Mean Values of $\zeta(s)$[J]. J. L. M. S., 24: 215-222.

HASSE H.

[1] 1933. Beweis des Analogons der Riemannschen Vermutung für die Artinschen und F. K. Schmidtschen Kongruenzzetafunktionen in gewissen elliptischen Fällen[J]. Göttinger Nachrichten, 42: 253-362.

HAVILAND E. K.

[1] 1945. On the Asymptotic Behavior of the Rie-

mann ζ-function [J]. Amer. J. Math., 67: 411-416.

HECKE E.

[1] 1936. Über die Lösungen der Riemannschen Funktionalgleichung[J]. M. Z., 16: 301-307.

[2] 1936. Über Die Bestimmung Dirichletscher Reihen durch ihre Funktional-gleichung [J]. M. A., 112: 664-699.

[3] 1944. Herleitung des Euler-Produktes der Zetafunktion und einiger L-Reihen aus ihrer Funktionalgleichung[J]. M. A., 119: 266-287.

HELLBRONN H.

[1] 1933. Über den Primzahlsatz von Herrn Hoheisel[J]. M. Z., 36: 394-423.

HILLE E.

[1] 1936. A problem in 'Factorisatio Numerorum' [J]. Acta Arith., 2: 134-144.

HOHEISEL G.

[1] 1927. Normalfolgen und Zetafunktion[J]. Jahresber. Schles. Gesell., 100: 1-7.

[2] 1927. Eine Illustration zur Riemannschen Vermutung[J]. M. A., 99: 150-161.

[3] 1929. Über das Verhalten des reziproken Wertes der Riemannschen Zeta-Funktion [J]. Sitzungsber. Preuss. Akad. Wiss., 219-223.

[4] 1930. Nullstellenanzahl und Mittelwerte der Zetafunktion[J]. Sitzungsber. Preuss. Akad. Wiss., 72-82.

[5] 1930. Primzahlprobleme in der Analysis[J]. Sitzungsber. Preuss. Akad. Wiss. , 580-588.

HÖLDER O.

[1] 1933. Über gewisse Möbiusschen Funktion $\mu(n)$ verwandte zahlentheoretische Funktionen, der Dirichletschen Multiplikation und eine Verallgemeinerung der Umakehrungsformeln[J]. Ber. Verh. sächs. Akad. Leipzig, 85: 3-28.

HUA L. K.

[1] 1949. An Improvement of Vinogradov's Mean-value Theorem and Several Applications[J]. Q. J. O. , 20: 48-61.

HUTCHINSON J. I.

[1] 1925. On the Roots of the Riemann Zeta-function[J]. Tráns. Amer. Math. Soc. , 27: 49-60.

INGHAM A. E.

[1] 1926. Mean-value Theorems in the Theory of the Riemann Zeta-function[J]. P. L. M. S. , 27(2): 273-300.

[2] 1927. Some Asymptotic Formulae in the Theory of Numbers[J]. J. L. M. S. , 2: 202-208.

[3] 1930. Note on Riemann's ζ-function and Dirichlet's L-functions[J]. J. L. M. L. , 5: 107-112.

[4] 1933. Mean-value Theorems and the Riemann Zeta-function[J]. Q. J. O. , 4: 278-290.

[5] 1937. On the Difference between Consecutive Primes[J]. Q. J. O. , 8: 255-266.

[6] 1940. On the estimation of $N(\sigma, T)$ [J]. Q. J. O. , 11: 291-292.

[7] 1942. On two Conjectures in the Theory of Numbers[J]. Amer. J. Math. , 64: 313-319.

JARNÍK V. , Landau E.

[1] 1935. Untersuchungen über einen van der Corputschen Satz[J]. M. Z. , 39: 745-767.

JESSEN B.

[1] 1932. Eine Integrationstheorie für Funktionen unendlich vieler Veränderlichen, mit Anwendung auf das Werteverteilungsproblem für fastperiodische Funktionen, insbesondere für die Riemannsche Zetafunktion [J]. Mat. Tidsskrift, B: 59-65.

[2] 1946. Mouvement moyen et Distribution des Valeurs des fonctions presque-péridiques[J]. 10. Skand. Math. Kongr. , 301-312.

JESSEN B. , Wintner A.

[1] 1935. Distribution Functions and the Riemann Zeta-function[J]. Tráns. Amer. Math. Soc. , 38: 48-88.

KAC M. , STEINHAUS H.

[1] 1938. Sur les fonctions indépendantes (N) [J]. Studia Math. , 7: 1-15.

KAMPEN E. R. VAN

[1] 1937. On the Addition of Convex Curves and

the Densities of Certain Infinie Convolutions [J]. Amer. J. Math., 59: 679-695.

KAMPEN E. R. VAN, WINTNER A.
[1] 1937. Convolutions of Distributions on Convex Curves and the Riemann zeta-function[J]. Amer. J. Math., 59: 175-204.

KERSNER R.
[1] 1937. On the Values of the Riemann ζ-function on Fixed Lines $\sigma>1$[J]. Amer. J. Math., 59: 167-174.

KERSHNER R., WINTNER A.
[1] 1936. On the Boundary of the Range of Values of $\zeta(s)$[J]. Amer. J. Math., 58: 421-425.
[2] 1937. On the Asymptotic Distribution of $\zeta'/\zeta(s)$ in the Critical Strip [J]. Amer. J. Math., 59: 673-678.

KIENAST A.
[1] 1936. Über die Dirichletschen Reihen für $\zeta^p(s)$, $L^p(s)$[J]. Comment. Math. Helv., 8: 359-370.

KLOOSTERMAN H. D.
[1] 1922. Een Integraal voor de ζ-functie van Riemann[J]. Christian Huygens Math. Tijdschrift, 2: 172-177.

KLUYVER J. C.
[1] 1924. On Certain Series of Mr. Hardy[J]. Quart. J. of Math., 50: 185-192.

KOBER H.

[1] 1935. Tránsformationen einer bestimmten Besselchen Reihe sowie von Potenzen der Riemannschen ζ-Funktion und von verwandten Funktionen[J]. J. M., 173: 65-78.

[2] 1935. Eine der Riemannschen verwandte Funktionalgleichung[J]. M. Z., 39: 630-633.

[3] 1936. Funktionen, die den Potenzen der Riemannschen Zetafunktion verwandt sind, und Potenzreihen, die über den Einheitskreis nicht fortsetzbar sind[J]. J. M., 174: 206-225.

[4] 1936. Eine Mittelwertformel der Riemannschen Zetafunktion[J]. Compositio Math., 3: 174-189.

KOCH H. VON

[1] 1910. Contribution á la théorie des nombres premiers[J]. A. M., 33: 293-320.

KOSLIAKOV N.

[1] 1934. Some Integral Representations of the Square of Riemann's function $\Xi(t)$ [J]. C. R. Acad. Sci. U. R. S. S., 2: 401-404.

[2] 1936. Integral for the Square of Riemann's Function[J]. C. R. Acad. Sci. U. R. S. S. N. S., 2: 87-90.

[3] 1939. Some Formulae for the Function $\zeta(s)$ and $\zeta_r(s)$[J]. C. R. Acad. Sci. U. R. S. S., 25(2): 567-569.

KRAMASCHKE L.

[1] 1937. Nullstellen der Zetafunktion[J]. Deut-

sche Math. , 2: 107-110.

KUSMIN R.

[1] 1934. Sur les zéro de la fonction $\zeta(s)$ de Riemann[J]. C. R. Acad. Sci. U. R. S. S. , 2: 398-400.

LANDAU E.

[1] 1911. Zur Theorie der Riemannschen Zetafunktion [J]. Vierteljahrsschr. Naturf. Ges. Zürich. , 56: 125-148.

[2] 1911. Über die Nullstellen der Zetafunktion [J]. M. A. , 71: 548-564.

[3] 1911. Ein Satz über die ζ-Funktion[J]. Nyt. Tidss. , 22 (B): 1-7.

[4] 1912. Über einige Summen, die von den Nullstellen der Riemannschen Zeta-funktion abhangen [J]. A. M. , 35: 271-294.

[5] 1912. Über die Anzahl der Gitterpunkte in gewissen Bereichen [J]. Göttinger Nachrichten, 687-771.

[6] 1912. Gelöste and ungelöste Probleme aus der Theorie der Primzahlverteilung und der Riemannschen Zetafunktion [J]. Jahresber, der Deutschen Math. Ver. , 21: 208-228.

[7] 1913. Gelöste and ungelöste Probleme aus der Theorie der Primzahlverteilung und der Riemannschen Zetafunktion[J]. Proc. 5 Internat. Math. Congr. , 1: 93-108.

[8] 1915. Über die Hardysche Entdeckung unendli-

ch vieler Nullstellen der Zeta-funktion mit reellem Teil $\frac{1}{2}$ [J]. M. A. , 76: 212-243.

[9] 1916. Über die Wigertsche asymptotische Funktionalgleichung für die Lambertsche Reihe [J]. Arch. d. Math. u. Phys. , 27(3): 144-146.

[10] 1920. Neuer Beweis eines Satzes von Hern Valiron [J]. Jahresber. der Deutschen Math. Ver. , 29: 239.

[11] 1920. Über die Nullstellen der Zetafunktion [J]. M. Z. , 6: 151-154.

[12] 1921. Über die Nullstellen der Dirichletschen Reihen und der Riemannschen ζ-Funktion [J]. Arkiv för Mat. Astr. och Fysik, 16(7).

[13] 1924. Über die Möbiussche Funktion [J]. Rend, di Palermo, 48: 277-280.

[14] 1924. Über die Wurzeln der Zetafunktion [J]. M. Z. , 20: 98-104.

[15] 1924. Über die ζ-Funktion und die L-Funktionen [J]. M. Z. , 20: 105-125.

[16] 1924. Bemerkung zu der vorstehenden Arbeit von Herm Franel [J]. Göttinger Nachrichten, 202-206.

[17] 1926. Über die Riemannsche Zetafunktion in der Nähe von $\sigma = 1$ [J]. Rend. di Palermo, 50: 423-427.

[18] 1927. Über die Zetafunktion und die Hadamardsche Theorie der ganzen Funktionen

第二部分　中外名家论 Riemann 函数与 Riemann 猜想

[J]. M. Z. , 26: 170-175.

[19] Über das Konvergenzgebiet einer mit der Riemannschen Zetafunktion zusammenhängenden Reihe[J]. M. A. , 97: 251-290.

[20] 1929. Bemerkung zu einer Arbeit von Hrn. Hoheisel über die Zetafunktion[J]. Sitzungsber. Preuss. Akad. Wiss. , 271-275.

[21] 1932. Über die Fareyreihen und die Riemannsche Vermutung [J]. Göttinger Nachrichten, 347-352.

[22] 1933. Über den Wertevorrat von $\zeta(s)$ in der Halbebene $\sigma>1$ [J]. Göttinger Nachrichten, 81-91.

LANDAU E. , WALFISZ A.

[1] 1919. Über die Nichtfortsetzbarkeit einiger durch dirichletsche Reihen definierter Funktionen[J]. Rend. di Palermo, 44: 82-86.

LERCH M.

[1] 1914. Über die Bestimmung der Koeffizienten in der Potenzreihe für die Funktion $\zeta(s)$ [J]. Casopis, 43: 511-522.

LETENMEYER F.

[1] 1923. Neuer Beweis des allgemeinen Kroneckerschen Approximationssatzes[J]. P. L. M. S. , 21(2): 306-314.

LEVINSON N.

[1] 1940. On Hardy's Theorem on the Zeros of the Zeta-function[J]. J. Math. Phys. Mass. Inst.

Tech., 19: 159-160.

LITTLEWOOD J. E.

[1] 1912. Quelques conséquences de l'hypothèse que la fonction $\zeta(s)$ de Riemann n'a Pas de zéros dans le demi-plan $\mathbf{R}(s) > \frac{1}{2}$ [J]. C. R., 154: 263-266.

[2] 1922. Researches in the theory of the Riemann ζ-function [J]. P. L. M. S., 20(2): 22-28.

[3] 1924. Two Notes on the Riemann Zeta-function [J]. P. C. P. S., 22: 234-242.

[4] 1924. On the Zeros of the Riemann Zeta-function [J]. P. C. P. S., 22: 295-318.

[5] 1925. On the Riemann Zeta-function [J]. P. L. M. S., 24(2): 175-201.

[6] 1928. On the Function $1/\zeta(1+it)$ [J]. P. L. M. S., 27(2): 349-357.

MAIER W.

[1] 1936. Gitterfunktioner der Zahlebene [J]. M. A., 113: 363-379.

MALURKAR S. L.

[1] 1935. On the Application of Herr Mellin's Integrals to Some Series [J]. Journal Indian Math. Soc., 16: 130-138.

MATTSON R.

[1] 1926. Eine neue Darstellung der Riemann'schen Zetafunktion [J]. Arkiv för Mat. Astr. och

Fysik, 19(26).

MELLIN H.

[1] 1917. Über die Nullstellen der Zetafunktion [J]. Annales Acad. Scientiarium Fennicae (A), 10(11).

MEULENBELD B.

[1] 1936. Een approximatieve Functionaalbetrekking van de Zetafunctie van Riemann[J]. Dissertation, Groninger.

MIKOLÁS M.

[1] 1949. Sur l'hypothèse de Riemann[J]. C. R., 228: 633-636.

MIN S. H.

[1] 1949. On the order of $\zeta\left(\frac{1}{2}+it\right)$ [J]. Tráns. Amer. Math. Soc., 65: 448-472.

MIYATAKE O.

[1] 1939. On Riemann's ξ-function [J]. Tôhoku Math. Journal, 46: 160-172.

MORDELL L. J.

[1] 1928. Some Applications of Fourier Series in the Analytic Theory of Numbers[J]. P. C. P. S., 34: 585-596.

[2] 1929. Poisson's Summation Formula and the Riemann Zeta-function[J]. J. L. M. S., 4: 285-291.

[3] 1934. On the Riemann Hypothesis and Imagi-

nary Quadratic Fields with a Given Class Number[J]. J. L. M. S., 9: 289-298.

MÜNTZ C. H.

[1] 1922. Beziehungen der Riemannschen ζ-Funktion zu willkürlichen reellen Funktionen [J]. Mat. Tidsskrift, B: 39-47.

MUTATKER V. L.

[1] 1932. On some Formulae in the Theory of the Zeta-function[J]. Journal Indian Math. Soc., 19: 220-224.

NEVANLINNA F. R.

[1] 1924. Über die Nullstellen der Riemannschen Zetafunktion[J]. M. Z., 20: 253-263.

[1] 1925. Über die Nullstellen der Riemannschen Zetafunktion[J]. M. Z., 23: 159-160.

OSTROWSKI A.

[1] 1933. Notiz über den Wertevorrat der Riemannschen ζ-Funktion am Rande des kritischen Streifens [J]. Jahresbericht Deutsch. Math. Verein., 43: 58-64.

PALEY R. E. A. C., Wiener N.

[1] 1933. Notes on the Theory and Application of Fourier transforms V[J]. Trans. Amer. Math. Soc., 35: 768-781.

PHILLIPS, ERIC

[1] 1933. The Zeta-function of Riemann; Further Developments of van der Corput's Method[J].

Q. J. O. , 4: 209-225.

[2] 1935. A Note on the Zeros of $\zeta(s)$ [J]. Q. J. O. , 6: 137-145.

POL B. VAN DER

[1] 1947. An Electro-mechanical Investigation of the Riemann Zeta-functin in the Critical Strip [J]. Bull. Amer. Math. Soc. , 53: 976-981.

PÓLYA G.

[1] 1926. Bemerkung über die Integraldarstellung der Riemannschen ξ-Funktion[J]. A. M. , 48: 305-317.

[2] 1926. On the Zero of Certain Trigonometric Integrals[J]. J. L. M. S. , 1: 98-99.

[3] 1927. Über die algebraisch-funktiontheoretischen Untersuchungen von J. L. W. V. Jensen[J]. Kgl. Danske Videnskabernes Selskab. , 7(17).

[4] 1927. Über trigonometrische Integrale mit nur reellen Nullstellen[J]. J. M. , 158: 6-18.

POPOV A. I.

[1] 1943. Several Series Containing Primes and Rroots of $\zeta(s)$ [J]. C. R. Acad. Sci. U. R. S. S. N. S. , 41: 362-363.

POTTER H. S. A. , TTICHMARSH E . C.

[1] 1935. The Zeros of Epstein's Zeta-functions [J]. P. L. M. S. , 39(2): 372-384.

RADEMACHER H.

[1] 1930. Ein neuer Beweis für die Funktionalglei-

chung der ζ-Funktion[J]. M. Z. , 31: 39-44.

RAMANUJAN S.

[1] 1915. New Eexpressions for Riemann's Functions $\xi(s)$ and $\Xi(t)$ [J]. Quart. J. of Math. , 46: 253-361.

[2] 1915. Some formulae in the analytic theory of numbers[J]. Messenger of Math. , 45: 81-84.

[3] 1918. On Certain Trigonometrical Sums and Their Aapplications in the Theory of Numbers [J]. Tráns, Camb. Phil. Soc. , 22: 259-276.

RAMASWAMI V.

[1] 1934. Notes on Riemann's ζ-function[J]. J. L. M. S. , 9: 165-169.

RIESZ M.

[1] 1916. Sur l'hypothèse de Riemann[J]. A. M. , 40: 185-190.

SCHNEE W.

[1] 1930. Die Funktionalgleichung der Zetafunktion und der Dirichletschen Reihen mit periodischen Koeffizienten[J]. M. Z. , 31: 378-390.

SELBERG A.

[1] 1942. On the Zeros of Riemann's Zeta-function on the Critical Line [J]. Arch. for Math. og Naturv. , B(45): 101-114.

[2] 1942. On the Zeros of Riemann's Zeta-function [J]. Skr. Norske Vid. Akad. Oslo. , 10.

[3] 1943. On the Normal Density of Primes in Small

Intervals, and the Difference between Consecutive Primes[J]. Arch. for Math. og Naturv., B. 47(6).

[4] 1944. On the Remainder in the Formula for $N(T)$, the Number of Zeros $\zeta(s)$ in the Strip $0<t<T$[J]. Avhandlinger Norske Vid. Akad. Oslo., 1.

[5] 1946. Contributions to the Theory of the Riemann Zeta-function[J]. Arch. for Math. og Naturv., B. 48(5).

[6] 1946. The Zeta-function and the Riemann Hypothesis[J]. 10. Skand. Math. Kongr., 187-200.

[7] 1949. An Elementary Roof of the Prime-number Theorem[J]. Ann. of Math., 50(2): 305-313.

SELBERG S.

[1] 1940. Bemerkung zu einer Arbeit von Viggo Brun über die Riemannsche Zeta-funktion[J]. Norske Vid. Selsk, Forh., 13: 17-19.

SIEGEL C. L.

[1] 1922. Bemerkung zu einem. Satz von Hamburger über die Funktionalgleichung der Riemannschen Zetafunktion[J]. M. A., 86: 276-279.

[2] 1932. Über Riemanns Nachlass zur analytischen Zahlentheorie[J]. Quellen und Studien zur Ge-

schichte der Math. Astr. und Physik, Abt. B:
Studien, 2: 45-80.

[3] 1943. Contributions to the Theory of the Dirichlet L-series and the Epstein Zeta-functions[J]. Annals of Math. , 44: 143-172.

SPEISER A.

[1] 1934. Geometrisches zur Riemannschen Zeta-funktion[J]. M. A. , 110: 514-521.

STEEN S. W. P.

[1] 1936. A Linear Tránsformation Connected with the Riemann Zeta-function[J]. P. L. M. S. , 41(2): 151-175.

STERNECK R. VON

[1] 1912. Neue empirische Daten über die zahlentheoretische Funktion $\sigma(n)$[J]. Internat. Congress of Math. , 1: 341-343.

SZÁSZ O.

[1] 1944. Introduction to the Theory of Divergent Series[J]. Math. Rev. , 6: 45.

TAYLOR P. R.

[1] 1945. On the Riemann Zeta-function[J]. Q. J. O. , 16: 1-21.

TCHUDAKOFF N. G.

[1] 1936. Sur les zéros de la fonction $\zeta(s)$[J]. C. R. , 202: 191-193.

[2] 1936. On zeros of the Function $\zeta(s)$[J]. C. R. Acad. Sci. U. R. S. S. , 201-204.

[3] 1936. On zeros of Dirichlet's L-functions[J]. Mat. Sbornik, 43(1): 591-602.

[4] 1937. On Weyl's Sums[J]. Mat. Sbornik, 44(2): 17-35.

[5] 1938. On the Ffunctions $\zeta(s)$ and $\pi(x)$[J]. C. R., Acad. Sci. U. R. S. S., 21: 421-422.

THIRUVENKATCHARYA V.

[1] 1931. On Some Properties of the Zeta-function[J]. Journal Indian Math. Soc., 19: 92-96.

TITCHMARSH E. C.

[1] 1928. The Mean-value of the Zeta-function on the Critical line[J]. P. L. M. S., 27(2): 137-150.

[2] 1928. On the Remainder in the Formula for $N(T)$, the Number of Zeros of $\zeta(s)$ in the Strip $0<t<T$[J]. P. L. M. S., 27(2): 449-458.

[3] 1927. A Consequence of the Riemann Hypothesis[J]. J. L. M. S., 2: 247-254.

[4] 1928. On an Inequality Satisfied by the Zeta-function of Riemann[J]. P. L. M. S., 28(2): 70-80.

[5] 1929. On the Zeros of the Riemann Zeta-function[J]. P. L. M. S., 30(2): 319-321.

[6] 1929. Mean Value Theorems in the Theory of the Riemann Zeta-function[J]. Messenger of Math., 58: 125-129.

[7] 1931. The Zeros of Dirichlet's *L*-functions [J]. P. L. M. S., 32(2): 488-500.

[8] 1931. On van der Corput's method and the zeta-function of Riemann [J]. Q. J. O., 2: 161-173.

[9] 1931. On van der Corput's method and the zeta-function of Riemann [J]. Q. J. O., 2: 313-320.

[10] 1932. On van der Corput's method and the zeta-function of Riemann [J]. Q. J. O., 3: 133-141.

[11] 1934. On van der Corput's method and the zeta-function of Riemann [J]. Q. J. O., 5: 195-210.

[12] 1934. On van der Corput's method and the zeta-function of Riemann [J]. Q. J. O., 5: 195-210.

[13] 1932. On the Riemann Zeta-function [J]. P. C. P. S., 28: 273-274.

[14] 1933. On the Function $1/\zeta(1+it)$ [J]. Q. J. O., 4: 64-70.

[15] 1934. On Epstein's Zeta-function [J]. P. L. M. S., 36(2): 485-500.

[16] 1935. The Lattice-points in a Circle [J]. P. L. M. S., 38(2): 96-115.

[17] 1935. The Zeros of the Riemann Zeta-function [J]. Proc. Royal Soc., 151(A): 234-255.

[19] 1937. The Mean Vvalue of $\left|\zeta\left(\frac{1}{2}+it\right)\right|^4$ [J]. Q. J. O., 8: 107-112.

[20] On $\zeta(s)$ and $\pi(x)$ [J]. Q. J. O., 9: 97-108.

[21] 1938. The Approximate Functional Equation for $\zeta^2(s)$ [J]. Q. J. O., 9: 109-114.

[22] 1938. On Divisor Problems [J]. Q. J. O., 9: 210-220.

[23] 1938. A Convexity Theorem [J]. J. L. M. S., 13: 196-197.

[24] 1942. On the Order of $\zeta\left(\frac{1}{2}+it\right)$ [J]. Q. J. O., 13: 11-17.

[25] 1923. Some Properties of the Riemann Zeta-function [J]. Q. J. O., 14: 16-26.

[26] 1947. On the Zeros of the Riemann Zeta-function [J]. Q. J. O., 18: 4-16.

TORELLI G.

[1] 1913. Studio sulla funzione $\zeta(s)$ di Riemann [J]. Napoli Rend., 19(3): 212-216.

TSUJI M.

[1] 1942. On the Zeros of the Riemann Zeta-function [J]. Proc. Imp. Acad. Tokyo, 18: 631-644.

TURÁN P.

[1] 1941. Über die Verteilung der Primzahlen I [J]. Acta Szeged, 10: 81-104.

[2] 1947. On Riemann's Hypothesis [J]. Bull.

Acad. Sci. U. R. S. S. , 11: 197-262.

[3] 1948. On Some Approximative Dirichlet-polynomials in the Theory of the Zeta-function of Riemann[J]. Danske Vidensk. Selskab, 24(17).

TURING A. M.

[1] 1943. A Method för the Calculation of the Zeta-function[J]. P. L. M. S. , 48(2): 180-197.

UTZINGER A. A.

[1] 1934. Die reellen Züge der Riemannschen Zetafunktion[J]. Dïssertation Zürich Zentralblatt für Math. , 10: 163.

VALIRON G.

[1] 1914. Sur les fonctions entières d'ordre nul et d'ordre fini[J]. Annales de Toulouse, 5(3): 117-257.

VALLÉE POUSSIN C. DE LA

[1] 1916. Sur les zéros de $\zeta(s)$ de Riemann[J]. C. R. , 163: 418-421.

VINOGRADOV I. M.

[1] 1935. On Weyl's sums[J]. Mat. Sbornik, 42: 521-530.

[2] 1936. A New Method of Resolving of Certain General Questions of the Theory of Numbers [J]. Mat. Sbornik, 43(1): 9-19.

[3] 1936. A New Method of Estimation of Trigonometrical Sums[J]. Mat. Sbornik, 43(1): 175-188.

[4] 1936. The Method of Trigonometrical Sums in the Theory of Numbers[J]. Trav. Inst. Math. Stekloff, 23.

VORONOÏ G.

[1] 1903. Sur un problème du calcul des fonctions asymptotiques[J]. J. M. , 126: 241-282.

[2] 1904. Sur unefonction transcendante et ses applications á la sommation de quelques séries [J]. Annales de l'École Normale, 21 (3): 207-268 and 459-534.

WALFISZ A.

[1] 1924. Zur Abschätzung von $\zeta\left(\frac{1}{2}+it\right)$ [J]. Göttinger Nachrichten, 155-158.

[2] 1938. Über Gitterpunkte in mehrdimensionalen Elipsoiden VIII [J]. Travaux de l'Institut Math. de Tbilissi, 5: 181-196.

WALTHER A.

[1] 1925. Über die Extrema der Riemannschen Zetafunktion bei reellem Argument[J]. Jahresbericht Deutsch. Math. Verein. , 34: 171-177.

[2] 1926. Anschauliches zur Riemannschen Zetafunktion[J]. A. M. , 48: 393-400.

WANG F. T.

[1] 1936. A Remark on the Mean-value Theorem of Riemann's Zeta-function [J]. Science Reports

Tóhoku Imperial Univ. , 25(1): 381-391.

[2] 1936. On the Mean-value Theorem of Riemann's Zeta-function[J]. Science Reports Tóhoku Imperial Univ. , 25(1): 392-414.

[3] 1937. A Note on Zeros of Riemann Zeta-function[J]. Proc. Imp. Acad. Tokyo, 12: 305-306.

[4] 1945. A Formula on Riemann Zeta-function [J]. Ann. of Math. , 46(2): 88-92.

[5] 1946. A note on the Riemann Zeta-function [J]. Bull. Amer. Math. Soc. , 52: 319-321.

[6] 1947. A Mean-value Theorem of the Riemann Zeta-function[J]. Q. J. O. , 18: 1-3.

WATSON G. N.

[1] 1913. Some Properties of the Extended Zeta-function[J]. P. L. M. S. , 12(2): 288-296.

WENNBERG S.

[1] 1920. Zur Theorie der Dirichletschen Reihen [J]. Dissertation, Upsala.

WEYL H.

[1] 1916. Über die Gleichverteilung von Zahlen mod. Eins[J]. M. A. , 77: 313-352.

[2] 1921. Zur Abschätzung von $\zeta(1+it)$ [J]. M. Z. , 10: 88-101.

WHITTAKER J. M.

[1] 1936. Aninequality for the Riemann Zeta-function[J]. P. L. M. S. , 41(2): 544-552.

[2] 1936. A Mean-value Theorem for Analytic Functions[J]. P. L. M. S., 42(2): 186-195.

WIGERT S.

[1] 1916. Sur la série de Lambert et son application á la théorie des nombres[J]. A. M., 41: 197-218.

[2] 1919. Sur la théorie de la fonction $\zeta(s)$ de Riemann[J]. Arkiv for Mat. Astr. och Fysik, 12.

[3] 1921. On a Problem Concerning the Riemann ζ-function[J]. P. C. P. S., 21: 17-21.

WILSON B. M.

[1] 1922. Proofs of Some Formulae Enunciated by Ramanujan[J]. P. L. M. S., 21(2): 235-255.

WILTON J. R.

[1] 1915. Note on the Zeros of Riemann's ζ-function [J]. Messenger of Math., 45: 180-183.

[2] 1922. A Proof of Burnside's Formula for log $\Gamma(x+1)$ and Certain Allied Properties of Riemann's ζ-function[J]. Messenger of Math., 52: 90-93.

[3] 1927. A Note on the Coefficients in the Expansion of $\zeta(s, x)$ in Power of $s-1$[J]. Quart. J. of Math., 50: 329-332.

[4] 1930. An Approximate Functional Equation for the Product of two ζ-functions[J]. P. L. M. S., 31(2): 11-17.

[5] 1930. The Mean Value of the Zeta-function on the Critical Line[J]. J. L. M. S., 5: 28-32.

WINTNER A.

[1] 1935. A Note on the Distribution of the Zeros of the Zeta-function [J]. Amer. J. Math., 57: 101-102.

[2] 1935. A Note on the Riemann ξ-function[J]. J. L. M. S., 10: 82-83.

[3] 1936. The Almost Periodic Behavior of the Function $1/\zeta(1+it)$ [J]. Duke Math. J., 2: 443-446.

[4] 1939. Riemann's Hypothesis and Almost Periodic Behavior[J]. Revista Ci. Lima, 41: 575-585.

[5] 1941. On the Asymptotic Behavior of the Riemann Zeta-function on the line $\sigma = 1$ [J]. Amer. J. Math., 63: 575-580.

[6] 1943. Riemann's Hypothesis and Harmonic Analysis[J]. Duke Math. J., 10: 99-105.

[7] 1943. The Behavior of Euler's Product on the Boundary of Convergence[J]. Duke Math. J., 10: 429-440.

[8] 1944. Random Factorizations and Riemann's Hypothesis[J]. Duke Math. J., 11: 267-275.

FURTHER REFERENCES

ANDERSON R. J.

第二部分　中外名家论 Riemann 函数与 Riemann 猜想

[1] 1983. Simple zeros of the Riemann zeta-function [J]. J. Number Theory, 17: 176-182.

ATKINSON F. V.

[1] 1949. The mean value of the Riemann zeta-function[J]. Acta Math., 81: 353-376.

BAGCHI B.

[1] 1982. A joint universality theorem for Dicichlet L-functions[J]. Math. Zeit., 181: 319-335.

BALASUBRAMANIAN R.

[1] 1978. An improvement of a theorem of Titchmarsh on the mean square of $\left|\zeta\left(\frac{1}{2}+it\right)\right|$ [J]. Proc. London Math. Soc., 36(3): 540-576.

BALASUBRAMANIAN R, CONREY J B., HEATH-BROWN D. R.

[1] 1985. Asymptotic mean square of the product of the Riemann zeta-function and a Dirichlet polynomial[J]. J. Reine Angew. Math., 357: 161-181.

BALASUBRAMANIAN R., RAMACHANDRA K.

[1] 1976. The place of an identity of Ramanujan in prime number theory[J]. Proc. Indian Acad. Sci., 83(A): 156-165.

[2] 1977. On the frequency of Titchmarsh's phenomenon for $\zeta(s)$. Ⅲ [J]. Proc. Indian Acad. Sci., 86(A): 341-351.

[3] 1982. On the zeros of the Riemann Zeta func-

tion and L-series-II [J]. Hardy-Ramanujan J., 5: 1-30.

BERNDT B. C.

[1] 1970. The number of zeros for $\zeta^{(k)}(s)$ [J]. J. London Math. Soc., 2(2): 577-580.

BURGESS D. A.

[1] 1963. On character sums and L-series. II [J]. Proc. London Math. Soc., 13(3): 524-536.

CHEN J. R.

[1] 1965. On the order of $\zeta\left(\frac{1}{2}+it\right)$ [J]. Chinese Math. Acta., 6: 463-478.

CHIH T. T.

[1] 1950. A divisor problem [J]. Acad. Sinica Sci. Record, 3: 177-182.

CONREY J. B.

[1] 1983. Zeros of dervatives of Riemann's xi-function on the critical line [J]. J. Number Theory, 16: 49-74.

CONREY J. B., GHOSH A.

[1] 1984. On mean values of the zeta-function [J]. Mathematika, 31: 159-161.

CONREY J. B., GHOSH A., GOLDSTON D., GONEK S. M., HEATH-BROWN D. R.

[1] 1985. On the distribution of gaps between zeros of the zeta-function [J]. Quart. J. Mat. Oxford, 36(2): 43-51.

第二部分　中外名家论 Riemann 函数与 Riemann 猜想

CONREY J. B. , GHOSH A. , GONEK S. M.
［1］ 1984. A note on gaps between zeros of the zeta function[J]. Bull. London Math. Soc. , 16：421-424.

CORRÁDI K. , KÁTAI I.
［1］ 1967. A comment on K. S. Gangadharan's paper entitled "Two classical lattice point problems"[J]. Magyar Tud. Akad. Mat. Fiz. Oszl. Közl. , 17：89-97.

DESHOUILLERS J. M. , IWANIEC H.
［1］ 1982. Kloosterman sums and Fourier coefficients of cusp forms[J]. Invent. Math. , 70：219-288.

［2］ 1982. Power mean values of the Riemann zeta-function[J]. Mathematika, 29：202-212.

［3］ 1984. Power mean values of the Riemann zeta-function II [J]. Acta Arith. , 48：305-312.

DIAMOND H.
［1］ 1982. Elementary methods in the study of the distribution of prime numbers[J]. Bull. Amer. Math. Soc. , 7：553-589.

Erdös P.
［1］ 1949. On a new method in elementary number theory which leads to an elementary proof of the prime number theorem[J]. Proc. Nat. Acad. Sci. USA, 35：374-384.

ESTERMANN T.

[1] 1930. On the representation of a number as the sum of two products[J]. Proc. London Math. Soc., 31(2): 123-133.

[2] 1961. On Kloosterman's sum[J]. Mathematika 8: 83-86.

FUJII A.

[1] 1975. On the distribution of the zeros of the Riemann Zeta function in short intervals [J]. Bull. Amer. Math. Soc., 81: 139-142.

[2] 1975. On the difference between r consecutive ordinates of the Riemann Zeta function [J]. Proc, Japan Acad., 51: 741-743.

[3] 1976. On the problem of divisors[J]. Acta Arith., 31: 355-360.

GALLAGHER P. X., MUELLER J. H.

[1] 1978. Primes and zeros in short intervals[J]. J. Reine Angew. Math., 303: 205-220.

GANGADHARAN K. S.

[1] 1961. Two classical lattice point problems[J]. Proc. Camb. Phil. Soc., 57: 699-721.

GHOSH A.

[1] 1981. On Riemann's zeta function-sign changes of $S(T)$ [M]. Recent progress in analytic number theory. Vol I, London: Academic Press, 25-46.

[2] 1983. On the Riemann Zeta function-Mean value theorems and the distribution of $|S(T)|$ [J].

J. Number Theory, 17: 93-102.

GONEK S. M.

[1] 1979. Analytic properties of zeta and L-functions[D]. Ann Arbor, Univ. Michigan.

[2] 1984. Mean values of the Riemann zeta-function and its derivatives [J]. Invent. Math., 75: 123-141.

GOOD A.

[1] 1977. Ein Ω-Resultat für das quadratische Mittel der Riemannschen Zetafunktion auf der kritische Linie[J]. Invent. Math., 41: 233-251.

HANER J. L.

[1] 1981. New omega theorems for two classical lattice point problems [J]. Invent. Math., 63: 181-186.

[2] 1982. On the average order of a class of arithmetic functions [J]. J. Number Theory, 15: 36-76.

HALASZ G.

[1] 1968. Über die Mittelwerte multiplikativer zahlentheoretischer Funktionen [J]. Acta Math. Acad. Sci. Hungar. 19: 365-403.

HALASZ G., Turán P.

[1] 1969. On the distribution of Roots of Riemann zeta and allied functions I [J]. J. Number Theory, 1:121-137.

HANEKE W.

[1] 1962. Verschärfung der Abschätzung von $\zeta\left(\frac{1}{2}+it\right)$ [J]. Acta Arith., 8: 357-430.

HARDY G. H.

[1] 1916. On Dirichlet's divisor problem[J]. Proc. London Math. Soc., 15(2): 1-25.

HASELGROVE C. B.

[1] 1949. A connection between the zeros and the mean values of $\zeta(s)$ [J]. J. London Math. Soc., 24: 215-222.

[2] 1958. A disprroof of a conjecture of Pólya[J]. Mathematika, 5: 141-145.

HEATH-BROWN D. R.

[1] 1978. The mean square of the Riemann Zeta-function[J]. Mathematika, 25: 177-184.

[2] 1978. The twelfth power moment of the Riemann Zeta-function[J]. Quart. J. Math. Oxford, 29: 443-462.

[3] 1978. Hybrid bounds for Dirichlet L-functions [J]. Invent. Math., 47: 149-170.

[4] 1979. The fourth power moment of the Riemann Zeta-function[J]. Proc. London Math. Soc., 38(3): 385-422.

[5] 1979. Simple zeros of the Riemann Zeta-function on the critical lone [J]. Bull. London Math. Soc., 11: 17-18.

[6] 1979. Zero density estimates for the Riemann

Zeta-function and Dirichlet L-functions[J]. J. London Math. Soc., 20(2): 221-232.

[7] 1981. Fractional moments of the Riemann Zeta-function[J]. J. London Math. Soc., 24(2): 65-78.

[8] 1981. Mean values of the Zeta-function and divisor problems[M]. Recent progress in analytic number theory, Vol Ⅰ, 115-119, London: Academic Press.

[9] 1981. Hybrid bounds for L-functions: a q-analogue of van der Corput's method and a t-analogue of Burgess's method[M]. Recent progress in analytic number theory, Vol Ⅰ. London: Academic Press, 121-126.

[10] 1982. Gaps between primes, and the pair correlation of zeros of the Zeta-function[J]. Acta Arith., 41: 85-99.

[11] 1983. The Pjateckiǐ-šapiro prime number theorm[J]. J. Numer Theory, 16: 242-266.

HUXLEY M. N.

[1] 1972. On the difference between consecutive primes[J]. Invent. Math., 15: 155-164.

INGHAM A. E.

[1] 1940. On two classical lattice point problems [J]. Proc. Camb. Phil. Soc., 36: 131-138.

IVIC A.

[1] 1983. Large values of the error term in the divi-

sor problem[J]. Invent. Math., 71: 513-520.

[2] 1984. A zero-density theorem for the Riemann zeta-function[J]. Trudy Mat. Inst. Steklov., 163: 85-89.

[3] 1985. The Riemann zeta-function [M]. New York: Wiley-Interscience.

IWANIEC H.

[1] 1979. Fourier coefficients of cups forms and the Riemann Zeta-function[D]. Bordeaux: Université Bordeaux.

JURKAT W., PEYERIMHOFF A.

[1] 1976. A constructive approach to Kronecker approximations and its applications to the Mertens conjecture[J]. J. Reine Angew. Math., 286: 322-340.

JUTILA M.

[1] 1977. Zero-density estimates for L-functions [J]. Acta Arith., 32: 52-62.

[2] 1982. Zero of the zeta-function near the critical line[M]// Studies in pure mathematics, to the memory of Paul Turán, Basel-Stuttgart: Birkhaüser, 385-394

[3] 1983. Riemann's zeta-function and the divisor porblem[J]. Arkiv för Mat., 21: 75-96.

[4] 1983. On the value distribution of the zeta-function on the critical line [J]. Bull. London Math. Soc., 15: 513-518.

第二部分　中外名家论 Riemann 函数与 Riemann 猜想

KARATSUBA A. A.

[1] 1971. Estimates of trigonometric sums by Vinogradov's method, and some applications [J]. Proc. Steklov. Inst. Math., 119: 241-255.

[2] 1975. Principles of analytic number theory [M]. Moscow. Izdat. 'Nauka'.

KOLESNIK G.

[1] 1969. The improvement of the error term in the divisor problem [J]. Mat. Zametki, 6: 545-555.

[2] 1973. On the estimation of certain trigonometric sums [J]. Acta Arith., 25: 7-30.

[3] 1981. On the estimation of multiple exponential sums [M]// Recent progress in analytic number theory, Vol I. London: Academic Press, 231-246.

[4] 1982. On the order of $\zeta\left(\frac{1}{2}+it\right)$ and $\Delta(R)$ [J]. Pacific J. Math., 82: 107-122.

[5] 1985. On the method of exponent pairs [J]. Acta Arith., 45: 115-143.

KOROBOV N. M.

[1] 1958. Estimates of trigonometric sums and their applications [J]. Uspehi Mat. Nauk., 13: 185-192.

KUBOTA T., LEOPOLDT H. W.

[1] 1964. Eine p-adische Theorie der Zetawerte. I. Einführung der p-adischen Dirichletschen L-funktionen[J]. J. Reine Angew. Math., 215: 328-339.

LAVRIK A. F.

[1] 1966. The functional equation for Dirichlet L-functions and the problem of divisors in arithmetic progressions[J]. Izv. Akad. Nauk SSSR Ser. Mat., 30: 433-448.

LAVRIK A. F., SORIROV A. Š.

[1] 1973. On the remainder term in the elementary proof of the prime number theorem[J]. Dokl. Akad. Nauk SSSR, 211: 534-536.

LEVINSON N.

[1] 1972. Ω-theorems for the Riemann zeta-function [J]. Acta Arith., 20: 319-332.

[2] 1974. More than one third of the zeros of Riemann's zeta-function are on $\sigma = \frac{1}{2}$ [J]. Adv. Math., 13: 383-436.

[3] 1974. Zeros of derivative of Riemann's ζ-function[J]. Bull. Amer. Math. Soc., 80: 951-954.

[4] 1975. A simplification of the proof that $N_0(T) > \frac{1}{3}N(T)$ for Riemann's zeta-function[J]. Adv. Math., 18: 239-242.

[5] 1975. Deduction of semi-optimal mollifier for

obtaining lower bounds for $N_0(T)$ for Riemann's zeta-function [J]. Proc. Nat. Acad. Sci. USA, 72: 294-297.

[6] 1975. Almost all roots of $\zeta(s) = a$ are arbitrarily close to $\sigma = \frac{1}{2}$ [J]. Proc. Nat. Acad. Sci. USA, 72: 1322-1324.

LEVINSON N., MONTGOMERY H. L.

[1] 1974. Zeros of the derivative of the Riemann zeta-function[J]. Acta Math., 133: 49-65.

LOU S. T.

[1] 1981. A lower bound for the number of zeros of Riemann's zeta-function on $\sigma = \frac{1}{2}$ [M]// Recent progress in analytic number theory, Vol I. London: Academic press, 319-324.

MONTGOMERY H. L.

[1] 1971. Topics in multiplicative number theory [M]// Lecture Notes in Math., Berlin: Springer, 227.

[2] 1973. The pair correlation of zeros of the zeta-function, Aualytic number theory [J]. Proc. Symp. Pure math., 25: 181-193.

[3] 1977. Extreme values of the Riemann zeta-function[J]. Comment. Math. Helv., 52 [J]. 511-518.

MONTGOMERY H. L., ODLYZKO A. M.

[1] 1981. Gaps between zeros of the zeta-function.

Topics in classical number thery [J]. Coll. Math. Soc. János Bolyai, 34: 1079-1106.

MONTGOMERY H. L. , VAUGHAN R. C.

[1] 1974. Hilbert's inequality [J]. J. London Math. Soc. , 8(2): 73-82.

MOTOHASHI Y.

[1] 1981. An elementary proof of Vinogradov's zero-free region for the Riemann zeta-function[M]// Recent progress in analytic number theory, Vol I . London: Academic Press, 257-267.

[2] 1983. A note on the approximate functional equation for $\zeta^2(s)$ [J]. Proc. Japan cad. , 59 (A): 392-396.

[3] 1983. A note on the approximate functional equation for $\zeta^2(s)$ II [J]. Proc. Japan Acad. , 59(A): 469-472.

MUELLER J. H.

[1] 1982. On the difference between the consecutive zeros of the Riemann zeta-function[J]. J. Number Theory, 14: 327-331.

[2] 1983. On the Riemann Zeta-function $\zeta(s)$-gaps between sign changes of $S(t)$[J]. Mathematika, 29: 264-269.

ODLYZKO A. M. , TE RIELE H. J. J.

[1] 1985. Disproof of Mertens conjecture[J]. J. Reine Angew. Math. , 357: 138-160.

OSTROWSKI A.

[1] 1920. Über Dirichiletsche Reihen und algebraische Differentialgleichungen [J]. Math. Zeit., 8: 115-143.

PINTZ J.

[1] 1984. On the remainder term of the prime number formula and the zeros of Riemann's zeta-function[J]//J. Number theory, 186-197.

RAMACHANDRA K.

[1] 1978. On the zeros of the Riemann zeta-function and L-series[J]. Acta Arith., 34: 211-218.

[2] 1980. Some remarks on a theorem of Montgomery and Vaughan[J]. J. Number Theory, 11: 465-471.

[3] 1980. Some remarks on the mean value of the Riemann Zeta-function and other Dirichlet series-II [J]. Hardy-Ramanujan J., 3: 1-24.

[4] 1980. Some remarks on the mean value of the Riemann Zeta-function and other Dirichlet series-III[J]. Ann. Acad. Sci. Fenn. Ser. AI Math., 5: 145-158.

[5] 1984. Mean-value of the Riemann Zeta-function and other remarks-II [J]. Trudy Mat. Inst. Steklov., 163: 200-204.

RANKIN R. A.

[1] 1955. Van der Corput's method and the theory of exponent pairs[J]. Quart. J. Math., 6(2): 147-153.

REICH A.

[1] 1982. Zetafunktion und Differenzen-Differentialgleichungen[J]. Arch. Math., 38: 226-235.

BICHERT H. E.

[1] 1953. Verschärfung der Abschätzung beim Dirichiletschen Teilerproblem [J]. Math. Zeit., 58: 204-218.

[2] 1960. Einführung in die Theorie der starken Rieszschen Summierbarkeit von Dirichletreihen [J]. Nachr. Akad. Wiss. Gottinger (Math. - Phys.) Kl., 2: 17-75.

[3] 1967. Zur Abschätung der Riemannschen Zetafunktion in der Nähe der Vertikalen $\sigma = 1$ [J]. Math. Ann., 169: 97-101.

SELBERG A.

[1] 1946. The zeta-function and the Riemann Hypothesis [J]. Skandinavske Mathematikerkongres, 10: 187-200.

[2] 1949. An elementary proof of the prime number theorem[J]. Ann. Math., 50(2): 305-313.

[3] 1962. Discontinuous groups and harmonic analysis [J]. Proc. Internal. Congr. Mathematicians, 177-189.

SPIRA R.

[1] 1968. Zeros of sections of the zeta function. II [J]. Math. Comp., 22: 163-173.

SRINIVASAN B. R.

第二部分　中外名家论 Riemann 函数与 Riemann 猜想

[1] 1965. Lattice point problems of many-dimensional hyperboloids Ⅲ [J]. Math. Ann., 160: 280-311.

STEčKIN S. B.

[1] 1975. Mean values of the modulus of a trigonometric sum [J]. Trudy Mat. Inst. Steklov., 134: 283-309.

TATE J. T.

[1] 1965. Fourier analysis in number fields, and Hecke's zeta-functions [J]. Algebraic Number Theory. Brighton, Proc. Instructional Conf.: 305-347.

TITCHMARSH E. C.

[1] 1930. The Zeta-function of Riemann [M]// Cambr. Tracts in Math. No 26, Cambridge: Cambridge University Press.

TONG K. C.

[1] 1956. On divisor problems Ⅲ [J]. Acta Math. Sinica, 6: 515-541.

TURGANALIEV R. T.

[1] 1981. The asymptotic formula for fractional mean value moments of the zeta-function of Riemann [J]. Trudy Mat. Inst. Steklov. 158: 203-226.

VINOGRADOV, I. M.

[1] 1958. A new estimate for $\zeta(1+it)$ [J]. Izv. Akad. Nauk SSSR, Ser. Mat., 22: 161-164.

[2] 1985. Selected works[M]. Berlin: Springer.

VORONIN M.

[1] 1972. On the distribution of nonzero values of the Riemann ζ-function [J]. Proc. Steklov Inst. Math., 128: 153-175.

[2] 1975. Theorem on the "universality" of the Riemann Zeta-function[J]. Math. USSR Izvestija, 9: 443-453.

[3] 1976. On the zeros of zeta-functions of quadratic forms[J]. Trudy Mat. Inst. Steklov., 142: 135-147.

WALFISZ A.

[1] 1963. Weylsche Exponentialsummen in der Neueren Zahlentheorie [M]. Berlin: VEB Deutscher Verlag.

WEH A.

[1] 1941. On the Riemann hypothesis in function-fields[J]. Proc. Nat. Acad. Sci. USA, 27: 345-347.